International Economic Law

国際経済法

松下満雄／米谷三以——［著］
Mitsuo Matsushita　　Kazumochi Kometani

東京大学出版会

International Economic Law
University of Tokyo Press, 2015
Mitsuo MATSUSHITA, Kazumochi KOMETANI
ISBN 978-4-13-032375-8

はしがき

　本書は，WTO協定，投資協定を中心に，国際経済に関わる法を包括的に論じた概説書である。世界経済システムのガバナンス原理の解明を中心課題として，国際法及び国内法の双方を包含する国際経済法の全体像を動態的に描き出すことを狙いとしている。

問題設定──世界経済システムのガバナンス（グローバルガバナンス）
　はじめに，国際通商システム及びこれを包含する世界経済システムに関する著者の共通認識，すなわち，現代の国際通商システム及びこれを包含する世界経済システムの根底にあるガバナンスの原理はどのようなものか，これはどのような法に化体されているか，に関する共通認識について述べる。本書の構成やテーマ選択はこの認識を反映するものであるからである。
　現代に至るまでの国際通商体制の歴史を簡単に振り返ると，第一次世界大戦前は「パックス・ブリタニカ」の下で比較的自由貿易主義的な通商秩序が支配したが，その後，1929年のニューヨーク株式市場の暴落を引き金として世界的不況の時代となった。世界貿易は混乱に陥り，各通商国家は為替ダンピング，輸入制限等の自国産業保護に狂奔し，保護主義が猖獗を極め，次第に国際経済における孤立主義，ブロック経済化が進んだ。これらの保護主義，一国主義，ブロック化の動向は，ついに第二次世界大戦という破局の重要な要因となった。
　第二次大戦後，戦前の反省から，世界経済全体を発展させることによって国民経済をも発展させるという思想が生まれ，これに基づいて通貨，投資，貿易等を多角的国際管理の下におき，この秩序枠組みの下に各通商国家は国民経済の発展を図るという体制が発足した。すなわち，ブレトン・ウッズ体制である。この多角的通商体制の下においては，各通商国家は多角的枠組み内において，またそれが定立する秩序原理に従って通商政策を実施することを要請される。すなわち，国家はその通商政策，及び，それを実施する通商法規を多角的枠組みに整合させることを要請される。このような多角的通商枠組みの策定と実施は，IMF，世界銀行，WTO/GATT，国連（UNCTAD）等によって行われるが，この他にも地域的組織としてはEU，その他のFTA/EPA，よりインフォーマルなものとしてG7，G20などがあり，さらに各通商国家はかかる多角的通商政策を現実に

実施するプレイヤーとして重要な役割を担っている。

　このような多角的通商システムは，種々の欠陥を孕みつつも，第二次大戦後現代に至るまでの約70年にわたって世界経済と国民経済をなんとか支えている。この意味において，戦後の多角的通商システムは不完全ながら戦前の通商システムと比較すると成功している。たとえば，上述のように，1929年の株式市場大暴落に続く世界的不況と保護主義の横行は国際通商秩序を破局に導いたが，現代世界においては，たとえばリーマンショック後の不況と停滞にもかかわらず，保護主義はある程度は制御され，世界経済は破局には至っていない。いわば，世界経済は乱気流に揉まれながら，なんとか低空飛行を続けている。これは広い意味における多角的通商体制の成果であり，現在の体制は戦前の体制と比較すると，多少はマシな体制である。しかし，この「多少はマシ」は極めて重要である。

　現代において，FTA/EPAに代表される地域主義，複数国主義，特にTPP，TTIP，RCEP等，いわゆるメガFTAの動向は無視できないものであり，今後は国際通商／投資の面において，これらと多角的通商体制は国際通商の大きな流れとなるであろう。そして，この両者の調整が大きな問題となろう。しかし，FTA/EPAによって形成されるルール相互間に多くの共通点があり，これらの並列によって多角的通商体制に共通のルールが形成される可能性もある。また，将来においては，WTOによって代表される通商ルールとFTA/EPAによって形成されるルール間の収斂が大きな国際通商政策の課題となり，経済のグローバル化の動向を踏まえれば，将来的にはかかる収斂が生ずることが期待できる。

　アプローチの方法論──「国際競争論＝共存モデル」と「比較優位論＝協力モデル」
　著者の理論的関心は，上述のように，この「多少はマシ」な多角的通商システムを司るガバナンスの原理はどのようなものか，これを実現する法としてどのような国際的，国内的規律があるか，その限界はなにかということである。これらの問題を解き明かすことによって，システムをいかに利用するか，さらにシステムの機能維持のためにいかなる手入れをすべきか，の検討に資することを期待している。

　ただ，そのためには検討対象をいわゆる通商法に限定すべきでないというのが実務家としての実感であり，その感覚は年々強くなっている。多角的通商システムが世界経済においてガバナンスを担う唯一のレジームでなく，投資保護，国際租税，国際金融監督，貿易管理，環境保護，消費者安全，労働者保護，競争政策，標準化等様々な政策分野・事項において多かれ少なかれ自律的なレジームが成立し発展しており，そうしたレジームもまた世界経済システムのガバナンスの役割

を分有しているからである。さらに問題を複雑にしているのは，個々のレジームが発展し，その対象事項が拡大した結果，規律対象の重複が観察されていることである。かつては，こうした国際レジームの規律対象が異なり，したがってレジームごとに単独で検討することで足りると考えられていた。国際レジームの多くは，共通の政策目標を実現するために締結された多国間条約に基礎を有するものであり，国家間の主観的利害調整を目的とする従来の条約すなわち「共存の国際法」と区別される「協力の国際法」という類型として分析する考え方が1964年にWolfgang Friedmannによって提案され，支持を得ている。しかし，たとえばGATTは，関税引き下げ交渉のフォーラムとかつて考えられていたが，今日では関税以外の安全基準，環境基準その他のいわゆる非関税障壁が貿易を妨げる政府措置としてWTOにおける通商交渉の焦点の一になってきている。同時に，環境条約も絶滅危惧種の保護といった経済活動の周辺領域から，温暖化ガスの排出規制，産業廃棄物の輸出制限等経済の中心領域に規制対象を広げてきており，WTO協定との抵触可能性が議論されるようになった。こうした規律対象の重複が発生した結果，第一に，自律的な国際レジーム間に矛盾対立が生じている可能性すなわち国際法の断片化（fragmentation）の問題が指摘されている。第二に，個別の国際レジームと各国国内法・政策秩序との間に矛盾対立が生じている可能性たとえばWTO協定等による主権侵害の可能性の問題も指摘されている。したがって，今日において国際通商システム及びこれを包含する世界経済システムを把握するためには，WTO協定や投資協定，環境条約，消費者安全基準といった政策分野ないし事項別に形成されている国際的合意の相互関係を理解することが重要になってきている。Friedmannの枠組みについても，貿易自由化・環境保護等共通の目的を掲げ，外見上「協力の国際法」に見えても，逆にそれ以外の政策分野における裁量の制約を受け入れているという点で主観的利害調整の要素が潜んでおり，「共存の国際法」の色彩が隠れていると言わざるを得ない状況になっており，バージョンアップの必要がある。

　レジーム間の矛盾対立の可能性のほかにも，グローバルガバナンスの原理の探究という視点から今日の「国際経済法」をみると，近時の顕著な構造変化として，国際法，国内法，ハードロー，ソフトロー，国家機関，政府間国際機関，民間国際機関，企業，NGO等の多くの異なった種類のルールとプレイヤーが登場するようになっていることが観察される。これらの法，それの実施機関，及び，実質的なステークホルダーの相互関係は必ずしも単一の原理によって整序されたものではなく，ときには相互に協力し，ときには相互に反発する要素によって構成される複雑な体系である。

ここでも，拘束力のある国家間の約束すなわち条約を中心とする従来の思考枠組みの不十分さが明らかになってきている。条約中心に考えると，ソフトローは生成途上の条約と位置付けざるを得ず，柔軟性等ソフトローの独自の意義を理解し難くなってしまう。また国家間の約束を重視すれば，企業・NGOなどの私人の役割は限られ，法主体性を否定せざるを得なくなるが，それでは国際経済法実務において企業・NGO等が重要な役割を果たしている現実を無視することになってしまう。本書は，かかる現状認識に立ち，それぞれの国際レジームが取り扱う政策目的が相互にどのような関係にあるか，具体的には，それぞれが独立しており，矛盾対立する可能性にあるのか，より高次な共通目標の下で相互補完関係にあるのか，という認識の対比を現状分析の出発点とすることを考えた。これが，第1章において詳細に検討され，以降の分析において繰り返される「国際競争論＝共存モデル」と「比較優位論＝協力モデル」との対比であり，上記「共存の国際法」と「協力の国際法」との対比の現代化を試みたものである。

　「国際競争論＝共存モデル」は，国際関係において各国が国益をそれぞれ追求するという前提で，共存のため，様々な政策分野において発生する利害対立を解消・緩和しようとし，たとえば通商分野（又はWTO協定）においては，他国の政府措置が貿易障壁になっていると非難し合う利害対立を解消すべく，国際競争における"level playing field"を自国産業のために確保することを目指してinternationalな合意をした，と考える。ここでは，消費者安全，環境保護，労働者保護など通商以外の様々な政策が通商ないし貿易自由化と矛盾し対立する可能性があると想定されており，したがって，その合意は，通商政策をどのような場合にそれ以外の政策に優先又は劣後させるかを内容として含むと想定されている。つまり，国際レジーム間の矛盾対立可能性及び国際レジームと国内法秩序との間の矛盾対立可能性は，両者の界面における，関係国それぞれの主観的利害判断に基づく同意によって解決されると想定する。各国間に主観的利害の対立があることが前提であるので，合意はハードローでなければ機能しないおそれがあるし，政府と利害関係が必ずしも一致しない企業・NGO等の私人の役割は限定されるであろう。

　これに対して，「比較優位論＝協力モデル」は，人間の持続可能性を最大化するために，世界経済において保有される資本の最大化を政策目標として各国が共有するという前提で，この共通目標の実現のために各国が協力することを想定し，たとえば通商分野（又はWTO協定）においては，各国が比較優位産業に特化し自国経済の最適化を相互に約束するtransnationalないしglobalな合意をしたと想定する。消費者安全，環境保護，労働者保護など通商以外のあらゆる政策は，

通商ないし貿易自由化と共通目標を実現する上で相互補完関係にあると想定されている。すなわち，国際レジーム同士も，また国際レジームと国内法秩序も，目的を共有することによって相互の整合性が原理的に確保され，むしろ共通目的の実現のために相互補完の関係にあると想定する。各国の協力関係を想定するので，拘束力のないルールであっても，自発的に従うことが期待できるし，国家と私人との間で目標を共有できていれば，私人の役割も広く認めてよい。

分析範囲の設定――「国際経済法」概念に対する実務的アプローチ

本書は，こうした「国際競争論＝共存モデル」と「比較優位論＝協力モデル」との対比という，考え方の違いを拡大するレンズを使いつつ，このような国際通商関係及びその後景としての世界経済関係を司る複雑な法の全体をなるべくあるがままに捉え，それを表現しようとする試みである。このようなアプローチにおいては，静態的な「国際経済法とはなにか。」，それは「国際経済法は国際法の一部門か，国内法を含むか。」というような分類学はあまり重要ではなく，現実に国際通商体制を動かしている法はなにか，に関する実態認識が重要である。また以上のような観点に立つと，「国際経済法」の範囲について，厳密な定義をすることは困難となり，この法領域と他の法領域との境界線はぼやけて曖昧なものとなる可能性がある。しかし，著者は，抽象的，観念的な定義を国際経済法に与えることによって現実を把握できなくなることを恐れるものであり，実態が混沌としていればその通りに把握すべきと考える。むしろ，世界経済に関わるあらゆる国際ルール及び国内法の全体像を捉えた上でなければ通商法の真の位置付けを解明することはできないという現状認識を有している。したがって，「国際経済法」を国際法から切り出してその独自性を分析するのでなく，むしろ国際法・国内法双方を含む世界経済に関わる法の全体を統合した視点から通商法，投資法その他の位置付けを考え，世界経済システム全体との関係で国際レジームが果たす機能を把握しようとする発想が必要と考えた。ハードローだけでなくソフトローの取扱いも議論し，また政府及び政府間国際機関だけでなく企業・NGOを始めとする私人の役割を議論するのもかかる発想の現われである。

著者のもう一つの関心は，実務的にみて，国際経済法と題する書物にどのような内容を盛り込むべきか，ということである。著者の一人である松下満雄は，長年国際通商法・競争法の研究・教育に従事したのちに，WTO紛争解決機関の裁定機関である上級委員会（Appellate Body）の初代委員（1995－2000年）として加盟国間紛争処理に携わり，草創期におけるWTO紛争処理制度の確立に尽力した。また，2006－2007年には，EU対ブラジル事件において，WTO紛争解決小

委員会の議長として，この紛争処理に当たった。また，長年にわたり経済産業大臣の諮問機関である産業構造審議会，不公正貿易政策・措置小委員会の議長として，『不公正貿易報告書』の作成，編纂に従事した。他の一人である米谷三以は，弁護士として政府及び企業に対してアンチダンピング関税調査，貿易管理，通商協定交渉その他通商法上の助言を行ってきた。経済産業省には国際法務室長等として合計10年以上在籍し，WTO紛争解決手続を担当してきたほか，WTO協定，経済連携協定，投資協定，国家管轄権（域外適用）等の国際経済法上の問題一般について省内外に法的助言を行い，また2008年からは『不公正貿易報告書』作成に事務局責任者として関わっている。またWTOの法律部に四年間（1998 – 2002年）在籍し，WTOの第一審の裁定機関である小委員会（panel）に対して様々な法的支援を行った。これまでの間に，日本が関わった主要なWTO紛争の大半，たとえば日米フィルム紛争，米国のゼロイングルール，中国レアアース輸出制限などに，多くは責任者として関与してきた。著者はこれらの経験を通じて，官庁，法律事務所，企業等の実務界において，どのような情報が必要とされているかについてなんらかの感触を有しており，この感触に基づいて，必要と思われる法領域をできるだけ広くカバーすることに務めた。

本書の構成

本書の内容は，このような観点から，概略以下のようなものである。まず第1章においては，国際経済法の全体像を描き出すべく，その歴史的発展，関係する政策原理，基底に位置する一般国際法，及び最近の研究動向を紹介している。「国際競争論＝共存モデル」「比較優位論＝協力モデル」の詳細もここで明らかにされる。第2章では，国際経済法全体のガバナンスを動態的に明らかにすべく，WTOの紛争解決手続を含め国際経済法を改正し又は実施する自律的仕組み，国際ルールの相互関係，国際ルールと国内法との関係（WTO協定の国内法的効力など），国際経済法の形成・実施における企業・NGO等の私人の役割などを検討し紹介している。第1章及び第2章においては，WTO協定及び投資協定に重点を置いているが，国際金融法，国際環境法，国際労働基準等にも言及し，広い視野を確保している。続いて，関税措置を扱う第3章から国有企業等の問題を扱う第13章までは，対象とする各国政府措置の類型ごとに，具体的には，関税，セーフガード，貿易管理，検疫・税関措置，その他の輸出入制限，内国税，内国規制，基準・認証，補助金・政府調達，アンチダンピング関税・相殺関税，国有企業・民営化等の順に，WTO協定及び投資協定が定める規律を中心に説明している。日本法を中心とした政府措置の具体例及びそれらが従っている政策原理を提示し，

さらに，WTO協定を含め，またハードロー・ソフトローを問わず，関係する主要な国際ルールを広く説明した上で，それぞれの分野におけるWTO協定等に係る規律を検討した．政策原理の検討は，WTO協定等の規律内容を検討するためには対象措置の政策論理が分かっている必要があるとの認識に基づくものであり，またWTO協定の規定ごとでなく，対象措置別とした構成は，国際経済法を利用する観点とくに企業の観点からすれば，どのような政府措置がどのWTOの規定によって規律されるかが分かりやすいほうが使い易いとの認識に基づく．また内国規制を扱う第8章においては，WTO協定上の規律に加え，投資協定について包括的な検討を行った．同様のフォーマットに拠り，第14章は競争政策を，第15章は財政・金融分野の政策措置について，政策原理，各国法・制度，関係する国際ルール一般，最後にWTO協定等の規律を検討した．さらに第16章では農業その他分野別に典型的な国内法の紹介とこれに対するWTO協定その他の規律を検討した．第17章は，サービス貿易の規制を扱い，第18章は，知的財産権及び情報取引の規制を扱った．第16章で扱われる医療サービス，第17章で言及する教育サービス及び自然人の移動に関わる移民・外国人の人権等，第18章で扱っている技術政策など，WTO協定・投資協定の規律対象を大きく超えた分野の検討をも行っている．最後の第19章は，多角的通商体制の基本原則たる最恵国待遇義務の例外として認められている自由貿易協定・特恵関税の規制を扱っている．ここでは多数存在する経済連携協定及び自由貿易協定に対するWTO協定上の規律を主として扱い，経済連携協定等に含まれる主要規定の解説は差し控えたが，章によっては若干の言及がある．

　両著者は，全体の構成・取り扱う範囲をまず議論した上で，作業を分担し，WTO協定・経済連携協定・投資協定に主として関わる部分（第1章，第2章の前半，第3章〜第13章，及び第15章〜第19章（第18章の並行輸入及び特許権の強制実施に関する部分を除く））は米谷が起草し，競争法に主として関わる部分（第14章並びに第18章の並行輸入及び特許権の強制実施に関する部分）及び条約の国内法的効力を論じた部分（第2章の後半）は松下が起草した．そして，各々が他の草稿を検討して適宜コメントをした．この意味において，本書は共同著書である．

　最後に，本書の出版に当たり関係者に謝辞を申し上げたい．まず出版事情が厳しい中，出版をお引き受けいただいた東京大学出版会にお礼を申し上げる．東京大学出版会編集部山田秀樹氏の激励と有能な編集がなければ，本書は世に出ることがなかったものである．同氏に心から御礼申し上げる．また，製作にあたって，東京大学大学院（総合文化研究科）博士後期課程若狭彰室氏には，原稿全体につ

いて主として国際公法の観点及びreadabilityについてコメントをいただき，また脚注の形式を整え，さらに索引作成についてもご尽力いただいた。なお「国際競争論＝共存モデル」「比較優位論＝協力モデル」の対比というアイデアは，若狭氏との議論から生まれたものである。また，同じく東京大学大学院（総合文化研究科）博士後期課程新谷里美氏にも索引の作成につきお力添えをいただいた。両氏に対して，ご尽力に厚く御礼申し上げる。また米谷が勤務する経済産業省通商政策局通商機構部その他の同僚に対しては，一人一人名前を挙げないが，日頃の業務における議論を通じて様々なアイデアと洞察，さらに事実問題について様々なインプットを得たことに謝意を述べたい。ただし，本書は，著者が所属する組織の意見を代表するものでなく，意見に亘る部分は著者個人に全て帰せられるものであり，また事実の認識に誤りがあった場合も同じく全て著者個人に帰せられることを念のために付記する。

　2015年5月

松下満雄・米谷三以

目　次

はしがき　i
凡　例　xxxii

第 1 章　国際経済法の歴史と政策 …………………………………… 1
第 2 章　国際経済法のガバナンス構造 …………………………… 77
第 3 章　通常の関税 ………………………………………………… 175
第 4 章　セーフガードその他関税譲許の修正 …………………… 207
第 5 章　安全保障貿易管理・投資規制 …………………………… 227
第 6 章　税関手続・検疫手続 ……………………………………… 249
第 7 章　その他の貿易・投資制限 ………………………………… 287
第 8 章　租税・課徴金・社会保険料 ……………………………… 319
第 9 章　内国規制 …………………………………………………… 357
第10章　基準・認証 ………………………………………………… 405
第11章　補助金・政府調達 ………………………………………… 445
第12章　アンチダンピング関税及び相殺関税 …………………… 489
第13章　国有企業その他公私の機能分担と境界問題 …………… 543
第14章　国際的経済活動と競争政策 ……………………………… 571
第15章　国際収支・金融監督・財政金融 ………………………… 609
第16章　農業その他の特定産業分野の経済・社会ルール ……… 649
第17章　サービス貿易 ……………………………………………… 703
第18章　知的財産権及び技術貿易 ………………………………… 741
第19章　自由貿易協定・途上国に対する特恵関税 ……………… 799

索引（事項・条文）　821

細目次

はしがき　i
凡　例　xxxii

第1章　国際経済法の歴史と政策 …………………………………… 1
一　本章の対象事項　1
  1　国際経済法の範囲　1
  2　問題の所在　3
二　国際経済法の歴史的発展　5
  1　ブレトン・ウッズ体制　6
    （1）貿易自由化・投資促進　6　　（2）地域貿易協定　8　　（3）貿易自由化・投資保護に伴う国内政策の調整　8　　（4）投資協定　9
  2　その他の分野の国際的調和　10
  3　国際経済法の構造変化　13
    （1）「国際コントロール」の発展　13　　（2）近年の構造変化　14
三　国際経済法の政策原理　21
  1　貿易自由化の政策根拠　21
  2　投資保護の政策根拠　24
  3　国内政策措置とその政策根拠　25
    （1）国内規制・補助金　25　　（2）「持続可能な発展」　28　　（3）所得再分配政策の位置付け　34　　（4）金融・財政政策とその政策根拠　38
  4　国際経済法の構造変化に対する「国際競争論＝共存モデル」と「比較優位論＝協力モデル」のアプローチの違い　42
    （1）実体規定の設計・解釈──国際経済法の重複・対立可能性　42　　（2）手続規定の設計・解釈──私人の国際法主体性　45　　（3）法的拘束力の必要性──ソフトローの位置付け　46　　（4）既存の議論枠組みとの関係　47
    [（ア）「立憲化」論　48　　（イ）"Global Administrative Law" プロジェクトなど　48　　（ウ）「比例性原則」　49]

四　国際経済法の基盤たる一般国際法及び国際私法　50
　　　1　主権平等原則　50
　　　2　管轄権の配分　52
　　　3　国際私法　56
　　五　国際経済法の静態的構造　58
　　　1　概　観　58
　　　2　WTO 協定　59
　　　　(1) 基本的考え方　59　　(2) 実体規定の構造　60
　　　3　投資規定　67
　　　　(1) 基本的考え方　67　　(2) 実体規定の構造　69　　(3) 投資協定の終了　72
　　　4　その他の国際経済法　72

第2章　国際経済法のガバナンス構造 ……………………………… 77
　　一　本章の対象事項　77
　　　1　ガバナンス論の政策的意義　77
　　　2　問題の所在　78
　　　　(1) 国際経済法の構造変化　78　　(2) 個別国際経済法の構造と動態　79
　　　　(3) 国際法と国内法との関係　82　　(4) WTO 協定・投資協定とその他の国際ルールとの調整　84　　(5) 国内法間の調整　86　　(6) 私人の法的地位と役割　86
　　二　WTO 協定のガバナンス　88
　　　1　組織法　88
　　　　(1) 加盟・脱退手続　88　　(2) 内部組織　90
　　　2　WTO の機関の機能　90
　　　　(1) 閣僚会議及び一般理事会　90　　(2) 貿易政策検討機関　92　　(3) その他の理事会・委員会　93　　(4) 非政府組織の関与　93
　　　3　紛争解決手続　94
　　　　(1) 沿革と発展　94　　(2) 保護法益　96　　(3) 手続主体　98［(ア) DSB・パネル・上級委員会　98　　(イ) 当事国　99　　(ウ) 第三国　100］
　　　　(4) 手続の流れ　101［(ア) 概観　101　　(イ) 非政府組織の関与　101（①手続の公開と秘密保持　②アミカス・ブリーフの取扱い　③代理人）］　　(5) 請求の対象　104［(ア) 請求の類型　104　　(イ)「無効化又は侵害」　104　　(ウ) 対象措置の主体　106　　(エ) 義務的法令と裁量的法令　107　　(オ) 法

令それ自体（as such）とその適用（as applied）　107］　（6）訴訟要件　109　［（ア）紛争解決手続以外の審査・協議手続の存在　109　（イ）協議前置主義　110　（ウ）対象事項の特定　110　（エ）当事者適格　112　（オ）訴えの利益　113　（カ）訴訟経済　114］　（7）審理　114　［（ア）当事者主義　114　（イ）法解釈及び適用　115　（ウ）主張責任　116　（エ）証明責任の分配　116　（オ）証拠調べ　118　（カ）証明妨害・不利益推定　118　（キ）証拠共通の原則　119　（ク）審査基準　119　（ケ）証拠力の評価　120　（コ）審理期間　120］　（8）判断　121　［（ア）中間報告書　121　（イ）最終報告書　121　（ウ）採択　121　（エ）勧告　122］　（9）上訴　122　［（ア）法律審としての役割　122　（イ）手続　123］　（10）履行確保　123　［（ア）是正勧告の対象・効力　123　（イ）履行期間の算定　126　（ウ）履行確認手続　127　（エ）履行確認手続の審査対象措置の範囲　127　（オ）関税譲許停止等の規律　129　（カ）履行確保手続の改善の方向性　131］　（11）紛争解決手続の限界　132

　　4　他の国際機関との関係　133

三　その他の国際経済法のガバナンス　133
　　1　経済連携協定　134
　　2　投資協定　135
　　　（1）投資家対政府仲裁手続（ISDS仲裁）　135　［（ア）ISDS仲裁の意義　135　（イ）ISDS仲裁の対象　138　（ウ）審査基準　138　（エ）ISDS仲裁の執行　139］（2）最恵国待遇義務とISDS仲裁　139　（3）ISDS仲裁以外の紛争解決手続　140
　　3　その他の国際ルールにおける実施・紛争解決手続　140
　　　（1）国際労働機関　141　（2）国際環境法　142
　　4　実施・紛争解決手続間の調整　144

四　WTO協定の国内的実施　144
　　1　国際経済協定の国内的実施　144
　　2　WTO協定の国内的実施　145
　　　（1）日本　146　（2）米国　146　（3）EU　148
　　3　WTO協定と国内法との効力関係　149
　　　（1）日本におけるGATT及びWTO協定の国内法的効力　149　（2）米国におけるWTO協定の国内法的効力　155　（3）EUにおけるWTO協定の国内法的効力　158　（4）まとめ　160

4　国際経済法と国内法との相互関係　161
　　　（1）実体的重複　161　　（2）手続的重複の調整　162
　五　国際経済条約相互の関係　163
　　1　WTO協定と他の国際条約との関係　163
　　2　投資協定と他の国際条約との関係　165
　六　国際経済法における私人の地位・役割　167
　　1　国内法における私人の地位・役割　168
　　　（1）政府に対する直接の働きかけ　168　　（2）政府に対する間接の働きかけ　169
　　　（3）働きかけに対する規制　170
　　2　国際法における私人の地位・役割　170
　　3　企業等私人の関与の意義　171
　　4　経済活動の主体としての地位・役割　173

第3章　通常の関税 …………………………………………………… 175

　一　本章の対象事項　175
　　1　関税の政策根拠　175
　　2　関税の種類　176
　　3　問題の所在　176
　二　各国の関税制度　177
　　1　日本の関税制度　177
　　　（1）基本構造　177　　（2）関税割当　179　　（3）特恵関税　180
　　2　米国の関税制度　180
　　3　欧州の関税制度　181
　　4　中国の関税制度　182
　三　関税措置に関する国際ルールの発展　182
　　1　関税協力理事会　182
　　2　GATT/WTOにおける関税引き下げ交渉　184
　　3　譲許表の改正　187
　四　関税措置に対するWTO協定及び投資協定上の規律　188
　　1　概　観　188
　　2　関税率の規律　188
　　　（1）関税譲許　188　　（2）最恵国待遇義務　195　　（3）その他　198
　　3　関税評価に対する規律　199

4　原産地規則に対する規律　200
　　5　輸入課徴金に対する規律　200
　　6　国境税調整に対する規律　201
　　7　輸入独占に対する規律　203
　　8　関税割当に対する規律　203
　　9　輸出関税に対する規律　204
　　10　透明性　205
　　11　投資協定上の規制　205

第4章　セーフガードその他関税譲許の修正 …………………………… 207
　一　本章の対象事項　207
　　1　セーフガード措置/関税譲許の修正の政策根拠　207
　　2　問題の所在　207
　二　各国の緊急関税制度　208
　　1　日本の緊急関税制度　208
　　2　米国の緊急関税制度　210
　　3　EUの緊急関税制度　210
　三　セーフガード措置等に関する国際ルールの発展　211
　　1　GATT19条　211
　　2　セーフガード協定　211
　　3　譲許表の修正　212
　四　セーフガード措置等に対するWTO協定上の規律　213
　　1　GATT19条及びセーフガード協定　213
　　　（1）条文の構造　213　　（2）実体要件　214　[（ア）「事情の予見されなかった発展」　214　（イ）協定上の義務の効果　215　（ウ）輸入増加　215　（エ）国内産業　216　（オ）損害・因果関係　216　（カ）先例・実務の評価　217]　（3）調査・理由説明義務　220　（4）セーフガード措置の発動　220　（5）輸出自主規制等の禁止　223
　　2　関税交渉と関税譲許の修正手続の関係再考　224

第5章　安全保障貿易管理・投資規制 ………………………………… 227
　一　本章の対象事項　227
　　1　安全保障貿易管理・投資規制の政策根拠　227

2　問題の所在　229
　二　各国の安全保障貿易管理制度　230
　　1　日　本　230
　　　（1）輸出貿易管理　230　[（ア）武器輸出三原則及び防衛装備移転三原則　231　（イ）大量破壊兵器・通常兵器　231]　（2）役務取引の規制　233　（3）対内直接投資の制限　233　（4）技術導入契約の制限　234　（5）その他　235
　　2　外国における輸出貿易管理　236
　　　（1）米国　236　（2）EU　238
　三　安全保障貿易管理・投資制限に関する国際ルールの発展　238
　　1　輸出貿易管理の国際的調整　238
　　　（1）核兵器関連　238　（2）生物兵器及び化学兵器関連　239　（3）ミサイル関連　241　（4）通常兵器関連　242
　　2　国連による経済制裁その他　243
　四　輸出貿易管理・投資制限に対するWTO協定及び投資協定上の規律　244
　　1　WTO協定　244
　　2　投資協定　246

第6章　税関手続・検疫手続　249

　一　本章の対象事項　249
　　1　税関手続の政策根拠　249
　　2　検疫手続の政策根拠　250
　　3　問題の所在　251
　二　各国の税関手続・検疫手続　251
　　1　日　本　251
　　　（1）税関手続　252　（2）検疫手続　254　[（ア）家畜伝染病予防法　255　（イ）植物防疫法　255　（ウ）輸入食品監視　256　（エ）食品衛生法　256]
　　2　諸外国の税関手続　256
　　　（1）米国　256　（2）EU　257　（3）中国　257
　三　税関手続及び検疫手続等の水際措置に関する国際ルールの発展　258
　　1　税関手続　258
　　　（1）関税協力理事会　258　（2）WTO　259　（3）税関相互支援協定　259
　　2　検疫手続　260

　　　　（1）動物検疫　260　　　（2）植物防疫　261　　　（3）食品衛生　261　　　（4）SPS協定　261

　　3　薬物取引の規制　262

　　　　（1）1961年の麻薬に関する単一条約　262　　　（2）1971年の向精神薬に関する条約　262　　　（3）麻薬及び向精神薬の不正取引の防止に関する国際連合条約　263

　　4　銃器取引の規制　263

　　5　知的財産権侵害物品の水際規制　263

　　6　原産地表示　263

　　7　その他　264

　四　税関手続及び検疫手続等の水際規制に対するWTO協定及び国際投資協定上の規律　264

　　1　税関手続の規律　264

　　　　（1）GATT11条1項　264　　　（2）20条例外　265［（ア）(a)号──公徳の保護　267　　（イ）(d)号──税関手続・水際手続　270　　（ウ）柱書　271］　　　（3）GATT8条　272　　　（4）原産地表示　272　　　（5）輸入許可手続に関する協定　273　　　（6）水際規制の規律　274　　　（7）GATT10条　274　　　（8）船積み前検査　275

　　2　検疫手続の規律　275

　　　　（1）GATT11条1項及び20条(b)号──生命・健康保護　275　　　（2）GATT10条及び8条　278　　　（3）SPS協定　278［（ア）必要性原則　279　　（イ）科学的根拠　280　　（ウ）不当な差別の禁止　283　　（エ）国際標準へのハーモニゼーション　284　　（オ）同等な措置の承認　284　　（カ）透明性　284］

第7章　その他の貿易・投資制限　287

　一　本章の対象事項　287

　　1　輸出入制限・投資制限の政策根拠　287

　　2　問題の所在　288

　二　日本の輸出入制限・投資制限　291

　　1　基本構造　291

　　2　輸入貿易管理　292

　　3　輸出貿易管理　293

　三　その他の輸出入制限に関する国際ルールの発展　293

1　概　観　293
　　　2　人権保護　293
　　　3　環境保護　294
　　　　（1）絶滅のおそれのある野生動植物の種の国際取引に関する条約　294
　　　　（2）オゾン層保護のためのウィーン条約・モントリオール議定書　294
　　　　（3）生物多様性に関する条約　294　（4）有害廃棄物の越境移動に関するバーゼル条約　296　（5）放射性廃棄物　296　（6）残留性有機汚染物質に関するストックホルム条約　297　（7）有害化学物資の国際貿易に関するロッテルダム条約　298　（8）漁業条約　298
　　　4　文化財　299
　　　5　投資制限　299
　　　6　通過の自由　299
　　　7　民間の認証制度　300
　　四　輸出入制限・投資制限に対するWTO協定及び投資協定上の規律　301
　　　1　輸入制限の規律　301
　　　　（1）GATT11条1項　302　（2）BOP　302　（3）GATT20条　303
　　　　（4）輸入義務　304
　　　2　輸出制限の規律　304
　　　　（1）食糧その他の危機的な不足（GATT11条2項(a)号）　304
　　　　（2）GATT20条　305　[（ア）(i)号——供給不足産品の供給確保　305
　　　　（イ）(g)号——有限天然資源の保存　305　（ウ）国際商品協定　309
　　　　（エ）国宝の保護　310　（オ）柱書　310]　（3）補助金性　310　（4）輸出義務　311　（5）投資協定上の規律　311
　　　3　投資制限の規律　311
　　　　（1）GATS　311　（2）投資協定　312
　　　4　PPM措置の規律　312
　　　5　GATT10条及び8条　316
　　　6　通過の自由　316

第8章　租税・課徴金・社会保険料　319
　　一　本章の対象事項　319
　　　1　租税・課徴金・社会保険料の政策根拠　319
　　　2　租税の分類　322

3　問題の所在　323

　　　(1) 課税の中立性・公平性　324　(2) 課税方法の国際的相違　325　(3) 社会保障制度の国際的相違　327

　二　各国の租税制度　328

　　1　直接税と間接税　328

　　2　所得課税制度　328

　　3　租税条約　329

　三　租税に関する国際ルールの発展　330

　　1　規律管轄権の調整　330

　　　(1) 概観　330　(2) 国内法による調整　331　(3) 租税条約による調整　332

　　2　執行管轄権の調整　333

　　3　国際的租税回避行為への対応　333

　　　(1) 国際的租税回避行為　333 [(ア) 事業の移転　334　(イ) 移転価格　334　(ウ) その他の諸問題　334]　(2) 国際的租税回避への対応手段　335 [(ア) 移転価格税制　335　(イ) 外国子会社合算税制（タックス・ヘイブン対策税制）　338　(ウ) 過少資本税制　338]　(3) 国際的取組みの必要性　338

　　4　グローバルタックスの動き　340

　　5　社会保障制度の国際的調整　341

　　　(1) 社会保険料の二重負担の調整　341　(2) 社会保障制度の適正化　341

　　6　WTO協定及び投資協定　341

　四　租税・社会保障負担に対するWTO協定及び投資協定上の規律　342

　　1　概　観　342

　　2　WTO協定　342

　　　(1) 内国民待遇義務　342　(2) 国境税調整の規律　346　(3) 輸出免税の規律　347　(4) 最恵国待遇義務　350　(5) GATS　351　(6) TRIPS協定　351　(7) 国家貿易企業・公的独占　352　(8) PPM措置　353　(9) 過小課税の取扱い　353

　　3　投資協定　353

　　4　財政規律　354

第9章　内国規制　……………………………………………………………　357

　一　本章の対象事項　357

　　1　内国規制の政策根拠　357

2　問題の所在　358

　　　　(1)　貿易自由化・投資保護と「非貿易的関心事項」の関係　358　　(2)　所得再分配と貿易自由化・投資保護　359　　(3)　PPM措置と管轄権の分配　359　　(4)　ハーモニゼーション　360

　二　国内規制に関する国内法　361

　　1　国内規制　361

　　2　国内規制に対する実体的規則　364

　　3　国内規制に対する手続的規則　365

　　　　(1)　立法手続法　365　　(2)　行政手続法・行政事件訴訟法・国家賠償法　366　　(3)　政策評価　366

　三　内国規制に関する国際ルールの発展　367

　　1　貿易自由化・投資保護　367

　　　　(1)　WTO協定　367　　(2)　投資協定等　367

　　2　管轄権の調整　368

　　3　実体規制の調和　369

　　4　手続規制の調和　369

　四　国内規制に対するWTO協定及び投資協定上の規律　370

　　1　WTO協定上の規律　372

　　　　(1)　内国民待遇義務　372〔(ア)　制度趣旨　372　　(イ)　対象範囲　372　　(ウ)「同種の産品」「より不利でない待遇」　376（①概観　②「産品をそれとして扱わない規制」)〕　(2)　20条例外　381　　(3)　最恵国待遇義務　384　　(4)　透明性　386　　(5)　TBT協定　387

　　2　投資協定による規律　387

　　　　(1)　収用　388　　(2)　内国民待遇義務　391　　(3)　公正衡平待遇　396　　(4)　十分な保護及び保障　398　　(5)　最恵国待遇義務　398　　(6)　パフォーマンス要求の禁止　399　　(7)　例外条項　399〔(ア)　一般例外　400　　(イ)　安全保障例外　400　　(ウ)　緊急避難　401〕　(8)　アンブレラ条項　401　　(9)　損害賠償・損失補償　402

第10章　基準・認証 ……………………………………………… 405

　一　本章の対象事項　405

　　1　基準・認証の政策根拠　405

　　2　問題の所在　407

（1）規格に対する規律の考え方　407　　（2）国際的調整の意義　408
　　　（3）行政立法手続の整備　409　　（4）プライベートスタンダード　409
　二　各国の基準・認証制度　410
　　1　日本の基準・認証制度　410
　　　（1）計量法　410　　（2）農林物資の規格化及び品質表示の適正化に関する法律
　　　（JAS法）　410　　（3）飼料の安全性の確保及び品質の改善に関する法律
　　　412　　（4）食品衛生法　413　　（5）医薬品医療機器等法（旧薬事法）　414
　　　（6）電気用品安全法　415　　（7）電気通信事業法　415　　（8）化学物質管理
　　　416　　（9）道路運送車両法　417　　（10）航空法　418　　（11）工業標準化法
　　　（JIS法）　419　　（12）デファクト規格に関する規律　419
　　2　米国・EC・中国の規格　420
　　　（1）米国　420　　（2）EU　420　　（3）中国　421
　三　基準・認証に関する国際ルールの発展　421
　　1　相互承認　421
　　2　国際標準化　423
　　　（1）度量衡におけるOIML　424　　（2）動物検疫におけるOIE及び植物防疫に
　　　おけるIPPC条約　424　　（3）食品安全におけるコーデックス委員会　424
　　　（4）医薬品・化粧品等におけるICH等　425　　（5）電気通信におけるITU　426
　　　（6）ITセキュリティ　426　　（7）化学物質管理における国連・OECD　426
　　　（8）自動車分野における国連欧州経済委員会　427　　（9）航空機に関する
　　　ICAO　428　　（10）船舶に関するIMO　429　　（11）原子力機器　429
　　　（12）人工衛星　429　　（13）ISO/IEC　430
　　3　国際標準の促進　431
　四　基準・認証に対するWTO協定及び投資協定上の規律　432
　　1　概　観　432
　　2　内国民待遇義務（GATT3条4項）　432
　　3　TBT協定　433
　　　（1）対象の範囲　433　　（2）内国民待遇義務・最恵国待遇義務　435
　　　（3）必要性原則　437　　（4）透明性　439　　（5）国際標準へのハーモナイゼー
　　　ション　439　　（6）適合性評価手続の規律　441　　（7）任意規格　442
　　4　SPS協定　442
　　5　相互承認の規律　442
　　6　政府調達協定　443

7　投資協定　443

第11章　補助金・政府調達 ……………………………………………… 445
　一　本章の対象事項　445
　　1　補助金及びその規律の政策根拠　445
　　2　政府調達及びその規律の政策根拠　446
　　3　問題の所在　447
　二　各国の補助金・政府調達規律　450
　　1　補助金規制　450
　　　(1)　日本　450　　(2)　EU　452
　　2　政府調達規制　453
　　　(1)　日本の政府調達　453　　(2)　米国の政府調達　454　　(3)　EUの公共調達　454
　三　補助金及び政府調達に関する国際ルールの発展　455
　　1　GATT/WTO　456
　　　(1)　補助金協定　456　　(2)　補助金協定外のルール　457
　　2　OECD　457
　　3　政府調達に関する規律　457
　　　(1)　政府調達協定　457　　(2)　自由貿易協定における規律　458
　四　補助金に対するWTO協定及び投資協定上の規律　458
　　1　内国民待遇義務とその例外　458
　　2　補助金協定　459
　　　(1)　基本構造　459　　(2)　補助金性　460　[(ア)　政府による資金面での貢献　460　(①「政府」／「公的機関」／「委託又は指示」　②「資金的貢献」)　(イ)　受益　465　　(ウ)　特定性　468]　(3)　禁止補助金　469　[(ア)　輸出補助金の禁止　469　　(イ)　国内産品優先使用補助金　471]　(4)　相殺可能補助金　471　[(ア)「著しい害」　472　(①先例の考え方　②先例の考え方の評価)　(イ)「無効化又は侵害」　475　　(ウ)「損害（injury）」　476]　(5)　補助金協定上の救済措置　477　[(ア)　補助金自体の撤廃等　477　(イ)　相殺関税　479]　(6)　通報制度　479
　　3　投資協定　479
　五　政府調達の規律　480
　　1　内国民待遇義務　480
　　2　最恵国待遇義務　480

3　政府調達例外の範囲　481

4　政府調達協定　483

（1）対象機関　483　　（2）無差別待遇義務　486　　（3）手続的義務　486

第12章　アンチダンピング関税及び相殺関税　489

一　本章の対象事項　489

1　AD関税及び相殺関税の政策根拠　489

2　問題の所在　491

（1）政策根拠に対する批判　491　　（2）AD関税及び相殺関税の有効性欠如　492

二　各国の不当廉売関税及び相殺関税　493

1　日　本　493

（1）根拠法令　494　　（2）不当廉売関税の調査手続　496 ［（ア）調査開始　496　（イ）調査　496　（ウ）措置　497　（エ）不服申立　498］　（3）不当廉売関税の実体要件　498 ［（ア）調査対象産品　498　（イ）ダンピングマージンの計算　499　（ウ）損害・因果関係　499　（エ）サンセット　500］　（4）相殺関税　500

2　外国の不当廉売関税及び相殺関税　500

（1）米国　500　　（2）EU　501　　（3）中国　502

三　AD関税及び相殺関税に関する国際ルールの発展　502

四　AD関税及び相殺関税に対するWTO協定上の規律　503

1　概　観　503

2　ダンピングマージンの計算　504

（1）概要　504　　（2）検討の基本的視点　505　　（3）調査対象産品　505　（4）「正常の価額」　506　　（5）「通常の商取引」　507　　（6）公正な比較　509　（7）非市場経済国の取扱い　511

3　損害・因果関係の認定　513

（1）概要　513　　（2）検討の基本的視点　513　　（3）「国内産業」　515　（4）損害と因果関係との認定　518　　（5）損害の累積　523

4　調査手続・証拠　525

（1）調査開始　525　　（2）質問状・回答　526　　（3）調査手続　526　（4）サンプリング及びFA　527 ［（ア）サンプリング　527　（イ）FA　528］　（5）決定　529

5　AD関税措置の発動　530

(1) AD 関税の賦課・徴収　530　　(2) 遡及適用　530　　(3) 損害マージン　531
　　　(4) 公益要件　532　　(5) 価格約束　532　　(6) 非関税措置による不公正貿
　　　易規制の可否　533　　(7) 迂回防止　534
　　6　AD 関税措置の拡大・終了　535
　　　(1) 事情変更見直し　535　　(2) サンセット　536　　(3) 新規輸出者見直し　537
　　7　第三国における AD 関税　538
　　8　相殺関税との重複　538
　五　相殺関税に対する規律　538
　　1　相殺関税の性質　538
　　2　補助金の存在　539
　　3　損害・因果関係　540
　　4　相殺関税措置の発動・見直し　540
　　5　第三国における相殺関税　540
　六　自由貿易協定における規律の GATT 整合性　541

第13章　国有企業その他公私の機能分担と境界問題 …………… 543
　一　本章の対象事項　543
　　1　政府部門と民間部門との境界の流動化　543
　　2　国有企業の政策根拠　544
　　3　問題の所在　545
　二　政府部門と民間部門との境界問題とその規律　547
　　1　政府と私企業　547
　　　(1) 日本　547 ［(ア) 国有化／民営化　547　　(イ) 政府関連法人　548
　　　(ウ) 指定法人等　549］　(2) 米国　549　　(3) EU　550 ［(ア) 国有化／民
　　　営化　550　　(イ) 政府関連法人　551］
　　2　競争法の適用範囲　552
　　　(1) 日本　552　　(2) 米国　553　　(3) EU　553 ［(ア) 「事業者」　553
　　　(イ) 「一般的経済利益サービス」　554］
　三　国有企業その他に関する国際ルールの発展　554
　　1　WTO 協定　555
　　2　OECD　555
　　3　ICN　556
　　4　自由貿易協定における規律　556

5　外国の政府関連法人に対する競争法の適用　556

　　　　（1）日本　557　　（2）米国　557

　四　国家の経済活動に対するWTO協定及び投資協定上の規律　558

　　　1　政府部門と民間部門との境界　558

　　　　（1）国家貿易企業　558　　（2）GATS　559　　（3）補助金協定　559

　　　　［（ア）「公的機関」　559　　（イ）「一般的な社会資本」の除外　560］　　（4）政府調達　560　［（ア）政府調達例外　560　　（イ）政府調達協定の対象機関　561］

　　　　（5）WTO協定における区別のまとめ　561　　（6）投資協定　564

　　　2　国有化／民営化に対する規律　565

　　　　（1）WTO協定　565　　（2）投資協定　566

　　　3　国営企業・国有企業への待遇措置に対する規律　566

　　　　（1）WTO協定上の内国民待遇義務　566　　（2）補助金協定　567　　（3）投資協定上の内国民待遇義務　568

　　　4　政府の経済活動及び規制に対する競争政策の適用　568

　　　5　国有企業等の輸出及び海外投資　569

第14章　国際的経済活動と競争政策　571

　一　本章の対象事項　572

　　　1　競争政策の政策根拠　572

　　　2　問題の所在　572

　二　各国の競争政策　574

　　　1　域外適用　574

　　　2　国際カルテルその他の規律　578

　　　　（1）カルテルとは？　578　　（2）国際カルテルに対する主要国の競争法による規制　579　　（3）輸出カルテルの規律　583　　（4）輸入カルテルの規律　586

　　　3　企業結合と競争法　589

　　　　（1）企業結合規制はどのような場合に国際経済活動に適用されるか　589

　　　　（2）企業結合の届出制度　589　　（3）BHPビリトン／リオティント・ジンク事件　591　　（4）GE/Honeywell事件　593

　　　4　政府措置に対する規律　594

　　　　（1）貿易救済法　594　　（2）政府調達・補助金規制　599

　三　競争政策・競争法に関する国際ルールの発展　600

　　　1　国際的競争政策推進の沿革　600

2　ICN（International Competition Network）　601
　　(1)　ICN の形成　601　　(2)　ICN の活動　603
四　競争政策・競争法に対する WTO 協定及び投資協定等上の規律　604
1　競争政策の不存在　604
2　差別取扱いの問題　605
3　域外適用の規律　606

第15章　国際収支・金融監督・財政金融 …………………………… 609
一　本章の対象事項　610
1　財政金融分野の政策概観とその政策根拠　610
　　(1)　通貨政策　610　　(2)　金融監督　612　　(3)　金融施策　613　　(4)　投資自由化・保護とコーポレートガバナンス　614　　(5)　財政政策・開発援助　615
2　問題の所在　617
　　(1)　通貨・外国為替制度の国際的調整　617　　(2)　国際金融監督　618
　　(3)　金融政策の国際的調整　619　　(4)　財政政策の国際的調整　619
二　各国の通貨・金融監督・金融政策・財政政策　620
1　日　本　620
2　各国の通貨制度・政策　622
　　(1)　米国　622　　(2)　EU　622
三　為替・金融監督・財政金融に関する国際ルールの発展　623
1　対外決済制度と政策調整　624
2　金融監督制度　629
3　金融サービス自由化　631
4　資本自由化　632
　　(1)　OECD　632　　(2)　WTO 協定　632　　(3)　投資協定　633
5　財政活動に対する規律　633
6　開発援助　633
7　分野ごとの資金メカニズム　634
四　対外決済・金融監督制度に対する WTO 協定及び投資協定等上の規律　635
1　対外決済制度・送金規制の規律　636
　　(1)　IMF 協定　636　　(2)　WTO 協定　637　[(ア)　GATT15 条　637
　　(イ)　GATS11 条　638　　(ウ)　TRIPS　638　　(エ)　最恵国待遇義務　638

　　　　（オ）GATT20条例外　639　　（カ）GATT10条及び8条　639］　（3）投資協定　639
　　2　金融サービス・金融監督制度の規律　640
　　3　財政・金融政策に対する規律　641
　　　　（1）IMF協定　641　　（2）WTO協定　642［（ア）生産補助金例外・補助金協定　642　　（イ）政府調達例外・政府調達協定　642　　（ウ）国有企業・公的独占　643　　（エ）政策一般　643］　（3）SWF　643　　（4）租税　644
　　　　（5）特別の資金メカニズム　644
　　4　国際金融・援助に対する規律　644
　　　　（1）公的輸出信用ガイドラインその他　644　　（2）WTO協定　645　　（3）環境・社会リスクの自主的管理　645
　　5　為替操作に対する対抗措置　647

第16章　農業その他の特定産業分野の経済・社会ルール ………… 649
　一　農　業　649
　　1　農業における措置の政策根拠（農業の特殊性）　649
　　　　（1）生産過剰による価格暴落リスク　649　　（2）多面的機能論　649
　　　　（3）持続可能な農業　650　　（4）農地転用制限　651　　（5）食品衛生・安全　651
　　　　（6）検疫措置　652
　　2　農業及び農産品に関する国際ルールの発展　652
　　　　（1）国際商品協定　652　　（2）多面的機能論・持続可能な農業　654
　　　　（3）食品衛生・安全　655　　（4）検疫措置　655　　（5）補助金規制　656
　　3　農業分野の政策の規律　657
　　　　（1）国境措置の関税一元化　657　　（2）GATT11条2項　658　　（3）補助金削減　660　　（4）国際商品協定例外　661　　（5）国家貿易企業　661
　　　　（6）検疫措置　663　　（7）ラベリング　664
　二　水産業　664
　　1　水産業の特殊性　664
　　2　水産業及び水産品に関する国際ルールの発展　664
　　3　水産業分野における政策の規律　666
　　　　（1）補助金　666　　（2）IUU関係の輸入規制　666
　三　林　業　667
　　1　林業の特殊性　667

2　林業・林産物に関する国際ルールの発展　668
　　　（1）持続可能な森林経営　668　　（2）ラベリング　668　　（3）多面的機能論　669
　　3　林業における政策の規律　669
　　　（1）GATTにおける特則の不存在　669　　（2）輸出制限　669　　（3）輸入制限　670　　（4）補助金　670

四　繊　維　671
　　1　繊維貿易の特殊性・国際的枠組み　671
　　2　繊維分野における政策の規律　671
　　　（1）繊維協定　671　　（2）特恵原産地規則　671

五　造船／海運　672
　　1　船舶貿易／海運業の特殊性・国際ルールの発展　672
　　2　造船及び海運分野における政策の規律　673
　　　（1）産業政策の規律　673 ［（ア）造船協定の試み　673　　（イ）公的輸出信用ガイドライン　674］　　（2）いわゆる国旗差別対抗法　674

六　航空機／航空運送　675
　　1　航空機貿易／航空運送の特殊性・国際ルールの発展　675
　　2　航空機製造分野における政策の規律　676
　　　（1）民間航空機協定　676　　（2）補助金協定　676　　（3）公的輸出信用ガイドライン　677

七　エネルギー　677
　　1　エネルギー分野の特殊性・国際ルールの発展　677
　　2　エネルギー分野における政策の規律　678
　　　（1）生産に関する規制　678　　（2）輸出制限　678　　（3）通過の自由　679　　（4）エネルギー憲章条約　680　　（5）安全基準の規律　680　　（6）産業政策の規律　680 ［（ア）補助金協定等　680　　（イ）公的輸出信用ガイドライン　681］　　（7）競争政策　681　　（8）IEA　682

八　音響・映像サービス　682
　　1　音響・映像サービスにおける措置の政策根拠（音響・映像産業の特殊性）　682
　　2　問題設定　684
　　　（1）モノかサービスか　684　　（2）文化政策と貿易自由化等との関係　685　　（3）各国の規制　686
　　3　音響・映像製品・サービスに関する国際ルールの発展　686
　　　（1）教材等の無税輸入　686　　（2）文化多様性条約　687　　（3）WTO協定　687

　　　　［(ア) GATT4条　687　　(イ) GATSにおける文化例外の試み　688
　　　　(ウ) GATSにおける最恵国待遇義務の留保　688］　　(4) 投資協定　688
　　4　音響・映像分野における政策の規律　688
　　　　(1) WTO協定　688 ［(ア) モノかサービスか　688　　(イ) GATT　689
　　　　(①内国民待遇義務（3条2項）及び公徳例外（20条(a)号）　②輸入映画フィル
　　　　ムの例外（4条）　③最恵国待遇義務）　　(ウ) GATS　690（①内国民待遇義務
　　　　及び公徳例外（14条(a)号）　②最恵国待遇義務）　　(エ) TRIPS　691
　　　　（①内国民待遇義務及び最恵国待遇義務　②著作権の拡大と並行輸入)］
　　　　(2) 投資協定　692
　九　医薬品・医療サービス　692
　　1　医薬品・医療サービスにおける措置の政策根拠（医療分野の特殊性）　692
　　　　(1) 医薬品・医療規制　693　　(2) 医療財政　694　　(3) 医療供給・公的医
　　　　療機関　696
　　2　国際ルールの発展　697
　　　　(1) 医薬品規制　697　　(2) 医師免許の相互承認　697　　(3) 医療サービス・
　　　　技術の規制　697　　(4) 医療政策及び医療機関の評価　698　　(5) GATS　698
　　　　(6) TRIPSその他技術貿易に関する規制　698
　　3　医薬品・医療サービスの供給等に対する規律　698
　　　　(1) 医薬品規制に対する規律　698　　(2) 医療サービスの規制に対する規律　699
　　　　(3) 公的医療機関に対する規律　699

第17章　サービス貿易 ……………………………………………… 703

　一　本章の対象事項　703
　　1　サービス産業の特色とサービス規制の政策根拠　703
　　2　問題の所在　704
　二　日本におけるサービス産業の規制　706
　　1　政府独占　706
　　2　外資規制　707
　　3　規模の経済性　708
　　4　資格制・免許制　709
　　5　ユニヴァーサル・サービス　709
　　6　線路敷設権（公用特権）　710
　　7　その他の規制　710

三　サービス貿易に関する国際ルールの発展　711
　　　1　国際協力体制　711
　　　　（1）電気通信サービス　711　　（2）郵便サービス　712　　（3）金融サービス　712
　　　　（4）航空運送　712　　（5）海上運送　713　　（6）それ以外のサービス（教育
　　　　サービス）　713　　（7）個人情報保護　715　　（8）自然人の移動　716
　　　　（9）情報セキュリティ　718
　　　2　サービス貿易の自由化　719
　　四　サービス規制に対するWTO協定及び投資協定上の規律　721
　　　1　GATS　721
　　　　（1）サービスの定義　721〔（ア）政府サービス　721　　（イ）サービス分類　723〕
　　　　（2）市場アクセス　723　　（3）内国民待遇義務　727　　（4）追加的約束　728
　　　　（5）国内規制の規律　730　　（6）独占サービス提供者の規律　731　　（7）補
　　　　助金規律　732　　（8）アンチダンピング規制　733　　（9）セーフガード　734
　　　　（10）最恵国待遇義務　734〔（ア）原則　734　　（イ）例外登録及び留保　735
　　　　（ウ）経済統合例外　736〕　　（11）一般的例外　736　　（12）政府調達　737
　　　　（13）GATT及びTRIPS協定の適用　737　　（14）GATSの構造上の問題　737
　　　2　特定サービス分野の規律　738
　　　　（1）電気通信サービス　738　　（2）金融サービス　738　　（3）航空運送サー
　　　　ビス　739
　　　3　投資協定　739

第18章　知的財産権及び技術貿易　741
　　一　本章の対象事項　741
　　　1　知的財産権制度その他技術政策の政策根拠　741
　　　2　問題の所在　744
　　　　（1）貿易自由化と知的財産権保護との関係　744　　（2）情報取引の自由化・保
　　　　護の視点　746　　（3）公衆衛生その他の公共政策との関係　747　　（4）科学
　　　　研究・技術開発に対する制限　748　　（5）科学技術政策・教育政策　751
　　二　各国の知的財産権制度・科学技術政策　751
　　　1　日本の知的財産権法　752
　　　　（1）特許権　752　　（2）商標権　753　　（3）著作権　755　　（4）営業秘密の
　　　　保護　755
　　　2　外国の知的財産権法　756

　　　　(1) 米国　756　　(2) 欧州　756

　　3　共通の国際的問題　757

　　　　(1) 並行輸入　757　[(ア) 特許権と並行輸入　760　　(イ) 商標品の並行輸入　763

　　　　(ウ) 著作権と並行輸入　766　　(エ) 知的財産権商品の並行輸入と競争政策　768]

　　　　(2) 知的財産権と管轄権　769　　(3) 競争法（強制実施・ライセンス規制など）　771

　　4　科学技術政策　771

三　知的財産権・技術貿易に関する国際ルールの発展　772

　　1　パリ条約　772

　　2　特許協力条約（PCT）　773

　　3　その他著作権・著作隣接権に関する条約　774

　　　　(1) ベルヌ条約　774　　(2) WIPO著作権条約　775　　(3) ローマ条約　775

　　　　(4) レコード保護条約　775　　(5) WIPO実演・レコード条約　776

　　　　(6) 放送条約等　776

　　4　標識に関する条約　776

　　　　(1) 商標法条約　776　　(2) 標章の国際登録に関するマドリッド協定議定書　777

　　5　UPOV条約　777

　　6　TRIPS協定　777

　　　　(1) 概要　777　　(2) 今後の課題　779

　　7　ACTA　780

　　8　自由貿易協定・投資協定など　780

　　9　公衆衛生その他の観点　781

　　10　科学技術協力　781

四　知的財産権・技術貿易に対するWTO協定及び投資協定上の規律　782

　　1　知的財産権制度の導入等に対する規律　782

　　　　(1) 保護すべき知的財産権　783　[(ア) 著作権　783　　(イ) 商標権　783

　　　　(ウ) 特許権　783　　(エ) 地理的表示　784　　(オ) その他の知的財産　784]

　　　　(2) パリ条約等の遵守　784　　(3) 内国民待遇義務　784　　(4) 最恵国待遇義務　786

　　2　知的財産権・技術貿易の規則に対する規律　787

　　　　(1) 強制実施権　787　[(ア) TRIPS協定　787　　(イ) 投資協定　788]

　　　　(2) ライセンス契約の規制　789　[(ア) TRIPS協定　790　　(イ) 投資協定　792

　　　　(ウ) 送金制限　793　　(エ) 租税条約　793]　　(3) 並行輸入の規制　793

細目次　xxxi

　　(4) 水際における執行　795　[(ア) GATT20条(d)号　795　　(イ) TRIPS協定　795　　(ウ) ACTA　795]　(5) 刑事手続　795　(6) 研究開発サービスの規制　796

第19章　自由貿易協定・途上国に対する特恵関税　799
一　本章の対象事項　799
　1　特恵関税制度の政策根拠　799
　2　問題の所在　800
二　各国の自由貿易協定等の特恵関税制度　802
　1　日本の特恵関税制度　802
　　(1) 経済連携協定に基づく特恵関税　802　(2) 一般特恵制度に基づく特恵関税　804
　2　主要な自由貿易協定　805
　　(1) 地域経済統合　805　(2) 安全保障　806　(3) 輸出志向の自由貿易協定　806
　3　欧米の一般特恵関税制度　807
三　自由貿易協定その他の特恵関税制度に関する国際ルールの発展　807
　1　自由貿易協定に関するハーモニゼーション　807
　2　途上国対象の特恵制度に関するハーモニゼーション　807
四　特恵関税に対するWTO協定上の規律　808
　1　自由貿易協定例外　809
　　(1)「実質的にすべての貿易」　809　(2) 撤廃すべき措置の範囲　810　[(ア) 関税　810　(イ) その他の制限的通商規則　810　(ウ) AD関税・相殺関税・セーフガード措置　812]　(3) 累積原産地規則　814　(4) 相互承認　815　(5) 政府調達　817
　2　授権条項　817
　　(1) 累積原産地規則　817　(2) 対象国の条件設定　817
　3　手続的規律　818

事項索引　821
条文索引　826

凡　例

1　GATT/WTO におけるパネル又は上級委員会報告書の引用に当たり，案件名については WTO 事務局において採用されている short titles を使用した。GATT 及び WTO における案件名は，それぞれ，WTO の HP ［https://www.wto.org/english/res_e/booksp_e/analytic_index_e/introduction_01_e.htm］及び［https://www.wto.org/english/tratop_e/dispu_e/dispu_by_short_title_e.htm］から入手可能である。GATT における報告書のパラグラフ番号は，事務局編纂の資料集である "Basic Instruments and Selected Documents"（BISD）掲載版のそれを用いたが，WTO における報告書については，事務局編纂の報告集である "Dispute Settlement Report" 掲載版でなく，より一般的に入手が容易と思われる，加盟国配布及び WTO の HP において公表されている版における番号を採用している。

2　その他の文献・資料・判例等の引用は，国際法学会発行『国際法外交雑誌』の執筆要領Ⅲに記載されている方法に原則として拠った。同執筆要領は，国際法学会の HP ［http://www.jsil.jp/journal_page/tokokitei.htm］から入手可能である。

第1章　国際経済法の歴史と政策

　国際経済関係は，貿易・投資・金融などモノ，サービス，人，技術，資金などが行き交う様々な関係のネットワークであり，このネットワークを管理するために形成されてきた法が「国際経済法」である。国際経済法は，全体として複雑な構造になっている。相互に影響し合う国内法と国際法とを含み，さらに国際法である国際経済法に様々な法的地位のものが混在しており，また多数存在する条約も当事国が一致せず法的に一元化されていない。その全体構造を捉えるため，まず通商・投資の分野において貿易自由化・投資保護等を追求してきたWTO協定を代表とする国際経済法と労働基準，関税分類，金融監督などそれ以外の様々な政策分野での国際的調和を追求してきた国際経済法とに分け，それぞれの構造・特色を明らかにし，さらに国際法と国内法との関係及び国際法相互の関係を考えることとする。

　本書は，国際経済法を動態的に把握することを目指し，法的視点と政策的視点とを織り交ぜて説明する。大まかに言って，経糸として，政府部門と私的部門，各国の規制権限と国際ルールによる規律，各国の国家管轄権相互の3つの境界線の引き方と境界線上の相互作用のルールを共通の法的課題として配する。そして，緯糸として，各国がそれぞれの主観的利益を追求することを前提に，経済・社会に関わる国際関係における主観的利害の対立を分野別の調整によって，たとえば貿易・国際投資に対する自国市場の障壁撤廃・削減を約束することによって解消・緩和し，共存を図るという基本的発想と，人間全体の持続可能性の最大化という共通の目的を設定して，世界経済・社会全体を客観的に最適化すべく協力関係を構築するという基本的発想との違いを配する。この違いは，「共存の国際法」と「協力の国際法」の対比に概ね対応する。

一　本章の対象事項

1　国際経済法の範囲

　本書は，対象とする「国際経済法」の範囲を，国際経済法をいかに形成し，又

は利用するかといった実務的観点から決定した[1]。世界経済に関わるルール一般を対象とし，国内法・国際法を問わず，また法的拘束力を有しないルール，いわゆるソフトローを含めた。

　第一に，貿易自由化を推進するWTO協定[2]及び投資保護を推進する投資協定（International Investment Agreement）を重点的に取り扱うが，国際決済・金融，環境保護，労働基準，製品安全，競争政策，知的財産権その他の政策及びその国際的調和を目的とする法も対象に含め，必要と考える限度で言及する。すなわち「国際経済」を国際通商・投資等のinternationalな関係に限定せず，世界環境，社会保障など非経済領域に関する法も広く含め，また各国経済・社会を含む世界経済・社会全体すなわちtransnationalないしglobalな関係を扱う法も対象とする。これは，通商分野でも関税のみならず非関税障壁とりわけ国境内部の政策措置に関心が移っており，貿易・投資以外の分野別の国際的調和を追求する国際ルールの理解も個別の通商問題の解決のために必要であるという認識，さらに，世界的なガバナンス（Global Governance）[3]の解明・構築が課題になっており，経済分野においてこの課題に取り組もうとする本書の基本的視座を反映する。

　第二に，国際法に限定せず，国内法を広く含める。上記国際経済法は，領事関係など外交関係を規定する国際法と異なり，自己完結的な政策立案・実行を各国政府が行っている政策分野を対象としている。したがって，国際法と国内法との関係は，国際法レベルで合意が形成され，それが国内法において実施されるという単純な上下関係でなく，協働関係すなわち国際法レベルでの抽象的ルールを国内法がそれぞれの領域の特性に応じて具体化したり，さらに国内法が独自に発展し，その発展が新たな国際法の発展を促すなど積極的な影響を及ぼしたりすることがある。加えて国際ルールが発展・深化した結果，ある分野での国際法上の規律の影響が他の分野にまで及ぶようになり，後者の分野の国内法と抵触することをいかに防止するかという対立緊張関係もある。両者間相互の関係・作用を理解することが重要である。

---

1) 「国際経済法」研究の自立性といった学問的視点及び実務的視点からの直近の議論として，たとえば，中川淳司「国際経済法の射程と研究・教育のあり方」9-32頁，及び米谷三以「国際経済法の射程と研究・教育のあり方——中川報告に対する実務家としてのコメント」『国際経済法学会年報』15号（2006年）33-46頁を参照。

2) 本書は，世界貿易機関（World Trade Organization, "WTO"）を設立する "Marrakesh Agreement Establishing the World Trade Organization" を「WTO設立協定」，「千九百九十四年の関税及び貿易に関する一般協定」（GATT）などその付属協定を含む全体を「WTO協定」と略称する。

3) 「グローバル・ガバナンス」の概念については，たとえば山本吉宣『国際レジームとガバナンス』（有斐閣，2008年）第6章を参照。

第三に，条約，法令等に限定せず，紳士協定又は政策ガイドラインのような法的拘束力のない国際ルールについても，実務上の重要性が認められる限り含めている。条約でなくても高度に遵守されている国際ルールは少なくなく，そうしたソフトローを未完成の条約ではなく最適な法形式が選択された結果と捉えることができる。またルール形成及び執行において企業や非政府組織（NGO）の果たす役割の重要性が高まり，同時に民間の国際組織及び企業等の策定する国際規格・プライベートスタンダードなどがルールとして重要性を増している。本書は，非政府主体の地位についても検討するが，非政府主体によって策定されるルールについても必要に応じて検討した[4]。

2　問題の所在

国際法には，共存（co-existence）の国際法と協力（cooperation）の国際法とを対比する議論があり，国際経済法も詳細に検討されている。前者は，外交関係を対象とする国際法が典型であり，各国家が主観的利益を追求する存在であることを前提に国際関係において共存を図るために差し控えるべき行動を明らかにするのに対して，後者は，外交関係以外の様々な分野において，複数の国家が共通利益又は国際公益実現のために協力し，積極的になすべきことを定めるものであり，後者の比重が高まっていることが指摘されている[5]。

国際経済法の多くは，特定の共通利益又は国際公益を実現するために合意された条約であり，上記枠組みの下では協力の国際法の一として位置付けられるが，本章二3(2)で検討するように，規律が発展・深化した結果他の政策分野の国内法・国際法との抵触が顕在化し，主観的利益の調整という要素が復活してきている。たとえば，戦後締結された「関税及び貿易に関する一般協定」（General Agreement on Tariffs and Trade, "GATT"）は，自由貿易体制の維持という共通目的のために締結されたものであり，またその目的のための協力が進展してWTOが設立されるに至ったことに鑑みれば，協力の国際法と位置付けることに異論はなかろう。しかし，関税交渉のフォーラムと従来認識されていたGATTにおいて，消費者安全，環境保護などの国内政策措置が貿易障壁として関税と同じく撤廃・削減対象として重視され，貿易自由化のためにどこまで国内政策の自由度を譲ってよいかが問われるようになった。また分野別に多数の協定が締結さ

---

[4]　これらの問題については，中川淳司『経済規制の国際的調和』（有斐閣，2008年）とりわけ385-393頁の問題提起を参照。

[5]　Wolfgang Friedmann, *Changing Structure of International Law* (Columbia University Press, 1964), in particular, Part I, Chapter 6.

れるに止まらず、その規律内容が拡大・深化した結果、たとえばWTO協定と環境保護条約との規律対象が重複するようになった[6]。世界政府のごとき調整機関が存在しないため、これらの条約間で政策レベルでの矛盾対立が生じている可能性が指摘されている。国際法の断片化（fragmentation）の問題[7]であるが、複数の政策が矛盾対立する場合にいずれの政策をどれだけ譲るかの価値判断は国によって異なり、そこに国益の衝突があり得る。したがって、WTO協定は、共通目的として貿易自由化を掲げていても、国際貿易関係における国益の衝突を回避し、共存を目的とする合意と捉えることも可能である。同様に、環境保護条約についても、世界環境の保護を共通目的として掲げているとしても、各締約国が負う義務の内容によって各国国内産業の国際競争力に及ぼす影響が異なってくることから、その次元では国益の衝突があり、よってかかる衝突の回避を目的として、各締約国に対して、適切な環境コストを負担しない国内産業による製造・販売・輸出を許容することを控える義務を相互に課すという意味において、共存の国際法であると捉えることが不可能とは言えない。双方とも共存の国際法であるとすれば、両者は、その合意の前提となっている貿易自由化と環境保護との優先劣後関係が関係国間で完全に一致しているのでない限り、合意内容に矛盾対立が存在する可能性がある。これに対して、貿易自由化と環境保護とを統合した高次の政策目的が関係国間で共有されているとすれば、WTO協定と国際環境条約とを一体として協力の国際法であると考えることができる。この場合には当然、両者間に本質的な矛盾対立が想定されない。

　すなわち、共存の国際法／協力の国際法という規範の分類枠組みは依然として有効であるが、国際経済法の対象が拡大して重なり合い、その範囲で矛盾抵触の可能性が懸念されるという事態が生じている現在においては、個々の国際経済法が共存の国際法か協力の国際法かを決定する場合、明示された政策目的それ自体がいかなるものか、いわば政策目的の絶対的性質を考慮するのでなく、当該政策目的が影響の及ぶ他の政策目的とどのような関係にあるか（本章二3(2)で詳しく

---

[6] 国際政治学では"Regime Interaction"の問題とされ、国際法においても検討されている。たとえば、Margaret A. Young (ed.), *Regime Interaction in International Law: Facing Fragmentation* (Cambridge University Press, 2012)；内記香子「国際法学との対話――WTOと遺伝子組み換え産品をめぐって」大矢根聡（編）『コンストラクティヴィズムの国際関係論』（有斐閣、2013年）247-270頁。

[7] 代表的なものとして、*Fragmentation of International Law: Difficulties Arising from the Diversification and Expansion of International Law*, Report of the Study Group of the International Law Commission Finalized by Matti Koskenniemi, U.N. Doc. A/CN.4/L.682, 13 April 2006.

検討するように，具体的には，他の政策目的と矛盾対立し得る関係にあるか統合し得る関係にあるかが問題となる）といった，明示された政策目的のいわば相対的位置づけを探求すべきである。この修正は，共存の国際法／協力の国際法の区別という既存の枠組みの本質を変更するものでなく，それぞれの政策分野において発展した国際経済法の対象事項が重複するに至ったことによって必要となった調整というべきであろう。以上の考察に基づき，本書は，国際経済関係又は国際経済法において，主観的利益を追求する主権国家の相互関係という側面と共通利益又は国際公益の実現に協働するという共同体的側面とが併存するという認識[8]に拠りつつ，いずれに重点を置くかによって国際経済法の全体構造の理解が全く異なり，また個々の規定の解釈も大きく変わり得ることを示すことを狙いとする。

次項においては，以上の問題意識を前提として，まず貿易自由化・投資保護とそれ以外の分野とに分けて国際経済法の発展を概観し，その後に近年の構造変化に言及する。

二　国際経済法の歴史的発展

国際経済法の発展を概観する上では，まず目的ないし方向性によって大きく二つに分けておくのが便宜である。一つは，ブレトン・ウッズ体制を支える国際機関を中心とするフォーラムにおいて策定され，貿易自由化・為替制限の撤廃，投資保護などの観点から規律を定める国際経済法であり，もう一つは，その他の分野で主に国連専門機関を中心とするフォーラムにおいて策定されている国際経済法である。前者の典型はWTO協定であり，投資協定も重要である。後者の典型として国際労働基準及び国際環境条約を考えることができるが，そのほかにも多数の分野で国際ルールが発展し，自律的な国際レジームが形成されている。これらは，複数国家の共通利益又は国際社会の一般的利益を追求するために合意されたものであり，さらにその履行を確保するために国際コントロールが発達してきていることが指摘されている。

しかし，複数の国家が主観的な利益調整の結果として分野別の条約に合意し，その履行を確保する国際的な仕組みを強化するという従来の国際法形成の方向性に必ずしも沿わない動きが近年生じてきている。企業・NGOなどの非政府主体の役割が増大し，また分野別の国際ルールがその分野を超えて影響を及ぼすようになり，さらに，法的拘束力を有しない合意が使われるようになった。他方で，

---

[8]　小寺彰『パラダイム国際法——国際法の基本構成』（有斐閣，2004年）第1章．

WTO協定のように司法的な紛争解決手続を通じて条約が文言どおりに履行強制されるようになったために，加盟国の規制主権が侵害されているのでないかが問われるようになり，さらにそうした紛争解決手続自体への懸念も表明されている。これらはいずれも伝統的な国際法の考え方の見直しを迫っている。

1　ブレトン・ウッズ体制

貿易自由化は，世界経済体制の指導原理として定着していると思われるが，かかる体制にそれほど長い歴史があるわけでない。19世紀後半に貿易自由化を約する条約が1860年の英仏通商条約を初めとして欧州において相次いで締結されたが，その後の不況時に高関税が導入されるなど安定した体制でなかった。1930年代世界的な不況に対する主要国の対応は，米国のスムート・ホーレー法に見られるように，自国産業を保護しようとして輸入関税を引き上げるなど自国又は自国経済圏への輸入を制限し，また平価を一方的に切り下げて輸出競争力を人為的に改善しようとし，さらに原材料の輸出制限を導入して，相互に対抗し合うというものであり，そのため全体の経済状況が却って悪化した。各国が採用した保護主義的な貿易・為替政策及びブロック経済政策がもてる国ともたざる国との経済対立を深刻化させ，第二次世界大戦の惨禍につながった。

国際通貨基金（International Monetary Fund, "IMF"），国際復興開発銀行（世界銀行，International Bank for Reconstruction and Development, "IBRD"），及びGATTを支柱とする戦後の自由貿易体制は，このような経済恐慌への対応の誤りに対する反省から誕生した。惨禍の再発防止のために米英主導で創案されたのがブレトン・ウッズ合意（1944年）である。戦後の国際経済の枠組みとして，貿易政策の制限を実施・監督する国際機関として国際貿易機関（ITO）を設立し，為替問題を扱い，国際決済問題において緊急融資を行う国際機関としてIMFを，経済開発を支援する国際機関として世界銀行を設立することが構想されていた[9]。以下，その後の展開を見ていく。

（1）貿易自由化・投資促進

1945年の国連経済社会理事会の起草決議を受けてITO憲章が交渉され，物品の国際貿易に関する幅広い合意が1948年に成立した[10]。しかし，米国上院にお

---

9) ブレトン・ウッズ体制の成立経緯等については，松下満雄『国際経済法──国際通商・投資の規制』（第3版）（有斐閣，2001年）11-16頁。

10) ITO憲章のテキストは，WTOのHP [http://www.wto.org/english/docs_e/legal_e/havana_e.pdf] から入手可能である。

いて批准されず発効しなかったために、発効に至るまでの暫定合意（29条）として締結されていたGATTが戦後の自由貿易体制の基礎として転用された。GATTは、その性格上祖父条項による例外を認めていた[11]が、国内産業保護の手段を関税に限定し、譲許税率以上に引き上げることを禁じており、またブロック経済化を防止するため、特定国の優遇を禁止する最恵国待遇義務を規定していた。その後、関税引き下げに関する規定（28条の2）が追加され、GATTの下で交渉（ラウンド）が数次に亘って行われた。また特定の事項について詳細な規律を定める協定がいくつも締結された。その後1986年に開始されたウルグアイ・ラウンドにおいて、サービス貿易・知的財産権にも対象を拡大し、より効果的な紛争解決手続を備えた国際機関である世界貿易機関（World Trade Organization, "WTO"）の設立が合意され、1995年にWTOが多角的自由貿易体制の基礎としての地位をGATTから継承した。

1944年に調印されたIMF協定は、その目的として、競争的な通貨切下げの防止、外国為替制限の除去を挙げている（1条(iii)及び(iv)）。IMF加盟国は、通貨の交換性を保証し、経常的支払について制限を行わない義務を引き受け（8条）、また為替管理を通じて貿易を制限することが許されず、さらに競争的な為替相場の操作が禁じられている（4条1項(iii)）。他方でIMFは、国際決済が困難になった時に外貨の緊急融資を行う。経常収支の不均衡などのマクロの国際経済上の問題について貿易措置、為替措置に訴えることなく、財政・金融政策その他関係各国の国内政策の調整によって解決を図るという枠組みを構築したのである。ブレトン・ウッズ体制の柱の一つとして考えられていたドルを基軸通貨とする固定為替相場制は、その固定レートを正当化していた米国とそれ以外の国の経済力の格差が消滅したため1971年に崩壊した。しかし、その他の枠組みが現在も存続し、度重なる通貨危機を教訓として、国内政策の調整を各国の自主的な実行に委ねることの限界が認識され、一歩進んで危機未然防止体制の整備が検討され、一部実行に移されている。

経常支払の自由化だけでなく、国際投資の円滑化も自由貿易体制の不可欠の構成要素である。IMFと同じく1944年に設立が決定された世界銀行は、「国際貿易の長期にわたる均衡のとれた増大及び国際収支の均衡の維持を促進すること」を目的の一つとして（世界銀行協定1条(iii)）貸付を行う。資金構造上損失を出す融資ができないことから、本体が行い得ない途上国の民間企業向け貸付及び後

---

11) Protocol of Provisional Application, Article 1(b), adopted by the original members of the GATT, 13 October 1947.

発開発途上国向け無利子融資を行う姉妹組織（国際金融公社（1956年，IFC）及び国際開発協会（1960年，IDA））が設立された。また1966年には国際投資に関する紛争の解決を図る仲裁廷として利用できる投資紛争解決国際センター（ICSID）が設立され，さらに1988年に途上国への投資を促進するために投資保証を行う多数国間投資保証機関（MIGA）が設立された。さらに，開発援助や累積債務の問題に関する様々な地域機関（たとえばアジア開発銀行（ADB，1966年発足））がある。海外投資の保護を図る投資協定は後に言及する。

（2）地域貿易協定

二国間又は地域ベースで進められている貿易自由化の動きは，国際経済法における位置付けが動いている。関税同盟や自由貿易地域は，ブロック経済体制を生み出した元凶として，GATTとりわけその初期においては厳しく制限される方向にあった。しかし，独仏間の長年の対立構造を解消するために形成された欧州共同体（EC）が関税同盟として形成されたことから，むしろ自由貿易体制の形成要素と肯定的に考える見方が登場した。さらに北米自由貿易協定（NAFTA），南米南部共同市場（MERCOSUR，メルコスール），東南アジア諸国連合（ASEAN，アセアン）その他地域の自由貿易協定（FTA）が形成され，またWTOの新しい通商交渉（ドーハ開発アジェンダ（Doha Development Agenda, "DDA"））の停滞とは対照的に，メキシコ，チリ，韓国などが国際貿易のハブとなることを目指して米欧などの大市場国・地域とFTAを締結するようになり，貿易大国間のいわゆるメガFTAと位置付けられる日本・EU経済連携協定（EIA），環太平洋戦略的経済連携協定（TPP），Transatlantic Trade and Investment Partnership（TTIP）なども交渉されるようになった[12]。EUにおける補助金や政府調達に関する規律やTPPにおける国営企業に関する規定など，WTO協定を超える通商ルールが実験されている。

（3）貿易自由化・投資保護に伴う国内政策の調整

ブレトン・ウッズ体制においては，国際収支の不均衡に対処する方法として国内政策の調整が期待されていた。具体的な内容がIMFから明示されることは当初なかったが，その後IMFの緊急融資に当たり，財政・金融政策などのマクロ政策の分野についての調整条項がその条件（コンディショナリティ）として入れ

---

[12] 世界における自由貿易協定の動向として，経済産業省通商政策局（編）『不公正貿易報告書（2014年版）』第Ⅲ部総論2を参照。

られるようになった。また、固定相場制が放棄された1970年代以降、IMF主導の下、マクロ経済政策について監視するサーベイランスの仕組みが構築され、参照する国際基準が明示されるに至っている（第15章）。他方、実物経済に関わるミクロ政策の分野では、貿易に影響する国内政策について、GATT/WTO協定における内国民待遇義務、補助金の規制などの規律が発展している（たとえば第9章及び11章）。また加盟国の貿易政策のWTO協定の遵守状況を検討する貿易政策検討手続（TPRM）がWTO協定において合意されている（その目的等について第2章二2(2)）。

また、経済協力開発機構（OECD）における動きも考慮する必要がある。OECDは、第二次世界大戦後の欧州復興のために米国が資金提供を計画したマーシャルプランの受け入れに資するために欧州16ヵ国が設立した欧州経済協力機構（OEEC）がその前身であり、米国、カナダの参加を得て国際経済問題を協議する機関として1961年に発足した。その後日本、メキシコ、韓国等が加入した。

現在も投資自由化、経済協力等におけるルールの問題を扱い、公的輸出信用ガイドライン、外国公務員贈賄防止条約、モデル租税条約などの成果を挙げている。また意見及び情報の交換を通じた政策協調を行っているほか、租税競争、輸出補助金規制、規制改革、コーポレートガバナンスなど様々な分野で調査研究・提言を行っている。1973年の石油危機にあたってはエネルギーの安定供給確保を目指す国際エネルギー機関（IEA）が設立された。石油等の在庫管理のほか、エネルギー政策に関する評価等を行っている。

（4）投資協定

海外投資を保護するための法的工夫は17世紀に遡る。たとえば、投資家は、その保護を求めて投資先国政府とコンセッション契約を締結し、また政府との紛争を解決する手段として投資受入国の裁判所でなく仲裁を利用するようになっていた。さらに国際法上、国内裁判所における裁判拒否などを違法とするいわゆるミニマムスタンダードが発展した。しかし今日では、国家間において投資自由化又は保護を目的とした協定（両者を合わせて本書では「投資協定」と称する）が多数締結されている。これは、二度の世界大戦の後在外資産を収用されたドイツが1959年にパキスタンとの間で締結したのが始まりである。現在に至るまで二国間のものを中心に多数締結され、ネットワーク化している。多国間の試みとしては、OECDで、1967年に在外財産保護に関する条約が策定されたが発効していない[13]。WTO成立後OECDにおける多国間投資協定（MAI）の交渉は、環境政策等への悪影響があるとしてNGOなどが反対し、また規制主権への悪影響が

あるとしてフランスが離脱したため放棄された。しかし，その後も二国間での締結が増加し続け，総数で2000を大きく超えている[14]。なお，自由貿易協定と一体として締結されることもある。NAFTAさらに日本が近時締結している経済連携協定の投資章がその例である[15]。

投資協定は，自国の経済権益の保護とりわけ投資受入国政府による収用から自国投資を保護するために締結されたものである。しかし，今日の投資協定は，収用に対する救済を定めるに止まらず，内国民待遇義務・公正衡平待遇義務など経済政策の大部分を対象とする規定を含み，市場自由化，国内の民間投資の促進，ガバナンスの改善と法の支配の強化といった政策目標が追求されている[16]。また投資受入国政府の義務違反によって損害を被った投資企業が賠償を求めて政府を直接に訴えることを認める投資家対政府仲裁手続（Investor State Dispute Settlement, "ISDS"）を備えたものがほとんどであり，世界銀行の設置したICSIDが仲裁廷として利用されることも多い。さらに相当程度共通要素を有する二国間の投資協定が網の目のように張り巡らされ，投資仲裁先例において異なる投資協定における先例が引用されるようになっている。今日においては，これらの総体を，国内政策を規律する国際行政法として捉える見方が登場している[17]。投資協定は，WTO協定の規律対象外の国内の生産規制をも対象としており，WTO協定と合わせて，各国の経済政策の相当部分に規律を及ぼすに至っている。

2　その他の分野の国際的調和

通商・投資保護以外の分野において生成されてきた条約・行政協定が多数存在する。国際経済関係の進展さらに経済のグローバル化に伴って，様々な国内政策が自国内の規制だけで目的を実現することが困難になったため，自国の国内法の域外適用を試みたり，他国との政策の調和・統合を追求したりという動きが見られる。他国の政策との調和等を追求する場合，共通目的の実現のために法的な義務を各国が負う条約が締結されることもあるが，分野により，必要な政策措置の

---

13) OECDのHP [http://acts.oecd.org/Instruments/ShowInstrumentView.aspx?InstrumentID=242&InstrumentPID=237&Lang=en&Book=] を参照。
14) UNCTADのHP [http://investmentpolicyhub.unctad.org/IIA] を参照。
15) たとえば日・シンガポール経済連携協定第8章，外務省のHP [http://www.mofa.go.jp/mofaj/area/singapore/kyotei/pdfs/honbun.pdf] から入手可能。
16) Jeswald W. Salacuse, *The Law of Investment Treaties* (Oxford University Press, 2010), pp. 108-115.
17) Gus Van Harten, *Investment Treaty Arbitration and Public Law* (Oxford University Press, 2007), Section 3.

最低基準やbest practiceの作成などソフトローを利用した実体ルールの調和が同時併行的に又は優先的に追求されることも多い。また関係当局間の情報交換から進んで執行における協力・共助など手続的協力関係を構築するための条約が締結されることもある。途上国との関係で技術協力が重要になることもある。このような，分野別の国際的調和を追求する条約及びソフトローも，貿易自由化・投資促進を直接の目的としないが，国際経済に関わる政策立案又は紛争解決において重要であって考慮する必要があり，したがって本書は，本項1で言及したように，国際経済法に含めて検討する。

　このような国際経済法の例としては，欧州において国際行政協定が早くから策定されており，日本，米国など非欧州の国が参加している国際協定も戦前からいくつもあったことをまず指摘できる。国際郵便を扱う万国郵便連合（UPU），通信分野の国際通信連合（ITU）などのように欧州生まれの国際行政協定で，戦後国連の専門機関となったものも少なくない。金融監督の問題を扱う国際決済銀行（BIS）は，第一次世界大戦後のドイツ戦後賠償の実施のために設立され，日米も参加していたが，基本的には欧州の問題を解決するための国際機関であった。第二次世界大戦後，敗戦国のうち日本だけが脱退させられたが，その後全世界をカバーする国際機関となっている。戦後においても，欧州における税関実務のハーモニゼーションのために1952年に創設された関税協力理事会（CCC）は，その後世界全体の税関実務に関する条約を管理する機関に発展した（現在は世界税関機構（WCO）と自称している）。そのほか連合国起源のものとして，国際民間航空分野に国際民間航空機関（ICAO）が，海事の分野に国際海事機関（IMO）があり，今日では世界をカバーする国連専門機関としてそれぞれの分野で安全や環境保護のための条約や標準の作成，情報交換などを行っている（なおBISについては第15章，CCCについては第3章及びICAO並びにIMOについては第16章において言及している）。

　最初から世界全体をカバーすることを目指して締結された国際条約も少なくない。戦前に設立され，労働基準，労働者安全，社会保障等の問題を扱う国際労働機関（ILO）はその代表であり，戦後のものとしては，1994年に発効した地球温暖化問題を扱う「気候変動に関する国際連合枠組条約」（UNFCCC）などの国際環境条約が代表例である。また麻薬取締りの条約フォーラムである国際麻薬統制委員会（INCB），原子力の平和利用のための保障協定を管理する国際原子力機関（IAEA）などの政府間国際組織が存在する。この関係では，紳士協定やガイドラインといったいわゆるソフトローに止まる国際経済ルールも多い。安全保障貿易管理に関するオーストラリアグループ，銀行の自己資本比率に関するバーゼル合

意などの取組みがこれに当たる。また地域レベルのものも多数存在する。大西洋マグロ類国際保存委員会（ICCAT）など地域の漁業協定などが挙げられる。

またブレトン・ウッズ体制における援助とは別に、国連における開発援助も発展している。1960年代は、援助より貿易を追求する流れが強くなり、1964年に国際連合貿易開発会議（UNCTAD）が設立され、今日に至るまで活発に活動している。しかし、1970年には国連総会において「第二次国際連合開発の十年のための国際開発戦略（IDS）」が採択され、自由・競争を軸とするブレトン・ウッズ体制と異なる新国際経済秩序（NIEO）への動きが高まり、1974年には、「天然資源に対する恒久主権」概念などを含む「国家の経済権利義務憲章」が国連総会において採択された[18]。また第4次中東戦争に当たって石油輸出国機構（OPEC）が石油戦略を発動したのもこの時期である。また1979年にはGATTにおいて一般特恵制度を最恵国待遇義務の適用除外とする授権条項（Enabling Clause）が採択された。ただし冷戦終結後は、開発援助よりも市場化・外資導入に関心が移り、投資協定の導入などNIEOと異なる方向の動きが目立つ。他方、1985年以降「持続的発展」の理念が強く打ち出され、社会問題や環境問題に焦点が当てられると同時に、先進国と同一の基準を開発途上国に適用することの問題点も指摘されるようになった。WTOにおいては、一般特恵関税の適用条件、PPM措置やプライベートスタンダードに対する懸念も表明されている。

さらに政府でなく民間企業の活動に対しても環境保護、労働者保護等の観点を直接取り込もうとする動きがある。先駆的なものとして、OECDは、多国籍企業に対する政府の勧告の形を取り、任意の遵守を期待する「多国籍企業行動指針」を1976年に採択し、2000年にも改訂を行っている[19]。この指針は、たとえば「持続可能な開発を達成することを目的として、経済面、社会面及び環境面の発展に貢献する」行動をとるべきとしている（Ⅱ　一般方針の1）。その他、国連グローバル・コンパクトが、環境保護、労働者保護、腐敗防止を含む10の原則を提示し、企業がこれらの原則を経営において遵守することを自発的に国連と約束するプログラムとして1999年に提唱された[20]。

---

18) *Charter of Economic Rights and Duties of States*, U.N. Doc. A/Res/3281（XXIX）of 12 December 1974.
19) OECDのHP［http://www.oecd.org/corporate/mne/］を参照。また多国籍企業ガイドラインについては、たとえば、P. T. Muchlinski, *Multinational Enterprises and the Law*, (updated ed.)(Blackwell Publishing, 1999)、Section 16.2を参照。
20) グローバル・コンパクトについて、たとえば、江橋崇（編著）『グローバル・コンパクトの新展開』（法政大学出版局、2008年）を参照。

3　国際経済法の構造変化

（1）「国際コントロール」の発展

　伝統的な国際法の世界においては，平等な主権国家が並存し，その主権国家が相互間の主観的利益の調整を行うという発想の下，その結果として条約が締結されると考えられていた。通商及び投資についての権利を規定する通商航海条約がその例とされる。また国際社会においては，国内と異なり，法令を執行する機関が存在せず，各国の自発的履行に期待せざるを得ないため，国際法の履行をいかに確保するかに注意が払われてきた。国際法上の義務の不履行に対しては自国法益の侵害の救済を目的として「国家責任」の追及がなされ，また「紛争解決」の語が充てられてきた。これは「主観的ないし相互的な（bilateral）義務違反に対する責任の追及方法」であるとされる。一般国際法・条約を問わず，規定されているのは利益調整の結果としての関係国間の主観的権利義務関係であり，法解釈又は事実を巡る国際紛争が生じた場合の紛争解決手続はそうした主観的権利義務関係を明らかにすることが想定されていた[21]。

　しかし，その後通商その他の国際的な交流が盛んになるにつれ，個別国家の主観的利益を超えた国際的な共通利益又は世界の一般利益の実現を図り，そのために履行を確保するための独自の仕組みを備えた条約が形成されるようになったことから，伝統的な国際法上の義務履行確保と異なる仕組みとして「国際コントロール」の概念が使われるようになった[22]。まず，第一次世界大戦以後，複数の国が共通目的を実現するための条約が締結されるようになった。これらは，主権国家の主観的利益調整の結果としての伝統的な「共存の国際法」と区別され，「協力の国際法」とされる（本章一2を参照）。国際河川の管理に関する条約のほか，麻薬取引の防止などを目的とする条約はその例である。またそうした条約のうち，法秩序として自律性を有し，一般国際法からの独立性を有する多国間条約が出現し，「国際レジーム」と呼ばれるようになった。地球環境の保護を目的とする多国間条約がその例である。こうした国際法は，関係国間の主観的な利益調整でなく，客観的な法秩序自体の維持を目的とするものとされる。さらにこうした客観的な法秩序を維持するために国際組織等が指導監督を行う「国際コントロール」制度が出現してきた。条約当事国に条約上の義務・基準を遵守させるために，関係する事実を確定し，関係する規定を解釈適用し，違反が認められればそ

---

[21]　小寺『前掲書』（注8）6-12頁。
[22]　国際コントロール論及びその形成についての詳細な議論としては，たとえば，森田章夫『国際コントロールの理論と実行』（東京大学出版会，2000年）。

の是正を勧告するといった機能であり，具体的な権利・利益の救済を必ずしも目的としない。当事国に対して一般的に実施されるものと，特定の当事国に対して申立等により臨時に実施されるものとが区別され，後者について申立等を審査する機関が置かれるのが典型であるが，国家代表から構成される外交的機関である場合と政府から独立した個人によって構成される専門的機関である場合とがある[23]。

　国際経済法における紛争解決制度も，国際コントロールと捉えられるものとそうでないものとが併存している。WTO協定については，WTO協定上の権利義務に従った解決が志向されること，紛争解決手続を利用できる国が主観的な権利又は利益を侵害された国に限定されていないことから，その紛争解決手続が国際コントロールの機能を有すると解されている[24]。二国間の投資協定においては，投資受入国政府による協定上の義務違反から生じた損害の賠償を投資受入国政府に対して直接に求めるISDS手続については，後述のように国内裁判手続代替の制度とする見方と外交保護権の代理行使とする見方とがある（第2章三2(1)(ア)を参照）が，いずれにせよ，当事国の個別利益の保護のための制度と理解されるであろう。ただし，投資協定の目的を関係国間における投資の最適化と捉え，ISDS手続もそうした目的を実現するために必要な，政府行為に対する救済を求める国内裁判制度（性質上外国投資家の国籍で取扱いを違えにくい）の整備を黙示に要請しているものとし，さらに二国間投資協定のネットワークが張り巡らされている状況に鑑みれば，国際コントロールに接近した制度が形成されつつあると見ることも荒唐無稽でないと思われる。なお通商・投資保護以外の分野の国際経済法は，国際公益の実現のために形成されているものが多く，その実施管理制度は国際コントロールと考えるべきものが多いであろう。たとえば国際環境法・労働基準には履行確保手続が存在しているが，これらも国際コントロールと理解されている[25]。

（2）近年の構造変化

　国際法は，様々な分野において国家間のルールが合意され，それを各国家が遵守することを確保するという方向で発展してきた。国際コントロール論にみられるように，ルールの遵守確保が全体の客観的な利益として認識されるようになり，

---

[23] 以上については，小寺彰『WTO体制の法構造』（東京大学出版会，2000年）73-81頁及び87-89頁を参照。
[24] 同上，89-93頁。
[25] 小寺『前掲書』（注8）第15章を参照。

国際ルールの実効性が高められてきた。しかし，国際経済法の分野において近年，主体・分野・手段の3点において構造変化が指摘されており[26]，こうした思考の方向性が見直しを迫られている。

　第一に，主体の拡大である。国際法を国家間の法と考え，その法主体を政府及び政府間組織に限定するのが伝統的考え方であるが，今日では，企業・NGOなどの非政府主体の役割が大きくなっている[27]。国際経済法についても，たとえば，第2章三2でみるように，投資協定が，私人たる投資家が投資受入国政府の国際法上の義務違反を当事者として争うISDS仲裁手続を規定しているし，国際環境法や国際労働法において，NGO，企業，労働組合などが法執行に加えルール形成においても重要な役割を担っている。さらにISO規格など民間の国際的組織が策定したルールが，各国において又は多くの企業によって採用され，法的又は事実上の拘束力を有するに至ることも多い。また国連グローバル・コンパクトは，環境保護などの原則を経営において遵守することを企業が国連と約束するというプログラムである。GATT/WTO協定は，関税交渉が中心と考えられていたために政府間の取り決めという色彩が強かったが，国境を超えて国内措置についても貿易自由化が及び，また開発の問題への影響も強く意識されるようになり，環境・開発NGOなどが，WTOが貿易関連の政府職員だけに閉じられていることを非難し，交渉や紛争解決手続への参加を要請するようになってきている。

　第二に，分野の拡大・重複である。すでに触れたように，グローバル化によって，貿易，投資，労働，環境，安全基準，金融監督など戦前と比較して，様々な分野において国際的な調整・協力の必要性が明らかになり，様々な目的を実現するために国際ルールが策定されるに至っている。かつては，GATTが貿易分野を，国際労働基準が労働基準の分野をというように，国際ルールがそれぞれ独自の分野を担当するものと想定され，分野間の抵触があまり意識されなかった。したがって，それぞれの国際レジームにおいて合意された国際ルールをいかに正確に実施確保するかが課題であり，国際コントロール制度をその方向での発展形として考えれば足りた。また国際ルール間の抵触もあまり問題にならなかった。むしろ連携を追求する動きもあり，またある国際経済法の解釈において他の国際経済法を考慮するということも発生している。たとえば食品安全の分野で規制調和に取り組んでいるコーデックス委員会その他におけるガイドライン等は，WTO・SPS協定において，加盟国が一定の範囲で準拠すべき国際基準とされている（第

---

26)　山本『前掲書』（注3）171-181頁。
27)　この問題について，たとえば大沼保昭『国際法』（新訂版）（東信堂，2008年）第3章。

6章四2(3)(エ))。関税分類に関するCCCにおける合意は，WTO協定上行われている関税譲許の解釈において考慮されることが先例上明らかにされている（第3章四2(1)）し，ワシントン条約において保護が必要な動植物とされていることがGATT20条(g)号にいう「有限天然資源」に該当するか否かの判断において考慮された先例もある（第7章四2(2)(イ)）。

　これに対して，国際ルールが発展し深化するに伴い，分野間の政策の抵触の調整が重要な問題として浮上してきた。たとえばWTO協定においては，貿易自由化の観点から関税を超えて国内措置に対する規律が重視されるようになり，基準・認証に関するTBT協定（第10章）や補助金協定（第11章）が存在する。さらに，関税がほとんど存在せず，規制が参入障壁として問題になるサービス分野を新たに対象とし（第17章），また国内政策である知的財産権をも直接対象に含めた（第18章）。WTOがもはや関税引き下げのフォーラムに止まらず，経済憲法にも擬せられるものとなった結果，環境，安全基準その他の分野における各国政策との矛盾対立の可能性に対する懸念が強まっている。投資保護も，収用や外資排除策などを対象とするだけでなく，環境保護等他の分野における国内政策が問題とされた事案が発生したことから同様の懸念が寄せられるに至った。また貿易・投資保護以外の分野の国際ルールも，労働基準の問題を除けば，かつては武器・麻薬取引の規制や絶滅危惧種の取引規制など貿易自由化・投資保護という経済的視点からみれば周辺的な問題を取り扱うに止まっていたが，広汎な産業廃棄物・化学物質の規制，多数の産業において広く利用されていたオゾン層破壊物質の使用禁止，エネルギー使用を厳しく制限することとなる地球温暖化防止などが国際環境法の主題となるなど，環境保護からみても貿易自由化・投資保護との矛盾対立の可能性が顕わになってきた。

　こうした分野間での政策の抵触可能性が認識されるにつれ，様々な分野の国際ルールが相互に無関係に形成されることによる国際法の断片化（fragmentation）の問題が国際経済法においても発生している。したがってたとえばWTO協定については，そのままの履行確保が図られればよいと単純に言えなくなり，その紛争解決手続において各国の規制主権を侵害するような結果が避けられるようになっているかを問う必要がある（第2章二3(5)(イ)を参照）し，また各国の国内実施において国内法的効力が否定され，又は国内法の優越が規定されることも少なくない（第2章四3を参照）。投資協定においてもどのような例外規定を置くかが重要になっている[28]。また国際ルール間の抵触可能性も問題になってきている。たとえば，国際環境法とりわけ「オゾン層を破壊する物質に関するモントリオール議定書」，「有害廃棄物の国境を越える移動及びその処分の規制に関するバーゼ

ル条約」のような貿易制限を含む国際環境法は，貿易自由化を推進するWTO協定との整合性の有無が課題として意識されている。また，貧困，犯罪防止，雇用，社会保障など社会政策についての国際ルールも同様である（その一部について，第6章三，第8章及び第15章四2を参照）。またそれぞれの国際機関・フォーラムは，相互にオブザーバーとして会合に出席するのが通例となりつつあるし，WTOの紛争解決手続において関係する国際機関事務局の意見が求められることも多くなっている（第2章二3(7)(オ)を参照）。

さらに，政策分野間の抵触可能性は，個々の国際レジームの中でさえ問題となってきており，ルール形成に影響を及ぼしている。たとえばWTOにおいては途上国の加盟が増加したために，開発の問題が大きく取り上げられるようになった。GATT体制においても，開発の問題は認識されており，一般特恵関税制度の承認などの動きがあったが，WTOにおいては，1998年に始まった多角的交渉が「ドーハ開発アジェンダ」と銘打たれ，開発の問題が交渉の中心課題として取り上げられるようになった。他方で，開発の問題その他について加盟国間の対立が激化したために交渉妥結が困難になり，貿易自由化を自由貿易協定によって追求する動きが盛んになり（自由貿易協定のWTO協定整合性については第19章四1を参照），またサービス貿易についてもWTO加盟国全体でなく有志国による自由化交渉を追求する動きが出てきている[29]。また中国などかつて計画経済体制を採用していた国の参加により，市場メカニズムに対する考え方の違いも大きくなり，国有企業の規制問題（第13章を参照）など新しい課題が浮上している。

第三に，手段の多様化である。伝統的には，関係国間の利益調整のために締結される「共存の国際法」としては，締約国に法的義務を発生させる条約が重視され，法的拘束力のない紳士協定は，条約合意に至らなかった不完全なものないし形成途上の合意と認識されていた。国際公益の実現を図る「協力の国際法」であっても，主権国家間の約束である以上拘束力のある条約が主要なツールとして考えられ，そうした条約の履行を客観的義務として追求できるようになった国際コントロールが国際法の新しい現象として捉えられるに至った。司法的な紛争解決手続を備えたWTO協定及びISDS仲裁手続を備えた投資協定は国際法の制度として高度に発達を遂げたものと理解された。

---

28) たとえば日韓投資協定16条，またカナダモデル投資協定（2004年版）10条，at [http://italaw.com/documents/Canadian2004-FIPA-model-en.pdf]。またなお様々な選択肢を検討したものとして，Andreas Kulick, *Global Public Interest in International Investment Law* (Cambridge University Press, 2012), pp. 66-76.

29) 『不公正貿易報告書（2014年版）』（注12）433-434頁を参照。

しかし，今日では，国際金融監督（第15章を参照），貿易管理（第5章を参照）などの分野において，紳士協定でありながら高度に遵守されている国際経済ルールが多数存在する。技術的性格が強く，また事態の進展に合わせた頻繁な改正が必要な分野においては，こうしたソフトローのほうがむしろ有効であることが認識され，政策手段として積極的に評価されるに至っている[30]。また国際租税の分野では，国際的二重課税の回避が国内法における課題として認識されており，租税条約を待たずに国内法上の制度として採用されているものも多い（第8章を参照）。こうした方向ではさらに，IMFにおけるサーベイランス制度（第15章を参照）など国際的な評価と監視手続によって各国政府の注意を促すことが行われていることも指摘できる。ただし，こうしたソフトローについては，条約として議会の批准を経ず，実施のための国内立法も行われないとすると，民主的コントロールの観点から問題がないかも検討する必要があろう。

逆に，先に述べたように，WTO協定・投資協定のように司法的な紛争解決手続によって協定どおりの履行が強制されることに対する懸念も表明されている。すでに見たように，これらの国際ルールが消費者保護，環境保護などの国内政策の十全な追求又は国際的取組みを妨げる可能性があるからである。国際的に合意された国際ルールの正当性を前提としてその遵守をいかに確保するかを考えるという発想が再考を迫られている[31]。

さらに，国際ルールに従った行動を正規の実施方法とは異なる仕方で他国の企業等に強制しようとすることに対する規律も存在する。たとえば各国が輸入の条件として生産国における遵守を要求するいわゆるPPM措置（第7章を参照）の問題，企業が購入の条件として遵守を要求するプライベートスタンダードの問題（第10章）などがあり，その規律が問題になっていることも指摘できる。

こういった構造変化[32]を踏まえてグローバル・ガバナンスの問題を分析する必要があり，その場合に鍵となるのは，国際経済法及び各国が経済・社会において追求する様々な政策目的が相互にどのような関係にあるか，とりわけWTO協

---

30) 小寺彰「現代国際法学と『ソフトロー』——特色と課題」小寺彰・道垣内正人（編）『国際社会とソフトロー』（有斐閣，2008年）。
31) 紛争解決手続のいわゆる司法化について加盟国の規制権限を侵すリスクを指摘したものとして，米谷三以「WTO紛争処理手続の果たすべき役割——『司法化』に潜む危険性と提案」『国際経済法学会年報』8号（1999年）16頁以下。
32) 本書が国際経済法の構造変化として指摘するのと同様の変化，すなわち経済発展・国際競争力と環境保護との矛盾，ソフトローの増加，及びNGO等の行為主体の多様化といった変化を国際環境法の近時の特徴として説明する日本語文献として，松井芳郎『国際環境法の基本原則』（東信堂，2010年）第2章。

定における貿易自由化及び投資協定における投資保護といった政策目的が，環境保護，消費者安全，産業・開発政策その他の政策目的とどのような関係にあるか，であると考える。具体的には，両者が相互補完的関係にあるような高次の目的を見出せるか，相互に矛盾対立する関係にあるため合意によって一般的に又は個別事項ごとに優先順位を決定するか[33]である。この違いによって主体・目的・手段の多様化の意味合いが全く異なってくる。

　たとえば，高次の（又は統合された）共通目的を見出せる範囲では，客観的な最適解を探索すべく協力するという枠組みになるので，参加国の多様性が増しても，また企業・NGOなどの非政府主体の役割が増大しても少なくとも理論上はガバナンスが困難にならないはずである。主観的価値観の相違でなく，客観的な最適性に関する見解の相違であるので，事前予測と事後評価とを繰り返すことにより歩み寄りが相対的に容易なはずだからである。そもそも世界全体に関わる共通目的を見出せるならば，むしろ当該目的の追求に関心を有する主体が増えたほうが，目的を達成するために有利であり，さらに情報収集も容易になるため，私人の主体的参加を期待し，また国家単位で考えても排除よりも包摂の力が働く。また政策手段も目的に照らして客観的に最適か否かが重要であるため，法的拘束力の有無は直接の問題でない。監視と説得とを重視するやり方のほうが適切に機能する場合もあろう[34]。たとえば技術の進展に伴って頻繁に改定を要する国際ルールは，国内において批准等政治的な同意手続が必要な条約の形式を採ることにこだわるほうがむしろ不合理であろうし，逆に，共通の目的実現のために客観的に最適な手段を採用するというだけであれば新たな政治的同意すなわち批准を不要とする取扱いを国内法上正当化できるかもしれない。

　これに対して，統合されず，矛盾対立関係にある複数の政策に関しては，一般

---

[33] 経済学における「効率性」と法における「正義」との関係について検討する，宇佐美誠「効率性と正義――法と経済学の基礎理論のために」（宇佐美誠（編著）『法学と経済学のあいだ――規範と制度を考える』（勁草書房，2010年））は，法における諸価値の関係について，諸価値が衝突し合うように概念構成されている「争乱モデル」，諸価値の上下関係を定める「位階制モデル」及び「相異なった価値がたがいに安定的な相互補完関係に立つような各価値の概念観を探求する」「丸天井モデル」を提示している（同上，12-15頁）。高次の（統合された）目的を見出すのが「丸天井モデル」であり，矛盾対立があるとして優先関係を強い合意によって決定するのが「位階制モデル」である。本書の提示する比較優位論＝協力モデルは丸天井モデルに，国際競争論＝共存モデルは位階制モデルに対応する。

[34] 利害対立が小さい場合，ハードローとソフトローとが補完的関係に立ち，戦略的に使い分けられるとする評価として，Gregory Shaffer and Mark A. Pollack, "Hard and Soft Law," in Jeffrey L. Dunoff and Mark A. Pollack (eds.), *Interdisciplinary Perspectives on International Law and International Relations – The State of the Art* (Cambridge University Press, 2013).

に又は個別事項ごとに優先順位を付す必要があり，関係国・主体ごとに主観的な最適解がそれぞれ異なるため深刻な利害・意見の対立が生じる可能性があり，さらにそうした対立は，主体が増加し，主体の客観的状況が多様化すればするほど複雑化する。先進国間でも無視できない価値観の相違があるが，先進国と途上国とではたとえば自由化と経済開発との比重が大きく異なるなどより相違が大きいと想定される。旧共産圏諸国は，市場メカニズムの位置付けが自由主義を採用する国と全く異なる。非政府主体は，NGO相互でもそれぞれ追求する政策目標があり違いがあろうが，NGOと企業とでもまた優先順位が異なるであろう。そうした主体間での対立を解決するための合意には，強い拘束力を付与することが必要になる。対立自体が解消されるわけではないので，法的拘束力のない合意は遵守される保証がなく安定性に欠ける。したがって条約の形式で策定されることが重要であり，司法的紛争解決手続が存在することが基本的に望ましく，ソフトローを将来の条約化を想定する予備的又は過渡的な取決めと捉えることになる。また高度の義務を含む合意とするために，主体を拡大するよりも，価値観が近い主体を抜き出し，又は価値観が異なる主体を排除しようとする誘因つまり統合よりも分裂を選択する誘因が常に存在する。さらに国際ルールの策定・改定のために新たな価値判断が必要になる場合が多く，批准等の民主的コントロールを経る必要性が高くなるであろう。

　ただし，全体として主観的利益が最大化するとして，矛盾対立する可能性のある複数の政策の優先順位を個別事項ごとに合意し，その合意を条約という法形式で行うことにはそれ自体問題がある。経済に関わる政策は，その対象の複雑性に鑑み試行錯誤で行わざるを得ず，また状況の変化に応じて適宜修正することが当然に想定されるが，相手方のある条約という法形式とりわけ多国間条約では個別事項ごとの価値判断を修正することが困難であり，また矛盾する複数の判断にしかるべく折り合いを付けることも困難だからである。とりわけ，多国間条約における義務が客観的義務の性質をもつとされ，また二国間条約でもISDS仲裁を規定する投資協定のように私人によって履行請求が認められている状況では，矛盾する複数の規定の遵守を同時に強制されるという事態すら発生し得る。国内法においては，価値判断の修正又は誤りの是正のために既存法令を変更することも新法を制定することも単独でできる。また関係する国内法間での矛盾抵触は少なくとも司法機関において必ず解決される。しかし，こうした柔軟性及び調整可能性が条約とりわけ多国間条約には欠けている。したがって複数の政策分野を跨り，政策相互の優先劣後を決定するという政策決定を条約とりわけ多国間条約という法形式で行うことには重大なリスクがある。条約の締結には，国民の利益すべて

を代表する制度的基盤を有する政府が交渉し，議会の批准という手続的制約があるという点で議会の立法と類似する面があるが，このリスク故に，条約によってなし得ることに事実上限界がある。すなわち，矛盾対立する可能性のある複数の政策間で個別事項ごとに優先順位を定めることに合意した可能性は低く，そうした複数の政策を統合した高次の目的に合意し，その実現のために協力することを規定する合意である可能性が高いという考え方も十分成り立つであろう。

三　国際経済法の政策原理

　前項は，グローバル・ガバナンスの問題を考える上で，各国及び国際組織において追求されている政策目的相互の関係，とりわけ貿易自由化・投資保護とその他の政策目的との関係を検討する必要があることを示した。以下では，これらの政策目的の理論的検討に基づき，経済・社会の持続可能性を中心に諸目的を統合できる可能性があることを提示し，さらに政策相互の矛盾対立を合意によって優先順位を決定することで解消していこうとする国際競争論＝共存モデルと，関係する政策が安定的な補完関係に立つような価値の存在を前提とする比較優位論＝協力モデルという思考枠組みを提示する。本書の分析は，かかる思考枠組みの対比を軸に行われる。

1　貿易自由化の政策根拠

　まず貿易自由化の政策的根拠を検討する。主たる対象措置は，輸入から国内産業を保護するための関税及び輸入制限であり，こうした政策措置の撤廃・削減を念頭に置く。

　絶対王政の時代には，貿易自由化の政策根拠として重商主義が説かれた。初期においては，金が富であるとして金の獲得・蓄積を指向する重金主義であったが，その後，貨幣を富とみて輸出を最大化し，輸入を最小限度として貿易差額を最大化しようとする貿易差額主義が提唱された。自国産業が国際競争力を有する産品について他国の関税を下げさせ，逆に自国産業が国際競争力を有しない産品について関税を維持して輸入増加を避けるわけである。重商主義は，今日において理論的にその合理性を支持されておらず，貿易自由化を推進する政府が正面に掲げることもない。

　自国の利益のみを主張する重商主義に代わり，自由貿易が相互に利益であることを主張したのがアダム・スミスの絶対優位の理論である。その後，リカードが主張した「比較優位の理論」は，絶対優位の理論の発展形であり，各国が比較優

位産業に特化した状態において世界経済全体の効率性が最適化されるとし，貿易を自由化し，国際競争に委ねることによってかかる状態を実現できるとする。最も単純な形では，二国からなる世界経済を想定し，労働力などの生産要素の賦存状態を所与として，二つの財たとえば毛織物とワインとだけからなる経済を考えて説明される。たとえばA国において12の労働力があり，毛織物1単位の生産に2，ワイン1単位の生産に4の労働力が必要であったとする。これに対して，B国において6の労働力があり，毛織物1単位の生産に1，ワイン1単位の生産にも1の労働力が必要であったとする。それぞれが自給自足の状態では，たとえばA国は，毛織物・ワインそれぞれ2単位の生産が可能であり，B国はそれぞれ3単位の製造が可能であり，全体で合計5単位ずつの生産が可能である。この状況では，B国がいずれの産品についても絶対優位を有しているが，毛織物のほうが相対的にA国の生産効率が高いので，A国は毛織物に，B国はワインにそれぞれ比較優位を有しているとされる。A・B国がそれぞれ比較優位を有する産品の生産に特化したと仮定すると，それぞれ6単位の生産が可能になる。したがって追加産出物を分け合えば両国共により多い消費が可能になる。そのために関税を撤廃し，自由貿易を実現することが前提として必要になる。これは関係国数を増加し，また対象財・サービスの数を増やすなど一般化しても依然として成立すると考えられている[35]。この考え方は，貿易関係を所与の前提としてその範囲での調整を図るという発想でなく，経済・社会の最適化を共通目標として貿易を通じた協力関係を追求する発想を理論的に支える基盤となる。

　これに対して，通商法実務においては，"level playing field" の確保が貿易自由化の目標として強調されることが多い。関税は，輸入品の価格を人為的に引き上げ，その結果輸入品と国産品との競争関係における平等性を損なっているので撤廃すべきとするのがその主張である。"level playing field" という言い方は分かり易く，貿易自由化を正当化するスローガンとして使われている[36]。

　比較優位論が国民経済単位での協働を通じて最適化を追求し，したがって経済に関する政策すべてにおいて客観的最適性確保を要求するのに対し，"level playing field" 論は，産業単位での国際競争における主観的利害調整に局面を限定し，その調整原理として競争の平等性確保を強調するという違いがある。後者

---

35) 比較優位の理論については，たとえば，若杉隆平『国際経済学』（第2版）（岩波書店，2001年）31-46頁。

36) たとえば，United States Trade Representative, "Trade Policy That Works for America's Workers and Businesses: A Level Playing Field for American Workers", at [http://www.ustr.gov/about-us/press-office/fact-sheets/2009/july/trade-policy-level-playing-field-american-workers].

における競争関係の平等性は，関係国の経済・社会全体の最適化を実現する条件である保証がない。"level playing field" を主張する論者も競争力に優れた企業が勝ち残ることによって各国及び世界経済の効率化が実現されると主張するであろう。しかし，この議論は，当該産業だけの効率性すなわち経済の一部分の結果を無条件に経済全体に拡張しており，敗退した企業の労働者・資本等がどう利用されるかの議論が十分でない。"level playing field" 論の下では，労働者・資本が居場所を保障されるには国際競争において勝てる産業に属していることが必要であるが，国際競争において勝ち残った産業が敗退した産業の労働者・資本を完全に吸収することが理論上約束されているわけでないからである。これに対して，比較優位論は，比較優位にない産業の労働者・資本等が比較優位産業に移動し完全に利用されることを想定し，経済を全体的・包括的に捉えている。

したがって，関税引き下げの意義も異なる。比較優位論では，比較優位産業への特化のために自発的に関税引き下げを行うほうが有利と考えるので，国際的な合意がなくても貿易自由化が実現されそうに思える。しかし，現実には，貿易自由化によって損害を被る比較劣位にある産業及び雇用確保に関心のある労働者が自由化に反対すべく政治的に協力し合うのに対し，貿易自由化から利益を受ける主体とくに消費者がそれほど協力に熱心でないために，政府としては，たとえ自国の利益になることが分かっていても，貿易を自由化することが政治的に容易でない。同様の立場にある外国政府と合意することによって最適な政策選択を自ら強いることが必要になる[37]。関税引き下げの合意はその意味で協力のための合意であり，法的拘束力を有する条約の形式が選択される。

これに対して，"level playing field" 論では，関係国が主観的利益をそれぞれ追求することから生じる利害対立，通商関係においては輸出拡大と自国産業保護といった利害対立の調整に局面を限定し，他国の関税引き下げを得るために自国の関税引き下げを対価として提供すると考える。したがって，関税引き下げの合意は，問題を限定して対立を解消・緩和する，共存のための合意に止まる。関税引き下げ自体を自国の利益に合致ししたがって自発的に行われることと考えていないので，貿易自由化を実効性のある合意とするために拘束力のある合意すなわち条約が選択されるのは当然である。

以上の考察に鑑み，本書では，貿易自由化について，比較優位論を理論的根拠として，政府自体を含む関係国全体の経済・社会の状況の改善すなわち transna-

---

37) 集合的決定に関する問題については，Mancur Olson, *The Logic of Collective Action: Public Goods and the Theory of Groups* (revised ver.) (Harvard University Press, 1971) を参照。

tional もしくは global な政策目標を共有し協力関係を構築すると考える発想を「比較優位論＝協力モデル」、これに対して、各国が自己利益をそれぞれ追求することを所与の前提としてその共存を図るため、国際通商という international な関係の一分野に関心を限定し、その分野における対立を解消・緩和すべくたとえば"level playing field"の確保を調整原理として追求するものと考える発想を、「国際競争論＝共存モデル」として言及する。なおこれらは国際法の分類である「共存の国際法」「協力の国際法」概念と考え方において共通点がある。ただ本章一2において説明したように、今日においては、個々の国際経済法がいずれに分類されるかをその政策目的の絶対的性質でなく他の政策目的との相対的関係に照らして決定すべきであり、たとえば既存の枠組みでは「協力の国際法」とされるWTO協定も、「共存の国際法」とされるであろう投資協定（次項で検討する）も、「国際競争論＝共存モデル」「比較優位論＝協力モデル」いずれの思考枠組みからも解釈することが可能である。

2　投資保護の政策根拠

次に、投資保護の政策的根拠を検討する。ここでの主たる規制対象は、国内産業を保護するための外資制限及び収用・国有化、国内への再投資を強制する外国送金の規制などである。

在外投資財産の保護は、自国民の保護の一環としてすなわち自国の利益の保護を主眼とする。逆に投資を誘致したい国は、外国からの投資を保護することを約束することによって投資環境が整備されていることを示そうとする。ここに資本輸出国と資本輸入国との間で合意が成立し、投資協定が締結される。投資協定は、投資保護・誘致といった国際投資の取扱いに限定され、両国の経済・社会全体をどうするかの構想は示されていないと想定されている。その意味で、投資保護に主眼を置く考え方は、国際通商関係に関心を限定する"level playing field"論に親和性がある。したがって、本書において「国際競争論＝共存モデル」に言及する場合には投資保護を自国投資家及びその財産の保護という観点から追求する発想を含める。

これに対して、貿易自由化における比較優位論のように、投資保護に局面を限定して考えるのでなく、投資を保護することによって関係国経済・社会全体の状態を向上させることを目的とする考え方もあり得る。すなわち、関係国経済・社会全体での資金の利用の最適化及び事業に必要な特許・ノウハウ等の技術の利用最適化という共通の政策目的を考えることができるはずである。財産権の保護及び契約の履行確保が法的に適切に担保されていなければ取引が円滑に行われない

のと同様に，投資保護が適切になされていなければ投資も適正な水準で行われない。たとえば，投資収益の送金の制限又は制限の可能性は外国投資のリスクを高め，投資水準を低下させる。また追加投資が制限され又は制限される可能性があれば，投資家はそのリスクを考慮して追加投資の必要のない投資たとえば技術改善の必要のない旧式モデルの製造工場設置にその活動を限定するかもしれない。外交関係の悪化によって投資財産が没収される可能性があるならば，長期的な投資はできない。これは投資資金及び技術資産の利用最適化を通じた関係国経済・社会全体の最適化という観点からみて望ましい状態でない。その最適化のために投資保護・自由化を約束するという発想があり得る。

このような考え方は，比較優位論から貿易自由化を考えるのと，関係国経済・社会全体の効率性を考える点で親和性が高い。とりわけ今日発達した投資協定のネットワークを二国間協定の寄せ集めでなく全体として一体の国際投資法とみるmultilateralism（本章五3(1)を参照）に立てばなおさらである。本書において「比較優位論＝協力モデル」に言及する場合には，貿易自由化のみならず投資保護について関係国経済・社会全体の最適化を想定するものとする。なお次項の議論が示すように，通商・投資保護以外の分野の国際法にも同じ構図が当てはまる。関係国の共通利益又は世界的公益の追求を強調する考え方は「比較優位論＝協力モデル」と親和性があり，自国産業の国際競争力への影響とのバランスで環境保護等を進める考え方は「国際競争論＝共存モデル」に近い。

3　国内政策措置とその政策根拠

（1）国内規制・補助金

貿易自由化が関税の撤廃・削減のみならず，いわゆる非関税障壁とりわけ国内規制・租税にも関心が移ってきたこと，投資協定の規律対象がもっぱら国内政策措置であることに鑑みると，そうした国内規制措置に対する規律の考え方もみておく必要がある。通商法の議論においては，貿易以外の環境保護，安全確保などの政策的関心を「非貿易的関心事項」と総称することが多いが，大まかに言えば，国際通商及び投資における自由化・競争関係の平等性確保と，非貿易的関心事項を追求する国内規制措置とが，矛盾対立する関係にあると考える国際競争論＝共存モデルに立つか，相互補完関係にあると考える比較優位論＝協力モデルに立つかで，考え方が大きく分かれる。この違いを，自動車の安全基準を例に説明する。

まずA国政府が，自国における消費者安全の確保の観点から最適な制度として，すなわちA国の消費者の行動パターンを前提とした所定の安全基準を充たさない産品の輸入販売を禁止したと仮定する。各国メーカーは自国市場を中心に製品

設計を考えているであろうから，その時点で販売している製品のうち販売が禁止される製品の比率がＡ国産品よりもＢ国産品のほうが高く，上記輸入販売禁止の結果として自動車の輸入が相対的に減少する可能性が高い。すなわち最適な安全保護規制の導入は輸入減少をもたらす可能性が高い。

　この場合，輸入品と国産品との競争関係の平等性確保と消費者の安全確保とが矛盾対立する関係にあると考えるのが一見すると自然である。ただし，そう考えると，競争関係の平等性確保と非貿易的関心事項の追求とのいずれをどれだけ優先するかの主観的価値判断が必要になる。競争関係の平等性確保を徹底するならば，非貿易的関心事項の追求において最適な手段が採用できない可能性を受け入れざるを得ない。逆に，非貿易的関心事項の追求を十全に行う権限を確保するためには，競争関係の平等性確保を徹底できない可能性を受け入れざるを得ない。いずれを優先させるかの判断は，非貿易的関心事項の具体的内容たとえば環境保護，消費者の健康保護，詐欺的取引の防止等といった個別政策目的ごとに行うことができる。市場メカニズムを信頼すれば貿易自由化をすべてに優先させるであろうし，市場メカニズムが十全でないと考えれば貿易自由化に優先する政策のリストが長くなろう。

　これに対して，輸入品と国産品との競争関係の平等性確保と消費者の安全確保とが矛盾対立するものでなく，相互補完の関係にあると考えることも理論上可能である。特定の産品について競争関係の平等性を，それ自体を目的として確保するのでなく，関係国経済・社会全体の最適化を目的として追求するのであれば，当然のことながら，確保すべき「平等な競争関係」は，形式的な同一取扱いでなく，経済・社会の最適化を達成するような競争関係であることが要求される。標準的な経済理論は，生産者・消費者等の非政府主体に選択を委ねることで経済・社会の最適化が実現されるとするが，同時に，現実の経済において最適化が実現されない可能性を認め，カルテル，規模の経済性，外部効果，情報の非対称性，公共財などを例として挙げ，そうした「市場の失敗」が存在する場合にこれを是正する政府介入が経済効率性の観点から正当化されるとする[38]。たとえば自動車の安全性について消費者が十分な情報を有しておらず，安全性が不十分である自動車を使用した場合に事故を起こして第三者に重大な損害をもたらすリスクを相当数の消費者が過小評価しているという状況においては，そのまま消費者の選択に委ねると経済・社会全体として最適でない結果になりかねない。これは「市

---

38) 奥野正寛・鈴村興太郎『ミクロ経済学Ｉ』（岩波書店，1985年）23-25頁，J. E. スティグリッツ（藪下史郎（訳））『公共経済学（上）』（第2版）（東洋経済新報社，2003年）95-108頁。

場の失敗」(情報の不完全性及び外部効果)であり，その是正のために事故のリスクを消費者に周知徹底するといった方策も考えられるが，自動車の安全基準を引き上げ，基準を充たさない自動車の販売を禁止する，という方策が最善である可能性もある。後者の場合，基準を充たさない自動車の販売が禁止された状態こそ平等な競争関係であるとすることになろう。逆に言えば，政策目的が正当でなく，又は選択した手段が目的に照らして最善でない場合にのみ競争関係の平等性が害されていると考えるわけである。関係国経済・社会全体の最適化という高次の目的のために，かかる競争関係の平等性確保と非貿易的関心事項の追求とが相互補完の関係にあると考えることになる。

以上の議論は，投資保護と環境保護等の非経済的政策関心との関係にも当てはまる。投資先国において環境保護の水準が引き上げられると，投資企業においてその遵守のための費用が増加し，その結果利潤が減少する可能性がある。この引き上げを投資時に予想していなかったのであれば，採算が合わなくなるかもしれない。かかる事態が投資保護に反すると考えれば，すなわち投資保護と環境保護等の非経済的政策関心の追求とが矛盾対立する可能性を否定できないことになる。したがって，投資保護のために国内規制措置に対する規律を追求すると環境保護等の非経済的政策関心の追求が十全にできなくなる可能性がある。逆に，非経済的政策関心の追求が十全にできるようにすると，投資家保護を全うできなくなる可能性がある。したがって，いかなる場合にいずれを優先するかを合意しておく必要がある。

これに対して，投資保護と環境政策その他とが相互補完的な関係にあると捉えることも可能である。投資保護を，関係国経済・社会全体の最適化を共通目的として追求されると考えるならば，関係国それぞれにおいて「市場の失敗」が適切に是正されていることが必要である。したがって，環境保護政策等は，「市場の失敗」の是正を目的とし，是正措置として客観的に最適な手段が選択されていることを条件として，投資保護政策と相互補完関係にあるということになる。したがって，投資保護のために国内規制措置に対する規律を追求するならば，投資に及ぼす影響よりも，「市場の失敗」の是正を目的とし，かつその是正手段の選択が最適であること，すなわち目的の正当性及び手段選択の最適性とを要求することになる[39]。

これらの国内規制措置に関する議論は，環境保護，研究開発促進その他を目的とする補助金にも適用できる。国内産業に補助金を付与すれば，輸入品との関係で有利になる。この点で貿易自由化と矛盾対立する可能性があると考えることもできるし，関係国経済・社会全体の最適化という高次の目的を想定して相互補完

の関係にあると考えることもできる。後者の場合，国内規制措置についてと同じく，目的の正当性及び手段選択の最適性を要求することを考えることになろう。是正対象となる「市場の失敗」が国内における生産活動に関係するのであれば，その是正手段としての補助金の対象は，国内生産企業すなわち国産品に限定され，輸入品は除かれるのが当然である。投資保護との関係でも同じように考えることができる。

このような貿易自由化・投資保護と非貿易的・非経済的な政策の追求との関係における考え方と貿易自由化・投資保護自体の考え方とはどのような関係にあるか。前者の関係をどのように捉えても，国際競争論＝共存モデルを理論的に採用できなくなるということはないが，現実の"level playing field"論は，両者が矛盾対立する可能性があることを前提としているように思われる。これは，国際競争論＝共存モデルが関係国経済・社会全体の最適化という視点からの議論でなく，個別の産業における競争関係における平等性又は投資保護という関係国間の貿易・国際投資における利害調整という分野別の視点からの議論であることを考えれば理解しやすい。これに対して，比較優位論＝協力モデルは，経済・社会の最適化という包括的かつ高次の目的を想定しているので，貿易自由化と非貿易的・非経済的関心事項の追求とが相互補完関係にあるという考え方を採用することになる。

（2）「持続可能な発展」

国際連合の「環境と開発に関する世界委員会」は，1987年にいわゆる「ブルントラント報告」を発行し，その中で「持続可能な発展（sustainable development）」を中心概念として用いた[40]。この概念は，「将来の世代の必要を満たす能力を損なうことなく，今日の世代の必要を満たすような発展」を意味するもの

---

39) なお，経済・社会全体からみて最適な政府措置であっても，それまで私人の自由・裁量に委ねられていた資源配分を強制的に変更する以上，将来の自由が制限されるだけでなく，過去の活動の成果としての私人の経済状況に影響が及ぶこともある。たとえば所有権の範囲・行使が制限される可能性があり，その制限が重大であれば，損失補償の問題が生じる。補償なしに財産権の制限が許されるとすると，財産権が安定性を欠き，投資が最適な水準で行われないからである。貿易関係を扱うWTO協定には，知的財産権の強制実施を除き，損失補償を前提とする規定が存在しないのに対して，投資を扱う投資協定においては正当な補償を条件とする収用の規定がある。本章五3(1)を参照。投資をも扱うGATSにおいてそうした規定が必要でないかは検討する価値がある。この問題は，第17章一2において再び言及される。

40) World Commission on Environment and Development, *Our Common Future* (Oxford University Press, 1987).

とされ，基本的な政策指針として様々な文脈で言及されている。1992年に合意された「環境と開発に関するリオ宣言」においても中心的な原則として言及された[41]。

この「持続可能な発展」を実現するための行動指針は，環境資源を含む天然資源の有限性を出発点とするが，人工の資源である技術と天然資源とが代替可能か，さらに代替可能であるとしても開発される技術の可能性を有限と考えるかといった問題をどう考えるかで大きく分かれる。技術の代替可能性を肯定し，かつ技術開発の有限性を否定するならば，市場メカニズムに委ねることで天然資源の有限性を克服できる。しかし，技術の代替可能性を否定するか又は技術開発の有限性を肯定すれば，天然資源とくに非再生性の天然資源を現在世代と将来世代との間でどのように配分するかという問題が生じる[42]。

適切な配分を実現するために採用される措置には，資源消費を節約する技術開発のための補助金や資源の消費効率を基準とした産品規制なども考えられ，そうした措置は，前項において検討した国内規制措置・補助金と同じく貿易に影響を及ぼす可能性がある。また，現在世代に対する配分を減らす措置は，投資の採算性に影響を及ぼしとくに既存の投資の価値を減ずる可能性がある。こうした措置が貿易自由化・投資保護に矛盾対立する可能性があるとすれば，貿易自由化・投資保護を優遇する範囲をどうするか，一般的に規律を課すとすれば，逆にどの範囲で特定の政策分野の措置を留保するかを問題にすることになる。

では，「持続可能な発展」という政策課題を現在世代と将来世代との間での資源の配分の問題と考えると，貿易自由化・投資保護と相互補完の関係にあると考える余地があるかどうか。貿易自由化・投資保護の目的を関係国経済・社会の最適化としても，相互補完関係は見えてこない。それ以外の考え方がないかを検討する必要がある。

この点，「配分」という問題設定は，資源の適切な世代間配分が可能であること，その前提として将来世代の需要を正確に予測できることを暗黙に仮定しているが，その仮定が正しいかを問う余地がある。たとえば需要を大幅に増加させる自然災害・新興感染症・気候変動等の発生を正確に予測することは現在不可能で

---

41) United Nations Conference on Environment and Development, *Rio Declaration on Environment and Development*, at [http://www.unep.org/Documents.Multilingual/Default.asp?documentid=78&articleid=1163], Principle 1. なお「持続可能な発展」概念に関わる国際法上の議論の発展について，たとえば，松井『前掲書』(注32) 第6章を参照。
42) この問題の概観については，R. K. ターナー，D. ピアス，I. ベイトマン（大沼あゆみ（訳））『環境経済学入門』（東洋経済新報社，2001年）28-31頁。

ある。予測できない以上，適正な配分という発想では，現在の配分（消費）が過剰になり，その結果将来世代の持続可能性が損なわれるリスクを無視することになる。しかし，将来世代への配分を無限に増やせば現在世代が生存できなくなってしまう。

したがって，人間が存続可能であることを所与とすればその所与の条件の範囲に留まるように配分を決定すればよいが，人間の存続可能性を疑うならば，存続可能性自体の最大化を最優先する必要があるわけである。すなわち，経済・社会の持続可能性を重視する場合の適切な対応は，世代間での資源の「最適な配分」でなく，資源等の天然の資本と財・技術等の人工の資本との代替可能性を前提として将来世代に引き継ぐ資本の最大化という保守的な選択であるとする考え方があり得る[43]。経済のみならず社会をも統合して考えれば，資本として考慮すべき対象には，化石燃料，鉱物資源，清浄な空気・水，自然環境などの天然資源のほか，手入れされた耕地や里山，漁場，宅地，機械設備，良質な労働力，技術などの物的・人的資本，勤勉，節倹，努力，慎重さ，信義，探究心などを支持する倫理観念，社会に対する信頼，公徳心，慈善等経済のみならず社会関係における社会関係資産など，人間の存続のために有益な有形・無形の資産すべてが含まれる[44]。全体の持続可能性の問題であるから，誰が所有しているかは問題でなく，経済・社会全体で保有している資本が最大化されればよい。後に見るように，持続可能性の最大化が目的として共有されれば，持続可能性の観点から最適な用途に利用されるように資金が提供されることが想定されるからである。

上記議論は，標準的な経済理論の想定といくつかの点で異なる。標準的な経済理論は，フローの消費から消費者が得る効用の最大化を実現すべき状態であると前提して，資源利用の効率的な利用すなわちフローとしての生産又は消費の最大化をまず実現すべきとする[45]。しかし，将来世代に引き継ぐ資本というストックの最大化を経済・社会の目標とするならば，消費者その他に期待される行動が全く変わってくる。まず実物経済においては，すべての家計及び企業の生産・消

---

[43] 現在世代は，過去世代から良好な環境を遺産として引き継いだことによって，将来世代に同様に引き継ぐ義務を負うとする「連続的協力関係」に立つとし，「公正」の観点から将来配慮義務を導く議論として，宇佐美誠「将来世代をめぐる政策と自我」鈴村興太郎・宇佐美誠・金泰昌（編）『世代間関係から考える公共性』（東京大学出版会，2006年）69-87頁。

[44] 信頼，公共心などの無形の社会関係資産を物的・人的資本と並ぶ第三の資本と位置づけ，その効率性に及ぼす影響を強調する見解として，荒井一博『自由だけではなぜいけないのか——経済学を考え直す』（講談社，2009年）。

[45] たとえば，奥野・鈴村『前掲書』（注38）4-6頁，及び，スティグリッツ『前掲書』（注38）70-75頁。

費・投資活動がそうした経済・社会全体が保有する総資本の最大化を目標として行われ，かかる目標の実現を妨げる消費等を控えることが期待される。標準的な経済理論が，家計の目的を消費から得られる効用の最大化，企業の目的を利潤最大化と想定するのに対して，ここでは，家計も企業も経済・社会が保有する資本の最大化を目的関数として行動すると想定するわけである[46]。

　これは人間に当然に期待できる行動でなく，そうした行動を促す社会的規範が必要とされよう。自己利益だけを追求していれば悪評が立ち，仲間外れにされるというのはそうした社会的規範が存在することを示している。社会関係資産の一であるそうした社会的規範が確立（自己又は自己の延長としての子孫の存続可能性の最大化を目的とし，そのために他人及びその子孫と協力する社会的合意に達したと想定しても差支えない）すれば，各自が，各々の自己利益を追求して経済活動を営むのでなく，すなわち消費から得られる自己の主観的満足でなく，人間存在の持続可能性の最大化という目標を共有し，将来世代に引き継ぐ資本の最大化を追求して財・サービスの選択を行う（積極的に保有し維持しようとする）ので，あらゆる財・サービスが，資本の増加に貢献する範囲で生産され，消費又は保有されることになる。

　たとえば，手入れされた庭園について訪問者が自発的に入場料を支払い，それによって庭園の維持管理費用が賄われ当該庭園が独立採算の事業として成り立っているとしよう。訪問者は，庭園から安楽等のサービスを得るために訪問し，その対価として入場料を支払うだけでなく，当該庭園に資本としての価値を認め，それが将来世代に引き継がれるように，維持管理費用の一部を負担するために訪問し入場料を支払っていくこと（寄付すること）も想定される。この部分の入場料の支払が将来世代に引き継ぐべき資本の維持管理サービスに対する支払の例である。資産家が庭園を購入して無料で開放しかつ自己の費用で維持管理し将来に引き継ぐのでも同じである。すなわち，将来（世代）のための投資が本源的需要であり，消費をかかる投資から派生する需要と考える。

　そうした私人間の取引ないし自発的活動に委ねて資本の最大化を実現できない範囲で政府介入が正当化される。すなわち道路・公園などの公共財を構築し維持する公共事業，外部効果を内部化する環境政策など「市場の失敗」を是正する政府介入が正当化される。さらに，弱者保護政策として位置づけられる政策措置もそうした「市場の失敗」を是正する政府措置として位置付けることが可能である。

---

[46]　「時間を超えて存続する社会全体のストック」を重視する見解として，塩野谷祐一『経済と倫理——福祉国家の哲学』（東京大学出版会，2002年）310-313頁。

たとえば労働者保護を考える。人的資本の保全・拡大が「持続可能な発展」のために不可欠であるが、とくに労働者の移動が通常であれば、人的資本の保全に配慮してもその効果が当該使用者に留まらない可能性が高いため、使用者としては、配慮するインセンティブが小さく、結果として労働力を使い潰してしまう可能性が高くなる。流動性の高い労働市場を前提とするならば、人的資本の再生産・改良に関わる「市場の失敗」を是正するための施策すなわち労働基準その他労働者保護政策が重要になる[47]。初等教育も同様である。本人又は保護者の裁量に完全に委ねると人的資本の最大化の観点から客観的に最適な教育投資が行われないとすれば、政府が費用を負担し、さらに教育サービスを強制することが正当化される[48]。それ以上の教育についても同様である。

　金融経済においても、すべての経済主体が、消費から得られる効用の最大化又は利潤の最大化でなく、すなわち各々の主観的利益を追求するのでなく、経済・社会全体が保有する資本の最大化という共通目標に照らして行動することを期待する。したがって、余剰の経済力すなわち得られた全所得から労働力等自己の保有する資本の再生産・投資に必要な分を控除した残余を、良好な住環境の整備、子弟の教育、連帯感の強化につながる共同体活動への参加、伝統文化の継承など資本の維持・拡大に対する最適な投資に割き（そうした活動を可能にするためにも労働時間等の制限が必要とされる）、さらに投資・寄付などを通じて資金不足主体に最適な資金移転を行うことを期待する。最適な投資を行う資金需要が存在するのに余剰資金を手放さないこと、自己の主観的満足を追求して資本の最大化に貢

---

47) 人的資本の維持・拡大という観点から社会政策を説明する考え方として、大河内一男『社会政策（総論）』（増訂版）（有斐閣、1980年）、とりわけ29-33頁。これに対して、労働政策を含め社会保障政策一般をたとえば「社会連帯に基づく公的責任で国民の生活保障を行うという社会保障概念」で説明するのが近年の方向性であるとされ、かつ社会保障の給付と負担とに関わる「社会給付機構」と市場経済とを分けて論じることが多いと思われる。たとえば、京極高宣「社会保障と経済の一般的関係」宮島洋・西村周三・京極高宣（編）『社会保障と経済』（東京大学出版会、2009年）5-10頁。この考え方は、社会保障政策一般を効率性を損なうものと前提している。

48) 経済学においては、初等教育のようなメリット財の供給を政府のほうが個人よりも何が最善かを知っているとするパターナリズムから正当化する議論があり、他方で個人の選択を尊重すべきとする自由主義と対立がある。スティグリッツ『前掲書』（注38）108-110頁。経済の目的を、個人の効用最大化でなく、人類の持続可能性すなわち資本の最大化とすれば、メリット財の供給は、資本最大化を実現する選択を選好させる社会関係資産の不足に起因する「市場の失敗」を是正する措置と考えることができる。これら教育投資に対する金融市場の不完全性を理由とする市場介入を認める考え方、さらに人的資本論等学習者の私的利益の増大を教育の効果とみる考え方に対して、教育の効果として公共心等の社会関係資産の涵養を重視し、政府介入の必要性を強調するものとして、たとえば、荒井一博『教育の経済学・入門——公共心の教育はなぜ必要か』（勁草書房、2002年）。

献しない用途に支出することはいずれも回避される必要があるが，そうした行為を吝嗇・浪費といった悪徳として抑圧する社会関係資産が不足している状態では，その保有する資金・財産の使途を各主体の判断に委ねると最適な資金移転が行われない可能性がある。この状態を「市場の失敗」に数えることができ，是正措置として累進課税を含む課税・公共支出を通じた所得再分配が正当化される。

　このように「持続可能な発展」を重視すれば，経済主体に期待される行動が異なる可能性がある。しかし，国際競争論＝共存モデルは，国家の主観的利益の追求を前提とすることからみて，その構成員たる経済主体についてもそれぞれ主観的利益の追求を前提とする議論に親和性がある。したがって上記議論は受け入れ難く，世代間の分配の問題として捉えることになろう。そうすると，効率性の問題との価値判断を含む調整が必要になる。逆に，比較優位論＝協力モデルは，経済・社会全体の保有する資本の最大化を共通目標として行動する経済主体を想定する議論に親和性が高い。各国が資本の最大化を目標として最適な行動を採れば，貿易・投資を通じて世界経済・社会全体で保有する資本の最大化が実現され，人間存在の持続可能性が最大化されると考えることができる。

　なお個人が主観的満足の最大化を目標とすることを否定するとしても，各個人の行動を政府が指示する計画経済の仕組みを想定するわけでない。いかなる資本が持続可能性の最大化に資するかは将来どのような事象が発生するかに依存しているため自明でなく，各個人が何を生産し，何に投資すべきかは基本的に各自の判断と想像力とに委ねざるを得ないし，そもそも多様性自体が資本として価値を有するからである。資本の最大化という目標が共有されていれば各個人が委ねられた裁量を適切に行使すると信頼してよい。むしろ計画経済の仕組みでは，情報収集・決定のコストが莫大になり，また判断を誤った場合のリスクが巨大である。また各個人に選択の自由がなければ，持続可能性の最大化という経済・社会全体の目標に対するコミットメントを得難く，つまり社会関係資産が縮小し，その結果さらに政府による規制・指示が必要になるという悪循環に陥る可能性がある。かかる客観的リスクに鑑みれば，自己の主観的満足の最大化を目標とすることを認めないとしても，資本の最大化を目標とする限り，社会倫理等社会関係資産の機能に期待して経済活動を私人の自由に委ねることを基本とし，政府の役割をその補完に限定することが求められる。むしろ，個人が主観的満足を最大化することを積極的に許容したとしても，計画経済の仕組みの採用を否定する理由を最終的には憲法上の自由権規定など単純多数決で変更できない既存の合意と抵触することに求めざるを得ないのであれば，計画経済を拒否する理論的基盤としていずれが優れているかは明らかでないと思われる。

（3）所得再分配政策の位置付け

前項で見たように，国内政策のうち所得再分配政策の位置付けも問題になる。標準的な経済理論は，各経済主体がそれぞれの主観的利益を追求することを前提とし，フローの消費から消費者が得る効用を最大化することを実現すべき状態であると前提して，資源利用の効率的な利用すなわちフローとしての生産又は消費の最大化をまず実現すべきとし，その実現と別に，公正等の価値基準から所得再分配を考えるべきとする[49]。所得を得られないのは他の経済主体が欲求する財・サービスを提供できないからであり，逆に所得を移転される生産者・労働者の意欲が低下すると想定されるので，所得再分配は必ず生産の効率性を害し，したがって効率性と公正とは矛盾対立する価値である[50]。しかし，最大化すべき対象がそれぞれの世代が行うフローとしての消費でなく，将来世代に引き渡すストックとしての資本であるとすれば，以下に見るように，所得再分配政策をその目的に沿う公的投資措置として位置付けることができ，したがって最適性を害さず，同じく「市場の失敗」を是正する措置として一元的に捉えることができる。

まず生活扶助を取り上げる。ある個人が経済・社会全体が保有する資本の最大化の観点から最適な財・サービスを生産していても，それが公共財の性質を有するために（たとえば努力や協力を善とする倫理観という社会関係資産の増進には）対価支払が行われないこともあるし，また人間の情報処理能力に限界がある以上，他人が評価を誤って適切な支払（投資）が行われず，当該財・サービスの生産はおろか生存に必要な所得さえ得られない可能性もある。前者の場合に当該生産者に対して適切な政府支出が行われるべきことは明らかであるが，後者の場合も，低所得者の生存及び能力開発に必要な資金を所得扶助として付与し，又は必要なサービスを公的に提供することが社会全体での最適な投資として意味をもち得る。個々のケースにおいて資本の最大化に資する活動をしていないとした他人の評価が正しい可能性が仮に高いとしても，多数のケースでみればいずれかの評価に誤

---

49) たとえば，奥野・鈴村『前掲書』（注38）9-12頁。
50) たとえば，八田達夫・八代尚宏「『弱者』保護政策はこれでよいのか」八田達夫・八代尚宏（編）『「弱者」保護政策の経済分析』（日本経済新聞社，1995年）を参照。なお，社会保障政策を「労働力の脱商品化」・「連帯」などの用語によって根拠付けるのが社会保障論等の議論である（たとえばG. エスピン-アンデルセン（岡沢憲芙・宮本太郎（監訳））『福祉資本主義の三つの世界——比較福祉国家の理論と動態』（ミネルヴァ書房，2001年））が，この根拠も効率性と矛盾対立し得る。所得再分配を前提とする租税の根拠として能力説が財政学・租税法において主張されている（第8章一1参照）が，個人の自己利益の追求を積極的に正当化する限り，これも効率性と矛盾対立し得る政策根拠である。

りがあった可能性が相対的に上昇する。またかかる可能性を放置すると，各個人が共通の目標の実現に向けて安心して取り組むことができず，自己の存続を必要以上に優先して（つまり利己的に）考えざるを得なくなり，全体にとって最適でない選択をする個人が増加してしまうおそれがある。つまり経済・社会全体にとって最適な協力的行動を促す社会関係資産を維持する観点からも生活扶助が正当化される。その他の社会保障制度についても，少数派の人々たとえば障害を有する人々が能力を発揮できるように現実の経済・社会がなっていない可能性が相対的に高いところ，その点を是正するほうが長期的にみて資本の最大化が実現される可能性が高く，そうした是正措置も競争関係の適正を確保するものと説明することができる。言うまでもなく，是正対象の「市場の失敗」に照らして最適な手段を選択する必要があり，所得保障や補助金付与が常に最適とは限らない。

　また地域政策も同様である。一国の内部で開発の進んだ地域から開発の遅れている地域に対して資金移転（財政調整）がなされるのが通常であるところ，たとえば災害その他によって開発の進んだ地域が大損害を受けた場合，それ以外の地域が開発されず放置されていれば立て直しようがなくなってしまう可能性がある。国土全体が利用可能であるように維持管理しておくことが最適であるならば，持続可能性の最大化の観点から，開発の遅れた地域の経済・社会を維持すること自体を正当化できる。効率性に劣る地域を救済するのでなく，あくまで社会又は国全体の存続のために保険を掛けると考えるわけである。また地域住民が，自らの存続だけを考えるのでなく，国民全体の存続のために協力するよう促す社会関係資産の維持・増進の観点からも財政調整等が正当化される。

　このように，個人が消費から得る効用の最大化でなく，経済・社会が保有する資本の最大化を共通の目標とするならば，効率性と公正という二分法に基づいて後者のために効率性を害する所得再分配措置を導入し維持することが不要になり，公共政策はすべて経済・社会が保有する資本の最大化を実現するために必要である（「市場の失敗」の是正を目的とする）範囲でのみ正当化され，かつ客観的に最適な手段の選択（是正のためのコスト・副作用を含めての最適性であり，「市場の失敗」を放置することが最適な手段であることもある）が求められると考えれば足りる。資本の最大化を実現するような競争関係が確保すべき平等な競争関係であり，いわゆる所得再分配措置も，競争関係の平等性を性質上害するというわけでなく，むしろ平等性確保のために必要な場合さえある。

　このように考えると，比較優位論＝協力モデルに基づく貿易自由化・投資保護は，関係国全体で保有する資本の最大化を共通目的として経済・社会全体を最適化しようとするものであって，「持続可能な発展」を追求する政策とも所得再分

配を目的とする政策とも相互補完関係にあり，資本の最大化の観点から認められる「市場の失敗」の是正を目的とし，そのための最適な手段を選択することを要求することになる。むしろ，比較優位論＝協力モデルに基づく貿易自由化・投資保護は，関係国におけるあらゆる「市場の失敗」を最適な手段で是正されなければその目標を達成できず，したがって，かかる範囲での積極的な政府介入をも期待することが想定される。二国間で締結される投資協定であっても，締約国全体が保有する資本を最大化することを共通目標として締約国経済・社会全体で最適化しようとするものである限り，この点の規律は同じになるはずと考える。さらにそうした投資協定が世界全体において締結されることを望ましいと考える。

　確かに，国際競争論＝共存モデルに基づいて考えても，「市場の失敗」を是正する最適な措置を貿易自由化・投資保護の対象から除外することは論理的に否定されない。しかし，国際競争論＝共存モデルが前提とする"level playing field"の議論は，「非関税障壁」という用語を使うことに示されるように，政府措置について，その目的の如何にかかわらず，貿易を妨げるものととりあえず考える傾向がある。したがって，非貿易的・非経済的政策関心に基づいて採用される政府措置がすべて貿易自由化・投資保護と矛盾対立する可能性があるとして，貿易自由化・投資保護のための規律対象を関税・投資規制といった直接の制限措置に限定せず，国内規制措置・補助金・租税等も含めるのか，含めるとすれば貿易自由化・投資保護に優先し，その例外として留保すべき特定の政策分野がないかを検討するという考え方のほうが自然であろう。政策分野ごとに優先劣後の関係を決定していくことになるが，これは国ごとに価値観が異なっていても不思議でない。そもそも，国際競争論＝共存モデルは，公共政策の考え方について特定の枠組みを前提とする必要がなく，各国ごとに異なっていても差支えない。貿易自由化・投資保護を政策課題として優先する国は，例外として留保する分野をなるべく少なくするであろうし，そうでない国は留保する分野を多くすると想定する。したがって，二国間で締結される投資協定においては，留保される政策分野が締約国によって異なるのはむしろ当然と考える。

　比較優位論＝協力モデルに立てば，国内の所得再分配だけでなく，国家間の経済支援たとえば政府開発援助（Official Development Assistance, "ODA"）等の経済支援も，弱者保護を目的とする措置でなく，また貧困等から生じる可能性のある害悪（たとえば麻薬やテロリズムなどの輸出）を予防するための政策措置に止まらず，世界経済・社会全体が保有する資本を最大化し，持続可能性の増大を実現するための投資と一般的に考えることができる。対象国は，共通目標への貢献に努力しつつも，その方向性に誤りがあるか，又はその努力が正当に評価されてい

ないかのいずれかによって低水準に留まっている国であり，その努力の方向性を是正し，又は正当な評価がなされるように経済支援をすべきである。利他的な響きの強い人道的支援であっても目指すところは弱者保護でなく，持続可能性の向上に貢献する世界経済・社会のフルメンバーとして迎え，協力・貢献を促すことにある。国際競争論＝共存モデルは，ODA等を弱者保護又は貧困の放置から生じる害悪の防止といった価値を追求するものと捉えることで差支えないが，比較優位論＝協力モデルに立つならば，ここでも世界全体での資本の最大化を追求する試みの一環として位置付けるほうが議論の一貫性の観点からみて適切である。民間金融機関は被支援国の発展から得られるメリットすべてを受けるわけではないし，また借り手国政府が経済運営を適切に行うよう圧力をかけるにも限界がある。つまり，民間金融機関に委ねるのでは資金移転が過小になると想定されるため，政府又は政府関係機関からの資金提供の必要があるわけである。

　なおここまで国際競争論＝共存モデルと比較優位論＝協力モデルとの対比を専ら貿易自由化・投資保護の国際経済法について論じてきたが，この対比が国際環境法・国際労働法，国際租税法等それ以外の国際経済法にも有効であることは明らかである。国際環境法を例に取れば，国際競争論＝共存モデルは，環境政策と貿易自由化等とが矛盾対立する可能性のある政策目標であることを前提とし，本章一2で見たように，各国の環境政策が産業の国際競争力すなわち貿易利益に影響すると考える。したがって，環境保護のための条約は，環境保護を共通の目的として掲げていても，関係する個別産業の国際競争における条件の不平等を是正することを目的として他国政府に対して適切な環境保護政策を形成・実施する義務を課すという要素を不可避的に潜在させており，環境保護，国際競争の条件平準化等の利益を総合判断して国益上最善のものであるとして合意された可能性がある。そうした合意は，貿易自由化・投資保護のためになされる（環境政策に対する制約を含む）合意と整合的である理論的保証がない。交渉の対象となる事項が同一でなく，したがって各締約国にとって国益の観点から最も望ましい国際競争の状態と関係する環境政策の制約とのバランス又はその利害判断が同一である保証がない上に，自国の利益を合意に反映させる各締約国の交渉力も変動することが想定されるからである。これに対して，比較優位論＝協力モデルでは，国際環境法を，人類の持続可能性の最大化を図って世界経済・社会の最適化を共通目標として各締約国が環境保護の観点からなすべきことを明らかにした国際経済法と考える。交渉の対象となる事項が異なっても，貿易自由化・投資保護を追求する国際経済法も，同じ政策目標が共有されており，そのために客観的に最適な行為が追求されるという点においても同じであって，両者は本質的に矛盾対立せず，

むしろ相互補完関係にあると考えることになる。

（4）金融・財政政策とその政策根拠

　本書では，貿易・投資といった実体経済に関わる国際経済法を主として扱うが，ブレトン・ウッズ体制において貿易を扱う ITO よりも国際決済を扱う IMF，復興金融を扱う世界銀行のほうが先行して形成されたことに鑑みても，金融経済も視野に入れておくことが重要である。制度の歴史については，第15章において検討するが，政策問題として，通貨制度，金融監督，金利調整，財政政策（租税を含む）などをここでも検討しておく。

　通貨制度は，経済活動の円滑化のために不可欠である。貨幣が存在しなければ，物々交換によって取引ごとに決済するか，価値基準を共有する人々の間で相互の贈与を記録してまとめて決済するか，いずれにせよ取引ないし協働可能な範囲が限定されてしまい，したがって分業の利益を得ることが難しい。貨幣は，物々交換に拠らずに取引ごとに決済することを可能にし，また明確な共通の価値尺度を提供することによって多数の取引をまとめて決済することも可能にする。さらに，為替によって遠隔地間の取引の決済が容易になり，また決済に当たる主体間のネットワークが形成され，可能な送金・決済の範囲が拡大し時間も短縮された。また資金余剰主体から資金不足主体への移転もこの金融機関のネットワークにより効率的に行われるようになり，投資活動も活発に行われるようになっている。このように，実物経済の流れと反対方向への資金の流れが金融経済として存在し，通貨制度がこれを支えている。

　通貨は，人工的な制度であり，したがって，その維持のために様々な政府措置が必要である。第一に，一国の経済全体で流通する通貨制度を支える信用を有する主体を政府以外に見出し難いため，通貨制度の維持が政府の役割となる。通貨が交換・決済・価値保存の手段として利用されるためにはその価値が安定していることが重要である。通貨価値すなわち物価水準が通貨の需給つまり通貨の保有されている量（マネーストック）によって決まるとする Monetary View と，これに対して通貨の発行体の信用力つまり政府の財政状況（すなわち将来の税収予想）によって決まるとする Fiscal View があり，それぞれ通貨価値の安定のために必要な政策が異なる。

　第二に，決済及び金融のネットワークの監督が政府の役割として重要である。投資の促進すなわち資金余剰主体から採算性のある事業の計画を有する資金不足主体への資金移転を実現する上で，政府が自ら借入を行って事業を行うことも行われるが，余剰資金を預金として受け入れ，資金不足主体に貸付を行う銀行がそ

の主要な機能を担っている。

　元々は，預金を取り扱う銀行については，預金者がその経営状況を監視して適切な行動を取ることを期待できないため，預金者保護のために監査を行い，預金保険制度を整備するなどの政府の役割がある。しかし，銀行監督の問題はこれに止まらない。決済・金融が高度にネットワーク化されているため，一銀行が倒産した場合に決済・支払不能の影響が他の銀行を直撃し，金融ネットワーク全体がダメージを受けるというリスクもある。このシステミックリスクは個々の銀行にとって外部の効果であり，経営判断において考慮されない可能性が高い。かかるリスクを適切に管理するためにも銀行監督が必要になる。金融・決済ネットワークに証券会社・保険会社その他の金融機関が加われば，銀行監督から金融監督にその対象範囲が拡大する。また銀行を介さない直接金融についても，情報の不完全性等の「市場の失敗」があるならばその是正が求められる。企業の情報開示制度，インサイダー取引の規制等投資家保護のための制度が必要となる。

　第三に，投融資が最適に行われるために金利を調整することが必要であると考えられるようになった。投融資が最適に行われていると仮定した状態において成立していると考えられる実質利子率は自然利子率と呼ばれるが，資金市場において成立する名目利子率たる金利が自然利子率を下回っている状況では，借入を行い自然利子率を下回る事業にまで投資して利潤を得ようとするインセンティブがある。つまり非効率な事業に投資がなされる可能性がある。逆に金利が自然利子率を上回っている状況では，投資よりも預金のほうが利潤が大きくなるから，投資が過度に抑制される。そうした事態を生じないよう，金利を調整して，金利を自然利子率の水準に誘導する金融政策が政府に求められる。また通貨価値又は自然利子率に関する私人の予想が外れている状況では，予想の誤りを是正するように金利水準を調整し，適正な状況に誘導していくことが求められる。この点，自由主義経済の機能を信頼する立場からは，貨幣需要に応じた供給を行うことによっておのずから金利が適切な水準に収斂すると考えるため，金利自体を調整する必要はなく，通貨の需給に合わせて通貨発行量を調整すれば足りるという発想（マネタリズム）になる。

　最後に，金融機関を通じた融資，投資家による証券取得など市場を通じた資金移転及び寄附，公益財団や社会的企業の設立など私人の自発的な資金の移転だけで経済・社会の最適化を達成できないならば必要な範囲で，政府が強制的に資金移転を行う財政活動が必要とされる。その中心は先に検討した所得再分配を目的とする租税及び政府支出であるが，中小企業向けの公的金融機関なども含まれる。金融機関に十分なリスク評価能力がなければ採算性ある投資案件を有していても

中小企業は融資を受けられない。かかる「市場の失敗」を是正するために公的金融機関を置くことが正当化される。その他にも，たとえば，研究開発活動など正の外部効果を有する活動が最適な水準で行われることを確保するために係る活動を行う主体に対して政府又は政府関係機関が補助金付与・研究委託等を行うことが正当化される。社会関係資産の形成を最適化するために様々な財政措置によって人為的に資金の流れを作り出すことも正当化される。

このように，金融経済は，金融機関等の非政府主体による活動のみならず政府の財政活動も含み，地理的にも，実物経済と同じく，一国内に留まらず，金融機関の決済・融資のネットワークも国境を超えて形成されている。一国の金融経済の歪み・不安定さが国境を越えて悪影響を及ぼすことから，通貨の安定性，金融監督，金利政策，財政政策いずれについても，破綻につながる誤りを早期発見し，是正することが求められる。ただし，いずれの政策分野においても，自国の経済運営を優先し，他国への悪影響に十分な配慮をしなかったり，自国の一部の利益を優先し，全体として誤った政策を維持し続けたりする危険性もあることから，相互的な監視が必要とされ，国際的な枠組みが構築・強化されている。とりわけ金融監督については，金融ネットワークの世界的一体化が進行しており，一国の政策の誤りが世界経済・社会全体に重大な悪影響を及ぼすおそれが高いことから，BIS などにおいて世界的な監視体制が確立され強化されている。

貿易・直接投資などの実物経済の国際的部分と金融・財政といった金融経済の国際的部分とは，外国為替において交錯する。国際貿易・投融資の決済は，自国通貨で決済可能な国内取引の決済と異なり，外貨が必要になる。貿易収支が均衡していれば，国レベルでの外貨の需給が均衡し，決済の問題が生じない。また貿易収支の不均衡が資本収支の逆向きの流れ（貸付・債券購入などの超過）で相殺されている間は，貿易赤字がどれだけ発生し累積しても決済を行うことが可能である。しかし，両国において収支均衡を回復する方向での国内の経済調整が行われず，返済能力を考慮せずに貸付が継続され，貿易収支の不均衡が累積した場合，赤字国において信用不安が発生し，又は他国における利上げなどによって資金を吸収されるなど，何らかの理由で資本収支の流れが急激に逆転する可能性がある。そうなると赤字国の通貨安から始まって，資金逃避に拍車がかかり，急激な為替水準の改訂，流動性危機などが連鎖的に発生し，為替決済・金融決済が不能になる可能性もある。そうなれば，急激な調整が必要になるほか，同様の状況にある他国に対する不安が生じるなど悪影響が外国に伝播し，世界経済・社会が不安定化するおそれがある。

IMF は，かかる流動性危機において流動性を補完する役割を担っているがそ

れに止まらず，かかる事態を予防するために，貿易収支が不均衡の場合赤字国・黒字国双方に逆方向への経済政策を強制する仕組みを設けるべきとする提案がIMF設立時においてケインズからなされており，現時点でも米中間の貿易不均衡を巡る議論として存在する。ただ現在のIMF協定上は，赤字国が政策を転換する事実上の責任を負っているが，黒字国は負っていないという問題がある。

また適切な投資がなされず，低開発のままの国については，治安や安全保障上の問題を引き起こすおそれがあるほか，「持続可能な発展」を世界規模で追求することに協力を得難くなるため，放置しておくことができない。投資が適切に行われるようにするためには，適切な監督の下に健全な金融セクターを構築し，同時に財政・金利政策も適切に実施されるよう促す必要がある。世界銀行は，こうした国に融資を行い，必要な投資を自ら行う他，IMFその他と協力して，金融セクターの形成，適切な財政政策の実施，といった点の支援・監督指導を行っている。投資の適正化については，実物経済の管理の適正化も当然のことながら重要であり，投資協定がその役割を担っているが，さらに途上国における法の支配の不十分性を補うためのISDS仲裁が適切に行われるよう，世界銀行はICSIDを設立している。各国及び世界銀行以外の国際機関も開発援助等の資金移転を行っている。

前項で見たように，国際競争論＝共存モデルは，各国が各々の自己利益を追求していることを前提に，その追求方向が整合的でないことから生じる矛盾対立を解決・緩和するために国際ルールが必要となるとし，国際金融の分野においてもその分野における利害調整に関心の重点を置いて考える。貿易・投資といった実物経済に関する国際ルールと切り離して国際金融の問題を考えるし，また国際金融分野の中でも，対立が生じる問題ごとに解決が図られていると想定する。なおたとえば，マネタリズム等のMonetary Viewは，貨幣価値・利子率等の問題を貨幣現象と捉えるので国際競争論＝共存モデルと親和性が高い。これに対して，比較優位論＝協力モデルは，人間存在の持続可能性の最大化を共通目標とし，その実現のために従うべき行動準則を明らかにするために国際ルールが必要になるとし，したがって，金融経済においても世界全体における資金の最適利用を政策目標として共有し，その実現のための協力体制の構築を追求することを想定する。金融経済の全局面に共通のルールを考え，また貿易・投資といった実物経済に関する国際ルールと一体のものとして考える。したがって，貨幣価値・利子率等の問題を実物経済に結び付けて考えるFiscal Viewたとえば物価水準の財政理論（第15章一1(1)を参照）は，比較優位論＝協力モデルに親和性が高い。

4 国際経済法の構造変化に対する「国際競争論＝共存モデル」と「比較優位論＝協力モデル」のアプローチの違い

　以上の検討は，国際競争論＝共存モデルに立ち，経済分野の様々な政策が矛盾対立する関係にあるという前提で各国がその主観的利益を最大とするように政策の優先順位を設定しこれを国際ルール形成において追求していると考えることが可能であるが，同時に，比較優位論＝協力モデルに立って，経済分野のすべての政策が相互補完の関係にあり，個々の国際ルールの形成・展開においてそうした相互補完関係が暗黙に前提とされていると考えることもまた論理的に可能であることを示している。以下，国際競争論＝共存モデル／比較優位論＝協力モデルを対比させつつ検討するが，両モデルのいずれで考えるかによって，貿易自由化及び投資保護とそれ以外の政策目的とが矛盾対立する可能性があるか，相互補完の関係に立つか分かれ，本章二3(2)において述べた国際経済法の近時の構造変化についての見方が大きく異なることが予想される。

(1) 実体規定の設計・解釈――国際経済法の重複・対立可能性

　まず，国際経済法間の重複及び対立可能性に対するアプローチが異なることは自明である。国際競争論＝共存モデルに立てば，貿易自由化又は投資保護とその他の政策とが矛盾対立し得る関係にあるため，貿易自由化又は投資保護を進める合意の対象に国内政策措置まで含めるとすれば，貿易自由化等に優先すべき特定の政策分野を例外として（いわゆるポリシースペースとして）留保する必要があると想定される。貿易自由化又は投資保護を進める合意においては，規律する対象措置の範囲をどう定めるか，どの範囲で特定分野の政策を留保するか等の個別判断を積み上げて，全体として自国に有利であるとして合意したのであるから，個々の点についてはどのような合意もあり得，合意の文言からどのような個別判断がなされたのかを探求して解釈するしかない。

　これに対して，比較優位論＝協力モデルに立てば，貿易自由化又は投資保護と経済に関わるその他のあらゆる政策とを，関係国全体の経済・社会の保有する資本の最大化を共通目的として追求する上で相互補完的であるとし，関連する政府措置に対して，「市場の失敗」の是正を目的とし，最適な手段を選択していることを求め，さらに「市場の失敗」が存在する場合には，それが最適である限り政府介入することも求められる。持続可能性を考慮して貿易自由化又は投資保護を進める合意をした以上，そうした内容が盛り込まれたとするのが合理的意思解釈である。したがって，規定の文言どおりに解釈してそうした読み方に達しない場

合，たとえば条約の目的規定を関係国全体の経済・社会の保有する資本の最大化という目的に可能な範囲で引き付けて目的論的解釈をすることになる。

貿易自由化については，ほぼ全世界をカバーする合意としてWTO協定があり，また二国間又は数ヵ国間で地域貿易協定が締結されている。その前身であるGATTの成立経緯から見て，WTO協定については国際競争論＝共存モデル／比較優位論＝協力モデルいずれも考えられるであろう。WTOの目的規定すなわちWTO設立協定の前文は，生産及び貿易の拡大を重視するなど成長志向が窺え，国際競争論＝共存モデルの採用を示唆する箇所もあるが，「持続可能な発展」の枠を認識しているので，本書の示す比較優位論＝協力モデルに同意したと解釈することも可能である。これに対し，地域貿易協定については，EUなど，比較優位論＝協力モデルに近い発想でなされているように思われるものがある反面，近時の自由貿易協定は，輸出市場の確保という色彩が強く，国際競争論＝共存モデルに発想が近いように思われる。したがって地域貿易協定についても両モデルによる分析が有用であろう。

投資協定については，沿革的にみれば，投資家が外国において権利保護を図って行ってきた様々な法的取組みを，政府が自国民保護の観点から制度化したものと見るのが自然であり，世界経済の効率化・最適化といった国際公共政策的な視点から形成されたとは言い難い。投資受入国政府の措置により投資家が被った損害の賠償を仲裁を通じて同政府に対して直接請求することを認めるISDS仲裁制度については，国内裁判所において公平な取扱いがされないおそれに鑑みて外国投資家の権益保護のための国内裁判に代替する制度を設けたとする見方と投資母国政府の外交保護権の代理行使を認めたものとする見方とが対立する[51]。しかし，いずれの見方も，投資協定を締約国全体での投資最適化という共通目的を有する合意と考えているわけでなく，国際競争論＝共存モデルの域を出ない。しかし，投資協定が各国間に網のように張り巡らされ，最恵国待遇義務等によってそれぞれが連動していることに鑑みると，個別の投資家とその財産の保護でなく，締約国全体の経済・社会における投資の最適化を共通目的としそのために投資環境を整備するという比較優位論＝協力モデルの発想で検討することも可能であるように思われる。この点については，本章五3(1)にさらに言及がある。

さらに，これら国際競争論＝共存モデル／比較優位論＝協力モデルという基本的視点の違いは，WTO協定，投資協定とそれ以外のたとえば環境保護，安全等

---

[51] 小寺彰「投資協定の現代的意義」小寺彰（編著）『国際投資協定——仲裁による法的保護』（三省堂，2010年）9-16頁。

の分野ごとの公共政策の追求・調和を目的とする条約その他の国際ルールをどう考えるか，それらの国際ルールとWTO協定・投資協定との関係をどう考えるかも左右する。国際環境法を例にとれば，世界環境の保護を共通の目的として掲げていても，各国が採用する環境政策によって産業の国際競争力が影響を受けることから，緩い環境政策を採用して国際競争上不当な優位を得ることを相互に抑制する合意という面もある。国際競争論＝共存モデルでは，環境政策と国際競争力の確保とが矛盾対立する可能性があることを前提とするので，環境保護条約も，共通の環境保護目標を協力して実現するためにそれぞれが果たすべき責任を明らかにする合意でなく，環境政策と国際競争力の確保とのバランス（又は貿易政策その他の政策との棲み分け）が国益の観点からそれぞれ最善となるように各国が合意したものと捉え，したがって環境保護のために自国の国際競争力を一部犠牲にすることも，またその逆もあり得るので，その合意内容を明らかにするには文言から探求する以外にない。また他の国際経済法と抵触する可能性も否定されず，矛盾対立することを前提としてその調整を問題にせざるを得ないが，個別の国益判断が存在するので抵触がある場合の事後調整が容易でないという問題がある。これに対して，比較優位論＝協力モデルでは，世界経済・社会の最適化を共通目標としてWTO協定・投資協定のみならず環境保護条約も合意されていると考えるので，かかる目標の実現のために最適な内容の合意がなされたはずであり，文言を共通目標に照らして解釈することになる。国際環境法は，WTO協定・投資協定ともまたそれ以外の国際経済法とも原理的に抵触しておらず，むしろ国際経済法を一体として共通目標の実現に向けて相互補完関係にあるものとして理解することになる。仮に抵触があっても目標が共有されているので調整も容易である。これらの点は，第2章五において検討する。

　なお比較優位論＝協力モデルには本書で示したような経済に関する政策を統合する視点をそもそも採用できるかという弱みがあることが明らかであるが，国際競争論＝共存モデルにも弱点がある。本章二3(2)で触れたように，経済の複雑性及び変化の可能性に鑑みると，関係する複数の政策目標に優先順位を付す場合修正・調整が必要となる可能性がきわめて高いにも関わらず，条約とりわけ多国間条約は修正が困難だからである。国内法の修正も新法の制定も議会の議決だけで足りるが，条約の場合は他の締約国の同意が必要である。また他の条約との調整を図る司法機関も存在しない。したがって，関係する政策を統合する視点を見出さずに条約とりわけ多国間条約を締結するのが合理的な政策判断と言えるかそもそも疑問がある。すべてを統合する世界政府の如き存在なしに，様々な分野において規律範囲の広い多国間条約が多数締結されている現状において国際競争論

＝共存モデルを依然として維持できるかをむしろ問うべきであろう。

(2) 手続規定の設計・解釈――私人の国際法主体性

またこれらの見方の違いは，国際経済法における遵守確保手続・透明性などの手続ルール（組織法を含めてよい）の理解にも現れ，その結果私人の国際法主体性に対するアプローチに違いが生じる。国際競争論＝共存モデルは，主観的な利害の調整が行われると想定し，したがって国際機関における決定等においては利害関係者全員の自由な意思でなされた主観的合意を重視することを，また履行確保手続において下される第三者機関の判断等については関係者とりわけ，不利益を受ける又は権利を侵害される可能性のある関係者がその意見を表明する機会を公平に付与されること，さらにその前提として関連する情報の提供を受けることを手続法の設計運用の指針とすることになろう。ただ手続ルールについては，実体ルールと同じく，誰の主観的利害をどの点でどれだけ重視するかの判断を個別の論点について積み上げ全体として自国に有利であるとして合意したと想定するので，個々の点についてはどのような合意もあり得，合意の文言からどのような個別判断がなされたのかを探求して解釈するしかない。ある関係者が実体的権利を付与されている以上それが適切に尊重されるような手続であるべきという議論は可能であるが，（尊重されるべき）権利が付与されているか否かがそもそも合意の問題である。

これに対して，比較優位論＝協力モデルでは，共通目的に照らした客観的な最適性の確保が重要であり，国際機関における決定・第三者機関の判断いずれにおいても関係する情報の十全な収集と判断能力の確保とが求められ，手続の適正さもその観点から要求される。客観的最適性の有無は理論的に検証可能であるが，ある決定について検証が現実的にも可能であるならば，誤った判断の是正が容易なはずであり，決定を（単純）多数決で下すことも支持される。国内においても同様であり，国際ルールが課す透明性の義務は手続の客観的最適化の角度から理解される。制度設計においては決定等に必要な情報を有しているのは誰か，保有者に情報提供等を促すインセンティブをいかに構築するか，判断権者の能力・中立性等をいかに向上させるかといった視点が重要になる。なお手続参加の機会を設けることにより，当該合意等ないしレジームに対するコミットメントが増進されるという要素も考慮される。さらに，客観的に最適な政府措置の選択を各国政府に促すようにルールが設計され実施されることが上記決定等において繰り返し確認され，さらに個々の規定に即して具体化されることが想定されるところ，その過程が広く公開され，又は私人が参加することによって上記根本規範が内面

化され，すなわち社会関係資産の成長が見込まれる。関連する規定はそうした手続ルールの目的に照らして解釈される[52]。

　これらの違いが国際法における私人の地位・役割の理解にも反映される。前者では，国家の主観的利害の調整が中心であり，したがって私人の地位・役割が限定されるとするのが自然である（ただし「立憲化」論（次項（4）（ア）を参照）のように私人の主観的利害関係も重要であると考えればより大きな地位・役割を付与することを求めるという発想が生じる）。これに対して，後者では，決定等に必要又は有益な情報を有していると考えられる限り手続に参加させるべきである。さらに，政策間の調整ができているため，個々の政策分野における判断はその分野での最適性確保に集中してよい。よって，政策判断において総合性よりも専門性が重要となり，したがって，政府よりも私人にこそ適切な判断を期待できる場合がある。同時に，共通目標の社会的共有又は内面化の進行が期待できる場合もある。そうであるならば主導的な役割を私人にむしろ担わせるべきとして，私人の国際法主体性を認める考えにつながる。詳しくは第2章一2(6)を参照。

　なお合意の履行確保の観点からは，途上国に対する技術協力も重要であり，司法的な紛争解決手続によって解決し難い，たとえば当局の能力不足に起因する協定不遵守の解決に資するという機能を有している。ただし，途上国の約束の対価の一部として先進国が義務として負うものとみるか（国際競争論＝共存モデル），共通目的達成のための協力関係の規定とみるか（比較優位論＝協力モデル）の違いはある。

（3）法的拘束力の必要性——ソフトローの位置付け

　さらに，国際競争論＝共存モデルでは，国際合意を国家間の主観的利害の妥協の産物と捉えるので法的拘束力のある条約以外の合意の意義を認めにくい。合意から逸脱するインセンティブが強く働くと想定するからである。したがって法的拘束力のある合意とそれ以外とを峻別し，法的拘束力のないソフトローを「法」的検討・分析の対象にしないというアプローチになりやすい。

---

52) この点の違いは，民主主義理論において区別される二つの正統性すなわち"input-oriented" legitimacyと"output-oriented" legitimacyのいずれを強調するかと対応するように見える。前者は，構成員の選択を反映していることを指し，したがって合意という手続を強調する国際競争論＝共存モデルになじむのに対して，後者は，構成員一人一人では解決できない課題を集団的に解決するという集団の目的を実現する結果をもたらしていることを指し，人間の持続可能性の最大化という共通目的を掲げる比較優位論＝協力モデルになじむ。上記二つの正統性の考え方については，たとえば，Fritz Scharpf, *Governing in Europe: Effective and Democratic* (Oxford University Press, 1999), pp. 6-13.

これに対して，比較優位論＝協力モデルでは，政府のみならず私人についても共通目標が合意されていると想定するので，一般的には，その共通目標の実現に資するルールとして合意によって又は委託した第三者によって策定され，明文化されたのであれば，関係者が行為選択において参照する基準として認知されるであろうから，法的拘束力がなくても遵守を期待できる。したがって法的拘束力を有するルールに「法」的分析の対象を限定する必要がなく，ソフトローを積極的に評価することになる。むしろルール・対象事項ごとに，求められる柔軟性を考慮した上で法的拘束力が必要なのはどの範囲か，最適な（法）形式は何かを問うというアプローチになる。

　たとえば，本章三1でみたように，貿易自由化などは，国家単位ではその有利性が認識されていても反対方向の（国内産業保護を目的とする）個別措置が政治的に採用されやすい等の理由で，条約など強い法的拘束力を有する法形式が必要とされることもある。国際環境条約も，国際競争力への影響を懸念する産業の反対があり得るため，少なくとも基本的枠組みについては条約が必要とされると想像される。他方，たとえば，安全保障貿易管理の分野では，規制対象産品・技術を統一化しているため，産業の反対が弱く，したがって紳士協定でも十全に機能している可能性がある（第5章を参照）。また条約が必要な分野であっても，目的の正当性・必要性及び手段の最適性を超える具体的かつ詳細な規律を定める場合，いかなる法的地位のものとするか，条約とするにしても司法的に強制することが最適かが問題となる。ある政策分野において合意された国際ルールを各国政府に遵守させるという方向だけでなく，各国政府が多様に発展させた制度・措置が国際ルールの発展を促すという方向の作用すなわち国際ルールと国内法との間の相互作用を想定する以上，国内法を具体的に規律する国際ルールには柔軟性がむしろ重要である。たとえば，貿易自由化に関係していても，行政手続法の整備（そのアイデアについて第9章三4を参照）であれば国内政治においても無視しにくく，法的拘束力がない国際ルールであっても遵守を期待できるかもしれず，他方で柔軟性が必要であるため，せいぜいpeer reviewを伴うガイドラインに留めるほうが適切である可能性がある。さらに，法的拘束力の有無で峻別しないことから，私人の形成するルールも，また企業の社会的責任（CSR）等の問題も，共通目標の実現という観点から国際経済法の法的分析の対象とすることができる。

（4）既存の議論枠組みとの関係

　国際経済法全体を捉えようとする議論の枠組み，又は共通の規範の提案がいくつかなされている。国際競争論＝共存モデルと比較優位論＝協力モデルとの対比

は，これらの提案を理解し評価する上でも有用である。具体的議論については各章で必要に応じて言及するが，代表的な議論の枠組みについてここで総論的に触れる。

(ア)「立憲化」論

紛争解決手続が整備され，WTO協定の定める規範の重みが増し，国際経済関係を規律する客観的ルールとして機能していることから，WTO協定の「立憲化 (constitutionalization)」の議論が盛んとなった。論者によって議論の重点が異なり，国際経済関係におけるルール志向の高まりに置く見解，私人の権利保障ないし統一的な価値判断の枠組みの必要性を説く見解等様々な見解がある[53]。比較優位論＝協力モデルは，加盟国全体の共通利益を強調するものであり，一見すると，「立憲化」論と親和性が高そうである。しかし，人類の持続可能性の最大化を共通目標とするならば，自己利益の自由な追求でなく，将来世代に遺す資本の最大化という目標に照らした最適な行動が個人に期待されることになるので，それが個人の権利保障を強調する立場と根本において整合的か検討する必要がある。また私人がWTO協定上に基づく保護を直接求めることすなわち国内法的効力を認めることについても，いずれの考え方に立つかで考え方が違い得る。この点は第2章四(3)を参照。

(イ)"Global Administrative Law"プロジェクトなど

欧米においては，政策間の優先順位の決定という価値判断を含む判断が国際レジームにおいて行われることを前提として，そうした決定に適した行政法 (administrative law) 若しくは公法 (public law) の原理を適用することによって，又は公式若しくは非公式の私人の参加があることに着眼して正統性の問題を解決しようとする方向での研究が発表されており[54]，非常に参考になる。

これらの研究プロジェクトはいずれも，分野別に行われている国際ルール形成に対して手続論から焦点を当てるものであり，国際競争論＝共存モデルを前提としていると思われる。したがって，全人類を代表し，恒常的に政策の見直しをする世界議会又は世界政府のごとき存在がなくてもなお正統性が確保されていると言えるのかといった問題提起があり得る。この点，経済分野に限定されないが，司法的解決が国際法のレベルで増加していることを紛争の平和的解決といった観点から支持する研究において，正統性の不足を正面から認め，国際的な司法判断

---

53) その紹介として，伊藤一頼「市場経済の世界化と法秩序の多元化——グローバル部分システムの形成とその立憲化をめぐる議論の動向」『社会科學研究』57巻1号 (2005年) 9-37頁，及び伊藤一頼「国際経済法における規範構造の特質とその動態——立憲化概念による把握の試み」『国際法外交雑誌』111巻1号 (2012年) 47-73頁，とりわけ53-56頁。

にただ従うのでなく，それを受け入れるか否かを各国政府・司法府等が判断し，その結果を国際法レベルにフィードバックすることによって正統性の問題を解消しようとする意見がある[55]ことが注目される。第2章四3(4)で述べるように，比較優位論＝協力モデルは，WTO協定の国内法的効力の限定を求める点でかかる意見の方向に存在するが，国際ルール策定における各国政府の意思を制限する結果となるので，国際競争論＝共存モデルからの位置付けは簡単ではない。

(ウ)「比例性原則」

様々な国内政策措置のWTO協定及び投資協定適合性について「比例性原則」が近時取り上げられている[56]。「比例性原則」の要素として，①規制目的の正当性，②規制目的に対する規制手段の適合性（suitability），③当該規制手段の必要性（necessity）すなわち必要最小限性，④規制の目的と手段（便益と害）の間の均衡性，の4点が挙げられ，最後の規制目的と手段との間の均衡性が狭義の比例性原則として重視され，この点の判断における恣意性の排除が重要であるとされている[57]。正当性については，各国政府の裁量が広く認められる。

この考え方は，貿易自由化・投資保護と規制利益との矛盾対立の可能性を前提としており，国際競争論＝共存モデルを前提とする。したがって，均衡性の評価は価値判断であり，主観性を排除することが原理的に不可能である。これに対して，比較優位論＝協力モデルに立てば，関係国の経済・社会全体の保有する資本

---

54) 主要なものとして，New York University における "Global Administrative Law" プロジェクト［http://www.iilj.org/default.asp］，Max-Planck-Institut が進める "International Judicial Institutions as Law Makers" プロジェクト［http://www.mpil.de/de/pub/forschung/forschung_im_detail/projekte/voelkerrecht/ipa/judical_institutions.cfm］及び Hague Institute for the Internationalisation of Law が進める "Informal International Law-making and Accountability" プロジェクト［http://www.hiil.org/project/informal-international-law-making-and-accountability］がある。それらの研究の成果として，たとえば，Stephan W. Schill (ed.), *International Investment Law and Comparative Public Law* (Oxford University Press, 2010); Armin von Bogdandy and Ingo Venzke (eds.), *International Judicial Lawmaking* (Springer, 2012); Joost Pauwelyn, Ramses A. Wessel and Jan Wouters (eds.), *Informal International Lawmaking* (Oxford University Press, 2014) など。

55) Armin von Bogdandy and Ingo Venzke, "On the Democratic Legitimation of International Judicial Lawmaking" in Bogdandy and Venzke, *supra* note 54, pp. 507-509.

56) たとえば，Benedict Kingsbury and Stephan W. Schill, "Public Law Concepts to Balance Investor's Rights with State Regulatory Actions in the Public Interest – The Concept of Proportionality," in Schill, *supra* note 54.

57) 伊藤一頼「投資仲裁における比例性原則の意義——政府規制の許容性に関する判断基準として」（RIETI Discussion Paper Series 13-J-063）（2013年），［http://www.rieti.go.jp/jp/publications/dp/13j063.pdf］から入手可能。なお，憲法上も同様の議論がある。小山剛『「憲法上の権利」の作法』（新版）（尚学社，2011年）360-365節。

の最大化を目標として共有すると考え，この目標を基準として措置の目的の正当性及び手段の最適性を評価する。上記①は前者に相当し，ただし民意を主観的に反映しているか否かという正統性でなく，資本の最大化という目的に客観的に沿っているかどうか，具体的には「市場の失敗」の是正を目的とするかどうかを問う点が異なる。上記②〜④は後者すなわち手段の最適性に対応し，ここでも資本の最大化という目的に照らし客観的に最適であるかを問題にする点が異なる。所与の「市場の失敗」の是正に資し（要素②），かつ貿易自由化・投資保護に及ぼす悪影響が最小（要素③）の手段であっても，市場機能に及ぼすその副作用のため，「市場の失敗」を放置するよりも資本の最大化を妨げる（要素④を充たさない）ならば，当該手段を採用することは客観的に最適な選択でない。④の点の評価が容易でないのは同じであるが，少なくとも，いかなる資本に着目して最適化が実現されるのか等の説明を求め，その合理性を評価することが可能である。比例性原則については，特に投資協定について検討が進んでいるため，第9章四2において再度検討する。

四　国際経済法の基盤たる一般国際法及び国際私法

　本章二及び三は，国家間の条約その他の国際合意について検討したが，一般国際法はかかる条約等の基盤として存在し，自律的な国際レジームによってカバーされていない分野に適用される。かかる一般国際法も機能的に国際経済法の一部を構成するのでこの項において検討する。

1　主権平等原則

　現代の国際法は，国家が主権を有することを前提として組み立てられている。主権国家は，自らの行動一般を決定でき，相互に平等であって上下関係がない。内政不干渉義務すなわち他国の管轄事項について干渉しない義務を負うとされる。管轄権については，各国が自己利益をそれぞれ追求することを所与の前提とする国際競争論＝共存モデルはその範囲内で自由に物事を決定する権利とみるが，比較優位論＝協力モデルは，世界経済・社会の持続可能性の最大化を共通目標として各国が協力すると想定するので，その範囲内の物事を最適に管理する責任を伴う権限とみるという違いがある。世界政府のごとき存在がない状況では，各国の経済・社会の最適化が重要であり，この責任を果たすために各国政府はすべての政策を一体として策定・実施できなければならないが，逆に最適化しなければ他国及び世界全体に悪影響を及ぼしてしまうという関係にある。

今日では，その性質上国内管轄に排他的に属する事項が存在せず，国際的な影響がある限り排他性を主張できないとする考え方が支配的である。ただし，管轄権にも限界があり，管轄権を超えて干渉することが許されないとされ，管轄権が重複する範囲でいかに調整するかが問題となる[58]。そうした調整を内容とするWTO協定，租税条約その他の国際経済法は，国際競争論＝共存モデルから見れば，国際競争における平等性を確保するために管轄権を相互に制約する合意であるが，比較優位論＝協力モデルから見れば主権平等を前提とする分権的な体制の下で，相互に権限を制約し，責任を明確化することによって世界経済・社会を管理しようとする試みということができる。後者では，国単位ですべての政策を一体的に策定・実施させる必要があり，個別の政策分野における国際的調和にも当然限界があるが，前者では，個別の政策分野における利益（又は国益）を追求して，他の分野を犠牲にすることも理論的に否定されないという違いがある。これらの点は，第2章五において一般的に検討するほか，第8章一3(2)において，徴税の国際的協力に関して議論される。

また干渉の態様にも制限がある。まず他国の領域内において強制的権限を行使することは，当該他国政府の同意を得ない限り国際法上違法である。また武力の行使及び武力による威嚇は，国際法上原則として禁止されており，そうした態様での干渉が許されない。これに対して，経済的行為による事実上の強制は禁止されていないとするのが通常であろう[59]。この問題は，第7章及び第9章で取り上げる産品の生産方法に着目するいわゆるPPM措置（次項に説明がある）の規律に関係する。

関連する問題として主権免除の原則がある。国家については，その行為又は国有財産について外国の管轄権とりわけ紛争解決のため外国裁判所の管轄に服することを免除されることが国際法上認められている。主権免除は，主権の観念から導かれると考えられており，かつては，国家が行う行為又は所有財産のいずれかについては無条件に裁判権免除を認める「絶対免除主義」が認められていたが，今日では，制限免除主義が採用され，国家の活動のうち「主権的行為」だけが免除され，それ以外の「業務管理的行為」は免除されない。両者は，国家活動の実施の動機・目的を考慮する（行為目的説）か，国家行為の性質を基準として区分する（行為性質説）かという違いがあるが，前者は基準が曖昧であり，後者が有力である[60]。一般に，営利原則に従っては行い得ない活動は，租税という権力

---

58) たとえば，酒井啓亘ほか『国際法』（有斐閣，2011年）1-4頁。
59) たとえば，同上，79-82頁。

的な財源を有する政府だけが行い得ることに鑑みると，不法行為の場合区別が難しいことを留保しつつ，そうした活動を「主権的行為」として考えることができるのではなかろうか。この問題は，国有企業・国営企業について争いになることが多い。第12章を参照。とりわけ，競争法の適用の有無について問題となる可能性がある。この問題は第14章を参照。裏返して言えば，政府措置を対象にするWTO協定・投資協定の適用範囲の画定問題にも影響する。

2　管轄権の配分

各国政府は，適切と考える経済状態を実現するために様々な方法で経済に介入する。もし各国経済・社会がその領域内に止まり，他国のそれと切り離されているならば，ある国の政府が他国の領域外で活動する必要はない。交流があるとしても，貿易及び人の移動に限定されるのであれば，税関において輸出入を適宜止め，出入国管理を厳格化すれば足りる。たとえば，領域内において流通し消費される食品の安全を確保するためには，一定の安全基準を充たさない食品の生産・流通に加えて輸入をも禁止し，その検査を通関時に行えば足りる。しかし，現実には，それ以外の方法で影響を受けることがある。たとえば国境を越えて大気汚染物質が飛来してくる場合，海外から無線でわいせつ映像が配信される場合などは，水際で物理的に流入を止めることが不可能又は困難であり，海外の発生源・発信源を直接に規制する以外有効な手段はない。また外国企業が自国市場向けにカルテルを形成して価格をつり上げたというような場合，その実行行為を領域外だけで行うことも不可能でなく，領域内の行為だけを取り締まるのでは不十分である。こうした場合，発生源・発信源の国，又は実行行為が行われた国において問題となる活動に対して適切な規制がなされているならば問題がない。しかし，規制の対象・程度，さらに遵守確保の程度が各国ごとに違っているのが通常であり，さらに影響が外国に及ぶだけであれば規制しない可能性もある。そうした場合，他国における活動・他国に存在する主体に対して直接の規制を及ぼす必要が出てくる。また食品安全規制の例でも，製造方法，品質管理等を規制するのであれば同じ問題が生じる。

しかし国際法上，国家は，他の国家との関係で無制限に権力を行使できるわけではなく，立法及び執行いずれにおいても一定の制限の下にある。管轄権を超えた権限の行使は国際法上違法であり，国家責任の原因となる。国家管轄権は，3

60）　同上，99-105頁。なお主権免除一般については，水島朋則『主権免除の国際法』（名古屋大学出版会，2012年）を参照。

つに分けて考えられており，一定の事象又は活動を適用対象として国内法令を制定する権限である「規律管轄権」，逮捕，強制調査等の物理的な強制措置を行う権限である「執行管轄権」，及び司法機関が裁判管轄の範囲で具体的な案件について国内法令を適用し判決を執行する権限である「司法管轄権」があり，後 2 者は「強制管轄権」とも呼ばれている。規律管轄権は，かつて，その国家の領域にのみかつ排他的に及ぶ（属地主義）ものとされ，他方公海などの国際公域については，特定国の領域主権の設定が禁止され，属人的な管轄権に限定されていた。しかし，刑法において自国の安全と存立その他の特に重要な国家法益を侵害する犯罪に国内法を適用する保護主義など属地主義の例外が認められてきており，この刑法の議論に倣って管轄権の議論が発展してきた。今日では，自国向けの輸出等について自国領域外で締結されたカルテル等の行為について自国競争法を及ぼすことを始め，行為の効果が自国内において発生し，かつ当事者がそのような意図を有している場合に規律管轄権を認める効果理論が広く支持され，物理的な領域を超えた管轄権が認められている。他方，執行管轄権については依然として属地主義が厳格に妥当しており，強制調査などの措置は，自国領域内においてのみ認められるのが原則であり，例外は，条約等があるなど特別の場合に限定されている。しかし，自国に立ち寄ったカルテル当事者企業の役員を逮捕するなど，領域を超える規律管轄権の行使であっても領域内で強制することができる場合も多い[61]。

　属地主義を超えて規律管轄権が認められると，同一事象に対して複数国の管轄権が存在し，両者が具体的に定める規律が矛盾又は重複する可能性があるが，その場合に管轄権の優先順位を決定する基準は一般国際法上存在しない。個別に重複を調整する条約が締結されることは珍しくない。たとえば，A 国企業が B 国に支店をおいて事業を行っている場合，支店に発生する所得に対する課税は，A 国政府は属人主義に基づいて，B 国政府は属地主義に基づいて，それぞれ管轄権を行使できる。しかし，双方が課税するとそうした投資活動が阻害されるので，国内法において又は二国間の租税条約等において課税権を調整し，たとえば B 国だけが課税権を行使することを定めるといったことが頻繁に行われている。

　ここでも，国際競争論＝共存モデルの発想では，それぞれの国の管轄権相互の優先関係を客観的に決定する基準を見出せず，関係国の合意以外に管轄権の調整を考えるすべがない。現在の一般国際法の論理がこれに近いように思われる。ま

---

[61]　管轄権の議論については，たとえば，酒井ほか『前掲書』（注58）83-99 頁及び石黒一憲『国際民事訴訟法』（新世社，1996 年）13-67 頁。競争法における管轄権の議論として小原喜雄『国際的事業活動と国家管轄権』（有斐閣，1993 年）。

た，ある利益を追求して他の利益を犠牲にすることを国益とする判断を前提とするため，いかなる内容の合意も論理的に否定されない。これに対して，比較優位論＝協力モデルの発想では，客観的な調整原理を考えることが可能である。たとえば，ある国が，製造において一定の環境保護基準を充たさない産品の販売のみならず輸入をも禁止し，他方，輸出国が，当該環境保護基準が自国の基準より過重であると主張している状況を想定する。いわゆるPPM措置の問題である。PPM措置とは，産品の特性・性質でなく，産品の生産方法に着目する規制であり，production process and method の頭文字からPPM措置と通商法実務において略称されている。PPM措置国の規律管轄権に自国内への流入を許容する産品の範囲を決定することが含まれることは明らかであるが，国内環境保護について規律管轄権を有する当該国の政府が持続可能性の最大化の観点から最適な基準を設定するための権限と能力とを有しているので，後者の政策判断を尊重するのが適切である。すなわち世界経済・社会の最適化を実現するためにどのような責任分担が望ましいかという角度から管轄権の調整を考えるわけである。第7章四4で検討するとおり，WTO協定上，かかるPPM措置は，輸出国の国内状況を適切に考慮していなければ許されないとされており，輸出国の規律管轄権を優先させる結果となっている。なお自国からの産品の輸出制限を通じた外国企業の活動規制に対するGATT上の規律については輸出制限の規律を検討する第7章四2(2)，自国の金融機関等サービス提供者との取引制限を通じた外国企業の活動規制に対するGATS上の規律については第17章四1(2)をそれぞれ参照。また関連する問題として，自国所在企業の海外活動に着目する規制の投資協定上の取扱いについて第9章四2(2)を参照。

　他方で，責任分担を考えるならば，各国が自国の管轄権の範囲での管理の適正化の責任を負い，他国に害を及ぼすことも制限されるべきである。一般国際法上もたとえば他国の環境に害を及ぼした場合に国家責任を負うとされているし，自国内において他国国民の生命・財産等を保護する義務を負う。いわゆる領域支配の管理責任である[62]。後者は投資協定においてより具体化されているが，前者もWTO協定上自国経済における「市場の失敗」を放置する場合に是正を要求できないか（状況申立（GATT23条1項(c)号）が可能か）といった点の議論につながる[63]。

　規律管轄権が調整されたとしてもさらに執行管轄権の調整が必要となることがある。他国の同意がなければ他国の領域に強制権限を及ぼすことは認められない

---

62) 酒井ほか『前掲書』(注58) 185-186頁。

が，同意を得て行う共助などの仕組みが採用されることがある。たとえば，課税権の行使のためには帳簿等の調査権限が必要であるが，本店費用の支店への配賦の合理性を確認するために，B 国政府が A 国に所在する当該法人の本店に職員を派遣して強制調査を行うことは，A 国の主権侵害（又は執行管轄権を超える違法行為）になり許されない。しかし，そうした情報を得る必要がある場合もあることに鑑み，同じく二国間の租税条約等において A 国政府が B 国政府の課税権行使のために協力すること（共助）を規定することがある。さらに執行の協力が行われることもある。ただし，第 8 章一 3(2)において検討されるように，人権保障等他国の仕組みを完全に信頼することはできないので協力は実務上無制限でない。なお国際競争論＝共存モデルでは，執行協力に内在的な制約を考え難いが，比較優位論＝協力モデルでは，自国領域内で規律している人身保護，文書管理等の仕組みは自国経済・社会を最適化する上で不可欠の要素であり，その規律を害しない範囲でなければ認められない。この点，政府の具体的規制が及んでいないことは，関係する私人の裁量に積極的に委ねるという規律の仕組みを採用しているのであって，国家として関心がないことを意味しないことに注意する必要がある。

なお，管轄権の問題は，各国の領域管轄権が及ばない公海，深海底，南極，大気循環システム，宇宙空間などをいかに管理するかの問題に連なっている。国際競争論＝共存モデルでも早いもの勝ちとはもはや考えないかもしれないが，主観的利害の調整の結果としての国際的合意を想定するに留まる。比較優位論＝協力モデルに立ち世界経済・社会全体の最適性を考えるならば，こうした領域・空間について最適な管理体制の構築を求めることになる。「コモンズの悲劇」[64]が教えるように，自由な利用に委ねれば，このような領域が過剰利用される可能性が高いからである。国際環境法はこの問題に対処する国際社会の取組みの一[65]であり，漁業条約もそれに数えてよいが，そのほか海洋法，南極条約，宇宙条約などが形成されていることを指摘できる。北極地域については北極評議会が設置された[66]。これらも国際経済法として視野に入れるべきであるが，本書では，このような条約の実施を確保するための PPM 措置の問題を除き詳細には立ち入らない[67]。

---

63) なお国際環境法の分野において，領域の管理責任を二国間の越境環境問題から世界経済・社会全体に対する客観的（erga omnes）なものとする発展がみられるとの指摘がなされている。松井『前掲書』（注 32）第 3 章を参照。
64) たとえば奥野正寛・鈴村興太郎『ミクロ経済学Ⅱ』（岩波書店，1988 年）293-295 頁。
65) 国際環境法一般について，たとえば磯崎博司『国際環境法』（信山社，2000 年）。
66) 北極海の管理について，たとえば奥脇直也・城山英明（編著）『北極海のガバナンス』（東信堂，2013 年）。

PPM措置の問題としては，たとえば，地球温暖化の問題などグローバルコモンズに関わる国際環境問題に対処するために，各国における二酸化炭素排出削減を確保する必要があり，そのために削減策を生産において遵守していない産品の流通を禁止するといったことが考えられる。かかるPPM措置は，自国の規律管轄権の行使として適法であるが，輸出国における二酸化炭素排出削減政策と矛盾対立する可能性があり，管轄権の衝突があり得る。越境環境汚染を阻止しようとして，自国が定める環境基準を充たさない外国企業の製品の輸入を禁止することも同様である。

　これらの問題も，国際競争論＝共存モデルの発想では，関係国の合意以外に管轄権の調整原理を考えることができない。各国が主観的利益をそれぞれ追求することを前提とする以上，国際環境問題・越境環境問題に対する関心を貿易自由化に優先させることを原理的に否定することまではできないからである。これに対して，比較優位論＝協力モデルの発想では，それぞれの問題について最善の判断を下すための権限と能力とを有している主体が関係国政府のいずれであるかを考える。国際環境問題・越境環境問題では，輸出国政府・輸入国政府いずれでもない。したがって，貿易措置については，国内産業保護に悪用されやすいという問題があることを重視すれば，輸入国すなわちPPM措置国の政策判断を尊重する理由がない以上，かかるPPM措置は原則として禁止されるべきである。すでに述べたとおり，WTO協定上の先例はこの線に近く，結果として輸出国の規律管轄権を優先させる結果となっている。ただし，比較優位論＝協力モデルの発想では，輸出国政府による不作為の責任を問う状況申立の余地があることが重要である（第2章二3(5)(ア)を参照）。

3　国際私法

　政府と私人の関係でなく，私人間の関係を規律する私法の領域には以上の管轄権の配分の考え方が採用されていない。国際法上の制約はなく，各国国際私法に基づいて裁判所が外国法を適用することもあるし，外国裁判所の判決も一定の要件を充たせば承認する取扱いが各国でなされている。つまり外国政府の行為（法令・司法判断）であっても，私人に秩序形成を一義的に委ねることを前提とする

---

67) 領域外における水産資源に対する管轄権，領海・領空における船舶の航行及び航空機の飛行の問題についてそれぞれ第16章二2，五1及び六1において若干の言及があるほか，宇宙空間の利用に関するルールの一である人工衛星等に関する規制について第10章三2(12)に，また国連海洋法条約による国際海底機構について第15章三7にそれぞれ言及があるに止まる。

限り，公序など一定の要件を安全弁として受け入れるのが通常である。

　しかし，私法についても経済・社会の最適化に影響することから国際経済法における基本的視点が有用な場合があると考える。たとえば，契約法等における私的自治について，比較優位論＝協力モデルは，それが経済・社会の最適化を実現する上で最適か否かを問い，そうでなければ，たとえばかかる共通目標の達成に貢献する方向で当事者の合意を補充し，又は共通目標の達成に貢献しない類型の合意に法的拘束力を認めないといった考え方を支持することになろう[68]。同時に，抽象的レベルでは，経済・社会の最適化を実現する上で最適な私法体系を構築することを要求する。なおコーポレートガバナンス・企業会計制度などについての議論として第15章一1(4)を参照。これに対して，国際競争論＝共存モデルでは，完全な私的自治を認めることもあり得る選択の一であってこれを制約する内在的理由は見当たらない。準拠法選択に関する当事者自治についても同様であろう。比較優位論＝協力モデルに立てば，各国経済・社会が（一部融合しつつも）分かれて存在し，それぞれ最適化が図られていると期待又は信頼して，どの経済・社会に客観的に属する事案かを決定し当該経済・社会において通用している法を適用すべき[69]であり，当事者自治の役割が限定される[70]。また，ある分野の私法の統一を目指す条約等について，国際競争論＝共存モデルでは，完全な実体的統一（さらに各国国際私法の適用排除）も合意次第で可能と考える。これに対して，比較優位論＝協力モデルに立てば，各国の法秩序の統合性を優先し，そうした条約等を世界的統一よりも参照基準を示し各国法の最適化を促すメカニズムとして捉え，結果として収斂されると期待するに止まる。また各国の裁判所が適切な各国法を準拠法として選択する基準としての国際私法の役割を不要とする発想がない[71]。

　さらに，私人間取引を規制する労働法や消費者保護法，知的財産権法などが管

---

[68]　この点では，たとえば，契約の補充・規制について類型強制という観点から一元的に捉えることを試みた，石川博康『「契約の本性」の法理論』（有斐閣，2010年）が興味深い。

[69]　たとえば，準拠法選択を，問題の生活事実関係の本拠ないし最も密接な関係を有する法秩序を探求することとする見解として，石黒一憲『国際私法』（第2版）（新世社，2007年）とりわけ74頁。

[70]　国際私法上の当事者自治の原則に対して制限的な見解として，たとえば，同上，315-348頁。

[71]　これらの点についての国際私法学における議論として，統一法条約について厳格な実体的統一と各国国際私法の排除とを志向する立場（たとえば高桑昭『国際取引における私法の統一と国際私法』（有斐閣，2005年））と反対の立場（たとえば石黒『前掲書』（注69）124-142頁）とを比較対照されたい。なお私法分野のハーモニゼーション一般については，たとえば曽野裕夫ほか『私法統一の現状と課題』（別冊NBL144号）（商事法務，2013年）を参照。

轄権の配分又は国際私法のいずれの方式の対象になるかが問題になる。上記調整方式の違いに鑑みると，主権免除の問題と同じく，私人による秩序形成の変更を企図するか否か，すなわち関係する政府行為の性質によって取扱いが分かれるように思われる。労働法や消費者保護法，知的財産権法は，私人間の問題を扱うが，私人による秩序形成の変更を目的とする措置であり，したがって，自国の裁判所においては当該法令の適用範囲である限り国際私法と無関係に適用されるが，その範囲で他国の法令は適用されないのが原則であろう[72]。ただし，事案との客観的結び付き故に選択された準拠法国の（絶対的）強行法規は，対象の私法関係に影響する限度で（公権力の直接の行使部分を除き）法廷地国裁判所において適用され，さらに第三国の強行法規が介入するか否かも問題になる[73]。ここでも，比較優位論＝協力モデルに立って国ごとの法秩序の一体性を尊重するか，国際競争論＝共存モデルに立って個別の分野における国際的ハーモニゼーションの優先も可能と考えるかが議論の仕方に影響する可能性がある。なお比較優位論＝協力モデルでは，投資協定等における収用の規制を投資最適化の観点から公法的規制の変更に対する制約を規定するものと捉えることについて本章五3(1)を参照。

五　国際経済法の静態的構造

1　概　観

本章二及び三において，貿易自由化・投資保護，及びそれ以外の分野での国内政策措置の調和と国際経済法とを二つに分けてその発展の流れを追い，両者の支持基盤となる政策思考を検討した。前者の流れは，GATT/WTO協定を中心とし，二国間の自由貿易協定，投資協定などの国際経済協定が属する。WTO協定及び投資協定については，本項において概観し，次章において履行確保手続等その手続法を紹介し，第三章以下，対象措置ごとに実体規定の検討を行う。後者については次章以下必要に応じ個別例の紹介を行うこととし，本項での言及は最小限に止める。

---

[72]　外国特許権の自国内の行為に対する適用について，日本では，その領域外の行為をも規制対象とする米国特許権の規定に基づいて差止請求を認めることは，属地主義の原則に反するとした先例がある。最高裁平成14年9月26日第1小法廷判決『民集』56巻7号1551頁。この先例については，第18章二3(2)において再度言及される。

[73]　石黒『前掲書』（注69）60-69頁。

2　WTO協定

(1) 基本的考え方

　WTO協定は，多国間条約であり，履行確保のための司法的手続を備えた法的拘束力の強い国際ルールである。モノの貿易に関するGATT，サービス貿易に関するGATS，特許権等知的財産権を取扱うTRIPSの三協定を実体規範の柱とし，モノの貿易について細則又は特則を定める協定を多数含むほか，特定のサービス分野について特別の約束を置いている。そのほか，新規加盟国について，加盟の条件を定める加入議定書が存在し，当該加盟国のみに適用される義務を規定している。貿易自由化を約するものと理解されているが，租税・規制等の国内政策措置も対象としており，貿易自由化と国内政策との関係が問題になる。

　GATTは，最恵国待遇義務と内国民待遇義務とを二大無差別義務とし，関税削減と輸出入制限措置の撤廃とがその柱であると説明されることが多い[74]が，最恵国待遇義務と内国民待遇義務とで規制対象が異なることが考慮されていない。これに対して，輸出入にだけ適用される国境措置（関税・輸出入制限）と輸入品・国産品ともに適用されるそれ以外の措置（又は国内措置）との区別を出発点とし，一方で国境措置において非関税措置の撤廃，関税の削減の規定があり，他方国内措置に適用されるものとして内国民待遇義務を対比し，さらに両方の措置に適用ある規定として最恵国待遇義務を位置づけることも可能である[75]。

　GATSは，GATTに倣って規定が作成されたが，それでよいのか検討する価値がある。GATTと異なり，サービス貿易においては関税がほぼ存在せず，したがって規律すべき対象が専ら非貿易的関心事項を扱う政府措置だからである。また現行規定は，貿易自由化に傾斜しており，自由化の安全弁という発想がきわめて弱いことをどう考えるかも問題である。これらの点は第17章とりわけ四1(14)を参照。またTRIPSは，知的財産権の保護強化を目的としており，最恵国待遇義務，内国民待遇義務及び透明性を共有するのみで，全体の条文構造もGATT及びGATSと全く似ていない。知的財産権保護の対象たる情報流通の保護・自由化という角度からみるとどうなるか。この点は第18章一2(2)を参照。

---

74)　たとえば，Peter Van den Bossche and Werner Zdouc, *The Law and Policy of the World Trade Organization* (3rd ed.) (Cambridge University Press, 2013); Simon Lester, Bryan Mercurio and Arwel Davies, *World Trade Law – Text, Materials and Commentary* (2nd ed.) (Hart Publishing, 2012).

75)　この項目立てに近い概説書として，John H. Jackson, *The World Trading System* (2nd ed.) (MIT Press, 1997) がある。

手続ルールとしては，まず各国の協定遵守に関する紛争を解決する手続を定めるDSUと，各国の貿易政策の貿易に対する影響等を審査し，もって協定の遵守状況の改善を図ろうとしている貿易政策検討制度（TPRM）とが存在する。前者の利用状況の高さは知られているが，後者の制度も発展しており，不況期に増加しがちな保護主義監視のメカニズムが形成されている。いずれも加盟国政府間の手続であり，企業・NGO等が直接参加することはない。これら広い意味でのWTO協定の実施を確保するための手続のほか，新たな協定又は関税譲許の交渉，協定の有権的解釈の採用，義務の免除，協定上の義務の実施ガイドライン策定等についての手続規定も存在する。

　これらWTOのガバナンスについては，第2章二で検討する。国際競争論＝共存モデルでは拘束力の高さに特段の疑問はないが，比較優位論＝協力モデルに立っても，国家全体が貿易自由化から利益を得るとしても比較劣位産業等の反対勢力が組織化されしばしば政治的に強力になることから，保護主義的動きを抑えるために拘束力の強い法形式及び紛争解決制度が必要とされることを理解できる（本章三1を参照）。両モデルの違いは，紛争解決手続における審査基準やTPRM等における評価基準に現れ，また紛争解決手続の様々な場面で顕在化する。とりわけ，比較優位論＝協力モデルでは，その情報収集及び判断能力に鑑み，WTOの紛争解決手続においては，貿易政策（すなわち関税措置）以外の政策介入の必要性及び手段の最適性について措置国政府の判断をある程度尊重せざるを得ない。その限界を超えて影響を及ぼせるのは，同じ専門家が集合する関連政策分野の国際的フォーラムにおける議論であり，peer pressureであり，さらには国内の政治過程及び司法手続であるとする役割分担が想定される。

（2）実体規定の構造

　(1)で簡単に触れたWTO協定の実体規定の構造を以下詳しく見ていく。まず三本柱であるGATT・GATS及びTRIPS協定は，対象範囲において相互に排他的でなく，重畳的に適用されることが先例上確立している。*Canada – Periodicals*ケースにおいて，雑誌に掲載される広告の種類によって取扱いを違えることが広告サービスに対する直接の規制であるとしても，雑誌という産品の販売にも影響する以上GATTの対象でもあるとされた[76]。逆も正しい。*EC – Banana III*ケースにおいて，バナナの関税割当において国産又は特定の第三国産バナナの販売実績を有利に考慮することが，バナナに関する内国民待遇義務及び最恵国

---

76) Appellate Body Report on *Canada – Periodicals*, pp. 17-20.

待遇義務の問題になると同時に，バナナ輸入業という外国サービス提供者に対する内国民待遇義務及び最恵国待遇義務違反の問題にもなるとされた[77]。知的財産権制度についても産品の貿易に影響すればGATTの問題にもなる。*EC – Trademarks and Geographic Indications*ケースでは，商品が特定地域原産であることを示す地理的表示を保護するための登録について相互主義を採用したこと等が，EC域外の加盟国国民の差別となり，TRIPSの内国民待遇義務違反となるが，同時にEC域外産品を差別するとしてGATT上の内国民待遇義務にも違反するとされた[78]。

次に，GATTは，関税や輸出入制限，税関手続のような，その性質上貿易取引にのみ適用がある国境措置と，規制，基準その他性質上国産品及び輸入品の双方に関わる国内措置とで異なるルールを置いていることが構造上重要である。国境措置であれば，関税以外は，輸入品だけを規制し，又は輸入品への規制を加重することの正当化理由が求められる。これに対して，国内措置であれば輸入品と国産品との平等取扱いがまず要求される。

国境措置のうち，関税及び課徴金といった金銭的負担を課す措置については，関税につき関税譲許の範囲内でのみ認めることとし（2条1項），役務の対価としての手数料等をその費用相当額の範囲に限定し（8条1項(a)号及び2条2項(c)号），輸入数量制限，輸入許可制など金銭的負担以外を課す措置については，原則禁止とし（11条1項），11条2項，20条といった例外規定に掲げられた政策目的を有する措置についてのみ適用除外を認めている。基本的発想は，国内産業保護のための措置としては，透明性の高い関税だけを認めて，それ以外の水際措置を禁止し，関税交渉によって保護措置を縮減していこうというものであり，同時に，関税以外の水際措置は，国内産業保護以外の正当な政策目的の実現のために必要な範囲でのみ許容するということである。

したがって，次章以下，水際措置について，まず通常の関税とりわけその制限根拠である関税譲許について（3章）論じ，続いてセーフガード措置を含む関税譲許の修正（4章）を検討する。以下，輸出入規制に転じ，安全保障貿易管理（5章），税関手続及び検疫手続（6章），その他の輸出入制限（7章），たとえば環境条約遵守のための貿易制限を検討する。

国内措置についても内国税及び課徴金といった金銭的義務か否かの区分が採用

---

[77] Appellate Body Report on *EC – Bananas III*, paras. 208-211.
[78] Panel Report on *EC – Trademarks and Geographic Indications*（*US*）, *e.g.*, paras. 7.219-7.238.

され，前者は，内国民待遇義務すなわち輸入品と国産品との平等取扱いを求める3条のうち2項の対象となり，それ以外の規制，基準等は，3条4項の内国民待遇義務の対象とされている。貿易にのみ影響を及ぼす輸出補助金は禁止されている（補助金協定3条1項）が，輸出及び国内販売の双方に影響を及ぼす生産補助金は，生産者に直接交付される限りそれ自体は内国民待遇義務に抵触せず（GATT3条8項(b)号），具体的な悪影響をもたらす補助金だけが直接の是正対象とされている（GATT16条，補助金協定5条）。それ以外の政府支出として政府調達があり，同じく内国民待遇義務から除外されている（GATT3条8項(a)号）が，規律が別途存在する（政府調達協定）。以上の骨子を表（表1）にした。

表1　GATTの条文と措置の対応関係

	国境措置 （輸出入品にのみ関係する措置）	国内措置 （輸入品及び国産品の双方に係わる措置）
金銭的負担	2条（関税譲許）	3条2項（＋20条？）
非金銭的負担又は要件	11条1項（＋20条）	3条4項（＋20条？）
補助金	輸出補助金の禁止	「著しい害」

　ここでは，「一般的例外（General Exceptions）」との表題を与えられている20条の位置付けが重要である。その措置の構造上関税措置が20条例外によって正当化される可能性は無視してよいとしても，安全基準等の規律において20条例外がどのような役割を果たすかについて議論が分かれている。

　国際競争論＝共存モデルに立てば，貿易自由化は，たとえば輸入品と国産品との"level playing field"の確保にあり，環境・安全その他非貿易的関心事項と矛盾対立する可能性がある。したがって貿易自由化のために，国境措置たる関税を超えて国内政策措置についても規律を及ぼすとすれば，当該政策措置について政策目的に照らして最適な手段であっても採用できなくなる可能性がある。よって貿易自由化に勝る政策分野についてはその例外ないし逸脱として留保する必要がある。それが20条の役割である。これに対して，比較優位論＝協力モデルに立てば，貿易自由化は，たとえば世界経済・社会全体の保有する資本の最大化を共通の目的として，その実現のために採用された手段であり，したがって「市場の失敗」を是正することも貿易自由化に含まれ，その限りで環境保護・消費者安全等の政策の追求は貿易自由化と相互補完関係にあり，「市場の失敗」が最適な手段によって是正された状態が内国民待遇義務の求める平等な競争関係である。したがって，20条の役割は，一定の非貿易的関心事項の留保でなく，執行管轄権の限界その他技術的な理由により輸出入を特別扱いすることが必要な政策措置た

とえば検疫措置や知的財産権侵害品の税関での取り締まりについて例外を定めることにあると考えることになる。20条の趣旨・解釈は、第6章及び第7章においてさらに詳細に取り上げられる。

　全体構造の紹介に戻る。政府措置自体が禁止・制限されなくても、当該政府措置がもたらす弊害が貿易によって伝播する場合にこれを水際で規制することが許されている。生産補助金を受けた国内企業が輸出先における国内産業に損害をもたらしている場合には相殺関税の対象となる（GATT6条3項）。アンチダンピング関税（GATT6条1項）は、不公正輸出に対する対抗措置であるとする説明が一般的であり、自由貿易の「例外」としてしか説明されておらず、他の規定との関係が積極的に説明されていない。しかし、第12章で触れるように、関税その他輸出国における貿易障壁から生じる超過利益をいわば隠れた補助金として用いて輸出してくることに対する対抗措置であって、相殺関税と類似の制度と位置づける考え方もある。

　したがって、本書は、輸出入制限を論じた後視線を国内措置に転じ、租税（8章）、国内規制（9章）を検討した後に、基準・認証（10章）、補助金・政府調達（11章）を検討し、その規律の限界に対応する措置としてアンチダンピング関税及び相殺関税（12章）を検討する。なお本書は、続いて市場経済内部の規律に転じ、国有企業その他（13章）を検討し、続いて企業の行為一般に対する規制として、競争法（14章）を検討し、また実物経済の問題に続いて国際決済・国際投資（15章）を検討して国際経済法の全体像を把握する。

　なお関税・生産補助金を除き、国境措置・国内措置を問わず、国産品優遇が禁止されていることに止まらず、特定の加盟国からの輸入を優遇することも最恵国待遇義務によって禁止されており（GATT1条1項）、すべての加盟国の産品を平等に扱うことが求められている。内国民待遇義務を厳格に解し、個々の輸入品について国産品との関係で不利に扱うことが禁止されているとするならば、輸入品同士の平等取扱いも自動的に確保される。したがって、最恵国待遇義務が求めるのは、関税にせよ国内措置にせよ、原則を離れて特定の輸入品を優遇した場合にその取扱いを他国の産品に対して均霑することになる。国内政策措置についても検疫措置の免除などがあり得るが、典型的には、関税措置すなわち特定の外国の産品に対してのみ輸入関税を引き下げる場合であろう。その点は関税を論じる第3章で検討する。輸出及び国内販売についても同様であり、国内生産者（需要家）を優遇することは輸出関税を除いて許されていないし、特定の外国生産者（需要家）を優遇することは一切許されていない。関税以外の点は、相互承認の問題として国内規制を扱う第9章で扱う。さらに最恵国待遇義務の例外を自由貿

易協定及び一般特恵関税を扱う第19章において触れる。

以上のGATTの基本構造の中で，農業協定，SPS協定，輸入許可手続に関する協定などが詳細を定めるルールとして存在している。これらはGATTと基本的に重複適用され，矛盾する規範を定めている範囲で優先される（附属書1Aに関する解釈のための一般的注釈）。単に規制が強化されているだけの場合矛盾があるとは言えない[79]。政府調達は，GATTの内国民待遇義務から除外される（3条8項(a)号）が，政府調達一般は政府調達協定によって規律される。これらは，関連するそれぞれの章において（たとえば農業協定は，他と異なる特性を有する産業における規律を扱う第16章，SPS協定及び輸入許可手続に関する協定は検疫手続及び税関手続を扱う第6章，政府調達協定は補助金と同じく政府支出の問題の一として第11章で）取り扱う。

GATS（第17章で取扱う）は，海外からの電話会議による弁護士の助言等ある国から他の国に直接提供されるサービスの貿易だけを対象としているわけではなく，「業務上の拠点」を通じた提供も対象としており，したがって投資をも対象としている。ただGATSの基本構造は，GATTとの対比で考えるのが便宜である。市場アクセス制限の規制（16条）と内国民待遇義務（17条）との関係が問題になるが，GATTと異なり，外資規制の制限（16条2項(f)号）を除き，国境措置と国内措置との区別という発想が反映されていない。GATTと同じく，国内産業保護以外の政策目的を想定できない外資規制（すなわち過当競争によるサービスの質の低下防止を目的とする可能性のある需給調整規定を除く）と国内産業保護以外の政策目的のための措置である可能性がある規制措置とを区別し，前者を16条の想定する市場アクセスに係る約束の対象とし，後者を17条の規定する内国民待遇義務の対象とすることが立法論としては考えられる。なお品質確保のための資格要件については，GATTで対比すべきは品質規制であり内国規制の一として内国民待遇義務の対象となるが，GATSにおいてはいわゆる質的参入規制であるとして，6条の問題とされている。GATTと異なり，国内規制の問題を含め内国民待遇義務が無条件ですべての産品に適用されるのでなく，加盟国が約束した分野においてかつ約束の範囲でのみ適用されることになっている（6条1項，3項，5項及び6項）。これに対して一部例外が認められているが，最恵国待遇義務はすべての措置を対象としており（2条），透明性についても同様である（3条）。なお，サービス産業において自然独占となる場合が多いことに鑑み，支配的事業者による競争阻害的行為の排除を義務付けている規定が存在する（8条，9条な

---

79) Panel Report on *Indonesia – Autos*, para. 14.28, fn.649.

ど）が，外国サービス提供者の参入機会の確保という観点からの規定であり通常の競争政策を要求しているかは定かでない。

　TRIPS協定（第18章で取扱う）は，特定された知的財産権制度の導入（第二部）及びその執行についての制度整備を義務付ける（第三部）ものであり，その制度設計及び運用において外国国民を差別することを禁止する内国民待遇義務及び最恵国待遇義務を規定する（第一部）。内国民待遇義務は，知的財産権の取得及び行使（すなわち侵害行為に対する救済）に及ぶが，知的財産権の「使用」のすべての側面に及ぶわけでない（3条1項注3）。ノウハウを含む知的財産権のライセンスの条件に対する規制における外国国民の差別は禁止対象となる余地がある（21条, 28条2項及び40条）が，知的財産権を使用して製造した産品に対する規制までは及ばず，GATTの問題となり得るに止まる。「貿易関連の側面に関する協定」であるが，この点では，輸入品に関して関係する知的財産権の取扱いにおける外国法人を規制するのみならず，技術移転を行う外国法人を当該技術の取扱いにおいて差別することも一定範囲で事実上禁止していることになる。たとえば，ライセンス契約に対する競争法上の規制において，ライセンサーが外国企業である契約の条件に相対的に厳しい制限を課することは内国民待遇義務に反するであろう。しかしながら，TRIPS協定上の「他の加盟国の国民」には，国内で設立され本店を有する外資系企業が含まれないので，技術移転を伴う直接投資を行った外国企業に対する差別すべてが対象となるわけではない。たとえばライセンス契約に対する競争法上の規制においてライセンサーがかかる外資系企業である場合に差別したとしても，TRIPS上の内国民待遇義務違反を問うことはできない。かかる問題は，投資保護に係わるものであり，主として投資協定における内国民待遇義務の問題として取り扱われることとなる。

　なおGATT，GATS及びTRIPSは重畳的に適用されるが，その関係は，国際競争論＝共存モデル又は比較優位論＝協力モデルのいずれを基本的視座とするかで大きく変わってくる。前者の場合，GATT及びGATSは，貿易自由化と国内規制の権限とのいずれをどれだけ優先するか，という価値判断が同じである保証が全くなく，それぞれの協定において独立した小宇宙を形成している可能性がある。この場合には，GATTとGATSとの間に不連続面がある可能性が高い。TRIPSについても同様であり，知的財産権保護の強化と貿易自由化その他の価値とのいずれを優先させるかという価値判断を体現するものであって，GATT及びGATSと当然に整合している理由もないし，やはり不連続面があり，独立の小宇宙を形成している関係にあってもおかしくない。これに対して，後者の考え方では，GATT，GATS及びTRIPSいずれも，全加盟国を包含する経済全体

の最適化に貢献する規律であるはずであり，具体的には「市場の失敗」を是正するための最適な措置のみを認めるような規律であることが期待される。これらの協定は，有機的に絡み合い，全体を包含する大きな小宇宙を形成しているものと理解される。したがって重複適用を回避する理由がない。

またWTO体制においては，授権条項（第19章を参照）を始め，「特別のかつ異なる待遇」(special and differential treatment) の規定がある[80]が，かかる規定の位置付けも貿易自由化の考え方によって根本的に異なる。国際競争論＝共存モデルでは，そうした例外扱いも貿易自由化の約束の対価として約束したものであって，字句通りに遵守されるのが適切であると考えるほかない。これに対して，比較優位論＝協力モデルでは，途上国支援策は，経済・社会のあらゆる分野における国内ガバナンスの確立を支援するほか，ODAを含め開発のために必要な資金が流入するように財政・金融の支援を行うことを想定することになり，途上国に対する「特別のかつ異なる待遇」規定もかかる想定に照らして解釈すべきである。立法論であるが，WTO協定が経済・社会の最適化に資さない政策の回避を規定している限り，途上国に例外を認めないほうがむしろ適切である。

なお，WTO協定は，政府の権能を制限する規定が多いが，積極的な政府措置を要求する規定も少なくない。TRIPSは，知的財産権制度を創設し，適切に運用する義務を課す規定であるし，サービスの分野においては独占が成立することが多いことに鑑み，GATSは，独占事業者の規制を義務づけている。GATTにおいては，不服申立制度の整備を要求する10条3項及び国家貿易企業が商業的考慮のみに従って販売等に従事するように確保することを求める17条1項以外にはそうした規定が見当たらないが，23条1項(c)号が，何らかの「状況」が加盟国の利益を侵害している場合の紛争解決（いわゆる「状況申立」）を規定している。

ただWTO協定は状況申立を制限している（DSU26条2項）。国際競争論＝共存モデルでは積極的な政府介入を求める規定の趣旨を理解し難く，GATT23条1項(c)号を事実上空文化するものと説明することになろう。これに対して，比較優位論＝協力モデルは，独占を放置している，環境被害など負の外部性が内部化されていないといった場合に適切な政策措置を取る義務があると考えるのが論理的であり，したがって状況申立を「市場の失敗」の放置を問題視するものとして必要性を理解できる。したがって上記取扱いは，慎重を期すために強制管轄を否

---

80) たとえば，農業協定15条，SPS協定10条，TBT協定12条，AD協定15条，補助金協定27条，TRIPS協定66条，DSU24条など。

定しただけであり，GATT時代のように，コンセンサスルールを前提として実務を積極的に形成していくことが期待されていると考える余地がある。

なおWTO協定には，知的財産権の強制実施の問題を除き，政府が経済に介入する場合に私人側に生じる可能性がある損失を補償することを前提とする規定が存在しない。また次章二3(10)で説明するように，WTOの紛争解決手続は，ある政府措置が協定不整合であると判定されたとしても，これによって輸出企業等が被った損害を賠償することを想定していない。GATTが取り扱う貿易関係は，輸入国への投資を必ずしも前提としないために，こうした問題が重視されなかったのであろう。しかし，投資協定においては収用の規定があること，GATSにおいては投資の問題も扱われていることなどに鑑みると損失補償の問題を扱う必要がないのか検討する価値があろう。

3 投資協定

（1）基本的考え方

投資協定も，司法的紛争解決手続を備えた法的拘束力の強い条約であることが多く，さらに，ISDS仲裁手続を備えることが多く，私人がその履行確保において相当の役割を果たすことが期待されている。環境規制等の国内政策措置が規律対象の中心であり，投資保護とそうした政策との関係が問題になる。すでに述べたように，国際競争論＝共存モデルに立つか比較優位論＝協力モデルに立つかで投資自由化・投資保護の意義さらに，投資協定の解釈における基本的視点が大きく分かれてくる。

国際競争論＝共存モデルは，締約国間で国際投資が行われていることを前提に投資活動の自由及び投資財産の保護を確保することを投資協定の目的と理解する。投資協定は，歴史的にも，自国の経済的利益を優先する重商主義の系譜に属する印象が強い。投資協定が規定している，投資家の投資受入国政府に対する直接請求権及び請求手段として仲裁手続を国内裁判代替とみる見方はその流れに位置する。政治的権利を有しない外国投資家が不利に扱われる懸念を相殺するために締結されるとする考え方[81]と整合的であり，そうした考え方に立てば，司法制度についても同じことが言えるため，ISDS仲裁が投資協定の不可欠の要素であると理解される。しかし，投資協定は，投資家が締結するコンセッション契約と異なり政府の締結する双務的な合意であって，自国民の財産保護を単純に目的とするのでなく，締約国間の経済関係強化，相互の繁栄等を目的として締結されるの

---

81) この考え方に言及するものとして，小寺「前掲論文」（注51）2頁以下。

が通常である[82]。その意味で，投資家は，投資母国の外交保護権に基づく請求権を代理行使するという構成が提案されている。前者の見方では，投資受入国法が保護の基準となり，投資協定の実体規定はその国内法基準が不適切な場合の補完を役割とすることになる。後者の見方に立てば，投資協定の実体規定が保護の水準を決める役割を担い，その解釈が重要になる（ISDS 仲裁における適用法規の問題として第2章四2を参照）。いずれの見方も，国際競争論＝共存モデルからは可能であるが，内容的には経済活動を競争に委ねることが経済政策として適切であり，またその前提として所有権の尊重が重要であると考える。したがって，まず収用に対する補償義務と差別禁止とが最低限必要になるが，より投資保護を強化すると，投資によって収益を挙げることを阻害する政府措置，競争関係の平等性を害する政府措置を採らないことを約束することが求められ，その約束の程度によっては，一定の政策措置について非経済的な理由で留保することが必要になる。収用規定，内国民待遇義務その他投資保護の基準がそうした観点から設計され解釈され，他方，一定の目的のための政策措置を除外する留保規定が必要となる。

　これに対して，比較優位論＝協力モデルからは，投資自由化・投資保護の本旨を，締約国経済・社会全体での投資すなわち資本・技術資産の利用の最適化であると理解する。そのためにはまず，自国経済の運営を適正化する必要があり，「市場の失敗」の是正を目的とし，そのために最適な手段を選択している政府措置の採用を促し，同時にそれ以外の政府措置を禁止すべきである。投資保護は，締約国政府がそれぞれ締約国経済・社会全体での資金利用の最適化を図り，そのために最善を尽くすことで実現され，それを超えない。投資受入国政府による義務違反に対する損害賠償請求も，さらに収用に対する補償義務も，資金利用の最適化という観点から設計される。この範囲では，特定の政策措置について留保する必要が原則としてない。投資自由化も，資金・技術資産の利用の最適化のため私人の自由・裁量に委ねることを基本とすべきという観点から追求される。たとえば，追加投資の自由が保障されていなければ，投資家としては追加投資が不可能であることを前提として事業活動を計画し実行せざるを得ず，経済・社会全体から見て最適性が確保されない可能性がある。他方締約国経済・社会全体の最適化という観点から適切な投資が行われない「市場の失敗」が存在する場合には，政府が補完的な役割を果たすことが期待される。ただし，安全保障等の観点から

---

82) Salacuse, *supra* note 16, section 4.6. また米国モデル投資協定（2012年版），前文及びドイツモデル投資協定（2008年版），前文を参照。

外国資本に委ねない産業分野もあろうし，国内の幼稚産業の育成のために自由化を当面見送る分野もあろう。したがって投資を自由化しないという選択肢も認められる。さらにこの考え方では，投資協定は，締約国経済・社会全体での最適化を共通目標として，それぞれの締約国に対し，自国の経済・社会の保有する資本が最大化するように司法的救済制度を含む国内制度整備を要請するものであり，投資家が投資受入国政府に対して直接に損害賠償請求することを認めるISDS仲裁制度は，国内の司法的救済制度が十分に整備されていると相互に承認できない場合の補充的なものであって，投資協定の本質的要素でないことになる[83]。また，ある政策分野の政府措置の最適性をISDS仲裁において評価させるとしても，情報収集及び判断能力の限界から投資受入国政府の政策判断について初審的判断を下すことは適切でなく，明白な誤りがない以上受け入れざるを得ない。それ以上の最適化の追求は，分野別の専門家が集う国際フォーラムに委ねるといった役割分担になる。

　さらに，投資協定は二国間で締結されることが多く，その内容も一律でなく締結時期によって変遷があることから，契約のようにそれぞれが別の合意と考える二国間主義（bilateralism）が通常である。しかし，規定に類似性があり，ISDS仲裁においても他の投資協定上の先例を引用する実務慣行があることなどから，制定法のように全体として一体の国際投資法と考える多国間主義（multilateralism）もある。MAIなど多国間の試みが挫折している反面，最恵国待遇義務が規定されるものも少なくなく，また二国間協定の集合体であっても投資家が投資主体の国籍選択などにより事実上一体として機能しているという現実もある[84]。言うまでもなく，国際競争論＝共存モデルでは，二国間主義を基準に考えるであろうし，比較優位論＝協力モデルでは，世界全体での投資の最適化を究極の目標と考えるので，むしろ多国間主義が基準になる。

（2）実体規定の構造

　一般国際法上，外国人の国内投資を認めるか否か，どのような条件で認めるか

---

[83] ISDS仲裁を採用しなかった投資協定の例として，Australia-United States Free Trade Agreement, Chapter 11, at [https://www.dfat.gov.au/fta/ausfta/final-text/chapter_11.html]．

[84] 二国間主義と多国間主義との比較については，Stephan W. Schill, "Ordering Paradigms in International Investment Law: Bilateralism — Multilateralism — Multilateralization", in Zachary Douglas, Joost Pauwelyn and Jorge E. Viñuales (eds.) *The Foundation of International Investment Law: Bringing Theory into Practice* (Oxford University Press, 2014), Chapter 4 を参照．

は主権の範囲に属し，一般国際法上は政府が自由に決定してよい。投資協定はかかる権限に制約を課している。

　まず事業の設立・拡張といった投資行為自体について，投資自由化協定とされる米国・日本等の近時の投資協定（経済連携協定の投資章を含む）が内国民待遇義務又は最恵国待遇義務を規定している（いわゆるプレの内国民待遇義務等）[85]。いずれの場合でも全分野が自由化されることはなく，特定の分野に限定されるか又は例外分野が留保されるのが通常である。プレの内国民待遇義務又は最恵国待遇義務が規定される場合，自国民又は他の外国人の投資を認める範囲で投資を認めなければならない。また投資許可の条件としてローカルコンテント要求，輸出均衡要求，研究施設など特定の投資要求，現地雇用要求等のいわゆるパフォーマンス要求を課すことの禁止[86]が規定されていることが多い。ただし，プレの内国民待遇義務等が規定されていれば，自国民等の投資には課されていないであろうから，パフォーマンス要求が課されることが事実上なくなるであろうし，また国内投資に対しても課されているとしても，パフォーマンス要求を充たしやすい内国民との関係で充たしにくい外国投資家が存在し得ることに照らして内国民待遇義務違反を問えるとする考え方もある（第9章四2(2)を参照）。つまり，パフォーマンス要求の禁止は確認規定である可能性もある。

　これに対して，投資保護だけを規定する投資協定では，内国民待遇義務等が投資行為自体に適用されないように規定されており[87]，外国人の投資を許可するか否か，許可にいかなる条件を付すかについて制限がない。したがって投資許可に当たりパフォーマンス要求を課すことも禁止されていないと解されよう。

　投資がなされた後の取扱いについては，収用に対する規律のほか，内国民待遇義務，最恵国待遇義務，及び公正衡平待遇義務が主要な実体規定である。なお投資自由化協定であると否とを問わず，投資受入国の法令に従った投資のみに保護又は投資仲裁の対象となるとされていることがある[88]。収用に対する規律については，「しのびよる収用」「間接収用」などの概念が発明され，差別的ないし恣意的な政府措置によって撤退・事業縮小を余儀なくされた場合に救済を求める根

---

85) 投資財産の"establishment, acquisition, expansion"（「設立，取得，拡張」）を内国民待遇義務及び最恵国待遇義務の対象とすることが多い。たとえば，日韓投資協定2条1項；NAFTA, Chapter 11, Sections 1102.1 及び2。

86) その例として，日韓投資協定9条1項；NAFTA, Chapter 11, Section 1106。

87) ドイツモデル投資協定（2008年版）3条(1)。

88) 日・インド経済連携協定83条2項（外務省のHP [http://www.mofa.go.jp/region/asia-paci/india/epa201102/pdfs/ijcepa_ba_e.pdf] を参照）。

拠として主張されてきた。内国民待遇義務及び最恵国待遇義務は，「同一の条件の下にある」国内投資家又は第三国投資家若しくはその投資財産よりも不利でない待遇を保障するものであり，国籍に着目して差別する場合のみならず，国籍には着目しないが，事実上は国籍に基づく規制である場合も「事実上の差別」として規律対象になると考えられるようになってきた。また公正衡平待遇義務においても，差別に着目して違反を認めたケースが多数存在する。

　国際競争論＝共存モデルでは，こうした義務の相互関係を明らかにするための指針を見出しにくいが，これらの義務を比較優位論＝協力モデルから整理してみると，内国民待遇義務において事実上の差別をも対象とし，規制・税制上の区別においてその区別が正当な政策理由から合理的に説明できない場合に事実上の差別を認める方向で考え，すなわち投資に影響するすべての政府措置について「市場の失敗」の是正を目的とし，最適な手段を選択していることを要求する規定と解釈し，収用規定及び公正衡平待遇義務の位置付けを再考することになる。まず，「しのびよる収用」「間接収用」などの概念を用いる必要があるのは，政策目的が正当でかつ手段の選択が最適である措置について問題とすべき局面に限定してよいように思われる。正当かつ最適な規制であっても，それまで私人の自由・裁量に委ねられ，したがって私人が投資等を行ってきた成果としての財産権等に対する侵害が強度である場合損失補償を認める余地がある。損失補償なく強度の侵害が許されるとすれば，私人がその保有する財産を維持管理し投資するインセンティブを失う可能性があるからである。補償を要件とする収用規定の拡張はこの範囲に限定すべきであり，政府措置の目的・手段の選択に問題がある場合は，内国民待遇義務違反の問題として整理すべきである。さらに，公正衡平待遇義務は，実体的な義務としては補充的な性格が強くなり，制度そのものではなく制度の運用における手続的透明性，恣意性の排除等法の支配の徹底を求めることに存在意義を見出していくことが想定される。これらの主要な義務の意義については，内国規制に適用されることが多いことから第9章四2においてさらに検討する。

　なお，投資協定は，投資母国における対外投資の制限に対する規律を規定していない。したがって，経済制裁その他の目的で外国への投資を制限することは制約されておらず，規律管轄権の過剰行使として問題になる可能性があるに止まる。この点は，輸出制限も規律対象とするGATTと異なる。ただ，資金利用の最適化を目的とするならば，対外投資の制限とりわけ対外直接投資の制限に規律を及ぼすことは不合理でない。締約国経済全体での資金利用の最適化を追求する上で国内投資を優先させることを許す理由がないからである。この投資協定における対外投資の制限に対する規律の欠如は，サービス及び技術の輸出規制がGATS

及びTRIPSにおいて規制されていないのと同様に国際経済法の欠缺である。なおIMF協定においても，経常取引に対する支払を制限することは禁止されているが，資本輸出の制限を含む資本取引の管理は制限されていない。資本取引については急激な資本移動による混乱を避ける必要性を否定できないが，これを各国が独自の自国利益を追求するための政策の自由を留保している政策領域と考えるのか，世界経済・社会の最適化を共通目標として最適な選択をすることが期待されていると考えるのかは，貿易自由化・投資保護の意義をいかに考えるか，国際競争論＝共存モデルに立つか，比較優位論＝協力モデルに立つかによって分かれる。

（3）投資協定の終了

投資協定は，期間の定め又は締約国が一方的に終了させることができる明文の規定が一般に置かれている。貿易と異なり投資回収には期間がかかることから，協定終了後も既存の投資について一定期間存続することを定めるのが通常である[89]。ただし，日本が締結している経済連携協定の投資章についてはそうした定めがなく，経済連携協定の終了時に同時に保護が終了する[90]。長期の投資の保護として十分か検討の余地がある。

4　その他の国際経済法

その他の国際経済法も，分野ごとの政策調和を目的とするものであるが，対象の拡大により他の政策とりわけ貿易・投資保護などの経済政策との関係が問題になる。この点の考え方が，国際競争論＝共存モデルに立つか，比較優位論＝協力モデルに立つかによって分かれるのはすでに述べたとおりである。また法的拘束力のある条約が基本的な枠組みを定めるために締結されている場合が多いが，貿易・投資分野と異なり，紳士協定その他拘束力のない形式で合意されることも少なくないし，細則はガイドライン等の形式で決められることが多い。また一般的に，履行確保手続が存在しても司法的色彩が弱い。またルール形成・履行確保において企業・NGO等が一定の役割を果たすことを期待されている。当該政策分野の専門家が集まることから，peer pressureによる履行が期待できる。合意に厳格な拘束力を付与しないので，具体的かつ詳細な規律に合意しやすく，また国

---

89)　たとえば2003年に発効した日韓投資協定は，有効期間を10年とし，ただし終了前の投資財産についてはその後10年間効力を有する（23条）とした。

90)　たとえば2005年に発効し，2012年に改定された日・メキシコ経済連携協定は，一方当事者が1年前に通知することにより終了させることができる（176条）。

内における新しい政策措置の試行を制約しないことから，その成果を国際ルールにフィードバックし易くなるといった柔軟性が期待される[91]。

　先に触れたとおり，税関関係の事項については，関税協力理事会（CCC）が国際機関として設立され，関税分類その他の事項について条約その他の取決めを結び，その他様々な活動を行っている（3章）。大量破壊兵器・通常兵器の貿易管理については，条約のほか，主要国による紳士協定がある（5章）。動物検疫・植物防疫・食品安全についてもそれぞれ国際機関が存在し，標準作成に当たっている（6章）。工業製品及びサービスについても様々な政府間の国際機関，民間組織が存在し，条約その他の取決めを結び，標準を作成し，またその他様々な活動を行っている（10章）。そのほか国内政策関係では，環境法，労働者保護，競争政策等について条約が締結・運用され，又は当局間の協議フォーラムがあり，標準作成が行われている。これらの対象事項は，WTO協定及び投資協定と重なり，明示に調整が行われている分野とそうでない分野とがある。これらの国際経済法における履行確保手続，国際経済法の相互関係などのガバナンス問題についても第2章で言及する。

主要参考文献・資料

吾郷眞一『国際経済社会法』（三省堂，2005年）

磯崎博司『国際環境法』（信山社，2000年）

内田宏・堀太郎『ガット――分析と展望』（日本関税協会，1959年）

大蔵省関税局（監修）『ケネディ・ラウンドの全貌』（日本関税協会，1967年）

大河内一男『社会政策（総論）』（増訂版）（有斐閣，1980年）

経済産業省通商政策局（編）『不公正貿易報告書（2014年版）』

小寺彰『WTO体制の法構造』（東京大学出版会，2000年）

小寺彰（編著）『国際投資協定――仲裁による法的保護』（三省堂，2010年）

小寺彰・道垣内正人（編）『国際社会とソフトロー』（有斐閣，2008年）

櫻井雅夫『新国際投資法』（有信堂，2000年）

塩野谷祐一・鈴村興太郎・後藤玲子（編）『福祉の公共哲学』（東京大学出版会，2004年）

神野直彦・澤井安勇（編著）『ソーシャルガバナンス――新しい分権・市民社会

91）　また本書は公法分野における国際経済法をもっぱら想定しているが，私法分野における国際経済法について本章四3の議論を参照。比較優位論＝協力モデルでは，ルール形成・実施の主要な場が異なるが基本的発想は共通する。

の構図』（東洋経済新報社，2003 年）

鈴村興太郎・宇佐美誠・金泰昌（編）『世代間関係から考える公共性』（東京大学出版会，2006 年）

J. E. スティグリッツ（藪下史郎（訳））『公共経済学』上・下（第 2 版）（東洋経済新報社，2003 年）

R. K. ターナー，D. ピアス，I. ベイトマン（大沼あゆみ（訳））『環境経済学入門』（東洋経済新報社，2001 年）

筑紫勝麿（編）『ウルグァイ・ラウンド——GATT から WTO へ』（日本関税協会，1994 年）

東京ラウンド研究会（編）『東京ラウンドの全貌』（日本関税協会，1980 年）

中川淳司・清水章雄・平覚・間宮勇『国際経済法』（第 2 版）（有斐閣，2012 年）

日本国際経済法学会（編）『国際経済法講座 I——通商・投資・競争』（法律文化社，2012 年）

松下満雄『国際経済法——国際通商・投資の規制』（第 3 版）（有斐閣，2001 年）

山本吉宣『国際レジームとガバナンス』（有斐閣，2008 年）

若杉隆平『国際経済学』（第 2 版）（岩波書店，2001 年）

Roberto Echandi and Pierre Sauvé (eds.), *Prospects in International Investment Law and Policy* (Cambridge University Press, 2013)

Ulrich Fastenrath, Rudolf Geiger, Daniel-Erasmus Khan, Andreas Paulus, Sabine von Schorlemer, and Christoph Vedder (eds.), *From Bilateralism to Community Interest – Essays in Honour of Judge Bruno Simma* (Oxford University Press, 2011)

Wolfgang Friedmann, *Changing Structure of International Law* (Columbia University Press, 1964)

John H. Jackson, *The World Trading System* (2nd ed.) (MIT Press, 1997)

John H. Jackson, *Sovereignty, the WTO, and Changing Fundamentals of International Law* (Cambridge University Press, 2006)

Jeswald W. Salacuse, *The Law of Investment Treaties* (Oxford University Press, 2010)

Peter Van den Bossche and Werner Zdouc, *The Law and Policy of the World Trade Organization* (Cambridge University Press, 2013)

World Commission on Environment and Development, *Our Common Future* (Oxford University Press, 1987)

Fragmentation of International Law: Difficulties Arising from the Diversification and Expansion of International Law, Report of the Study Group of the International Law Commission Finalized by Matti Koskenniemi, U.N. Doc. A/CN. 4/L. 682, 13 April 2006

第2章　国際経済法のガバナンス構造

　国際経済法の全体像を捉えるためにはガバナンスの観点からの検討が必須である。「ガバナンス」は，「統治」と訳されるが，「ガバメント」すなわち支配者による「上からの」統治と対比し，構成員が主体的に関与して運営する仕組みとして捉える概念である。国際経済法は，各国政府等が主体的に運営するルールであり，「ガバメント」よりも「ガバナンス」のほうが問題設定として適している。

　本章は，前章で言及した国際経済法の構造変化を受けて，以下の3点を扱う。第一に，個々の国際経済法の手続法・組織法の検討として，WTO 協定の組織及び紛争解決手続を概観し，またその他の若干の国際条約における遵守確保手続を概観する。第二に，国際経済法の相互関係の検討として，WTO 協定・投資協定とそれ以外の国際経済法の関係，及び国際法と国内法との関係を巡る問題の一としてWTO 協定の国内実施の問題を概観する。最後に，国際経済法における政府以外の主体すなわち私人の地位に触れる。いずれの問題も，政策の対立問題，私人の参加を含む手続法の問題及びソフトローの問題を含む法的拘束力の問題にそれぞれ関係しており，これらの連関を物語っている。

一　本章の対象事項

1　ガバナンス論の政策的意義

　「ガバナンス」は，システムを構成する多様な利害関係者間の調整を行い，システムの長期的な安定と発展に向けた方向付けを行う機能と構造などと定義される[1]。国際経済法のうち，国内法は，各国政府が自らの裁量と判断とで制定・修正でき，それぞれの法執行手続に従って実施できる。これに対して，WTO 協定を始めとする国際法は，自らの発案でルールを新設し修正し，また抵触する外国政府の措置を強制的に是正する権限を有する世界政府の如き主体が存在しない。いずれの国も，ルールの新設・修正に同意するよう他国に働きかけ，又は措置国

---

1) 山本吉宣『国際レジームとガバナンス』（有斐閣，2008 年）168-171 頁を参照。

政府が自ら是正するよう国際機関を通じて若しくは直接に働きかけることができるに止まる。関係国の共通利益又は世界の一般的利益の追求を共通の目的として形成された自律的な国際法の仕組みを国際レジームと呼ぶが、今日においては、個々の国際レジームの分析に止まらず、経済的相互依存の深化を前提に、第1章で言及した主体、分野及び手段の多様化を反映したグローバル・ガバナンスの全貌を明らかにすることが課題になっている[2]。

2　問題の所在

(1) 国際経済法の構造変化

第1章二でみたように、伝統的な国際法の世界においては、各国がその主観的利益の調整を図って交渉し、その結果が条約にまとめられるという理解であったが、第一次世界大戦以降、複数国が共通の目的を実現するため、さらに地球環境保全といった世界社会の一般利益のために条約を締結するようになった。こうして形成された条約のうち自律的な仕組みを有するものが国際レジームであり、さらに履行確保のために国際組織による監視・指導がなされ、条約上の義務が客観的義務と理解される国際コントロールの仕組みに発展した。合意された条約の履行を如何に確保するかが課題であった。

しかし、国際経済法は、近年、個々の条約の対象分野の拡大に伴い、国内法との政策の対立及び条約間での重複・矛盾の可能性が生じ、また手段として条約以外のソフトローの利用が進み、さらに企業・NGOなど非政府主体の役割が増大するといった構造変化を経験している。この構造変化は、経済分野における国際法と国内法との関係が、合意された条約を忠実に国内で執行するといった一方向のものでなく、協力と対立の調整といった複雑かつ相互的な関係となったことを示しており、国際法相互の関係も同様であると想定される。よって、グローバル・ガバナンス又は国際経済法の全体像を捉えるためには、個々の国際レジームのガバナンスの問題とりわけ国内法との関係及びソフトローの問題を研究し、さらに国際レジームの相互関係（regime interaction）を考え、さらに非政府主体たとえば企業に期待されている役割を検討する必要がある。これらの論点における考え方は、国際競争論＝共存モデルに立つか比較優位論＝協力モデルに立つかで大きく異なる。以下、それぞれの点について検討すべき課題を挙げる。

---

[2]　同上、171-173頁を参照。

（2）個別国際経済法の構造と動態

個々の国際経済法ないし国際レジームのガバナンスを考える上では，その政策目的と他の政策との関係を明らかにすることが出発点となる。WTO協定又は貿易自由化レジームについて言えば，第1章で検討したように，国際競争論＝共存モデルは，貿易自由化を"level playing field"の確保といった貿易関係に限定した政策問題と捉え，非貿易的関心事項の追求と矛盾対立する可能性があることを前提とする。関税の撤廃に止まらず，国内規制その他貿易以外の政策に直接関わる政策措置の規律も含める以上，貿易自由化を優先したい点と国内産業保護を含め他の政策価値を優先させたい点とが国ごとに異なっているという前提で，その利益の調整を行う交渉を行い，そうした相互主義的な交渉の結果を反映するのがWTO協定であると考える。

これに対して，比較優位論＝協力モデルは，貿易自由化を，貿易関係のみならず世界経済・社会全体の政策問題の一つの切り口と捉え，比較優位産業への特化を通じた世界経済・社会の保有する資本の最大化を唯一かつ共通の目的として，関税の撤廃・削減を含め関係する政策分野（政府自体の効率的運営を含む）すべてにおいて客観的に最適な政府措置を選択することと考える。WTO協定を，そうした政策選択に同意し，共通目標実現の方法論を協議し，その結果を反映する合意と理解する。

以上の考え方の違いは，新たな交渉・合意の性格に大きく影響する。貿易自由化とその他の政策とのバランスを考える相互主義的な合意であれば協定の改正・追加に新しい価値判断が必ず随伴する。また貿易自由化を最優先して他の政策を極度に制限する合意もアプリオリには排除されない。これに対して，世界経済・社会が保有する資本の最大化という目標を共有すると考えるのであれば，協定の改正・追加は，そうした基本的な価値判断に沿って技術的判断を積み重ねることが原則となる[3]。ただし，政府による市場への介入に対して実在する「市場の失敗」の是正を目的とし，客観的に最適な手段を用いることに限定されるという抽

---

3) WTO協定について，加盟国に留保された「政策空間（policy space）」があるという説明がなされる（たとえば，Bernard Hoekman, "Operationalizing the Concept of Policy Space in the WTO: Beyond Special and Differential Treatment," *Journal of International Economic Law*, Vol. 8, No. 2 (2005), pp. 405-424）が，その発想に倣えば，国際競争論＝共存モデルは，加盟国が，貿易に関する政策空間とそれ以外の政策に関する政策空間とが重複する可能性があることを前提として，いずれを優先させるかの政策判断を下し，両者の政策空間を分離したと想定する。これに対して，比較優位論＝協力モデルは，加盟国は，自由貿易を媒介として自国経済・社会の最適化を世界経済・社会の最適化と連動させるという政策判断を下し，国際経済における政策空間と国内経済における政策空間を連動させたと想定する。

象的義務を超えて具体的な実体的義務を課すことにはきわめて慎重であるべきである。経済構造，関係する市場慣行，経済主体の行動パターンが国ごとに異なる以上，対応する最適な手段の策定の一次的な権限と責任とを各国政府に委ねるのが合理的だからである。また技術等の変化によって既存の国際ルールに違反する政府措置が未知の「市場の失敗」を是正する客観的に最適な政策手段であることが判明した場合にこれを許す柔軟性も必要である。相互主義的な合意ならばそうした柔軟性を認めることはできず，まず修正の合意が先決となろう。

　基本的理解の違いは，紛争解決手続に対する見方の違いとなっても現れる。相互主義的な合意であるならば，貿易自由化という共通の利益を追求する国際コントロールの性格を有すると共に，他の政策権限を譲歩して得た貿易自由化の利益を確保する，つまり主観的利益を確保するための「紛争解決」手続としての性格をも併有する。これに対して，世界経済・社会が保有する資本の最大化という政策目的を共有すると考えるならば，紛争解決手続の性格は国際コントロールに純化される。第1章三4(4)(ウ)で検討した「比例性原則」の内容における差異として現れるように，判断を委ねられる第三者機関は，合意を解釈・適用するに当たり，前者の場合主観的価値判断を必然的に担うのに対し，後者の場合政策目的の正当性及び手段選択の最適性に関する客観的・技術的判断が求められる。いずれの場合にも第三者機関の判断権の限界が問題になるが，前者では価値判断の正統性をいかに担保するか，後者では技術的専門的判断能力の相対的欠如をいかに考えるかが問題となる。これは，審査基準（Standard of Review）の問題として本章二3(7)(ク)において検討されるが，同時に国際法と国内法との間の権限と責任の分配の問題でもある。

　また第1章四4(2)で述べたように，その他の手続的規律たとえばWTOにおける決定手続についても，また国内法の制定手続に対する規制についても違いが生じる。国際競争論＝共存モデルではどのような合意もあり得るが，国家の主観的利益が反映される手続かどうかに重点が置かれよう。これに対して比較優位論＝協力モデルに立てば，客観的に最適な判断が下されるよう必要な情報が集中するような手続が合意されているはずと考える。そのために必要な情報を私人が有している可能性が高いならば，私人の参加を予定し，情報提供のインセンティブを高めた制度に設計されているであろう。また意思決定・判断の課題が，主観的利益の調整でなく，共有された目的実現のために客観的に最適な手段の選択であるから，国際競争論＝共存モデルと異なり，正統性の観点から利害関係者の同意を要するというわけでなく，多数決で決定して差し支えないが，正当性・最適性に関わる判断の適否の検証が必要であろう。情報提供等を期待できない範囲では，

正統性のためでなく，判断・決定ないしレジームに対する私人のコミットメントを増大するために私人の参加を認めるという考え方になる。なお検証可能性の点，国際競争論＝共存モデルでは，選択された手段によって合意された調整どおりの結果が実現されたかどうかを評価することになるが，細部まで明確な合意がなされないとすれば検証自体に理論的限界があることに注意が必要である。

　投資協定も同様であり，国際競争論＝共存モデルの見方すなわち，国際投資に関する利害を調整すべく，投資家の利益保護と規制主権の確保等とをバランスさせる合意と捉えるか，比較優位論＝協力モデルの見方すなわち，関係国経済全体での資金利用の最適化を共通目標として協働することとし，経済政策その他の政策のための措置を最適化することを約束する合意と捉えるかで考え方が分かれる。前者は，協定の解釈・適用において主観的価値判断が事実上不可避的に行われる。これに対して，後者は，「市場の失敗」を客観的に最適な手段で是正する措置のみが許されているはずであり，協定の解釈・適用は技術的判断であって価値判断の余地が理論上存在しないはずである。手続法に関してもWTO協定と同様の違いが生じる。

　また環境保護などの通商・投資以外の政策目的で形成された国際経済法も，その規律対象が拡大した結果，規律の影響が貿易・投資その他の分野に及ぶようになったため，関係国の共通利益又は世界の一般的利益の追求を目的とすると当然には言えず，政策目的の位置付けを他の政策目的との関係でつまり相対的に検討する必要がある。たとえば環境条約であっても，国内産業に対して，国際競争において有利な地位を保障するため環境保護コストを適切に負担させずに操業を認めることの規制を導入するものとも考えられるので，貿易政策と環境政策との関係を問う必要がある。したがって，WTO協定及び投資協定に関する上記議論がほとんどそのまま適用されるであろう。

　すなわち国際競争論＝共存モデルの発想では，たとえば環境保護に関する条約でも環境保護とそれ以外のたとえば貿易利益とでいずれの価値をいかなる場合に優先させるかの価値判断が交渉においてなされており，その結果が条約の規定に反映していると考える。したがって，実体規定どおりの履行を確保することが原則として望ましく，たとえばWTO協定の側で環境条約を取り込みWTOの紛争解決手続における適用法規とすることに抵抗が少ない。またソフトローを将来の条約化を想定する予備的又は過渡的な合意と捉える見方に親和的である。

　これに対し，比較優位論＝協力モデルでは，貿易自由化を追求するWTO協定と環境保護を追求する環境条約とが相互補完的であり，後者は，「市場の失敗」の最適な是正を確保することを目的とする。国内の「市場の失敗」を是正する客

観的に最適な手段を発見し，実施する能力を最も有しているのは当該国の政府である。したがって，具体的な実体的義務が条約に規定されているとしても，司法的な履行確保手続が備えられていないならば実質的にはガイドライン又は目標に近く，規定どおりに厳密に履行されることが想定されているとは言えない。したがって，当該環境条約の想定する履行確保手続と異なる，司法的に義務違反の責任が追及されるWTO協定の紛争解決手続及びISDS仲裁手続における適用法規とするのは適切でない。また，世界経済・社会における資本の最大化という共通目標が合意されているので，法的拘束力がない国際的合意であっても基本的に遵守を期待でき，むしろ頻繁な改定・修正等が想定される分野では，条約よりもソフトローがより適切な合意の形式とされるであろう。企業やNGO等の私人のほうがルール形成・実施に必要な情報を有しているならば，私人にルール策定を委ね，必要に応じてこれを採択するほうが適切であることもあろう。

なお個別国際経済法の動態に関連して，組織法たとえば国際経済法を運営する国際機関の効率的運営等の問題があり，また規律対象となる国内法政策の立案・実施における各国政府の効率性等の問題もある。国際競争論＝共存モデルでは，他の問題と分離して扱われることが可能であろうが，比較優位論＝協力モデルでは，国際機関及び各国政府の効率性・資金収支の適正さ確保それ自体に加え，情報収集の十全性及び判断能力の確保，コミットメントの増大等の観点から見た意思決定方式，人事政策等の最適化等も世界経済・社会の保有する資本の最大化という共通目標の実現のために必須である。政府の効率性の問題は，政府措置の客観的最適性要求にも要素として内在し，そのほか租税・財政支出の問題として関係する各章において検討するが，国際機関の効率性・財政等の問題は本書では扱わない[4]。

（3）国際法と国内法との関係

次に，国際経済法に属する国際ルールが関連する各国の国内法とどのような関係に立つかを検討する。これには，国内法の側から見て，国際法（たとえばWTO協定）の国内法的効力，直接適用可能性等について憲法等がどのように規定しているかという解釈論の問題と，条約を国内法上どう取り扱うべきかという立法政策の問題とがあり，また国際法の側から見ても，（たとえばWTO協定が）国内法上どのような取扱いを要求しているか，という法解釈の問題と，どのように国内法上取り扱われるのが適切かという立法政策の問題とがあり，これらを分

---

4) この点の分析として，横田洋三（編著）『新国際機構論』（国際書院，2005年）第1部，及び城山英明『国際行政論』（有斐閣，2013年）第9章を参照。

けて考える必要がある。議論の蓄積のある国内法的効力の問題については本章四において扱い，それ以外の点については各章において個別に言及される（たとえば政府調達協定違反の政府調達については国内法において不服申立手続を置くことが義務付けられていることについては，第11章五4(3)で言及する）。

　一般的には，国の利益を代表する政府が交渉し締結した条約であるから合意どおりに履行されることが望ましいという発想で，国内法的効力を認めるほうが望ましいという議論に特に国際法の側からはなりそうである。国内法の側から見れば立法政策の問題という発想になるかもしれない。しかし，貿易等経済のある分野に関して合意された規律が深化し他の様々な政策分野に影響するようになっているとすれば，条約の履行をいかに確保するかという発想自体の妥当性に疑問が生じる。かかる条約は，いずれの分野の政策をどのような場合に優先させるかを内容として含むと想定されるが，経済分野においては，そうした政策決定は常時見直しの必要があり，状況の進展に応じて修正する必要もあるはずである。しかし，第1章二3(2)で検討したように，条約とりわけ多国間条約は，国内法と異なり，修正及び相互調整のきわめて困難な法形式であって，状況に応じた修正等ができないリスクを各国が受け入れることが容易であるとは思えないからである。

　こうしたリスクに対する考え方は，貿易自由化等に対する基本的見方によって正反対になる。国際競争論＝共存モデルでは，拘束力のある条約を締結する以上上記リスクを取って事項ごとに優先順位を付け，全体として主観的に最適な判断を下したと認識するほかない。そう認識する以上，条約の形式でなされた合意は，文言に忠実な解釈を通じて締約国の意図を探求し，その通りの実施を確保すべきであると考える。

　これに対して，比較優位論＝協力モデルに立てば，すべての政策は，世界経済・社会の保有する資本の最大化を共通目的とし，「市場の失敗」を客観的に最適な手段によって是正するという方向で統合され，この方向性を逸脱しない限り政策間で矛盾抵触が生じない。したがって，経済に関して条約を策定する場合，貿易，環境保護その他対象分野における「市場の失敗」を最適な手段によって是正することを義務付け，又は促すという共通政策を採用することで上記リスクを生じさせないように対応していると想定する。さらに前項で触れたように，各国国内において，いかなる「市場の失敗」が存在し，客観的に最適な是正手段が何かを判断するのに必要な情報の収集能力を有するのは当該国の政府であるから，各国が具体的に何をすべきかまで拘束力のある規定を置くことは不適切である。一次的には各国政府の裁量に委ねるべきであり，せいぜい明白な誤りのある場合に介入する程度であろう。それ以上には，国内政策決定において情報の集中・誤

りの検証等が確保されるような手続的規律を課すに止めるべきである。こうした基本方向で、条約の国内法的効力をどうするか、そもそもソフトローを選択すべきなのはいかなる場合か、などの問題を考えることになる。

(4) WTO協定・投資協定とその他の国際ルールとの調整

次に、国際経済法の相互関係とりわけWTO協定及び投資協定といった貿易自由化・投資保護に向けた国際ルールと、それ以外の分野で形成されている国際ルールとの関係をどのように考えるべきかが問題になる。分野ごとに様々な条約が相互の調整なく策定されている状況を指して「国際法の断片化（fragmentation）」として懸念する声があり、国際法の一元性を重視する立場から規範として統合すべきとの主張がある。国内法と異なり、不整合を解決する統合的な司法機関が国際法には存在せず、究極的には政府間で解決されるかもしれないが、個別国際経済ルールの自律性が高まれば困難な状態が持続する可能性がある。国際組織間の情報交換及び必要に応じて抵触を避ける規定を条約に置くことは当然として、それ以上の断片化対策として、たとえばWTO協定上の紛争解決手続及び投資協定上の投資仲裁手続において、環境条約その他を適用法規として又はWTO協定等の解釈において考慮すべきか、といった法的問題として具体化する[5]。

これらの問題も、世界経済関係の指導原理をいかに考えるかで様相が全く変わってくる。国際競争論＝共存モデルに立つと、国際経済法の断片化が懸念され、統合の必要が顕著である。それぞれの国際組織・フォーラム（たとえばWTOと環境保護条約の交渉）が対象としている政策空間が交差しているため対立する可能性のある政策的要請（たとえば貿易自由化と環境保護）間のバランスを調整する必要がある。しかし、各国政府内の関係部局が政策分野ごとに異なり、また関係国も異なるため、それぞれのフォーラムにおいて合意される政策的要請間のバランスが相互に整合的である保証がない。したがってかかる断片化を是正し又は防止するため、それぞれの協定において矛盾対立を避ける規定を置く必要があるし、また解釈・運用における実体的統合たとえばWTOにおける紛争解決手続においてWTO協定以外の国際法を考慮する必要性が強調され、その可能性が検討

---

5) WTO協定とその他の条約との関係を論じたものとして、Joost Pauwelyn, *Conflict of Norms in Public International Law*（Cambridge University Press, 2003）、また投資協定とその他の国際法との関係について論じたものとして、N. Jansen Calamita, David Earnest, and Markus Burgstaller (eds.), *The Future of ICSID and the Place of Investment Treaties in International Law*（British Institute of International and Comparative Law, 2013), Chapter I.

される[6]。また断片化を予防するため交渉における手続的統合たとえばWTOのルール交渉における貿易政策以外の専門家の参加なども要請されるであろう。ただこれらは，WTO等の国際機関におけるルール形成及び紛争解決手続において高度な政策判断が行われることを容認することにつながり，超国家的な権威を認めることになりかねないという別の問題を発生させる。

　これに対して，比較優位論＝協力モデルに立てば，各国が同一の目標を共有し，その実現のために最適な行動を選択するというガバナンスが成立していると想定するので断片化はあまり問題にならず，法ないしレジームの多元性を受け入れて差支えない。貿易自由化・投資保護を追求する国際法たとえばWTO協定及び投資協定のネットワークは，世界の持続可能性の最大化したがって世界経済・社会が保有する資本の最大化を共通目標とし，その観点からの規制の最適化を要求すると考える。そうした目的のためのルールである以上，環境保護，労働者保護その他のすべての国際経済法とも共通目標の実現のために相互補完の関係に立ち，役割分担を想定するガバナンス構造を構想することが可能になる。政策・産業分野をまたがるような「市場の失敗」に備え，既存の国際ルール及び国際フォーラム間の情報・意見交換が必要とされるであろうが，一般的には対立・断片化を懸念する必要がなく，個別の国際レジームの自律的発展に委ねてよい。また矛盾する事実認定を回避する必要性の問題を除けば，事案に照らして最も適切な国際ルール（及び国際フォーラム）を選択するという発想で問題が生じない。たとえばある国の安全基準に疑義があるという場合，貿易専門家の集うWTO又は投資専門家の集う投資協定においては，基準の不合理性が明白でなければ有効な処遇を法的に期待できない（逆に言えば不合理性が明白であれば司法的手続を通じて是正を強制し又は損害賠償を求めることができる）が，安全基準の専門家の集うフォーラム（たとえば自動車に関するUNECE）ではより微妙な妥当性レベルでの議論が可能であろうし，国内の行政立法手続等においてより深いレベルで議論することも可能である（第9章及び第10章の関連箇所を参照）。逆に，規範の統合を企図して，個別のレジームにおいて形成されたルール（たとえばUNECEで形成される国際規格）をそのレジームにおいて予定されている遵守確保手続に拠らず，他のレジーム（たとえばWTO・TBT協定）等における参照基準とすることには慎重

---

[6] 規範の衝突を解決する法的技術について，James Crawford and Penelope Nevill, "Relations between International Courts and Tribunals: The 'Regime Problem'," in Margaret A. Young (ed.), *Regime Interaction in International Law – Facing Fragmentation* (Cambridge University Press, 2012); James Flett, "Importing Other International Regimes into World Trade Organization Litigation," in *ibid*.

であるべきである。個別の政策分野においてどこまでルール形成・遵守を期待できるかについての情報を有しているのはその分野の専門家であり、個別レジームにおける意思決定・判断にはそうした専門家の意見が反映されているが、他の分野のレジームにおいてはそうでないと想定されるからである。

(5) 国内法間の調整

なお本章において包括的には取り上げないが、国内法相互の関係の分析・調整も国際経済法全体のガバナンスを考えるのに必要である。第1章四において述べたとおり、国家管轄権の問題のほか、投資保護その他領域支配の管理責任、PPM措置のWTO協定整合性、さらに規制の相互承認、共助の問題などが関係する。国際競争論＝共存モデルでは、国家間で主観的利害の対立とその調整を考えるが、比較優位論＝協力モデルでは、世界経済・社会の保有する資本の最大化という共通の目標に向けて責任と権限とを分担する関係として捉えることになる。PPM措置の問題は、第7章、第9章などにおいて、相互承認は第10章その他においてさらに詳しく取り扱う[7]。

(6) 私人の法的地位と役割

国内法においては、政府のほか、企業、NGOなどの法人を含む私人も権利義務の主体としての地位を認められている。これに対して、国際法において権利を有し義務を負う法主体としての地位を認められているのは国家及び法人格を有する国際機関に限定され、私人は、せいぜい限定的な権利義務関係を有する限定的法主体とされるに過ぎない。しかし、現実には、国際経済法の実施・運用において、企業、NGOその他の非政府主体の重要性が増している。実務上、ルールの制定・改正過程及び実施において一定の役割と責任とを託されている場合がある。こうした現実の意味を国際法上の議論に投影するための道具概念として、「法主体」に代えて「国際法関与者」という概念が提唱されている[8]。

この点、国際競争論＝共存モデルは、通商・投資保護などの分野における国家の主観的利益の調整の結果として国家間の権利義務関係を定める合意と国際経済法を捉え、したがって完全な法主体性を国家及び国家間組織たる国際機関に限定する議論に親和的である。私人は、国益と異なる私的利益を追求して行動するこ

---

7) 私法分野においては、国際私法によって調整がなされるのが通常であるが、実体法の統一を目指す動きもあり、その位置付けが問題となる。この点は第1章四3における議論を参照。
8) 「国際法関与者」の概念については、大沼保昭『国際法』（新訂版）（東信堂、2008年）126-131頁。

とを前提とするので，国家と同等の主体性を有し得ない。政府及び政府間国際組織については正統性の問題，すなわち，国際経済法の形成及び運用に私人の意思が反映されるようにすべきか否かを考え，またその実施に当たり国内法において必要以上に自己の自由・権利を侵害されないように政府を監視すると発想する。いずれも国内法上の法主体性が重要であり，私人に国際法関与者という地位を認める意義は小さい。

　これに対して，比較優位論＝協力モデルは，私人の経済活動だけでなく政府の活動すべてを含め世界経済・社会を一体としてのシステムとして捉え，このシステムが人類の持続可能性の最大化という共通の目的を実現するために構成員たる政府及び私人がいかなる責任を負い，いかなる権限を有するかのルールを定めるものとして国際経済法を捉える。WTOに加盟することにより，各国政府は，自国経済における「市場の失敗」を客観的に最適な手段によって是正し，それ以外の介入を控える法的責任（又は対世的義務）を負い，他の加盟国政府にその責任を果たすことを求める権限を有する。法的には規定されていないが，企業，NGOなどの非政府主体も，共通の目的のために協働すること，さらに政府間国際組織及び各国政府がその役割を適切に果たすよう監視し，とりわけ国内法において経済・社会の政府による運営・管理が客観的に最適化されるよう情報を提供し協働することなどが，共通の目的の実現のために不可欠な要素として期待されている。また断片的ではあるが，法的にも，たとえば投資家として投資先国政府に対して投資協定上の責任を果たすことを求める権限の裏付けとして違反に対する損害賠償を直接請求する権利を付されており，また国内法上，たとえば対象企業として，適切に設計された環境規制を遵守する責任を負い，また日本国民として，WTO協定に整合しない措置の是正を他国に求めることを請願する権限を有している。したがって，これらの非政府主体も，政府と同じく，世界経済・社会が共通の目的に従って機能するために協働する主体として捉えるべきである。こうした見方は，国家のみに対して国際法上の法主体としての地位を付与するよりも，私人を含むすべてを国際法関与者と捉える見解に親和的である。

　ここでは，政府と同様の正統性を有しないが専門能力の高い非政府組織の関与が要請されるのはいかなる状況か，加盟国政府及び政府間国際組織等の判断権者が最善の判断を下すため（さらに判断の妥当性を事後に検証するため）に必要な情報を得るという観点からガバナンス構造の設計が問われる。また国内における政策決定への参加ないし政策決定の透明性の問題を，私人の主観的意思を反映させるためでなく，関連性を有する情報をもれなく収集するため，さらに主体として扱うことにより一般的利益の実現への協力を得るという，社会関係資産の増加と

いう資本形成の観点から考えることになる[9]。

以上は，国際法レベルでの国際経済法の形成及び実施（履行確保手続を含む）における手続法を設計・解釈するにあたって指針を提供する。国際競争論＝共存モデルでは，国家の主観的利益の調整が重要であるから国家利益を代表する政府が参加すれば足り，ただし私人の利害関係への影響が大きいとしてどこまで私人を参加させるか合意によって決するという発想になる。比較優位論＝協力モデルでは，必要な情報を十全に収集することを確保するという観点から制度設計することが想定され，またそのために客観的に最適な制度になっているはずであるとして関係規定を解釈していくことになる。

さらに，実務においては，企業やNGOなどの私人が環境保護その他「市場の失敗」の是正を目的とする規格その他のルールを策定する場合，どこまで尊重するかという問題も生じている。国際競争論＝共存モデルでは，私人の行為である以上国際法の問題でないという整理になろうが，比較優位論＝協力モデルでは，「市場の失敗」を客観的に最適な手段で是正するという角度からみて評価すべき行為は放任しすなわち規制を控え，そうでない行為に対しては必要に応じて競争法その他で規制することが求められる。持続可能な森林経営などの認証制度を巡る議論（第16章三2(2)を参照）にそうした問題が反映されている。

二　WTO協定のガバナンス

1　組織法

（1）加盟・脱退手続

WTOは1995年に成立した。加盟国は，原加盟国128にその後の新規加盟国を加え，2014年6月現在で160に上る[10]。原加盟国は，WTO協定傘下の個別協定のうちいわゆるプルリ協定（政府調達協定及び民間航空機協定）以外のすべての協定を引き受け，かつ関税譲許及びサービスに関する約束を行っている。WTO協定は，原加盟国以外の国に開放されており，一括受諾が必要な協定全部の受諾と関税譲許及びサービスに関する約束を含む，WTOとのすなわちその時点でのす

---

[9]　WTOにおける私人参加の問題について，米谷三以「WTOへの私人参加──問題は正統性か専門性か」日本国際経済法学会（編）『国際経済法講座Ⅰ──通商・投資・競争』（法律文化社，2013年）196-214頁を参照。またWTO及び投資協定における履行確保手続における私人の関与の現状について，中川淳司「国際経済法の実現における私人・私企業の『関与』──WTO紛争解決手続と投資紛争仲裁を中心に」中川淳司・寺谷広司（編）『国際法学の地平──歴史，理論，実証』（東信堂，2008年）481頁を参照。

[10]　WTOのHP［http://www.wto.org/english/thewto_e/whatis_e/tif_e/org6_e.htm］を参照。

べての加盟国と合意した条件で加盟することができる（WTO設立協定12条1項）。なおWTO協定は，国のみならず独立の関税地域も加盟することができ，独自の関税譲許表を有することができる（GATT24条1項）。香港がその例であり，また台湾もその地位で加盟している。また関税同盟（第19章参照）も関税地域として加盟することができる（24条8項(a)号）。EUは，関税同盟として加盟しているが，構成国も加盟国としての地位を保持している。

関税譲許及びサービスの約束は一定の要件の下で撤回・変更が可能である（それぞれ第4章及び第17章四1(2)を参照）が，TRIPSには相当する規定がない。また関税譲許の撤回・変更に代償的調整義務が条文上明示されていない（GATT28条1項）のに対して，サービスの約束の撤回・変更には代償的調整が義務として明示されている（GATS21条2項）。これらの違いの含意は後に第17章（たとえば四1(2)）及び第18章において検討する。

新規加盟国に対しては，輸出関税・輸出税に関する約束又は譲許などの条件が課されることが多い。こうしたいわゆるWTOプラスの条件も，WTO設立協定12条が想定している条件に含まれ，したがってWTO協定上の権利・義務の問題として紛争解決手続において適用法規として争うことができる[11]。国際競争論＝共存モデルの発想では，原則として，どのような加盟条件も合意次第と考えるであろうし，比較優位論＝協力モデルは世界経済・社会全体の最適化をWTO協定の目的として考えるので，この目的追求に資する加盟条件だけが正当である。逆にWTOマイナスの条件はどうか。協定に違反する措置の恒久的な除外は当然として，是正の一時猶予であっても，WTO協定に規定された例外（内国民待遇義務に違反するTRIMS措置の是正の一定期間の猶予（貿易に関する投資措置に関する協定5条2項）など）を除き認めないという解釈もあり得るであろう。なお輸出関税に関する約束については，輸入関税に関する関税譲許と異なり，修正（GATT28条）及びセーフガード（19条）の規定が置かれていないことに注意する必要がある。これらの規定については第3章四9及び第4章を参照。

加盟国は，いつでも脱退できるが，WTO協定全体からの脱退だけが許され（WTO設立協定15条1項），個別の協定からの脱退は許されない。ただし複数国間貿易協定についてはそれぞれの定めに拠る（同条2項）。ただしいずれについても脱退の例はない。なお投資協定などと異なり，脱退後の効力存続を認める規定がないが，GATS・TRIPSにおいて投資活動が一部扱われており脱退後の収用・補償の問題が適切に考慮されているのか議論があろう。

---

11) Panel Report on *China – Raw Materials*, paras. 7.112-7.115.

なおGATT，GATS及びTRIPS協定には最恵国待遇義務が規定されている（GATT1条，GATS2条及びTRIPS協定4条）。加盟国内部の関係に止まらず，いずれの最恵国待遇義務も，加盟国のみならず非加盟国に対して提供した有利な取扱いも他の加盟国に対して提供することを求めており，たとえば加盟国がGATTの外にすなわち非加盟国との間でGATTよりも有利な関税取極を締結することを妨げている。

（2）内部組織

WTOは，その前身であるGATTと異なり，国際機関として法人格を付与されている（WTO設立協定8条1項）。GATTと法的に別個の存在であることが明記されている（2条4項）が，WTO協定の一部であるGATT1994がGATT時代の実務慣行をそのまま引き継いでいる[12]。紛争解決手続及び貿易政策審査の運用を含めWTO協定の実施運用及び協定が想定している多角的交渉（たとえばGATT28条の2）の場を提供することがその任務である（WTO設立協定3条）。

加盟国代表（閣僚級）から構成される閣僚会議が最高意思決定機関であり，2年に1度以上開催される（4条1項）が，常設でなく，その会合の間の期間においては，同じく加盟国の代表（大使級）から構成される一般理事会が閣僚会議の任務を遂行する（同条2項）。一般理事会はまた，紛争解決手続を司る紛争解決機関（DSB）及び貿易政策検討制度を運営する貿易政策検討機関（TPRB）としても機能する（同条3項及び4項）。その傘下にGATT，GATS及びTRIPS協定それぞれの実施を司る理事会が置かれ，一般理事会の一般的な指針に基づいて活動する（同条5項）。各理事会は，必要に応じて委員会や作業部会といった補助機関を設置することができる（同条6項）。このほか，GATT関連のいくつかの協定において委員会が設置されている。

2　WTOの機関の権能

WTOの機関は，多様な権能を分担している。本項では，紛争解決機関が主宰する紛争解決手続以外の手続を概観する。

（1）閣僚会議及び一般理事会

閣僚会議及び一般理事会は，WTO協定の改正を発議する権限を有する。具体

---

[12]　1994年の関税及び貿易に関する一般協定1(b)は，「1947年のガットの締約国団が行った決定」を広くGATT1994に含めた。

的には，加盟国又は理事会が提出した提案を採択し，改正案を加盟国に対して受諾のため送付することを決定する（10条1項）。決定は，コンセンサスを基本とするが，3分の2以上の特別多数決によっても行うことができる。なお改正の発効要件は，改正規定及び最恵国待遇義務については全加盟国の受諾である（同条2項）のに対し，それ以外は原則として3分の2以上の加盟国の受諾で足りる（同条3項）。ここでも，国際競争論＝共存モデルでは，合意を条件とすることが重要であり，改正の実体的内容については特段の内在的制約も想定しない。比較優位論＝協力モデルでは，その目的の実現を妨げる改正を認める理由がなく，したがって改正に内在的な制約があるが，逆に目的の実現に客観的に資するのであれば多数決による改正も正当化されると考える。

　GATTにおいては第4部の追加（1966年発効）など何度か改正があったが，WTO協定の改正はこれまで一度のみ試みられている。TRIPS協定31条において認められる強制実施権の範囲を拡大する改正が採択され，発効のための受諾を待っている状態である（WT/L/641）。新しい協定の策定は，GATT時代にもあり，またWTO協定の下でも，2013年末のバリ閣僚会議において，GATT5条等の改善を図った「貿易円滑化協定」（Trade Facilitation Agreement）が合意され，発効に向けて準備中である。また複数国間貿易協定である政府調達協定については，改正協定が2014年4月6日に発効している。

　なおWTO協定には，加盟国が個別に関税の上限を定める「関税譲許」，サービスの市場アクセス等に関する「約束」が含まれ，これらは加盟国間の交渉によって随時変更がなされるほか，一方的な撤廃・修正が許される場合がある。関税譲許は第3章で，その撤廃・修正は第4章で取り扱う。サービス約束及びその修正については第17章四1(2)を参照。

　閣僚会議及び一般理事会はまた，既存の条文の解釈を確定する権限を有する（WTO設立協定9条2項）。この権限行使は，当該協定に関する理事会の勧告に基づいて行われ，紛争解決機関によるパネル又は上級委員会報告書の採択は該当しない。4分の3以上の多数による議決が必要とされ，この権限が行使された前例は未だ存在しない。

　逆に，4分の3以上の多数による議決によって個別の義務の免除を決定することができる（同条3項）。ただし，免除については期間の制限，定期的に審査を受ける義務などが及ぶ（同条4項，1994年の関税及び貿易に関する一般協定に基づく義務の免除に関する了解）。この免除の前例は多数存在し[13]，これまで，EUが旧植民地国に付与している特恵を規定するコトヌ協定に対する免除（WT/L/436）のように個別措置についての免除もあれば，後発開発途上国に対する特

別の特恵に関する免除（WT/L/304 and WT/L/759）のように，一般的な要件を定めた免除も存在する。なお，特恵関税等の根拠となっているGATT時代に決議された授権条項（第19章三2参照）は無期限のものとして扱われている。

　この免除に内在的制約があるか否かはWTO協定の目的をどう考えるかによるであろう。国際競争論＝共存モデルでは，貿易自由化を無意味にするような免除が許されない，という以上の制約を考えにくい。これに対して，比較優位論＝協力モデルでは，協定の定める義務に反するが，世界経済・社会の保有する資本の最大化という共通の政策的観点から積極的に評価できるものに免除の対象を限定すべきであり，その点の説明を求めるなどの手続的規律を導入するという方向性で考えるべきであろう。

（2）貿易政策検討機関

　WTOは，加盟国の貿易に影響する政策措置を定期的に検討する手続を置いている（WTO設立協定3条4項）。これは，WTO協定が定める規律の「遵守の状況を改善し，もって，加盟国の貿易政策及び貿易慣行について一層の透明性を確保し並びに理解を深めることにより，多角的貿易体制が一層円滑に機能することに資すること」を目的とする。紛争解決手続の基礎とすることを意図せず，新たな約束を行わせることを意図するものでもない（附属書Ⅲ，A(i)）。貿易政策の検討を通じたコミュニケーションによって協定の内容を政府の隅々に至るまで行き渡らせ，WTO協定の遵守を促すことを狙いとする[14]。各加盟国は，世界貿易に占める割合により，2年，4年又は6年ごとにこの手続に服する。貿易政策検討機関（TPRB）がこの手続を運営管理する。

　なお2008年のリーマンショック以降，保護主義的措置の増加が懸念されたことから，貿易政策検討手続において事務局長による保護主義監視レポートが提出・公表されている[15]。これは，貿易政策検討機関が行う年次概況報告が参考にすべき，事務局長の年次報告の一部として作成されている。比較優位論＝協力モデルに立てば，各国の政策・措置を経済・社会の保有する資本の最大化の観点からみて「市場の失敗」を最適な手段で是正しているかという基準で一貫した評価を行うことが考えられる。国際競争論＝共存モデルでは，WTO協定の規定を

---

13) Legal Affairs Division World Trade Organization, *WTO Analytical Index: Guide to WTO Law and Practice* (3rd ed.) (Oxford University Press, 2012) [hereinafter, *WTO Analytical Index*], pp. 93-96.

14) 経済産業省通商政策局編『不公正貿易報告書（2014年版）』506-509頁を参照。

15) 直近のものとして，*Report to the TPRB from the Director-General on Trade-Related Developments*, 27 June 2014, WT/TPR/OV/W/8.

評価基準とせざるを得ないであろう。

なおWTOは，G20諸国の貿易・投資における保護主義的措置の動向をOECD・UNCTADと共同で作成し，G20の首脳会議に報告している[16]。またマクロ政策に関してはIMFのサーベイランスがある（第15章三1参照）。

（3）その他の理事会・委員会

閣僚会議及び一般理事会以外の理事会・委員会は，協定又は一般理事会等により委嘱された業務を行う（WTO設立協定4条5項）。いくつかの委員会は，個別案件の検討も事実上行っている。たとえばTBT委員会の会合においては，通報された個別措置について，より制限的でない代替手段がないかなど協定整合性を問う厳しい質問がなされている。委員会での発言をきっかけとして関心ある加盟国間の連携が図られることもあり，紛争解決手続に進む前哨戦ないし情報収集の場として事実上利用されている[17]。AD委員会においても，関係法令のみならず，個別ケースにおける調査手続・結果についても問題として採り上げることができる。委員会での議論の結果修正・撤回がなされた措置も少なくない。

（4）非政府組織の関与

WTOの各機関の会合に出席できるのは，加盟国代表とオブザーバー資格を認められた国際機関等だけである。ただし，閣僚会議時には，NGOに対する説明会等が同時に開催されている[18]。専ら関税を扱う機関と考えられていたかつてとは異なり，WTO協定の規律対象が環境保護，消費者保護等にも影響を及ぼすとの認識が広まり，そうした事項に関心を有するNGO等が関与を求めるようになったことが背景にある。

本章一2(6)で論じたように，国際競争論＝共存モデルから見れば，貿易自由化と非貿易的関心事項との優先順位の決定という価値判断が不可避であり，その点の国益判断が重要であるから，政府以外の私人の関与を積極的に認める理由がなさそうであるが，逆にその判断の正統性確保の観点から非政府組織の参加を認めるべきという議論もあり得る。ただ後者の場合，正統性について加盟国政府を下回る非政府組織の参加を認めることが適切か，参加を認めることで却って

---

16) 直近のものとして，*Reports on G20 Trade and Investment Measures*, 16 June 2014, at [http://www.wto.org/english/news_e/news14_e/g20_wto_report_jun14_e.pdf] and [http://www.wto.org/english/news_e/news14_e/g20_oecd_unctad_report_jun14_e.pdf].
17) 『不公正貿易報告書（2014年版）』（注14）395-400頁を参照。
18) 直近の閣僚会議におけるNGOの関与について，WTOのHPの関連箇所を参照。[http://www.wto.org/english/thewto_e/minist_e/mc9_e/ngo_e.htm]

WTOが超国家的権威をもってしまわないかなどの懸念もある。これに対して，比較優位論＝協力モデルから見れば，WTO協定の内容が加盟国の経済政策の最適化に限定され，それ以上に価値判断が行われない前提であるから，その通りに機能しているかの監視のためにNGO等の関与を認めることは考えられる[19]が，正統性の観点から認める必要性はない。WTO協定の扱う事項が経済政策の最適化を確保するための制度設計・運用という問題であり，各国政府を超える専門性がNGO等にあるとも思えず，かつ具体的な政策の設計・運用の一次的な権限を各国政府が留保しているという前提であれば，専門能力を補完すべきとしても各国政府の政策決定手続においてであり，こうした意味でもWTOにおいてNGOの参加を認める必要性が乏しい。ただし，世界経済・社会全体で保有する資本の最大化という共通目標を私人に共有してもらうために，すなわちWTO協定の広報活動としてWTOの活動への参加機会を拡大するという発想はあり得る。まず国内の政策決定過程への参加機会を確保した上で国際機関への参加機会をどこまで認めるかを考えることになろう。

3 紛争解決手続

（1）沿革と発展

WTOは，貿易紛争を解決するために第三者による確定的な判断を求めることができる紛争解決手続を提供している。国家間の手続であり，企業その他非政府主体は利用できない。この手続はGATT時代の慣行に淵源がある。GATT23条が紛争解決のため締約国団の勧告を求める権利を規定していたが，締約国団は，各国代表の集合体であり，個別案件の処理に向かないことから，個別案件の検討をパネル（panel）[20]と呼ばれる少人数のグループに委嘱し，受け取った報告書及び勧告を締約国団の勧告として採択するという実務を発展させてきた。また法的分析の重要性が認識され，1980年代には，パネルを補佐する法律部（Legal Affairs Division）が創設された（ただしその後，アンチダンピング（AD）関税，補助金・相殺関税等の案件についてはルール交渉を補佐するルール部（Rules Division）が担当することになった）。締約国団の意思決定方法としていわゆるコンセンサス方式が採用されていたことから，パネルの設置及び報告書の採択について措置国が事実上拒否権を有しており，そのために手続が機能しないこともあ

---

19) この問題については，米谷「前掲論文」（注9）196頁以下を参照。
20) WTO協定の公定訳では「小委員会」とされているが，「パネル」のままでも実務上通用するので本書では後者を採用する。

った[21]が，拒否権が発動されず問題解決に至ったケースが相当数に上っていた。

　この実務がウルグアイ・ラウンドにおいて発展的解消を遂げたのがWTOの紛争解決手続である。1980年代以降顕著になった，貿易赤字に悩む米国の結果主義・一方的主義すなわち他国の輸入が増えないこと自体が不公正な輸入障壁の証拠であるとして改善を求め，応じない場合に一方的な対抗措置をもって脅迫するという行動を止めさせることが重要課題であった。ラウンド交渉において，米国が一方的措置の禁止と引き換えに紛争解決手続における拒否権の余地をなくすことを求めたため，コンセンサス方式を裏返しにし，全出席国が反対しない限りパネルを設置し，その報告書を採択するといういわゆるリバースコンセンサスルールを採用することで「紛争解決に係る規則及び手続に関する了解」(「紛争解決了解」又はDSU)が合意され，他の加盟国の義務違反等の措置の是正を求める場合には紛争解決手続に拠るとされた(23条1項)。他の加盟国の協定違反措置を是正させることを目的とする措置であっても一方的な対抗措置を執ることは許されない。ただし，関税引き上げ等WTO協定に違反する措置のみならず，対抗措置である以上WTO協定が規制していない措置(たとえばODAの停止)も許されない趣旨であるとするのが先例である[22]が，対抗措置と明言されない場合の事実認定に困難があろう。またリバースコンセンサスルールの採用に伴い判断の慎重を期すため，法律審としての上級委員会を設置することになった。それ以外は概ねGATT時代に積み重ねられてきた実務がそのまま採用されている。WTOが国際機関として法人格を得たことに伴い，締約国団は紛争解決機関(DSB)となり，DSBが紛争解決手続を管理する機関とされた[23]。

　DSUの下での実務は，上級委員会が文言解釈を重視するアプローチを採用し，また外部弁護士の利用が増加して変貌しつつある。協定文言の細部に着目する精緻な法解釈論が展開されるようになり，また手続的瑕疵を争う戦術が多用されるようになっている。近時，DSU6.2条に依拠してパネル設置要請に明示されていない訴えをパネルの権限(TOR)の対象外として除外すべきとする要請が頻発しているのは顕著な例である[24]。しかし，WTOの紛争解決手続は，当事者となる加盟国政府が原告被告いずれの立場にも繰り返し置かれる可能性が高いという点

---

[21]　たとえばGATT Panel Report on *US -Taxes on Automobiles* は採択されていない。
[22]　Panel Report on *US – Section 301 Trade Act*, para.7.45など。
[23]　John H. Jackson, *The World Trading System* (2nd ed.) (MIT Press, 1997), Section 4.2-4.3. また筑紫勝麿(編著)『ウルグァイ・ラウンド——GATTからWTOへ』(日本関税協会，1994年)第5章。
[24]　TORに関するパネル判断及び実体判断の一部が上級委員会によって覆された例として，Appellate Body Report on *China – Raw Materials*, paras. 211-235.

で一般の訴訟手続と異なり，期待される行為も異なる可能性がある。次項でみるように，国際競争論＝共存モデル／比較優位論＝協力モデルのいずれの考え方を採用するかで，訴訟戦術や証拠提出義務のあり方が異なったものとなり得る。また後者の立場で，WTO協定整合性の要件事実が当該措置の目的の正当性・手段の客観的最適性といった立法事実に収斂してくるとすれば，WTOの紛争解決手続は，当該政府措置に関する国内当局の政策判断の再審査という色彩が強くなる。そうすると，パネルがどこまで踏み込んで判断すべきか（審査基準（Standard of Review）の問題）が重要になる。

またWTO協定上の紛争については，当事国が合意すれば仲裁（DSU25条）の手続を利用することもできる。これまでのところ，対抗措置に代わる代償措置の内容について判断を求めた1件の利用例[25]のみであるが，投資の要素を含むサービス貿易及び知的財産権の分野において収用の補償額を定める手続として利用できるかもしれない。この点は第17章四1(2)及び第18章三(7)を参照。

（2）保護法益

紛争解決手続の基本的性格は，保護法益を如何に考えるかによって異なる。国際競争論＝共存モデルからは，国産品・サービスの市場アクセスという主観的利益に対する権利を保護法益と考え，紛争解決手続の「権利保護手続」という色彩を強調する。これに対して，比較優位論＝協力モデルからは，経済・社会全体の持続可能性の最大化をWTO協定の保護法益であると理解し，かかる共通目的のために合意された政策秩序を実現する「秩序維持手続」と紛争解決手続を捉えやすくなる。さらに，前者が想定する市場アクセスに対する加盟国の権利はそれぞれ独立である。他の加盟国の輸出機会の増減は，最恵国待遇義務違反の問題にならない限り，自国の利益に直接には関係しないからである。したがって協定上の義務を個々の加盟国に対して別々に存在するものと観念し，WTO協定を二国間の権利義務関係の束であると考える[26]。これに対して，比較優位論＝協力モデルでは，ある加盟国の政府措置が一加盟国の貿易だけに影響するとしても，世界経済・社会全体への影響がすべての加盟国に及ぶことから，世界経済・社会の最適化に対する各加盟国の権利を不可分一体と考える。協定上の義務を，単一の義務が全加盟国に対する関係で存在する，いわゆるerga omnes（対世的規範）であるとする他なく，WTO協定の遵守確保は，自国の利益のみならず全世界の利益

---

25) Award of the Arbitrators on *US – Section 110（5）Copyright Act*（Article 25）. またGATT時代の実務については，岩沢雄司『WTOの紛争処理』（三省堂，1995年）50-54頁。

26) かかる考え方を採用するものとして，Pauwelyn, *supra* note 5, pp. 52-88.

にもなり[27]，したがってそのための紛争解決手続等を国際コントロールの一として理解することになる。

　この違いは，手続の設計にも影響を及ぼす。国際競争論＝共存モデルではいかなる合意もあり得るが，比較優位論＝協力モデルでは最適な判断を確保するという観点から制度設計がなされる。また履行確保の考え方も左右する。WTO協定は，協定不整合の措置を是正しない加盟国に対して関税譲許を一時的に撤回して関税を引き上げる等の措置を執ることを一定の手続を履践することを条件に許容している。国際競争論＝共存モデルでは，WTO協定の相互主義的な性格に照らし，一加盟国の措置によって市場アクセスが損なわれた場合，その履行を求めるのでなく，その対価として得た自国への市場アクセスを放棄させることで解決しても不合理と言えない。したがって譲許停止等の措置を損害賠償と捉える余地がある。これに対して，比較優位論＝協力モデルでは，世界経済・社会が保有する資本の最大化ないし最適化が重要であり，違反国に対して関税譲許その他を撤回しても自国にとって損害がむしろ拡大すると考える。したがって，履行確保を目的とする措置と観念される[28]。

　WTOの現状がいずれに近いかは議論が分かれよう。WTOは，各加盟国の履行状況を常時監視し違反があれば是正を求めるといった実施機関を有せず，一義的には各加盟国の自発的な遵守に委ねており，加盟国間の「紛争解決手続」を提供しているだけである。これらの点は，国際競争論＝共存モデルに親和性がある。ただし，各加盟国の政策措置の検討に当たる貿易政策検討機関がWTOに置かれていることは，遵守確保が共通の利益であると認められていることを示唆する。さらに後述のとおり紛争解決手続の司法化が相当進行していることから，比較優位論＝協力モデルに立ち，すべての加盟国が協定実施を確保する責務を共同で負っていると考えることが不合理ではなくなりつつある。そうした意識で紛争解決手続を利用している加盟国は現時点で見当たらないが，紛争解決手続の利用が日常的になり，そのための専門部署を有する加盟国政府が増加すれば，従事する政

---

27)　岩沢雄司「国際義務の多様性——対世的義務を中心に」中川淳司・寺谷広司（編）『国際法学の地平——歴史，理論，実証』（東信堂，2008年）145頁，伊藤一頼「国際経済法における規範構造の特質とその動態——立憲化概念による把握の試み」『国際法外交雑誌』111巻1号（2012年）53頁．

28)　損害賠償的に捉える議論として，Judith Hippler Bello, "The WTO Dispute Settlement Understanding: Less is More," *American Journal of International Law*, Vol. 90 (1996), p. 416. 履行確保措置と捉える議論として，John H. Jackson, "The WTO Dispute Settlement Understanding – Misunderstanding on the Nature of Legal Obligation," *American Journal of International Law*, Vol. 91 (1997), pp. 60-64.

府職員等の専門家性さらに職業意識が高まり，状況が劇的に変化する可能性があろう。さらに，先例の拘束力を強調する上級委員会の判断もあり，事実上のルール形成効果が少なからず認められつつあることから，協定実施からさらに進んで，先例の蓄積を通じたルール形成という発想が生じる可能性もある。

（3）手続主体
（ア）DSB・パネル・上級委員会

DSBは，加盟国の代表から構成されるWTOの機関であり，紛争解決手続の主催者である。パネル設置（DSU6条1項），パネル又は上級委員会の報告書の採択（16条4項及び17条14項），対抗措置の承認（22条6項）等手続の要所において決定を行う。ただし，これらの手続については，反対のコンセンサスが形成されない場合に賛成と扱ういわゆるリバースコンセンサスルールで決定するものとされており，当事国のいずれかが求めれば事実上自動的に手続が行われる。

パネル及び上級委員会は，制度上，DSBからの委嘱を受けて事案を検討し勧告を含む報告書を作成する補助機関である（2条1項）が，後述のとおりその報告書がそのまま採択されるので，パネルが第一審の裁判所，上級委員会が上訴裁判所に事実上相当する。パネルは，当事国の合意により事件ごとに構成される（8条）が，上級委員会は，DSBが任命する7人の上級委員から構成され，任期中の事件配点が機械的になされる（17条1項）。当事国の国籍を有する個人は，原則としてパネリストになれない（8条3項）が，上級委員は，当事国の国籍を有していても忌避されない。パネルを構成するパネリストの人数は，3人が通常であり，上級委員会も，各事件に3人の部を構成して当たる（17条1項）。パネルに対しては法律部及びルール部が引き続き補佐し，上級委員会に対する事務局が別途置かれている。個々の案件に対して，通常それぞれ1〜2名の法務官（Legal Officer）及び秘書官（Panel Secretary）が充てられる。

パネリストの選定には事務局が主導的役割を果たす。DSBがパネルを設置すると直ちに，事務局は当事国を招いて候補の推薦に当たって考慮すべき条件を聴取する。GATT時代には，各国の通商担当者がもっぱら選ばれていたが，文言解釈の比重が高まるにつれ法律実務家の需要が高まっている。案件によって対象措置に関する専門知識が求められることもある。他方，利害関係上の考慮から，第三国の政府関係者が避けられることが多い。事務局は，当事国が要望した条件を考慮して候補を提示する（8条6項）。当事国が合意に達すればパネルの構成が決定される。パネル設置から20日以内に合意に達しない場合，事務局長に対してパネルの選任のための裁定を求めることができる（8条7項）。事務局長は，要

請後10日以内にパネリストを指名し，加盟国に通知する（8条7項）[29]。

　国際競争論＝共存モデルに立てば，貿易自由化とその他の政策とのバランスに関する協定合意時における加盟国の共通の意図の探求が解釈において重要であるので，当事国が合意する他の締約国の通商担当者すなわち交渉経緯を知悉する外交官・行政官による報告書を締約国代表から構成される締約国団の会合で採択するというGATT時代の実務に合理性がある。これに対して，比較優位論＝協力モデルに立てば，世界経済・社会全体が保有する資本の最大化という共通目標に照らして条文を解釈・適用することが求められ，したがって判断機関は交渉経緯に詳しい必要があまりなく，一般的な法解釈の能力を備えているかどうかがより重要になる。一定の任期で選任される上級委員会が置かれ，またパネリストに法律実務家が好まれ，また加盟国政府が外部弁護士を利用する（本項(4)(イ)③参照）ようになったWTOの紛争解決手続・実務はそうした需要に合致しているが，さらに今後の課題として，パネリストもケースごとでなく任期で選定すること（したがって事務局が候補者を選定するのでなく，機械的に選定される），また交渉に関与したルール部でなく紛争処理を主な業務とする法律部がすべてのケースでパネルを補佐する取扱いとすること等の検討が求められる。

(イ) 当事国

　WTOの紛争解決手続の利用は，加盟国政府に限定されている。投資協定におけるISDS仲裁のように私人が申請者となる手続は存在しない。

　加盟国は，単独で協議及びパネル設置要請を行うことができるが，複数の加盟国が同一の措置に対して協議・パネル設置要請を共同で行うこともある（9条1項）[30]し，ある加盟国の要請の後に他の加盟国が同一の措置について要請を行うこともある[31]。後者の場合，それぞれのケースの進展状況によっては併合され（9条1項）[32]，又は同一のパネリストが審理に当たることもある（9条3項）[33]。パネル段階で別々に審理されたとしても上級委員会段階で併合されることもある[34]。これらの場合，申請国はそれぞれ他の申請国のケースにおいて第三国としても参加し，第三国としての権利を留保するのが通常である。

　共同申請の場合又は事後に併合された場合いずれにおいても，各当事国は単独

---

[29] パネル設置から構成までの期間について，*WTO Analytical Index, supra* note 13, pp. 1626-1628.
[30] 例として，*US – Offset Act (Byrd Amendment)* (DS217).
[31] 例として，*US – Steel Safeguards* (DS248, 249, 251, 252, 253, 254, 258及び259).
[32] 実例について，*WTO Analytical Index, supra* note 13, pp. 1630-1631.
[33] 実例について，*ibid.*, p. 1634.
[34] 例として，*US – 1916 Act (EC)* (DS136) 及び *US – 1916 Act (Japan)* (DS162).

で申請した場合と同じ取扱いを受ける権利を失わない（9条2項）。すなわち各当事国は別々の報告書の発出を求めることができ，それぞれのパネル報告書について別々に上訴することもできるが，上級委員会手続において併合されることもある[35]。

（ウ）第三国

当事国以外の加盟国は，第三国として関与できる（10条）。協議段階においては，当事国が第三国参加を許容するか否かを選択できる。申請国は，たとえば物品貿易に関係する協議の根拠規定としてGATT22条又は23条を選択できるが，23条を選択すると第三国を参加させないことができる（DSU4条11項の反対解釈）。たとえばAD措置を巡る紛争では第三国に対する情報開示を控えるためにGATT23条が選択されるのが通常である。これに対して，22条を選択すると，他の加盟国は第三国として参加承認を求めることができるが，申請国が「実質的な利害関係」に関する十分な根拠を示していることについて被申請国の同意が必要であり（DSU4条11項），同意が与えられないことも少なくない。国際競争論＝共存モデルに立てば，「実質的な利害関係」は貿易利益を指すようにも思われ，したがってその有無・大小を論じる余地があるが，比較優位論＝協力モデルに立てば，世界経済・社会の保有する資本の最大化という共通目標に照らして「実質的な利害関係」がない事態は想定されないので，同意を拒否できないとする実務を発展させるべきであるという考え方があり得る。当事国だけで協議したければ別途非公式に行えばよい。

パネル段階での第三国参加には，「実質的な利害関係」が必要である（10条1項）が，抽象的な法解釈に対する関心でよいとされており，参加が拒否されることはない。当事国としてパネルの審理を求めるために対象産品を輸出していなくても差し支えないとされており（本項(6)(エ)参照），かかる取扱いが妥当である。パネル段階での第三国は，上級委員会手続においても第三国として参加できる（17条4項）。

パネル手続においては，最初の意見書を受け取り，第1回会合のうち第三国を含める部分において意見を述べる機会が第三国に与えられる。ただし案件によっては，第2回会合にも出席し，意見表明する機会を付与されることがある[36]。上級委員会手続においては，当事国の意見書を受け取って会合に原則としてすべて参加し，また意見書を提出し，会合において意見を述べることができる（17条

---

35) 例として，*China - Rare Earth*（DS431, 432 及び 433）.
36) いわゆる拡張された第三国の権利が認められた例として，*WTO Analytical Index, supra* note 13, pp. 1645-1647.

4項)。

(4) 手続の流れ
(ア) 概　観
パネルの構成が決定されると，パネル手続及び日程を検討する段階に進む。パネルから原案が示され，当事国が必要な手続の追加又は修正を求め，日程について意見を述べる。標準モデルがDSUに添付されているが，その後の実務の進展により，現在の作業手続（working procedures）には，手続に関する先決的判断（preliminary ruling），秘密保持，手続の公開，代表団の構成，意見書等の送達等の規定が追加されている。

作業手続の例が公表されており[37]，現在の実務もGATT時代の実務と概ね同じである。パネルは，審査のため，当事国及び第三国から意見書（first submission及びthird party submission）を受け取り，会合（第1回会合）を開催してそれぞれから口頭で意見を聴取し，質疑応答を行い，さらに当事国のみから再度意見書（rebuttal submission）を受け取って質疑応答のための会合（第2回会合）を行う。その後まず当事者の主張をまとめた事実部分（descriptive part）を当事者に提示して理解が正しいことを確認した上で，中間報告書（interim report）として判断を当事国にのみ示し，コメントを受け付けた上で最終報告書を当事国に示す。最終報告書は翻訳を経て全加盟国に検討のため配布される。上級委員会手続は，意見書提出も会合も1回であり，事実部分の提示・中間報告書の段階がなく，また最終報告書が当事国と他の加盟国とに同時に配布される。

GATT実務と異なる点もいくつかある。申請国の主張がパネルの審査事項の対象外であるなどの手続的異議は，第1回会合前に提出することが求められており，他の当事国の反論を経て，第1回会合前など適時にパネルが判断を下すのが通例となっている。

(イ) 非政府組織の関与
①手続の公開と秘密保持

パネルの検討（DSU14条1項）及び上級委員会の検討（17条10項）は非公開とされているが，パネル・上級委員会手続の会合については規定がないと考えられている。現在の実務は，当事国が要請すれば公開できるとされているが，その場合でも，第三国は，自己の口頭陳述・発言について非公開とすることができる。

---

37)　WTOのHP〔http://www.wto.org/english/tratop_e/dispu_e/disp_settlement_cbt_e/a5s1p1_e.htm〕を参照。

かつては，公開がそもそも許されるか争いがあったが，上級委員会がこれを認め，パネルもその判断に従っている[38]。ただし，DSU 改定交渉においても反対意見が表明されている[39]。

会合の公開は，手続の透明性を高めるとされるが，報告書は，企業の秘密情報などを除きすべて公表され，当事国の主張も少なくとも要約が記載されており，パネル報告書は中間報告書に対する当事国のコメントに対する検討状況まで開示されている。当事国のみならず第三国参加している加盟国の政府職員が傍聴を妨げられることはない。したがって，もともと透明性に問題があるとは言い難い。国内法の変更も求められ得ることを理由として透明性が正統性確保のために重要であると主張する意見が多いが，客観的に許容し難い変更が強制されない安全装置があるとして反対する意見もある[40]。

国際競争論＝共存モデルは，WTO 協定の解釈を，実質的にみて，貿易自由化と規制権限の維持という対立し得る価値のいずれをどこまで優先するか，すなわち価値判断を必然的に含む作業と想定する。そうした判断が絡むのであれば，利害関係者の主観的同意が必要であり，政府職員に限定されない公開を含め透明性を確保する必要性が高くなる。国内政策過程の透明性が高い政府は，WTO 協定が国内政策にまで規律を及ぼしている以上，自らの国内政策過程と同等まで透明性を高めるべきと主張するであろう。

これに対して，比較優位論＝協力モデルは，WTO 協定の目的を世界経済・社会が保有する資本の最大化とし，その目的の実現に最も資するように各規定を解釈することが要請され，したがって基本的に「市場の失敗」の是正を目的とする最適な手段を選択しているか否かが評価基準となる。この基準に照らした整合性評価は，複雑に絡み合った様々な要素の総合判断が必要とされるものの，本質において価値判断でなく技術的判断である。価値判断は，WTO 協定に加盟するときになされており，個別の紛争解決手続において新たに行われるわけでない。したがって，かかる技術判断の枠をはみ出さないように監視することは必要であるが，審理の結果が公表されることで確保されているとも言える。資本の最大化という共通目的を私人が共有することを促進するために有用であるならば公開を進

---

38) たとえば，Appellate Body Report on *Australia – Apples*, Annex III (Procedural Ruling), para. 4; and Panel Report on *US – Continued Suspension*, para. 7.49 and Panel Report on *Canada – Continued Suspension*, para. 7.47.
39) たとえば，*G15 Ministerial Meeting in Preparation for the Third Ministerial Conference of the WTO at Seattle, Communication from India*, WT/L/319, para. 19.
40) この議論については，米谷「前掲論文」（注 9) 及び言及された論文を参照。

めることが支持されるであろう。

②アミカス・ブリーフの取扱い

個別案件において，加盟国政府以外の主体が意見書を提出することがある。環境規制が対象となるケースについて環境NGOが意見書を提出する例が多いが，企業が提出することもある[41]。

上級委員会は，13条1項を根拠として受取権限を認めており[42]，規定にない権限を行使したとの批判を少なくとも形式上免れているが，同項がパネル等の積極的な情報収集権を認めている規定か疑問がないわけではない。先に述べたように，WTO協定の解釈適用の本質が価値判断であるのか技術的専門的判断であるのかによって考え方が分かれるはずである。前者であれば，広く意見書を受け取れるようにすることにも一理ある。後者であれば反対になり，むしろパネル・上級委員会の判断に謙抑性が求められる（本項(7)(ク)を参照）ことに鑑みれば，アミカス・ブリーフを認めるべきは，WTOの手続でなく，各国の政策形成手続においてである。つまり，加盟国の政策決定において非政府主体の意見を聴取し，意思決定に貢献・参加することが確保されるような行政立法手続ルール（及び事後的な行政救済手続ルール）を発展させる方向で議論すべきであるように思われる[43]。

③代理人

実務上，政府職員でない弁護士が意見書の作成及び会合における質疑応答に関与することが多い。会合への参加について，紛争解決手続を外交交渉の延長と考える発想から，認められないとする意見もあった。しかし，外交団をいかに組織するかがそれぞれの国の裁量に委ねられていることを根拠として，外部弁護士を会合に参加させ，また発言者として差し支えないとするのが先例である[44]。国際競争論＝共存モデルでは，加盟国の主観的合意の探求という点では有用性に乏しいものの，当事国がその主観的利益を最大限に保護するために外部弁護士を利用することを妨げる理由を見出しにくい。他方比較優位論＝協力モデルでは，当事国の主観的利益の保護という観点でなく，世界経済・社会の保有する資本の最大化という共通目標に照らして関連規定を解釈するという法技術的作業について

---

41) 提出されたケース（2011年9月末現在）について，*WTO Analytical Index, supra* note 13, pp. 1712-1713.
42) Appellate Body Report on *US – Shrimp*, paras. 107-110.
43) この問題については，米谷「前掲論文」（注9）を参照。
44) Appellate Body Report on *EC – Bananas III*, paras. 10 and 12; Panel Report on *Indonesia – Autos*, para. 14.2.

支援を求めるという発想になる。

(5) 請求の対象
(ア) 請求の類型

GATT23条1項は，3種類の請求原因を掲げている。一つは，対象の政府措置が協定のいずれかの規定に整合しない場合であり，「違反申立」と称される。二つ目は，政府措置が協定のいずれの規定にも反しないが他国に付与された利益を「無効化又は侵害」している場合であって，協定違反を前提としないことから「ノンバイオレーション」ないし「非違反申立」と称される。さらに，政府措置でなく，何らかの「状況」が他国に付与された利益を「無効化又は侵害」している場合も紛争解決手続の利用が認められる。これは「状況申立」と称される。ほとんどのケースは違反申立であり，非違反申立も認められた先例がわずかながら存在するが，状況申立は，判断に至った先例がなく[45]，その詳細は不明である。状況申立は，措置国の同意がある場合に限りDSUの定める紛争解決手続が適用される（DSU26条2項）など，利用可能性が制度上限定されている。GATSにおいては違反申立及び非違反申立のみ認められ，状況申立が認められていない（GATS23条1項及び3項）。TRIPSについては，非違反申立及び状況申立が当初5年間許されず（TRIPS64条2項），さらにこの不適用が現在に至るまで延長されてきている[46]。非違反申立及び状況申立の意義は次項で検討される。

(イ)「無効化又は侵害」

紛争解決手続による救済は，協定上の利益が「無効化又は侵害」されている場合に与えられる（GATT23条1項及びTRIPS64条1項。またGATS23条3項）。対抗措置も対象措置の「無効化又は侵害」の範囲でのみ許され，違反であっても「無効化又は侵害」がなければ対抗措置が許されない（DSU22条4項）。協定上の義務違反措置については「無効化又は侵害」が推定される（3条8項）が，それ以外の措置等については「無効化又は侵害」の立証が必要になる。ただし，GATS23条1項及び2項はいずれも「無効化又は侵害」に言及していない。

非違反申立が認められたGATT時代の例では，関税譲許によって輸入品の価格が低下する効果について正当な期待が生じたところ，競合する国内産業に補助

---

45) 申立がなされた例として，*Japan – Nullification or Impairment of the Benefits Accruing to the EEC under the General Agreement and Impediment to the Attachment of GATT Objectives*, L/5479, C/M/167.

46) 直近では，2015年の閣僚会議まで延長されている。*TRIPS Non-violation and Situation Complaints*, Ministerial Decision of 7 December 2013, WT/L/906.

金が付与され，市場の価格変化から国産品を完全に保護することによってこの期待を害したことで「無効化又は侵害」が生じたとされた[47]。WTOの下では，輸入品の扱い頻度が低い専門店の系列化を促進し，他方で扱い頻度が高いとされた大型小売店を規制することによって輸入機会を妨げたことで「無効化又は侵害」があったとする主張が認められず[48]，またダンピング輸出に対する救済措置として徴収されたAD関税を被害産業に補助金として分配されることが関税譲許の利益を侵害したとの主張が否定されたケースなどがある[49]。

　「無効化又は侵害」の意味は，WTO協定が追求する貿易自由化の意義の考え方によって異なるはずである。国際競争論＝共存モデルは，貿易又は平等な競争を妨げる政府措置の撤廃を求めるので，たとえば関税譲許の利益を輸入品と国産品との競争における輸入品の価格低下効果とする先例の考え方を支持することになろう。これに対して，比較優位論＝協力モデルは，比較優位産業への特化によって世界経済・社会全体で保有する資本の最大化が実現されることが協定上の利益であり，かかる目的の実現を妨げることが「無効化又は侵害」であると考える。したがって，非違反申立は，対象の政府措置が「市場の失敗」の是正を目的としていないこと，又は目的に照らし客観的に最適な手段を選択していないことを立証すれば認められることになる。また「状況申立」は，独占，外部効果等の「市場の失敗」を放置し客観的に最適な是正手段を採用していない場合に認めるべきであると考える。いずれの場合も政府の作為又は不作為が資本の最大化の観点から最適であることを被申立国政府が説明した場合，明らかに不合理でない限りパネルが受け入れるのであれば，非違反申立及び状況申立を認めても，過剰な介入にならない。この点は審査基準を検討する本項(7)(ク)を参照。

　なお，比較優位論＝協力モデルに立った上記解釈は，非違反申立・状況申立を広く認めることになるが，逆に，「無効化又は侵害」を救済要件として規定するGATT23条1項及びGATS23条3項，これらを一部準用するTRIPS協定64条1項に，持続可能性の最大化という共通目標の実現を妨げる誤った個別規定又は誤った解釈を無効化する安全装置の機能を付与するので，是正が求められる場合を限定する方向にも働く。この安全装置は，技術進歩その他に鑑み，既存の規定には表面上反するが，共通目的の実現のために客観的に最適な政府措置が将来発見

---

[47] たとえばGATT Panel Report on *EEC – Oilseeds I*, paras. 142-152.
[48] Panel Report on *Japan – Film*, Section X.E.
[49] Panel Report on *US – Offset Act*（*Byrd Amendment*）, paras. 7.120-7.132. これら以外に非違反申立がなされたケースについては，*WTO Analytical Index, supra* note 13, p. 1883.

された場合，協定の改正又は個別の免除を経ずして当該措置を導入・維持することを許す柔軟性をWTO協定に保障する。したがって「無効化又は侵害」に言及しないGATS23条2項についても，対抗措置を正当とする「重大な事態」の認定において同様の考慮をすべきである。国際競争論＝共存モデルでは，協定を変更するには新たな合意が不可欠であり，かかる柔軟性を認める必要性に乏しく正当性も疑わしい。

（ウ）対象措置の主体

紛争解決手続上問題となるのは政府措置であり，輸入減少等の貿易に対する結果でないことが先例上確立している[50]。非違反申立において企業の行為それ自体は対象にならないが政府の関与によって政府措置として対象になり得るとした先例がある[51]が，違反申立に関するその後の先例は，措置の客観的構造・運用に着目し，変化する市場状況の考慮を退ける方向にある。

加盟国政府の措置に限定されず，地方自治体等の措置も対象となる。加盟国は，GATT上その領域内の地方政府・機関による「協定の規定の遵守を確保するため，執ることのできる妥当な措置を講ずる」とされている（GATT24条12項）が，この規定は，連邦制を採用し，州等が主権を有する国（カナダなど）について，連邦政府が最善を尽くせば免責されるとの趣旨でなく，結果責任を免れないとするのが先例である[52]。GATSにも同旨の規定がある（GATS1条3項）。加盟国は，国有企業について無差別待遇すなわち「商業的考慮のみに従って」行動するよう確保することが求められる（GATT17条1項(b)）が，国有企業の行為が常に政府の行為とみなされるわけでない（第13章四1(2)参照）。補助金協定上，「公的機関」による補助金付与も対象になる（1.1条(a)(1)）ところ，先例上は，株式保有比率等よりも政府権限の委託の有無が重視されている（第12章四1(3)参照）。

国際競争論＝共存モデルでは，政府が自ら支配できない事象に責任を負うことを納得し難いとする考え方もあり得るが，上記を合意したとして受け入れるほかない。これに対して，比較優位論＝協力モデルでは，市場に逆らって行動できる域内の主体の存在を認めている以上そうした主体の行為について結果責任を負うのが当然であり，WTO協定の規定は自然である。世界経済・社会の保有する資本の最大化という共通目的を実現するためには，市場に従わずに行動する権能と能力とを有している主体について目的の実現を妨げる行為を取らせないようにする必要があり，各加盟国が自国の管轄権の及ぶ範囲で結果責任を引き受けること

---

50) Appellate Body Report on *Japan – Alcoholic Beverages II*, p. 16.
51) Panel Report on *Japan – Film*, paras. 10.52-10.56.
52) Panel Report on *EC – Selected Customs Matters*, paras.7.44-7.45.

にせざるを得ない[53]。

(エ) 義務的法令と裁量的法令

先例上，義務違反の行為を行う裁量を付与する法令それ自体は違反とされず，具体的な違反行為を対象とすべきとするいわゆる「裁量的法令」の扱いが確立している[54]。他方，一定の事実関係の下で必ず違反が生じる「義務的法令」であればそれ自体を違反とできるとするのが先例[55]である。ただし，裁量を付与する法令であっても，直ちにそれ自体違反とならないというわけではなく[56]，たとえば，法令それ自体について合理的適用が妨げられているとしてGATT10条1項違反を問う余地があり，法令それ自体を争えるか否かは問題となる義務の性質による。

そもそも産品・サービスの取引を行う企業等の経済主体に直接に権利を付与し義務を負わせる規定のみならず，規制等の運用実施について行政機関を拘束する結果として貿易に影響する規定も対象とされており，紛争解決手続において救済を求めることができる政府措置の範囲はかなり広い。

(オ) 法令それ自体 (as such) とその適用 (as applied)

争う対象が法令それ自体 (as such) か，個別措置の適用 (as applied) かの区別が，とくにAD関税措置を争う場合に，実務上重視されてきた。前者がAD関税の要件・調査手続等を定める法令を争う類型であるのに対して，後者は個別具体的なAD関税賦課命令の要件具備・手続規律遵守を争うものであり，この区別はたとえば対象措置の特定において重視されている[57]。また後者に対する是正勧告の効力は対象となった具体的適用（たとえばAD関税賦課命令）に限定され，同一の法令に基づいて同じWTO協定の規定に違反する具体的適用が再びなされたとしても，履行確認手続の対象とならない（本項(8)(エ)及び(10)(エ)を参照）。この区別は，他の政府措置にも適用可能であるが，租税法など個別適用事例では

---

53) したがって比較優位論＝協力モデルに立てば，連邦制を採用する国が，連邦政府の権限が及ばないという理由で州その他の自治体を通商協定たとえば政府調達協定の規律対象から外すことは正当性を欠くことになる。国際競争論＝共存モデルでは，規律対象を決めるのはあくまで約束のバランスの問題であり，かかる除外に特段の理論的問題はない。政府調達協定については，第11章五4(1)を参照。
54) たとえば，Panel Report on *Canada – Aircraft*, paras. 9.127-9.128.
55) たとえば，Appellate Body Report on *US – 1916 Act*, paras. 89-91. ただし，この区別を否定した先例もある。たとえば，Panel Report on *US – Section 301 Trade Act*, paras. 7.53-7.54.
56) たとえば，Appellate Body Report on *US – Corrosion-Resistant Steel Sunset Review*, paras. 78-100.
57) たとえば，Appellate Body Report on *US – Carbon Steel*, paras. 156-157.

執行が完了してしまう措置の場合 as applied で争っても有効な救済が得られない可能性が高く，as such で争うことを追求せざるを得ないところ，裁量的法令である場合の取扱いなど制約もある[58]。たとえば，補助金の場合，一定の要件の下で補助金を付与する権限を付与する法令自体又は一定の目的のために付与される複数の補助金措置を一体として争えるか否か定かでない[59]。また対象措置が一般的かつ将来的に適用されること（general and prospective application）[60] 又は「規範又はルール（norm or rule）」であること[61] の立証が必要であり，また一定の場合に必ず協定不整合が発生することの立証が必要とされる[62] など，場合によっては立証が容易でない。

　実務上，法令自体（as such）の協定整合性を争う場合と個別措置の適用（as applied）の整合性を争う場合が多いが，それ以外の争い方が排除されているわけでないとされている。基礎となる法令が存在しない状況で同種の個別具体的措置が反復継続される場合，前者の争い方ができず，しかし後者の争い方では是正勧告の及ぶ範囲が争われた個々の具体的措置に限定されるとすれば，紛争の終局的解決がいつまでも実現されないという問題がある。先例上いくつかのケースにおいて同種の個別措置を履行パネルの権限内とすべく設置要請の記載方法が工夫されている。US – Continued Zeroing ケースでは，ゼロイングの継続的利用（"continued use"）に対する勧告が認められた[63]。また一定の政策目的のために組織的に（systematic）同種の個別措置が繰り返される場合に全体を単一の措置（single measure）として対象措置とすることを認めた例がある[64]。これらは同種の個別措置が再び繰り返された場合に履行確認手続の対象とすることを認めるものと理解されるが，どのような要件の下でそうした類型のパネル設置要請が認められるのか必ずしも定かでなく，またそれ以外にはどのような類型が認められるのか，といった問題も残っている。

---

58) ただし，裁量的法令であっても as such で争えるとした例も存在する。Appellate Body Report on *US – Corrosion-Resistant Steel Sunset Review*, paras. 87-89.
59) Panel Report on *Canada – Aircraft*, paras. 9.127-9.128.
60) たとえば，Appellate Body Report on *US – Oil Country Tubular Goods Sunset Reviews*, para. 172.
61) たとえば，Appellate Body Report on *US – Corrosion-Resistant Steel Sunset Review*, paras. 82 and 98.
62) Panel Report on *EC – IT Products*, para. 7.157.
63) Appellate Body Report on *US – Continued Zeroing*, paras. 179-181.
64) Appellate Body Report on *Argentina – Import Measures*, paras. 5.99-5.111.

（6）訴訟要件

WTO の紛争解決手続を利用させるのに適切な紛争か否かを判断するための「訴訟要件」というべき要件がいくつかある。先例上認められていないものも含め以下概観する。

（ア）紛争解決手続以外の審査・協議手続の存在

第一に，利用できる国内救済手続が存在することは，紛争解決手続を利用することの妨げにならないとされ，いわゆる国内的救済完了原則の適用がない[65]。関税に関しては，裁判所による不服審査手続を設けることが必要とされている（GATT10条3項(b)号）が，この手続の完了を紛争解決手続の利用の前提条件とするものでない。ただし，AD関税について，調査開始が協定不整合であるとしてもその時点では争えず，暫定措置，確定措置又は価格約束を対象としてのみ紛争解決手続が利用できるとされている（千九百九十四年の関税及び貿易に関する一般協定第六条の実施に関する協定（AD協定）17.4条）[66]。これは，国内調査手続を優先するものと評価できよう。

第二に，紛争解決機関以外の協議・審査のための機関・手続が設けられていても紛争解決手続を利用することを妨げないとする先例がある。対外支払準備の不足を理由とする輸入制限がGATT18条に基づいて正当化されるか否かが問題となったケースにおいて，その審査・協議のためにBOP（balance of payment）委員会が設けられている（千九百九十四年の関税及び貿易に関する一般協定の国際収支にかかる規定に関する了解（BOP了解）5項）が，パネルの審査権限を制限しないとされた[67]。またトルコがECと関税同盟を組成したときにECが維持していた多角的繊維取極に基づく輸入制限を導入したことのGATT整合性が問われたケースにおいて，多角的繊維協定のGATT適合化過程について繊維協定があり，その実施の監視のために繊維・繊維製品監視機関（TMB）が設置されていたが，パネルの審査を妨げないとされた。繊維協定8条9項は，TMBによる勧告によって問題が解決しない場合に加盟国が紛争解決手続を利用することができるとしているが，本件は繊維協定の実施問題でないと考えられた[68]。なお自由貿易協定のGATT24条整合性を検討する地域貿易協定委員会（CRTA）が設置されているが，その

---

65) 国内法において救済手続があることは抗弁にならない。Panel Report on *Argentina – Textiles and Apparel*, fn. 198. なお外交保護権に関する国内的救済完了原則については，酒井啓亘ほか『国際法』（有斐閣，2011年）64-65頁を参照。

66) Appellate Body Report on *Guatemala – Cement I*, paras. 78-79.

67) Appellate Body Report on *India – Quantitative Restrictions*, paras. 80-109. BOP了解の注がその点を明らかにしていると判示している。

68) Panel Report on *Turkey – Textiles*, paras. 9.14-9.17.

点についての紛争解決手続の利用を妨げないとする明文の規定[69]が存在し，先決問題としてその点をパネルが審査する権限は害されないとした先例がある[70]。

（イ）協議前置主義

DSUは，パネルによる審理を求める前に当事者間で協議を行うことを求めている（4条5項）。この要件を充たさないパネル設置要請は不適格となる。ただし，実務上，協議要請に記載されていれば，協議において実際に取り上げられたか否かは問われない[71]。また協議対象の「紛争」の範囲を超えていなければ，設置要請において特定された個別措置が協議要請において明示されていなくても差し支えないとするのが先例である[72]。協議を経て問題の構造が理解でき，何を訴えるべきか決定できるようになる場合もあり得るからである。ただし，「法的根拠」として示された協定の条文を設置要請において追加することまで許されるかは明らかでない。

協議前置が手続上無駄であるとして削除を求める意見がある。しかし，当事国間の緊張が高まっている時に直接の協議を行わせることが紛争解決につながるとの見方もある。実際，紛争解決手続に提起された事案のうち協議で終了したものは少なくない。2015年2月末現在で，協議要請がなされた490件のうち半数近くはパネル設置に至っていない[73]。

（ウ）対象事項の特定

パネルの審理対象は，措置とそれに対する法的主張であるが，パネルの権限は，設置要請において特定された措置・主張の検討に限定されており，特定された範囲を超える主張に及ばない[74]。

第三国参加するか否かの判断に影響するため，意見書において対象事項の記述を補足することは許されない[75]。通常は被申立国の異議に応じて審理されるが，パネルの職権調査事項である[76]。ただし紛争解決の便宜を考えると，立法論で

---

69) 「千九百九十四年の関税及び貿易に関する一般協定第24条の解釈に関する了解」12項。
70) Appellate Body Report on *Turkey – Textiles*, para. 60, citing Appellate Body Report on *India – Quantitative Restrictions*, paras. 80-109.
71) Panel Report on *Korea – Alcoholic Beverages*, para. 10.19; and Panel Report on *Turkey – Textiles*, paras. 9.22 and 9.24.
72) Appellate Body Report on *Brazil – Aircraft*, paras. 131 and 132.
73) WTOのHP〔http://www.wto.org/english/tratop_e/dispu_e/dispu_current_status_e.htm〕（2015年2月）に拠れば，協議申請がなされた490件中，協議中が154，合意によって終結したケースが93存在する。合意は，報告書が出された後になされたケースもある。
74) 多数の先例がある。たとえば，Panel Report on *Japan – Film*, paras. 10.12-10.21.
75) たとえば，Appellate Body Report on *EC – Banana III*, paras. 141-143.
76) *Ibid.*, para. 142.

あるが，協議要請の範囲にある限り主張の追加を認めることを検討すべきであろう。他の加盟国が第三国参加する権利を害さないよう，DSB に対して追加の設置要請を行いパネルを併合する扱いが必要になろう。

　措置の特定は，記載それ自体で措置国からみてどの措置が争われているかを理解するのに十分であれば足り，措置を個別に（たとえば法律番号，名称等で特定して）記載する必要がなく，包括的な記載でよい。そうしないと一般的な透明性を欠く加盟国が有利になってしまうし，また措置国は，自国の措置を知悉しているはずであり，記述それ自体が明確であれば対象措置の範囲を特定することも容易だからである。この点，措置及び関係法条・訴えの内容を個別に連結せず，複数のそれらの組み合わせがあり得るように記載されている場合，特定されていないとして却下したケースがある[77]。反論の機会を確保するという手続保障のためには，組み合わせの限度で特定としては十分であり，ただし可能な組み合わせが多数に上ることからそれらがすべて主張された場合に備え，反論準備の期間（たとえば申請国の第一意見書提出から被申請国の第一意見書提出までの期間）を十分に確保するという考え方もあり得たと思われるが，標準期間の定めに鑑みればそうした解釈は不合理であるという趣旨と理解する余地もあろう。なお設置要請に対象産品を記載することは，対象措置の特定のために常に必須ではなく[78]，記載がない例もあるが，多くの場合，措置を特定し，また法的主張を説明するために記載されている。

　法的主張については，意見書と異なり議論の詳細まで記載する必要はない[79]が，違反する関係法条等を示すことが必要とされている。たとえば個別のアンチダンピング（AD）関税賦課命令の協定整合性を争う場合，「千九百九十四年の関税及び貿易に関する一般協定第六条の実施に関する協定」（AD 協定）のどの規定に違反するのかを特定するのが実務である[80]。この点，関係法条を考えると，AD 関税は，関税譲許を超える関税を賦課することになる点でまず GATT2 条 1 項(b)号第一文が関係するが，2 条 2 項(b)号により，「GATT6 条の規定に合致して課せられる」限り関税譲許を超えても同条 1 項(b)号に違反しないとされ，さらに AD 協定が GATT6 条の適用を規律するとし，AD 協定の個別規定に不整合であれば GATT6 条を充たさない，という規範構造になっている。したがって，

---

77) Appellate Body Report on *China – Raw Materials*, paras. 218-234.
78) Appellate Body Report on *EC – Chicken Cuts*, para. 165.
79) たとえば，Appellate Body Report on *EC – Hormones*, para. 156.
80) 直近の例として，Request for the Establishment of a Panel by Argentina on *EU – Biodiesel*, 13 March 2014, WT/DS473/5.

日本法の証明責任の分配論とりわけ法律要件分類説[81]の感覚からいえば，関税譲許違反（又は最恵国待遇義務違反）が請求原因であり，AD協定及びGATT6条整合性は措置国の抗弁事項である。しかし，関税譲許違反を基礎づける事実すなわち適用される関税譲許税率と適用されるAD関税率が譲許税率を超えていることだけ記載されていても，何が真の争点か被申立国も第三国参加を検討する他の加盟国も分からない。争点提示は申請国の責務とすべきであり，AD協定の個別法条及び争点の特定を求める実務は理解できる。なお一般例外を定めるGATT20条については，WTO実務上も抗弁すなわち被申立国の主張立証すべき事項と理解され，パネル設置要請書に記載することは求められていない[82]。争点提示という観点からすると物足りないが，パネル段階で措置国がどの規定を主張するか不明であって，設置要請書の記載を意見書等で追加することが許されていないためやむを得ないという現実を反映したものと思われる。ただAD関税については，調査手続など行政手続の整備が求められている（第12章を参照）ために争点提示が可能になっていると思われるので，それ以外の措置についても行政立法手続・情報公開等の国内手続が整備されれば申立国のより詳細な争点提示が可能になることが期待される。この議論は，後に本項(7)(ウ)及び(エ)において検討する主張責任及び証明責任についても共通する。

（エ）当事者適格

　GATT上の義務違反を争う場合であっても，対象産品を輸出している必要がないとした先例がある[83]。これは貿易機会の確保をWTO協定の保護法益とすればやや疑問があるが，世界経済・社会の最適化を保護法益と考えるのであれば当然の判断である。

　なお，関税同盟が関係する措置について関税同盟及び個々の構成国のいずれを被申立国とすべきかが問題となり得る。上記トルコの輸入制限のケースについて，かかる輸入制限がGATT24条によって正当化されるか否かが争点であったことから，関税同盟の相手方たるECが当事国になっていない以上申立が不適法であ

---

81) 日本法上の証明責任の分配及び法律要件分類説については，たとえば，新堂幸司『新民事訴訟法』（第5版）（弘文堂，2011年）609-613頁。
82) たとえば，Request for the Establishment of a Panel by the United States on *China – Rare Earths*, 27 June 2012, WT/DS431/6. このケースでは中国のレアアース等の輸出制限がGATT11条1項に違反することは争いがなく，20条(g)号によって正当化されるか否かが争点であった。Panel Report on *China – Rare Earths*, para. 7.200.
83) Appellate Body Report on *EC – Bananas III*, paras. 132-138. Also, Appellate Body Report on *US – Section 211 Appropriations Act*, paras. 273-296, and Appellate Body Report on *US – Line Pipe*, paras. 120-133. これらの先例の解釈について，本書と異なる立場を取るものとして，Pauwelyn, *supra* note 5, pp. 81-85.

るとする主張がなされたが認められなかった[84]。関税同盟全体の輸入制限措置を争っているわけではないので，パネルの結論は妥当であろう。逆に言えば，関税同盟の共通関税（24条8項(a)(ii)）について関税同盟組成前の全体的水準と比較して高度であることを問題とする場合（24条5項）には当該関税同盟がWTOに加盟している限り関税同盟を当事者とすべきであろう。

(オ) 訴えの利益

パネル設置要請時に消滅している対象措置を検討の対象外とするのが先例である[85]。紛争解決手続の目的が具体的な紛争の解決であり，一般的抽象的な法解釈を示すことにないためとすれば理解できる。逆に，後継措置が導入されている場合，協議時又はパネル設置時に存在しなくても，設置要請の文言に含まれており，かつ元の措置と本質的に違いがないなど，紛争解決のために必要であれば，パネルの審査の対象になるとされ[86]，そのために設置要請の記載が包括的となっていることも少なくないが，状況によっては新しい協議・パネル設置要請がなされることもある[87]。

なおパネル設置時に存在していた対象措置が報告書発出時までに撤廃された場合，履行の対象が消滅したとして，不整合と判断しても是正勧告を出せないとした先例が多い[88]。しかし，対象措置が撤廃されたとしても，類似の措置が導入されている可能性もあるし，一旦撤回された措置が報告書発出後直ちに再導入される可能性もある。是正勧告がないと履行確認のためのDSU21.5条手続が利用できず，再度新しいパネルを設置して審査を求めざるを得なくなってしまう。発出時までに一旦撤回したか，その後まで維持していたかで違いを認めることが合理的とは思われず，いずれにせよ「履行のために取られた措置」（"measure taken to comply"，"MTTC"）として履行確認の対象とすべきであり，その前提として，手続中に対象措置が撤廃されたとしても是正勧告を省略できないとすべきである[89]。パネルへの標準的な付託事項の一たる「[DSB]が……勧告又は裁定を行うために役立つ認定」（DSU7条1項）に「履行のために取られた措置」の有無の認定が含まれるとしても，その認定の対象とする範囲が具体的に特定されていない（これに対して，21.5条手続においては審査対象の「履行のために取られた措置」

---

84) Panel Report on *Turkey – Textiles*, paras. 9.4-9.13.
85) Panel Report on *Argentina – Textiles and Apparel*, paras. 6.12-6.13 を参照。
86) たとえば Appellate Body Report on *Chile – Price Band System*, paras. 137-138.
87) *Chile – Alcoholic Beverages* では，対象の国内法が改正され，改正後の法律が対象に追加された。WT/DS110/4.
88) Appellate Body Report on *US – Certain EC Products*, para. 81.
89) Panel Report on *EC – IT Products*, paras. 6.47-6.50.

がそのパネル設置要請において特定されている）以上，「履行のために取られた措置」が存在しないという認定を原パネルが行うことが困難であり，また申請国にその点について調査・反論を求めるのでは手続の遅延につながるので好ましくない。なお逆に，成立しているが発効前であった法令を検討対象としたケースがある[90]。

（カ）訴訟経済

パネル及び上級委員会は，対象事項とされた請求すべてに対して，判断を下す義務を負っている。しかし，「訴訟経済（judicial economy）」と称して特定の請求に対して判断が省略されることがある[91]。これは，当該請求に対して判断がなされなくても救済において違いがない場合にのみ許される[92]。たとえば農業協定上の輸出補助金であると認定された場合，輸出条件性の撤廃が求められる救済であるところ，補助金協定上の輸出補助金であるとの請求を判断する必要はないとされた[93]。ただし，物品・サービス双方を対象とするローカルコンテント要求について，国産のサービスだけで要求された国産化率を充たせず国産品を事実上購入しなければならないとして内国民待遇義務違反を認定した以上，国産品を購入するインセンティブがあるだけでも内国民待遇義務違反であるとの訴えを認める必要がないとした先例がある[94]。要求する国産化比率を下げて国産品を購入しなくても要求を充たせるようにするのでは違反を解消できないことを明確にした方がより迅速な紛争解決に資すると思われるが，そこまでは不要と考えたものであろう。

（7）審　理

（ア）当事者主義

規定上パネルに強い証拠収集権限が付与されているようにみえる（DSU13条）が，実務上は，主張責任・証明責任の観念が認められているなど主張及び証拠の提出のイニシアティブが当事国に委ねられており，当事者主義的に運用されている。ただし事実関係について釈明を求めることは頻繁に行われている。なおパネルの権限の問題は当事国の主張を待たずに取り上げてよく，前置されるべき協議

---

90) Panel Report on *Chile – Alcoholic Beverages*, fn.348, citing GATT Panel Report on *US – Superfund*, paras. 5.2.1-5.2.2.
91) Appellate Body Report on *US – Wool Shirts and Blouses*, pp. 17-20 以来確立している。
92) Appellate Body Report on *Australia – Salmon*, para. 223.
93) Appellate Body Report on *US – Upland Cotton*, paras. 726-733.
94) Appellate Body Reports on *Canada – Renewable Energy / Canada – Feed-in Tariff Program*, paras. 5.97-5.104.

が行われなかったとの点が該当するとした先例がある[95]。また訴訟経済の発動は当事国の主張を待たずに行われている。

　紛争解決手続を権利保護手続とみる国際競争論＝共存モデルは，民事訴訟をモデルとする思考になじむが，秩序維持手続とみる比較優位論＝協力モデルは必ずしもそうでない。しかし，本項(ク)でみるように，パネル・上級委員会の管轄権すなわち情報収集権限の限界に鑑みれば，パネルは，情報収集を当事国のイニシアティブに委ね，しかるべき当事国に情報提供を促すことに集中するほかない。したがって理由が異なるが，比較優位論＝協力モデルもまた当事者主義を支持することになる。

(イ) 法解釈及び適用

　WTO紛争解決手続における適用法規は，WTO協定（関税譲許表及びサービスの約束表を含む）及び加盟議定書である。後者は，加盟に当たっての「条件」としてWTO設立協定上認識されており（12条），WTO協定上の権利義務を定めるものとして先例上認識されている[96]。WTO協定以外の国際法を解釈において考慮することについては，本章一2(2)を参照。

　これらの適用法規の解釈に当たり，ウィーン条約法条約31条・32条に拠るとするのが確立した先例である[97]。ただし，ウィーン条約法条約の規定は，条約の趣旨目的及び文脈を前提として規定文言の通常の意味を検討する一体的な解釈を指示しているように思われるが，WTO協定の実務においては，まず規定文言の辞書的な意味を採り上げ，続いて文脈及び協定の目的を考慮して辞書的な意味の範囲内で適切と考えるものを選び出すという段階的な解釈を行うことが多い。すべての条文を意味あるものとする解釈を採用するPrinciple of effective treaty interpretationが先例上確立している[98]。

　なおWTO協定の目的規定（前文）は，文言上様々な考慮要素が示されており，解釈において決定的な意味を有し得ないが，文脈の一として解釈に影響するとするのが先例である[99]。この点，国際競争論＝共存モデルからは，貿易自由化とその例外の留保との優劣関係を一概に言えないので，目的規定を特定の価値判断を採用したものと捉えるべきでない。したがって当事者間の合意を客観的に探求すべく条文の文言を最重視して解釈することになる。これに対して，比較優位論

---

[95] Appellate Body Report on *Mexico – Corn Syrup (21.5)*, para. 36.
[96] Panel Report on *China – Raw Materials*, paras. 7.112-7.115.
[97] Appellate Body Report on *US – Gasoline*, p. 17で示され，確立している。
[98] たとえば，Appellate Body Report on *US – Gasoline*, p. 23.
[99] Appellate Body Report on *US – Shrimp*, paras. 152, 153 and 155.

＝協力モデルに立てば，各国が比較優位産業に特化し，全体での最適性を実現することがWTO協定の目的であるとする読み方が可能でありかつ論理的であって，規定の文言をこの目的に沿って解釈しなければならない。

(ウ) 主張責任

先例上，重要な事実について証拠があっても，当事国の主張なくして認定してはならないという原則が示されている[100]。これは，証明責任の問題と説明されているが，当事国の主張の問題であって，日本法における主張責任の概念[101]に近い。請求の当否に直接影響する事実について，当事国のいずれもが主張していない事実を認定して一方当事者を勝たせるのは，他方の当事者にとって不意打ちであって，反論の機会を十分に与えられていないというべきである。ただし，いかなる事実について主張責任を認めるべきかについて今のところ基準となるものはない。なお比較優位論＝協力モデルからも，情報収集を十全に行うという観点から当事国の情報提供を促すと考えるので，やはり不意打ちを避けるべきであるといえる。ただし，その観点からは，パネルとしては，公平性を重んじて受動的に行動するよりも，当事国に対して積極的に主張を促すことが求められていると考えるべきであろう。これに対して国際競争論＝共存モデルでは，当事国の処分に委ねるべきであるが故に，パネルは中立に行動することが期待される。印象論に近いが，パネルは当事国に対して積極的に釈明を求める傾向にあるように思われる。

なお主張責任と証明責任とを別々の概念として観念すべきことを示しているように思われるのが，GATT20条に関する先例である。同条は，検疫措置等の必要な輸出入制限措置を正当化する規定であり，その要件を充たすことの証明責任は被申立国すなわち措置国が負うとされているが，その要件の一である所与の目的実現のために最もGATT整合的な手段が選択されていることについては，申立国がよりGATT整合的な手段の候補を主張することが求められ，措置国はかかる候補が所与の目的を実現しない等適格でないことを立証すれば足りるとされている（第6章四2(1)などを参照）。上記要件については，措置国が証明責任を負い，申立国が主張責任を負うと説明するのが便宜である。

(エ) 証明責任の分配

WTOの紛争解決手続の実務においては，外国政府措置の協定不整合を主張するほうが当該主張について証明責任を負うものとされ，一応の (prima facie) 証

---

[100] Appellate Body Report on *Japan – Agricultural Products II*, paras. 130-131.
[101] 主張責任の概念についてはたとえば，新堂『前掲書』（注81）473-476頁。

二　WTO協定のガバナンス　117

明を行った場合には，証明責任が転換し，措置国が反論しなければならないとするルールが確立している[102]。

　日本法の概念に照らすと，これは，主観的証明責任[103]といわれるものに近い。第一に，個々の要件事実についてでなく，主張全体についておそらく法解釈も含めて証明責任を考えている。第二に，一応の証明がなされた場合に証明責任が転換する。客観的な証明責任はその分配が要件事実ごとに決まっており，移動しない。また申請国が証明責任を負うのであれば，措置国は真偽不明の状態まで押し返せば足りるのであり，証明責任すなわち真偽不明の場合に自らに不利な事実認定をされてしまうリスクを負わされることはない。ただこのような証明責任の概念を述べた先例もある[104]。

　上記WTO実務は，客観的な証明責任の概念が確立していないと評せざるを得ないが，証拠の偏在などの問題にいかに対応するかといった問題が生じており，概念の確立が待たれる。たとえば，管轄権の範囲外の事項を理由として輸入品を規制しようとするいわゆるPPM措置について問題になる。第7章四4を参照。またAD関税などのいわゆる貿易救済措置についても協定整合性を争う側すなわち申立国がその不適合性を立証する責任を負うとする実務が確立しているが合理性に疑問がないわけではない。措置を採用した被申立国のほうが情報を有しているはずだからである。申立国が，関税譲許を超える関税が課されている事実の主張立証の責任を負い，加えてGATT6条及びAD協定上の争点を特定する主張責任を負うとすべきであるが，設定された争点の証明責任すなわち協定不整合を基礎付けるとして主張された事実（たとえば調査対象産品と同種の国内産品との競争関係の不存在）の証明責任は措置国が負うとすべきでなかろうか。なお先例上調査当局がそうした点を合理的に説明していることが求められている[105]ことに鑑みても，協定整合性を争う側が証明責任を負うという建前が現実には覆されていると見てもよいようにも思われる。最近では，特定された非公表の政府措置の存在を措置国が否定しなかったことに基づいて当該措置の存在を認定したパネルがあった[106]。なお本項（ウ）でみたように，GATT20条についても同様のことが言える。

　102）　Appellate body Report on *US – Wool Shirts and Blouses*, p.14において示され，確立している。
　103）　主観的証明責任の概念について，新堂『前掲書』（注81）608-609頁。
　104）　たとえば，Panel Report on *Korea – Dairy*, para. 7.24.
　105）　たとえば，損害認定について，Appellate Body Report on *US – Hot-Rolled Steel*, para. 192.

国際競争論＝共存モデルでは証明責任の分配も合意によるとすべきかもしれないが，比較優位論＝協力モデルでは，情報収集の観点から客観的に最適な制度設計がなされているはずと考える。後者の観点からは，対象措置の問題点の指摘すなわち主張責任は申立国が負い，その点の「市場の失敗」及び是正措置の客観的最適性についての証明責任を措置国が負うとする取扱いを支持できるように思われる。

（オ）証拠調べ

紛争解決手続に提出される証拠はほとんどが書証である。ただし，SPS措置など技術的な情報が必要なケースについては，専門家をいわば鑑定人として選任し，意見を聴くことがある（DSU13条）[107]。また補助金の「悪影響」を問題とするケースでは，「悪影響」を認定するための情報収集のため特別の手続が置かれており，紛争解決機関が任に当たることになっている（補助金協定附属書V）。ただし，リバースコンセンサスルールが規定されていないことから被申立国政府の反対のため機能せず，パネルがDSU13条に基づいて情報収集を行っているケースが最近発生している[108]。なお検討手続において企業の秘密情報の扱いについて特則が置かれることが多い。当事国及び第三国参加している政府には提供されるが，公表される最終報告書からは削除される。

（カ）証明妨害・不利益推定

申請国が対象措置の存在の証明責任を負うという実務を前提として，対象措置が非公表の事実上の措置（たとえば輸入者に対して個別に働きかけ輸入と同額の輸出を約束させるなど）である場合，その証拠となる文書を申請国が特定したならば，パネルは，DSU13条に基づいて措置国に対してその提出を要求することができる。この要求に対して，先例上措置国の協力が要請され，非協力の事実をパネルが推論において考慮することができるとされているが，他の証拠を無視することは許されない[109]。比較優位論＝協力モデルに立てば，世界経済・社会の最適化に向けて協働することを約していると考えるので，証拠提出義務を肯定し，

---

106) Panel Report on *Argentine – Import Measures*, paras. 6.229-6.230. なお，この判断は上級委員会においても維持された。Appellate Body Report on *Argentine – Import Measures*, paras. 4.3-4.4.

107) 13条1項に基づき，関係する国際機関に情報提供を求めたケースについて，*WTO Analytical Index, supra* note 13, p. 1715, 同条2項に基づき，専門家検討部会を設けたケースについて，*ibid.*, p. 1718.

108) Panel Report on *US – Large Civil Aircraft（2nd complainant）*, paras. 7.19-7.20 and 7.38.

109) Appellate Body Report on *US – Wheat Gluten*, para. 174; Panel Report on *Argentina – Textiles and Apparel*, paras. 6.40 and 6.58.

これを果たさない場合に不利益推定を行うことでも差し支えないと思われるが，正当かつ客観的に最適な措置の撤廃・修正を強制する結果を避けるため，履行確認手続における提出を妨げないとすることが必要であろう。なお本項(エ)で述べたように，そもそも対象措置が整合的であることの証明責任を措置国に負わせるのでも同じ結果となる。協働の発想の乏しい国際競争論＝共存モデルに立っても不利益推定の考え方を採用することが論理的に不可能というわけでないが，こちらの場合，申請国に不利な手続に合意した可能性も排除できないので，文言上明確な根拠がなければ認め難いであろう。

(キ) 証拠共通の原則

証明責任を負う側が立証活動を行う必要があるが，先例上，相手方が提出した証拠に基づいてパネルが認定することは妨げられない。いわば証拠共通の原則が機能している[110]。情報収集の十全性確保という観点から支持できる。

(ク) 審査基準

パネルが認定すべき事実には，措置の存在の立証といった司法事実だけでなく，いわゆる立法事実もある。たとえばGATT20条例外が抗弁として主張されている場合，先例に沿えば，対象措置が規制目的に照らしよりGATT整合的な手段がないか否かが争点となる。事実認定一般について，先例上は，DSU11条に鑑みて，パネルは，措置国の主張をそのまま受け入れる必要はなく，提出された証拠を客観的に評価 (objective assessment) すれば足り，初審的 (de novo) 判断を行うことはパネルの権限でないとした先例がある[111]。パネルが初審的判断を行ってよい，たとえば同一の目的を達成するより貿易制限的でない代替手段がないとする措置国の判断が合理的であったか否かでなく，両当事国が提出した証拠を前提として代替手段の有無を自ら判断してよいとすると，パネルが措置国政府に代わって政策判断を事実上行うことになってしまう。しかし，パネルはそのような判断を行う能力・リソースを有するように制度設計されていない。この点先例が発展していないが，一次的な政策判断権限が加盟国にある前提で事実認定をすべきであろう[112]。

またAD関税のように，調査当局による詳細な事実調査が前置されている手続についても類似の問題がある。ダンピングマージンの計算・損害及び因果関係の

---

110) Appellate Body Report on *Korea – Dairy*, paras. 137-138.
111) Appellate Body Report on *EC – Hormones*, paras. 115-117.
112) 審査基準の問題についての出発点として，Steven P. Croley and John H. Jackson, "WTO Dispute Procedures, Standard of Review, and Deference to National Governments," *American Journal of International Law*, Vol. 90, No. 2 (1996), pp. 193-213.

認定に情報収集及び専門能力が必要であるが，パネル・上級委員会は，少なくとも，そうした能力を有するものとして制度設計されていないからである。第4章（セーフガード）及び第12章（AD関税及び相殺関税）において言及するように，いわゆる初審的判断が許されないだけでなく，紛争解決手続において事実問題について当事国が提出する，調査期間後に生じた事実に基づいて新たな主張立証を検討することも認められていない[113]。

この点，協定整合性に関する新たな論点については調査当局が問題を認識していない可能性も高く，その場合には情報収集が積極的になされていない可能性が高い。実務上，利害関係者としては，国内における調査段階において求められていなくても事実関係を能動的に主張立証し記録上明らかにしておく必要性があることを理解しなければならない。この点は第12章四1を参照。

(ケ) 証拠力の評価

前項でみたように，措置国政府の主張をある程度尊重する必要があるが，ただしその主張が事後的正当化であってはならないとすべきであり，原則として，措置の導入時などに国内手続の通常の過程で作成された資料に基づくとすべきであろう。紛争解決手続のために事後的に作成された資料の証拠力を割り引くべきである。この点，AD関税・相殺関税の決定について，その文面において理由が明示されている必要があり，紛争解決手続においてこれを補う主張が許されていないこと（第12章四1参照）が参考になろう。この点，SPS措置について，措置の導入時に検討されていない研究等に基づいて科学的根拠を有することの立証をしてよいとした先例がある[114]が，研究自体が事後的に作成されるものでないので区別される。

さらに，通常の過程で作成された資料であっても，その時点で公表されていない資料についての証拠力評価に注意を要する。批判に晒されていないので内容の正確性・信頼性に疑念が残るからである。この方向で先例を発展させることは，行政立法手続の透明化・参加の拡大につながる。本章六1(1)を参照。

(コ) 審理期間

パネルの審理期間は，構成（パネリストの選任）から最終報告書の当事国送付までが6ヵ月（12条8項），送付までに6ヵ月以上かかる場合，パネルは，見込みと共に遅延の理由を紛争解決機関に通報しなければならない（同条9項）し，設置から加盟国配布まで9ヵ月を超えてならない（同条9項）。また上訴がなけ

---

113) Appellate Body Report on *US – Cotton Yarn*, paras. 77-80.
114) Appellate Body Report on *EC – Hormones*, para. 194.

ればパネル設置から報告書の採択までがやはり9ヵ月（20条）とされている。これらは努力義務として認識されている[115]。なお申立国の要請があればパネルは審理を停止できる（12条12項）。その期間は通算で12カ月を超えられない。上級委員会手続については，本項(9)を参照。

補助金協定上の紛争の場合は審理期間が短縮されている（補助金協定4.7条及び7.5条）。現在の実務においてあまり意識されていないが，履行確保等を含め制度全体を見ると厳格に守られるべきかもしれない。この点は，第11章四6(2)(ア)を参照。

(8) 判　断
(ア) 中間報告書

現在の規定では，パネルが最終報告書を発出する前に，事実及び当事国の主張をまとめた部分（descriptive part）を当事国に対して送付し（15条1項），さらに当事国に対してのみ中間報告書（interim report）を送付することになっている（同条2項）。これらは，確定的な結論を出す前に当事国に確認のため意見を求めるというものである。この段階では新しい主張・立証が認められず，それまでに提出した主張・立証について誤解があったり看過していたりといった指摘が想定されている。当事国の要請がある場合検討のため追加的会合を行うことが規定されている（同項）が，上訴手続の整備に伴い，要請が行われる可能性がきわめて低くなっている。

(イ) 最終報告書

中間報告書に対する当事国のコメントを検討した上で最終報告書が作成され，当事国に送付後，事務局による翻訳作業を経て全加盟国に配布・公表される。少数意見・補足意見が述べられることもある[116]。中間報告書は非公開とされているが，当事国のコメントもこれに対するパネルの検討もすべて最終報告書に含めるとされており（15条3項），したがって中間報告書がどのような内容であったか推知できるようになっている。前項(コ)で述べたとおり，パネル設置から報告書配布まで（12.8条），及びパネル構成から報告書送付まで（12.9条）の日数が決められている。

(ウ) 採　択

パネル報告書は，DSB会合において採択されて初めて，DSBの勧告として機

---

115) 実務の状況について，*WTO Analytical Index, supra* note 13, pp. 1699-1702.
116) 少数意見等の例について，*ibid.*, p. 1720.

能する（16条4項）。最終報告書の配布・公表後20日間は採択を求めることができない（同条1項）。この期間中に採択のためのDSB会合の招集請求も許されないかは争いがある。採択を求めることができる加盟国が当事国に限定されるかも争いがあるが，実務においては当事国に限定されている。勧告の拘束力については本項(10)(ア)を参照。

　加盟国配布後60日以内に開催されたDSB会合においては，リバースコンセンサスルールが適用される（16条4項）。報告書に異議ある加盟国はその説明書を事前に提出することとされ（同2項），紛争当事国を含めDSBにおいて検討される（同3項）が，採択は自動的である。ただし，それ以前に上訴がなされた場合採択できない。すなわち上訴期間は加盟国配布からDSB会合において採択されるまでということになる[117]。なお補助金協定上の紛争について採択期間が短縮されている（補助金協定4.8条及び7.6条）。

（エ）勧　告

　対象措置の協定不整合性が認定されると，対象措置を協定整合的にすべしとする是正勧告がなされる（19条1項）。パネルは，履行の方法を指定することができる（同項）。この権限が行使されたケースは少なくないが，指定の要請が拒否されることも多い[118]。ただしこの指定された方法に反したというだけで履行措置が不整合とされるわけでない[119]。なお対象措置の類型に関する本項3(5)(オ)の議論を参照。

（9）上　訴
（ア）法律審としての役割

　当事国は，パネル報告書に対して上級委員会の審査を求めるために上訴する権利を有する（16条4項）。上級委員会手続は法律審であり（17条6項），事実問題を争うことができないが，パネルが適用ある審査基準（11条又はAD協定17.6条(i)）に違反していないか，大雑把にいえば明らかに不合理な事実認定がないかは争うことができる。提出された証拠の無視，意図的な証拠の誤解などが該当するとされた[120]。なお差し戻しの制度がないため，パネルの判断を覆した場合，パネルが認定した事実及び当事国間で争いのない事実で判断ができなければ事実

---

[117] 実例について，*ibid.*, pp. 1734-1737.
[118] 認められた例／拒否された例について，*ibid.*, pp. 1770-1773.
[119] Appellate Body Reports on *EC – Bananas III*（*Ecuador*）（*Article 21.5 – Ecuador II*）／*EC – Bananas III*（*US*）（*Article 21.5 – US*）, paras. 321-326.
[120] Appellate Body Report on *EC – Hormones*, paras. 132-133.

上棄却の扱いとなる。したがって上訴されることを念頭にパネルが予備的な判断を行うことが実務上行われている。

　法解釈の問題のみならず，法適用の問題も上級委員会の管轄の範囲であるとされている。事実問題と法適用（あてはめ）との境界は，先例上「特定の出来事がある時間及び空間において発生したかどうかの決定は典型的な事実問題である。……所与の事実又は一組の事実が所与の条約の規定の要件に合致するかしないかは，しかしながら，法的性格付けの問題であり，法律問題である」とされている[121]。

(イ) 手　続

　上級委員会手続は，パネルと異なり，口頭中心で行われる。上訴通知と同時に上訴国は，上訴意見書を提出し，その後また反上訴通知と同時に反上訴意見書が提出される。これらの意見書に対して反論書の提出が相手方に許される。その後上級委員会会合が開催され，口頭陳述，口頭聴聞そして最終陳述が行われるが，最初の口頭陳述のみ参考として書面提出が認められるに留まる。

　上級委員会手続においては，中間報告書がなく，いきなり最終報告書が発出され，同時に全加盟国にも配布・公表される。上訴から90日以内に解決する（DSU17条5項）ものとされ，その日数制限が比較的厳格に守られている[122]。なお日数制限を超えて発出された報告書が違法であるとされたことはない。上級委員会報告書が発出されてから，60日以内に報告書が採択される[123]。上訴がある場合もパネル設置から採択まで12ヵ月を超えないことになっている（20条）が，ほとんど守られていない[124]。なお補助金協定上の紛争については期間を短縮する規定がある（補助金協定4.9条及び7.7条）。第11章四2(5)(ア)を参照。

(10) 履行確保

(ア) 是正勧告の対象・効力

　是正勧告は，将来効のみ有し，措置国は，過去の「無効化又は侵害」について遡及的に是正する義務を負わない。次項でみる履行期間の制度が示すように，WTO協定は，違反行為を将来に向けて是正していくことを狙いとするものである。したがって，たとえば投資協定等に基づくISDS仲裁において適用法規とし

---

121)　*Ibid.*, para. 132.
122)　実例について，*WTO Analytical Index, supra* note 13, pp. 1740-1741.
123)　実例について，*ibid.*, pp. 1757-1758.
124)　実例について，*ibid.*, pp. 1777-1779.

て過去の違法行為に起因する損害賠償の根拠とできるようにすることは適当でない。本章五2を参照。

　先例上は，国内産品優遇を要件とする投資許可制度の下で，許可企業が政府との間で個別に締結した国産品優遇の約束について，締結が既になされたものであっても，国産品優遇の約束が現在も効力を有しているので是正勧告の対象を免れないとされた[125]。この約束は，投資許可の条件でなければ遵守されないものと想定されるので，政府調達協定に反する手続によってなされた調達契約と性質が異なる。なお関税については，通関時に関税額が一旦確定し徴収されるのが通常であることから，履行期間終了時以降正しい関税額が計算されていることが求められ，すなわちそれまでに通関した輸入品については是正しなくても勧告不履行とはならないと考えられている。なおこの点に関連し，AD関税額が通関後期間ごとに計算され確定し，その時点で通関時に提供した保証を清算することとなる米国制度の下で，関税額の計算方法及び個別ケースにおける適用がAD協定に違反したと認定し，その是正を求めたDSB勧告の効力範囲が問題となったケースがある。履行期間終了後に違法とされた方法により計算されたAD関税額を徴収することが許されるか否かが問題となり，上級委員会は許されないと判断した。米国は，通常の関税のように通関時を基準とすべきであると主張したが，米国の制度においては通関時に徴収がされておらず，その後清算手続が行われその時に徴収されることになっている（第3章二2(1)参照）。米国は，AD関税率が通関時に決まっており，通関時に徴収され，その後は還付請求だけが可能な他国の制度との不均衡を指摘したが，AD協定9.3条は，AD関税の額が協定に従って計算されるダンピングマージンを超えられないとし，同9.3.2条が通関時にAD関税が確定している制度においても還付において正しい関税率の適用が要請されていることから，還付が可能である限り履行義務が及ぶとして米国に不利はないとの反論がなされている[126]。なおこの判断を前提とすると，通関時を基準とした履行のみを義務付けている米国ウルグアイ・ラウンド実施法129条がWTO協定整合的といえるのか疑問がある。先例は，行政見直しその他において適法な認定をする余地があることを根拠として違法と認定しなかったが，国内法におけるWTO協定に対する連邦法の優位性を認める米国において行政見直し等で勧告に従って計算し直すことが許されるのか定かでない[127]。

---

[125] Panel Report on *India – Autos*, paras. 8.37-8.43.
[126] Appellate Body Report on *US – Zeroing（Japan）(Article 21.5 – Japan)*, paras. 159-169.
[127] Panel Report on *US – Section 129（c）(1) URAA*, paras. 6.102-6.114.

ただし，DSB勧告が遡及的是正を要求していないとしても，WTO協定の解釈が事実上明確化されることによって国内法上遡及的な救済（関税・租税であれば還付，不許可等の処分であれば撤回又は国家賠償その他）が得られる可能性はある。一つは，WTO協定が国内法上直接的効力を有し，自動執行力を有する場合，もう一つは，国内法の解釈においてWTO協定が考慮される場合である。これらの場合には，従前の国内法の適用がWTO協定に違反していたとされると，国内法の解釈を誤った違法な処分とされるはずである。WTO協定は，かかる遡及的な救済を国内法上認めることを求めていないので，加盟国において自動執行力を認める必要がないし，たとえ国内法上直接的効力を有するとしても遡及的救済を拒否する規定を置いてWTO協定上差し支えないが，そうした手当てがなされていないならば，国内法上違法な処分である以上，無効とされ，又は国家賠償を求めることができる可能性を否定できないと思われる。WTO協定の国内法的効力について検討した本章四3をも参照されたい。

　なおDSB勧告は，当該事案において拘束力を有し，後に述べる履行確認手続において異なる判断を下すことは許されないとされている[128]。しかし，DSB勧告として採択された上級委員会報告書に示された解釈は法的な拘束力を有せず，ウィーン条約法条約31条3項にいう「後に生じた慣行」にも該当しない[129]。ただし実務上は先例が重視されており，上級委員会はすでに示した判断を覆す場合には"cogent reason"が必要であるとしている[130]。

　ただ，先例が重視されるのは，せいぜい紛争解決手続においてであり，上級委員会において一定の解釈が示されたとしても，それに沿って敗訴当事国がDSB勧告の対象でない既存の措置まで変更・修正することは期待できないし，他の加盟国についてはなおさらである。政府措置については国ごとの個性が強いので当該解釈が自国措置にいかなる含意を有するのか自明でないことも一つの理由であろうが，リバースコンセンサスルールで採択されるDSB勧告ないし上級委員会の判断の法的権威の現状を物語っているとも言える。WTO協定のすべての加盟国における実施に責任を有する世界政府のごとき主体が存在するわけでもなく，むしろ各加盟国が責任を分担するのが建前である。つまり，先例で確立した解釈に拠れば協定違反となる措置がある加盟国において導入・維持された場合には，利害関係を有する加盟国政府が紛争解決手続を視野に入れつつ自ら是正を求めていくことが想定されており，したがって利害関係を有する企業も是正を望むので

---

[128]　Appellate Body Report on *EC – Bed Linen* (*Article 21.5 – India*), para. 93.
[129]　Appellate Body Report on *Japan – Alcoholic Beverages II*, pp. 13-14.
[130]　Appellate Body Report on *US – Stainless Steel* (*Mexico*), paras. 158 and 160.

あれば，自ら又は自国政府を通じて措置国に対して働きかけをすることが必要であり，紛争解決手続に進んだ場合の敗訴リスクを措置国政府に認識させることが重要である。この点については，企業・NGO等の役割を検討する本章六1及び2を参照。

なおこの点，国際競争論＝共存モデルに立てば，加盟国は自国の利益を図ってWTO協定から常に逸脱するインセンティブをもっていることになるのに対して，比較優位論＝協力モデルでは，各加盟国は，共通の利益のために協力するインセンティブを有する。後者の方向に加盟国の認識が改められたならば自発的な遵守が期待できるようになるはずである。

(イ) 履行期間の算定

勧告を即時に履行できない場合，履行のための妥当な期間（「RPT」）が与えられる（DSU21.3条）。合意（21.3条(b)号）[131]によって決定できない場合には，仲裁に付すことができる（同条(c)号）。RPTは，違反とされた措置を是正するために国内法上必要最小限とされている[132]。政治的な困難性は考慮されないとするのが確立した先例である[133]。基準として15ヵ月が示されているが，単なるガイドラインの提示とみる先例と，15ヵ月と異なるRPTを主張する側に証明責任があるとする考え方を採用した先例とがある[134]。

なお，RPTは，勧告を履行するために与えられた期間であり，その期間中対抗措置の承認を得ることができない。違反とされた措置をRPT終了までに是正すれば足り，RPT終了までは違反と判断された措置を適用しても差し支えない。協定不整合とされた措置について，措置国政府の真の意図が研究開発支援その他正当な政策目的の追求にあった可能性もあるし，その目的の追求を一時的にせよ止めさせると回復不能の事態（たとえば植物防疫措置を撤廃した結果病虫害が発生）が生じる可能性があるのでやむをえない。

なお禁止補助金については，履行期間を含めDSU上の法定期間は半分とされる（4.12条）し，輸出補助金については法令変更まで必要でない場合に履行期間

---

131) 実例について，*WTO Analytical Index, supra* note 13, pp. 1787-1789.

132) Award of the Arbitrator on *Canada – Pharmaceutical Patent (Article 21.3 (c))*, paras. 48 and 52.

133) たとえば，Award of the Arbitrator on *US – Section 110 (5) Copyright Act (Article 21.3 (c))*, para. 42.

134) 実例について，*WTO Analytical Index, supra* note 13, p. 1790. また前者に立つ先例として，Award of the Arbitrator on *EC – Hormones (Article 21.3 (c))*, para. 25。逆に後者に立つ先例として，たとえば，Award of the Arbitrator on *Canada – Pharmaceutical Patents (Article 21.3 (c))*, para. 45.

を90日としたケースもある[135]。それ以外の補助金に対する履行期間も6ヵ月に短縮されている（7.9条）。補助金に対する救済措置がその利益の残存する範囲に止まるとすれば（第11章四2(4)(ア)②参照），履行期間が長ければ対象産品の販売価格を引き下げ補助金の利益を費消させてしまうインセンティブが生じてしまうであろう。この点は，第11章四2(5)においてさらに検討している。

(ウ) 履行確認手続

DSU上は，履行期限までに履行がなされていないと申立国が考える場合，履行の有無の争いについて紛争解決手続が利用できるとする規定（21.5条）と，履行期限後一定の期間中に対抗措置の承認を求めることができるとする規定（22.3条）とがあるが，両者を整合的に解釈することは困難である[136]。実務上は，履行確認手続と対抗措置の手続の先後を定めるいわゆるシークエンス合意が当事国間でなされるのが通常である。対抗措置の承認申請を先行し，そのための仲裁手続を開始したところで停止し，履行確認手続終了後に再開するという取決めの例もあるが，多くのケースでは，履行確認手続を先行させ，その終了後に対抗措置の承認さらに必要な場合に仲裁に進むと合意されている[137]。

対抗措置の承認がリバースコンセンサス方式で行われる期間を限定しているのは法的安定性を考えてのことであり，シークエンス合意がその期間を法的に延長することができるわけでなく，厳密には，当事国が異議を述べないという合意であるに過ぎないので，DSUを改正して明らかにしておくのが安全である。

(エ) 履行確認手続の審査対象措置の範囲

RPT終了後，違反とされた措置が変更されていない場合，又は「勧告及び裁定を実施するためにとられた措置（measures taken to comply, "MTTC"）」が協定違反とされる場合には，勧告の履行を促すために措置国に対して対抗措置が許可される。RPT終了後，勧告どおりの履行がなされたか否かについて争いがある場合には，問題解決のためにパネル・上級委員会手続が利用される（DSU21.5条）。MTTCであると宣言されなかった措置がMTTCとして21.5条手続の対象となるかが争われた先例がいくつかある。

第一に，21.5条手続の対象となるMTTCは，「勧告……を実施するために」とられた措置であるが，RPT終了前のみならず原勧告の採択前に採用された措置

---

135) Panel Report on *Canada – Aircraft Credits and Guarantees*, para. 8.4.
136) ただし，Arbitral Award on *EC – Bananas III*は，21.5条手続を経ずにMTTCの適合性を審査した。
137) シークエンス合意の実例については，*WTO Analytical Index, supra* note 13, pp. 1828-1829.

であっても対象となり得るとするのが先例[138]である。そうしないと，違反認定されそうな措置を勧告前に変更することによって履行確認手続の対象とされることを回避し永久に対抗措置を免れたまま違法措置を継続できることになってしまう。原勧告の元となるパネル又は上級委員会報告書の発出前にとられた措置を根拠に21.5条手続において勧告を履行したと主張できることとの権衡上も先例を支持すべきである。

　第二に，MTTCは，是正が勧告された対象措置と密接な関係を有していることが必要である[139]。対象産品，対象事項などの類似性の有無が重要であろう。この点では，対象産品が全く同じであるとしても，政策目的が全く異なる措置が含まれるか否かが問題となり得る。たとえば，自動車に対する差別的内国税について内国民待遇義務違反であるとした是正勧告を受けて，当該税を撤廃し，近接して環境保護を目的とする排気ガス基準が導入された場合後者を「勧告を実施するためにとられた措置」と言えるであろうか。排気ガス基準の適否について従来争われたことがないにも関わらず，その協定違反が直ちに対抗措置の引き金となることに抵抗はあるが，国内政策目的のための措置であると装っている可能性もあるので，目的の違いのみを理由として21.5条手続の対象から当然に外すべきとは言い難いかもしれない。先例が待たれる。

　第三に，「勧告を実施するためにとられた措置」についていかなる点の整合性を争えるかが問題となる。原対象措置の一部が変更されずに引き継がれた場合，当該変更されていない部分の協定整合性を21.5条手続において争うことは許されないとされている[140]。かかる主張は，仮に不整合であっても是正勧告を受けていない以上是正をすべきであったとは言い難いためであろう。他方で，勧告に従って行った措置の修正が，是正を勧告されていない部分まで対象としている場合には，修正全体の協定整合性を争い得るとされた[141]。

　これらの問題について，従来の先例は，21.5条手続において，原手続において主張できたのに主張しなかった論点を持ち出すことは許されない，という論理をしばしば用いている[142]。これは，21.5条手続が原勧告の履行がなされたか否かを判断する手続であることを根拠としている。しかし，この論理は，「勧告を実

---

138) Panel Report on *US – Zeroing (Japan) (Article 21.5 – Japan)*, paras. 7.76-7.81.
139) たとえば，Appellate Body Reports on *US – Softwood Lumber IV (Article 21.5 – Canada)*, paras. 78-79.
140) たとえば，Appellate Body Report on *US – Upland Cotton (Article 21.5 – Brazil)*, para. 210.
141) *Ibid.*, para. 202.
142) *Ibid.*, para. 211.

施するためにとられた措置」についてあらゆるWTO規定との整合性を問えるとされていることと必ずしもつながらない。21.5条手続の現実の機能が対抗措置を認めるか否かを判断することにあり，対抗措置が認められる根拠は，原勧告によって是正の機会（RPT）を付与したのに是正せず，又は新たな違反を犯したことにあるとして，その観点から21.5条手続又は新手続のいずれで争えるとするのが適切かを決定すべきであろう。

　なお関連して，原手続において排斥された主張立証を21.5条手続において再度提出できるかという問題がある。同一論点について追加証拠を提出して争うことについて，それが原手続において争えたか否かを基準とする原則を認めた先例がある[143]。原手続の基準時点での事実の存否について一旦確定した判断を再度争うことを認めると紛争の終局的解決にならないし，矛盾した判断がなされる可能性もあるので，新証拠の提出を含め再度争うことを制限すべきであろう。紛争解決手続における争点のうちたとえば手段選択の最適性は，基準時が異なれば判断が変わり得るのでそうした主張を一般的には排斥すべきでないが，対抗措置を認める根拠に照らせば21.5条手続で再度争うことができないのを原則とすべきであろう。

　なお補助金協定は，禁止補助金については措置の撤廃（4.7条）が，「著しい害」その他の悪影響に基づくケースでは「悪影響を除去するための適当な措置」又は「当該補助金を廃止」が勧告の履行として求められている（7.9条）。したがって21.5条手続の対象が原対象措置の撤廃又は悪影響を除去しなかったことに限定されるのでないか。かかる考え方に対しては，ある産品を対象とする補助金が不適合と判断された後に当該産品に対して新たな補助金を導入する場合には履行確認でなく，新しいパネル設置要請が必要になってしまい紛争の根本的解決が遅れるとの批判があり得る。しかし，補助金協定上の救済が迅速に求めることができるとされているので，その批判は当たらないのでないか。

　なお履行確認手続は90日以内に終了されることになっているが，現実には1年以上掛かっているケースも少なくない[144]。

（オ）関税譲許停止等の規律

　現在の実務慣行では，21.5条手続において，勧告の履行がなされておらず，又は履行のための措置に協定違反が認定されたとすると譲許停止等の上限を画するための仲裁手続が開始され，又は再開することとなる。譲許停止等の程度は，問

---

143) Appellate Body Report on *EC – Bed Linen* (Article 21.5 – India), para. 93.
144) *WTO Analytical Index, supra* note 13, pp. 1827-1828.

題の措置がもたらす他の加盟国の利益の「無効化又は侵害」の程度と同等（equivalent）であることが必要とされている。当事国が合意できない場合，仲裁手続に付託することができる（22.6 条）。補助金の場合には，その悪影響の性格及び程度に応じた「適当な（appropriate）」対抗措置が認められている（補助金協定 4.11 条）が，是正を求められた加盟国の対応状況に鑑みて割り増しを認めた先例がある[145]。

譲許停止等の規模決定の基礎となる「無効化又は侵害」は，RPT の終了時から起算されるべきであろう。起算点が RPT 終了時よりも後だとすると，事実上 RPT を延長しているのと同じだからである。

「無効化又は侵害」の程度は，多くの事例において問題の措置がもたらす貿易減少効果によって測定されている[146]。その場合，問題の措置が存在しなかったと仮定した反実仮想の状況との比較によって算出される[147]。問題の措置が国内産業に対する補助金の場合，考慮してよい貿易減少効果は自国の産品について発生するものに限定される[148]。

しかし，問題となる措置及び義務の性質によって貿易減少効果以外の指標に拠ることも排除されていない[149]。確かに，単純な関税譲許を超える関税率適用であれば，関税が過大な分だけ輸入が減少するであろうし，その効果を測定することが容易である。しかし，たとえば，AD 協定 9.3 条違反の場合，米国の実務を前提とすると過大な AD 税の徴収は対象の輸入品の通関後に行われるから，貿易効果を測定することが困難である。同じく，通関後に輸入に対して負担を課し，その額が通関時には決まっていない場合も，貿易減少額を測定することが困難である。TRIPS 協定違反の措置も貿易効果を測定することが困難であり，ロイヤルティ相当額を課した例がある[150]。生産補助金のように理論上は貿易効果が測定可能なケースでも，補助金が長年に亘って支出されており，外国生産者が補助

---

145) Decision by the Arbitrators on *Canada – Aircraft Credits and Guarantees* (22.6), para. 3.121.

146) たとえば，Decision by the Arbitrators on *US – Offset Act* (*Byrd Amendment*) (*Article 22.6 - Brazil*), paras. 3.70-3.71. なお認容された具体的金額等については，*WTO Analytical Index, supra* note 13, p. 1845 を参照。

147) たとえば，Decision by the Arbitrators on *EC – Bananas III* (*Article 22.6 – EC*), para. 6.12.

148) 補助金協定 4.10 及び 4.11 条に倣ったアプローチは拒否された。Decision by the Arbitrators on *US – Offset Act* (*Byrd Amendment*) (*Article 22.6 - Japan*), paras. 3.37-3.52.

149) Award of the Arbitrators on *US – Section 110 (5) Copyright Act* (*Article 25.3*), Section III.A; and Decision by the Arbitrators on *US – 1916 Act* (*EC*) (*Article 22.6 – EC*), paras. 5.58-5.60.

金撤廃によって生じる価格変化に瞬時に対応して輸出を増加しないと想定される場合貿易減少効果で測定することの理論的な合理性が疑われる。

　貿易効果を軸とする実務について，国際競争論＝共存モデルからは，特段の疑問がない。これに対して，比較優位論＝協力モデルの立場であれば，「無効化又は侵害」の対象たる協定上の利益とは，経済・社会が保有する資本の最大化を指す。したがって貿易減少そのものが保護法益でないため，代理変数としてたとえば貿易減少効果を測定すると理解することになる。そうすれば，貿易減少効果を考えるのが適切でない措置についてはその他の代理変数を適宜考えればよいことになる。なおこの場合対抗措置は自らにも「無効化又は侵害」をもたらすので最終的な解決にはなり得ず，勧告の完全履行をあくまで求めることになる。

　仲裁判断が下され，「無効化又は侵害」の程度が確定すると，これを前提として紛争解決機関に申請がなされることが多い。紛争解決機関がリバースコンセンサス方式によって対抗措置を承認すると対抗措置を実際にとれるようになる（22.6条第一文）。

　対抗措置が現実に採用された後に違反措置を措置国が修正した場合，是正がなされたかどうかを確認する手続がどうなるかが争われたのが *EC – Hormones* ケースである。21.5条手続において履行が完了していないと判断され，対抗措置がとられたが，その後ECは，措置を改正したが，履行したか否かについて米国と合意に達せず，米国は対抗措置を維持し続けている。よってECは，米国が採用した対抗措置が協定不整合であることの認定を求めた。これに対して，パネルは，ECが問題の措置を改正したとしても，そもそも21.5条手続において原勧告の不履行は確定していることが前提となるので，米国がとっている対抗措置が承認の範囲内では正当化され，これを直接争うことはできないとした。したがって，ECの改正措置が原勧告を履行したものか否かを検討せねばならず，このための手続として21.5条に拠るべきであり，米国はECに協力するものとした[151]。

（カ）履行確保手続の改善の方向性

　WTOの紛争解決手続は，他の国際紛争の解決手続と比して強制管轄権を有する点で効果的であり，最終決定が出されるまでの日程に相当の縛りがあり，実際，他の手続と比較すると大幅に迅速である。しかしながら，いくつかのケースにおいて最終判断が何年も履行されていないことから，紛争解決了解について継続中

---

150) Award of the Arbitrators on *US – Section 110 (5) Copyright Act (Article 25.3)*, para. 3.35.

151) Appellate Body Report on *US – Continued Suspension*, paras. 346-368.

の改正交渉において，履行確保のための対抗措置の強化を中心に様々な提案がなされている[152]。

対抗措置を強化するという発想は，国際競争論＝共存モデルからは自然であるが，ルールの遵守を促すという点から見れば制裁の強化が唯一の方策でない。むしろ，国際ルールが技術進歩等によって陳腐化した場合，当該ルール違反しても客観的に最適な措置を加盟国がためらわずに採用できたほうがよいかもしれず，合意されたルールの法的拘束力を強化すればするほどよいというわけでもない。国際法としての国際経済法については，あくまで加盟国が共通の利益のために協力するという意識がその拘束力・正統性の源泉であり，かかる意識を高めるにはどうすればよいか，という発想で考えることも可能である。比較優位論＝協力モデルに立つ解釈論は，その方向性にある。

(11) 紛争解決手続の限界

WTOの紛争解決手続は，対抗措置の認可を含め強力な強制装置を備えているが，対象が政策措置であり，とりわけ比較優位論＝協力モデルでは，一次的な決定権限を加盟国政府に留保せざるを得ないことから本質的な限界もある。審査基準の問題が典型的であり，たとえば手段選択の最適性について一応合理的な説明がなされる限り，パネル・上級委員会としては受け入れざるを得ない。

これは，司法的な紛争解決手続の限界としてやむを得ないが，改善策として二つの方向が考えられる。一つは，加盟国における行政立法手続・行政訴訟手続の強化・透明化である。手段選択の最適性などについて国内手続において決定前に議論を尽くし，その過程・結果を公表し，さらに決定後も政策評価の義務付け等により改善を継続的に図るよう制度化することで，国内産業保護の考慮を可能な限り排除することが期待される[153]。もう一つは，第12章でみるように，AD関税・相殺関税の利用である。これらは，紛争解決手続に拠って捉えきれない国内産業保護の効果が自国又は第三国に拡散することを防止するための貿易措置であると考えることができる。これらの措置をも利用できない場合には，関税譲許を修正し，MFNベースの関税引き上げで対応することになるが，その過程で上記問題が話し合われることを想定している。

---

152) 2001年の提案について，*Proposal to Amend Certain Provisions of the Understanding on Rules and Procedures Governing the Settlement of Disputes (DSU) Pursuant to Article X of the Marrakesh Agreement Establishing the World Trade Organization*, WT/GC/W/410/Rev.1, 26 October 2001.

153) 米谷三以「WTO紛争処理手続の果たすべき役割——『司法化』に潜む危険性と提案」『日本国際経済法学会年報』8号（1999年）27-30頁。

審査基準については，本章二3(2)で論じているように，国際競争論＝共存モデルでは，権利保護手続と捉えるので上記を紛争解決手続の限界として認識することになろう。これに対して，比較優位論＝協力モデルでは，秩序維持機能を重視するので，上記方向性の強化策について，加盟国国内における自主的対応を促すことでルールに対するコミットメントを高めることにもつながるという効果もあるとして積極的に評価してよいと思われる。

4　他の国際機関との関係

WTO設立協定は，WTOに対して，IMF及び世界銀行と協力することを義務付けている（3条5項）が，さらに一般理事会に対して，関連する他の政府間機関と適当な取決めを行う権限を付与しており（5条1項），この権限に基づいて，IMF，世界銀行などと取決めが締結されている。また国連，UNCTADなどにオブザーバーとしての地位を付与している。

紛争解決手続において，他の国際機関に専門家を照会したり，意見を求めたりすることがある。たとえばHS分類については関税協力理事会に，植物防疫についてはIPPCに照会がなされている[154]。これらはパネルの問題の理解を助けることを目的とし，政策決定の代行を可能にすることを目的とするものでない。

三　その他の国際経済法のガバナンス

WTO協定以外の国際経済法のうち，経済連携協定及び投資協定は，ルールの制定における私人の直接参加に積極的であるとは言い難いが，その評価はWTO協定と同様に考えられるであろう。また経済連携協定及び投資協定は，WTO協定と同様に，強制管轄権を有する司法的な紛争解決手続を備えていることが多い。投資協定においては，私人である投資家が主体となることが認められているという特徴があるが，司法的な解決手続故の限界の有無が問題になる。

これに対して，通商・投資以外の政策分野における国際協定及び国際機関においては，ルールの制定において私人である専門家又は利害関係者が直接に関わることが多いのが特徴である。また司法的な紛争解決手続が用意されておらず，監視・説得と技術協力とを通じた遵守確保が目指されているが，ここでも私人の関与を広く認めている。司法的な履行確保を主としない故に先進的な又は具体的な規律に合意しやすい面があるとされる。国際競争論＝共存モデルに立てば，国際

---

154)　他の国際機関に照会した実例について，*WTO Analytical Index, supra* note 13, p. 1715.

的合意はその通りに即時実行・遵守されることが望ましいが，経済の発展段階等に鑑み実施時期さらに規律内容に柔軟性を持たせているという理解になろう。私人の関与は正統性の補完と説明される。比較優位論＝協力モデルでは，「市場の失敗」の最適な是正という観点から各国に制度設計を委ねるという要素が加わり，実体ルールの柔軟性がその観点から場合によって積極的に要請されることになる。また私人の関与は，最適な情報収集という観点及びルールに対するオーナーシップを醸成し協力を促すという観点から説明される。代表例として，国際労働機関と国際環境法とを採り上げる。

1　経済連携協定

経済連携協定／地域貿易協定においても紛争解決手続が規定されていることが多いが，EU，NAFTA及びメルコスールを除くとあまり使われていない。これは，二国間協定が外交関係の延長という色彩が強いからであると説明される。経済連携協定／地域貿易協定とWTO協定とは規律分野が概ね重なっているが，同一案件について両方の紛争解決手続が利用できるならばWTOの紛争解決手続が選好される場合がほとんどであろう[155]。

FTAの紛争解決手続は概ね3つのタイプに分けることができ，案件を検討する機関が仲裁人によって構成される仲裁人型，締約国政府の代表者から構成される理事会型，理事会型手続を前置し，解決されなかった紛争について仲裁人に委ねるハイブリッド型があるとされる[156]。紛争解決手続が相対的に頻繁に使われているNAFTAは仲裁人型である。日本が締結している経済連携協定はすべて仲裁人型であるが，仲裁手続の利用例はない。

他方，日本が締結している経済連携協定は，ビジネス環境整備と呼ばれる手続を規定している。これは，相手国におけるビジネス環境に対する改善要求を相手国政府に対して自国の政府関係者の立会いの下で述べ，その対応について相手国政府から情報提供を受けることを確保するものである。協定上の義務に違反する措置に関する個別紛争を扱うというよりも，より一般的な制度整備等を求める手続として用いられている[157]。

---

[155] 両者の調整については，川瀬剛志「WTOと地域経済統合体の紛争解決手続の競合と調整——フォーラム選択条項の比較・検討を中心として」RIETI Discussion Paper Series 07-J-050（2007年），at［http://www.rieti.go.jp/jp/publications/dp/07j050.pdf］。
[156] 『不公正貿易報告書（2014年版）』（注14）757-773頁。
[157] ビジネス環境整備については，同上，774-781頁を参照。

2 投資協定

（1）投資家対政府仲裁手続（ISDS 仲裁）

投資協定においては，政府間の紛争解決手続だけでなく，投資家が投資受入国政府との紛争を仲裁に付託する権利を規定する場合が多い。投資家（investor）が国家（state）に対して行う紛争解決（dispute settlement）手続であるので頭文字をとって ISDS 仲裁と称せられる。ただし米国・オーストラリア自由貿易協定の投資章[158]のように，ISDS 手続を設けない例もある。

ISDS 仲裁の対象範囲は，協定によって違いがあるが，大まかに分ければ，投資に関する一切の紛争とするものと，投資協定の解釈・適用に関する紛争に限定するものとがある[159]。また，投資家と投資受入国政府との契約関係に基づく請求をも対象とするとの条項（アンブレラ条項）を有するものもある[160]。

（ア）ISDS 仲裁の意義

ISDS 仲裁手続は，その法的性格に争いがある。仲裁条項は，投資協定のみならず，投資にあたって投資家と投資受入国政府とが締結する契約にも置かれることがある。この仲裁条項は，投資受入国政府による契約の不履行等について国内裁判所に救済を求めることが可能であるが，公平かつ迅速な裁判を受けられるか疑いがあることから，その代替として仲裁手続を利用するという発想であった。国家間の投資協定における ISDS 仲裁条項も同じ性格と考える見解がある。他方，19 世紀以降，外国に存在する自国民が現地政府から受けたその生命・財産に対する侵害を自国に対する侵害とみて，政府が原状回復・賠償を現地政府に求めるいわゆる外交的保護の実務を発展させていたことに鑑み，ISDS 仲裁を，外交的保護を自国民たる投資家に代理行使させるものと説明する見解もある[161]。両者は，ISDS 仲裁において対象となる投資家の実体的請求権の理解が異なり，前者は，投資家自身の請求権を自ら行使するという発想であり，後者は，投資家の本国政府の請求権を代理行使するという発想である。

この問題は，投資協定の性格付けと関連し，したがって投資保護の基本的発想

---

158) *Australia – United States Free Trade Agreement*, Chapter 11. USTR の HP ［http://www.ustr.gov/trade-agreements/free-trade-agreements/australian-fta/final-text］を参照。
159) 米谷三以「適用法規——国際法の直接適用とその含意」小寺彰（編著）『国際投資協定——仲裁による投資保護』（三省堂，2010 年）41-42 頁。
160) いわゆるアンブレラ条項について，濱本正太郎「義務遵守条項（アンブレラ条項）」小寺『前掲書』（注 159）を参照。
161) 小寺彰「投資協定の現代的意義——仲裁による機能強化」小寺『前掲書』（注 159）を参照。

によって見方が異なる。国際競争論＝共存モデルでは，外国投資家の権利強化によって投資誘致を図ると考え，必要な範囲で自国の規制主権を譲歩又は留保すると想定する。ISDS 投資仲裁は，その権利強化に資するので規定されることが無条件に望ましい。裁判所を含む投資受入国の政府機関は選挙権を有しない外国投資家に不公平な判断を下す可能性があるとして ISDS 仲裁を規定するならば，国内裁判代替を中心に考えるのであろうし，投資協定において投資受入国が行った投資保護の約束を遵守しない場合の救済と考えれば，外交保護権の代理行使と説明することになろう。つまり，国内裁判代替・外交保護権の代理行使のいずれの性格付けも採用し得る。

これに対して，比較優位論＝協力モデルの発想では，締約国全体での資金利用の最適化を共通の目的として，そのための協力，具体的には，経済運営を最適化することを相互に約束する国際的合意と理解する。投資に限定せず経済全体を考えるので，ISDS 仲裁を投資母国政府の外交保護権の代理行使を認めるものと捉えてもよいが，より公益的な性格のものと理解するほうが適切である。締約国政府に求められるのは，個別の投資の保護でなく経済運営全般の適正化であり，適正化を要求する投資母国の権利が外交保護権の実質を構成する。さらに投資受入国政府が個別の政策判断・実行において投資協定上の義務を逸脱し不適切な選択をしないよう監視し，必要があれば政府に働きかける役割を外国投資家も期待されている。外国投資家は，事業に直接影響を受ける範囲で継続的に情報を収集するインセンティブを有しているからである。ISDS 仲裁は，一義的には，その働きかけにおいて梃子となることを期待して規定されているものであって，投資家の私的な利益の保護だけを目的としたものでないと理解することになる。

この点近時，仲裁人の客観的独立性を重視する動きがあり，投資仲裁の公益的性格が強調される傾向にあることを指摘できる。たとえば，仲裁人の忌避・失格事由となる不偏性（impartiality）に対する疑念（UNCITRAL 仲裁規則 12 条(1)）ないし判断の独立性（independence）の欠如（ICSID 条約 57 条，14 条(1)）等について，類似の案件において代理人を務めている[162]，単に問題となる論点について見解を公表しているだけでなく，批判に拘わらず既存の見解を維持することを公言しており，当事者の意見に対して open-minded でないように見える[163] などの理由で忌避事由が認められた例が発生している。こうした問題は issue conflict と呼ばれるが，異なる投資協定に関する判断が問題とされていることは multi-

---

[162] *Telekom Malaysia Berhad v. The Republic of Ghana*, Challenge No. 17/2004, Petition No. HA/RK 2004.788, District Court of The Hague, Decision of 5 November 2004, para. 7 を参照。

lateralism（第1章五3(1)を参照）が勢力を増しつつあることを示し，また国際商事仲裁では重視されない論点が重視されることから両者の性格の違いが認識されつつあり，ISDS 仲裁が利害関係者に広く影響を及ぼすことすなわち公益性が重視されてきていることの反映と理解することができよう[164]。さらに比較優位論＝協力モデルからは，投資の客観的最適化という共通目的の実現という観点から仲裁人が選任されるべきであり，自らの主観的利害関係に基づく主張を受け入れる可能性が高いか否かで当事者が仲裁人を選任することを認めるべきでないという発想から上記方向性を支持することになる。

また資金利用の最適化という観点からは，ISDS 仲裁手続が必要であるのは，国内裁判手続が「法の支配」という点からみて不十分であり，「政府の失敗」が存在し，投資の国籍を問わず投資インセンティブが過小になっているためであると理解される。この方向性では，裁判拒否の禁止が規定されているが，さらに進んで公正衡平待遇義務等の内容として「法の支配」の確立，具体的には適切な裁判制度を利用可能にすることまで引き出せないか検討されてよい。ただ，いずれにせよ，ISDS 仲裁手続によって確保されるはずの「法の支配」の程度は，国内裁判手続の改善によって確立すべき「法の支配」の程度を超えてはならないはずである。外国投資家を国内投資家以上に優遇すればそれもまた資金利用を歪曲してしまうからである。ただし国内投資家と同じであればよいというわけでなく，国際投資を含めて適切な水準の「法の支配」が必要とされる。したがって相手国の国内裁判手続を含む国内法秩序が適切に整備され，投資インセンティブを全く損なわない程度に「法の支配」が確立していることを想定し，又はそうした裁判手続設置・運営の義務付けに止めて，投資協定上の紛争解決手続としては，政府間の救済手続に止め，ISDS 仲裁手続を規定しない選択も十分考えられる。なおこの考え方は，国内救済手続の完了を ISDS 投資仲裁の要件とすることを求めるものでもない。国内救済手続が最善である保証がない以上選択を強制することが最適とは言えず，国内救済手続と ISDS 投資仲裁のいずれが最善かを投資家に選択させるという手法は不合理でない。

なお，保護の対象たる外国投資家は国籍によって画されるが，投資母国におい

---

163) *CC/Devas (Mauritius) Ltd., Devas Employees Mauritius Private Limited, and Telecom Devas Mauritius Limited v. The Republic of India*, PCA Case No.2013-09, Decision on the Respondent's Challenge to the Hon. Marc Lalonde as Presiding Arbitrator and Prof. Francisco Orrego Vicuña as Co-Arbitrator, 30 September 2013, paras. 60-65.

164) こうした issue conflict の問題の先例を踏まえ，ISDS 仲裁の法的性格について検討したものとして，濵本正太郎「投資家対国家仲裁は『仲裁』ではない」浅田正彦・加藤信行・酒井啓亘（編）『国際裁判と現代国際法の展開』（三省堂，2014年）。

て活動実態のないペーパーカンパニーでもよいとする投資協定と，ある程度の活動実態を要求する投資協定とがある。投資家の直接請求権を外交保護権の代理行使とすると後者のほうが適切に思えるが，前者も採用できないわけではない。これに対して，ISDS仲裁を国内裁判代替と考えるならば，国内裁判手続の整備対象を限定することはむしろ適切でなく，ペーパーカンパニーでもよいとする考えに傾きやすいと思われる。

(イ) ISDS仲裁の対象

なおISDS仲裁を求める損害賠償請求は，外国投資家の「投資財産」に関する義務違反に起因する損害に限定されるのが通例である。

投資前すなわち事業の設立・拡張について内国民待遇義務が規定されている場合，投資が投資受入国法上適法になされていることが求められ，適法でない投資に対する保護が認められないことが少なくない。また投資財産にも限定があり，たとえば商品輸出代金は，輸入国における金銭債権であっても投資財産とされない。「投資財産」性の判定において，出資，事業の一定期間の持続，取引リスクの引き受け，投資受入国の経済発展への寄与，規則的な収益や配当といった要素を考慮するいわゆるSaliniテスト[165]を採用する仲裁判断が多いが，異なる考え方の先例もある[166]。国際競争論＝共存モデルでは，合意に拠るとしか言えないが，比較優位論＝協力モデルでは，投資の最適化を投資協定の目的と考えるのでその視点から「投資財産」性が決まるであろう。なお，輸入制限はGATT11条1項などで，また輸出代金の支払いについての制限はIMF8条によって又はGATT15条によって規制される。これに対して，サービス業の投資規制は投資協定でもGATSでも対象となる。知的財産権の規制も投資協定でもTRIPS協定でも対象となる。

(ウ) 審査基準

ISDS手続において仲裁廷は，投資受入国政府の判断を特段尊重する態度を示していないとする研究結果がある[167]。国際競争論＝共存モデルの発想では，協定解釈において投資保護と規制主権の制約とのバランスという価値判断が不可避であることから仲裁廷の正統性を問う余地はあるが，投資協定は投資受入国政府も自発的に同意したのであるから，投資受入国政府の判断を尊重しなければなら

---

[165] *Salini Construtorri S.p.A. and Italstrade S.p.A. v. Morocco*, ICSID Case No.ARB/00/4, Decision on Jurisdiction, 23 July 2001, para. 52.

[166] 以上については，伊藤一頼「投資家・投資財産」小寺『前掲書』（注159）を参照。

[167] この問題は，Gus Van Harten, *Sovereign Choices and Sovereign Constraints – Judicial Restraint in Investment Treaty Arbitration*（Oxford University Press, 2013）を参照。

ない理由は見当たらないと言わざるを得ない。これに対して，比較優位論＝協力モデルでは，投資協定の定める要件は結局のところ「市場の失敗」の是正を目的として最適な是正手段を採用しているかということに尽き，これは締約国経済全体での資金利用の最適化という観点から下す技術的な判断であることから，仲裁判断の正統性を確保することよりも，技術的判断を正しく下すために必要な情報収集及び判断能力を有しているのは誰かが問題とされる。一般的には，仲裁廷よりは投資受入国政府のほうがこれらの能力に勝っているはずであり，したがって，仲裁廷が受入国政府の判断を覆すのは，明白な誤り又は不合理があった場合に限定することが考えられる [168]。

（エ）ISDS 仲裁の執行

また，請求を認める仲裁判断が下され確定したとしても，投資受入国政府が支払いに応じないこともある。この場合，仲裁判断の承認・執行を求めることになる。たとえば，ICSID 条約に基づく金銭賠償を認める仲裁判断は，すべての加盟国において最終確定判決と同様の効力を有するとされており（ICSID 条約 54 条 1 項），第三国である加盟国において執行できるものの，主権免除の関係で執行財産に限定があることに注意が必要である。またそれ以外の仲裁判断について外国仲裁判断の承認及び執行に関する条約が適用されるが，執行拒絶事由がないことが必要である。

また投資協定において仲裁とは別に調停が利用できる規定が置かれている場合がある。仲裁においても和解的解決を求めることは可能であるが，調停の場合は最初からそうした解決を追求することになる [169]。

（2）最恵国待遇義務と ISDS 仲裁

投資協定上の最恵国待遇義務について，実体的義務のみならず，ISDS 手続にも適用があるか否かが議論されている。たとえば，国内救済手続を完了していること，投資受入国政府と一定期間協議を行うことなどが ISDS 手続の前提要件として規定されていることがあるが，そうした投資協定に最恵国待遇義務が規定されている場合，こうした手続を要求しない投資協定を相手方が他国と締結すると先の投資協定においてもかかる手続要件の履践が不要とされるかという問題である。仲裁先例は分かれており，最恵国待遇義務の規定文言が対象範囲を広く読む

---

[168] この問題について，William Burke-White & Andreas von Staden, "The Need for Public Law Standards of Review in Investor-State Arbitrations" in Stephan W. Schill (ed.), *International Investment Law and Comparative Public Law* (Oxford University Press, 2010).
[169] 『不公正貿易報告書（2014 年版）』（注 14）688-694 頁。

ことを許すか否かという角度から検討されている[170]。

　この点，最恵国待遇義務の規定文言のみならず，そもそも，国内救済手続の完了その他の手続要件について有利不利の評価が可能かを問う必要がある。国際競争論＝共存モデルの発想では，選挙権を有しない外国投資家が司法機関においても不利に扱われることを懸念してISDS仲裁が規定されている。したがって，国内救済手続完了原則，投資受入国政府との協議義務など仲裁に前置される手続は，ISDS仲裁の障害である。より障害物が少ない手続のほうが投資家にとって有利であって，最恵国待遇義務がそうした手続事項も対象としていると文言上読めるのであればその利益を享受できるとするほうが自然である。

　これに対して，比較優位論＝協力モデルであれば，ISDS仲裁手続は，国内裁判手続の整備が不十分で投資インセンティブが損なわれているとの認識から，投資インセンティブを適正化するために置かれるものであり，同時に国内裁判手続が適切に整備されることを黙示に期待する規定である。適切に整備された国内裁判手続を超えて外国投資家の権利保護を図る趣旨でない。国内救済手続・政府との協議など投資受入国政府の代表者との直接交渉を要求する趣旨は，投資家による責任追及を困難にするためでなく，最適かつ迅速な問題解決に資するとして合意されたと理解される。したがって，ISDS手続については，最恵国待遇義務が適用されるとしても他国の規定のほうが有利であるという認定がそもそもできないと考えることになる。ただし，投資受入国が国内法においてしかるべき救済手続を定めた場合にその手続を自国の投資家に利用可能にしなければ最恵国待遇義務に違反することは当然である。

（3）ISDS仲裁以外の紛争解決手続

　投資協定においては，ISDS仲裁以外にも，紛争解決手続が存在する。一つは，(1)で触れた政府間の協議・仲裁手続であり，SSDS仲裁（state-to-state dispute settlement）と呼ばれている。もう一つは，投資家が利用可能な調停手続である。とくに関係の継続を望む場合に選択肢として有効であると考えられている[171]。

3　その他の国際ルールにおける実施・紛争解決手続

　WTO協定等の通商協定及び投資協定以外の国際ルールでは，法的拘束力を有

---

170)　代表的先例として，*Emilio Agustin Maffezini v. Spain*, ICSID Case No.ARB/97/7 (Argentina/Spain BIT), Decision on Jurisdiction, 25 January 2000.
171)　調停手続及びその評価については，『不公正貿易報告書（2014年版）』（注14）688-694頁が詳しい。

する条約の形式でないものも少なくないが，条約の形式を採用していても司法的な履行確保手続が規定されている例は少ない。国家間の主観的利害対立を前提とする国際競争論＝共存モデルでは，「法」としての完全性を欠くという評価になろうが，比較優位論＝協力モデルでは，共通の目的を実現するための合意であり，変更が容易であること，さらに本質的にガイドライン又は近未来の到達目標の性格を有する国際ルールであることに鑑みて最善の法形式が選択されているものと理解する余地がある。

以下では，国際労働法及び国際環境法における実施・紛争解決手続を取り上げるが，そのほかの条約・国際ルールにおいても，委員会その他においてpeer reviewによる実施確保等が図られている。たとえば，関税分類，関税評価及び原産地規則に関する関税協力理事会における手続について，第3章三1，租税条約上の相互協議手続について，第8章三1(3)，財政・金融監督その他のマクロ経済政策に関するIMF等における相互監視のメカニズムについて第15章三1，エネルギー政策についてのIEAの審査について第16章七2(8)をそれぞれ参照。

（1）国際労働機関

国際労働機関（ILO）は，労働条件を改善することによって世界の平和及び協調の保持に貢献すべく，国際労働基準を定め，その実施を促している。政府間の協力に止まらず，政府以外の労働者及び使用者の代表の積極的役割を認めているのが大きな特徴である。

国際労働基準には，法的拘束力のある条約と拘束力のない勧告という二つの法形式があり，目的に応じて使い分けられている。通常は，理事会による議題の決定に始まり，事務局による加盟国の法令・実態の調査，各国政府他利害関係者の意見聴取を経て，総会の設置する委員会による議論がなされた上で草案が作成され，総会自体の検討がなされた後最終的に総会において新基準が採択される。

総会で採択された条約が当然に加盟国を拘束するわけでなく，批准するかしないかが加盟国の判断に委ねられている。しかし条約及び勧告について，「立法又はその他の措置のために……権限ある機関に提出」しなければならず（ILO憲章19条5項・6項），批准するかしないか等の検討を議会等に提出することが求められている。またその点について理事会が要請する適当な間隔で事務局長に対して詳細な報告書を提出することを求められ，その報告書の写しが国内の代表的労使の組織にも送付される（23条2項）ことで，国内政策決定過程における議論を活性化することが期待されている。

ILOにおいては，条約等の実施に向けた通常の監視活動と特別の監視活動とが

行われている。前者は，違反の有無とは別に定期的に行われるものであり，後者は批准された条約の適用について問題提起がされると発動される。

通常の監視活動は二段階で行われる。第一に，独立した専門家から構成される「条約勧告適用専門家委員会」が行うものであり，これは，ILO憲章19条及び22条に基づいて送付される定期報告書を審査し，国内法令及び慣行の国際労働基準適合性を確認することを目的とする。政府の作成した報告に対する質問の形式になるが，政府のみならず，私人である労使団体がその見解をILOに通知することができ，この見解を基礎に質問をすることもできる。第二に，総会が設置し，総会の代表すなわち政府委員，労使それぞれの代表から構成される基準適用委員会が国際労働基準の実施状況の審査を行う。具体的には，専門家委員会が扱ったケースの中から重要なものを抽出し取り上げる。

特別の監視活動は，加盟国政府が批准した条約の実効的な遵守を確保していないとして使用者又は労働者の産業上の団体がILO事務局に申立を行うことによって開始されるものと，他の加盟国又は総会の代表若しくは理事会が苦情の申立を行うことによって開始されるものとがある。前者の申立は形式的要件が充たされておりかつ受理可能であれば理事会が政労使三者の理事による3人委員会を設置し，実質審査を行い，委員会の報告に基づいて理事会として勧告を行い，当該政府及び申立団体に通告する。後者の申立は設置された審査委員会が作業することとされている。ただ通常の監視活動が有効に機能しているためこれらの特別の手続はあまり利用されていない模様である[172]。

（2）国際環境法

国際環境法は，条約において具体的な義務を規定するだけでなく，さらに締約国会議によって基準やガイドラインが策定されるのが通常である。細則が法的拘束力を有することは少なく，多くは法的拘束力を有しないソフトローである。また国際環境条約とくに自然保存，汚染防止などの条約においては，区域特性，経済及び技術レベルなどを考慮して統一的又は具体的な基準や措置を規定しないこともある。条約では枠組みのみを定め，締約国会議において採択される議定書等において具体的な基準や措置を定め，又は決議・勧告・ガイドラインの発出により具体化していくことがある。また達成手法が多様であるなどの場合には，具体的措置の例示，選択肢の提示，目標や約束の公表，目標達成についての第三者評価などが手法として使われている。非政府組織がルール形成に積極的に関与する

172）　この項は，吾郷眞一『国際経済社会法』（三省堂，2005年）117-119頁を参照した。

三 その他の国際経済法のガバナンス 143

のが通常であり，むしろ非政府組織が主導的な役割を果たすことさえある。

　履行監視方法としては，まず当事国による定期的な報告・通報の義務付けがある。報告等の対象は，条約の実施状況，関連情報，関連法令など様々である。たとえば気候変動枠組条約は，温室効果ガスの排出・吸収に関するデータ，関連措置，措置の効果の見積りなどについて報告義務を定めている（同条約 4 条 1 項及び 12 条）。次に，他国又は国際機関による違反の通報及び監視が採用されていることがある。監視方法としては，監視員による監視のほか，実地調査・査察などがある。さらに，NGO，住民，地方自治体などによる監視が想定されていることも多い。このように収集された情報に基づき，締約国会議等が検討・評価を行い，懸念表明，改善要請，指導・勧告などにより遵守が促される。たとえば気候変動枠組条約では，先進諸国による報告を締約国会議が検討するものとされている（4 条 2 項など）。そのほか技術支援，財政支援等の手法が利用されることが多い。

　また条約違反などの疑いがある場合には，事実及び法的論点の審査が行われることもある。違反が認定されると，制裁金支払・資格停止などの制裁措置が適用されることもある。個別の紛争解決手続も用意されており，調停や事実調査委員会への付託といった当事国による解決を支援するものや，国際司法裁判所（ICJ）・仲裁裁判への付託といった司法的な解決を可能にする規定などがある[173]。

　そのほか，大気，河川湖沼・海洋，南極地域等の環境保全において事前協議手続すなわち「国家が自国の管轄もしくは管理下にある一定の環境危険活動……を実施又は許可する前に，他国や国際機関等を含む関係者との間で行う情報や意見の交換」[174] が多国間又は二国間条約において導入されている。事前協議手続は，抽象的基準の具体的適用を明らかにすることによって国際環境法の発展を推進しているとも，また越境環境損害の防止手段とも言われている[175]。活動の事前通報から始まり，関係者との意見交換を経て活動国における意思決定過程における考慮等に進む一連のプロセスであり，条約規定のほか，条約実施機関等が採択した基準やガイドラインといったソフトローが評価基準となるが，最終的な決定権が活動国に留保されており，手続的義務に止まる。しかし，締約国政府・国際機関以外にも NGO・関係国公衆などの私人が関与し，また専門家の参加を求めることが増加しており，「柔らかいコントロール」の仕組みとされる[176]。また途上

---

173) この項は，磯崎博司『国際環境法』（信山社，2000 年）第 5 章第 1 節及び松井芳郎『国際環境法の基本原則』（東信堂，2010 年）第 12 章を参照した。
174) 児矢野マリ『国際環境法における事前協議制度――執行手段としての機能の展開』（有信堂，2006 年）1 頁。同書は事前協議手続の包括的研究書である。
175) 同上，206-230 頁。

4　実施・紛争解決手続間の調整

紛争解決手続を有する複数の条約又は国際経済法が同一案件に適用される場合，同一紛争について蒸し返しを認めることになりかねず，また矛盾・対立する判断が下されることにより法的安定性を害さないかとして，手続間の調整の必要性が検討されている。国際競争論＝共存モデルでは，矛盾・対立した判断が下される事態を避ける必要があるが，当事国間でどのような優先順位を付すことも可能であって，また具体的紛争においてはその点の合意を探索するというアプローチになろう。これに対して，比較優位論＝協力モデルでは，それぞれの条約が相互補完的関係にあると考えるので，国家間の紛争解決手続である限り，矛盾・対立の可能性を懸念する必要性が小さい。たとえ事実認定等において矛盾した判断が下されたとしても，究極的には関係国政府間の協議・合意による調整に委ねてよいと考えるからである。ただし，事後の調整コストに鑑み予め調整の規定を置くことを排除するわけではない。また途上国に対する技術協力等について，世界経済・社会の保有する資本最大化という共通目的を実現する手段であって，紛争解決の機能を分担させるという発想があり得る。

これに対して，ISDS仲裁のように私人が主体として関与する場合にはそうした事後調整が困難であり，制度的手当てが必要になる場合があろう。この点は，本項2において検討した。また条約の国内法的効力の問題について，自動執行力を認める場合国内裁判手続との調整問題が発生するという視点から検討する必要があり，WTO協定の国内法的効力の問題が次項四において検討される。

四　WTO協定の国内的実施

1　国際経済協定の国内的実施

WTO/GATT，IMF協定その他の条約は国家と国家間の契約であり，締約国は他の締約国に対して当該協定に定められている権利を行使することができ，義

---

176) 児矢野マリ「国際環境法における手続的義務に関する一考察――『柔かいコントロール』のプロセスの基礎として」『新世代法政策学研究』20号（2013年）201-226頁を参照。
177) この点は，児矢野マリ「国際環境法における『プロセス』志向の規律手法の意義」（城山英明・西川洋一（編）『法の再構築Ⅲ　科学技術の発展と法』（東京大学出版会，2007年）257頁。

務を履行する責任を負う。締約国がこれに違反すれば，当該締約国には当該国際協定又は一般国際法の原則に従ってなんらかのペナルティが科せられる。しかし，当該国際経済協定が当該国において国内的に直接適用されれば，その実効性はより強まる。この国際協定の直接適用可能性，自動執行力の前提として国際協定の国内法的効力の有無が問題されている。これは，国際法と国内法の関係という大きな問題の一環であり，国際法及び憲法の重要問題の一つ，とくに国の憲法体制のあり方に関係している。

しかし，本書の目的は国際協定の国内的実施という問題を網羅的に検討することにはなく，WTO協定等の国際経済協定がどのように国内で実施されるのかについて検討することである[178]。一般的な問題設定は，本章一2(3)において述べたとおりであるが，国際経済協定は多種多様であり，これらのすべてについて，またすべての当事国についてかかる国内的実施の全貌を検討することは本書の範囲を超える。そこで，本章においては，国際貿易に対し規律を及ぼしているWTO協定に焦点を定めて，米国，EU及び日本においてこの協定が国内的にどのように実施されているかについて一瞥することにしたい。

2　WTO協定の国内的実施

国際経済協定が国内法秩序においてどのような地位を有するかは同協定の性質によって異なる。国際協定には条約，行政協定，交換公文，国家間の覚書等多数のものがあり，そのいずれであるかによって国内法秩序における位置づけが異なり得る。これらの詳細は憲法学ないし国際法学の課題であるのでこれらの専門書に譲り[179]，本章においては，WTO協定の国内的実施について述べる。国内的実施という場合，WTO協定が自動執行力を有するか，有しない場合どのような形で国内法化されるか，及び，WTO協定と国内法が抵触する場合，いずれが優先的に適用されるかなどの問題がある。これらの課題がどのように解決されるかは国によって異なるが，以下において，日本，米国，及びEUについて検討する。

なお，WTO協定には，国内法における取扱いを定める規定がない。わずかに，政府調達協定が，国内不服審査手続を設け，協定の違反に関する苦情を受け付けることを義務付けている（政府調達協定18条）。WTOの紛争解決手続による救済では個々の調達手続を停止する効果がなく，また結果を覆すことができないことに対応するものであり，例外とみるべきか一般化すべきか意見が分かれよう。

---

178)　国際条約の国内的適用についての詳細な研究としては，岩沢雄司『条約の国内適用可能性』（有斐閣，1985年）を参照。

179)　同上。

本章一2(3)で述べたように，国際競争論＝共存モデルでは，自国法令等を協定上の義務に適合させる義務を定めるWTO設立協定16条4項をWTO協定の国内法的効力を認めることを求める規定と解釈することさえ考えられる。これに対して，比較優位論＝協力モデルでは，各国の実情に照らして客観的に最適な措置とすべきであり，政府調達協定どおりの履行を求めることが必ずしも適切とは思われない。政府調達協定を反映する手続的規律等国内法で定め，調達に参加する意思のある主体がその違反を争える不服申立手続を設ける義務を課すことを選択肢として検討すべきであろう。

(1) 日 本

日本はウルグアイ・ラウンド交渉（UR）の結果を条約として受け入れているので，日本においてWTO協定は条約としての地位を有する。すなわち，URにおいてWTO協定が妥結すると，日本国政府（行政府）はその協定を国会に提出してその承認を求め，国会の承認が得られたのでWTO協定は条約としての地位を有し，国会はWTO協定に整合させるために必要な国内法の改廃を行った[180]。

日本国憲法98条2項は「日本国が締結した条約及び確立された国際法規は，これを誠実に遵守することを必要とする。」と規定して，条約遵守義務を定めている。この規定によれば，日本国がWTO協定の遵守義務を負うことは明白である。この場合，日本国は誰に対して条約の遵守義務を負うのかが明確にされていないが，これにより日本国が他のWTO加盟国に対してWTO協定遵守義務を負い，その違反に対してはWTOの紛争解決手続によって発出されるWTO紛争解決機関の勧告に服する義務を負うことについては疑問の余地がないであろう。ただし，WTO協定に違反する日本の国内法がその理由で無効となるか，すなわち，WTO協定はそれに違反する国内法を破棄する効力を有するものかについては判例の態度も明確ではなく，解釈も固まっているとは言い難い。この問題については，後述する。

(2) 米 国

米国の制度においては，行政府の締結した国際協定について米議会のうちの上

---

[180] 日本におけるウルグアイ・ラウンド協定の受容過程，及び，それに伴う国内法の改廃については，Yuji Iwasawa, "Constitutional Problems Involved in Implementing the Uruguay Round in Japan", in John Jackson and Alan Sykes (eds.), *Implementing the Uruguay Round* (Oxford University Press, 1997), pp. 137-174 を参照。なお，東京ラウンド協定の国内法的実施については，Mitsuo Matsushita, "Japan and the Implementation of the Results of Tokyo Round", in John H. Jackson, Jean-Victor Louis and Mitsuo Matsushita, *Implementing the Tokyo Round* (The University of Michigan Press, 1984), pp. 77-138 を参照。

院が3分の2の多数決で大統領にこれを批准する権限を付与し，大統領がこの権限を行使して批准をすれば，これは条約（treaty）としての地位を有する。米国憲法上この意味における条約は国内の連邦法と同じ地位が与えられる[181]。したがって，もしかかる意味における条約と国内の連邦法が抵触する場合には，後法優先の原則に従って，後に制定されたものが効力を有する。しかし，米国において，WTO協定はこのような手続によって締結され批准された条約ではない。米国においては，本来的に対外通商規制の権限は行政府ではなく議会に属する[182]が，議会が法律によって大統領（行政府）に国際交渉（UR）を行う権限を授権し，これに基づいて大統領が諸外国と交渉してWTO協定を締結した。WTO協定はこのように行政府が議会の授権を受けて締結した協定であるので一種の行政協定（executive agreement）であり，「congressional—executive agreement」と呼ばれることがある。かかる協定については，行政府（大統領）は米国上院の3分の2の多数決による同意を得てこれを批准する必要はない。かかる協定締結にあたり，行政府（大統領）が議会の授権範囲を超えて協定を締結したのではないかという権限踰越の憲法問題が発生することもあり，このような点も含め，米国における経済協定交渉及び締結に関しては種々の憲法問題が発生する[183]。しかし，本章は米国憲法の究明が目的ではないので，この局面については省略する。

　米国においては，WTO協定の国内的実施のためにウルグアイ・ラウンド実施法（the Uruguay Round Implementation Act，「UR実施法」）という法律を制定し，WTO協定の内容をこの中に盛り込んでいる[184]。したがって，米国裁判所で適用されるのはWTO協定それ自体ではなく，その内容を体現しているUR実施法である。WTO協定と米連邦法が抵触する場合に関してUR実施法は規定を設け，かかる場合には当該連邦法の制定時とWTO協定の締結時のいずれが先かを問わず，米連邦法が優先すると定めている[185]。

　州法とWTO協定が抵触する場合に関しては司法判断の対象となり得るが，

---

181) 米国憲法6条2項（Article VI: 2: "This Constitution, and <u>the laws of the United States</u> which shall be made in pursuance thereof; and <u>all treaties made</u>, or which shall be made, under the authority of the United States, <u>shall be the supreme law of the land</u>…."）（下線加筆）．
182) 米国憲法, Article I, Section 8:3.
183) 米国における条約及び国際協定の締結と国際条約の国内法的効力に関する研究としては，David Sloss (ed.), *The Role of Domestic Courts in Treaty Enforcement: A Comparative Study* (Cambridge University Press, 2009) を参照．
184) この法律の詳細，及び，米国におけるウルグアイ・ラウンド協定の国内的実施については，David W. Leebron, "Implementation of the Uruguay Round Results in the United States", in Jackson and Sykes, *supra* note 180, pp. 175-242 参照．

UR実施法によると，かかる場合に州法がWTO協定に違反することを裁判上主張できるのは米連邦政府のみとされている[186]ので，私人は裁判上州法がWTO協定に違反することを理由として提訴することは認められていないと考えられる。米国において，WTO協定に違反する州法の効力の問題については，国際協定と州法の関係という問題の他に，米国憲法上の連邦政府と州政府の権限配分の問題もはらんでいるが，これは国際通商に影響を与えるが米国内法の問題であるので，本書では詳述しない。

(3) E U

EUは28ヵ国よりなる地域共同体であるが，WTO加盟に関しては特殊な形態である。EUにおいては，通商政策について3つの形態がある。第一は，EUに専属する権限であり，これに属するのが上述のように関税，貿易救済措置等EUの共通通商政策（common commercial policy）に属する事項であり，これらはEUの専属的権限であるので，これらについての国際交渉はEU独自の立場で行われ，妥結した協定の内容はEU規則の形で実施される。これについては，加盟国は権限を有しない。たとえば，競争政策に関して，加盟国間通商に影響を与える競争制限行為の規制についてはEUが権限を有する。しかし，加盟国内通商に影響を与える競争制限行為に関しては，加盟国が規制権限を有する。

第二は，混合的権限であり，これについてはEUが権限を有すると同時に，加盟国もまた権限を有している。これの典型的な例はサービス貿易分野である。たとえば，電気通信，金融，運輸等は加盟国の国内的事項であるが，同時に加盟国間通商にも関連しており，この意味において，サービス貿易分野はEUの権限に服すると同時に，加盟国の権限にも服する。このような場合，WTO協定の実施はEU閣僚理事会がその協定の内容を指令（directive）とし，加盟各国がこの指令に基づいて国内法令を整備するという方式をとる。

第三は，加盟国の権限に属する事項であるが，通商に関しては，知的財産権，政府調達等がその例である。これについての国際交渉は加盟国を代表してEU委員会が行うが，それに伴う国内法の整備は加盟国によって行われる。その国内法化の方式としては，EUが国際交渉を行い，これが妥結すると，EU閣僚理事会が当該協定の内容を盛り込んだ指令を発して，加盟国がこれに従って国内法を整備することとなる[187]。

---

185) *Ibid.*, p. 213.
186) *Ibid.*, p. 212.

3　WTO協定と国内法との効力関係

　WTO協定と加盟国の国内法が抵触する場合，いずれが優先するか，すなわち，WTO協定は国内法に優先して国内裁判所において適用されるかが問題である。このような問題が生ずる具体的な状況としては，たとえば，国内裁判所においてある者が国内法違反を理由に訴追されている場合，その者が，当該国内法がGATT等国際協定に違反して無効であることを申し立て，裁判所がこれについて判断するような場合である。

　日本の場合には，WTO協定は国内法上の条約であるので，この問題は条約の国内法的効力の問題の一である。前述のように，WTO協定の国内法秩序における地位は加盟国によって異なり，これと国内法との関係も加盟国によって異なる。これを日本，米国，及びEUについてみてみる。

（1）日本におけるGATT及びWTO協定の国内法的効力

　WTO協定と日本の国内法が抵触する場合，いずれが優先するかの問題がある。日本国憲法98条2項は日本国による条約の遵守義務を定めており，WTO協定がこの「条約」に該当することは前述した。そこで一般に条約に違反する日本の国内法が存在する場合，これはこの規定によって違法・無効となるかが問題である。たとえば，ある条約が自動執行力を有する場合には，裁判当事者は，原告としてその条約違反を理由として違反する事項の差止め，それから発生する損害の賠償請求を行うことができる。また，被告としては国内法による訴追に対してそれと抵触する条約を楯にその国内法適用の排斥を図ることがあり得る。かかる場合，裁判所は条約と国内法の効力の優劣を検討し判断を下さなければならないこととなる。条約に自動執行力がない場合には，裁判において条約と国内法が直接に衝突する場面は考えにくいが，その場合でも，国内法によって訴追されている当事者がそれと抵触する条約を楯に当該国内法の憲法98条2項及び当該条約違反を根拠としてその国内法の適用を否定することがあり得るわけであり，この場合にも，条約に違反する国内法の効力は問題になり得る[188]。

---

[187]　WTOとの関連におけるEU/EC法の諸問題の詳細は，L. H. Van den Bossche, "The European Community and the Uruguay Round Agreement," in Jackson and Sykes, *supra* note 180, pp. 23-102に詳述されている。

[188]　ただし関税譲許については関税法3条により国内法的効力が認められており，また，「不当廉売関税に関する手続等についてのガイドライン」（第12章二1(2)参照）がAD協定の直接適用を規定している（1項）。本項で扱う問題は，これらを確認規定と見るか創設的規定と見るかの問題でもある。

憲法98条2項は単に日本国による条約遵守義務を定めるのみで、これと国内法の関係については解釈にゆだねられている。一面においては、憲法98条2項が条約の遵守義務を定めていることは、条約には国内法にはない特別の地位が与えられていることを意味し、日本国政府は条約に違反する国内法を制定しない義務を負っているとの解釈も可能であろう。ここから、条約は国内法に対して優位に立ちこれに違反する国内法は憲法98条2項に違反して無効との法的結論が出ることも考え得る[189]。

その反面、これだけで直ちに条約に違反する国内法が無効となるとの結論が出るかについては疑問がないではない。すなわち、そうとすると日本政府は国内法と抵触する条約を締結することによって国内法を廃棄することができることとなるが、国内法には人権保護、国民生活の安全、人倫の維持、環境の保護等きわめて重要な政治的、社会的、経済的利益の擁護に関する事項が含まれていることもある。政府が条約を締結したというのみで、これらの国内法が立法府の審議を経ずに当然に廃棄されるとは解しがたい。もっとも条約締結に当たってこの点に配慮が払われるのは確実であり、実際上の問題は生じないと考えられる。しかし、抽象的な法的論理として、この解釈論には釈然としない点がある。

条約の制定過程と立法過程は類似している。すなわち、条約は行政府が外国と交渉の結果締結するが、これを国会が承認すると条約として批准公布する。条約締結に際して行政府は事前に、又は、やむを得ない場合には事後に、それを国会に提出して承認を求めるが、憲法61条により、国会においては衆議院がまず可決し、後に参議院が可決する。そして、両院の間に差異がある場合には衆議院の議決が優先する。この過程は立法過程に類似する。ここから、条約と法律とは同等の順位を有するとの解釈もあり得るであろう。この解釈を採用すれば、条約と法律の関係については、後法優先の原則が適用されることとなる。後述の米国法制においてはこの立場がとられているが、これによると国際条約を締結してもこの内容を否定する国内法を制定すれば、その条約を実質上無効化することができる。これは国際的信義に悖る行為であり、かかることが憲法98条2項に照らして可能かどうかについては疑問が生ずる。

日本においては、WTO協定及びその前身のGATTと国内法の関係を取り扱った判例は極めて少ないが、筆者の知る限り二件ほどあるので、これらを検討する。その第一は、宝石密輸事件（1961年神戸地裁判決）である[190]。この事件に

---

189) この見解をとると思われるのが、高野雄一『憲法と条約』（東京大学出版会、1960年）209-210頁である。

おいては，外国人が宝石を個人用と申告して日本に持ち込んだが，これは商業上の販売のためであった。そこでこの者は関税法違反に問われたが，そのさい被告人側で，GATT がその 8 条 3 項において締約国は軽微な関税規則違反について刑罰を科さないとしていることを根拠として，無罪を主張した。裁判所は本件における違反は軽微な関税規則違反とはいえないとして被告人の主張を退けたが，一般論として，憲法 98 条 2 項に言及して，同規定における条約遵守義務は条約の国内法に対する優越性を宣言しているとした。

このようにこの判例において一般論としては，国内法の条約に対する優越性は認められているが，この事例においては国内法と条約の抵触はなく，裁判所は条約抵触を理由として国内法を無効とすべきかという深刻な問題に直面しているわけではない。したがって，気軽に一般論を述べることができる立場にあったということである。

これに対して，西陣ネクタイ事件[191]においては，より深刻な国内法と GATT の抵触問題が提起された。この件においては，生糸の輸入制限が問題となった。元来日本は生糸の有力な生産国・輸出国であったが，コストの上昇等によって韓国及び中国の生糸との関係で比較劣位に陥り，これらの国からの生糸の輸入が増加して国内の養蚕農家は困窮するに至った。そこで日本政府は繭糸価格安定法を制定し，生糸の国内価格に関して価格帯を設け，市価がこれを下回る場合には繭糸事業団が市場から生糸を買い上げて市場価格が価格帯のなかに入るようにし，市価が価格帯を上回る場合には，同事業団が市場に手持ちの生糸を放出して，市価が価格帯内に収まるようにした。

この価格安定制度を維持するためには，輸入制限が必要であった。すなわち，価格帯を設定して価格安定を図っても，外国から安価な生糸が輸入されれば，この価格安定政策は挫折する。そこで，繭糸価格安定法によって繭糸事業団に生糸の一元輸入権（排他的輸入権）が付与され，同事業団は生糸を農水省が定める価格で販売しなければならず，また市価が価格安定帯を下回っているとき（すなわ

---

190) 神戸地裁昭和 36 年 5 月 30 日判決，『下級刑集』3 巻 5・6 号 519 頁。
191) 京都地裁昭和 59 年 6 月 29 日判決，『判例タイムズ』530 号 265 頁，最高裁平成 2 年 2 月 6 日第三小法廷判決，『訴訟月報』36 巻 12 号 224 頁。この事件に関する解説として，浦部法穂「営業の自由と輸入制限」『ジュリスト』829 号（1985 年）11-16 頁，平覚「わが国におけるガットの法的地位」『神戸商科大学商大論集』39 巻 4 号（1988 年）143 頁以下，清水章雄「ガット・ルールによる営業の自由及び財産権行使の自由の保障——西陣ネクタイ訴訟第一審判決をめぐって」小樽商科大学経済摩擦研究会『国際通商とわが国の産業政策』（1987 年）43 頁，松下満雄「西陣ネクタイ訴訟最高裁判決」『ジュリスト』956 号（1990 年）76-80 頁等を参照。

ち，価格安定のために生糸の買い上げを行っているとき）は輸入をしてはならないとされていた。この制度の運用の結果，日本国内の生糸の価格は高くなり，国内のネクタイ製造業者はこの高価な生糸を使用してネクタイを製造しなければならなかった。中国や韓国の生糸生産者は欧州市場に生糸を輸出し，欧州ネクタイ製造業者はこの安価な中国産及び韓国産の生糸を使用してネクタイを製造し，これを日本に輸出した。ネクタイには関税が課せられていたが，それにもかかわらず西陣ネクタイ製造業者は欧州製ネクタイと日本市場で競争することができず，苦境に陥った。

　そこで西陣ネクタイ業者は日本政府を相手として，国家賠償法によって損害賠償の請求に及んだ。提訴理由は，本件生糸一元輸入制度は憲法22条1項に規定する営業の自由を侵害する，及び，それは国家貿易機関について規定するGATT2条7項及び17条に違反するというものである。このうちGATT2条7項は，国家貿易の対象となっている物品がGATTで関税譲許の約束に係るものである場合には，輸入価格プラス関税額以上の価格で国内販売をし，輸入差益を生じさせてはならないとするものである。また，17条1項(a)号は，国家貿易機関は民間企業と同様に商品の価格，品質，入手可能性等の純商業的考慮にのみ基づいて無差別に貿易を行わなければならないとしている。西陣業者の主張によると，繭糸事業団は法律によって生糸の一元輸入権を付与されているので国家貿易機関であり，したがって，GATT17条1項(a)号の要件を遵守する義務があり，同事業団の国内価格決定方式はこの要件を満たしていないというものである。

　第一審の京都地裁はGATTが19条において輸入制限を認めており本件一元輸入制度はGATT上の根拠がないとはいえないとしたうえで，仮に本件一元輸入制度がGATTに違反していると仮定しても，GATT違反に関する救済についてはGATT23条に規定される紛争解決手続によるべきであり，違反があれば我国が他の締約国から違反を追及されてその撤廃を要求され，撤廃しない場合には，対抗措置をとられたりすることがあるとしても，GATT違反を根拠として，それに違反する繭糸価格安定法が無効とはならないと判示した。

　GATT19条は緊急輸入制限を認めているが，これは予期しなかった発展かつ関税譲許のため輸入が急増し，国内産業が重大な損害を受ける場合，GATT締約国はこの損害を防止するために輸入制限，緊急関税等の措置を講ずることができるとする。本件においては，繭糸価格安定法による一元輸入がGATT19条の要件を満たしているとの証明はなく，また，GATT19条による輸入制限は臨時のものでなければならない。本件一元輸入は17年も継続しており，これは臨時的措置とはいえない。このように本件一元輸入制度にGATT19条が適用される

かについては疑問がある。さらに，本件判決がGATT違反に対してはGATT23条の紛争解決手続によって対応すべきとしているが，GATT23条は締約国である国家しか援用できず，さらに，本件ではそのような締約国である日本国が被告となっているのである。このような点からみて，本件京都地裁判決には疑問があるが，この点についてはこれ以上究明せず，本件京都地裁判決は国内法がGATTに違反しても，その理由で無効とならないことを判示した点において意味があることを指摘するにとどめる。

西陣側はこれに対して大阪高裁に控訴した。大阪高裁は本件における原告の請求は国家賠償法に基づく損害賠償請求であるが，原告の主張する損害は繭糸事業団の行う一元輸入制度とその結果である生糸の高価格によってもたらされたものであるところ，繭糸価格事業団は国家機関でないので，これに対して国家賠償法によって損害賠償請求をすることはできないとして，控訴を棄却した。

西陣ネクタイ業者は最高裁に上告したが，一元輸入制度が違法であることを主張する詳細な上告理由を提出し，本件一元輸入制度は，(1)憲法22条に定める営業の自由を侵害すること，及び，(2)GATT2条4項及び17条1項(a)号に違反することを述べている。さらに憲法98条2項による条約の国内法に対する優越性を主張し，学説等をも引用して，繭糸価格安定法の無効を縷々主張している。これに対して最高裁は判決を下し，上告人の上告を棄却したが，その全文は僅かに25行である。最高裁は憲法22条違反の点については，従来の判例原則に沿って，営業の自由の制限においては積極的規制と消極的規制があるが，積極的規制は経済社会政策等政策的判断に基づくものであり，これについて裁判所は原則的に立法府の判断を尊重すると述べ，繭糸価格安定法によって養蚕農家を保護するかどうかは政策的判断であり，その実施方法が著しく不合理である等の事情が認められない限り，裁判所はみだりにこれが違憲と判断することはないとして，この合憲性を認めた。その他の点に関しては，最高裁は原審の判断に何ら誤りはないとして，それ以上論ずることなく上告を棄却した。

この事例において最高裁は繭糸価格安定法がGATTに違反するか，及び，違反するとすればこれは無効となるかという論点に関しては全く判断していない。大阪高裁判決の論旨は，国家機関ではない蚕糸事業団の措置について国家賠償法は適用されないというにある。そこで，最高裁は，国家賠償法と蚕糸事業団の措置について判断をすれば，この事件の解決にとって必要にして十分であると考えて高裁判決を認容したと思われる。しかし，西陣業者は憲法98条2項の解釈，及び，条約と国内法の関係についての詳細な解釈を提示して主張しているので，最高裁はこれに対して少なくとも傍論において若干の見解を表明することが可能

であったと思われるのに，それもしていないのは不自然の観がある。最高裁はあえて判断を回避したとも思われる。たとえ傍論であっても最高裁の判旨がGATTに違反する国内法が無効になり得ると解釈され得るものである場合には，それの影響は甚大であり，当時行われていた食糧管理法によるコメの輸入禁止，その他多くの農産物に関する輸入規制措置の合法性が軒並みに批判の対象となり得る。これは単に法的問題であるのみならず大きな政治的問題であり，最高裁としてこのような責任を引き受けるわけにはいかなかったのであろう[192]。

　以上の次第で，GATT/WTO協定に違反する日本の国内法に法的効力があるのか否かの問題について判例原則は明確でなく，未解決の問題である。前述のように，学説においては条約違反の国内法は憲法98条2項に照らして無効であるとするものもある。おそらく，憲法98条2項が条約遵守義務を定めており，この点で条約には国内法にはない地位があるといえるであろう。ここから推論すると，立法府は条約に違反しない国内法を制定する義務を負っており，もしかかる法律が制定されれば，これは違憲，無効となるとの論理はあり得るところである。しかし，国内における重要な政治的，経済的，社会的，又は，その他の意味で重要なインプリケーションをもつ政策を体現する法律が単に条約締結によって廃棄されるとするのは，現実のバランス感覚としては違和感がある。国際社会はまだそのように成熟しているとはいえないであろう。この意味において，憲法98条2項は理想主義に過ぎるといえそうである。

　しかし，人権分野においては，条約違反の国内措置が無効とされた事例がある。この事件においては，条約に反して受刑者が希望する弁護士との接見を認めなかった刑務所長の措置に対して受刑者と弁護士が人権条約を根拠として提訴したが，徳島地裁はこれに関して，条約違反を根拠としてこの措置を違法としている[193]。

　そこで，問題は人権条約とWTO協定とを同一視できるかである。一般論としては，人権条約は社会の在り方，及び，人間の在り方の基本原理を規定するものであるのに対して，WTO協定は経済的利益を体現するものであり，両者の間に

---

[192] これらの判例の他，繊維協定の伴う日本政府（通産省）による輸出規制に対して，日本繊維産業連盟が憲法22条違反，及び，GATT違反を根拠として提訴した事件がある。この訴訟における論点は西陣ネクタイ事件における論点と酷似している。この意味において興味深い訴訟であったが，残念なことに，この訴訟は結論が出る前に提訴取り下げで終わっている。この事件の詳細については，日本繊維産業連盟事務局・日米繊維協定に関する行政訴訟記録（昭和49年11月15日発表，非売品）を参照。

[193] 受刑者接見妨害国家賠償事件，徳島地裁平成8年3月15日民事二部判決（平3(ワ)264号・同4(ワ)268号・同6(ワ)9号）『判例時報』1597号115頁，解説として，芹田健太郎「自由権規約の自動執行性」『平成8年度重要判例解説』（ジュリスト臨時増刊号1113）264-265頁参照。

は社会の根幹秩序としての重要性の軽重の差があるというべきであろう。しかし，WTO協定の規制事項は広範であり，このなかにも経済社会の基本秩序維持の観点から必須のものもあるかもしれない。判例によれば，日本国憲法22条に定める職業選択の自由には営業の自由も含まれ，これを公共の福祉を理由として制限するには明確な法律の規定を必要とするとしているものもある[194]。この意味においては，輸出，輸入の自由は営業の自由として憲法22条によって保護され，人権の一種といえなくもないのである。しかし，これもかかる法的主張があり得るとしても，現状においては，憲法98条2項の規定にもかかわらず，WTO協定に違反する経済法規が違憲，無効となるか否かについてはケース・バイ・ケースに判断するほかないというべきであろう。

(2) 米国における WTO 協定の国内法的効力

前述のように，米国法制においては，国際通商規制権限は本来連邦議会にあり大統領（行政府）にはない。しかし，国際通商交渉を行う場合に議会が直接に外国と交渉して協定を締結するのは実際的でないので，議会は立法により行政府に交渉権限を授権し，行政府はこの授権の範囲内で外国と通商交渉を行うこととなる。1960年代のケネディ・ラウンドにおいては1962年通商拡大法によって通商交渉について授権が行われ，東京ラウンドにおいては1974年通商法によって授権が行われた。ケネディ・ラウンド等過去に行われた通商交渉において，行政府が外国と経済協定を締結し，これを国内法化する過程でこの法案に改正を加え，実質上この協定が米国内では骨抜きになるという事態が生じた。かかる国際的不信行為をなくすために，米議会は1974年通商法において迅速手続（fast track）を制定し，行政府が締結した国際協定がその実施の過程で骨抜きにならない仕組みを考案した[195]。すなわち，国際協定を実施する法案について，米議会はこれを採択するか，拒否するかの選択肢しかない仕組みとし，法案が修正され当該協定の内容から遊離することを防止することとした。議会が当該法案を否決する可能性は高くないので，実際上は国際協定が締結されれば，それが国内法的に実施されるという仕組みである。さらにウルグアイ・ラウンドにおいては1982年法によって授権が行われた。このようにして締結された国際協定は米国においては行政協定である。もっとも行政協定にも行政府の独自の権限に基づいて締結される協定（executive agreement）と議会の授権に基づいて締結される協

---

194) ココム判決（東京地裁昭和44年7月8日判決，『行裁例集』20巻842頁，解説として，塩野宏「ココム訴訟の問題点」『ジュリスト』434号等）がその例である。
195) 迅速手続については，Leebron, *supra* note 184 を参照。

定（congressional-executive agreement）があり，GATT及びWTO協定は後者に属しない[196)]。

前述のように米国憲法上条約は連邦法と同格とされ両者の抵触の場合には後法優先の原則が適用されるが，行政協定にはこのような効力はなく，連邦法に劣後すると思われる。WTO協定の実施法であるウルグアイ・ラウンド実施法はこのことを明確にしており，WTO協定の規定と米連邦法が抵触する場合には，後者が優先することを明らかにしている。以上からみて，米国においてWTO協定は，ウルグアイ・ラウンド実施法という国内法を媒介として国内法化され，また連邦法と抵触する場合には効力を有しないこととなる[197)]。

米国には連邦法と州法があり，従来の判例においては国際条約と州法が抵触する場合には国際条約が優先することが認められている[198)]が，行政協定と州法が抵触する場合については判例が分かれている。この問題は主として州の国産品（又は州産品）優先法とGATTの抵触の問題として判例等によって議論されてきた。この問題に関して判例は二つに分かれている。

第一はGATT優越説である。これを示すいくつかの州裁判所の判決があるが，ボールドウィン・アリスチャーマース事件[199)]によって説明する。この事件においては，カリフォルニア州のサンフランシスコ市が発電所の建設のために入札によってタービンその他の機材の調達を行った。この入札において外国（日立製作所）製品を使用する業者が落札した。そこで，入札において敗退したアリス社は市当局を相手として提訴し，外国製品を使用する業者の落札は加州バイアメリカン法に違反して無効と申し立てた。

この訴訟はカリフォルニア州最高裁において審議されたが，同最高裁は同州バイアメリカン法が国際協定（GATT）に違反して無効と判断した。すなわち，米国はGATTに加盟しており，GATTにおいては内国民待遇が規定されている。この原則によると，米国は他の加盟国の製品に対して自国の同種産品に付与している待遇よりも不利でない待遇を付与しなければならない。さらに，本件における加州のタービン購入はこれによって電気を起こし州民に供給することを目的とする（商業目的）ものであって，GATTに定める内国民待遇の例外に当たらない。GATTは大統領（行政府）によって交渉され締結された国際協定であって，条約と同じく国の最高法規に属し，これに反する州法は違憲，無効とされる。さらに，

---

196) これらの論点については，注183及び注184を参照。
197) Leebron, *supra* note 184, p. 212.
198) *Missouri v. Holland*, 252 U.S. 346 (1920).
199) *Baldwin-Lima-Hamilton Corp. v. Superior Court*, 25 Cal. RPTr. 799 (1962).

日本製品に関しては、この他に日米友好通商航海条約があり、ここにも内国民待遇が規定されている。加州最高裁はおおむね以上のように述べ、加州バイアメリカン法はこれらの国際協定によって「取って代わられた」（superseded）と判断した。

第二は市場参加者理論である。この理論によると、物品の購入に当たって州は私企業や私人と同じく購買者（市場参加者）として活動しているのであり、州法によって外国製品を購入しないこととしている場合に、これは購入先を選択しているに過ぎず、通商制限をしているわけではない。したがって、バイアメリカン法ないし政策は国際通商の制限ではなく、GATT又はその他の通商協定違反とはいえないということとなる。

この例として、ニューヨーク州の鉄鋼輸入協会事件[200]がある。この事件においては、ニューヨーク州エリー郡は決議を採択し、同郡の公共建物の建設請負契約において、すべて米国製鉄鋼を使用する旨の契約条項を設けなければならないとし、現実にも入札において有資格者は米国製鉄鋼を使用する者に限られていた。これに対して、米鉄鋼輸入組合が同郡建設局長を相手として提訴し、この条項は、(1) GATTに違反する、(2) 公共建設において公開入札制度をとるべきとするニューヨーク州法に違反する、及び、(3) 同郡の決定は連邦政府による国際通商規制の専属権限を侵害する、という三点を申し立てた。

ニューヨーク州の上級裁判所は判決において鉄鋼輸入組合を敗訴せしめたが、GATTに関しては、GATT3条が政府それ自体の使用に供する物品の調達について内国民待遇は適用されないとしていることを挙げ、GATTが州法に取って代わることはないとした。

さらに、裁判所は「統治的措置」と「管理的措置」とを区別し、本件における郡の措置は管理的措置に該当し、郡の資金をいかに効率的に使用するかの判断に係るもので、米国憲法にいう通商条項の規制を受けるものではないとした。

以上のように、米州法による通商制限がGATTに違反して無効か否かに関しては、相反する二つの判例の流れがある。すなわち、GATT優越理論と市場参加者理論である。これについて米合衆国最高裁の判決はまだなく、最終的な結論

---

[200] *American Institute of Imported Steel, Inc. v. County of Erie*, 297 N.Y. Supp. 2d 58 Misc. 2d 1069（1968）. 厳密にはこの事件は州のバイアメリカン法が連邦政府専権事項である国際通商規制権を侵害するか、に関するものであった。この判例は州バイアメリカン法は連邦専権事項である国際通商規制権の範囲に入らないと判断したが、この判断から州バイアメリカン法が国際通商規制に関する国際条約に反してもそれは違法とはならないとされると思われる。これらの問題の詳細については、松下満雄『国際経済法──国際通商・投資の規制』（第3版）（有斐閣、2001年）215-229頁を参照。

はでていない。

　ウルグアイ・ラウンド実施法は，州法がWTO協定の一環である政府調達協定に違反して無効であることを内容とする訴訟の提起権者を米連邦政府に限定した。したがって，連邦政府以外の者が同協定に州法が違反することを理由として，これに対して積極的な提訴を行うことはできない。しかし，連邦政府による提訴以外の形で州法の協定違反が法律問題となることはあり得ないとはいえないであろう。たとえば，州政府の調達において外国製品を供給する者が落札した場合，この入札が州のバイアメリカン法に違反して無効であるとの訴訟が起きる可能性がある。かかる訴訟には，落札者を被告として生ずる場合と州当局を被告として生ずる場合（又はこの双方を被告とする場合）が考えられるが，このいずれの場合にも，被告側で当該州バイアメリカン法が政府調達協定違反であり，無効であることを抗弁として主張することはあり得る。そして，ウルグアイ・ラウンド実施法が裁判における被告のかかる主張までも禁止しているとは考えられない。しかし，かかる抗弁が認められるか否かは将来の問題である。

（3）EUにおけるWTO協定の国内法的効力

　EUは欧州連合と28の加盟国からなっているが，WTOとの関係においては，EUと各々の加盟国がWTOに加盟している。28の加盟国は国家として，またEUは関税地域として加盟している。物品に関する対外通商に関しては，EC条約（現在ではTFEU条約）113条によってEC（EU）に対外交渉を含む規制権限が付与されており，この権限は広く解すべきであるというのが欧州裁判所の判例の態度である。したがって，WTOの付属書1Aに属する協定の所管事項については，EC（現在ではEU）が専属的権限を有する。しかし，サービス貿易，及び，知的財産権については微妙な問題があり，結論として，これらについてはECと加盟国が各々権限を有するという，いわゆる混合的権限（mixed competence）であると解されている。すなわち，欧州裁判所によると，GATS第1モード（国境横断的サービス提供）は国境横断的物品の供給に類似するものであり，これはECの規制権限に服するが，他のモードに属する取引は加盟国の権限に属すると判断された[201]。

　知的財産権に関してもまた，ECと加盟国の権限が混在し，混合的権限の状態となっていた。すなわち，偽物商品取締権限に関しては，ECの閣僚理事会規則にこれと同等のものがあり，欧州裁判所は，TRIPSとEC規則の間には類似点が

---

201) Van den Bossche, *supra* note 187, pp. 33-34.

見られ，ここから推論してこれについてはECに権限があることが認められるとしたが，これ以外の局面に関する知財権規制は欧州連合の規制権限には属さないと判断された[202]。

しかし，ECと加盟国が各々別個に国際通商交渉に参加して他国と交渉をするのはあまりにも非能率で統一的方針による交渉を阻害するので，ECが自らのため，及び，各加盟国のためにウルグアイ・ラウンド交渉に臨むこととなり，そのような運びとなった。ウルグアイ・ラウンド交渉が終結してWTO協定が成立したときに，ECでは閣僚理事会がFinal Actによってこれを採択したが，これはEC代表によって署名されると同時に，当時の加盟国の各々によっても署名されることとなった。その後，EC及び各加盟国の代表は，閣僚理事会，及び，各々の加盟国の立法府に協定の批准を要請し，これが行われた。このような事情を反映して，WTO協定を受け入れる決定において，同協定の受け入れについてのECの法的権限が記載され，同時に，この協定のすべての部分についてECが権限を有するわけではなく，これらの部分については加盟国が協定を結んだとすべきことが宣言されている。

そこで，WTO協定はEUにおいて域内法的効力（「域内法的効力」というのは耳慣れぬ表現であるが，EUは国家ではないので，この表現を用いる。）を有するであろうか。一般的には，WTO協定には域内法的効力はないとされている。WTO協定を採択したECの閣僚理事会決定[203]はその前文において，WTO協定はその性質上EU裁判所又は加盟国裁判所において法的主張の根拠となるものではないことを宣言している。しかし，終局的には，WTO協定が域内法的効力を有するかは，EU裁判所又は加盟国裁判所が決定すべきことである。とくに，WTO協定のうち加盟国に締結権があるとされるGATS及びTRIPS協定の一部に関して，これが当該加盟国裁判所において法的主張の根拠となるか否かは，当該加盟国が決定すべき事項である。

そこで，欧州裁判所は国際協定のEC法秩序における効力は当該協定の目的等を考慮してケース・バイ・ケースに決定されるべきことを判示している[204]が，GATTについては，他の加盟国との関係においてEC協定によって拘束されるが，GATTの規定はEU域内裁判所において法的主張の根拠となるものではないと判示した。1994年（WTO成立以前）において，欧州裁判所はバナナ事件[205]に

---

202) *Ibid.*, pp. 35-38.
203) Council Decision 94/800/EC, 22 December [1994] OJ, L336/2.
204) Case 104/81 *Kupferberg* [1982] ECR3641, Para 17; Case 12/86 *Demirel* [1987] ECR 3719.

おいてこの問題を取り扱ったが，同裁判所は以前の判例を引用し，GATTの規定は柔軟性に富み（多様な解釈が可能であり），例外も多く規定されている等を根拠として，その域内効力を否定した。もっとも，バナナ事件の主たる関心事は，GATTの域内法的効力の問題というよりも，EC閣僚理事会がGATTに違反する規則又は決定を採択した場合，EC委員会はこの規則ないし決定を無効とすべく，欧州裁判所に提訴できるか，であった。しかし，欧州裁判所はこの点に関して，上記の理由によってこの権限を否定した。

　以上から検討すると，EUにおいては，米国と同じく，WTO協定には域内法的効力が認められていないということができる。しかし，WTO協定を実施するための閣僚理事会規則や決定の法的効力は別問題であり，当該規則又は決定がWTO協定実施のためのものであるとの趣旨が明確である場合には，その規則又は決定の効力がWTO協定に照らして判断されることはあり得るであろう。しかし，これは厳密にはWTO協定の域内的効力を認めることとは異なるというべきである。

（4）まとめ

　以上に考察したように，WTO協定は，米国においては国内法的効力を有するものの，連邦法が優先することが明確にされており，EUにおいては原則として国内（域内）的効力を有しない。上述のように，日本の判例がこの点について明確な判断を示しているとはいえないが，西陣ネクタイ事件京都地裁判決及び最高裁判決から推論するならば，これについて日本裁判所が国内法的効力を付与し，これに反する国内法を無効とすることは期待できないと思われる[206]。

　しかし，WTOにおける紛争解決手続においては，すでに400件以上のWTO協定違反が提起されており，これらについてパネル及び上級委員会の判断が示さ

---

[205] Case C0280/93, *Germany v. Council* (*Bananas*) [1994] ECR I-4973.
[206] なお近時，豚肉の差額関税（第3章二1(1)を参照）の脱税（関税法違反）について，農産物について輸入制限の原則関税化を定め「可変輸入課徴金……その他これらに類する通常の関税以外の国境措置」を禁止する農業協定4条2項（第16章一3(1)を参照）が直接適用されるとして，差額関税制度が同項に違反し無効であって無罪であるとする主張を退けた例がある（東京高裁平成25年11月27日第1刑事部判決（平成25年（う）第857号法人税法違反，関税法違反被告事件）『高裁刑集』第66巻4号1頁）。その理由として，高等裁判所は，WTO協定の内容において交渉を通じた柔軟な紛争解決の余地のある規律の柔軟性が残存していること，米国・EUにおいてWTO協定の直接適用可能性を明示に否定しており，直接適用可能性を認めるとこれらの国との貿易関係で不利になることを挙げ，WTO協定の国内実施について立法・行政の裁量権行使を制約すべきでないとしている。本件は上告されているが，本書執筆時点（2015年3月）で最高裁の判断は未だ下されていない。

れた事件も200件ほどになっている。これらの事件においては，WTO協定に違反する国内措置が問題となり，違反となった事件においては，違反国がDSBの勧告を受けてその国内措置を是正することとなる。是正措置につきDSBが勧告を発した事例中，これが履行されなかった事例は殆どなく，大多数において実施がなされている。これらの記録からみると，WTO協定違反の国内法の効力の有無の問題は別として，WTO協定違反の国内措置は是正されることが期待できるということができよう。

なお本章一2(3)で問題提起したように，国際競争論＝共存モデルでは，WTO協定を国家間での主観的利益の調整の結果と捉えるので，合意どおりの履行が確保されることを基本的に望ましいと考えるが，比較優位論＝協力モデルでは，世界経済・社会が保有する資本の最大化という共有された目標を実現するためにいかなる権限・責任分担が適切かという観点から考えるため，むしろ国内法的効力を認めず，次項で検討するように，憲法その他の国内法で担保するほうが望ましいとされる可能性が高い。

4 国際経済法と国内法との相互関係

(1) 実体的重複

国内法にも憲法など政府措置を規律するルールがあり，WTO協定による規律と重複することが少なくない。たとえば，GATTの内国民待遇義務が対象とする国内規制は，国内法上営業の自由（憲法22条及び29条）の制限として憲法上の規律に服する。たとえば営業の自由の規制立法に対する憲法上の「よりゆるやかな制限によって目的を十分に達成できないか」の基準[207]が立法目的と手段との厳格な合理的関連性を要求するものであるとすれば，たとえばTBT協定2.1条における「正当な規制上の区別」基準と近似している可能性がある。投資協定の内国民待遇義務についても同様である。さらに補助金協定の対象たる補助金・政府調達協定の対象たる政府調達についても，やはり目的が異なるものの，それぞれ国内法の規制が存在する（第11章五において言及する）。投資協定の収用規定と憲法上の財産権の保障との関係[208]，公正衡平待遇義務と憲法上の手続保障[209]，行政手続法などとの関係もそれぞれ問題となろう。これらはすべての政府措置に

---

207) たとえば，野中俊彦ほか『憲法 I』（第5版）（有斐閣，2012年）475-476頁。
208) たとえば，Benedict Kingsbury and Stephan W. Schill, "Public Law Concepts to Balance Investors' Rights with State Regulatory Actions in the Public Interest – The Concept of Proportionality," in Schill, *supra* note 168.
209) たとえば，Giacinto della Cananea, "Minimum Standards of Procedural Justice in Administrative Adjudication", in Schill, *supra* note 168.

関わるが，本書第9章二2及び3において日本の例に言及している。

　国際競争論＝共存モデルでは，これらの規律が相互に整合的である論理的必然性がなく，その調整が問題になり得るが，比較優位論＝協力モデルでは，機能としても内容としても整合的であるべきである。これは前章一3において検討した。国内法において国際ルールよりも詳細な規律が定められることを期待し，また国内法においてより優れた規律が策定されればそれが国際法レベルに反映されるといった相互作用が想定される。

（2）手続的重複の調整

　行政訴訟その他の方法により国内法令に対する憲法等との適合性審査を国内裁判所で行ってもらうことができ，かかる手続における当事者は他の加盟国政府でなく直接に利害関係を有する私人であって，WTO協定の紛争解決手続と並行して行って差し支えないし，またいずれかの手続における判断に他の手続における判断が法的に拘束されることもない。投資協定におけるISDSについては国内救済完了の原則が排除されておらず，まず国内裁判所における救済を求めることが必要とされる場合がある。

　なお国内の利害関係者（たとえば日本企業）は，ある政府措置に問題があると考える場合，国内法に基づいて国内裁判所において救済を求めるしかないが，外国企業は，WTO協定に基づいて自国政府を通じて救済を求めることも可能であり，また投資協定において国内裁判所を通じての救済その他の救済方法の中から一つだけを選択することを求められる条項（fork-in-the road条項）[210]がなければ，並行して又は順次，ISDSによって直接に救済を求めていくことも認められている。ただfork-in-the road条項があっても外国投資家だけが救済方法を選択できることに違いがなく，この点で国内企業が不利に扱われているとして法の下の平等（憲法14条）に抵触しないかが問題になる。外国人について選挙権等が与えられておらず，議会の立法において不利に扱われる可能性があることを補うものとして正当化されるとする考え方が多い[211]が，そうすると一種のアファーマティブアクションであり，どのような実体的な保護水準の差が必要か基準が明確でないという問題がある。

　国際競争論＝共存モデルではかかる合意を妨げないが，国内実施が容易でない。これに対して，比較優位論＝協力モデルでは，関係国全体での投資の最適化を共

---

[210] こうした条項については，中村達也「並行的手続の規制，調整」小寺『前掲書』（注159）を参照。
[211] 小寺「前掲論文」（注161）12-13頁。

通目標として投資環境を最適化することに意義があるため，外国投資家を国内投資家よりも優遇する政策の正当性が否定される。したがって，投資協定は，国内資本・外国資本を問わず適正な「法の支配」を確立すべく司法的救済制度を設置し維持することを黙示に前提としていると理解される。この保護の水準よりも高い水準の保護を外国投資家に対して付与すべきでないので，ISDS仲裁もそうしたあるべき救済制度を超えないことが求められる。そうでなければ，却って関係国全体の経済・社会が保有する資本の最大化という共通の政策目的に反する。そうすると外交保護権の代理行使というよりも国内裁判代替という発想のほうがむしろ近いように思われる。つまり，ISDS仲裁を超える国内裁判所を通じた救済制度を設けることが前提とされ，そうした制度を設ける以上，外国投資家を優遇しているわけでないと説明される。

また政府と企業とが協力して輸出規制を行っているような場合，政府措置としてWTO協定の紛争解決手続を利用するか，企業の行為として競争法に委ねるかが問題になり得る[212]。当事者が異なるが，矛盾した判断が発出されないように手続間の調整が求められよう。

五　国際経済条約相互の関係

国際経済に関する条約は急激に増加しており，その相互関係が問題になる。国際競争論＝共存モデルからは，国際経済法それぞれの目標が両立せず，どれを優先させるかの価値判断が必要になるため，全体として政治的に統合することが課題となるのに対して，比較優位論＝協力モデルからは，世界の持続可能性の最大化ないし世界経済・社会の保有する資本最大化を共通目標として全体を統合する理論的可能性が開かれており，効率的な責任分担という技術的課題に集中する途がある。ここでは，実体的な抵触可能性の高いWTO協定及び投資協定とそれ以外の条約との関係を取り上げる。

1　WTO協定と他の国際条約との関係

WTO協定上，他の国際条約との関係又は他の国際機関との共同作業に言及している規定が多数存在する。まず実体的義務の関係について例を挙げる。他の国際条約等に従った措置を例外とするなどWTO協定に優先することを明らかにし

---

[212] この点について，藤井康次郎「天然資源分野から見る競争法の域外適用の動向」『公正取引』753号（2013年）参照。

ている規定がいくつもある。GATT20条(h)号は，適格な政府間商品協定に基づく義務的な措置を適用除外としている。GATT21条(c)号は，国際連合憲章に基づく義務的な措置を適用除外としている（GATS14条の2第1項(c)号も同旨）。またGATT24条5項は，一定の要件を充たす関税同盟及び自由貿易地域協定を最恵国待遇義務の例外とする。GATS11条2項は，国際通貨基金協定上の権利義務に影響を及ぼさないことを規定し，12条は，国際収支擁護のためのサービスの貿易制限を認める要件の一つとして，国際通貨基金協定との整合性を挙げている。GATS14条(e)号は，租税条約上の二重課税防止規定を適用除外としている。TRIPS協定は，パリ条約及びベルヌ条約の一定の規定をTRIPS協定に取り込むことを明言（2条1項及び9条1項）し，逆に，TRIPS協定の規定はパリ条約等の義務を免れさせるものではないとしている（2条2項）。このほか，補助金協定は，OECDにおける公的輸出信用に関する了解を輸出補助金としないことを明記している（附属書I(k)項）。SPS協定及びTBT協定は，コーデックス委員会等が定める国際標準を一定の範囲で尊重する義務を規定している。GATS5条(b)号は，免許等の要件の協定適合性判断において関係国際機関の国際的基準を「考慮する」としている。共同作業等手続的な調整規定も少なくない。GATT15条は，外国為替の問題について国際通貨基金との調整を規定している。関税評価及び原産地規則については，CCCとの共同作業を行うことが明記されている（関税評価協定18条2項，原産地協定9条・附属書Iなど）。

　そうした調整規定が存在しない他の国際条約との関係をどう考えるべきか。ウィーン条約法条約30条が，同一事項について規定する条約相互の関係について後法優先の原則を規定しているが，WTOの紛争解決手続においては，「WTO協定上の権利義務」に従って解決するものとされており，上記のように依拠することが明示されているもの以外は，WTO協定以外の国際条約又は取決めを直接検討する必要がない。

　ただし，WTO協定以外の条約を直接適用しなくても，WTO協定の解釈適用において考慮している先例がある。たとえば，関税譲許の解釈においては，譲許表が利用しているHS条約の関税分類に拠るとの合意が「関連する合意」であるとされた[213]。またエビ漁において海亀に対する損害を防止するための輸入制限措置の協定整合性が争われた US – Shrimp ケースにおいては，GATT20条(g)号の「有限天然資源」に海亀が該当するかの判断において，絶滅のおそれのある野生動植物の種の国際取引に関する条約（ワシントン条約）において海亀が保護対

---

213) たとえば，Appellate Body Report on *EC – Chicken Cuts*, paras. 192-199.

象とされていることに言及がされた[214]。

　この点，国際法の一体性の観点から統合した解釈を支持する意見もある[215]が，義務免除の手続が置かれ，加盟国の4分の3の同意が必要とされている（WTO設立協定9条3項・4項）ことに鑑みれば，上で挙げたWTO協定中の他の国際条約との実体的調整規定は，確認的規定でなく，創設的規定であると理解すべきであり，そうした明文の規定がない場合には，WTO協定と他の国際条約上の権利義務とが抵触しているとしても，WTO協定上の紛争解決手続においてはWTO協定上の権利義務に基づいて判断を下せば足りると考えられる。他の条約に言及されたケースも，WTO協定の文言解釈として適切な範囲を超えた解釈がなされたとまでは言えない。

　これは，国際法上の権利義務として，WTO協定が他の国際条約に優先するということを意味しない。その問題の解決が，WTO協定上の紛争解決手続でなく，当事国間の外交交渉に留保されていることを意味するに留まる。先に述べたように，比較優位論＝協力モデルに立てば，WTO協定と他の国際協定とで世界経済・社会が保有する資本の最大化を共通目標として方向性を一致できるはずであり，それが確保されるならば，条約レベルでの統合を敢えてする必要が小さい。これに対して，国際競争論＝共存モデルに立つならば，協定間の権利義務の矛盾対立は本質的なものであり，いずれを優先させるかの価値判断が個別に必要になることが想定される。

2　投資協定と他の国際条約との関係

　投資仲裁は当初，投資受入国政府と投資家との間のコンセッション契約に含まれる仲裁条項に基づいてなされていた。商事仲裁の延長として考えられており，国内法を適用法規とする合意がなされ，又は黙示の合意が認定されることが多かった。ただ投資受入国政府が自国法を改変する可能性もあることから，契約時の法に固定したり，国際法をも適用法規としたり，といった工夫がなされていた[216]。投資仲裁は，基本的に国内裁判に代替する救済手段であり，原則として投資受入国法を保護の基準とするという発想であった。

　これに対して，投資協定に基づくISDS仲裁においては，国内裁判代替という考え方のほか，投資母国の外交保護権の代理行使という考え方もある。この点，ICSIDが仲裁機関として選択される場合は，ICSID協定42条1項の適用法規の

---

214)　Appellate Body Report on *US – Shrimp*, para. 132.
215)　代表的な意見として，Pauwelyn, *supra* note 5.
216)　米谷「前掲論文」（注159）40-42頁参照。

規定が適用される。同規定は，当事者が合意する法規を適用法規とし，合意がない場合に「紛争当事者である締約国」の国内法と「該当する国際法の規則」とを適用法規とすると規定する。協定上の権利義務を巡る紛争に対象を限定している場合は当該投資協定を含む国際法が適用法規として合意されていると見るべきであり，政府との間の様々な約束違反をも対象とする約束遵守条項（いわゆるアンブレラ条項）が含まれている場合を除き国内法が適用法規にならない。投資に関わる政府との間の一切の紛争を対象としている場合にも，結論として協定が第一の適用法規であり国内法が適用法規とされる場合は限定的とされるであろう。投資協定の実体規定が外交保護権の内容を定め，ISDS仲裁はその代理行使を認める手続という発想が強くなっているわけである。

　ただし投資協定を含む国際法が適用法規になるとしても，どの範囲の国際法が適用法規になるかを考える必要がある。投資協定以外の条約は，それぞれの条約において定められる紛争解決手続の範囲内で履行が確保されることを想定しており，その外でとりわけ司法的に解釈適用されることを予定していない。たとえばWTO協定は，加盟国だけが利用できる紛争解決手続を用意し，かつ不整合が認定された場合にも履行のための合理的期間を付与し，また将来に向かってのみ是正を要求する。かかる協定の違反に対してISDS仲裁において損害賠償請求を認めることは，これらの履行確保の想定された範囲を超える救済を認めることになってしまう。またILOにおいて成立する国際労働基準に関わる条約の規定は，ILOにおいて加盟国の理解を拡大しつつ遵守を促すことを想定しており，違反に対して直ちに履行を強制することを想定していない。むしろ，そうした強い履行義務を課せば条約自体が合意できない可能性がある。ISDS仲裁において違反の責任を問うことを認めれば即時完全履行を求めるのと実質的に同じである。かかる国際経済法の状況に鑑みれば，投資協定以外の条約を直接適用すべきでない。

　他方，抗弁として主張するのはどうか。投資受入国政府が投資協定以外の条約を遵守するために投資家の権利を害する行為を行った場合，投資協定上の義務内容を解釈によって縮減するなど責任追及を免れさせる必要がある。ISDS仲裁が国家間の紛争手続でなく，政府と私人との紛争解決手続であるため，たとえ投資協定違反を認定されても，その後他の条約と衝突している場合にいずれを優先させるかを交渉によって解決するという逃げ道がないからである。先例においては，他の国際条約の考慮がほとんどなされていないとする指摘がある[217]。ただ一般

---

217) Andreas Kulick, *Global Public Interest in International Investment Law* (Cambridge University Press, 2012), pp. 258-266.

的には，正当な目的のために客観的に最適な手段を選んでいる限り，政府措置は内国民待遇義務その他に反しないものとなるはずであり，したがって他の国際条約上の義務を履行する行為が内国民待遇義務等に抵触するというケースはまれであり，そうした事例を扱う先例が未だ存在しないだけの可能性もある。

　このように，ISDS仲裁においても，WTO協定上の紛争解決手続と同じく，結論として投資協定だけが請求の根拠となり得るとすべきであるが，それ以外の条約上の義務に従った行為であることを抗弁として認めるべきという検討が必要である点でWTO協定上の紛争解決手続と分かれることになる。法理論的には，投資協定が投資家に付与する投資先国政府への直接請求の権利が，投資家固有の（国内法上の）権利でなく，投資母国政府が有する外交保護権の代理行使であると説明するならば，かかる取扱いを容易に説明できるが，ISDS仲裁を国内裁判代替と考えても説明できないわけではない。

六　国際経済法における私人の地位・役割

　企業その他の非政府組織は，国内法上は，権利を有し義務を負う法的主体である。国際法との関係では，従来は，自国政府を通じての間接的な関与に止まり，権利義務の主体としての地位も限定されていたが，今日では多くの領域において法形成及び法執行に直接に又主体として関与するようになってきている。さらに，国際法が国内法における私人の関与の機会を強化することもある。このような私人の地位の変化から国際ガバナンスの変化を見てみる。なお国際法上の法主体性の問題については，本章一2(5)を参照。国際競争論＝共存モデルでは，国際経済法との関わりに視野が限定されるが，比較優位論＝協力モデルでは，私人が行う経済活動の方向付けも，世界経済・社会に対するグローバル・ガバナンスにおける不可欠の要素として位置付けられる。また国際経済法との関わりにおいても，前者では，条約の意義を国家の主観的利益調整と見るため私人の地位・役割が限定されるのに対して，後者では，法形成及び法執行の客観的最適性を確保するために情報・判断能力等の集約が重要であり，その観点から私人に主体的役割を果たすことを想定することになる。その観点から国際法さらに国内法の領域における手続法の設計が求められる。さらに，私人の活動自体を規制することが必要な場合，政府行為を主として規制するWTO協定等でなく，企業活動を主として規制する競争法，事業法その他の問題となり，その制度設計もまた国際経済法の問題の一となる。

1　国内法における私人の地位・役割

(1) 政府に対する直接の働きかけ

　第一に，企業その他の私人は，政府の関係部局に働きかけることにより国内法・政策形成に影響を及ぼすことができる。非公式な働きかけも可能であるが，正式な手続としては，行政手続法があり，たとえばルールの案が示され，関連する情報が開示された上でパブリックコメントに付されるのであればその時点で意見・情報を提供することができる。

　この手続の重点が，企業等の利益追求を前提とする主観的意見の聴取にあるのか，政策判断に必要・有益な客観的情報の収集にあるのか意見が分かれよう。前者は，政策決定の本質を価値判断とみる考え方であり，国際競争論＝共存モデルと結びつく。後者は，政策判断の本質を技術的判断とみる考え方であり，経済・社会全体が保有する資本の最大化を共通政策目標とみる比較優位論＝協力モデルから導かれる。ただ後者の考え方でも，企業等に主観的意見を述べさせることで，ルール又は社会に対するコミットメントを強化し，すなわち社会関係資産を増加するという効果も期待され，それが制度の客観的最適性を判断するにあたり考慮される。

　このような行政立法手続の導入を義務付ける規定がWTO協定に散見される。パブリックコメントを前提とするTBT協定5.6条が代表的であるが，AD協定6.9条が最終決定前に重要事実を利害関係者に通知することを義務付けているなど他にも例がある。本章二3(7)(ク)でみたように，紛争解決手続において措置国の主張立証を尊重せざるを得ないとすれば，その前提として策定手続の透明性向上等適正化が追求されるべきであろう。なお紛争解決手続において措置国が提出する立法事実に関する証拠について，法令の制定，維持又は修正にあたって現実に検討され，公表の上意見聴取の対象とされた場合に相対的に高い証拠力を認める考え方によって行政立法手続の導入を促すことになることについては先に検討した。本章二3(7)(ケ)を参照。

　また投資協定におけるISDS仲裁の規定は，企業の投資受入国政府に対する交渉力を高めているが，投資受入国の投資協定からの逸脱の監視を企業が一次的に担うことを期待しての制度であるとも言える。したがって，ISDS仲裁を通じた事後的救済は当事者にとって最善の選択でなく，双方にとってよりよい解決がないかを早期の段階で探索することを促す仕組み作りが重要であり，その点からも行政立法手続の導入・整備が望まれるし，巨額の損害が発生しない段階でも利用できる調停など和解的な紛争解決手続の整備も検討する価値がある。この点は，

本章三2(1)を参照。また公正衡平待遇の適用において行政手続法的規律が考慮されていることについて，第9章四2(1)を参照。

　また憲法上保障されている労働者保護のための労働基本権，さらには環境権のような「新しい人権」も，国際競争論＝共存モデルに立てば，政策形成上一定の優位を付与される価値ないし私人の利益を示し，その利益保護を認める規定として捉えることになろうが，比較優位論＝協力モデルに立てば，後続世代に遺す資本の最大化の観点から客観的に最適な政策を実現することを政府に求め，さらにそのために，直接の規制対象でない私人に対しても政策形成・実施に対して司法的手続その他の手続を通じて関与・貢献する権限を認めるものと捉えられるであろう。環境に関する情報に対するアクセス権を私人に認め，又は環境影響評価のような手続に参加する権限を認める国際法・国内法の規定も，比較優位論＝協力モデルでは，自己の利益保護を目的とするものでなく，全体の秩序形成に参加・貢献することを意図するものと捉えられるであろう[218]。

（2）政府に対する間接の働きかけ

　第二に，企業その他私人は，外国政府との交渉をしてもらうべく自国政府に働きかけ，間接的に他国の国内法に影響を及ぼすことができる。当該外国に工場等の重要な拠点を有しない場合には，自国政府を通じて働きかけることを中心とせざるを得ないであろう。

　たとえば外国政府が特定の産品の関税分類を変更して事実上関税率を引き上げたという場合，国内法上問題があれば格別，そうでなければ政府に対して直接修正を求めても効果を期待し難い。自由貿易協定やWTOにおける関税交渉があればそこで取り上げてもらうのでもよいが，第3章四2(1)でみるように，CCCにおいてHS条約の解釈・適用として適切かを争ってもらうこと，また関税譲許がなされていればGATT2条1項に違反するとしてWTOの紛争解決手続で争ってもらうことも考えられる。問題の関税分類変更によって原料の調達が困難になり現地工場の業績が悪化したならば投資協定上の救済を求めることが可能かもしれない。

　個別の通商問題を利用可能なフォーラムのいずれで取り上げるべきかは，関係する企業が自ら戦略を立てて政府に働きかけることが必要である。政府としても判断材料となる情報をすべて有しているわけではないからである。ただし，国際経済法を利用する場合，ISDS手続のように民間企業が外国政府に対して国際経済法の遵守を直接求め，義務違反の責任を追及する手続が用意されている場合も

---

218) 環境権を巡る議論について，松井『前掲書』（注173）第8章を参照。

あるが，WTO協定のように政府だけが責任追及できるとされている場合が少なくない。このような場合に政府に行動を起こしてもらうため，一般的な請願（日本には憲法16条及び請願法がある）という方法があるが，特別の手続を置いている国もある。米国の通商法301条がその例であり，外国政府の不公正な慣行について調査し，WTOその他の紛争解決手続を利用して解決を図ることを米国企業が米国通商代表部に要請する手続が規定されている。不当廉売関税・相殺関税などのいわゆる貿易救済法の手続も通商問題への対処を政府に求める手続である。

またいくつかの国は，外国政府に是正を求めるため，自国企業にとって問題のある外国政府措置をまとめた報告書を作成している。これは，通商政策の透明性を増し，自国企業との情報・意見交換に役立つが，関心事項をこうした報告書に掲載してもらうことで政府における交渉の優先順位を高めることができる。主なものとして，日本の『不公正貿易報告書』，米国の貿易障壁報告書，EUの貿易障壁報告書がある[219]。

（3）働きかけに対する規制

以上のように，外国政府に対しても直接又は間接に働きかけを行うことができるが，当該外国においてそうした手続が整備され，又は特定の行為が禁止されていることもある。

たとえば，外国公務員に対する贈賄は現地法において犯罪とされているだけでなく，OECDにおける外国公務員贈賄防止条約[220]に基づいて企業の所在地国法でも犯罪化されており，日本でも不正競争防止法に抵触する可能性がある（18条）。また外国政府から投資許可，事業許可，契約等を賄賂等の違法手段によって得た場合には，投資協定上の保護が得られない可能性もある[221]。また政府職員への働きかけについて米国のようにロビイングの規制法が存在する国もある。

2　国際法における私人の地位・役割

本章二3(4)(イ)等において述べたように，WTOの立法手続・紛争解決手続に

---

[219]　それぞれの最新版が政府のHPから入手可能である。日本の不公正貿易報告書について，経済産業省のHP [http://www.meti.go.jp/committee/summary/0004532/2014_houkoku01.html]，米国の貿易障壁報告書について，USTRのHP [http://www.ustr.gov/about-us/press-office/reports-and-publications/2014]，EUの報告書について，EUのHP [http://trade.ec.europa.eu/doclib/docs/2014/march/tradoc_152272.pdf]．

[220]　OECDのHP [http://www.oecd.org/daf/anti-bribery/] を参照。国内法の解説について，たとえば経済産業省知的財産政策室（編著）『逐条解説不正競争防止法（平成18年改正版）』（有斐閣，2007年）第4章第3節。

おいては私人の関与が限定されている。これに対して，投資協定においては，投資家が自ら投資受入国政府に対して損害賠償請求を直接できるとされており，大きな違いがある。ただし，米国通商法301条など，国内法においてWTOの紛争解決手続の発動を企業等の私人が求める手続が整備されている場合もある。WTO協定が世界経済の最適化を妨げる措置を禁止する趣旨であると理解するならば，同様の趣旨と理解できる投資協定において投資受入国政府に対し協定不履行の責任を投資家が直接追及することのできるISDS仲裁を認めていることに照らしても，これらの条約に不整合な措置の是正を求めることを一般的な外交判断から原則として切り離してよいほどに国際経済法システムは成熟したと評価することが可能であろう。国際コントロールを強化する観点から，企業等の私人が紛争解決手続の発動を含めWTO協定又は投資協定に不整合な措置を是正する交渉（紛争解決手続の利用を含む）を政府に求める国内法上の手続[222)]の採用を各国が検討すべき段階に来ているように思われる。

　他方，国際労働基準，国際環境法の分野ではすでに，私人の関与が積極的に認められている。国際労働基準では労使団体の関与が，国際環境条約の策定・履行監視においてはNGOの役割が正式な手続において認められている。本章三3を参照。なおWTOの紛争解決手続における私人の関与機会の増加については，民主的基盤の強化のため必要とする見方と，情報流通・コミュニケーションの促進として評価する見方とがあろう。前者の考え方は，国際競争論＝共存モデルになじむが，いかなる企業もまたNGOも国民「全体」の正統な代表としての資格を主張する制度的基盤を有しないという問題がある。後者の見方は，WTO協定ないし自由貿易体制に対するコミットメントの強化という社会関係資産の増加を狙いとするもので，比較優位論＝協力モデルすなわち国際経済法が持続可能性の最大化という共通課題を追求する枠組みであるという発想になじむ。

3　企業等私人の関与の意義

　企業については利潤の最大化を目的とするという捉え方が経済学等において支配的であるが，経営論としては，企業に対して，事業環境として法令を受動的に遵守するのでなく，様々な政策課題に積極的に取り組み，たとえば環境保護，労働者保護もコストでなく，企業の強みと考えて積極的に行動するという発想の転

---

221)　賄賂その他の違法行為と投資協定の関係について，Kulick, *supra* note 217, pp. 307-341.
222)　これは通商法301条手続と似ているが，交渉対象を協定不整合措置に限定する点で区別される。WTOの紛争処理手続の利用もそれが個別問題解決のために（投入される政府のリソースを含めて）客観的に最適と判断されるかどうかで決定される。

換を求める意見がある[223]。この点，国際競争論＝共存モデルは中立的であり，環境保護コストを競争条件の平等性に影響する外的要因として捉える見方を否定しない。これに対して，比較優位論＝協力モデルでは，共通目標である世界経済・社会における資本の最大化に資する動きとして積極的に評価する。

　まず企業が規制の実施の責任を事実上分担している例が少なくなく，そうした方向性を促進し追求する流れがある。たとえば税関手続において貨物のセキュリティ管理及び法令遵守の体制が整備されていると認定した事業者に対して通関手続を簡素化するなどのメリットを付与することが広く行われており（AEO制度，第7章二1を参照），その枠組みの基準作りもCCCで行われている（第7章三1を参照）。安全保障貿易管理においては，取引の直接の相手方だけでなくその取引相手の意図等も，また取引する産品・技術の使途についても積極的に情報を収集し，安全保障上問題がないかどうかを判断することが求められており，そうした制度を整備している企業に対して包括的な許可が与えられることがある（第5章二1(1)(イ)を参照）。またいわゆる紛争鉱物の問題など原材料の調達において注意を払うことを求める動きがある。金融監督の分野においては，バーゼルIIにおいて銀行の自己管理が強調されてきている（第15章三2）。またその事業全体について環境保護，労働者保護などの国際法を遵守することを企業・金融機関等が検討し，自主的に約束する取組みも行われている（多国籍企業行動指針，グローバル・コンパクトについて第1章一2，UNEP-FI及び赤道原則について第15章四4(3)）。化学物質管理においても，政府による有害物質の規制から事業者，NGO，専門家等の間のリスクコミュニケーションを促進し，事業者による管理の自発的な改善を図る方向にある（例として日本の制度について第10章二1(8)を参照）。医薬品・消費者向け製品などでは事故情報の報告義務が製造者等に課せられていることがある（日本の例について，第9章二1及び第16章九1(2)を参照）。一般に，経済・社会の持続可能性の最大化が目標として共有されれば，かかる行動に対して適切なインセンティブが生じるような消費者その他の利害関係者の評価があり，適切な政策措置が導入されるはずである。企業の社会的責任（CSR）論（またその先には，重大な事故・法令違反等の発生時又は発覚時の被害者・マスコミ対応など危機管理における行動基準の問題がある）をこの文脈で考えることもでき，当該目標に照らして，あるべき産品を開発，製造及び販売すると共に生産活動においても環境保護，労働者保護を進めることが期待され，そうした活動を促す制度設計

---

[223] Michael E. Porter and Claas van der Linde, "Toward a New Conception of the Environment-Competitiveness Relationship," *Journal of Economic Perspectives*, Vol. 9, No. 4 (1995), pp. 97-118.

が求められる。産業別のかかる取組みについての国際的な基準も存在する。私人が策定したものとして，たとえば資源開発分野の主要企業が設立した国際金属・鉱業評議会（ICMM）が環境 NGO たる International Union for Conservation of Nature（IUCN）との対話を通じて制定した "Good Practice Guidance for Mining and Biodiversity" などがある[224]。

ただし，企業が政策課題にも取り組む場合，世界経済が，世界政府をもたず，国境で仕切られた国ごとに政策が形成され実施される分権的体制によって管理され，国際経済法もそれを前提に形成・運用されるのに対し，非政府主体がまさにその特質として国境を超える存在であるゆえの困難もある。たとえば，プライベートスタンダードは企業単位で作成されるであろうが，製造過程における労働者保護，環境保護を基準に含む場合，政府が国内基準を適切に設定していない場合にはその問題点を明らかにする効果があるが，そうした基準が関係するすべての国の経済発展状況，社会慣行に照らして最適なものである保証がない。表示が関係する場合には外国の状況を消費者が適切に評価できるかという問題もある。国際基準に言及している場合でさえ，正統な管理・運用主体の解釈・適用と乖離する可能性が指摘されている[225]。政府措置と異なり，競争によって改善される可能性があるが，企業の市場における地位によっては耐え難い弊害を生じる可能性もある。競争政策の捉え直しが求められる。第10章一2(4)を参照。また自主規制の弊害に鑑みて政府との新たな協働関係のあり方が発展している分野もある（インターネット関連政策における共同規制の考え方について第16章二6を参照）[226]。

4　経済活動の主体としての地位・役割

企業等の私人の役割としては経済活動の主体としてのそれが大きい。国際競争論＝共存モデルでは，経済活動は，私人に留保された領域として認識され，その方向性について各主体の自由又は主観的利益に委ねられるが，比較優位論＝協力モデルでは，私人に対して，世界経済・社会が保有する資本の最大化という目標を共有し経済活動をその方向性に向けることを期待し，ただし事業の選択・経営等具体的決定を私人の権限とし，その裁量に基本的に委ねたと考える（第1章三3(2)を参照）。ここでも，カルテルなど企業が自己利益を図って非効率を生じさ

224）　ICMM の HP ［http://www.icmm.com/page/1182/good-practice-guidance-for-mining-and-biodiversity］を参照。
225）　吾郷眞一『労働 CSR 入門』（講談社，2007年），とりわけ42-51頁を参照。
226）　日本における自主規制について分析したものとして，原田大樹『自主規制の公法学的研究』（有斐閣，2007年）。

せている行動を規制する必要があり，競争法がその任に当たっている。競争政策については第14章を参照。さらに，比較優位論＝協力モデルでは，取引法・組織法（会社法等）についても共通目標の実現という観点から設計・運用することが求められる。この点，第1章四3及び第15章一1(4)を参照。

さらに，公益財団や社会的企業に拠って，営利企業が提供できない財・サービスを提供することも私人の役割と考えられる。企業の社会的責任と連続的に捉えることができ，ここでも政府と私人の役割分担の変容を指摘できる。

主要参考文献・資料

伊藤一頼「世界経済の世界化と法秩序の多元化——グローバル部分システムの形成とその立憲化をめぐる議論の動向」『社會科學研究』57巻1号（2005年）

岩沢雄司『WTOの紛争処理』（三省堂，1995年）

米谷三以「WTOの紛争解決手続き」松下満雄（編著）『WTOの諸相』（南窓社，2004年）

米谷三以「WTOへの私人参加——問題は正統性か専門性か」日本国際経済法学会（編）『国際経済法講座Ｉ——通商・投資・競争』（法律文化社，2013年）

城山英明『国際行政論』（有斐閣，2013年）

Tomer Broude and Yuval Shany (eds.), *The Shifting Allocation of Authority in International Law – Considering Sovereignty, Supremacy and Subsidiarity* (Hart Publishing, 2008)

Jeffrey L. Dunoff and Mark A. Pollack (eds.), *Interdisciplinary Perspectives on International Law and International Relations – The State of the Art* (Cambridge University Press, 2013)

Joost Pauwelyn, Ramses A. Wessel and Jan Wouters (eds.), *Informational International Lawmaking* (Oxford University Press, 2014)

Stephan W. Schill (ed.), *International Investment Law and Comparative Public Law* (Oxford University Press, 2010)

Armin von Bogdandy and Ingo Venzke (eds.), *International Judicial Lawmaking* (Springer, 2012)

Rüdiger Wolfrum, Peter-Tobias Stoll and Karen Kaiser (eds.), *WTO – Institutions and Dispute Settlement* (Martinus Nijhoff Publishers, 2006)

第3章　通常の関税

　関税は，貿易に直接影響し，また可視性が高いことから，政策担当者・企業・生産者いずれにとっても重要な関心事である。関税交渉は，WTOの前身たるGATTの最大の関心事であったし，今日においても引き続き主要な関心事の一つである。自由貿易協定においても関税撤廃が引き続き主要な関心事であり，第19章において言及する。

一　本章の対象事項

1　関税の政策根拠

　関税は，輸出品又は輸入品に対して通関時に賦課される租税である。財政収入を目的とする財政関税と国内産業保護を目的とする保護関税とがある。かつては，所得税などに比較して徴収が容易であり，また輸入品の多くが奢侈品で担税力があったため，輸入関税が国家の財源として一般的に重要であった。今日では，財源として関税を重視している開発途上国も依然として少なくないものの，関税率が一般的に低くなっている先進国においては，国内産業保護が関税の主目的であり，課徴金に接近する。輸出品に対する関税の目的も同様である。

　世界経済の観点から見た場合，財政関税は，輸入品の消費者だけに負担させる理由があるか疑わしいが，内外無差別な租税の執行が困難であれば少なくとも過渡的には存在を認めざるを得ないであろう。これに対して保護関税は，それ自体の正当性のほか，生産補助金といずれが適切かも問題となり得る。輸入関税は，輸入品の価格を引き上げることによって競合する国内産業を保護し，輸出関税は，国内で産出する原材料・部品等の入手における外国産業との競争から国内産業を保護する。自由貿易推進の見地からは，即時撤廃が望ましいとする見解が多いが，幼稚産業保護の観点から正当化する見解もある。「市場の失敗」を是正するためには，一般に生産補助金のほうが適切であるが，問題が国外に存する場合，たとえば製造地において環境規制その他が不十分であり，環境その他に対する負の外部効果を反映しない価格で外国産業が輸出してくる場合，当該外国政府が是正し

ないならば関税が次善の対抗手段となる。「多面的機能論」を論じる第16章—2(2)などを参照されたい。

なお国内産業保護の程度には，対象産品に対する輸入関税の税率だけでなく，その原材料や中間財に対する税率も関係する。付加価値の高い産業育成を狙いとして，原材料に対する関税率を低くし，加工度が上昇するにしたがって関税率を上げていくという関税率の構造はよく見られる（いわゆるタリフエスカレーション）。またより直接的な産業育成策として，輸入原材料に対して課している関税を輸出される完成品に使用する場合に限って戻し税としている例も存在する。

2 関税の種類

関税率の定め方は，課税標準によっていくつか種類がある。輸入価格を課税標準としそれに一定率を乗じた額とする従価税（ad valorem duties）及び対象産品の重量，個数等を課税標準とする従量税（specific duties）が基本である。後者のほうが，低価格品に対する課税額が相対的に大きくなるので国内産業を保護する効果が大きいとされる。そのほか，両者の組み合わせすなわちその両方を課税標準とする従価従量併課税率（又は複合税（compound duties））及び従量税と従価税との高いほうを選択するといった従価従量選択税率（mixed duties）も存在する。

このほか，課税標準以外の要素に拠るものとして，輸入品の価格と政策的な一定水準の価格との差額を税額とする差額関税，輸入品の価格が高くなるにつれて税額が減少していく価格帯（スライド部分）があるスライド関税，季節によって適用税率が異なる季節関税など，国産品と輸入品との競争関係にきめ細かく対応する定め方もある。差額関税は，保護関税の中でも保護効果が強い。国産品と輸入品との競争力の差を埋めるのみならず，競争関係にある輸入品のうち相対的に低価格のものに著しく不利に働くからである。

3 問題の所在

貿易自由化を推進するため，国内産業保護の政策手段として，関税以外の手段を禁止して，透明性の高い関税に限定し，さらに関税引き下げを交渉によって実現していくというのがWTO協定の基本的構造であるが，その交渉の考え方について議論がある。関税交渉を相互主義的にみるか否かはWTO協定の基本構造の理解に関わる。この見方の違いは，次章で扱う関税譲許の修正・撤回の考え方にも影響する。

また関税に関しては，関税協力理事会（CCC）とWTOと二つの国際機関がそれぞれ詳細なルールを定めている。ルール形成及び個別紛争の処理についてそれ

二　各国の関税制度

1　日本の関税制度

（1）基本構造

　関税率は，品目ごとに定められ，その分類を関税分類という。日本は，CCCが管理する「商品の名称及び分類についての統一システムに関する国際条約」（通称 HS 条約）に加盟しており，その付属表に掲げられているいわゆる HS 分類に準拠した関税分類を採用している。HS 分類にはそれぞれ数字が付されており，21 の部（Section）に分かれ，2 桁ベースの 96 の類（Chapter），4 桁ベースの項（Heading），6 桁ベースの号（Subheading）があり，それ以上の細分類は各国に委ねられている。関税定率法及び関税暫定措置法は，基本的に 6 桁分類を利用しているが，さらに細分化して税率を定めている品目も少なくない。なお貿易統計用には，6 桁の数字にさらに 3 桁の数字を加えた 9 桁ベースの分類が用いられている。HS 条約の拘束力ある注釈まで法文に取り込んでおり，また HS 条約の解説書及び分類意見を取り込んだ解釈通達が発せられている。HS 条約が直接適用されているわけではない。

　原則として，関税定率法別表の関税率表に規定されている税率が適用される（関税定率法 3 条）が，関税暫定措置法別表に掲げられている品目については同法の定める税率が適用される（関税暫定措置法 2 条）。前者を「基本税率」，後者を「暫定税率」と呼ぶ。従価税率が採用されている品目が多いが，従量税率，従価・従量併用税（複合税）率，従価・従量選択税率の品目もある。また輸入品の価格と政策的な一定水準の価格との差額を税額とする差額関税もある。このほか，関税暫定措置法は，「特恵税率」として，UNCTAD に加盟している開発途上国を原産地とする産品について低減税率を定めている（関税暫定措置法 8 条の 2）。さらに，後発開発途上国原産の特定の品目について無税としている。前者を「一般特恵関税」，後者を「特別特恵関税」と呼ぶことがある。

　関税率の改正は，関係省庁の要望を踏まえ，諸事情を総合判断の上で決定される。租税収入に影響するので，予算と合わせて年度ごとに見直しが行われ，4 月 1 日施行となるのが通常である（経済連携協定の実施のために行う法改正はその発効日が基準となる）。憲法上の租税法律主義の要請から，通常の関税率の定めは法律に拠らなければならない。関税率その他関税の重要事項は，関税・外国為替等

審議会関税分科会の審議を経るものとされている（財務省設置法8条1項1号，関税・外国為替等審議会令6条2項）。

　また，「条約中に関税について特別の規定があるときは，当該規定による」（関税法3条）とされ，たとえばWTO協定に附属する譲許表における譲許税率があれば（基本税率又は暫定税率よりも低い場合）そちらが直接適用される。通商航海条約など関税に関する最恵国待遇義務を規定している条約の締結国（たとえばWTO加盟前のロシア）からの輸入についても上記譲許税率と同じ税率が適用される。さらにシンガポールとの経済連携協定のように，WTO協定における最恵国待遇義務の例外として譲許税率よりも低い税率を取り決めた条約があれば，そちらが適用される。これらは「協定税率」と呼ばれ，関税定率法及び関税暫定措置法など国法が定める「国定税率」と区別されている。その他，便益関税として，このような条約のない国からの輸入品についても，協定税率まで関税を引き下げることが許されており（関税定率法5条），現時点では日本に実質的に最恵国待遇義務を付与していると認めた一定の国（ブータン，イラク，イラン，シリア，アルジェリア，エチオピア，スーダン，リベリアなど17ヵ国（関税定率法第5条の規定による便益関税の適用に関する政令別表））からの輸入品に対して，WTO協定の譲許税率を適用している（政令3条1項）。現在基本税率が全部又は一部適用されているのは，北朝鮮，東ティモール，赤道ギニア，レバノンなど数ヵ国に留まる。以上の税率の例を表2として挙げておく。

　どの税率が適用されるかは，対象貨物の原産地国によって決まる。日本の通常の関税に関する原産地規則では，二国以上で加工又は製造が行われた貨物につき，原則として，「実質的な変更をもたらし，新たな特性を与える行為」を最後に行った国が原産地国であるとされ（実質的変更基準），「実質的な変更をもたらし，新たな特性を与える行為」とは，一般的には，関税率表における項が変更される加工又は製造であるとの解釈が示されている（関税法施行令4条の2第4項2号，関税法施行規則1条の6）。ただし，経済連携協定で定める税率及び特恵関税率の適用の要否については，それぞれ個別に，より制限的な原産地規則が定められている。たとえば日本とシンガポールとの間の経済連携協定上，上記産品に特恵税率が適用されるためには繊維からの生産が必要とされている（附属書Ⅱ）。この特恵原産地規則については，第19章二1(1)及び四1(1)を参照。この他，AD関税等の対象産品の決定に原産地規則が必要とされることがある。

　課税標準を決定するために，従量税では検量が，従価税では対象産品の価額の関税評価が必要になる。関税評価は，関税定率法上，現実の取引価格基準が採用され，基本的にCIFベースに調整される（関税定率法4条）。かかる基準が適用

二　各国の関税制度　179

表2　関税率の例

	基本税率／暫定税率	協定税率(WTO)及び便益関税率	シンガポールとの経済連携協定で定める税率	一般特恵税率／特別特恵税率
第11部　紡織用繊維及びその製品 第61類　衣類及び衣類付属品（メリヤス編み又はクロセ編みのものに限る。）				
61.05　男子用のシャツ（メリヤス編み又はクロセ編みのものに限る。）				
6105.10　綿製のもの				
1　オープンシャツ，ポロシャツその他これらに類するシャツ				
(1)　ししゅうしたもの，レースを使用したもの及び模様編みの組織を有するもの	16.8%／－	10.9%	無税	無税／無税
(2)　その他のもの	14%／－	10.9%	無税	無税／無税
2　その他のもの	11.2%／－	7.4%	無税	無税／無税

　できず，又は売買の当事者の間に取締役の兼任等特殊関係があってそれが取引価格に影響しているなど，現実の取引価格を用いることが不適切であるとされている場合に限り（4条2項），同種又は類似の貨物に係る現実の取引価格など代替的な方法（4条の2～4条の4）による関税評価が認められる。課税標準は円貨換算額である必要があるが，そのために使用する為替レートは，輸入申告日の外国為替相場に拠るとされている（4条の7）。

（2）関税割当
　特定の産品に対しては関税割当制度が採用されており，一定数量までの輸入に対して関税率が低減され，又はゼロとされている（ゼロ税率を含め低減された関税率を一次税率といい，そうでない税率を二次税率と呼ぶ）。たとえば，屋外用の一定の革靴（6403.20の一部）に対しては，協定税率は30％又は1足あたり4300円の高いほう（基本税率は60％又は1足あたり4800円の高いほうとされている（関税定率法3条，別表））となっているが，一定数量までは21.6％又は24％の従価税率が適用される（関税暫定措置法2条1項，別表1）。一次税率が適用される数量には様々な算定方法があるが，一定の基準数量を前提とし，前年度輸入数量又は国

内需要見込数量及び国際市況その他を考慮して政令（関税割当制度に関する政令1条2項，別表）で決めるというのが一般的である。

　関税割当すなわち一次税率で輸入できる数量の輸入者への割当てにあたっては，物資を所掌する農林水産大臣又は経済産業大臣が申請者の実績，計画その他を考慮して決定する。具体的には，たとえば革靴の場合，年度枠及び保留枠が決められ，年度枠が年度初めに割り当てられ，保留枠がその後に割り当てられる。実績を有する者が優先されるが，一定の範囲で新規の申請者に割当てが行われる[1]。

（3）特恵関税

　第19章二1(2)で説明するが，特定の開発途上国原産品の輸入（一般特恵関税又は特別特恵関税）及び自由貿易協定を締結した国原産品の輸入については，関税暫定措置法に基づき，関税が撤廃又は低減されている。

2　米国の関税制度

　米国の最初の関税法は1789年に遡り，当初は関税収入が連邦政府のほぼ唯一の財源であったとされる。現行の関税法は，米国法典第19編に整理されている。1930年関税法が基礎となっており，大きな改正としては，1979年通商協定法，1988年包括通商・競争力法，ウルグアイ・ラウンド実施法（URAA）などがある。

　関税率については，国際合意ごとにURAA，NAFTA実施法などの実施法が作成され，税率変更などを決定し布告する権限を大統領に付与する実務である。日本と異なり，条約を直接適用するのでなく国内実施法が制定されている（第2章四2(2)を参照）。実施法に基づいて定められた関税率を一覧的に法令に定めることはせず，国際貿易委員会（ITC）が定期的に出版する関税率表において掲載される（1930年関税法1202条）。

　現在では，HS分類に基づく関税率表を，HS条約の実施法である1988年包括通商・競争力法に基づいて，1989年以降統一米国関税率表としてITCが発行している。それ以前は，1962年関税分類法によって関税率表が作成されていたが，これは米国独自の商品分類に基づくものであった。現在の関税分類は，税率用の細分として8桁，統計用の細分を含めて10桁の商品分類番号を使用している。HS分類に比し，2桁ベースでは，無条件免税及び特定用途減税を定める98類・NAFTA税率，報復関税率など暫定的な関税の引き下げ等を定める99類からな

---

1)　経済産業省HP「関税割当制度の概要（一般枠について）」at ［http://www.meti.go.jp/policy/external_economy/trade_control/boekikanri/kanwari/kw_seido.htm］を参照。

る22部が米国独自の分類として追加されている。

　関税率は，従価税，従量税又は双方の要素からなる複合税のいずれかであり，従価従量選択税率は採用されていない。WTO協定加盟国等「正常貿易関係（NTR）」を有する国からの輸入品等に適用される最恵国税率である一般税率のほか，一般特恵関税制度等の対象国原産の輸入品等に適用される特別税率のほか，最恵国税率が適用されない国（現在では北朝鮮とキューバ）からの輸入品に対する税率となっている法定税率が存在する[2]。

　原産地規則は，関税生産品基準及び実質的変更基準が採用されているが，その解釈は判例，行政決定によるところが大きい。特定の繊維製品について，特別の原産地規則がある。

　米国の関税制度は，課税標準がFOBベースである。米国以外では，カナダ，豪州などがFOBベースの課税標準を有しており，それ以外の国ではCIFベースが一般的に使用されている。CIFベースは，国境に到達した時点の価格であり，国産品の販売価格とベースが近いために，関税の国内産業保護効果が分かりやすい。他方米国の取扱いは，米国内のどの港から輸入されるかで関税額が異ならないようにするための考慮が働いている。

3　欧州の関税制度

　欧州連合（EU）は，1957年に締結されたローマ条約によって設立された欧州経済共同体（EEC）の時代から関税同盟であり，域外からの輸入品に対して一律に適用する共通関税制度を定めている。WTOで譲許した関税率は，1987年の共通関税に関する理事会規則[3]に明記され，加盟国に適用される。この規則は，HS分類を基礎とした，「合同関税品目分類表」（Combined Nomenclature, "CN"）と呼ばれる分類表を設定している。その政策執行機関である欧州委員会は，このCNに基づき欧州共同体統合関税率（Integrated Tariff of the European Communities, Taricと呼ばれる）を定めている。上記理事会規則の付属書Ⅰは，対外的に適用される標準関税率（conventional rate）をCNコードごとに記載している。なお標準関税率はWTOにおける譲許税率であるが，それ以外に固定税率（autonomous rate）もあり，低いほうが適用される。付属書Ⅰは例年欧州委員会規則によ

---

2) JETRO HP「基本的な米国の輸出入制度」at［http://www.jetro.go.jp/world/n_america/us/trade_03/］及び米国国土安全保障省・税関国境取締局のHP at［https://help.cbp.gov/app/answers/detail/a_id/250/~/countries-ineligible-for-ntr-%2F-mfn-duty-rates］を参照。

3) Council Regulation (EEC) No. 2658/87 of 23 July 1987 on the tariff and statistical nomenclature and on the Common Customs Tariff.

って改定されており，毎年10月31日までに官報に掲載され，翌年1月1日から適用される[4]。これに対して，自由貿易協定等に基づく関税引き下げは，欧州共同体設立条約300条7項を援用して加盟国に直接適用されることになっている。

関税分類について適用の安定性を確保するため，事前に当局を拘束する意見（binding tariff information, "BTI"）を求めることができるようになっている。このBTIは，発行国においてのみ有効とされていたが，他の加盟国も拘束力を有するように規定されてきた。

4　中国の関税制度

関税率は「中国税関輸入税則の商品総合分類表」に規定されている。従価税の課税標準は基本的にCIFベースである。

外国企業から原材料等を無償で支給され，決められた加工を行って製品等を同一の外国企業に引き渡して加工賃を受け取る来料加工及び原材料を購入して加工し，製品等を輸出する進料加工とが区別されているが，双方共に保税扱いが認められている。

なお中国は，輸出関税を採用しているが，WTO加盟議定書において多くの品目について輸出関税を課さないことを約束していることからその適法性が問題となる。

三　関税措置に関する国際ルールの発展

関税率以外の関税分類，関税評価等については，関税協力理事会（CCC）において国際的調和が図られてきた。関税率については，戦後GATTにおいて引き下げ交渉がなされるようになり，WTO体制に引き継がれた。また関税評価についてもGATT/WTOの規律対象とされ，CCCと協力体制が構築されている。以下主要な動きについて概観する。

1　関税協力理事会

関税措置については，古くからハーモニゼーションが推進されてきている。そのための交渉フォーラムが，1952年に発効した設立条約に基づいてブラッセルに設立された関税協力理事会（CCC）である[5]。CCCは，欧州関税同盟の研究団の一部であった関税委員会が品目表（BTN），関税評価のための価格定義等を策

---

[4] JETRO HP「基本的なEUの輸出入制度」at [https://www.jetro.go.jp/world/europe/eu/trade_03/] を参照。

定したことを受け，それらの管理のために設立された。関税制度の調和を確保し，税関行政の国際協力を推進することによって国際貿易の発展に貢献することを主目的としている。当初の加盟国は，トルコを含むヨーロッパ諸国のみであったが，その後拡大し，日本が1964年に，米国が1970年にそれぞれ加盟し，2014年7月現在では179ヵ国が加盟している[6]。

現在の共通関税分類は，CCCにおいて交渉され，1988年に発効した「商品の名称及び分類についての統一システムに関する国際条約」(HS条約)において規定されたHS分類である。この分類は，すべての産品を，21の部に分け，さらにそれぞれ2桁の数字が割り当てられている類（Chapter），項（Heading）及び号（Subheading）すなわち6桁の数字に割り当てるものである。分類各項の記述と同等の拘束力を有する，全体を通して適用される解釈通則，及び部，類並びに個別の項目に関する注釈があり，このほか，法的拘束力のない解説書（explanatory note）が作成されている。各締約国は，自国の関税表においてこの分類を利用する義務を負っているが，号以下の細分類を定めることが認められており，実際，異なる関税率の適用，統計その他様々な理由で細分類が行われている。新製品の登場，旧型製品の衰退などの必要性に応じ常に見直しが行われており，数年に1度改正されており，2012年の改正が直近である。

HS分類の解釈に争いがある場合の紛争解決機関として統一システム委員会（HSC）が利用されている。HSCは，締約国の代表で構成され，1年に2回会合が開催される。HSCは，HS条約の改正案の提案，解説書の準備のほか，個別の項目の解釈についての分類意見（Classification Opinion）を採択する。また，分類問題に関する紛争について，関係締約国が交渉によって問題を解決できない場合，事務局の付託を受けて問題を検討し，解決のための勧告を行うことも期待されている。したがって，ある産品について関税分類が変更され，適用税率が高くなったという場合，次項に述べるように関税譲許の問題として取り扱うことができるが，HS条約の解釈適用の問題としてHSCにおいて取り上げてもらうこともできる。WTOの紛争解決手続と異なり，HSCにおける決定は，多数決で行われる。

なお，WTO協定における関税譲許は，先例上，HS条約における関税分類に準拠してなされる合意があることから，譲許表の文言の解釈においてHS条約関係の資料を参酌するとされており[7]，紛争解決手続実務においても，譲許表の解

---

5) 現在では，世界税関機構（WCO）と称しており，HP［http://www.wcoomd.org/］上を含めその名称が広く使われているが，条約上の正式名称はCCCである。

6) 財務省のHP上の資料に拠る。［https://www.mof.go.jp/customs_tariff/trade/international/wco/members.pdf］。

釈をめぐる紛争案件においては CCC 事務局の意見が求められている[8]。

　CCC においては，このほか原産地規則及び関税評価に関する協定が締結され，各国において運用されている。これらの分野において CCC は WTO と密接な関係を有している。関税評価協定における解釈及び適用の統一を技術的に確保するために設置されている技術委員会は CCC が主催するものとされ（18 条 2 項），附属書 II の 2 項に列挙された任務を行っている。原産地規則に関する協定においては，原産地規則の調和その他附属書 I の 1 項に列挙された技術的問題を取り扱う技術委員会が設置され，CCC が主催する（4 条 2 項）。いずれの技術委員会も，個別の問題の解決のための勧告的意見をも述べることができる（関税評価協定附属書 II の 2 項(a)及び原産地規則に関する協定附属書 I の 1 項(a)）。

　なお国際貿易における企業内取引の比重の高さから，その取扱い（いわゆるグローバルヴァリューチェーン問題）が近年問題となっている。この点，関税評価協定は，現実の取引価格の採用を原則としつつ，輸出者と輸入者との間に特殊の関係がある場合を例外としており，類似の問題を取り扱う移転価格税制（詳細については第 8 章三 3(2)（ア）を参照）との関係が近年問題とされ，CCC 及び OECD が共同研究を行っている[9]。

2　GATT/WTO における関税引き下げ交渉

　大恐慌に対する反応として各国が保護主義に走って関税引き上げを行ったために世界経済が分断され不況が深刻化したことが第二次世界大戦の誘因の一つであるとの反省から，戦後，貿易自由化を推進すべく，GATT において関税引き下げ交渉が継続して行われてきた。暫定協定であった GATT にも関税交渉に関する 28 条の 2 が追加され，関税交渉はこれまで以下の 9 回行われている。最後の「ドーハ開発アジェンダ」は，2014 年 6 月末現在継続中である。

　①　＠ジュネーブ（スイス）(1947)
　②　＠アヌシー（仏）(1949)
　③　＠トーキー（英）(1950-1951)
　④　＠ジュネーブ (1956)
　⑤　「ディロン・ラウンド」(1961-1962)

---

7)　たとえば，Appellate Body Report on *EC – Chicken Cuts*, paras. 195-199.
8)　たとえば，Panel Report on *EC – IT Products*, para. 2.3.
9)　CCC の HP, "Customs Valuation and Transfer Pricing," at [http://www.wcoomd.org/en/topics/valuation/activities-and-programmes/customs-valuation-and-transfer-pricing.aspx?p=1]．この問題に触れた論文として，平田哲也「グローバル・バリュー・チェーン下の関税評価制度と移転価格税制」『貿易と関税』2014 年 3 月号，45 頁。

⑥　「ケネディ・ラウンド」（1964-1967）

⑦　「東京ラウンド」（1973-1979）

⑧　「ウルグアイ・ラウンド」（1986-1994）

⑨　「ドーハ開発アジェンダ」（2002-）

　交渉手続は，ラウンドごとに合意されている。これまで使われた方式は，①リクエスト・オファー方式（国別品目別交渉方式）と②フォーミュラ方式を含む一括引き下げ方式である。前者は，ITO憲章17条2項[10]に淵源を有し，ディロン・ラウンドまで使われたが，EC等低関税国の不満等から，特定の品目に関する交渉を除いて放棄され[11]，ケネディ・ラウンド以降は，フォーミュラ方式が主要な方法として採用されている。

　リクエスト・オファー方式とは，相互主義に基づき，二国間ベースで，どのような品目の関税をどの程度引き下げるかを交渉するものであり，具体的には，相互の譲許のカバレッジ（譲許品目の相手国からの輸入額の合計）をバランスさせることを目標に，相手国に譲許（関税の引き下げ又は据え置きの約束）を求めたい品目のリストと，これに見合うものとして自国が譲許する用意のある品目のリストの2本のリストを相互に交換して交渉するやり方である。譲許要求品目は，原則として，その国が主要供給国となっている品目でなければならないとの慣行があり，輸出大国である米国・EC以外は要求可能品目が少ないという問題があった。その他，①二国間の交渉であるため，相互の要求品目と譲許可能品目とがなかなか一致せず，また，関税交渉に消極的又は輸入額が相対的に少ない側のラインに合わせて縮小均衡になる傾向がある；②相互主義ゆえ途上国は関税引き下げの要求がしづらい；③「低関税又は無税のすえ置は，原則として，高関税の引き下げと等価値の譲許とみなされる」（GATT28条の2第2項(a)）という規定はあるものの，低関税国は交渉材料が少なく交渉上不利である，といった問題があった。

　これに対して，一括引き下げ方式では，多国間ベースで，すべて（多数）の品目について，一律均等に引き下げを行う。一律均等に引き下げを行うために，ケネディ・ラウンドにおいては一律の引き下げ率が，東京ラウンドにおいては各国の引き下げ率を定めるフォーミュラが採用された（フォーミュラ方式）。ただし，一定の例外品目が認められ，それらの品目については別途，二国間交渉又はセクター別交渉（たとえばケネディ・ラウンドにおける鉄鋼・化学品・綿製品セクター

---

10) ITO憲章の条文は，WTOのHP［http://www.wto.org/english/docs_e/legal_e/havana_e.pdf］から入手可能である。

11) *Conclusions of the Meeting of Ministers*, adopted on 30 November 1961, BISD 10S/25, section 2.

交渉）が行われた。

　フォーミュラは，関税率の異なる各国が相互に満足する引き下げ率を導くための数式であり，数式の形・係数などに客観的な根拠があるわけでない。各国が提案するフォーミュラの違いは，関税水準の平準化（ハーモニゼーション）を重視するか否（一律引き下げ）か，より具体的には，①高関税品目のカット率を高くするか否か，②低率の関税を撤廃させるか否か，に関する立場の違いに起因する。平均関税率がほぼ同じでも，高関税品目が残る米・日の提案するフォーミュラは，高関税品目のカット率が相対的に小さく，低関税品目について下げ幅が大きい。関税率のばらつきが小さく平均的に低関税となっているECのフォーミュラは，譲許関税率に上限を設けており，反面低関税品目の削減率は小さい。東京ラウンドで採用されたいわゆるスイスフォーミュラは，ハーモニゼーションの要素を含むも，日米・ECフォーミュラのいわば中間である。

　その他，これまでの関税交渉においては，ピークタリフの引き下げ，特定品目についての関税一律化（ケネディ・ラウンドにおける鉄鋼，化学品，綿製品；ウルグアイ・ラウンドにおける化学品など），ベースレート（フォーミュラを適用する税率の選択（たとえば基本税率か暫定税率か特恵税率かなど）），ステージング（関税交渉の結果を実施するタイミング），などがテーマとなった[12]。

　WTO設立以降，ラウンドにおける交渉以外では，情報通信機器の関税撤廃を定める情報技術協定（ITA）が1996年に合意され，合意に従って参加国が関税譲許を修正している[13]。このほか医薬品・航空機に関する合意のほか，特定範囲の産品について関係国間で関税を相互撤廃することを目指しての提案がいくつか行われている[14]。またドーハ開発アジェンダにおいて，情報通信機器について更なる関税撤廃を企図した交渉（ITA拡大交渉）が行われている。また環境関連物品の関税引き下げを目指す環境物品交渉も2014年7月に開始された。

　関税交渉の方式の違いは，関税引き下げに関する考え方の違いに遡ることがで

---

12) 本項の記述中，ケネディ・ラウンドにおける関税交渉については，大蔵省関税局（監修）『ケネディ・ラウンドの全貌——交渉の内幕と今後の問題点』（日本関税協会，1967年）第2章及び第3章，東京ラウンドにおける関税交渉については，東京ラウンド研究会（編）『東京ラウンドの全貌』（日本関税協会，1980年）59-107頁（とりわけスイスフォーミュラについては69-70頁），さらにウルグアイ・ラウンドにおける関税交渉については，筑紫勝麿（編著）『ウルグアイ・ラウンド——GATTからWTOへ』（日本関税協会，1994年）55-95頁をそれぞれ参照。

13) *Ministerial Declaration on Trade in Information Technology Products*, adopted on 13 December 1996, WT/MIN(96)/16.

14) ITA拡大交渉については，経済産業省通商政策局（編）『不公正貿易報告書（2014年版）』291-293頁を参照。

きる。国際競争論＝共存モデルからすれば，自国に残存する関税は何らかの貿易以外の政策関心に基づく措置であり，他国のそれは競争関係の平等性（level playing field）を害する撤廃すべき措置である。したがって，関税交渉は，他国の関税譲許を得るために自国の関税譲許を対価として提供する相互主義が基調である。また関税譲許の交換をどのように行うかについて客観的指針はなく，加盟国が同意さえすればよい。関税引き下げを効率的に進められるフォーミュラ方式の採用に至ったことは自然の流れである。これに対して，比較優位論＝協力モデルは，比較優位産業への特化を企図して，そのために最適な水準まで関税を共同で下げるという発想になり，加盟国が行う関税譲許相互の対価性が存在しない。すなわち相互主義より協働に重点がある。また比較優位論＝協力モデルは，即時の関税撤廃が必ずしも最善でなく，経済・社会の最適化の観点から個々の関税譲許の妥当性の検討を要すると考える。したがってそうした検討を前提としないフォーミュラ方式を必ずしも支持できない。

　さらに，フォーミュラ方式は，関税引き下げの影響を産業ごとに予測検討することを前提としないので，その予測が外れた場合の関税譲許の撤回という観念を容れにくい。これは，セーフガード措置の意義に関わる問題として第4章四1(2)(カ)において検討する。またリクエスト・オファー方式では，自国の個々の関税譲許がどの加盟国の要求に応じたものかが明確であるが，フォーミュラ方式ではその点が不明確になりやすい。この違いは，同じく第4章で触れる関税譲許の修正・撤回とりわけ新規加盟国によるそれをめぐって問題となる。

3　譲許表の改正

　関税交渉の成果である関税譲許は，各国の譲許表に記載される。法文上，譲許表がGATT第一部の不可分の一部であるとされ（GATT2条7項），第一部の改正に全締約国の受諾が必要とされている（30条1項）ため，譲許表の改正に全締約国の同意が必要であった。しかし，28条その他に基づいて認められる譲許の撤回・修正について，利害関係国が同意しているにも関わらず，一部の締約国において譲許表の改正への受諾が遅れると譲許の修正の発効まで遅れるという不都合を解消するため，合意された撤回・修正又は純粋に形式的な性格の訂正として譲許表の正文に反映させるための変更を確認書により認証するものとし，さらに譲許表の修正・訂正等の通告後一定期間内に異議がなかった場合には締約国団の確認があったものとする改正手続がGATT時代に採用された[15]。また上記合意された撤回・修正に加え，関税譲許の範囲を変更しない国内関税表の変更についても上記確認書の方法に拠って譲許表に反映させるものとされた。

なおHS条約の加盟国は，HS分類が改訂される都度，譲許表（及び国内関税表）に反映する必要があると考えられている。この変更については，不当な問題を発生させない限り，関税譲許の範囲も譲許税率も変更してはならないという前提で，同じく確認書の形式でなされるものとしたGATT時代（1991年）の決定がある[16]。WTO設立以後のHS分類改訂に対しても譲許表の改訂手続が採択され，直ちに対応できない加盟国について免除がなされるなどの手当てもなされているが，対応していない加盟国も多い。

四　関税措置に対するWTO協定及び投資協定上の規律

1　概　観

　関税に対する規制は，関税額を決定する関税分類，原産地，適用される税率，関税評価のいずれにも及ぶ必要がある。関税分類についてHS条約，原産地規則について「原産地規則に関する協定」が存在する。一般特恵関税など適用される関税率が異なる場合には特恵原産地ルールが重要であるが，そうした特恵税率の適用がないWTO加盟国間では最恵国待遇義務によって原則として適用される関税率が同一であり，その範囲で原産地規則はそれほど重要でない。適用される税率については，GATT2条1項(b)が，各加盟国の譲許表に記載された関税譲許を超える関税の賦課を禁止している。関税評価については，GATT7条2項が，輸入産品の「実際の価額」に基づくことを求めており，さらに，「千九百九十四年の関税及び貿易に関する一般協定第七条に関する協定」（「関税評価協定」）が詳細なルールを規定している。

　WTO協定は，関税譲許を超えて関税を課すことを禁止し，さらに原産国によって差別することを禁止している。経済政策又は企業としては，直接に競争している産品に異なる税率が適用されると競争を歪曲することにどう対処するかが関心事となる。

2　関税率の規律

（1）関税譲許

　関税譲許は，一定の上限を超えて関税を課さないとの約束である。関税率の設

---

15) *Procedures for Modification and Rectification*, Decision of 19 November 1968, L/3131, BISD 16S/16.

16) *Procedures to Implement Changes in the Harmonized System*, Decision of 8 October 1991, Annex to L/6905, BISD 39S/300.

定が各国の主権に委ねられている（関税自主権）中での約束であるため「譲許(concession)」と呼ぶ。

　関税譲許は，対象となる産品を特定してなされる。情報技術協定（ITA）の対象産品の一部のように，対象産品の特徴を記述した関税譲許がなされている場合もある[17]が，一般的には，交渉時点で有効なHS条約の関税分類を基礎とした分類を使うことが合意されている[18]。HS分類の項を細分して9桁又はそれ以上の関税分類項目を用いている場合もある。細分化は，国内産業と競合する度合いの高い産品についてのみ高関税を維持することで関税引き下げを可能にすることを狙いとする。特定国の優遇に使われやすいため多角的関税交渉の趣旨に反するとの考え方もあるが，貿易における利害調整を重視する国際競争論＝共存モデルでは便法として支持できるであろう。これに対し，自由化よりも経済の歪曲の否定をより強調する比較優位論＝協力モデルからはかかる取扱いを支持し難い。HS分類の区分すらそのまま受け入れる理由がなく，たとえばGATTの規定上「同種の産品」について同一の関税とすることが求められていると考えることになる。この点は最恵国待遇義務に関する次項(2)を参照。

　先進国がほぼ100％の産品について譲許をしているのに対して，途上国が譲許していない産品は少なくない。譲許税率は，従価税率の形式によるものが多いが，従量税率，又はそれらの複合形式による例も存在する。譲許表の実例[19]を表3として示す。"Base rate of duty" は，引き下げの基準となる税率であり，"Bound rate of duty" が最終的にそれ以下に引き下げることを要する譲許税率である。"Initial negotiating right" の欄は，当該譲許の修正等に対する権利を有する当該関税譲許を「直接に交渉した加盟国」（"any Member with which such concession was initially negotiated"）を記載することが想定されているが，フォーミュラ方式が採用されている今日では意味を失っている（第4章三3を参照）。"Other duties and charges" は，基準となる率等を示し，記載がなければ課すことができない（GATT2条1項(b)号第二文及び「千九百九十四年の関税及び貿易に関する一般協定第2条1(b)の解釈に関する了解」）。

　GATT2条1項(a)号は，「他の加盟国の通商に対し」，譲許表に定める「待遇より不利でない」取扱いを求め，同項(b)号第一文が譲許税率を超える「通常の

---

17)　日本の譲許表の箇所参照。Certification of Modifications of Rectifications to Schedule XXXVIII – Japan, WT/LET/138.
18)　See Appellate Body Report on *EC – Chicken Cut*, paras. 196-197.
19)　WTO設立時の日本の譲許表の一部（WTOのHP［http://www.wto.org/english/tratop_e/schedules_e/goods_schedules_table_e.htm］から入手可能）。

表3　譲許表の例

Tariff item number	Description of products	Base rate of duty			Bound rate of duty		Initial negotiating right	Other duties and charges
		Ad valorem (%)	Other	U/B	Ad valorem (%)	Other		
6105	Men's or boys' shirts, knitted or crocheted							
6105.10	Of cotton:							
	Open shirts, polo shirts and similar shirts:							
	Containing embroidery or lace, or figured	16.8		B	10.9			
	Other	14.0		B	10.9			
	Other	11.2		B	7.4			
6105.20	Of man-made fibres:							
	Open shirts, polo shirts and similar shirts:							
	Containing embroidery or lace, or figured	16.8		B	10.9			
	Other	14.0		B	10.9			
	Other	11.2		B	7.4			
6105.90	Of other textile materials:							
	Open shirts, polo shirts and similar shirts:							
	Containing embroidery or lace, or figured	16.8		B	10.9			
	Other	14.0		B	10.9			
	Other	11.2		B	7.4			

関税」賦課を違反とする。輸入品に対して譲許税率を超えて実際に関税が賦課される場合は，(a)号及び(b)号第一文双方の違反となるが，譲許税率を超える関税率の定めがあるが暫定的に免除されているなどの場合，前者の違反のみ成立するとした先例がある[20]。

(b)号第一文にいう「通常の関税」は，輸入通関時に賦課されるものであり，輸入後の使用状況など輸入後の事象を理由として課されるものは，「通常の関税」でなく，GATT11条1項が対象とする輸入制限又は3条2項の内国民待遇義務が対象とする国内税とされる[21]。なお輸入課徴金との区別について本項5を参照。

また，関税の徴収確保のために担保が徴求されることがあるが，かかる担保の取扱いについては，*US – Certain EC Products* のケースが参考になる。これは，ECの旧植民地国産バナナの優遇措置をめぐる紛争の一つとして，米国が当該優遇措置に対する制裁措置としてECからの輸入品に適用される関税率を引き上げることとし，それを前提として，その徴収を確保するために通関時に要求する担保の率を引き上げた措置（米国では通関後に関税額を確定するため通関時は見積り額に応じた担保のみ要求される。本章二2を参照。）が問題とされたケースである。GATT2条1項(a)及び(b)第一文すなわち関税譲許の対象になるとしたパネルの判断が上級委員会において覆された[22]が，輸入税・輸入課徴金の引き上げ・新設を禁止するGATT2条1項(b)第二文違反としたパネルの認定は上訴されず，上訴国が違反を受け入れたことについて上級委員会は同意するとしている[23]。パネルの少数意見は，11条1項の対象措置となるものと想定していた[24]。担保差入れ自体は，個々の輸入品の負担額が一律でなく，又は確定できないので，関税譲許との量的比較が必要となる2条の対象措置とすることがよいか疑問がある。また担保差入れによって保証料等の支払を命じているわけではないので，輸入課徴金とするのも無理がある。パネルの少数意見に倣い，担保請求が11条1項に違反するとし，適法な関税の徴収のために必要な措置か否かの判断を，適用除外を定める20条(d)号の検討に委ねるのが適切であろう。

関税譲許が問題となる事案は，関税率か関税分類かいずれかが変更された場合が多い。前者は分かりやすく，国内関税法上特定の関税分類の関税率を引き上げ

---

20) Panel Report on *EU – IT Products*, para. 7.761.
21) Appellate Body Report on *China – Auto Parts*, para. 163.
22) Appellate Body Report on *US – Certain EC Products*, paras. 104-105.
23) *Ibid.*, para. 100.
24) Panel Report on *US – Certain EC Products*, para. 6.60.

る場合，譲許表の対応する関税分類について記載されている譲許関税率（Bound rate of duty）を超えれば違反となる。かかる定めは，当該関税分類に該当する産品が輸入される場合に常に関税譲許を超える関税を課すものであり，具体的な適用を待たずして，当該税率の定め自体がGATT2条1項(b)号第一文違反となる。譲許税率を超えた課税がなされる産品が関税譲許の対象産品の一部のみであっても違反である。*Argentine - Textile and Apparel*ケースでは，譲許税率が従価税率35％で，これを下回る税率の従価税率が適用されていた産品について，従価税に代えて，代表的な国際価格に実行税率を乗じて得られる固定額又は評価額に実行税率を乗じた額の高いほうの関税を課すこととした場合，一定以下の価額の輸入品について課せられる関税が譲許税率を超えることになるとして上級委員会は違反を認定した[25]。したがって，譲許税率を下回る税率が適用される産品が存在しても上回る税率を適用していることと相殺できないと思われる。相殺を認めると違反か否かが曖昧になってしまうし，関税譲許の対象である個々の産品が譲許税率以下の税率で輸入できることが保障されるべきであろう。

　特定の産品の分類変更の結果違反が生じる場合もある。譲許表上の特定の項目に属していた産品を国内関税法上別の項目に分類することは，国内関税法の解釈問題として争える場合もあるし，本章三1で言及したとおり，HS条約の締約国であればHS分類の解釈適用を誤っているとしてCCCにおいて争うことも考えられる。たとえば米国の関税率が乗用自動車（8703）で概ね2.5％，貨物自動車（8704）で25％と10倍の違いがあるところ，ミニバンや「スポーツ用多目的車（SUV）」などについて乗用自動車（8703）か貨物自動車（8704）かで日米間で争いがあり，HSCにおける決定が多数存在する[26]。

　加えて，GATT2条1項(b)号第一文を根拠として，適用される税率が譲許税率を超えるかどうかを問題にすることもできる。たとえば，*EC - IT Products*ケースにおいては，プリンター，スキャナー，コピーなどの機能を備えたいわゆる多機能機について，静電効果を利用した複写機（"electrostatic photocopying apparatus"）のうち間接方式のもの "operating by reproducing the original image via an intermediate onto the copy (indirect process)"（HS9009.12（ただし，HS1996，以下同じ。））に分類して譲許税率と同じ12％の関税をEUが課していたことが問題とされた。多機能機は，コンピュータに接続されスキャナー・プリンターとして使用されると想定されていることから，無税を譲許しているコンピュ

---

[25] Appellate Body Report on *Argentine - Textiles and Apparel*, paras. 49-55.
[26] 長瀬透『HS関税分類のすべて』（日本関税協会，2001年）350-362頁を参照。

ータ関連機器（"output unit"）（HS8471.60）である（ITA に基づき譲許税率ゼロ）とも考えられたからである。当初 CCC において争われたが決着が付かず，日本等が WTO での解決を図った。パネルは，多機能機が上記複写機でなく，上記コンピュータ関連機器又はせいぜい，低税率の譲許を行っているその他機械（HS8572.10）であり，したがって EC の取扱いが GATT2 条 1 項に違反するという判断を下した。HS9009.12 における対象品目の説明（"operating by reproducing the original image via an intermediate onto the copy (indirect process)"）は使用する媒体（intermediate）を単数としており，文脈上これを限定解釈すべきであるところ，多機能機は，コピー作成までに複数の媒体（CCD 素子，レーザー，感光ドラム）を経由している等の申請国の主張を認め，結論としてこの分類に属さず，12％の課税が正当化される可能性がないと説明している[27]。

上記先例が示すように，特定の産品が譲許表上の特定の項目に属するか否かは，当該項目の文言の解釈を通じて決定される。譲許表も WTO 協定の一部（GATT2 条 7 項）であり，その文言は，ウィーン条約法条約 31 条及び 32 条に示されたのと同内容の国際慣習法上の解釈規則に拠って解釈される。関税交渉時の関係国の主観的期待が主たる考慮要素でないとするのが先例[28]であり，交渉の時点で存在していない産品であることも考慮されない[29]。先に述べたように，譲許表上用いられている関税分類が HS 分類に拠ってなされているが，先例は，関税譲許の時点で有効な HS 分類に拠るとの合意があり，それがウィーン条約法条約 31 条 2 項によって「文脈」の一であり，したがって HS 条約の解釈指針等の関連資料が考慮されるとしている[30]。かかる解釈によって属する譲許表上の項目が分かれば，譲許税率が決定され，その税率を超えて関税を課しているかどうかを判断できる。多機能機の例が示すように，CCC において結論が出なかったとしても WTO でも同じ結果になるとは限らない。

なお，技術発展等によって HS 分類が変更された結果，関税譲許が連動して変更されないために生じる問題もある。新たに成立した関税分類が，譲許税率が異なる複数の関税譲許にまたがることとなった場合，細分類が技術的に可能でなければ，加盟国としては譲許税率が低い方の税率を当該関税分類に採用せざるを得なくなり，関税譲許が事実上拡大する結果となる。たとえば，液晶等の薄型モニターは，コンピュータの出力装置をもっぱら又は主として用途とするか否かで関

---

27) Panel Report on *EC - IT Products*, paras. 7.1476-7.1481.
28) Appellate Body Report on *EC - Computer Equipment*, paras. 74-89.
29) Panel Report on *EC - IT Products*, paras. 7.595-7.602.
30) たとえば，Appellate Body Report on *EC - Chicken Cuts*, paras. 195-199.

税分類が分かれ，コンピュータ用であれば至近距離で見ることが想定され，DVD視聴用等離れて見るその他のモニターと区別されている（たとえばHS1996では前者が8471.60，後者が8528.50）。さらに家電製品である後者に比較して情報通信機器である前者の譲許税率が一般的に低い。しかし，デジタルサイネージすなわちビル壁面，空港・駅等の広告に最近使用される薄型モニターは，コンピュータに接続されるが，距離を置いて視聴されることを想定するため，その他のモニターと区別される特徴を有しない。したがって関税分類を，薄型モニターを用途で一切区別しないか，又はコンピュータ用に利用可能か否かという基準[31]に変更することを検討せざるを得ないように思われる。いずれの変更であれ，新しい関税分類に適用される関税は関係する譲許税率の低いほうに合わせる必要があり，結果としてコンピュータ用薄型モニターに対する関税譲許の範囲が拡大する結果となる可能性がある（本質的に区別できない両者を区別する細分類を設けることについては本項(3)を参照）。

　これは，HS分類の改訂によって関税譲許を超える関税引き下げが強制されることを意味し，したがってそうした事態を避けるためにHS分類の改訂に反対する国が存在する可能性を示唆する。最恵国待遇義務を厳格に解し，もともと同種の産品に単一の関税率を適用する必要があるとする本書の考え方（次項(2)参照）では，HS分類の改訂によって譲許を超える関税引き下げを強制される状況をそもそも想定し難いが，貿易利益を重視し細分化した関税譲許を肯定する国際競争論＝共存モデルからは，そうした事態が頻繁に発生する可能性が高く，したがってWTO協定とHS条約との間に緊張関係が存在することになる。

　なお譲許税率を上回らない限り関税賦課が協定上問題になることはないと考えられている。国際競争論＝共存モデルでは，譲許税率まで関税を維持することを自由化の例外として認めたのであるから，その約束を守っている限り問題にすべきでないのは当然である。しかし，比較優位論＝協力モデルの発想では，経済・社会の最適化のために必要である範囲でのみ正当化されるのであるから，外国の「市場の失敗」の対抗策としてでなく，安全保障上の理由でもなく，不効率な国内産業を保護するためだけに関税を維持することを支持する根拠がない。確かに，関税交渉によって関税を相互に削減することを予定している以上たとえば非違反申立（第2章二3(5)を参照）を問うことは容易でなかろう。しかし，国内市場に

---

31) ITAに基づいて，"flat panel display devices... for [automatic data processing machines]" というnarrativeな定義による関税譲許もなされており，これは，コンピュータと接続して適正に使用できるように設計されている（designed for use with...）の意であると解釈されていることに注意。Panel Report on *EC – IT Products,* para. 7.480.

おいて超過利潤を生じるほどに輸入関税を維持していると当該国内産業による輸出に対して当該超過利潤を相殺するようなアンチダンピング関税が理論上課されるとすることで適正な水準まで関税を引き下げることを促していると説明することが可能である。アンチダンピング関税の制度趣旨については第12章一1を参照。

（2）最恵国待遇義務

最恵国待遇義務は，輸出入いずれにも適用され，輸入関税その他の制限については原産地で差別しないこと，輸出関税その他の制限については仕向地で差別しないことが求められている。規定上，いずれかの国に付与した「利益，特典，特権又は免除」は他の加盟国の「同種の産品」に対して「即時かつ無条件」に付与しなければならない（GATT1条1項）。ブロック経済化を防止することを目的とする規定であり，GATTにおいてきわめて基本的な義務である。その組織法的意義及び改正要件については第2章二1(1)を参照。

まずGATT1条1項は，「同種の産品」を超える異なる扱いを制限していない。当然のことながら，米国製自動車と中国製オートバイとで適用される関税率が異なっていても最恵国待遇義務が問題になることはない。「同種の産品」性は，産品の物理的特性，最終的用途，消費者の認識の類似性によって判断され，同一の関税分類に属するか否かも考慮されるとするのが先例である[32]。GATT3条の内国民待遇義務におけると同じであって支持できる。

原産地で異なる税率を「同種の産品」に適用することは最恵国待遇義務に違反することが明らかである。「同種の産品」の一部の引き上げ，たとえば自動車の輸入関税率が20％であるところ特定国原産の一部について30％に引き上げることも違反とされる。この場合当該特定国原産の「同種の産品」の一部に有利な取扱い（たとえば関税率を10％とする）があっても違反とされる可能性が高い。

では，原産地で表面上区別していない場合にどこまで事実上の差別が認められるか。たとえば，自動車の関税を右ハンドル車が従価税率20％，左ハンドル車について30％としたとする。この税率構造では，右ハンドルの自動車輸出が相対的に多い国が有利になり，左ハンドルの自動車の輸出が不利になる。また「同種の産品」が複数の関税分類に跨っている（たとえば乗用自動車（8703）はエンジンの排気量で分類が異なる）ために異なる関税率が適用されていることがある。

---

32) たとえばGATT Panel Report on *Spain – Unroasted Coffee*, paras. 4.8.

これらが最恵国待遇義務違反となるか否か，具体的な解釈問題として，「即時かつ無条件」という文言をいかに解釈するか，また取扱いの差異の比較を個々の輸入品ごとに行うのか，輸出国ごとの輸入品全体を比較するのかが問題となる。

　先例は分かれている。GATT 時代には，コーヒーの品種で異なる関税率を適用したケースで最恵国待遇義務違反が認められている[33]が，事案として特定国からの輸入が一般的に有利又は不利になるケースでもあった。他方，関税分類を定める締約国の権限を強調し，競争関係にある産品に異なる関税率を適用することを結果として許容した先例もある[34]。WTOにおける先例では，ローカルコンテント等一定の要件を充たすメーカーが輸入する自動車にのみ低減税率を適用したケースにおいて，「無条件性」を厳格に解し，個々の産品での比較を行った例[35]と，同種の産品間で区別した場合，それが個々の輸出国ごとに負担の違いをもたらしているか否かを検討し，すなわち輸出国ごとの輸入品全体同士で比較している例[36]とがパネル段階で存在するが，上級委員会は後者のパネル判断を覆した。上級委員会は，前者のパネルを支持するとまでは明示していないが，一つでも有利に扱われる輸入品があれば最恵国待遇義務違反が成立するものと考えていたようである[37]。

　文言から言えば，「同種の産品」の一部に対する関税引き下げの効果を無条件で「同種の産品」すべてに及ぼす必要があるとする解釈のほうが自然である。また「同種の産品」は概ね競争関係にあるか又は生産関係を共通にする産品であろう（内国民待遇義務における「同種の産品」性について第9章四1(1)(ウ)①参照）から，税率を同一としなければ，競争関係ないし生産関係を歪曲するであろう。さらに負担の国別の相違を考慮する考え方は，必然的に基準が曖昧かつ恣意的になりやすいという問題がある。

　この厳格な解釈では，製品の技術進歩によって関税交渉なしに新しい関税譲許が付与されたのと同じ結果が生じ得ることに注意が必要である。関税譲許は，HS分類を利用してなされており，その限りでは，概ね「同種の産品」に対して同一関税譲許すなわち同一の税率が適用されていると想定される。しかし，技術進歩等によって異なる関税分類に分類されていた二以上の産品が「同種の産品」とされれば，その範囲で低いほうの譲許税率を適用することが必要とされる。

---

33) *Ibid.*, paras. 4.6-4.11.
34) GATT Panel Report on *Japan – SPF Dimension Lumber*, paras. 5.10, and 5.14-5.16.
35) Panel Report on *Indonesia – Autos*, para. 7.16.
36) Panel Report on *Canada – Autos*, paras. 10.40-10.50.
37) Appellate Body Report on *Canada – Autos*, para. 79.

(1)で言及したモニターの例では，薄型モニターすべてかコンピュータ用に利用可能なモニターすべてが「同種の産品」とされるようになり，その範囲で最も低い譲許税率をすべてに適用しなければならなくなる可能性があるわけである。さらに以下のような事例も考えられる。デジタル技術の発展により，静止画を撮影する光学機械である写真機からデジタル（スチル）カメラが開発され，また動画を撮影する電気機器であるビデオカメラ（カムコーダ）からデジタルビデオカメラが開発されたが，前者も動画を撮影でき，後者も静止画を撮影でき，性能の向上もあって機能面ではほとんど区別できなくなってきており，またHS2012ではいずれも852580に分類されている。しかし，たとえばEUにおいては，この号がさらに細分類され，前者は情報通信機器の一としてITAにおいて852540 (HS1996) の一部たる "digital still image video cameras" として無税譲許されたため無税であるが，後者は家電製品として扱われていたビデオカメラの流れを汲み上記ITAの対象外で有税（4.9％）となっており，たとえば動画を連続30分以上撮影できるか否かが区別の基準とされている。この基準は，客観的ではあるが，技術的にも商業上も意味のあるものでなく，きわめて恣意的である。HS条約上は，号を細分化すること自体否定されておらず，争うことが不可能である。これに対して，GATT上は，"digital still image video cameras" について，"video cameras" のうち "still image" をも撮影し得る "digital" 機器と解釈できれば，GATT2条1項に拠り関税譲許の解釈問題として争う（本項(1)を参照）ことが考えられるが，最恵国待遇義務の問題とする余地もあるはずである。すなわち，デジタルスチルカメラとデジタルビデオカメラとの区別が事実上無意味になっている以上，最恵国待遇義務の上記厳格な解釈に拠れば，「同種の産品」として同一の税率を適用することが要求され，つまりかかる「同種の産品」を対象とする譲許のうち最も低い譲許税率を適用することが求められるとする議論が考えられる。この議論は，一見すると，関税譲許が自然に拡大する結果となり，受け入れ難いように思われるが，逆に，関税分類の改訂を関税譲許と切り離して考えることを可能にし，WTO協定とHS条約との間の緊張関係を解消することになる。この解釈を採らなければ，WTO協定加盟国が，HS分類の改訂が関税譲許の事実上の拡大をもたらす可能性に鑑みて，製品・技術の発展を反映する関税分類の適正化をためらう可能性がある。むしろ各国がHS分類の改訂を待たずに事態の変化に自発的に対応し，それがHS分類の改訂に反映されるようにするほうが国際ルールのガバナンス構造としては健全であろう[38]。

　ただしこの解釈は，関税交渉実務に根本的な変更を迫る。関税分類を細分化し，国内産業と直接競合する産品を除いて関税引き下げに同意することが頻繁に行わ

れているからである。したがってかかる厳格な解釈がパネル等において現実に採用される可能性は，上記関税交渉実務を前提とする限りきわめて小さいと言わざるを得ず，実務上は，国別負担の違い等を問題視するアプローチの方がむしろ見込みがあると言うべきかもしれない。ただ，この関税交渉実務自体，国際競争論＝共存モデルからは支持できるが，経済関係の歪曲を否定する比較優位論＝協力モデルからは支持できず（本項(1)参照），したがって関税交渉方式の再考を含め検討する価値があると考える[39]。比較優位論＝協力モデルは，上記厳格な解釈すなわち「同種の産品」に同一の税率を適用することを要求することになるが，細分化された関税譲許について生じる問題は，比較優位産業への特化の観点から問題がある場合に関税譲許の修正（第4章を参照）を認めれば足りると考える。

　なお関税に関しては，最恵国待遇義務の例外がいくつか存在する。特定国向け輸出品及び特定国原産品に対する特恵的な関税の例として，関税同盟及び自由貿易地域（GATT24条5項），途上国間の貿易自由化協定（授権条項等），一般特恵制度（授権条項）があり，一定の状況において特定国の特定の輸出品のみを例外扱いする制度として，アンチダンピング関税及び相殺関税（GATT2条2項(b)号）などがある。特恵関税については第19章で，アンチダンピング関税及び相殺関税については第12章でそれぞれ取り上げる。

(3) その他

　関税率が通時的に変更されることが問題にされたことがある。対象産品の国際市場価格と国内市場価格との差額を埋めるべく，一定の数式に基づいて定期的に関税率を変更する仕組みが「可変輸入課徴金……その他これらに類する通常の関税以外の国境措置」を禁止する農業協定4.2条に抵触するとされた。*Chile‒Price Band System*（21.5）ケースにおいて，上級委員会は，自動的（automatically）かつ継続的（continuously）に税率が変更され，かつ，透明性（transparency）と予見可能性（predictability）を欠く仕組みであれば，可変輸入課徴金に類する国境措置であるとした[40]。関税率を頻繁に変更すること自体が規制されておらず，また内外価格差を解消するような保護関税自体が禁止されているわけでもないた

---

38) なお関税分類問題がWTOにおいて扱われている現状に鑑み，HSC/CCCの活動をWTOに統合することを含めHSC/CCCの機能強化を推奨する見解として，Tokio Yamaoka, "Why are Customs Classification Issues Adjudicated at the WTO?: Structural Issues and Possible Solutions," *Global Trade and Customs Journal*, Vol. 9, No. 5 (2014), pp. 184-204.

39) なお，GATT以前に存在した，二国間最恵国待遇条項を含む通商条約網が関税品目の細分化によって形骸化したことを指摘するものとして，平見健太「戦後国際通商秩序の再編過程における最恵国条項の変容」『早稲田大学大学院法研論集』145号（2013年）229頁がある。

め，GATT上は問題にならないが，そうであるならば，数量制限その他の関税化という特別の合意を反映する農業協定に限定された議論としても，通時的な変更可能性を問題視する先例の考え方に疑問がないわけではない。この点は，第16章一3(1)をも参照。

また先に述べたように，技術進歩等によって従来の関税分類が不適切になることは珍しくないが，HS分類が改訂された後になお，従来の関税率を維持するために旧来の分類を細分類として維持する可能性がある。このような場合，たとえば，(1)で述べた例では，薄型モニターについて，主用途がコンピュータ用か否かの区別が客観的に不可能であるのにそうした区別を関税分類において維持することについては，「一律の公平かつ合理的な（uniform, impartial and reasonable）」法令の運用を要求するGATT10条3項(a)号に as such で違反するとの議論ができないか検討する価値がある。

3　関税評価に対する規律

関税評価については，実際の取引価額を考慮せず，それより高い基準価格を適用することとしたり，恣意的な為替レートの適用を強制したり，といった取扱いがなされることがある。こうした取扱いを是正すべく，GATT7条を受けて，「千九百九十四年の関税及び貿易に関する一般協定第七条に関する協定」(「関税評価協定」)が詳細な規律を定めている。これは，CCCにおける合意を基本的に受けたものであって，現実の取引価額の採用を原則とし，ただし売り手と買い手との間に特殊の関係があり，取引価額の妥当性に問題がある場合には，同時期に輸出された同種貨物の取引価額などを使用してもよいとしている。また算入すべき又は算入すべきでない費用項目を明示し，使用される為替レートの透明性を図るなどの規律が規定されている。関税評価協定は，実体ルールのみならず，特殊の関係にある取引当事者間で輸入が行われている場合に取引価額の妥当性に異議がある場合にはその理由を開示して意見を聴取する（1条2項(a)号）など手続的規律も規定している。司法型のWTOの紛争解決手続及びCCCにおける技術委員会における検討（本章三1を参照）が利用できる。

なお特殊の関係にある取引当事者間の価格を課税評価額として受け入れない取扱いは，移転価格税制（第8章三3(2)(ア)を参照）と共通する。ただし，移転価格税制が独立企業間価格で取引を行ったとみなして課税するのに対して，関税評

---

40) Appellate Body Report on *Chile – Price Band System*（*Article 21.5 – Argentina*）, paras. 231-234.

価においては，特殊の関係が価格に影響を及ぼしていることを税関側が立証しなければならない（1条2項(a)号）等の違いがある。両者の整合化が検討されているが，国家間を跨る対応的調整（同じく第8章三3(2)(ア)を参照）の問題と異なり制度間での整合的な認定がそもそも必要か否かに疑問があり，また整合させるために当局間で情報を共有してよいかといった問題もある。とくに，移転価格税制の理論的問題点すなわち関連会社取引の経済的意義を適切に考慮していない可能性に鑑みれば，移転価格税制における認定に寄せることがそもそも適切か疑問があるように思われる。

なお過少申告を防止する目的で指標とすべき輸入価格を税関に周知する取扱いが行われた場合，税関が過剰反応して申告価格を指標価格以上に引き上げさせるべく取引価格が当該指標価格以上でなければ通関させないとする指導を行うことが途上国において散見される。かかる取扱いは，GATT11条1項に違反し，また異常のない限り取引価額を評価額とすべきであるから関税徴収のために必要最小限の措置とも言えず，20条(d)号で正当化されることもない。しかし，税関における個別適用の問題であるとすると紛争解決手続に拠る救済よりも，税関による技術協力[41]その他に解決を求めるほうが効果的である可能性がある。

4　原産地規則に対する規律

「原産地規則に関する協定」は，原産地規則に関する委員会を設置し，特恵関税の適用に関わらないいわゆる非特恵原産地規則（その範囲について1条2項）について国際的調和のための作業をCCC（原産地規則に関する技術委員会）とともに行うことを求めており（9条），その作業は現在も続けられている[42]。なお自由貿易協定等の特恵原産地規則については，第19章の関連個所を参照。

5　輸入課徴金に対する規律

GATTは，国内産業保護のために利用可能な措置を関税に限定し，それ以外の非関税措置をそれ以外の正当な目的のために必要な範囲に限定し，国内産業保護措置として利用できないものとした。第7章で言及する輸入数量制限は非関税措置の典型であるが，輸入税その他の課徴金もその一例である。

---

41) たとえば日本の技術協力について税関のHP [http://www.customs.go.jp/cti/012.html] を参照。

42) WTO/CCCにおける作業状況及び原産地規則を巡る困難な問題については，たとえば，小室程夫『国際経済法』（信山社，2011年）258-300頁，Stefano Inama, *Rules of Origin in International Trade* (Cambridge University Press, 2009), pp. 1-173を参照。

輸入税又はその他の課徴金については，関税譲許をしている産品についてWTO協定成立の日すなわち1994年4月15日現在の水準を超えられない（千九百九十四年の関税及び貿易に関する一般協定第2条1項(b)の解釈に関する了解2項）。その水準は，譲許表に記録されている（2条3項）。関税譲許をしていない産品にはこの義務が及ばない。関税譲許が存在しない以上，輸入税及び輸入課徴金の規制をしても意味がないからである。

通常の関税と輸入税及び輸入課徴金との区別は実務上容易でないが，輸入に着目していても，通関時でなく，輸入後に課されるものを「通常の関税」とは言い難いとするのが先例である[43]。またたとえ通関時に課されていたとしても，国内産業の保護水準を可視化するという関税譲許の機能からみて，個々の産品ごとに一定の税率に基づいて計算されるものが通常の関税であり，個々の輸入品の額・量と無関係の要素たとえば輸入後の使途，輸入者の属性等に着目して課されるものを輸入税又は輸入課徴金としてもよいのでないか。なお輸入関税がこのような要件を付されている場合は，最恵国待遇義務に違反するとされる可能性が高いことにも注意する必要があろう。

6 国境税調整に対する規律

GATT2条2項は，関税及び輸入課徴金に対する規律の例外として三種類の措置を列挙している。(a)号の規定は，先例上，国産の「同種の産品」又は原材料に対してのみ課されている内国税を，バランスを取るために輸入品に課すことを認めるものであり，いわゆる国境税調整に関わる。なお，(b)号が規定するアンチダンピング関税及び相殺関税，(c)号が規定するサービスの対価としての手数料その他の課徴金は，それぞれ6条及び8条1項に規律があり，第12章及び第7章で取り扱う。ここでは，(a)号についてのみ検討する。

「同種の産品」に対する内国税の調整について，この例外規定に該当する典型的措置の一は，連邦制の国において，各州が州内産品についてのみ課税権を有しており，したがって，国産品はいずれかの州において課税されるが，輸入品はいずれの州も課税できないという状況において，国産品の競争上の不利を解消するために輸入品に対して連邦政府が課す州税と同等額の課徴金である。同種の国産品に対する内国税に「相当する」課徴金の賦課が認められることから，国産品にのみ課されている内国税を想定していると考えるのが自然であるが，かかる内国税が単体で内国民待遇義務に違反する状況は想定しにくい。(a)号の規定は，素

---

43) Appellate Body Report on *China – Auto Parts*, paras. 153-165.

直に読めば，対象となる内国税自体が3条2項（内国民待遇義務）に合致している限り，それに「相当する（equivalent）」額の課徴金を輸入品に課すことを認めているかのように思われる。しかし，上級委員会によれば，3条2項に「合致して課せられる」べきなのは，対象の内国税単体でなく，内国税と国境調整課徴金との複合体とされている[44]。

このほか原材料に対する内国税の調整も規定されており，輸入品と国産品との競争条件の平等化のための調整を認めている。たとえば，GATT時代の *US - Superfund* ケースにおいては，廃棄物処理プログラムのための支出を賄うために，国産・輸入いずれの原油に対しても課された内国税と共に，輸入される石油化学製品にのみ課された租税について，GATT2条2項(a)号による正当化が主張され，汚染者負担原則から同号を適用すべきでないと反論された。パネルは，関連する作業部会の報告を引用して，「産品に直接課された（directly levied on products）租税」に同号が適用されると判断し，上記反論を退けた[45]。ただし何をもって「産品に直接課された」とすべきか明らかでない。GATTの起草資料には，アルコールに対する内国税が課せられている場合に，輸入化粧品中に含有するアルコール分に対して課徴金を課すことが例示されており[46]，国産の化粧品に対しては二重課税を避けて課税しない事態が想定されているようであり，かかる扱いは形式的な平等を考える限り許されるべきであるようにも思える。しかし，課税が製品に転嫁されるか否か定かでないし，さらにアルコールに対する課税の趣旨まで考えると輸入化粧品に課税する扱いは容易に納得し難い。たとえば生産に対する課税であれ消費に対する課税であれ，輸入化粧品についてアルコールが生産・消費されたのは海外だからである。脱法的な輸入（原材料と他の産品を混ぜて課税を免れ，輸入後に分離すること）を防止することを目的とすると説明するのは，原材料が分離可能であることが文言上要求されていないことから無理である。当該原材料及び当該原材料から製造された産品双方の消費に着目しての課税（たとえば当該原材料の廃棄処理において一定の負担が必要であり，同様の理由で製品にも同じ負担が求められるところ，こうした産品が使用された後の廃棄物処理コストを徴収するために行われるそのコスト相当分の課税）であれば正当性を理解できる。そのように限定解釈するとすれば，汚染者負担原則を認めるのと同じ結果となる。

なお原材料を広く解し，燃料等に対する内国税についてまで調整を認め，特に

---

[44] Appellate Body Report on *India – Additional Import Duties*, para. 180.
[45] GATT Panel Report on *US – Superfund*, paras. 5.2.3-5.2.10.
[46] EPCT/TAC/PV/26, p. 21.

対象となる「内国税」を広く解するといわゆる PPM 規制を認める結果となることに注意する必要がある。たとえば，地球温暖化ガスの排出を削減するための炭素税に見合って課される輸入品に対するいわゆる国境炭素税に適用されるか否かが問題となっている。かかる炭素税が「内国税」と言えるかどうか，先に述べたように，原材料でなく燃料に課されている場合にも「全部若しくは一部がそれから製造され若しくは生産されている」場合に該当するか，さらに先例に従えば，国境炭素税を含めた炭素税全体が 3 条 2 項に抵触するかどうかが問題となる。一般的には，政策的正当性を説明できないとすれば，文言を厳格に解釈して拡張解釈を避けるべきであろうが，炭素税は，温暖化ガスの排出抑制を目的として課せられるので，排出される二酸化炭素に対する課税であって，国境税調整の対象となる原材料に対する課税でない，又は二酸化炭素排出削減を目的とする以上内国「税」でなく，課徴金であるなどとして 2 条 2 項(a)号の適用を否定する見解がある。また，上記上級委員会の判示によれば，炭素税と国境炭素税とを全体としてみた場合に内国民待遇義務違反か否かを検討する必要もあろう。その場合の議論は，第 8 章四 2(2)を参照されたい[47]。

7　輸入独占に対する規律

GATT2 条 4 項は，関税譲許品目の輸入を国家独占又は特定企業に独占させる場合，関税譲許を超える保護を国内産業に付与するように当該独占体が国内販売価格を高く維持することを禁じている。同項の注記は，別段の取極めのある場合を除き，ハバナ憲章 31 条の規定に照らして運用すると規定する。同条は，たとえば輸入独占の場合輸入品の陸揚げ価格に関連費用と適切な利潤（a reasonable margin of profit）を加えた額と輸入独占企業の販売価格の差額が譲許税率を原則として超えないようにすることを求めている。なお，国営企業が財政目的すなわち利潤を得る目的で産品を販売している場合は，政府調達例外が適用されず，国産品だけを購入することは内国民待遇義務に抵触し許されない（GATT3 条 8 項(a)号）。この点は，第 11 章五 3 も参照。

8　関税割当に対する規律

先に述べたように，国内産業保護のために高関税を維持する（二次税率）も，何らかの理由で一定量の輸入がなされるように，当該数量までの輸入について関

---

[47]　本書は，内国税の調整のほか輸出免税を合わせた国境税調整の問題を，税を負担すべき活動が輸出国・輸入国いずれで行われているかを統一基準として解決することを提案している。この点でも第 8 章四 2(2)及び(3)を参照。

税を引き下げる（一次税率）ことがある。関税割当制度は，数量制限に対する規律が準用されている（GATT13条5項）。大まかに言えば，一次税率数量を国別に割り当てる場合は，関係国との合意によるか，過去の代表的期間における比率を基礎としつつ，現時点において割当制がなければ実現されるであろう比率とする必要があるが，原産地国を特定しない場合は国ごとの配分が競争になるので特段の規制がない（ただし輸入者の資格を限定することは，輸入サービス事業者に対する制限としてGATSの市場アクセス又は内国民待遇義務の問題となり得る）。その他割当ての運用について透明性が要求されている。

9　輸出関税に対する規律

　GATT11条1項は，「輸出制限」を禁止しているが，「関税その他の課徴金」による制限を除外している。これは，輸入制限と輸入関税との関係と同じく，国内産業保護政策として数量制限を認めず，関税のみを認めることを闡明しているものと考える。ただ，GATT2条1項(b)号が輸入関税及び課徴金についてのみ規律を定めているのに対し，(a)号は，「他の加盟国の通商（"commerce"）に対し」て譲許を付与することを前提としている。先に述べたとおり，この規定を根拠として，輸出関税・課徴金に対する譲許が可能であるとする議論がある。現在の実務においては，加盟議定書において輸出関税を禁止する約束をしている例が多い（たとえば中国の加盟議定書11.3条[48]）が，譲許表に含めている例（たとえばロシア連邦[49]）もある。ただし，輸入に対する関税譲許については，一定の条件の下で修正を認めるセーフガード規定（19条）や譲許表の修正（28条）などがあるのに，加盟議定書における輸出関税の約束にはそうした手当てがないことをどう考えるかの問題がある。

　輸出関税は，先に述べたとおり，輸入関税と同じく，財政収入確保のために利用されるほか，国内生産者の競争上の不利を補うために利用されている。しかし比較優位論＝協力モデルからは，輸入関税についてと同様，国内産業を保護する目的のためならば補助金のほうが適切であり，よってたとえば外国において対象産品の廃棄コスト等の適正負担を実現する制度が採用されていないために不当に高価格で取引され，そのため輸出国の国内ユーザーが購入できなくなっていると

---

48) Protocol on the Accession of the People's Republic of China, annexed to Decision on Accession of the People's Republic of China of 10 November 2001, WT/L/432, Article 11.3, Annex 6.

49) Protocol on the Accession of the Russian Federation, annexed to Decision on Accession of the Russian Federation of 16 December 2011, WT/L/839, Part II, Paragraph 5 (Schedule CLXV, Part V – Export Duties).

いった輸入国側の問題に対処するためでなければ積極的に認める意義がない。現状では受け入れられる可能性に乏しいが，そうした場合を除いて非違反申立が成立するとするのが論理的ではある。また輸出関税の撤廃が求められないならば，それによって対象産品の国内価格が低下し，それを利用する川下産業の見かけの国際競争力が向上する効果を相殺するために関税を引き上げることを認めるべきであり，必要な場合には川下製品の関税譲許の修正（第4章を参照）を認めるべきであろう。

10　透明性

一般に適用される「関税その他の課徴金の率」の増加は，公表後に実施しなければならず（GATT10条2項），遡及適用は認められない。また関税に関する行政上の措置については，行政機関から独立した裁判手続において救済を求められるようにしなければならない（同条3項(b)号）。

11　投資協定上の規律

輸入関税を引き上げると，輸入原材料・部品を使用していた製造業者が国産原材料・部品を使用している製造業者との関係で不利になる。前者に外資企業が多いと想定されることもあり，投資協定上の内国民待遇義務違反を問うことができないかが問題になり得る。また輸出関税を引き上げると，外国への輸出を国内販売よりも重視していた生産者が不利になり，そうした生産者に外資企業が多いかもしれず，この点でも内国民待遇義務違反にならないかが問題になる。*Pope & Talbot* ケースは，カナダにおける木材の輸出制限によって輸出に依存していた米系企業が差別を受けたとして争ったもので，結論としては内国民待遇義務違反を認めなかったものの，輸出制限が国際投資協定上の内国民待遇義務違反を構成する余地を認めており，関税引き上げについても同様である可能性がある。このケースについては，第9章四2(2)を参照。

ただし，比較優位論＝協力モデルからすれば，経済の最適化の観点から正当化する余地がない関税引き上げについては内国民待遇義務違反を認めるほうが論理的であるが，発展途上の国内産業の保護等正当化が容易と思われるので現実には違反を問い難いであろう。関税譲許を超える関税を課していることだけをもって直ちに損害賠償責任を認めるためにはWTO協定を適用法規とする必要があるが，WTO協定の遵守確保のために想定された手続を経ずに履行を強制することに事実上なるので認め難い。この点の議論については第2章二3(5)(イ)を参照。ただし関税引き上げが合理的な理由もなく不透明なプロセスで行われたとすれば，

公正衡平待遇義務違反となる可能性がないとはいえない。

主要参考文献・資料

青山幸恭（編著）『変革期の関税制度』（日本関税協会，2009年）

朝倉弘教『世界関税史』（日本関税協会，1983年）

岩見辰彦『中国税関実務マニュアル』（成山堂，2002年）

中川淳司『経済規制の国際的調和』（有斐閣，2008年）

長瀬透『HS関税分類のすべて』（日本関税協会，2001年）

日本関税協会『通関手続』（第4版）（日本関税協会，2001年）

日本関税協会『EU新関税法』（日本関税協会，2009年）

日本関税協会『関税評価303』（第6版）（日本関税協会，2012年）

日本貿易振興機構『米国の輸入通関・関税制度と物流セキュリティー規制』（日本貿易振興機構，2010年）

浜中秀一郎（編著）『図説日本の関税』（財経詳報社，1992年）

財務省のHP「我が国の関税制度の概要」at ［https://www.mof.go.jp/customs_tariff/summary/index.html］

Edwin Vermulst and Forkert Graafsma, *Customs and Trade Laws as Tools of Protection: Selected Essays* (Cameron May, 2005)

Rüdiger Wolfrum, Peter-Tobias Stoll and Holger P. Hestermeyer (eds.), *WTO – Trade in Goods* (Martinus Nijhoff Publishers, 2011)

WCO（CCC）のHP at ［http://www.wcoomd.org/en.aspx］

第4章 セーフガードその他関税譲許の修正

　第3章は，関税制度とその規律としての関税譲許の問題を取り扱ったが，本章は，関税譲許の修正・撤回を対象とする。予期せぬ輸入急増に対処するセーフガード措置はその一例である。不公正輸出に対抗するためのアンチダンピング関税及び相殺関税と合わせて貿易救済法と括られることが多いが，本書は，制度趣旨が異なると考え，章を分けて説明する。

一　本章の対象事項

1　セーフガード措置／関税譲許の修正の政策根拠

　関税譲許の後に輸入が増加し国内産業の重大な業績悪化が生じた場合に自由化を停止するなど国内産業を救済しようとするのがセーフガード措置である。第3章でみたとおり，WTO加盟国は，輸入関税について約束した税率を超えて課さない義務を引き受け（関税譲許）ており，この税率を超えて引き上げる場合には，関税譲許を撤回又は停止することが必要になる。WTO協定は，「事情の予見されなかった発展」の存在など一定の要件を充たす場合に限りかかるセーフガード措置を許容している。GATT19条がその基本規定であり，セーフガード協定がさらに詳細に定める。

　また予想外の展開がなくても関税の水準が適切でなかったことが判明して譲許税率を超えて関税を引き上げたくなることもあろう。この場合には，セーフガード規定を利用できず，譲許表の修正手続（GATT28条）に拠ることになる。

2　問題の所在

　セーフガード措置は，貿易自由化の安全弁として説明されることが多いが，関税引き下げ約束の撤回・修正を認めるのであるから，約束の本質を害することにならないか，その意義を慎重に検討する必要がある。第3章においてみたように，貿易自由化の意義をどう考えるかで関税譲許の考え方が大きく異なり，同時にセーフガード措置の意義も大きく変わる。

まず国際競争論＝共存モデルの発想では，関税譲許を含む貿易自由化の約束が相互に対価関係にあり，したがって関税譲許の撤回・修正については，他の産品における関税の引き下げ等の代償措置により全体として貿易自由化を後退させないことが求められる。これに対して，比較優位論＝協力モデルの下では，世界経済・社会全体の保有する資本の最大化を実現すべく貿易を自由化するので，関税をその観点から最適な水準とすることが最重要である。関税譲許が最適な水準の関税賦課を妨げていることが判明すれば，適宜修正することを認めるほうが世界経済全体にとっても客観的にむしろ望ましく，代償を求める必要もない。しかし，輸入国が提案する修正後の関税水準が最適か否か争いのある場合，輸出国に対抗措置の権利を認めるのが適切な交渉を促す策として考えられる。セーフガード以外の関税譲許の修正についても同様に考えることができる。

また，セーフガード措置の要件として上記要件のほか輸入増加，国内産業の重大な損害及び両者の因果関係が挙げられるが，これらがいかなる関係にあるかも明らかにする必要がある。実務上及びWTO先例上，輸入量及び国内産業の販売量等の変化を経時的に観察して，それぞれ輸入増加及び国内産業の損害を認定し，両者に時間的な相関関係がある場合に，輸入品と国産品とが現実に競争していることを認定した上で因果関係を認定する，というアプローチが一般的である。しかし，反実仮想に拠って原因事象と条件関係にある結果を考えることもできる。この問題は，アンチダンピング関税，相殺関税及び補助金規律といった，外国産業の輸出又は外国政府の措置について国内産業に及ぼす経済的影響を認定する必要のある場合に共通のものであり，特にこれらの分野における先例上条件関係が重視されつつあることも併せて比較検討する必要がある。

二　各国の緊急関税制度

1　日本の緊急関税制度

関税定率法9条は，緊急関税の制度を定めている。「外国における価格の低落その他予想されなかった事情の変化による……貨物の輸入の増加……の事実……があり，当該貨物の輸入が，これと同種の貨物その他用途が直接競合する貨物の生産に関する本邦の産業に重大な損害を与え，又は与えるおそれがある事実……がある場合において，国民経済上緊急に必要があると認められるとき」に発動が認められる（1項）。日本では，1件（産品ベースでは3件）の発動例がある[1]。

緊急関税及び緊急の数量制限の発動要件は，①予想されなかった事情の変化による輸入の増加があること，②その輸入増加が，本邦の産業に重大な損害を与え，

又は与えるおそれがあること，③国民経済上緊急に必要があること，である。発動例における認定資料は，過去5年間の数値の変動に基づいて輸入の増加を認定しているが，「予想されなかった事情の変化」を明示していない[2]。損害については，セーフガード協定4条2項(a)に列挙された指標の過去5年間の変動を考慮し，数値が悪化していることに基づいて国内産業が損害を受けたと認定している。因果関係について特段の認定は示されていない。

　調査手続の詳細は，緊急関税等に関する政令が定めており，調査開始の告示（2条），証拠の提出（4条），提出された証拠等の閲覧（7条），公聴会（9条），緊急関税賦課の告示（10条）といった順序で進行することが想定されている。調査開始は，対象産品の輸入の増加及び国内産業の損害について「十分な証拠」がある場合に限り行われ（関税定率法9条6項），原則として1年以内に終了する（同条7項）。証拠収集のために質問状が利害関係者に送付されたことが記録上明らかになっている。

　要件が具備されていると認められる場合は，関税譲許の範囲内で，調査対象産品の課税価格と同種又は類似の産品の国内における適正と認められる卸売価格との差額に相殺するような関税を課すか（同条1項1号），関税譲許を撤回又は修正して適用する関税率を引き上げることができる（同項2号）。（ただし，かつて緊急関税が課されていた産品については一定期間経過後でなければ賦課は認められない。）輸入に占めるシェアが小さい途上国の産品は除外することができる（同項柱書）。なお，調査完了前であっても，十分な証拠に基づいて要件具備を推定できる場合は，暫定措置として関税賦課ができる（同条8項）。当初の賦課期間は4年に限定されている（同条1項）が，状況によっては賦課期間を延長できる（同条10項）。なお，同じ事態に対応するために数量制限も認められている（輸入貿易管理令3条1項，貨物の輸入の増加に際しての緊急の措置等に関する規程）。

　一定の事由が発生した場合に適用される関税率が引き上げられる制度は他にも存する。第一に，外国においてGATT19条1項の例外措置となるセーフガード措置が導入された場合，当該市場から閉め出された産品が自国市場に向かって来る可能性がある。このような場合にも，国内産業に重大な損害が発生し，又はそ

---

[1] 「ねぎ等に対して暫定的に課する緊急関税に関する政令」（平成13年4月20日政令第167号）。なお鉄鋼製品に対して，米国のセーフガード措置への対抗措置として暫定的に課された例がある。財務省のHP［http://www.customs.go.jp/tokusyu/kazeikamotsu_kinkyu.htm］を参照。

[2] 財務省関税局「野菜等3品目に係るセーフガードについて」関税・外国為替等審議会関税分科会特殊関税部会資料。財務省のHP［http://warp.ndl.go.jp/info:ndljp/pid/1022127/www.mof.go.jp/singikai/kanzegaita/siryou/kanb130406c.pdf］から入手可能。

のおそれがある場合には，回復不能な損害を受けるおそれがある場合に限り，関税譲許がないか若しくは関税譲許の範囲内で又は関税譲許を修正して関税の引き上げができる（関税定率法9条4項）。第二に，関税暫定措置法上特別のセーフガード措置がいくつかある。農産品については，農業協定が許容している特別セーフガードが規定されている（7条の3及び7条の4）。WTO協定上の関税譲許内での引き上げに留まる措置もいくつか存在する。牛肉及び豚肉については，輸入量が一定の基準量を超えた場合には一定期間中は自動的に税率が上がる仕組みとなっている（7条の5及び7条の6）。なお経済連携協定その他における関税譲許に従って関税を引き下げたために，輸入が増加して直接競合する国内産業が重大な損害を被った場合にも関税引き上げ等ができるとされている（7条の7）[3]。

2 米国の緊急関税制度

米国におけるセーフガード規定は，1974年関税法201条である。この規定は米国においてエスケープクローズ（免責条項）と称される。エスケープクローズの概念は，1942年にメキシコとの間で締結された通商協定において具体化された。その後，1951年通商協定延長法7条において具体的な規定が置かれた。1962年通商拡大法は，セーフガード措置の発動を困難にする改正を行ったが，同時に，損害を受けている労働者と企業とに対する調整援助プログラムを導入した。1974年通商法201条は，因果関係要件を緩和し，輸入が国内産業の損害の「主たる」原因である必要がなく，「実質的」原因でよいとした。輸入増加以外の要因に帰すべき損害を分離し区分することを求めるとするのがWTOの先例であり，米国の発動例について繰り返し違反が認定されている[4]が，是正されていない。また「予見されなかった事情の発展」要件が現行法において削除されており，繰り返しその点の違反が指摘されている[5]が，是正されていない。

3 EUの緊急関税制度

EUにおける主たるセーフガード規定は，規則288/82である。発動要件はGATT19条1項をコピーしているが「事情の予見されない発展」要件が含まれていない。発動は，同種の又は直接競合する産品がEC生産者に重大な損害を与え又はそのおそれがあるような増加した量で輸入された場合にのみ許される。な

---

[3] なおWTO加盟時の約束に基づき対中国経過的セーフガードが置かれ，旧7条の7に規定があったが，2013年12月に失効した。
[4] たとえば Appellate Body Report on *US – Lamb*, paras. 167-188.
[5] たとえば Appellate Body Report on *US – Steel Safeguards*, paras. 269-280.

お「ECの利益」に反しないことが発動の要件とされているが，その内容は必ずしも明確でない。

三　セーフガード措置等に関する国際ルールの発展

セーフガード措置等については関税譲許の変更を前提とするので，GATT/WTOにおいて国際ルールが形成されてきた。

1　GATT19条

一般国際法上，関税をどの水準に設定するかは各国が決定することであり（関税自主権），国内産業保護のために必要と考えれば関税を引き上げることも自由である。貿易協定において関税率を一定水準内に止める義務が規定されたために，当該義務から一時的に逸脱することを認める規定の必要性が認識された。かかる規定がなければ条約からの脱退又は条約の改定が必要となってしまうからである。かかるエスケープクローズは，1942年の米国・メキシコ間の貿易協定において初めて導入され，米国の主張により，ハバナ憲章及びGATTにも同様の規定（19条）が追加された。アンチダンピング関税及び相殺関税が不公正貿易に対抗する措置と説明されるのに対し，セーフガード措置は，公正な貿易に対する措置とされ，したがって，国内産業について「実質的な損害」でなく「重大な損害」が求められるなど発動要件がより厳格であると理解されている。またMFNベースで適用しなければならないために利害関係国が多数に上り，また等価値の譲許停止を甘受しなければならないなど実際上も発動が容易でなかった。

2　セーフガード協定

GATT時代においては，輸入が急増して国内産業から規制を望む声が上がった場合でも要件の厳格さ故にセーフガード措置を発動しにくいと考えられていた。輸入国政府は，輸出国に対処を求めがちであり，輸出国の産業としても価格・数量が安定するメリットがあったことから，「輸出自主規制」という不透明な解決がしばしば選択された。東京ラウンドにおいては，特定国からの輸入に対してのみ適用する選択的セーフガードの是非などが議論されたが，合意に至らなかった。その後，ウルグアイ・ラウンドにおいて，輸出自主規制が禁止され，同時にセーフガード措置の発動要件を明確化し，また一定範囲では代償を不要とするなど，セーフガード措置を利用しやすくする方向での交渉がなされた。これらの成果がセーフガード協定である。

3 譲許表の修正

　GATT は，関税譲許が不適切であったことが判明した場合，交渉によって譲許を修正することを想定し，そのための条件と手続とを定めている（28条）。3年ごとの決まった時期までに，関税譲許の修正を望む加盟国は，当該譲許について直接に交渉した加盟国及び主要供給国としての利害関係を一般理事会において認められた加盟国と交渉し合意すれば，実質的利害関係を認められた加盟国と協議することを条件として修正又は撤回が許される（同条1項）。この合意には，当該関税譲許の対象産品に関する関税譲許の調整だけでなく，他の産品に対する追加の関税譲許を補償として含むこともできるが，関税譲許の一般的水準を維持しなければならない（2項）。合意が成立しなくても申し出た修正等が許されるが，同時に，上記利害関係を認められた加盟国は，一定の手続を経れば，申請加盟国と直接に交渉した譲許のうち実質的に等価値の譲許を修正等することができる（3項(a)）。なお合意が成立したとしても，これに不満がある実質的利害関係を認められた加盟国は，やはり申請加盟国と直接に交渉した譲許のうち実質的に等価値の譲許を撤回することができる（3項(b)）。また「特別の事情があるときはいつでも」修正等の申し出ができるが，主要関係加盟国の同意が成立せず，かつ理事会において補償が不当と判断された場合は一方的な修正等が認められない（4項）。

　この規定は，修正・撤回を申請する加盟国と「直接に交渉した関税譲許」が存在していることを前提としている。リクエスト・オファー方式が採用されなくなったケネディ・ラウンド以降，個々の産品に関する「譲許について直接に交渉した加盟国」を特定することができなくなったため，対象期間における市場シェアを基礎として決定する「主要供給国」をそのように看做す合意がなされてきた。ウルグアイ・ラウンド合意については，「千九百九十四年の関税及び貿易に関する一般協定28条の解釈に関する了解」にその趣旨の規定が置かれている（1条）。しかし，ラウンド交渉に基づく関税譲許であれば対価関係にある関税譲許の存在を擬制してもよいが，既加盟国の既存の関税譲許を前提として加盟交渉したに過ぎない新規加盟国についてまでそうした擬制は無理である。したがって，明確な先例はないが，新規加盟国が加盟の時に合意した関税譲許についてGATT28条は規定していないと考えるべきである。他の加盟国の同意がある場合には準用を認めてよいが，一方的な修正・撤回は認められない，すなわち28条1項は準用できるが，3項は準用されないとすべきであろう。

　なお国際競争論＝共存モデルでは，関税譲許の修正は合意の修正であるから，消極的にしか認められない。これに対して，比較優位論＝協力モデルでは，関税

譲許を超える関税引き上げがWTO協定の共通目標である世界全体で保有する資本の最大化のために必要と認められる場合には関税譲許の修正を積極的に支持し，無条件で許容すべきと考える。たとえば，輸出国が自国において豊富な原材料に輸出関税を賦課する場合，自国川下産業に相対的に低価格での原材料供給を可能にしており，国際競争上人為的に有利になっているが，輸出関税自体は違法でなく（第3章四9を参照），また補助金として規律することも困難である（第11章四2(2)(ア)②参照）。外国から低価格で農産物が輸出されているが，表土流出が放置されるなど持続可能でない方法で生産されているという場合（第16章一1(3)を参照）には対象となる政府措置が存在しない。したがって，せいぜい「状況申立」の対象になるだけであるが，当該外国がパネル設置を拒否する場合（DSU26条2項）には救済を得られない。いずれの場合も不当な競争上の有利性を相殺すべく，川下製品の輸入に対して，その使用する原材料に賦課された輸出関税相当額の関税を課すこと，又は外国農産物が負担すべき環境コストに相当する関税を課すことが正当化される。しかし，アンチダンピング関税・相殺関税が利用可能でなく[6]，関税譲許を超えて引き上げるには関税譲許の修正又は撤回が必要である。

四　セーフガード措置等に対するWTO協定上の規律

1　GATT19条及びセーフガード協定

(1) 条文の構造

　WTO協定上は，「セーフガード」の名称を用いている制度がいくつか存在する。一般のセーフガード措置については，GATT19条が基本的な要件を定めており，さらにセーフガード協定が詳細な規定を置いている。その他，農業協定，繊維協定などに特別セーフガードの規定が存在する。農業協定上の特別セーフガード及び繊維協定の繊維セーフガードは，自由化されていなかった分野を自由化するに当たり，その移行を円滑にするために，輸入の急激な増加があった場合に一時的に自由化を停止できるとするものである。他方，関税譲許を超えない関税引き上げについては，適用前の公表が要求されている（GATT10条1項）以外，特段の

---

[6]　さらに比較優位論＝協力モデルでは，外国における政府措置が国内市場の輸入障壁として機能している場合には，措置自体を輸入制限の禁止（第7章），内国民待遇義務（第9章）等に違反し又は「無効化又は侵害」を構成する（第2章二3(5)(イ)）として是正を求めることが考えられるほか，自国市場等への悪影響を遮断するためにアンチダンピング関税を利用することも考えられる（第12章一を参照）。また補助金についても補助金協定（第11章）などで付与自体を争うか，相殺関税によって対応することも考えられる（第12章一を参照）。

規制がない。

　GATT19条は,「事情の予見されなかった発展の結果」及び関税譲許を含め「この協定に基づいて負う義務の効果」によって,「同種の産品又は直接的競争産品の国内生産者」に「重大な損害を与える又は与えるおそれがあるよう(に)」「増加した数量で……輸入されているとき」に,損害の防止又は救済に必要な限度で義務を停止し,又は譲許を撤回・修正できるとする(同条1項)。たとえば関税譲許を撤回して当該譲許税率を超える輸入関税を課すわけである。かかる措置を執る前にWTOに通告して関係国と協議することが原則として必要とされる(2項)。関係国の同意が得られなくてもセーフガード措置を発動できるが,他の関係国は,等価値の譲許その他の義務の停止が許される(3項)。

　これに対して,セーフガード協定は,輸入の増加と国内産業の損害だけを要件として明示しているが,調査によって事前に要件具備を決定した場合にのみセーフガード措置が許されるとしている(2条1項)。セーフガード措置を執ろうとする加盟国は,セーフガード委員会に事前に通報し,関係加盟国と協議する(12条)。セーフガード措置を必要な限度でのみ執ることができ(5条1項),譲許その他の義務の等価値性を維持するために補償措置を提供することが期待されている(8条1項)。合意できない場合,一定の場合を除くほか,他の関係加盟国は,実質的に等価値の譲許その他の義務を停止できる(8条2項及び3項)。

(2) 実体要件

　セーフガード措置の発動要件については,GATT19条1項とセーフガード協定と間の齟齬を先例が解消すべく努力している状況にあるが,一貫した説明ができているとは言い難い。したがって,各要件に関するセーフガード協定の規定及び先例の状況を概観した後に要件の相互関係を考えることとする。

(ア)「事情の予見されなかった発展」

　「事情の予見されなかった発展(unforeseen development)」要件は,GATT19条1項に存在するが,セーフガード協定2.1条において言及がない。GATTにおいては,帽子のスタイルに関する消費者の嗜好の変化が該当しないとし,しかしファッションの変化が及ぼした競争状態の変化が予見の対象であるとした先例がある[7]。その後この要件は次第に無視されるようになったとされる[8]。しかし

---

7) Report of the Intersessional Working Party on the Complaint of Czechoslovakia Concerning the Withdrawal by the United States of a Tariff Concession under Article XIX of the GATT, GATT/CP/106, adopted 22 October 1951., paras. 10-12. いわゆる"Hatters' Fur"ケースである。

WTO協定においては，先例上，この要件の認定が必要であるとされた[9]。当初は，独立の要件でなく，輸入増加の背景事情であると説明されたが，その後の先例において輸入増加をもたらしていることの説明が求められるに至っている[10]。なお US – Lamb ケースにおいて，輸入品と国産品との競争関係に及ぼす影響の程度が予見の対象に含まれるとパネルが述べている[11]。

(イ) 協定上の義務の効果

GATT19条1項は，輸入増加及び国内産業の損害が「協定上の義務」の結果でなければならないとする。すなわち関税譲許を超える関税引き上げを行うことによって国内産業の損害を防止できた又は救済できたという場合に限り，関税譲許を撤回し又は停止することを認める趣旨と理解すべきである。関税を引き上げても国内産業を救済できないならば，セーフガードを認める意味がない。先例上は，関税譲許が存在していれば「協定上の義務」の立証として十分であるとする[12]が，その「効果」と言えるために何を説明すべきか明らかにされていない。

なおこの要件は，自由貿易地域に属する加盟国が発動するセーフガード措置に関して複雑な問題を生じる。この点は第19章四1(2)を参照。

(ウ) 輸入増加

GATT19条1項は，「事情の予見されなかった発展」の結果として，国内産業において重大な損害が生じるように輸入が増加したことを発動要件としているのに対して，セーフガード協定2条1項は，輸入増加によって国内産業において重大な損害が生じたことを要件としており，輸入増加と国内産業の損害とが原因結果の関係にあることを前提としている。実務・先例共，経時的に輸入数量が増加しているかを検討している。輸入の絶対数量が増加することのみならず，相対的増加すなわち国産品販売量との比較でシェアが増加していることも含むことがセーフガード協定において明確にされた。

なお先例上，輸入増加については，何らかの現在のかつ急激な増加が必要とされており[13]，また単に調査対象期間の始期と終期とを比較するのでなく趨勢の

---

8) Alan Sykes, *The WTO Agreement on Safeguards – A Commentary* (Oxford University Press, 2006), pp. 17-19.
9) Appellate Body Report on *Argentina – Footwear (EC)*, paras. 85-90; Appellate Body on *Korea – Dairy*, paras. 68-90.
10) Panel Report on *Argentina – Preserved Peaches*, paras. 7.23-7.36; Panel Report on *US – Steel Safeguards*, paras. 10.113-10.150.
11) Panel Report on *US – Lamb*, para. 7.23.
12) Appellate Body Report on *Argentina – Footwear (EC)*, para. 91.

検討が必要としている[14]が、明確な基準が示されているとは言い難い。

（エ）国内産業

GATT19条及びセーフガード協定上、国内産業が損害を被った場合にのみセーフガード措置が許されることになっている（セーフガード協定2条1項）。国内産業とは、対象の輸入産品と同種又は直接に競合する産品の生産者の全体又は国内総生産高の相当な部分を占める生産者をいう（4条1項(c)号）。「相当な部分を占める」生産者でよいとしているのは、実体問題としてすなわち全生産者としては損害を被っているといえなくても、一部の生産者が損害を被っているとしてよいという趣旨か、手続問題として、全生産者の調査ができなくてもよいとの趣旨とみるべきか問題になり得るが、実務上は必ずしもはっきりしない[15]。

「同種の産品」及び「直接に競合する産品」は、産品の物理的性質、用途、消費者の認識及び関税分類を考慮して決定されるとするのが先例である。先例上、特段の事情のない限り、「同種の産品」の原材料は対象産品と競争関係になく含まれないとされた[16]。そのほか、アンチダンピング関税についてであるが、「生産者」については、「同種の産品」の生産者である限り、外部には販売していない自家消費のための生産を行っている企業も国内産業に含まれるとされた先例があり[17]、セーフガードについても同様であろう。

（オ）損害・因果関係

セーフガード協定における損害認定は、協定（4条2項(a)号）に列挙される指標をすべて検討してなされなければならない。販売量・利潤が重要であることは認識されているが、その他の指標のうち一つでも検討していない指標があれば違法とするのが確立した先例である[18]。損害の程度は「重大」でなければならない。なお対象産品の原材料の生産者を含まないとする考え方からすると、販売量、利潤等の指標は、対象産品の同種の産品等の加工プロセスに限定して考えることになるはずである。

損害・因果関係認定の通常のやり方は、輸入増加及び国内産業の損害を過去の

---

13) *Ibid.*, paras. 129-131.
14) *Ibid.*, para. 129.
15) Appellate Body Report on *US – Lamb*, para. 91.
16) *Ibid.*, para. 88.
17) Appellate Body Report on *US – Hot-Rolled Steel*, paras. 209, 214-215。また繊維セーフガードについても自家消費のための生産物が「直接に競合する産品」でないとして国内産業に含めないでよいとした米国の主張を退けた先例がある。Appellate Body Report on *US – Cotton Yarn*, paras. 99-102.
18) Appellate Body Report on *Argentina – Footwear*（*EC*）, para. 139.

期間との比較によってそれぞれ認定し，その上で両者間の因果関係を認定するというものである。具体的には，両者の間の相関関係の認定のほか，競争関係にあることを認定し，さらに輸入増加以外の事象に起因する国内産業への影響を除外して，輸入増加に起因する影響から分離することが求められている（4条2項(b)号）。この相関関係を重視する因果関係認定の手法は，アンチダンピング関税・相殺関税を通じて共通に採用されている。他の要因に帰せられる損害をどのように除外・分離するかは明確に示されていないが，貿易救済法に関する先例を通してみると，他の要因の影響がない，と断定しているケースは違反とされず，影響があるが重要でないとしているケースでは違反とされているようである。相関関係を認定する手法に照らせば，統計的手法により各原因の寄与度を計算し，輸入増加の寄与度に応じた損害部分のみで「重大」か否かを認定するのが首尾一貫するが，先例はそこまで求めているか明確にしていない。

（カ）先例・実務の評価

以上の通り，実務・先例においては，関税譲許前の時点と比較して国内産業の状態が悪化したことを損害とすることを前提とし，この損害が輸入増加によってもたらされたという因果関係を想定している。これは，セーフガード協定の文言に合致しているようにもみえるが，GATT19条との関係で問題がある。

第一に，先例は，GATT19条1項の文言上，「事情の予見されなかった発展により……輸入が増加した」ことが要件とされているにもかかわらず，「事情の予見されなかった発展」要件を輸入増加と直接結びつけていない。第二に，先に触れたように，輸入増加を原因とし，国内産業の重大な損害を結果とするのが実務・先例の考え方であるが，輸入増加と国産品の販売減少とは，同一の原因から同時に発生する二つの結果であり，その二つの事象が原因結果の関係に立つことはない。これらの問題は絡み合っており，一体として考察する必要がある。

まず，輸入が増加し，競合する国産品の販売が減少するという事態は，国産品を購入するはずの消費者が輸入品に乗り換えることによって発生する。輸入増加と国産品の販売減少とが原因結果の関係に立つことはない。輸入品と国産品との比較において前者が勝ると消費者が考え直した結果，すなわち輸入品と国産品との間の相対的な競争力の変化を原因とし，その結果として，輸入増加と国産品の販売減少とが同時に発生したのである。共通の原因事象として競争力の相対的な変化が発生し，それが予見されていなかった場合には，関税譲許においていわば錯誤があったわけであるからその撤回・修正を認める理由がある。「事情の予見されなかった発展」が競争関係に影響を及ぼす事象であることを想定する*US-Lamb*ケースにおけるパネル判断はこの意味で理解できる。かかる競争力の変化

を相殺するために関税を引き上げようとしても関税譲許のためにできなかったことが「協定上の義務の効果……の結果として」という要件の意味するところであり，その救済策として関税譲許の撤回・修正が認められているということになるからである。これに対して，国内需要減少によって国内産業の売上・利潤が減少したような場合には，国内産業の損害があるようにみえても，また仮に，輸入の減少幅が相対的に小さかったために市場シェアが増加したとしても，相対的な競争力の変化に起因するものでないので関税譲許に帰責することは適切でない。「事情の予見されなかった発展」要件を以上のように位置付けるならば，反実仮想の手法すなわち，現在の輸入・国内産業の状況と，「事情の予見されなかった発展」がなかったと仮定して推測した状況とを比較して「輸入増加」及び「損害」があるか否かを認定すべきである。

　このように考えると，「事情の予見されなかった発展」の例を具体的に想定することができる。たとえば，国内産業において工場の爆発事故が発生し製造原価が上昇したため国内需要家が国産品を敬遠して国産品の販売が減少し，代わって輸入が増加したとする。爆発事故が予見されていなかったとすれば，事故が発生せず，国内産業の製造原価が従前どおりであった場合と比較して，輸入が増加したか否か，同時に国内産業が損害を被ったか否かを認定することになる。規定上，「予見されなかった」か否かだけが問題であり，国内産業に帰責されるか否かは問われていないので，事故がたとえ生産者の過失によるものであったとしても「事情の予見されなかった発展」に該当しないとする理由がない[19]。

　なお輸入品と国産品との間で競争力の相対的な変化をもたらす事情の発展は様々な事態があり得，その中で「予見されなかった」ものとそれ以外のものとをどのように区別するかという問題がある[20]。基準時を関係する関税譲許の交渉時とするのが先例[21]である。その時点で予見していたか否かでなく予見可能であったか否かが問題であるかのように判示した先例もある[22]が，この基準では明確性を欠くのでないか[23]。

---

19) なお，GATT締結時には固定為替相場が想定されていたが，今日では，変動相場制が採用されていることも多い。為替レートの変動も相対的な競争力の変化をもたらす事象といえるが，これはIMF協定によって解決する問題として「協定上の義務の効果……の結果として」の要件を充たさないと考えるか，予見しなかったと言える限りセーフガード措置を認めるべきか，という問題があるように思われる。

20) Sykes, *supra* note 8, pp. 192-194.

21) Appellate Body Report on *Argentina – Footwear (EC)*, para. 96, citing Working Party Report on *Hatters' Fur, supra* note 7, para. 9. See Sykes, *supra* note 8, p. 116.

22) Panel Report on *Argentina – Preserved Peaches*, paras. 7.26-7.30.

23) See Sykes, *supra* note 8, pp. 110-111.

この点は，関税交渉方式の変化と合わせて考える必要がある。現在のフォーミュラ方式では個々の産品について内外の競争関係に関する意見交換をすることが想定されていない。しかしかつてのリクエスト・オファー方式では，どれだけの関税譲許が提供可能かを個々の産品について各国が検討していたはずである（また新規加盟の場合には産品ごとの交渉となるのでそうした検討が可能である）。とくに比較優位論＝協力モデルに立つならば，関係国が，外国産業と自国産業の現在の競争関係及び予測される変化を考慮して，関税譲許の最適な水準を決定するものと想定される。交渉において，この前提条件についても意見交換がなされたならば，そこで共有されなかった事情の発展が「事情の予見されなかった発展」であると特定することができる。譲許を要求する国は，セーフガード措置の可能性を小さくしようとして，想定される事情の発展を可能な限り指摘することができるが，そうすると譲許国が低い譲許税率をオファーしなくなる可能性もある。そのバランスにおいて関税譲許に関する合意が成立することが想定される。これに対して，国際競争論＝共存モデルに立つと，そうした交渉を想定し難く，その結果「予見されなかった」という要件を「予見可能であった」と解釈せざるを得ないと思われる。

　さらに，このように解釈すると，「協定上の義務の効果……の結果として」という要件が積極的意味をもつ。必要なセーフガード措置の範囲を画する意義については本項(4)で述べるが，それ以外にも，たとえば貿易救済措置の選択を規律する効果がある。競争している外国生産者に補助金が付与されて輸出価格が引き下げられ，その結果自国への輸入が増加し国産品の売上が減少して国内産業が損害を被ったという場合，当該補助金付与が「事情の予見されなかった発展」に該当するとしても，その結果として発生する相対的な競争力の変化を相殺して損害を防止するためにGATT2条2項(b)号によって関税譲許を超える相殺関税の賦課が許容されている（第12章を参照）ので，当該損害が「協定上の義務の効果……の結果として」発生したと言えず，セーフガード措置は救済措置として許されない。つまり相殺関税で補助金付輸入だけを規制すべきであって，すべての国からの輸入を制限するセーフガード措置は許されないことになる。特定国からのダンピング輸入によって国内産業が損害を被っている場合も同じである。

　比較優位論＝協力モデルに基づく上記の解釈は，GATT19条1項の文言に完全に合致しているが，セーフガード協定とは必ずしも整合的でなく，先例の考え方と一致しているわけでもない。国際競争論＝共存モデルではセーフガード協定がGATT19条1項を修正し，新たなセーフガード措置を規定したと考えても差し支えない。しかし，比較優位論＝協力モデルに立ち，客観的に最適な関税水準

があると考えると，関税交渉の方式を含めこのような理解のほうが合理的である。この点については本章一2において言及した。また本項(4)で見るように，セーフガード措置が許される限度もこのように理解しなければ特定できないと思われる。なお比較優位論＝協力モデルは，リクエスト・オファー方式への復帰を必ずしも求めるものでない。たとえば，個々の産品について関税による保護が世界全体での資本の最大化の観点から必要性を説明できる範囲でのみ関税維持を認め，その限度でのみ関税譲許を認めるという原則に立つ交渉でも差し支えない。

（3）調査・理由説明義務

以上の実体的な要件について，発動国政府は，事実調査を行い，関係者に対して反論の機会を付与し，さらに，その認定を適切に記述しなければならない（セーフガード協定2条1項及び3条）。調査当局は，調査（investigation）が求められ（4条2項(a)号），とりわけ同号に明示された要因については積極的に関連情報を収集・検討する義務を負っており，無制限ではないが，利害関係者が提示した証拠に検討を限定してはならない[24]。また輸入増加，損害・因果関係の認定にあたり「十分な説明」が必要とされている。「十分な説明」の有無は，公表された決定書の記述から判断され，他の文書で説明を補充することは許されない[25]。損害については，列挙された個々の要因（同項(a)号）について検討が必要とされたことは先に述べたとおりである。ただ，比較優位論＝協力モデルに立つならば，国内産業の生産・販売規模の縮小が重要であり，その観点からは必ずしも関連性の明確でない要因も含まれていることに注意が必要である。アンチダンピング関税についてこの点を論じている第12章四3(2)も参照。

なお紛争解決手続において，発動国政府の調査が発動の手続要件とされている貿易救済措置について，発動国政府の調査において挙げられていない証拠を斟酌して当局の判断が適切かを判定することは，初審的判断であって認められないとするのが先例である。この点は，第2章二3(7)(ク)を参照。逆に言えば，関係者は発動国政府の調査に協力する義務があることになる。言うまでもなくその前提として，国内調査手続の透明性確保が重要である。

（4）セーフガード措置の発動

GATT上，セーフガード措置は，対象産品に関する損害の防止又は救済のた

---

24) Appellate Body Report on *US – Wheat Gluten*, paras. 55-56.
25) Appellate Body Report on *US – Steel Safeguards*, para. 299.

めに必要な限度及び期間に限り許される（GATT19条1項(a)号）。そのために義務の停止又は譲許の撤回・修正が許される。これにより，損害防止のために必要な範囲で関税を引き上げ，又は輸入数量を制限することが可能になる。ただし，特別の場合を除き，一方的にセーフガード措置を発動することは許されておらず，提案する措置について通告し，利害関係を有する加盟国に協議する機会を与えなければならない（同条2項）。なお，セーフガード協定においては，損害防止又は救済に必要というのみならず，そのための調整を容易にするために必要な範囲に限定している（セーフガード協定5条1項及び7条1項）。ただしこれらの規定は，必要な範囲に留まっていることを決定において説明することを求めていないとするのが先例である[26]。また原則は4年以下であり，延長しても最長で8年を超えられない（7条1項〜3項）。予定適用期間が1年を超える場合には漸進的緩和が要求される（7条4項）[27]。また再度セーフガード措置を執ることにも制限がある（7条5項）。セーフガード措置は，関税引き上げ又は輸入数量制限が想定されている。透明性に欠けるため，輸出自主規制を行うこと，また自主規制を要請することは禁止されている（本項(5)を参照）。

　損害の防止又は救済のために必要な限度とされているが，経時的変化に着目して損害を捉える実務では，国内産業がいかなる状態になれば損害を救済したといえるのかはっきりしない。たとえば関係する関税譲許が発効した時点を基準とすることが考えられるかもしれない。セーフガードの程度については，関税引き上げの場合特段の制約はおかれていないが，輸入数量制限を行う場合には，最近の期間における水準に一応限定されているものの，異なる水準が必要であることが明らかな場合はそれを下回る水準に限定することができる（5条1項）ことで基準時点を人為的に決定している。

　他方，「事情の予見されなかった発展」要件を積極的に捉えれば，予見されなかった事情に基づく輸入品と国産品との相対的競争力の差の変化が発生しなかったと仮定した場合の輸入量及び国内産業の状況が基準になる。かかる国内産業の状況を実現するのに必要な限度に限定されるので，かかる相対的競争力の差の変

---

26) Appellate Body Report on *Korea – Dairy*, paras. 99-100.
27) なおセーフガード協定の規定する期間制限及び漸進的緩和義務は，「事情の予見されなかった発展」を重視する考え方すなわち関税譲許時に前提に錯誤があった場合に撤回を認めるという考え方ないし（必要な範囲に限定されているが）関税譲許の撤回まで認めているGATT19条1項とやや相容れない。予見しなかった責任の一部を譲許国に負わせる理由が明確でないからである。比較優位論＝協力モデルからは，比較優位産業への特化という観点から正当性が認められる限り，撤回も拒絶する理由がなく，関税譲許の修正手続において適宜対処することが求められる。

化を相殺する分を上回る関税引き上げは許されない。つまり「事情の予見されなかった発展の結果として」さらに「協定上の義務の効果として」要件を正しく認定していれば修正が必要な競争力の差がどれだけかが決定において明らかにされるので，それ以上の特段の説明が不要である理由を理解できる。

なおセーフガード措置は，MFNベースで実施する必要があり，特定の加盟国からの輸入が急増したとしても，当該加盟国からの輸入に対してのみセーフガード措置を発動することは許されない（2条2項）。この点立法論として議論がある。国際競争論＝共存モデルの発想では，選択的なセーフガード措置も合意し得るが，比較優位論＝協力モデルでは，比較優位産業への特化を妨げる選択的なセーフガード措置を容認する余地がない。ただし輸入に占めるシェアの小さい途上国を除外しなければならず（9条1項），その範囲ではMFNベースからの積極的な逸脱が要請されている。言うまでもなく，比較優位論＝協力モデルからは認めるべきでない逸脱と評価することになろう。

損害を受けている国内生産者の範囲は，輸入品と同種の産品の生産者である場合と直接的競争産品の生産者である場合とがある（GATT19条1項(a)号）。「同種の産品」よりも直接的競争産品のほうが狭い範囲の産品であると思われるが，後者の生産者の損害を救済するためであっても関税引き上げ，ひいては関税譲許の撤回・修正が必要な範囲を同種の産品とすべきかという問題がある。この点，第3章四2(2)で検討したように，同種の産品である輸入品に対して同一の関税率を適用しないとするとGATT1条1項の規定する最恵国待遇義務違反の問題があり得る。そうした考え方を採用すれば同種の産品の範囲に限定されるべきであり，そうした考え方を採用しないのであれば同種の産品よりも狭い範囲の直接的競争産品の範囲で関税引き上げを認めるほうが自然であろう。

また関税同盟については，一つの単位としてのみならず，一の構成国のためにセーフガード措置を取ることが認められている（セーフガード協定2条1項注1）が，対外共通関税を採用している以上関税同盟を単位としてのみ認められるとすべきであろう。他方，自由貿易地域については，域内からの輸入を調査対象に含めているのであれば，かかる輸入をセーフガード措置から除外することが許されないとするのが先例である[28]。しかし，輸入増加等が「協定上の義務の効果」でなければならない（GATT19条1項）のであるから，措置国は，自由貿易地域内の他の締約国に対してもWTOにおける関税譲許の水準に関税を維持していると仮定した状態を基準として輸入及び国内産業の状況を検討しなければならない

---

28) Appellate Body Report on *Argentina – Footwear* (*EC*), paras. 111-114 など。

はずである。その比較において発動要件を充たしているならば，域外に対してのみ発動することが許されるのではないか。むしろそうした仮定を置かずに調査しているならばセーフガード措置の発動自体許されないとすべきであろう。この点は，第19章四1(2)において再び触れる。

また，GATT19条においては，セーフガード措置の発動に対して一定の条件の下に発動国に対してのみ等価値の譲許停止等が許されていた（同条3項(a)号）が，セーフガード協定では，代償措置の提供を推奨しつつ，対抗措置が発動の制約として強すぎるとして，輸入の絶対量が増加している場合には発動を許さないこととした（セーフガード協定8条3項）。ただし，他国のセーフガード措置の発動によって，排除された輸入品が自国に流れ込み，そのために自国産業が損害を受けることを防止・救済するために対抗的セーフガードをとることが認められている（GATT19条3項(b)号）。

なおセーフガード協定は，関税引き上げに加えて，輸入数量制限を採用することも認めている（5条1項）。確かに，関税引き上げでも輸入数量制限でも理論的には同じ救済になり得る。しかしGATTは国内産業保護の手段として輸入数量制限よりも関税を優先しており，セーフガード措置の場合に輸入数量制限を認める必要があるとすればどのような場合かを明確にする必要があろう。GATT11条2項(c)号（第16章一3(2)を参照），GATT18条（第7章四1(2)を参照）などによって輸入数量制限が認められている状況に限定することが考えられる。

(5) 輸出自主規制等の禁止

セーフガード協定11条は，「輸出自主規制，市場の秩序を維持するための取り決めその他輸出又は輸入の面における同様の措置」を取ることを禁止しており，かかる措置は関係国間の合意によっても許されないとする（同条2項）。また民間企業が類似措置を採用することを奨励したり支持したりしてはならない（同条3項）。輸出自主規制は要するに輸出カルテルであり，輸出価格が通常上昇することから輸出者は支持することが多い。しかしかかる措置は透明性に欠け，またセーフガード措置発動の要件を欠く場合にも要求されていたことから一切禁止としたものである[29]。

なおこの禁止対象に輸入を自主的に約束する協定が含まれるかは争いがある。セーフガード措置の代用として用いられる可能性のある措置についての規定であ

---

29) 輸出自主規制の禁止に至った経緯については，松下満雄『国際経済法——国際通商・投資の規制』（第3版）（有斐閣，2001年）42-45頁を参照。

ることから含まれないとする解釈のほうが自然であろう。ただし，かかる協定がWTO協定上問題でないという意味ではない。経常収支の不均衡は国内政策の適切な調整によって解決されるべきであり，貿易政策に拠るべきでないとの原則に反することは明らかであり，少なくとも非違反申立（GATT23条1項(b)号）が認められるとすべきであろう。国際競争論＝共存モデルに立てば規定上禁止されていなければやむを得ないという考えに傾くかもしれないが，比較優位論＝協力モデルからは輸出自主規制と異なる扱いをする理由がない。

2 関税交渉と関税譲許の修正手続の関係再考

既に見たように，現在の関税交渉の実務及びセーフガード協定の規定は，粗く言えば，「関税は低ければ低いほど経済政策として正しく，引き下げて問題があればその時点で引き上げ，激変緩和措置を認めればよい」という貿易自由化を優先する発想に基づいている。これは国際競争論＝共存モデルに立つ考え方である。関税交渉がフォーミュラ方式でなされる以上，個別の産品について関税譲許の効果を一々推計する意義に乏しく，仮に推計したとしても他の加盟国と情報共有されないので合意の共通基盤にならない。セーフガードの発動要件においても関税引き下げの後国内産業が困難に直面しているかどうかが重要であり，予測が外れたか否かは関係がない。また他国の関税譲許と引き替えに自国の関税譲許を約束しているので，他国がセーフガード措置を採用するために関税譲許を撤回すれば自国として代償を求めない理由がない。セーフガードの要件を充たさない関税譲許の修正についても同じであり，代償を求めるのが当然である。この考え方はセーフガード協定の文言になじむ。

これに対して，比較優位論＝協力モデルに立てば，関税撤廃が常にまた無条件に最適というわけでないので，関税交渉は，最適な関税水準を模索し合い，最適な水準まで相互に引き下げる共同作業とみる。そのためには，リクエスト・オファー方式のほうが適切である。将来を予測し，その予測を共通基盤として最適な関税水準に合意したのであるから，予測が外れた場合に譲許の維持を強要するのは合理的でなく，また撤回に代償を求める理由もない。セーフガードの要件を充たさない関税譲許についても，最適でなかったとして撤回・修正する限りやはり代償を求める理由がない。ただ，加盟国が，全体にとって最適でないからでなく自国産業の保護要求に屈して譲許の撤回をしないように，関税譲許の一般的水準を維持する努力義務を課し，また輸出国に対抗措置の権利を付与すべきである。こちらの考え方は，GATT19条にむしろなじむ。

以上のようにフォーミュラ方式に基づく関税交渉とセーフガード協定に基づく

セーフガードの組み合わせは，リクエスト・オファー方式の関税交渉とGATT19条のセーフガードの組み合わせと根本的に発想が異なり，またそれが関税譲許の修正とりわけ代償の考え方に反映される。なお，第17章四1(2)でみるとおり，GATSは，その21条が，サービスの自由化交渉を相互主義の強い，拘束力の強い合意をもたらすものであることを示しており，それでいてセーフガード規定を未整備としているというバランスの悪さを示していることにも注意が必要である。

主要参考文献・資料

荒木一郎・川瀬剛志（編）『WTO体制下のセーフガード』（東洋経済新報社，2004年）

イヴォ・ヴァンバエル，ジーン・フランソワ・ベリス（松下満雄（監訳））『EC通商法の解説』（商事法務研究会，1986年）第Ⅲ部

トーマス・V. ヴェーカリックス，ディーヴィッド・I. ウィルソン，ケネス・G. ウァイゲル（松下満雄（監訳））『アメリカ通商法の解説』（商事法務研究会，1989年）第4章

柳赫秀『ガット19条と国際通商法の機能』（東京大学出版会，1994年）

Kyle W. Bagwell, George A. Bermann, and Petros C. Mavroidis (eds), *Law and Economics of Contingent Protection in International Trade* (Cambridge University Press, 2009), Sections 10 and 11

Petros C. Mavroidis, Patrick A. Messerlin, and Jasper M. Wauters (eds.), *The Law and Economics of Contingent Protection in the WTO* (Edward Elgar, 2008), Part III

Alan Sykes, *The WTO Agreement on Safeguards – A Commentary* (Oxford University Press, 2006)

Rüdiger Wolfrum, Peter-Tobias Stoll and Michael Koebele (eds.), *WTO – Trade Remedies* (Martinus Nijhoff Publishers, 2008)

第5章　安全保障貿易管理・投資規制

　本章は，安全保障に関わる輸出入制限及び投資規制を取り扱う。この分野は，政府間の国際的取決めが発展してきているが，リスクの拡散により，企業の主体的な取組みも重要になってきている。今日では，規制品目及び規制相手を政府が指定し，企業がそれに従うという従来型の規制方法だけでは足りず，企業に対して，取引の相手方に加えて転売先さらにその使用・消費形態まで情報収集し，リスクを評価することを国内法が求めている。また従業員等による技術情報の流出も防止すべく積極的な管理が必要とされている。さらに安全保障の対象が自国から世界に拡大し，企業にとって原材料の調達とくにその上流部分にまで注意することが求められてきている。たとえば，いわゆる紛争ダイヤモンドなど紛争地域における暴力的な反政府勢力等の資金源となっている鉱物を使用していることが法令上又は事実上問題視される事態が生じている。

　企業には，消極的な法令遵守でなく，世界の経済社会の動向を踏まえた積極的な取組みが求められつつあると言えるが，これは安全保障分野に限定されず，環境，人権等に広がりつつある。関連する動きの例として，国連のグローバル・コンパクトやプロジェクトファイナンスに関する赤道原則（第15章四4(3)を参照），持続可能な森林経営（第16章三2(1)を参照）などを指摘できる。

一　本章の対象事項

1　安全保障貿易管理・投資規制の政策根拠

　日本において安全保障貿易管理は，国際的な平和及び安全の維持の観点から，大量破壊兵器等の拡散防止や通常兵器の過剰な蓄積を防止するために，国際的な輸出管理の枠組み（レジーム）や関係条約に基づき，厳格な輸出管理を行うこととされる[1]。

---

1) 経済産業省の安全保障貿易管理のHP［http://www.meti.go.jp/policy/anpo/kanri/boueki-kanri/daigaku/reference.html#10］を参照。

主権国家にとって，その安全・対外的独立を維持することが最優先課題であり，軍事力強化が昔から行われてきたが，その結果戦争の惨禍も耐え難いものとなり，第一次世界大戦以降，軍縮の動きがみられるようになった。毒ガスなどの化学兵器が大量に使われたことから，大量破壊兵器を使用禁止する動きがあり，1925年のジュネーブ議定書となった。第二次世界大戦後，さらに世界規模での条約が締結され，世界的な管理体制が整備されてきた。しかし，条約に基づく管理体制だけでは大量破壊兵器の拡散を防止できないとして，関連する製品の生産能力・技術を保有する有志国による輸出管理の申し合わせもなされ，こちらのほうが重要になっている。武器とりわけ大量破壊兵器は，戦争の抑止力として機能している限り経済的に考えてそれ自体としては非効率を生じさせていないと言えるが，動的な又は長期的視点で見れば，何らかのきっかけで相互不信が生じた場合に相互に兵器保有を拡大し合う事態を招きかねず，世界全体の効率性を損なう可能性があり，不安定さを生じさせると言うべきであろう。したがって，効率性を害さないように世界的な軍縮を進めることが求められる。

　有志国による管理体制を含め今日の大量破壊兵器の管理体制は，安全保障の関心が東西対立から拡散したために大きく変貌した。冷戦時代においては，対立陣営に存在しない高度技術製品・高度技術の輸出を管理することに限定されていたが，今日では，日常的に使用される製品の技術レベルが高くなり，とりわけ大量破壊兵器の中でも生物・化学兵器の拡散防止のためには，比較的低いレベルの品目・技術まで管理する必要がある。かかる観点から，産品・技術を指定して輸出管理を行う従来型のいわゆるリスト規制に加えて，対象を広く捉えた上で購入者の用途等によって問題とするキャッチオール規制が導入されている。しかし，途上国から見れば，技術移転管理によって技術製品の輸入・技術移転が妨げられ自国の発展を阻害しかねないという問題もある。また2001年に発生した9.11テロは，国家でなく，テロリスト・グループによる大量破壊兵器の入手・使用阻止を課題としてクローズアップした。

　通常兵器についても蓄積を防止するためのワッセナーアレンジメントが締結されているが，さらに国際平和の観点からは，地域紛争の激化を防ぐため，武器の流れのみならず，武器を購入する資金の流れを止めることにも注意が向けられてきている。アフリカの紛争地域を想定したいわゆる紛争ダイヤモンドの規制制度は，NGOが主導して形成されたものであるが，さらに進んで資源の出所を問う動きが強まっている。テロ組織に対する資金の流れについても関心が高くなっている。

　国際競争論＝共存モデルでは，安全保障政策と貿易政策とを矛盾対立する可能

性があるとの前提で，いずれをどのような場合に優先するかを合意によって決定するという発想になる。安全保障政策としても，他国との協力拡大を目標とする考え方又は自国（及び同盟国）の存続・繁栄を優先する考え方のいずれも排斥されない。これに対して，比較優位論＝協力モデルでは，世界全体での資本の最大化の観点からみて大量破壊兵器・通常兵器をどう評価するかが出発点になる。負の資本であると考えるのが自然であり，したがって全世界における保有量を協力して削減することが求められ，貿易管理はその協力体制の一環として適切である限りにおいて正当化され，同時に貿易政策との整合性も確保されると考えることになろう。

2　問題の所在

　安全保障上の理由に基づく貿易管理は次第に拡大しており，以下の3点の動きが重要である。第一に，安全保障貿易管理の対象となる物資・技術の範囲が拡大している。安全保障のための貿易管理のうち，軍需用の産品とりわけ大量破壊兵器について規制が必要であることが古くから合意されている。しかしながら，今日においては，兵器そのものに加えて，兵器に転用可能な産品，兵器の開発，製造及び使用のために利用可能であるが民生用としても利用できる産品まで広く貿易管理の対象となってきている。現時点では，汎用品であっても機微性の高い物資を規制対象として特定し（リスト規制），それ以外の汎用品は大量破壊兵器の開発，製造等に利用される客観的可能性が高い場合に限り規制する（キャッチオール規制）というアプローチが取られている。また大量破壊兵器等に関心があり，又は管理が十分でないと判断される国に対する輸出が国内法においても国際法においても厳しく規制されている。

　第二に，自国の安全保障に直接関わらないが，地域紛争の拡大防止などの観点からの貿易管理が非政府組織の発案・主導で形成されつつある。内戦の発生している国で武器購入のための外貨獲得の手段として鉱物資源その他が濫掘されることがある。シェラレオネなどで不法取引されていたダイヤモンドについては，いわゆる紛争ダイヤモンドの規制がNGO主導で形成され，規制対象でないことを認証するいわゆるキンバリープロセスを経ていないダイヤモンドに対して輸出入を規制する動きが世界的に広まり，WTOにおいても免除が認められるに至った。コンゴ民主共和国周辺のタンタルその他の鉱物資源についても同様な動きがある。こうした動きは，貿易と無関係の考慮に基づくものではあるが，労働基準・環境基準の低さをソーシャルダンピングとして弾劾する動きと性質上似ており，国際経済法の観点からは慎重な検討が必要である。なお，他の不法な資金源として麻

薬取引があり，第6章で言及する（人身売買についてはサービス貿易との関係で第17章において若干言及する）。

　第三に，安全保障貿易管理における管轄権の配分とその行使が問題となる。規制対象たる物資・技術の輸出が許可されて海外に移転した後に，懸念先に再移転される可能性が存在する。米国は，再輸出すなわち海外に所在する企業も米国輸出管理法規の対象とし，その違反に対してペナルティを科しており，域外適用の問題を生じている。さらに米国は，世界的に利用されているドル決済システムに着目して，経済制裁の一つとしてイランその他の特定の関係者との金融取引におけるドル決済を禁止しており，その対象を国外における米国人・米国銀行のみならず外国銀行による取引にも拡大しており，ここでも過度の管轄権行使になっていないか疑問が示されている。

　本章四において検討するように，GATT/WTO協定は，他国との間で軍事的な緊張関係が発生した場合の禁輸，核分裂性物質及び軍需品の輸出管理，並びに国連憲章に従って，平和及び安全保障問題を扱う安全保障理事会の決議に従った行為を執るといったことを例外として掲げている（GATT21条）に止まる。たとえば食糧又は資源・エネルギーの自給体制の確保のためとしても，それで貿易制限措置が正当化されるわけでなく，WTO協定の枠内で何ができ，同時に枠外で何をすべきかを厳密に考える必要がある。他方で，第17章三3(2)において言及するように，GATTと異なり，GATSは金融サービスを含めサービスの輸出制限を規制していないことにも注意が必要である。したがって，たとえば米国上場企業に対してコンゴ民主共和国の武装集団の資金源となっている鉱物資源（紛争鉱物）の使用に関する報告義務を課す米国金融規制改革法は，法的には，WTO協定の問題とし難い。投資協定上問題になるかどうか，又は，一般国際法上管轄権の不法な行使か否かが問題となるに留まる。前者の点は第9章四2(2)，後者の点は第1章四2をそれぞれ参照。

二　各国の安全保障貿易管理制度

1　日　本

(1) 輸出貿易管理

　日本における輸出貿易管理の根拠法は「外国為替及び外国貿易法」（外為法）である。外為法は，自由貿易を原則としつつ（同法47条），「国際的な平和及び安全の維持を妨げることとなると認められる」範囲で許可制が採用され得るとする（48条1項及び2項）。外国相互間の取引すなわち仲介貿易も許可制の対象であ

る（25条4項）。

（ア）武器輸出三原則及び防衛装備移転三原則

　許可対象となる取引の多くが国際的な取決めを根拠とし，その改正・発展を反映して随時制度改正される。その他武器を許可対象とし，かつては，武器輸出三原則等により輸出を自粛し，日米安全保障条約等に基づく共同研究に関するものを除いて原則許可しない扱いとなっていた。武器輸出三原則は，1967年に当時の佐藤総理が衆議院決算委員会において答弁したもので，(1) 共産圏諸国向けの場合，(2) 国連決議により武器等の輸出が禁止されている国向けの場合，(3) 国際紛争の当事国又はそのおそれのある国向けの場合，には武器輸出を認めないという政策をいう。さらに，1976年には，当時の三木総理が衆議院予算委員会において「武器輸出に関する政府統一見解」を表明しており，武器輸出三原則の対象地域以外の地域についても「武器」の輸出を慎むとしたものである。また，武器製造関連設備の輸出については，「武器」に準じて取り扱うものとした。

　その後2014年4月に，「防衛装備移転三原則」が閣議決定され，一定の場合に輸出を認めることとした。同閣議決定は，防衛装備の海外移転の禁止される場合を「当該移転が我が国の締結した条約その他の国際約束に基づく義務に違反する場合」等とし，移転を認める場合の条件等を規定している[2]。

（イ）大量破壊兵器・通常兵器

　防衛装備移転三原則等以外に基づく輸出規制のリスト規制対象品目として，核兵器，生物・化学兵器，それらの運搬手段としてのミサイルその他の大量破壊兵器の開発製造に用いることが可能な産品，加えて通常兵器の開発製造に用いられる機微な技術産品が指定されている（輸出貿易管理令1条1項，別表第一）。二項は核兵器関連，三項は化学兵器関連，三の二項は生物兵器関連，四項がミサイル関連，五項から十五項までが通常兵器関連の物資である。これらについては，省令によってさらに技術要件が細かく定められている（輸出貿易管理令別表第一及び外国為替令別表の規定に基づき貨物又は技術を定める省令）。なお，一項は，防衛装備移転三原則関連の物資である。さらに，2002年には大量破壊兵器について，また2008年には，通常兵器関連物資についても補完的輸出規制（キャッチオール規制）が導入された。大量破壊兵器に関するキャッチオール規制については，食料品及び木材製品を除く産品が対象として指定されており（別表第一，十六項（二）），通常兵器関連物資についても対象産品が指定されている（別表第一，十六項（一））。なお仲介貿易についても同様にキャッチオール規制がある（外国為替

---

　2) 「防衛装備移転三原則の運用指針」（平成26年4月1日国家安全保障会議決定）。

令17条3項)。

　それぞれの許可制の対象となる輸出先国が指定されている。一項から十五項までは，全地域が対象であるが，十六項の品目については，大量破壊兵器等の国際輸出管理レジームすべてに加盟している等の要件を充たすいわゆるホワイト国が除外されている（別表第三）。一項から十五項までの貨物についても，機微性と輸出先国の輸出貿易管理体制の整備状況とを勘案して，個別許可を要せず，次に述べる一般包括許可又は特定包括許可で輸出できるとされている場合がある。

　許可手続は，輸出貿易管理令1条2項を受けて輸出貿易管理規則に規定されている。リスト規制対象品目については，個別取引ごとに与えられる個別許可のほか，社内管理体制が整備されている等の要件を充たす場合には，相対的に危険性の少ない特定地域を対象とする取引を対象とする一般包括許可及び特定の相手方を対象とする取引を対象とする特定包括許可が与えられる。税関は，許可を得ているかを確認し（輸出貿易管理令5条），事後的には，経済産業大臣が輸出者等から報告を徴収し（同10条），法令遵守がなされているかどうか事後審査を行う（同7条）。無許可輸出について刑事罰が課される（外為法69条の6，1項2号）ほか，制裁として輸出禁止（外為法53条1項）が規定され，また警告書発出など事実上の不利益が課せられることがある。

　なお，自主的管理体制を強化するため，業として輸出等を行う者が輸出・技術取引の規制対象たる産品・技術を輸出又は取引する場合に遵守すべき基準を経済産業大臣が定め（55条の10），該当非該当判断の責任者を定め，輸出に従事する者に対して法令遵守を確保するための指導を行うことなどを求めている。この基準に違反して輸出したとしても直ちに罰則の適用はないが，指導・助言（55条の11）を経てなお違反があれば勧告・命令という手続に進む（55条の12）。

　通常兵器についての補完的輸出規制の対象品目の輸出については，大量破壊兵器の開発等に用いられる虞がなく，かつ通常兵器の開発等のために用いられる虞がある場合又はその虞があるとして経済産業大臣から通知を受けた場合でないなど一定の場合は許可制の対象から除かれる（輸出貿易管理令4条1項3号）。大量破壊兵器についてのキャッチオール規制対象品目の輸出についても同様の場合許可制の対象から除かれる（輸出貿易管理令4条1項4号）。契約書等特定された文書に記載されている用途及び需要者（現在大量破壊兵器の開発等を行っているか，又は過去に行っていたか）からみて大量破壊兵器の開発等に利用される蓋然性がある場合などは，かかる虞があるとされる（輸出貨物が核兵器等の開発等のために用いられるおそれがある場合を定める省令1号～3号）。又はこれらの事実について経済産業大臣から通知を受けたとき許可制の対象となる（輸出貿易管理令4条1

項3号)。通常兵器の開発等に用いられる虞がある場合も省令に定められている（輸出貨物が輸出貿易管理令別表第一の一の項の中欄に掲げる貨物（核兵器等に該当するものを除く）の開発、製造又は使用のために用いられるおそれがある場合を定める省令1号～8号)。

(2) 役務取引の規制

海外との人の出入りが増加したこと、また情報技術の進展によって、海外への技術情報の提供が容易に行われるようになり、技術流出への懸念も増大している。2009年の外為法改正がこの点に留意し、技術取引規制の見直しを行った。

外為法25条1項は、大量破壊兵器又は通常兵器の開発等に用いられる技術取引を許可制としている。輸出取引と同様に、大量破壊兵器又は通常兵器の開発等に用いられる特定の技術が指定されている（外国為替令17条1項、別表)。それぞれ輸出貿易管理令別表第一の項に対応した技術が指定されている。キャッチオール規制についても同様である。

2009年改正前は、居住者から非居住者に対する技術提供だけを規制しており、居住者自身が技術を外国に持ち出し、非居住者となってから提供するなどの行為が対象外であった。改正によって、主体の居住性を問わず、国内から外国に技術を提供する場合を広く規制対象とした（外為法25条1項、「外国為替及び外国貿易法第25条第1項及び外国為替令第17条第2項の規定に基づき許可を要する技術を提供する取引又は行為について」（4貿局第492号）1項(1))。また技術提供を目的としてUSBメモリの持ち出し、電子メールの送信などで外国に技術を持ち出すことも規制対象とした（外為法25条3項一号、外国為替令17条2項、上記通達1項(2))。

(3) 対内直接投資の制限

2007年外為法改正によって、対内直接投資規制において大量破壊兵器関係の技術流出を防止するための施策が導入された。かねてより、外国投資家が国内会社の取得等の対内直接投資を行う場合、安全保障その他の一定の問題が生じるおそれがあるものとして定められたものについては、事前届出が必要とされており（外為法27条1項)、原則として届出後30日を経過しなければ当該契約の締結等ができない（同2項)。改正後においては、武器、航空機、人工衛星、原子力関係の製造業に加え、関連するソフトウェア製造業、輸出貿易管理の対象となっている大量破壊兵器又は通常兵器関連製品の多くの製造業などが事前届出業種となっている（対内直接投資に関する政令（「対内直投令」）3条2項、対内直接投資に関

する命令（「対内直投命令」）3条3項，対内直接投資に関する命令第3条第3項の規定に基づき財務大臣及び事業所管大臣が定める業種を定める件別表第一）。

なお，その他の業種に対する対内直接投資の制限も存在する。日本標準産業分類の分類表に掲げる業種分類を基礎として定められており，広い意味での安全保障目的の規制が含まれる。具体的には，農林水産業，鉱業，皮革及び皮革製品関連の製造業，石油精製・石油製品の製造・備蓄・卸売・小売業，電気・ガス・熱供給・上水道業，情報通信業，運輸・郵便業，金融・保険業，警備業などが事前届出制の対象となっている（同別表第二・第三）。投資対象の会社がかかる事業を営んでいる場合のほか，会社法上の子会社が営んでいる場合も含まれる（対内直投令3条2項1号柱書，対内直投命令3条4項）。また上場会社株式の場合は10％以上の株式取得が問題となるが，取得者単独のみならず，子会社その他特別の関係を有する非居住者と合算することとされている（外為法26条2項3号，対内直投令2条4号）。なおサービス貿易の制限の問題として第17章においても言及する。

届出を受けた財務大臣及び事業所管大臣は，かかる問題が生じる取引であるか否か審査する必要があると認める場合，待機期間を受理日後4ヵ月間延長できる（外為法27条3項）。ただし，OECD資本移動の自由化に関する規約又はGATSにおいて自由化を約束している業種は除かれる（外為法27条3項1号，対内直投令3条6項）。さらに財務大臣及び事業所管大臣は，かかる問題が生じる取引であると認める場合は，関税・外国為替等審議会の意見を聴いて，届出された対内直接投資に対して内容の変更又は中止を勧告することができる（外為法27条5項）。さらに，この勧告を応諾する通知が期限内になされなかった場合，又は応諾しない旨の通知がされた場合には，内容の変更又は中止を命令することができる（同条10項）。必要な事前届出をせずに対内直接投資を行った場合，変更又は中止命令に違反して対内直接投資を行ったことに対しては罰則の適用がある（70条22号〜25号）。

なお対外直接投資についても規制が存在し，一定の武器製造業等について事前届出制が採用され，待機期間，投資の変更・中止勧告及び命令の制度が定められている（外為法23条1項，外国為替令12条1項，外国為替に関する省令21条）。

（4）技術導入契約の制限

対内直接投資に加え，居住者が非居住者との間で工業所有権その他の技術に関する権利の譲渡，使用権の設定などを受ける契約を締結又は更新その他契約条件の変更をすることについて，外為法は，当該契約の締結等が安全保障その他の一定の問題を生じるおそれがあるものとして定めている場合には事前届出が必要と

しており（外為法 30 条 1 項），原則として届出後 30 日を経過しなければ当該契約の締結等ができない（同 2 項）。対象たる技術として，航空機，武器，原子力，宇宙開発に関する一定の技術及び火薬類の製造に関する技術が指定されており（対内直投令 5 条 1 項 1 号，対内直投命令 5 条 1 項，別表第二），対価等についても要件がある（対内直投令 5 条 1 号）。

届出を受けた財務大臣及び事業所管大臣は，かかる問題が生じる取引であるか否か審査する必要があると認める場合は，待機期間を受理日後 4 ヵ月間延長できる（外為法 30 条 3 項）。ただし，OECD 経常的貿易外取引の自由化に関する規約において自由化を約束している業種は除かれる（外為法 30 条 3 項，対内直投令 3 条 6 項）。さらに財務大臣及び事業所管大臣は，かかる問題が生じる取引であると認める場合，関税・外国為替等審議会の意見を聴いて，届出された技術導入契約の締結等に対して内容の変更又は中止を勧告することができる（外為法 30 条 5 項）。勧告が応諾されない等の場合に，命令ができることは対内直接投資の場合と同じである（同条 7 項，27 条 5 項，対内直投令 6 条）。罰則についても同様である（外為法 70 条 26 号〜29 号）。

（5）その他

国連決議に基づきその他国際協調による経済制裁等を行うために，すなわち「国際約束を誠実に履行するため必要があると認めるとき」及び「国際平和のための国際的な努力に……寄与するためとくに必要があると認めるとき」の場合に本項（1）〜（3）で検討した貿易取引等の規制ができるようになっている（輸出規制について外為法 48 条 3 項，輸入規制について同法 52 条，役務取引規制について同法 25 条 4 項）。たとえば，2003 年 6 月まで国連安全保障理事会決議第 661 号に基づきイラクに対する輸出すべてに承認が必要とされていた。輸入についても，たとえば，2015 年 1 月以降，シリアを原産地又は船積地域とする貨物の輸入は承認が必要とされ，国連安全保障理事会決議第 2118 号に基づき承認がなされないこととされている[3]。また，ダイヤモンドについては，その不正取引が世界各地における紛争の資金源となっているとの認識から結成された，不正に取引されたダイヤモンド原石の輸出入規制を目的とした国際的な証明制度（いわゆるキンバリープロセス）に基づき，正当に取引されたものであるとの証明があることなどの確認を行うために輸出承認が必要とされている。さらに資産凍結等の措置を

---

[3] 日本の経済制裁については，経済産業省の安全保障貿易管理の HP ［http://www.meti.go.jp/policy/external_economy/trade_control/boekikanri/index.html］を参照。

執るために，資本取引（外為法21条1項，外国為替令11条1項），貿易又は知的財産権等の取引に直接伴う貸付・借入その他の資本取引（「特定資本取引」）（外為法24条1項，外国為替令14条1項），及び外国へ向けた特定の支払その他（外為法16条1項，外国為替令6条1項）を，それぞれ許可制の対象とすることができるとされている。具体的には，タリバーン関係者等対象となる経済活動の相手方が現在指定されている[4]。特定資本取引の規制は居住者にのみ及ぶが，資本取引及び日本から外国へ向けた支払については非居住者も許可を受けることが求められる場合がある。

　このような経済制裁は単独で（「我が国の平和及び安全の維持のために特に必要があるとき」に）行うこともでき，閣議において対応措置を講ずることを決定し（外為法10条1項），かかる決定に基づいて個別の措置が実施されることとなっている（たとえば輸出承認について48条3項）。

2　外国における輸出貿易管理

(1) 米　国

　日本と異なり，米国においては国家安全保障を理由として輸出入を制限するための法規が複数存在する。主なものとして，武器輸出管理法，輸出管理法，対敵通商法，国際的緊急事態経済権限法，通商拡大法及び関税法305条などが挙げられる。また管轄官庁も一元化されておらず，また対象産品の管轄の変更もしばしば起こっていたが，近年規制リスト・機関の一元化の方向が打ち出されている。

　武器輸出管理法は，軍事用途関連の物資・技術の輸出を規制している。国務省が所管している。規制対象は，米国武器輸出管理規則の米国武器品目リストに記載されており，原則としては輸出が禁止され，輸出が許可された場合であっても再輸出についてはさらに事前の許可が必要となる。

　米国輸出管理法（EAA）及びその実施規則たる輸出管理規則（EAR）[5]は，対共産圏への高度技術製品及び技術の流出を防止するため，一般の民生用途品目の輸出及び再輸出を規制するものであって，商務省が所管している。1949年に制定されたが，1994年に失効し，情報開示の問題から2000年に一時的に復活したが，再失効しており，現在は，国際緊急経済権限法に基づく大統領令に拠って

---

4) たとえば支払等について，「外国為替及び外国貿易法第十六条第一項の規定に基づく経済産業大臣の許可を受けなければならない支払等を指定する件」（平成21年7月7日経済産業省告示第229号）を参照。

5) 米国商務省のHP［http://www.bis.doc.gov/index.php/regulations/export-administration-regulations-ear］を参照。

EAAと同内容（法的にはEARに基づくもの）の輸出管理が行われている。リスト規制品目は，規制品目リスト（Commerce Control List[6]）に記載されており，それぞれ規制のレベルと特定の国群向けのライセンス例外の適用可否が記載されており，可能国以外への輸出及び再輸出については許可が必要である。他方，それら以外のリスト外規制品についても禁輸国等向けに再輸出することは許可が必要となる。輸出管理規則違反者には，米国からの輸出禁止，米国所在法人等との取引禁止などが制裁として課されることとなっており，再輸出に対する規制と併せると，域外適用を行うものであることが分かる。

また核関連資機材，原材料，技術について原子力法等に基づく輸出規制があり，原子力規制委員会及びエネルギー省が所管している。

財務省管轄の法令もいくつかある。対敵通商法は，1917年に制定され，第一次世界大戦への参戦に当たって敵対国等との貿易を規制する必要に鑑み，戦時に交戦国との通商を禁止する権限を大統領に付与するものであったが，同時に今日まで維持されている輸出管理政策の基礎となっている。発動例としては，北朝鮮，キューバがある。国際的緊急事態経済権限法は，1977年に制定されており，米イラン紛争において対イラン制裁として行った輸出禁止そのほかリビア，イラクに対する制裁の根拠法である。これらの法律に拠る実際の禁輸措置は，大統領の執行命令を受けて財務省の外国資産管理部（OFAC）が規則を発して行うため，OFAC規則とも呼ばれる[7]。この法律についても，域外適用が認められており，米国原産物資又は技術を含んだ製品の非米国民による取引にも適用されている。

1962年通商拡大法232条は，国防条項と呼ばれており，ある商品の米国への輸入によって米国の国家安全が脅威を受けている場合に，商務長官の認定を経て大統領が当該輸入を制限できるとする条項であり，これまで石油関係製品について3度発動されている。

またいわゆる「エクソンフロリオ条項」が1988年包括貿易・競争力法によって創設された。外国企業又は外国人が米国企業を買収・取得し，このため国家安全保障が脅かされる場合に，大統領に対して買収・取得を禁止する権限を付与している。

---

6) 米国商務省のHP［http://www.bis.doc.gov/index.php/regulations/commerce-control-list-ccl］を参照。
7) OFACについては，米国財務省のHP［http://www.treasury.gov/about/organizational-structure/offices/Pages/Office-of-Foreign-Assets-Control.aspx］を参照。

（2）EU

欧州においては，輸出管理が十分でない国が抜け道になることを防ぐために，汎用品（デュアルユース品目）については，マーストリヒト条約によって委譲された輸出管理権限に基づきEUが輸出管理規則[8]を定め，同規則が各国において直接適用される。ただし許可等の実務を各国が行うため若干の差異が生じているとされる。これに対して，軍事品・技術については，各国が権限を引き続き有するが，EUが共通の指針（共通の武器輸出規範[9]及び軍事品目リスト[10]など）のみを示し，各国は指針に従って輸出管理を行う。包括許可をEUレベルに移すこと，各国が不許可とした案件の情報共有など域内の制度・運用の差異をなくす方向で検討が続けられている。

三 安全保障貿易管理・投資制限に関する国際ルールの発展

1 輸出貿易管理の国際的調整

輸出貿易管理は，単独で行っているものもあるが，大量破壊兵器の拡散又は通常兵器の過剰蓄積を共同で防止することにより自国の安全保障を確保しようとする取決めに基づくものが多い。不拡散又は禁止を目的とした条約と主要供給国における不拡散対象の物資・技術及び手続に関する紳士協定とがある。前者は，国際法上の義務となり拘束力が高いが，後者は，状況の変化に即応できる柔軟性がある。

（1）核兵器関連

核兵器の管理については，核兵器の不拡散に関する条約（NPT）が締結され，1970年に発効している（現在の締約国数：190[11]）。核兵器国による核兵器の移譲等の禁止が規定されているほか，各締約国は，国際原子力機関（IAEA）の保障措置が適用される場合にのみ原子力関係資機材を輸出することができる（3条2

---

8) Council Regulation (EC) No.428/2009 of 5 May 2009, setting up a Community regime for the control of exports, transfer, brokering and transit of dual-use items, OJ L134/1, 29.5.2009.
9) Council Common Position defining common rules governing the control of exports of military technology and equipment, 2008/944/CFSP, adopted on 8 December 2008, OJ L 335/99, 13.12.2008.
10) Common Military List of the European Union (equipment covered by Council Common Position 2008/944/CFSP defining common rules governing the control of exports of military technology and equipment), adopted by the Council on 17 March 2014, 2014/C 107/01.
11) 国連軍縮部のHP [http://disarmament.un.org/treaties/t/npt] を参照。

項)。この規定の解釈を行う非公式の会合たるザンガー委員会において，規制の対象となる専用品のリストがトリガー・リストとしてまとめられた。

しかし，1974年に非締約国であるインドが核実験を行ったことから，上記輸出管理で拡散防止を達成できないことが認識され，補完的な輸出管理体制が追求された。原子力供給国グループ（NSG）が結成（現時点では48ヵ国参加[12]）され，米英等主要な原子力供給国7ヵ国が1977年に，原子力資機材（専用品）等を輸出する場合，受領国政府から核爆発に使用しない旨の公式の保証を取り付け，盗難等の防止のための防護措置の採用などを条件とするといった紳士協定（ロンドン・ガイドライン，後のNSGガイドライン・パート1）を締結した。

さらに，イラクの核開発疑惑が発覚した際に，輸出する資機材のみならず，受領国におけるすべての原子力活動にIAEAの保障措置（包括的保障措置）が適用されることを輸出の条件とすることが決定された。またイラクがNSGガイドライン・パート1に記載されていない汎用品を用いていたことから，汎用品の輸出管理に関するNSGガイドライン・パート2が合意された。両パートの改定等は協議グループが行うことになっている。パート2においては，輸出管理に当たって考慮すべき事情を列挙するなど輸出許可手続に関する規定が置かれている。また輸出許可申請を拒否した場合に全参加国に拒否通報を発出し，他の参加国は同様の案件に対して許可を下す場合通報国と協議を行わなければならないというノー・アンダーカット・ルールが定められている。また2004年には，欧米で採用されていたキャッチオール規制がガイドラインに採用された。

なお，原子力については，原子力発電等平和利用する余地があるが，その場合核兵器の開発に利用されないように確保することが必要とされている。そのため，二国間で原子力関係の資機材や技術等を移転する場合，移転した資機材等が軍事目的に転用されないための枠組みを定めるものとして原子力協定が締結される。転用を防止するためのIAEAによる査察を含む保障措置を受け入れるほか，第三国に技術等を移転する場合に事前承認を受ける義務等が規定されている。

(2) 生物兵器及び化学兵器関連

生物兵器及び化学兵器に対する規制は，生物兵器及び化学兵器を使用禁止とするジュネーブ議定書（1925年）の作成に始まる。軍事的価値の乏しさからまず生物兵器の開発，生産，貯蔵，取得及び保有等を禁止する生物兵器禁止条約

---

[12] NSGのHP [http://www.nuclearsuppliersgroup.org/en/participants1] を参照。

(BWC）が1972年に署名された（1975年発効。現在の締約国数：168[13]））が，実践における広汎な使用がなく，保有国が存在しないとの前提で交渉されたことから，条約遵守のための検証措置の定めが整備されていない。検証を強化するための議定書が交渉されていたが現在中断している。ただし，締約国は，条約上の自国の義務遵守について情報を任意に提供しており，また相互の信頼醸成のため研究所に関するデータを任意に提供する措置に合意がされているが，その通りに実行されているとは言い難い状況である[14]。

またイラン・イラク戦争において化学兵器が使用されたことから，化学兵器拡散防止のため，1985年にオーストラリア・グループ（AG）が結成され，輸出管理の協調的実施が合意された。さらに，1993年には化学兵器の全面禁止と全廃とを定める化学兵器禁止条約（CWC）が署名された。CWCは，拡散防止の観点から貿易禁止措置，輸出管理措置を規定している。CWCは，1997年に発効し，その実施のために化学兵器禁止機関（OPCW）が設置された（現在の締約国数：190[15]）。締約国に対して，条約実施のために採られた政府措置をOPCWに通報する（7条5項）などの情報提供・申告義務等の規定がある。

AG結成前から，各国は，自国産業が他国の化学兵器取得を支援することにならないよう，化学剤について輸出許可制を導入していたが，規制の緩やかな国から流出しないように，輸出管理政策の調和を図ってAGが結成された。条約でなく，法的拘束力のない紳士協定に基づく組織である。

AGには現在42ヵ国が参加している[16]。輸出管理の対象たる化学剤等についての合意形成と輸出管理に関わる情報の交換とを主たる機能とする。当初は，輸出管理の対象とすべきコア・リストと産業界に対して自発的な注意を要請する化学剤を定める警告リストとの二本立てであったが，1991年に管理リストとして一本化され，すべてについて輸出管理が必要であるとされた。さらに，同年，化学品製造の汎用施設・設備及び関連技術の管理リストも整備された。AGは，生物兵器拡散防止にも乗り出し，1993年に，生物剤のコア・リストと警告リストとを完成させ，生物兵器関連汎用設備のリストも完成した。しかし，規制リストに記載されていない物資であっても代替材料として用い得ることから，2002年に，欧米において導入されていたキャッチオール規制の実施を求めることとした。また電話やファクスなどの無形の手段による技術移転も許可対象とすべきことに同

---

13) 国連軍縮部のHP [http://disarmament.un.org/treaties/t/bwc] を参照。
14) 阿部達也『大量破壊兵器と国際法』（東信堂，2011年）93-96頁。
15) OPCWのHP [http://www.opcw.org/about-opcw/member-states/] を参照。
16) AGのHP [http://www.australiagroup.net/en/participants.html] を参照。

年合意した。

　AGにおいては，自国の輸出管理体制に関する情報のみならず，拡散の疑惑のある国・商社等に関する情報の交換も行われている。また1993年に，ある国が輸出許可を拒否した場合他国に通報し，他の国において同一品目又は最終需要者について申請があった場合通報国と事前協議の上で許可するか否かを判断するというノー・アンダーカット政策が採用された。また各国の国内法において遵守すべき手続について「機微な化学品目又は生物品目の移転に関するガイドライン」が2002年に採択され，輸出申請の評価基準などの統一が図られ，情報交換が促進されている。

（3）ミサイル関連

　ミサイルについては，大量破壊兵器を弾頭とするものに限定されないこともあり，核兵器の廃棄等に関連したミサイルの廃棄等を定めた米露間の取極を除き，条約レベルでの規制が存在しない。むしろ，通常弾頭のミサイルの保有が必要であると考える国も多い。

　こうした中，1987年に，核ミサイルの拡散防止を狙いとする米国のイニシアティブによって，ミサイル関連技術の供給能力を有する当時の西側諸国によって結成されたのがミサイル技術管理レジーム（MTCR）である。紳士協定であって，法的拘束力のある条約でない。当初は，核兵器の運搬手段となるミサイル及びその関連部品・技術の輸出が対象であったが，1992年に，湾岸戦争における化学兵器・生物兵器の使用に鑑み，大量破壊兵器一般を運搬可能なミサイル及び関連汎用品・技術をも対象とするようになった。参加国は現在34ヵ国に拡大している[17]が，ミサイル関連技術を保有している国のうち，インド，パキスタン，イスラエル，イラク，イラン，北朝鮮などは参加していない。ただし，非パートナー国でも中国，イスラエル等は主要な規制の遵守を表明している。

　MTCRの規則は，参加国が行う輸出管理の内容を定める「ミサイル関連の機微な移転に関するガイドライン」と，規制対象となる設備，物質，ソフトウェア及び技術を定める管理リストたる「設備，ソフトウェア及び技術に関する附属書」とに規定されている。附属書は，カテゴリーⅠ品目とカテゴリーⅡ品目とを分けている。カテゴリーⅠ品目の移転は，受領国政府から拘束力のある約束を取り付けているなどの条件を満たす例外的な場合を除き，自制することが求められている。カテゴリーⅡ品目は，カテゴリーⅠ品目に利用可能な汎用品であり，そ

17）　MTCRのHP［http://www.mtcr.info/english/partners.html］を参照。

の移転を自制し，案件ごとの検討が必要であるとされている。また附属書に含まれていなくても，すべての「ミサイル」は，大量破壊兵器の運搬への使用が意図されている場合，大量破壊兵器の運搬システムに寄与しうる場合にも制限がある。さらに，2003年に，キャッチオール規制が導入され，リスト品目以外であっても，大量破壊兵器の運搬への使用が意図されている可能性がある場合に許可対象とし，又は輸出者がかかる可能性を知る場合に当局に通報するものとされている。また同年に，電話やファクスなどの無形の手段による技術移転も国内手続の対象とすることへの合意がなされた。

またMTCR非参加国に対する働きかけとして，「弾道ミサイルの拡散に立ち向かうための国際行動規範」が作成された。中国，インド，パキスタン，イスラエル等を含めて2002年にハーグにおいて採択されたため，「ハーグ行動規範」（HCOC）と呼ばれている。

（4）通常兵器関連

通常兵器管理に関する管理レジームは，COCOMにその淵源を遡る。米国は，第二次世界大戦後の冷戦において共産圏諸国を封じ込めるために，対共産圏輸出統制委員会（Coordinating Committee for Multilateral Export Controls，"COCOM"）を軸とする輸出管理体制を構築したが，この構想はさらに，第一次世界大戦への参戦にあたり，敵対国とその同盟国との貿易を規制した1917年の対敵通商法に遡る。1949年に，太平洋戦争前の対日貿易が日本の戦争準備に貢献したとの反省から，ソ連・東欧諸国を対象とした輸出統制法を制定した。これを西側諸国の枠組みに拡大したのがCOCOMであり，1950年に設立された。また中国に対するものとして対中国輸出統制委員会（China Committee，"CHINCOM"）があり，朝鮮戦争をきっかけに1952年に設立され，1957年にCOCOMに吸収された。冷戦構造の解消に伴ってCOCOMも1994年に解散した。

このCOCOMの流れを汲み，紛争懸念国・地域等への通常兵器の拡散防止を目的とする輸出管理レジームとして形成されたのがワッセナーアレンジメントである。旧ソ連圏諸国とりわけロシアをレジームに取り込むことが最大の眼目であり，これらの国を含め33ヵ国が参加して1996年に紳士協定として発足した（現在の参加国数：42[18]）。

当初合意された輸出管理品目リストは，軍需品リストと汎用品・技術リスト（基本リスト）とから構成されており，後者は，技術の重要性に応じて3段階に分

18）ワッセナーアレンジメントのHP [http://www.wassenaar.org/participants/index.html] を参照。

けられ，異なる内容・程度の規制に服する。リストの改訂が専門家会合において随時行われるほか，共通の懸念地域向け輸出，また懸念品目の移転に関する情報交換も行われている。また当初は，高度通常兵器移転規制が目的であったが，9.11事件以降，小型武器の輸出・仲買の問題にも注意が払われ，小型武器の輸出ガイドラインの作成も行われるようになっている。

手続的には，他国が許可を拒否した物資・技術を輸出許可する場合に事後通告が求められているのみである。米国が当初から事前通告制度を主張しており，2001年の総会においても事前協議を再度主張したが，ロシアの反対により容れられなかった。

さらに2013年には，特定の大型・小型の武器貿易を規制する武器貿易条約[19]が国連総会において採択され，所定数（50）の国の批准を得て2014年12月に発効した（22条）。同条約は，国際平和の維持回復のための国連安保理決議による禁輸措置に違反する取引など一定の武器取引を禁止し（6条），それ以外の輸出についても平和と安全を害さないか等を事前審査した上で承認することとし（7条），そのほか輸入，仲介などについても一定の義務を規定している。

2 国連による経済制裁その他

国連憲章は，集団的安全保障のための経済制裁措置を認めている。39条は，国際平和及び安全の維持・回復のため，安全保障理事会に対し，勧告をし又は関連規定に従って何らかの措置を取ることを決定する権限を付与している。関連規定の一である41条は，経済制裁を含む武力を伴わない措置の使用を決定できるとしている。この規定に基づいて，ローデシア（1966年），南ア（1977年），イラク（1992年）などに対して経済制裁が決定され，実施されている。

そのほか，国際平和の維持等の観点から国連総会において一定の措置が勧告されることがあり，また安全保障理事会の決定を超えた輸出入管理が合意されることもある。いわゆる紛争ダイヤモンドの輸出入規制を目的としたキンバリープロセスについては，2003年にWTO協定上義務免除がなされ，2度延長され現在2018年末が有効期限とされている[20]。

なおキンバリープロセスは，NGOによる国際社会への働きかけから形成され

---

19) 武器貿易条約については，国連のHP［http://www.un.org/disarmament/ATT/］を参照。
20) *Waiver concerning Kimberley Process Certification Scheme for Rough Diamonds*, 15 May 2003, WT/L/518; *Kimberley Process Certification Scheme for Rough Diamonds*, Decision of 15 December 2006, WT/L/676; *Extension of Waiver concerning Kimberley Process Certification Scheme for Rough Diamonds*, Decision of 11 December 2012, WT/L/876.

たものである。国連の経済制裁措置にも拘らず反政府勢力がダイヤモンド原石の取引を通じて武器調達の資金を得ていることが Global Witness の報告書によって指弾された。その後，Global Witness が，国際的な原産地証明発行などからなる紛争ダイヤモンドの流通を防止するシステムを提唱し，これにデビアス社その他ダイヤモンド流通業者も賛同したことから，2002 年に，政府間交渉においてダイヤモンド原石の国際的な流通管理のための基準と手続とを規定したキンバリープロセス認証制度を記載した文書が採択された[21]。

また紛争地域等において産出する鉱物資源について紛争・人権侵害を助長する結果を避けるための調達における注意事項に関して，OECD が勧告を行っている。2011 年に第 2 版が採択された[22]。また貿易・投資の規制ではないが，テロ行為を行う団体への資金供給に関して，「テロリズムに対する資金供与の防止に関する国際条約（International Convention for the Suppression of the Financing of Terrorism）」が 1999 年に採択され，2002 年に発効している（当事国数：186）[23]。

四　輸出貿易管理・投資制限に対する WTO 協定及び投資協定上の規律

1　WTO 協定

輸出入制限は，GATT11 条 1 項において包括的に禁止されており，特定の例外規定に該当しない限り許されない。また特定国向けに限定した輸出制限は，最恵国待遇義務を規定した GATT1 条 1 項にも抵触する可能性が高い。よって，安全保障目的の輸出貿易管理は，例外を定める GATT21 条の範囲でのみ許されることになる。

GATT21 条については，これを加盟国が援用した場合にパネルは事案の審査権があるかという問題がまずある。GATT のケースにおいて，パネルの審査権がないとの主張がなされたケースがあるが，先例上はある前提で判断されている[24]。WTO 協定上も，反対の規定がない以上パネルの審査権が及ばないと考える理由がないように思われるが，米国等がパネルの審査権を認めることに強く反

---

21) キンバリープロセスについては，その HP [http://www.kimberleyprocess.com/] がある。その形成及び内容については，西元宏治「紛争ダイヤモンド取引規制レジームの形成と展開」中山信弘（編）『国際社会とソフトロー』（有斐閣，2008 年）を参照。

22) *OECD Due Diligence Guidance for Responsible Supply Chains of Minerals from Conflict-Affected and High-Risk Areas*, adopted on 25 May 2011, at [http://www.oecd.org/fr/daf/inv/mne/mining.htm].

23) 国連の HP [https://treaties.un.org/pages/ViewDetails.aspx?src=TREATY&mtdsg_no=XVIII-11&chapter=18&lang=en] を参照。

24) GATT Panel Report on *US – Nicaraguan Trade*, para. 4.1.

対している[25]。

　同条(a)号は，安全保障上の重大な利益に反する情報開示に関する例外である。たとえばGATT10条1項は，貿易に影響する行政上の決定の公表義務を規定しているが，安全保障上の重大な利益に反するのであれば公表しなくても差し支えないということになる。

　同条(b)号は，自国の安全保障上の重大な利益の保護のために必要であると認める措置であって，(i) 核分裂性物質とその原料物質に関する措置，(ii) 武器及び軍需品関係に関する措置，(iii) 戦時その他の緊急時の措置が除外されている。核兵器等の開発，製造又は使用に利用可能な産品たとえば高度に精密な切削が可能な工作機械などの取引すべてが(i)又は(ii)号の対象となっているか理論上争いがあり得るが，「軍事施設に供給するため……間接に行われる」という(ii)号の文言特に「間接に」の文言を広く解することにより，軍需用に用いられる可能性がある輸出の規制がGATT21条によって除外されているという前提で実務が形成されているものと想像される。GATTの初期において，米国の対共産圏輸出規制がGATT21条で正当化されないとする主張が退けられた先例がある[26]。

　同条(c)号は，国際平和等の維持のために「国際連合憲章に基く義務」に従う措置を適用除外としている。文言上，国連憲章上遵守義務がある措置に限定されている。上述のとおり，安全保障理事会は，国際平和の維持回復のために経済制裁を取ることを決定でき，この決定は，国連憲章上国連加盟国が従う義務を負っている（25条）。これに対して，総会の権限は加盟国又は安全保障理事会に対する勧告に止まる。したがって，安全保障理事会が決定した経済制裁を実施することはGATT上問題にならないが，国連総会において決議されただけではGATT21条で正当化されず，義務の免除の手続が必要になる。キンバリープロセスを経ないダイヤモンドの輸出入制限措置はその例である。

　また「食糧その他輸出加盟国にとって不可欠の産品」については，「危機的な不足を防止又は緩和するために一時的な」輸出禁止又は制限を課すことが許されている（GATT11条2項(a)号）。それ以外の産品については，衡平な取分の限度

---

25) キューバへの投資を減らすべく，カストロ政権下でのキューバにおいて接収された財産の利用に関与した非米国人に対する入国ビザ発給制限などを定めた米国法が争われた *US – Helms Burton* ケースにおいて米国が主張したとされる。H. Paemen, "Avoidance and Settlement of 'High Policy Disputes': Lessons from the Dispute over 'The Cuban Liberty and Democratic Solidarity Act'," in Ernst-Ulrich Petersmann and Mark A. Pollack (eds.), *Transatlantic Economic Disputes – The EU, the US, and the WTO* (Oxford University Press, 2003).

26) Contracting Parties Decision on *US – Export Restrictions*（*Czechoslovakia*）.

で輸出制限が許される（20条(j)号）に止まる。

　なおサービス分野においては，GATTと異なり輸出制限（外国のサービス消費者へのサービス提供に対する制限）の規制がなく，たとえば自国金融機関に対して紛争鉱物を調達している企業との取引について条件を課すことも規制されていない。最恵国待遇義務も特定国のサービス消費者の差別を対象としていない。同じく，知的財産権の海外へのライセンス制限及び対外直接投資の制限に対する規律もWTO協定上存在しない。第17章四1(2)並びに四1(10)(ア)及び第18章四1(3)を参照。一般国際法上，管轄権の問題を生じるか否かだけが問題になる。なおGATS14条の2は，GATT21条とほぼ同じ規定である。したがって，GATT21条について述べたところがそのまま当てはまる。またTRIPS協定73条も，GATT21条とほぼ同じ規定である。

　したがって米国がイラン等を対象に特定の者との金融取引を禁止し，かかる取引の米ドル決済を米国の金融システムを通じて行うことも処罰の対象としているといった金融制裁については，輸出入制限と異なり，WTO協定に反しないとされる可能性が高い。米国の安全保障に関わる問題ではあるが，ドル決済であるという以外に米国との接点がないことから管轄権の過剰行使にならないかという法的分析（管轄権一般については第1章四2を参照）とともに，サービス及び技術取引分野において外国に所在する主体に対する提供いわば輸出に対する制限を規律する国際ルールを導入することの是非を検討すべきであろう[27]。規制の必要性等に合意があるとしても，とくに比較優位論＝協力モデルに立つ場合には，各国経済・社会の最適化を実現するためには各国政府の管轄権の範囲内での政策の統合性を尊重すべきであり，したがって，事案の重点がない国の政府は仮に規律管轄権があるとしても，事案の重点の所在国政府が合意をいかに実施するかをまず尊重すべきであるという方向性になる。

2　投資協定

　経済制裁の域外適用については投資協定上の内国民待遇義務との関係を検討する必要があろう。第9章四2(2)を参照。

　投資自由化約束（いわゆるプレの内国民待遇義務）の規定がある場合，外国投

---

[27] なお，経済制裁及び外国公務員贈賄禁止との関係での米国の域外適用について近時検討するものとして，久保田隆「最近の事例からみた『域外適用』論の再検証」（[http://aibt.jp/wp-content/uploads/kubota.pdf]から入手可能）がある。また域外適用の問題については，石黒一憲『国際民事訴訟法』（新世ム，1996年）13-98頁，松下満雄『国際経済法』（第3版）（有斐閣，2001年）313-390頁などが詳しい。

資家による国内企業の株式の取得等を規制することはその約束に違反する。この場合，分野別に個別に留保することで安全保障上の関心に対処することになる。また安全保障上の重大な利益のために必要な措置を除外する規定が置かれることがある[28]。なおWTO協定と同じく，対外直接投資の制限に対する規律は置かれていない。

主要参考文献・資料

浅田正彦（編）『制度と実践――輸出管理』（有信堂，2012年）

阿部達也『大量破壊兵器と国際法』（東信堂，2011年）

株式会社東芝輸出管理部（編）『キャッチオール輸出管理の実務』（第3版）（日刊工業新聞社，2010年）

一般財団法人安全保障貿易情報センター『海外輸出管理法制度（欧州版）』（第8版）（一般財団法人安全保障貿易情報センター，2013年）

一般財団法人安全保障貿易情報センター『海外輸出管理法制度（米国・カナダ・ブラジル版）』（第8版）（一般財団法人安全保障貿易情報センター，2013年）

経済産業省HP「安全保障貿易管理」[http://www.meti.go.jp/policy/anpo/]

---

28) かかる規定の意義については，第9章四2(7)(イ)を参照。

第6章　税関手続・検疫手続

　本章は，第5章で扱った安全保障上の理由に基づく貿易・投資規制を除く輸出入制限のうち，税関手続及び検疫手続など国内における公安風俗・安全・環境その他を保護するために輸入品に対して水際において適用される手続を取り扱う。これらの手続はいずれも，輸入品の製造地に輸入国政府の管轄権が及んでいないことから，国産品と異なる特別の規律を輸入品に対して課しているという共通点がある。それ以外の措置，典型的には，国内産業保護を目的とする輸出入制限は，次章で扱われる。なお環境保護を目的とする輸出入制限のうち自国内の環境保護を目的とする輸出入制限は本章で扱うが，自国外又は世界環境の保護を目的とする措置は，いわゆるPPM措置であり，環境規制によって自国産業が不利になることを回避するという特殊要素があることから，次章で取り扱うこととする。

一　本章の対象事項

1　税関手続の政策根拠

　税関は，関税等の徴収のほか，物資の輸出入の管理を重要な業務として行っている。人のみならず物資の出入りを政府が認める場所に限定することは国境管理の一つとして古くから行われており，税関を通じない密貿易は処罰の対象となる。

　輸出入管理の一環として，国内での製造販売が禁止されている産品の取締りが税関で行われている[1]。刑事法により禁圧されている麻薬，ポルノグラフィ，拳銃等については，水際取締りが税関で行われるのが通常である。また知的財産権侵害品も同様である。執行管轄権の外に所在する外国の製造拠点や輸出者を直接取り締まることができず，国内における法執行だけでは十分な取締りができないからである。医薬品医療機器等法（旧薬事法）その他の法令遵守を輸入品について確保するために税関での取締りが行われる場合も少なくない（国内に所在する輸入者を規制対象とする場合もある）。物品の製造又は販売段階で課せられる消費

---

1)　水際取締りについて税関のHP [http://www.customs.go.jp/mizugiwa/index.htm] を参照。

税などを関税と合わせて徴収することもある。つまり，産品に対する課税・規制が国内での製造・販売に適用される場合に，輸入品に対して輸入時に適用されるだけでなく，その執行を確保するために税関における特別の取締りが必要とされているわけである。逆に言えば，関税同盟が締結されるなど域内流通に対して関税徴収の必要がなくなり，その他の規制についても域内での執行が確保されるようになれば，税関は不要になる。たとえばEU域内の国境においては税関が撤廃されている。

2　検疫手続の政策根拠

検疫手続は，自国において発生していないか又は管理されている疫病・虫害の侵入防止を目的として，かかる疫病・虫害に侵されていないことを確認するため水際において行われる検査手続[2]である。疫病等については，当該生産者の産品だけでなく他の生産者の産品にも伝染するリスクが必ずしも適正に考慮されず，その防止措置が過小になる可能性があるという負の外部効果を内部化するため政府による規制が正当化される。さらに，国内産品については，国内発生がなく又は管理されている（拡大が防止されていること）ことを規制当局が自ら確認できるが，管轄権の限界から，国外で生産される輸入品については，生産地における強制調査権限がないため，発生していないこと又は管理されていることを確認できない。したがって，国産品よりも厳格な手続が必要とされる。たとえば国内で家畜の疫病の発生が確認された場合伝染防止のために周辺地域からの家畜の移動禁止措置の防疫等が執られるのに対して，外国で発生が確認された場合には当該国全体からの輸入が原則禁止される[3]。

検疫手続に近時接近しているのが食品安全・衛生手続である。食品の危険性，製造者又は流通業者における管理不十分といった問題は，消費者がそのリスクを評価し難いという情報の偏在という「市場の失敗」を是正するために政府介入が正当化される。ただ病虫害と異なり，そのリスクが伝染するものでなく，したがって国産品・輸入品を問わず，問題のある個々の食品，製造者又は流通業者を取り締まれば足り，輸入品について地域・国単位で規制を考える必要性がないよう

---

2) 動物検疫について，農林水産省のHP [http://www.maff.go.jp/aqs/hou/aq51.html] を参照。植物防疫について，植物防疫所のHP [http://www.maff.go.jp/pps/index.html] を参照。なお人の感染症についても検疫がある。たとえば，福岡検疫所のHP [http://www.forth.go.jp/keneki/fukuoka/kenekigyoumu.html] を参照。

3) 2010年に宮崎県で口蹄疫が発生した場合の取扱いと，同年に韓国で口蹄疫が発生した場合の取扱いの違いが適例である。農林水産省消費・安全局動物衛生課「口蹄疫に関する情報」at [http://www.maff.go.jp/j/syouan/douei/katiku_yobo/k_fmd/] を参照。

に見える。しかし，現実には，許容される添加物，防腐剤等の基準が国ごとに異なることから国際的な問題になることがしばしばあった。さらに近年，牛海綿状脳症（BSE）や農薬汚染の冷凍野菜など，輸出国の食品の製造又は流通の管理水準が低いために当該国から輸入される特定の食品全般の安全性が疑われる事件が相次いだため，輸入食品に対する特別の取扱いを国単位でする必要が認識され，対処のための規定が食品衛生法に導入された。不適当な飼料の利用，農薬混入の可能性など問題となるリスクの広がりが特定できない状況は，輸入国にも当てはまる事情ではあるものの，国外の状況を政府が管理できないという点で検疫手続の場合に状況が似ている。内国規制については逆に，産品の品質・性質の管理のために製造段階から規制を適用することもあり，なおさら状況が似てきている。

3　問題の所在

自国内の公安風俗・安全・環境を保護するために産品の製造・販売を規制する場合，輸入品に対して税関など水際において実施する必要が認められることが多い。政府が執行管轄権を有する国内において生産されている産品と異なり，輸入品については，生産国での規制範囲もその執行の程度も異なるし，生産及び流通段階での管理が徹底されているかどうかも不明である。かかる管轄権の限界を前提として国内政策の目的を達成するためには，輸入品に対する特別の手続が必要である。問題は，規制目的の達成と輸入制限効果とのバランスであり，目的の正当性及び手段の最適性をいかに確保するかが重要になる。

なお同じく管轄権の限界から派生する問題として，海外の規格適合性評価機関による認証を受け入れるかどうかの問題がある。規格適合性評価を第三者に委ねる場合，その評価機関の能力等を認定する必要があるが，海外の機関については実地審査等に限界があることから認定できない可能性がある。この問題は，相互承認のWTO協定整合性の問題につながっている。この問題は相互承認に関して検討される。第9章四1(6)，第10章四3(5)及び第19章四1(4)を参照。

二　各国の税関手続・検疫手続

1　日　本

日本では入国ポイントである空港，港湾などに税関及び検疫所が存在し，輸入品を対象とする取締りが実施されている[4]。

(1) 税関手続

　日本に貨物を輸入し，又は日本から貨物を輸出するにあたっては，数量・価格等の必要事項を税関長に申告し，必要な検査を経て，税関長から許可を得なければならない（関税法67条）。許可を得ない輸出入に対しては刑事罰が科されている（111条1項1号）。これらの手続に当たって虚偽の申告等を行う場合も同様である（同2号）。

　密貿易を制限するため，外国貿易に従事する船舶（「外国貿易船」）及び航空機（「外国貿易機」）は，一定の港（「開港」）及び空港（「税関空港」）に入港しなければならず，それ以外の「不開港」に入港することは原則として禁じられている（20条1項）。また開港又は税関空港に入港しようとする外国貿易船の船長又は外国貿易機の機長はあらかじめ，積荷の品名，数量，仕出地及び仕向地を含む積荷，旅客及び乗組員に関する一定の事項を所轄税関に報告しなければならない（15条1項又は7項，関税法施行令12条3項又は13条3項）。これらの報告は，積荷については原則としてそれぞれ24時間前又は3時間前までに，旅客，乗組員については原則としてそれぞれ2時間前又は90分前までに行われることが必要である（関税法施行令12条2項又は13条2項）。外国貿易船の船長は，さらに入港後24時間以内に様式に従った入港届及び船用品目録を税関に提出し，船舶国籍証書等を税関職員に提示しなければならない（関税法15条3項。外国貿易機については入港届だけである（同条12項））。税関長は，積荷に関する事項の報告を受けた場合，必要があると認めるときは，入港前に，積荷の荷受人その他に対して報告を求めることができる（15条の2）。積荷に関する事項の適法な報告がない場合は，旅客の携帯品，郵便物，船用品などの例外を除き，貨物の積卸しは禁止される（16条1項）。また開庁時間外の貨物の積卸し又は積み込みを行う場合には，積卸しをしようとする貨物の品名・数量等を記載した書面による税関長に対する事前の届出が必要である（19条，施行令17条）。貨物の積卸しは，原則として税関長の指摘した場所を経由して行われねばならず（関税法24条1項），（輸入許可前の）外国貨物は保税地域に置かれることを要する（30条1項）。外国貿易船等が出港

4）　このほか主体に着目し，国内に所在する輸入者等を対象とした実施が選択されている場合も多い。たとえば酒税法上，輸入される酒類については保税地域から引き取る者が納税義務者であり（6条の2），医薬品医療機器等法（旧薬事法）上，輸入した医薬品等を販売することが許可制の対象とされている（12条1項，2条13項）。国内に支店等を有しない外国企業が輸入者として製品を日本に輸入し日本に所在する顧客に販売する場合には，通関事務について税関事務管理人の届出（95条1項）が，また消費税の申告のために納税管理人の届出（国税通則法117条）が求められる。輸入販売から生じる所得に対する法人税等については，恒久的施設を有しなければ課税されない扱いとなっている（法人税法141条）。最後の点は第8章二2において言及される。

しようとする場合には，様式に従った出港届を提出し，税関長の許可を得なければならず，税関長は必要があると認める場合には，積荷，旅客及び乗組員に関する一定の事項を記載した書面の提出を求めることができる（17条1項）。

輸入又は輸出申告は，対象貨物が保税地域に搬入された後に行うのが原則である（67条の2第1項・2項）が，輸出申告については，基準を充たすものとして税関長の承認を受けた輸出者又は認定通関業者に委託した輸出者等が行う場合には，一定の条件の下で，保税地域に搬入することなく，直接に外国貿易船等に積み込むことができる特例制度がある（67条の3）。

輸入許可の要件は以下のとおりであり，検査（69条）を受けてこれらが確認された場合のみ許可が下りる。①輸入禁制品でないこと（69条の11）。②他の法令の規定による許可承認等を受けていること（70条及び関税法基本通達70-3-1）③原産地を偽った表示又は誤認を生じさせる表示がなされていないこと（関税法71条）。④有税品である場合，その関税等が納付されていること（72条。ただし，引取後に納税申告を行う特例輸入申告制度（7条の2）などがある。）。輸出許可の要件は，①輸出禁制品でないこと（69条の2）のほか，②他の法令の規定による許可承認等を受けていること（70条）に限定されている。

他の法令による許可承認等のうち，国内の公安・衛生・環境などの保護を目的とする輸出入に許可等が必要とされている品目として，「銃砲刀剣類所持等取締法」（銃刀法）上のけん銃など，「麻薬及び向精神薬取締法」上の麻薬等，「医薬品，医療機器等の品質，有効性及び安全性等の確保等に関する法律」（旧薬事法）上の医薬品，医薬部外品，化粧品，医療機器等，「化学物質の審査及び製造等の規制に関する法律」（化審法）上の化学物質，「食品衛生法」上の飲食物等，「水産資源保護法」上の一定の魚介類，「植物防疫法」上の一定の植物等，「特定外来生物による生態系等に係る被害の防止に関する法律」上の特定外来生物などがある[5]。

また輸入禁制品として，麻薬等，銃器，爆発物，公安又は風俗を害すべき書籍等，児童ポルノ，知的財産権侵害物品などが挙げられている（69条の11第1項各号）。「公安又は風俗を害すべき書籍，図画，彫刻物その他の物品」（7号）を除き，国内法において輸入が禁止され，又は刑事罰の対象とされている物品である[6]。輸入禁制品については，税関長は，没収して廃棄するか，輸入しようとする者に

---

[5] 「税関で確認する輸入関係他法令の概要（カスタムアンサー）」at［http://www.customs.go.jp/tetsuzuki/c-answer/imtsukan/1801_jr.htm］を参照。
[6] ただし，麻薬，銃器，爆発物等については国内法令上必要な許可等を受けて輸入できる場合が想定されている。たとえばけん銃等については，銃刀法の規定する輸入禁止の例外（3条の4）に該当する場合が該当する。

積戻しを命じることができる（同条2項）が，上記7号物品及び児童ポルノについては，表現の自由との関係でかかる処分が許されず，輸入しようとする者に対して通知をし，その処分に委ねることになる（同条3項）。知的財産権侵害物品及び不正競争防止法に違反する形態模倣品については，要件該当性について争いがあり得ることから，侵害又は違反品であることを迅速かつ公平な手続によって認定するための手続が規定されている（69条の12以下）。

輸出禁制品として，関税法は，麻薬等，児童ポルノ，知的財産権侵害物品及び一定の不正競争防止法が輸出を禁止している形態模倣品を挙げている（69条の2第1項各号）。ここで侵害の対象たる知的財産権は，日本法上のものである点で，輸出入取引法が外国の知的財産権侵害品の輸出を禁じている（輸出入取引法3条，2条1号）のとは異なる。これらについては，輸入禁制品と同じく認定手続が設けられている（関税法69条の3以下）。

なお貨物のセキュリティ管理及び法令遵守の体制を整備した輸入者について，通関手続を緩和する認定事業者（Authorized Economic Operator，"AEO"）制度が2006年に導入され，その後倉庫業者，通関業者・運送者，製造者に拡大されている。輸入申告の特例を認める特例輸入申告制度（7条の2），輸出申告の特例を認める特例輸出申告制度（67条の3）などがある。このAEO制度は，2006年に関税協力理事会（CCC）において世界標準ガイドラインが作成された[7]ことに基づいている。AEO制度は，日本のみならず，米国・EU・カナダなど各国において採用されており，さらに認定事業者を相互承認することも行われている。

（2）検疫手続

日本の検疫措置には，感染症の侵入防止対策としての検疫のほか，動物検疫と植物検疫とがある。感染症の侵入防止のための検疫は，主として，海外から来航するすべての航空機や船舶又は人に対するものであるが，コレラ汚染地域から輸入される生鮮魚介類など輸入品を対象とするものもある。この検疫は，検疫法，狂犬病予防法などに基づき，厚生労働省下の検疫所が行う。これに対し，動物検疫及び植物検疫は，輸出入される動物，畜産物（食肉・ハムなどの加工食品をも含む）及び植物に対するもので，農水省管轄下の動物検疫所及び植物防疫所が行っている。根拠法令は，家畜伝染病予防法（37条），狂犬病予防法（7条），水産資源保護法（13条の2），植物防疫法（6条）などである。

7）　この動きについては，財務省関税局「日本版AEO制度の推進」（2007年）at［http://www.customs.go.jp/news/movement/190509.pdf］を参照。

（ア）家畜伝染病予防法

　家畜伝染病予防法においては，特定の家畜の伝染性疾病について，予防のための対策を行い，また発生し又は発生した疑いのある場合，発見した獣医師や所有者等に届出義務を課す（13条1項）など政府が情報収集に努め，蔓延防止のために，罹患し又は罹患した疑いのある家畜を隔離し（14条1項），通行を制限・遮断し（15条），区域を指定して家畜の移動を制限する（32条）などの対策を執る権限を付与している。

　輸入については，まず伝染性の高い特定の伝染病について，その感染リスクに鑑み，当該伝染病の発生がなく，防疫体制も整備されている国以外の国からの輸入を禁止している場合がある（36条1項，家畜伝染病予防法規則43条）。また伝染病が発生したことが確認された国もしくは地域からの輸入又は工場からの出荷品の輸入は停止され，その後発生がなく，清浄性が確認された場合に停止措置が解除される実務の取扱いとなっている。

　また輸入禁止の対象ではなくても，指定された動物等を輸入するためには，通常輸出国の政府機関により発行された伝染病拡大のおそれがないことの証明書又は写しが添付されていなければ輸入できない（37条1項）。かかる動物等については，原則として，指定された港又は飛行場からのみ輸入ができ（38条），また，輸入しようとする者は，当該動物の種類・数量，輸入の時期及び場所を動物検疫所に届け出なければならない（38条の2第1項）。かかる動物等を輸入した場合，遅滞なく動物検疫所に届け出て，原則として，家畜防疫官による検査を受けなければならず（40条1項），当該検査は動物検疫所等で行われる（同条3項）が，検査のために一定期間係留される（家畜伝染病予防法規則50条1項，たとえば馬の場合は10日間。輸出国政府の証明書の添付のない場合は長期の係留が必要となり，たとえば馬の場合は30日間となる（同条2項））。検査の結果伝染病拡大のおそれがないと認められる場合は，輸入検疫証明書が交付される（44条）。

（イ）植物防疫法

　国内において存在が確認されていないか又は蔓延防止措置が執られている特定の有害動植物の発生が認められる国からの関係植物の輸入は禁止されている（7条1号，植物防疫法施行規則別表第二）。この輸入禁止を解くためには，輸出国からの解禁要請が必要とされ，たとえば，要請国は，対象病害虫の殺虫又は殺菌を完全に行うことが可能であることを明らかにするための科学的・技術的に適正な試験計画を植物検疫当局に事前に提出し，当局が受け入れるかどうかをまず確認する。次に，要請国は，計画に従って行われた試験の結果得られたデータを当局に提出し，殺虫等が完全に可能であることが示されている場合には，当局が現地

において確認試験を行い，公聴会等の国内手続を経て，解禁とするものとされている（「植物検疫における輸入解禁要請に関する検証の標準的手続に関して」8)）。

(ウ) 輸入食品監視

日本の検疫所は，上記のほか，輸入食品の安全を確保するために，食品衛生法上の輸入食品監視業務を行っている。営業用の食品等の輸入については輸入の都度届出が必要とされており（食品衛生法27条），届け出られた食品等について食品衛生法上適法か否かの審査（書面上）・検査がなされ，適法性が確認された場合には輸入食品等届出済証が交付される。届出済証が提出されるまでは通関できないのが実務である。国内で製造される食品等については，必要があれば随時審査・検査がなされる（28条）。

(エ) 食品衛生法

食品衛生法上，腐敗していたり，有毒物質が含まれたり，病原微生物によって汚染されていたりして人の健康を損なうおそれがある食品及び添加物は製造・販売・輸入が禁止されている（6条）。また人の健康を損なうおそれがあるなどの食品の販売を禁止することができる（7条）。これらは国産品・輸入品を問わない。しかし，特定の国において製造された特定の食品に，検査の結果，販売禁止されている食品に該当するものが相当数発見されるなどの事情がある場合，当該特定の食品の販売を禁止することができる（8条）。

2 諸外国の税関手続

各国とも貿易の円滑化と効果的な取締りとの両立という困難な課題に取り組んでおり，AEO制度の採用など，通関ごとの管理から，企業の自己管理を促し事後的な監査を中心とする方向への流れがある。

(1) 米 国

米国では，2001年の同時多発テロ事件後，2003年に国境管理を包括的に行う税関・国境取締局（CBP）が新設され，税関手続を担当している。米国の税関手続は，1978年税関改革簡素化法によって，関税納付が引取許可の要件とされず，関税の徴収手続と輸入許可手続とが切り離されている点が日本の手続と大きく異なっている。税関管理下からの引取後一定期間内に輸入納税申告（entry summary）を行って，見積もり税額・手数料を預託すれば足り，その後原則とし

---

8) 農水省のHP［http://www.maff.go.jp/j/syouan/syokubo/keneki/k_yunyu/tetuzuki.html］を参照。

て1年以内に清算（liquidation）の手続により最終的な税額が決定される。保証会社等が保証人となって発行する一定の書式に従った担保（bond）を差し入れるのが一般的である。

また限られた人的資源を効率的に利用するために，輸入者において法令遵守体制を整備するよう促している。また輸入者が完全な情報を税関に提供する義務を負うものとしている。したがって，関税額の見積もりに当たっては，税表分類の適用，関税評価について正当な注意義務が課されている。また法令遵守を確保する重点産業分野として鉄鋼，自動車等を指定し，重点的に検査・審査を行っている。また企業別の管理を行うプログラムを始めるなど企業単位での法令遵守確保の方向性を追求している。

なお米国は，知的財産権侵害物品に対する水際規制について，国内訴訟とは別の特別の手続を用意している。この点は第18章二2を参照。

（2）EU

EUにおいては，共通関税率の設定及び税関規則はEUの管轄であるが，税関が加盟国の組織であるため，運用のばらつきをなくすことが課題とされている[9]。そのため情報の共有，共通の審査基準の開発などが追求されている。1992年に制定された欧州関税法典（CCC）が現行法であるが，2005年改正でAEO制度が導入され，また2013年に成立した欧州連合関税法典（2013年10月9日付欧州議会・理事会規則 952/2013[10]）に移行する予定である。

なお知的財産権侵害物品に対する水際規制については同じく第18章二2を参照。

（3）中　国

中国は自由経済体制を採用していないため「貿易権」を有する者だけが輸出入ができるという考え方を採用している。対外貿易経営者の届出登録をした者だけが輸出入が可能である。「対外貿易法」ほか，様々な法令が通関のために必要な書類を定めている。

---

9) その点が争われたケースとして，*EC – Selected Customs Matters* ケースがある。
10) Regulation (EU) No. 952/2013 of the European Parliament and of the Council of 9 October 2013 laying down the Union Customs Code, Official Journal L 269，10/10/2013 P. 0001-0101.

三 税関手続及び検疫手続等の水際措置に関する国際ルールの発展

税関手続及び検疫手続については分野別の枠組みにおいて国際的調和が進められると同時に、GATT/WTO体制においてもこれらの措置を規律する国際合意が形成されてきた。海賊版・違法コピー等の取締りについても同様である。これに対して、違法薬物及び銃器の取締りについては、GATT/WTO体制において特別の進展はなく、専ら分野別の枠組みにおいて国際的調和が進められている[11]。本項はかかる動きを概観する。

1 税関手続

(1) 関税協力理事会

税関手続については、関税協力理事会（CCC）において様々な簡素化・標準化が試みられており、拘束力のある条約が締結され、CCCが非拘束の勧告を発出している。条約の一つが、「税関手続の簡素化及び調和に関する国際規約」（京都規約）である。1974年に発効し、日本は1976年に受諾した。さらに、この改正議定書が2006年に発効している。日本は2001年に受諾しており、その前に簡易申告制度を導入するなど国内法における実施を完了している。そのほか、コンテナ運送その他についていくつかの国際条約がCCCにおいて管理されている[12]。

また2001年に米国で発生した同時多発テロの影響で、国際運送の安全性を確保するため、特にコンテナの安全を確保する重要性が認識された。CCC等において、効率的なリソース配分のために適切なリスクマネージメントを行うこと、そのために有用な電子情報整備と情報交換など税関相互の協力関係、安全管理・法令遵守体制を整備した貿易関連事業者を認定し、迅速取扱いなどの特権を付与する認定事業者（AEO）（AEO制度については本章二1を参照）など税関と民間との協力関係などを柱とする「国際貿易の安全確保及び円滑化のためのWCO・SAFE基準の枠組み」が2005年にCCCの理事会において採択されている。また税関ネットワーク化を通じた協働関係の構築、AEOの相互承認などが目指されている。そのほか「ハイリスク貨物の選別のためのガイドライン」（Risk Management Guide）など様々な技術的勧告・指針が発出されている[13]。

さらに密輸・不正申告等の防止、汚職の抑圧など税関手続の適正化も重要課題

---

11) なお武器取引の規制は第5章で、児童ポルノの禁止については第7章で言及している。
12) CCCのHP［http://www.wcoomd.org/en/about-us/legal-instruments/conventions.aspx］を参照。

と認識されており，CCCは，問題を検討するための作業部会の設置，関係国際機関等とのネットワーク形成などの活動を行っている[14]。

（2）WTO

　GATT/WTOにおいては，税関手続のうち輸入許可の問題について東京ラウンドが開始される前から自動輸入許可と非自動輸入許可とに分けてそれぞれについて協定案が作成されていたが，合意に至っていなかった。東京ラウンドにおいて，数量制限と共に輸入許可手続に関する多角的解決策を策定するために交渉グループが設立された（ただし1975年3月には非関税措置グループの下に数量制限を扱うサブグループが設置されている）。上記協定案を踏まえた検討が行われ，1979年4月には両者を一本化して合意が成立し，「輸入許可手続に関する協定」が策定された。同協定の受諾国は30未満に止まっていたが，ウルグアイ・ラウンドにおいて策定された輸入許可手続に関する協定は，シングルアンダーテイキングに含められたため，現在では全加盟国に適用されるものとなっている。

　またドーハ開発アジェンダの交渉において，「貿易円滑化に関する協定」を追加することが2013年末に合意された。期限とされていた2014年7月末までに条文が採択されず，一旦交渉が頓挫したが，その後反対していたインドが2014年11月に問題解決に向けて米国と合意したため，協定採択に向けた動きが再開された。

（3）税関相互支援協定

　麻薬等の密輸防止，知的財産権侵害物品の水際規制といった取締りを強化するためには，各国の税関間での情報交換・執行協力が有効である。また通関の簡素化・迅速化の観点からも情報交換・協議が望まれる。

　こうした目的を追求するため，日本は，1997年に米国との間で締結して以降，各国政府又は税関当局との間で税関相互支援協定を積極的に締結してきている。ASEAN諸国，スイス，インド，ペルー及びオーストラリアとの経済連携協定（EPA）に含まれており，そのほか，韓国，中国，EU，ロシア，オランダ，イタリア，南アフリカ共和国及びドイツとの間では政府間協定で，オーストラリア，ニュージーランド，カナダ，香港，マカオ，フランス及びイギリスとの間では税関間の取極の形式で締結され，発効している[15]。

---

13) CCCのHP〔http://www.wcoomd.org/en/topics/key-issues/cep/instruments-and-tools.aspx〕を参照。

14) CCCのHP〔http://www.wcoomd.org/en/topics/enforcement-and-compliance/activities-and-programmes.aspx〕を参照。

「税関当局間の相互支援に関する日本国政府とアメリカ合衆国政府との間の協定」においては，利用可能な資源の範囲内で協力すること（2条2項），提供した情報が刑事手続における証拠として使用されないこと等（10条1項）を条件とし，要請に応じ又は自己の発意により，関税法令の適正な適用の確保並びに関税法令違反の防止，調査及び処置のために必要な情報を，相互に提供する（3条1項）。また一方の当局の要請があった場合，関係する物品又は人についての情報（4条），船積に関する書類等（5条）を提供することを約束している。ただし，被要請当局の締約国政府がこの協定に基づく支援がその主権，安全，公共政策その他の重要な利益を侵害すると考える場合には，支援を拒否若しくは保留又は一定の条件若しくは要件が満たされることを支援の条件とすることができる（11条1項）などの制限も規定されている。かかる情報・証拠提供に関する国際的取決めに基づいて提供される情報・証拠は，秘密として取り扱われ，また刑事手続には使用されないことが取り決められている。

多国間での枠組みを形成しようとする動きもある。「関税犯則の防圧，調査及び制圧のための相互行政援助に関する国際条約」（ナイロビ条約）がCCCにおいて策定され，1980年に発効した。2013年7月31日時点では52ヵ国が加盟しているが，日本は未加入である[16]。また2003年には，「税関相互支援条約」（ヨハネスブルグ条約）が締結されている（締約国数3[17]）。

2　検疫手続

（1）動物検疫

動物検疫に関しては，家畜衛生情報の交換，技術協力等を効果的にすすめることを目的として，1924年に動物流行病の予防及び研究の国際機関として，「国際獣疫事務局」（Office International des Epizooties, "OIE"）がパリに創設された[18]。1968年に輸出入時の衛生基準や処置についての考え方などについて記載した「陸生動物衛生規約」が，1995年に「水生動物衛生規約」がそれぞれ採択された。そのほか，陸生動物・水生動物それぞれに疾病の診断方法などを規定した基準

---

15)　税関のHP「税関相互支援協定（CMAA: Customs Mutual Assistance Agreement）」at [http://www.customs.go.jp/kyotsu/cmaa/cmaa.htm]．（そのほかスペインとの間で署名済みである。）

16)　WCO General Secretariat, "Convention: Summary of Position," 5 August 2013, at [http://www.wcoomd.org/en/about-us/legal-instruments/~/media/ABA7971DF0D-34533B67265DDE657C71B.ashx].

17)　*Ibid.*

18)　農林水産省のHPにおける解説［http://www.maff.go.jp/j/syouan/kijun/wto-sps/oie.html］及びOIE事務局のHP［http://www.oie.int/］を参照。

（マニュアル）が採択されている。原案を作成する専門委員会と加盟国との間で議論がなされ，採択の見込みある基準案が総会において採択にかけられる。新規の基準案又は改正案は採択に通常2年ほどかかるものとされている。

（2）植物防疫

植物防疫に関しては，植物の病害虫に対する防除並びに蔓延の防止，とくに，国境を越えての侵入の防止に関する国及び国際間の活動を促進調整することを目的として，「国際植物防疫条約」（International Plant Protection Convention, "IPPC"）が1951年に締結された[19]。後述のSPS協定を受けて，植物防疫措置に関する国際基準の策定が進められている。

（3）食品衛生

食品衛生については，1962年において，コーデックス・アリメンタリウス（Codex Alimentarius）（略称：コーデックス委員会）が国連食糧農業機関（FAO）と世界保健機関（WHO）とによって設置された[20]。コーデックス委員会は，農薬残留基準や食品添加物その他について国際的な食品規格の策定を行っている。

（4）SPS協定

SPS協定は，国際的な基準へのハーモニゼーションを促進する規定を有している。SPS協定は，食品安全についてはコーデックス委員会，動物の健康及び人畜共通伝染病についてはOIE，さらに植物の健康についてはIPPCが作成する国際的な基準等に特別の地位を与え，3.2条は，かかる基準等に適合する場合には，人の生命等の保護のために必要であるものとみなす。また科学的な正当化根拠がある場合に限り，国際的な基準等によって達成されるところを超える保護水準の措置を導入することができる（3.3条）。また加盟国間で規制措置の同等性を認めることを奨励している（4条）。

SPS措置の統一化が貿易促進に資することは明らかであるが，国際機関が作成した基準といえどもその採択は，各加盟国政府の評価に委ねるべきであり，かかる基準を採択する人為的なインセンティブを設けること自体も適切かどうか疑問

---

19) 農林水産省のHPにおける解説［http://www.maff.go.jp/j/syouan/syokubo/keneki/ippc.html］及びIPPC事務局のHP［https://www.ippc.int/］を参照。
20) 農林水産省のHP［http://www.maff.go.jp/j/syouan/kijun/codex/］及び厚生労働省のHP［http://www.mhlw.go.jp/topics/idenshi/codex/index.html］を参照。また，コーデックス委員会のHP［http://www.codexalimentarius.org/］も参照。

がないではない。この点はTBT協定においても同様の問題がある。第10章一2(2)を参照。

3　薬物取引の規制

(1) 1961年の麻薬に関する単一条約

麻薬の取締りは，一国では困難であり，国際協力が不可欠であることが古くから認識されてきた。あへん，モルヒネなどの規制を目指した1912年の国際あへん条約に始まり，麻薬に関する条約・議定書が合計9つ締結されてきた。1945年に発足した国際連合においても，いくつかの麻薬関係組織が存在し，中でも世界保健機関（WHO）が条約による規制対象の麻薬を指定する役割を有していた。その他，麻薬の国際取引を監視し，またそのために各国における麻薬の年間必要量を算定する組織があった。これらの条約をまとめ，麻薬統制に当たる国際的機関を整理統合すべく，単一条約化が1946年以降議論され，1961年に麻薬に関する単一条約として採択され，国際麻薬統制委員会（International Narcotics Control Board）が設立された（さらに1990年に「国連麻薬統制計画」に統合された）[21]。

麻薬に関する単一条約は，国際協力及び統制により，麻薬不正取引の害悪を防止し，麻薬の用途を医療及び科学上の目的に制限してその使用上の適正を図ることを目的として，麻薬，あへんの輸入，輸出，製造（生産），流通・取引等を各国が管理下に置くことを求めている。特に，麻薬の輸入，製造，生産は，需要に応じた数量に制限するよう規定されている。対象に指定された物質は，危険性に応じて3つに分類され，執るべき規制措置に違いがある。麻薬の指定，削除等は，国連の麻薬委員会がWHOの勧告を受け決定する。

(2) 1971年の向精神薬に関する条約

軍隊における覚せい剤使用は戦中においても見られたが，一般に広まったのは戦後である。幻覚剤，覚せい剤，催眠剤，精神安定剤等の濫用が世界的に拡大し，1960年代以降，向精神薬の国際統制が検討されるようになり，1971年に向精神薬に関する条約が採択された。国際協力及び締約国ごとの統制により，向精神薬の乱用及び不正取引を防止し，向精神薬の用途を医療上及び科学上の用途に制限して使用上の適正を図っている。医療用の有用性と危険性とを勘案して向精神薬は4つに分類され，執るべき規制措置が異なっている。規制対象品目の追加及び

---

21)　国際麻薬統制委員会（INCB）のHP[http://www.incb.org/incb/index.html]を参照。

削除は，麻薬同様，国連の麻薬委員会がWHOの勧告を受けて決定する。

（3）麻薬及び向精神薬の不正取引の防止に関する国際連合条約

麻薬に関する単一条約及び向精神薬に関する条約による規制強化にも拘わらず，薬物乱用問題の深刻化が進行したため，これらの条約に規定されていない対策を盛り込んだ「麻薬及び向精神薬の不正取引の防止に関する国際連合条約」が1988年に採択された。

同条約は，薬物不正取引から生ずる収益の剥奪など薬物不正取引の経済的側面からの防止策を規定している。単一条約又は向精神薬条約に違反する薬物犯罪又は，その薬物犯罪により生じた財産の隠匿，偽装，収受等を国内法において犯罪化し，自国の裁判権を設定すること，薬物犯罪により生じた収益・財産などを没収するための必要な措置，及び収益，財産等を没収するために特定，追跡及び凍結するための必要な措置をとること，さらに，原料物質・前駆物質の不正流用防止のための措置をとることなどを求めている。

4 銃器取引の規制

銃器取引については，「国際的な組織犯罪の防止に関する国際連合条約を補足する銃器並びにその部品及び構成部分並びに弾薬の不正な製造及び取引の防止に関する議定書」（銃器議定書）が国連総会で採択され，2005年に発効している（2014年8月現在で議定書の締約国数：110[22]）が，日本は未締結である。銃器の不正製造・取引行為の犯罪化及び捜査を容易にするため，製造及び輸入時における銃器の刻印，記録保存及び情報交換等が規定されている。

5 知的財産権侵害物品の水際規制

知的財産権侵害物品の水際規制については，WTO協定上，GATT20条(d)号が制限を課しているほか，TRIPS協定が模倣品・海賊版の税関での差止制度を設けることを義務付け，同時に特許侵害品の規制を含めて一定の規律を定めている。さらに，偽造品の取引の防止に関する協定（ACTA）が2011年に署名され，発効に必要な批准を待っている状態にある。これらの点は，第18章を参照。

6 原産地表示

1892年に発効した「虚偽の又は誤認を生じさせる原産地表示の防止に関する

---

22) 国連薬物犯罪事務所のHP [http://www.unodc.org/unodc/en/treaties/CTOC/countrylist-firearmsprotocol.html] 参照。

マドリッド協定」は、虚偽又は誤認を生じさせる原産地表示のある産品の輸入差止めを命じている（1条）。日本は1953年に加入している。また原産地表示の国際的保護制度を定めるものとして、1966年に発効した「原産地名称の保護及び国際登録に関するリスボン協定」があるが、日本は批准していない。なおGATT9条は、原産地表示について規定する（本章四1(4)を参照）。

7 その他

専ら国内環境の保護を目的とする輸出入規制の対象品目として、水産資源保護法上の一定の魚介類、外来生物法上の特定外来生物、化審法上の特定化学物質を使用する製品などがあるが、このうち、水産資源保護については、沿岸国に対して生物資源を含む海洋環境の保護・保全措置を求めている国連海洋法条約（1994年発効）、外来生物対策については、生物多様性条約（1993年発効）、化学物質規制については「残留性有機汚染物質に関するストックホルム条約」（POPs条約）（2004年発効）がある。環境条約は、国内環境よりも世界環境又は途上国の環境を保護の対象としているものが多いため、生物多様性条約及びPOPs条約を含め、本章よりも次章で多くを扱う。児童ポルノの輸入禁止については、子どもの権利条約におけるチャイルドポルノに関する選択議定書があるが、これも国内の公安風俗というよりは被写体たる子どもの保護の問題であり、次章で扱う。

四 税関手続及び検疫手続等の水際規制に対するWTO協定及び国際投資協定上の規律

本項は、WTO協定の定める規律を中心に各国の税関及び検疫手続等の水際規制に対する規律を取り上げる。

1 税関手続の規律

（1）GATT11条1項

税関手続は、輸入品又は輸出品にのみ適用されるので、GATT11条1項の対象である。関税徴収に関する手続についても同様である。関税の税額又はその計算は2条及び7条（さらに関税評価協定）の対象であるが、その徴収手続たとえば、申告書その他書類の提出義務、担保徴求又は支払いを輸入許可の要件とすることなどは、11条1項の対象である。国産品と輸入品とに適用される税及び規制は、賦課時点又は適用時点が輸入時であっても、それ自体が11条1項の対象とはされず、全体として3条2項又は4項と整合的かが問題とされる。これに対し、支

払い完了又は要件具備を通関時に確認すること（たとえば証明書類の提出を通関の要件とすること）は，輸入品にのみ関係する措置であるので，11条1項の対象である（附属書Ⅰ 注釈及び補足規定「第3条について」）。消費税の納付や医薬品医療機器等法（旧薬事法）上の許可等を通関の要件とすることがこれに該当する。さらに麻薬・銃器・ポルノグラフィなどについて税関で行われる輸入制限措置は，数量制限の対象であったり，輸入品のみ事前規制であったり，また規制対象が国産品よりも広かったりすることが多い。これらの措置は，11条1項が「制限」をすべて禁止しているので，20条各号で正当化されるか否かが問題になる。

ただし，税関手続のうちいわゆる自動輸入許可は，11条1項が禁止している輸入制限に該当しないとしたGATT時代の先例がある。このケースでは，輸入最低価格以上で必ず輸入する保証を輸入許可の要件とし，ただし要件を充たす申請に対しては5日以内に許可が下りるという手続が問題とされ，GATT11条1項に違反しないとされた[23]。その後の先例においても輸入制限効果（limiting effect）があることを求めるのが通常である[24]が，当局の裁量が広いことなど手続上何らかの瑕疵があれば輸入制限効果が認められている。したがって，具体的な貿易効果を要求する趣旨でなく，自動輸入許可を含め貿易に対して何らかの条件を課していれば，その成就の難易に拘らず「制限」に該当するとすべきであろう。自動輸入許可を除くとした先例は，輸入許可手続に関する協定の前身である東京ラウンドコードが交渉中であったことに言及しており[25]，交渉の結果を予断しないために判断を回避したに過ぎないと整理することを検討すべきである。

言うまでもなく，11条1項の禁止対象範囲を広く解したとしても通関手続が過度に制約されるわけでない。次項で見るように，税関行政のために必要な範囲では20条とりわけ(d)号によって正当化されるからである。たとえば通関統計のための情報収集は，たとえば税関行政なり貿易政策なりの立案・実施のために必要な範囲で許されるであろう。また，関税譲許の範囲内であって2条に抵触しない関税額の徴収，その他GATT各条に抵触しない措置たとえば内外無差別に適用され，したがって3条に抵触しない国内措置等の執行のために必要な範囲に税関手続を限定するのでは足りないか検討すべきであろう。

（2）20条例外

GATT20条は，政策目的別に要件を定めた各号の規定と，すべてに適用され

---

23) GATT Panel Report on *EEC – Minimum Import Prices*, para. 4.1.
24) Appellate Body Report on *China – Raw Materials*, para. 320.
25) GATT Panel Report on *EEC – Minimum Import Prices*, para. 4.1.

る柱書の規定とから構成される。本項においては，麻薬・銃器取引の水際規制などを典型的な対象とする(a)号，検疫措置を典型的な対象とする(b)号の規定及び税関手続を典型的な対象とする(d)号の規定をまず取り上げ，その後に共通に適用される柱書の規定を取り上げる。輸出規制を典型的な対象とする(g)号及びその他の各号は次章で取り扱う。

まずGATT20条は，一定の政策目的のための措置をGATTの各規定から除外しているが，その意義について議論がある[26]。第1章五2(2)で検討したとおり，国際競争論＝共存モデルは，非貿易的政策目的の追求のために貿易自由化からの逸脱を認める規定と理解する。たとえば麻薬等の規制は，消費者の嗜好に拘らずその弊害を考慮し政府が後見的に介入するものと理解される。検疫は，人又は動植物の生命・健康を保護することを目的とする政府介入である。そうした政策目的のための措置は産品の流通を規制するため貿易自由化と矛盾対立する可能性があり，たとえば内国民待遇義務に違反する場合があるとして，一定の政策目的のための措置について貿易自由化に優先するものとして逸脱を認めるのが20条の意義と考える。

これに対して，比較優位論－協力モデルからすれば，これらの制限は貿易自由化に内在するものであり，20条は逸脱を認める規定でない。麻薬等の取締り，検疫等はいずれも「市場の失敗」を是正するという観点から最適な措置である範囲で経済・社会の保有する資本の最大化に資する措置として正当化されるが，その範囲では輸入品を不利に扱う理由がない。しかし，技術的理由により，正当な目的のために輸入品又は外国需要家を不利に扱い，又は輸出入の数量を制限することが必要な状況がある。たとえば，麻薬等はその弊害に鑑み医療・研究等の目的のために必要な量を超える販売消費を禁止することが正当化される。そのためには，輸入品を差別する理由はないが，国内販売数量の制限と合わせて輸入数量を制限する必要がある。また管轄権の及ばない外国で発生した疾病・病虫害については蔓延防止措置が十分か検証できないことから，発生国からの輸入をすべて規制する必要がある。これらを正当化するのが20条の意義であると考える。

逆に言えば，後者の考え方では，20条各号が正当化しようとしている措置は，たとえば通関の要件として関税納付の証明書の提出を要求する措置のように目的に照らし輸入品に対してのみ適用したり輸入品を差別して取り扱ったりする必要のある措置に限定されている。これに対して，前者の考え方では，20条各号の

---

26) 20条の立法経緯については，内田宏・堀太郎『ガット——分析と展望』(日本関税協会，1959年) 582-586頁を参照。

対象をそうした措置に限定する必要がなく，目的に照らして輸入品と国産品とを区別する必要のない措置であっても 20 条各号で正当化され得ることがある。

(ア) (a)号——公徳の保護

GATT20 条(a)号は，「公徳の保護のために必要な措置」を適用除外としている。麻薬，銃器，ポルノグラフィ，宝くじなどの輸入制限が典型である[27]。

まず保護の対象たる「公徳」について，定義が規定上存在しないが，先例上「共同体又は国家によって又はそのために維持される，行為の善悪の基準（"standards of right and wrong conduct maintained by or on behalf of a community or nation"）」とされている[28]。ただし，どのような公徳をどの程度保護するかを決定する裁量権が措置国にあり[29]，またどのような基準かをパネルが正確に特定する必要はないとされた[30]。

この点，国際競争論＝共存モデルに立てば，「公徳」が何かを考える手がかりは規定の文言以外になく，その範囲で措置国政府が保護すべきと決定した「公徳」をそのまま受け入れるしかない。上記先例はかかる立場から説明しやすい。これに対して，比較優位論＝協力モデルに立てば，保護すべき「公徳」は，倫理道徳等を指すにせよ，個人の道徳・倫理感情とは区別される，経済・社会の最適化に必要な社会関係資本と説明できるものに限定される。たとえば麻薬の使用抑制は人的資本の最適化から求められるがこれを効率的に実現するためには，使用を刑罰で禁圧するだけでは足りず，麻薬の使用を拒絶する倫理観念の確立が求められる。しかし，一般人まで麻薬が入手可能な状況ではかかる倫理観念の維持が困難であり，使用のみならず流通をも厳格に規制するのが通例である。これは，倫理観念を破壊するという麻薬の負の外部効果を防止するという「市場の失敗」の是正を目的とすると説明できる。ただし以下に述べるように，全面的禁止でなく，輸入数量を含め流通数量を制限すること又は国内と同様に流通管理がなされている保証のない輸入を不利に扱うことを正当化する必要があるために 20 条(a)号が置かれたという理解になる。

次に，手段の選択が問題になる。先例上，「必要性」が目的を達成するためにより GATT 整合的な手段が合理的に利用可能でないことを意味すると解釈されており，たとえば輸入出版物に対する検閲という目的のためには，規制を適用すれば足り，国営企業に輸入独占を認める必要まではないとされた[31]。なお同様

---

27) 同上，581-582 頁。
28) Panel Report on *US – Gambling*, para. 6.465.
29) Appellate Body Report on *EC – Seal Products*, para. 5.200.
30) *Ibid.*, para. 5.199.

の規定であるGATS14条(a)号の先例であるが，US - Gamblingケースでは，ネットカジノの禁止が，州内の業者を例外として認めていることに照らし，柱書に照らして正当化されないとされた[32]。

　この点ではまず，同号が正当化しようとしている措置に，国内における麻薬等の販売制限を輸入時に適用する措置が含まれるか否か争いがある。無許可販売だけでなく輸入を刑事罰の対象とすることは3条4項の問題であり（附属書I　注釈及び補足規定「第3条について」)，平等な取扱いが要求される。すでに述べたように，国際競争論＝共存モデルでは，目的に照らして客観的に最適に設計された措置であっても貿易に及ぼす影響故に内国民待遇義務違反とされる余地があり，そうした措置が20条によって正当化される可能性がある。これに対して，比較優位論＝協力モデルでは，そうした措置は内国民待遇義務違反にならず，したがって20条(a)号を必要としない。さらに輸入許可制の実施を確保するため許可取得を通関の要件とすることは，輸入にだけ適用されるので11条1項に抵触するが，20条(d)号の問題である。したがって，(a)号と異なり，輸入許可制自体の正当性が問われる。

　20条(a)号を必要とする典型は，社会的に有害な産品について，特定用途に必要な限度でのみ流通を認め輸入にも数量制限を適用するとか，法的に取締ることの弊害等に鑑み，国内での流通に対する取締りを緩めるといった場合である。たとえば日本において，宝くじは，国内において販売が制限的ながら許容されているが輸入販売は全面的に禁止である（刑法187条）。ポルノグラフィも国内においては不特定多数を相手方としない譲渡であれば犯罪とされておらず単純所持も犯罪とされていない（刑法175条参照）が輸入は全面的禁止である。麻薬及び銃器については，国内での必要があるものそれ以上に国内において流通することを防止するために国内の需要を警備・医療用などに制限し，その限定された需要を充たすために輸入も含め必要な数量に供給を限定することが必要とされているので輸入品も国産品も等しく制限されているわけでない。このような内外非対称の規制又は輸入数量規制を，目的追求のために最適な（貿易歪曲効果が最小の）手段が選択されていることを条件として正当化するために20条(a)号が必要であって，その点に同号の意義があるという議論が可能である。その観点からすれば，非対称であること自体を理由として例外適用を否定したように見える上記US - Gamblingケースの判示には疑問がある。

---

31) Appellate Body Report on *China - Publications and Audiovisual Products*, paras. 263-268.
32) Appellate Body Report on *US - Gambling*, para. 364.

なお銃器については，警察等政府が使用する範囲で政府調達例外（GATT3条8項(a)号）が適用され，したがって政府調達協定の対象とされていない限り国産品を優先して差し支えないであろう。医療用の麻薬については，民間病院用であれば国産品の優先使用を義務づけることが内国民待遇義務に違反することは明らか（3条4項）であるが，公的病院が使用する場合に政府調達例外が適用されるか反対論があり得る。これらの点は，第11章五3を参照。なお国家貿易企業が輸入を独占している場合は，商業的考慮にのみ従って購入にかかる決定を行うよう政府が確保しなければならない（17条1項(a)号）（第16章一3(5)を参照）。

なお動物福祉の観点から商業的な狩猟方法に拠ったアザラシ製品の販売禁止措置について，20条(a)号の本文での正当化を認めつつ，狩猟方法の評価が各国で異なることを無視して一律に規制対象としていることをもって柱書に抵触するとした先例がある[33]。これは，製品そのものが公徳を害するわけでなく，その製造方法に着目する規制であって，次章で検討するPPM措置の一である。

この先例をいかに理解するか。まず，輸出国における事象が輸入国内の公徳に悪影響をもたらすとする論理を安易に受け入れるべきでない。そうしないと，たとえば愛国心を保護するために外国産品を規制することが20条(a)号で許されることになってしまうからである。上記先例においては，EUにおける消費者の道徳感情が問題にされたが，そのためにはアザラシが残虐な方法でEU内において狩猟されることを禁止すれば足りるはずである。その禁止の遵守確保のためにかかる方法で狩猟されたアザラシの製品の販売を輸出も含めて禁止することは次項で言及する(d)号によって正当化されるかもしれない。狩猟方法の問題でなく，アザラシ自体がたとえば宗教的対象であり，その製品の販売をすべて禁止するというのであれば内外無差別として許容されるかもしれない。しかし，残虐な方法で狩猟されたアザラシから製造された製品だけ販売を禁止することは正当化し難いであろう。どのような方法で狩猟されたアザラシから製造された製品か否かは外形から判明せず，したがって残虐な方法で狩猟されたアザラシの製品の輸入を認めることがどのようにEU内の公徳を害するか説明が困難であるからである。残虐とEUが主張する方法で狩猟された輸入のアザラシ製品がそうでない方法で狩猟された国産のアザラシ製品に比して理由なく不利に取り扱われているかどうかという問題になり，輸出国における公徳の問題について輸入国国民の判断をどう考えるかの問題に還元される。国際競争論＝共存モデルでは，輸入国国民の判断を輸出国国民（又は政府）の判断に劣後させる内在的理由がないが，比較優位

---

[33] Appellate Body Report on *EC – Seal Products,* paras. 5.319-5.321など。

論＝協力モデルでは，輸出国経済・社会の最適化を担う輸出国政府の判断を尊重すべきであるということになる。

　（イ）（d)号──税関手続・水際手続

　（d)号の典型例は，知的財産権侵害物品に対する水際措置である。侵害となる範囲は国産品・輸入品を問わず同じであるが，輸入品に対してのみ税関における特別の手続が用意されていることが問題となる。先例上，国産品については製造工場を押さえることが可能であるが，輸入品はそうでなく，輸入地も輸入者も変更して輸入を試みることができることから，輸入者を特定せず輸入品に対して水際措置を認める必要があると説明されている[34]。(a)号や(b)号と異なり，協定整合的な措置すなわち内外無差別な措置の実施のために必要な措置だけが許される。たとえば，知的財産権侵害となる輸入品の範囲を国産品よりも拡大することは正当化されない。なお先に触れたように，国産品について製造時又は販売時に適用する国内法の規定を輸入品について輸入時において適用するだけ（たとえば消費税は税関において徴収される）であれば，そもそもGATT11条1項でなく3条4項が適用され，20条(d)号の問題にならない。この点は第9章四1(1)(イ)をも参照。医薬品医療機器等法（旧薬事法）など国内法令上輸入について必要な許可等を得ていること又は消費税等の内国税が支払済みであることを通関の要件とすることは，それ自体が輸入の制限であって11条1項に抵触し，20条(d)号の正当化が必要である。

　「必要な」との要件は，目的を達成するためによりGATT整合的な手段が合理的に利用可能でないことを意味すると先例上示されている。たとえば*Korea – Various Measures on Beef*ケースにおいては，品質の劣る輸入牛肉を国産牛肉と偽って販売することを防止するために，両者を同店舗で扱うことを禁止した措置について，たとえば表示規制がかかる代替措置として示された[35]。その後，20条(b)号における「必要性」において発展した先例の考え方（本項2(1)を参照）が(d)号にも適用されている[36]が，代替措置の候補の主張責任が申請国に負わされただけで，より協定整合的な代替措置がないことが正当化のために必要とされ，措置国が証明責任を負っていることに変わりはない。ただし，「必要な」要件を手段でなく規制の必要性すなわち内外無差別な措置では目的達成に不十分であり，水際措置が追加的に必要であることを求めるものと理解する余地もある。

34）　GATT Panel Report on *US – Section 337 Tariff Act*, para. 5.31.
35）　*E.g.*, Appellate Body Report on *Korea – Various Measures on Beef*, para. 172.
36）　Appellate Body Report on *Dominican Republic – Import and Sale of Cigarettes*, paras. 68-70.

この場合には，措置の必要最小限性ないし客観的最適性を柱書の「この協定の規定は……次のいずれかの措置を……妨げ（ない）」とする文言から引き出すことになろう（詳しくは本項2(1)を参照。）。

知的財産権侵害物品に対する水際措置については，第18章二5を参照。国産品にも適用される通常の裁判所を通じた手続と別個の手続を用意する米国型と通常裁判所の手続で一元化し税関における差止めを暫定的なものに限定するEU型とがある[37]。民事及び刑事的救済以外に水際措置を認める必要性は，製造地が管轄領域外であるために製造禁止を執行できず，その代わりに税関において輸入品を留め置いて執行することを認めることにある。そうすると侵害要件について区別する必要がないのは当然として，手続についても，侵害品排除の執行についての特則すなわち輸入される侵害品について税関において名宛人を特定しない執行（輸入差止）を認めれば足り，侵害確認手続について異なる扱いを認める必要があるか疑問である。そうした見地からGATT20条(d)号を厳格に解釈すると，侵害確認について裁判所以外の手続を認める米国型の手続が正当化されないことになるが，先例はそこまで踏み込んでいない。

なお適切な予算を割り当てず，通関手続が渋滞することを放置する取扱いをどう考えるかの問題があるが，WTO協定上規定がない。立法論としては，「輸入許可手続に関する協定」が申請処理の期間を規定している（3条5項）ことが参考になる。すなわち行政手続法のように，標準処理期間を設定させることが考えられる。

（ウ）柱　書

20条柱書は，各号の要件を充たしてもなお差別的に適用しないことを条件として要求する規定である。対象措置が柱書に違反するとした先例はいくつかあり，概ね措置の目的に照らして必要でない原産地国による区別が問題とされている。たとえば，廃タイヤの放置を減少させるための再生タイヤの輸入禁止が20条(b)号によって正当化されるか否かが争われた *Brazil – Retreaded Tyres* ケースでは，メルコスール域内国からの輸入の除外故に柱書の要件が充たされないと判断された[38]。またGATS14条の問題であるが，インターネットカジノの禁止が「公徳の保護」目的のために有用な措置であるとしても，国内業者の例外を設けたことで柱書の要件を充たさないとされた[39]。なおPPM措置の場合については

---

[37] 「1　知的財産侵害物品に対する水際制度の在り方に関する調査研究」付属書「諸外国の水際差止制度及び手続とその枠組について」（知的財産研究所『平成17年度調査研究報告書』（平成18年3月））を参照。

第 7 章四 4 を参照。

　ただし，各号の要件を厳密に解釈すれば，目的の実現のために必要な規制を超えて輸入制限又は輸入品を不利に取り扱う区別がそもそも許されないと思われる（本章四 1(2) 並びに 2(1) 及び第 7 章四 1(3) 並びに 2(2) を参照）。そもそも各号が規定する個別の制限を超える制限を柱書が規定するという規定の仕方はいかにも拙劣である。交渉経緯は濫用防止のために柱書が置かれたことを示しており[40]，柱書を独立の要件として重視している現在の実務を過渡的なものとみたほうがよい可能性がある。

（3）GATT8 条

　GATT8 条 1 項は，通関時に要求される各種手数料及び課徴金の額が提供された役務の概算の費用に限定されなければならないとする。*US – Customs User Fees* ケースにおいては，完全に従価で計算されていた場合，概算の費用に限定されているといえないとされた[41]。また税関手続における軽微な違反に対して重罰を科してはならない（同条 3 項）。さらに，加盟国は輸出入の手続を簡略化し，必要な提出書類を減らすように努力することが求められている（同条 1 項(a)号）。他の加盟国の要請を受けた場合，加盟国は，通関に必要な書類をできるだけ少なくし，かつ簡易化すべく検討しなければならない（同条 2 項）。GATT11 条 1 項及び 20 条(d)号によって，書類提出義務の他を必要最小限とすることが義務付けられるとしても，第 2 章二 3(7)(ク)で説明するように，パネルが初審的審査を行うわけでなく，規制国の認定をある程度尊重せざるを得ない。それを前提としての検討義務と考えれば足りる[42]。なおこれらの義務は，次項の検疫を含む輸出入に関連する広範な事項にも適用されている（同条 4 項）。

（4）原産地表示

　GATT9 条 1 項は，輸入品に原産地表示を義務付ける場合，その要件において加盟国を差別しないことを求めている。原産地表示義務は，一般的に輸入品に負

---

38) Appellate Body Report on *Brazil – Retreaded Tyres*, para. 232.
39) Panel Report on *US – Gambling*, paras. 6.595-6.600（Appellate Body Report on *US – Gambling*, para. 364 において支持された）。ただこの先例の解釈をそのまま受け入れてよいか疑問の余地がある。第 17 章四 1(11) を参照。
40) EPCT/C.II/50, p.7.
41) GATT Panel Report on *US – Customs User Fees*, paras. 84-86.
42) GATT8 条の対象措置を GATT11 条 1 項の対象から除外するとの主張を排斥したものとして，Panel Report on *Argentina – Import Measures*, paras. 6.437-6.438.

担となるが，消費者保護の必要性を理解しつつも，その負担は限定されるべきであり（同条2項），たとえば行政上実行可能である限り輸入時に付すことで足り（同条3項），表示に関する法令及び規則は，その遵守によって産品に対して著しい損害が生じるようなものであってはならない（同条4項）。この義務付けは，表示が必要な場合に限定されるべき，関連する規則が原産地表示義務以外の義務を含んではならないなどを勧告するGATT締約国団の決定がある[43]。

GATT9条が対象とする原産地表示は，輸入品だけに適用されるものであり，したがって，原産地に関する消費者の誤認回避を目的とするものでなく，関税賦課，検疫措置等輸入品に対してのみ適用され，かつ原産地によって区別が必要な措置の適切な適用を確保する目的で要求されるものであろう[44]。かかる原産地表示要求は，輸入制限の一としてGATT11条1項に反するが所与の目的のために必要な範囲でのみGATT20条(d)号によって正当化されるが，この規律を前提として，さらに（8条と同様に）その簡易化努力等を求める規定であるように思われる。消費者の誤認防止のための原産地表示要求[45]は，誤認防止の客観的必要性があり，そのために客観的に最適な手段でなければ内国民待遇義務（3条4項）に照らし認められず，またかかる表示を輸入品にだけ要求することも認められないとすべきである。

（5）輸入許可手続に関する協定

GATT規定のほか，通関手続については，上述の「輸入許可手続に関する協定」が規律を定めている。同協定は，すべての輸入許可手続に適用される一般規定を置き，さらに輸入許可手続を自動輸入許可と非自動輸入許可とに分類してそれぞれ規律を定めている。

自動輸入許可は，「申請に対する承認がすべての場合に与えられる」ことが要件となっているが，所定の要件を充たさない申請は承認されないのであろうから，不明確さが残っている。輸入に対して制限的効果を有するような方法で運用されていないことが必要とされている（2条1項，2項(a)号）が，どのような場合に貿易制限的効果を有しないとされるのかについては，かかる効果を認められる例が示されているのみで，その明確な基準は示されていない。第一に，実体要件と

---

43) *Recommendation on Mark of Origin*, adopted on 21 November 1958 by the CONTRACTING PARTIES, BISD 7S/30.

44) これに対し，輸入品にのみ原産地表示を要求することを正当化する規定と理解するものとして，内田・堀『前掲書』（注26）382頁。

45) たとえば，日本では，不正競争防止法，不当景品表示法等の規制が該当する。

して，「申請に対する承認がすべての場合に与えられる」ことが必要である。税関が許可するか否かについて裁量を有している場合には該当しないであろう。要件が一般的又は抽象的であって要件に該当するか否かが明確でない場合も問題になり得るであろう。厳格な要件が課されているが，要件自体は明確である場合が含まれるかどうかは定かではない。第二に，手続要件として，申請資格，申請可能日及び許可までの日数について要件が定められている。

　これらの要件に合致しなければ非自動輸入許可とされる（3条1項）。非自動輸入許可は，必要以上に貿易制限的であってはならない（同条2項）とされ，また要件等の透明性確保義務が規定されている（同条3項〜5項）。申請処理のための期間にも制限がある（同条5項(f)号）。

　また輸入許可手続については，新設又は変更を公表後60日以内に輸入許可に関する委員会に通報するものとされている（5条1項）が，措置国が通報していない時は，他の加盟国は注意喚起ができ，なお通報がなされない場合は，他の加盟国は自ら通報することができる（同条5項）。通報された輸入許可手続に関する情報は，輸入許可に関する委員会の検討の対象となる（7条2項）。

（6）水際規制の規律

　知的財産権侵害製品に対する水際規制については，GATT20条(d)号のほか，TRIPS協定が詳細な規律を定めている。詳細は第18章四2(4)を参照。TRIPS協定は，先に紹介した米国型及びEU型が併存していることを前提に両者について共通の規律を定めたものである。しかし，本項(2)(イ)でみたように，GATT20条(d)号を厳格に解釈すれば侵害確認について裁判所以外の手続を認める米国型の手続を認めることができないとされる可能性がある。もしそうだとすればTRIPS協定の定める規律はGATT20条(d)号よりも後退していることになる。

（7）GATT10条

　GATT10条は，貿易に影響を及ぼす「一般に適用される法令，司法上の判決及び行政上の決定」について透明性の義務を規定するものと説明される。1項は，一般的な公表義務を定め，2項はさらに貿易上の負担を増す場合に事前の公表を必要とするもので，遡及適用を禁止する規定である。

　さらにこれらの法令の「一律の公平かつ合理的な方法で」の実施が要求され（同条3項(a)号），特に関税に関する行政上の決定について独立の機関による不服審査手続を整備することが求められている（同項(b)号）。前者は，個々の処分について公平かどうかなどを紛争解決手続において争うことを認める規定ではなく，

「一律の公平かつ合理的な方法で実施」されるように制度設計されているかどうかを問う規定であるとされる[46]。したがって，輸出通関時に外国需要家の競争企業たる国内企業の関係者を立ち会わせることは，「公平」な実施を妨げるものとして違反とされた[47]。輸入許可が出される要件が不明確な場合には，GATT11条1項に適合しないという争い方ができる可能性もあるが，許可を制限しないという反論が予想される場合には，「一律の公平かつ合理的な方法」での実施が不可能であるとして10条3項(a)号の適合性を問うことも考えられる[48]。許可の付与にあたって考慮するとされる事項に正当な税関業務と無関係の要素が含まれているといったようなケースも同じである。考慮するだけでその要素の存在だけで通関を拒否するわけでないのであれば，GATT11条1項よりも10条3項(a)号の問題とする（とりわけ「合理的な」実施を妨げると主張する）ほうが認められる可能性が高いかもしれない。許認可の基準を事前に定めて公表することを求める日本の行政手続法のような規律を求めていく足掛かりの一つとして考える価値があろう。

(8) 船積み前検査

途上国においては，税関における処理能力の不足から，輸出貨物の関税分類，品質，数量，価格など一定の事項について船積み前に特定の検査機関による検査を行い，通関においてその証明書の提出が求められていることがある。これが船積み前検査（Pre-Shipment Inspection）であり，PSIと略称される。PSIを利用する加盟国は，無差別性かつ透明性を確保することが求められるほか，秘密保持等を検査機関に課すことが求められている（船積み前検査に関する協定2条）。

2　検疫手続の規律

(1) GATT11条1項及び20条(b)号——生命・健康保護

検疫手続は，国内において発生していないか又は管理されている伝染病・病虫害等の国内侵入防止のために取られる措置であり，輸入品を対象とする措置であるからGATT11条1項の対象となるが，20条(b)号が「人，動物又は植物の生命又は健康の保護のために必要な措置」を除外しておりその範囲で許されている。伝染病・病虫害等が発生した地域全域からの輸入禁止・停止措置については，国

---

[46] Appellate Body Report on *EC – Poultry*, paras. 111 and 113.
[47] Panel Report on *Argentine – Bovine Hides*, paras. 11.71-11.72.
[48] 上級委員会によって法的効力を否定されているが，Panel Report on *China – Raw Materials*, para. 7.745が参考になる。

内でも同様の措置が執られる場合があることから、国内措置としてGATT3条4項の対象であるとする余地もあるが、そうであったとしても、国内で発生した病虫害の場合と比較して外国で発生した場合の輸入品の規制の範囲を広くせざるを得ず、措置の性質上輸入品を不利に扱うものであって3条4項に違反するとせざるを得ない。ただし、20条(b)号が適用になることから、結局国内に存する対象動植物の健康等の保護のために必要かどうか、すなわち目的を達成するために必要最小限度の措置と言えるか否かが問題となろう。問題となる病虫害等のリスクの種類など輸入品を特別扱いする必要のない範囲では対応する国内での手続との比較が参考になるが、管轄権の限界という内外で区別する正当な理由がある範囲では、たとえば規制の地理的対象範囲では平等取扱いが要求されないことに注意が必要である。区別が認められる範囲の違いで20条(d)号と区別される。

　20条(b)号は、人の生命等の保護のために「必要な」措置を除外しているが、人の生命等を保護する水準については、措置国が自由に選択できるとするのが先例である[49]。また手段の必要最小限度性が要求されると先例上理解されている。具体的には、様々な要素を比較衡量して決せられるとされ、当該政策措置の政策目的の重要性、貿易制限効果の強度、政策目的達成に対する貢献度を総合的に考慮して必要性が一応認定されると、同じ目的を達成するよりGATT整合的な代替措置の候補を申立国が提案し、これをパネルが検討するというアプローチが先例上示されている[50]。また20条柱書の要件については、本項1(2)(ウ)を参照。

　先例上、検疫措置以外の、輸入品及び国産品双方に適用される措置であって、内国民待遇義務に違反するとされた措置について20条(b)号の適用可能性が争われている[51]。確かに適用可能性を排除する文言がないし、第9章四1(1)(ウ)①において議論するように、国際競争論＝共存モデルに立ち、内国民待遇義務が貿易に対する影響のみを考え目的適合性を考慮しないと解するのであれば特定の政策目的のための措置を留保する必要が認められるため、20条(b)号などを広く適用する実益もある。しかし、比較優位論＝協力モデルからは、正当な政策目的を20条に列挙したものに限定せず、一切の「市場の失敗」を是正する措置を適切な競争関係を実現するものと考えるため、内国民待遇義務との関係で措置の目的を考慮することになる。したがって20条(b)号などの適用を検疫措置など措置の本質上輸入品だけを対象とせざるを得ない措置以外に拡張する必要が基本的に存

---

49) *E.g.*, Appellate Body Report on *EC – Asbestos,* para. 178; Appellate Body Report on *Brazil – Retreaded Tyres,* para. 140.
50) *E.g.*, Appellate Body Report on *Brazil – Retreaded Tyres,* paras. 141-143.
51) *E.g.*, Panel Report on *US – Gasoline,* para. 6.20.

四　税関手続及び検疫手続等の水際規制に対するWTO協定及び国際投資協定上の規律　　277

　また先例は，必要性判断において，政策目的の重要性等の考慮をパネルに認めている[52]が，これには，政策判断をパネルに委ねることになりかねないという問題がある。むしろ，「必要な」の要件は保護の必要性すなわち市場に委ねると人の生命等が害されることに言及するものと解し，その説明を求めるほうが合理的であろう。「この協定の規定は……の措置を……妨げ（ない）」とする柱書の体裁から，所与の目的を達成する措置の中でGATT不整合の程度が最小であることを要件として導くことは容易であり，よりWTO整合的な措置の不存在を要求することの根拠を「必要な」という文言に求める論理的必然性はない（「必要な」は，政府介入がなければ人の生命等に害が発生するという，政府介入の必要性を示すとするほうが合理的である）。また保護水準の選択を措置国の裁量に委ねるとされているが，その水準を具体的に示させることが必要でないか。そうでなければ代替手段の有無を正確に判断できないはずである。*Brazil – Retreaded Tyres*ケースにおいて上級委員会は，対象措置の所与の政策目的達成に対する貢献度の検討は定性的でよいとしている[53]が，目標とする保護水準を具体的に示さず，目標の方向性（たとえば放置タイヤの減少）を示すだけでよいとすると，貢献度はおろか，代替手段の存否の検討もきわめて緩くならざるを得ない。この点は，証明責任の分配の問題にも関わる。第2章三3(7)(エ)を参照。

　ただし目標を具体的に定めたとしても問題が完全に解消するわけではない。より根本的に，国際競争論＝共存モデルに立つ限り，貿易自由化とそれ以外の規制利益とを矛盾対立する可能性があるものとして捉えるので，両者の均衡性を主観的に決しなければならないという問題が残る。逆に言えば，規制を必要とするか否かが価値判断の問題であるので，「必要性」要件を客観的な必要性を意味するものと理解できず，手段の制限と解さざるを得ない。これに対して，比較優位論＝協力モデルに立てば，両者は，世界経済・社会全体で保有する資本の最大化という共通の目的の追求において相互補完的なものとされ，資本の最大化という基準に照らして客観的に最適な政策措置の採用が求められることとなる。「必要性」要件を客観的な必要性を意味するものと理解するほうが自然である。これらの点は，比例性原則の採用を巡る議論に関する第1章一4(4)(ウ)を参照。

---

52)　より明示的な判断として，Appellate Body Report on *Korea – Various Measures on Beef*, para. 162. このケースでは，詐欺的販売方法からの消費者保護目的の重要性を生命・健康保護よりも低く見たように見える。

53)　Appellate Body Report on *Brazil – Retreaded Tyres*, paras. 145-147.

(2) GATT10条及び8条

通関手続と同じく、透明性・手続の簡略化などに関するGATT10条及び8条が検疫手続にも適用がある。内容については、本章四1(3)及び(7)を参照。

(3) SPS協定

SPS協定は、検疫手続及び食品安全規制について特別の規律を定めている（1.1条）。「人、動物又は植物の生命又は健康を保護するために必要な」SPS措置をとる加盟国の権利を前提（2.1条）として、SPS協定に合致する場合には、GATT20条(b)号を含むGATTの規定に整合的であると「推定する」（2.4条）。人の生命等の保護のために必要な限度でのみ（必要性の原則）、かつ科学的な原則（科学的証拠）に基づいてとることを求め（2.2条）、また「同一又は同様の条件の下にある加盟国……の間において恣意的又は不当な差別」をせず、また「国際貿易に対する偽装した制限」となるように適用しない（無差別原則）ことを求めている（2.3条）。また科学的に正当な理由がある場合などを除き、国際的な基準等に基づくことを求め、国際的な調和を促している（3.1条）。「科学的証拠が不十分な場合」には、入手可能な情報に基づいて暫定的なSPS措置を採用できる（5.7条）。

なおSPS協定の定める要件に合致しているか否かの証明責任は、これを争う側すなわち申請国政府にあるとするのが確立した先例である[54]。しかし、いかなるリスクを認定し、そのためにいかなる手段を適切と考えるかについて情報を最も有しているのは措置国政府である。したがって、比較優位論＝協力モデルに立つ場合にはとりわけ、第2章二3(7)(ウ)及び(エ)で述べたように、どの点で問題になるか争点を指摘する主張責任は申請国にあるとすべきであるが、その点についてWTO協定整合的であることを立証する責任が措置国政府にあるとするほうが合理的であるように思われる。ただし、検疫措置の場合、自国において管理できている疾病・虫害については措置国の政府及び研究機関などが十分な情報を保有しているであろうが、自国に存在しない疾病・虫害についてはむしろ情報を有していない可能性があり、研究の必要性も低く、また研究自体も困難であろう。措置国政府に求められる証明の程度を考えるに当たってはこの点を考慮すべきであろう。

SPS協定の対象となるSPS措置は、附属書Aに定義されている。外国製品に対して水際において適用することを想定する検疫措置だけでなく、輸入品・国産

---

54) たとえばAppellate Body Report on *EC – Hormones*, para. 98; Appellate Body Report on *Australia – Salmon*, para. 258.

品区別なく国内において適用する食品衛生規制も含まれる。成分の安全性の問題であっても，飲食物又は飼料以外の産品たとえば化粧品の規制などは対象でない。農産物その他の生物・食品に関する規制であっても人，動物又は植物の生命又は身体に対する危険防止以外を目的とする措置たとえば原産地表示は対象でない[55]。また食品と共に侵入する生物，添加物等を媒介とする危険に限定されるので，生産における動植物その他環境の保護を目的とするPPM措置は含まれず，TBT協定の問題となる。

（ア）必要性原則

SPS協定2.2条は必要性の原則を定め，衛生植物検疫措置が「人，動物又は植物の生命又は健康を保護するために必要な限度においてのみ」適用することを求めている。さらに，適切な場合には人の生命等に対する「危険性の評価」に基づくことを求め，その際に関連する国際機関が作成した方法を考慮する（5.1条）。危険性の評価は，入手可能な科学的証拠など列挙された関連事項を考慮して行う（5.2条）が，危険からの保護の水準及び措置の決定においては経済的な要因も考慮し（5.3条），「貿易に対する悪影響を最小限とする」ことも考慮しなければならない（5.4条）。また保護の水準については，無差別原則に違反しないように決定すべきである（5.5条）。措置の決定については，保護の水準を達成するために必要以上に貿易制限的であってはならない（5.6条）。

附属書Aの4項に照らし，保護の対象となるリスク自体確認できるものでなければならないとされる[56]。しかし必要性の原則は，適切な保護の水準（appropriate level of protection, "ALOP"）の高低について措置国の裁量を制限しない[57]ので，リスクが存在するならばそのリスクをゼロとする保護水準を採用することも許される[58]。保護水準が明確に定められていなければ措置の必要性を判断することは不可能である。したがって，かかる水準を規制国政府が明示しない場合には，対象措置が反映している水準に基づいてパネルが判定することができるとされた[59]。所与の保護の水準に照らして措置の必要性が検討されるが，

---

[55] したがって，たとえば食肉の生産地表示が争われた *US – COOL* ケースではSPS協定でなくTBT協定違反が争われた。Panel Report on *US – COOL*, paras. 3.1 (a) and 3.3 (a).

[56] Appellate Body Report on *EC – Hormones*, paras. 183 and 186.

[57] たとえば，Appellate Body Report on *Australia – Salmon*, para. 199.

[58] Appellate Body Report on *EC – Hormones*, para. 172.

[59] Appellate Body Report on *Australia – Salmon*, paras. 205-207. ただし，パネルが決定するのは疑問であり，むしろ申請国の主張どおり違反を認めるべきでないか。これは事実上措置国に証明責任を課すことになるが，その点については第2章二3(7)(ウ)及び(エ)を参照。

必要な措置が何かはリスクの高さと保護の水準とによって定まる。適切な代替措置が認められる場合に必要性がないとされるが，代替措置は，所与のALOPを達成し，より貿易制限効果が小さく，技術的・経済的実行可能であることが必要とされる[60]。しかし，輸入品についてのみゼロリスクとすることが認められるのであれば，措置国政府がそのように主張する以上，パネルとしては措置の厳格さをほとんど評価できないであろう。現に，リスク自体の存在が否定されたケースを除き，必要性原則に基づいてSPS措置が協定違反と判断されたケースは未だない。

　なお，同様の文言を有するTBT協定2.2条における先例はこれまでのところ，目的との合理的関連性を欠くとして同協定2.1条の規定する内国民待遇義務に違反するとした措置についても2.2条違反を認めていない。国際競争論＝共存モデルに立てば，貿易自由化と他の政策目的とが矛盾対立関係にあり，そのいずれを優先させるかは価値判断であって，後者を優先させるとした措置国政府の判断の正統性評価に立ち入ることが困難であると言わざるを得ない。比較優位論＝協力モデルに立ち，政策目的を統合して，資源の最大化等客観的に説明できる目標に照らして説明させるという方向性で考えるのでなければ2.2条違反を認定することは困難であろう。TBT協定2.2条については第10章四3(3)を参照。SPS協定5.4条等についても同様のことが言えよう。ただし，必要性については，規制目的に照らして（内外無差別の）規制水準が過剰かどうかという問題と，輸入品を区別して取り扱う理由に照らして検疫措置の水準が過剰かどうかという問題とがある（TBT協定には後者の問題が存在しない）ことに注意が必要である。食品安全規制を含め規制一般については輸入品を区別して取り扱う理由がないが，検疫措置は輸入品を区別して取り扱うべき場合がある。すでに述べたように，SPS協定の対象措置には，*EC – Hormones*ケースの対象措置のように前者に属する措置と，*Japan – Apples*の対象措置のように後者に属する措置とが存在する。前者については，上記二つの必要性を明確に分離して検討することが必要である。

　（イ）科学的根拠

　SPS協定2.2条は，衛生植物検疫措置を「科学的な原則に基づいてとる」ことを要求し，逆に「十分な科学的証拠なしに維持しない」ものとする。同じく5.1条は，リスクアセスメントに基づくことを要求し，「関連国際機関が作成した……方法を考慮し」なければならないとする。

　SPS措置は，対象産品が有する人の生命等に対する悪影響の可能性すなわちリ

---

60) Appellate Body Report on *Australia – Salmon*, para. 194.

スクに対処するために必要な限度でのみ許され，リスクがないところでは認められない。当該リスクは，客観的なものであるだけでなく，科学的な根拠が必要であり，リスク評価に基づいている必要がある。先に述べたように，上級委員会は，問題とされる悪影響が特定されることを要するとしている。産品の種類ごとに特定されていることを要するとするのが先例[61]である。またこのリスクは，食物・飼料に由来する人の生命等に対するリスクについては，悪影響が発生する可能性（possibility）で足り，蓋然性（probability）である必要がないとした[62]。ただし，病虫害の侵入のリスクについては，可能性（possibility）でなく可能性（likelihood）の評価であることが必要とされている[63]。後者のほうがリスク評価のハードルが高いとされているが，定量的に示す必要がなく，定性的な評価で足りる[64]ので，実際上は大差ないのではなかろうか。問題とする悪影響の重大性が異なるとの前提があるかどうか不明である。国際競争論＝共存モデルでは合意されたと言えるのであれば差し支えないが，比較優位論＝協力モデルからは，資本の最大化の観点から客観的に最適かどうかが問題であり，リスクの種類でカテゴリカルに扱いを変えることが当然に合理的であるとは言えない。措置の客観的最適性の評価において説明がされたかという角度から先例を見直す必要があろう。

なおリスク評価は，自ら行う必要がなく，さらに措置の導入時点で考慮している必要もなく，争われた時点で「基づいている」と言えればよいとするのが先例である[65]。手続的な規律を含まないとする趣旨であるが，そうした規律を追加することは考えられてよい。ただ，客観的に根拠が存在する以上措置の撤廃を求めるべきでないとの趣旨は理解できる。

また先例上，関係学会で少数意見であることは，その根拠が「科学的」であることを損なわないものとされ[66]，また，どの意見が科学的かを決定する権限をパネルは有しないとされている[67]。「科学的」であるためには，関係学会等において認められていることが前提とされているようであるが，政策判断を科学者に委ねることになりかねないという問題がある。「科学的」かどうかは，たとえば検証可能なデータにより裏付けられているかといった手続的な要件と解釈すべき

---

61) Panel Report on *EC – Approval and Marketing of Biotech Products*, paras. 7.3169.
62) Appellate Body Report on *EC – Hormones*, para. 182 et seq.
63) Appellate Body Report on *Australia – Salmon*, fn.69.
64) Appellate Body Report on *EC – Hormones*, paras. 184-186; and Appellate Body Report on *Australia – Salmon*, para. 124.
65) Appellate Body Report on *EC – Hormones*, para. 189.
66) Appellate Body Report on *EC – Hormones*, para. 194.
67) Appellate Body Report on *US – Continued Suspension*, paras. 590 and 592.

であろう。

　先例上，予防原則をいかに考えるかが争われている。予防原則は，「環境を防御するため各国はその能力に応じて予防的方策を広く講じなければならない。重大あるいは取り返しのつかない損害の恐れがあるところでは，十分な科学的確実性がないことを，環境悪化を防ぐ費用対効果の高い対策を引き延ばす理由にしてはならない」(「環境と開発に関するリオ宣言」第15原則) などと説明され，科学が常に結論を出せる保証がなく，不確実性が残る場合に予防的に規制をとることを正当化する原則であるとされる。先例上は，国際法において確立した規範でないので，規定の解釈において考慮すべきといえないとされた[68]。

　ただし，十分な科学的証拠がない事態において暫定措置を認める5.7条において具現化されている範囲で考慮するとの考え方もあるし，予防原則を2.2条における「科学的な原則」として位置付ける考え方もあろう。政策的に考えた場合，重大かつ回復不可能な悪影響については，その発生の可能性が高くなくても回避する措置を採ることに一定の合理性がある。求められる「科学的」証拠がたとえば反証可能な仮説に基づいており未だ反証されていない，という程度でよいとしても，予防原則に基づいて採用されるSPS措置が科学的証拠に基づかないと判断される可能性がなくはない。現行のSPS協定の規定は，リスクの存否について科学的に積極的な証明を求めているが，それでよいのか検討する必要があろう。この辺りは，司法的なルールとするか，専門家によるピアレビューに委ねるべきか判断が分かれるところであろう。

　科学的根拠が求められる意義，予防原則の扱いなどについては不明確さが残っているが，国際競争論＝共存モデルに立てば，貿易利益と規制利益とが矛盾対立する関係にあると考える以上いずれを優先させるかが価値判断になるためパネル・上級委員会の評価が恣意的になる危険性を孕んでいる。また「科学的」証拠かどうかを実体的基準とすることもアプリオリには否定されない。これに対して，比較優位論＝協力モデルに立つならば，世界経済・社会全体で保有する資本の最大化という共有された目標の実現のため最適な措置が実施されていることが求められているはずである。さらに「市場の失敗」の有無及び手段の最適性の評価能力において措置国政府が最も優れているはずと想定することから，その判断を一応尊重すべきである。したがって科学に100％依拠できない以上，「科学的」であることは手続的要請と考えるほかない。かかる前提の違いを踏まえて，それぞれの問題を検討する必要がある。

---

68)　Appellate Body Report on *EC – Hormones*, paras. 123-124.

（ウ）不当な差別の禁止

　SPS協定2.3条は，「同一又は同様の条件の下にある加盟国の間において恣意的又は不当な差別を」することを禁止している。また，5.5条は，「適切な保護の水準」の決定に当たり，「恣意的又は不当に区別を設けることにより」「国際貿易に対する差別又は偽装した制限」をもたらしてはならないとする。TBT協定（2.1条）と異なり，GATTの最恵国待遇義務及び内国民待遇義務を直接確認する規定がない。SPS協定の対象措置のうち検疫措置が輸入品を区別して取り扱うことが必要である以上，内国民待遇義務を一般的に規定することができないのは当然であり，対象たる病虫害のリスク評価など輸入品と国産品とを区別する必要がない範囲での差別禁止に限定する必要がある。しかし輸入品同士について生産国で区別する必要はないはずであり，その点を関連規定の解釈において考慮する必要があろう（なおこの点，相互承認の最恵国待遇義務との関係に関する第9章四1（3）を参照）。

　まず差別禁止をいう点では内国民待遇義務及び最恵国待遇義務と共通する部分があるが，取扱いの違いを比較する範囲が大きく異なる。GATTにおいては，「同種の産品」間で異なる扱いをしていなければ最恵国待遇義務違反にならない（GATT1条1項）し，「同種の産品」又は「直接競争又は代替産品」間で異なる取扱いをしていなければ内国民待遇義務違反になり得ない（3条4項及び2項）。たとえばオートバイと自動車とは，「同種の産品」でないので，両者の間で排気ガス中のSOx規制値が全く異なっていても差し支えない。これに対して，SPS協定2.3条は，「同一又は同様の条件の下にある」範囲で比較がなされ，その比較対象の範囲が最恵国待遇義務及び内国民待遇義務より広い可能性がある。*Australia – Salmon*ケースにおいて，サケ製品による病原体の侵入を妨げるための加熱処理要求について，よりリスクの高いニシン製品について措置が講じられていないことが違法とされた[69]。サケとニシンとが「同種の産品」とされる可能性は乏しい。5.5条についても同じである。*EC – Hormones*ケースにおいて，肉製品の安全を考慮した動物用の医薬品の使用制限について，「同じ物質」か「同じ健康上の悪影響」であれば比較可能であり，異なる保護水準を適用することが問題となり得るとされた[70]。

　この比較対象の範囲は，逆に国内政策決定において協定整合性ないし規制の一貫性を検討するにあたって考慮すべき産品の範囲を事実上示す。理想的には，す

---

[69] Panel Report on *Australia – Salmon*, paras. 8.133-8.141; Appellate Body Report on *Australia – Salmon*, para. 158.
[70] Appellate Body Report on *EC – Hormones*, para. 217.

べての規制について一貫した基準・判断が望ましいが，費用及び能力の点で現実的でない。他方，範囲を狭く取れば，輸入品の差別が容易にできてしまうし，また比較優位論＝協力モデルからは，規制の合理化を追求すること自体は望ましい。「比較可能」な状況がどのような場合を含むのか今後の先例の展開を見守る必要がある。

(エ) 国際標準へのハーモニゼーション

SPS協定においても，科学的に正当な理由がある場合などを除き，国際標準に基づいて措置を採ることが求められている (3.1条)。「基づいて」とは，「適合する」(conform) ことまでは要求されない趣旨であるとした先例がある[71]。関連する国際的な基準より高い保護の水準を求める場合には，関連する国際機関が作成したリスク評価の方法を考慮しつつ，適切なリスク評価に基づくことが必要である (3.3条，5.1条)。加盟国は，関係する国際機関における国際基準策定において役割を果たすことが求められている (5.4条)。

TBT協定と異なり，SPS協定においては，関連する国際機関が定められている。動物検疫についてOIE，植物防疫についてIPPCそして食品安全についてコーデックス委員会である。これらの機関の定める基準が対象としていない事項については，「すべての加盟国の加盟のために開放されている」他の国際機関が定め，SPS委員会が確認した基準等とされている (附属書A，3項)。

ある政策措置について国際標準の採用を促すことについては，国際競争論＝共存モデルの発想では，国際競争における競争環境の平準化という意味で支持され，規制の多様性という利益に優先するという価値判断を行ったものと理解されるが，比較優位論＝協力モデルの発想では，政策措置の多様性も一つの社会資本であるから，国際標準の採用が常に最適とは限らない。むしろ，各国の経済・社会全体の最適化が世界全体の経済・社会の最適化の前提であり，個別分野ごとの最適化のために国ごとの最適化を犠牲にすべきでないという点が重視される。この点は，第10章四3(5)も参照。

(オ) 同等な措置の承認

SPS協定は，輸出国政府が自国の検疫等の措置が輸入国の求める保護水準を達成することを「客観的に証明するときは，」輸入国政府が当該輸出国の検疫等の措置を同等として受け入れることを要求している (4条)。この点は，相互承認と最恵国待遇義務との関係 (第9章四1(3)を参照) が問題となり得るところである。

---

71) Appellate Body Report on *EC – Hormones*, paras. 163-166.

（カ）透明性

　SPS措置の導入及び実施について手続的な規律が定められている（7条，附属書B）。国際的な基準と異なるSPS措置を導入しようとする一定の場合には，その旨を公告し，規制の目的及び必要性についてWTO事務局を通じて他国に通報し，さらに規制提案を提供して他の加盟国が意見を出せるようにすることが求められている（7条5項）。また採用された場合速やかに公表し（同条1項），かつ実施まで適当な期間を置くことが求められている（同条2項）。また利害関係を有する加盟国からの照会に応じるために関連文書を提供する責任を有する照会所を設置する義務も規定されている（同条3項）。さらに管理，検査及び承認の手続の運用にあたっての手続的義務も規定されている（8条，附属書C）。先例上は，不確実であることをもって決定を不当に先延ばしにすることは許されず[72]，国産品輸入品を問わず決定する仕組みを作ることが求められているようである。

　こうした透明性の要求は，取引環境の安定を確保することを直接の趣旨とすると理解されているが，政策判断の適正性を確保するために判断過程における情報収集を促進したものとみることも可能である。先例上「科学的証拠」は，判断時において検討されたものでなくてよいとされている（本項（イ）を参照）が，判断時において検討されていない証拠について信用性を割り引いて評価することにすれば，判断の慎重さを促すことになろう。比較優位論＝協力モデルでは情報収集の意義を重視することになる。第1章三4(2)を参照。

主要参考文献・資料
1　税関手続
岩見辰彦『中国税関実務マニュアル』（成山堂，2002年）
寺田一雄『米国の関税・輸入通関制度』（税務経理協会，1997年）
日本関税協会『通関手続』（第4版）（日本関税協会，2001年）
日本関税協会『EU新関税法』（日本関税協会，2009年）
日本貿易振興機構『米国の輸入通関・関税制度と物流セキュリティー規制』（日本貿易振興機構，2010年）
2　検疫手続・食品安全
T. ジョスリング，D. ロバーツ，D. オーデン（塩飽二郎（訳））『食の安全を守る規制と貿易』（家の光協会，2005年）
内記香子『WTO法と国内規制措置』（日本評論社，2008年）

---

[72]　Panel Report on *EC – Approval and Marketing of Biotech Products*, para. 7.1496.

藤岡典夫『食品安全性をめぐる WTO 通商紛争』（農山漁村文化協会，2007 年）
山下一仁『食の安全と貿易——WTO・SPS 協定の法と経済分析』（日本評論社，2008 年）
Joanne Scott, *The WTO Agreement on Sanitary and Phytosanitary Measures – A Commentary*（Oxford University Press, 2007）
Rüdiger Wolfrum, Peter-Tobias Stoll, and Anja Seibert-Fohr, *WTO Technical Barriers and SPS Measures*（Martinus Nijhoff Publishers, 2007）

第7章　その他の貿易・投資制限

　本章は，国内産業保護を目的とする輸出制限措置を取り上げ，さらに国内における安全・環境でなく，世界環境等又は途上国などの外国の環境，外国における人権等の保護を目的として採用される貿易制限措置を扱う。後者には，産品の性質でなく生産方法に着目するいわゆるPPM措置が多く含まれるが，環境保護等の水準が自国より低い国と産品との競争から国内産業を保護しようとする考慮が同時に働いていることが多いため，国内産業保護を目的とする措置と同じ章において検討することとした。

一　本章の対象事項

1　輸出入制限・投資制限の政策根拠

　各国政府は，第5章で検討した安全保障のための輸出入制限等及び第6章で検討した税関手続・検疫手続など公安風俗・消費者の安全等の保護を目的とする措置以外にも様々な経済的・社会的理由に基づいて輸出入及び投資を制限することがある。

　第一に，国内産業保護のために輸出入や投資を制限することがある。競争関係にある輸入を制限するだけでなく，原材料の輸出を制限することによっても，国内産業を保護することができる。原材料の調達において有利になるからである。貿易制限に加え，外資企業による投資を制限することも国内産業保護のためにしばしば行われる。また農業又は漁業において想定されるが，過剰生産による価格暴落防止その他の理由で国内生産の数量を制限する場合，輸入も同時に制限しなければ効果がない。この問題は，第16章一3(2)において検討される。

　第二に，経済全体の不調に対応するために貿易制限が行われる場合がある。たとえば，対外支払準備の不足を理由とした輸入制限がある。貿易収支の赤字が累積すると，輸入取引の決済に必要な外貨準備が不足し，借入れもできなくなってしまうおそれがある。自国産業の相対的競争力を適切に反映する交易条件とすべく自国通貨の価値を切り下げる方法もあるが，一時的な問題であれば，輸入を

制限する対応も考えられる。かかる理由は，支払均衡（balance of payment，"BOP"）と呼ばれる。また産品の不足又は過剰に対応するために輸出入の数量制限が必要となる場合がある。たとえば，食料，原材料などの国内供給不足に対応し国民又は国内生産者を保護するために輸出を制限することがある。

　第三に，産品の外国における生産活動が環境損害その他自国又は世界全体に何らかの悪影響をもたらすことを理由として輸入を制限する場合もある。こうした輸入制限は，前章において扱った輸入禁制品の規制，検疫措置などがその対象産品が国内で悪影響をもたらすことを防止するために輸入を規制するのと異なる。前者では，対象産品自体は輸入されても国内において悪影響をもたらさない。

　生産活動における悪影響を抑制するための産品の輸入制限は，国際的合意に基づいていることが多いがそうでない場合もある。たとえば，オゾン層の保護のためのウィーン条約に基づいて1987年に合意されたモントリオール議定書は，オゾン層を破壊する物質の消費と生産とを削減し，最終的には全廃する明確な目標を定めていると同時に，規制物質又は規制物質を含む製品について非当事国との貿易を禁止している。たとえば資源保護の観点から漁業協定において漁獲量及び操業可能な漁船を制限する場合，制限外の船舶からの輸入を禁止することがある。さらにこうした国際協定が全く存在しない場合に，自国生産者に対して課しているのと同じ制約を外国生産者に対しても一方的に課そうとし，かかる制約を充たさない産品の輸入を認めないとすることもある。

　この類型は，産品それ自体の性質でなく，生産量，生産方法等を理由に産品を規制するいわゆるPPM措置（production process and method）と呼ばれるタイプの規制である。これは，外国における環境保護等を目的とすると主張されることもあるが，環境保護，労働基準等が低水準である国からの輸入との競争から国内産業を保護することと客観的に区別し難い。したがって国内の公安風俗・安全等の保護を目的とする措置と区別して，本章において取り扱うこととした。

　またこうした様々な目的の実現を確保するため，政府が自ら又は別法人を通じて，輸出入そのものを独占して行う場合がある。こうした国家貿易企業については，農産品に対して存在することが多いため，第16章一3(5)において言及する。

2　問題の所在

　輸出入制限については，国内産業保護のために利用することが許されるか否かをまず検討する必要がある。輸出入制限は，関税に比較して副作用が大きいため，単純な国内産業保護を目的とする措置として認め難いということが出発点となる。

関税は，輸入品と国産品との価格競争力の違いを相殺する水準で賦課することによって必要かつ十分な保護を実現できる。輸入数量制限は，適切な水準に設定することによって理論上同じ結果を実現できるが，割当てを受けた者が通常の利潤に加えて関税分のレントを得られるため割当てが不透明になりやすく，また国産品の価格競争力が向上した場合等状況の変化に柔軟に対応しにくい。かかる点を考慮して，WTO協定においては，国内産業保護の手段として数量制限を禁止して輸出入に対する関税のみを認めている（GATT11条1項）。

第二に，GATT20条その他が特定の政策目的のための措置をGATTの規律の例外としている。第1章五2(2)で検討したように，国際競争論＝共存モデルは，貿易自由化と非貿易的関心事項の追求とが矛盾対立する可能性があると考えて，一定の政策分野の措置を貿易自由化からの逸脱として必要とする範囲で認めようとする。したがってGATT20条などの例外規定をその逸脱を留保する規定と捉える。これに対して，比較優位論＝協力モデルは，貿易自由化の意義を世界経済・社会の保有する資本の最大化を実現する政策の追求と捉え，政府措置について「市場の失敗」の是正を目的とする最適の手段の選択を求める。関税のような貿易措置であれ非貿易的関心事項に基づく措置であれ，そうした原則からの逸脱を認める必要がない。GATTの例外規定もその観点から解釈することになる。すなわち後に見るように，執行管轄権の限界から水際において輸入品・外国の需要家を不利に又は外国の需要者を取り扱う政策上の必要がある場合を例外とする技術的規定であり，一定の政策目的を貿易自由化に優先させ，例外として留保することを定めている規定でないと解釈することになる。

先例上第二の問題がPPM措置の規律に関連付けられている。近時，環境保護に対する関心は，自国内の環境にとどまらず，国外にも及んでいる。したがって，自己の購入・使用する産品・サービスについて，使用・廃棄段階すなわち省エネルギー性能，リサイクル可能性などに止まらず，生産・流通段階における環境配慮等についても先進国を中心に消費者が関心を有するようになっている。こうした動きを受け，先進国政府が，製品の品質に違いをもたらさない生産方法の違いに着目した規制を採用することが増えている。環境保護のみならず，生産段階における労働基準ないし人権保護さらに動物福祉も関心を集めている。また紛争ダイヤモンド（第5章三2参照）など生産者のその他の特性たとえば，その販売利益を武器購入・テロ準備に充てているか否か，さらにそうした生産者と取引しているか否かなどに着目する措置も見受けられる。こうした，産品の性質でなく，その生産過程又は生産方法に着目する措置を通商法実務においてPPM（production process and method）措置の問題という。厳密には，農産品の残留農薬のリ

スクに着目して不使用を義務付ける場合のように，製品の品質を規制するためにPPMに着目することがあり，そうしたPPM措置を産品関連PPM措置と称し，産品の性質に無関係のものを産品非関連PPM措置と区別することがある。前者は，通常の規制と同様に取り扱えば足りるが，輸入品について遵守を確認するためには管轄権の範囲外に所在する外国の評価機関を使わざるを得ないことから取扱いに違いが生じる可能性がある。この点は，第9章四1(1)(イ)を参照。

　一般国際法のレベルでは，いかなる産品の輸入を認めるかが各国政府の管轄権に属するので，外国における環境保護・労働者保護を目的としてであれ当該外国からの輸入を制限しても差し支えない。輸出国政府に何らかの政策対応を強要することになるが，それも違法でない。対外的な政策手段として経済力を用いることは，武力と異なり，それ自体がただちに国際法上違法との評価を受けるものではないからである[1]。しかし，WTO協定は，PPM措置を制限する方向にある。自国の環境基準・労働基準等と同一の基準を充たさない外国産品の輸入を認めなくてもよいとすれば，いわゆる労働ダンピング，環境ダンピングに対する自力救済を認めることになり，自由貿易の原則が致命的に損なわれると考えられているからである。

　しかし，国外とりわけオゾン層や海洋資源など共有の地球環境，また酸性雨などの国境を超える環境汚染問題などに対する問題関心自体は不当でない。武器購入・テロ行為の資金源となっている産品への規制についても同様である。こうした政策目的の達成は，国際協力に拠る必要があり，単独で追求することが有効かという問題はあるものの，各国の意見の相違から国際合意が成立しがたい場合，又は逆に基準について国際合意が成立し，その義務の履行確保を狙う場合などは，単独での追求が直ちに不当であるとも言い難い。貿易阻害性と規制の正当性との調和を考える必要がある。

　PPM措置についても，他の規制一般に対する考え方と同じ枠組で考えることができる。国際競争論＝共存モデルは，国際貿易において平等な競争条件が確保されていることが重要であるとし，貿易自由化の逸脱として留保されているかどうかを問うことになる。これに対し，比較優位論＝協力モデルは，PPM措置が「市場の失敗」の是正を目的とし，政策介入の必要があり，かつその措置が最適であるかどうかを問うことになる。生産国において「市場の失敗」が放置され，たとえば環境コストを適切に負担せずに生産・輸出されている産品に対して適切

---

1) 不干渉原則との関係では，対象となる国家の管轄権及び干渉の対象が問題となるとされる（酒井啓亘ほか『国際法』（有斐閣，2011年）80-82頁）。

な環境コスト相当分の負担を負わせることは，比較優位産業への特化を実現する観点から理論的に支持し得る。ただし，後者では，自国の領域内すなわち強制調査権限がある範囲外における問題に対処するための情報収集能力の限界をどのように考えるかという点で，通常の規制とPPM措置とで扱いを変える理由がある。通常の規制は，規制国内の「市場の失敗」に，PPM措置は，規制国外又は世界における「市場の失敗」に対応する。措置国内に存在する「市場の失敗」については，その政府がその有無・程度を正確に把握し，さらに最適な是正手段が何かを判断するために必要な情報を入手する上で強制権限を行使することができる。したがって措置国政府の判断を尊重する理由がある。これに対して，PPM措置には，措置国政府の判断を尊重する理由がない。措置国政府は必要な情報を入手する権限を有せず，その政策判断の妥当性を推定する根拠に欠けるからである。逆に考えれば，各国政府に対して「市場の失敗」を最適に是正するように義務付け，これを促すような行政手続の導入，さらに企業その他の非政府主体が「市場の失敗」を自発的に内部化するような制度の導入，たとえば企業会計制度において環境保護・労働者保護などについての情報開示を求めるといったことを促していくことがPPM措置の代替策として考えられることになる。この点，WTO協定の保護法益である「無効化又は侵害」概念について第2章二3(2)，また会計制度については，アンチダンピング関税・相殺関税制度との接点について第12章注4，及び財政金融の観点からの考え方について，第15章一1(4)をそれぞれ参照。なお，会計制度の国際的調整の方向性が国際競争論＝共存モデルと比較優位論＝協力モデルとで異なることも自明である。

二　日本の輸出入制限・投資制限

1　基本構造

　輸出入一般を対象とした規制法として，外国為替及び外国貿易法（外為法）があり，その第6章（47条〜54条）を根拠として輸入貿易管理令及び輸出貿易管理令があり，必要に応じさらに下位法において具体的な規制対象が定められている。このほか前章で述べたように関税法が，輸入禁制品として麻薬，銃器，偽造クレジットカード，知的財産権侵害物品等を列挙している（関税法69条の11第1項）が，このうち児童ポルノ（同項8号）は，国内における公徳の保護というよりも被写体たる児童の保護を目的とするものであり，PPM措置としての性質が強いところに他の輸入禁制品との違いがある。

2 輸入貿易管理

　輸入に関しては，外為法52条が，「外国貿易及び国民経済の健全な発展を図る」見地から，特定の貨物又は特定の国からの輸入に対して，承認又は確認を得ることを義務付けている。その対象や内容は「輸入公表」として公表される（輸入貿易管理令3条）。輸入公表には3種類あり，それぞれ輸入割当品目，特定の原産地・船積地域からの輸入規制，関係大臣の確認等一定の手続を定めている。

　輸入割当品目として2014年3月末時点で掲げられている品目には，国内政策の観点から自由化されていない品目と国際協定によって規制されている品目とがある。非自由化品目は主として，ニシンその他の近海物の魚貝類・海藻類であり，後者には，「オゾン層保護のためのウィーン条約」に基づく「オゾン層を破壊する物質に関するモントリオール議定書」（モントリオール議定書）附属書に定める規制物質が掲げられている。特定の原産地・船積地域からの輸入であって輸入承認（二号承認）が必要な品目として，「大西洋のまぐろ類の保存のための国際条約」加盟国・地域以外を原産地とする，大西洋又は地中海において蓄養された生鮮又は冷蔵のくろまぐろなど，漁業条約による資源管理制度に加わっていない国からの対象産品，洋上船積を行ったものなど，いわゆるIUU（Illegal, Unregulated and Unreported）漁業のおそれのある産品，いわゆる紛争ダイヤモンド，イラクにおいて不法取得された文化財，北朝鮮からの輸入品，イラン，エリトリア，リビア，ソマリア及びシリアからの特定の貨物のほか，「絶滅のおそれのある野生動植物の種の国際取引に関する条約」（ワシントン条約）の対象動植物，モントリオール議定書附属書に定める物質，化学兵器禁止法上の第1種指定物質等を挙げている。また全地域を原産地又は船積地とする輸入であって輸入承認（二号の二承認）が必要な品目として，武器関連貨物等の機械類，火薬類，麻薬・覚せい剤・大麻等，口蹄疫ワクチン等の医薬品，原子炉・ウラン鉱など原子力関連貨物，「残留性有機汚染物質に関するストックホルム条約」（POPs条約）に定める規制物質その他の化学品，化学兵器禁止法関連物質，「有害廃棄物の国境を越える移動及びその処分の規制に関するバーゼル条約」（バーゼル条約）対象貨物及び廃棄物，ワシントン条約の対象動植物が挙げられている。その他，治験用の微生物性ワクチン，免疫血清，ウラン触媒，放射性同位元素，水産物，鯨，文化財，試験研究のための麻薬原料，ワシントン条約対象貨物，特定の向精神薬等，オゾン層破壊物質，ダイヤモンド原石など法律上許可等が必要な輸入についても，当該許可等を得ていることを確認するため輸入承認（三号承認）が必要とされている。

3　輸出貿易管理

　外為法48条3項は,「国際収支の均衡の維持のため,外国貿易及び国民経済の健全な発展のため,我が国が締結した条約その他の国際約束を誠実に履行するため,国際平和のための国際的な努力に我が国として寄与するため」等のために,特定産品の輸出に承認が必要とすることを認めている。この規定を受けて,輸出貿易管理令2条が対象たる輸出を定めている。具体的には,第一に,ダイヤモンド,血液製剤,核原料又は燃料物質,麻薬,漁船,飼料,バーゼル条約・ロッテルダム条約,POPs条約の対象物質及びワシントン条約附属書に掲げられる動植物等・偽造通貨,重要文化財等が挙げられている（別表第二）。その他,北朝鮮向けの輸出,委託加工貿易に基づく貿易なども輸出承認の対象とされている（別表第三）。

三　その他の輸出入制限に関する国際ルールの発展

1　概　観

　これまでに見たとおり,日本においても,世界又は外国における環境・人権その他を保護するために様々な産品の輸出入が制限されているが,そうした目的は性質上日本単独での実現が不可能である。たとえば生物多様性保護,オゾン層保護などグローバルな環境保護は,フリーライダーを防止するために世界的な対応が必要であり,その規制の遵守を確保するために各国に貿易措置を義務付けることがある。漁業協定が目的とする水産資源保護も同様である。児童ポルノ禁止などの人権に関わる輸出入制限にもそうした色彩がある。安全保障のための輸出貿易管理については第5章で詳述した。他の章と同じく「国際的調整」としているが,正しくは,各国が自国の利益を追求して実施する貿易制限の国際的調整でなく,国際的公益を追求するために各国に輸出入制限を義務付ける国際的枠組みの紹介である。

2　人権保護

　1990年に発効した（日本は1994年に批准）子どもの権利条約に関連して,児童売買及び買春のほか,チャイルドポルノに関する選択議定書が2000年に国連において採択された（日本は2004年に批准）。同議定書1条は,締約国がチャイルドポルノを禁止するものとし,さらに2条1項(c)号において,チャイルドポルノの製造,販売,輸出入等を犯罪化する義務を規定している[2]。

なおダイヤモンドその他の鉱物の取引が武器購入の資金源になり，地域紛争を激化させているという問題に対処するための輸入制限等が存在する。ダイヤモンドの貿易制限については第5章四1において，またその他の鉱物の使用に関する開示規制に対する国際的規制は第17章四1(2)において扱っている。またこうした観点からの民間の規制については本項7を参照。

3　環境保護

（1）絶滅のおそれのある野生動植物の種の国際取引に関する条約

「絶滅のおそれのある野生動植物の種の国際取引に関する条約」（ワシントン条約）は，1975年に発効し，現在179ヵ国（2014年2月現在）が加盟している。絶滅のおそれのある動植物を種単位で附属書Ⅰ，Ⅱ及びⅢに特定し，商業的な国際取引を原則的に禁止し，又は輸出国政府の許可証が必要とするなど輸出入を制限している。条約を遵守させるためのメカニズムは条文に存在しないが，一定の不遵守行為に対して常設委員会が他の加盟国に対して取引停止勧告を発する手続が採用されている[3]。

（2）オゾン層保護のためのウィーン条約・モントリオール議定書

「オゾン層保護のためのウィーン条約」は，1985年に採択され（締約国数197（EUを含む）），オゾン層を保護することを目的とし，オゾン層を変化させる可能性のある物質を指定しているが，枠組み条約にとどまっており，具体的な義務はほとんど定められていない。1987年に採択されたモントリオール議定書（締約国数197）は，オゾン層を破壊する物質を指定し，かかる物質の生産及び消費の削減など具体的な義務を定めた。1990年及び1992年に物質の追加指定がなされ，全廃のスケジュールも1996年に繰り上げられた。また規制物質及びこれを含む製品について非締約国との貿易を禁止している[4]。

（3）生物多様性に関する条約

「生物多様性に関する条約」は，人間活動に起因する生物種の絶滅防止を目的として採択され，1993年に発効し，現在192ヵ国及びEUが締約国となっている

---

2) 喜多明人ほか（編）『逐条解説子どもの権利条約』（日本評論社，2009年）271-278頁。
3) 磯崎博司『国際環境法――持続可能な地球社会の国際法』（信山社，2000年）52-60頁を参照。
4) 同上，34-36頁，及びパトリシア・バーニー，アラン・ボイル（池島大策・富岡仁・吉田脩（訳））『国際環境法』（慶應義塾大学出版会，2007年）586-593頁を参照。

（2012年2月現在）。国，政府機関及び非政府機関から成る国際自然保護連合（IUCN）には，先住民や地域社会が主体的に生物資源を管理することが生物資源の持続可能な利用のために必要であって，そのための経済的インセンティブを地域に与えるという考え方があり，1984年の総会において，生物多様性を保存する条約を追求することが決定され，草案作りのための研究が開始されることとなった。こうした動きを受けて，1988年以降，UNEPにおいて行われた交渉を経て，生物多様性に関する条約が採択された。

締約国は，生物多様性国家戦略を策定して理念を政策に織り込み，生物多様性の観点から重要な生態系等を特定し，モニタリングを行う義務を負う。自国内の遺伝資源を開発する締約国の主権的権利が明記されたが，他国が「遺伝資源を環境上適正に利用するために取得することを容易にするような条件を整える」努力義務も規定されている。伝統的な知識を利用して採取された遺伝資源から得られた利益を，遺伝資源の提供国及び伝統的な知識を提供した先住民社会などに「公正かつ衡平に配分」しなければならないとされ，このガイドラインとして，「遺伝資源へのアクセスとその利用から生じる利益の公正・衡平な配分に関するボン・ガイドライン」が第6回締約国会議で採択された。

さらに，遺伝子組み換え生物などの生態系に及ぼす悪影響を防止するために作成されたのがカルタヘナ議定書である。1996年から交渉されたものの，バイオテクノロジーそのものが危険か否か等についての深刻な意見対立があり，2000年にようやく採択された。試験管内での核酸操作，分類学上の科を超える細胞融合などの現代のバイオテクノロジーによって得られた「生きている改変された生物（Living Modified Organism, "LMO"）」を対象として，その輸出入に適用される手続を定めている。農地での栽培のような「意図的な環境への導入」を行う利用が行われるLMOを輸出しようとする場合には，「事前の通告に基づく同意（Advance Informed Agreement Procedure, "AIA"）」の手続が要求される。一方で，輸出国又は輸出者は所定の詳細情報を事前に書面で通告することが求められ，他方，輸入国は，生物多様性に及ぼすリスクを一定の基準・手続に照らして評価し，輸入の可否を判断し，輸出国又は輸出者，及び締約国間でのLMOに関する情報交換や共有を行うバイオセーフティ・クリアリング・ハウス（BCH）に回答する。コモディティーとしての利用すなわち食料，飼料，加工用として利用されるLMOの輸入においては，AIA手続が必要ないが，利用を決定した国はBCHに通告することが必要である。輸入国の基準に従った「封じ込め利用」すなわち工場などの閉鎖空間の内部のみでの利用についてはAIA手続が不要とされている[5]。

(4) 有害廃棄物の越境移動に関するバーゼル条約

「有害廃棄物の越境移動に関するバーゼル条約」は，有害廃棄物が事前の連絡や協議なしに，かつ最終的な処分の責任が不明確なままに輸入されることを防止することを目的とするものである。有害廃棄物の移動等は，UNEPが1982年に採択したモンテビデオ・プログラムにおいて取決めが必要な分野の一として認識された。1983年には，北イタリアでの農薬工場の爆発によって飛散したダイオキシンを含む汚染土壌が，事前の連絡もなく国境を越えて北フランスで発見されたセベソ事件が発生し，有害廃棄物の越境移動に対する関心が高まった。UNEPの作業部会による作業を経て1989年にバーゼル条約が採択され，1992年に発効した（締約国数178）。

他方，OECDにおいても有害廃棄物の越境移動の管理について検討がなされ，1985年に拘束力のある協定の作成が理事会によって決定された。1992年に，「回収作業が行われる廃棄物の越境移動の規制に関するOECD理事会決定」が採択された。

バーゼル条約の対象物資は，「医療行為から生じる廃棄物」など附属書Ⅰに記載された分類に属し，かつ「爆発性」など附属書Ⅲに掲げる有害な特性を有するもの，又は締約国の国内法令によって「有害廃棄物」と定義されたものであって，非常に広汎である。附属書Ⅰ及びⅢの定義が抽象的であるため，附属書Ⅷにおいて原則規制対象となる物資（鉛蓄電池の廃棄物など）及び附属書Ⅸにおいて原則非対象となる物資（鉄くずなど）がそれぞれ規定されている。科学的知見に基づいた修正が行われるよう，この附属書の見直しの手続も採択されている。有害廃棄物の越境移動については輸出国（又は輸出者等）から輸入国に書面による事前通告を行い，書面による同意が得られない場合は，輸出国はその輸出を許可しない。又は一般的に有害廃棄物の輸入を禁止する旨通報した締約国に対する輸出は禁止されている。その他有害廃棄物等を非締約国に輸出し又は非締約国から輸入することは禁止されている[6]。

(5) 放射性廃棄物

国際原子力機関（IAEA）は，原子力の普及を奨励し促進するために1956年に

---

5) 磯崎『前掲書』（注3）44-46頁，バーニー，ボイル『前掲書』（注4）644-674頁を参照。
6) バーゼル条約については，磯崎『前掲書』（注3）20-22頁，バーニー，ボイル『前掲書』（注4）487-502頁を参照。外務省のHP [http://www.mofa.go.jp/mofaj/gaiko/kankyo/jyoyaku/basel.html] 及び条約のHP [http://www.basel.int/] を参照。

設立された。もともとIAEAは，WHO等と協力して原子力施設等における安全基準を採用する権限が与えられていたが，スリーマイル島やチェルノブイリにおける原発事故に直面して，原子力安全と放射線防護の重要性の認識が高まった。IAEAは，独立専門家で構成される諮問部会と国際放射線防護委員会の技術的助言を得て，上記安全基準を定期的に更新しているが，安全に対する懸念の高まりから，法的枠組みの創設が望まれ，1994年に「原子力の安全に関する条約」が締結され，1997年には「使用済燃料管理及び放射性廃棄物管理の安全に関する条約」が締結されるに至った。

「原子力の安全に関する条約」は，原子力施設の安全に関わるものである。ただし，安全評価の定期的実施などの手続的な義務と一般的な安全要件の明確化にとどまっており，IAEAが採用する安全基準の遵守は義務付けられていない。またその条約の遵守についてはピアレビューメカニズムによることとされている。

「使用済燃料管理及び放射性廃棄物管理の安全に関する条約」は，手続義務と一般的な安全要件の規定にとどまってはいるが，国内法令によって人などに対する「効果的な」防護を講じ，放射線被曝について国内法令において定める限度の設定において「国際的に認められた基準に妥当な配慮」を払うものとされているなどの点で，IAEAが採択する安全基準が事実上規範として機能する足がかりとなっている[7]。

(6) 残留性有機汚染物質に関するストックホルム条約

海洋汚染の原因の一つとして合成有機化合物が指摘されていたが，政府，国際機関のほかNGOが参加して1995年に出されたワシントン宣言において，残留性有機汚染物質の排出を規制する条約の交渉が約束された。その後，「残留性有機汚染物質に関するストックホルム条約」(POPs条約) が採択され，2004年に発効した。同条約は，ダイオキシン類，PCBなど残留性有機汚染物質を指定し，生産・使用及び輸出入の禁止又は制限，さらに非意図的なダイオキシン類の放出削減等を規定している[8]。

---

7) 放射性廃棄物に関わる国際ルールについては，たとえば，磯崎『前掲書』(注3) 24-28頁，バーニー，ボイル『前掲書』(注4) 505-560頁。また外務省のHP [http://www.mofa.go.jp/mofaj/gaiko/treaty/treaty156_8.html] 及びIAEAのHP [http://www-ns.iaea.org/conventions/waste-jointconvention.asp] を参照。
8) POPs条約については，たとえば，磯崎『前掲書』(注3) 24頁。また経済産業省のHP [http://www.meti.go.jp/policy/chemical_management/int/pops.html] 及び条約のHP [http://chm.pops.int/Home/tabid/2121/mctl/ViewDetails/EventModID/871/EventID/514/xmid/6921/Default.aspx] を参照。

（7）有害化学物質の国際貿易に関するロッテルダム条約

「有害化学物質の国際貿易に関するロッテルダム条約」は，1998年に採択され，2004年に発効した（締約国数176（EUを含む））。1970年代に先進国において有害として規制された化学物質が途上国に輸出されていたことが問題となっていた。NGOのネットワークであるThe Pesticides Action Network（PAN）が，事前のかつ情報に基づく同意手続（Prior Informed Consent Procedure, "PIC"）の導入を訴えてロビー活動を行った結果，1982年，UNEP管理理事会において採択されたアクションプログラム（モンテビデオ・プログラム）において，農薬など有害なおそれのある化学物質について情報交換を行うという原則等が作成されることになった。1985年のFAOによる「駆除剤の流通及び使用に関する国際的な行動規範」及び1987年のUNEPによる「国際貿易における化学物質の情報交換に関するロンドン・ガイドライン」が採択されたが，違反に対する罰則の欠如など不十分であるとの声が高まり，拘束力をもつ条約として採用されたのが，ロッテルダム条約である。

ロッテルダム条約は，特定の有害化学物質について，輸入に同意するか否か，どのような条件を付すかなどの輸入国の輸入意思に従わない輸出がなされないようにしている。さらに，他の締約国の輸入意思の適切な形成に資するよう，各締約国は，特定の化学物質について使用禁止措置等厳格な措置をとった場合には事務局に通報し，また厳格な規制の対象としている化学物質を輸出する場合は，危険性等の情報を輸出先国に通報しなければならないものとしているほか，情報交換を促進する規定がある。この情報提供の範囲は，企業の秘密情報である化学物質の有害性データの流出につながるのではないかとの懸念など途上国と先進国との利害が対立した点である。

規制対象となる化学物質は附属書Ⅲに掲げられ，「駆除剤」と「工業用化学物質」とに大別されている。各締約国は，特定の化学物質に使用禁止措置などを採った場合などに通報する義務を負い，かかる情報に基づいて附属書Ⅲに載せるべきかどうかが化学物質検討委員会において検討され，その勧告を受けて締約国会議が決定する（追加について7条2項及び削除について9条3項）。各国は，勧告と共に締約国会議に送付される決定指針文書（当該化学物質の物性・毒性等が記載されている）に基づいて，輸入するかどうかを決定する[9]。

（8）漁業条約

水産資源の保存を目的とした漁業条約が多数締結されている。抽象的には，持続可能な利用を可能とする水準に漁獲高を抑制することになるが，そのためには，

年間の総漁獲可能量（TAC）を決定して，関係国間で割当てを行うだけではなく，産卵を妨害せず，成魚だけを漁獲するなどのために漁法・漁具・漁船数などの制限を行い，又は操業区域及び漁期の制限を行うこともある。こうした取決めが遵守されているかを確認するため，適法に従事する漁船の登録などの手続規定も存在する場合がある。条約に従わないで漁獲され，取引される産品を規制するいわゆる IUU 規制が必要とされ，2001 年に発効した国連公海漁業条約（締約国数 56（EU を含む））は，地域漁業管理機関に加盟せず，機関が定める保護管理措置にも同意しない加盟国はその漁船に対象魚類の漁獲を許可しないものとした（17 条）。また旗国にその漁船をして保護管理措置を遵守させることを約束した[10]。これらの国際条約を含む世界的なガバナンスの体制については，第 16 章二 2 を参照。

4　文化財

1972 年に発効した「文化財の不法な輸入，輸出及び所有権移転を禁止し及び防止する手段に関する条約」[11]は，外国で盗取された文化財の取戻しを可能にするためにかかる文化財の輸入禁止を確保する体制を採用すること，また不法な輸出を防止することを義務付けている。また武力紛争の際の文化財の保護については，1956 年に発効した「武力紛争の際の文化財の保護のための条約」がある[12]。

5　投資制限

OECD では，1961 年に，資本取引の自由化に関する規約を理事会において決定している。この規約は，留保がなされない限り貿易外取引及び資本取引を自由化することを約束しているものである。この規約は加盟国に対して拘束力を有するが，WTO のような紛争解決手続がなく，ピアレビューによって実施が確保されている。

また 1995 年には，OECD において，多国間投資協定（MAI）の交渉が開始さ

---

9)　化学物質管理については，第 10 章二 1(8) 及び三 2(7)，また磯崎『前掲書』（注 3）23-24 頁を参照。ロッテルダム条約については，経済産業省の HP [http://www.meti.go.jp/policy/chemical_management/int/pic.html] 及び条約の HP [http://www.pic.int/Home/tabid/855/language/en-US/Default.aspx] を参照。
10)　磯崎『前掲書』（注 3）65-71 頁．バーニー，ボイル『前掲書』（注 4）734-759 頁。
11)　締約国については，UNESCO の HP [http://www.unesco.org/eri/la/convention.asp?KO=13039&language=E&order=alpha] を参照。また文化庁の HP [http://www.bunka.go.jp/Bunkazai/yushutsu/index.html] を参照。
12)　外務省の HP [http://www.mofa.go.jp/mofaj/gaiko/treaty/treaty166_2.html] を参照。

れた。MAI は，投資の自由化及び保護に関する包括的な多国間協定である。しかしながら，環境規制等国家の規制主権を害しないかを懸念する NGO 等の反対があり，1998 年にはフランスが交渉から脱退したことによって交渉が決裂した。そのほか，二国間・地域内において投資自由化義務を含む二国間・地域内投資協定が多数締結されている（第 1 章一 2(1)(エ) を参照）。

6　通過の自由

　一般国際法上，国家は領域主権を有し，陸地を中心とする領土，水域として内水，領海及び群島水域といった領水，領土と領水の上空である領空について，排他的な管轄権を有する。これに対して，各国の領域主権に属さない公海等においては，自由な通航・飛行が認められている。領域国は，外国人の出入国・領域内における待遇について主権を有する。ただし，ライン川などの国際河川・スエズ及びパナマといった国際運河については，沿岸国の管轄権を制限し，外国船舶の自由通行を認める条約が締結されてきている。領水内についても沿岸国が排他的管轄権を有するが，たとえば，領海については，外国船舶の無害通航権が認められている（国連海洋法条約 24 条）。また国際海峡においてはあらゆる外国船舶・航空機が通過通航権を有する（38 条）。沿岸国には，領海の外に接続水域を設定し，通関・出入国管理等一定の事項について国内法令実施を目的とする規制を行う権限が認められている（33 条）。領空についても領域国が排他的管轄権を有し，その同意がなければ外国の航空機が領空を飛行することは原則として許されないものとされているが，シカゴ条約等によって定期国際商業航空機の上空通過などが認められ，また二国間協定によって運輸権等が付与されている[13]。

　また次項 6 において見るように，GATT は，国際通過のため最も便利な経路により各加盟国の領域を通過する自由を認めている（5 条）。通過の自由は二国間の取決めにおいても認められることがある。たとえば日米友好通商航海条約は，相手国国民の出入国等について最恵国待遇義務を規定し（13 条），領域間について通商及び航海の自由を認め（19 条 1 項），港や水域において相手国の船舶及び船荷に対する内国民待遇義務及び最恵国待遇義務を規定している（19 条 3 項）。また一定の通過の自由を認めている（20 条）。

7　民間の認証制度

　今日では，環境保護，人権保護などの目的でなされる非政府組織による認証制

---

13)　酒井ほか『前掲書』（注 1）181-183 頁及び 208-217 頁。

度の重要性が国際取引において増している（第15章四4(3)で言及するように特定の団体等又は活動に対する資金の流れを断つという観点から捉えることもできる）。第5章で言及したキンバリープロセスは，国連によって国際法上の根拠を与えられ，政府措置に拠って実施されている例である。そうした政府又は政府間組織によって授権・実施されていない認証制度も，有力な購買者が認証を受けていない産品を購入しない方針を採用したとすれば事実上の輸入制限として機能する。

　たとえば，木材については，各国において資源保護の観点から伐採のルールが定められているが，必ずしも遵守されていない。EUにおいては，森林の保全，地域社会の利益にも適い，経済的にも継続可能な形で生産されたかどうかについて認証を行う民間機関が存在し，日本にもFSC（Forest Stewardship Council）が存在する。この点は第16章三で述べる。その他にも様々な動きがある。たとえばコンゴ民主共和国においては，携帯電話のコンデンサーなどに不可欠のタンタルの鉱石であるコルタンが豊富に存在し，違法に採掘されたタンタル鉱石の売却代金が内戦において使用されている武器等の資金源になっていると言われており，ITブームで2000年-2001年に需要が急拡大したことで関心を集め，タンタルを使用していた企業が批判されるということがあった。その後国連安保理は，2001年5月において，タンタルの違法採掘を非難し，加盟国に対して同国籍又は支配下にある企業等に違法採掘が中止されるような措置を促した[14]。これらは私人の行為であり，競争政策の規律が及ぶ可能性がある。

四　輸出入制限・投資制限に対するWTO協定及び投資協定上の規律

1　輸入制限の規律

　WTO協定上，GATT11条1項が輸入制限を一般的に禁止しているが，特定の目的のための措置を除外する様々な例外規定がある。国内産業保護が目的の輸入制限は関税に転換されるべきであるが，正当な国内政策措置のための輸入制限は認められるとするのがGATT/WTOの基本的構造である[15]。

---

[14]　Press Release of UN, "Security Council Condemns Illegal Exploitation of Democratic Republic of Congo's Natural Resources," 3 May 2001, at [http://www.un.org/News/Press/docs/2001/sc7057.doc.htm].

[15]　なお投資企業の原材料・設備等の入手に影響することから，投資協定上の規律も問題となり得る。国内規制の規律に関する議論（第9章四2）を参照されたい。次項の輸出制限についても同様である。

(1) GATT11条1項

 まず，11条1項の表題は「数量制限の一般的禁止」であるが，禁止の対象は，関税その他の課徴金を除く一切の「輸入禁止又は制限」であって，数量制限に限定されず，また制限の方法の如何を問わない。GATT時代のケースにおいて輸入最低価格制など数量の制限のない措置が対象とされたことがある[16]。なお第6章四1(1)を参照。

 次に，11条1項に対し特定の目的のために必要な限度で認める例外規定が多数存在し，そのうち，本章で扱う輸出入制限に適用ある例外規定について概観する。通関措置・検疫措置に典型的に適用されるGATT20条(a)，(b)及び(d)号は第6章に，また21条例外については第5章に，11条2項については農業を論じる第16章一に譲った。

(2) BOP

 外貨準備不足に陥ると，対外決済ができなくなり，貿易・経済関係が混乱する。かかる事態を防止するための輸入制限が認められている。いわゆるBOP（balance of payment）理由の輸入制限である。この問題を扱う規定はGATT12条と18条Bとがある。12条は，すべての加盟国に適用されるが開発途上国は18条Bによってより容易に制限を許される反面，先進国がBOP理由で輸入制限を必要とする事態を想定しにくいので，12条の主たる機能は，IMF8条国に移行するまでの間に輸入制限を行うことの根拠を提供することと考えられる。18条は，開発途上国だけに適用があり，輸入制限が認められる実体要件と手続要件とを定めている。18条9項は，「自国の貨幣準備の著しい減少の脅威の予防又はそのような減少の阻止」などを目的とし，かかる必要性が存在する限度でのみ輸入制限を認める。状況が改善されれば措置を緩和しなければならない（同条11項）。輸入制限を課そうとする加盟国は，国際収支上の困難の性質等についてBOP委員会において協議することを要し，制限の審査を定期的に受けなければならない。BOP委員会が最終決定をする場合には，IMFと十分に協議し，その決定を受諾しなければならない（15条2項）。*India – Quantitative Restrictions* ケースにおいて，これらの審査手続の存在は，輸入制限がGATT18条の要件を充たしていないと紛争解決手続において争うことを妨げないとされた[17]。DSU1.1条がWTO協定における権利義務に関して紛争解決手続を利用できるとしていることを踏まえ，「千九百九十四年の関税及び貿易に関する一般協定の国際収支に係る規定に関す

---

16) GATT Panel Report on *EEC – Minimum Import Prices*, para. 4.9.

る了解」（BOPs 了解）注1において，BOP 理由の輸入制限の「適用から生じる問題（any matters）について」GATT22条及び23条の規定を適用できるとしていることが確認されているとした[18]。

なお BOPs 了解は，主として通報・協議の手続を定めているが，実体的な規定も存在する。GATT12条では，数量制限が想定されていた（同条1項）が，BOPs 了解においては，輸入課徴金その他「価格を基礎とする措置」が望ましいとされている（同条2項）。ただ，国内産業保護のための措置としては関税のほうが望ましいが，数量制限でなければ必要な対外支払額を確定することが困難ではないかとも思われ，趣旨に疑問がある。

なおブレトン・ウッズ体制は，国際収支不均衡の問題を貿易措置・為替措置でなく，国内政策の調整によって解決することを促しているが，対外決済上の困難に陥った国に対してその衝撃を緩和するために IMF の緊急融資制度を用意している。第15章を参照。

（3）GATT20条

GATT20条は，一定の政策目的のための措置を GATT の各規定から除外しているが，その意義については議論があることは第1章二2(2)で検討し，また第6章四1(2)においてさらに検討している。国内産業保護を目的とする輸入制限措置を正当化する規定は20条に存在しないが，PPM 措置について20条(g)号に基づいた正当化が先例上繰り返し検討されており，その点は本項4において述べる。

なお GATT20条(e)号は，刑務所労働によって得られた産品の輸入禁止を許容する規定であり，刑務所における労働搾取を防止することが目的であると説明されている。この規定が正当化する措置が PPM 措置であることが明らかであり，この規定の存在を根拠として，産品の製造方法に着目して規制するいわゆるPPM 規制が許されるとの主張があった。ただし次項でみるように，20条(g)号において PPM 措置が正当化される余地があることが先例上確認されているのでこの議論は実益を失った。むしろ，20条(g)号を根拠とする先例上は輸出国の状況を考慮したものでなければならないなどの厳しい制約が課せられているのに対し，20条(e)号は，刑務所労働によって得られた産品であれば，たとえば受刑者の労働状況などを考慮せずに輸入を禁止することを許容する規定であるという違いがあることのほうが重要であろう。

---

17) Appellate Body Report on *India – Quantitative Restrictions*, paras. 80-105.
18) *Ibid.*, paras. 80-109.

それ以外の各号を含め20条例外の解釈については，第6章四及び第9章四の関連個所を参照。さらに20条(h)号は，農産品に例が多いため，農業を扱う第16章一を参照。これに対し20条(g)，(i)及び(j)号は，専ら輸出制限を対象とするため本項2で言及する。

(4) 輸入義務

かつて貿易摩擦において輸入自主拡大の約束を迫ることが行われていた。輸入自主拡大（VIE）の協定整合性については，第4章四1(5)を参照。国際競争論＝共存モデルではそれ自体が問題であるとはいえないが，比較優位論＝協力モデルでは共通目的の実現を阻害する措置として拒否される。

2　輸出制限の規律

輸入制限と同じく，WTO協定上，輸出関税又は課徴金以外の輸出制限はGATT11条1項に抵触するが，目的と態様とによっては許容される場合がある。21条例外については第5章において説明した。ここでは，11条2項及び20条が定める例外のうち代表的なものを説明する。

(1) 食糧その他の危機的な不足（GATT11条2項(a)号）

輸出制限は，国内需要を充たすために許容される場合がある。11条2項(a)号が，「食糧その他輸出加盟国にとって不可欠の産品の危機的な不足を防止し，又は緩和する」ための一時的な措置を正当化している。国内需要の優先すなわち内外無差別からの逸脱を認める規定であり，慎重な解釈が求められる。「食糧（"foodstuffs"）」という用語は，個別の作物の不足でなく，食糧全体の不足であると考えるべきでないか検討する必要がある。したがって，*China - Raw Materials* ケースにおける上級委員会の判断[19]には反するが，「加盟国にとって不可欠の産品の危機的な不足」は，国民経済に重大な悪影響を与える程度で足りず，国家の存続が危ぶまれるような状況を指すとすべきでないか検討する必要があろう。また「一時的」かどうかについて，適用されている期間の長さに着目したかのようにみえる先例がある[20]が，措置の目的等客観的構造に照らして評価すべきでないか，などの疑問がある。

---

19) Appellate Body Report on *China - Raw Materials*, para. 324.
20) *Ibid.*, para. 330.

（２）GATT20 条

（ア）(j)号――供給不足産品の供給確保

20 条(j)号は,「一般的に又は地方的に供給が不足している産品の獲得又は分配のために不可欠の措置」を正当化する。この規定は，対象産品が輸出制限国にとって「不可欠」であることを求めておらず，また供給不足も「危機的」であることまで求めていない。その反面，当該産品についてすべての加盟国が「衡平な取分を受ける権利」を尊重しなければならないので，自国の需要を優先することが許されない。「衡平な取分」を考えるに当たって輸出関税を課せることを前提としたのではかかる制約が無意味になるので，輸出関税をゼロと前提すべきかもしれない。なお，本号は，例外規定の必要性それ自体の再検討が条文上必要とされている。

（イ）(g)号――有限天然資源の保存

GATT20 条(g)号は,「有限天然資源」の保存を目的とする場合の例外を規定する。天然資源の輸出制限が戦前に経済対立を激化させた政策措置の一であって，大西洋憲章にも天然資源に対する平等なアクセスを保障することが重要であるとされたこと[21]（大西洋憲章第 4 条）を踏まえた解釈が必要であろう[22]。

第一に,「有限天然資源」は，先例上，原油，金属鉱石などの鉱物資源に限定されず，清浄な空気などの環境資源も含まれ[23]，また絶滅し得る以上生物資源も含まれる[24]。希少動植物の輸出制限は，20 条(b)号の問題であるかのようにも見えるが，保護の対象が個体でなく「種」という資源であり，むしろ(g)号によって例外とされるべきであろう。要件を考えてみても，(b)号の典型措置である検疫措置は，執行管轄権の限界から外国で発生した病虫害のコントロールができないため水際で輸入品に対して相対的に厳格な規制を課すことを認める必要があり，そう考えて初めて同号が輸入規制に対応する規制に対応する国内での保護措置の存在を要求していないことを理解できる。これに対して，種の保存については，国内消費を規制せず輸出のみ規制することを認める正当な理由がない。

---

21) 大西洋憲章 4 条は，"…they will endeavor…to further the enjoyment by all States, great or small, victor or vanquished, of access, on equal terms, to the trade and to the raw materials of the world which are needed for their economic prosperity." とする。
22) 先例上，輸入に適用される措置についても(g)号による正当化が認められている（たとえば US – Gasoline）が，内国民待遇義務において目的を達成するために最適な手段を選択していることを要求する解釈が採用されるのであれば，(g)号による正当化の余地がなくなる。この点は，第 9 章四 1 (1)(ウ)を参照。
23) Panel Report on US – Gasoline, para. 6.37.
24) Appellate Body Report on US – Shrimp, paras. 128-131.

なお，水資源など土地ないし生態系との結び付きが強い資源をどう考えるかの問題がある。たとえば日本では，公物とされている河川の流水等の配分について水利権の制度がある。水利権は，水道，灌漑，水力発電等のために必要な限度で排他的に使用する権利であり，国内利用が優先されているかのように見えるため輸出制限とされないかが問題になり得る。比較優位論＝協力モデルの立場からすれば，少なくとも，河川流域の環境を維持するために流域での使用を優先することの正当性が認められるべきである。かかる環境ないし生態系は一旦破壊されれば復活しない可能性があり，どの程度水資源を外部に移転して差し支えないかの判断を河川等の所在国に委ねるべきだからである[25]。したがって，ミネラルウォーターとして販売することが認められたというような，流域の環境ないし生態系から明確に分離された場合を除いてそもそもGATTの対象となる産品（product）に該当しないとする解釈の可能性を検討すべきであろう。国際競争論＝共存モデルでは，自国における利用を厳しく制限する合意も理論上あり得るので，ここでも輸出制限に該当するか否か，さらにGATT20条(g)号等によって正当化されるのか否かも規定文言によるということになる[26]。

第二に，"exhaustible"に「有限」という訳語が当てられているが，原語は，量的に限定されているという意味でなく，消費し尽くす可能性があるという意味である。たとえばすべての元素は，地球上に存在する数量に限定されるので「有限」であるが，消滅しないので"exhaustible"でなく，その鉱石が"exhaustible"な天然資源であると考えるべきであろう。消滅しない資源は，現在の過剰消費のため後続世代の取り分がなくなる心配をする必要がない（節約のための使用・消費態様の制限（たとえば課徴金賦課）は内国民待遇義務で規律されるが，販売・輸出の量的制限をする必要がないので20条(g)号のような例外を設ける必要がない）。また精錬された後の製品は「天然」資源でないとすべきであろう。資源保存政策としては，人工的に作り出すことがより困難な鉱石の生産・消費量を制限すれば足りるからである。なお特定の生物資源が"exhaustible"かどうかを判断するに当たり，「絶滅のおそれのある野生動植物の種の国際取引に関する条約」附属書

---

25) 水行政が自然の水系・流域を単位として行われることを指摘するものとして，金澤良雄『水資源制度論』（有斐閣，1982年）56-60頁。

26) これらの問題については，たとえば，Edith Brown Weiss, "Water Transfers and International Trade Law" in Edith Brown Weiss, Laurence Boisson de Chazournes and Nathalie Bernasconi-Osterwalder, *Fresh Water and International Economic Law* (Oxford University Press, 2005). なお特定の近隣諸国との間で水資源の移転が約されることがあり，最恵国待遇義務（1条1項）との関係及び隣接国との国境貿易の規定（24条3項(a)号）を検討する価値がある。

Ⅰに記載されていることに言及した先例がある[27]が，条約に記載がなくても，生物の個体でなく「種」に着目する限り有限性を認めるべきであろう。

　第三に，有限天然資源の保存に「関する」措置であれば足り，ただし，国内における生産又は消費制限と「関連して実施される」（made effective in conjunction with）ことが必要である。輸入制限に関する先例においては，「関する」とは，有限天然資源の保存を「主として目的とする（primarily aimed at）」必要はないが，真正かつ実質的な（genuine and substantial）関連が必要であるとされた[28]。また，国内における生産又は消費制限と「関連して実施される」とは，輸入制限が発効（in effect）している時点で同時に存在していることが必要である趣旨であるとした[29]。その上で，同一の（identical）取扱いまでは要求されないが，輸入品と国産品とを差別してはならない（even-handed），とされた[30]が，資源保存を目的として輸出制限を行う場合，資源保存の負担が外国需要家と国内需要家との間で同一である必要はないとされた[31]。

　*US – Gasoline*に代表される先例の解釈では，輸出規制と国内措置との間に要求される関係がきわめて曖昧であり，またeven-handedという要件がどの文言から導き出されたかもはっきりしない。国内制限と「関連して（in conjunction with）実施される」と言えるためには，何らかの理由で完全な生産制限が実施困難であり，輸出数量も制限しなければ実効性のある資源保存にならない場合に限定すべきと考える。国内生産制限が完全に実施できるならば，輸出の規制はその範囲内で生産されたかの確認で足りる。これに対し，完全な生産制限が不可能な場合に，国内消費・輸出を一体として消費量を制限するのは，輸出制限を国内制限と「関連して実施される」と言えるだけでなく，"in conjunction with"の語義により近く，また外国又は国内の需要のいずれも優遇しない。国内制限と「関連して実施される」との要件は，輸入制限が国内制限と一体として資源保存のために不可欠であることを要求するものと解するべきであろう。たとえば，輸出割当量が生産制限量を下回るならば少なくともその範囲では当該輸出制限が資源保存に役立つとは言えないとすべきであろう。*China – Rare Earths*のケースにおいて，上級委員会が生産制限が輸入制限と資源保護に一緒に機能する（work together）ことを求めている点が注目される[32]。なおパネルは，先例にいう「真

---

27) Appellate Body Report on *US – Shrimp*, para. 132.
28) *Ibid.*, para. 141.
29) Appellate Body Report on *US – Gasoline*, p. 19.
30) *Ibid.*, pp. 20-21.
31) Appellate Body Report on *China – Rare Earths*, para. 5.134.

正かつ実質的な関連」性の当てはめによって同じ結果を導いた[33]が，そうすると「関連して実施される」要件の意義が失われてしまう可能性がある。逆に，「（有限天然資源の保存に）関する」の要件は，文言からも緩く解釈しても差し支えない。また先例上確立している"even-handedness"の要素は，(g)号の文言からでなく，「この協定の規定は……次のいずれかの措置を……妨げ（ない）」とする柱書に手段の必要最小限性ないし客観的最適性の要求を読み込むことで引き出せるのではないか。（GATT20条(b)号に関する第6章四2(1)を参照。）なお，上に述べたとおり，上級委員会は，*China - Rare Earths*ケースにおいて，資源保護の負担が外国需要家と国内需要家との間で同一である必要がないとしつつ，外国需要家の負担が国内需要家に比して顕著に（significantly）大きい場合に20条(g)号の要件が充たされることは考えにくい[34]とするが，需要量の違いを考慮するのか等負担の大きさの測定基準が明らかでなくその意味するところが明らかとは言えない。

　国内向けに留保することを認めない上記の解釈は，資源国の権利を厳しく制限するかのように見えるが，内外のシェアは外国の購入者と国内の購入者との競争によって定まるのであり，必ずすべてが輸出されるわけでない。また国内需要のために留保する必要があるならば，輸出数量制限でなく，輸出関税を利用することがGATT上想定されていると言える。20条(j)号及び11条2項(c)号など，輸出入制限に伴って国産品の販売又は国内消費のために一定の数量枠を留保することを明示に認める規定においては，どのような比率で配分すべきかが明文で規定されている。20条(g)号にそのような規定がない以上，国内消費のための留保を認めない趣旨であるとするのが正当であろう。なお緊急時に備えての国家備蓄は，それが国内向けにのみ放出が想定されている限り国内消費のために留保しているのと同じであり，輸出及び国内販売よりも優先されることが認められず，したがって市場から購入することが求められることになろう。

　なお保存の対象となる有限天然資源の所在地は，先例上自国内に必ずしも限定されていない。公海上の海亀保護措置の協定整合性が争われた*US - Shrimp*ケースにおいては，米国の領域外に存在する海亀も回遊性があり米国領海内を通過する可能性があることから，保存の対象としてよいとされた[35]。

　確かに国内に限定されていることを明示する文言はない。しかし，どのような保存水準にするかを自由に決めてよいことが前提になっている以上，国内生産又

---

32) *Ibid.*, para. 5.128.
33) Panel Report on *China - Rare Earths*, Section 7.6.2.1.
34) Appellate Body Report on *China - Rare Earths*, para. 5.134.

は消費の制限への言及があることを文脈として，国内（より正確には執行管轄権の範囲）に存する資源に限定すべきでないか検討すべきである。本項4で説明するように，PPM措置が争われたケースにおける柱書の解釈・適用として，外国において求められる保存の水準は相手国の事情を考慮して決定しなければならないとされている[36]が，これは，保存の対象が「有限天然資源」であることの立証で足り，追求する保存水準について制限を全く置いていない(g)号の規範構造を覆してしまう。自国管轄権の範囲外の資源の保存水準を一方的に決定すべきでないとする点は妥当であるが，そのためには保存水準を規制するのでなく，保存水準を措置国の裁量に委ねてよい自国管轄権内の資源に対象を制限する解釈のほうが文言上無理がないと考える。

以上の解釈は，第1章二2で言及した「天然資源に対する恒久主権」といかなる関係に立つか。主権の処分が可能である以上，国際競争論＝共存モデルでは，整合的でなくても差し支えないが，比較優位論＝協力モデルでは整合的であるはずである。まず上記解釈は，自国産業の需要を優先することを禁止するが，資源国が自国の資源輸出から適切な対価を得ることは制限しない。また当該資源を利用する自国産業が未発達であるために買い叩かれるという懸念があるとして資源の生産を先延ばしにすることを必ずしも禁止しない。自国産業のほうが効率的に利用できるようになるという可能性がある限り不当でないからである。ただ，より効率的な利用が将来できる可能性が全くないのに生産を先延ばしにすることまで自由と想定されているわけではない。自国産業が外国産業よりも高い価格をオファーできるようにならなければ，結局当該資源を最も効率的に利用でき，したがって最高価格を提示できる外国産業に販売せざるを得なくなると想定する。以上に鑑みると，WTO協定上，資源国は，世界全体の持続可能性の最大化の観点から自国内の資源が最適に利用されるようにその生産・販売を管理する権限を有し，その責任を負うこと（さらにその判断が一応尊重されること），同時にその適正な販売対価を取得する権限を有していることが想定されていると考えられる。こうした想定によって「天然資源に対する恒久主権」が害されているとは思えない。

（ウ）国際商品協定

GATT20条(h)号は，政府間商品協定に基づく義務履行としての輸出制限の正当化の余地を認めている。これは，世界市場における価格安定を企図して需給

---

35) Appellate Body Report on *US – Shrimp*, para. 130.
36) Appellate Body Report on *US – Shrimp* (*21.5*), paras. 135-150.

調整のために輸出制限を義務付けることがあり得ることを想定した規定である[37]。政府間商品協定を適格とする基準が存在する[38]が，具体的に適格とされた政府間商品協定はこれまでのところ存在しない。なお現在の政府間商品協定は，世界的な需給調整を諦め，需給安定のための情報提供又は需要拡大等を図るものとなっており，輸出制限が求められてはいない。第16章一2(1)を参照。

(エ) 国宝の保護

20条(f)号は，国宝の保護のために課される措置を除外しており，海外への持ち出しを禁止する措置などに適用される。関連する条約について本章三3(9)を参照。比較優位論＝協力モデルからは，国宝は，国民に共通の文化を体現するなど社会関係資産に関わるため，当該国において展示等されることが世界経済・社会の最適化に資すると説明することになろう。したがって歴史的・文化的価値が必要であり，美術的に重要というだけで輸出禁止を(f)号で正当化できるかは疑問である。国際競争論＝共存モデルでは「国宝」として指定すれば足りるのかといった点で曖昧さが残るように思われる。

(オ) 柱　書

第6章四1(2)(ウ)で説明したとおり，20条柱書は，その条件を充たさない限り各号の要件を充たしてもなお20条例外適用がないとしている。柱書に違反するとした先例はいくつもあり，措置の目的に照らして必要でない原産地国による区別が問題とされることが多い。なおPPM措置について20条例外該当性が争われたケースでは，輸出国間で交渉努力に差異があったこと，輸出国の国内事情を考慮しなかったことなど，自国と同一の基準を輸出国に一方的に適用したことが柱書の要件を充たさない理由として挙げられている。本項4を参照。

(3) 補助金性

輸出制限は，対象産品の国内価格を引き下げる効果を有する。かかる効果に着目し，対象産品の供給者から消費者たる他の国内産業に対する利益の移転を指示し又は委託するものであって，補助金であるとの議論がなされたケースがある。パネルは，「指示又は委託」がより具体的な行為であることを要求して，補助金の成立を否定している[39]。供給者が補助金協定にいう「公的機関」に該当せず，

---

[37] 国際商品協定の歴史的な状況について，内田宏・堀太郎『ガット——分析と展望』（日本関税協会，1959年）576-578頁。また千葉泰雄『国際商品協定と一次産品問題』（有信堂，1987年）。

[38] ECOSOC Resolution 30 (IV) of 28 March 1947。内田・堀『前掲書』（注37）574-575頁。

供給者に対する指示又は委託も認められないならば，政府支出がなく，補助金に該当しない。輸出制限それ自体がGATT11条1項及びその例外規定によって規制され，特定の目的のために最適な範囲でのみ許されているのでそれで十分であろう。なお輸出税も輸入数量制限と同様の効果があるが，こちらは，GATT11条1項の対象から除外されており，かつGATT2条に基づく関税譲許の対象とも実務上されていない。

（4）輸出義務

投資許可の要件その他のために輸出義務が課せられることがある。WTO協定上輸出義務を明示に規制する規定は見当たらないが，比較優位論＝協力モデルに立てば，比較優位産業への特化という共通目的を妨げるとして原則として非違反申立を認めるべきであろう（第2章二3(5)を参照）。投資許可の要件とすることについては，投資協定上パフォーマンス要求の一として禁止されることがある（第9章四2(6)を参照）。

（5）投資協定上の規律

ある産品の輸出制限は，国内における製造業の活動に影響するので，投資協定上の問題が生じる可能性がないとは言えない。この点は，第9章四2とりわけ(2)を参照。

3　投資制限の規律

対内直接投資の自由化はGATS及び投資協定等において進められている。しかし，物品貿易と異なり，対外投資（すなわち資本流出）及び技術輸出を制限することに対する規制は見当たらない。サービスの輸出制限に対する規制もGATS上存在しない。この点は，第1章五3(2)において言及した。

（1）GATS

サービス産業については，GATSが投資保護まで事実上対象を拡大している。サービス貿易の一とされているサービス提供の第3モードは，輸入国内における商業的拠点を通じての提供であり，子会社，支店等をおいて事業を行うことを指しているからである。したがって，市場アクセス（GATS16条）を約束しているサービス分野においては，投資制限が許されない。また内国民待遇義務（17条）

---

39) Appellate Body Report on *US – Export Restraint*, paras. 8.29-8.44.

を約束しているサービス分野においては，外資系企業の差別が許されない。GATTと異なり，GATSは，原産地によるサービスの差別のみならず，サービス提供者の差別も問題にしているからである。なおGATSの詳細については，第17章で取り扱う。

（2）投資協定

投資保護に関する条約には，投資自由化義務を含むものがあり，自由化を約束した分野について投資制限が許されない。内国民待遇義務が認められていれば，そうした分野について外国投資及び外国投資家を差別することが許されない。

自由化約束等の例外も設けられている。第一に，GATTと異なり，自由化約束に留保が認められ，その範囲で投資制限措置が許されるのが通常である。第二に，日カンボジア投資協定のように，日本が2007年以降署名している経済連携協定及び投資協定においては，GATT20条等に相当する例外規定がある（たとえば同協定18条1項）が，それ以前に締結された投資協定（たとえば日ベトナム投資協定（2003年署名））には存在しない。他国が締結している投資協定でも含まないものがほとんどである。GATT20条の趣旨を貿易自由化からの逸脱を認めることと考えるのであれば，投資協定においても同様の条項が必要でないかとの懸念が生じる。これに対して，内国民待遇義務において措置の目的が正当かどうか，そのための手段として適切かが問われており，したがって20条の趣旨を管轄権の制限によって輸入品等を特別扱いせざる得ない場合を技術的に例外とするものとの見方も成り立ち（第1章五2(2)を参照），そうすると投資協定においては不要である。自国領域内に存在する企業は，外資100％であっても自国の管轄権に服するからである。たとえば，20条(b)号が検疫措置を想定しているとすれば，外国投資家が保有する国内生産者を不利に扱う理由がなく，投資協定において例外を認める必要がないと考える。

4　PPM措置の規律

PPM措置の協定整合性に関する先例は変遷がある。GATT時代のいわゆるツナ・イルカケース（*US - Tuna*（*Mexico*）& *US - Tuna*（*EC*））においては，一定のイルカの混獲防止措置を採用せずに獲ったマグロ及びマグロ製品の輸入を禁止した米国措置の協定整合性が争われ，資源保存でなく他国の政策変更を目的とする措置であるなど，PPM措置が基本的に禁止されているかのような解釈適用が示された[40]。これに対して，WTO設立後のいわゆるエビ・海亀事件（*US - Shrimp*ケース）において，上級委員会は，ケース・バイ・ケースで判断すべき

であるとして，PPM措置が許容される余地を認めた。後者の事件は，海亀保護のために特定の装置をエビ漁用の網に設置することを要求する米国のプログラムを受け入れた国からのみエビの輸入を認めるとした米国の措置が争われ，米国措置に対する是正勧告が出された後履行措置が十分でないとして再度争われたケースである。原手続においては，GATT11条1項不整合に争いがなく，もっぱら20条例外の要件を充たすか否かが争われた。上級委員会は，20条(g)号によって正当化されないとし，その理由として，同条柱書の要件すなわち「同様の条件の下にある諸国の間において任意の若しくは正当と認められない差別待遇の手段となるような方法で……適用しない」について，米国が，外国政府と交渉して適当な保護措置について合意した上で貿易制限措置を導入することを基本としているが，申請国との関係で交渉をしていないこと，及び自国と「同じ」保護プログラムの導入を外国に要求し，それを充たさない場合に貿易制限措置を採用することとしており，外国と米国との違いを考慮せず柔軟性を欠くこと，を指摘している[41]。この判断を受けて，米国は，国内法を改正し，外国の保護プログラムについて米国プログラムと「同等」でよいとし，また申請国その他と保護プログラムの導入について国際交渉を行ったが，合意に至らず，輸入制限措置を継続した。勧告未履行であるとして原申請国が開始した履行確認手続において，上級委員会は，勧告未履行が立証されていないとした。その理由として，国際交渉については，輸出国に拒否権を付与するものではなく，米国が行った交渉努力が不足であるとは立証されていない[42]とし，他方，外国に要求する保護プログラムについては，外国との違いを考慮することが可能な状態になっていることを指摘している[43]。

　この上級委員会の判断は，GATT時代と異なり，PPM措置が許容される可能性を認めたものと理解されているが，判断のどの部分に重点を置くかによって評価が違ってくるように思われる。輸出国の合意までは不要であり交渉でよいとした部分はPPM措置の許容性を高めているように見える。これに対して，措置の

---

40) GATT Panel Report on *US – Tuna* (*Mexico*) は，GATT20条(g)号について，その管轄権の範囲内の資源保全を目的とするものであるとして，PPM措置の正当化を拒否した。*Ibid.*, paras. 5.30-5.34. またGATT Panel Report on *US – Tuna* (*EEC*) は，GATT20条(g)号について，資源保全を「主たる目的とする（"primarily aimed at"）」だけを正当化すると解釈した上で，問題のPPM措置が外国政府に政策を変更させることを目的とするので正当化されないとした。*Ibid.*, paras. 5.21-5.27.

41) Appellate Body Report on *US – Shrimp*, paras. 162-167, 169-175.

42) Appellate Body Report on *US – Shrimp* (*21.5*), paras. 115-134.

43) *Ibid.*, paras. 135-150.

柔軟性故に外国において適切な基準を適用する余地があるとした部分が重要ならば，どこまで許容されるかはっきりしない。むしろ，具体的な基準の適正さを輸出国が争っている場合でもなお20条例外適合性を認めることができるのか疑問である。通常の規制については，保護水準を措置国が選択できるし，さらに措置の最適性等についても規制国の立証を尊重すべきである[44]が，PPM措置の場合にも適用されるかはその根拠に依存する。

本章一2において触れたように，PPM措置についての規律は，国際競争論＝共存モデルと比較優位論＝協力モデルのいずれの基本的発想を採用するかによって考え方が根本的に異なる。前者は，貿易阻害措置を撤廃するのが貿易自由化であり，その逸脱として特定目的のための措置が留保されていると考えるので，PPM措置もその留保の範囲内かどうかが問われる点で通常の規制すなわち産品の性質に着目する規制に対する規律と区別する内在的理由がないと考える。これに対して，後者では，最適な措置かどうかを決する「市場の失敗」の存否，手段の最適性などにおいて輸出国政府のほうが妥当な政策判断を行うと考えられることから，輸入国政府が基準を一方的に設定するPPM措置に対し通常の規制よりも厳格な要件具備を要求することとなる。上級委員会の指摘のうち措置の柔軟性を重視する考え方に親和性があるが，輸出国の主張する保護基準に一定の正当性・合理性があれば，これと反する具体的な基準を採用するPPM措置は正当化されない可能性が高いと言わざるを得ない（なお保存の対象を自国管轄権の範囲内に存在する「有限天然資源」に限定すべきかどうかについて本項(2)(イ)を参照）。また輸出国における規制が不十分であるとの懸念に対応する措置は，自国産業を保護する措置との位置付けになり，GATTの構造上関税措置の利用を考えるのが素直であることも指摘できる[45]。

さらに，PPM措置が国際協定に基づいて実施されている場合の検討も必要である。まず，非締約国との間では当該国際協定を抗弁として援用される余地がない。次に，締約国との関係では，ウィーン条約法条約30条によって国際協定がWTO協定に優先するか否かが問題となるが，WTOの紛争解決手続においては，WTO協定上の権利義務のみが争われるので，そうした国際協定の規定が直接の抗弁となることがないであろう。先例上，国際協定がWTO協定の解釈において

---

44) 本書第2章二3(7)(ク)における審査基準を巡る議論を参照。
45) 実務において全く想定されていないが，状況申立（23条1項(c)号）を認めないのであれば，必要性が生じた場合に適切な環境保護措置を輸出国政府が採用することは輸入国にとって関税譲許を行う当然の前提であり，そうでないとすれば「事情の予見しなかった発展」があったとしてセーフガード措置が許容される余地を認めるべきであるし，そうでないとしても関税譲許の修正を求めることができる（GATT28条）（第4章三3を参照）。

考慮されている[46]が，締約国間での権利義務関係にのみ影響が及ぶとするとWTO協定の一体性を害する。むしろGATT20条(h)号において国際商品協定に基づく貿易制限措置を例外とする明文の規定があることに鑑みれば，WTO協定上の特段の合意がない限り，言及されていない国際条約を考慮する余地がないとすべきであろう。

またそもそも，PPM措置をGATT11条1項の対象措置とするのが確立した先例である[47]が，表示規制については11条1項違反が主張されておらず，むしろ生産方法に関する表示規制のGATT整合性が認められた先例がある[48]。しかし，国内消費者が外国の状況について正しい判断を下せるわけでもなく，したがってPPM措置としての問題性において違いがない。最近，PPM措置である表示規制がTBT協定上の内国民待遇義務に違反するとされた[49]。この先例がどのように発展するか，第10章四3(2)を参照（一般論として内国民待遇義務を規定するGATT3条4項の問題として上記20条(g)号の適合性と類似の議論をすれば足りるという方向性が想定される）。

この問題は，国際競争＝共存モデルでは，貿易自由化と環境保護とを矛盾対立する可能性がある政策目的と捉え，両者をいかに調和させるかという主観的価値判断が必要な事項について合意がなされたと考えるので，関連規定の文言から加盟国の合意内容を明らかにするというアプローチになる。これに対して，比較優位論＝協力モデルでは，両者は相互補完的であり，「市場の失敗」を是正する客観的に最適な手段が選択されていることが重要であり，「市場の失敗」の存否，手段の最適性について適切な判断を下す能力を有しているのは当該「市場の失敗」の存在する国の政府であるから，その政府の主張に一応合理性があるならばそちらを尊重するというアプローチになる。US – Shrimp ケースにおいて，輸出国の状況を考慮する柔軟性があれば違反でないとしたアプローチに近いが，GATT20条(g)号の解釈としては，資源保存の水準について一方的に決定して差し支えないとされていることから対象を自国領域内の資源保存に限定して考えるべき，ということになる。本項2(2)(イ)を参照。なお，第6章四1(2)(ア)で論じた(a)号及び四2(1)で論じた(b)号いずれについても「必要性」要件を手段の最適性でなく，目的ないし政府介入の必要性と理解することになり，さらに手段の最適性を要求するので，輸出国政府が争う限り，管轄権外の動植物等の保護の

---

46) Appellate Body Report on *US – Shrimp*, paras. 130-132.
47) Panel Report on *US – Shrimp*, paras. 7.11-7.16.
48) GATT Panel Report on *US – Tuna*（*Mexico*）, para. 5.41.
49) Appellate Body Report on *US – Tuna II*（*Mexico*）, paras. 282-298.

必要性及び手段の最適性について輸入国政府が証明責任を果たせる可能性が乏しい。

最後に、PPM措置の問題の亜種として、輸出先における使用・消費のあり方に着目した輸出規制が可能か、という問題がある。たとえば安全保障のための輸出管理が典型的であるが、個人情報保護の観点から、適切な管理がなされていない国への個人情報の移転を規制することも、電子媒体等に固定したデータの移動も規制するとすれば同じ問題になる。輸入品に適用されるPPM措置は内国民待遇義務の対象として20条例外に列挙されない政策目的（たとえば個人情報保護）を追求する措置も輸出国の状況を適切に考慮することにより正当化する余地があるが、輸出品に適用される規制はGATT11条1項において目的を考慮する余地がないので20条例外に列挙される目的以外正当化できないという違いがある。安全保障貿易管理はGATT21条で除外することが想定されるが、個人情報保護のための輸出規制はGATT20条のどの号で除外できるのかが問題になろう。なお個人情報保護法制のGATS上の取扱いについては、第17章三1(7)を参照。

5　GATT10条及び8条

透明性・手続の簡略化などに関するGATT10条及び8条が輸出入制限の手続にも適用される。内容については、第6章四1(3)及び(7)を参照。

6　通過の自由

各国は、その領域主権内において外国国民及びその積荷の通過について排他的管轄権を有している。したがって、領域内の通過の自由は一般国際法上存在しない。

この点、GATT5条は、航空機の通過以外の通過運送の自由を定めている。加盟国の領域を横切って貨物及び船舶その他の輸送手段が通過（通過中に加工される場合は除く）することについて、最も便利な経路によって通過する自由を供与しなければならず、船舶の国籍、貨物の原産地、仕向地等によって差別してはならない（5条2項）。加盟国に直接又は間接に向かうか、加盟国から来る場合に限定されているが、該当しない通過運送はきわめて限られている。「最も便利な経路」とは既存の経路の中で、という意味であり、より便利な経路を新設することは求められていない。税関で所定の手続を執るよう要求できるが、かかる手続の遵守違反以外の理由で通過運送を不必要に遅延させ又は制限してはならない。日本でも保税運送については、税関長の承認が必要である（関税法63条）。

通過運送に対しては、提供する行政サービスその他役務の費用に相当する課徴

金以外，通過税などを課してはならない（GATT5条3項）し，適用される課徴金，規則，手続等についていずれの加盟国の領域から来たか，又はそこに向かうかによって差別してはならない（同条5項）。既存の経路に容量の限界がある場合にどのように配分するかという問題がある。先着順など合理的な配分方法であれば認められるとせざるを得ないであろう。道路が典型であるが，港湾や海峡の航路についても同様の問題が生じ得る。かかる経路の所有又は管理を政府が行っている場合には，安全等の正当な考慮に基づいて区別することは許されるが，それ以外の区別は許されないことになろう。民間主体が行っている場合には，商業的考慮にのみに基づいて配分されるはずであり，その判断を妨げることは許されない（GATT17条1項(c)号）。

主要参考文献・資料

磯崎博司『国際環境法――持続可能な地球社会の国際法』（信山社，2000年）

上田寛（編）『国際組織犯罪の現段階――世界と日本』（日本評論社，2007年）

西井正弘（編）『地球環境条約』（有斐閣，2005年）

パトリシア・バーニー，アラン・ボイル（池島大策・富岡仁・吉田脩（訳））『国際環境法』（慶應義塾大学出版会，2007年）

松井芳郎『国際環境法の基本原則』（東信堂，2010年）

水上千之・臼杵知史・西井正弘（編著）『国際環境法』（有信堂，2001年）

Philippe Sands, *Principles of International Environmental Law* (2nd ed.) (Cambridge University Press, 2003)

第8章　租税・課徴金・社会保険料

　本章は租税その他の金銭的負担を取り扱う。租税については，国際租税法とWTO協定等の通商法・国際投資法という異なる体系の国際経済法がそれぞれ比較的独立に発展している。国際租税法は，二重課税の防止等を目的とした国内法上の制度が形成され，さらにOECD及び国連において作成されたモデル条約を参照しつつ必要な修正を施した二国間の租税条約が多数締結されている。これに対してWTO協定及び投資協定はそれぞれ，貿易自由化・投資保護という観点から内国民待遇義務その他の規律を課している。本章は，両者を含めた租税に関する国際経済法全体を取り扱う。なお本章は，租税等が貿易その他の実体経済に影響を及ぼすという視点から検討するが，政府財政の一部として規律されるという視点も考えられる。この視点からの検討は第15章において行う。

一　本章の対象事項

1　租税・課徴金・社会保険料の政策根拠

　政府は，私人に様々な金銭的負担を課している。代表的なものが租税であり，所得税，法人税，消費税（売上税，付加価値税など），個別物品税（酒税，たばこ消費税など）など，公共サービスを提供するための資金を調達する目的で課される対価性がない負担であって，対価性がある課徴金・手数料などと区別される[1]。社会保険料は，保険料という名称であるが，最低年金額の保障などにより保険給付との対価性が曖昧になると，租税に接近する[2]。

　租税負担の根拠について，財政学及び租税法における議論では，利益説と義務説との二つの考え方がある。利益説は，個人が集まって自己の利益を保護するために国家を構成したという社会契約の考え方を出発点に，政府が提供するサービ

---

1) 金子宏『租税法』（第19版）（弘文堂，2014年）8-11頁。
2) 両者の関係については，たとえば，小林秀夫「租税政策と社会保障制度」金子宏（編）『租税法の基本問題』（有斐閣，2007年）35頁以下。

スに対して受益者が負担する対価と説明する。この考え方は，個人の自由・競争を尊重し，効率性を損なう非経済的関心の追求と政府の活動を捉えるので，その弊害を最小にするために政府措置から得られる利益に応じた負担とすべきとする。これに対して，義務説は，国家が人間にとって必然的な存在であるとする見方を出発点に，構成員たる人間が国家運営の共通費用を負担する義務を当然に負っているとする[3]。この考え方は，人間の協働関係を重視し，能力に応じた負担を求める能力説を支持し[4]，所得再分配を肯定する。所得に比例して受益があると考えるならば，利益説でも能力に応じた課税と実質的に違いがないという議論もあるが，所得再分配を正当化する能力説が国内租税法・財政学における多数説である。

ただし，現実に行われている租税のうち，消費税・事業税のような物に着目する税（物税）は，所有権制度，司法制度の運営等取引保護のための政府サービスの利益に対して支払われるのであって，能力原則でなく利益原則に基づく租税と考えられており[5]，議論が分かれるのは，累進税率を採用する所得税のような人に着目する税（人税）である。利益説に立つならば先に述べたように所得に比例して政府サービスから利益を得ていると説明するか，累進税率すなわち所得再分配を否定することになろう。能力説に立つならば，所得分配の公正を効率性に優越する価値として累進課税を正当化することになる。

租税に対する国際経済法上の規律を考える枠組みは，国際競争論＝共存モデル又は比較優位論＝協力モデルのいずれを前提に考えるかで大きく異なる。国際競争論＝共存モデルでは，各国が独自の主観的利益を追求すること，さらに貿易自由化・投資保護とその他の政策とが矛盾対立する可能性を前提としているので，各国が租税について利益説であれ能力説であれ，又はそれ以外の独自の考え方を採用していても差し支えなく，また効率性と所得再分配の二元的な理解のままでよい。WTO協定及び投資協定の解釈においては，貿易自由化・投資保護のための規律を租税にどこまで及ぼすことが合意されたのか，逆に言えば，租税に留保された政策空間の範囲を文言に照らして画定すれば足りる。

これに対して，比較優位論＝協力モデルは，世界経済・社会が保有する資本の最大化を目的として共有しているとし，その前提として，貿易自由化・投資保護

---

3) 神野直彦『財政学』（改訂版）（有斐閣，2007年）153-155頁。なお利益説においても，租税は課徴金及び手数料とは区別され，政府サービスからの受益に正確に対応することを求めるわけでない。同上，153-154頁及び164-165頁。
4) 同上，155-158頁。
5) 神野『前掲書』（注3）199頁及び213頁。

とそれ以外の政策とがその目的の追求において相互補完的な関係にあると考える。したがって，第1章一3(3)(イ)でみたように，効率性と対立すると考えられている所得再分配のための税収・分配を，経済・社会的投資の最適化を目的とする政府による投資のための資金移転として捉える。経済・社会における最大化の対象が消費フローから得られる各個人の主観的効用の総計でなく，経済・社会全体が保有し，後続世代に受け継ぐ資本ストックであるため，所得再分配を目的とすると説明される政府支出，たとえば公的扶助は，たとえば，資本の最大化の観点から最適な行動を選択しているにも拘らず，周囲の評価能力の限界その他の理由により適切な対価を得られず生存に必要な資金を得られない人々に対する公的な投資と説明される。かかる資金移転は，社会の構成員に対して主観的な個人的利益でなく将来世代を考慮した客観的な社会的利益を図る行動を促す倫理観すなわち社会関係資産の維持・蓄積のために必要である。つまり，所得再分配のための税収・分配を，受け手個人の生存権等の権利保護でなく，将来世代のための社会的投資に充てるべく，経済・社会の構成員が保有する余剰の経済力を租税として吸い上げ，公的扶助その他の使途向けに支出することと説明するわけである。このように理解すれば，資本の最大化に向けた私人の経済活動を円滑化する政府サービスの提供のための支出を賄い，したがってかかる経済活動について費用の一部として認識されるべき利益原則に基づく租税と，私人の経済活動の成果である利益の処分の一環として，その一部を政府による投資に充てるために能力原則に基づいて課される租税とが同じ目的のために相互補完的に併存することになる。利益処分に当たる課税は，所得段階でも支出段階でも理論上行われ得，余剰資金すなわち所得額から投資（再生産又は能力拡大のための消費を含む）及び貯蓄額を差し引いた残余相当額の課税となる。これは，支出に対する課税すなわち支出税に近い。支出税は，現実の支出を積み上げた集計額でなく所得から貯蓄を控除して計算した支出額に対して課税するのが通常の発想であるが，必需品に対する支出など労働力の再生産のためすなわち投資のための支出を課税対象としないと考えれば，それ以外の目的すなわち資本の最大化に有益でない可能性の高い支出に対して支出を抑制するために現実の支出額を基準に課税することも考えられるであろう。

　金銭的負担という意味では租税と同じであるが，課徴金は，何らかの行政目的を達成するために課される金銭的不利益と定義され，「市場の失敗」を是正するために利用される政策手段である。たとえば，二酸化炭素の排出に対する炭素税は，外部効果たる環境に対する悪影響（地球温暖化）を内部化して，経済全体の最適化の実現を目的とする措置と説明される。また手数料は，政府が提供する何

らかのサービスの対価である。社会保険料は、国民年金保険、厚生年金保険、健康保険等の公的保険の保険料である。選択を認めず強制とするのは、所得再分配効果を考えてのことであろうが、比較優位論＝協力モデルでは、私人の選択に委ねると過小貯蓄になること、経済・社会の保有する資本の最大化を社会的規範として維持すること等を考えてのことと説明できる。

2　租税の分類

前項で触れたように、租税は、人税と物税とに分けられる。前者は、「租税主体に帰属する事実を租税客体とする租税」であり、後者は、「租税客体にまず着目し、租税主体が租税客体に従属して決まる租税」[6]をいうとされる。人税には、所得税、資産税などがあり、租税主体の経済力に応じた課税に適している。物税には、消費税、付加価値税、事業税、固定資産税などがあり、租税主体の経済力に応じた課税が事実上不可能であり、利益原則に基づく課税であるとされる。ただし、所得税という名称であっても、所得を分類し、それぞれに対して比例税率で課税するイギリスの所得税は、物税にむしろ近いと考えられている。また法人税は、法人の事業に課税され、販売する財・サービスの価格に事実上転嫁されるので、理論的には物税にむしろ近いとされる。逆に、消費税であっても、食料品などの必需品に低減税率を適用すれば、その税率を超える部分は能力説に基づく課税の性質を帯びるし、支出に対する課税を意図しているのであればむしろ人税である[7]。

なお租税の分類としては、課税対象者と負担者とが同一か否かで区別する直接税と間接税（対象者が他者に転嫁することで間接的に当該他者が負担する）の分類のほうが一般に知られている。前者には、所得税、法人税、営業税などが該当し、後者の典型として消費税が挙げられる。しかし、間接税とされる消費税も転嫁が法的に義務付けられるわけでなく、また直接税とされる法人税が現実には転嫁されているとされていることから分かるように、この区別は、たとえば人税・物税の区別と比べても、課税対象の把握において正確さに欠ける[8]。WTO協定には、輸出免税の取扱いについてこの区別を前提とした規定があり、立法論であるが見直しの必要があろう（本章四2(3)を参照）。さらに比較優位論＝協力モデルからは、

---

[6]　神野『前掲書』（注3）170-172頁。また金子『前掲書』（注1）13頁。
[7]　なお物税・人税の区別は伝統的に直接税に対して論じられているとされる（神野『前掲書』（注3）172頁）が、間接税たる消費税を物税として説明している文献（金子『前掲書』（注1）13頁）もある。
[8]　神野『前掲書』（注3）172-178頁、金子『前掲書』（注1）12-13頁。

私人の活動を円滑化するための政府サービスを提供するための支出に充てることを想定し，したがって当該私人の活動の費用として認識すべき租税と，経済・社会全体が保有する資本の最大化のために必要な投資支出に充てることを想定し，私人の経済活動の成果である利益の一部の処分を強制する措置と認識すべき租税とがあると考えることになる。この区別は物税・人税の区別と概ね対応しているように思われる。

3　問題の所在

各国は，それぞれ自国の課税権の範囲を決定し，その中で課税対象・税率等を決定して課税を行っているが，租税政策と通商政策・投資政策の論理が整合的でないこと，また各国の租税政策の論理が同一でないため様々な問題が生じる。前者についてまず租税法の論理である課税の中立性・公平性と通商政策等との整合性を検討し，次に，双方に関係する事項として，重複する課税管轄権の調整及び同一対象事項に関する課税政策の調整の問題を検討する。

なお，国際競争論＝共存モデルは，企業等の納税主体が自己利益を追求するものと想定する。したがって，納税主体において租税とくに能力原則に基づく租税を負担する積極的理由がなく，租税回避を図るインセンティブが大きいとして，租税法において強制の要素を強調せざるを得ないと思われる。これに対して，比較優位論＝協力モデルは，政府のみならず納税主体においても経済・社会全体の保有する資本の最大化が目標として共有されていると想定することから，その目標達成に租税収入の使途を最適化し，そのことを認識させることによって，納税主体において適正な納税を行うインセンティブを確保できると考える。

租税に対する態度の違いは，以下で説明するように中立性その他実体問題に関係するが，さらに租税に関する手続的規律たとえば法律の根拠なくして課税されないという租税法律主義[9]の理解にも影響する。国際競争論＝共存モデルでは，課税を自由・財産の侵害とみて，恣意的な課税による侵害を防止するために納税者を代表する議会の同意を必要としたものと理解する。これに対して，比較優位論＝協力モデルでは，租税の実体的適正さを確保するために十分な情報収集を行い，政策判断能力を結集し，政策決定を継続的に評価・見直しするための制度原則であるほか，課税のみならず納税収入の使途の決定についても代表者を通じた又は直接の関与の機会を設けることにより，適正な納税を含め経済・社会の保有する資本の最大化に向けた政府の活動に対するコミットメントを強化することを

---

[9]　金子『前掲書』（注1）71-72頁。

狙いとすると考える。こうした違いは，本項(2)さらに次項三で見るように，国際租税においても現れる。

(1) 課税の中立性・公平性

税法においては，課税の中立性が重視され，民間の経済活動に影響を及ぼさず，資源配分を歪曲しないように設計することが求められている。たとえば，消費税は，対象範囲をなるべく広くし，免税品目を設けないことが求められ，かつ適用税率を可能な限り同一にすべきとされる。所得税については，所得の種類によって税率が異ならないようにすることが求められるとされる[10]。

この中立性要求は，政府財政と私人の経済活動とを分け，前者に属する租税が後者の経済を歪曲すること[11]，つまり貿易自由化と租税政策とが矛盾対立する関係にあることを前提として，その歪曲を最小にすることを内容としており，したがって国際競争論＝共存モデルと結びつきやすい。この発想では，国際経済における中立性をさらに考えることができ，国内におけると同様に国境を超えた負担の同一性を求めるのが自然である。ただし，各国それぞれの中立性が相互に整合的である保証がない。たとえば本章三1(2)で見るように，各国においてそれぞれ資本輸出又は資本輸入の中立性を重視して外国における所得に対する課税の制度設計が行われており，それらは必ずしも整合的でない。

これに対し，比較優位論＝協力モデルは，政府財政と私人の経済活動とを一体として含む経済・社会全体の最適化を阻害しないという意味で中立性を考えることを要求する。利益税的な租税については政府サービスとの対応関係が重要であり，そうでない租税たとえば支出税については主体ごとの資金余剰に対応していることが求められる。国ごとに最適化が確保されていれば貿易を通じて世界経済全体が最適化すると考えるので，税負担の形式的な大小を国際比較する意味がなく，国際経済における中立性を別途考える必要がない。利益税的な租税については対応する政府サービスが及んでいるか否か，そうでない租税たとえば支出税については対象となる所得の発生する経済活動がどの国において行われたかといった課税管轄権の問題を解決すれば足りる。

税法においてはまた，公平性の確保も重要であるとされている。公平性には，同じ状況にある人は等しく取り扱われるべきという水平的公平と，負担能力を有する人がより多く負担すべきだという垂直的公平とがあると考えられている。後

---

10) 金子『前掲書』(注1) 81-82頁。
11) 神野『前掲書』(注3) 37-40頁。

者は，義務説／能力説を前提とするものであり，利益説では重視されない。

水平的公平は，市場競争への影響を最小とする課税方法を求める考え方であるが，政府財政と私人の経済活動とを一体として考えるかどうかで見方が分かれ，他方，垂直的公平は，所得再分配を重視する考え方[12]であり，したがって効率性と対立する可能性のある公正さを追求する政策である。国際競争論＝共存モデルでは，垂直的公平性を充たす租税は，貿易自由化と矛盾対立する可能性があり，例外として扱うか否かが問題になる。これに対して，比較優位論＝協力モデルに立つと，経済・社会全体が保有する資本の最大化を共通の目標とするので，本項1において述べたように，所得再分配措置を，余剰資金が資金不足主体に適切に移転しないという「市場の失敗」を是正する措置すなわち経済・社会の最適化に資する措置として説明することを求める。そのように説明できる限り，いかなる租税措置についても，貿易自由化からの逸脱と考える必要がなく，消費者安全のための規制などと同じく共通目標に沿った最適な手段を選択するよう要求すれば足りる。水平的公平についても同様である。

（2）課税方法の国際的相違

貿易・国際投資などにおいて二国以上の租税法が関連する場合，関連国の租税法の調整が必要になる場合がある。国際租税の問題と通商の問題とを分けた上で両者の整合性を検討する。

国際租税の問題としては，第一に，課税対象の違い等により，同じ貿易・国際投資に対して，関連する二国以上において課税がなされること（二重課税），又はいずれにおいても課税がなされないこと（二重不課税）がある。問題の解決のために規律管轄権の調整が必要になり，国内法又は租税条約によって対応がなされる。第二に，執行管轄権の限界すなわち課税のための情報収集及び徴収が他国の領域において許されないことをいかに克服して脱税等を捕捉するかという問題がある。この点では，たとえば国内法において，納税者に対し海外に保有する資産に関する情報提供を求めるなど執行管轄権の範囲内で可能な努力がされている。また自国において執行困難な所得に対する課税を相互に譲ることもあるし，情報交換・徴税協力といった手段も考えられている。

両者に跨る問題として，法人所得税などの税率の違いを利用する所得移転などの国際的租税回避への対応問題がある。低税率の国に子会社を設立して所得を生じる財産・契約等を移して所得を留保し，又はクロスボーダーの企業内取引にお

---

[12] 双方の考え方について，同上，158-163頁。

いて企業内の移転価格を操作することにより利潤を法人所得税の低い国に移転するといったことが行われている。個人所得税についても，移しやすい利子・配当等の資本性所得が高税率を嫌って海外に移転されることがある。こうした問題に対処するため，租税回避を不可能にする国内法・租税条約の修正，移転価格税制その他国内法による課税権の延長が行われているが，根本的には課税権をすき間なく配分する国際的取組みが必要となろう。

　これらの問題は，WTO協定及び投資協定も関心を有しており，通商法を含む国際経済法上の問題にもなる。先に述べたように，国際競争論＝共存モデルでは，競争条件の形式的な平等（level playing field）を求め，二重課税等だけでなく，税率の違い自体を問題視し，これを解消する合意をする可能性がある。この場合には，国際租税法との矛盾が生じるおそれがある。これに対して，比較優位論＝協力モデルでは，消費税等利益説的な租税については受益と負担とを一致させた結果であり，所得税等能力説的な租税については課税の対象たる余剰経済力に重複がないならば二重課税・二重非課税の問題が生じないとしてよい。租税の根拠論に忠実な制度設計であれば，経済・社会全体が保有する資本の最大化のための最適な措置であるとして受け入れることができるわけである。

　たとえば，GATT及びWTO協定においては，一部の二重課税の調整がいわゆる国境税調整の問題として扱われてきた。輸出に関連する税の減免が輸出補助金でないかという問題があり，逆に，国産品に対する課税を輸入品に常に適用してよいか，という問題もある。この問題は，EU加盟国等間接税中心の国々と米国のように直接税中心の国々があるために増幅される。実務上は，消費税等の間接税を外国で消費される輸出品について免税とすることを認め，所得税等の直接税を輸出取引について免税することを許さないことになっているが，直接税・間接税の区別が曖昧であるとするとそうした考え方でよいのか疑問がある。また二重課税を調整する租税条約が二国間で締結され，輸出国ごとに取扱いが異なり得ることが最恵国待遇義務との関係で問題がないかも検討する必要がある。

　投資収益に対する課税についても国際租税法・投資法両方において同様の問題がある。中立性が問題になる点として，まず外国企業が国内に投資を行った場合，進出形態として支店と子会社とがあり，かかる法的形式によって有利不利が生じないかが挙げられる。次に，居住者と非居住者とで所得税の課税範囲が異なる点が問題となり得る。日本法上，非居住者・外国法人は，国内源泉所得のみが課税対象となり，かつ支店等の拠点（PE）に帰属するもののみに課税される。子会社は，内国法人として法人課税に服し，子会社から親会社への配当は，親会社の国内源泉所得となる。ただし，子会社が代理人PEと認定されれば外国法人の日

本への輸出取引から得られる利潤に対しても課税が及ぶ。非居住者のほうが課税所得の範囲が一見したところ狭く，競争上の有利不利が生じている可能性があるように見える。これらも，課税負担ないし競争の「平等性」をいかに考えるか，課税根拠論に遡っての検討が必要であろう。

　国際経済法の基本的視点の違いは，WTO協定・投資協定のみならず，租税条約等の国際租税法においても適用される。国際競争論＝共存モデルでは，各国は租税収入増加のため課税権を延長しようとし，その調整のために，自らの課税権を調整し，また租税条約等に合意すると捉える。課税権の強化を銀行秘密法制その他に優先させる合意も論理的に否定されない。これに対して，比較優位論＝協力モデルでは，各国は自国経済・社会の状況及び自国政府の活動に照らして課税権を適切に配分し行使すべく協力するために租税条約等を締結すると想定する。ただし，世界政府の如き存在がない以上，それぞれの国における経済・社会の最適化が前提であり，徴税協力にも限界が当然存在する[13]。なお執行管轄権を巡る議論については，第1章四2の議論も参照。

（3）社会保障制度の国際的相違

　社会保障制度の違いも貿易及び投資の流れを歪める可能性があると認識されている。社会保障負担が小さい国の生産者は生産費の点からみて相対的に有利になり，そうした国への投資が増加するのでないかと考えられている。国際競争論＝共存モデルでは，社会保障制度の違いに起因する国際通商・投資上の対立を解消するために，形式的な平等を重んじ，社会保障制度の同一水準への収斂を要求するのが一つの考え方になり得る。これに対して，比較優位論＝協力モデルは，社会保障負担の大きさの違いでなく，それぞれの国において企業・生産者が受けている社会保障サービスとの均衡ないし経済・社会が保有する資本の最大化の観点からみて最適か否かを問題にする。各国において最適であれば，真の比較優位産業への特化を妨げず，世界経済・社会全体が保有する資本の最大化という目的の

---

[13] たとえば，スイスの銀行秘密法制について，いわゆる秘密口座を認めることが国際競争上の優位を図るものでなく，むしろ銀行の主体的管理を促すことにより危機防止を実現しようとする金融監督の観点からの政策措置の一要素であったことを指摘して，課税のために国境を超える情報交換を当然とする考え方を批判し，さらに，情報交換を認める場合に各国の人権保障の観点から双方可罰性等の要件の堅持を主張するものとして，石黒一憲『スイス銀行秘密と国際課税——国境でメルトダウンする人権保障』(信山社，2014年)を参照。金融監督の分野においては，バーゼルⅡにおいて銀行の自己管理が強調されてきている（第15章三2）ことなど企業その他の私人の規制上の役割の変化（第2章六3）にも注意。また比較優位論＝協力モデルからは，たとえば，自国の管轄権の範囲内における行為規範の首尾一貫性の確保の観点から双方可罰性要件を基礎づけることが可能であろう。

実現に資するからである。

二 各国の租税制度

各国の租税制度は大きく異なっており、それぞれの研究書に委ねる。ここでは、国際的調整及び規律を検討する前提として、国内税制度について直接税と間接税のいずれを中心にするかが一つの大きな違いであること、所得課税について課税対象者の居住地管轄と源泉地管轄とのいずれかに着目する制度の違いがあること、さらに二国間の租税条約が各国制度においてとりわけ国際課税について大きな役割を果たしていることの3点を指摘するに止める。

1 直接税と間接税

歳入に占める直接税と間接税との割合すなわち直間比率は、国によって大きく異なっている。直接税と間接税とでそれぞれメリット・デメリットがあり、適切な直間比率はケース・バイ・ケースでしか決定できないとされる。一般的には、米国において特に連邦レベルで直接税の比率が高く、欧州において間接税の比率が高い。日本は両者の間に位置し、やや米国に近いとされているが、直接税のうち個人所得税の比率が低く、現実には転嫁されている可能性の高い法人税の比率が高いことから、疑問を呈する見解もある[14]。直接税・間接税という見方がもたらす問題点については、本章四2(3)を参照。

2 所得課税制度

所得に対しては、個人・法人を問わず各国政府が課税する管轄権として、所得の稼得者の居住地を基準とする属人的な管轄権と当該所得を産み出す活動が行われた場所すなわち所得の源泉地を基準とする属地的な管轄権とがある。米国のように、居住地でなく、市民権・国籍を基準とする考え方もある。前者の管轄権を基礎とする場合、当該稼得者たる個人又は法人の全所得が対象となり、後者の管轄権を基礎とする場合には、稼得者の居住地・国籍等を問わないが、国内に源泉地が存在する限りにおいて課税の対象となる。ただし前者を基礎とする国であっても非居住者の所得に対して源泉地を理由として課税するのが通常である。

居住者管轄権のない非居住者・外国法人の源泉地基準に基づく課税とりわけ事業所得については、源泉地が国内に存在することに加え、一定の要件を充たす場

---

14) 神野『前掲書』(注3) 178-180頁。

合のみ課税を認めるのが通例であり，国内の恒久的施設（PE）の有無によって決する国（たとえば日本）と，PEの有無を問わず「事業」に携わっているかどうかで足りるとする国がある。また事業所得以外についても，PEの有無によってその課税範囲及び徴収の方法が異なる場合がある。しかし，PE概念の有効性が揺らいできている。最近は，伝統的な製造業と異なり，支店や工場といった物理的な拠点を販売国に置かず，インターネットを通じて営業活動を行い，PEにならない倉庫を置いて配送のみを行うとか，また製造業であっても生産を第三国にアウトソーシングするといったことにより事業が行えるようになっているからである。PE概念の見直しは各国及びOECDにおいて研究が進められている。

なお日本の税法上は，外国法人の所得のうち一定の国内源泉所得だけが課税対象になり得る（法人税法4条3項・9条など）が，国内の恒久的施設（PE）の有無によってその範囲及び徴収の方法が異なる。外国で製造した製品を日本に輸入して国内で営業して販売するといった「国内において行う事業から生じる所得」は，国内源泉所得の一であるが，支店，工場等のいわゆる1号PE又は建設作業PEがなければ課税対象ではない。ただし，補助的活動のみを行う場所は1号PEから除かれる。国内法上かつては，総合主義が採用され，PEを有する外国法人のすべての国内源泉所得が課税対象とされていたが，平成26年度改正によりOECDモデル租税条約（OECD Model Tax Convention on Income and on Capital）に沿って帰属主義を採用し，PEに帰せられる所得に限定した。支店の所得の計算においては独立企業原則が規定され，支店があたかも独立の企業として本店と取引を行っているかのように仮定して計算することになっている。

3　租税条約

所得税・法人税といった人税については，個人又は法人の所属国と所得の源泉地国など複数国の課税権が重複するのが通常であり，その国際的二重課税の調整が求められる。租税条約は，その調整を目的として締結されていたが，上で述べたように，それ以外にも重要な問題があり，それ以外の歪みを是正する規定が置かれるようになってきている。たとえば，移転価格税制の問題もその一つである。また，国際協力により脱税を防止することも大きな目的である。

したがって，租税条約は，適用範囲すなわち対象税目，地理的適用範囲及び人的適用範囲を確定した上で，所得の分類ごとに居住地国又は源泉地国のいずれが課税するか，PEの設置など条件はないか，源泉地国課税の場合限度税率をどうするか，などを規定する。さらに，外国税額控除制度について，外国との制度の調整のために必要な規定を置き，他方外国税額控除の範囲を拡張して，二重課税

の排除をさらに進めている。また関連企業間の取引について独立企業間価格を用いることを合意している例も見られる。そのほか，個別案件において又は一般に二重課税を排除するための相互協議手続が置かれている。

また，国際課税関係においては，居住者と非居住者との区別，国内源泉所得と国外源泉所得との区別は必須であるが，租税条約には，ある主体が課税対象となるか否かにおける国籍無差別，PEを通じて得た所得に対する課税に関する内国法人か否かの無差別，特定の支払いの費用控除の可否について支払受領者がいずれの国の居住者かによる無差別，課税関係一般における外資差別禁止，などの無差別義務が規定されている場合がある。

執行管轄権は領域に限定されており，外国の領域において公権力の行使を行うことは認められないため，外国企業が絡む事案では情報収集の方法が問題となる。租税条約には，執行管轄権の限界に鑑みての情報交換及び徴収共助などの手続的条項，さらに守秘義務の規定が置かれていることが多い。

三　租税に関する国際ルールの発展

すでに述べたように，所得税等の人税については，複数国の課税権が重複するのが通常であり，その調整がなされている。消費税等の物税については，対象物の所在地が排他的管轄を有し，したがって課税権の重複がないのが通常であるが，かかる調整が適切か検討する必要がある。

1　規律管轄権の調整

(1) 概　観

各国政府がそれぞれの主権に基づいてかつその範囲内において固有の課税権を有しているというのが国際法の出発点となる。本章二2において説明したように，所得に対しては，個人・法人を問わず各国政府が課税する管轄権として，所得の稼得者の居住地（又は国籍）を基準とする属人的な管轄権と当該所得を産み出す活動が行われた場所すなわち所得の源泉地を基準とする属地的な管轄権との二つの考え方の違いがあり，世界共通でない。このように課税権の考え方が世界共通でないために複数国の課税権が重なる可能性がある。たとえば居住地管轄権に基づく課税権を認める国と源泉地管轄権に基づく課税権を認める国との間では，前者の国に居住する個人が後者の国で事業活動を行っている場合，その所得に対する課税権が重複する。一般国際法上は，各国が主権に基づく範囲で課税権を有するものとされているのみで，それらを調整するルールが存在しない。二重課税に

よって両国間の経済関係に悪影響が及ぶと考える場合には，各国が国内法で又は租税条約を締結して調整することが必要となる[15]。

逆に，いずれの国も実体的な課税権を行使していない部分があれば，その間隙を狙って節税の仕組みが作られるであろう。一定の居住期間を要する居住者の定義を利用して所得税を免れるパーペチュアルトラベラーがその典型である。この二重非課税の場合も経済関係の歪曲が生じる可能性があり，各国法による手当てのほか，国際的な取決めによって穴を塞ぐことが検討されている。

また消費税などの物税については，生産地での課税を考える生産地主義と消費地での課税を考える目的地主義とがあるとされ，後者が広く採用され，消費国が排他的に課税権限を行使するようになっていることが多い。しかし，課税の根拠として消費者負担とすることが通商政策その他の観点から適切であるか否か必ずしも明らかでなく，たとえば国際経済政策として，比較優位論＝協力モデルに立ち，すなわち世界経済・社会の保有する資本の最大化を目標とする考え方を採用すれば，生産地主義すなわち付加価値の発生する生産地国における課税のほうが適切である。この点は，本章四2(2)及び(3)において検討される。

こうした実体的な課税管轄権の調整に当たっては，手続的な負担について考慮もなされる。外国企業が国内企業と取引している場合に当該国に拠点を置いていなくても当該取引について課税対象とするとすれば，当該外国企業に過大な届出義務を課すことになり，却って取引を阻害する可能性がある。

(2) 国内法による調整

国内税法において二重課税を回避するために，自国の国民や法人の所得については，全世界所得に課税しつつ，外国で納めた税額を国内税の課税額から控除する外国税額控除を認める国もあり，また国外源泉所得を課税対象から除外する国外所得免除を採用する国もある。外国税額控除方式は，国内投資と海外投資とをその所得に関する課税の面で平等に取り扱おうとするもので，資本輸出の中立性を重んじるものである。この方式は，日本の他米国，イギリス，カナダ，オーストラリアなど英米法系の国が採用している。国内企業と外国企業との間の日本市場における競争における平等性が確保されているかが問題になり，所得課税に関する限り，日本の場合，非居住者又は外国法人については，国内源泉所得のみを課税対象としているので，国内源泉所得に属する事業については，PEを有して

---

[15] 国内法において自発的な二重課税防止策が採用されている理由は必ずしも明らかでない。浅妻章如「通商法と国際租税法」金子宏（編）『租税法の発展』（有斐閣，2010年）769頁以下に検討がある。

いる限り，内国法人か外国法人かにかかわりなく同一の課税がなされる。後者の方式は，属地主義を採用するのに近く，この方式を採用する国同士間では，外国からの投資と国内からの投資とを課税の面で平等に取り扱うことになり，資本輸入の中立性を重んじるものであると言える。フランスやドイツなど欧州の大陸法国が採用している[16]。

(3) 租税条約による調整

　外国税額控除等の調整方法を採用している二国間でも，税率や源泉地認定に相違があればさらなる調整が必要になる。たとえば外国を源泉地とする投資所得について，当該外国で適用される源泉税率が自国の居住者に適用される所得税率より高ければ，外国税額控除方式では，源泉税全額の税額控除（すなわち控除不能部分の還付）まではしないのが通常である。資本輸出の中立性を確保するためには，外国の源泉税率を自国の所得税率まで引き下げて（限度税率）もらう必要がある。このため，自国の源泉税率の引き下げにも同意することになる。また，ある所得の源泉地認定基準が異なる場合には二重課税の調整は困難であり，基準の統一化及び個別案件における認定の調整メカニズムすなわち相互協議手続の規定が必要になる。こうした調整を行うのが租税条約を締結する重要な目的である。

　租税条約のモデルとして，OECD租税委員会が作成公表したOECDモデル租税条約，国際連合の策定したモデル租税条約がある。OECDモデル租税条約は，先進国間の租税条約のひな型となっており，さらにOECD非加盟国も条文やコンメンタールに自国の立場を表明するなどして策定に関与している。ただし，租税条約は二国間で締結されるため，全体として整合性が完全に確保されているか定かではなく，むしろ多国籍企業が巧妙なタックスプランニングによって課税を免れているのではないかという指摘もあり，タックス・ヘイブンの追及などが試みられている[17]。

　また租税条約の人的適用範囲は，一方の締約国政府から見て他方の締約国の居住者に限定されているが，第三国又は一方の締約国の居住者が他の締約国に設立したペーパーカンパニーを通じて租税条約上の特典を利用するいわゆる条約漁りが見られた。かかる条約漁りを排除するため，租税条約の適用範囲を限定する取組みがなされている。OECDの1977年モデル条約においては，投資所得について，租税条約の特典を所得の単なる受領者ではなく，真実の受領者である「受益

---

16) 国際的二重課税の排除の立法例については，増井良啓・宮崎裕子『国際租税法』（第2版）（東京大学出版会，2011年）140-147頁を参照。

17) 租税条約については，同上，第2章を参照。

者」に与えられる趣旨の規定を置いている。また米国の租税条約におけるいわゆる特典条項は、包括的な規定であり、列挙した要件に合致する者及び権限ある当局が特に認定した者に限定される適格居住者に租税条約上のメリットの適用を限定している（たとえば日米租税条約22条）。

2 執行管轄権の調整

　国際取引について適正な課税を行うためには、領域内の調査・執行だけで十分でないことが多い。しかし、執行管轄権は領域内に限定されており、外国の領域において公権力の行使を行うこと、たとえば、当該外国政府の同意なくして税の徴収のための滞納処分を行ったり、税務調査を行ったりすることは、当該外国の主権侵害となる。

　この点については、二国間の租税条約において執行管轄権の限界に鑑みての情報交換及び徴収共助などの手続的条項、さらに交換された情報の守秘義務が置かれていることが多い。一般的な情報でなく、対象者が特定される個別の情報提供については、対象者の人権保障の観点から、どういった場合に提供できるか、どのような手続を履践すべきかを検討する必要がある。徴収共助についても国内法上の制約がないか検討が必要である。

　さらに、情報交換、徴収共助及び送達共助を規定する「租税に関する相互行政支援に関する条約」（税務行政執行共助条約）が1988年に欧州理事会とOECD加盟国に対して署名のため開放され、さらに2010年に非加盟国も締結できるように改正された（改正議定書）（現在67ヵ国が署名等を行っている[18]）。日本は、2011年11月に署名し、翌2012年に国内法を整備した。

3 国際的租税回避行為への対応

(1) 国際的租税回避行為

　節税が合法であり、脱税が違法であるのに対して、租税回避は、合法か違法かがはっきりしない境界領域の行為を指す。国際的なものが「国際的租税回避」である。各国税制が全世界での所得を地理的に切り分けるために人為的に設定している要件が必ずしも整合的でない場合に発生しやすい。

　かかる国際的租税回避行為への対応措置も、一国で行うもの、条約などに拠って二国以上で行うものとがあるが、日本が一国で設けている対応措置の主なもの

---

18) OECDのHP〔http://www.oecd.org/tax/exchange-of-tax-information/Status_of_convention.pdf〕。

として，移転価格税制，過少資本税制，外国子会社合算税制を挙げることができる。これ以外にも様々な手当てがなされており，また外国政府が採用している別の対応措置も存在する。以下では，租税回避行為の例を示し，さらに日本の主な対応措置について説明する。

（ア）事業の移転

第一に，軽課税国に子会社を設立して事業の一部を移転すると，所得を移転し又は親会社が費用を計上できるため課税が繰り延べられる。外国に設立した支店が事業を行っている場合は，その支店に帰属する所得も当該日本内国法人の所得となり，日本の法人税が課税され，支店に対する外国での課税額が税額控除される。つまり支店形式の場合は，所得計上の段階で課税される。これに対して，外国に子会社を設立して事業を行う場合，当該子会社に帰属する所得は親会社に配当として送金されるまでは日本の法人税の課税が繰り延べられる。当該外国が軽課税国であるならば，課税繰り延べの分だけ経済的に得である。

製造事業などは容易に移転しがたいが，株式や知的財産権などは移転しやすい。株式や特許権等利益を生じる資産を当該子会社に対して移転すれば課税が繰り延べられる。たとえば，第三国からのロイヤルティ収入を移し，又は親会社がロイヤルティを支払うようにすれば，従来親会社において発生していた所得の一部が子会社において発生することとなり，法人税の繰り延べの効果が発生する。

（イ）移転価格

第二に，関連企業間の移転価格の決定は，直接に国内と海外との間の所得の分配に影響する。企業が外国においても事業を営む場合，当該外国における事業主体が非関連企業から調達を行うこともあるが，当該事業に対して本国その他から原材料，技術・ノウハウその他サービスを提供することが多い。この取引は企業の内部取引であって，その価格は移転価格（transfer price）と称される。法的には，親子会社又は関連会社間の取引価格となる。

この移転価格がいかに設定されるかは，関連企業間での所得の配分に影響する。すなわち低く設定されれば，原材料等を提供する企業の所得は減少し，提供を受ける関連企業の所得は増加することになる。逆に，自国企業に対する海外の関連企業からの移転価格については，高く設定されれば，自国企業の所得は減少し，海外の関連企業の所得は増加することになる。関連企業所在国が軽課税国であるならば，その所得が相対的に大きいほうが税負担を小さくできる。

（ウ）その他の諸問題

税法上，配当支払いは費用でないが，利子支払いは費用として所得から控除されるため，外国法人が日本に投資する際に資本金に代えて貸付けとすることによ

り，日本の課税ベースを圧縮できることになる。すなわち受け取った利子に対して親会社側でのみ課税されることになる。

(2) 国際的租税回避への対応手段
(ア) 移転価格税制

関連会社間での移転価格を人為的に高く又は低く設定することによって，所得を海外に移転し，その結果自国における課税所得が減少することに対処しようとして，移転価格税制が導入されている。移転価格税制は，1954年に米国によって導入されたものであり，同国において60年代以降規定が整備され，また他国が追随した。自国における適正な所得を算定する方法として，関連企業間取引における取引価格に代えて，独立当事者間であればなされたであろう取引を基準に適正な価格を算定する独立当事者間基準（arm's length standard）が使用されており，これが国際的なコンセンサスとなっている。この基準については，比準すべき独立当事者間取引を発見することが困難であり，また海外事業を自ら行うのは進出先企業との契約に拠る場合よりも何らかの点で有利だからであってその分取引価格が異なって差し支えないはずなどとして，理論的妥当性に疑問があると指摘されている[19]。代替的な考え方としては，合算された利益を個別ケースにおける取引当事者の貢献度に応じて分割する利益分割法があるとされ，当事者が果たす機能を勘案し，同様の状況での独立企業の利益配分に近付けようとする寄与度按分法等が認識されているが実務上の困難を解消できず課題が多いとされる[20]。なお多国籍企業全体の全世界利益を考え，これを売上高，賃金，資産等の要素に基づいて一定の計算式を適用して各国に分配する定式分配法（formulary apportionment）がある。しかし，概算的な形式基準であり，また関係国間で一定の定式に合意されなければ二重課税が多数発生するが，そうした合意が困難であることから支持が広がっておらず，依然として独立当事者間基準が正当であるとされ，1995年OECD移転価格ガイドラインにおいても，定式分配法は退けられている。

日本法においては，1986年の税制改正において法人間の取引について導入された。租税特別措置法66条の4が要件，手続等を定めている。50％以上の株式保有等特殊な関係を有する国外関連者との取引が問題とされる（同条1項）。国

---

[19] たとえば，中里実「移転価格課税と経済理論——実務における経済理論の利用可能性」中里実ほか（編著）『移転価格是正のフロンティア』（有斐閣，2011年）を参照。

[20] 利益分割法については，たとえば，青山慶二「プロフィット・スプリット法」金子宏（編）『国際課税の理論と実務』（有斐閣，1997年）を参照。

外関連者から独立企業間価格を下回る対価しか受け取っていない場合，独立企業間価格で取引を行ったとみなされ，その差額は寄附金となり，損金不算入となる（同条3項）。国外関連者に対して独立企業間価格を超えた対価の支払いを行っている場合も同じく，独立企業間価格で取引が行われたものとみなされ，その差額は寄附金として損金不算入となる（同条4項）。かつては，独立企業間価格を決定する方法として，独立価格比準法その他基本三法と呼ばれる方法が規定され，これらを用いることができない場合のみそれ以外の方法を用いることができるとする「基本三法優先の原則」が採用されていたが，2011年度の税制改正によってこの原則が廃止され，独立企業間価格を算定するための「最も適切な方法」によることとされた（同条2項柱書）。候補となり得る算定方法として，比較利益分割法等の利益分割法が明確化されるなどルールが精緻化されている[21]。

　移転価格税制が適用された場合，日本における課税上国外関連者との間の取引価格が独立当事者間価格で行われたとみなされるのみで，取引法上取引価格が改訂されるわけではない。したがって，国外関連者に対する外国の課税においては，実際の取引価格がそのまま使用される。この結果，関連企業を一体としてみれば経済的二重課税が生じることとなる。かかる事態に対応するため，租税条約において，関連企業間取引にかかる税収分配について独立当事者間基準に拠るべきとする規定が置かれ，両当事国の権限ある当局が相互協議を行うことが規定されていることがある。適用する独立当事者間価格に合意されれば，その価格に拠って国外関連者側の課税も調整される。これが対応的調整（corresponding adjustment）と呼ばれるものである。

　日米租税条約においては，このような対応的調整に関する規定が置かれているが，日本が締結した租税条約の中にもそうした規定のないものもある。国内法上は，対応的調整について権限ある当局間で合意がなされた場合，内国法人において減額更正を請求できるものとされている（租税条約の実施に伴う所得税法，法人税法及び地方税法の特例等に関する法律7条）。

　このような移転価格税制のリスクを事前に避けるため，国内制度上「事前確認制度」（advance pricing arrangement, "APA"）が用意されている。これは，独立企業間価格の算定方法等について当局に確認してもらうことにより，その内容に沿って申告を行っている限り移転価格課税を受けないという通達上の手続である。事前確認制度には，日本のみならず，租税条約上の相互協議（Mutual Agreement Procedure, "MAP"）を通じて相手国当局の確認をも得るものがある（MAP/APA）。

---

[21] この点は，金子『前掲書』（注1）503-505頁を参照。

なお OECD において国際的な指針が策定されてきており，1979 年には租税委員会が「移転価格ガイドライン」を作成し，各国の経験を踏まえて 1990 年代に検討がなされ，1995 年以降全面改訂版が順次 OECD 理事会において承認され公表されている。最近では，対応的調整について当局間での合意が困難であることを踏まえ企業が長期間不安定な状況に置かれないように，仲裁判断を求めることができるようにする提案もなされている。また 2010 年版においては，移転価格算定方法について，独立企業間価格の算定方法として比較対象取引の存在を前提とする方法を優先する原則が廃止され，事案に即して最も適当な方法を適用すべきとすることとされた[22]。

国際貿易の観点からは，4点の指摘ができる。第一に，輸出取引を考えた場合，取引価格が独立企業間価格を上回らなければ輸入国において移転価格税制を適用する余地がない。しかし，輸出価格が低ければ当該取引がダンピング輸出とされないか，という問題が出てくる。ダンピング輸出か否かは，原則として国内取引価格との比較によって判断されるので，独立企業間価格を下回れば直ちにダンピング輸出とされるわけではないが，双方の運用が調和しているかどうかは注意する必要がある。

第二に，移転価格税制は，関連企業間の貿易取引に関する売上又は費用計上について，非関連企業間と異なる扱いをするものであるが，国内取引には適用されない。両当事者がいずれも国内税法の対象になるので所得の移転という問題の重要性が小さく，特に連結される国内関連企業間の取引価格が所得計算上考慮されないからである。したがって，移転価格税制は，輸入品に対して特則を定めるものであって，WTO 協定上内国民待遇義務なり輸入制限の禁止なりとの抵触を検討する必要がある。

第三に，移転価格税制と関税評価との整合性が近年問題となっている。この問題については，第 3 章三 1 を参照。

第四に，投資受入国の投資規制法上，製造子会社に対する技術ライセンスのロイヤルティ等の額について上限が定められているために，ライセンシーの所在国において，当該子会社から受け取るロイヤルティ等の額が低すぎるとして移転価格税制の適用を受けてしまう場合がある[23]。このような場合は，製造子会社の所在国において対応的調整を得る途もあるが，より根本的には TRIPS 協定等に

---

22) 金子『前掲書』（注 1) 504 頁。
23) なお無形資産取引については資産の具体的確定が困難であることから争いが生じやすい。この点についてはたとえば中里実「移転価格課税と経済理論——実務における経済理論の利用可能性」中里ほか『前掲書』（注 19) 35-40 頁を参照。

拠ってロイヤルティの額の規制そのものの撤廃又は緩和を求めていくことが考えられる。この点は，第18章四2(2)(ア)を参照。

(イ) 外国子会社合算税制（タックス・ヘイブン対策税制）

軽課税国に所得を移転する国際的租税回避を防止するために，軽課税国に所在する子会社の留保利益の一定部分を親会社たる内国法人の所得に合算して課税する制度がCFC税制（又はタックス・ヘイブン対策税制）である。米国が1962年にCFC税制を最初に導入し，日本では1978年に導入された。

たとえば，以下のような行為が問題となる。まず外国に子会社を設立して事業を行う場合，当該子会社に帰属する所得は親会社に送金されるまで日本の法人税の課税が繰り延べられる。かかる違いに着目して，タックス・ヘイブンに子会社を設立して，株式や特許権等利益を生じる資産を当該子会社に対して移転し，又は親会社が経費を計上できる活動を行うことなどが考えられる。移転した利益は投資等に当てられ，繰り延べどころか永久に配当されないであろう。

日本では，軽課税国に本店又は主たる事務所を有する関係会社の所得について，影響力を保持できるだけの一定の株式を保有する居住者又は内国法人に対して当該保有株式に対応する部分を所得に合算して課税することになっている（租特法66条の6）。ただし，現地において真正な事業を営んでいる外国関係会社は合算対象に含まれない。

実効税率20％以下の国は原則として軽課税国として取り扱われるが，投資誘致の観点から，複雑な租税特別措置を排除して課税ベースを拡大することにより，適用される税率を下げようとする流れを正しく捉えているかという問題がある。なお法人税が事実上資本に課せられる物税であることを前提とすれば，貿易・投資自由化を比較優位論＝協力モデルに立って考える限り，税率それ自体の絶対的レベルでなく，提供する政府サービスと比較して税率が相対的に低いか否かが問題になるはずである。

(ウ) 過少資本税制

税法上，配当支払いは費用でないが，利子支払いは費用として所得から控除されるため，外国法人が日本に投資する際に資本金に代えて貸付けとすることにより，日本の課税ベースを圧縮できることになる。かかる行為に対抗するため，負債／資本比率が一定値を超える場合には，外国の支配株主等に対する負債利子支払いの損金算入を否定する規定が導入された（租特法66条の5）。

(3) 国際的取組みの必要性

このような対応手段が必要とされるのは，企業誘致のための法人所得税率の引

き下げ等課税の軽減・免除措置を採用する国が存在するからである。一般的な傾向としても，資本が海外に移しやすいのに対して，労働力がそうでないことから，資本ないし金融取引からの所得が労働に対する所得よりも軽課される傾向が強まっている。さらに海外移転しやすい金融所得が富裕層に集中するため，所得税の累進性すなわち財政の所得再分配機能が弱まっているという問題が指摘されている。また高額所得者の移住，国籍変更による節税といった問題もある。こうした問題は，一国での有効な対処は不可能であり，国際的な取組みが必要になってきている。

一つは，情報交換体制の整備である。たとえば銀行口座における資金の流れを突き合わせることにより，脱税の摘発に役立てることができる。個人所得税など義務説・能力説に基づいて課せられる人税については，個人が属する経済・社会においてすべての資産・所得を合計して課税対象とする必要があるが，法人税等についても同様の問題があろう。ただし，納税者の口座情報の提供については，個人情報保護，プライバシー保護などの問題がある。脱税の摘発という政策目的が正当であることは疑いを容れないが，そのために外国政府に対して自国内ないし自国民の個人情報を提供するための適正手続を考える必要がある。

二つ目は，実体課税ルールの整備であり，各国租税法の間隙を埋め，価値が創出される場所で利益に対する課税がなされるべく，租税条約，恒久的施設の再定義，移転価格などについて検討されている。法人税については，資本に課せられる物税であると考えれば資本の効率的利用のために政府が提供している市場整備のためのサービスの費用相当額をその資本額又は資本の利用状況に応じて負担すべきであろう。これに対して，所得税は，人税であり，その根拠を義務説に求めることに鑑み，米国のシチズンシップ課税のように居住性でなく市民権・国籍で対象を規定することも考えられるとされている。

こうした動きは，各国政府のみならず，OECD 及び G20 でも取り扱われている[24]。OECD においては，2000 年前後から透明性及び課税目的のための情報交換について「国際的に合意された租税基準」が形成されており，2002 年には OECD モデル租税情報交換協定（OECD Agreement on Exchange of Information on Tax Matters）が策定された。2005 年には OECD モデル租税条約 26 条が改定され，自国の課税利益がないことを理由に情報提供の要請を拒否できないとする

---

24) 以下の動きについて，増井良啓「租税条約に基づく情報交換——オフショア銀行口座の課税情報を中心として」IMES Discussion Paper Series 2011-J-9（日本銀行金融研究所，2011 年）を参照。日本銀行の HP［http://www.imes.boj.or.jp/research/papers/japanese/11-J-09.pdf］から入手可能。

規定となった。また課税当局の情報把握等を容易にすることを目的として，会計帳簿の電子化・共通化の試み（Standard Audit File for Tax purposes, "SAF-T"）がなされている。税務行政執行共助条約が2010年にOECD以外の国も加盟できるように改正されたことはすでに述べた。また2013年には，恒久的施設等の再検討についての作業計画（「税源浸食と利益移転（BEPS：Base Erosion and Profit Shifting）行動計画」）が作成された[25]。OECDによって2000年に設立されたGlobal Forum on Transparency and Exchange of Information for Tax Purposes (GFTEITP) は，各国政府税務当局，企業・NPO・労働組合等の非政府組織から構成され，各国税務の透明性に関する基準の遵守状況のピアレビューを行っている[26]。

究極的には，課税に関する規制管轄権及び執行管轄権の適正な配分如何という問題であり，分権的構造を維持するか，集権的構造を目指すか（その一つの試みがグローバルタックスである），といったところからの構想が必要とされている。集権的構造を目指すならば，基幹税を所得税とするか消費税とするかの決定も必要になる。なお経済・社会における資本の最大化を目標として考えると，政府支出を含めた財政政策の一環として考えるほうが適切である。この角度からは，財政政策の適正化のための国際ルール作り，監視手続の整備などが提案できよう[27]。なお徴税協力の限界について，本章一3(2)とりわけ注13の文献をも参照されたい。

4　グローバルタックスの動き

経済のグローバル化によって国際環境問題など世界レベルで対処すべき問題が増加しているとの指摘がある。そうした問題に対処するための資金の手当てとしてグローバルタックスの動きがある。途上国の感染症対策の資金としてフランスが導入した国際連帯税があり，また金融取引に対して取引価額に応じた少額の課税を金融危機時に投入される救済資金に充てるという発想も紹介されている。また「開発資金に関する専門委員会」による「国際租税機構」のアイデアもこの流れに属する。ただいずれの場合も，税収の使途を管理する仕組みが必要であり，そのガバナンスが新たな課題となる[28]。

---

25) OECDのHP [http://www.oecd.org/ctp/beps.htm] を参照。
26) GFTEITPについては，そのHP [http://www.oecd.org/tax/transparency/] を参照。
27) こうした動きについて，志賀櫻『詳解国際租税法の理論と実務』（民事法研究会，2011年）第9章を参照。
28) 諸富徹『私たちはなぜ税金を納めるのか──租税の経済思想史』（新潮社，2013年）第6章を参照。

5　社会保障制度の国際的調整

（1）社会保険料の二重負担の調整

　社会保険は，強行法規であり，たとえば適用事業所に常時使用される者が国籍の如何に拘わらず厚生年金保険に強制加入となり，社会保険料負担が発生する。多国籍企業における企業内転勤の場合その他外国人が来日して国内の適用事業所において常時使用されている場合，たとえ一定期間経過後に帰国してしまう蓋然性があるとしても適用を除外する規定がない。逆に，日本企業の従業員が海外子会社等に出向する場合，現地における社会保険に加入することが必要であるが，出向元との雇用関係も継続しているため日本の社会保険にも継続加入することが必要であり，社会保険料の二重負担が生じる。出向期間が短ければ，現地制度における最低加入期間に充たず，社会保険料が無駄になる場合もある。

　これら社会保険料の二重負担は，日本企業の海外進出の障害となり，二重課税と同じく，国内投資と海外投資との間の中立性を損なうと考えられた。かかる観点から，いずれかの国での加入を免除するために各国と社会保障協定が締結されている。

（2）社会保障制度の適正化

　社会保障制度については，ILOが最低基準を定める条約をいくつも制定し，さらに具体的な内容を定める勧告を発出している。条約としては，たとえば，1952年に採択された「社会保障の最低基準に関する条約」は，医療給付，疾病給付，失業給付，老齢給付，業務災害給付，家族給付，母性給付（出産給付），廃疾給付，遺族給付の9分野について最低基準を定めており，批准国にこのうち3以上について受諾することを求めている。また外国人を差別しないことを規定している。その後いくつかの分野において，現状により整合的な条約が採択されている。たとえば，業務災害給付条約（1964年採択），障害，老齢及び遺族給付条約（1967年採択），医療及び疾病給付条約（1969年採択），雇用の促進及び失業に対する保護に関する条約（1998年採択）などがある。

6　WTO協定及び投資協定

　課税負担の差異が国際競争に影響を及ぼすとして，貿易自由化等の観点からも国際的ルールが定められている。輸入品と国産品との税負担の違いについて内国民待遇義務が規定されているほか，輸出品に関して貿易振興の観点から負担を軽減しようとする可能性があるとしていわゆる国境税調整の規定が置かれている。

いずれも詳細については本章四2を参照。なお投資課税については二重課税の調整が国ごとに行われているなどの理由で適用除外の規定が置かれていることも少なくない。

四　租税・社会保障負担に対するWTO協定及び投資協定上の規律

1　概　観

　すでに述べたように，租税については，経済活動に対する中立性が重要であると考えられており，国内法及び租税条約においては，国内投資と海外投資との間での中立性（外国税額控除方式の場合）又は国内投資と海外からの投資の間での中立性（国外所得免除方式の場合）が追求されている。前者の中立性が，資本輸出すなわち国内企業の投資判断に影響するものであるのに対して，後者の中立性は，資本輸入すなわち国内投資家と外国投資家との競争関係に関わるものである。これら投資に関わる中立性は，サービス分野における投資に対する規制も事実上取り扱っているGATS及び製造業並びにサービス業双方に関する投資保護を取り扱う投資協定においても取り扱われている。これに対して，投資でなく，貿易すなわち国産品と輸入品又は国内販売と輸出との間の中立性については，WTO協定又は自由貿易協定上の内国民待遇義務の問題になる。

2　WTO協定

　租税及び課徴金に対して，WTO協定はいくつかの角度から規律を課している。第一に，GATT3条2項は，内国民待遇義務を定め，輸入品と国産品との競争関係に影響する租税及び課徴金について内外無差別を義務づけている。第二に，補助金協定3.1条が輸出補助金を禁止しているところ，輸出免税が輸出補助金に該当しないかどうかが問題となる。こちらは実質上，国内販売と輸出との間の取扱いの差異が問題になる。

（1）内国民待遇義務

　GATT3条2項は，その注記を合わせて読めば，第一文において輸入品に対して国産の「同種の産品」に課せられる税・課徴金を「超える」課税を禁止し，第二文において輸入品と国産の「直接的競争又は代替可能な産品」とに対して同条1項に規定する原則に反する課税すなわち国産品の生産に「保護を与えるような」課税を禁止している。輸入品か国産品かで税率が異なるいわゆる法的差別（de jure discrimination）のみならず，原産地を要件としていないが，事実上輸入

品を差別する事実上の差別（de facto discrimination）も禁止していると理解されている。

　Japan – Alcoholic Beverages II ケースにおいて，上級委員会は，内国民待遇義務の趣旨として，関税譲許の保護を重視しつつも，関税譲許がなされていない産品にも及ぶことから，輸入品と国産品との競争関係の平等性（the equality of the competitive relationship）を確保するものであると述べた[29]。「競争関係の平等性」の意味するところは，先例上明らかになっていないが，貿易自由化をいかに理解するかで大きく異なり得る。国際競争論＝共存モデルでは，貿易を阻害する政府措置の撤廃を意味し，したがって「平等な競争関係」について当該租税措置がない状態を指し，又は税負担が形式的に同一であることを求める。これに対して比較優位論＝協力モデルでは，経済・社会の客観的最適化を妨げる政府措置の撤廃を意味し，「平等な競争関係」とは，最適化を実現する競争関係すなわち「市場の失敗」が客観的に最適な手段によって是正されている状態における競争関係を指すと考える。後に見るように，適用からみると前者に近い先例が多いが，後者に近い先例も存在する。

　3条1項及び2項それぞれの規定の関係について，WTO設立後の先例は，3条1項は，加盟国が「すべきである（should）」ことを規定するのみで，法的義務を定めておらず，3条2項の解釈において考慮される「文脈」（ウィーン条約法条約31条1項）を構成するとし，さらに3条2項を構成する二つの文がそれぞれ異なる義務を定めているとした[30]。税率を蒸留酒の種類で区分し，ウォッカ・ジン等に焼酎よりも高い税率を適用していた日本の酒税法の協定整合性が争われた *Japan – Alcoholic Beverages II* ケースにおいて，パネルは，国産の「同種の産品」に賦課される税を「超える（in excess）」額の輸入品に対する課税を禁止する第一文について，「同種の産品」かどうかは，産品の物理的特性，用途及び消費者の嗜好に照らして決定されるとし，具体的には蒸留酒に対して種類によって適用税率を違えていた日本の酒税法について，焼酎とウォッカ・ジンとが「同種の産品」であるとした。さらに，わずかな税率の差も「超える」要件を充たすとし，第一文違反を認定した[31]。いずれかの国産の「同種の産品」に対する税率を上回る税率が適用される輸入品が一つでも存在すれば内国民待遇義務違反となる前提での認定であり，そうした輸入品が多数存在すること，輸入品に対する課税が多くの国産の「同種の産品」に対する課税を上回ること，などは要求されて

---

29) Appellate Body Report on *Japan – Alcoholic Beverages II*, pp. 16-17.
30) *Ibid.*, pp. 18-19.
31) Panel Report on *Japan – Alcoholic Beverages II*, paras. 6.14-6.27.

いない。この判断は，上級委員会によって基本的に支持された[32]。

　同じく *Japan – Alcoholic Beverages II* における上級委員会は，3条2項第二文の下で，「同種の産品」ほどの類似性がないが，国産の「直接的競争又は代替可能な産品」に対する課税と比較して僅少を超える差が存する場合，租税措置の客観的構造及び設計が国内生産を保護するような適用を示していれば違反であると判断した[33]。類似のケースでは，差別的租税措置自体が輸入品と国産品とが現実に競合するのを妨げている可能性もあるので，ここでいう「競争」は現実の競争に限らず潜在的なものでよいとされた[34]。先例における具体的な認定において，「直接的競争又は代替可能な産品」が物理的産品の特性，用途，消費者の嗜好のほか，流通経路などを考慮して決するものとされ，たとえば焼酎とウィスキーとが該当するとされている[35]。先例上，国内生産保護であると認定する根拠としては，相対的に高い税率を適用される産品が輸入品に多く，国産品に少ないといった租税負担の違いが強調されているのが目立つが，説明された租税措置の目的と税率構造とが合理的な関係を有していないことを挙げた先例がある[36]。税負担の不均等性を重視する先例の基準は，租税負担がどれくらい異なれば国内生産保護といえるか明らかでなく，また，国産品におけるウィスキーの割合が増加したなど市場の状況が変化した場合に結論が変わるなどの点に鑑みると，規律としての安定性を欠くのではないかという疑問がある。

　GATT時代においては，3条2項第一文に同条1項を取り込み，対象措置が対象産品を区分し異なる取扱いをしている場合，課税負担が大きい産品に輸入品が多いか，目的と負担の大小とが整合的かなどを考慮し，国内産業保護を目的とし又は効果として有していないと判断されるならば，区分された産品同士は「同種の産品」でないとする，いわゆる「目的・効果基準」を支持するパネルもあった[37]。しかし，WTO協定の下で上級委員会は，*Japan – Alcoholic Beverages II* ケースにおいて，GATT時代に示された「目的・効果基準」を拒否するパネルの判断を是認した[38]。WTOの先例において考慮されている要素は，「目的・効果基準」に拠った場合とそうでない場合とで大きな違いがないが，「目的・効果基準」における「同種の産品」の解釈は，3条2項の文言解釈としてやや技巧的

---

32) Appellate Body Report on *Japan – Alcoholic Beverages II*, pp. 18-23.
33) *Ibid.*, pp. 23-25.
34) Appellate Body Report on *Korea – Alcoholic Beverages*, paras. 113-117.
35) *Ibid.*, paras. 139-140.
36) Appellate Body Report on *Chile – Alcoholic Beverages*, para. 72.
37) GATT Panel Report on *US – Taxes on Automobiles*, para. 5.10.
38) Appellate Body Report on *Japan – Alcoholic Beverages II*, pp. 18-19.

に過ぎ，また第一文と第二文との関係を説明し難いという問題があった。

しかし，現在の先例の枠組みにも，先に述べた規律としての安定性に対する疑問のほか，「同種の産品」を「直接的競争又は代替可能な産品」の一部とし，また前者についてわずかな税率の差異も許さないとしたために，「同種の産品」の範囲が著しく狭められてしまう難点もある。この点，第一文が法的差別を禁止する規定であり，第二文が事実上の差別を禁止する規定であると理解すれば，「同種の産品」を「直接的競争又は代替可能な産品」より狭く解する必要がなくなり，3条4項を含め他の条文における「同種の産品」と異なる扱いをする必要がなくなる。なお他の協定たとえばAD協定では，「同種の産品」のほうが「直接的競争又は代替可能な産品」よりも範囲がむしろ広いと考えられる（第12章四3(3)を参照）。「同種の産品」のほうが広いと考えると，租税は「直接的競争又は代替可能な産品」の範囲で同様に（similarly）取り扱うことが求められるのに対し，次章でみるように，規制はより広い「同種の産品」間で平等な取扱いが求められる（3条4項）ため，租税の規律のほうが相対的に緩いことになるが，その違いは税と規制との違いから説明可能である。規制は，その根拠（すなわち是正すべき「市場の失敗」）に照らして最適な規制を精密に設計することが可能であるが，租税は，物税にせよ人税にせよ，その課税根拠どおりに設計することが困難であり，各国政府の裁量を相対的に広く認めざるを得ない。したがって，租税については，より狭い範囲の「直接的競争」関係にある産品間での国内生産を保護する取扱いを禁止するに止めざるを得なかったと理解できるのでないか。

さらに第二文において3条1項の原則に反する課税すなわち国内に保護を付与するように課税してはならないとされていることの見方も変わる。まず3条2項が同じく規制する「課徴金」については，たとえば環境に対する負荷のように負の外部効果をもたらす経済活動についてその外部効果に比例して課される場合には，措置の目的と手段とが正確に対応していなければ経済を歪曲するし，正確な対応関係を実現することも通常可能なはずである。これに対して，租税は，人税にせよ物税にせよ（又は利益説に基づく課税にせよ能力説に基づく課税にせよ）課税根拠に正確に対応する制度設計が事実上困難であり，課税根拠から説明不可能な逸脱があるような場合を除いて問題とすべきでない。先例には反するが，「国内生産に保護を与えるように（"so as to afford protection to domestic production"）」との文言は，適用の方法よりも目的に言及していると考えるほうが自然であり，課税根拠又は課徴金賦課の根拠に照らして不必要な逸脱があれば「国内生産に保護を与える」目的を認定してよいとする考え方もあり得る。課税根拠ないし政策目的を第二文において考慮できないとすれば，たとえば所得再分配を目

的とする租税が偶々輸入品の負担が相対的に大きい場合内国民待遇義務に違反するとされるが，所得再分配が20条各号のいずれにも言及されておらず，正当化できない。ここでも租税と異なり，規制については，輸入品に「不利でない待遇を許与する」ことが求められ，規制根拠に可能な限り客観的に忠実に制度設計するという相対的に厳しい規律が課されているということもできる。

　このように課税の根拠論に従った設計になっているかどうかを問うアプローチは，比較優位論＝協力モデルから導かれるものであり，規制に関する内国民待遇義務（3条4項）において規制目的に合致した設計となっているか否かを問うアプローチと理論的一貫性がある。他方で輸入品に対する負担の相対的な大きさを問題視するアプローチを採用すれば，規制に関する内国民待遇義務においても同じアプローチを採用するのが一貫し，これは国際競争論＝共存モデルに立つものと考えられる。規制に対する内国民待遇義務については，第9章を参照。

（2）国境税調整の規律

　国産品に対してのみ税又は課徴金が課されることについては，輸入品との競争において不利になるとの反対が常になされ，輸入品に対しても同等の負担を課すことができないかが検討される。GATT2条2項(a)号は，国内で課せられる租税に関連して輸入品に対して課される課徴金を一定の条件の下で許容しているが，租税の根拠まで考えると規定自体に疑問があり，比較優位論＝協力モデルの立場からすれば少なくとも限定解釈すべきでないかと思われる。この問題は，第3章四6においてすでに検討しているが，ここでは租税の論理から考えるため議論を再掲する。

　第一に，「同種の産品」に対する内国税の調整のために輸入品に課すことが適用除外されている。この例外規定に該当する典型的措置の一は，連邦制の国において，各州が州内産品についてのみ課税権を有しており，したがって，国産品はいずれかの州において課税されるが，輸入品はいずれの州も課税できないという状況において，国産品の競争上の不利を解消するために輸入品に対して連邦政府が課す州税と同等額の課徴金である。規定上は，調整対象の内国税自体が内国民待遇義務（3条2項）を充たしていることが要求されているように見えるが，*India – Additional Import Duties* ケースにおいて，上級委員会は，3条2項に「合致して課せられる」べきなのは，対象の内国税単体ではなく，内国税と国境調整課徴金との複合体であると述べた[39]。

---

39) Appellate Body Report on *India – Additional Import Duties*, paras. 179-181.

四　租税・社会保障負担に対するWTO協定及び投資協定上の規律　347

　第二に，原材料に課される内国税相当分を当該原材料を使用する製品の輸入にも課す調整も規定されている。第3章四6においても検討しているが，立法資料は，アルコールに対する内国税を基礎として，アルコールを含有する香水に対してそのアルコール分について課す輸入課徴金を例として想定している[40]。国産の香水が当該内国税を負担したアルコールを使用していることから輸入品との競争条件を平準化するために輸入品に課す課徴金を正当化するわけである。輸入課徴金の額は，基礎となる内国税と同等（equivalent）であることが必要であるとされる。

　ここでも同様の問題がある。たとえば，ある原材料の生産又は消費において発生する環境に対する害を相殺するための課徴金を，措置国内においてそうした害を発生させない輸入の川下製品にも課すことは規制の観点から正当性が疑わしい。同様に，租税であっても利益原則に基づく物税は，外国において生産・流通し，したがって当該物税に対応する利益を受けていない原材料を使用した輸入品に課徴金を課すことになる。国際競争論＝共存モデルでは貿易における競争上の地位への影響に鑑みて合意されたものとして受け入れられるであろうが，比較優位論＝協力モデルではそうした取扱い自体を本質的に支持できない。

　この疑問のある取扱いを限定するためには，二つの仕方があるように思われる。第一に，先例においてなされているように，内国税と輸入品に対する課徴金とを一体とみて内国民待遇義務に合致していることを求めるという方向である。そうすることによって，国境税調整が認められる範囲が結果としてかなり限定されるように思われる[41]。第二に，「……について課せられる」という文言を厳格に解することが考えられる。たとえば二酸化炭素の排出を抑制することを目的として課される炭素税は，燃料に直接課せられるというよりも，燃料消費の結果排出される二酸化炭素に課される（又は環境に影響する生産過程に課される）ものであるとして適用を排除する考え方もあり得る。「産品に直接に課された」租税に限定する上記先例の判示をその方向で理解できないか検討すべきであろう。

（3）輸出免税の規律

　輸出免税すなわち製造又は国内流通の段階での課税が当該産品が輸出された場

---

40) EPCT/TAC/PV/26, p. 21.
41) 内国税を輸入品から徴収するための課徴金賦課を輸入関税から除外するという扱いであるとの解説もある。Michael Hahn, "Article II GATT," in Rüdiger Wolfrum, Peter-Tobias Stoll, and Holger P. Hestermeyer (eds.), *WTO - Trade in Goods* (Martinus Nijhoff Publishers, 2011), para. 71.

合に減免されることが多い。租税の減免が一般的に補助金協定上の「補助金」に該当し、さらにこの減免が輸出を条件としていることも明らかであるから、補助金協定3.1条によって禁止される「輸出補助金」でないかとの疑問が生じる。

　この点、輸出補助金を例示する補助金協定の附属書Ⅰは、(e)号においては、「直接税」の輸出免税等を挙げ、(g)号において、「間接税」について国産の同種の産品が生産・流通段階で課される額を超えて輸出に対して減免を行うことを挙げている。輸出についてのみであっても、かかる税額を超えない範囲での「間接税」の減免を輸出補助金として例示していない。同附属書は、「直接税」が主として所得に対する課税であり、「間接税」が「直接税」以外の課税であるとする。この(e)及び(g)号の規定は、間接税においてのみ輸出免税を許容する趣旨と考えるのが文言上自然であり、実務上もそのように理解されている。この取扱いの違いは、その起源を1970年代に遡ることができ、WTO協定上確立している。租税法の議論としても、消費税について源泉地主義と仕向地主義とがあるところ、源泉地主義では、輸入国において課税がなさなければ輸入品と国産品とで税率が異なり得ること、輸入国でも課税がなされるならば輸入品は二重課税になり中立性を欠くとして、そうした欠点のない仕向地主義すなわち輸出免税の扱いが支持されている[42]。なおかかる租税免除に対して相殺関税等の救済が許されないことについて第12章五2を参照。

　この点、US – FSC ケースなど、直間比率の異なる米欧間でこの輸出免税の取扱いの違いが長年争われてきた。直接税中心かつ全世界所得課税主義の米国から見て、付加価値税が輸出免税とされることによって欧州企業が輸出補助金を事実上付与されており競争上有利になっているという認識が背景にあり、米国政府は、海外事業からの所得課税についての免税措置を工夫してきた。しかし、直接税・間接税の区別のため、米国措置は輸出補助金を付与するものであると繰り返し判断されている[43]。法人税が資本の利用に着目した課税である以上その輸出免税が正当化されるとは思えないが、他方で、付加価値税との間に実質的な違いがあるか疑問である。なお上級委員会は当初、米国の取扱いについて、当該税体系に照らし一般（general）原則と例外（exceptions）とを特定し例外扱いを補助金（「収入となるべきもの［の］放棄」（補助金協定1.1条(a)(1)(ii)）とするという基準を支持していたように見えたが、後に、同等の状況（comparable situation）における所得を同じに扱っているかどうか、という基準を打ち出すに至った[44]。た

---

42)　金子『前掲書』（注1）668頁。
43)　Panel and Appellate Body Reports on *US – FSC, US – FSC（Article 21.5 – EC）*and *EC – FSC（Article 21.5 – EC II）*.

だし，いかなる状況が同等とされるかは明らかでない[45]。

　関連する問題として，中国の増値税の還付の問題がある。増値税は，付加価値税に類似する間接税であって，輸出品とりわけ加工度の低い産品についてWTO加盟当初還付されていたが，経済成長に伴い，還付率が下がり，ついに還付されなくなっている。ただ同一時点において還付されている品目とそうでない品目とがある。先に述べたように，WTO協定上間接税の輸出還付を輸出補助金としない扱いが確立している。しかし，還付の要否を裁量に委ねて差し支えないと言い切るには疑問がある。一貫した説明がなされない限り，輸出品に対する還付を輸出補助金として扱うか，逆に還付のない輸出品に対する課税を輸出税として扱うか，いずれかの扱いとすることが望ましい。

　以上のいずれの事例についての疑問も，根本的には，付加価値税が利益原則に基づいているとすれば，消費地が外国であるというだけで輸出免税（すなわち仕向地主義）が性質上求められるわけでなく，徴税の便宜という政策的理由から採用されているに過ぎないのではないかという点に収斂する。むしろ，国内における製造・流通段階における付加価値の一部が当該国の政府サービスに支えられているのであってかかるサービスを提供する原資となる付加価値税の輸出免税は利益原則から言えば正当化できないというべきではないか。すなわち輸出免税に関わる補助金協定の規定は，直接税・間接税の区別が曖昧になった今日でも当然に合理性があるか再検討が必要であろう。*US – FSC* ケースにおける上級委員会の判断についても，所得だけでなく支出に対する税減免も同等の状況にあるかどうかを基準として補助金性を評価する趣旨であれば，仕向地主義が無条件に認められないという議論とむしろ親和的であるとも解釈できる。

　この点の考え方は貿易自由化に対する基本的スタンスによって変わり得る。国際競争論＝協力モデルでは，源泉地主義・仕向地主義いずれでも競争の平等性確保又は徴税の便宜という観点から一定の合理性があるのでそうした取扱いを合意したと文言を解釈できるか否かを問えばよい。これに対して，比較優位論＝協力モデルでは，経済・社会の最適化の観点から競争の歪曲が生じないように，負担の形式的な同一性・平等性でなく，受益（又は課税される実質的理由）と負担との対応を要求すべき，となる。たとえば典型的に間接税とされる付加価値税等は，

---

44)　Appellate Body Report on *US – FSC* (*21.5 – EC First Complaint*), paras. 90-92.
45)　このケースの背景については，Robert Hudec, "Industrial Subsidies: Tax Treatment of 'Foreign Sales Corporations'," in Ernst-Ulrich Petersmann & Mark A. Pollack (eds.), *Transatlantic Economic Disputes – The EU, the US, and the WTO* (Oxford University Press, 2003), p. 175 et seq.

事業活動に対する物税であって、利益説的つまり当該事業活動を支える政府サービスたとえば商品の製造・流通を容易にする物的・法的インフラストラクチャの整備・運営費用を負担させるものとすれば、輸出取引については、輸出までの間利益が及んでいるのでその範囲で課税対象とすべきであり、輸出免税を補助金とするほうが論理的である。つまり法人税等と同じ扱いになる。補助金協定の規定から言って立法論であるが、物税である限り、そうした扱いをすべきとの議論が論理的にあり得る。これに対して、付加価値税が人税であり支出に対する課税を意図しているならば支出の原資の源泉地が国内か否かが重要になるので、外国を源泉とする所得から対価の支払がなされると想定される輸出品に対して課税を維持する理由がない。すなわち輸出免税を輸出補助金とすべきでない。これは、外国居住者の当該外国での国内源泉所得に課税権限を行使しないのと同じである。国境税調整と輸出免税の扱いとで一貫した取扱いが必要になるため、輸入側では、輸入後の付加価値（又は経済活動）についてのみ課税すべきことになる。そうすると、双方仕向地主義としている現状を消費税に関する課税権の相互委譲と説明することになり、税率が異なる輸出国間での違いが最恵国待遇義務違反にならないかという問題が論理的に発生する。立法論であるが、差別の問題を否定できないものの、徴税を考えれば双方仕向地主義の意義を理解できるので裁量の余地がないならば一括して免除（WTO設立協定9条4項）の対象とすべきであるという結論になる。

　ただしそのように解しても、米国の場合、全世界所得課税に拘る以上、比較優位論＝協力モデルを前提にすると、米国政府は米国民の全世界における経済活動に貢献する政府サービスを提供しているという前提を採用していると看做さざるを得ず、したがってそれらの輸出免税が輸出補助金とされるのはやむを得ないであろう。国際競争論＝共存モデルではいずれにせよ合意に拠ることになる。

（4）最恵国待遇義務

　租税条約においては、輸出販売から生じる所得について、輸入国内での事業所得であってその国内源泉所得であるが、国内に恒久的施設（PE）がなければ輸入国で課税されないという取扱いが多い。輸出国と輸入国との関係で合意があるため通商問題とならないが、たとえば、他の輸出国との関係でも問題がないか検討する必要がある。

　非課税とする理由を、政府サービスが及んでいない（したがって本来は、租税条約の有無に拘わらず非課税とすべきである）からでなく、徴税の便宜等を考慮して二国間の取決めによってなされたものであると説明するのであれば、相手国に

よって取扱いに差があれば、形式的には、特定の輸出国からの輸入を優遇していることになり、最恵国待遇義務の問題が生じるはずである。

次項にみるようにGATSにおいては、租税条約の取決めに対する一般的例外の規定があるが、GATTには同様の規定が存在しないので、最恵国待遇義務違反を免れない可能性がある。各国の租税制度の違いを考慮すると、すべての国との関係で全く同じ取決めを求めるのは不可能を強いることになり、結局一括して免除を与えることになろう。これに対して、租税根拠論に忠実に各国ごとに課税権の配分を決定しているだけだとすれば、形式的に異なる扱いであっても実質的には違いがないとすることが可能かもしれない。この問題は、(3)で検討したように消費課税にも当てはまる。

(5) GATS

サービス業に対する課税は、GATSの規律対象である。約束されている限り、外国サービス又は外国サービス提供者に対する税負担の差別が内国民待遇義務の問題となる。

GATS14条(e)号は、租税条約の二重課税の回避に関する規定の適用の結果として生じる最恵国待遇義務違反を適用除外としている。これは、調整対象である相手国の税制が異なれば租税条約の規定も異なってくることを前提としている。租税条約は、自国へのサービス輸出の対価に対する所得課税を創設又は増額するものでないため内国民待遇義務違反の問題が生じることはない。反対に、自国からのサービス輸出に対する所得課税を減免することが輸出補助金でないかという疑念が生じるが、二重課税の防止の観点から適正である限り、実質的にも問題にならないであろう。

(6) TRIPS協定

知的財産権のロイヤルティに対する所得課税は、TRIPS協定上取り扱われている知的財産権の「使用」に関わるものである限り、同協定上の最恵国待遇義務及び内国民待遇義務の対象となる。たとえば、28条2項は、特許権者が実施許諾契約を締結する権利を有するものと規定している。また21条は、商標権について、加盟国が使用許諾に関する条件を定めることができると規定している。したがって、外国会社が受取人である場合に限って特許ライセンスの対価であるロイヤルティに対する税率を高くすることは、TRIPSが取り扱う「使用」に関わるものであり、内国民待遇義務違反となる。逆に、外国法人に対するロイヤルティ支払のみ費用計上を認めないのも、実施許諾の権利に関する取扱いの差異であ

って内国民待遇義務に違反するとされる可能性がある。また移転価格税制として認められるような制度であれば，内国民待遇義務の問題としても，実施許諾契約を締結する権利の侵害としても，差し支えないであろう。

この点途上国においては，実質上無償の技術移転をさせるため又は自国への技術投資を強制するために，ロイヤルティについて上限を定めている場合があり，多国籍企業の場合，特定の子会社に対するロイヤルティが低く抑えられるので，受取国において移転価格税制上問題となる可能性がある。かかる上限設定は，ライセンサーすなわち特許等の権利者が外国法人の場合のみに限定されている場合に内国民待遇義務違反となることは明らかである。ライセンサーを外国法人に限定せず，海外からのライセンス契約についてのみロイヤルティの上限を定めている場合には，ライセンサーの大部分は外国法人であろうし，国内でのライセンス契約と区別する政策的合理性が特段なければ事実上の差別としても問題にしやすいと思われる。

問題は，内外無差別にロイヤルティの上限を定めている場合である。外国法人がライセンサーの場合ロイヤルティが高率となる傾向が高いとまでは言い難く，したがって外国法人を差別していると言い難いように一見感じられる。しかし，第18章四1(3)で言及するように，内国民待遇義務を個々の知的財産権者の差別的取扱いも禁止するとみる解釈が認められるならば，上限を超えるロイヤルティを要求する外国法人が存在する可能性がある以上，上限を超えないロイヤルティを要求する内国法人との関係で差別扱いがあるとして上限設定が違反とされよう。「優越的な地位の濫用」に類する競争法的考慮以外に正当な理由を考えにくいが，競争法的考慮に拠っても率の制限まで正当化される可能性は低い。

（7）国家貿易企業・公的独占

財政収入を得るために政府が特定産品の輸出入を独占し，又は民間企業に独占権を付与することがあるが，それ自体を禁止する規定はない。ただし国家貿易企業等を無差別義務に従って行動させなければならない（GATT17条1項）。第16章一3(5)を参照。また輸入独占の場合関税譲許を潜脱するような運用が禁止されている（2条4項）。第3章四7を参照。国家貿易企業等が独占利潤を上げること自体は規制されていない。この点は，第13章四1(1)を参照。なお財政収入目的で再販売することを予定しての産品の購入は政府調達に該当せず，内国民待遇義務から除外されない（3条8項(a)）。第11章五3を参照。

(8) PPM措置

　輸出国企業の租税・社会保障負担が小さすぎることが問題として，ソーシャルダンピングに対応する措置として，たとえば自国基準に満たない国からの輸入品にその差額に相当する課徴金を賦課することは，輸入品にだけ賦課するのであるから，輸入課徴金であって特段の約束をしていない限りただちにはGATT2条二文の違反となる。GATT20条例外の適用を考えても，上記措置はPPM措置の一であり，相手国の実情に合致することを立証できない以上許されないであろう。この点は，第7章四4を参照。同様に社会保障制度の整備を一般特恵制度適用の条件とすることも問題になり得る。第19章四2(1)を参照。

(9) 過小課税の取扱い

　比較優位論＝協力モデルに立てば，理論的には，利益説的租税の場合は政府サービスの対価として又は能力説的租税の場合はなされるべき社会的投資の負担分として課税が過小であれば，経済・社会の最適化の観点から歪曲が生じていると言わざるを得ず，各国は課税の適正化が求められる。産品間等で差別がない場合でも，GATTにおいては状況申立（23条1項(c)号）（第2章二3(5)(イ)を参照）が理論上成立するというべきであるし，また徴収すべき租税を徴収していない故に補助金に該当することになるはずである。過小であることの立証が現実には困難であろうが，自国管轄権の範囲内での適正課税の責務を負うことを相互に確認することには意味があるし，貿易政策検討手続（第2章二2(2)を参照）において取り上げることも可能になる。

3　投資協定

　外資比率によって所得課税の税率を変えることは，投資協定上の内国民待遇義務違反となる。一の産業セクター内において企業規模等に応じて所得課税の適用税率を変えることは，「同様の状況下における」投資家間での取扱いの違いには該当するであろうが，中小企業政策としてであれば正当化される余地があろう。同じ産品のうち高額品についてのみ奢侈税を課すことも同様であろう。競争条件を重視する目的規定を有するNAFTAの先例上は，事業又は経済分野が同じであれば「同様の状況下」にあり，そうでなければ「同様の状況下」にないとするものが多いが，それ以外の投資協定においては事業分野を超えて「同様の状況下」にあると認めた先例もある（第9章四2(2)を参照）。所得課税のようにセクター横断的な制度ではともかく，物品税などはセクターごとに検討されるであろうから，セクターを超えて「同様の状況下」にある場合があるとされたならば国内

政策立案に大きな影響を及ぼす可能性がある。国際競争論＝共存モデルでは，いずれの考え方も平等性の考え方として不合理ではなく，いずれが選択されているかは文言に拠るとしか言えないが，比較優位論＝協力モデルに立つならば，経済・社会の保有する資本の最大化という目標に照らして最適な制度設計になっている限り問題にならないとすべきである。

ただし，近時日本が締結した投資協定及び経済連携協定の投資章においては，租税に係わる措置が内国民待遇義務等から除外されている（たとえば日・シンガポール経済連携協定5条1項，日ベトナム投資協定19条1項）。従来型の投資協定では除外されていない（たとえば日露投資保護協定）こととの関係が問題となる。

4　財政規律

先に述べたように，法人税軽課国又はタックス・ヘイブンが問題になってはいるものの，適正な法人税率に関する国際ルールが作成される見通しはない。ただ，税率が低いこと自体は，タックス・ヘイブン等において提供される政府サービスが僅少であり，むしろ登録税等が過大でないかとさえ思われるので問題性が乏しいとも言え，むしろ，法律上の本店又は設立準拠法の選択等によって，政府サービスを現実に享受している国の課税を免れていることが問題の本質であろう。法人税を物税と考えて，現実に事業を行い，利益を得ている国において課税ができるようにすることが重要であり，そのために恒久的施設の定義等を再検討し，また情報収集を容易にするための国際的取組みが行われていることは前に述べた。このほか財政政策の適正化について第15章を参照。

主要参考文献・資料

石黒一憲『国際倒産 vs 国際課税――抵触法的考察』（信山社，2010年）

石黒一憲『スイス銀行秘密と国際課税――国境でメルトダウンする人権保障』（信山社，2014年）

植田和弘・新岡智（編）『国際財政論』（有斐閣，2010年）

金子宏『租税法』（第19版）（弘文堂，2014年）

金子宏（編）『国際課税の理論と実務』（有斐閣，1997年）

木下和夫（編著）『租税構造の理論と課題』（改訂版）（税務経理協会，2011年）

木下和夫・金子宏（監修）『国際課税の理論と課題』（二訂版）（税務経理協会，2005年）

志賀櫻『詳解国際租税法の理論と実務』（民事法研究会，2011年）

神野直彦『財政学』（改訂版）（有斐閣，2007年）

増井良啓・宮崎裕子『国際租税法』(第2版)(東京大学出版会,2011年)

水野忠恒『国際課税の制度と理論——国際租税法の基礎的考察』(有斐閣,2000年)

明治学院大学立法研究会『日本をめぐる国際租税環境——税制の将来をみつめて』(信山社,1997年)

諸富徹『私たちはなぜ税金を納めるのか——租税の経済思想史』(新潮社,2013年)

諸富徹(編著)『グローバル時代の税制改革——公平性と財源確保の相克』(ミネルヴァ書房,2009年)

Reuven S. Avi-Yonah, *International Tax as International Law: An Analysis of the International Tax Regime*(Cambridge University Press, 2007)

第9章　内国規制

　貿易自由化に対する発想の違いは，安全基準，環境基準などのいわゆる非貿易的関心事項に基づく政策措置に対する規律の考え方において先鋭的に現れる。貿易自由化とそれ以外の政策目的といずれを優先させるかが直接問われるからである。そうした政策措置を規律する内国民待遇義務の禁止対象は解釈上法的な輸入品差別から事実上の差別に拡大してきた。さらにWTO協定においては，検疫及び強制規格の領域で差別禁止を超えた規律が導入された。TBT協定上の近時の先例は，内国民待遇義務について「規制上の区別が正当か」という基準を採用しており，目的と手段との合理的関連性の有無が直接問われるようになってきている。こうした方向性が国際経済法に何をもたらすのか考えておく必要がある。投資協定についても同様な観点から分析することができる。

一　本章の対象事項

1　内国規制の政策根拠

　政府は，国内経済の状態を望ましい方向に導こうとして様々な政策介入を行う。貿易政策以外にも様々な関心事項たとえば環境保護，消費者・労働者の安全確保，検疫，標準化，知的財産権保護などの観点から経済に介入する。規制，許可制，補助金，行政指導など目的と状況とに応じて様々な政策手段を利用する。これらの政策関心は，通商法において非貿易的関心事項と呼ばれることが多い[1]。

　経済学の標準的な理論によれば，完全競争の仮定の下，市場競争に委ねることによって最も効率的な結果を実現することができる。しかし，現実の経済においては，完全競争の仮定が充たされておらず，外部効果，独占，情報の不完全性など様々な「市場の失敗」のために不効率が発生する可能性がある。たとえば環境保護政策が必要とされるのは，企業の生産活動，産品などが市場取引に反映され

---

[1]　たとえば，松下満雄「非貿易的関心事項への取り組みとWTOの今後」『日本国際経済法学会年報』第9号（2000年）を参照。

ない悪影響を環境にもたらすためであり，かかる外部効果を何らかの手段によって内部化すなわち市場取引に反映する政策措置が採用されることが必要である。消費者保護政策は，たとえば商品の安全性に関する情報についてメーカーと比して消費者が十分な情報を有さないために予期しないリスクを抱え込む可能性があるという情報の非対称性の問題を解消するために求められる政策措置と説明される。言うまでもなく，是正手段は効率性の観点から最適なものが選択される必要があり，また可能な是正手段によっては政府が介入しない方が最適である場合もあり得る。このように，「市場の失敗」を最適な政府介入によって是正することが求められるが，政府自体も完全な情報・判断能力・政策実施能力をもたないため，「政府の失敗」を犯し，却って不効率を発生させる危険がある。事前の情報収集と事後の政策評価が必要となる所以である。「政府の失敗」の可能性に鑑みて政府介入自体に否定的な見解もある。また，効率性の問題と別に公正さの観点から所得再分配措置が要請されると考えられている。税・規制措置のうち「市場の失敗」の是正措置の典型は，競争法（独占の是正），消費者保護（情報の非対称性），炭素税（課徴金）などの環境保護措置（外部効果の内部化）である。所得再分配措置の典型は，累進所得税や特定産業の保護措置（関税・新規参入禁止など）である[2]。

2　問題の所在

（1）貿易自由化・投資保護と「非貿易的関心事項」の関係

　内国規制に対する規律を考える上では，環境保護その他の政策のための政府措置と貿易自由化との関係をどう考えるかが出発点となる。特定の政策目的のために購入・消費を制限したい製品に輸入品が多ければ当該目的の実現のために最善の措置を導入すれば結果として貿易が減少することは自明である。国際競争論＝共存モデルに立てば，かかる措置は貿易自由化の意義を損なうと評価されるであろうが，たとえば環境保護が効率性に優先する価値があるとするならば貿易自由化からの逸脱を例外として認めることになる。これに対して，比較優位論＝協力モデルは，こうした非貿易的関心事項に基づく措置を「市場の失敗」を是正する最適な手段を採用している措置に限って認め，その範囲で貿易自由化すなわち経済・社会の最適化と矛盾対立する措置でなく，相互補完的に機能すると考える。

　同じ議論が投資保護との関係においても可能である。たとえば，外国資本メー

---

[2]　公共政策の経済学的基礎については，たとえば，J. E. スティグリッツ（藪下史郎訳）『公共経済学（上）』（第2版）（東洋経済新報社，2003年），植草益『社会的規制の経済学』（NTT出版，1997年）。

カーの本国において特定の環境汚染物質に対する関心が乏しかった場合，当該物質の規制を強化すればその影響が外国資本に集中する可能性が高く，投資保護といかに調整するかが問題になる。国際競争論＝共存モデルからは，かかる環境規制の権限・裁量が投資協定上留保されているか否かという問題設定になり，比較優位論＝協力モデルでは，投資保護と環境規制とは相互補完的であり，当該環境規制が「市場の失敗」の是正として最適な制度設計がされているかが重要になる。

（2）所得再分配と貿易自由化・投資保護

標準的経済理論は，効率性の問題と所得再分配ないし公正の問題とを分け，後者を扱う政府措置も認める[3]。かかる措置について不効率であってまた水平的公平を重視するために最小限にすべきとする考え方もあり，逆に，効率性を損なうとしても垂直的公平を重視するため最小限にすべきとしない考え方もある。国際競争論＝共存モデルを前提とすると，いずれにせよ貿易自由化と所得再分配措置とが矛盾対立する可能性があることを前提として，貿易自由化のための規律をどこまで及ぼすか，また所得再分配政策を例外として留保するか，と考える。これに対して，比較優位論＝協力モデルを徹底すれば，第1章三3(3)において検討したとおり，各自が経済・社会の最適化の観点から支出を選択するとの前提で，所得再分配措置を，各個人の余剰の経済力を経済・社会にとって最適な投資に振り向ける措置と捉え，したがって，効率性と対立せず，また世界全体での資本最大化を比較優位産業への特化によって実現しようとする貿易自由化の方針と整合的であると説明することになる。投資保護との関係でも同様である。

（3）PPM措置と管轄権の配分

PPM措置の政策上の問題点については第1章で，PPM措置の定義・国際経済法上の問題点については第7章においてそれぞれ検討した。自国の排他的管轄権の対象外の事項に規制効果を及ぼそうとする措置であるが，世界環境の保護又は規制の緩い外国の産業との競争において不利になっている自国産業の保護など自国の利益を追求する措置として見れば主観的利益を追求する措置であり，一般国際法上すなわち管轄権理論において禁止されているともいえない。しかし，貿易自由化の観点からは，たとえば先進国が途上国に対して自国と同一の労働基準・環境基準等を強制するのと同じ効果があり，少なくとも政策論として簡単には認め難い。

---

[3] たとえば，スティグリッツ『前掲書』（注2）第5章。

第7章四4で検討したとおり，貿易自由化の基本的立場によってWTO協定上のPPM措置の取り扱いに関する考え方は大きく分かれる。国際競争論＝共存モデルでは，目的の正当性についてPPM措置を他の非経済・非貿易的関心事項を追求する措置と区別する理由を見出し難く，また輸出国政府と規制国政府とのいずれの判断を尊重する理由もない。したがって，WTO協定等において貿易自由化の対象として規律されているか，さらに貿易自由化の逸脱として留保されているかをそうした合意がなされたかという観点から問うことになる。これに対して，比較優位論＝協力モデルでは，規制一般についてと同じく，PPM措置が「市場の失敗」の是正を目的とし，政策介入の必要があり，かつその措置が最適でなければ排斥されるべきである。さらに必要性及び最適性に関する情報が措置国政府の管轄権の範囲に必ずしも存在しないので，それらの点について他の国の政府よりも措置国政府の判断を尊重する理由がない。かかる扱いを基本線として文言を解釈していくことになる。

　なお企業等が採用する表示のうち生産段階での環境配慮や労働条件についての独自の基準の遵守を示すいわゆるソーシャルラベリングにも同じ問題がある。環境保護や労働者保護等を市場メカニズムに反映させる目的自体が直ちに不当とは言えない。しかし，たとえばILOの定めた国際労働基準も，その遵守確保方法に鑑みれば，目指すべき理想を示したものであって，経済発展段階等を考慮せず即時かつ厳格に適用することが想定されているわけでもなく，したがって，生産国において現時点で客観的に最適な基準である保証もなく，却って国際労働基準の実施を歪める可能性すら指摘されている[4]。なおこれはプライベートスタンダードの一種であり，WTO協定・投資協定でなく競争法の規律対象である。

（4）ハーモニゼーション

　安全等様々な非貿易的関心事項に基づいて採られる措置が各国で大きく異なっていると，国際的に活動する企業としては，双方の規制を遵守しなければならず，そのための費用がかさむとして，規制調和の要請が強くなっている。国際競争論＝共存モデルからは，複数の国での規制統一化さらに国際基準を策定して広く調和を追求することについて懸念する内在的理由がない。政策の自由度が制限されるという負の側面を関係国が計算の上合意するかどうかだけが問題である。これに対して，比較優位論＝協力モデルでは，資本の最大化の観点から最適かどうかを考える上で，規制の国際的調和に生産コストの削減というプラス面だけでなく

---

[4] 吾郷眞一『労働CSR入門』（講談社，2007年）42-61頁。

客観的なマイナス面があることを総合的に考慮する必要がある。自国の状況において最適な規制を変更することになれば効率性を歪めるし，そもそも，規制の多様性という人類全体にとっての知的資本を喪失させることになりかねない。世界経済・社会全体が保有する資本の最大化という観点から客観的な得失が評価される。少なくとも，最適でなくなっても変更できないというルールは受け入れ難い。

二　国内規制に関する国内法

1　国内規制

まず国内規制を概観するために，産品の生産から廃棄に至るまでどのような規制があるか，日本の国内規制についていくつか例示を試みる。また日本の規制と異なる外国の規制についてもいくつか例を挙げる。

第一に，生産者及び工場立地の制限がある。医薬品の製造は許可制であり，品質管理等について基準を充たす業者のみに限定されている（医薬品，医療機器等の品質，有効性及び安全性の確保等に関する法律（医薬品医療機器等法（旧薬事法））13条）。工場は，一定の用途地域以外に立地できず（都市計画法8条，建築基準法48条）[5]，さらに一定の業種・規模の工場の新設等は緑地の整備状況等一定事項の事前届出が必要であり，一定の準則に適合するよう勧告・命令がなされることがある（工場立地法6条〜10条）。土地の利用に関しては，その他にも環境保護，景観保護，文化財保護などの観点から様々な制限がある。

第二に，水・電気等の供給，運送，情報通信，資金調達等のインフラについてそれぞれ規制がある。たとえば，工業用水として地下水を井戸から自ら採取する場合には工業用水法[6]が，水・電気等の供給を業として行うことについては，工業用水水道事業法，電気事業法などがあり，一定の例外を除いて許可制とされ，また事業自体に対する規制も置かれている。原材料・部品及び製品の運搬に使用されるインフラとして道路・港湾などの管理に関する規制（道路法，港湾法）が存在するほか，鉄道・陸運業・海運業などについても規制が存在する（鉄道事業法，道路運送法，海上運送法など）。情報の出入に必要な情報通信・郵便事業等についても同様である（電気通信事業法，郵便法など）。こうしたインフラの整備に対して多額の財政資金が投入されていることが多く，また事業主体としては公

---

[5]　農地については，立地のみならず転用も規制されている。第16章一1(5)を参照。
[6]　農業用水については，河川法上公物とされている流水を使用するために水利権の取得が必要とされている（34条1項，なお慣行として成立している水利権については87条及び88条）。なお河川は公物であるが，用水路は公物である場合と私有である場合とがある。

営・民営いずれもあり得る。以上のインフラ関連業種のうちいくつかは特定業種を扱う第16章及びサービス貿易を扱う第17章において言及される。そのほか資金の投融資について、自ら行う場合には金融商品取引法が、金融機関等のインフラについては銀行法等が関係する（金融監督を扱う第15章を参照）。さらに従業員の雇入れ・解雇について種々の労働法規が関係する。

　第三に、工場等の操業自体に対する規制も多数存在する。工場の排出するばい煙、粉じん、排水等について基準があり、その遵守が求められている（大気汚染防止法13条など）。また従業員の雇用・労働環境の安全性確保について種々の労働法規が関係する。第一の類型と同じく生産者に適用される規制であるが、性質に違いがある。医薬品に対する規制は、製造販売及び輸入販売にも及んでいる（医薬品医療機器等法12条、2条13項）が、大気汚染防止法はその性質上輸入品には適用がない。これは、同じ生産段階の規制であっても、医薬品医療機器等法の規制は、医薬品等の品質確保を目的としているのに対して、大気汚染防止法は、対象の工場で生産される産品の品質ではなく、工場周辺の環境保護に関心があるからである。しかし、第三の類型の措置が輸入品にも影響することがある。国内の環境保護のための生産方法の規制を徹底するために生産方法に関する一定の基準を充たさない産品の輸入を認めない又は何らかの不利益を課すというPPM規制が必要になり、結果として領土・領海を超える環境の保護も目的に含めて理解せざるを得ないような措置の例がある。日本では、工業製品の例が見当たらないが、有機栽培された農産物にのみ「有機」等の表示が認められているのはその例である。

　第四に、国内販売、流通、広告等に対する規制としては、消費者の健康・財産等の保護を目的としたものが多いが、公安維持を目的としたものもある。人の健康を損なうおそれのある食品は、販売のみならず、貯蔵・陳列も許されない（食品衛生法6条）。一定の医薬品は処方箋がなければ販売できない（医薬品医療機器等法49条）。医薬品の販売業の許可を得た者にのみ医薬品の販売が認められる（24条）。また毒物劇物は他の物と区別して貯蔵・陳列しなければならないし、貯蔵・陳列場所は施錠が必要である（48条）。特定疾病のための医薬品であって、医師又は歯科医師の指導のもとに使用されるのでなければ危害を生ずるおそれが特に大きいものについては、広告について相手方・方法について特段の制限がなされる（67条）。ガソリン等の危険物については、販売・貯蔵等のみならず、運搬についても遵守すべき安全基準が定められている（消防法16条）。なお、環境保護・消費者の保護等の観点から産品に含有される化学物質の規制が近時急増している。日本では、環境に配慮した設計を促すため、パソコンなど一定の産品に

ついて鉛などの有毒物質の含有量の表示が義務付けられている（資源の有効な利用の促進に関する法律21条に基づくいわゆるJ-moss）ほか，事業者間取引において製品含有化学物質について安全性に関する一定事項の情報提供が義務付けられている（特定化学物質の環境への排出量の把握等及び管理の改善の促進に関する法律14条に基づくSDS制度。第10章二1(8)））[7]。また同種事故の発生を防止し，しかるべき対応を行政に促すよう，製品に関する重大な事故情報を製造事業者，小売事業者等に対して政府に報告する義務を課すことがある。日本では，医薬品に関する市販後調査（Post Marketing Surveillance, "PMS"）（医薬品医療機器等法14条の4等）（第16章九1(1)を参照）があり，消費生活用製品については，重大製品事故が発生した場合製造業者の報告義務が規定されている（消費生活用製品安全法35条）。またそれ以外の事故事例についての情報収集制度が独立行政法人製品評価技術基盤機構において運営されている[8]。そのほか，自動車については，保安基準に適合していないおそれが発生した型式について製造者に対して改善措置を勧告・命令し，報告を求めることができる（道路運送車両法63条の2〜63条4）が，製造者による事故情報の報告義務は規定されておらず，リコールの届出制度を規定する通達が存在するに止まる。言うまでもなく，事故等の責任追及は民事訴訟において行われることもあり，製造物責任制度などが関係する。

　第五に，産品の廃棄段階においては，たとえば特定の家電製品について製造者等に対して廃棄物の引き取り義務を負わせ（特定家庭用機器再商品化法9条），引き取った廃棄物について再商品化等の義務を負わせている（18条）。業として行われる廃棄物処理についても規制が存在する（廃棄物の処理及び清掃に関する法律）。

　以上の規制は，いずれも国内に存在する企業の活動に影響するため，投資協定の対象となることに疑いがないが，貿易を対象とする法令の規律を基本的に狙いとするWTO協定の対象になるのは主として，国内における販売以降を規制する第四及び第五の法令である[9]。ただし，第三までの法令であっても貿易に影響する可能性は排除されない（たとえば工場立地の制限緩和の要件として国産品使用が義務とされた場合）ため，その他の法令も対象でないとは言えない。また国産品に優遇措置を与えているとすれば，輸入品との競争条件に影響するので，補助金協定などWTO協定の問題になる。その他の政策目的ごとにたとえば環境保護の

---

[7] なお，ECのRoHS指令は，鉛・水銀等を一定以上含有する電子・電気機器の販売を禁止している。中国においてもほぼ同内容の規制を規定する電子情報製品生産汚染防止管理弁法が制定された。経済産業省通商政策局編『不公正貿易報告書（2014年版）』37-38頁。
[8] 独立行政法人製品評価技術基盤機構のHP［http://www.jiko.nite.go.jp/］を参照。

観点から生産から廃棄に至るまで規制される可能性があり，同時にその分野の国際経済法が問題になり得る。

2　国内規制に対する実体的規制

日本では，国内規制に対して憲法その他の国内法令が制約を課している。たとえば営業の自由（憲法22条及び29条）との関係から，警察目的のいわゆる消極的規制については，必要最小限の規制であることが求められるし，積極的規制についても明白に不合理である場合には違憲と判断する考え方が支持されているが，両者の区別を否定する見解も有力である[10]。財産の収用には補償が必要である（29条3項）が，規制であっても「特定の個人に対して特別の犠牲を強いる」のであれば補償が必要であり，目的の如何及び制限の強度によっては補償が必要とされることがある[11]。規制が，国民によって取扱いを変えるならば，法の下の平等（憲法14条）の問題として，厳格な合理性等が求められる[12]。憲法は，生存権（25条）など，一定の施策を政府に要求する社会権を定めているが，その具体的な内容の決定が政府の裁量に委ねられていると考えられている[13]。

行政法においても，個別の規制のほか，制約原理としていくつかの「法の一般原則」が指摘されている。市民の信頼尊重を求める信義誠実の原則，権限濫用の禁止原則，規制目的に対して均衡のとれた手段の選択を要請する比例原則，合理的な理由のない差別を禁止する平等原則があり，処分の取消し又は賠償の根拠となるとされる。また次の3項における手続的規制と部分的に重複するが，市民参加，説明責任，透明性，基準準拠，補完性等の原則も実定法及び判例の基礎にあるものとして指摘されている[14]。

---

9) 貿易自由化は，産品・サービスの規制を考えれば概ね足りる（ただし取引法はWTO協定の対象から除外されていない）が，投資保護を考えると，事業活動の公法的規制のみならず，私法に属する法分野たとえば企業組織の規制（会社法）その他企業に関する金融商品取引法・労働法などをも視野に入れる必要がある。会社の国籍で区別していなくても事実上の差別としてたとえば内国民待遇義務に違反する可能性があるからである（本章四2(2)を参照）。この点の議論については，第15章一1(4)を参照。なおGATSにおいては，企業組織法上の制約が内国民待遇義務でなく市場アクセスの問題とされ（16条2項），したがってサービス貿易自由化と対立するものと理解されているようであるが疑問である。この点は，第17章四1(2)を参照。
10) 二分法を示す判例として，たとえば最高裁昭和47年11月22日大法廷判決，『刑集』26巻9号586頁。この点の憲法上の議論として，たとえば，野中俊彦ほか『憲法Ⅰ』（第5版）（有斐閣，2012年）473-481頁を参照。
11) 野中ほか『全掲書』（注10）492-495頁を参照。
12) 同上，278-292頁を参照。
13) 同上，501-513頁を参照。
14) 以上について，大橋洋一『行政法Ⅰ』（有斐閣，2009年）42-50頁を参照。

二 国内規制に関する国内法   365

　第2章四4で検討したとおり，国内法上の政策規律が国際経済法上の政策規律とどのような関係にあると考えるかは一つの問題である。国際競争論＝共存モデルでは矛盾対立する関係にある可能性を排除できないが，比較優位論＝協力モデルは目標を共有し，相互補完・責任分担の関係にあると理解する。たとえば信義誠実の原則に基づく賠償を認める判例法理[15]は，投資協定上の公正衡平待遇義務に対応する国内制度の一部として位置付けることができる。

3　国内規制に対する手続的規制

　国内法上，規制の政策立案，制定，実施いずれの段階においても手続的規制が存在する。行政に対して民主的コントロールを及ぼすなど正統性確保の観点から説明することが多いが，これは国際競争論＝共存モデルに親和的な考え方である。比較優位論＝協力モデルでは，個別の政策決定ないし政策一般に対して国民のコミットメントを増進することも狙いであるが，判断能力及び情報の集中を実現し，政策決定の客観的最適性を担保するという観点から私人の協力を広く求め，またそうして得た情報を政府が適正に考慮することを確保するものと説明することが可能である。

（1）立法手続法

　憲法上国会が国の唯一の立法機関であり（憲法41条），一般的・抽象的な法規範の定立を立法作用と考えるのが通説である。そのほか租税も法律によって定めることが要請されている（30条）[16]。

　法律は，法案を内閣が提出する場合が多いが，その場合まず所管する省庁が原案を作成し，関連省庁と調整を行う。必要な場合には，審議会に諮問し又は公聴会における意見聴取を経る。法律案は，内閣法制局の審査を経て，法案として閣議決定され，国会においてまず関連の委員会において審議され表決された後，本会議において審議され表決される（国会法41条及び47条）。可決されると法律として成立し，公布される。なお法律の制定改廃について個人の請願権が認められており（憲法16条），手続法として請願法があり，適法な請願を受けた官庁は誠実に処理する義務を負っている（請願法5条）。

　行政手続法は，行政機関のルール制定に当たりいわゆるパブリックコメントを求めることを義務づけた。行政機関は，個別の法律においてその細則を定めるた

---

15) 同上，43-44頁。
16) 租税法律主義に関する捉え方の違いについて第8章一3において言及した。

めの政省令を定めることが求められるほか，法令に定められた許認可権限の行使における基準となる審査基準・処分基準をできるだけ具体的に定めることが求められている（行政手続法5条及び12条）。一定の政省令，審査基準，処分基準などを定める場合，原則としてその案及び関連資料を公示して，一般の意見を募集しなければならない（39条1項）。意見提出期間は原則として30日以上であることを要する（同条3項）。当該機関は提出された意見を十分に考慮しなければならず（42条），制定の際には，提出意見及び意見を考慮した結果並びにその理由の公示が求められる（43条）。なお行政規則の制定改廃についても請願権が及ぶ。

（2）行政手続法・行政事件訴訟法・国家賠償法

行政手続法は，一定の許認可権限の行使において，申請を処理するための標準処理期間を定めることを求め（6条），一定の場合に申請者の意見を聴取し（13条），申請を拒否するなどの場合には理由を示すことを求めている（8条及び14条）。不利益処分を行う場合の聴聞手続も詳細に規定されている（15条以下）。

行政機関の処分に違法性などの瑕疵がある場合，正当な利害関係を有する者は行政不服審査法及び行政事件訴訟法に基づいて不服申立ができ，処分の取消等を求めることができる。また「公権力の行使に当る公務員が，その職務を行うについて，故意又は過失によって違法に他人に損害を加えたときは，国又は公共団体が，これを賠償する責に任ずる」（国家賠償法1条1項）。

（3）政策評価

日本においては，「行政機関が行う政策の評価に関する法律」が存在し，行政機関はその所掌事務全体についての定期的な事後評価（8条）を行い，また一定の要件を充たす政策について事前評価（9条）を行うことが義務付けられている[17]。同法3条1項は，評価基準として，政策目的が国民・社会のニーズに合致しているか，行政が行う必要があるかといった「必要性」[18]，投入される資源量に見合った効果が得られるかといった「効率性」，政策の実施によって期待された効果が得られたかの「有効性」等を明示している[19]。政府は，政策評価の結果を政策の企画立案において適切に活用するよう努める（4条）。すなわち政策の

---

17) 行政評価については，宇賀克也『政策評価の法制度――政策評価法・条例の解説』（有斐閣，2002年）を参照。
18) なお，「必要性」のうち国民・社会のニーズ適合性は主観的利害の問題に，行政が行う必要性は「市場の失敗」の問題に対応しているように見えるが，現実に行われている政策評価は前者に集中しているように思われる。
19)「政策評価に関する基本方針」平成17年12月16日閣議決定，Ⅰ項2。

見直し・改善につなげることが期待されている。また行政機関自らが政策評価を実施するが、外部からの意見・要望の受付窓口を整備することが求められている[20]。また評価書は公表される（10条2項）。なお政策の改廃をも視野に入れる政策評価と別に、所与の政策について合目的性等の評価を行う行政評価も行われている。

また「公文書等の管理に関する法律」は、行政文書の管理に関する基本事項を規定し、さらに「行政機関の保有する情報の公開に関する法律」は、一定の例外を除く行政文書について国民の開示請求権を規定する（3条）。これらは、国民に情報を開示し、行政監視なり参加なりに貢献することを狙いとする。

三　内国規制に関する国際ルールの発展

1　貿易自由化・投資保護

（1）WTO協定

内国規制は、輸入品にも適用されて貿易に影響を及ぼすことから、内外差別を禁じる内国民待遇義務が規定されている（GATT3条4項）。関税譲許の効果を差別的な内国措置によって減殺することの防止でなく、競争条件の平等性確保が目的であるが、その平等性が何を意味するのかが解釈上の問題であり、この点は、四において詳しく検討する。またウルグアイ・ラウンドにおいて強制規格に関する規律を定めるTBT協定が合意されたが、同協定については次章で詳しく検討する。またサービスに関する規制については、GATSの内国民待遇義務（17条）などが関係する（第17章四1(3)）。

（2）投資協定等

内国規制は、生産に関するものであれ、産品・サービスの販売・流通に関するものであれ、国内における企業活動に影響し、投資にも影響をもたらすことから、投資協定においても様々な規定が置かれている。外国投資家の差別を禁止する内国民待遇義務、財産の収用について適法とする要件を定め、また補償を義務付ける規定などがある。ここでも、投資財産の権利保護、国内投資家との競争における平等性確保などを目的とするものと理解されることが多いが、資金利用の最適化の観点から政策目的について正当性・手段について最適性を要求する規定と理解することも可能である。

---

[20]　同上、Ⅰ項9(2)。

なお友好通商航海条約（Treaty of Friendship, Commerce and Navigation, "FCN"）は，企業活動に関する内国民待遇義務その他を規定しており，投資協定の役割をある程度果たす。投資協定が締結されていない先進国間において締結されていることが多く，またGATS，投資協定等で約束されていない分野もカバーするなどの有利性もある。

また外国投資のための支援策としても政府間協定が利用されている。日本では，インフラ整備等の分野において他国と協力・情報交換等を約する省庁間の覚書が多数締結されている[21]。たとえば，外国投資に当たっては投資先国の様々な情報が必要であり，とりわけインフラ整備の分野では投資先国政府が有している情報で公開して差し支えないものの入手をこうした覚書が容易にする可能性があろう。経済連携協定におけるビジネス環境整備の枠組み（第2章三1を参照）などもそうした目的のものと考えられる。

2　管轄権の調整

自国内で生産され又は輸入される産品を規制することは，その規律管轄権の範囲内である。したがって域外の事項に関する措置であっても輸入品を規制するだけであれば管轄権の問題は生じない。たとえば地球温暖化問題に対する対策として自国内において二酸化炭素の排出を抑制すべく炭素税を導入する場合，二酸化炭素の排出が規制されていない輸入品との競争上不利になるとして，炭素税相当の課徴金を賦課することが検討されている。かかる国境炭素税は，域外の事項を対象にするものであるが，輸入品に対して規制を適用している以上，管轄権の問題は生じない。その製造過程における消費者保護，環境保護又は労働者保護などを問題にするのであっても，同じである。外国政府に対して，消費者保護などの措置を執るよう経済的に圧力をかけることになるが，武力による威嚇と異なり，それ自体として必ずしも直ちに国際法上違法となるわけではない。

ただし，こうしたPPM措置は，WTO協定において制限されており，先例上輸出国の国内状況の相違を適切に考慮することが求められている。その認定に当たり，規制の必要性・最適性について輸出国政府の政策判断を尊重するという考え方に立つならば，自国領域内における環境保護や労働者保護について（生産及び輸出）国の第一次的管轄権を事実上認めることになっていると言うこともでき

---

21) たとえば国土交通省は社会資本整備に関して様々な国と協力のための覚書を締結している。その例として，ベトナム社会主義共和国建設省との間で都市計画等に関して締結された覚書がある。国土交通省のHP［http://www.mlit.go.jp/common/001065130.pdf］から入手可能である。

る。

　この点，比較優位論＝協力モデルから考えれば，最善の国内規制を設計し得るのは，国内の関連事項に対する強制的な調査権をも有する当該国政府である以上，当該政府の裁量を一義的に尊重すべきであろう。他方，国際競争論＝共存モデルから考えれば，措置国政府の裁量を尊重する必要が当然に認められるわけでなく，そう考えるためには合意が必要である。投資協定における国内規制に対する規律についても同様である。

3　実体規制の調和

　国内規制は各国の政策及び経済・取引の実情等の違いを反映して，規制の目的も規制の方法も多様であり，規制当局の関心も必ずしも同じでない。ハーモニゼーションが容易である場合もあればそうでない場合もある。

　次章で検討するとおり，様々な分野で世界的な標準化が進展しており，また食品・医薬品等，電気機器，自動車，通信機器等について保安・環境保護などの観点から定められる技術的規制（強制規格）についても国際的調和を推進するフォーラムがいくつも形成され，活発に活動している。フォーラムごとに拘束力・強制力等の点で違いがあり，いずれも交渉又はピアレビューによって標準への収斂が図られているが，そもそも国際標準のように拘束力のない場合と，環境保護条約のように基準に拘束力がある場合とがある。WTOのSPS協定及びTBT協定は，一定の条件・範囲で国際標準について拘束力を認めている。

4　手続規制の調和

　本章二3において見たとおり，国内法には，行政手続法や政策評価，行政訴訟といった政府措置に関する手続法が存在する。WTO協定においては，関税措置の救済のための裁判手続を用意し（第3章四10参照），強制規格について制定前にパブリックコメントを求めることが要求される（第9章四3(4)参照）などの手続的規律を定める規定が存在する。紛争解決手続における証拠の扱いによって立法事実の公表が促される可能性があり，さらに立法論として，こうした手続的規律をより一般的な形で国際ルールとして導入することが推奨されるが，国際競争論＝共存モデルでは，利害関係者の主観的利益を反映する機会を付与することが求められ，比較優位論＝協力モデルでは，政策判断の最適化のために情報及び判断能力をいかに確保するかという発想で制度設計をすることになる。後者の発想では，投資協定においても，公正衡平待遇等を行政手続法的保護を要求するものと捉えられることについては本章四2(3)を参照。

また政策評価に限定すれば，WTOにおける貿易政策検討手続（TPR）（第2章二2(2)を参照）など国際機関によって事後評価が一部実施されていると言える。財政・金融分野については第15章を参照。越境環境損害の可能性がある計画についての環境条約上の事前協議手続（第2章三3(2)を参照）は事前評価であるが同じく政策評価の流れに属すると言えよう。

四　国内規制に対するWTO協定及び投資協定上の規律

　国内規制に対しては，WTO協定上内国民待遇義務を規定するGATT3条4項が基本的な規律を定めている。一定の目的のための措置を除外する20条も当然関連しそうに見えるが，第1章三3(1)及び五2(2)において検討したようにその位置づけには争いがあり，後に検討する。技術的規制及び規格については，次章で扱うTBT協定が詳細な規律を定めている。投資協定においては，公正衡平待遇義務のほか，内国民待遇義務があり，また事業の廃止を強制するような規制的収用（regulatory taking）については収用の規定が関係する。WTO協定は，貿易に影響する国内規制を対象としているので，それ以外の国内規制たとえば工場の立地に関わる環境規制，工場の操業規制などには通常規律が及ばない（ただし国内産業保護を目的とする例外扱いは非違反申立又は状況申立の対象となる可能性がある。第2章二3(5)(イ)を参照。またサービス業に関しては対象とされる。第17章を参照）。こうした規制又は投資許可の要件については，国内部品使用義務など貿易に影響する範囲でのみ規律が及ぶ。投資企業（又は国内生産者）に対する補助金の要件についても同じである。これに対して，製造工程の国内移転・研究開発部門の設置等を投資許可又は補助金の要件とすることは，産品貿易に直接影響せずGATTの違反となり得ない（サービス業についてはGATS上約束があれば市場アクセス又は内国民待遇義務の違反とされる可能性がある）。これに対し，投資協定は，投資に影響を及ぼす措置を対象とするので，こうした規制・要件をむしろ対象事項の中心としている。製造工程の国内移転・研究開発部門の設置等を投資許可又は補助金の要件とすることは，たとえ国内投資家にも適用されるとしても，かかる要件を充たせる国内投資家との関係で要件を充たし難い外国投資家を不利に取り扱っており，かつかかる区別が正当な目的でなされていると言い難いため，内国民待遇義務（又はパフォーマンス要求の禁止）に違反しないかが問題となる。新規投資又は投資拡大のための投資許可等の要件とされることを問題視するには投資前すなわち設立・拡張に対する内国民待遇義務（いわゆるプレの約束）が必要である可能性が高いが，既存の事業活動の継続のための投資許可更新又は補助

金付与の要件として製造工程の国内移転等が追加され，又は既存の要件が強化されるという事案については，（パフォーマンス要求の禁止が約束されていなくても）通常の内国民待遇義務で対応できないか可能性を探る価値がある。

さらに貿易自体に対する規制も，投資先における原材料・部品調達又は製品輸出等に影響があり，その結果事業自体にも影響が及ぶのでその範囲で投資協定においても規律される。

なおいずれの場合も，WTO協定及び投資協定の規定を，国際競争論＝共存モデルに立ち，貿易自由化／投資保護と規制利益との調整の結果と捉えるか，比較優位論＝協力モデルに立ち，貿易自由化／投資保護と規制利益とを統合し，世界経済・社会が保有する資本の最大化という目的を共有し，その追求のために目的の正当性及び手段選択の客観的最適性を求めるものと捉えるかで解釈が大きく異なると想定される。ただし前者の立場であっても，その調整原理として「比例性の原則」が言及されることが多くなってきており，比較優位論＝協力モデルとの違いが見えにくくなってはいる。この点は第１章三４(４)(ウ)で検討したが要点を再掲すると，「比例性」の要素としては，①規制目的の正当性，②規制目的に対する規制手段の適合性（suitability），③当該規制手段の必要性（necessity）すなわち必要最小限性，④規制の目的と手段（便益と害）の間の均衡性，の４点が挙げられることが多い。また最後の均衡性が狭義の比例性原則であって比例性判断の中核をなし，この点の判断における恣意性の排除が重要であると理解されている[22]。これに対して，すでに述べたように，比較優位論＝協力モデルは，是正手段の客観的最適性を関係国全体の経済・社会の保有する資本の最大化を実現するか否かの基準に照らして評価し，したがって，上記①〜④すなわち正当性・適合性・必要性に加えて均衡性を経済・社会が保有する資本の最大化という評価基準に照らして考える。これに対して，国際競争論＝共存モデルに立つ限り，均衡性判断は，矛盾対立する複数の価値のいずれを優先させるかという価値判断にならざるを得ず，主観性・恣意性を排除することが原理的に不可能であり，結局当事国の主観的合意を文言から推測し判断の拠りどころにせざるを得ないし，またそうした価値判断を条約の解釈適用の名の下にパネル等が実質的に担ってよいのかという問題もある。

---

22) 伊藤一頼「投資仲裁における比例性原則の意義——政府規制の許容性に関する判断基準として」（RIETI Discussion Paper Series 13-J-063）（2013年），［http://www.rieti.go.jp/jp/publications/dp/13j063.pdf］から入手可能。

1　WTO協定上の規律

(1) 内国民待遇義務
(ア) 制度趣旨

　GATT3条4項は，輸入品の販売，使用等に関わる国内規制・要件に対する内国民待遇義務を規定し，輸入品に対して国産の「同種の産品」「よりも不利でない取扱い」をすることを求めている。その制度趣旨は，3条2項に関する先例に照らせば，輸入品と国産品との平等な競争関係（equality of competitive conditions for imported products in relation to domestic products）の確保と理解されている[23]。

　第8章四2(1)において触れたように，「平等な競争関係」とは，国際競争論＝共存モデルに立てば，問題の措置がなかったと仮定した状態，比較優位論＝協力モデルに立てば，対象措置が想定している「市場の失敗」を客観的に最適の手段で是正した状態（放置することが最適である場合は是正しない状態）を意味するはずである。前者では，貿易に対する競争機会が重要であり，輸入品が全体として不利に扱われるかが問われ，後者では，規制の正当性，必要性及び最適性が重要であり，個々の輸入品がかかる「平等な競争関係」よりも不利に扱われているかを問うことになろう。

(イ) 対象範囲

　3条4項は，規制を定める法令のみならず，補助金その他様々な特典又は不利益が付与される「要件（requirements）」も対象としている。「要件」とはその遵守が義務でなく又はその遵守が補助金等利益を得るために必要な場合に限定されず，いわゆる行政指導も含まれるとした先例がある[24]。投資許可の条件として締結した国産品購入約束も含まれる[25]。輸入者等の経済主体に直接適用されるものに限らず，政府機関を名宛人とする措置も対象とされる。また国産品と輸入品との間の競争関係に影響する以上規律の対象とする必要があり，輸入品の販売等に「関する（affecting）」とは，販売等を「規制する（governing）」の意味でなく，広い意味に理解されている[26]。

　また国内投資を活発化するため，投資許可において国産品購入義務，完成品に

---

23) Appellate Body Report on *Japan – Alcoholic Beverages II*, pp. 16-17.
24) Panel Report on *Japan – Film*, paras. 10.375-10.377.
25) GATT Panel Report on *Canada – FIRA*, paras. 5.4-5.6.
26) GATT Panel Report on *Italy – Agricultural Machinery*, para. 12. この先例がWTOにおいても踏襲されている。

対するローカルコンテント要求などが定められることがあるが，かかる措置は，投資許可の「要件」における輸入品差別として内国民待遇義務違反となるとの先例がGATT時代から存在する[27]。ただし途上国の開発政策の手段として需要が高いことから，WTO協定においては，「貿易に関連する投資措置に関する協定」(TRIMs協定)が貿易に関連する投資措置（TRIMs）としてこのような内国民待遇義務違反（及び輸入制限が課される場合にはGATT11条1項違反）の措置を協定不整合とすることを確認すると共に，一定期間内に通報した措置については撤廃の猶予を認める（TRIMs協定5条）など透明性を確保する手続を規定している。なお研究施設など特定の投資要求，現地人雇用要求などWTO協定の対象とならない措置を含めてこうした措置は，投資協定において，パフォーマンス要求と総称され禁止対象とされていることがある。本項2(6)を参照。

　対象措置の外延を明らかにする上では，まず3条の注釈（GATT附属書I，「第三条について」）を見る必要がある。同注釈は，輸入品に対して輸入時点で適用又は実施されるとしても，国産品について製造又は国内販売時に適用又は実施される措置は3条4項の対象であるとしている。たとえば，日本の食品衛生法上，有毒物質を含むなど一定の食品の製造・輸入が禁止されている（6条）。本章二1で触れたように，海外の製造者に対して執行管轄権が及ばないため，製造者でなく輸入者を規制対象としなければならない。この輸入禁止措置がGATT11条1項の対象でなく，国内製造禁止措置と一体として3条4項の対象であると確認するのが注釈の趣旨である。これに対して，販売用の食品の輸入において，検疫所に届け出を行い，その確認を得た書面を確認のため税関に提出することが通関時に要求されていること（関税法70条）は，通関手続が輸入品にしか存在しない（国産品については出荷時に届け出が必要とされていない）以上，GATT3条4項の問題でなく，11条1項の問題となる。

　3条4項と11条1項との適用関係が争われた先例が多数あるが，必ずしも明確な基準が示されているわけでなく[28]，単一措置に対して両方の違反が主張されることが今でもある。Brazil – Retreaded Tyresケースにおいては，伝染病を媒介する蚊の温床になるなどの問題のある廃タイヤを減少させるために寿命の短い再生タイヤ（表面のゴムが使用により摩耗した中古タイヤにゴムを引き直したもの）の輸入を禁止し，他方新規タイヤは輸入・国産とも販売が制限されず，また国産再生タイヤの販売も禁止しなかったことの協定整合性が争われ，3条4項及び11

---

27) GATT Panel Report on *Canada – FIRA*, paras. 5.4-5.6.
28) この問題については，平覚「ガット第三条と第十一条の適用関係（上・中・下）」『貿易と関税』45巻，6，7，8月号，22-30, 22-37, 100-113頁（1997年）が詳しい。

条1項の両方の違反が主張された。ただし，措置国ブラジルが11条1項の違反について反論しなかったため，その前提で検討が進められた[29]。しかし，後に見るように，このケースで問われるべきは，輸入される再生タイヤがもたらす環境負荷に照らして選択された規制手段すなわち輸入禁止が過重でないか，ではなく，廃タイヤの原因となり得る非再生タイヤを含むタイヤ全体のうち輸入再生タイヤだけを禁止することが公平であったか，であった。その問題を的確に扱えるのは，国産再生タイヤ又は非再生タイヤとの取扱いの差異を問う内国民待遇義務だったのではないかという疑問がある。

　3条と11条1項との棲み分けは，内外差別を禁止する3条と，一定の政策目的のための措置を例外とする20条との関係をいかに解するか，にかかっているように思われる。第1章三3(1)及び五2(2)で説明したように，国際競争論＝共存モデルの発想では，内国民待遇義務が保護する「競争関係の平等性」は，目的の如何を問わず輸入品に相対的に重い負担をかける措置によって害されるが，貿易を阻害しても行うべき一定の政策を留保する必要があり，20条がその役割を担うと考える。この考え方では，3条と11条1項との区別は，輸入品が受ける負担を国産品との関係で相対的に評価するか，それ自体として絶対的に評価するかの違いでしかなく，個々の対象措置についていずれの基準を適用すべきかを決定する手がかりを見出し難い。これに対して，比較優位論＝協力モデルは，あるべき競争関係を保護しようとするので，「市場の失敗」の是正を目的とする措置については，その手段の選択が客観的に最適である限り許容すべきであり，内国民待遇義務の適用において対象措置の目的の正当性が評価されることになる。したがって20条の意義は，貿易自由化の例外でなく，管轄権の限界その他から輸出入に対して特別の扱いをすべき場合すなわち平等でない扱いをすべき場合にその限界を定めることに限定される。この考え方では，3条と11条1項のいずれの対象とすべきかを，措置の目的等からみて輸入品及び国産品の双方に適用すべき措置か輸入品にのみ適用すべき措置かという基準で判定できる。*Brazil - Retreaded Tyres*ケースの対象措置は，後者の考え方に拠れば内国民待遇義務の問題とすべきであった。

　対象範囲については，いわゆるPPM措置をどう考えるかの問題もある。PPM措置は，輸入品及び国産品の双方に適用されているが，産品それ自体を扱っていないとして，3条4項でなく11条1項の対象となるとするのが確立した先例である[30]。この取扱いについては，PPM措置の問題性に鑑み，内国民待遇義務の対

---

29) Panel Report on *Brazil - Retreaded Tyres*, para. 7.34.

象とすると形式的に内外無差別であれば許されてしまうので，20条適合性の厳格な審査を要求すべき，という問題意識が影響しているように思われる。しかし，近年のTBT協定における先例（*US – Tuna II*（*Mexico*））において，産品の生産方法に着目した表示義務について内国民待遇義務を定める同協定2.1条整合性が検討され，輸入品に対して「より不利でない待遇（no less favourable treatment）」を付与していないとして違反が認定されている[31]（第10章四3(2)を参照）ことに鑑みると，同じ文言を使用している3条4項においてPPM措置が将来取り扱われるようになる可能性があるようにも思える。さらに，商業的方法によって狩猟されたアザラシ製品の販売禁止が争われた*EC – Seal Products*ケースにおいて，上級委員会は，3条4項の対象として扱ったパネルの判断に異議を述べていない。ただし，次項で見るように，規制負担が輸入品に偏っていることを理由として不整合と認定している[32]ことから，規制対象が内外でそれほど異ならない場合にはPPM措置が許されるとする趣旨か疑問がある。この点は，次項（ウ）③において再度検討する。

なお産品の品質・性質を規制しようとして生産方法を規制する，いわゆる産品関連PPM措置は，一義的には通常の規制と同様に扱えばよいと考えられる（第7章一2を参照）。しかし，外国生産者が生産方法の規制を遵守していることの実地検証が執行管轄権の制限故にできないとして，たとえば規制遵守に疑いが生じた場合に輸入品と国産品とで異なる取扱いがなされる可能性がある。これは，執行管轄権の制限から生じる問題であるから，第6章で取り扱う検疫措置・税関措置と同じく，内国民待遇義務でなく輸入制限を規制するGATT11条1項の対象とし，たとえば20条(d)号によって正当化されるかどうかを問う方が適切であろう。

またこの関係で，規制の執行のため第三者による適合性評価を要求する場合に，自国内の評価機関での評価を要求することをどう考えるかという問題がある。輸入国国内で認証を受けられる点で輸入品と国産品との区別がないとして内国民待遇義務（3条4項）に抵触しないとする考え方もあろう。これに対して，販売にあたり輸入国内で一定の手続の履践を要求すると考えれば負担するコストは輸入品のほうが重いと思われるので，輸入制限の禁止（11条1項）の対象となるか，又は内国民待遇義務（3条4項）に形式的に違反するが，適用される基準が同じであり，ただ管轄権に起因する執行上の差異がある（適合性評価機関の認定のた

---

30) Panel Report on *US – Shrimp*, paras. 7.11-7.16. また第7章四4を参照。
31) Appellate Body Report on *US – Tuna II*（*Mexico*）, para. 407（b）.
32) Appellate Body Report on *EC – Seal Products*, paras. 5.97-5.117.

め強制立入調査権限まで必要とするなど）だけであって20条(d)号で正当化されるという議論もあり得よう。自国内の機関に限定すべき理由が客観的に存在しなくても国内の評価機関に限定してよいという解釈には抵抗があり，後者のほうが適切に思えるが今後の課題であろう。この点は，本項(3)を参照。またこの点の考え方は相互承認が許される範囲にも影響する。

(ウ)「同種の産品」「より不利でない待遇」

① 概　観

次に，3条4項の要件として「同種の産品」及び「不利でない待遇」がどのように解釈されるかが問題になる。輸入品か国産品かで区別する法的な (de jure) 差別のみならず，事実上の (de facto) 差別も禁止されているとの共通理解があるが，その考慮要素については争いがある。この点，上級委員会は，措置の目的を考慮するか否かについて微妙な揺れを示していたが，最近のケースにおいて実質的な判例変更がなされたように思われる。

まず*EC - Asbestos*ケースにおいて，人体に害を及ぼす危険があるとの認定に基づいてアスベスト及びアスベストを含有する建材の製造，販売及び輸入をフランスが禁止したことが問題とされた。申請国カナダが，競合関係にある特定のガラス繊維及びこれを含有する建材について規制がないことを問題視し，国産のかかる建材等よりもカナダ産のアスベストを含有する建材等が不利に取り扱われているとして，内国民待遇義務違反であると主張した。パネルは，「同種の産品」性が，3条2項におけると同じく，産品の物理的性質及び用途，使用者の嗜好等を考慮して決定されるとし，この基準に照らし，双方の建材等が「同種の産品」であって，アスベスト関連製品だけを輸入禁止している故に輸入品であるアスベスト関連製品に対して国産のその他の建材との関係で「より不利でない待遇を許与」していないとして3条4項違反を認定し，しかしながら，アスベスト関連製品の輸入等の禁止が人の健康保護のために必要な措置であるとして，20条(b)号によって正当化されるとした[33]。これに対して，上級委員会は，健康に対する悪影響の故にアスベスト関連製品に対する消費者の嗜好がガラス繊維製品に対するそれと異なっており，よって両者が「同種の産品」でなく，取扱いを変えても3条4項に抵触しないとした[34]。「より不利でない待遇を許与」していないとはどのような状態を指すかについては判断していない。ただし輸入品と国産品との取扱いの差異を評価するには，個々の産品ごとでなく，全体としてみるとする[35]。

---

33) Panel Report on *EC - Asbestos*, paras. 8.155 and Section VIII.E.4.
34) Appellate Body Report on *EC - Asbestos*, para. 126.

また上級委員会は，*EC - Seal Products* ケースにおいて，商業的方法で狩猟されたアザラシ製品の販売禁止措置について，国産の製品の大半が対象外とされ，外国産の製品の大半が輸入禁止されたことをもって「より不利でない待遇を許与」していないとしたパネルの判断を是認し，TBT協定2.1条の規定する内国民待遇義務の解釈に倣って同種の産品の区別が正当な目的による区別であることが追加的に必要であるとしたECの主張を退け，目的の考慮は20条においてなされるとした[35]。また *EC - Asbestos* ケースにおいて，上級委員会は，措置の目的が輸入品と国産品との競争関係を評価するに当たり関連性があることを認めている[36]。これに対して，*EC - Seal Products* ケースにおいて上級委員会は，3条4項において措置の目的を考慮する必要がないと明言しているので，事実上判例変更がされたと評価すべきであり，今後が注目される。

　3条4項の要件ごとに見ていくと，まず，取扱いの差異は「同種の産品」間でのみ問題となるところ，先に述べたように，産品の物理的性質及び用途，使用者の嗜好等を考慮して決定されることに先例上なっている。次に，「同種の産品」が競争関係にある産品よりも広いか否かが問題となる。たとえば大型高級車も小型の普及車も四輪の乗用車である限り「同種の産品」であるとすれば，「同種の産品」は直接競争関係にある産品よりも範囲が広いことになる。この点，租税に関する内国民待遇義務では「同種の産品」が直接競争産品に包含されると先例上考えられており（第8章四2(1)を参照），アンチダンピング措置等貿易救済措置の世界では逆に後者が前者に包含されていると考えられている（第12章四3(3)を参照）。

　この点は貿易自由化の意義から考える必要がある。国際競争論＝共存モデルに立てば，比較の対象は直接の競争関係にある産品，少なくとも潜在的には直接の競争関係にある産品に限定されるはずである。そうした関係にない輸入品と国産品との間の取扱いが違っていても貿易阻害的な効果をもたらすと言えないからである。たとえば，ある商品において，ハイエンドの商品セグメントAとローエンドのセグメントDとの間に，ミドルクラスのセグメントB・Cが存在し，同一セグメント内又は隣り合うセグメント内のモデル同士は競争関係にあるが，それを超えては競争がないとする。この場合，同一又は隣り合うセグメント内の輸入

---

35) *Ibid.*, para. 100.
36) Appellate Body Report on *EC - Seal Products*, paras. 5.123-5.130.
37) Appellate Body Report on *EC - Asbestos*, para. 115. この問題に関しては，Amelia Porges and Joel P. Trachtman, "Robert Hudec and Domestic Regulation: The Resurrection of Aim and Effects," *Journal of World Trade*, Vol. 37, Issue 4 (2003), pp. 783-799, 795.

品及国産品間での規制上の取扱いの違いを内国民待遇義務上問題とすべきであり，競争関係にないたとえばセグメントAの輸入品とセグメントDの国産品との取扱いの違いを問題にする意味がない。AとB，BとC，CとDそれぞれの間で比較がなされる結果，当該商品全体での無差別取扱いが間接的に要求される可能性があるに止まる。これに対して，比較優位論＝協力モデルでは，次に見るように，内国民待遇義務を貿易でなく経済を歪めることを禁止し，すなわち規制の最適化を要求する規定と捉えるので，直接競争関係にある産品に限定する必要が必ずしもなく，たとえば製造において代替性がある産品でもよいということになる。次に見るように，個々の産品間で取扱いを比較するので，上記仮設例ではたとえばAとDとの比較も行うことになるが，規制目的に照らして最適な制度設計になっているかどうかだけが問題であるから，産品間で競争関係がなくても差し支えない。いずれの考え方にしても，比較の対象を「同種の産品」に限定するのは，それを超える比較を要求すると規制の制度設計の自由度を過度に制限してしまうからであろうが，国際競争論＝共存モデルでは「同種の産品」を競争産品に限定しないとやや説明がしにくい点が残ると言わざるを得まい。

「より不利でない待遇を許与」しているか否かの点も貿易自由化の意義をいかに考えるかで考え方が分かれる。国際競争論＝共存モデルでは，目的の如何を問わず，内国民待遇義務すなわち差別禁止の規定を，国産品との関係で輸入品に相対的に重い負担を課す措置を禁止するものと理解し，政策目的によって正当化するならばGATT20条に拠るべきとなる。これは，「より不利でない待遇」要件についても措置の目的を考慮しない *EC – Seal Products* における上級委員会の判断に合っているし，個々の産品間の比較でなく，輸入品と国産品とを全体として比較する *EC – Asbestos* における上級委員会の判断にも合致している。

これに対して，比較優位論＝協力モデルでは，内国民待遇義務の趣旨を，資本の最大化という目標に照らして輸入品と国産品とのあるべき競争関係すなわち「市場の失敗」を最適な手段によって是正した状態を逸脱することの禁止と理解する。内国民待遇義務の検討において措置の目的の考慮を必須とする点で，*EC – Seal Products* における上級委員会の考え方と対立する。措置の最適性を求めるため，最適な手段を選択した場合と比較して輸入品が一つでも不利に取り扱われているか又は国産品が一つでも有利に取り扱われているならば是正を求めるべきであり，したがって，輸入品と国産の「同種の産品」の個々の産品同士で比較すべきであり，また客観的に最適な措置によって「市場の失敗」が是正された状態を「平等な競争関係」の基準とすべきであると考える[38]。たとえば，*Brazil – Retreaded Tyres* で問題となった廃タイヤを減少させるためのタイヤ製品に対す

る販売規制であれば，本項(2)における20条(b)号の検討を準用し，新規タイヤを含めた全体に対し，廃タイヤになり「負の外部効果」を発生させる可能性を反映する，回収費用等を勘案した適切な額の課徴金を一律に賦課した状態を「平等な競争関係」とし，輸入再生タイヤの販売禁止は，規制されていない国産新規タイヤとの比較において「より不利でない待遇」を許与されていない，とするわけである。ただし，タイヤ製品全体の販売禁止であれば上記「平等な競争関係」よりも輸入品が不利に扱われているが，国産品に比して「より不利でない待遇」を許与していないとは文言上言い難いかもしれない。措置の絶対的な必要性を要求するたとえばGATT20条(b)号，TBT2.2条のような規定にこの問題を委ねることも考えられる（それぞれ第6章四2(1)及び第10章四3(3)を参照）。

かかる解釈は，TBT協定2.1条における同じ文言（"no less favourable treatment"）について示されている考え方（第10章四3(2)を参照）に近い。この解釈は，GATT20条を，特定の政策目的のための措置による退脱を留保した規定でなく，執行管轄権その他の理由で輸入品又は輸出を特別扱いせざるを得ない場合を例外とした規定と理解する（第1章二2(2)参照）ので，上級委員会の考え方と異なり，TBT協定に対応する規定が存在しないことはGATT3条4項とTBT協定2.1条とで同じ文言の解釈を変える理由にならない[39]。このように考えると，「同種の産品」要件は，最適な手段の選択において考慮すべき選択肢の範囲を限定する意義を有することになる。たとえば自動車の排ガス規制の設計において同種の産品でないオートバイの排ガス規制との一貫性が求められない。またそうであれば，「同種性」判断において販売における競争性だけでなく生産における代替可能性をも考慮することがより適切に思えてくる。

②「産品をそれとして扱わない規制」

GATT先例上，産品をそれ自体として（as such）取り扱わない措置は内国民

---

38) EC – Asbestosにおける上級委員会判断は，この考慮を「同種の産品」の判断において実質的に行っているが疑問である。安全性に問題があることが知られていても，アスベスト関連製品とガラス繊維製品とが必ずしも区別されておらず，価格等の理由でアスベスト関連製品を使用してしまう業者が存在するからこそ法律で販売・使用を禁止することが必要であったはずだからである。

39) 上級委員会は，3条において措置の目的を考慮しなくても，正当な目的である限り20条で考慮されるので問題が生じないと述べた（Appellate Body Report on *EC – Seal Products*, para. 5.128）が，20条で考慮されるというだけでは十分でないことを看過している。たとえば消費者の誤認防止のため輸入国の言語以外による表示を厳しく制限することは輸入品に大きく負担となる反面，国産品には特段の問題がないため内国民待遇義務違反とされる可能性が高いが，消費者の「生命又は健康」でなく財産的利益の保護が目的であるため，仮に目的に照らして貿易制限効果が最小である措置であったとしても，20条によって全く正当化できない（20条(d)号はそれ自体が内国民待遇義務違反である措置を文言上正当化できない）。

待遇義務に抵触するとされた。*US - Taxes on Automobiles* ケースにおいて，自動車に対して燃費効率に応じて環境税を課す場合，個々の型式の燃費効率に応じて税率を設定するのでなく，生産者ごとの製造しているモデルすべての燃費効率の平均に応じて税率を設定することが内国民待遇義務違反を免れないとされた[40]。

　上記の方法では，同じ燃費効率のモデルであっても，それだけを輸出している海外メーカーのモデルと，より良い燃費効率のモデルも製造販売している国内メーカーのモデルとで前者が不利になる。燃費効率に応じて型式ごとに税率を設定する方法よりも，燃費効率の向上ひいては資源の節約を実現できるのであれば格別，そうでなければ一部であれ輸入品が不利になる可能性のある措置を認めなければならない理由が見当たらない。正確には海外メーカーと国内メーカーとで同一の規制を適用しているに止まり，競争上不利になる輸入品が存在する以上，内国民待遇義務違反とされるのは当然である。

　ただ「産品をそれとして扱わない措置」を内国民待遇義務違反とする，という考え方は，文言上の足がかりが乏しく，WTOにおいてはあまり言及されていない。「競争関係の平等性」を対象措置が是正しようとする「市場の失敗」が適切に是正された状況を基準として個々の輸入品の取扱いを考える比較優位論＝協力モデルの考え方では，「産品をそれとして扱わない措置」か否かを「より不利な待遇を許与」しているか否かの要件の検討において完全に捉えることができ，独立の基準として認知する必要がなくなる。

③ PPM措置の規律

　第7章四4で検討したように，PPM措置は，輸入品及び国産品の両方に適用することを想定していても，内国民待遇義務の対象でなく，GATT11条1項の対象とするのが先例である。一見すると，PPM措置が3条4項の対象であるとした場合，国産品と輸入品とで全く同じ規制を適用する以上内国民待遇義務違反を問えず，協定整合的と判断されてしまうように思えるが，そうしたPPM措置を内外差別であるとしたWTOの先例がすでに存在する。*US - Tuna II (Mexico)* ケースは，イルカの混獲防止のために特定漁法により捕獲されたマグロについてのみ特定の表示を許容した措置について，GATT3条4項と類似の規定を定めるTBT協定2.1条に抵触するか否かが争われた事案である。上級委員会は，対象海域ごとに漁法がもたらすイルカに対する影響の差異があり，その差異に適切に応じた規制措置となっていることの証明がなされていないとして，2.1条違

---

[40] GATT Panel Report on *US - Taxes on Automobiles*, paras. 5.53-5.54.

反を認定した[41]。この先例に鑑みれば，形式的に同じPPM規制を輸入品及び国産品に適用していても，GATT3条4項に抵触する可能性がむしろ高いというべきであろう。ただし，*EC – Seal Products* ケースでは，商業的方法により狩猟されたアザラシ製品の販売禁止について禁止対象となる産品が輸入品において多く国産品において少ないことに着目して内国民待遇義務違反を認めたパネルの判断を上級委員会が支持している[42]。規制対象・負担に内外で差がなければ差し支えないという趣旨であるとすると，PPM措置に大きく道を拓いたことになるが，GATT11条1項の対象として扱ってきた先例と整合的か大いに疑問である。

なお比較優位論＝協力モデルに立ち，経済・社会が保有する資本の最大化を共通目標とすれば，本項（ア）で触れたように，輸入品に対して「より不利でない待遇を許与」していると言えるためには，目的が正当でかつ目的と措置の構造との間に厳格な合理的関係を必要とする。その場合，国内と外国とで状況が全く同一でなければ同じ基準を適用できないであろうし，さらに外国の状況を正確に証明して，国内状況との差異に的確に応じた基準を採用しなければならないとすると，PPM措置が内国民待遇義務上問題ないとされるのはきわめて例外的になろう。状況の差異を正確に指摘し規制においてこれに応じた最適な差異を設けているか否かについて措置国の主張を尊重する理由はないからである。このような解釈がなされるならば，PPM措置のGATT20条（g）号該当性について発展した先例に照らした場合と，内国民待遇義務違反か否かを検討した場合とで結論がほとんど変わらないことになる。

つまり，3条4項をこのように解するならば，敢えてPPM措置を内国民待遇義務の対象外としなくても結論に違いはない。とくに，*US – Tuna II* (*Mexico*) ケースで争われたような生産方法に関わる表示の規制であれば，当該表示を避ければ輸入が可能であるので，GATT11条1項に抵触する輸入制限と捉えることに抵抗があるかもしれない。従来輸入制限として11条1項に抵触するとされてきたPPM措置全体を内国民待遇義務の問題として統一的に捉えることは十分検討に値する。

（2）20条例外

GATT20条は，GATTのすべての条項の例外を定めるものであるから，内国民待遇義務に整合しない国内措置にも形式上適用がある。20条の解釈については，

---

41) Appellate Body Report on *US – Tuna II* (*Mexico*), para. 297.
42) Appellate Body Report on *EC – Seal Products*, paras. 5.123-5.130.

第6章四1(2)並びに2(1)及び第7章四1(3)並びに2(2)において詳細に検討した。内国民待遇義務との関係については，*EC – Seal Products* ケースにおいて明確な立場が打ち出されたが疑問がある。この点は，前項(ウ)①を参照。

なお *Brazil – Retreaded Tyres* ケースにおいて，対象措置が人等の生命・健康の保護のために「必要」な措置を除外とする GATT20条(b)号で正当化されるかが問題となり，その結論は，環境保護措置を広く認める方向に舵が切られたと評価されている。このケースにおいて問題とされた再生タイヤの輸入禁止措置は，国境措置として GATT11条1項違反とされたところ，再生タイヤは，寿命が短いため廃タイヤの発生を増やし，この消費を制限すれば廃タイヤが減少すると考えられること，国産の再生タイヤはその原料として用いる中古タイヤについて輸入が制限されており，したがって国内で発生するものを使うので廃タイヤの増加に貢献しないこと，などを考慮し，また廃タイヤの回収などはすでにブラジル政府が行っており代替手段として適切でないとして20条(b)号の抗弁を認めた[43]。輸入品だけの制限が環境保護のために認められたことから環境保護の優越を認めたものと評価されている。

ただし，20条(b)号において，所与の目的を達成するより整合的な手段がなければ正当化されるとの先例に沿った一般論が示されており，環境保護の優越を認めたものとまで言えるか疑問がある。むしろ輸入制限が正当化されたのは当事国の争い方に拠るところが大きいと評価すべきである。まず，放置される廃タイヤの増加による国内環境の悪化防止がその目的であるならば，輸入品であれ国産品であれ，タイヤ製品（新規タイヤであると再生タイヤであるとを問わない）の利用は等しく廃タイヤの発生につながるのであり，したがって輸入再生タイヤだけでなく，すべてのタイヤ製品を規制対象とすべきであり，具体的な代替策としてタイヤ全体に対する課徴金を指摘すべきであったように思われる。検疫などと異なり，個々のタイヤが致命的な悪影響を及ぼし得るわけでないので，再生タイヤの輸入禁止まで必要か疑問であり，また新規タイヤも廃タイヤとなるにもかかわらず輸入及び国内販売を制限しなくてよいのかが疑問だからである。放置タイヤを発生させるタイヤの消費数量を全体的に減らすためには，廃タイヤの発生に貢献する度合いに応じてすなわち同額の課徴金を一律に賦課することが考えられ，さらにその課徴金をもって中古タイヤの回収に取り組む（したがって国内の中古タイヤを回収・使用する再生タイヤの国内生産者は利益を受け，結局負担額が小さくな

---

43) Appellate Body Report on *Brazil – Retreaded Tyres*, Section V, in particular, paras. 156-175.

る）のが対象産品を正しく平等に取り扱う措置であろう。かかる代替措置案が指摘されていたならば結論として20条例外該当性を否定すべきであったと思われる（なおそもそも論としては，輸入制限を規制する11条1項でなく輸入品・国産品間の差別を問題とする3条4項の対象とすべきであり，3条4項においても同様の議論により違反とすべきであったと考える）。使用後放置されて廃タイヤとなる可能性のある再生タイヤをどこまで規制してよいか，という問題設定である限り，国民の健康保護と再生タイヤの自由な流通とをどこでバランスさせるか，という価値判断の妥当性を検討することになるが，価値判断の関わる問題である以上，司法的な判断機関であるパネル・上級委員会が立ち入り難いのは当然である。これに対して，（国産の）新規タイヤの取扱いとの比較であれば，新規タイヤと再生タイヤとに適用されている規制水準の違いを問うことになる。したがって上記価値判断の当否を問うのでなく，規制国の価値判断の「同種の産品」間での整合性を問うことになり，司法的判断機関が相対的に立ち入りやすいと考えられる[44]。なおこれは国際競争論＝共存モデルを前提としているが，比較優位論＝協力モデルに立てば，客観的に最適な規制手段かどうかという問題設定になり，価値判断の問題を回避でき，また新規タイヤの規制を併せて考えるのが当然である。この問題については，比例性（proportionality）の原則に関わる第1章三4(4)(ウ)の議論を参照されたい。

　なお上記廃棄コストの差異に応じた規制を求める考え方は，有限天然資源の保存のための措置を正当化するGATT20条(g)号にも適用すべきであろう。たとえば，蓄積されることにより良好な環境（すなわち有限天然資源）を害するおそれのある原料物質等を含有する産品の輸入を禁止する一方で同じ国産品について国内の当該原料物質をリサイクルして使用する限りその販売を認めるという扱いを認めるべきでなく，当該原料物質が環境にもたらす負の外部効果に鑑みて当該原料物質の国内存在量が適切になるような額の課徴金を輸入・産出に課し，輸出・無害化に補助金を付与することを求めるべきである。当該原料物質の生産・輸入に対する賦課分に見合った額の課徴金を当該原料物質を含有する製品の輸入にだけ課すことはGATT上許されている（GATT2条2項(a)号）。ただし個々の産品が致命的な悪影響をもたらし得る場合は輸入禁止を認めるほかない。たとえば，国内生態系に悪影響を及ぼすおそれのある外来生物の輸入禁止は，生態系に対す

44） このケースの評価について，Chad P. Bown and Joel P. Trachtman, "Brazil – Measures Affecting Imports of Retreaded Tyres: A Balancing Act," in Henrik Horn and Petros C. Mavroidis (eds.), *The WTO Case Law of 2006-2007: Legal and Economic Analysis* (Cambridge University Press, 2009), p. 85.

る悪影響をゼロにする目標設定が正当であって，かつ一個体であっても輸入された外来生物が致命的な悪影響を及ぼすおそれがあるため正当化される。国内で生態系維持措置が実施されている限り，「国内消費制限に関連して」との要件も充たしていると言わざるを得ないであろう。

　PPM措置に対する20条例外の適用については，第7章四4で検討した。なお EC – Seal Products ケースにおいては，アザラシ猟が苦痛を与える方法でなされているとして，アザラシ製品の国内販売・輸入を禁止しつつも，イヌイットが狩猟したアザラシ製品等の輸入を例外として認めたECの措置が争われた。ECの主張通り動物福祉を目的とするならば上記例外はその目的を害する措置であり，例外扱いされる製品の大半がEC域内産であることから内国民待遇義務に抵触するとされたため，ECは，公徳の保護を目的とする措置であるとして20条(a)号による正当化を試みた。上級委員会は，動物福祉と伝統的文化の保護を総合して公徳の保護を目的とするとのECの主張を踏まえ，商業的狩猟と動物福祉の関係等が説明されておらず，恣意的な差別があるとして，20条柱書の要件を充たさないとした[45]。措置国ECは，域内の公徳保護を目的とすると主張したが，これはアザラシ猟の方法に着目したPPM規制であり，輸出国の個別事情の違いを考慮していないとして20条による正当化を認めなかったことを支持できる。第6章四1(2)(ア)で検討したように，アザラシの狩猟方法が残虐であるとしても，アザラシ製品自体が残虐性を外形上示していないので，仮に消費者の道徳感情が害されるとしても，域内の公徳が低下するか疑問（むしろ道徳感情が掻き立てられるのではないか）であり，またかかる製品によって公徳が低下するという主張は，輸入自由化によって愛国心が阻害されるという主張と区別できないのではないかとも思われる。

（3）最恵国待遇義務

　最恵国待遇義務を定めるGATT1条は，内国民待遇義務に服する国内政策措置もその対象であることを明確にしている。第3章で説明したように，特定の外国産品と他の外国産の「同種の産品」との取扱いの違いを全体として評価するか，個々の特定の外国産品と他の外国産の「同種の産品」との取扱いの違いを問題にするかで考え方は分かれる。この違いは内国民待遇義務における違いと連動する可能性が高く，したがって，国際競争論＝共存モデルは前者を，比較優位論＝協力モデルは後者を支持することになろう。ただし，内国民待遇義務が個々の輸入

---

45)　Appellate Body Report on *EU – Seal Products*, paras. 5.319-5.321 など。

品及び国産の同種の産品間での正当化されない取扱いの違いを禁止するとすれば，個々の輸入品相互についても正当化されない取扱いの違いが発生しないはずである。最恵国待遇義務は，それ以上を定める規定でなければ無意味な条項になってしまう。よって，単なる輸入品間の差別禁止でなく，政策目的から説明できない内国税や規制負担の軽減・免除を定める場合に無条件にすべての加盟国に付与しなければならないと解釈することになる。すべての輸入品に対してそうした扱いを付与すれば国産品の被る不利益が大きく，そうした軽減・免除の付与を事実上禁止するのと同じである。税・規制の目的実現を損う限り，たとえ輸入を促進するとしても比較優位論＝協力モデルはそうした免除等を支持する理由がない。

　さらに，相互承認とりわけ第三者機関による適合性評価を要求する場合に輸入品に関して指定委任型の相互承認すなわち特定の輸出国の機関による認証を受け入れることをどう考えるかが実務上の問題になろう。かかる取扱いは，輸入国での評価を受ける義務から解放する「特典」であって，当該輸出国の産品を事実上優遇する効果がある。しかし，評価機関を国内の機関に限定することが輸入品も認証を受けられる以上輸入品を不利に扱うものでないとそもそも考えるのであれば，特定の輸出国の機関だけを認めても最恵国待遇義務違反と言い難い。それ以外の輸出国も当該機関による認証を受けられるので特定国の産品にだけ「特典」を付与しているわけでないとも言えるからである。これに対して，本項 (2) において分析したように，評価機関を国内の機関に限定すること自体，「自国内において認証を受けられる」点で国産品に有利であるが，ただその有利性は管轄権の限界からやむを得ないとしてたとえばGATT 20条(d)号に拠って正当化する考え方もあり得る。この考え方では，特定の輸出国の機関の認証のみ受け入れることは管轄権が及ばなくても認証機関の認定をするという特典を特定国の産品にのみ付与しているとして最恵国待遇義務違反となる。さらに，関税同盟・自由貿易地域の中であれば，その単位での適合性評価体制を構築したとして域内の評価機関だけを認定することが正当化されるか，という問題になるのではないか。これらの点について第19章四1(2)を参照。なお適合性評価機関の認定において一定の基準に従って自国の機関のみならず外国の機関をも認定する場合（域外指定型）には，内国民待遇義務等の問題がないのはもとより，当該基準が機関の認証の信頼性を確保するという観点から合理的なものである限り，限られた国の機関しか認定していなくても最恵国待遇義務に違反しないとすべきである。これらの点については，第10章四5を参照。

（4）透明性

GATT10条は，一般的な手続的透明性を要求しており，また実体規定であっても必然的に「一律の公平かつ合理的な方法で（の）実施」（3項(a)号）にならないことを立証すれば違反となる可能性が指摘されている[46]。利害が衝突する関係者を特段の保障措置なく通関手続に参加させていることが違反とされた事例[47]などがある。規定が明確性を欠くような場合には，内国民待遇義務等の実体的な違反を立証し難いが，本号の規定に違反するとの取扱いが適切であろう。

また産品の販売等に影響を及ぼす法令等は「直ちに公表しなければならない」（同条1項）。さらに，同条2項は，関税率の引き上げ等輸入に対する規制を加重する措置について，その「正式の公表前に実施してはならない」とする。2項については，*US – Countervailing and Anti-Dumping Measures（China）* ケースにおいて，米国が中国に対して課した相殺関税が国内法上の理由により違法無効とされた後に議会立法によって遡及的に正当化されたことが争われ，上級委員会は，既存法令の内容を確定したのか法令変更等によって新しい義務を課したのかが重要であると判断した[48]。一般に，国内法上違法な行政行為は効力を否定されるのが原則であるが，そうすることで公益を著しく害するために効力を例外的に維持すべき場合があることを否定できない。たとえば日本においては，行政事件訴訟法上「事情判決」（行政事件訴訟法31条）の制度があり，裁判所が行政処分の違法を宣言するに止めることができる。他方，効力を維持する決定を裁判所でなく議会が行うことが認められている国もある。たとえばフランスにおける認証法律（loi de validation）は，「行政庁が行った違法な行為の取り消しを求めて行政裁判機関に提訴された場合に採られ……，立法者は法律を修正し，その行為を遡って有効とする」ものであり[49]，米国も同様の制度を採用していると思われる。かかる遡及的な立法がGATT10条2項に違反するとすれば，かかる制度の設計に対する過度の制限になるおそれがある。ただし，こうした救済が許される要件が明確か，また，事情判決等も損害賠償請求まで否定するものでないことをいかに評価に含めるかの問題がある。

---

46) Appellate Body Report on *EC – Selected Customs Matters*, paras. 200-201.
47) Panel Report on *Argentina – Hides and Leather*, paras. 11.99-11.101.
48) Appellate Body Report on *US — Countervailing and Anti-Dumping Measures（China）*, para. 4.182.
49) 中村義孝「フランスの裁判制度（1）」『立命館法学』335号（2011年）18頁を参照。なお事情判決類似制度については，阿部泰隆「事情判決」『行政救済の実効性』（弘文堂，1985年）293頁を参照。

（5）TBT 協定

TBT 協定は，強制規格（technical regulations）をその対象としているが，国内規制の大半が含まれる。さらに，内国民待遇義務及び最恵国待遇義務を定める 2.1 条において，措置の目的が考慮され，同種の産品であっても規制のために正当な区別を設けることは許されるが，そうでない区別は許されないとするのが先例である。また一定の場合には，強制規格案の提供及び案に対する意見提出を認める（2.9 条）などの手続的規律が規定されている。また強制規格は，制定後速やかに公表しなければならず（2.11 条），また緊急の場合を除き，輸出者が強制規格に合わせることができるように，「公表と実施との間に適当な期間を置く」ことが求められている（2.12 条）。これらの点は，第 10 章四 3 において取り扱う。

2　投資協定による規律

投資協定は，投資自由化をも規定しているものと，投資後の保護だけを規定しているものとがあり，前者の場合，内国民待遇義務又は最恵国待遇義務を事業の設立・拡張まで対象とするのが通常である。ただし，自由化する場合も対象分野を特定するのと，全分野を自由化し留保する分野を特定するのと二つのやり方があり，また自由化した分野についても個別措置を留保することを認めるのが通常である。これら投資自由化の規定については，第 1 章六 3(2)を参照。なお国際競争論＝共存モデルに立つならばどの範囲で自由化するかは合意次第であるが，比較優位論＝協力モデルに立てば，国内産業保護・育成のために必要最小限の制限を超えて制限すべきでなく，その前提で投資制限を運用することが期待される。

投資協定による投資後の保護は，適格の投資家による投資財産に関する請求に限定されているのが通例であるが，自由化していなければ様々な制約が課され得る。そうした投資家・投資財産に影響する措置についてどのような規律が規定されているか問題となる。

まず ISDS 仲裁の意義を国内裁判代替と捉えるか外交保護権の代理行使と捉えるかで考え方が分かれる（第 2 章三 2(1)(ア)参照）。その上で，投資協定の目的・趣旨が問題になる。国際競争論＝共存モデルに立てば，投資協定は，国際的（international）な投資の流れを前提に，その財産的価値を保護することを目的として，そのために必要な範囲で経済政策の調整を約束するものと考える。投資保護と環境政策その他の国内政策と対立し得ることが前提であり，どこまで保護義務を認めるかに加えて，いかなる政策について留保を定めるかが論点になる。これらの点でいかなる合意がされるかは，政策目的間の価値判断を含む締約国の主観的利益の判断によって異なるので，したがってかかる判断を反映しているはず

の文言に忠実に解釈すべき，という解釈論になる。これに対して，比較優位論＝協力モデルに立つならば，投資協定を締約国全体（transnational）での資本利用の最適化を共通目標とし，目標実現の一つの手段として，各締約国が自国経済の運営を最適化することを約束したものとみて，投資保護とそれ以外の政策とを資本の最大化という観点から相互補完的であると考える。したがって，資本最大化の趣旨に沿って，「市場の失敗」を最適な手段によって是正する措置だけを許容し，それ以外の措置を禁止するようなルールになっているかどうかが論点になり，そのように文言を解釈できないか，という投資協定の目的を重視する解釈論になる。

なお投資協定は，前文でその目的・趣旨に言及があるのが通常であるが，投資促進又は保護だけでなく，その結果としての投資の活発化，経済発展，経済資源の最適利用などの追求が謳われていることが多い。国際競争論＝共存モデル／比較優位論＝協力モデルいずれも目的規定と整合的な説明は可能である。

（1）収　用

投資財産が収用された場合の救済を確保することは投資保護の観点から最重要である。投資協定は，収用又は国有化について，公共目的であることを要求し，恣意的又は差別的であってはならず，また許される場合も正当な補償を行うことを義務付けるのが通常である。正当な手続を履践すること，又は司法的救済可能性を要求する協定も存在する[50]。

先例上，資産の所有権を取り上げ，国家が自ら又は第三者をして使用させるような明らかな「収用」，又は企業の株式を政府が強制的に取得する国有化とは異なり，規制によって事業継続が不可能になるなど，所有権の移転がない場合であっても，規制的収用（regulatory taking）として収用に関する規律が適用される可能性があることが認められている。具体的には，連邦政府が廃棄物埋立処分場の免許を付与した後に地方政府が必要な建設免許等を拒否したケース[51]，コンセッション契約に基づいて上下水道事業が開始された後政府が料金引き下げを強要するために行政権限を濫用し，最終的に契約を解除したケース[52]などがある。

50）　米国モデル投資協定（2012年版）6条, available at ［http://www.ustr.gov/sites/default/files/BIT%20text%20for%20ACIEP%20Meeting.pdf］；ドイツモデル投資協定（2008年版）4条, available at ［http://www.italaw.com/sites/default/files/archive/ita1025.pdf］。

51）　Arbitral Award on *Metalclad Corporation v. The United Mexican States*, ICSID Case No. ARB（AF）/97/1（NAFTA）, 30 August 2000.

52）　Arbitral Award on *Compañia de Aguas del Aconquija S.A. and Vivendi Universal S.A. v. Argentine Republic*, ICSID Case No. ARB/97/3, 30 August 2007.

ただし,「実質的な剥奪」(substantial deprivation) の程度に達していることが必要である[53]。投資利益に対する政府措置の影響が重要であり,政府の意図は重要でない[54]。政府の行為が投資判断の前提となったが,その後その前提を覆すような行為を行った場合に,投資家の「正当な期待 (legitimate expectation)」が害されているとして収用を認めた先例がある[55]。また規制措置については,その負担が重大であること,その措置の目的に照らして負担が不相応であることなどを考慮して収用と認定した先例がある[56]。また補償については,投資受入国の国内標準でなく,国際標準に拠ることが通常合意されている[57]。いわゆるハル・フォーミュラすなわち「十分な効果的で迅速な補償 (adequate, effective and prompt compensation)」基準を明示的に採用する投資協定が多く,収用された財産の公正市場価額の支払いが求められるのが通例である[58]。

先例の詳細な分析についてはそれぞれの研究書に譲る[59]が,統一的に説明することは容易でなく,目的に照らしての負担が均衡を欠くこと,「実質的な剥奪」といえる状態を作り出していることなど,いくつかの要素を指摘できるに止まる。措置の正当性も考慮要素とされているとの指摘もある[60]。投資保護という政策目的に鑑みると,投資家の「正当な期待」を害するか否かという基準を理解できなくもないし,その基準に合致しているか否かの考慮要素として負担の不均衡その他を先例が挙げていることも理解できる[61]。

国際競争論＝共存モデルは,こうした状況をありのままに受け入れるに止まるであろう。むしろ,投資仲裁という司法的手続を通じて個別ケースの先例を積み

---

53) 代表的先例として, Interim Award on *Pope & Talbot Inc. v. The Government of Canada*, UNCITRAL (NAFTA), 26 June 2000, para. 102.

54) たとえば, Arbitral Award on *Tecnicas Medioambientales Tecmed S.A. v. The United Mexican States*, ICSID Case No.ARB (AF)/00/2 (Mexico-Spain BIT), 29 May 2003, para. 116.

55) Arbitral Award on *International Thunderbird Gaming Corporation v. The United Mexican States*, UNCITRAL (NAFTA), 26 January 2006, para. 147; Arbitral Award on *Azurix Corp. v. The Argentine Republic*, ICSID Case No.ARB/01/12 (NAFTA), 14 July 2006, paras. 316-322.

56) たとえば, *Tecmed, supra* note 54, para. 122.

57) たとえば, 米国モデル投資協定 (2012年版)(注50) 6.1 (c) 及び6.2条, ドイツモデル投資協定 (2008年版)(注50) 4条, 日・シンガポール経済連携協定77条。

58) ハル・フォーミュラ及びその適用については, 玉田大「補償と賠償」小寺彰 (編著)『国際投資協定――仲裁による法的保護』(三省堂, 2010年)を参照。

59) たとえば, Rudolf Dolzer and Christoph Schreuer, *Principles of International Investment Law* (2nd ed.) (Oxford University Press, 2012), Section VI.4; Jeswald W. Salacuse, *The Law of Investment Treaties* (Oxford University Press, 2010), Section 12.

60) 松本加代「収用」小寺『前掲書』(注58) 133頁。

重ねることによってルールを形成することを想定していると言うべきかもしれない。これに対して，比較優位論＝協力モデルは，投資家の「正当な期待」を，経済・社会の保有する資本の最大化を実現するためには投資受入国政府がどのような行動を要求されるか，という観点から理解することになる。第一に，目的の正当性及び手段選択の最適性が収用措置を含む政府措置全体に要求される。これらの要件を充たさない収用はそもそも認められるべきでない。第二に，無償で財産が収用されるとすれば財産権の安定性を欠き，権利者が保有財産に対して適切な維持管理・投資を行うインセンティブを失い，結果として資本の最大化を妨げるのであれば，これも「政府の失敗」の一であり，収用から生じる損失の補償制度を設けるなど最適な措置を実施することによって是正するのが資本の最大化という観点から見て適切である。次項で見るように，第一の要請すなわち目的の正当性及び手段選択の最適性は，内国民待遇義務の役割とすべきであり，収用規定の役割は，第二の要請に応じ，従前保護されていた財産権等の利益の侵害の程度が高い政府措置を導入する場合に損失補償を義務づけることによって，投資財産の維持管理又は投資に向けた投資家のインセンティブを損なわないようにすることにあると考える。投資インセンティブの確保を目的とするので，必ずしも保護の対象が権利として確立した利益である必要性はない。

　たとえば現在の日本法上河川の流水は公物であるが，水源地の湧き水は公物とされておらず，土地の従物として地主の所有権が成立する[62]。水資源の保存・管理のために水源地における取水を制限し，さらに湧き水も公物とすることを考えてみる。取水制限も公物化も，最適な資源利用のために必要であれば許されるが，たとえば公物化は，制限内の湧き水の収益権を完全に奪うため無償で許されるとすれば水源地の所有者の維持・活用のインセンティブを損なう。ある程度の取水制限の適用については当然予期すべきであり，無償でもインセンティブを損なわないとすれば，前者についてのみ補償を認めるのが資本の最大化の観点から適切である[63]。

　この検討が示すように，比較優位論＝協力モデルに立てば，投資インセンティ

---

61) 欧米における損失補償制度の比較分析から，公益のために一定範囲で財産権の変更があり得ること，ただし権利者にも変更の限度について期待があること，などを指摘するものとして，Markus Perkams, "The Concept of Expropriation in Comparative Public Law – Searching for Light in the Dark," in Stephan W. Schill (ed.), *International Investment Law and Comparative Public Law*（Oxford University Press, 2010）.
62) 金澤良雄『水法』（改訂版）（有斐閣，1967年）3-17頁。
63) なお，水資源の輸出規制については，第7章四2(2)(イ)を参照。また輸出制限一般の投資協定上の取扱いについて，本項(2)を参照。

ブを最適化するような一般的な損失補償制度（制定法上の制度である必要はない）が国内において設定されるのが望ましいということになる（また投資インセンティブの観点から最適な制度があるならば，特定の規制について補償が不要とされたとしても投資仲裁においてその判断を尊重するという制度設計も考えられる。たとえば環境規制が強化される際にその遵守のために必要な設備投資に対して補助金を付与することがあるが，これは外部効果を内部化する補助金というよりも投資インセンティブを過少にしないための補償と説明できる）。なお補償額についての議論については，本項(9)を参照。

なお規制の変更以外にも国内法上損失補償が検討される場合がある。たとえば日本の行政事件訴訟法上，違法な行政処分は取消されるのが原則であるが，取消しが著しく公益を害する場合違法との宣言に止める「事情判決」の制度があり（行政事件訴訟法31条1項），この場合になされる金銭請求について損害賠償とみる説と損失補償とみる説とがある[64]。この事情判決の制度以外にも，行政処分について違法であるが公益を考慮して効力を維持するという法制度は，議会の決定を要求するフランスのloi de validationなど各国に存在するので，恣意的であるなど公益判断が適切でない場合を除いて投資協定上違法とすべきでないと思われる。しかし，公益のために個々の投資家の権利が制限されることに鑑みれば，間接収用として補償を認めるのが適切でないかと思われるが，この点先例は見当たらない。

（2）内国民待遇義務

WTO協定又は地域貿易協定における内国民待遇義務は，国産品と輸入品との間の差別を問題にするものであり，国内資本の企業と外国資本の企業との間での差別は問題にならない。外国企業であっても自国内で生産する産品は国産品であって，輸入品でないからである。ただし，サービスについては，GATSが従来の基準から言えば投資行為も対象としており，資本の国籍による差別も規制している（GATS上の内国民待遇義務は商業的拠点を通じてサービスを提供する外国の「サービス提供者」の差別も問題にしている）。

これに対して，投資協定上の内国民待遇義務[65]は，協定ごとに文言の違いがあるが，外国投資家に対して，「同様の状況下」にある国内投資家に許与してい

---

64) 大橋洋一『行政法Ⅱ』（有斐閣，2012年）176頁。
65) 一般的な解説として，日本語文献としては，小寺彰・松本加代「内国民待遇——内国民待遇は主権を脅かすか？」小寺『前掲書』（注58）。他にたとえば，Dolzer and Schreuer, *supra* note 59, pp.198-206; Salacuse, *supra* note 59, Section 9.6.

る待遇よりも不利でない待遇を保障するものと概ねされている[66]。国内投資家に対する待遇を下げれば外国投資家に保障される待遇も下がるため相対的な義務と説明される。投資前すなわち設立・拡張も対象とされる場合[67]とそうでない場合[68]とがある。前者の場合，投資許可時だけでなく投資後いつの時点でもたとえばローカルコンテント，自国民の役員登用，研究施設設置などの要求ができないが，後者の場合は，投資許可時には上記のようなその後の操業にも影響する要求も可能である。また追加投資も投資であるから，内国民待遇義務が保障されていない以上，追加投資についてローカルコンテント要求等を条件とされる可能性を前提に（たとえば当初計画だけで事業を切り上げる前提で）投資を計画せざるを得ない。

　それぞれの要件の解釈としては，まず「同様の状況下」にある国内投資家の範囲については，外国投資家と同じセクターつまり競争関係にあることを重視する先例[69]と，対象措置の目的等を考慮し区別することが不合理な範囲とする先例[70]とがあり，両者に言及する先例もある[71]。NAFTAにおいて，カナダ政府のPCB輸出制限により事業継続ができなくなった問題が争われた*S.D. Myers v. Canada*の仲裁廷も，"like circumstance"の評価は，公益を保護するために投資に対して異なる待遇を付与する政府規制を正当化するような状況かどうかを考慮するとした[72]。さらに，付加価値税の還付を石油産業についてのみ廃止したことが争われた*Occidental v. Ecuador*ケースでは，他の産品の輸出企業とも「同様の状況の下」にあると判断された[73]。競争関係を重視するのは，投資自由化をも規定するNAFTAに特有の判断と見られ，内国民待遇義務の趣旨を平等な競争条件の確保に求めているのに対して，後者は，措置自体の厳格な合理性ないし最適性を要求するものであるとされる[74]。ただし，次にみるように，「同様の

---

66) 米国モデル投資協定（2012年版）（注50）3条，ドイツモデル投資協定（2008年版）（注50）3条（2）。
67) たとえば，米国モデル投資協定（2012年版）（注50）4条。
68) たとえば，ドイツモデル投資協定（2008年版）（注50）3条。
69) たとえば，Award on the Merits of Phase 2 on *Pope and Talbot v. Canada*, supra note 53, 10 April 2001, para. 78.
70) Final Award on *GAMI Investments, Inc. v. The Government of the United Mexican States*, UNCITRAL (NAFTA), 15 November 2004, para. 114.
71) たとえば，First Partial Award on *S.D.Myers, Inc. v. The Government of Canada*, UNCITRAL (NAFTA), 13 November 2000, para. 250.
72) *Ibid.*
73) たとえば，Final Award on *Occidental Exploration and Production Company v. The Republic of Ecuador*, UNCITRAL, LCIA Case No. UN 3467 , 1 July 2004, paras. 173-178.
74) 小寺彰・松本加代「内国民待遇」小寺『前掲書』（注58）97-99頁。

状況」か否かにおいて措置の目的を考慮しないとしても，より不利でない待遇を保障しているか否かで考慮することもできる。

より不利でない待遇を保障しているか否かについては，まず先例上，国籍で区別している場合のみならず，外形上中立な要件である場合にも差別が認められることがある[75]。また外国投資家全体と国内投資家全体とで取扱いを比較するのでなく，個別の投資家の比較すなわち最も優遇されている国内投資家と比較すれば足りるとされている[76]。ただし，その取扱いの違いが正当な政策目的に基づく正当な区別であるか否かが問題とされる。投資協定は，投資フローでなく投資財産の保護を目的とするので，WTO 協定と異なり，*EC – Asbestos* ケースにおいて示されたような輸入品と国産品とを全体として比較するという発想が乏しいものと想像される。なお国内投資家保護の目的は差別を認めるのに必要ないとする扱いが確立している。

内国民待遇義務については多数の重要な仲裁例があるが，本項では *Pope & Talbot* ケースを取り上げて具体的適用について説明する。これは，米国とカナダとの間の木材輸出を巡る長期にわたる紛争の一部となる事案であり，カナダ州政府が低価格での木材輸出を可能にしているとして米国が相殺関税を賦課するなどの争いがあった。紛争解決のため，カナダが，一定の対象州からの木材輸出についてのみ一定数量以下に限定し，超える部分に課徴金を課すという内容の協定を米国と締結した。その実施のため輸出許可制等を導入した結果，対象の州以外の州の木材生産者と比較して，本ケースの仲裁付託者である Pope & Talbot 社を含む対象州の木材生産者が不利な取扱いとなった。同社は，カナダ政府に対する紛争について，UNCITRAL の仲裁手続に付託した。

本ケースにおいて，仲裁廷は，NAFTA 上の内国民待遇義務[77]について，保護対象の投資家（investments of investors）が複数形で書かれているとしても，2以上の投資家に対する差別を意味するのではなく，個々の投資家に対する差別をも禁止していると判断した[78]。さらに，同様の状況（in like circumstances）にお

---

75) たとえば，Award on *ADF Group Inc. v. United States of America*, ICSID Case No. ARB (AF)/00/1, NAFTA, para. 157.
76) たとえば，Award on the Merits of Phase 2 on *Pope & Talbot v Canada*, *supra* note 53, para. 42.
77) NAFTA1102条(2)は投資財産ベースでの内国民待遇義務を規定し，"Each Party shall accord to investments of investors of another Party treatment no less favorable than that it accords, in like circumstances, to investments of its own investors with respect to the establishment, acquisition, expansion, management, conduct, operation, and sale or other disposition of investments." と規定する。1項は，investor レベルの差別禁止であり，2項は，investments of investors レベルの差別禁止である。

ける国内投資又は投資家が享受している最も有利な待遇よりも不利でない（no less favorably）待遇を保障することが必要である趣旨であるとした[79]。また，国内投資家全体と比較して外国投資家全体が不相応に（disproportionate）不利に扱われている場合に限り違反となると主張するカナダの主張を，GATT パネル報告書及び過去の投資仲裁の先例の分析に基づいて退けた[80]。NAFTA 上の自由化の目的を害さない政策と妥当な結び付きがなければ違反になるとしたが，コントロールの対象を特定の州からの輸出に限定したことは，相殺関税を避けるという政府の目的に適っているとして，州が異なるとすれば「同様の状況」になく，したがって内国民待遇義務に違反しないとした[81]。

この判断は，目的の正当性と措置の目的との合理的関連性を要求したものと評価でき，特に個々の投資家の保護を求めた点で高い水準の合理的関連性を要求していると思われるが，それらの要求を「同様の状況」要件から引き出しているところに特徴がある。「より不利でない待遇」を付与しているか否かの判断において，個々の投資家の取扱いを比較するが，措置のもたらす負担の大小を問題にしており，措置の目的に照らして適切な扱いがなされた状態を基準とするか否かは定かでない。この解釈は GATT の内国民待遇義務に関する「目的・効果基準」を想起させ，したがって目的合理性の評価を「より不利でない待遇」要件において行う TBT 協定における内国民待遇義務に関する先例とは発想が異なる。第 8 章四 2(1) 及び第 10 章四 3(2) を参照。

そもそも内国民待遇義務の趣旨は，投資保護の基本的視点をどう想定するかによって理解が大きく異なり得る。先に述べたように，比較優位論＝協力モデルとすれば，経済・社会の保有する資本形成を最適化しようとするため，形式的な外資差別を禁止するだけでは不十分であり，「市場の失敗」の是正だけを正当な政策目的とし，そのために客観的に最適な手段が選択されている場合にのみ政府措

---

78) Award on Merits of Phase 2 on *Pope & Talbot v. Canada, supra* note 53, paras. 33-38.
79) *Ibid.*, paras. 39-42.
80) *Ibid.*, paras. 43-72.
81) *Ibid.*, paras. 84-88. なおこのケースにおける根本的な問題が州政府の付与する木材伐採権の価格が低すぎるかどうかであり，本件輸出制限等がその問題に直接対応する措置と言えないのではないかとの疑問がある。しかし，相殺関税の回避を目的としてカナダ政府と米国政府とが締結した協定に従って採った措置を根拠として米国企業が責任を問えるとすれば外交保護権の範囲を超えるとも言える。その意味で，結論として救済を認めなかったことは理解できる。ただそうであるならば，米国以外の外国投資家が米国への輸出を阻害されたとして NAFTA 以外の投資協定に基づいて内国民待遇義務違反を主張する場合（又は NAFTA に基づいてメキシコの投資家が主張する場合）に同じ判断となるかどうかは分からないことになる。

置を許容することになろう．目的の正当性を充たさない措置は，対象の投資家間の競争関係を歪め，外国投資家を含む一定の投資家を不利に取り扱うことになる．また客観的に最適な手段を選択していない措置は，最適な手段によって是正された競争関係（すなわち資本の最大化を実現する競争関係）を基準とするとやはり外国投資家を含む一定の投資家を不利に取り扱うことになる．その意味で，同種の状況にある外国投資家を不利に扱っており，「より不利でない待遇」要件を充たさないといえる．

これに対して，国際競争論＝共存モデルは，外国投資家の競争上の地位を保護しようとするので，規制負担の大小だけを問題にするほうが自然である．しかし，GATT/WTO協定と異なり一定の政策目的のための措置の除外規定がない投資協定においては，そうしたアプローチを徹底すると規制権限が大きく制限されてしまう．規制目的と規制負担とが均衡しているか否かを追求すると考えれば，先例をある程度説明できるであろうが，何を正当な政策目的とするか，均衡しているか否かをどのような基準で判断するかなど説明し難い点が残る．第1章三4(4)(ウ)における「比例性原則」に関する検討を参照．

さらに比較優位論＝協力モデルでは，自国経済・社会と直接関係のない海外活動を理由とする規制を国内に存在する企業に適用すること（たとえば海外工場における環境保護措置が十分でないとして罰金を科すこと）が原則として抑制されるべきである．当該海外活動に対する最適な規制（すなわち特定された「市場の失敗」の是正を目的とし，かつそのために客観的に最適な手段が選択されている措置）を設計・実施できるのは，当該活動が行われた国の政府であって，企業所在国政府でないからである．したがって，かかる措置については，投資活動の最適化という共通目的に照らし，海外活動を行っている外国投資家をそうした活動を行っていない国内投資家との比較において不利に取り扱っているとすることが内国民待遇義務の解釈として可能か検討する価値がある（ただし，例外条項とくに安全保障例外によって正当化される可能性も併せて検討する必要があり，また第三国における活動を理由として規制を適用することの取扱いの検討も必要である）．これに対して，国際競争論＝共存モデルでは，国内活動・海外活動いずれにせよ，同一の規制を外国投資家及び国内投資家に適用している限り問題としないというアプローチもあり得，内国民待遇義務の文言解釈に委ねられる．この問題は，第7章四4及び本章四1(1)(ウ)③において検討した，PPM規制すなわち産品の性質・品質でなく生産方法（すなわち輸入国からみて海外で発生した事象）に着目する規制に対する規律問題と類似し，比較優位論＝協力モデルのアプローチは規律管轄権の過剰行使の制限により親和的である．ただし，各締約国が自国経済・社会が最

適化されるようしかるべき政策を実施していること，さらに両締約国にまたがるたとえば越境環境汚染問題等について適切な取決めが締結されていること（ISDSにおいて適用されるかが問題となる。第2章五2を参照）が前提となる。

　なお内国民待遇義務の趣旨に関連して，投資協定上の内国民待遇義務とWTO協定上の内国民待遇義務とが整合的かどうかについては議論がある[82]。国際競争論＝共存モデルでは，投資自由化又は貿易自由化によって拡大された投資又は輸出機会を無効化する措置の抑圧が内国民待遇義務の機能であると考えるので，投資自由化と貿易自由化とで得られる機会が異なる以上，内国民待遇義務同士が整合的である論理的必然性がない。これに対して，比較優位論＝協力モデルに立てば，内国民待遇義務の本質は，産品の原産地又は投資家の国籍を考慮せずに本来一律の基準が適用されるべき国内政策措置が正当な目的以外のために利用され，市場における競争を歪曲しないようにすることにあると考えられる。そうすると，投資保護であれ貿易自由化であれ，内国民待遇義務同士は整合的であるはず，ということになる。

（3）公正衡平待遇

　国際慣習法上の公正衡平待遇義務は，国家の統治権が外国人に対して「公正かつ衡平に行使されなければならない」という義務であり，国際法上遵守すべき最低基準があるとされる。内国民以上の待遇を要求する相対的な内国民待遇義務と異なり，絶対的な義務と説明される[83]。かかる概念が投資協定において条文化され，「公正かつ衡平な待遇（fair and equitable treatment）」及び「十分な保護及び保障（full protection and security）」を付与する旨の規定が通常置かれる。収用規定・内国民待遇義務などの具体的義務を補完する義務であると理解されているが，投資家対政府仲裁（ISDS）において最も頻繁に利用される規定となっている。NAFTAにおいては国際慣習法上のそれと同じものであるとする締約国の合意がある[84]が，それ以外の投資協定においてはむしろ協定において創設された義務であるという理解のほうが有力である。NAFTAの仲裁先例における判示は，NAFTA1105条が規定する公正衡平待遇義務が，文言上も締約国間の解釈合意

---

82) Dolzer and Schreuer, *supra* note 59, pp. 204-206.
83) 公正衡平待遇義務については，近時様々な研究がみられるが，日本語の文献として，小寺彰「公正・衡平待遇」小寺『前掲書』（注58）を参照。またDolzer and Schreuer, *supra* note 59, Sections VII.1 and 2; Salacuse, *supra* note 59, Section 9.4.
84) NAFTA Free Trade Commission, "Notes of Interpretation of Certain Chapter 11 Provisions", Article B.2, at ［http://www.sice.oas.org/tpd/nafta/Commission/CH11understanding_e.asp］.

上も国際慣習法上の最低基準を超えるものでないとの解釈が要求されていることに起因するものであって，他の協定における先例としての価値に乏しい。したがって，国際慣習法上の義務よりも高い義務を投資協定が定めていると考えるほうが適切であろう。

公正衡平待遇義務の内容としては，投資家に予測可能性を保障することが重要とされており，個々のケースにおいては，措置が恣意的・不公正でないか，適正手続の保障がないか，などの点が考慮されている[85]。措置の恣意性などは，保護される予測可能性を投資家の主観的立場から考えるか，投資受入国政府の規制主権の発動として適切かどうかという客観的期待として捉えるべきかによって判断が分かれる場合があろう。公正衡平待遇義務に関する先例の詳細については，それぞれの研究書に譲る[86]。

比較優位論＝協力モデルでは，投資協定の趣旨を余剰資金の利用が最適化されるように環境を整備することと理解し，実体的な瑕疵のある措置すなわち「市場の失敗」の是正を目的とせず，又は最適な手段を選択していない政府措置を退けることと理解する。内国民待遇義務と収用とに関する規定にそうした規律を見出すことが可能であり，またそうすべきであるが，そうすると，公正衡平待遇義務に独自の意義があるかが問題になる。実体的な瑕疵について適切に対応されているとすると，公正衡平待遇義務は，政府措置の実体的内容よりもその形成・実施に係る手続の適正化を要求するものと理解すべきであろう[87]。たとえば適切な行政手続法の導入，公正中立，効率的で迅速な司法制度を設置維持することなどが情報及び判断能力の収集の観点から義務として認められないかなどが将来の課題となろう。

これに対して，国際競争論＝共存モデルからは，投資家の予測可能性を確保することの重要性を投資促進の観点から理解でき，先例の方向性を支持することができるが，不明確さが大きく残ることを否定できない。また内国民待遇義務及び

---

85) たとえば，*Metalclad, supra* note 51, paras. 74-101.
86) 文献としてたとえば小寺「前掲論文」（注83）116-117頁。またたとえば，Iona Tudor, *The Fair and Equitable Treatment Standards in the International Law of Foreign Investment* (Oxford University Press, 2008). 投資家の正当な期待保護がいかなる根拠から導かれるかについて検討するものとして，濱本正太郎「投資家の正当な期待の保護――条約義務と法の一般原則との交錯」(RIETI Discussion Paper Series 14-J-002, [http://www.rieti.go.jp/jp/publications/dp/14j002.pdf] から入手可能) がある。
87) 公正衡平待遇義務に係る先例を「法の支配」（rule of law）の具体化として説明し，さらに規範的基礎として，「法の支配」の貫徹を経済発展の不可欠の要素であると主張するものとして，Stephan W. Schill, "Fair and Equitable Treatment, The Rule of Law, and Comparative Public Law," in *idem, supra* note 61.

間接収用の規定などとの棲み分けを明確にし難い。投資家保護と規制主権とを対立するものと捉え，その優先順位・程度の設定を締約国政府の価値判断に委ねているので，いずれの規定についても，投資財産を大きく侵害しているか，他の国内投資家よりも不利に扱われており，またそうすることに正当性がないことなどが考慮要素になるからである。

（4）十分な保護及び保障

投資財産に対する「十分な保護及び保障」の付与も標準的な条項である。これは，投資受入国内における革命勢力，暴徒など政府以外の第三者による投資財産の破壊などに対する責任追及に依拠されることが多い[88]。結果責任の引き受けを規定するものでないことが明らかにされており[89]，ケース・バイ・ケースの判断が必要であるが，相当の注意（due diligence）を行使して損害の防止に努めたか否かが問われることが多い[90]。比較優位論＝協力モデルからは，資本最大化の観点から必要な治安維持，司法などの政府サービスを提供する積極的義務の一と把握されるであろう。

（5）最恵国待遇義務

投資協定上の最恵国待遇義務は一般に，「同様の状況」にある第三国外国投資家との関係で差別しないという義務である。ISDS仲裁手続等の手続的な義務について及ぶか争いがある。先例上は分かれており，規定の文言の違いに拠っている可能性があることが指摘されていることは第2章四2(2)で言及した。

最恵国待遇義務の機能は，投資受入国と第三国との間の取決めに含まれる第三国投資家に有利な一部が取り込まれることであると一般に説明されている[91]が，これは，WTO協定上の最恵国待遇義務と発想が異なる。WTO協定における通常の理解に倣えば，第三国との投資協定の規定を抽象的に比較するのではなく，具体的な事例との関係で当該外国投資家が具体的にどのように取り扱われるかが問題になる。つまり，第三国との投資協定において有利な取扱いが定められてい

---

[88] この条項については，Salacuse, *supra* note 59, Section 9.3.
[89] たとえば，Final Award on *Asian Agricultural Products Ltd. v. Republic of Sri Lanka*, ICSID Case No. ARB/87/3 (Sri Lanka-United Kingdom BIT), 27 June 1990, paras. 46-49.
[90] たとえば，Award on Merits on *Wena Hotels Ltd v Arab Republic of Egypt*, ICSID Case No. ARB/98/4, 8 December 2000, paras. 84-95.
[91] 日本語文献として，西元宏治「最恵国待遇——投資協定仲裁による解釈とその展開」小寺『前掲書』（注58）。また，Dolzer and Schreuer, *supra* note 59, pp. 206-212; Salacuse, *supra* note 59, section 9.7.

ても，それが国内法上の効力を有していなければ，最恵国待遇義務を根拠に当該有利な取扱いを要求できないと考えるのである。第三国の特定の投資家が国内投資家よりも優遇された場合に同じ取扱いを要求することになるが，実際の効果としては，外国投資家を国内投資家よりも優遇することを妨げることになろう。

（6）パフォーマンス要求の禁止

投資を許可する条件として国産品購入義務，輸出義務，自国民雇用義務など一定の行為を要求することがしばしば行われている。自国への投資に自国の経済発展への貢献を期待するに当たってより直截な形で貢献を要求するわけである。こうしたパフォーマンス要求は，投資の制約となり，特に事後に課される場合には投資収益性を著しく害することになりかねないため，外国投資家にのみ適用されると否とを問わず，投資協定においてしばしば明示に禁止されることがある。ただし，投資受入国からみれば，投資政策を大きく制約するものであり，受け入れに抵抗があることも事実である。

一般的には，明文で禁止されていないパフォーマンス要求は，内外無差別に適用されている限り協定に違反しないと考えられているようである。しかし，投資協定においては個々の投資家の保護が重要であり，国内投資家と外国投資家とを集団として比較するのでなく，個別に比較する必要があると考えるのであれば，パフォーマンス要求は常に，要求を充たすことが容易な国内投資家と困難な外国投資家との間で不公平をもたらし，よって，正当な政策目的のために合理的な措置でない限りプレの内国民待遇義務に抵触するという解釈が成り立たないか検討する価値があろう。環境保護のために一定の行為義務（たとえば煤煙の防止装置設置義務）を課すことと区別が可能であり，規制主権の過剰な制約にはならない。「市場の失敗」の是正を目的としていないか，又は最適な措置を選択していない場合に限り内国民待遇義務に抵触しないとすれば，規制主権の確保に十分だからである。国産品購入義務の目的は産業政策であり，それ自体は不当ではないが，そのための手段としては生産補助金のほうが適切であるならば，内国民待遇義務に違反するとしても差し支えない。比較優位論＝協力モデルはかかる立論を積極的に支持する。

（7）例外条項

投資協定における租税関係の例外については第8章四3において言及したが，そのほかにも協定によって，事項別，措置別など様々な例外規定が置かれている。日本が当事国であるものについて若干説明する。

（ア）一般例外

　第7章四3（2）でみたとおり，日本が近時締結しているものなど少数の投資協定には，「人，動物又は植物の生命又は健康の保護のために必要な措置」の除外などGATT20条に範を取った一般的例外の一部を定める条項が置かれている[92]。かかる条項の要否について2通りの見方がある。国際競争論＝共存モデルでは，投資保護とそれ以外の政策とが矛盾対立する可能性があることを前提とするので，投資保護の観点からの規律をそうした国内政策措置にも及ぼすならば，投資保護に優越する一定の政策目的のための措置を例外として留保することが必要であると考える。この考え方では上記一般例外条項が必要になる。これに対して，比較優位論＝協力モデルでは，関係国経済・社会全体での投資の最適化を共通目的とするので，国内政策については「市場の失敗」を是正する最適な措置であることを要求し，またそうした要件を充たす限り，いかなる政策措置も投資保護と矛盾せず，むしろ目的の実現のために必要な措置であると考える。かかる考慮が内国民待遇義務その他においてなされるので，上記一般例外条項は不要である。投資協定の保護の対象は，自国内で操業する外国資本の企業であり，WTO協定などの貿易自由化のための協定において，輸入品が自国管轄権の範囲外で生産され，したがってその生産活動に対して規制を直接及ぼせないために検疫その他において国産品と異なる取扱いが必要になるのと異なる。

（イ）安全保障例外

　安全保障上の例外を明文で定めている協定もある。たとえば日本が近時締結している投資協定は，戦時に安全保障上必要と考える措置を採ってよいとする規定がある[93]が，戦時の敵国人の投資財産没収とりわけ鉄鋼・通信など戦略産業の国有化に対する補償をどう考えるのか明らかでない。米国の締結する投資協定にも，"essential security interest"の保護のために必要と思料する措置の適用を妨害しない（preclude）とする規定がある[94]。投資協定上収用が禁止されているわけでなく，公共目的・補償など一定の要件を充たせば許されるという意味では，収用規定の適用を排除しない趣旨と解釈することが可能か検討する必要がある。また日本の締結した経済連携協定の投資章については，GATSの安全保障例外が取り込まれているものがある。第17章四1(10)でみるとおり，GATSの安全保障

---

[92] たとえば日ベトナム投資協定15条1項(c)及び(d)号，日・スイス経済連携協定95条1項（GATS14条を取込み）。

[93] 日ベトナム投資協定15条1項(a)号，日韓投資協定16条1項(a)号など。

[94] たとえば，Treaty between the United States of America and the Russian Federation Concerning the Encouragement and Reciprocal Protection of Investment，10条1項。また米国モデル投資協定（2012年版）（注50），18条。

例外は，戦時におけるサービス分野の投資財産の没収・規制が除外される可能性があり，経済連携協定は収用規定に適用がないとして取り込んでいるが，内国民待遇義務からの除外を認めていることをどう考えるか問題が残る[95]。ただし日本の締結する投資協定でも以前のものには，安全保障例外の規定がないし，またたとえばドイツのモデル投資協定にはかかる例外規定がない。ドイツが戦後投資協定を推進した動機が二度の大戦における在外財産の没収の対応であったことを考えると興味深い。

（ウ）緊急避難

上記 "essential security interest"（及び "public order"）の保護のために必要と思料する措置を例外とする条項は，戦争時などに限定されるわけでなく，経済危機にも適用があるとする投資仲裁先例がある[96]。その適用範囲は限定されており，緊急避難など一般国際法上のきわめて限定的な免責規定を取り込んだものとして理解した先例があるが，必ずしも明らかになったとはいえない[97]。

（8）アンブレラ条項

政府調達その他政府との契約が一方的に解約され，又は支払いがなされないなどの問題が生じることがある。このような民事上の請求をも仲裁で扱えるようにすることを企図する条項がいわゆるアンブレラ条項である。この条項については，一貫した先例法理を見出すことが困難であるとされている[98]。通常の契約違反に基づく損害賠償請求を国際法上の請求権と認めることへの抵抗から対象の国家契約が対象に含まれることの明確な証拠を要求する先例があり，逆に文言が明確であるとして請求を認める先例もある[99]。また通常の商事契約の不履行では足りず，主権国家の権能による行為を必要とするとした先例もある[100]。また政府自体が契約当事者である場合に限定し，国有企業など法人格が異なる当事者の契

---

95) たとえば，日・スイス経済連携協定では，95条2項が安全保障例外を取り込みつつ，公正衡平待遇義務を定める86条1項及び収用規定を定める91条に適用しないことを明言する（95条3項）が，内国民待遇義務（87条）には例外が適用される。なおこの点，小寺彰「米国2004年モデルBITの評価――2009年9月30日国際経済諮問委員会（ACIEP）報告書を紹介しつつ」at［http://www.meti.go.jp/policy/trade_policy/epa/pdf/FY22BITreport/1_1US2004bit.pdf］は，「核心的安全保障例外を置くこと自体に問題はない」とする。

96) たとえば，Decision on Liability on *LG&E Energy Corp., LG&E Capital Corp. and LG&E International Inc. v. Argentine Republic*, ICSID Case No. ARB/02/1（Argentina-United States BIT）（3 October 2006), Section VI.E はその前提で検討を行っている。

97) Salacuse, *supra* note 59, pp. 346-348.

98) アンブレラ条項についての日本語文献として，濱本正太郎「義務遵守条項（アンブレラ条項）」小寺『前掲書』（注58）。その他 Dolzer and Schreuer, *supra* note 59, pp. 166-178; Salacuse, *supra* note 59, section 11.

約違反については適用がないとする先例がある[101]。

　この問題も，投資協定の意義をいかに考えるかで見方が分かれ得る。国際競争論＝共存モデルの発想では，政府が民間当事者と契約を締結するときに仲裁条項を入れることが禁止されていない以上アンブレラ条項の適用可能性を限定する根拠がないとするのが自然である。これに対して，比較優位論＝協力モデルの発想では，関係国経済・社会全体の最適化を目的として考えるので対象の行為の性質が重要である。国有企業が活動の営利性を制度的に確保されているならば，その行為は主権的性質を帯びておらず，民間企業の行為と同じである。かかる行為について国家が責任を負うとすれば国有企業の契約履行を政府が保証するのと同じである。したがって，責任帰属（attribution）の問題として政府が責任を負う場合（第13章四1(6)参照）を超えて国有企業の契約違反の責任を負わせるべきでなく，仮に国有企業が締結する契約まで対象とするかのようなアンブレラ条項が締結されても限定解釈すべきであろう。他方で，主権国家の権能の行使か否かで分ける議論については，国有企業のように政府から分離されていない以上該当しない場合を見出すことが困難であるように思われる。少なくとも，国有企業並みに，組織法上当該政府部門が営利企業のように行動することが確保されていることが条項の対象外とするために必要であろう。

(9) 損害賠償・損失補償

　収用は，損失補償がなされなければ義務違反となるし，内国民待遇義務等の違反によって被った損害について投資家が賠償請求権を有することが規定されている。いずれの場合も補償・賠償額の計算を世界基準（たとえば「適正，実効的かつ迅速な補償」が求められる）で行うか，投資受入国が決定できるかで議論が分かれていた。現在の投資協定は，前者の基準で算定することが明記されているのが通常である[102]。

　投資受入国が決定できるとすることの問題点は，国際競争論＝共存モデルからは，投資家の保護が十分でないということに尽きる。国内投資家も国内基準での

---

99) Ibid., section 11.5. 前者の例として，Decision on Objections to Jurisdiction on *SGS Société Générale de Surveillance SA v. Islamic Republic of Pakistan*, ICSID Case No. ARB/01/13, 6 August 2003, 後者の例として，Decision on Jurisdiction on *SGS Société Générale de Surveillance SA v. Philippines*, ICSID Case No. ARB/02/6, 29 January 2004 が挙げられる。

100) Award on *Sempra Energy International v. Argentine Republic*, ICSID No. ARB/02/16 (Argentina – United States BIT), 28 September 2007, paras. 305-314.

101) Final Award on *Limited Liability Company AMTO v. Ukraine*, Stockholm Chamber of Commerce Case No 080/2005 (Energy Charter Treaty), 26 March 2008, para. 110.

102) この点の日本語文献として，玉田「前掲論文」（注58）を参照。

み保護され，外国投資家が不利に扱われるわけでないので，世界基準での賠償・補償を求めることは，競争関係で言えばむしろ過剰な保護を要求するものであるとも言える。しかし，他に投資する場合には世界基準で保護されるのであるから，その保護水準を要求することは不合理でないし，その要求を相手国政府が自発的に受け入れた以上問題はない。

　これに対して，比較優位論＝協力モデルからは異なる説明になる。投資受入国において，たとえば資本輸出が制限されているならば，自国内の資本は，締約国全体において資本利用が最適化された状況において実現している資本収益率よりも低い収益率で満足せざるを得ない状態に置かれているはずである。そうした状況では，自国内の経済状況に照らし投資インセンティブを損なわないように財産権の保障が制度設計されていると仮に説明があったとしても，締約国全体での資本利用の最適化という観点からは受け入れることができない。資本輸出の制限によって財産権保障制度の前提が歪められているからである。したがって損害賠償及び損失補償の額の算定は，そうした歪みが極小であると想定される世界基準で行うとするのが合理的である。

主要参考文献・資料

大橋洋一『行政法Ⅱ——現代行政救済論』（有斐閣，2012年）

櫻井雅夫『新国際投資法』（有信堂，2000年）

塩野宏『行政法Ⅱ』（第5版補訂版）（弘文堂，2013年）

常岡孝好（編）『行政立法手続』（信山社，1998年）

野中俊彦・中村睦男・高橋和之・高見勝利『憲法Ⅰ』（第5版）（有斐閣，2012年）

Thomas Cottier and Petros C. Mavroidis (eds.), *Regulatory Barriers and the Principle of Non-Discrimination in World Trade Law* (The University of Michigan Press, 2000)

William J. Davey, *Non-Discrimination in the World Trade Organization: The Rules and Exceptions* (Hague Academy of International Law, 2012)

Rudolf Dolzer and Christoph Schreuer, *Principles of International Investment Law* (2nd ed.) (Oxford University Press, 2012)

Peter Muchlinski, Federico Ortino, and Christoph Schreuer (eds.), *The Oxford Handbook of International Investment Law* (Oxford University Press, 2008)

Jeswald W. Salacuse, *The Law of Investment Treaties* (Oxford University Press, 2010)

Rüdiger Wolfrum, Peter-Tobias Stoll, and Holger P. Hestermeyer (eds.), *WTO –*

Trade in Goods（Martinus Nijhoff Publishers, 2011）
ICSID HP［https://icsid.worldbank.org/ICSID/Index.jsp］
Investment Treaty Arbitration HP［http://www.italaw.com/］

第 10 章　基準・認証

　WTO 協定における「基準・認証」は，JIS のような任意規格（standards）のみならず，強制規格（technical regulation）すなわち製品に対する規制を含む広い概念である。これらの措置を規律する TBT 協定において，「正当な規制区分か否か」という適合性基準が先例上示されている。目的と手段との合理的関連性を要求しており，国内政策措置の規律として新たな方向性を示している。

　TBT 協定はまた，各国が国際規格を導入するインセンティブを設けている。しかし，世界経済・社会の最適化という観点からすると，規制の多様性自体も資本として価値があり，単一化が無条件に望ましいか疑問がある。またこの分野は，自社・自国に有利な規格を国際規格とすることで競争優位に立つことを狙う動きを背景として理解する必要がある。

　なお WTO 協定においては，基準・認証に関わる措置を扱う TBT 協定のほか，農産物の検疫・食品衛生措置を扱う SPS 協定が存在する。両者は共通点が多く，交渉も並行して行われており，研究書も並行的に扱うものが多い。本書は，検疫が輸入品に特有の問題であって国産品にも適用することを前提とする一般の規制と性質上異なるという考え方から両者を分けて検討しているが，両者の関係にも注意が必要である。

一　本章の対象事項

1　基準・認証の政策根拠

　基準・認証は，物品・サービスの生産・販売等に関わる内国規制の一であり，またその標準化を進める政策ツールである。物品の寸法，性能，成分，強度等を規定するものと，物品の生産方法，作業方法，試験方法等を規定するものとがある。WTO 協定においては，任意の標準のみならず，強制力を有する規制も「強制規格」（technical regulation）として基準の範疇に含めている。

　基準は，様々な目的のために用いられる。消費者の安全，環境保護等様々な政策目的を実現するために物資・サービスの仕様，性能等に対する規制が行われ得

ることは第9章でみた。要求される性能・品質等を具体的に定め，かかる規格に合致しない物品の販売等を罰則等で禁圧するのが最も単純な遵守確保の方法である。この場合遵守を確認する方法の選択を生産者・販売者に委ねてもよいが，従うべきガイドラインを示し，又は特定の方法を推奨することも考えられる。さらに遵守を確認する手続を具体的に定め，その履践を確認することも行われる。つまり遵守の確認方法にも基準が用いられる。規格を充たす製品のみ政府支援・責任保険等の便益の対象とする場合も様々な確認方法がある。

　規格に合致しているか否かを判断する作用が「適合性評価（conformity assessment）」である。その前提として，所与の製品等についての特性を決定する行為が「試験（testing）」，かかる特性の測定等により要求事項を充足するかを評価する行為が「検査（inspection）」である。また試験の前提として計器等の示す値と標準の示す値との関係を確定する「校正（calibration）」も必要になる。適合性評価は，生産者・輸入者等が自ら行う場合と，国その他公的な第三者機関による場合とがある。適合性評価に客観性が必要な場合には，第三者機関による評価を義務づけることになる。この第三者機関による評価を「認証（certification）」という。さらに，認証機関の判断の客観性・妥当性を確保するために，機関の認証能力や認証手続が適切か確認を行うことが必要な場合がある。この確認手続が「認定（accreditation）」であり，国その他権威ある機関が行う。試験を行う試験所（laboratory），校正を行う校正機関，検査を行う検査機関についても認定制度がある。

　標準化が基準の基本的機能である。典型的にはメートル法などの度量衡のほか，寸法・性能などの基準であるが，規制値を測定するためにも基準が必要となる。たとえば太陽光パネルについて一定の光電変換効率を要求したとしても，この数値を測定する場合，どのような測定方法でも同じではなく，照射する光の波長，照度，角度等，またその他温度等いかなる条件で，またいかなる測定の仕方をするのか基準が必要になろう。測定方法の標準化がなければ比較可能なデータとならない。その遵守が任意である標準は，政府等の公的機関が定める法的な（de jure）標準，関係する企業の協調によって策定されるコンソーシアム標準，及び，特定企業の採用した規格が事実上市場を席巻している状態の事実上の（de facto）標準に整理できる。後2者は，政府が定めるものではないが，機能としては法的な基準と似たところもある。法的な標準の中でも ISO/IEC，ITU 等の国際機関が定める国際標準及び欧州標準化委員会（CEN）等の地域標準化機関が定める地域標準の重要性も高まっている。

　標準化が求められる理由は様々である。たとえば，コンピューター関連製品の

ように複数の製品を組み合わせることが想定される製品について、相互接続性が確保されていなければ、製品ごとたとえばプリンターやディスプレイといったレベルでなく、組み合わせ全体同士で消費者が比較せざるを得ない。また単品ごとの新規参入もどの組み合わせに合わせるかを選択して行わなければならない。単品すなわち個々のモジュールごとの競争が十分あったほうが望ましいのか、組み合わせ商品レベルでの競争さえあれば十分なのか、また標準化された部分の技術に投資するインセンティブが小さくなるため、どの技術を促進させるかといった政策問題に答える必要がある。市場の選択に委ねるほうが通常であろうが、多重投資などによって望ましくない結果が予想されるとして、標準化促進等何らかの政策的介入が行われることもあろう。ユーザー側の情報収集・処理能力の限界への対応という場合もある。たとえば競合している製品間で成分・性能等の表示の仕方がまちまちであれば、製品間の比較におけるユーザー側の負担がきわめて大きくなる。個人の情報収集・処理能力が有限であり、経済全体からみてその効率的利用を考える必要があるならば、成分・性能の測定及び表示方法の標準化が検討される。そうした国際間の比較が必要な場合には国際標準が策定される。たとえば試験所の認定機関の充たすべき要件について標準が存在する（ISO/IEC ガイド58）し、認証機関の容認についても指針が策定されている（ISO/IEC ガイド40）。また試験所・校正機関の要求事項についても、上記認定機関の要求事項の標準に加えて指針が存在する（ISO/IEC ガイド25）。

ただし、標準化は、多様性に対して多かれ少なかれ制約となる。したがって、標準を作成すべきか否か、また拘束力のあるものとするのか、任意の規格とするのか（任意の規格としても政府調達その他において要件とするか、全くの任意とするか）など標準からの逸脱を抑制する必要性等様々な要素のケース・バイ・ケースの考慮が必要である。たとえば消費者の安全確保を目的とする規制は、個別の逸脱行為を許容できない可能性が高く、強制的な規制が正当化されやすい。これに対して、効率化のための標準化であれば、せいぜいガイドラインとすることで足りる場合が多いと思われる。

2　問題の所在

（1）規格に対する規律の考え方

いかなる目的のためであれ一定の規格の遵守を強制すれば、規格に合致しない製品が排除され、結果として貿易に対して悪影響を及ぼす可能性がある。輸入品だけを対象とする措置でないため、かかる強制規格に対する規律は、内国民待遇義務が中心になる。国際競争論＝共存モデルは、形式的な内外差別の禁止に止め

るか，又は輸入を阻害する限り撤廃すべき又は統一を追求し，ただし一定の公益目的のための独自の規格設定を逸脱として留保することを認めるという発想になる。これに対して，比較優位論＝協力モデルでは，規格の目的が正当であり，すなわち「市場の失敗」の是正を目的としており，採用された強制規格という方法及び規格の内容が目的達成のために最適な手段であることを求めるという方向性になる。なお，後述のように，TBT協定においては，GATT20条に相当する一定の目的を追求する措置の除外規定が存在しないことをどう考えるかという解釈問題が絡む。

　任意規格についても同様に考えてよいが，任意であるがゆえに目的等について同等の厳格さが必要でない可能性が高い。その強制力の強さは当該規格を採用する経済主体の市場における地位によるので，通商政策のほか，競争政策との関係も考えておく必要がある。先に述べたように，標準化は，特定の技術等を選択し又は優遇することになる可能性があるからである。事実上の標準又はコンソーシアム標準についてはそれ自体の策定についても問題になるし，標準に関わる知的財産権の開放という問題もある。最後の点は，第18章二3(3)を参照。

（2）国際的調整の意義

　規格については，コスト削減の観点から国際的な標準化又はハーモニゼーションの動きが常にある。国ごとに異なる規格とりわけ強制的な技術規制が採用されているならば，市場が事実上国ごとに分断され，世界的に展開している企業にとってコストが発生し，又は規模の利益が得難くなるからである。ただ，その進め方によっては技術発展の方向性が制約されてしまうこともあり，標準化するか否かも含めバランスが必要となる。また，基準の統一化以外にも，自国の規格への適合性評価を国内の機関のみならず外国に所在する機関が行うことを認めるという手法も利用される。また実務上は，認証機関や認定機関が外国の信頼するカウンターパートの審査結果等を採用して認証・認定を行うといったことがしばしば行われている。

　国際的な枠組みとしても，規格の相違を前提としつつ，外国の機関が行った自国の規格への適合性評価の結果を相互に受け入れる相互承認から，規格自体の統一化を目指す国際標準化まで様々なハーモニゼーションのあり方が存在する。国際標準化についても，FAO/WHO合同食品基準委員会（コーデックス委員会），経済協力開発機構（OECD）など，規制のハーモニゼーションを目指す場合と，ISO/IECやITUなど任意規格である国際標準の策定を目的とする国内標準化団体及び政府機関の連合体又は国際機関として認知された団体が存在する分野もあ

一　本章の対象事項　409

る。政府間組織においても，条約等で一定の規格の導入が法的に又は事実上義務付けられている場合もあれば，参照すべき標準の策定に止める場合もある。TBT協定は，国際規格へのハーモニゼーションについても採用を促進する人為的なインセンティブを設けているがそれが各国の政策判断を歪めることになっていないかという視点も必要であろう。

(3) 行政立法手続の整備

　国内の政策形成手続においては，行政立法手続が整備され，原案の公表，パブリックコメントの募集及びコメントに対する回答などを行うことが義務付けられている場合がある。産品又はサービスの品質等に対する規制についてはかかる手続の整備が重要である。かかる規制は，政府が定めるものであるが，内容を定めるために考慮すべき情報を有しているのは企業その他民間団体だからである。行政立法手続が整備されれば，企業その他の私人がその保有する情報を提供しやすくなり，同時に行政機関も関連性のある情報を踏まえた合理的な判断が促される。

　外国政府の措置についても，同様の発想で行政立法手続の整備を義務付けていくことが考えられる。国際競争論＝共存モデルでは，関連主体がそれぞれ独自利益を追求することを前提とするので主観的な意見の表明の機会の保障を重視し，比較優位論＝協力モデルでは，正当かつ最適な措置を設計・採用するために必要・有益な客観的な情報の提供を重視するという違いがあるが，いずれにせよ行政立法手続の整備という方向性を支持でき，TBT協定がこの方向の規定をいくつか置いている。

　なお規制が正当かつ最適であっても，その内容によっては既存の事業を廃止し又は対応のために多大な費用負担を要する可能性がある。そうした制度変更が頻繁になされ事業環境の予見可能性が低くなると投資しにくくなり，不効率が発生する可能性がある。行政立法手続の整備により制度変更の可能性を早期に周知することに加え，措置の公表から発効までに時間をおくなどの手当てが考えられてよい。TBT協定にもこの問題を扱う規定があるが，一般的には，間接収用及び補償の問題として検討する余地があろう。第9章四2(1)を参照。

(4) プライベートスタンダード

　公的機関でなく，私的な団体，具体的には企業，NGOなどが作成し，私企業が自発的に採用している規格がプライベートスタンダードである。プライベートスタンダードは，設定する企業が市場支配力を有している場合に，競争企業の製品を排除しないか，不合理な取引方法を強制することにならないかなど競争法上

の問題になり得る。

　そのほか，産品の品質・特性でなく，生産過程・方法に関わるプライベートスタンダードも多数存在し，PPM規制と同様の問題がある。生産過程・生産方法に関わる表示は，商品の選択において，生産段階における外部効果等を適切に考慮させることを可能にするという意味で市場メカニズムの適正な機能に貢献する可能性があるが，一国の経済構造等に照らして適切な要件・表示方法が他国においても適切である保証がないからである。仮に客観的な情報の提供に止めるとしても，企業ユーザーを含め消費者は，自国経済における外部効果の適切な評価が可能であっても，その評価基準が外国経済についても妥当するとは一概にいえない。一国の経済における外部効果を適切に評価するためには，当該経済全体についての知見が必要であり，外国の消費者にかかる知見を期待できないからである。政府規制と異なり，プライベートスタンダードの適切さを巡る競争の余地もあるのでWTO協定等政府措置に対する規制を準用することは適切でないが，競争法の適用においてどのように考慮するかが問題となろう。この点では，持続可能な森林経営の指標のラベリング上の取扱いが参考になる。第16章三2(2)を参照。

二　各国の基準・認証制度

　強制規格を含む基準・認証制度は様々な目的のために又は様々な分野において幅広く採用されている。その多様性を認識するために日本の制度を中心に概観する。

1　日本の基準・認証制度

(1) 計量法

　度量衡は経済活動の基礎となるものである。「計量法」は，1992年に新法となり，72の「物象の状態の量」に関する取引や証明に使用すべき計量単位を定めている。その多くについて，国際度量衡総会（CGPM）で決められた国際単位系に基づいて決定することを基本とし，この分野における国際標準を採用した（3条，別表第一）。

(2) 農林物資の規格化及び品質表示の適正化に関する法律（JAS法）

　「農林物資の規格化及び品質表示の適正化に関する法律」（JAS法）は，「適正かつ合理的な農林物資の規格を制定し，これを普及させることによって，農林物資の品質の改善，生産の合理化，取引の単純公正化及び使用又は消費の合理化を

図るとともに，農林物資の品質に関する適正な表示を行なわせることによって一般消費者の選択に資し，もって農林物資の生産及び流通の円滑化，消費者の需要に即した農業生産等の振興並びに消費者の利益の保護に寄与することを目的とする。」(1条)。農林水産大臣は，利害関係人の申し出を受けて農林物資規格審議会の議決を経て日本農林規格を定めることができる (7条)。委員は，学識経験のある者のうちから，農水大臣が任命する (農林物資規格調査会令2条2項)。当該規格を定めるに当たっては，対象産品の品質等の動向等と共に，「国際的な規格の動向を考慮」することが求められている (JAS法7条2項)。対象産品の製造者及び輸入者は，登録認定機関による認定を受けて日本農林規格に基づく格付を行い，その旨の表示を行うことができる (14条1項)。農水物資の生産又は流通を管理する者も同様である (同条2項・3項)。日本農林規格は一般に任意規格であり，JASマークも日本農林規格の認定を受けたという旨の表示に過ぎず，また認定を受けていなくても販売が可能である。

　登録認定機関は，申請を受けて農水大臣がその登録を行う。その登録に当たっては，農水大臣は，「国際標準化機構及び国際電気標準会議が定めた製品の認証を行う機関に関する基準に適合する」などの要件を充たしている機関については，申請を受けて登録を認めなければならない (17条の2第1項)。必要がある場合は，独立行政法人農林水産消費安全技術センターに調査を求めることができる (16条)。外国の認定機関が登録を行うことも想定されている (19条の8以下)。国内の登録認定機関に適用される規定の大部分が準用されている (19条の10) が，管轄権の限界に鑑み，外国の認定機関に対する処分は，刑事罰規定の準用がなく，登録の取消しに限定される (19条の9)。

　やや特異なのは，有機食品の表示である。有機食品については，そのJAS規格に適合的であることが認証された場合に限り，有機JASマークを付すことが許され，かつかかる認証がされていない食品には「有機」又はこれに類する表示をすることが禁止されている (19条の15)。外国産の食品については，国産品と同様にJAS規格適合性認証を受けることも可能であるが，「日本農林規格による格付の制度と同等の水準にあると認められる格付の制度を有している国」からの輸入品については，その政府の証明書があれば登録認定機関の認定を得て有機JASマークを付し，「有機」の表示ができるようになる (15条の2)。有機JASマークは，「有機」栽培された食品であることの表示であって，単に規格に適合的であることの表示に止まらない。栽培地においては (特に外国の場合)，指定された要件を充たさない場合であっても「有機」栽培であると言えるにもかかわらず，有機表示を許さないのであるから，有機JASマーク制度は任意規格でなく強制

規格というべきであろう。

また有機食品か否かは，生産方法に関わるものであり，「農業の自然循環機能の維持増進を図」り，又は「採取場の生態系の維持に支障を生じない方法により採取する」か否かに関わるものであって，産品の品質自体に直接関係がない。農地の環境の適切な保護の基準は，当該農地が属する生態系に拠り，したがって各国で異なることが想定される。よって，食品衛生基準と異なって，輸入品を含む対象食品一般に対して自国の基準を一律に適用すれば足りるというわけでなく，原産地国政府が定める基準を輸入品について受け入れてよいかどうかの検討が必要である。

（3）飼料の安全性の確保及び品質の改善に関する法律

家畜の飼料については，家畜の健康等の保護及び家畜を原料とする食品の安全性保護の観点から，「飼料の安全性の確保及び品質の改善に関する法律」が規制を定めている。農林水産大臣は，「飼料若しくは飼料添加物の製造，使用若しくは保存の方法若しくは表示につき基準を定め，又は飼料若しくは飼料添加物の成分につき規格を定めることができる」（3条1項）。これらの基準・規格に合致しない飼料及び飼料添加物は製造・販売等が許されない（4条）。基準・規格の制定改廃に当たっては農業資材審議会の意見聴取が必要であり（3条2項），また「常に適切な科学的判断が加えられ，必要な改正がなされなければならない」ものとされている（同条3項）。審議会の委員は，学識経験のある者のうちから，農林水産大臣が任命する（農業資材審議会令2条1項）。

一般的には，製造者等の責任において上記基準・規格に適合していることが確保されているが，一定の飼料及び飼料添加物については，第三者機関の認証が必要とされている。すなわち独立行政法人農林水産消費安全技術センターが農林水産省令で定める方法により行う検定を受けて合格した旨の表示がなされていないものは販売等が許されない（5条1項）。その製造・検査等の設備・手続等について農林水産大臣又は上記センターの審査を受け，農林水産大臣の定める技術的基準を充たすと認められて登録された事業者が製造し，その旨の表示があるものについては，個別の検定は不要である（7条，9条及び16条1項）。外国の飼料等の製造者も登録を受けることができる（21条1項）。製造方法等が技術水準を充たさないなどとして受けた改善命令に従わない場合などは登録が取り消されるが，外国事業者については，報告の求め等に従わず必要な情報提供をしないなど調査妨害行為があった場合も直ちに登録の取消しがなされ得る（22条1項4号・5号）。

そのほか優良な飼料の流通を促すことを目的とした公定規格の制度がある（26条1項）。公定規格は、製造業者等私人の発案により策定される（同条2項）。策定に当たり、農林水産大臣は、公聴会を開いて利害関係人の意見を聴くことができる（同条4項）。なお、次項でみるとおり、食品に残留する飼料添加物について食品衛生法上の規制が存在する。

（4）食品衛生法

「食品衛生法」は、公衆衛生の観点から、食品の安全性の確保のための規制を行う権限を規定している。JAS規格が一般に、良好な品質の食品の流通を推進するための非強制的な規格であるのに対して、食品衛生法は、最低の衛生状態を保証するための強制規格を定めている。

食品衛生法上、「厚生労働大臣は、公衆衛生の見地から、薬事・食品衛生審議会の意見を聴いて、販売の用に供する食品若しくは添加物の製造、加工、使用、調理若しくは保存の方法につき基準を定め、又は販売の用に供する食品若しくは添加物の成分につき規格を定めることができ」（11条1項）、規格が定められた場合は規格に合致しない方法によって製造された食品等は製造・販売等が禁止される（同条2項）。審議会の委員は、学識経験のある者のうちから、厚生労働大臣が任命する（薬事・食品衛生審議会令3条1項）。規格が定められた食品及び添加物のうち一定のものは、その区別により厚生労働大臣等の検査に合格しなければ販売等が許されない（食品衛生法25条1項）。一定の範囲では、登録検査機関が検査を行うものとされているが、その検査の方法は、厚生労働省令に定められた技術上の基準に適合する方法でなければならない（35条2項）。添加物に関する基準又は規格は食品添加物公定書に記載される（21条）。製造又は加工の方法について基準が定められた食品について、自らの行う総合衛生管理製造過程について承認を受けた場合、当該過程を経て製造した食品は当該基準に適合したものとみなされる（13条）。

添加物については、天然香料などの例外を除き、人の健康被害のおそれがないとして薬事・食品衛生審議会の意見を聴いて厚生労働大臣が定めたもの以外が用いられた食品は販売等が禁止されており（10条）、いわゆるポジティブリスト方式が採用されている。ただし、1995年改正によって天然添加物も規制対象となった際、すでに存在していた天然添加物についてはこの制度の対象外とされた。その後、食品に残留する農薬、飼料添加物、動物用医薬品についても、食品ごとの規格が定められていない場合であっても、残留基準を超えている食品の販売等が禁止されるポジティブリスト方式が採用された（11条3項）。なお、2002年に

おいては，FAO/WHO 合同食品添加物専門家会議（JECFA）で一定の範囲内で安全性が確認され，かつ，欧米等において使用が広く認められていて，国際的にも必要性が高いと考えられる添加物については，企業からの要請がなくても，指定に向けて個別品目ごとに安全性及び必要性を検討していくとの方針が薬事・食品衛生審議会食品衛生分科会において了承されている。

(5) 医薬品医療機器等法（旧薬事法）

「医薬品，医療機器等の品質，有効性及び安全性の確保等に関する法律」（医薬品医療機器等法（旧薬事法））は，医薬品等の品質，効果及び安全性を確保し，また必要性が高い医薬品等の研究開発を促進することを目的とする（1条）。第一に，ある物質が医薬品として適切かどうか，その品質，効果及び安全性等について申請があればこれを審査して品目ごとに承認が与えられる（14条1項）。新薬開発のために非臨床試験及び臨床試験が行われ，これらの試験で得られたデータが承認及び許可のための審査の資料となる。審査資料のために行われる臨床試験すなわち治験についても，その実施基準（Good Clinical Practice, "GCP"）が定められている（80条の2第1項）ほか，届出が必要とされる（同条2項）などの規制が存在し，承認等の審査のためのデータは，こうした規制に従って収集されたデータでなければならない（14条3項）。そのほかの安定性，動物による試験で得られた資料についても同じであり，遵守すべき基準（Good Laboratory Practice, "GLP" など）が定められている。

　第二に，承認された医薬品を製造する業者は，その能力，設備等について審査を受けて，製造所ごとに許可を得ることが必要である（12条及び13条2項）。厚生労働省が定める製造管理・品質管理の基準（Good Manufacturing Practice, "GMP"）を充たさない場合には許可がなされない（12条の2第1号）。また厚生労働大臣は，医薬品については，「製法，性状，品質，貯法等」の基準を設定できる（42条1項）。

　第三に，承認されて市販されるようになった後も効果，安全性等についても調査が行われ，副作用等について報告義務等が規定されている（68条の10など）ほか，新薬の効果・安全性を再確認しようとする再審査制度（14条の4）及び長期間使用されている医薬品等について見直しを行う再評価制度がある（14条の6）。このために提出される資料は，厚生労働大臣の定める基準（Good Post-Marketing Surveillance Practice, "GPMSP"）に従って収集・作成されていることが必要とされる（14条の4第4項及び14条の6第4項）。製造における品質確保のため，ワクチンや血液製剤など一定の医薬品についてはロットごとの検定制度が定められ

(43条)，また厚生労働大臣は，一定の医薬品について，薬事・食品衛生審議会の意見を聴取して品質基準等を定めることができ（42条)，その他販売が禁止される基準も存在する（56条)。また正確な情報提供のために表示についても規制が定められている（50条など)。こういった承認及び許可の要件が充たされていることを確認するための調査又は審査は，独立行政法人医薬品医療機器総合機構に委ねることができる（13条の2第1項及び14条の2第1項)。

医薬品市場は国際化しており，これに対応した様々な制度が医薬品医療機器等法上存在する。たとえば，外国で製造される医薬品については，輸入販売業者が承認申請を行うことができるが，外国の製造業者等も申請を行うことができる（19条の2)。製造販売許可は輸入の許可を包含する（2条13項）[1]。

(6) 電気用品安全法

電気用品安全法は，一定の電気用品，発電機等について，経済産業省が定める技術基準を充たすことを要求している（8条1項)。技術基準について，評価方法及び基準値については，原則，国際規格をそのまま基準として採用するものとし，ただし，気候等の基本的要因，基本的な技術上の要因による事項等日本固有の事情で不可避的な事由がある場合に限っては，当該事情に対応した基準を設けるものとされている（電気用品の技術上の基準を定める省令第2項の規定に基づく基準の制定について)。基準への適合性については，一般的には，製造者が自ら確認すれば足りる（同条2項）が，特定の電気用品の適合性審査は，登録検査機関又は要件を充たす製造者が行うことを想定している（9条)。適合性が確認され，その旨の表示がなされていない電気用品は販売してはならないものとされている（27条)。登録機関は，経済産業省が定めた基準を充たすものとして登録されたものである（29条，31条)。法文上，外国法人が登録検査機関となることも想定されている（42条の3以下)。

(7) 電気通信事業法

電気通信端末機器については，技術的に不適当な機器が用いられた場合，電気通信ネットワークが機能障害を起こしかねないため，充たすべき技術的規格に関する規定を「電気通信事業法」が定めている。（無線設備についても同様の問題があり，こちらは「電波法」が規定している。）

---

1) 医薬品医療機器等法については，薬事医療法制研究会（編）『やさしい医薬品医療機器等法——医薬品・医薬部外品・化粧品編』（じほう，2015年）を参考にした。

電気通信事業法は，総務省令で定める技術基準を充たさない端末機器について，電気通信事業者が接続を拒否できると定めている（52条1項）。個々の端末機器についてこの技術基準に適合することの認定を受けることができる（53条1項）があまり行われていない。設計レベルで技術基準に適合することの設計認証を受けることもでき（56条1項），認証を受けた取扱業者は，認証を受けた設計に合致する端末機器に技術基準に適合している旨の表示をすることができる（58条）。外国製造者もかかる認証を受けることができる（62条）。また他の利用者への障害となるおそれが小さい端末機器については，製造者が自ら技術基準に適合していることを確認して，適合性の表示を行うことができる（63条～65条）。かかる認定及び認証は，一定の要件を充たす者が登録すればできることになっている（86条・87条）。適合性評価は，総務大臣が定める試験方法又はこれと同等の方法で行われなければならない（91条2項）。かかる認定及び認証を外国で行う機関も承認されることがある（104条）。

電気通信端末機器については，EU，シンガポール及び米国との間で相互承認協定を締結している。この国内実施法（「特定機器に係る適合性評価手続の結果の外国との相互承認の実施に関する法律」）は，総務大臣が，相互承認協定に従って定められた一定の基準を充たす者に対して，国外において技術基準等に適合しているか否かの評価を行うことについて認定を行うことができる（指定委任型）（3条及び5条）。電気通信事業法上の技術基準適合性・設計認証等について登録外国適合性評価機関が行った場合には国内の登録認定機関と同等の効果が与えられる（31条・32条）。これらの国・地域における技術基準への適合性を評価する国内機関も認定されているので，日本国内で販売するのみならず，これらの国・地域に対して輸出する日本のメーカーは，それぞれの市場ごとに適合性評価を受けるのでなく，日本国内の評価機関で一括して適合性評価を受けることができる。

(8) 化学物質管理

「化学物質の審査及び製造等の規制に関する法律」（化審法）上，新規化学物質の製造又は輸入をするには事前届出が必要であり（3条），所管大臣の審査を受けて一定の安全性が確認されるまでは製造又は輸入することは許されない。所管大臣が届出された化学物質についてその安全性を既存の知見で確認できない場合，届出者に一定の項目について試験結果の提出が求められる（4条）。この試験は，「試験成績の信頼性を確保するために必要な施設，機器，職員等を有し，かつ，適正に運営管理されていると認められる試験施設等において実施されなければならない。」（新規化学物質に係る試験並びに第一種監視化学物質及び第二種監視化学

物質に係る有害性の調査の項目等を定める省令4条)。関連する国際的動向を踏まえ，この基準を充たすか否かの判断において OECD の優良試験所基準が実務上用いられている。これに対して，化審法制定以前に製造・輸入されていた既存化学物質のうち生産量の多いものについて官民連携既存化学物質安全性情報収集・発信プログラム（通称「Japan チャレンジプログラム」）が開始され，産業界と政府とが連携して安全性に関する情報を収集している。

また「特定化学物質の環境への排出量の把握等及び管理の改善の促進に関する法律」（化管法）は，有害な化学物質の排出量・移動量の情報を収集し公表することによって事業者の自主的な取組みを促すことを目的として，排出量等を事業者が自ら把握し，国に届出を行う PRTR（Pollutant Release and Transfer Register）制度を創設した（5条）。また取引される化学物質の安全管理を図る上で障害となる安全性についての情報の非対称性に鑑み，化審法等で規定される化学物質を対象に，事業者間での譲渡に先立ち，製品が含有する化学物質について物質名，化学的組成，取扱い上の注意その他安全性に関する情報が掲載されている安全データシートの提供を義務付けている（SDS 制度）（14条)[2]。また GHS（本章三2(7)を参照）に沿ったラベルによる表示を行う努力義務が規定されている[3]。

(9) 道路運送車両法

「道路運送車両法」上，自動車は，その一定の構造，装置及び性能が国土交通省令で定める保安上及び環境上の基準を充たすものでなければ道路における運行に使用できないとされている（40条～42条)。かかる基準は，国土交通省令（道路運送車両の保安基準）に詳細に定められている。また自動車を運行に供用するには，自動車登録ファイルへの登録が必要であり（4条)，新規登録に当たっては，保安基準及び環境基準を充たしているかどうかの新規検査を同時に受けなければならず（59条2項)，その検査及び登録のために登録する自動車の提示が必要である（59条1項及び7条1項)。ただし，構造，装置及び性能がかかる基準を充たすものとして申請により国土交通大臣の指定を受けた型式の自動車（75条1項）

---

[2] なお EU の REACH は，新規物質のみならず既存物質についても同様に一定量以上を域内で製造又は輸入する者に登録を義務付け，さらに多量の製造等を行う登録者に化学物質安全性評価書の作成・提出を義務付けている。既存物質の安全性の立証責任を事業者が負う点で日本の制度と異なる。たとえば，織朱實（監修）『化学物質管理の国際動向——諸外国の動きとわが国のあり方』（化学工業日報社，2008年）59-106 頁を参照。

[3] RPTR 制度及び SDS 制度については，経済産業省の HP [http://www.meti.go.jp/policy/chemical_management/law/index.html] を参照。

については，申請者が自ら当該型式の自動車であることを確認して完成検査終了証を発行・交付する場合，新規登録及び新規検査において自動車の提示は不要である（7条3項2号及び59条4項）。国土交通大臣が型式の指定を行うに当たっては，申請にかかる型式の自動車がこれらの基準に合致するか否かの審査を独立行政法人交通安全環境研究所に行わせる（75条の4）。この審査では，サンプル車と申請者の品質管理システムが審査対象となる。自動車の個別の装置も型式指定を受けることができ（75条の2），指定を受けた型式の装置は，自動車の型式指定等のための審査において保安基準等を充たすものとみなされる（75条3項）。

　自動車及びその装置の型式指定は，日本向けに輸出する自動車の外国製造者及び輸出者も受けることができる（75条2項及び75条の2第2項）。サンプル車の審査を海外で行うため，審査官を派遣し，又は指定海外検査機関の検査結果を受け入れることとなる。数量の少ない輸入モデルのために輸入車特別取扱制度があり，サンプル車の審査が省略されている。一定の装置については，外国において同等の証明を受けている場合も自動車の型式指定のための審査において保安基準等を充たしたものとみなされる（75条の2第7項）。

(10) 航空法

　航空機については，「航空法」に定めがあり，空中での運行に耐え得る性能すなわち耐空性及び環境適合性（騒音及び発動機の排出物）が必要とされ，国土交通省令で定める技術上の基準に適合することが確認され，耐空証明が得られなければ飛行できない（11条）。これらの基準は航空法施行規則附属書に記載されているが，安全性の基準はアメリカ連邦航空規則に準拠し，騒音及び発動機の排出物に関する基準はシカゴ国際民間航空条約附属書と同等であると言われている[4]。日本の国籍のある航空機の耐空証明は，国土交通大臣が，申請により，個々の航空機を設計・製造過程及び現状すなわち完成後の状態について検査し，基準適合性を確認して行う（10条）。ただし，同一の型式で大量に生産される航空機については，型式証明すなわち型式の設計において基準を充たすことが確認されれば，設計及び製造過程における検査の一部が省略され得（同条5項1号），さらに現状の検査についても，製造及び完成後の検査能力があると認められた者による検査に代えることができる（同条6項1号）。また輸入航空機については，相互承認が法定されており，輸出国がICAOの締約国であって，かつ，その日本と同等以上と認められる基準に合致しかつ手続を経て出された耐空証明があれば，一部の

---

[4] 藤田勝利（編）『新航空法講義』（信山社，2007年）117-118頁。

検査を省略することができる（同条5項2号及び6項2号）。

(11) 工業標準化法（JIS法）

「工業標準化法」は，通称 JIS 法といい，「鉱工業品の品質の改善，生産能率の増進その他生産の合理化，取引の単純公正化及び使用又は消費の合理化を図」って標準化を推進しようとする考え方に基づいている（1条）。主務大臣は，利害関係人の申し出を受けて日本工業標準調査会の答申を得て日本工業規格を制定できる（11条〜13条，17条）。調査会の委員は，学識経験のある者のうちから，関係各大臣の推薦により，経済産業大臣が任命する（4条2項）。製造業者は，その製品について日本工業規格に適合する旨の登録認証機関の認証を得て，JIS マークを製品に表示することができる（19条）が，認証を得ていない製品も販売が禁止されるわけではなく，かつ JIS マークは日本工業規格に適合しているという表示に過ぎないため，日本工業規格は任意規格である。外国製造者が認証を受けようとする場合も同様である（23条）。また，JIS マークは使用できないが，認証を受けなくても，日本工業規格に適合することを宣言すること（自己適合宣言）は認められている。

認証機関は，その基準（27条）を充たしていることが必要であり，独立行政法人製品評価技術基盤機構によって確認された機関が登録される（25条）。外国法人が登録認証機関となることも想定されている（41条以下）。「国際標準化機構及び国際電気標準会議が定めた製品の認証を行う機関に関する基準に適合するものであること」は登録要件の一とされている（27条1項1号）。

標準案に特許対象の技術が含まれる場合もあり，そうした場合の取扱いガイドラインが公表されている[5]。まず制定前に，標準案が抵触する特許権・実用新案権の調査を行い，非差別的でかつ無償又は合理的条件での通常実施権を付与する旨の同意書を権利者から取り付けるのが原則である。制定後に特許権等が存在すると判明した場合，上記同意が得られなければ標準の改正又は廃止を選択することになる。

(12) デファクト規格に関する規律

デファクト規格は，企業が定めるものであって，特段の根拠法はない。しかし，デファクト規格が成立すると，規格に合致しない製品の参入が困難になるのが通

---

[5]　「特許権等を含む JIS の制定等に関する手続について」日本工業標準調査会（2008年決定，2014年に改正）。日本工業標準調査会のHP［https://www.jisc.go.jp/policy/patentpolicy.html］から入手可能である。

常であり，競争政策上問題になり得る。広義のデファクト規格のうち，関係者が合意によって制定するコンソーシアム規格については，合意それ自体のカルテル規制との関係が問題になり得るし，合意された規格に従わないアウトサイダーに対する取引拒絶は，単独又は共同ボイコットとして競争法上問題となり得る。デファクト規格が知的財産権の対象となっている場合はなおさらである。なお競争法が適切に制度設計・執行されておらず，経済の最適化が妨げられているなどの場合の考え方については，第14章四を参照。

2　米国・EC・中国の規格

強制規格の制定は各国の立法・行政立法手続の問題となる。ここでは，任意規格について説明する[6]。

(1) 米　国

米国は，産業界主導で標準化が行われている。産業ごとに民間の標準化機関が多数存在し，内外から利害関係者が広く参加しているという特徴がある。米国規格を選定すべく規格間の調整を行う機関として非営利の米国規格協会（ANSI）があり，ガイドラインに沿って標準化機関を認可している。また自己認証制度を中心としている点にも特徴がある。

(2) E U

EUは，欧州統一規格（EN（European Norm）規格）を提示し，加盟国の規格作成機関がこれを採択し，国家規格を置き換えていくことで欧州統一市場における商品の自由な移動を促進しようとしている。かつては，欧州統一規格に詳細な技術仕様が含まれており，作成立案にたいへんな時間がかかっていた。この過程を迅速化するために「ニューアプローチ」が採用され，1985年以降は大半がこのアプローチに従って作成されている。これは，欧州規格においては対象製品が充たすべき必須要求事項だけを明記し，具体的な技術仕様を関連する欧州標準化機関が制定するというものである。具体的には，電気規格を担当する欧州電気標準化委員会（Comité Européen de Normalisation Electrotechnique, "CENELEC"），通信規格を担当する欧州電気通信規格協会（European Telecommunications Standards Institute, "ETSI"）及びそれ以外の分野を扱う欧州標準化委員会（Comité

---

[6]　産業技術環境局基準認証ユニット『標準化実務入門』（試作版）（日本工業標準調査会のHP［http://www.jisc.go.jp/policy/hyoujunka_text/］から入手可能）第10章を参照。

Européen de Normalisation, "CEN")があたる。この枠組みにおいて作成した規格は、「整合規格」とされ、この規格に従って製造された製品は、関連する必須要求事項に適合していると推定される。なお製造業者は、必須要求事項を充たせば足り、規格に従わずに独自の技術的解決策を選択できることとされている。なお関連する欧州規格の指定要件に製品が適合していることが第三者の認証機関に認証されれば、CEマーキングを付すことができる。なおEUは第三者認証が中心である。

なおCEN/CENELEC/ETSIと国際標準化機構（ISO）、国際電気標準会議（IEC）及び国際電気通信連合（ITU）とが締結している技術協力、作業の同時実施等を定める協定について本章三2(13)を参照。

(3) 中 国

中国は独自規格の制定にきわめて熱心であり、2002年に中国強制規格（CCC (China Compulsory Certification)）制度を創設した。ISOにおける規格策定にも力を入れている。

三 基準・認証に関する国際ルールの発展

1 相互承認

広義の相互承認は、その参加機関により、相手国の適合性評価機関の自国の規格に関する評価結果を受け入れる政府間相互承認、認定機関が相互の技術的同等性を認め合う認定機関間相互承認、適合性評価機関が相互に技術的同等性を認め合う適合性評価機関間相互承認の3種類に分類されるが、適合性評価機関等が政府と同視される組織でない限り、WTO協定等において法的に問題になり得るのは政府間相互承認である。

政府間相互承認には、多国間の相互承認協定（MRA）と二国間のMRAとがある。APECやASEANにおいては電気製品、電気通信機器、玩具等について多国間MRAの例がある。二国間MRAのうち、これまで日本が締結したMRAは、締結順にEC、シンガポール、タイ、フィリピン及び米国であり、それぞれ適用対象となる産品が指定されている。EC及び米国とは、相互承認だけを目的とした協定を締結したが、シンガポール、タイ及びフィリピンの3ヵ国については締結した経済連携協定において規定されている。EC、シンガポール、米国との相互承認協定は、相手国が指定した相手国国内の適合性評価機関が行った自国の規格に関する認証を受け入れる内容（指定委任型）になっているのに対して、

タイ及びフィリピンとの相互承認では，自国が指定した相手国国内の適合性評価機関が行った自国の規格に関する認証を受け入れる内容（域外指定型）になっている[7]。

　電気用品安全法は，電気製品について経済産業省が定める技術基準を充たしていることを要求しており，中でも特定電気製品については，経済産業大臣に登録した検査機関の適合性評価を受けて合格した表示をしなければ販売ができないとされている。法律上，登録検査機関は，国内の機関に限定されず，外国の検査機関も登録が可能である。タイ及びフィリピンとの相互承認（域外指定型）はこの枠組みで対応されている。これに対して，EC，シンガポール及び米国との相互承認は，電気用品安全法等既存の法律では対応できず，対象の製品について，既存の法律（電気用品安全法，電気通信事業法及び電波法）が登録検査機関を日本の所管大臣が指定するとしていることの特例として相手国政府が指定した検査機関による日本の基準の適合性の評価結果を受け入れること（指定委任型），及び外国の規格について適合性評価を行う検査機関の指定の双方について特別法が制定されている（特定機器に係る適合性評価手続の結果の外国との相互承認の実施に関する法律）。ただしこのやり方は，一定の客観的基準を充たす検査機関すべてを承認するという形でなく，特定国の検査機関を特別扱いする外形を作り出しており，最恵国待遇義務違反とされるおそれがないか懸念がある[8]。

　認定機関間相互承認は非政府間の取決めであり，MRA に参加する輸出国認定機関による（輸出国の）適合性評価機関の認定を輸入国認定機関が承認し，その結果当該適合性評価機関による適合性評価を輸入国政府が事実上受け入れることを想定している。二国間 MRA のほか多角的 MRA も存在し，1993 年に発足した IAF（International Accreditation Forum）は，ISO9000 シリーズ等のマネジメント認証機関，製品認証機関等の認定機関の国際組織であり，認定機関間の技術水準の整合性の確保を図りつつ，MRA（2014 年現在 70 以上の認定機関が参加している）を推進し，そのための指針文書等を策定している[9]。1996 年に設立された

---

7) 指定委任型及び域外指定型のほか，二国間での適合性評価機関の同等性に止まらず，適合性評価手続及び基準の同等性まで相互に承認する MRA も存在する。豪州・ニュージーランド間の Trans-Tasman MRA がその例である。豪州政府の HP [http://www.acma.gov.au/Industry/Suppliers/Supplier-resources/Mutual-Recognition-Agreements/ttmra] を参照。この場合，二つの規制システムが併存していることになる。
8) なお，日本が締結した指定委任型 MRA は，あまり利用されていないとの調査結果がある。西村美香「相互承認の効果に関する調査報告書――APEC 及び WTO にて報告」『標準化ジャーナル』37 巻（2007 年）。
9) IAF の HP [http://www.iaf.nu/] を参照。

ILAC (International Laboratory Accreditation Cooperation（国際試験所認定協力機構））は，試験所・検査機関の認定機関等の国際組織であり，試験所及び試験所認定機関の要件適用の指針等を定めること等によって認定機関間の業務内容の整合化を図り，また試験事業者等の認定機関間の相互承認の取決めを策定し，37機関が合意している[10]。また地域レベルのMRAも存在し，1997年に発足し，現在約40のメンバーを数えるAPLAC (Asia Pacific Laboratory Accreditation Cooperation) はその例である[11]。

適合性評価機関間相互承認も非政府間MRAであり，適合性評価機関（すなわち認証機関）間のMRAに参加する（輸出国の）認証機関等が発行する試験結果・証明書を輸入国の認証機関が受け入れてそれを基に証明書を発行することにより，その結果輸入国政府が輸出国機関の発行する証明書を事実上受け入れることを想定している。IEC標準の認証機関等のMRAであるIECEE/CBスキームは，承認された輸出国認証機関・試験所の発行した適合性評価及び試験結果を輸入国認証機関が受け入れる取決めであり，約50ヵ国がメンバー国となっている[12]。また実務上，認証機関が個別に海外の認証機関と二国間で覚書を締結して海外での適合性評価取得を容易にすることが行われているし，また輸入国の認証機関が輸出国に子会社等を保有する場合もその評価の大部分を輸入国外で行うことが可能である。

2　国際標準化

国際標準化活動は，ISO/IECなど様々な国際機関又は国際フォーラムにおいて行われている。公的な標準化機関においては，すべての利害関係者が参加できるような透明な合意プロセスを通じ，コンセンサスを基本として国際規格が作成される。ほとんどの国が参加しているものもあれば，主要な利害を有する少数国だけで構成されているものもある。コーデックス委員会のような政府間機関もあれば，ISOのような非政府の任意団体もある。ただし政府間機関であっても企業・NGO等関連する民間団体が様々な形で関与している。特定の産品・サービスを排他的に扱うフォーラムが設置されているわけでなく，同一の産品・サービスを異なる角度から取り扱う複数のフォーラムが存在し，かつそれらが必ずしも相互調整なしに議論していることが少なくない。また先進国主導のフォーラムに対抗して新興国がフォーラムを立ち上げる場合もある。以下その一端を示す。

10）ILACのHP [http://ilac.org/] を参照。
11）APLACのHP [https://www.aplac.org/aplac_mra.html] を参照。
12）IECEE/CBスキームのHP [http://www.iecee.org/cbscheme/default.htm] を参照。

（1）度量衡における OIML

　メートル条約は，ヨーロッパにおける単位系の確立と国際的な普及を目的として，1875年に締結された。日本は1886年に加入している。最高機関として国際度量衡総会（CGPM），事実上の理事機関である国際度量衡委員会（CIPM）が置かれ，分野別の諮問委員会において標準に関する研究課題が検討されている。

　単位系ではなく，国の計量器の技術基準及び適合性評価の手続きを国際的に調和させることを目的とするのが国際法定計量機関（OIML）であり，1955年に締結された国際法定計量機関を設立する条約に基づいて設立された。OIMLは，計量器に関する国際勧告を行い，また法定計量の共通課題に指針を与える国際文書を発行している。これらの文書は，加盟国の専門家から構成される分野別の技術委員会（TC）及び課題別の小委員会（SC）において検討・作成される。OIMLはまた，計量器の型式評価に関する相互承認の枠組みを提供している[13]。

（2）動物検疫における OIE 及び植物防疫における IPPC 条約

　動物検疫措置及び植物防疫措置については，第6章三2で触れたとおり，それぞれ国際獣疫事務局（OIE）及び国際植物防疫条約（IPPC）が国際標準化を進めている。

（3）食品安全におけるコーデックス委員会

　食品衛生の分野における規制の国際的なハーモニゼーションの動きは60年代以降に見られる現象である。国連食糧農業機関（FAO）と世界保健機関（WHO）とが1961年に合同食品規格計画を創設し，その執行機関として食品規格委員会（コーデックス委員会（CAC））[14]を創立した。コーデックス委員会は，食品表示，食品添加物の許容水準，残留農薬基準などについて世界規模の食品規格を策定している。その手続は，作業の優先順位に関する基準に従って作成が決定された規格の草案を事務局が作成し，加盟国等への意見聴取のための送付，意見の検討，草案の改正といった過程を経て関係する規格部会において採択された後に，委員会の総会が報告を受け，了承するという過程をたどる。総会は，全加盟国が参加するものであるが，部会には，関心国の代表のほか，企業，NGO等のオブザーバーが出席している。コーデックス委員会に対して技術的援助を行う組織として，

---

13) OIML の HP ［http://www.oiml.org/en］ を参照。
14) CAC の HP ［http://www.codexalimentarius.org/］ を参照。

FAOなどが指名した専門家から構成されるFAO/WHO合同食品添加物専門家会議（JECFA），FAO/WHO/IAEA合同食品照射専門家会議，FAO/WHO合同残留農薬専門家会議があり，食品添加物の安全性の検討や成分規格の設定等科学に基づいたリスクアセスメントを担当している。

（4）医薬品・化粧品等におけるICH等

医薬品の製造基準等については，ISO（本項(13)をも参照）において国際標準化が進められているほか，日米EUの規制当局が産業界と共に標準化を推進している。治験等の試験の基準（GCP及びGLP），製造及び品質管理の基準（GMP），及び市販後調査の基準（GPMSP）その他の基準については，規制当局と産業界との双方が参加する日米EU医薬品規制調和国際会議（ICH）[15]においても標準化が進められており，同会議において合意されたガイドラインを国内法に取り込んだものが多い。またICHにおいて合意されたガイドラインとの調和を図るためにISO規格の改訂が提案されることもある。またGMP及び製造所の査察については，GMPの国際的調和に加え，相互認証・情報交換等を規定するPharmaceutical Inspection Cooperation Schemeが1995年に合意されている（1970年に合意されたPharmaceutical Inspection Conventionと合わせて，PIC/Sと略称されている）（現在の参加国数：44ヵ国[16]）。また日本とEUとの間では，優良製造所基準（GMP）について相互承認が合意されており，たとえば日本から医薬品を輸出する場合，日本の当局がGMP適合性を確認した国内の製薬工場が製造した医薬品であればその工場が作成した出荷前試験の証明書をそのまま受け入れることになっている。

医薬品医療機器等法（旧薬事法）は，医薬品のほか，医療用具及び化粧品についても規制を定めているところ，前者については，日米欧加豪の主要先進国から構成される医療用具規制国際整合化会議（GHTF）は2012年に活動を停止したが，2011年10月にブラジル，中国さらに世界保健機関（WHO）の代表を加えた医療機器監督管理国際フォーラム（IMDRF）が設置されている[17]。後者についても日米欧加の化粧品業界が共催し，規制当局も参加する化粧品規制協力国際会議（ICCR）が情報交換を行い，ISO基準の採択等標準化を促進する活動を行っている[18]。

---

15) ICHのHP [http://www.ich.org/] を参照。
16) PIC/SのHP [http://www.picscheme.org/] を参照。
17) IMDRFのHP [http://www.imdrf.org/] を参照。

（5）電気通信におけるITU

電気通信分野においては，国連の専門機関たる国際電気通信連合（ITU）（加盟国数：193ヵ国。ただし私企業等もメンバーとなり得る[19]）が中心となって，ネットワーク間の相互接続性・相互運用性を確保するため標準化活動を行っている。電気通信関係の標準化を扱うITU-Tと無線通信関係の標準化を扱うITU-Rとに分かれる。国際標準の策定にあたっては，ISO/IECも関係している。またアジア・太平洋地域における標準化協力を実施する機関として，アジア・太平洋電気通信標準化機関（ASTAP）があり，その他米国のIEEEなどコンソーシアム基準を策定する組織もいくつか存在する。

（6）ITセキュリティ

IT製品の安全性評価については，共通基準承認アレンジメント（Common Criteria Recognition Arrangement, "CCRA"）がある。これは，米英仏独加の政策実施機関が1998年に創設した相互承認の枠組みであり，国際標準化されたIT製品の安全性評価基準（ISO/IEC15408，別名をCommon Criteriaという）に基づく安全性認証を相互承認することを目的とする。2013年末現在26ヵ国の政策実施機関が加盟しており，自国の認証制度において認証された製品がCCRA加盟国において認証製品として認められる認証発行国（17ヵ国）と認証発行国において認証された製品を認証製品として認める認証利用国（9ヵ国）とに分かれている。日本は，2003年に参加し，認証発行国になっている。アジアでは，韓国，インド，マレーシア，パキスタンといった国々が参加しているが，中国は参加しておらず，中南米・アフリカ諸国の参加も見当たらない[20]。なお情報システムのセキュリティについては，第17章三1(9)を参照。

（7）化学物質管理における国連・OECD

1992年の地球環境サミットで採択された「アジェンダ21」において有害化学物質の適正管理が謳われた。2002年の国連環境計画（UNEP）における決議及び持続可能な開発に関する世界サミット（WSSD）における合意を受けて2006年に国際化学物質管理会議（ICCM）[21]において取りまとめられた「国際的な化学物質のための戦略的アプローチ」（SAICM）がUNEPによって承認され，2020年を

---

18) 米国FDAのHP［http://www.fda.gov/Cosmetics/InternationalActivities/ICCR/ucm2005211.htm］を参照。
19) ITUのHP［http://www.itu.int/en/about/Pages/default.aspx］を参照。
20) CCRAのHP［http://www.commoncriteriaportal.org/］を参照。

目標年とする化学物質の人の健康及び環境への悪影響の最小化に向けて，各国が取組むべき事項が記載され，採択を促している[22]。政府による規制よりも，政府，事業者，NGO等の連携とリスクコミュニケーションを通じたガバナンス体制の構築が方向性として示されている。

OECD環境政策委員会の化学品グループは，日本の化審法，米国TSCA，EC6次指令などの化学物質規制立法化の流れを受けて，関係する情報交換のほか，有害性の評価方法，リスクの評価方法，分類・表示・リスクコミュニケーションの方法などの基準策定を行っている[23]。分類及び表示に関する基準は，ILOも開発しており，両者が開発した基準が国連経済社会理事会（ECOSOC）において「化学品の分類および表示に関する世界調和システム」（Globally Harmonized System of Classification and Labelling of Chemicals, "GHS"）として2003年に採択され，それ以降定期的に勧告がなされている[24]。国連は，危険物の輸送についてもモデル規則（UN Recommendations on the Transport of Dangerous Goods, "UNRTDG"）を勧告している[25]。

(8) 自動車分野における国連欧州経済委員会

自動車の部品及び装置の規格について，国連欧州経済委員会（UNECE）[26]において1958年に締結された「車両並びに車両への取付け又は車両における使用が可能な装置及び部品に係る統一的な技術上の要件の採択並びにこれらの要件に基づいて行われる認定の相互承認のための条件に関する協定」（「1958協定」）が存在し，また同じく同委員会において1998年に締結された「車両並びに車両への取付け又は車両における使用が可能な装置及び部品に係る世界技術規則の作成に関する協定」（「1998協定」）が存在し，日本も両協定に加入している[27]。

自動車は，船舶や航空機と異なり使用地域が限定されているため，それぞれの

---

21) ICCM（International Conference on Chemicals Management）についてはSAICMのHP［http://www.saicm.org/index.php?option=com_content&view=article&id=78&Itemid=481］を参照。
22) SAICM（Strategic Approach to International Chemicals Management）のHP［http://www.saicm.org/］を参照。なお関連する国際条約として，POPs条約及びPIC条約がある。これらについては，第7章三3(6)及び(7)を参照。
23) OECDのHP［http://www.oecd.org/chemicalsafety/］を参照。
24) UNECEのHP［http://www.unece.org/trans/main/dgdb/dgsubc4/c4age.html］を参照。
25) UNECEのHP［http://www.unece.org/trans/danger/publi/unrec/rev17/17files_e.html］を参照。
26) UNECEのHP［http://www.unece.org/unece/welcome.html］を参照。政策対話等を通じて欧州の経済統合と発展とを推進することを役割とする。
27) UNECEのHP［http://www.unece.org/trans/main/welcwp29.html］を参照。

地域において規格が発展してきた。しかし欧州においては，国境を越えた移動が行われていることから，域内基準の統一化を促す1958協定が必要とされた。1958協定は，自動車の構造・装置に関する統一基準を策定し相互承認を推進することを目的とし，現時点では58ヵ国・地域が加入している。国連欧州経済委員会に設置された自動車基準調和世界フォーラム（WP29）において検討され，運営委員会が認定基準（UN/ECE規則）を制定・改訂する。締約国は，相互承認の対象として受け入れる認定基準を選択し，受け入れた基準に関しては，当該協定規則に基づいてなされた他の締約国の認定を受け入れるものとされている。もともと欧州における統一基準策定のための組織であり，欧州域外からの基準策定活動への参加を前提とした会議の透明性等向上のため1995年に改訂された。1998協定は，自動車の保安，環境保護等の基準についてのグローバル技術基準（gtr）の策定に対する各国のアクセスを確保することを目的とするものである。1958協定は，自動車の基準適合性について政府が認証することを前提としているため，政府認証制度を採用していない米国が加入することは1995年改訂の後も困難であったことから，かかる要素を取り除いた1998協定が新たに策定された。加入国は，20ヵ国・地域を超えている。策定された基準を支持した締約国は，当該基準を国内法において採用しなければならないとしており（7.1条），また全員一致が原則であるとされる。UN/ECE規則は，グローバル技術基準の候補として尊重される[28]。

そのほか，ISOにおいても多数の国際規格が策定されている。ISOは，1958協定における統一基準の策定過程であるWP29にも参加しているし，逆に1958協定側からの技術課題の検討要請がなされることもある。ISOについては本項（13）をも参照。

（9）航空機に関するICAO

民間航空機の安全基準・環境基準等については，「国際民間航空条約」（シカゴ条約）に基づいて設立された国際民間航空機関（ICAO）（加盟国数：191[29]）が国際標準の策定及び勧告を行う（37条(e)）。同条約附属書8が耐空性についての国際標準及び勧告を記載しており，随時改正される。締約国は，国際標準を国内法において遵守する義務を負っており，逸脱がある場合は相違点を通告しなければ

---

28) UNECEにおける規格策定については，UNECEのHP［http://www.unece.org/trans/main/welcwp29.html］を参照。
29) ICAOのHP［http://www.icao.int/MemberStates/Member%20States.Multilingual.pdf］を参照。

ならない (38条)。

(10) 船舶に関するIMO

船舶の安全基準・環境基準等については、国際海事機関 (IMO)(加盟国数：170[30])において国際ルールが策定されている。たとえば「1974年の海上における人命の安全のための国際条約」(SOLAS条約)[31]は、救助設備等の基準を定めている。加盟国が国内法化することを義務付ける強制コードと、採用を任意とする選択コードとがある。

(11) 原子力機器

原子力発電所等原子力の商業利用については、核兵器の拡散の懸念から国際管理すべきであるとして1948年に創設された国際原子力機関 (IAEA)(加盟国数：162[32])において、軍事用に転用されないようにする保障措置の設定のほか、原子力発電所の基本安全基準・指針の策定、放射性物質の管理のための勧告、実施指針及び技術指針等の作成が行われている。なお「原子力の安全に関する条約」[33]は、締約国は、施設の安全を確保するために法令上の枠組み、実施機関となる規制機関の設立その他の措置を取る義務を負っており、その措置についてIAEAに報告を提出しなければならないとされている。

(12) 人工衛星

「月その他の天体を含む宇宙空間の探査及び利用における国家活動を律する原則に関する条約」(通称「宇宙条約」、締約国数：102[34]) 7条及び「宇宙物体により引き起こされる損害についての国際的責任に関する条約」(通称「宇宙損害責任条約」、締約国数：89[35])において、人工衛星等の宇宙物体が外国人に対して損害を及ぼした場合には打ち上げ国が無過失責任を負うと定められている (宇宙損害責任条約2条) が、事前規制に関しては、打ち上げる人工衛星等の安全等に関し

---

30) IMOのHP [http://www.imo.org/About/Membership/Pages/Default.aspx] を参照。
31) IMOのHP [http://www.imo.org/About/Conventions/ListOfConventions/Pages/International-Convention-for-the-Safety-of-Life-at-Sea-(SOLAS),-1974.aspx] を参照。またその歴史については国土交通省のHP [http://www.mlit.go.jp/kaiji/imo/imo0001_.html] を参照。
32) IAEAのHP [http://www.iaea.org/About/Policy/MemberStates/index.html] を参照。
33) IAEAのHP [http://www-ns.iaea.org/conventions/nuclear-safety.asp] を参照。
34) 国連宇宙部のHP [http://www.oosa.unvienna.org/pdf/limited/c2/AC105_C2_2014_CRP07E.pdf] を参照。
35) 同上。

て拘束力のあるルールが存在せず、各国に委ねられている。わずかに、宇宙物体の残骸すなわちスペースデブリの低減のために、国際機関間デブリ調整委員会（IDAC、参加国数：11）が1993年に設立され[36]、デブリ低減計画等のガイドラインが策定されている[37]。

(13) ISO/IEC

国際標準化は電気技術の分野から始まった。1881年に設立された国際電気会議が1906年にロンドンにおいて開催された際、国際電気標準会議（IEC）の規約が作成され、1906年に設立された。1908年にはロンドンにおいて第1回理事会が開催され、以降、電気・電子分野における国際標準化を行っている[38]。それ以外の分野においても、万国規格統一協会（ISA）が1926年に設立され、国際標準化を行ってきた。戦時中業務を引き継いだ国連規格調整委員会（UNSCC）は、1946年のロンドンにおける会議において、電気分野を除くあらゆる分野における国際標準化を行う非政府間の国際組織として国際標準化機構（ISO）を設立することとした。ISOは、「物資及びサービスの国際交換を容易にし、知的、科学的、技術的及び経済的活動分野の協力を助長させるために世界的な標準化及びその関連活動の発展開発を図ること」を目的として1947年に創設された（参加機関数：163[39]）。両者の業務分担について1976年に協定が締結されたほか、情報技術については共通の専門委員会である第一合同技術委員会（JTC1）が設置されているし、また共同作業案件の調整を行う合同技術諮問委員会（JTAB）も設置され、また相互の作業手順等が共通に発行されている。

ISOは、各国の代表的な標準化機関それぞれ一つに参加が限定されており、日本からは日本工業標準調査会（JISC）が加盟している。国際標準化活動は、専門委員会（TC）において行われ、さらなる下部組織として分科委員会（SC）及び作業グループ部会（WG）とがある。TCの設置は、理事会が指名する12名のメンバーから成る技術管理評議会（TMB）が決定し、その活動範囲も了承する。TC又はSCにおける作業は原則6段階から成り、それぞれ目標期日が設定される。第一に、新規業務項目提案（NP）が登録され、承認される（提案段階）。第二に、承認されたNPを基に第一作業原案（WD）が作成され、専門家の意見を容れて

---

36) IDACのHP [http://www.iadc-online.org/] を参照。
37) "IADC Space Debris Mitigation Guidelines", issued by Steering Group and Working Group 4, IADC-02-01, rev.1, September 2007.（IADCのHP [http://www.iadc-online.org/index.cgi?item=docs_pub] から入手可能）
38) IECのHP [http://www.iec.ch/] を参照。
39) ISOのHP [http://www.iso.org/iso/home/about/iso_members.htm] を参照。

第一委員会原案（CD）及び技術報告書原案（DTR）が作成され，登録が承認される（作成段階）。第三に，委員会において，登録されたCD及びDTRが検討され，必要な修正がなされた後コンセンサスが得られれば，国際規格案（DIS）として提案される（委員会段階）。第四に，登録されたDISは，すべての会員団体に照会のために配布され，加盟国によって投票が行われ，P（積極的参加）メンバー投票の3分の2以上が賛成し，反対が投票総数の4分の1以下の場合，最終国際規格案（FDIS）として提案される（照会段階）。第五に，FDISは最終投票のためにすべての会員団体に配布され，承認拒否を決し，Pメンバー投票の3分の2以上が賛成し，反対が投票総数の4分の1以下の場合，FDISは国際規格として承認される（承認段階）。最後に国際規格が発行される（発行段階）。この国際規格は，加盟国を拘束するものではないが，後述のとおり，WTOのTBT協定によって一定の拘束力が付与されている可能性がある[40]。

なお，電気・電子分野以外の欧州の地域標準化機関であるCENは，ISOと1991年にウィーン協定を締結し，電気・電子分野のCENとISOとが一定の条件の下に合意すれば，CENが欧州規格案を欧州で投票にかけるのと同時に国際規格案としてISOでも投票にかけることができるようになった。また電気・電子分野のCENELECもIECと1996年にドレスデン協定を締結（1991年締結のルガノ協定が改訂されたもの）し，CENELECが作成した欧州規格案についてもIECにおいて同様の取扱いがなされる[41]。

3　国際標準の促進

次項でみるように，TBT協定は，国際規格について，一定の地位を認め，特段の必要性がない限り，国際規格を「基礎として」国内規格を制定することを求めている。国際規格該当性の認定は，TBT委員会における加盟国の合意[42]がウィーン条約法条約31条3項(a)号にいう「事後の合意」に該当し，合意された原則に従うとするのが先例である[43]。また政府調達協定においても，国際規格に一定の地位を認めている（6条2項）。

---

[40]　日本規格協会編『ISO規格の基礎知識』（改訂2版）（日本規格協会，2000年）17-46頁。

[41]　原田節雄『世界市場を制覇する国際標準化戦略――21世紀のビジネススタンダード』（東京電機大学出版局，2008年）224-233頁。

[42]　*Decision of the Committee on Principles for the Development of International Standards, Guides and Recommendations with relation to Articles 2, 5 and Annex 3 of the Agreement*, Decisions and Recommendations adopted by the WTO Committee on Technical Barriers to Trade since 1 January 1995, 9 June 2011, G/TBT/1/Rev.10, pp. 46-48.

[43]　Appellate Body Report on *US – Tuna II*, para. 371.

四 基準・認証に対するWTO協定及び投資協定上の規律

1 概　観

一でみたとおり，消費者安全，環境保護等を目的とした技術規則ないし強制規格（technical regulations）と，標準化のために作成される基準ないし任意規格（standards）とは，かなり性格が異なっている。前者は，規則を充たさない産品の販売が禁止されるので対象産品の競争関係に直接に影響し，したがって当然に，GATTの内国民待遇義務の対象となる。これに対して，後者は，遵守が要求されていないので，競争関係に影響を及ぼすか不明であり，どのような内容であれ，GATTの内国民待遇義務に違反するとは言い難いが，任意規格であっても国家規格として採用されれば何らかの事実上の影響が及ぶことは否定できない。この両者を対象とするのがTBT協定である。前者を強制規格，後者を任意規格として区別しているが，双方について，策定手続の透明性など手続的規律のほか，無差別原則等の実体的規律を定めている。

2 内国民待遇義務（GATT3条4項）

強制規格及びその適合性審査は，産品の販売に直接に影響するので，GATT3条4項の定める内国民待遇義務の対象となる。任意規格であっても，それが補助金付与又は政府調達の要件等に採用された場合には，GATT3条4項の「要件」として，又は政府調達協定6条にいう「技術仕様」として規制の対象となる。

内国民待遇義務は，輸入品に対して，国産の「同種の産品」よりも不利でない待遇を保障する義務であり，輸入品に対して上乗せの規制を適用するといった法的差別が違反であることは当然として，どのような場合に事実上の差別とされるかが問題となる。第9章四1(1)で説明したように，先例上は，同種性の有無を産品の物理的性質，最終的用途及び消費者の嗜好を考慮して決している。さらに「より不利でない待遇を付与しているか」否かについて，上級委員会は，*EC - Asbestos*ケースにおいて，競争条件への影響を評価するのに，グループとしての輸入品とグループとしての国産品との間で考えるとした。また後にみるように，*EC - Seal Products*ケースにおいて，TBT協定上の内国民待遇義務の解釈として「より不利でない待遇を付与している」か否かの判断において正当な区別かを考慮するとの解釈がGATT3条4項には適用されないとし，目的の考慮はGATT20条においてなされるとした。これらの点の説明・評価については，第9章四1(1)を参照されたい。

3 TBT協定

TBT協定は，内国民待遇義務の規定と同じく輸入品と国産品との差別の問題も取り扱っているが，規制目的に照らして貿易制限性が必要最小限であることも求めている。また先に述べたように国際規格に一定の地位を認めている。ただし，ISO/IEC において採択された国際規格に特別の地位を付与することを明言していない。これはSPS 協定においてコーデックス規格等が特別の地位を認められているのと異なる。

(1) 対象の範囲

TBT協定は，工業品のみならず農産品に対する規格も対象とする (1.3条) が，SPS協定が対象とする衛生植物検疫措置には適用しない (1.5条)。SPS協定は，動物検疫・植物防疫措置のみならず，食品添加物の規制など食品安全に係わる措置も対象としており，これらはTBT協定の対象でない。しかし食品に関わる規格であっても，生産における環境保護などを対象とする規格 (有機農産物表示など) はSPS協定でなくTBT協定の対象となる。

また「政府機関が自らの生産又は消費の必要上作成する購入仕様」は対象外であり，政府調達協定において取り扱われる (1.4条)。いわゆる国営企業が原材料を調達する場合が除外されるように思われ，内国民待遇義務の例外となる「政府用として購入する産品の政府機関による調達」よりも，TBT協定の対象外となる範囲は広い。(ただし，国営企業による原材料の調達について，政府は，GATT17条1項(b)号によって「商業的考慮にのみ基づいて」なされるよう確保しなければならない。この解釈については第12章四2(2)(ア)①及び第16章一3(5)を参照。)

次に，GATT上の内国民待遇義務が対象とする一般的な内国規制とTBT協定が対象とする強制規格との違いが問題となる。第一に，強制規格は，「産品」の特性等について規定する文書であって，「特定可能な (identifiable) 産品のグループ」に適用されるものであると先例上解されているが，それが当該文書において明示されている必要はない[44]。*EC – Trademarks and Geographic Indications* ケースにおいては，「農産物及び食品」を対象とする規制が「特定可能な産品のグループ」を対象とするものであると解された[45]。

第二に，産品の販売禁止であっても，強制規格とされる場合があることが先例

---

44) Appellate Body Report on *EC – Asbestos*, paras. 70 and 72.
45) たとえば，Panel Report on *EC – Trademarks and Geographic Indications* (*Australia*), para. 7.457.

上認められている。強制規格は,「産品の特性又は関連の生産工程若しくは生産方法」等について規定している(附属書一1項第一文)か,又は「専門用語,……ラベル等による表示に関する要件であって産品又は生産工程若しくは生産方法について適用されるもの」である必要がある(同第二文)ところ,アスベスト及びアスベストを含有する建材の販売禁止措置のTBT協定適合性が争われた*EC – Asbestos*ケースにおいて,上級委員会は,アスベストを含有する産品の販売禁止が,一定の例外を定めていることに着目して,当該産品の「特性」を規定し,販売可能な産品を消極的に規定するものであるから強制規格に該当するとした[46]が,アスベスト繊維の販売禁止それ自体は,アスベスト繊維の「特性」に言及しないので,強制規格に当たらないとされた[47]。しかし,「繊維素材」を対象産品としてアスベスト繊維でないことを要件とする規格と言えないか疑問がある。また*EC – Seal Products*のケースにおいて,アザラシそれ自体の販売禁止が「産品の特性」について規定した文書でなく,強制規格に該当しないとされ[48],また商業的方法によって捕獲されたアザラシを使用した製品の販売を禁止する規制は,「産品の特性」について規定した文書でなく,強制規格に該当しないとされた[49]。前者は,たとえば海獣のうちアザラシという性質を有することを要件とする規格であると言えないか疑問がある。また後者のケースでは,「関連の生産工程」について規定した文書かどうか検討されていないが,対象措置の目的はEU域内の公徳保護・動物福祉であり,アザラシが商業的に捕獲されたかどうかが産品の特性に関わる生産方法でない(すなわち産品非関連PPM措置である)ことが判断に影響している。他方で,第二文については,*US – Tuna II (Mexico)*ケースで一定のイルカ保護措置を取らずに漁獲したマグロ製品の表示規制が強制規格に該当するとされた[50]。第二文は,第一文と異なり,「関連する生産工程」でなく単に「生産工程」に関する要件を含むことが明示されている。この違いは,産品の特定と関係がなくても生産方法に関する基準を充たさない産品の販売を禁止するという措置は,輸入品を規制する実質的理由が疑わしいが,表示の規制であれば,輸入品をも対象としなければ規制の意味がないので,第二文の対象が広いとしたものと理解できるであろう[51]。

　第三に,強制規格は,「遵守が義務付けられている」ことが要件であるが,*US*

---

46) Appellate Body Report on *EC – Asbestos*, para. 71.
47) *Ibid*., paras. 74-75.
48) Appellate Body Report on *EC – Seal Products*, para. 5.35.
49) *Ibid*., paras. 5. 55-5. 57.
50) Appellate Body Report on *US – Tuna II (Mexico)*, para. 193.

– Tuna II ケースにおいて，上級委員会は，遵守しない産品が販売を許されない場合のみならず，一定の商品説明をするために規格を遵守する必要があることが重要であると述べた。このケースにおいては，マグロ漁においてイルカを保護するために，特定の漁法を要求し，その漁法によって捕獲されたマグロについて"dolphin safe"のラベリング表示を認め，それ以外の漁法によった場合は，当該表示を含めイルカに対する安全性を表示することを禁止した米国の措置が強制規格とされた[52]。特定の漁法以外の方法でイルカの保護が図れないことが確証されていない以上，同等以上にイルカの保護がなされているマグロ製品についてその点を表示することを制限したものであって，かかる制限が規制目的との関係で必要か否かを検討させるべきであるから，この判断は是認できる[53]。ただし日本工業規格（JIS）のように規格適合性を認定された産品だけに許される表示制度との区別が必要である。上記ケースでは，米国の基準を充足しなくてもイルカに対する安全性を確保できる可能性があるにも拘わらず安全性表示を禁止しているのに対して，JIS規格適合性は正に適合していなければ要件を充足できず，したがって正当である可能性のある表示を全く制限していない点で区別される。この意味では，消費者保護等を目的とする表示規制も正当な可能性のある表示を制限している限りにおいて強制規格とされる可能性があることになろう。

（2）内国民待遇義務・最恵国待遇義務

強制規格については，内国民待遇義務及び最恵国待遇義務が規定されている

---

51) この点，EU の地理的表示制度が第一文の強制規格に該当するとした先例があるが，疑問がある。同制度は，ある商品に関し，その確立した品質その他の特性が当該商品の地理的原産地に主として帰せられる場合において，当該商品が当該地域を原産地とするものであることを特定する表示（地理的表示）について，要件を充たさない他の商品に使用することを禁止するものである。かかる表示すなわちラベリングの方法もそれ自体が「産品の特性」であり，地理的表示制度が強制規格であるとされた。Panel Report on *EC – Trademarks and Geographic Indications*（Australia），para. 7.454. 法的効果に違いはないが，ラベリングの規制であるから，第二文の強制規格であるとしたほうが適切であるように思われる。

52) Appellate Body Report on *US – Tuna II*, paras. 196 and 199. ただし，この考え方を敷衍すると，補助金や税減免の要件も強制規格とされる（したがってたとえばWTOへの通報義務（2.10条）の対象となる）ことになるが，実務上そうした取扱いはなされていないと思われる。

53) 同様に有機農産物の表示規制も強制規格として取り扱われている（本章二1(2)を参照）。なおこれに先立つ *EC – Trademarks and Geographic Indications*（Australia）のケースのパネルは，EC の地理的表示規制が産品の特性の表示であり，かつ，要件を充たさない産品が登録済みの地理的表示と抵触する地理的表示を使用できないという点で，義務的であるとされた。Panel Report on *EC – Trademarks and Geographic Indications*（Australia），paras. 7.455-7.456.

(2.1条)。先例上，内国民待遇義務に関しては，輸入品と国産の同種の産品の取扱いが異なり，それが輸入に対して阻害的効果（detrimental impact）をもたらし，それが正当な規制区分（legitimate regulatory distinction）に基づかなければ違反であるとされている。なお「同種の産品」の考え方については，第9章四1(1)(ウ)①の議論を参照。

　この規定の下で，たとえば，US – Clove Cigarettes ケースにおいては，青少年の喫煙防止を目的とする香料入りタバコの販売禁止措置について，インドネシア産タバコのほぼ全量を占めるクローブ入りタバコが禁止されているのに，メントール入りタバコが規制されておらず，輸入を阻害する効果があり，また目的との関連では正当な規制区分といえないとされた[54]。US – Tuna II ケースにおいて上級委員会は，イルカの混獲リスクが高いと米国が考えるマグロ漁法も，一定の管理の下では，イルカの混獲防止に資するとして特定の表示を許された特定の漁法とイルカに及ぼす影響が異ならないとする立証がなされておらず，それぞれの漁法がもたらすリスクの大きさに適切に応じた（calibrated）規制手段を採用したとの証明がないとして，2.1条違反とした[55]。US – COOL ケースにおいて上級委員会は，牛肉製品におけるその原料牛の成育方法に関する米国の表示制度が，誕生地，飼育地及び屠畜地の表示を求めたことによって，米国内の飼育業者において国内又は外国ですべての過程を経た牛を購入するよう動機付けており，輸入牛のシェアが低いことに鑑みれば輸入制限的効果があるとしたパネルの判断を是認した[56]。

　これらの先例のうち，US – Clove Cigarettes ケースではインドネシア産のタバコのほぼ全部が禁止対象であったが，他国産のタバコについて言及がなく，輸入品全体と国産品全体での禁止の効果の大小を比較していない。輸出国すべてについてその輸出品が措置国の国産品よりも規制の効果が小さくない限り阻害的効果を認定できることを意味するので，ほとんどの場合に阻害効果を認定でき，したがって規制区分が正当であることを要件とするのと事実上大差ないと思われる。また US – COOL ケースの判断は，輸入牛のシェアという市場の状況によって措置の協定整合性が変わることを前提としている点で安定性を欠く。また本件措置は，どのような情報の不足が消費者の誤認（又は「市場の失敗」）を生じさせているのかの説明なしに消費者に詳細な産地情報を付与することを妥当な政策目的であると前提している点で問題があると思われるが，報告書はその点に全く言及し

---

54) Appellate Body Report on US – Clove Cigarettes, para. 182.
55) Appellate Body Report on US – Tuna II, paras. 297-298.
56) Appellate Body Report on US – COOL, para. 289.

ていない。このように先例上規制区分の「正当性」は客観的な正当性でなく主観的な正統性を意味していることに注意が必要である。つまり、国際競争論＝共存モデルを前提とする考え方であると評価される。

また、PPM措置を扱った *US – Tuna II* は、表示における漁法の区別を正当化するイルカ保護の程度における差について詳細な検討をすることで結果的に違反を認定した。措置の必要性等について措置国の主張を全く尊重せず、厳格に判断したという点で一般に適用される審査基準（standard of review）と異なっているように思われるが、領域外の事象に関わることに鑑みて支持できる。なおこの点は、PPM措置に対する20条の適用を検討した第7章四4を参照。

なお文言に若干違いはあっても、強制規格は、内国規制又は要件の一部であり、したがって、GATT上の内国民待遇義務及び最恵国待遇義務における議論がそのまま妥当すると考えてよいかどうかが問題となる。先例上は、TBT協定2.1条の解釈においてGATT3条4項を文脈として検討すべきとされている[57]が、TBT協定においては、GATT20条例外に相当する規定が存在しないことから、TBT協定2.1条においては措置の目的を考慮し、GATT3条4項においては考慮しない[58]とされている。これらの点の評価について第9章四1(1)(ウ)参照。なお上記 *US – COOL* ケースが典型的に示すとおり、目的が抽象的であると規制区分の正当性評価が曖昧になるので、措置国に対して可能な限り具体的に特定することを求めるべきであろう（同ケースでは、どのような産地情報が開示されないことによって消費者にどのような誤認を生じ、選択を誤っているかを特定させることが必要であったと思われる）。申立国にとってこの点の立証を求められるのは過大な負担であり、取扱いが異なる輸入品と国産品があることを主張立証した上で、とりあえず示されている目的ではいかなる「市場の失敗」の是正が目的か定かでなく正当性に欠ける、又は目的の特定が曖昧であり手段の最適性が説明できない、といった主張を申立国がすれば、この点の証明責任は措置国が負うとすべきであろう。主張責任・証明責任について検討した第2章二3(7)(ウ)及び(エ)を参照。

(3) 必要性原則

強制規格は、正当な目的の達成のために必要である以上に貿易制限的であってはならない（2.2条）。「正当な目的」として、「国家の安全保障上の必要」「詐欺

---

57) *E.g.*, Appellate Body Report on *US – Clove Cigarettes*, para. 214.
58) Appellate Body Report on *EC – Seal Products*, para. 5.128.

的な行為の防止」等が例示列挙されているが，それ以外にどのような政策目的が「正当な目的」に該当するかは文言上定かでない。国際競争論＝共存モデルからはむしろ制限的列挙としたいところであるが，文言上無理であり，したがって「正当な目的」の範囲を明確化できるかは定かでない。これに対して，比較優位論＝協力モデルからは，「市場の失敗」の是正を目的とするかどうかで正当性が判断されるという考え方が導かれる。たとえば，US - COOL ケースにおける対象措置の目的は，消費者に対する産地情報の提供とされている[59]が，当該情報が提供されなければ事実誤認が生じ消費者の選択が歪められているという「市場の失敗」が存在し，それを是正することとするのでなければその正当性を否定すべきである。さらに，ここでも抽象的な目的でよいとすると必要性の判断が曖昧になることから，たとえば US - COOL ケースでは，どのような産地情報が表示されなければ消費者に品質等の誤認が生じ，それを是正することを目的とするかという程度に特定することを求めるべきであろう。

「必要である以上に貿易制限的」か否かの評価について，先例は，より貿易制限的でない代替措置がないかを問うにあたり，規制の必要がない輸入品を規制しているかどうかに止まり，輸入品と国産品との規制のバランスを考慮していない[60]。後者の考慮は，措置の目的との関係において 2.1 条の分析においてなされており，棲み分けが企図されているのであろう。ただし 2.2 条の基準の下で違反が認められたケースはこれまで存在せず，絶対的基準であるが故に認定しにくい可能性がある。国際競争論＝共存モデルを前提とすれば，規制によって確保される安全性その他と失われる経済的利益のいずれを優先させるかが価値判断であって，規制国の判断を尊重せざるを得ない。これに対して，2.1 条においては，同種の産品間での価値判断の整合性を問うことができるため司法的判断機関が立ち入った判断をしやすいと思われる。比較優位論＝協力モデルでは，目的に照らした手段の選択が客観的に最適か否かを問うという共通の基準に照らし，2.1 条では最も優遇されている国産品の取扱いを基準とするのに対して，2.2 条では目的に照らして客観的に最適な取扱いよりも不利になっていないかを要求することになる。この点は，GATT20 条該当性に関する *Brazil - Retreaded Tyres* ケースの上級委員会判断に関する第 9 章四 1(2) の検討，また内国民待遇義務に関する同章四 1(1) の検討をも参照。

強制規格は，デザイン又は記述的に示された特性よりも性能に着目した要件と

---

59) Appellate Body Report on *US - COOL*, para. 382.
60) Appellate Body Report on *US - Tuna II*, para. 322; Appellate Body Report on *US - COOL*, para. 461.

することが求められる（2.8条）。「適当な場合には」との限定があり，これは，必要性原則の応用であるとも言える。任意規格についても同様の要求がなされている（附属書三, I項）。

（4）透明性

GATTと同様に，TBT協定も，規格について実体的な規律を規定するのみならず，制定手続に対する手続的な規律も規定している。強制規格を制定しようとする加盟国は，当該規格が2.2条から2.4条の要件を充たしていること，たとえば「正当な目的の達成のために必要である以上に貿易制限的で」ないことを説明しなければならない（2.5条）。関連する国際規格と異なる強制規格を導入する場合には，その旨を公告し，案の段階で他の加盟国に提供し，書面による意見提出の機会を付与し，その意見を検討することが求められている（2.9条）。地方政府又は非政府機関が強制規格を制定する場合にも，かかる手続的な規律が遵守されるよう利用し得る妥当な措置をとることが明記されている（3.1条）。これらの規定は，強制規格の制定前にパブリックコメントを求めることで実施されているが，制定手続の透明性を高める手続規律として捉えることができる。また制定された強制規格は速やかに公表することを要し（2.11条），また原則として，公表と実施との間に適当な期間を置かなければならない（2.12条）。またWTOに対して原則として事前に通報する必要があり（2.10.1条），通報された規格案について問題があればTBT委員会において異議が提出され，説明が求められることになる（第2章二2(3)を参照）。また加盟国は，照会所を設け，要請に応じて情報適用されるようにすることが求められている（10条）。

任意規格についても，標準化機関が作業計画を公表する（附属書三J項）ほか，利害関係者の意見提出の機会を確保する手続を要求している（L項）。

（5）国際標準へのハーモニゼーション

強制規格を必要とする場合，「関連する国際規格が存在するとき，又はその仕上がりが目前であるときは」当該国際規格又は関連部分をその「基礎として用いる」ことが義務付けられている（2.4条）。ここでいう「国際規格」は，コンセンサス方式によって承認されていない文書も対象とする（附属書一2注釈）とされているので，国際標準化機関において採択に反対した国際規格も自国の強制規格の「基礎として用いる」必要がある。ただし，この国際標準化機関は，すべてのWTO加盟国の関係機関が加入できるものでなければならない。先例上TBT委員会において採択された決定が「後から成立した慣行」に該当するとして法的効

力を認められ[61]，採択された要件に従って判定される。コーデックス委員会の定めた規格が国際規格に該当するとされた先例がある[62]が，それ以外の機関たとえばISOについては先例が存在しない。

国際規格が採択された場合のみならず，仕上がり直前である場合も義務が及ぶことから，TBT協定発効後に強制規格が導入され，又は重要な変更がなされる場合（1.6条）に限定されるとする解釈が文言上自然である。しかし，先例においては，TBT協定発効前から存在する強制規格についても適用があるとされた[63]。

国際規格を「基礎として用い」れば足り，そのまま採用することは求められていない。SPS協定における同種の規定（2.2条）に関する先例[64]に照らせば，策定過程において実際に検討することまでは不要であり，客観的に又は結果として用いていると言えれば足りると思われる。当該国際規格又はその関連部分が所与の目的を達成する方法として適切でない場合にはかかる義務が及ばない（TBT協定2.4条）が，その理由がたとえば「気候上の又は地理的な基本要因，基本的な技術上の問題等」である必要がある。例示ではあるが，列挙された理由と同程度以上の重要性が必要か否かが問題になり得る可能性があろう。

なお，貿易に著しい影響を及ぼすおそれのある強制規格については，その準備段階から他の加盟国の要請に応じてその正当性，国際貿易に不必要な障害をもたらすことを目的としておらずかかる効果もないこと，必要以上に貿易制限的でないことなどについて説明しなければならない（2.5条前段）。2.2条に明示された政策目的のために国際規格に適合した規格を採用した場合には，国際貿易に不必要な障害をもたらさないと推定される（同条後段）。文面上輸入品を差別している国際規格は考え難いが，強制規格とする必要までは存在せずすなわち規格に合致しない産品を市場から排除する必要がないなど，政策目的に照らして合理的関連性が疑わしい場合はあり得，また規定上も，内国民待遇義務に違反しないことは推定されない（2.1条）。また，加盟国は，積極的に国際標準化活動に参加することが求められている（2.6条）。

これらの規定は，国際規格によるハーモニゼーションを促進するものであり，実際これらの規定を考慮し，自国企業が有利な規格を国際規格化して世界に拡大しようとする動きが米国，EU，中国などを中心に存在する。日本企業も積極的

---

61) Appellate Body Report on *US – Tuna II*, paras. 371-372.
62) Appellate Body Report on *EC – Sardines*, paras. 217-227.
63) *Ibid.*, para. 205.
64) Appellate Body Report on *EC – Hormones*, para. 189.

に活動するようになっており，国際規格として採用されることがきわめて重要であったケースも，携帯電話，電子カード読取装置，高圧線などいくつも存在する[65]。

ただし，協定整合性の推定など国際規格を採用するインセンティブを人為的に設けることで加盟国の規格に関する政策判断を歪めていないか遡って検討する必要があろう。国際競争論＝共存モデルは，競争条件の同一化という観点から規制の統一化を支持する判断があり得る（自国にとって有利かどうかの主観的利益だけが問題となる）が，比較優位論＝協力モデルは，各国の経済・社会全体の最適化が世界全体の経済・社会の最適化の前提であり，個別分野ごとの最適化のために国ごとの最適化を犠牲にすべきでないと考える。また規格の多様性も将来世代に引き継ぐべき資本の一部となり得るため，規制の統一化には客観的なマイナス面もあり，少なくとも無条件で支持できないであろう。

（6）適合性評価手続の規律

規格との適合性の保証が必要な場合には，適合性評価手続が行われる。この手続についても内外差別禁止（5.1.1条），必要性原則（5.1.2条）などの実体的規律のほか，様々な手続的規律が規定されている。たとえば，処理に要する標準的な期間が公表され，又は個別の申請に対して通知される（5.2.2条）ほか，不服審査手続を設けることが求められる（5.2.8条），制定・改正時にパブリックコメントが要求される（5.6条）などの手続法的規律が規定されている。

この点，技術の高度化に伴い，安全性，品質等の規制の遵守を確保する制度の下で製品・製法にかかる技術情報などとりわけ企業秘密に属する情報（たとえばソフトウェアのソースコード，化粧品の成分など）の提供を政府が要求することが増えていることに注意すべきである。提供が国内で販売することの要件とされている場合は，それ自体が販売規制として内国規制の一であるとして，又は産品関連PPMとして規律を考えることになろうが，規制の適合性確認のために情報提供が求められる場合は，適合性評価手続の問題としてTBT協定の対象となると考えられる。よって，適合性評価自体の必要性・最適性（5.1条），要求される情報の必要性（5.2.3条）などに加え，遵守対象の規制自体の協定適合性をも検討することになる。この点では本項(2)及び(3)を参照。なお企業秘密の尊重（5.2.4条）が謳われている。

なお適合性評価は，それ自体がサービスでもある。したがって，このセクター

---

[65]　原田『前掲書』（注41）第11章。

の自由化を約束している場合には，外国企業の参入を認めなければならず，かつ国内サービス提供者との差別が禁止される。

（7）任意規格

任意規格については，政府の標準化機関がその任意規格の立案等において所定の「適正実施規準」を遵守することを確保する義務を規定している（4.1条）。その内容は，強制規格に適用される実体ルールと大差ないが，個別の任意規格の整合性を争えるのでなく，遵守確保のための手立てが取られているかどうかが争点になる。なお規格制定前に60日以上意見提出ができる期間をおくことが求められている（附属書Ⅲ，L項）。

4 SPS協定

「衛生植物検疫措置の適用に関する協定」（SPS協定）は，検疫，動物検疫，植物防疫及び食品安全のための措置に対する規律を定めている。検疫，動物検疫及び植物防疫措置は，疾病の伝染防止又は病害虫の蔓延防止のための管理措置を外国において実施できない故に，国産品よりも輸入品に対してより強度の規制を定める必要性があるが，濫用を防ぐためにSPS協定が策定された。その内容については第6章四2(3)を参照。

5 相互承認の規律

前章四1（3）において，自国における評価機関だけでなく，他国の機関による適合性審査の結果を受け入れることとした場合，それが世界中なのか，特定国だけなのかが重要な問題であるとした。自国の適合性評価機関に限定するのはその認定のために立入調査権限が必要と考えるからである。したがって，立入調査権限を不要として外国の機関も認定するならば，世界中どこでも同じ基準で認定すべきであり，そうすればたとえ結果として特定国の認証機関しか認定していなかったとしても最恵国待遇義務の問題にならないであろう。これと異なり，前章で検討したように，相手国が指定した評価機関の評価を受け入れるのは，「個別の認定を得ていない自国内の適合性評価機関で認証を受けられる」という特権を相手国の産品に付与していると言うべきであって，国別になされている以上GATT上の最恵国待遇義務と整合的でないとされる可能性がある。なお相互承認が自由貿易協定において規定されている場合の取扱いについては，第19章四1(4)を参照。

TBT協定においては，与えられる適合性の保証が同等であると認める場合に

は，可能な限り，他国の適合性評価手続の結果を受け入れることが求められる（6.1条）。承認のための交渉が奨励されている（6.3条）。

なお，適合性評価機関は，政府機関でなければ，その活動たとえば他国の機関の試験結果等を受け入れるかどうかはWTO協定の規律対象でない。しかし，その市場における地位によっては，理由なく受け入れを拒否すること等が競争法上問題になる可能性がある。

6 政府調達協定

政府機関による生産又は消費のための仕様については，TBT協定の対象外であり，政府調達協定の範囲で規律されることになる。対象から外れるのは「政府機関が自らの生産又は消費の必要上作成する購入仕様」であり，政府調達例外（GATT3条8項(a)号）の範囲と同様，鉄道，電気通信，電力供給などの公共サービスを政府又は公的機関が供給している場合にその事業に必要な機器等の購入仕様が除かれるかどうかは議論があり得る。第11章五3を参照。また政府調達協定については，第11章五4を参照。

7 投資協定

強制規格及び適合性評価手続はいずれも内国規制の一であり，投資協定上，間接収用規定，内国民待遇義務，公正衡平待遇義務などが問題になる。この点は，第9章四2を参照。

主要参考文献・資料
小野寺眞作『認証——標準化における認証と適合評価』（コロナ社，1995年）
小野寺眞作・稲垣道夫『第三者検査——転換期における我が国の行動指針』（産報出版，1997年）
産業技術環境局基準認証ユニット『標準化実務入門（試作版）』（日本工業標準調査会のHP［http://www.jisc.go.jp/policy/hyoujunka_text/text_zenbun.pdf］から入手可能）
日本規格協会（編）『ISO規格の基礎知識』（改訂2版）（日本規格協会，2000年）
日本規格協会『世界の規格・基準・認証ガイドブック』（日本規格協会，2004年）
日本規格協会『ASMEの基準・認証ガイドブック』（改訂版）（日本規格協会，2014年）
日本貿易振興会『EC統合と欧州における規格・認証制度』（日本貿易振興会，1991年）

原田節雄『世界市場を制覇する国際標準化戦略——二十一世紀のビジネススタンダード』（東京電機大学出版局，2008年）

Rüdiger Wolfrum, Peter-Tobias Stoll and Anja Seibert-Fohr (eds.), *WTO Technical Barriers and SPS Measures* (Martinus Nijhoff Publishers, 2007)

第11章　補助金・政府調達

　本章は，補助金及び政府調達を取り扱う。補助金は市場の機能に積極的に影響を与えることを目的とするが，政府調達はその活動に必要な財・サービスを市場から受動的に調達するという点で，市場との向き合い方が正反対である。しかし，いずれも政府支出を要素とし，国際経済法上の規律にも共通点が多く見受けられるため，合わせて検討することとした。なおこれらの問題は，第13章で扱う国有企業の問題と関連が深い。また財政支出の適正化という角度から規律を考えることも可能であり，その点は第15章で取り扱う。

一　本章の対象事項

1　補助金及びその規律の政策根拠

　本章の対象とする補助金は，何らかの公的な政策目的を達成するために私人に付与される利益を広く指す。補助金によって，市場に委ねては実現できない経済・社会状態を実現することができる。

　たとえば先端技術の開発に対する補助金は，正の外部効果を有する活動が過少になることを防止するものと説明できる。研究開発活動は，周辺分野にもたらす様々なスピルオーバー効果を開発者が管理できずしたがって対価を受け取れないため，開発者における投資収益率が社会全体での投資収益率よりも低くなり，したがって社会的に過少な水準で行われる可能性が高い。外部効果を内部化するために開発者に補助金を付与し，その原資として，たとえばスピルオーバー分を受益者から徴収するほうが経済・社会にとって望ましい結果となると考えられる。また道路インフラは，有料道路として建設し利用者から料金を徴収することによっても提供できるが，料金所の設置運営などの排他性確保のために必要な費用を考慮して，無料で開放するほうが効率的であるならば，公共財として政府が提供し，その費用を租税としてたとえば直接又は間接の受益者から徴収すべきである。先端的な研究開発に対しては，しばしば巨額であるが成功しない可能性も低くないなど，商業ベースの金融機関が発達していても最適なファイナンスを提供でき

ない可能性がある。金融市場が未発達であれば，中小企業に対するファイナンスも過小になっている可能性がある。国単位ならば採算が取れるのであれば，そのための公的金融機関を設置してファイナンスを行わせることが経済合理性を有する。

　補助金付与の方法も様々である。たとえば，「相手方の一定の行為を促進する目的をもって資金を交付」[1]する方法がある。これは狭義の補助金である。このほか，無利子又は低利の融資，出資，債務保証といった方法がある。さらに，租税を減免し，又は債務の繰り延べ，返済猶予若しくは免除なども補助の方法として利用されている。そのほか，産業インフラの整備を政府費用で行うといった公共事業も同じ効果を有するし，政府調達において産品・サービスの購入において特定の相手方や産品を優遇するという方法もある。どういった方法が適切かは，目的によっても異なり，また関連する制度の構造等によっても異なる。

　支援策の実施主体は，政府自らに限らず，特別の法人であることも少なくない。とくに低利融資の方法による場合，事業の効率性を高める観点から政府と別法人の金融機関に委ねることが多い。公的機関の場合[2]が多いが，民間銀行が特定の借入人に対する低利融資を行うことを可能にするために政府が利子補給を行う場合のように，純粋な民間企業を経由する場合もある。また民間銀行に対して破綻企業への救済融資・既存債務減免等を行うように政府が命じたことが補助金協定上の補助金と認定されたこともある。

　補助金については，国内法上も様々な規律がなされている。公金管理の観点からは，公共政策目的のための支出であること，目的外使用の禁止などが規定される。また特定の企業を優遇することになるので，適正な競争関係の維持という観点から規律がなされることもある。ただし，公共政策の観点からは市場競争に及ぼす必要があり，そのバランスをどうするかが問題になる。

2　政府調達及びその規律の政策根拠

　政府は，様々な公共サービスを供給するが，そのために物資，労働力その他サービスなどが必要である。かつては，政府自らがこうした物資・サービスを生産し，又は強制的に徴発していたが，今日では，こうした物資・サービスは，政府の外部すなわち市場から対価を支払って調達するのが通常である。政府は，こうした調達において，国内での支持を得るために国産品を優遇しようとする誘惑にさらされている。国産品か否かを問わず最も効率的な調達をしようとする動機も有して

---

[1]　碓井光明『公的資金助成法精義』（信山社，2007年）16頁。
[2]　たとえば株式会社日本政策投資銀行（「株式会社日本政策投資銀行法」1条）。

いるが，営利企業と異なり，経済合理性が徹底されにくい組織構造になっているため，非効率であっても国産の産品・サービスが優遇されてしまうおそれがある。

とりわけ市場において取引されず，対価の支払われない公共サービスたとえば警察・道路建設のような公共財の供給には対価が支払われないので，その生産に投入する物資・サービスを調達する資金として租税収入又は借入金を充てなければならない。規制の立案・実施などの公共サービスについても同様である。こうした公共サービスの供給に関わる調達は，経済原理が働きにくく，非効率になりやすい。入札その他の方法を採用することによって公正さを確保し，同時に効率的に行われるよう制度上工夫されている。

これに対して，対価が支払われる公共サービス，たとえば電力・ガス供給，電気通信サービスなどについては，料金収入をサービス生産に必要な物資・サービスの購入に充てることになる。効率性を確保するために事業ごとに独立採算制とし，また国有企業のように政府と別法人化するならば，赤字にならないように調達を行う必要が意識されるかもしれない。株式会社化され，民間企業並みに倒産法の適用があり，会計情報の開示が求められるとなればなおさらである。さらに民営化されれば，その調達は経済原理に従って当然に行われるはずである。入札など特段の制約を課す必要がないばかりか，むしろ不要な費用が発生し，却って非効率となるおそれがある。

なお民間企業であっても，一定の業務分野において独占が認められ又は競争が制限されている場合，独占利潤が制度上保証される結果，その調達を経済原則に従って行うよう求める構造的な圧力が減じる。ただ経済性以外の理由で国産品を優遇する理由がないので，政治的配慮が働きやすい政府調達の規律とは異なり，独占利潤を用いて過剰な投資を行うなどの不効率をいかに避けるかを中心に考えることになる。

3 問題の所在

政府が企業に対して経済的利益を付与することは，競争関係にある他の事業者との間の平等性を害する可能性がある。したがって，国内法上だけでなく，貿易関係においても，貿易自由化又は国産品と輸入品との平等取扱いを妨げるとして規律の対象になり得る（EUのように競争政策において取り扱われることもある）。これが補助金規律である。他方，補助金は，様々な公共政策目的を追求するために供与されることから，競争関係に及ぼす影響ゆえに一切禁止，とはできない。折り合いをいかに付けるかが第一の問題である。

補助金協定の交渉においては，補助金は，性質上貿易を歪曲するので望ましく

ないとする"Anti-Distortion School"と，補助金は「市場の失敗」の是正等正当な政策手段であり，それ自体が問題でなく，具体的な悪影響を及ぼす場合のみ規制されるとする"Injury-Only School"との対立があったとされる。前者が米国，後者がECの考え方であった[3]。

　この対立の構造を理解するために貿易自由化の基本的な考え方を問うことは意味がある。国際競争論＝共存モデルの発想では，補助金の効果を検討するに当たって基準となる状態すなわち平等な競争関係を，内国税及び内国規制に関すると同じく，対象措置が存在しないと仮定した状態とみるであろうし，また競争関係に対する影響の規律と国内政策目的の追求とが矛盾対立する可能性があるとみて，対立する二つの利益を比較考量しいずれをどれだけ優先するかの価値判断を下すことになる。これに対して，比較優位論＝協力モデルの発想では，補助金についても「市場の失敗」を是正する最適の手段であることを要求することになる。基準となる平等な競争関係は，経済・社会が保有する資本の最大化の実現という目的に照らして客観的に最適な状態すなわち「市場の失敗」が最適な手段に是正された状態である。したがって，正当な目的に照らして最適な措置である限り，問題視すべき貿易への影響がないという整理になろう。

　この視点からすると，"Anti-Distortion School"と"Injury-Only School"との対立は，国際競争論＝共存モデルに立ったための争いであったように思われる。すなわち貿易政策と国内政策とを矛盾対立する可能性があるという共通の暗黙の前提の下で，前者は，貿易政策ないし平等な競争関係の維持を重視するのに対して，後者は，国内政策目的の追求を重視する。この前提の下では，対立は原理的に解消不能である。これに対して，比較優位論＝協力モデルは，上記前提の必然性を否定し，その結果上記対立が解消される。「市場の失敗」を是正するための最適な手段である限り，補助金は性質上競争関係を害しないし，逆にそうした要件を充たさない補助金は常に競争関係に具体的悪影響をもたらすからである。

　なお補助金の規制には政府支出の合理化ないし財政の最適化という意味合いがあり，この点で政府調達の規制も同列であって，さらに社会保障制度その他政府支出一般に対して，財政・経済を一体としてみた最適化を要求することも考えられる。この点は，第15章において検討される。

　第二の問題は，補助金の影響が支出国における競争だけでなく，海外市場にも及び得ることにどう対処するかである。まず，輸出を促進する輸出補助金につい

---

3) Claire Micheau, *State Aid, Subsidy and Tax Incentives under EU and WTO Law* (Kluwer Law International, 2014), section 1.02 [B][1](a).

ては，貿易自由化ないし平等な競争関係を害する効果が大きく，厳しく規制されるのは明らかであるが，その定義は貿易自由化の基本的発想によって異なり得る。国際競争論＝共存モデルに立てば，貿易に及ぼす影響が大きいとして合意された要件が何かを探求することになるが，比較優位論＝協力モデルでは，目的の正当性又は手段の最適性が否定される類型を考えるというアプローチが可能になる。

もう一つは，輸出促進を目的とする補助金でなくても，補助金を受けた生産者がその産品を自国市場内でのみ販売するのでなく，輸出もしているとすれば，その補助金の効果が輸出にも及び得ることをどう考えるかである。国際競争論＝共存モデルに立てば，補助金支出国の国内市場と外国市場とで取り扱いを変える理由が見当たらない。競争関係の平等性を害するならば同じく規制されるべきである。これに対し，比較優位論＝協力モデルでは，取扱いを変える理由がある。国内市場においては，その情報収集及び判断能力に照らし，補助金措置の正当性及び最適性について支出国政府の判断を尊重すべきであるが，外国市場に対する影響についてまでそうすべき理由がないからである。したがって，正当性及び最適性を認められる補助金であっても，輸出については対抗措置を認めるという発想があり得る。この議論は，補助金付輸出に対してその効果を相殺するための制度として通商法において昔から認められている相殺関税の位置づけに関係し，第12章五1において再度吟味される。

したがって，補助金を巡る紛争は，産品によって様相が大きく異なる。巨額の投資を必要とする先端産業においては，いずれの国の生産者も補助金を必要とする可能性が高く紛争になる可能性が高いが，DRAMのように相殺関税が可能な産業においては，相殺関税を相互に又は特定国に対して複数国が発動するという紛争が生じやすい[4]。これに対して，造船業・航空機産業など相殺関税が有効でない産業においては，補助金自体の違反を争い，さらにその紛争解決のため独自の補助金ルールを策定しようとする動きになる[5]。

政府調達の規律の考え方も貿易自由化の意義をどう考えるかに依存する。先に述べたように，政府調達には非効率になりやすいという問題があり，国内法においても，入札その他の手法が工夫されている。ただし，民間企業であれば効率性を追求するため国産品を優遇する特段のインセンティブがないが，政府の場合調

---

[4] DRAMについては，韓国の金融危機に際して行われた財閥系企業に対する金融支援について，2004〜2006年に米欧日で相次いで韓国産DRAMに対する相殺関税が発動された。これらの措置はいずれも，WTOの紛争解決手続において整合性が争われた。*US – Countervailing Duty Investigation on DRAMs*（DS296），*EC – Countervailing Measures on DRAM Chips*（DS299）及び*Japan – DRAMs（Korea）*（DS336）の3ケースである。

達資金の大半を租税によって賄うこともあって政治的配慮から国産品優先となりやすい。貿易自由化との関係においては，後者の点が問題になる。

　国際競争論＝共存モデルは，政府調達を貿易自由化の例外として留保することを価値判断として認めるが，留保せず規律対象とするならば，競争関係の平等性の確保を追求し，非経済的理由による逸脱をどこまで認めるかという考え方になる。両者の均衡をどう考えるかの価値判断に委ねられる。これに対して，比較優位論＝協力モデルでは，政府調達において経済・社会の最適化を妨げることを認める理由がない。貿易自由化からの逸脱を認めるとすれば，その範囲は合意によって一義的に決定されることになる。この点では，国際競争論＝共存モデルと同じである。ただし，逸脱である以上，これを制限する考慮，たとえば独立採算制が採用されるなど効率性を追求する誘因があると考えられる場合には敢えて逸脱を認める必要がないのではないか，さらに国産品を優遇するとしても輸入品を区別する必要がないのではないかといった考慮が働くであろう。また貿易自由化の観点から規律するとすれば，政治的考慮から競争力のない国産品を購入することを禁止し，経済合理性に基づいて調達を行うことを義務付けるのが世界経済・社会の最適化という共通目的に叶う。ただ経済合理性に基づく調達を行うことを確保するためには，入札等調達方法の規制以外にも，組織構造及び事業計画の規制等も有用であり，最適な手段を選択できる柔軟性が必要とされる。とくに，後続世代に遺す資本の最大化の観点から不要な投資・消費を避けるためには，調達方法の規制は無効であり，投資・事業計画の策定・評価手続の整備こそ重要である。

二　各国の補助金・政府調達規律

1　補助金規制

（1）日　本

日本の補助金規制は，財政民主主義及び公金の管理という観点から専らなされ

5）　航空機については，小型機部門でブラジルとカナダの争いがあり（*Brazil – Aircraft*（DS46）及び *Canada – Aircraft*（DS70）），大型機部門では米国とECとが争っている（*EC and Certain member States – Large Civil Aircraft*（DS316）及び *US – Large Civil Aircraft*（*2nd complaint*）（DS353））。さらにWTOの複数国間協定の一として政府助成に関する規定（6条）を含む民間航空機貿易に関する協定がある。造船業については，韓国とECとの間で前者企業に対する支援措置とこれに対する後者の対抗措置が争われたケースがある（*Korea – Commercial Vessels*（DS273）及び *EC – Commercial vessels*（DS301））。またOECDにおいて造船協定が試みられた。外務省のHP［http://www.mofa.go.jp/mofaj/gaiko/oecd/data_cwp6.html］を参照。また第16章五2(1)(ア)を参照。さらにOECDの公的輸出信用ガイドラインが両分野をカバーしている。第16章五2(1)(イ)及び六2(3)を参照。

ており、補助金が市場競争に不当な影響を及ぼさないようにする、という発想に乏しい。行政実務においては、国及び地方自治体の補助金交付について、補助金の交付が授益的行為であって侵害行為でないとして、予算の裏付けがあれば足り、法律又は条例の具体的根拠までは不要とされている[6]。また交付要件についても、予算において詳細まで定める必要がないとされる。ただし、受取人との関係で授益的であっても、それ以外の第三者に対しては侵害的であり得ることなどを根拠として、予算による授権では足りず、法律の根拠を要するとする有力な反対説がある[7]。

　一般に、補助金の交付については、これを正当化する公共目的が必要とされており、たとえば地方自治法232条の2は、「公益上必要がある場合においては、寄附又は補助をすることができる」と規定している。この「寄附又は補助」には、一般よりも有利な条件による貸付、資金助成目的の出資、損失補償の保証などが含まれると理解されているようである。いかなる場合に「公益上必要がある」といえるかについて多数の裁判例が存在するが、考慮要素について確立していないようである。判断権者の裁量を逸脱しているか又は濫用しているかの問題であるが、違法性の有無、財政上の余裕と目的の重要性・緊急性、手段としての合目的性・有効性、公平性、決定手続の公正性などが先例上考慮要素として挙げられている。そのほか、目的の達成のために有効であること、平等性・公平性などが要求されているが、競業者の利益については保護の対象にならないとするのが判例のようである[8]。

　また補助金の交付は、「行政機関が行う政策の評価に関する法律」（政策評価法）の対象となる政策措置であり、その政策効果の把握と、必要性、効率性、有効性といった観点から事前又は事後の政策評価の対象となり得る。この点は、第9章二3(3)を参照。

　なお「法人に対する政府の財政援助の制限に関する法律」によって、会社その他の法人の債務については、国又は地方公共団体は原則として、保証契約をすることができないとされている（3条）。また配当又は分配することができる利益又は剰余金の額を払込済株金額又は出資金額に対して一定の割合に達せしめるための補給金を交付してはならない（2条1項）。また補助金の交付手続、不正使用の

---

[6] たとえば、塩野宏『行政法Ⅰ』（第5版補訂版）（有斐閣、2013年）75頁。
[7] たとえば、碓井『前掲書』（注1）82-85頁。
[8] 本項の記述は、同上、102-157頁を参考とした。なお日本において競争政策の観点から補助金規制とくに公的支援に対する規律を検討したものとして、公正取引委員会競争政策研究センター『EU国家補助規制の考え方の我が国への応用について』（競争政策研究センター共同研究CR 03-13（2013年））がある。

防止等について，「補助金等に係る予算の執行の適正化に関する法律」などが制定されている。

(2) E U

EUの補助金規制[9]は，EU市場の一体化を妨げる政府行為を規制するという観点からなされており，市場競争に悪影響を及ぼす補助金を規制するものとなっている（EC条約87条1項）。基本的発想が同じであるWTOの補助金協定とは，内容的に類似している点が多いが，細部において相違点も少なくない。

対象とされる政府補助（state aid）は，政府又は公的機関による資金移転を広く含み，狭義の補助金の他，資本参加，低利融資・無担保融資，租税免除・繰延，債務免除，保証・担保提供，低価格での物品・サービスの提供，なども含まれるとされている。ただし，再生エネルギー買取制度について「政府補助と同等の措置」として補助金規制に服するとの主張は，政府資金に拠るものでないとして欧州司法裁判所（ECJ）によって否定された[10]。加えて，通常の市場において得られる条件よりも優遇されていること，したがって利益を生産者が得ていることが必要とされ，この利益認定について行為類型に応じた詳細な先例が発展している。

すべての補助金が禁止されるわけでなく，特定の企業にのみ利益を付与する「選択的（selective）」な補助金だけが対象となるとされ，該当しないとされる「一般的措置（general measures）」の認定を含め先例が蓄積されている。また市場を歪曲する効果を有するか否かの認定が求められ，この効果は，現実の貿易効果でなく，事前に認定されるものであり，また歪曲効果が僅少であっても正当化されない。

なお災害援助など一定の目的のための補助金が適用除外とされ，また適用除外とする補助金を規定する権限が付与されている委員会が一定の補助金を除外とする規則を発出している。そのためのガイドラインが協定上規定されており，欧州の共通利益に資する重要プロジェクトのための補助金，文化保護のための補助金

---

[9] EUの補助金規制については，たとえば，Kelyn Bacon, *European Community Law of State Aid* (Oxford University Press, 2009). 日本語文献として，公正取引委員会競争政策研究センター『競争法の観点からみた国家補助規制——EU競争法の議論を参考に』（競争政策研究センター共同研究CR 01-12 (2012年)）第2章。

[10] PreussenElektra AG and Schleswag AG in the presence of Windpark Reussenköge III GmbH and Land Schleswig-Holstein (Case C-379/98) [2001] ECR I-2099. See Andrea Biondi, Piet Eeckhout, and James Flynn (eds.), *The Law of State Aid in the European Union* (Oxford University Press, 2004), p. 19.

などが列挙されている。

2　政府調達規制

(1) 日本の政府調達

日本においては，国の契約が，主として「会計法」及び「予算決算及び会計令」（予決令）によって規律されてきたのに対して，地方公共団体の契約は，地方自治法及び地方自治法施行令によって規律されてきた。ただし，日本は政府調達協定に加入しており，国の機関及び一定の地方公共団体等が行う一定額以上の調達について同協定の規律に従わせる義務があり，その実施のために，特例政令を予決令及び地方自治法施行令についてそれぞれ制定するなどしている。なお地方自治体等の調達に関する規律（地方自治法・同施行令等）は，国の機関による調達と類似する部分が多いため，本書では国の機関による調達を念頭において説明する。

会計法は，一般競争入札を原則とし（29条の3第1項，29条の5），例外的な場合に限り，契約主体があらかじめ指名した競争参加者のみによって競争を行う指名競争又は入札によらない随意契約に拠ることができる（29条の3第3項から第5項）とする。一般競争入札に拠る場合，公告，入札説明書の交付など透明性に配慮が求められている。落札の基準は価格に拠ること（29条の6）が多かったが，品質，内容等を考慮すべく総合評価方式が採用されている（予決令91条2項を根拠とする）。なお発注仕様をあらかじめ定めることのできる産品の調達においては一般競争入札で価格のみによって決定することでよいが，発注仕様そのものをいかに定めるかにおいて技術判断が必要になる場合は，一般競争入札が適切な方法でなく，アイデアの段階から提案を求め，その評価を通じて多段階のプロセスにおいて参加者を限定していく競争的随意契約の方法も探求されている[11]。

なお，政府調達協定の対象たる政府調達については，閣議決定（平成7年12月1日「政府調達苦情処理推進会議の設置について」）によって政府調達苦情検討会議が設置されており，同会議において開催される政府調達苦情検討委員会において個別ケースに関す不服申立を検討することになっている。実体規定としては，政府調達協定の他，スーパーコンピューターなどについて日米経済摩擦の過程で採用した上乗せ措置が適用されることになっている[12]。手続規程として「政府調達に関する苦情の処理手続」（平成7年12月14日政府調達苦情処理推進会議決定）

---

11) 碓井光明『公共契約法精義』（信山社，2005年），第2章及び第3章．

などがあり，2014年末までで14件が取り扱われている[13]。上記協定の対象以外の政府調達について，公共契約の締結過程の瑕疵を入札参加者が争うための入札不服の手続が特段整備されていないが，こうした政府調達への国内の参加者に対して政府調達協定並みの救済を認めなくてよいのか国内法上疑問がある。なお特例政令は，政府調達協定締約国以外の国の供給者に対しても参加を排除していないので，GATTの政府調達例外が最恵国待遇義務を除外していなくても差し支えない。この問題は，本章五3を参照。

（2）米国の政府調達

米国における政府調達には，防衛調達分野の軍サービス法及びそれ以外の分野の連邦財政サービス法が適用される。連邦政府が物資を購入し又は公共工事を委託する場合に一定の条件の下で米国製品の購入又は米国製資材の使用を義務づける連邦バイ・アメリカン法がある。この法律は，ウルグアイ・ラウンド実施法によって，現行政府調達協定締約国などに対しては適用を控えることとされている。すなわち米国連邦政府の政府調達は政府調達協定未加入国を差別するものとなっている。また政府調達協定の適用において，中小企業のための契約を留保し，また航空及び宇宙行政機関の行う調達において日本のみ適用を認めないといった扱いをしている。GATT3条8項(a)号が政府調達を最恵国待遇義務から除外していないと解釈すればこれら除外規定が無意味になる。この点は本章五2を参照。なお連邦調達規則が手続を定め，さらに成果基準調達（Performance Based Acquisition）の採用など合理化のための取組みが行われている[14]。

（3）EUの公共調達

EUの公共調達は，公金の適正な管理でなく，競争政策として行われている点が特記される。すなわち物品・サービス双方の調達に関して策定された公共調達指令（Directive 2004/18/EC．2014年にDirective2014/24/EUにより改正）は，公的市場（"public market"）の概念を用い，公共調達の対象となる財・サービスの生産も含めた効率性追求を積極的に狙いとしている[15]。ただし，EUの競争政策

---

12) 「政府調達に関して適用されることとなる規程の指定について」（平成7年12月14日政府調達苦情処理推進本部長決定），内閣府のHP [http://www5.cao.go.jp/access/japan/tekiyou.html] を参照。
13) 内閣府のHP [http://www5.cao.go.jp/access/japan/shori-j.html] を参照。
14) プライスウォーターハウスクーパース株式会社『公共サービスの調達手続に関する調査報告書』（2011年）8-12頁。内閣府のHP [http://www5.cao.go.jp/koukyo/kouhyou/chousa/choutatsu_tetsuzuki/1103_choutatsu_tetsuzuki_1.pdf] から入手可能。

はEU統一市場の実現のために用いられていることに注意が必要である。

したがって，公共事業分野における公共調達に関する指令（Directive 2004/17/EC．2014年にDirective 2014/25/EUにより改正）及びコンセッション指令（Directive 2014/23/EU）は，政府関係機関だけでなく，政府の許認可を得て，水道，電力等の公共事業分野の独占的事業を行っている公益企業など公法上の規制下にある企業も対象としている。要件を充たす企業を国内法上私企業扱いしても除外されないとするECJの先例がある[16]。他方，当該分野が競争的市場となっている場合は除外される。

またEUは，米国と同じく，GATT3条8項(a)号が政府調達を最恵国待遇義務からも除外しているとの前提で，政府調達市場の開放を国別に行うことによって相互主義を明確にしており，たとえば水道サービスについては米国・カナダに対して，電力分野についてはカナダ・日本に対して政府調達協定の適用を認めていない（ただしカナダに対してはカナダ・EUFTA（CEFA）において市場を開放した）。この点は本章五2を参照[17]。

三　補助金及び政府調達に関する国際ルールの発展

補助金も政府調達もGATTにおいて内国民待遇義務の例外とされ，当初ほとんど規定がなかった。しかし，その後補助金については，OECDにおいて輸出信用に対する規制が分野ごとに定められ，また農業分野について研究がなされてきた。また貿易自由化の観点からGATTにおいて次第に取り上げられるようになり，WTO協定においては，すべての加盟国を対象とする「補助金及び相殺関税に関する協定」（補助金協定）が策定された。政府調達については，GATTにおいて次第に規律が策定されるようになったが，WTO協定においてもなおいわ

---

15) EUの公共調達規則については，たとえば，Christopher Bovis, *EC Public Procurement: Case Law and Regulation*（Oxford University Press, 2006）を参照。

16) Judgment of the Court on *Commission of the European Communities v. Kingdom of Spain*, Case C-84/03, 13 January 2005において，Article 1 (b) of Council Directive 93/36/EEC of 14 June 1993 coordinating procedures for the award of public supply contracts (OJ 1993 L 199, p. 1) and Council Directive 93/37/EEC of 14 June 1993 concerning the coordination of procedures for the award of public works contracts (OJ 1993 L 199, p. 54)に規定する要件を充たす企業を私企業として扱うスペイン法を不適法とした。Bovis, *supra* note 15, Section 7.94.

17) なおその他中国，タイ，韓国の政府調達に関して，日本貿易振興機構経済分析部『各国の政府調達制度とWTO政府調達協定との整合性』（2005年），at ［http://www.jetro.go.jp/theme/wto-fta/reports/05000960］を参照。

ゆるプルリ協定に止まっており、締約国は全加盟国のうち少数に過ぎない。ただし、各国の調達実務の進展等に鑑み、新たな「政府調達に関する協定」（政府調達協定）が策定され、2014年3月に発効している。本項はかかる動きを概観する。

1　GATT/WTO

（1）補助金協定

　GATT は、国内生産を保護する効果を有するが正当な政策手段として使われるとの認識から国内生産者に対する補助金を内国民待遇義務の例外とする（GATT3条8項(b)号）など、GATT における補助金の規律は全く不十分であった。一次産品以外の産品に対する輸出補助金の拡大が禁止され、1958年1月1日以降できるだけ早く終止させるものとされていたに止まる（16条4項）。一次産品については、貿易シェアの拡大につながるような付与が許されないとされるが努力義務に止まっていた（16条3項）。上記全廃目標を具体的な約束とするために、「ガット第16条4項の規定に効力を与えるための1960年11月19日の宣言」が GATT 総会において採択され、日本等17ヵ国が受諾し、輸出補助金の不交付が義務となった。さらに1960年秋の GATT 総会において、8項目から成る輸出補助金の例示リストが採択され、指針として利用されてきた。さらに輸出補助金以外の補助金については、通告・協議といった手続的義務しか課せられていなかった（16条1項）。

　1973年に開始された東京ラウンドにおいては、禁止される輸出補助金の例示リストの作成などの輸出補助金規律の強化、あり得べき国内補助金の形態の例示、補助金通報の手続強化、相殺関税に対する規律強化、紛争処理手続の策定などを盛り込んだ補助金・相殺措置協定が採択された。この交渉においては、損害要件を欠くも祖父条項によって維持されていた米国相殺関税法に損害要件の追加を求めるなど相殺関税の規律強化を狙うEC・日本と補助金自体の規律強化を求める米国との間で交渉アプローチに基本的な違いがあり、また農産物に対する補助金の規律についても大きな違いがあった。またこの協定は当時の締約国のすべてが加入した訳ではなく、先進国を中心に20数ヵ国の参加に止まっていた。

　ウルグアイ・ラウンドにおいては、引き続き、米国とEC・日本との間で意見の違いがあった（たとえば "Anti-Distortion School" と "Injury-Only School" との対立については本章一3で言及した）が、交渉の結果、すべての加盟国が当事国となる補助金協定が締結された。ただし、農業分野については、一部適用除外となっている（たとえば5条）。

（2）補助金協定以外のルール

補助金の規律としては，WTO協定だけでも補助金協定の特則が存在する。農業分野においては，農業協定があり，第16章一3で紹介するように，一定の類型に属するもののほか輸出補助金が禁止され，また国内助成については，一定の目的のためのもの（緑の政策又は青の政策）として削減対象外とされるものを除き，共通の尺度たる助成合計総量（AMS）を利用して基準年からの一定率での削減が義務付けられている。民間航空機については，民間航空機協定があり，これも第16章六2で言及する。

2 OECD

OECDにおいて，貿易委員会輸出信用・信用保証会合における調査を踏まえ，輸出信用や貿易保険において市場金利よりも低利な条件とする補助金の競争になっており公正な貿易を歪曲するとして，1978年に「公的支持を受ける輸出信用ガイドラインに関するアレンジメント」が紳士協定として締結された。これは，対象となる売買・リース取引の頭金支払額の下限，償還期間，金利等に付いて詳細な条件を課すものである。この条件を充たさない輸出信用に公的支持を付与する場合には，他の参加国が協議又は同じく条件を充たさない条件で対抗（マッチング）ができるように事前通報が必要である。船舶，原子力プラント，通常発電プラント，衛星通信地上設備，航空機については特別のガイドラインが存在する。なおOECDにおいて，市場が分散しており相殺関税が有効でない鉄鋼・造船等の分野における補助金の規律たる造船協定等が2000年代に交渉されていたが合意に至らなかった。これらも，セクターごとの特則に関する第16章五2(1)において説明する。

3 政府調達に対する規律

（1）政府調達協定

もともとは，その原資が租税であり，その多くを納税している地元に還元すべきとの考え方から，政府調達における国産品優遇は内国民待遇義務（GATT3条8項(a)号）から除外されていた。しかし，政府調達が経済に占める割合が少なくないことから，政府調達についても内外差別禁止等の規律を及ぼすべきと考えられ，東京ラウンドにおいて，「政府調達に関する協定」が先進国間で合意された。さらにウルグアイ・ラウンドにおいて条文見直し・対象範囲の拡大が検討され，新しい「政府調達に関する協定」が成立した。対象とする調達機関・額を各締約国がオファーし，交渉によって合意された。この協定において，サービスの調達

も対象とされたほか，国内における不服申立制度の創設が求められた。ただし，ここでも，全WTO加盟国でなく一部の国のみが当事者である。また政府調達協定においては，発効後3年以内に新たな交渉を行うことが規定されており，1997年に改正交渉が開始され，2011年に協定本文についてようやく合意が成立し，2014年に発効した。電子的手段の活用といった政府調達の実務の発展を反映した技術的な変更が規定され，民営化等によって対象機関から外れる場合の基準及び手続の整備を予定するものとされた。

（2）自由貿易協定における規律

相手国産品・企業に対する政府調達市場の開放を約束する自由貿易協定は珍しくない[18]。しかし，そもそもGATTの政府調達例外が最恵国待遇義務からの例外扱いを規定していないとすれば，かかる約束は，事実上，全WTO加盟国に対して開放を約束するのと同義である可能性がある。政府調達協定非締約国からの調達に制限を課す米国やEUではこの点の立場が明確であるが，日本を含めそれ以外の国ではどうか。この問題は，本章五2及び第19章四1(5)を参照。

四 補助金に対するWTO協定及び投資協定上の規律

1 内国民待遇義務とその例外

国内生産者に付与する補助金は，当然に国産品を輸入品との競争上有利にする効果がある。しかし，内国民待遇義務を規定するGATT3条は，国内生産者に対してのみ付与される補助金をその国産品優遇効果に拘らず明文で適用除外としている（同条8項(b)号）。ただし，国内生産者に直接付与するのでなく，国産品の購入者・消費者に付与し，すなわち間接的に付与することは除外の対象でなく，国内産品優遇を規定する要件として内国民待遇義務に抵触するとするのが確立した先例である[19]。すなわち消費者に対して補助金を付与する場合は産品の原産国を指定することが許されない。これは，生産補助金を認めるとしても，どの程度生産者に補助金が付与されたのか透明性に欠ける間接補助金を認めるべきでない，という趣旨と理解できる。また減税措置は政府収入からの支出を伴わないた

---

18) たとえば，「経済上の連携の強化に関する日本国とメキシコ合衆国との間の協定」（2005年4月1日発効），第11章。ただし，日本が当事国である経済連携協定においては，努力義務にとどまっているケースが多い。経済産業省通商政策局（編）『不公正貿易報告書（2014年版）』721-723頁を参照。

19) GATT Panel Report on *Italy – Agricultural Machinery*, paras. 13-14.

め例外に該当しないとされた[20]。

適用除外の趣旨は，国内生産保護の効果があるとしても，正当な政策目的のために付与されることがあるから，と説明されるのが通例である[21]。しかし，政策目的によっては付与先を国内生産者に限定する合理性がない場合もある。たとえば研究開発活動に対する補助金であれば，当該活動がもたらす正の外部効果に着目するのであり，かかる効果が国内で生じる国内生産者にのみ付与され，国産品のみが結果として優遇されることも正当化されることを理解できる。しかし，たとえばいわゆるエコカー補助金など環境性能の高い製品の使用拡大を目的とする補助金は，使用における外部効果に着目しているのであって輸入品を不利に扱う理由がない。確かに，そうした補助金を（消費者でなく）国内生産者に対してのみ付与することについては，規定の文言上内国民待遇義務からの除外を否定し難い。しかし，次項でみるように補助金協定上「著しい害」又は「無効化又は侵害」（5条(a)及び(b)）をもたらさないかなど規制する可能性を追求すべきであろう。

2　補助金協定

(1) 基本構造

前項で説明したとおり，補助金に対する国際的規制の大宗は，WTOの補助金協定である。補助金協定は，補助金を，禁止される補助金（第Ⅱ部），場合によって制限される補助金（第Ⅲ部），及び相殺措置が認められない補助金（第Ⅳ部）の3種類に分類し，それぞれについて異なる制限を規定している。これらのカテゴリーは信号になぞらえて，赤（レッド），黄（イエロー），緑（グリーン）と称される。禁止される補助金は，輸出又は国内産品優遇を条件とするものである。協定上の対抗措置の執れない補助金（8.1条）としては，かつては研究開発，環境目的など特定の目的のための一定程度の補助金もこのカテゴリーに入っていた（8.2条）が，現在では特定性のない補助金に限定されている（31条。存続が決定されなかった）。それら以外の補助金はすべて場合によって制限される補助金となる。補助金の制限としては，補助金の付与自体が禁止・制約される場合と，対抗措置として相殺関税（第Ⅴ部）が許される場合とがある[22]。

---

20) Appellate Body Report on *Canada – Periodicals*, p. 34.
21) ただし，補助金協定の交渉においては，性質上貿易を歪曲するので問題とする見方（Anti-Distortion School）と「市場の失敗」の是正等の正当な政策手段として利用されるので弊害がある場合のみ規制すべきとする見方（Injury-Only School）とが対立していた。本章一3を参照。

生産補助金については，補助金自体の規制と相殺関税との関係をどのように考えるかが問題となる。貿易歪曲効果に対抗するという点で変わりがなく，おそらく前者の発動要件としての求められる貿易歪曲効果のほうが大きい，といった考え方もあり得，かかる考え方を支持しているように補助金協定の文言がみえるところもある。たとえば補助金協定10条の注35は，両者を同時に追求できないとし，同じ役割を担っている前提である。これに対して，両者の役割を異なると考えるアプローチもある。補助金も正当な目的のために利用される政策手段であって，正当な目的のために適切に支出されている限りにおいて補助金自体を禁止できない。しかし，そうでない疑いもあるため，補助金の効果が輸出市場に特に自国市場に及び，自国産業がシェアを奪われている，という場合に補助金相当額の相殺関税を課し，自国産業との人為的な競争力の違いを埋めるという考え方もあろう。相殺関税に関するこの考え方は，第12章五1で詳細に検討される。

補助金自体の規制についても，貿易自由化の意義をどう考えるかによって見方が分かれる。国際競争論＝共存モデルは，輸入品と国産品との競争の平等性（"level playing field"）に影響を及ぼす補助金を規制することを求め，特定の政策目的のための補助金措置を例外として留保するか否かを考えるという発想になる。これに対し，比較優位論＝協力モデルは，補助金の目的を「市場の失敗」の是正に限定し，さらに補助金の構造がそのための最適な手段となるように設計されているかを要求することになる。

（2）補助金性

補助金協定は，その対象とする「補助金」を定義している。政府による資金面での貢献（"financial contribution"）及び受益（"benefit"）がその要件である。

（ア）政府による資金面での貢献

1.1条(a)号は，補助金の要件として「政府（government）」又は「公的機関（public body）」による「資金面での貢献」を挙げ，そのように認められる行為を列挙している。またそうした機関から「委託又は指示」があった場合には，民間団体も主体たり得る。

①「政府」／「公的機関」／「委託又は指示」

「政府」には加盟国政府の機関のみならず地方自治体も含まれる。「政府」と法

22）それ以外の対抗措置，たとえば競争する国内産業に対する補助金付与は，それ自体が補助金協定の定める規律対象となる。そのほか紛争解決手続を経ない対抗措置を禁止するDSU23.1条等に抵触するか否かについては，第2章二3(1)を参照。また補助金に対する対抗措置を限定する補助金協定32.1条との関係については，第12章四5(6)を参照。

人格を異にする「公的機関」について,先例は,政府によって「支配されている」ことを重視する米国の主張を退け,国際法委員会の国家責任条文[23]に言及して,政府権限を付与されている機関と理解している[24]。国家責任の成立要件を論じている同条文は,投資仲裁の文脈で投資協定上の義務が及ぶ国有企業等の行為の範囲を決定する上で言及されている規定である[25]。政府権限の対象には,産業振興のために低利融資を行うことも含まれ,規制等経済主体の活動を制約することに限定されない。いかなる場合に政府権限を付与されていると評価されるか,上級委員会は明らかにしておらず,また法令上の権限付与まで必要かどうかも明らかにしていない。しかし,現行補助金協定が市場において得られない経済的利益の存在を補助金の要件としていることに鑑みれば,経済主体に指示命令する権限,許認可を付与する権限等が法令上付与されている場合は当然として,そうした法令上の権限が付与されていなくてもたとえば,市場競争に逆らってそうした経済的利益を付与できる能力があり,かつそうした行動が許される(権限を有する)主体は政府権限を事実上付与されていると推定されるべきであろう。たとえば政府との経理処理が完全に分離され,財務会計制度を整備し,開示を義務づけ,株主に様々な監督権を認め,破産能力を認め,赤字を埋めるための公的資金の投入を禁止するなど,商業的考慮に従ってすなわち営利を追求せざるを得ない制度的・ガバナンス的な手当てがなされていないことを「政府の権限付与」を推定させる事由として考えてもよいのではないか(この問題については第16章も参照)。なお米国は,政府の支配力を重視し,株式の過半数を政府が保有している株式会社はそれだけで「公的機関」と認定して差し支えないとする[26]。この点,民間企業は,営利を目的とするので,その株式支配等も営利目的であり,たとえば会計報告において支配企業と連結することを求められることも理解できる。これに対して,政府は,GATT3条8項(a)号等が前提とするように,たとえば財政目的で産品の生産・販売等商業的活動に従事することもあり,非営利活動のみ

---

[23] International Law Commission, *Articles on Responsibility of States for Internationally Wrongful Acts*, (2005), Articles 4, 5 and 8.

[24] Appellate Body Report on *US – Anti-Dumping and Countervailing Duties (China)*, paras. 308-318.

[25] *E.g.*, Decision on Jurisdiction on *Emilio Agustin Maffezini v. The Kingdom of Spain*, ICSID Case No.ARB/97/7 (Argentina – Spain BIT), 25 January 2000, paras. 76-85; and Arbitral Award on *Noble Ventures, Inc. v. Romania*, ICSID Case No.ARB/01/11 (Romania – United States BIT), 12 October 2005, para. 70. この問題については,西村弓「投資紛争における行為の国家への帰属」小寺彰(編著)『国際投資協定』(三省堂,2010年)を参照。

[26] たとえば,Panel Report on *US – Anti-Dumping and Countervailing Duties (China)*, para. 8.38.

行うわけでない。したがって，政府が企業の支配権を有していても，営利目的か公共政策目的であるかをそれだけで決められるわけでないので支配力だけで「公的機関」性を充たすとは思われないし，「政府の権限付与」を推定する合理性もない（この点，国家責任条文5条において国家責任が認められる範囲について株式保有等の構造要件のみならず事業の性質など機能要件の具備も要求されていることに注意（第13章四1(6)を参照））。なお公的機関であるとすれば，個々の取引において契約条件が市場ベンチマークを下回れば（相手方に有利であれば）補助金を付与したと認定され，相手方には相殺関税の対象とされる可能性が生じる。営利企業は，事業全体の収益性を考えているのであり，個々の取引において収益性確保を求めるのは却って企業活動の柔軟性を損なう。したがって，比較優位論＝協力モデルが米国の考え方を退けるのは当然である。これに対して，国際競争論＝共存モデルでは，どの範囲で約束するかは加盟国の自由であるから文言解釈として認める余地がある。

　「公的機関」について先例のように考えれば，民間団体は，市場原理に反する行為が通常期待されないため，政府からの「委託又は指示」がある場合のみ「補助金」が認定されることを理解できる。この「委託又は指示」はかつて個別具体的になされることが必要とされたが，その後先例が変更され，個別具体的でなくてよいとされている[27]。個別の取引において赤字であるというだけでは営利企業の通常の行為でないといえないので，「委託又は指示」の認定においては当該企業又は属する産業の通常の取引慣行から逸脱していること，政府からの補塡の約束があること，金融機関では異常な取引であっても金融監督上黙認する約束があることなどが重要になるとすべきであろう。

　なお電力供給，情報通信その他産業インフラの運営を国有企業が行っている場合をどう考えるべきか。すでに述べたように，国有企業が営利企業一般と同じように事業全体から適正な資本利潤を得られるように行動するように制度設計されている限り，個々の取引について市場ベンチマークと比較して利益を認定することを認めるのは不適切であって，「公的機関」性を否定すべきである。したがって，政府が財政目的で特定の産品又はサービスの供給を独占している場合が典型的に当てはまるが，自然独占が成立することを理由として不効率な二重投資を避けるために参入を制限している場合も同様である。供給価格の制限がなされているとしても過剰な利潤追求を制約する趣旨である限り補助金協定上の利益認定を

---

27) Appellate Body Report on *US – Countervailing Duty Investigation on DRAMs*, para. 158.

すべきでない（ただしユニヴァーサル・サービス義務を課し，同一料金でのサービス提供を義務づけている場合など「委託又は指示」を通じた補助金付与を認めるべき場合があることを否定しない）。これに対して，民間資本に委ねると適正に安定供給されないとして政府が資本を拠出しているのであれば，たとえ当該国有企業が独立採算で事業を行っているとしても，市場メカニズムのみによって供給可能な価格よりも低い価格で公共サービスが提供されている可能性があり，その点の取扱いを検討する必要がある。政府は，その差額分をたとえば拠出資本に対する配当を抑制することによって補塡している，つまり補助金を付与しているはずである。逆に言えば，政府から受けた補助金の利益を公共サービスの対価を引き下げることによって需要家に移転しているわけである。個々の取引について市場ベンチマークと比較して利益を認定することを認めるのは適切でないが，国有企業の存在意義からして，当該国有企業の事業全体（公共サービスの提供全体）で薄く広く補助金の利益を移転することを当該国有企業が「指示・委託」されていると認定するか，又は国有企業への補助金付与の利益が需要家に移転していると認定することは必ずしも不合理でないように思われる。

　後に見るように，「一般的な社会資本」の供給が補助金協定の対象から除外されているので，解釈論としてこうした利益移転を補助金とすることは困難であるが，比較優位論＝協力モデルから見れば，こうした利益移転を認め補助金性を認定して差し支えない。公共サービスの供給を民間企業に委ねず国有企業が引き受ける前提となる「市場の失敗」が存在し，また国有企業による独占供給が最適な是正手段である限り，「著しい害」を認定されて，国有企業による公共サービスの供給スキーム自体を変更させられることはないという解釈を支持する。国内生産者たる需要家がその産品を輸出した場合に相殺関税を賦課される可能性があるというに過ぎず，それはやむを得ないであろう。これに対して，国際競争論＝共存モデルでは，どのような価値判断が行われたかを文言に照らして決定するしかない。後に述べるように，「公的機関」と認定されたとしても「資金面の貢献」から除外されている「一般的な社会資本」の提供に該当すれば補助金と認めず，したがって相殺関税も許さないという規定があることに鑑み，「公的機関」と認定されない場合に補助金を認めるべきでないという結論になるものと思われる。

　②「資金的貢献」
　「資金的貢献」として，贈与，保証等資金の直接的移転又はその可能性を伴う行為，免税等の収入の放棄，物品・サービスの提供又は物品の購入，資金調達機関への支払が限定列挙され，そのほか価格支持でもよいとされている。各規定は，

相互排他的でなく，複数の規定に該当する場合もあるとするのが先例である[28]。各規定のいずれに該当するかの問題は，相殺関税との関係で，14条において「受益」の計算方法を予め定めておくことを求められるという意味がある。それ以外の場合にも，「受益」の算定基準となるベンチマークを定める際に意味を有するが，適切なベンチマークが定められる限り，どの類型に該当するかで違いはない。（わずかに，(iii) に規定する「一般的な社会資本」の提供が除外されていることで意味があるに止まる。）

各号に列挙される行為類型の規定のうち，「一般的な社会資本」の提供を除外するとの規定は，インフラ整備のための公共投資の除外を意図する。先例上，一般国民が利用可能でない限り該当とすべきである[29]とされている。この点，国際競争論＝共存モデルでは，社会インフラ建設における裁量を留保するものとしてその意義を理解できるが，比較優位論＝協力モデルでは，そもそも除外が本質的に適切か疑問である。たとえば一般道路のように排他性をもたせるのが適切でないような「公共財」であれば，私企業による提供を期待し難いため，経済の最適性を確保するために政府が建設し，その費用を租税として徴収することが正当化されることは理解できる。しかし，市場において供給され得る財・サービスを安価に供給している場合，また「公共財」であるとしても，経済・社会全体の観点から最適な範囲を超えているならば市場をむしろ歪曲すると考えられる。したがって，解釈論としても，たとえば市場メカニズムによって供給できない場合に限定するなど，なるべく「一般的な社会資本」の範囲を限定することを検討すべきであり，立法論としても補助金協定の対象から除外するのでなく対象に含めた上で，他の補助金と同様に，目的の正当性及び手段としての最適性のいずれかが存在しないことを要件として救済を認めることを検討すべきであろう。相殺関税も可能になるが，次章五1で触れるように，目的の正当性及び手段としての最適性に疑念がない場合には調査・発動を自制する方向で実務を発展させることで対応すべきである。

サービスの購入に明示の言及がないが，先に述べたように，先例上各類型は相互排他的でないとされ，サービスの購入に該当するように見える行為でも，たとえば資金の直接的移転に該当するならば「資金的貢献」と認めてよいとされ

---

28) Appellate Body Report on *US – Large Civil Aircraft (2nd complaint)*, fn.1287 to para. 613; and Appellate Body Reports on *Canada – Renewable Energy / Canada – Feed-in Tariff Program*, para. 5.119.

29) Appellate Body Report on *EC and certain member States – Large Civil Aircraft*, paras. 961-968.

た[30]。GATSにおいて補助金規律が交渉課題とされていることから言及が避けられた模様であるが、物品の生産者も当該物品の生産に関連するサービスを提供することができるし、物品貿易に影響を及ぼす範囲で規制してもサービス業に対する補助金の規律にならないので、サービスの購入を除外しない解釈を採用するのが妥当であろう。

また先例上、原材料の輸出制限は、制限対象の原材料の国内価格を国際価格未満に引き下げる効果を有するとしても、「委託又は支持」を認定できない以上、「政府」による「資金面での貢献」に該当しないと考えられている[31]。なおこの点、輸出制限に関する規律を考慮する必要がある。第7章四2で述べたように、輸出制限は、GATT11条1項によって禁止されており、20条(g)号等で救済される範囲でのみ許される。たとえば、20条(g)号について、国内生産制限の実効性を確保するためにその生産制限数量と同じ数量で輸出を禁止することを許容するに止まるとする解釈を採用する（第7章四2(2)(イ)を参照）ならば、輸出制限によってその対象産品の国内価格が国際価格よりも低くなることは考え難い。したがって補助金協定で規制されなくても輸出制限として直接禁止される。なお輸出関税も同じ効果を有するが、これは輸出関税の関税譲許が一般的でない以上やむを得ない。非違反申立の可否について第3章四9を参照。

また租税減免（1.1条(a)(1)(ii)）については、どのような基準で「収入となるべきものを放棄し」ていると認定するかが問題になる。規定の仕方によって、減免対象をもともと課税対象に含まないとも規定できるからである。この点、全世界所得を課税対象としている米国が輸出から得られる所得を課税対象外としたことが争われた *US – FSC* において、上級委員会は、当該税体系に照らし一般（general）原則と例外（exceptions）とを特定し例外を減免とするという基準は運用困難であり、同等の状況（comparable situation）における所得を同じに扱っているかどうか、という基準を示した[32]。いかなる状況が同等と言えるかは明らかにされていないが、比較優位論＝協力モデルの考え方からすれば、課税根拠論との関係で等しく扱うべきかどうか、という議論が可能であろう。第8章四2(3)を参照。

（イ）受　益

補助金協定は、政府による資金面の貢献があっても、利益が存在しなければ規律の対象としていない。市場において利用可能な条件での資金助成であれば、規

---

30) Appellate Body Report on *US – Large Civil Aircraft* (*2nd complaint*), paras. 615-620.
31) Panel Report on *US – Export Restraint*, paras. 8.29-8.44.
32) Appellate Body Report on *US – FSC* (*21.5 – EC First Complaint*), paras. 90-92.

制する必要がないと考えられたためである。かつては，政府に損失が生じているか否かを基準とする考え方も存在したが，低利融資のように政府が利潤を得ているというだけで補助金でないとはせず，金利が受け手の利用できる市場金利よりも低い場合，すなわち，受け手が利益を受けていることを意味するとするのが先例である[33]。さらに利益の認定を，相殺関税制度において定めるべき利益額の計算方法のガイドラインを示した補助金協定14条に沿って行うのが先例である[34]。

　贈与によって受領者に利益が生じることはほぼ自明であるが，その他の場合，たとえば貸付については市場において利用可能な金利と比較して低利であること，産品の買上げであれば市場価格よりも高価格であることが必要とされる。市場において利用可能な条件よりも有利かどうかの判断において，国内の関連市場において成立している価格等が基礎となるが，市場の状況によってそうした価格情報が利用可能でない場合には，国内でなく，外国の関連市場において成立している価格を用いるのでもよい[35]。なお Canada – Renewable Energy ／ Canada – Feed-in Tariff Program ケースにおいて，再生エネルギーの利用拡大のため太陽光発電等による電力を固定価格で買い取るいわゆる feed-in tariff 制度について，太陽光発電プロジェクトが商業的に実行されないことに鑑みて導入されたこと等資金面の貢献の趣旨によって受益が推定できるとする申請国の主張に対して，上級委員会は否定的であり[36]，市場ベンチマークとの比較を要求した。

　この点，比較優位論＝協力モデルの発想では，利益の認定が必要であっても，その額まで確定する必要がないとして市場ベンチマークの利用がそもそも必須でないという考え方になる。政府による資金助成についても，市場の働きを変更する措置である限り，内国規制等と同じく，「市場の失敗」の是正を目的としそのための最適な手段か否かを問えば必要にして十分だからである。政府にせよ公的機関にせよ，市場に逆らって行動する権能を付与された主体であるから，その権能の範囲内の行動である限り当該資金助成が商業的考慮に従ってなされていないとして利益を認定してよいし，逆に，権能の範囲外の行為であり，かかる行為を商業的考慮に従って行動するように制度設計されているならば，利益を否定すべきであろう。利益額の認定は，その額の範囲でのみ許される相殺関税の賦課に当

---

33) Appellate Body Report on *Canada – Aircraft*, para. 154.
34) *Ibid.*, paras. 157 and 158.
35) Appellate Body Report on *Canada – Softwood Lumber IV*, paras. 89-112.
36) Appellate Body Reports on *Canada – Renewable Energy ／ Canada – Feed-in Tariff Program*, para. 5.164.

たって必要になるだけであり，したがって補助金協定14条の規定をその位置どおり相殺関税特有の規定であると考える。これに対して，国際競争論＝共存モデルに立てば，内外産品の競争関係に及ぼす影響自体が規制対象であり，市場において利用可能な条件か否かを基準とする利益要件を設けることに意味がある。14条の規定を相殺関税に限定せず，補助金規律一般に及ぼす上級委員会先例は後者の考え方に親和的である。

　さらに，補助金の付与時すなわち政府支出の時点で受益が存在することが要件であるとしても，それに止まらず，輸出補助金又は「著しい害」等の認定基準時において利益が残存していることも必要かどうか。利益の現存性を申立国が立証する必要はないとした先例がある[37]が，利益の現存自体が不要と理解すべきかが問題になる。一旦補助金を受けたとしても，すでに利益が存在しないのであれば，現実の競争力の範囲で競争することになるので，市場の状況に影響を及ぼさず救済が不要ではないかという疑問があるからである。しかし，利益が消滅すれば救済が求められないとしても，利益の残存の証明責任を既存の補助金を争う側に負わせることは不公平である。したがって，政府支出の時点で受益が存在することが立証された場合，その後の消滅事由の主張・証明責任を付与国政府が負うとすべきである。「市場の失敗」の是正を目的とするのであれば補助金の利益がどのように費消されるか事前に計画されているはずであり，また国内産業を輸入品との競争から保護する補助金も競争力の差を埋めるために費消することが想定されているはずである。それ以外の補助金（たとえば単なる贈与）については返還以外の事由では消滅の立証が困難であろう。なおこの点に関連して，先例上認められている「技術効果」と補助金の利益との関係が問題になる。本項(5)(ア)を参照。

　なお，受益は，補助金の効果を問題とする産品の生産者に生じることが必要であるが，これは政府支出の受領者に限定されない。たとえば，国内の部品メーカーに補助金が付与され，市場価格よりも低い価格で当該部品が完成品メーカーに提供された，という場合，市場価格との差額の限度で，当該完成品メーカーの製品に対して補助金の効果が移転したとして，たとえば相殺関税を賦課することができるが，独立当事者間の取引であれば移転を推定することが許されず独立に認定することが必要であるとされている[38]。よって通常は，政府支出の受領者と受益した企業とが関連会社である場合に限り利益の移転を認定することができる。

---

37) Appellate Body Report on *EC and certain member States – Large Civil Aircraft*, para. 713.
38) Appellate Body Report on *US – Softwood Lumber IV*, paras. 142-143.

ただこの先例については、受領者に対する政府の委託・指示があれば受領者からの補助金を認定できることとの関係を整理する必要がある。比較優位論＝協力モデルでは、たとえば受領者における正の外部効果を内部化することを目的とする補助金は、対象産品の価格引き下げにその利益を費消し、販売量を増加させることを狙いとして付与されたとして、利益移転の委託・指示を認定し、対象産品の価格を平均的に引き下げたと推定してよいであろう。これに対して、受領者に対する単なる贈与であれば、利益の移転を想定していると当然には言えない。目的が正当な前者の方が相殺関税の対象が拡大するのはバランスを欠くように一見思われるが、比較優位論＝協力モデルでは、前者の補助金が相殺関税の対象となるだけであるのに対して、後者の補助金は付与自体が禁止される（本項(4)(ア)②を参照）。以上に鑑みると、利益移転の有無及び範囲が関連会社間の取引か否かと無関係に補助金の目的によって客観的に決まるとする考え方もあり得ると思われる。

また非再発性の補助金の受領者に株式売却等の事象が生じた場合の取扱いも先例上問題となっている。国営企業の民営化の場合、独立当事者間価格での完全売却であれば利益の消滅が推定されるとするのが先例である[39]。しかし、これも補助金の目的によって異なるのではないか。たとえば商業的に自立するまでの価格引き下げを可能にするための生産補助金は、かかる価格戦略が長期的にみて合理的と判断される限り、株式売却等の後も同じ価格戦略を取って補助金の残存利益を使用して価格引き下げを実施すると考えるほうが合理的である。したがって、利益は消滅しないというべきである（つまり生産補助金が一括でなく販売の都度なされた場合と同じ扱いになる）。他方、自立するまでの支援という「市場の失敗」の是正という要素のない補助金は単なる贈与であり、市場メカニズムに拠れば、その残存利益は株式売却価格に反映され、消滅するはずである（なお比較優位論＝協力モデルでは単なる贈与のための補助金はそもそも禁止される。本項(4)(ア)②を参照）。ただし株式売却価格に反映されていないと考えるべき特別の事情があれば、株式購入者等に対する補助金付与を認定することができ、その利益が売却対象の企業に移転される可能性はある。

（ウ）特定性

「特定性」の有無は補助金の要件でないが、特定性がなければ、補助金協定上対抗措置が許されない（1.2条）。これは、雇用調整補助金のようにすべての企業

---

[39] Appellate Body Report on *US – Countervailing Measures on Certain EC Products*, para. 126.

を対象に付与されるような補助金を対抗措置の対象としないための要件である。ただし，輸出補助金及び国内産品優遇補助金は，一般的に付与されているとしても特定性があるとみなされる（2.3条）。この要件は，補助金委員会への通報対象となる（25.2条）か否かの基準でもある。

いかなる場合に「特定性」がないとされるのか若干のガイドラインがあるが明確とは言い難く，先例上きわめて柔軟に解釈されているようである[40]。国際競争論＝共存モデルからは「特定性」要件が規定されている以上文言に沿って解釈する以外に考えようがない。しかし，比較優位論＝協力モデルに立てば，「市場の失敗」を是正するための最適な手段でないか否かが基準となるべきである。このような理解に立てば，「特定性」という要件設定が必要な理由を見出せず，したがって目的の正当性を考慮するなどの方向で解釈するのが望ましい。

（3）禁止補助金
（ア）輸出補助金の禁止

輸出を法令上又は事実上条件とする補助金は禁止されている（3.1条）。輸出産業に対する補助金というだけでは輸出条件性は充たされない。エアバス社に対する補助金が争われた*EC and certain member States – Large Civil Aircraft*ケースでは，補助金の想定する販売機数がEC市場における航空機需要を上回ることから，当然に輸出を想定しているとして輸出条件性が充たされるとする主張が，パネル段階で認められたが上級委員会において退けられた[41]。上級委員会は，補助金によって輸出の国内販売に対する比率が上昇する場合には条件性が認められるとしている[42]。

輸出補助金が禁止されている理由を明確にした先例はないが，理論的には二つの考え方があり得る。一つの考え方は，貿易に対して多大の影響が及ぶ可能性が高いからとするものである。もう一つの考え方は，同じ政策目的のために貿易に対してより中立的な措置が利用可能だからとするものである。後者の考え方では，国内産業保護にせよ，環境保護にせよ，輸出市場のみならず国内市場にも影響を及ぼす生産補助金が利用可能であって，輸出補助金を認める政策的必要性がないことが禁止の根拠となる[43]。

---

40) 先例の検討について，Rüdiger Wolfrum, Peter-Tobias Stoll and Holger P. Hestermeyer (eds.), *WTO – Trade Remedies* (Martinus Nijhoff, 2008), pp. 457-468.

41) Panel Report on *EC and certain member States – Large Civil Aircraft*, para. 7.678; and Appellate Body Report on *EC and certain member States – Large Civil Aircraft*, para. 1067.

42) Appellate Body Report on *EC and certain member States – Large Civil Aircraft*, para. 1047.

前者の考え方では，輸出条件性が何を指すかは，禁止される「輸出補助金」の規定次第ということになるが，後者の考え方では，対象産品が輸出される可能性が高いことを認識しているというだけでは足りず，政府措置の客観的構造において国内販売よりも輸出を優遇するインセンティブが認められる場合に限定すべきである。輸出される可能性が高いことを認識していれば足りるとすれば国内市場が大きくない国では補助金が禁止されやすくなってしまう。生産補助金であれば，生産が増加するならばその販売先は輸出でも国内でもいずれでも差し支えないはずであり，それを輸出にバイアスをかけていることから一律禁止としたという理解になる[44]。したがって上級委員会の判断を基本的に支持するが，輸出比率の上昇という貿易効果を考慮する点は受け入れ難い。

なお補助金協定の附属書Ⅰは，輸出補助金の例示表である。補助金協定は，直接税と間接税の区別を採用し，輸出に関連する直接税の免除は輸出補助金に該当する（(e)号）が，産品に賦課される間接税を輸出品について免除する場合は，課されている金額を超えて免除しない限り，輸出補助金に該当しないとされる（(g)号）。直接税・間接税の区分の合理性が乏しく，見直しが必要な点については，第8章四2(3)を参照。輸出信用については，OECDの公的輸出信用ガイドライン[45]を想定した記載がある（(k)号）。政府又は政府関係機関による輸出信用については，その利率が市場において利用可能な利率を下回る限り，輸出補助金となるのが原則であるが，OECDの公的輸出信用ガイドラインの参加国又は同規定を事実上適用している加盟国は，そのガイドラインの規律の範囲である限り輸出補助金でないとされる。そうでない加盟国は，この取極の15条の規定する市場貸出基準金利を基準として判断される[46]。

なお輸出補助金の禁止は，後発開発途上国等一定の途上国には適用されず，またその他の途上国に対しては，水準を引き上げないなどの条件の下で8年間の猶予が認められている（補助金協定27.2条及び27.4条～27.6条）。後者については，一旦猶予が延長された[47]が後に猶予の最終期間が2013年までとされており[48]，

---

43) 米谷三以「航空機産業に対するWTO補助金協定の適用——エアバス・ボーイング紛争を踏まえて」『空法』第54号（2013年）40-42頁。

44) 農業協定上削減対象となる輸出補助金は，先例上もう少し範囲が広く，補助金自体に輸出を優遇する条件がなくても，輸出義務を負っている主体に対して補助金を付与することも含まれるとされている。輸出義務自体がGATT上禁止されていないことに鑑みると，農業協定上の取扱いを一般に拡張することも考えられよう。

45) Organisation for Economic Co-operation and Development, "Arrangement on Officially Supported Export Credits," TAD/PG (2014) 6 (July 2014), at [https://www.jbic.go.jp/wp-content/uploads/page/2014/07/26318/TAD-PG_2014_6.pdf].

46) Appellate Body Report on *Brazil – Aircraft*, para. 181.

2年以内すなわち2015年末までに廃止しなければならない。

(イ) 国内産品優先使用補助金

輸入品よりも国産品を優先して使用することに「基づいて」補助金を交付することは禁止されている（補助金協定3.1条(b)）。原産地に基づく条件を付しているならばこの禁止対象に含まれることは明らかであるが、事実上の場合を含むことを明示している輸出補助金と異なり、法的には原産地で区別していなくても事実上区別している場合を含むか否か議論があり得る。

なお、国内産品優先使用補助金は、産品の使用において国内産品に有利に働く要件であり、GATT3条4項の規定する内国民待遇義務にも違反する。したがって、内国民待遇義務の解釈によっては、政策目的が正当で手段として最適でなければ条件性を認めるとする考え方もあり得よう。なお生産補助金を除外する3条8項(b)号の規定は、「国内生産者のみに対する補助金」の交付を妨げないとしているのみで、そうした補助金の要件まで内国民待遇義務の適用を除外している規定でない。

なお途上国に対しては、一定期間の猶予が認められていた（27.3条）が、2013年末をもってその期間は終了している。

(4) 相殺可能補助金

補助金協定は、補助金が他の加盟国の利益に「悪影響（adverse effect）」を及ぼすべきでないとし、悪影響の内容として、他の加盟国の国内産業に対する「損害（injury）」、GATT上他の加盟国に与えられた利益の「無効化又は侵害（nullification or impairment）」及び他の加盟国の利益に対する「著しい害（serious prejudice）」の3類型を挙げている（5条）。最初の「損害」は、相殺関税発動要件と同じであり、GATT6条に由来し、「無効化又は侵害」はGATT23条1項(b)号に、「著しい害」は16条にそれぞれ由来する。実務上は、「著しい害」の有無が争われる事例がほとんどであり、この類型の先例を検討した上で他の類型との関係を検討する。なお途上国の補助金については、「無効化又は侵害」（ただし補助金付与国市場において貿易効果がある場合に限定されている）又は輸入国市場において「損害」がある場合のみ救済が認められる（補助金協定27.9条）[49]。この例外は恒久的なものとして規定されているが、比較優位論＝協力モデルの立場からすれば、

---

47) *Ministerial Decision on Implementation-related Issues and Concerns*, Decision of 14 November 2001, WT/MIN (01) /17, para. 10.6.

48) *General Council Decision on Article 27.4 of the Agreement on Subsidies and Countervailing Measures*, Decision of 27 July 2007, WT/L/691, Article 1(d).

世界経済・社会の最適化を妨げる措置を恒久的に許容することは認め難い。「無効化又は侵害」要件を本項(イ)のように解し，かつ貿易効果の認定を(ア)で議論するように反実仮想法で行うことによって例外規定を事実上空文化すべきであろう。目的の正当性・手段選択の客観的最適性を要求されたとしても，金融市場の不完全性を理由として要求を充たす補助金を設計する余地が十分に残されており，それを超える政府措置の実施を認める必要はない。途上国に足りないのは，最適な制度設計を行う政策能力及び最適な支援策を行うための資金であって，最適でない政策措置の実施も可能にする政策裁量でない。

(ア)「著しい害」

① 先例の考え方

補助金協定上，補助金を付与することによって加盟国の利益に「著しい害」をもたらすことが禁止されており (5条(c)号)，「著しい害」は，補助金付与国の国内市場又は外国市場における貿易転換効果がある場合，又は価格抑制効果がある場合には認定される可能性があるとされている (6条)。規定上「著しい害」のおそれをもたらすことも禁止されている (5条(c)号注13)。価格抑制効果については市場が特定されていないが，先例上は，各国市場でなく，世界市場における価格抑制効果を認定するのでもよいとされた[50]。また補助金が付与された産品全体を関係する国産品と単純に比較対照すべきでなく，競争関係にある産品ごとに市場を画定した上で効果を検討しなければならないとした[51]。この点は，アンチダンピング関税において近時見られる因果関係認定の厳密化の方向と同じである。この点は，第14章四3(4)を参照。

規定の文言上，貿易に対する影響があればそれだけで補助金が「著しい害」をもたらしていると認定することを認めているようにみえるし，かつて貿易転換効果を認定して「著しい害」を認定したパネル先例もある[52]。しかし，最近では，対象産品の市場価格に連動して支出額が決定される補助金についてその「性質 (nature)」に照らし価格抑制効果が推定されるとして「著しい害」を認定したものの，その他の補助金について「著しい害」を認定しなかった例がある[53]。

なお，貿易転換効果等及びかかる効果と補助金との間の因果関係の分析において，かつての先例は，まず関連市場の状況から貿易転換効果等の有無を検討し，

---

49) Panel Report on *Indonesia – Autos*, para. 14.156.
50) Appellate Body Report on *US – Upland Cotton*, paras. 402-408.
51) Appellate Body Report on *EC and certain member States – Large Civil Aircraft*, para. 1119.
52) Panel Report on *Indonesia – Autos*, paras. 14.212-14.222.
53) Appellate Body Report on *US – Upland Cotton*, para. 434.

その上で貿易転換効果と補助金との時間的関係等から因果関係を認定するというアプローチを取っていた54)が，近時の先例は，かかるアプローチだけに止まらず，補助金が支出されなかった状況と現状とを比較するという反実仮想のアプローチを併用している55)。

またエアバス・ボーイングに対する補助金が争われたケースにおいて，上級委員会は，補助金の効果として対象産品の価格が低下する価格効果を考えるほか，補助金が開発段階で付与された技術によって競争上の優位を得たとする技術効果をも考えるものとした。この場合も，反実仮想すなわち補助金が付与されなければ技術開発ができず又は遅れ，したがって結果が変わっていたはずであると認定している56)。ただしこの場合にいかなる救済が与えられるのか先例上明らかでない。さらに複数の補助金が支出されている場合，措置の性質によってそれらの効果を累積して考えることができるし，又は分けて考えることとし，因果関係が認定できる補助金が一つあれば，それとの関係で「著しい害」の発生に貢献する場合に因果関係を認めるとするのが先例である57)。しかし，具体的には，研究開発補助金と工場の立地自治体が誘致のために付与する売上税の免除などは累積できず，別個に効果を評価すべきとされた58)。

② 先例の考え方の評価

補助金自体の規制については，貿易に及ぼす影響の大小によって補助金の違法性を評価する考え方の妥当性をまず検討する必要がある。補助金は，何らかの政策目的を実現するために付与されるものであるが，自国市場にせよ輸出市場にせよ，従来よりも販売を増加させることが期待されており，そうでなければ何の効果も挙げられない。そうした効果自体が「著しい害」であるとして抑制が求められるのであれば，補助金を禁止するに等しい。この問題は，先に述べた反実仮想のアプローチが採用されたことによって顕在化した。このアプローチによれば，補助金が支出されなかった状況と現状とを比較して「著しい害」の有無を認定するのであるから，有効な補助金ほど「著しい害」が認定されやすく，補助金自体が禁止されるのと大差ない結果となってしまう。技術効果に着目するならばなお

---

54) *Ibid.*, paras. 439-458.
55) Appellate Body Report on *EC and certain member States – Large Civil Aircraft*, paras. 1109-1110.
56) *Ibid.*, para. 1355.
57) Appellate Body Report on *EC and certain member States – Large Civil Aircraft*, para. 1376; and Appellate Body Report on *US – Large Civil Aircraft* (*2nd complaint*), paras. 1286-1288.
58) Appellate Body Report on *US – Large Civil Aircraft*, para. 1326.

さらである。

　国際競争論＝共存モデルに立つならば、上記補助金協定の規定を、補助金の貿易転換効果だけを重視し、補助金の目的を問わず、その効果が「著しい」と言えない範囲においてのみ補助金を許容したと理解するほかない。しかし、最近の先例のように反実仮想によって貿易転換効果を測定するならば、「著しい害」を認定することはそれほど困難とは思えなくなっており、また補助金協定の規定上その「おそれ」でも救済を求められる（注13）ことに鑑みると、補助金を過度に制限することになっていないか疑問がある。これに対して、比較優位論＝協力モデルは、他の政府措置と同じく、「市場の失敗」の是正を目的とし、最適な手段を選択しているかを問題にすべきであり、もともと貿易転換効果に着目して補助金を規制すべきでないと考える。この点、確かに、補助金協定の文言は、貿易効果にのみ言及し、補助金の目的の考慮を明示に要求していない。しかし、先例は、損害との因果関係の認定において補助金の「性質（"nature"）」を考慮することを求めている。この要求は、文言上の根拠が不明であるが、補助金の目的の正当性及び手段の最適性の考慮を入れ込むことが可能である。上記のとおり、先例は、「著しい害」の有無の判断の前提となる「補助金の効果」の認定において補助金が付与されなかった場合を基準として補助金が付与されている現状と比較すべきと示唆しているが、基準状態を所与の「市場の失敗」が最適の措置によって是正された状態とすることは補助金協定の規定上禁止されていないように思われる。

　たとえば研究開発補助金は、先端技術の研究開発活動に正の外部効果があることに鑑み、当該外部効果を内部化し研究開発投資を最適化するために外部効果に見合った額の補助金を付与しているのであれば「性質」上「著しい害」をもたらしていないと認定することを求めるわけである。また農業にかかる多面的機能論（第16章―1(2)を参照）が示唆するように、同じく正の外部効果をもたらす産業に対してその内部化を図る環境補助金も同様である。これに対し、有害物質の排出を削減する装置の導入など負の外部効果を内部化させる上でも補助金が利用されるが、所得分配を変更することが指摘される[59]。国際競争論＝共存モデルでは、かかる所得分配に影響する補助金措置を認めるか否かは合意次第であるが、比較優位論＝協力モデルでは、そのまま受け入れることができず、たとえば環境資源の利用を制限することによって事業の採算性に疑義を生じさせることに鑑み、安定的な投資環境を確保し投資インセンティブを適正化するという観点から補償す

---

59) たとえば、奥野正寛・鈴村興太郎『ミクロ経済学Ⅱ』（岩波書店、1988年）278-283頁を参照。

るという説明（かかる措置の可能性については第9章四2(1)を参照）を採用せざるを得ないと思われる。その場合，（自国内に投資を行っている）国内生産者にだけ付与することが正当化されるが，他方で，投資インセンティブの維持が目的であり，その目的に照らして措置の最適性が評価されるため，たとえば，多額の追加投資が予想外に必要となった場合にのみ例外的に認められ[60]，また削減される負の外部効果に等しい補助金付与が当然に支持されるわけでないなど，正の外部効果を内部化する補助金とは異なる扱いが求められるであろう。

なお措置の正当性及び最適性の立証が求められるならば，パネル・上級委員会として謙抑的な認定が必要になることについても第2章二3(7)(ク)を参照。そのため，措置の最適性に同意しない加盟国にとって救済方法が必要であり，それが相殺関税であることについても第12章五1を参照。

次に，先例が支持している「技術効果」の扱いが問題となる。第一に，この効果によって「著しい害」が生じると認定するならば，救済として補助金のお蔭で得た技術を放棄することが求められそうにみえるが，そのようなことが可能かも望ましいかも疑問である。第二に，補助金が付与されなければ技術開発ができなかった又は遅れたはずであるという認識を前提としているが，正確には，補助金が付与されなくても技術開発の能力があったが，その場合対象産品の販売価格を補助金相当額分高くせざるを得ず，従って市場価格の見込みに照らせば商業性を欠くので投資する意欲を欠いた，ということであり，補助金の効果は，価格効果で説明し尽くされているというべきである。価格効果だけに限定するならば，補助金の「利益」が残存しているならばそれを除去し，価格を引き下げることができないようにすれば足り，また今後付与される予定の補助金について撤回し，「利益」がそれ以上に生じないようにすることが救済として求められることになる。かかる考え方は，補助金協定7.8条の文言と整合性がある。「技術効果」の考え方が今後も維持されるのか注視する必要がある。

これらの考え方を合わせると，累積について先例と異なる見方が可能である。すなわち補助金が「著しい害」をもたらすか否かの判断において補助金の目的及び手段としての最適性が問われるのであるから，個々の補助金について検討すれば足り，累積をする必要がそもそもない。

（イ）「無効化又は侵害」

補助金協定5条(b)号は，他の加盟国に「GATTに基づいて直接又は間接に与

---

60) したがって，既存の規制に対応するための補助金支出はたとえば技術進歩によって陳腐化した規制に対応するためであっても正当化されず，陳腐化した規制の改正という客観的に最適な方法の選択が不可避とされることになる。

えられた利益」の「無効化又は侵害」を補助金によってもたらしてはならないと規定している。この規定は、GATT時代のEEC – Oilseeds Iケースにおけるパネルの判断を基礎としている。このケースにおいては、油糧種子に対する関税譲許を行って関税引き下げを行ったと同時に油糧種子の国内生産者に対して補助金を新たに支出することにしたことが争われた。先に述べたようにGATT16条は、生産補助金に対してほとんど規律を課していなかったので、この補助金は同条違反ではないが、GATT23条1項(b)号にいう違反でない政府措置による「無効化又は侵害」について紛争解決手続の対象とできるとして米国から争われたものである。パネルは、関税譲許によって国産品との競争において輸出品の価格が低下するという利益が生じ、補助金はこれを無効化又は侵害するとして米国の主張を認めた[61]。なおWTO協定成立後にも補助金について非違反申立がなされたケースはあるが認められていない（第2章二3(5)(イ)を参照）。

この問題について、国際競争論＝共存モデルに立ち、貿易障壁の撤廃が貿易自由化の意味であると解するならば、EEC – Oilseeds Iパネルの考え方を支持できる。しかし、比較優位論＝協力モデルに立ち、世界経済・社会の最適化が重要であり、そのために加盟国政府措置の最適化を要求すると考えるならば価格引き下げ効果自体を問題視する論理は支持できない。EEC – Oilseeds Iパネルは、むしろ問題の補助金の目的が対象産品の販売価格引き下げそのものであり、何らの「市場の失敗」の是正を目的とするものでなかったことをもって「無効化又は侵害」を認定すべきであったと解することになる。このように解するならば、「著しい害」において先に述べたところと規律の内容が同じになる。

(ウ)「損害 (injury)」

補助金協定は、国内産業に対して「損害 (injury)」を与えることも対象補助金自体の撤回を求める要件として掲げている（5条(b)号）。また、相殺関税を賦課している場合に他の救済方法を求めることができないとする（10条注35）。この「損害」要件はもともと、相殺関税の発動要件として規定されたものである。EC and certain member States – Large Civil Aircraftケースにおいて、補助金が「著しい害」のみならず、「損害」をもたらしているとして争われたが、前者だけが一部認められ、後者は認められなかった[62]。

この判断は、補助金の撤廃という、より厳格な救済を認める要件よりも相殺関税発動の要件のほうが充足しにくいという点で疑問があるが、より根本的には、

---

61) GATT Panel Report on *EEC – Oilseeds I*, paras. 148-152.
62) Panel Body Report on *EC and certain member States - Large Civil Aircraft*, para. 7.2186.

補助金の目的を考慮する余地のない「損害」要件の充足のみで補助金自体を撤廃させることが妥当か，逆に言えば補助金自体の規律と相殺関税との関係をどう捉えるかの問題に関わる。

上記5条(b)号の規定は，補助金の禁止と相殺関税との趣旨が同じであることを前提としているように思われる。これは，GATTが，6条で相殺関税を規定しつつ補助金の規律を規定する16条において相殺関税に言及していないことと対照的であるが，国際競争論＝共存モデルに立てば，考え方を変えたとも説明でき，貿易に対する影響だけを考慮して「著しい害」を認定してよいと考える限り，むしろ重複した救済を認める必要がないという判断は妥当である。

これに対して，比較優位論＝協力モデルに立てば，第12章五1で論じるように，両者は制度趣旨が異なる。貿易に対する影響でなく目的の正当性等がないことを理由として，補助金の撤廃を求めることができるはずであるが，WTOの紛争解決手続において補助金の正当性等について一応合理的な主張立証が措置国からなされればパネルは受け入れざるを得ない。したがって，正当性等について完全な決着が付くわけでない。しかし，補助金の効果は，支出国の国内市場に限定されず，輸出市場にも及び得，この効果についても，他の加盟国が甘受しなければならないとは言えず対抗措置を認めるべきであり，相殺関税をそうした制度として理解することになる。そうすると，救済措置の意味合いが異なるので両方を追求させて本来差し支えないはずであり，上記規定にはその妥当性に疑問がある。

(5) 補助金協定上の救済措置

(ア) 補助金自体の撤廃等

輸出補助金などの禁止補助金については，紛争解決手続について定められている期間を半分にするなど迅速な手続が設けられ（補助金協定4.12条），「著しい害」にせよ「無効化又は侵害」にせよ補助金が「悪影響」をもたらしているとして救済を求める場合の紛争解決手続にもDSUが定める標準期間を短縮した手続が規定されている（7条）。是正のために認められる期間も短い（4.7条及び7.9条）。実務上補助金協定以外との整合性も問題にされることが多く，この紛争解決手続に関する期間制限はあまり守られていないようであるが，「利益」が消滅すれば是正対象が消滅するとすれば，履行期間終了までに補助金を前倒しに付与して予算を使い切り，又は補助金の利益を消費し尽すべく対象産品の価格を引き下げるという機会主義的な行動の余地がある。したがって補助金協定だけの申立がなされた場合にはこの期間制限が厳格に遵守される必要がある。特に，輸出補助金の禁止の趣旨が同じ政策目的を追求するためには生産補助金で足りることにあると

考えるならば，救済として輸出条件性を直ちに外させれば足り，整合的な代替措置を検討する期間を付与する必要がないと思われる（ただし輸出補助金の是正策についての以下の議論も参照）。なおこの考え方に立てば，国内産品優遇補助金は，条件性を外す代わりの国内産業優遇措置を検討する必要があり，是正のための期間の扱いが輸出補助金と同じでよいのか疑問がある。

　禁止補助金又は「悪影響」をもたらす補助金に対する救済として，その廃止（withdrawal）又は「当該悪影響を除去するための適当な措置」が要求されている（4.7条及び7.8条）。このことをもって，補助金は撤回が義務的でないと説明されることがあるが，本項において検討したように，補助金の「利益」を利用した対象産品の価格引き下げすなわち価格効果による貿易歪曲が「悪影響」の本質であるとすれば，一回性の補助金（たとえば設備投資に対する資金提供）について受け手に残存する「利益」を何らかの方法で除去することによって「悪影響を除去」し，他方継続的に付与される補助金に対して「利益」を今後発生させないように将来に向かっての廃止が求められているのであって，他の措置に対する救済と何ら変わるところがないと考えるべきであろう。いわゆる技術効果をも「悪影響」において考慮する先例の立場ではどのような救済が認められるのか明らかにされていない。なお先例上は，輸出補助金について，条件性の撤廃で足りず，全額返還が求められたケースがある[63]が，補助金の利益が費消されている可能性を無視しており[64]疑問がある。残存利益を超える返還を求めるのは過去の市場歪曲効果まで是正を求めるものであり罰則と言わざるを得ないからである。ただ研究開発補助金など正当な目的のために設計されたものでなければ利益の費消をどのように想定するのか明らかにされておらず，結果として措置国政府が利益の消滅を立証できない可能性は否定できない。

　また是正がなされない場合の対抗措置は，一般には対象措置のもたらす無効化又は侵害と同等性が要求される（DSU22.4条）が，輸出補助金の場合は「適当な（appropriate）」（補助金協定4.10条）であれば足り，他の補助金の場合も対象措置のもたらす悪影響の「程度及び性格に応じて（commensurate with the degree and nature of）」（7.9条）いれば足りる。補助金額を基準とすることも行われたが，現在は立証された無効化又は侵害が基準とされている。ただし，輸出補助金について同額でなく20%割り増しを認めた先例がある[65]。

---

[63] Panel Report on *Australia – Automotive Leather II*, paras. 6.24-6.48.
[64] *Ibid.*, para. 6.44.
[65] Decision by the Arbitrators on *Canada – Aircraft Credits and Guarantees* (22.6), para. 3.121.

またこれらの補助金についての是正勧告は，通常の勧告と同じく，「勧告及び裁定を実施するためにとられた措置」（DSU21.5条）に及ぶとする見解があるが，争われた補助金の撤廃又は悪影響の除去だけを迅速な手続で求めていると理解して，その後に付与される補助金については，別個の新しい紛争解決手続に拠るべきとする考え方もあり得よう。なお期間制限については，第2章二2において標準の手続との対比を行っている。

（イ）相殺関税

相殺関税は，補助金を付与された生産者による輸出によって国内生産者が損害を被った場合に，当該補助金の効果を相殺するために当該輸出に対して関税を賦課するというものである。相殺関税の規律については，第12章五で論じている。

（6）通報制度

加盟国は，特定性のある補助金について一定の情報を補助金委員会に通報する義務を負っている（補助金協定25.1条）。補助金の額，対象産品単位あたりの額，政策目的などを情報提供することになっており，仮に正当な目的のために最適な手段であることを求めるのであれば，通報の時点で適合性を検討でき，したがって補助金協定の想定する迅速な解決が可能であろう。ただし特定性が明確な概念でないことからかかる通報制度が機能しているか否か判然としない。ただ行政費用のかさむWTOへの通報義務を強化するよりも，補助金と考えられる措置について，政策目的，補助金額・要件等の制度設計の根拠などについて情報公開を義務づけるほうが透明性の観点からも，また国内行政のガバナンスの向上という観点からも望ましいかもしれない。

3　投資協定

すでに見たとおり，国内生産者に対してのみ付与する補助金は，国産品を優遇する効果を有するが，GATTの内国民待遇義務から除外されている（3条8項(a)号）。これに対して，投資協定上の内国民待遇義務は，外国投資家と国内投資家との間での差別を禁止しており，補助金について除外規定がないのが通常である[66]。補助金を政策上正当化する「市場の失敗」が自国管轄権内に存在する以上，直接関係する生産者の国籍に無関係に付与すべきであり，比較優位論＝協力モデルからは上記扱いを積極的に支持できる。また要件の定め方によって「同様の状況」における国内投資家と外国投資家との間で異なる取扱いとなる場

66）　たとえば，日韓投資協定2条。

合も，それが正当な目的に照らして最適な要件設定となっている限り，差別として問題にすべきでない。逆に言えば，そうした要件を充たさなければ内国民待遇義務違反等を問えるとすべきであろう。たとえ販売数量当たりで同額であっても需要に及ぼす影響まで同一とは言えない。

五　政府調達の規律

1　内国民待遇義務

　GATT3条4項が定める内国民待遇義務は，国内販売に影響する法令における差別を禁じており，字句どおりに考えれば，政府が産品を調達するにあたり国産品を優遇すれば同項に抵触する。しかし，3条8項(a)号は，「政府用として」であって，「商業的再販売」又は「商業的販売のための貨物の生産に使用する」ことを目的としないで物品を購入する「政府機関」による調達を規制する法令又は要件に対して内国民待遇義務を「適用しない」とする。一般的には，かかる調達の原資として租税が充てられるため地元に還元すべきとの政治的要請に応えるためとされる。したがってたとえば財政収入を得るために特定産品を専売制としている場合，調達対象を国産品に限定することは，政府調達例外に該当せず，内国民待遇義務違反が成立する。

2　最恵国待遇義務

　政府調達において国産品に加えて特定国からの輸入品を有利に扱うことは，最恵国待遇義務に違反しないか問題になる。米国及びEUは，政府調達の開放を約束している国の産品だけを政府調達において国産品と同じく扱っている。

　この点，政府調達例外（GATT3条8項(a)号）は，内国民待遇義務だけでなく最恵国待遇義務からの除外も認めているとするのが通説である。GATT3条4項の範囲を限定する規定であって単なる例外規定でないので，政府調達が最恵国待遇義務の対象たる「第3条……4に掲げるすべての事項」から除外されているという説明がなされている。政府調達協定はこの解釈を前提としており，締約国間の無差別義務しか規定していない（政府調達協定3条1項）。しかし，GATT3条4項自体の文言は，政府調達を「除外する」とは書いてないので，最恵国待遇義務の規定が3条4項に言及し，8項に言及していない以上最恵国待遇義務から政府調達を除外していないとする解釈も有力である。GATS13条が政府調達を例外とする対象に最恵国待遇義務を明示に含めていることとの対比が指摘されよう。

　国際競争論＝共存モデルではいずれの考え方もあり得るが，比較優位論＝協力

モデルを採用するならば，後者の解釈のほうが望ましいであろう。この点，米国・EUが自国の政府調達において政府調達協定未加入国を不利に扱っているのに対し，日本の特例政令は，そうした区別をしておらず，最恵国待遇義務から除外されていないと主張できる立場にあることが重要である。

3 政府調達例外の範囲

政府調達例外の要件についてはいくつか議論がある。第一に，調達主体が「政府機関」であることが必要であり，政府と法的に別法人である国営企業等がどこまで含まれるかが問題になる。政府権限を付与されている主体を指すとするのが先例である[67]。経済主体に指示命令する権限，許認可を付与する権限等が法令上付与されている場合は当然含まれるであろうが，そうした法令上の権限が付与されていなくても，市場が実現できない政策目的を追求する能力及び権限が付与されていれば，租税の投入が必要なはず（市場から資金を得ているだけならば市場競争に逆らうことができない）であり，含めてよいであろう。その具体的な適用基準は先例上明らかにされていないが，営利とりわけ財政収入を得るための調達が適用除外の対象外（つまり内国民待遇義務の対象となるが，国営企業による購入行為であればさらにGATT17条1項の問題となる）とされていることに鑑みれば，政府によって株式が保有されているというだけでは足りないであろう。財政収入のために政府も営利を追求することがあり，営利企業に対して投資しているのであれば見返りを得られるはずであり，租税財源を費消しているとはいえないので住民に還元する必要性も乏しい。「政府機関」かどうかの判断において，企業会計・開示制度の適用，通常の倒産法の適用，救済のための追加出資等の約束の不存在などが考慮されると考えるべきであろう。そうした要素を欠く場合，営利性の追求が構造上求められておらず，したがって政府権限を事実上授与されていると言えるように思われる。その事業について独占を認められていることは，超過利潤を利用してたとえばコスト割れの販売を可能にするという面もあるが，一般的には，営利目的で行動することの否定を含意しないので，政府権限付与の認定を支持する方向で考慮すべきでないと思われる。

第二に，「調達を規制する法令又は要件」か否かについて，調達対象たる産品の生産設備において国産品を優遇することを求めることが該当しないとした先例がある[68]が，文言上は，内国民待遇義務が調達を規制する法令に「適用がない

---

67) Appellate Body Report on *Canada – Renewable Energy / Feed-in Tariff Program*, para. 5.60.
68) *Ibid.*, para. 5.79.

(shall not apply)」としており，そのように限定する根拠が不明であるし，また先例の考え方では，たとえば調達産品の原材料についての環境保護その他の要件を定めることも政府調達例外の範囲外であり，PPM措置として内国民待遇義務違反かどうかの検討（第9章四1(1)(ウ)③を参照）を必要とすることになるのかといった疑問がある。

　第三に，「政府用として（"for governmental purposes"）」という要件について，先例上，民営化された電力市場において，太陽光など再生エネルギーによる発電事業を促進するために，そうした事業による電力を高値で買い取るものとし，買取主体がその原資を消費者から徴収する権限を付与されている場合，当該買取が「政府用としての購入」か否かが争われた。このケースでは，契約書上は「売買」になっていたことなど現地国内法上の取扱いが尊重され，また買取主体が州政府の一部であって州政府が電力を購入していると判断して「購入」であるとされた[69]。この点は上訴されたが，上級委員会は判断を示していない[70]。

　この要件は，文言から見て，調達品を使用・消費する主体が政府であることでなく，調達の目的が「政府の（"governmental"）」すなわち市場メカニズムを通じては実現できない「目的」であることを意味すると解釈すべきであろう。さらにかかる目的実現のために対象産品の購入が必須でない場合「政府用としての購入」要件を充たさないとすべきでないか。そう解釈しなければ，たとえば安定供給の確保という目的を掲げて一旦国営企業を経由させることにより，内国民待遇義務を迂回して輸入品を差別することができてしまいかねないからである[71]。上記 Canada – Renewable Energy / Feed-in Tariff Program のケースにおいても，取引の目的が発電事業者に補助金を付与することにあり，政府が電力を消費

---

69) Panel Report on *Canada – Renewable Energy / Feed-in Tariff Program*, para. 7.136.
70) Appellate Body Report on *Canada – Renewable Energy / Feed-in Tariff Program*, para. 5.82.
71) そのほかにも，たとえば公的病院において院内処方される医薬品と院外処方される医薬品の調達が政府調達例外に該当するかが問われる場合，病院が購入しているか否か又は病院内で消費されるかどうかで区別することは適切であろうか。本書の考え方では，医療サービスを「低価格で提供すること」が公的病院サービスの内実であり，「医療サービスの提供」それ自体でないとすると，院内処方であっても医薬品を公的病院が購入することは，そうした政府サービスの提供のために必須でないため，いずれも政府調達例外に該当しないこととなろう。すなわち内国民待遇義務が適用され，国産品を優遇することは許されないと考える。これに対して，公立小学校の校舎の調達については，公教育制度が，教育サービスを「低価格で提供すること」を目的とするならば「政府用としての購入」に該当しないが，生徒の所得稼得能力を超える社会関係資産の増進を目的とするならば（第17章注13における議論を参照），教育サービスの提供自体が営利企業にできることでないとしてその場として用いられる校舎の調達を（政府庁舎の調達と同じく）「政府用としての購入」として扱うとするほうが自然に思える。

せず，また電力の販売から利潤を得てもいなかったので，電力を「売買」する実体がなかった。州政府は自然独占が成立する基幹送電線の管理を行っていただけであり，むしろ州政府は電力の発送電を市場に委ねて差し支えないという政策判断をしていた。したがって，国内法上の取扱いに拘わらず，州政府による「政府用としての購入」とはいえないとする判断も十分あり得たと思われる。国際競争論＝共存モデルは政策目的の正当性を評価する客観的基準をもたないが，比較優位論＝協力モデルでは「市場の失敗」の是正と説明できるかが基準になるため上記のような解釈が可能になる。

　第四に，「商業的再販売」を目的としないとは，営利目的でないことを指すと解釈するのが自然である。転売によって財政収入を得るために購入する場合は「政府用として」の購入に含まれるが，「商業的再販売」等を目的とする購入が除外されることになる。財政収入を得る事業のための購入については，そのために投入された財源が消費されるわけでないので地元優先とする必要性に乏しい。

　なお，すでに言及したように，EUの公共調達制度は，政府調達協定締約国でない国に対して開かれておらず，また競争法的視点から設計されているためGATTの政府調達例外とその対象範囲に違いがある。したがって，たとえば，GATT3条8項(a)号の「政府調達」でないEUの「公共調達」が存在し，その範囲では，政府調達協定未加入国などWTO加盟国の一部を不利に扱う点で必然的に最恵国待遇義務違反となる可能性がある（公共調達制度について，すくなくとも私企業すなわち営利企業をカバーしている範囲では，上述のとおり，政府調達例外に該当しない可能性が高い）。他方で，EUの公共調達規則は，調達において調達機関の活動分野が競争にさらされている場合に適用がないとするが，GATTにおける政府調達例外はその点を直接考慮する規定がない。

4　政府調達協定

（１）対象機関

　現行政府調達協定の対象は，各締約国が交渉を通じて附属書において特定した調達機関と対象産品・サービス及び下限額によって画される（政府調達協定2条2項）。その範囲は，国際競争論＝共存モデルでは，市場アクセスという主観的利益を巡る交渉で決まると想定されるが，比較優位論＝協力モデルでは，自国産品を優遇する政策合理性を認め難い以上，公開入札など協定に定められた手続を経ることが不適切である場合を除いて対象とすることが期待される。この点に関連して，連邦制を採用する国等（カナダ・米国等）が独立性の高い州等を含めることに抵抗する例が多いが，国内制度上やむを得ないにせよ，比較優位論＝協力

モデルに立てばその主張の正当性は疑わしい。

　調達機関は内国民待遇義務の例外とされる「政府機関」に限定されていない。一旦特定された機関について、「政府による監督又は政府の影響が実効的に排除された」場合には対象外とすることが想定されている（19条1項(a)号）ことからみて、政府機関でなくても、「政府の影響」が及ぶ機関を政府調達協定の対象とできるということであろう。新設された政府機関が当然対象となるわけでなく、附属書に追加しない限り対象とならない。ただし対象機関が分割され、又は改組されたといった場合には、対象から外れないのが原則となろう。

　そもそも、対象から外すことが認められている、「政府による監督又は政府の影響が実効的に排除された」とはいかなる場合か。たとえば、NTT、JTなどは民営化後も依然として政府調達協定の対象となっているが、民営化の目的を考えると到底適切とは思われない。先に述べたとおり、政府調達例外は、政策目的に投入する租税財源の国内還元を許容するものであると考えれば、国有であっても営利企業に対してはそうした租税財源が投入されないはずである（資本拠出分についても適当な配当がある）ので、例外の対象となる「政府機関」でなく、同時に政府調達協定の対象ともすべきでないと考える。また営利原則に従って行動するよう制度的に確保されているならば、調達において国産品であるという理由で優遇しないと想定され、したがって政府調達協定の対象でないとするほうが適切である。

　この議論は、「営利企業性の確保」でなく「政府の影響力排除」を脱退要件としている明示の規定（19条1項(a)号）に必ずしも整合しない。実際の運用においても「影響力」はきわめて広く解釈され、異議の正当化に利用されている。しかし、「影響力」を市場原理に反して行動させる権能と解釈することが文言上不可能とは言えないであろうし、また立法論としては、支配・影響力といった政府と機関との関係でなく、租税を投入する必要性のない機関すなわち営利を目的とし、逆に損失が累積すれば解散を余儀なくされる機関になっているかどうかが要件であることを明示すべきように思われる。また脱退要件を充たしているか否かについての紛争を解決するために仲裁手続が置かれている（同条7項）。国際競争論＝共存モデルでは基準をどう作成するかだけが問題になる（同条8項(b)号）が、比較優位論＝協力モデルに立てば、営利企業化したとする締約国政府の判断を尊重する審査基準（"standard of review"）を採用することが求められるべきであろうし、またそうであれば、第4章で論じたGATTの関税譲許の修正規定（GATT28条）に倣い、異議国に約束の撤回を認める必要がないかさらに検討が必要となろう。

なおこの点，独占・寡占企業が市場から得た超過利潤を利用して不効率な調達をし，よって市場を歪曲させることを妨げることも含むとするEUの公共調達制度の考え方に沿って，政府調達協定においても政府の関与の度合いを重視することで対象を広げるという考え方もある。しかし，超過利潤のもたらす問題としては，調達行為の不効率よりも，調達を必要とした事業の実施及び拡大の判断自体の不合理性のほうが本質的であり，後者の不合理性の除去を目標とすべきと考えるならば，政府調達協定の規律に委ねることが最善であるという保証はない。問題は，独占的地位にある事業体は，費用支出を上回る収益を上げることが常に可能であり，よって供給を操作し独占利潤を得るような価格を設定するのみならず，不効率な事業運営・過剰投資の負担を利用者に押し付ける可能性があるということである。したがって，経済・社会の保有する資本の最大化を関係する主体がすべて目標として共有し，行動準則とすることを確保すべく，投資の適正化の観点から料金規制において費用計上を制限する，さらに事業・投資計画自体を監督・評価するなどの事業規制を行う，又は独占・寡占企業の規制として競争政策の観点から総合的に設計するといった選択肢もある。より具体的には，安定供給確保の観点から採用されている供給原価に基づいて価格を設定することを認める統括原価方式に代えて，経営の効率化等のインセンティブを働かせるために，外生的な基準に照らした価格設定とするプライスキャップ規制，最も効率的な競争事業者を基準とするヤードスティック規制等が検討されており，さらに，電力事業における発送電分離など，競争の導入できる活動を切り出して競争を導入することも行われている。経済・社会のこうした政策の選択肢を考えれば，調達市場だけを分離して政府と同じ国際的規律を要求することは最適な政策実施を妨げるおそれがあり，比較優位論＝協力モデルからは政府調達協定の対象とすることをむしろ認め難い。少なくとも締約国に対して事業規制として又は競争政策において総合的に扱う選択の余地を残すべきであろう。なお過剰投資防止を狙いとする独占企業の規制・競争導入には研究開発・設備投資を不必要に抑制してしまう可能性もあり，そのことを踏まえて制度の選択・設計がなされる必要がある[72]。

対象となる調達は，対象調達機関の調達のうち，政府調達例外の規定に倣って「商業的再販売」等のためのものを除くことが規定されている（政府調達協定2条

---

72) 以上の検討に鑑みれば，EUが政府調達協定の対象調達機関をその公共調達規則の対象範囲としていることは，EUの撤回の判断に他の締約国が異議を述べることができないという実務的な公平性の問題に加え，公共調達規則と政府調達協定との性格の違いに鑑みると，理論的にも疑問があると言わざるを得ない。EUの対象機関の表は，WTOのHP［https://www.wto.org/english/tratop_e/gproc_e/gp_app_agree_e.htm］から入手可能。とりわけAnnex 3, paragraph 1.

2項(a)(ii)号ほか，締約国ごとの留保が置かれている。またどのような小さな調達も対象にして，入札等を行わなければならないわけではなく，締約国が約束した金額以上の調達だけが対象とされる（2条2項(c)号）。

なお対象機関の撤回は，「政府の影響力排除」以外の場合も可能である（19条1項(b)号）が，補償的調整（19条3項(b)号）に合意できない場合，他の締約国は，当該撤回締約国に対して実質的に同等の撤回が許される（19条6項）。これは，次項で言及する無差別待遇義務の例外であるが，そもそも政府調達がGATT/GATSの最恵国待遇義務の例外とされない（本章五2参照）とすれば無効の規定である。この点は関税譲許の修正手続（第4章三3を参照）と異なる。

（2）無差別待遇義務

対象とされる調達においては，外国産品，外国サービス及びサービス供給者について国産品，国内サービス及びサービス供給者との関係で差別してはならず，さらに他の外国産品等との関係でも差別してはならない（政府調達協定4条1項）。前者は内国民待遇義務であるが，後者は，政府調達協定締約国間だけの差別禁止であるため，最恵国待遇義務（GATT1条1項）と区別して無差別義務と呼ばれている。このほか，国内生産者について，その資本関係で差別してはならないなど投資協定上の内国民待遇義務及び最恵国待遇義務に対応する義務も規定されている（政府調達協定4条2項）。

調達機関は，調達対象に要求される技術仕様が「国際貿易に対する不必要な障害をもたらすことを目的として又はこれをもたらす効果を有するものとして」立案し，制定し，又は適用してはならない（10条1項）。要するに，調達の目的を実現するために最小限必要な以上に限定してはならないということである。また適当である限りは，デザイン又は記述的に示された特性よりも性能及び機能に着目して，また，国際規格等がある場合にそちらを使用しなければならない（10条2項）。

なおミャンマーにおける人権保護の状態に照らし，ミャンマーにおいて事業活動を行っている企業に対して政府調達協定対象の地方政府がその政府調達への参加を禁止したことが問題とされたケースがある（*US – Procurement*）。外国企業の外国における活動を理由とするものであり管轄権の問題にもなり得るが，政府調達協定上の無差別待遇義務の問題にもなる。

（3）手続的義務

対象とした調達については，原則として，公開入札及び選択入札等のいずれか

の方法に拠らなければならないとされている（4条4項(a)号）。公開入札は，「関心を有するすべての供給者が入札を行うことのできる手続」と定義されており（1条(m)号），入札資格に要件を定めるものは，政府調達協定上は，公開入札でなく選択入札とされる（1条(q)号）。許される要件は，対象契約の履行能力を有していることを確保するために不可欠なものに限定される（8条1項）。

入札に当たっては，入札への参加を公示することにより招請することが求められる（7条）。入札の条件が入札説明書によって供給者すべてに提供されることを要する（10条7項）。なお入札の手続において一定の場合には交渉することが認められている（12条）。いわゆる随意契約に近い限定入札（1条(h)号）は例外的にのみ許され（13条1項），許される場合も透明性が確保される必要がある（同条2項）。

また苦情申立の手続を設けることが求められている（18条）。この手続が開始された場合，調達手続の停止があり得る（同条7項）。これは，WTO協定上の紛争解決手続が将来に向かっての救済しか認めておらず，入札手続等が協定に違反していてもこれを停止できないことから，個別ケースにおける救済として不十分であるとして手当てがされたものである。これは政府調達協定の国内法化を要求するものであってきわめて興味深いが，第2章四1でみたように，国内法的効力を定めることについては，WTO協定の規定する規律が政策的に問題があっても国内手続において適用しなければならないかという潜在的な問題がある。この点，政府調達協定18条7項(a)号は，「公共の利益等関係者の利益に及ぼす著しい悪影響を考慮」して調達の手続を停止しないことを認めているが，それで安全弁として十分か検討する必要があろう。

なお政府調達協定が特定の手続を要求していることについて，そのモデルが交渉を主導している米欧にあると想定される[73]ことから，比較優位論＝協力モデルでは，加盟国の経済構造に照らして効率性の観点から客観的に最適な手続の採用を妨げている可能性がないかという懸念がある。加盟国による工夫の余地を否定しない柔軟性を確保すべく，無効化又は侵害の概念を通じて最適性が立証される場合にはたとえ協定の文言に抵触していても是正を求めないこととすべきであろう。この点は，第2章二2(5)(イ)を参照。言うまでもなく，国際競争論＝共存モデルではそうした解釈の余地を否定する。

---

[73] ウルグアイ・ラウンドにおいて合意された政府調達協定の交渉経緯について，Arie Reich, *International Public Procurement Law: The Evolution of International Regimes on Public Purchasing*（Kluwer Law International, 2000）。

主要参考文献・資料

1 補助金

碓井光明『公的資金助成法精義』(信山社, 2007年)

公正取引委員会競争政策研究センター『EU国家補助規制の考え方の我が国への応用について』(競争政策研究センター共同研究CR03-13 (2013年))

米谷三以「航空機産業に対するWTO補助金協定の適用——エアバス・ボーイング紛争を踏まえて」『空法』第54号 (2013年)

Kelyn Bacon, *European Community Law of State Aid* (Oxford University Press, 2009)

Andrea Biondi, Piet Eeckhout, and James Flynn (eds.), *The Law of State Aid in the European Union* (Oxford University Press, 2004)

Dominic Coppens, *WTO Disciplines on Subsidies and Countervailing Measures – Balancing Policy Space and Legal Constraints* (Cambridge University Press, 2014)

Luca Rubini, *The Definition of Subsidy and State Aid – WTO and EC Law in Comparative Perspective* (Oxford University Press, 2009)

Rüdiger Wolfrum, Peter-Tobias Stoll and Holger P. Hestermeyer (eds.), *WTO – Trade Remedies* (Martinus Nijhoff, 2008), pp. 423-757.

2 政府調達

碓井光明『公共契約法精義』(信山社, 2005年)

申三澈『WTO時代の政府調達——新調達協定と主要国の動き』(日本貿易振興会, 1997年)

牧野治郎(編)『新・政府調達制度の手引』(大蔵財務協会, 1997年)

Sue Arrowsmith, *Government Procurement in the WTO* (Kluwer Law International, 2003)

Christopher Bovis, *EC Public Procurement: Case Law and Regulation* (Oxford University Press, 2006)

Bernard M. Hoekman and Petros C. Mavroidis (eds.), *Law and Policy in Public Purchasing – The WTO Agreement on Government Procurement* (University of Michigan Press, 1997)

第12章　アンチダンピング関税及び相殺関税

　企業が最も頻繁に直面する通商法上の問題はアンチダンピング（AD）関税調査であろう。輸出先国における調査に対応することもあり，反対にダンピング輸入から自らを防御するために調査を申請することもある。かつて日本企業が調査対象となることが多く，また濫用と思われる事例も多かったことから，AD関税の規律強化が日本にとって最重要課題の一であった。ウルグアイ・ラウンドにおいて合意された「千九百九十四年の関税及び貿易に関する一般協定第六条の実施に関する協定」（AD協定）はその成果であるが，発動例が依然として多く，濫用の疑いのある事例も少なくない。規律を強化するためにも制度趣旨を明らかにすることが必要であろう。補助金を受けた外国企業の輸出に対する相殺関税制度についても同様である。

　本書は，AD関税及び相殺関税を，競争法類似の企業活動の規制措置でなく，関税その他の各国措置の規律の限界から生じる不都合に対処すべく，不適切な政府措置を直接規律するのでなくその悪影響を水際で食い止める措置と捉え，企業活動に対する規律を定める競争法に先んじて扱っている。

一　本章の対象事項

1　AD関税及び相殺関税の政策根拠

　AD関税及び相殺関税は，不公正な輸出から国内産業を保護する措置と説明される。前者は，ダンピング輸出に対して，ダンピングを相殺し又は防止するために課される関税ないし課徴金であり，後者は，補助金が付与された輸入品に対してその効果を相殺するために賦課される関税ないし課徴金である。いずれも，公正な輸出から国内産業を保護するセーフガード措置と区別される（セーフガード措置は第4章で言及した）。

　「不公正さ」を何に求めるかで考え方が分かれる。ダンピング輸出を輸出企業による不公正行為と捉えるのが通常の考え方である[1]が，輸出国の政府措置に不公正さの根拠を求める「サンクチュアリ論」も強い[2]。これに対して，相殺関

税については，輸出国の政策措置に不公正さを求めるのが当然である[3]。

　ダンピング輸出を輸出企業による不公正行為と捉える考え方は，business tortの発想を出発点とする。GATT6条1項第一文は，「ダンピングが……（輸入国の）産業に実質的な損害を与え……るときは，そのダンピングを非難するものと認める」と規定する。「非難すべき」ダンピング行為の効果を減殺し，又はダンピング行為自体を防止するため，関税譲許の例外としてAD関税を課すことを認めたという説明になろう。本書において「不法行為説」と称する。

　サンクチュアリ論は，不法行為説と異なり，「非難すべき」対象をダンピング輸出自体でなくダンピング輸出を発生させた政府行為と考える。輸入関税その他貿易を制限する政府措置によって，又は競争政策の不備等によって放置されている国内生産者による競争排除行為によって，輸出国の国内市場が国際競争から保護され，その結果国内生産者に超過利潤が生じ，それが隠れた補助金として作用し，ダンピング輸出が発生すると想定する。当該国内生産者において国内市場における超過利潤を減少させるインセンティブはなく，事業を拡大するために超過利潤を使って輸出価格を引き下げることは営利企業として自然な行動である。確かに，WTO協定は，輸出国における国内産業保護措置の完全な除去を保証できない。関税は，譲許の範囲で許されているし，それ以外の政策措置についても，内国民待遇義務その他によって国内生産を保護することを禁止しているものの，第2章二3(7)(ク)で検討したように，紛争解決手続の内在的制約から保護効果の除去に限界があるからである。競争政策が適切に実施されず，輸出国企業が垂直的統合その他によって国内市場への輸入を困難にしているという場合も同じである。そうした限界を超える超国家的機関を予定しない通商協定の限界を踏まえてなお関税削減を進めるためには，外国において隠れた補助金が現実に発生し，その結果自国の国内産業が競争上不利となってしまう場合の安全弁が必要になる。この考え方に拠れば，相殺関税とAD関税とは，本質において共通点があり，いずれも輸出国の政府措置に起因する競争上の有利性を相殺するための制度である。GATT6条1項第一文の趣旨を，ダンピング行為自体を「非難すべきもの」とすることでなく，「非難すべき」場合を輸出先国内産業に損害をもたらす場合に

---

1)　*E.g.*, Terence P. Stewart and Amy S. Dwyer, "Antidumping: Overview of the Agreement," in Kyle W. Bagwell, George A. Bermann, and Petros C. Mavroidis (eds.), *Law and Economics of Contingent Protection in International Trade* (Cambridge University Press, 2010), pp. 197-200.

2)　*E.g.*, *Basic Concepts and Principles of the Trade Remedy Rules*, Submission of the United States to World Trade Organization, TN/RL/W/27, pp. 3-4.

3)　*E.g.*, *ibid.*, p. 4.

限定することと理解するこの考え方を「隠れた補助金説」と略称する。

これらの考え方の違いは，救済の対象となる国内産業の状態すなわち「損害」概念にも現れる。不法行為説では，企業の視線で「損害」概念を考えるのが自然である。したがって，販売量・売上高のみならず，雇用その他企業に関するあらゆる状況の悪化を「損害」と捉えてよい。これに対して，隠れた補助金説では，国家経済の見地から「損害」を定義し，したがって，国内における生産・販売活動の規模の縮小が重要である。また前者では，損害を企業の視線で捉えるので，企業の救済の主観的必要が重要であるが，後者ではそうでない。たとえば，ダンピング輸入のために国内企業が工場の一部を海外移転しそこから国内に供給することとしたとしよう。前者では，企業全体として問題がなければ救済の必要がなく，したがって，AD関税調査開始をそうした企業の主観的意思（すなわち調査を支持するか否か）にかからせることに合理性がある。これに対して，後者では，国内生産が減少したこと自体が損害であり，当該企業の主観の如何にかかわらず救済の必要があり，したがって調査開始を企業の主観的意思にかからせること自体に合理性がない。

以上の「ダンピング輸出」及び「損害」概念の違いからみて，比較優位論＝協力モデルは，「隠れた補助金に基づくダンピング輸出概念」プラス「国家経済の見地からの損害概念」を採用する[4]。国際競争論＝共存モデルは，一貫性がある限りどの組み合わせも可能であろう。したがって本章では，国際競争論＝共存モデルと比較優位論＝協力モデルとの対比でなく，不法行為説と隠れた補助金説との対比を利用して解説する。

2　問題の所在

（1）政策根拠に対する批判

AD関税及び相殺関税に対して，濫用防止のためWTO協定において規律が強

---

[4]　ただし，隠れた補助金説に基づいて制度設計したとしても，たとえばいわゆる環境や労働ダンピングへの対応が困難である。客観性確保のために，ダンピング輸出か否かの基準たる「正常の価額」の計算根拠を会計上の数値に置かざるを得ず，したがって内部化されていない負の外部効果を考慮できないからである。またそうした規制の不存在・不十分性を「補助金」と認定することも現行規定上許されていない。国境炭素税のようなPPM措置（第7章を参照）をこうした規律の間隙を埋めようとする試みと見ることができ，同時に，データの客観性確保という観点から，輸出国の状況を正確に考慮していないことを理由に協定整合性を否定する現在の先例の意義も理解できる。したがって，より根本的な対策として，費用を漏れなく考慮する会計制度の採用を各国に求めることが必要であることが分かる。会計制度の国際的調整については，第15章三1を参照。また関税譲許の修正（GATT28条）を認めるべき場合もあろう。この点は，第4章三3を参照。

化されたが，懸念が依然として強い。たとえば，不況期に，赤字になりやすい特定産業すなわち鉄鋼，化学など装置産業でありしたがって固定費比率が高い産業においてダンピング申請が多く観察されることから不況対策とされている疑いがある。制度の濫用を抑制するためには，AD関税及び相殺関税の政策根拠に対する批判的検討から出発することが重要である。不法行為説と隠れた補助金説のいずれを出発点とするかで，本章四で検討するように，個々の要件の解釈論及び証拠の考え方が大きく異なるからである。

　また制度趣旨を明らかにすることは，調査当局の姿勢に対して重要な影響を及ぼす可能性がある。不法行為説であれば，調査当局の職責が外国企業による不公正行為からの国内企業の救済であるから，行き過ぎに対する心理的ブレーキがかかりにくいことが想定される。これに対して，隠れた補助金説においては，競争力ある国内産業が損害を受けているか否かが中心課題であり，過度の適用が逆に自国経済を害することが論理的に明白であるから，厳正中立な調査を期待できる可能性がある。

（2）AD関税及び相殺関税の有効性欠如

　AD関税及び相殺関税が正当な政策手段であるならば，適切な適用を確保することが重要である[5]。具体的には，調査時に特定された対象産品・原産地についてのみ効果が限定されるため，対象産品の仕様，生産工程などをわずかに変更することによって関税を回避できてしまうといったいわゆる迂回の問題があり，その対応策が検討されている。

　まず，最終工程たとえば組み立て工程を輸出先に移転し，部品の段階で輸出するようにすれば，対象産品の範囲から外れる可能性がある（いわゆるスクリュードライバー又は輸入国迂回）。対象産品とわずかに仕様が異なる製品がユーザーのニーズに合うのであればそうした製品を輸出すればAD関税等の対象から外れることができる（いわゆる微小変更）。対象産品が原産国によって特定されているので，最終工程を第三国に移転しそこから輸出する（いわゆる第三国迂回），又は海外にある既存の工場から輸出する（カントリーホッピング）ことにすれば，AD関税等の対象から外れることができる。こうした行為を「迂回」としてAD関税の対象に加えることができるかが一つの論点となっている。輸送費が相対的に低

---

[5]　なおAD関税及び相殺関税調査は，複数国において前後して行われることも多い。主要市場においてAD関税・相殺関税が課されると，そこから締め出された輸出分が他の市場に回る可能性が高いからである。

廉になったことによって，複数国において製造を行う多国籍企業が増えたことからカントリーホッピングが容易になっているのが現状である。またそもそもいくつかの産業については，AD関税及び相殺関税が適用し難い。たとえば造船業がそうであり，特別の取決めを制定しようとする動きが存在した。第16章五2(1)(ア)を参照。AD関税等が適用し難い他の分野として航空機産業がある。同章六2を参照。

カントリーホッピングその他のいわゆる迂回措置が真に非難に値するか否かは，AD関税の制度趣旨のとらえ方によって大きく分かれる。不法行為説では，ダンピング行為は企業の意図的行為であり，したがってたとえば工場の切り替えが脱法的行為でないかという疑いを生じる。これに対して，「隠れた補助金」説では，ダンピング行為は輸出国政府の行為に起因するものであり，輸出国が異なる以上切り替え後もダンピング輸出が継続されると当然に疑う理由がない。輸入国迂回又は微小変更についても，輸出国においてどの産品が又はどの生産過程が保護されていたかに拠るためダンピング輸出の継続を疑う理由が当然には存在しない。

二　各国の不当廉売関税及び相殺関税

各国のAD関税及び相殺関税制度は，いまだなお違いも多いが，その実体要件及び手続は類似する点も多い。日本の制度は，運用実績がきわめて少なく，標準的とはいえないが，資料の入手しやすさ等に鑑みて日本の制度を例として示し，米欧等主要国の制度の特異な点を若干追加することとする。

1　日　本

日本は，不当廉売関税の発動例でさえ4件しかなく，相殺関税に至ってはわずか1件しか発動していない。対象産品を挙げると以下の通りである[6]。

〇不当廉売関税
・中国産フェロシリコマンガン（課税期間1993年2月3日〜1998年1月31日）
・パキスタン産綿糸（課税期間1995年8月4日〜1999年7月31日）
・韓国，台湾産ポリエステル短繊維（課税期間2002年7月26日〜2012年6月

---

[6] 経済産業省のHPを参照 [http://www.meti.go.jp/policy/external_economy/trade_control/boekikanri/trade-remedy/ad.html]。なお，2014年12月に中国産トルエンジイソシアナートに対する不当廉売関税調査について肯定的な仮の決定が下されている。経済産業省のHP [http://www.meti.go.jp/press/2014/12/20141204001/20141204001.html] を参照。

28日）
・豪州，南ア，中国産電解二酸化マンガン（課税期間2008年9月1日〜一部継続中）
○相殺関税
・韓国産DRAM（課税期間2006年1月27日〜2009年4月23日）

　これは，相当規模の国内市場を有する国の中では異例である[7]。かつてはAD関税を専ら賦課される側であり，外国とくに米国実務の改善を求めるのが通商政策の重要課題であったため，発動を前提とした制度整備が開始されたのは比較的近年である。

（1）根拠法令
　不当廉売関税及び相殺関税は，関税定率法8条及び7条が根拠である。関税の一種と位置付けられているため，財務省（関税局）が貿易を所管する経済産業省（貿易局）と共に調査に当たり，税関が執行徴収に当たる。不当廉売関税については，「不当廉売関税に関する政令」が詳細を定め，補足するものとして，「不当廉売関税に関する手続等についてのガイドライン」[8]がある。このガイドライン1項が，GATT及びAD協定の直接適用による補充を想定している。法令及びガイドラインは，AD協定に準拠する内容となっているが，規定として十分でないきらいがある。
　関税定率法8条1項は，「不当廉売……された貨物の輸入が本邦の産業……に実質的な損害を与え……る事実……がある場合において，当該本邦の産業を保護するため必要があると認められるとき」には，当該貨物の供給者又は供給国からの当該貨物の輸入に対して不当廉売関税を課すことができるとする。すなわち不当廉売，本邦の産業における実質的な損害，両者の因果関係及び本邦の産業を保護する必要性が発動要件である。
　不当廉売は，「正常価格」より低い価格で輸出のために販売すること，と定義され，正常価格は，輸出国における消費に向けられる同種の貨物の通常の商取引における価格が基本となる。第三国輸出価格又は同種の産品の生産費，販売管理

---

7) 経済産業省通商政策局（編）『不公正貿易報告書（2014年版）』306頁に拠れば，WTO発足以降2013年6月末までの各国別調査開始案件数は，インド690件，米国476件，EU453件，アルゼンチン305件などとなっている。
8) 経済産業省のHP [http://www.meti.go.jp/english/press/2011/pdf/0401_02a.pdf] から入手可能。

費，利潤を加算した構成価格（不当廉売関税に関する政令2条1項2号及び3号）の利用は，国内販売価格がない場合等国内販売価格を基礎とできないか又はそうすることが不適当な場合に限定される（同条2項）。その他，非市場経済国においては，上記価格を基礎としては正常価格を把握できないので，経済発展段階の最も近い市場経済国における同種の貨物の国内販売価格等に基づいて正常価格を計算することになる（同条1項4号，同条2項）。

「本邦の産業」が不当廉売によって損害を被っている事実も要件である。本邦の産業は，調査対象貨物と「同種の貨物の本邦における総生産高に占める生産高の割合が相当の割合以上である本邦の生産者」（政令4条1項）をいうものとされ，「相当の割合」は，「概ね50％」である（ガイドライン4項(1)）。AD協定上の先例に倣い，同種の貨物の原材料の生産者は含まれないが，自己消費のためであっても同種の貨物を生産している限りは含まれるであろう。

規定上同種の貨物のすべての生産者を「本邦の産業」としなくてもよい。すなわち，同種の貨物の生産者のうち，損害を受けている生産者が多ければ，そうした生産者だけを選んで「本邦の産業」を定義することが許されている。しかし，これまでの実務においては，申請者以外の生産者も含めて事実上すべての生産者を含めて調査している。

ただし，調査対象貨物の供給者と支配・被支配関係等のある生産者及び調査対象貨物を一定期間内に輸入していた生産者は，その生産高を上記総生産高に含める（ガイドライン4項(2)）が，「本邦の産業」たり得ないものとしている（政令4条2項）。調査対象貨物の供給者と支配・被支配関係のある国内生産者は，国内生産が減少していても企業全体の戦略から調査に反対する可能性が高いため，他の国内生産者の申請によって調査開始することの妨げにならないように本邦の産業から除外されている。これと異なり，調査対象貨物を輸入していた供給者の除外は，不当廉売された輸入品を購入して利益を得たにも拘わらず不当廉売関税を要請するのは不公平であるということが根拠である。これらの除外はそれぞれ根拠があるが，これら不適格とされる国内生産者の生産高を分母たる総生産高に含めることから，調査開始要件たる総生産高の50％以上の国内生産者の支持が実現困難になってしまっている。除外の趣旨に照らせば，いずれの場合も総生産高の計算からも除くべきであろう。AD協定は，国内産業から除外することを許容し，総生産高の計算からも除くことを認めている（4.1条(i)）。ただし，AD協定の除外規定自体に問題のあることについて本章四3(3)を参照。

損害及び因果関係要件については，特段の定義規定がなく，実務上は，AD協定3.4条が列挙する要因すべてを考慮して損害の有無を決定し，不当廉売輸出の

量・額及びその変化等を考慮して因果関係の有無を判断するものとされている[9]。また先例上，因果関係の認定にあたっては，不当廉売輸出以外の要因に帰せられる損害を分離しかつ区別しなければならないとされているが，どの程度の損害が他の要因に帰せられるのか数量化は行っていない[10]。

(2) 不当廉売関税の調査手続
(ア) 調査開始

　不当廉売関税賦課のための調査は，本邦の産業に利害関係を有する者の申請により又は調査当局の自らの調査により，不当廉売輸入及び本邦の産業が損害を被った等について十分な証拠がある場合，必要と認めるときは，事実の有無について調査を行うものとされている（法8条5項）。「利害関係を有する者」は，不当廉売輸入及び本邦の産業の損害について「十分な証拠」を提出することによって課税の申請ができる（同条4項）。申請と共に提出すべき「十分な証拠」とは「合理的に入手可能な情報に基づく証拠」でよい（ガイドライン5項(2)）。申請から調査開始決定までは2ヵ月程度が目途とされている（ガイドライン6項(1)）。上記「利害関係を有する者」とは当該輸入貨物と同種の貨物の本邦の生産者であって，その生産高の合計が同種の貨物の本邦における総生産高の4分の1以上の割合を占める国内生産者又はその者を構成員とする労働組合であるとされている（政令5条1項）。調査開始が決定された場合には，申請者を除く調査対象貨物の供給者，輸入者，申請者等に対して通知し，その旨及び必要事項を官報告示することになっており（政令8条1項柱書），調査対象貨物の供給者等に対しては，申請書の非公開版写しを添付して通知することになっている（同条2項）。調査開始しないことを決定した場合は，申請者に対してその旨理由と共に書面によって通知しなければならない（同条3項）。提出された申請書・証拠等は秘密取扱いが必要な部分を除き利害関係者は閲覧できる（政令11条）。

(イ) 調　査

　調査対象期間は，不当廉売輸入の事実について1年，損害については3年である（ガイドライン6項(6)）。調査開始するとまず，財務省，産業所管省，経済産

---

9) たとえば，「南アフリカ共和国，オーストラリア，中華人民共和国及びスペイン各国産電解二酸化マンガンに係る調査開始の件（平成19年財務省告示第165号）で告示した関税定率法（明治43年法律第54号）第8条第5項の調査に係る最終決定の基礎となる重要な事実」［http://www.meti.go.jp/policy/external_economy/trade_control/boekikanri/download/trade-remedy/emd1.pdf］3-2項及び3-3項。

10) たとえば，同上，4項。

業省の関係職員から構成される調査担当者団が設置される（ガイドライン6項(4)）。調査当局がまず質問状を利害関係者に送付するのが実務である。回答期限は通常30日程度であるが，延長が認められることもある。質問状に対する回答においては計算書類など一般的な書類を除き証拠の提出を求められない。利害関係者は，質問状に対する回答を秘密部分を除いて閲覧できる（政令11条）。利害関係者は，意見が相反する利害関係者との対質を求めることができる（政令12条1項）。

　その後，質問状に対する回答の内容が真正か否かについて現地調査が行われる。現地調査においては，販売価格・費用などの裏づけとなる証憑類，会計帳簿等の提示が求められ，詳細な計算根拠の説明が求められる。

　現地調査後，仮決定が下され，要件具備とする十分な証拠があるといえる場合に暫定措置が認められ（法8条9項），実務においても課されるようになった[11]。暫定措置の期間は4月以内とされている（政令17条1項）。

(ウ) 措　置

　仮決定後はいつでも価格約束の申し出ができる（ガイドライン12項(2)一）。約束について最低限充たすべき条件が示されている（同14項(1)）が，認められた実例は少ない[12]。不当廉売関税の賦課と異なり，履行監視が容易でないことが重要である。技術進歩が早く，新製品が次々と販売されるような産業においては，適切かつ監視可能な価格約束を示すことがとりわけ容易でない。これに対して，不当廉売関税の賦課には，事情変更があった場合に措置を変更する手続きがある。

　暫定措置の後，最終決定に向けて重要事実が開示され（政令15条），意見提出が求められる。提出された意見の検討の後に最終決定が下される。調査は1年以内に終了するものとされているが，必要がある場合には延長できる（法8条6項）。この最終決定において不当廉売関税発動の要件が認められれば，関係する審議会の審議（政令20条）を経て，対象企業及び税率を定めた発動政令が公布され，日を置かずに発効するのが通例である[13]。賦課開始の日から5年以内で指定した期間有効である（法8条1項）が，その間に事情の変更があった場合には見直しが行われる（同条20項）。また新規供給者に対する適用税率変更の手続が行われることもある（同条12項）。

---

[11]　「電解二酸化マンガンに対して課する暫定的な不当廉売関税に関する政令」（2008年6月13日，政令第196号）［http://www.customs.go.jp/kaisei/seirei/H20seirei196/H20s196_honbun.pdf］。

[12]　中国産フェロシリコマンガンのケースで2社に認められている。税関のHP［http://www.customs.go.jp/tokusyu/kazeikamotsu_hutou.htm］を参照。

[13]　「電解二酸化マンガンに対して課する暫定的な不当廉売に関する政令の一部を改正する政令」（2008年6月13日，政令第267号）附則参照。

賦課措置は，有効期間終了までに延長が決定されなければ終了する（同条25項）。国内産業は，期間終了の1年前までに延長の申請ができ（同条26項），その必要性について十分な証拠があれば当局は調査を開始する（同条27項）。この手続においても，質問状送付，現地調査といった手続が踏まれ，決定に至る[14]。調査の結果延長の必要性が認められる場合には5年を限度として延長をする（同条30項）。再度の延長は禁止されていない。

日本法上迂回防止措置は特段規定されていない。ただし，相殺関税のケースであるが，韓国DRAMケースにおいて，DRAMの製造工程のうち巨額の設備費を要する一部が韓国で行われている限り対象としたため，残りの工程をどこに移転しても相殺関税の対象から外れない扱いとなった[15]。これは迂回防止をあらかじめ考慮したやり方であったと言えよう。

(エ) 不服申立

発動政令それ自体で不当廉売関税が発生するわけでなく，対象産品が通関する際に発動政令にしたがった関税額が計算され，賦課処分が下されることから，何を行政訴訟法上の訴えの対象とすべきか，具体的には発動政令又はその根拠となる当局の最終決定か，それとも個々の課税処分かが問題となる。個々の輸入に対する課税処分だとすると，輸入者しか当事者適格がないが，税率が高く誰も輸入しないケースでは争えないことになりかねない。しかし，最終決定については，それ自体が具体的な不利益をもたらしているといえるか疑問があるし，発動政令だとしても同様である。解釈論としても，また少なくとも政策としては，輸出者に当事者適格を認めるべきであるし，具体的な輸入を前提とせずに訴えを可能にすべきである。仮に最終決定も発動政令も争うことができないとすれば必要な国内法上の手当てをすべきであろう。

(3) 不当廉売関税の実体要件

(ア) 調査対象産品

実務上，調査対象産品の画定がきわめて重要である。調査対象産品の範囲が不当廉売関税の対象の範囲を画し，また損害認定の対象となる「本邦の産業」の範囲をも画するからである。範囲が狭すぎれば迂回が容易になされる。逆に広すぎ

---

14) 「大韓民国及び台湾産ポリエステル短繊維に対する不当廉売の課税期間の延長に係る調査の結果について」[http://www.meti.go.jp/policy/external_economy/trade_control/boeki kanri/download/trade-remedy/619-1.pdf] 1項。
15) 「ダイナミックランダムアクセスメモリー等に対して課する相殺関税に関する政令」（平成18年1月27日，政令第13号）第1条。

れば，損害の立証が難しくなる。実務上調査対象産品の範囲をどう決めるかは原則としては申請者の裁量に委ねられている。

(イ) ダンピングマージンの計算

ダンピングマージンは，正常価格と輸出価格との比較によって計算される。正常価格の計算は，基礎とする取引価額の選定から始まる。輸出者の国内市場における取引を基礎とするのが通常であり，国内市場における取引が少量であり，又は特殊の関係があるため比較の対象として適切でない場合に限り，国内市場及び調査対象市場以外の第三国市場に対する輸出取引の価格又は費用を積み上げる構成価格に拠るものとされている（政令2条2項）。両者の間で優劣はなく，いずれを選択しても良い。

国内市場価格又は第三国価格が選択された場合に対象となる取引は，調査対象貨物と同種の貨物の通常の商取引すべてであるが，一定の原価割れなど「通常の商取引」に該当しない取引は除外する（法8条1項，ガイドライン7項(1)五）。関連会社間の取引は，正常価格の計算において原則として除外される（ガイドライン7項(4)一）。

正常価格は，輸出価格との比較のため工場渡し価格に調整される（ガイドライン7項(1)四）。たとえば現実の取引が客先渡し条件で行われているならば，工場における梱包費，トラック等への積載費用，引渡し地である客先工場までの運送費及び運送保険料，引渡し地における積卸費用などを販売価格から差し引くことになる。

輸出価格は，調査対象貨物にかかる輸出取引全てが対象となり，原価割れ取引などの除外を行わない。輸出価格から海上運賃，保険料等の控除など工場渡し価格への調整を行った上で正常価格と比較する。調査対象貨物及び同種の貨物の取引全体相互を比較するのでなく，対応するタイプごとに比較してその結果を数量で加重平均するのが通常である。

(ウ) 損害・因果関係

日本においては，他国と同じく，bifurcated アプローチによる損害・因果関係認定が行われている（同アプローチについては，本章四3(2)を参照）。すなわち，損害と因果関係認定とを分け，国内産業の損害をまず認定し，その上でダンピング輸入と損害との因果関係を認定している。これまでのケースにおいては，3年間の調査対象期間が設定された。AD協定に従い，ダンピング輸入が国内産業に及ぼす価格効果及び数量効果を認定した上，その期間中に国内産業の所定の経営指標が悪化している場合損害が認定され，その上でダンピング輸入の増加との対応関係等を考慮して因果関係が認定されている[16]。

(エ) サンセット

ダンピング及び損害の継続又は再発の可能性があることが延長を認める要件である（法8条25項）。関連する事情を総合判断して決定される[17]。

(4) 相殺関税

相殺関税は，ダンピングマージンの認定が補助金額の認定に変わるだけでそれ以外はほぼ同じである。調査対象に補助金を付与している政府が含まれる点が主要な相違点である。

相殺関税は，補助金を把握することに困難がある。補助金協定は，相殺関税の対象となり得る特定性のある補助金についてWTOへの通報義務を課している（補助金協定25.2条）が，諸外国が重要な補助金をすべて通報しているのか疑問が多い。補助金を巡る透明性の問題については第11章四2(7)を参照。ファクツ・アヴェイラブル（ガイドライン10項）を適宜利用することが重要になろう。

2　外国の不当廉売関税及び相殺関税

(1) 米　国

米国は，AD関税及び相殺関税のいずれについても発動件数の多い国である。制度もきわめて精緻に整備されている。

米国のAD関税制度は，ダンピング行為を不法行為とする認識から出発しているように思われる。かつてゼロイングが広く採用されており，個々の輸出取引がダンピングか否かを問うていた。現在でもいわゆるターゲットダンピングを認定した場合にゼロイングを行っている。また損害・因果関係論においてかつては bifurcated アプローチと unitary アプローチとがせめぎ合っていたが，現在では前者のアプローチに収斂したようである[18]。

調査手続は，ダンピング及び補助金支出の調査・認定と国内産業の損害及びダンピング等との因果関係の調査・認定とが別の組織によって行われるのが特徴である。調査手続が，ダンピングを担当する商務省と損害を担当する国際貿易委員会（ITC）とに分かれている。かかる分離独立を受けて，手続的に，ダンピング

---

16) たとえば，電解二酸化マンガンケースに関する重要事実開示，注9，3項及び4項。
17) 韓国及び台湾産ポリエステル短繊維のケースは延長され，南アフリカ共和国等産の電解二酸化マンガンのケースは現在調査中である。経済産業省のHP [http://www.meti.go.jp/policy/external_economy/trade_control/boekikanri/trade-remedy/izen.html] に拠る。
18) John H. Jackson, William J. Davey and Alan O. Sykes, *Legal Problems of International Economic Relations: Cases, Materials and Text* (3rd ed.) (West Publishing, 1995), pp. 727-735.

輸出の有無に先行して調査を本格的に進めるために損害の仮決定が行われることも特徴である。

　手続の透明性は極めて高い。手続の詳細・日程等が明確にされており，標準的な質問状も公表されている[19]。秘密情報についても弁護士だけがアクセスできる仕組み（行政保護命令（administrative protective order, "APO"））が整備されている。秘密情報について要約だけ開示することはAD協定上認められているが，そのような取扱いをするということは，調査当局が行う情報収集の範囲が適正か，調査対象者が提出した情報に誤りがないか，情報の分析検討が適切か，などについて当事者に意見を求めることに限界があり，調査当局が自分だけで判断しなければならないということを意味する。当局の能力の限界を考えると，秘密情報の開示を相手方限定の上で認めることは一つの考え方である。

　AD関税の対象となっている輸入品は，通関時にその時点で適用されるダンピング税率相当の担保を積み，担保の清算時にダンピングマージンを計算し直して徴収額を決定するという，事後にダンピング税額が決定される仕組み（「行政見直し」（administrative review）という）になっている。

　なおウルグアイ・ラウンド実施法（URAA）129条は，AD関税賦課命令が協定違反であるとしてDSBの是正勧告を受けた場合の是正手続を規定しており，調査をやり直した結果を遡及させず，是正した時点以後に通関した輸入品に対して適用するとしている。したがって，是正時に清算未了であった分に適用がない。しかし，履行期間終了時に清算未了の担保に関して違法とされた率のAD関税をそのまま徴収することが許されるのであろうか。履行期間終了時に清算が完了していれば，その清算された金額を返還させることは遡及的であって不要とされる。しかし，未清算である以上履行期間終了後に徴収を完了する行為をそれ自体違法とする先例がある[20]。

（2）EU

　EUのAD関税・相殺関税調査は，理事会規則で定められている。ダンピング・補助金及び損害の調査を担当するのはすべて欧州委員会であり，また仮決定・暫定措置の決定・発動の権限も欧州委員会にあるが，最終的な関税の決定及び発動権限は欧州理事会にある。これらの調査手続はかなり類似している。質問状のテンプレートが公表されている[21]。

---

[19]　米国政府のHP [http://enforcement.trade.gov/questionnaires/questionnaires-ad.html] から入手可能。

[20]　Appellate Body Report on *US – Zeroing (Japan) (Article 21.5 – Japan)*, paras. 168-169.

EUのAD関税調査の特徴の一つはAD協定では任意とされているレッサーデューティールールを義務的に採用している点である。すなわち損害の除去のために必要な範囲（損害マージン）で課すものとし，損害マージンを，現在では，調査対象輸出者の輸出価格と国内産業の国内販売価格とを比較して算出している。国内販売価格は，現実の価格か目標価格かが利用される[22]。また，もう一つの特徴として，EUは，AD協定上規定されていない，公益要件の考慮を義務的に行っていることも挙げられる。

（3）中　国

中国のAD関税は，AD条例及び関連法規によって規定されている。調査機関は商務部であるが，ダンピングマージンの調査を行う輸出入公平貿易局と損害の調査を行う産業損害調査局にまたがっている。件数を重ねて調査手続は次第に洗練されてきているが，多くの問題がまだ残っているとされる[23]。

三　AD関税及び相殺関税に関する国際ルールの発展

AD関税及び相殺関税に対する規律は専らGATT及びWTOにおいて検討されている。国内産業保護のために濫用されているという批判が強く，早くから濫用防止ルールが交渉されてきた。東京ラウンドにおいては双方について協定が作成されたが，締約国が限定されていた。ウルグアイ・ラウンドにおいて合意されたAD協定及び補助金協定はいずれもシングルアンダーテイキングの対象となり，全加盟国に適用されるルールとなった。WTO協定締結前においては，ダンピングマージンの計算において，輸出価格と正常価格となる国内販売価格の計算方法が対称になっておらず，輸出価格が低く，正常価格が高くなるようなバイアスがかかっていた。AD協定及び補助金協定はこうした問題に取り組み，一定の成果を挙げているが，問題が多数残っている。また損害・因果関係分析についても先例によって問題点が明らかになってきている。その詳細は本章四3を参照。

なお自由貿易協定においては，濫用防止の試みとして，域内の不発動又は慎重な発動を促す規定が置かれていることもある。関税同盟においては，AD関税及

21）　EUのHP〔http://ec.europa.eu/trade/policy/accessing-markets/trade-defence/actions-against-imports-into-the-eu/anti-dumping/index_en.htm#_templates〕から入手可能。
22）　Van Bael & Bellis, *EU Anti-Dumping and Other Trade Defence Instruments*（5th ed.）（Wolter Kluwer, 2011), pp. 402-406.
23）　『不公正貿易報告書（2014年版）』（注7）26-27頁。

び相殺関税も共通関税となるので，域内では必然的に消滅するが，自由貿易地域においては，関税制度が個々の構成国に残るので，AD関税等もそのまま域内からの輸入に対しても存続する。その場合に，域内の輸出に関する調査については，事前の通報を要するなどの手続的規定を置くこともあるし，さらに域内においては適用しないという規定が置かれていることもある。この問題については第19章四1(2)(ウ)を参照。

四　AD関税及び相殺関税に対するWTO協定上の規律

1　概　観

GATT6条に規定するAD関税の発動要件は，ダンピング輸出及びこれと因果関係を有する国内産業の損害である。それぞれにいかなる規律が適用されるか，また調査手続・証拠の取扱いなど手続的な問題を検討する。

AD関税及び相殺関税は，GATT6条の要件に合致している限り，関税譲許を超えて関税を課すことができる（GATT2条2項(b)号）。AD協定及び補助金協定はいずれもGATT6条の規定を明らかにしたものと理解されている。日本法の要件分類説的発想でいえば，関税譲許を超えるAD関税がGATT6条及びAD協定に合致していることは抗弁であり，発動国が要件を具備していることの証明責任を負うと考えるのが自然であるが，WTO協定の先例においては，GATT6条及びAD協定に不整合であることを主張する側が証明責任を負うとされている[24]。この点については，第2章二3(7)(エ)を参照。

なおダンピングマージンの計算及び損害・因果関係認定のいずれにおいて現行実務に問題が多いと考えるかは産業によって異なるが，ゼロイングがAD協定に違反することが確立された今日では，以下の2点の解決が枢要であろう（ただしターゲットダンピングの問題は残っている。本項2(6)を参照）。第一に，フォワードプライシング，サイクリカルダンピングなど赤字販売が一定期間持続したとしても市場慣行としては問題ないとされている業界においては，赤字販売が「通常の商取引」でないとして「正常の価額」の計算から除かれる可能性が高く，ダンピング輸出が認定されやすいルールになっているという問題がある[25]。第二に，ダンピング輸入と国内産業の損害との因果関係の認定が両者の相関関係の分析と

---

24) たとえば，Panel Report on *Thailand - H-Beams*, paras. 7.48-7.50, citing Appellate Body Report on *United States - Shirts and Blouses*, p. 14.
25) 通商産業省通商政策局（編）『不公正貿易報告書（1994年版）』125-126頁。

なっており、輸入品と国内産業の生産品との間で実は競合関係がない場合にまで因果関係を認定されていないか検討する必要がある。

なお紛争解決手続において個別のAD関税賦課の協定整合性を争う場合、事実関係については、パネルの検討事項は、決定に示された判断が「適切であったか」及び「事実の評価が公平かつ客観的であったか」に限定される（AD協定17.6条(i)）。これは第2章二3(7)(ク)で言及した「評価基準（standard of review）」の特則を企図したものであるが、パネルが初審的判断をせず、当局の判断を尊重しなければならないことを明らかにしているに過ぎず[26]、DSU11条に基づくのと現実には大差ない。紛争解決手続において当事国が主張し得る事実及び証拠は、調査手続において調査当局に提示されたものに限定され、そうでないものは排除される[27]。逆に、決定時点での判断の当否が重要であり、事後的な正当化は許されない[28]。したがって、紛争解決手続の利用を自国政府に要請することを想定する調査対象企業は、そのために必要な情報を調査手続段階において提出しておく必要がある。

2　ダンピングマージンの計算

(1) 概　要

ダンピング輸出は、「正常の価額より低い価額で他国の商業へ導入する」こととGATT6条1項において定義されている。輸出国の国内販売価格、第三国輸出価格又は生産費等を積み上げた構成価額よりも低い場合には「正常の価額より低い価額」での輸出とみなされる。AD協定は、この規定を受け、恣意的な価格選択を否定するために、ある産品の輸出価格が同種の産品の輸出国における国内販売価格よりも低い場合にダンピングとみなすとし、一定の場合を除き国内販売価格を優先することを求めている（AD協定2.1条）。一定の場合としては、たとえば国内の販売量が少ないときが挙げられ、国内販売取引量が輸出量の5％以上のときは十分な量であるとみなすとされている（同条及びその注2）。通常の商取引における価格のみが考慮される（GATT6条1項）が、原価割れの価格での販売も一定の条件の下で、通常の商取引として、国内販売価格又は第三国輸出価格の算定に当たって考慮され（AD協定2.2.1条）、証拠についての制約が規定されている（2.2.1.1条）。原価割れの販売価格か否かの目安として、検討対象の取引の

---

[26] *E.g.*, Appellate Body Report on *US - Hot-Rolled Steel*, para. 55; and Panel Report on *Guatemala - Cement II*, para. 8.19.

[27] たとえば、調査開始について、Panel Report on *Guatemala - Cement I*, para. 7.60.

[28] Panel Report on *Argentina - Ceramic Tiles*, para. 6.27.

20％以上という数字が示されている（2.2.1条注4）。正常価格と輸出価格との比較は，商取引の同一段階において，かつ，できる限り同一の時点で行われた販売同士を比較し，関係する取引条件等を考慮することが求められている（2.4条）。輸出価格も国内販売価格も，輸送費，保険料などを控除して工場渡しベースで計算し直して比較するのが原則となる。対象輸出取引全体と同種の産品の国内取引全体とを一体として比較することに限らず，産品の仕様等を考慮して細分化し，対応する産品の取引同士を比較し，その結果を総合することが許されている。すなわち加重平均同士又は個別取引ごとに比較を行う（2.4.2条第一文）。なお，ゼロイングすなわち輸出価格が正常の価額を下回っている取引についてダンピングマージンを集計し，逆に輸出価格が正常の価額を上回っている場合ダンピングマージンをゼロとするという手法は，2.1条において比較の対象とされている「輸出価格」がすべての輸出品の取引価格を指すことから不適法であることが先例上確立されている[29]。

（2）検討の基本的視点

ダンピングマージンの計算方法についてAD協定が様々な規定を置いているが，その意味合いは，AD関税についての基本的な考え方によって大きく異なる。まず不法行為説は，ダンピング輸出の定義を制度趣旨から導き難い。各国法において定義されることを前提に，GATT6条及びAD協定が制度の濫用防止のために外在的に規律を置いたものと理解するほかなく，したがって協定の解釈論が文言自体と形式的な論理整合性とに根拠を求めるしかなくなる。

これに対して，隠れた補助金説では，ダンピング輸出の概念が内在的に決まり，比較優位産業への特化を妨げる事態の防止という観点から，輸出者の本来の競争力を反映した価格を下回る価格での輸出をダンピング輸出と定義する。本来の競争力どおりの価格が「正常の価額」であり，その価格を下回って輸出が可能になった理由を隠れた補助金と考える。したがって，ダンピングマージンの計算は，隠れた補助金の額を推定するプロセスであると解され，かかる考え方に沿って関係規定の文言を解釈していくことになる。

（3）調査対象産品

ダンピングマージンの計算対象となるのは調査対象産品であり，その範囲は調

---

29) Appellate Body Report on *EC – Bed Linen*, paras. 53-55. なお，原調査手続以外の年次見直し及びサンセット調査においても不適法とされた。Appellate Body Report on *US – Zeroing (Japan)*, in particular, paras. 151 and 184-185.

査申請によって定まるものと考えられている。実務上特段の制約はなく，狭すぎれば迂回の危険があり，広すぎれば同種の国内産品の範囲が拡大する結果損害認定が困難になる可能性がある。その利害判断の上で申請者が選択するものと実務上想定されている。GATT6条においては，「同種の産品」概念が調査対象産品の正常の価額を計算する場合の比較対象にのみ用いられており，調査対象産品及び国内産業のいずれの範囲の限定にも用いられていない。

　しかし，AD協定4.1条が国内産業の範囲を調査対象産品と「同種の産品」に限定していることに鑑みれば，調査対象産品も「同種の産品」の範囲に限定することが考えられなくはない。先例上産品の物理的特性の類似性等産品の競争性が重視されているが，産業としての同一性の基準であるから製造工程を共通にすることも重視すべきであろう。調査対象産品については一つのダンピングマージンが計算されるので，製造工程に共通性のない産品をまとめるのは適切でない。また損害・因果関係認定における近時の先例は，調査対象産品をモデルごとに分解して，それぞれに対応する国産品の国内生産者への影響をまとめて損害・因果関係を認定することを認めている（本章四3(4)参照）ので，ダンピング輸出によってさほど損害を被っていない生産者と重大な損害を被っている別の産品の生産者とを合わせて国内産業の「実質的損害」を認定することが可能である。したがって，調査対象産品又は国内産業としてまとめてよい又はまとめるべき範囲を画する必要が生じていると思われる。

（4）「正常の価額」

　ダンピングマージンの計算においてはまず「正常の価額」を算定することが必要になる。すでに触れたように，不法行為説に立つ場合，正常か否かを判定する基準は，文言に求めざるを得ず，それ以外に手がかりがない。AD協定は，国内市場価格を「正常の価額」とみなすとしている。これに対して，隠れた補助金説からは，「正常の価額」とは，隠れた補助金がなければ可能な輸出価格すなわち価格競争力どおりの価格を意味することになる。かかる「正常の価額」を計算する上では国内市場価格が最も適切であろう。外国生産者にとって，その国内市場が最も主要な市場と考えられ，そこでの販売価格が適正利潤を含めた競争力を反映したものになっている可能性が高いからである。なお国内市場価格，第三国市場価格及び構成価格との比較以外の方法が許されないかは一つの問題であり，文言上，GATT6条1項は必ずしも限定していないが，AD協定2.1条では限定しているとみるほうが自然であろう。この点は，非市場経済国の「正常の価額」認定において問題となる。本項(7)を参照。

国内市場価格が何らかの理由で利用できない場合，第三国市場価格か費用を積み上げる構成価格が用いられる。両者に優劣はなく，いずれを採用しても差し支えないとされている。第三国市場価格のほうが現実の取引価格であるという点で信頼性が高いかもしれないが，国内市場と市場構造が異なる場合には構成価格のほうが中立的であるかもしれない。

なお「正常の価額」の認定を調査対象産品全体に対してでなくモデルごとに行い，モデルごとに輸出価格との差を計算し，全体を数量で加重平均して全体のダンピングマージンを計算するのが通常である。不法行為説では特段のあるべき制約を導けないが，隠れた補助金説では，隠れた補助金を正確に把握できるような分類であることが求められよう。

(5)「通常の商取引」

「正常の価額」の計算対象取引を限定する「通常の商取引」概念についても議論が分かれる。不法行為説の発想は，特段の指針を提供せず，「通常の商取引」か否かの判断基準をいかに定めるかが各国に委ねられていると考える。たとえば原価割れ取引について輸入国が「通常の商取引」でないと考えるとすることも不合理とは言えず，AD協定の定めに従って20％以上かどうかを目安とし，合理的期間にすべての費用を回収できないかどうかを検討すること（2.2.1条）が外在的制約として求められると理解する。

これに対して隠れた補助金説では，当該輸出者が属する経済社会における市場慣行に照らして通常でない取引を除外するための要件であると考える。正しく形成された市場慣行は，営利企業にとって合理的な行動パターンを示すものであり，そのパターンに沿った取引価格が競争力を反映しているといえるからである。そうすると，関連市場における商慣行によるが，たとえば，原価割れ取引については，個々の取引が原価割れか否かが問題でなく，一定の期間における取引全体で利益が出ているかどうかが問題になるはずである。また１年の調査期間中平均しても原価割れだったとしても，フォワードプライシングが商慣行である場合，すなわちより長期間たとえば（出荷開始後）２年間で利潤が生じていれば足りる，というのが関連する市場の商慣行だったならば，通常の商取引でないと直ちに言えないとすべきである。

ただし市場慣行が輸出国市場と輸入国市場とで異なる場合には，いずれの市場を基準とすべきか問題になる。たとえば，固定費の範囲が国ごとに異なる場合，固定費比率が高い国では，たとえば労働者の解雇が可能になる期間など，より長い期間において収支が償えば足りるので，需要減退期にも変動費を上回る価格で

販売できる限り生産・販売を維持することが合理的である可能性がある。しかし，固定費比率が低い国では，赤字販売を継続するよりも，利益の出る水準まで販売価格が上昇するように，むしろ操業を停止し，たとえばレイオフを行って生産調整をするほうが合理的である。この場合に，固定比率が高い国における損益計算の基準で考えるとすれば，固定比率が低い国の生産者の競争力を見誤ることとなるとして輸入国の市場慣行に拠るとする考え方もあり得る。しかし，そうすると企業慣行の異なる国の輸出者だけが不当廉売関税を受けやすいことになってしまう。輸出国間で同一取扱いを確保するため，輸出国市場の企業慣行に拠るとし，必要があれば，外国企業の競争力の理解に誤りがあったとして関税譲許の修正又はセーフガード措置を認めるという考え方もあり得よう（この点は第4章を参照）。文言としては，「通常の商取引」は，「輸出国における消費に向けられる同種の産品」に結び付けられており，輸出国の市場慣行に照らして判断する解釈のほうが自然ではある[30]。

　先例上明確にこの点が争われたケースが見当たらないが，China – Broiler Productsケースが参考になる。このケースでは，鶏肉についてすべての部位をまとめて販売するのが通常である中国が，足部に需要がなく国内ではほとんど廃棄処分されている米国から輸入された足部の構成価格の認定において，米国会計基準による鶏肉の部位別の費用配分すなわち価格比による配分を拒否し，重量による費用配分を主張したが，かかる主張は容れられなかった[31]。輸出国である米国の市場慣行に拠るべきとした先例と評価し得る。

　ただし市場慣行を基準とする考え方を徹底することは，AD協定の規定と必ずしも整合的でない。たとえば原価割れ取引が検討対象の取引の20%以上か否かという基準を協定が採用している（2.2.1条注2）が，現実の商慣行をそのように推定する根拠がない。隠れた補助金説に立つならば，すべての費用の回収を想定する「合理的な期間」を輸入国市場の市場慣行に照らして決定することを要求することにより，上記基準を事実上無効化する解釈を採用することになる。

　また「通常の商取引」については，関連会社間の取引価格が除外されるか否かの問題がある。「通常」の文言を解釈・適用するに当たり，不法行為説では除外を認めない内在的な理由を発見できないが，隠れた補助金説では，輸入国市場の市場慣行に照らして「通常」でないと判断できない限り，適切な調整をした上で

---

30) 水島朋則「米国産鶏肉産品に対する中国のAD/CVD措置事件（DS427）」『WTOパネル・上級委員会報告書に関する調査研究報告書（2013年度版）』[http://www.meti.go.jp/policy/trade_policy/wto/ds/panel/13-5.pdf] 13-14頁。
31) Appellate Body Report on China – Broiler Products, para. 7.196.

「正常の価額」の計算に含めるほかないことになろう。移転価格すなわち企業内取引価格は独立当事者間価格と異なることがむしろ自然であり，恣意的な価格操作によるものとは言えないことが移転価格税制を巡る議論において認識されつつあることにも注意されたい。この点は，第8章三3(2)(ア)を参照。

(6) 公正な比較

「正常の価額」と輸出価格との比較方法については，不法行為説でも，対称性に基づいて相当の規律が導き出されるであろう。また商取引の同一段階で比較をすべきであるのも当然であり，関係する取引条件を考慮するのも当然であろう。ただ同一の時点で行われた販売同士を比較すべきというのも一見分かりやすいが，隠れた補助金説では，最後の点は必ずしも支持できない。どのような期間で損益を考えるのが通常か，という点の市場慣行に拠るべきであって，同時期の販売同士を比較することが合理的とは限らないからである。

この点ゼロイングの問題が重要であったが，先に述べたように，今日ではこれを否定する先例が確立している。しかし，不法行為説では，「正常の価額」を下回る個々の輸出をダンピングとして規制すべきという考え方自体を否定できないので，ゼロイングを当然には排除できない。あくまで2.1条等において，自由貿易を過度に妨げるとして政策的に禁止する合意がなされたという理解になる。これに対して，隠れた補助金説では，「正常の価額」の算出と同様に，関連市場の市場慣行に照らし，いかなる期間の取引全体で利益が出るように販売価格を設定するのが「通常」かを考える。正常の価額も輸出価格も同じ期間で比較すべきであろう。業界の事業慣行として個々の取引ごとに利益が出るように取引価格を設定している場合に限りゼロイングが正当化される。

なお米国は，ゼロイングの手法を一般的に廃止したが，一定の地域，顧客，時期に限定してダンピングを行う場合すなわちターゲットダンピングの概念を維持し[32]，限定された取引範囲の取引価格が他の取引価格と有意に異なっている場合にターゲットダンピングを認定し，ゼロイングを行ってダンピングマージンを計算している。2.4.2条二文は，「輸出価格の態様が，購入者，地域又は時期によって著しく異なっていると当局が認め」，加重平均等の比較が適切でない場合に個々の輸出取引との比較を認めているところ，米国は，この規定の意義を同条一文が禁止したゼロイングを許容する例外を定めたものとし，そう解釈しなければ個々の輸出取引との比較を認めても計算結果が同じになるため規定の意味がなく

---

32) その実施規則として USDOC, 19 C.F.R. section 351.414 in particular, subsection (f).

なると主張している[33]。この主張は，関税率を地域で変えることが許されない米国の憲法上の要請を前提としていると想像されるが，そうした前提がAD協定上も認められる根拠は見当たらず，むしろ以下で見るように，限定された輸出取引のみからダンピングマージンを計算しその範囲でのみAD関税を課すこと，又は輸出取引全体からダンピング認定を行う原則を堅持しつつ二以上のダンピングマージンを認めること等が2.4.2条二文の意義であると解する余地がある。

　まず，不法行為説に立てば，ターゲットダンピングの意味を一見理解しやすく，規定の文言解釈として何が許されているかを考えれば足りるかのように見える。たとえば，特定の地域への輸出価格が正常の価額よりも低く，残りの地域への輸出価格が正常の価額よりも高く，全体ではダンピングを認定できないという場合に，前者の地域への輸出価格を取り出してダンピング認定及びダンピングマージン計算を許す規定であるという考え方があり得る。この場合には，輸出全体でゼロイングを適用する必要がない。ただし，これは全体ではダンピングを認定できないのに，一部の輸出を取り出し，残りの地域への正常の価額を超える価格での輸出を無視してダンピング認定をすることを認めることになるので，その範囲ではゼロイングを認めることになるのではないかという弱点がある。限定された輸出取引に対してのみAD課税を許容することによって弊害を小さくすることができるが，そもそも国単位での輸出全体でダンピングの有無を考えるという原則を緩めてよいか（逆に言えば国単位では正常の価額を下回って輸出していないのに一部とはいえAD関税を課されてよいか）を濫用されるリスクも含めて検討する必要がある。

　これに対して，隠れた補助金説からはまず，国単位での輸出全体でダンピング認定ができることが当然に前提となる。そうでないならば隠れた補助金を利用した輸出があるとは言えないし，加盟国単位で比較優位産業への特化を考える原則に反するからである。したがって全体ではダンピング認定ができない場合に輸出の一部に限定したダンピング認定を許すという上述の発想は採用できない。よって出発点に戻り，2.4.2条一文による個々の取引価格同士又は平均価格同士の比較すなわちすべての取引を比較する方法が適切でないことを説明する場合にのみ二文に拠ることができるとされていることを，正常の価額すなわち本来の競争力を反映する価格を下回る価格設定を許容しない，という発想に照らして考える必要がある。そうすると，たとえば国内生産者が地域等で棲み分けており，その間

---

33) United States, *First Written Submission of the United States of America* (*public version*) in *US - Washing Machines*, paras. 181-215, available at [http://www.ustr.gov/sites/default/files/US.Sub1_.Fin_.Public.pdf].

の乗り入れがないなど，ターゲットとされた市場すなわち地域，顧客，時期で限定された市場が残りの市場と分かれており国内産業がそれぞれの市場において独立採算で事業を行っているという特殊な市場構造がある場合に限定することが考えられる。そうした構造の市場においては，外国企業が市場構造と関わりなく，たとえば地域を限定しないで正常の価額を下回って輸出し，ただ地域ごとに販売戦略が異なるため，正常の価額からの引き下げ幅が異なっているという場合に，2.4.2 条一文の原則どおり輸入国市場への輸出取引全体をベースとしたダンピング認定しかできず，単一の税率での AD 課税が求められるとすると，正常の価額からの引き下げ幅が大きい地域でのみ活動している国内産業の救済が不十分である（一部の地域の販売価格のみ正常の価額を下回っており，全体としてはダンピング認定できず AD 関税を課せない場合も同じである）。確かに，通常の場合は，単一の税率で AD 関税を賦課すれば，もともと引き下げ幅が小さかった地域では救済が過剰になっており，その結果その地域の国内産業が超過利潤を得られるようになり，したがって前者の地域の国内産業が後者の地域に進出して超過利潤を得れば前者の地域においても輸入品と競争できるはずであって，単一税率で救済として足りると言えそうである。しかし，そうした国内進出が企業の規模が小さい等の理由で容易でなく，救済として十分でない場合もあり得る。つまり，2.4.2 条二文の規定を，地域等ごとに AD 関税の税率を変える前提でダンピングマージンを計算する必要があることが説明された場合に，当該地域等の間での価格の違いが客観的に著しいことを条件として，そうしたダンピング認定及び AD 関税賦課を認める規定と理解することになる。ただし，国単位での輸出全体でダンピングの有無を決定するという原則は堅持されており，全体としてダンピング認定ができない場合はそもそも AD 課税が許されない。つまり，いわば全体から計算されるダンピングマージンの範囲内で AD 課税の税率を市場ごとに変えることを認めるだけであるから，ここでは全くゼロイングすなわち輸出取引の一部を無視する取扱いを認める必要がない。ただし，この解釈では，ダンピングの認定自体は 2.4.2 条一文で行われ，二文に基づく価格比較は適用税率を決定するだけの規定になるので，条文の構造と合致するかという問題がある。二文の規定はダンピングマージンの例外的な計算方法を定めているとみるのが自然であることは否定し難い。

（7）非市場経済国の取扱い

市場経済体制を採用していない国も WTO 加盟が可能であるが，国内における取引価格の客観性が担保されていないこと（GATT6 条の注記「1 について」の 2

項及び AD 協定 2.7 条）から，かかる非市場経済国の生産者に対する AD 調査においては，比較可能な市場経済国における「同種の産品」の生産者の取引価格を正常の価額として利用することが行われている[34]。

この注記は，貿易等が国家独占され，かつ国内価格すべてを政府が定めている国について，ダンピングの認定において「国内価格との厳密な比較が必ずしも適当でないことを考慮する必要があることを認める」とする。この注記の意味は二通り考えられる。一つは，創設的規定すなわち GATT6 条及び AD 協定上「国内価格との厳密な比較」が求められており，注記に該当する非市場経済国についてのみ逸脱を許容する規定とする考え方である。もう一つは確認的規定すなわち GATT6 条等の下で「国内価格との厳密な比較」が原則として求められているだけで元々異なる取扱いが認められており，注記が異なる取扱いの典型的な場合を示しているとする考え方である。前者が支配的な見方のように思われるが，後者の考え方には，「注記（Ad Article VI）」という法形式上は確認規定とみるほうが自然であるし，また文言上も根拠を指摘できる強みがある。たとえば GATT6 条 1 項は，ダンピング輸入は「正常の価額」よりも低い価額での輸入と定義され，国内市場価格等よりも低い価額での輸入をダンピング輸入と「みなす」と規定しているに過ぎず，それ以外の「正常の価額」の算定を明示に禁止している（つまり比較対象を限定列挙している）わけではない。したがって，恣意的な算定はもちろん許されないが，「正常の価額」の適正な算定であると言える範囲では GATT6 条 1 項に違反せず，注記は適正な算定といえる場合を例示しているに過ぎないと考える余地がある。逆にこのように考えると，比較可能な市場経済国における市場価格を用いる場合にも適正な算定と言えるかどうかが問われることになろう。ただし AD 協定 2.1 条は，あたかも国内市場価格が「正常の価額」であるかのように規定しており，前者の考え方すなわち上記注記を創設的規定とみる考え方を支持するように見える。不法行為説からは，GATT6 条の特則とも言える AD 協定の規定を重視し，創設説を支持するほうが自然であろう。これに対して，隠れた補助金説に立てば，「正常の価額」を当該輸出者の真正の競争力を示す指標と捉えるので，GATT6 条 1 項が「正常の価額」算定方法を限定したと考える合理的理由が見当たらず，上記注記を確認規定とみるほうを支持することになろう。なおこの議論は，中国その他，加盟議定書において「国内価格との厳密な比較」以外の方法によるダンピングマージンの計算を加盟後一定期間認めてい

---

34) この点の諸外国の実務について，たとえば JETRO の HP〔http://www.jetro.go.jp/jfile/report/07000748/wto_cn_ad.pdf〕に記述がある。

る規定が失効した後の取扱いに影響すると思われる。

3　損害・因果関係の認定

(1) 概　要

GATT6条は，ダンピング輸出が当然に禁止されるものでなく，「自国の確立された国内産業に実質的な損害を与え若しくは与えるおそれがあり，又は自国の国内産業の確立を実質的に遅延させる」（同条6項(a)号）場合にのみ「非難すべき」（1項）であり，AD関税が課されるとしている。実務上は，ダンピング輸出と国内産業の損害との時間的相関関係を分析することを中心として因果関係が認定されているが，一般論として相関関係は因果関係を保証するものでないことから批判的検討が必要である。

(2) 検討の基本的視点

ダンピング輸出又は補助金付輸出と損害・因果関係との関係については，理論上二つの考え方がある。第一に，実務上支配的である考え方は，ダンピング輸出の発生又は増加と国内産業の損害発生との相関関係に着目し，相関が認められる場合にダンピング輸出品と国内産業の産品とが競争関係にあるか否かを認定し，競争関係があれば基本的に因果関係を認めるという考え方である。損害認定と因果関係認定とを区別することから，bifurcated アプローチと呼ばれている。もう一つの考え方は，ダンピング輸出が発生せず，正常価格において輸出が行われたと仮定して国内産業の状況を推定し，その状況と現況とを比較して，国内産業の状況が劣っている場合に，損害及び因果関係を認めるものである。損害と因果関係とを一体として認定するため，unitary アプローチと呼ばれる[35]。後者は条件関係を直接認定しようとするものである。

bifurcated アプローチは，相関関係の分析を中心とするが，調査対象期間がわずか3年であり，輸入の額及び数量，国内産業の被害状況などの変数のサンプルがせいぜい3つしかないことから，信頼性のある分析ができるのか統計学的な疑問がそもそもある。より根本的には，国内需要家がダンピング輸入された外国品と国産品とを価格等で比較して，前者又は後者を選択するのであって，ダンピン

---

[35] 両者の違いを比較的最近論じたものとして，Kenneth H. Kelly and Morris E. Morkre, "One Lump or Two: Unitary Versus Bifurcated Measures of Injury at the USITC," (Bureau of Economics Federal Trade Commission Working Paper No. 282, 2006), at [http://www.ftc.gov/sites/default/files/documents/reports/one-lump-or-two-unitary-versus-bifurcated-measures-injury-usitc/wp282_0.pdf].

グ輸出が増加したために国内産業における国内販売が減少するという関係になく，両者を原因と結果の関係と捉えることが正しいかとの疑問もある。正しくは，ダンピング輸出によって従来の価格水準と異なる水準で輸入されたことから，国産品との競争関係が従来よりも（ダンピング）輸入品に有利になり，このことを原因として，ダンピング輸入の増加と国産品の販売減少とが結果として同時に生じたということである。また両者が同時に生じたからといって必ずダンピング輸出によって国産品との競争関係において輸入品に有利になったと言えるわけでないのは自明である。ダンピング輸入の増加と国産品の販売減少とを同時に発生させる他の原因は無数に考えられる。

　これに対し，unitary アプローチは，かかる理論上の難点がないが，運用上の困難がある。ダンピング価格でなく，正常の価額において輸出されたと反実仮想（counterfactual）を行って，その場合の国内産業の状況を推定することが容易でないからである（bifurcated アプローチでは，調査期間中の実際の数値を比較すれば足りる）。販売価格，販売量及び利潤などは推計可能かもしれないが，それ以外の指標について変動を想定することが容易でない。したがって，unitary アプローチでは，国内生産者の販売価格，販売量及び利潤に焦点をあてた分析とならざるを得ない。ただし，後に述べるように，協定上は，それ以外の要素をも考慮することが求められている。

　AD 関税におけるこのアプローチの違いは，根拠論とある程度連動している。国内産業が現状損害を受けているか否かを判断するにあたり過去の時点と比較するのは一見して自然な発想のようであるが，この場合，ダンピング輸出以外にも，景気悪化に伴う需要減退，原材料・人件費等の高騰など様々な要因が企業の業績に複雑に影響することを考えれば，何が原因であるかを一概に決定し難い。一つの方法は，相関関係をみることにより寄与度を推定するアプローチであり，すなわち bifurcated アプローチである。条件関係を考えるとすれば，経時的な損害でなく，現時点でダンピング輸出がなかった状態と比較して現状が劣っているか否かを検討することになるが，この差は，ダンピング輸出以外の要素たとえば国内産業の競争力の不足（脆弱性）とも条件関係を認定できるであろう。不法行為説ではかかる要素を考慮しない理由が見当たらず，因果関係が決まらないおそれがある。したがって寄与度を考える bifurcated アプローチを採用しなければならないであろう。

　これに対して，「隠れた補助金説」では，正常の価格で輸出された状態との比較すなわち unitary アプローチしか選択の余地がない。国内産業の脆弱性，景気後退，原材料価格・人件費の高騰その他外部的事情を考慮する必要がない。なぜ

ならば，比較優位産業すなわち競争上生き残るべき産業が保護の対象であり，同時に需要減退などがあったとしてもその状態で存続している限りで競争力があると判断されるのであって，正常価格で輸出された場合と異なる結果を生じた原因がダンピング輸出とそれ以外の要因であったかを検討する必要がない。したがって，現状とダンピング輸出がなかったと仮定した状態とを単純に比較して損害を認定することができる。

また本章一1で述べたように，「損害」概念は，企業の立場で定義するか国家経済の立場から定義するかで大きく異なる。前者であれば企業が主観的に状態が悪化したと考える状態を損害と捉えてよいが，後者であれば企業の主観と無関係に国内において生産・販売活動の規模が客観的にどうかという観点から損害を捉えることになる。したがって，国内生産者の販売価格及び販売量が重要視され，先に述べたunitaryアプローチの技術的困難さが相当程度解消される。bifurcatedアプローチとunitaryアプローチの違いだけでなく，「損害」概念の内実にも注意を払う必要がある。

なお現実に損害を被っている場合以外にも「損害のおそれ」及び「確立の遅延」でも発動要件を充たす。「損害のおそれ」は，bifurcatedアプローチを前提とする先例上，調査期間中に実質的な損害が発生していないがその後に輸入が増加し損害が発生する可能性がある場合をいうものとされている[36]。unitaryアプローチからは，調査対象産品が正常の価格で輸出されたと仮定した場合と比較して国内産業の売上高・販売数量等の事業規模を示す指標が悪化していなければ，国内産業にダンピング輸出に対抗する競争力があることを意味すると一応考えられ，ダンピング輸出が継続されたとしても国内産業の事業活動は縮小しないはずである。ただダンピング輸出のため，たとえば販売費用を追加投入したために利潤が減少し，よって今後は市場からの退出又は事業の縮小を検討しているとか，将来のための必要な投資ができなかったといった事情があれば，事業が将来縮小する可能性がある。そうした場合を「損害のおそれ」と考えるのが合理的である。したがって，ダンピング輸出のためにその分野に投資ができずそもそも国内産業が発生しなかった場合が「確立の遅延」ということになろう。

（3）「国内産業」

AD関税は，ダンピング輸出があったというだけでなく，それが「国内産業」に実質的な損害をもたらす場合のみ発動可能となる（GATT6条1項）。同条には，

---

36) Panel Report on *US – Softwood Lumber VI*, para. 7.57.

「国内産業」の定義がないが，AD 協定上，「国内産業」とは，ダンピング輸入される産品の同種の産品の国内生産者の全部又は生産量シェアでみて相当の生産者から構成されるとされた（AD 協定 4.1 条）。「相当」か否かは，産業の状況に照らして判断され，「国内生産全体を実質的に反映するような比較的高い割合」であることを要するとされるが，産業全体の代表性を重視するのが先例の傾向である[37]。ただし，ダンピング輸入を自ら行っているか，又は輸出者若しくは輸入者と一定の関係のある生産者は，ダンピング輸入から利益を受けているため除外することができる（4.1 条(i)）。例外的な状況において，一定の条件を充たす場合，加盟国の一部の領域における生産者だけから構成する国内産業を考えることができる（同条(ii)）。関税同盟においては同盟国全体が一の関税地域を構成する（GATT24 条 8 項(a)号）ので，関税同盟域内生産者を「国内産業」とすることができる。またこの統合の水準に達した二以上の加盟国の国内生産者を合わせて「国内産業」とすることが認められる（AD 協定 4.3 条）。

　ダンピング輸入される産品の「同種の産品」でなく，これを原材料として生産される産品は，たとえ垂直統合している同じ企業が生産していても含めることができない[38]。生産者であれば足り，販売していることは要件でないので，自家消費用いわゆる captive production を行うだけの生産者も含まれる[39]。企業の立場から損害を捉える場合には異なる解釈もあり得るが，国家経済の立場から捉えるならば当然の解釈である。

　「国内産業」の定義は，発動の実体要件の一である「損害」の認定に関わるだけでなく，調査開始の要件とされる「国内産業」の支持があるか否かの判断において関係する。先に述べたように，ダンピング輸入に関与している国内生産者を「国内産業」から除外し，「国内産業」の支持の有無において考慮しないことが認められている。発動要件の取扱いとして当然のようであるが，実はかかる国内生産者に関する損害認定を不要とする理由は，不法行為説からしか説明できない。隠れた補助金説であれば，ダンピング輸入に関与しているか否かを問わず国内産業に含めるべきであり，たとえば海外工場からの輸出に切り替えつつある状態をもって損害を認定することが許されるであろう。

　AD 協定上は，ダンピング輸出されているとして調査申請された産品の「同種の産品」の生産者であることが求められている。調査対象産品の範囲に限定がな

---

37) Appellate Body Report on *EC – Fasteners*（*China*）, para. 419.
38) セーフガード措置についての先例であるが，ラム肉を調査対象産品とする場合に羊養育業者をも含めたことが問題とされた。Appellate Body Report on *US – Lamb*, para. 88.
39) Appellate Body Report on *US – Hot-Rolled Steel*, paras. 198-209.

いとされていることとの関係で，この「同種の産品」の範囲が調査対象産品の範囲と同じであればよい，言い換えれば，調査対象産品の一と「同種の産品」の一とを取り上げた場合に両者が常に「同種」であることまでは求められていないと一般に理解されている。確かに，直接に競争関係に立たない産品が調査対象に含まれ，したがって国内産業の産品とされていることが通常である。たとえば半導体製品である DRAM は何度も AD 関税調査の対象となっており，1個のメモリー量では相当の幅のある製品が同時に対象とされている。原材料，製造過程，製品の物理的・化学的特性などは共通点が多く，したがって同じ生産者がそのすべてを生産していることが多い。しかし，メモリー量が異なれば現実の用途は相当異なり，多くの産品は代替関係にないか，相当のダンピング輸出でなければ影響を及ぼしようがないほどの代替関係しか存在しないであろう。

　このような実務に照らせばむしろ，「同種の産品」は，競争関係すなわち消費における直接の代替関係を前提とするものでなく，たとえば生産過程の共通する産品をも指す概念として捉えるべきとの考え方が生じる。とくに比較優位論＝協力モデルに立ち，比較優位産業への特化を妨げるか否かを考えるのであれば生産過程が共通する産品全体を対象として選択するほうが合理的である。このように「同種性」を直接競争性と同義でなく緩く考えれば，個々の調査対象産品と個々の国内産業の産品との「同種」性を要求して差し支えない。その上で，次項でみるように，損害・因果関係の認定を具体的な競争関係にある産品ごとに行い，全体を総合して国内産業に実質的に損害を及ぼしているか否かを判断することが想定される。これは調査対象産品を「同種の産品」の範囲に限定する議論でもある（本項2(3)を参照）。

　なお「国内産業」をいかに定義するかについて，不法行為説に立ち，「損害」を企業の立場からみるならば特段の内在的制約はなく，ある産品の一部の生産者に限定することも当然に否定する理由が見当たらない。ダンピング輸出が不法行為である以上，そのために損害を受けている国内生産者が存在する限り対抗措置の必要性を否定できないからである。要するに，どのように「国内産業」を定めるかはその国の立法政策の問題であるが，直接に競争しない産業でもよいのか，一部の生産者について損害を及ぼしているだけで輸入全体にAD関税を課すことが適切かという政策的観点から，AD協定の関連規定が裁量を制限しているものと理解される。外在的制約である以上，これらの規定は文言以外に解釈指針がない。

　これに対して，隠れた補助金説に立つならば，ダンピング輸入された産品と直接競争する産品の生産者に限定するのが一見自然である。しかし，「損害」を国

家経済の見地からみるならば,「同種の産品」の国内生産者全体を「国内産業」とすべきであり,その一部を抜き出すことを認めるべきでない。輸入国における比較優位産業への特化を妨げられないようにすることが重要であり,よって一部の国内生産者が損害を受けていても残りの国内生産者と合わせてみた場合に国内生産の規模が縮小していなければ救済の必要がないからである。したがって同種の産品の生産者の一部で国内産業を構成してよいとするAD協定の規定は不合理であり,限定的に解することが求められる。また立法論であるが,そもそも国内産業の範囲という実体の問題でなく,生産者全部を調査することに困難がある場合にどこまで調査すればよいかという証拠の観点から規定するほうが適切である。

(4) 損害と因果関係との認定

先に述べたように,bifurcatedアプローチすなわちダンピング輸入とは別に調査対象期間の国内産業の状況を検討して損害を把握し,その後にダンピング輸入と損害との因果関係を考えるのが確立した実務であったが,正常の価額で輸出された状態との比較すなわち反実仮想法により,unitaryアプローチに拠って差し支えないことが明らかにされた。関連条文は,bifurcatedアプローチを前提としているように見えるが,近時の先例はunitaryアプローチの要素を解釈を通じて取り込んで行く方向のように見える。

AD協定は,3.1条において,損害・因果関係認定が「実証的な証拠(positive evidence)」に基づくこと,さらにダンピング輸入の数量及びダンピング輸入が国内市場において同種の産品に及ぼす効果,並びにダンピング輸入が結果として国内生産者に及ぼす影響の双方を客観的に検討することを求めている。さらに,3.2条においてダンピング輸入の数量増加又は国内産業の販売する同種の産品の価格に及ぼす影響(effect)を考慮することを求め,3.4条においてダンピング輸入が国内産業に及ぼす影響(impact)について販売額,利潤など一定の指標の変化を検討することを求め,さらに3.5条においてダンピング輸入の及ぼす「影響(effects)」によって損害が発生していることの立証と,ダンピング輸入以外の要因に帰すべき損害をダンピング輸入に帰責しないこととを求めている。

この各条が想定しているそれぞれの検討について,上級委員会は,調査当局が行う検討の「論理的進行(logical progression)」を示しているとしている[40]。3.2条の想定する分析がダンピング輸入が国内産業全体に価格又は数量の影響を及ぼしているか否かの検討であり,その肯定的認定を受けて,3.4条の分析が,その

---

40) Appellate Body Report on *China – GOES*, paras. 127-128, and 143-145.

影響に対応する損害認定のために国内産業全体の経済状況を評価し，最後に3.5条の分析がその経済状況の悪化すべてがダンピング輸入に帰せられるかを評価するものと想定すれば，論理的つながりは明確であるが，上級委員会はここまで明確にはしていない。ただ，反実仮想の手法による認定が3条の要件を充たし得るとした[41]。反実仮想の手法すなわちunitaryアプローチに拠れば，調査対象産品の輸出がダンピング価格でなく正常価格において行われたと仮定した場合の国内産業の状況を基準とし，現在の状況がそれよりも悪化していればそれを損害として，「実質的（material）」か否かを評価することになる。この場合には，3.2条，3.4条及び3.5条の分析が一体として行われる。

各条については，3.2条は，価格効果について，price undercuttingのほか，価格押し下げ（price depression）及び価格上昇の抑制（price suppression）の類型を規定している。同条は，価格影響の肯定的認定までは求めていないが，適切に評価することが必要とされている。上級委員会は，*China – GOES*ケースにおいて，価格押し下げ及び価格上昇の抑制についてダンピング輸入と国産の同種の産品の平均販売価格を単純に比較するだけでは足りず，比較可能な価格の検討に基づき，ダンピング輸入の効果として価格押し下げ又は価格上昇の抑制があったか否かを検討することが必要であるとした[42]。さらに，*China – X-Ray Equipment*ケースでは，price undercuttingの検討においても，単なる価格比較でなく，比較可能な価格の関係を検討すべきであるとした。「同種の産品」であれば価格が比較可能というわけでなく，調査対象産品及び同種の国産品とを適宜競争関係にあるサブグループに分けて影響を検討することが求められる。

これらの判断は，ダンピング輸入と同種の国内産品との間の競争関係を要求するものであり，方向性として正当である[43]。「同種の産品」であるからといって競争関係が存在するとは限らず，競争関係がなければダンピング輸入は国内産業に影響を直接及ぼせない。ダンピング輸入が国内の「同種の産品」の販売に影響を及ぼしていることの認定は損害認定のための国内産業の経済指標の検討に進む必須の前提であり，それなくして国内産業の経済状態の悪化を認定しても無意味

---

41) *Ibid.*, paras. 140-142.
42) *Ibid.*, paras. 157-159.
43) なおこの先例が各国の実務において理解され，受け入れられているかどうか定かでなく，価格の比較可能性すなわち競争関係が質問状等において問われない可能性もある。WTOの紛争解決手続において新しい証拠の提出が認められない可能性（Panel Report on *EC – Tube or Pipe Fittings*, paras. 7.32-7.36）に鑑みると，調査対象企業としては，国内産品と競争関係にないため損害をもたらしていないと考える場合，将来WTOの紛争解決手続で争う可能性を考えて，競争関係の不存在を調査当局に対して自発的に主張立証しておくことを検討してよい。

である。文言の問題としても，価格押し下げ及び価格上昇の抑制についてはダンピング輸入の「影響（effect）」であることが明示されているが，price undercuttingについても，「一又は数個の要因のみでは，必ずしも決定的な判断の基準とはならない」（3.2条末文）のであるから，価格が下回っているという認定では足りず，代替の価格弾力性を測定して価格に現実の影響があったか否かを評価すべきである。国内産業の販売価格が現実に下がっていなければ，国内産業において費用が増加したために採算性が悪化し事業を今後縮小する可能性があること（損害のおそれ）又はダンピング輸入との競争を前提とするとそもそも採算が得られず国内産業において必要な投資がなされなかったこと（確立の遅延）を認定できなければダンピング輸入を問題にする必要がないと思われるが，いずれにせよ国内産業の産品との競争関係が存在することが前提であろう。

この観点からすれば，価格効果のみならず，3.2条においてダンピング輸入の数量増加の検討が要求されていることも単なる数量増加でなく，それが国産の同種の産品に代わって調査対象産品が購入されたために生じた数量増加であることを要求すべきであろう。規定上，「ダンピング輸入の量について」（3.2条一文）とされ，ダンピング輸入の「影響（effect）」という文言がないが，3.2条の分析が国内産業の経済状況を評価する前提だとすれば，ダンピング輸入の「増加（increase）」は，国産の同種の産品を置き換えた結果であることが前提であると解釈できないかが今後の課題になる。

続いて損害の把握に当たっては，国内産業の生産する「同種の産品」の販売にダンピング輸入が影響（effect）を及ぼしていることが前提であり，それがなければ損害認定に当然瑕疵があるとされた[44]。影響が認められる場合，AD協定3.4条に列挙された指標をすべて検討し[45]，損害の認定に至った理由を十分に説明することが必要である[46]。

ここで求められていることはダンピング輸入が国内産業に及ぼす影響（impact）の評価であって，単なる国内産業の状態の評価でないとするのが近時の先例である[47]。そうだとすれば，「同種の産品」の一部についてダンピング輸入が数量又は価格影響（effect）を及ぼしていると認定できない場合，国内産業全体の経済指標を単純に検討してもダンピング輸入が国内産業に及ぼす影響を評価したことにならないとすべきであろう。この点を検討した先例が未だ存在しないが，影響

---

44) Appellate Body Report on *China – GOES*, para. 128.
45) *E.g.*, Panel Report on *Thailand – H-Beams*, para. 7.225.
46) *E.g.*, Panel Report on *EC – Bed Linen*, para. 6.162.
47) Appellate Body Report on *China – GOES*, para. 147.

（effect）を認定できなかった部分についてはその結果として影響（impact）を受けたと全く認定できないことを前提に指標を検討すべきであろう。さらに，国内産業全体について数量又は価格影響（effect）を認定できたとしても，その影響（effect）の及ぶ範囲を超えて影響（impact）を評価することが適切とは思われない。たとえばダンピング輸入のために国内産業の販売価格が5％下がった場合と20％下がった場合とで国内産業の販売高減少のうちどれだけがダンピング輸入に帰せられるべきか同じ判断でよいとは思われない。さらに利潤が減少していたとしても，その全部がダンピング輸入の影響（impact）であるとみなす根拠はなく，数量及び価格効果（effect）の範囲に限定すべきであろう。今後の課題であるが，3.2条及び3.4条が想定する分析の論理的連関を確保するために数量及び価格影響（effect）分析の結果を影響（impact）分析に正しく反映することを求めるべきと考える。3.5条の想定する「他の要因」に帰責すべき損害の除外以前に，ダンピング輸入に積極的に帰責できる損害に限定することを求めるべきであろう。

さらに，調査当局は，3.2条及び3.4条の分析によって認定した損害がダンピング輸入によって生じたものであることを明らかにする必要があり，ダンピング輸入とは別の理由によって発生したものを「区別し分離し（distinguish and separate）」なければならないとするのが先例である[48]。別の理由については知れたる事情及び輸出者が国内調査手続において指摘した事情は考慮が必要である。ただし「区別し分離し」との部分は何を求めているのか必ずしも明らかでない[49]。3.5条は，「3.2及び3.4に規定するダンピングの及ぼす影響」によって損害が発生していることの立証を求めているので，3.2条及び3.4条の分析において検討し認定した「影響（effect）」及び「影響（impact）」の範囲に損害認定を限定する必要があるはずである。現在の国内産業の状態とダンピング輸入のかかる影響がなかった状態との差に限定するならば，この限定は自動的に行われ，したがってダンピング輸入以外の原因に帰責すべき損害も自動的に「区別し分離」される。相関分析ならば，寄与度分析を行って，ダンピング輸入の寄与度の範囲で損害を考慮するといった方法が論理的に考えられるが，調査対象期間がわずか3年であり，寄与度分析を行っても信頼できる分析結果が得られるのか疑問であるし，また上記の限定も適切に行われているのか定かでない。

そもそも損害・因果関係論について，不法行為説では，ダンピング輸入によって国内産業の販売が減少し，又は価格が低下したという事情，またその前提とし

---

48) *E.g.*, Appellate Body Report on *US – Hot-Rolled Steel*, paras. 222-224.
49) Rüdiger Wolfrum, Peter-Tobias Stoll, and Holger P. Hestermeyer (eds.), *WTO – Trade Remedies* (Martinus Nijhoff, 2008), pp. 67-69.

て調査対象産品と国内産業の産品とが市場において競争していることがなくても差し支えない。国内産業に損害が発生する経路を競争関係を通じたものに限定する論理的必要性が必ずしもないからである。したがって先例には反するが，AD協定3条の規定を，ダンピング輸入の数量又は価格効果の評価をするという行為義務を定めたものであり，数量又は価格効果を認定できなければ損害・因果関係認定ができないとする結果の義務を定めているものではないと解することができないわけでない。

　これに対して，隠れた補助金説では，国内産業の販売数量又は販売価格に対する影響がなければ損害を認めるべきでなく，3.2条をかかる影響の認定が必要であることを前提に，その検討を求める規定と解することになる。ダンピング輸入が正常の価額で行われたと仮定した場合の同種の産品の国内販売と比較して数量又は価格効果を認定できない場合，国内産業の経済状態が著しく悪化していたとしてもそれはダンピング輸入の責任でなく，AD関税賦課が正当化されないのは当然である。何らかの影響を認定できた場合損害を認定するために国内産業の経済状態を検討することが許されるが，検討の対象は，認定された影響（effect）の範囲に当然限定されるであろう。これが3.4条の分析の前提である。国内産業の経済状態の変化を経時的に認定するのであれば他の要因による悪化が必然的に入り込むため，3.5条に従い，ダンピング輸入の影響がなかったと仮定した状態と現状とを比較することによって他の要因に帰責すべき状態の悪化を「区別し分離」することが必要である。なお先に述べたように，3.2条，3.4条及び3.5条の分析を統合して，端的にunitaryアプローチを採用するならば，ダンピング輸入が正常の価額で行われたと仮定した場合と比較して国内販売数量が減少し又は価格が低下し，その結果生産・販売規模が縮小していることを認定できれば「実質的な損害」を認定できると思われる。つまり原則として，3.4条に列挙されている損害指標のうち生産・販売規模に直接関係しない指標（たとえば生産性，資金流出入など）は二次的な指標であって，生産・販売規模を直接に示す指標（たとえば販売，生産高など）の信頼性を確認するために検討が求められていると理解することになろう。ただし，現時点で生産・販売規模が縮小していなくても，利潤・生産性などが悪化して将来縮小する可能性がある場合には損害のおそれを認定できるし，採算性を勘案して投資ができなかったという場合には産業の確立の遅延を認定できると考えれば，生産・販売規模に直接関係しない指標が中心的な意義を有する場合もあると考えられる。

　なお，関連する市場の状態により，調査対象産品の一部がいずれの同種の国産品とも競争しておらず（又は影響を及ぼすだけの競争関係がなく），国内産業に影

響を及ぼしていると認定できない場合には，当該産品を調査対象から除外するか，最終的に課税対象外とするかが求められる可能性がある（9.2条）。ただ，unitaryアプローチを徹底するならば，当該調査対象産品の一部のダンピング輸入のために競合分野において国内投資がなされず結果として生産が開始されなかったかどうか，すなわち，産業の「確立の遅延」がなかったかどうかを検討し，その結果，「同種の産品」を生産する生産者全体から構成される「国内産業」全体に損害をもたらしているかどうかを決定するという考え方のほうが自然である。逆に，同種の国産品の一部が調査対象産品と競争しておらず，ダンピング輸入がその部分の国内産業に影響を及ぼしていない場合がある。その部分の経済状態の悪化は，ダンピング輸入以外の原因で発生していることが明らかであるので影響（impact）なしとして損害認定から排除し，それ以外の部分の状態の悪化だけで国内産業全体が実質的な損害を被っていると言えるかが問われよう[50]。*China – GOES* に始まる損害・因果関係に関する先例は，この方向を指し示しているように思われる。

（5）損害の累積

　ダンピング輸出と損害との因果関係の認定は，個々の輸出者によるダンピング輸出ごとでなく，国単位で考えるのが確立した実務であり，GATT6条6項(a)号の文言もかかる取扱いを支持している。さらに，複数の輸出国からのダンピング輸出によって国内産業が損害を被っているという場合に，ダンピング輸出全体と損害との関係を検討すべきか否か，すなわち損害を累積すべきか否かという問題がある。AD協定3.3条は，輸入品間及び輸入品と国産品との間の競争関係に照らして適切であると決定した場合に累積評価を認めている。ただしダンピングマージンが僅少であり，また輸入量が無視できる場合は除かれる。どういった競争関係があれば適切かは実務上必ずしも明らかでない。

　まず不法行為説は，輸出国単位で因果関係を考える出発点から説明に窮するところがある。同じ加盟国の生産者同士であっても意思の連絡があると想定する根拠がなく，その点では責任を共有させる理由の説明が困難である。輸出国単位で因果関係を考えることを認めているGATT6条の規定は，何らかの政策的理由により累積を認めているのであり，かかる取扱いを認める以上，複数の輸出国から

---

50)　最恵国待遇義務について検討したように，「同種の産品」について同一の関税率を適用すべきという考え方（第3章四2(2)）に立てば，調査対象産品の範囲も「同種の産品」かどうかで画され，かつAD関税も「同種の産品」の範囲でのみ課すことができるとすべきであり，したがって「国内産業」の損害認定も全体でのみすべきということになる。

の輸出全体との因果関係を検討することを妨げる論理は特段見当たらないということになろう。いかなる競争関係が必要かは各国の裁量に委ねられ、規律を強化するには新しい合意が必要とされよう。

　これに対して隠れた補助金説だと、ダンピング輸出は、輸出企業の問題でなく、隠れた補助金を付与している輸出国政府に帰責されるから、輸出国単位で因果関係を考えるのが当然である。逆に、輸出国政府間で共同責任を負う理由がないので、複数の輸出国からの輸出を一体として因果関係を考える理由がなく、累積を認めるために特別の論理が必要になる。

　この点、unitary アプローチを前提とすると、二以上の輸出国からのダンピング輸入をまとめて考えると国内産業の損害と因果関係を認定できるが、各々の輸出国からのダンピング輸入との条件関係がいずれも認定できない場合を指摘できる。すなわちいずれか一国からのダンピング輸入が正常の価額でなされたと仮定しても、他国からのダンピング輸入が増加し、結果として国内産業の状況が異ならなかったと判断される場合である。この場合にいずれの国からのダンピング輸入にも AD 関税を課せないとするのは不適切である。すなわち損害の累積というよりも、仮定的因果関係を認める規定と理解することになる。かかる認定は、国単位で因果関係を考えるという原則を逸脱しない。よって、AD 協定3.3条は、複数国からの輸出の累積を創設的に許容する規定でなく、国単位での仮定的因果関係の認定が許されることを確認した規定と理解することになろう。

　やや複雑であるが、調査対象産品又は国内産業の販売する同種の産品が競争関係にある産品を複数含んでいる場合の累積規定の適用はどうなるか。輸出国 A が調査対象産品 a、b 及び c のうち a 及び b を、輸出国 B が b 及び c をダンピング輸出しており、輸入国 C の国内産業が a、b 及び c を製造販売しており、a、b 及び c 相互に競争関係がないという場合、それぞれ個別に因果関係を考えると、輸出国 A は国内産業の c の部分の損害と因果関係がなく、輸出国 B は国内産業の a の部分の損害と因果関係がないことになる。仮定的因果関係の認定を認める規定と理解する限り、輸出国 A と B とに共通する b のダンピング輸出以外に累積を認める余地はない。b の範囲で仮定的因果関係の考慮を認め、A 及び B 国それぞれからのダンピング輸出について C 国国内産業に実質的損害をもたらしているか否かを検討すれば足りるはずである。

　なお、AD 関税調査と相殺関税調査とが同時に行われることがあるが、ダンピング輸入と補助金付輸入との間で損害との累積評価は許されないとするパネルの先例がある[51]。同じ国からのダンピング輸入と補助金付輸入とを一括して損害・因果関係を考えることは許されるが、異なる国からの累積評価は許されないとの

趣旨である。確かに，累積に関するAD協定3.3条及び補助金協定15.3条は，二国以上からのダンピング輸入又は補助金付輸入についての累積にのみ言及している。不法行為説又はbifurcatedアプローチでは，これらの規定を，国単位での因果関係を考える原則を超える創設的規定と捉えるであろうから，規定にない以上，ダンピング輸入と補助金付輸入との間での国を越える累積が認められないとするのが当然である。これに対して，隠れた補助金説かつunitaryアプローチを採用すれば，上記のとおり，AD協定3.3条等は確認規定であって，これらの規定がなくても仮定的因果関係の認定が許されていると考える。GATT6条がAD関税と相殺関税との併課を想定している以上，ある加盟国からのダンピング輸入と別の加盟国からの補助金付輸入との間でも仮定的因果関係の認定が当然許されると解釈すべきであろう。

4 調査手続・証拠

（1）調査開始

　AD関税賦課のための調査は，国内産業の書面申請を受けて行われるのが原則である（AD協定5.1条）。当局は，賦課の要件すなわちダンピング及び損害・因果関係について十分な証拠がある場合にのみ調査を開始する（5.8条）。十分な証拠がある場合には申請がなくても自ら調査を開始することが許される（5.6条）。調査開始は，調査対象国政府及び知られている利害関係者等に通知し，また一定事項を公告しなければならない（12.1条）。

　AD協定は，申請に対する国内産業の支持を調査開始の要件としている（5.4条）。これは，理由のない調査開始を抑制するための実務的な解決方法として理解されている。とりわけ不法行為説に立つ場合には，AD関税は，国内産業と外国産業との利害調整のツールとして用いられているわけであるから，国内産業の支持が少ないことをもって調査を開始しない理由とすることも理解できる。

　しかし，隠れた補助金説に立てば，AD関税は，WTO協定の下で行われる貿易自由化が各国の比較優位産業への特化を妨げないようにするための措置であって，すなわち公益を保護するための措置であるから，国内生産者という私企業が完全に処分できるものとして取り扱うこと自体の正当性に疑いがある。むしろ国内産業の支持の要件は，私企業の利害計算に調査開始の要否が左右されるという点で問題があると言わざるを得ない。

51）　Panel Report on *US – Carbon Steel* (*India*), paras. 7.341-7.355, in particular, para. 7.351.

(2) 質問状・回答

AD関税のための調査は、調査当局が関係者に質問状（questionnaire）を送付して回答を得、後に回答者の事務所等を訪問し当該回答の真正・正確性を確認する（verification）ことが中心となる。当事者の回答等は秘密情報が相当含まれているため、そのままでは開示できず、当事者が作成・提出した公開要約版を他の当事者に開示し、意見を述べる機会を与えるのが通常であるが、米国のように、秘密保護命令の下で弁護士にのみ完全に開示し、当事者による反証活動を重視する手続を採用している国もある。これは行政調査のやり方の違いに起因するものであって、統一を促進したほうがよいとは限らない。

(3) 調査手続

調査は、公平かつ客観的であることが求められ（17.6条(i)）、調査手続の公平性も要求される[52]。調査においては、利害関係者の反論の機会を確保するために、調査当局がいかなる情報を必要としているか通知され、また証拠提出の機会を付与される（6.1条）。質問状の回答期間は30日以上が確保され、理由がある限り延長が認められる（6.1.1条）。秘密情報が適切に保護された上で提出されたすべての証拠を他の利害関係者は入手できる（6.1.2条）。申請書についても同様である（6.1.3条）。

利害関係者は十分な議論の機会を付与され、対質を求めることができる（6.2条）。ただし対質において口頭で提供された情報は書面化され、他の利害関係者に提供されることが必要である（6.3条）。実行可能な限り、秘密情報を除いて、当局が使用するすべての関連情報を利害関係者の閲覧に供し、反論を準備する機会を適時に与える（6.4条）。秘密情報は保護されるが、正当な理由が必要であり、また守秘の観点から不能でない限り秘密でない適切な要約が提供されなければならず、それらの理由がない場合には当該情報は無視される（6.5条、6.5.1条、6.5.2条）。提出者が示した正当な理由を当局は検討する必要があり、その検討状況が調査の記録に存在しない場合は検討がなされていないものと認定される可能性がある。当局は、提供された情報の正確性を確認しなければならず（6.6条）、関係者の同意を得、現地政府に通知した上で現地調査を行って情報を確認し、さらに詳細な情報を入手することができる（6.7条）。利害関係者が情報提供しない場合には、知ることができた事実（facts available）に基づいて判断をすることが許されている（6.8条）。当局は、最終決定前に重要事実を利害関係者に通知し、反論

---

[52] Appellate Body Report on *US – Hot-Rolled Steel*, para. 192.

の機会を付与する(6.9条)。

　ダンピングマージンは知られている輸出者,生産者については個別に決定することが必要であるが,それが実行可能でないほど数が多い場合,調査対象の利害関係者又は産品の範囲を制限し,又は「合理的に調査することができる範囲で最大の量に制限する」ことが許されている(6.10条)。自発的に情報を提供する輸出者,生産者については原則として個別のダンピングマージンの計算が必要である(6.10.2条)。

　また本項3(4)で述べたように,3.4条に列挙された損害指標については,調査当局が積極的に検討する必要があるが,その点の記載方法について上級委員会は規定がないとしている[53]。なおこの点,セーフガード措置のための調査においては,第4章四-1(3)で述べたように,利害関係者の提出した証拠に検討を限定してはならないとされていることとの関係で調査義務がどこまで存在するかを検討する価値があろう。

(4) サンプリング及びFA

　AD関税調査において,調査対象企業が多数に上る場合など,個別企業の調査が実行可能でない場合がある。個別企業の側においても調査に協力しない可能性もある。こうした問題は,国内産業を構成すべき国内企業についても発生するし,調査対象たる外国企業に発生することもある。国内企業の場合には,「国内産業」の議論において検討した。ここでは調査対象たる外国企業の場合を取り上げる。

(ア) サンプリング

　AD協定はサンプリングによる調査を認めている。調査対象輸出者が多数に上る場合,すべてを実際に調査対象とすることが容易でないため,調査対象産品を製造・輸出している企業の中から少数を選定して質問状を送付し,他の企業について自ら申し出た場合のみ個別データを考慮し(6.10.2条),そうでない企業について,提供された個別データを利用してその他レート(all other rate)を計算し適用するのが通常のやり方である。

　理論的には,不法行為説がサンプリングを正当化できるか疑問がある。不法行為説では,ダンピング輸出を行うか否かが輸出者の意思の問題であり,同一国の輸出者であるとしても,ダンピング輸出を行うかどうかの判断が独立に行われないとする理由がない。たとえば1社を除くすべての輸出者がダンピング輸出を行

---

53) Appellate Body Report on *EC – Tube or Pipe Fittings*, paras. 161-162.

っているからといって，残りの1社がダンピング輸出を行っているとの推測を正当化する根拠は見当たらない。統計理論上は，ある国からの輸入にかかるダンピングマージンの確率分布が正規分布すると考える根拠があればサンプリングによりたとえば平均を推定することが許されるが，そのように分布すると考える根拠がそもそも不明である。

これに対して，隠れた補助金説では，ダンピング輸出を可能にしているのは輸出国の規制又は市場構造である。したがって同じ輸出国の企業であれば同じ措置又は市場構造の影響を受けているはずであり，その結果としてのダンピングマージンの確率分布を正規分布に近いと推定する根拠がある。よって，標本調査によって残りの輸出者のダンピングマージンを推定する根拠があるといえる。ただし，かかる推定をする以上，その他レートは，サンプリング調査による最高レートでなく，調査したレートから平均を推定すべきである。

(イ) F A

AD関税調査は，輸出者等が情報・証拠の提出を拒否する場合に利用可能な証拠で認定できることにしておく必要がある。外国に所在する輸出者に対して強制捜索・押収という手段を執れない以上，輸出者が提供を拒否すれば，ダンピングマージンを確認するためのデータ・直接証拠を得られないからである。国内法レベルでは，AD関税を含め関税の賦課要件が充足していることの証明責任を政府が負うのが通常であろう。したがって証拠法上の手当てがなされなければ，輸出者は調査を拒否してAD関税の賦課を免れることができてしまう。したがって，輸出者等が情報提供を拒否する場合には「知ることができた事実」(facts available, "FA") での認定が許されている (6.8条)。

ただし，利害関係者が情報提出の機会を実質的に保障されていない場合にまでかかる認定を認めるのは不合理であることから，その情報要求手続を適正化し，かつ本人でない二次的な情報源からの情報に依拠する場合にも慎重であることが求められている (附属書Ⅱ)。FAは，たとえば，先例上，調査対象者に与えられる情報提供の機会は具体的でなければならず，具体的な争点が分かるような情報要求が必要であるとされている[54]。したがって，調査当局が特定している輸出者に対しては個別に通知し，いかなる主張立証がなされているかを知らせた上で質問状を送付する必要がある。申請書において特定されず知られていない輸出者に対してはかかる通知はできない。調査開始の公告をもって通知に代えることになるが，そこには輸出価格及び正常の価額に関していかなるデータがあり，それ

---

54) Panel Body Report on *Argentina – Ceramic Tiles*, paras. 6.55 and 6.58.

がどの範囲で適用可能なのかが説明されている必要があろう。不法行為説に立つ限り、ある国からの輸出者等の大半がダンピング輸出しているとしても、他の輸出者等がダンピングをしていると推定してよい理由がなく、当該国からの輸出に関するデータであってもそれがどこまで適用されるのか明らかでない。サンプリングについて述べたように、すべての輸出者等に適用されると考えるならばその根拠を明らかにし、反論を促すべきであろう。これに対して隠れた補助金説では、一国の特定企業のダンピングマージンであっても他の企業のダンピングマージンを推定する根拠になり得る。したがって、公告において申請書におけるダンピングマージンが示されていれば足り、それが同じ国の他の輸出者に適用があることは当然であってその理由まで記載する必要はないといった違いがあるように思われる。

次に、adverse facts available の概念の可否も問題になる。これは、情報提出を要求したが応じない調査対象企業に対して不利益な推定を働かせることの可否・当否という問題であるが、先例上はこの問題に決着が付いていない[55]。不法行為説の場合、ダンピング輸出によって損害を受ける私人の保護と考えると、非協力の場合のペナルティという発想が正当化されやすく、不利益推定が正当化されやすい。すなわち申請者の主張をそのとおりに認めることが出発点になろう。これに対して隠れた補助金説では、比較優位産業への特化妨害阻止という公益保護を制度趣旨とするので、隠れた補助金額の合理的な認定をいかに確保するかという発想が支配的になり、職権主義的な積極的な調査が想定されるものの高率のAD関税を非協力のペナルティとして科すという発想は排斥される。ダンピングマージンの計算が適正に行われ、手続的な保障があることの相互信頼を確立させ輸出国政府に共助を求めるようにするという方向性があり得る。

(5) 決　定

調査の結果、発動要件を充たすか否かについて決定がなされ、いずれの場合も公告される（12.2条）。秘密情報の保護に留意した上で、重要な事項に関する認定・結論について十分に詳細な内容が公告本体等において開示されなければならない（同）。

一定の要件の下で暫定的な課税が許されるが、その場合には発動要件について肯定的な仮の決定が必要である（7.1条）。仮の決定も公告等が必要である（12.2条）。

---

55)　Appellate Body Report on *US – Hot-Rolled Steel*, fn.45.

損害・因果関係要件の認定には、「実証的な証拠（positive evidence）」に基づく「客観的な検討（objective examination）」が必要である（3.1条）。したがって調査当局の推論には証拠を根拠として示す必要がある[56]。利害関係者に開示されない秘密情報を根拠としてもよい[57]が、すでに述べたように、秘密取扱いの理由及び可能な場合は情報の要約が開示されている必要がある（6.5条）。

なおダンピングマージンが僅少（de minimis）であると決定した場合には調査手続を取りやめる必要があり、輸出価格の2％未満であれば僅少と看做される（5.8条）。また、ダンピング輸入量又は損害が無視できる場合にも調査手続の取りやめが求められる（同）。かかる閾値を超えてダンピング輸入が国内産業に実質的損害をもたらしていると決定した場合にのみAD関税の賦課が許される（GATT6条6項(a)号）。

5　AD関税措置の発動

（1）AD関税の賦課・徴収

AD関税は、「ダンピングを相殺し又は防止するため」に課される（GATT6条2項）。多くの国では、輸入時にAD関税が課され、ただしダンピング輸出を行っていない場合には輸入者の申請に基づいて還付が行われる建前である。今後ダンピング輸出を行わずAD関税がかからないようにする、という場合には事情変更見直しを求めることになる。これに対して米国では、輸入時には見積もり分の担保相当額を納めることが求められ、後にダンピングマージンを計算し、当初見積額を下回っていれば還付し、超過していれば不足分を追加徴収することになる。かかる取扱いの違いは、AD協定において認知されている（AD協定9.3条）。

なおこの関税額確定の手続について規定する9条には、事情変更見直し及びサンセット見直し手続と異なり、AD協定6条の準用規定がない（11.4条に相当する規定がない）。関税額確定が個々の輸出者について行われる（サンプリングを認める6.10条の準用がない）のに対して、AD関税の撤廃を輸出国ごとになされる必要があると考える隠れた補助金説の立場からは当然である。

（2）遡及適用

AD関税は、要件具備及び課税の必要性があることを決定した後にのみ課することが許されている（10.1条）。ただし、暫定措置がとられている場合には、そ

---

56) Appellate Body Report on *Mexico – Anti-Dumping Duties on Rice*, para. 204.
57) Appellate Body Report on *Thailand – H-Beams*, para. 107.

の開始時点まで遡及することができる（10.2条）。暫定措置は，適法な調査開始など手続的要件を充たし，かつ実体要件具備及び措置の必要性が仮決定される場合にとることができる（7.1条）。ただし調査開始後60日間はとることができず（7.3条），また原則として4ヵ月を超えられない（7.4条）。なお，常習的なダンピング輸出の場合又は駆け込み的な輸入増加があったと認定した場合には，暫定措置の日からさらに90日間遡って課税が許される（10.6条）。

(3) 損害マージン

AD協定9.1条においては，ダンピングマージン以下のAD関税賦課が裁量的に認められている（レッサーデューティールール）。ダンピングマージンに満たない率のAD関税賦課によって損害が回復する場合，その限度でAD関税を課すのが損害マージンの考え方である。bifurcatedアプローチに拠るならば，ダンピング輸入と損害との因果関係の認定が緩い可能性があり，損害マージンの考え方によって過剰な発動を制約しようとすることを理解できなくもない。現状は損害マージンの考え方の採用は義務でないが，合意されれば義務化も想定し得る。これに対して，unitaryアプローチに立つならば，損害マージンの考え方が機能するか疑問がある。ダンピング輸入品と国産品との間に直接の競争関係があることを前提として考えるため，正常の価額を下回る価格での輸入が国内産業に悪影響を全くもたらさない事態を想定できないからである。調査時点で正常の価額を一定程度下回って輸入されたとしても（正常の価額で輸入された場合と比較して）国内産業の活動規模が不変であったと認定できたとしても，競争関係がわずかに変わっただけで大きな影響が発生する可能性を否定できないであろう。そうした場合にAD関税を損害マージンの範囲に限定しなくてもよいとすると実質的な制約とならない可能性が高くなるが，反対の解釈を採用して救済が不十分となるリスクを発動国が負えるとも思えない。損害マージンの考え方の採用が義務とされていないのは当然であろう。

なお，インドの例に見られるように，国内産業の販売価格と輸入品の販売価格とを比較してその差額を上限とする損害マージンの考え方もある[58]。これは，調査対象の輸入品と国産品とが同一の産品であると仮定しているのであればその論理は理解できるが，そうした仮定が現実的か疑問である。むしろ，同一価格で競争できない国内産業を救済しない政策判断を示すものと説明すべきであるよう

---

[58] 財団法人国際貿易投資研究所『アジア諸国・地域のアンチ・ダンピング制度実態調査報告書』（独立行政法人経済産業研究所，2006年）151-152頁。

に思われる。

（4）公益要件

　AD関税の濫用を防止するために公益要件を追加し，公益上の必要性を審査させるべきでないかという意見がある。日本の関税定率法上も，国内産業を「保護するため必要があると認められるとき」に不当廉売関税を賦課できるとされており（関税定率法8条1項），調査対象貨物の「産業上の使用者又は当該貨物の主要な消費者の団体」には意見表明の機会が与えられている（不当廉売関税政令12条の2第1項）。しかし，AD関税発動を控えるべき公益が何かはっきりしない。

　これは，不法行為説からの立論であろう。ダンピング輸出自体を国内産業を害する不法行為であると考えて救済を認めると考える以上，国内産業の私益を保護する措置でしかない。したがって，そのために輸入品に対してAD関税を賦課することが公益を害するならば賦課を控えるということは考えられるであろう。ただそれは立法としていかにも拙劣であり，要件から設計し直すのが筋であろう。AD関税を「隠れた補助金」に対抗する措置と捉えるならば，ダンピングマージン・損害等発動要件が認定できても，かかる「隠れた補助金」があり得ないと考えられる場合に発動を控えるという選択があり得るであろう。「隠れた補助金」が存在し得ないならば，比較優位産業への特化を妨げる事態が生じていると考える理由がないからである。たとえば，輸出国市場において超過利潤の獲得を可能にするような貿易障壁を指摘できること等を要件として追加することも考えられる。

（5）価格約束

　価格約束（price undertaking）すなわちダンピング輸出を止める約束又は少なくとも損害を与えない水準以上に輸出価格を引き上げる約束がなされた場合にはAD関税賦課をせずに調査を中止することができる（AD協定8.1条）。ダンピング認定がなされたが価格約束をしない（他国の）輸出者がAD関税を課されることとの均衡が問題になり得るが，AD関税の目的からみて，賦課しない理由がダンピング輸出が今後なされないことにあるならば正当な区別であり，したがって価格約束は最恵国待遇義務に違反しないと考えられる。

　ただし，実務上価格約束は認められない傾向にある。とくに工業製品では，モデルチェンジや技術革新が頻繁に行われるため，約束する輸出価格に予想される変動を織り込むことが技術的に困難であること，また約束の遵守のモニタリングが容易でないことが理由である。したがってそうした事情の存在しない産品では

検討の余地があろう。

なお近時，輸出数量を絡めた約束の例（一定数量までは軽減された税率を適用するなど）が散見されるところ，かかる約束が上記AD協定上想定される「価格約束」といえるか疑問があり，むしろ最恵国待遇義務等に違反する可能性が高いというべきであろう。この点，不法行為説からは，かかる約束を認めるか否か両方あり得るので文言解釈に拠るということになるのに対して，隠れた補助金説からは，損害を発生させたダンピング輸出がなされているのにAD課税をしないのはむしろ経済を歪めることになるので，そうした約束を許さないとする解釈が支持される。

（6）非関税措置による不公正貿易規制の可否

先例上，ダンピング輸入に対する措置は，AD関税しか認められないとされている。*US‐1916 Act*ケースにおいては，GATT及びAD協定による場合を除くほか，ダンピング輸出に対する"specific action"は許されないとするAD協定18.1条を根拠に，ダンピング輸出に対する刑事罰・三倍額の損害賠償を認める米国1916年AD法が協定違反とされた[59]。この解釈は，*US‐Offset Act*（*Byrd Amendment*）ケースにおいても繰り返され，AD関税の徴収額を損害を被った国内産業に分配することが許されないとされた。相殺関税についても同様であるとされた（補助金協定32.1条）[60]。

ただし，この解釈は，「ダンピング輸出に対する……措置」（"specific action against dumping"）の文言として適切か疑問がないではない。どのような措置までダンピング輸出に「対する」とされるのかが必ずしもはっきりしないからである。この規定は，AD関税の法令だけでなく，個々のケースにおける「具体的な」AD課税も，GATT6条及びAD協定の要件充足が必要であることを述べているだけではなかろうか。

むしろダンピング行為を不法行為と捉えるならば，ダンピング輸出そのものが違法なのであるから，対抗措置として損害賠償や刑事罰，さらに被害者に対する救済策を用意すること自体不当でなく，AD関税に救済を限定する実質的理由を見出しがたい。これに対して，「隠れた補助金」説に立つならば，関税以外の対抗措置を認めないのは理論上当然である。ダンピング輸出それ自体が違法なのでなく，本来の価格競争力を超えて低価格での輸出ができるようになっていること

---

59) Appellate Body Report on *US‐1916 Act*, paras. 103-126.
60) Appellate Body Report on *US‐Offset Act*（*Byrd Amendment*）, paras. 263-274.

だけが問題だからである。その差額分を相殺すれば救済として十分であり，それ以上の救済は不要である。相殺関税についても同様である。

特に後者の考え方に立てば，1916年法やバード修正条項を別の規定によって協定不整合とすべきであった。たとえば，1916年法は，米国の主張によれば競争法の一部であった。しかしながら，不当廉売を規制するシャーマン法が国内業者のみならず，輸入業者及び外国からの輸出者にも適用があるのに対し，1916年法は，輸入品に対して上乗せの規制でしかない。輸入品に対してのみ適用されるのでGATT11条1項の対象であり，輸入価格を制限しているので禁止される輸入制限に該当するというアプローチもあり得た。残る問題は競争法の執行のために必要な措置としてGATT20条(d)号によって正当化されるか否かであるが，輸入品に対してシャーマン法と1916年法のいずれでも訴えが可能である以上シャーマン法の執行のために「必要な」措置といえないであろう[61]。また，バード修正については，そもそも一般的な産業育成のための補助金が他国に対して害を及ぼさない限り認められていることとのバランスが問題となる。第11章四2(4)で見るように，育成の要素がなく，保護の要素しかない，つまり「市場の失敗」の是正を目的としない補助金として，「無効化又は侵害」をもたらす，又は「著しい害」をもたらすという考え方もあり得たのでなかろうか。

(7) 迂回防止

AD関税が賦課されたとしても，その対象は調査対象産品に限定されているので，先に述べたように，いわゆる微小変更，輸入国迂回，第三国迂回，カントリーホッピングなどによってAD関税を回避することができる[62]。いくつかの国は，当初のAD関税賦課の対象を拡張して，こうした輸出を捉えることを認めるいわゆる迂回防止制度を採用している。たとえばEUにおいては，輸入国迂回に対しては，EU域内での生産者が，AD関税の対象企業の関連企業であり，AD関税調査開始後にかかる生産が増加したなどの要件を定めている[63]。

こうした行為の一部は，調査対象産品の特定における工夫によってあらかじめ対象とすることも可能である。たとえば，ダンピングマージンや損害認定が困難になる可能性もあるが，調査対象産品を広く定義することも一方法である。（ただし，原材料まで広く調査対象に含めようとすると，直接の競争関係が薄い産品を同

---

[61] 米国法上の知的財産権法による救済と通商法337条による救済との関係及びGATT20条(d)号の問題についてGATT時代の先例がある。第18章四2(4)(ア)を参照。
[62] 『不公正貿易報告書（1994年版）』（注25）126-127頁。
[63] Van Bael & Bellis, *supra* note 22, Chapter 8.

じ調査の対象とすることになるので，因果関係の認定が分かりにくくなり，正当化されないリスクが増大するし，また「同種の産品」による範囲限定（本項2(3)を参照）を超える可能性もある。）なおDRAMに関して日本の手続における取扱いについて本章二1(2)(ウ)を参照。

　こうした当初調査対象産品の定義における工夫によらずに当初の調査対象産品以外の産品にAD関税の対象を拡大することは，AD関税賦課に先立って調査を行うことを要求しているGATT6条6項(a)号及びAD協定10.1条に違反していると言わざるを得ないと考える。GATT20条(d)号によって許されるとする見解もあるが，虚偽表示などによってAD関税を免れようとする行為に対して発動するのとは異なる。確かに，不法行為説に立てば，かかる回避行為への対処方法を認めることは立法論として否定されないであろうし，20条(d)号による正当化の余地もなくはない。これに対して，隠れた補助金説に立てば，製造過程の一部が輸入国又は第三国に移転したならば，輸出国において競争している産品の段階が変わるので，隠れた補助金を作り出した輸出国における貿易障壁が無効になっている可能性がある。したがって調査対象でなかった輸出品については，正常の価額を計算して隠れた補助金があることを改めて確認することにせざるを得ないであろう。

6　AD関税措置の拡大・終了

(1)　事情変更見直し

　AD関税は，ダンピング輸出に対抗するために必要な範囲でのみ効力を有するものとされ（AD協定11.1条），調査当局は，正当な理由があれば，自らの発意により又は利害関係者の要請によりAD関税の継続が必要か否か又は税率変更が必要かについて見直しを行うことが義務付けられている（11.2条）。見直しの結果，ダンピング輸出がもはやなされず，又はAD関税が賦課されなくても損害が存続し又は再発する可能性がないと判断される場合にはAD関税の撤廃が求められる（同条）。なお調査手続に6条が準用されている（11.4条）。

　不法行為説すなわちbifurcatedアプローチで考えると，一旦ダンピング輸出を行った輸出者がダンピングを行わなくなると考える根拠が見当たらない。他方，損害については，国内産業の競争力が向上したなど競争関係が変わった場合には損害が存続も再発もしないといえる場合があろう。これに対して，隠れた補助金説だと，ダンピング輸出が再発しなくなるのは，輸出国市場において輸入障壁となっている国内措置等が是正された場合である。先に述べたように，疑問を抱いている措置について是正の申し入れを行うことが想定され，是正と引き換えに

AD関税を撤廃することも考えられる。損害については不法行為説と同じであろう。

また事情変更見直しは，個々の利害関係者たとえば輸出者が要請することができる（11.2条）。不法行為説は，AD関税の撤廃も輸出者ごとに認められるべきであるが，隠れた補助金説では，隠れた補助金の消滅が特定の輸出者との関係でのみ生じたという例外的場合を除いて国単位で撤廃することになる（ダンピングをしていない個々の輸出者は徴収額の見直しを求めることができる場合がある（9.3.2条））。

（2）サンセット

協定上は，賦課の日（又は最新の見直しの日）から5年以内に撤廃するものとされているが，事前に当局の発意又は利害関係者の要請に基づいて調査が開始された見直しにおいて撤廃が「ダンピング及び損害の存続又は再発をもたらす可能性があると決定」された場合は延長が可能である（11.3条）。なお見直しの決定までの間も（確定的に）延長可能である（同条末文）。事情変更見直しと同じく，調査手続に6条が準用されている（11.4条）。

撤廃が原則であるかのようにみえるが，実務上かなりの割合で延長がなされているし，数度の延長により30年以上も賦課が継続されている産品もある。よってAD協定改正交渉においては，延長を一定限度で打ち切る提案がなされている。一定期間経過後は，内外の競争関係が変化し，ダンピング輸出が損害をもたらす可能性が大きく変わるので，長期に亘ってAD関税を維持することを認めるべきでない。

なおサンセット調査の仕方については，米国の措置が争われたケースがある。米国法上ダンピング・損害の存続又は再発のおそれがある場合には延長できることとされているが，そのガイドラインを定めるポリシーブレティン上は，AD関税の賦課によって輸出が止まった場合，関税の撤廃によってダンピング輸出の再発のおそれがあるとの認定が促されているが，確定でないとする記述がある。ダンピング価格でなければ米国市場に輸出できないことがその理由と説明されている。逆に，この関税賦課開始後，ダンピングマージンが減少しつつ，輸出量が増加又は維持されている場合には，再発のおそれがないとの認定が促されている。いずれも確定的な認定を求めているわけではないとして，AD協定11.3条違反を認定できないとされた[64]。

---

64) Appellate Body Report on *US – Oil Country Tubular Goods Sunset Reviews*, paras. 208-215.

しかし，AD関税賦課開始後輸出が中止されたことから，その時点においてダンピング価格でなければ輸出できなかったことを認定できるとしても，それが5年後のダンピングの再発のおそれの認定に当然につながるとは言えない。個々のケースにおいては，隠れた補助金が消滅したが，当初賦課期間に価格競争力を改善して正常価格で輸出しても競争に勝てるようになった可能性もある。この場合，行政見直し又は事情変更見直しによって賦課を終了させることが可能かもしれないが，当初の賦課期間中は，通関時に担保を積み，清算手続を通じて還付を受けるという追加費用が発生するので，これを嫌って，当初期間終了すなわちAD関税賦課の終了を待って輸出を再開しようとしているという可能性もある。したがって，このポリシーブレティンは，サンセットさせるか否かの判断を，合理的な根拠なくサンセットさせない方向にバイアスをかけており，したがって，不公平な運用を招来するものであるとして，GATT10条3項(a)号に違反するという議論の成否を検討する価値があるように思われる。

　なお，ダンピングの存続又は再発の可能性は，輸出国ごとに判断され，輸出者ごとでないとするのが先例である[65]。これは隠れた補助金説からは当然であるが，不法行為説では特別の説明が必要であろう。さらに，隠れた補助金説からは，ダンピングの存続・再発のおそれを対象産業に超過利潤を生じさせる輸出国の関税その他の政府措置等の存続等に基づいて判断すべきであろう。損害の存続・再発のおそれの判断において賦課対象産品と国内産業の産品との競争関係の存続が重要であることはいずれの考え方でも同じである。

（3）新規輸出者見直し

　AD関税賦課後に対象輸出国から輸出を開始した輸出者に対してはAD関税命令において規定される「その他輸出者」に適用される関税率が適用されるが，それが必ずしも正しいとはいえない。

　不法行為説においては，新規参入した輸出者に既存のAD関税を適用する根拠が不明である。サンプリングについて述べたとおり，ある輸出者がダンピング輸出をしているとしても他の輸出者もダンピング輸出をしていると推定する理由がないのと同じ理由で新規参入した輸出者についてダンピング輸出を行うであろうと推定する理由がない。したがって，制度趣旨からは一々ダンピング輸出か否かを検討し，損害認定も行い，ただしその輸出のみならず同一国からの他の輸出を交えて問うことが必要であろう。

---

[65]　Appellate Body Report on *US – Corrosion-Resistant Steel Sunset Review*, paras. 149-163.

これに対して隠れた補助金説では，政府措置による貿易障壁を想定するので，新規輸出者といえども，かかる貿易障壁によって国内市場において超過利潤を得ていると推定するのが合理的である。本項4(4)(ア)で検討したように，ダンピングマージンの計算において正当化されるサンプリングによって計算された推定ダンピングマージンを新規輸出者にとりあえず適用することが許されるであろう。

7　第三国におけるAD関税

GATT6条は，ある国の市場に対して他の国からダンピング輸出がなされ，当該国に対して輸出している別の第三国の国内産業が損害を被っている場合に，当該輸入国政府が，当該第三国の国内産業のためにAD関税を賦課する可能性を認めている。ただし，国内産業の損害要件が充たされていないため，締約国団すなわち一般理事会の免除が必要とされている（6条6項(b)号）。なおAD協定14条が規定を置いている。このうち，損害の評価において第三国の国内産業全体に及ぼす影響を考慮すべきであるとし，当該輸入国への輸出との関係においてのみ評価してはならないとする（14.3条）が，隠れた補助金説からは疑問がある。

8　相殺関税との重複

GATT6条5項は，ダンピングと輸出補助金とから生じる同一の事態を補償するためにAD関税と相殺関税とを併課されないとする。輸出補助金が付与され，そのために国内販売価格よりも輸出価格が引き下げられたならば，ダンピングの認定もできるし，補助金付輸出の認定も可能である。しかし，効果が同じであるので両方の救済措置を認めるのは不合理である。生産補助金の場合は，国内販売価格も下がっている可能性があるので，ダンピングを認定できない可能性もある。その前提で考えれば足りる。なおダンピング輸出と補助金付輸出との間での損害の累積評価について本項3(5)を参照。

五　相殺関税に対する規律

1　相殺関税の性質

相殺関税については，補助金それ自体に対する異議申立とどのように区別されるかが問題となる。現行補助金協定は，補助金の貿易効果に着目し，その効果が大きい場合には規制されるという枠組みを想定している。第11章四2(4)でみたように，「著しい害」の認定に関する規定は貿易効果に注目している。また「無

効化又は侵害」に関する先例は、補助金の価格効果のみを考慮しており、その点において特段の変更はない。

　しかし、そうすると、補助金がもたらす「著しい害」を理由として補助金自体の撤回等を求めるのと、補助金付輸出が自国産業に「実質的な損害」をもたらすことを理由として相殺関税を賦課するのとはいかなる状況を救済しようとしているかという点で本質的な差がなくなる。後に見るように、第三国における相殺関税が現実に発動されるようになれば、違いは補助金付与国の国内市場にもたらす影響を理由として対処が求められるか否かという点に絞られる。補助金協定は、一の補助金に対していずれかの救済しか求めることができないとしており（第5部注35）、両者の目的が同一であるとの理解を示している。

　これに対して、「著しい害」の認定において補助金措置の目的の正当性及び目的と手段との合理的関連等を本来考慮すべきであると考えると、相殺関税との目的の違いが明らかになる。相殺関税は、輸入国の政府が補助金の正当性を肯定しないことを前提に、補助金の目的等を問うことなく、貿易効果にのみ注目して発動が認められるからである。産業政策、環境政策その他の「市場の失敗」を是正する正当な国内政策のために最も適切な手段であるとすれば、本来は、効率性の観点からは他国にとっても有益な措置であるはずだが、加盟国政府は、措置国の説明に同意できないかもしれない。そうした場合、当該加盟国政府としては、補助金の廃止はあきらめるとしても、少なくとも自国市場においては（主観的には不当な）補助金の効果が及ばないことを確保したいであろう。かかる手段が相殺関税である。AD関税に関する隠れた補助金説が、輸出国政府の関税その他の政府措置に問題があり、措置自体の撤廃を求められないとしても、それによって同国産業に超過利潤が発生し、そのため同産業の自国への輸出がダンピングとなることを水際で防止したいと考えるのと同じ説明になる。逆に言えば、輸出国において付与されている補助金の正当性・最適性に異論がない場合には、要件を充たしていても相殺関税を発動しないという方向で実務を発展させるべきである。

2　補助金の存在

　補助金の存在については、第11章四2(2)を参照されたい。ただし、輸出免税についてAD関税も相殺関税も課せられないとする規定がある（GATT6条4項）。仕向地主義に基づく規定であり、輸出免税の扱い（第8章四2(3)を参照）と平仄を合わせる必要がある。なお、相殺関税の場合はその額を決定するために対象の補助金の利益額の算定が必要であり、指針に沿ったルールを事前に規定しておかなければならない（補助金協定14条）。

3　損害・因果関係

　損害・因果関係に関する限り，AD関税における議論が基本的に当てはまる。これは，AD関税について隠れた補助金説に立てば当然であるが，不法行為説に立ったとしても論点は共通している。相殺関税の規定は，AD協定の規定と全く同一というわけではないが，異なった考え方を必要とする部分が基本的にないと思われる。なお，unitaryアプローチに立つのであれば，補助金がなければいかなる価格で輸出されると仮定するかが問題となるが，特段の事情がなければ，補助金が対象としている産品に平等に（たとえば価格に対して同率で）利用されたとみるのが合理的な推定であろう。

4　相殺関税措置の発動・見直し

　要件具備及び発動の必要性があると決定した場合にのみ相殺関税を発動できる（補助金協定19.1条）。存在が認定された補助金の額を超える相殺関税を課してはならない（19.4条）。補助金を期間又は売上げ等によって分配した場合分配が終了した時点以降は相殺関税を課すことが許されない[66]。これは，補助金の利益が消滅すれば競争上の効果を及ぼし得ないからである。

　なお途上国原産の産品に対しては，一定の例外扱いがある（27.10条等）。

5　第三国における相殺関税

　相殺関税は，原則として「国内」産業が損害を被ったことが発動要件である（GATT6条6項(a)号）が，補助金付輸出により第三国の産業の自国への輸出が減少し，同産業が損害を被っていることを締約国団が認めている場合，免除を得て，第三国の産業のために賦課する余地が認められている（同項(b)号）。AD関税と異なり，免除は義務的である。

　加盟国としては，当該補助金が産業政策その他の正当な政策根拠に基づいていると認めない場合には，補助金付輸出によって駆逐されている第三国からの輸入が存続するほうが長期的にみて望ましく，したがって相殺関税を賦課するほうが合理的である。AD関税の場合は，ダンピングを可能にしている輸出国の制度の有無の判断を加盟国全体の決議に委ねるのに対して，補助金は人為的な優位をもたらしていることが明らかであるため，損害・因果関係認定の適切さが確認される限りにおいて，相殺関税発動の妥当性の判断すなわち問題の補助金が適正なも

---

66) Appellate Body Report on *Japan – DRAMs (Korea)*, para. 210.

のか否かの一義的な判断権を各国に付与しているものということができよう。ただし発動例はない。

六　自由貿易協定における規律のGATT整合性

自由貿易協定においてAD関税に対する上乗せ規制が規定されている場合が少なくない。これは，域内の輸入を優遇することになるので最恵国待遇義務に照らし全加盟国に均霑しなければならないのか，又は自由貿易協定の例外（24条5項）として許されるのかが問題になる。この問題については，第19章四1(2)(ウ)を参照。

主要参考文献・資料

中川淳司（編著）『中国のアンチダンピング──日本企業への影響と対応策』（ジェトロ，2004年）

Kyle W. Bagwell, George A. Bermann, and Petros C. Mavroidis (eds.), *Law and Economics of Contingent Protection in International Trade* (Cambridge University Press, 2009)

John H. Jackson and Edwin Vermulst (eds.), *Antidumping Law and Practice* (The University of Michigan Press, 1989)

Petros C. Mavroidis, Patrick A. Messerlin, and Jasper M. Wauters (eds.), *The Law and Economics of Contingent Protection in the WTO* (Edward Elgar, 2008)

Van Bael & Bellis, *EU Anti-Dumping and Other Trade Defence Instruments* (5th ed.) (Wolter Kluwer, 2011)

Edwin Vermulst, *The WTO Anti-Dumping Agreement – A Commentary* (Oxford University Press, 2005)

Rüdiger Wolfrum, Peter-Tobias Stoll and Holger P. Hestermeyer (eds.), *WTO – Trade Remedies* (Martinus Nijhoff Publishing, 2008)

第13章　国有企業その他公私の機能分担と境界問題

　前章までは，政府措置に対する規律を扱ってきた。政府措置はWTO協定又は投資協定の対象であり，私人の行為は競争法の規律対象であると一応分けられる。次章では競争法を取り扱う。しかし，国家が国有企業などを通じて経済活動を行う場合も少なくない。また逆に，従来政府が行ってきた行政の一部が民間に委託されるなど，政府と企業の活動領域は重なってきている。国有企業を政府として扱うべきか私企業と同列に扱えば足りるか。国有企業の多い中国，ベトナムなどのWTO加盟によりこの問題の重要性が高まっている。

一　本章の対象事項

1　政府部門と民間部門との境界の流動化

　今日，政府部門と民間部門とは截然と分かれておらず，とくに政府が経済的活動に相当程度従事している。これは，第一次世界大戦以後に世界で共通に見られる現象である。それ以前は，生産・流通・販売などの経済活動を私人・私企業が行い，政府の機能は，軍事・司法などに限定されると考えられていた。経済については自由放任が基調であり，政府と経済の関わりは，財政収入を得るための生活必需品等の専売制を除くと，政府の活動に必要な資金を経済から租税により調達し，政府の活動に必要な財及びサービスを経済から調達するという関係に留まっていた。かかる状況においては，第8章で見たように，政府部門と経済部門とを分けて考える発想が妥当する。しかし，その後米国政府がニューディール政策を採用するなど，政府が経済活動に積極的に介入するようになり，規制・補助金などに拠って経済活動の調整を行うようになっただけでなく，経済活動自体を政府が行うことが増えた。政府部門と経済部門とを一体として考える必要がある状況になり，またその境界上の事象が増えた。

　たとえば，自然独占が成立する電力・鉄道・郵便などの社会インフラを政府又は政府保有の法人が経営し，サービスを提供している国は少なくない。教育，医療，福祉といった公共サービスについても同様である。安全保障の観点からまた

財政収入を獲得するため、戦略分野たとえば鉄鋼・石油など重要産業が国有化され、又は企業の持分を政府が保有している例もある。同じく財政収入を得るため、酒、タバコ、塩など特定の産品を政府の専売とし、また民間企業に特定の事業を独占的に行う特許を付与してその収入から納付金を受けることもある。農産品について価格安定政策を実施するために国家が貿易を含む販売を独占することもある。麻薬、ギャンブルなどに見られるように規制の遵守を確保するために生産・流通を政府が直接管理することもある。

　その他にも経済と政府との境界が流動化している例は多い。行政の効率化の観点から、企業経営の視点を取り入れるべく、政府の一部門を別法人としたり民営化したり、又は政府サービスの一部を民間に代行させたりといったことが行われている反面、歴史的に見れば、民間部門が様々な政策的理由により国有化されたことも珍しくない。計画経済も徹底した自由放任主義も機能しないことが明らかであり、その中間で試行錯誤が行われているのが現状である。

2　国有企業の政策根拠

　標準的な経済理論は、経済活動の効率性・最適性を確保するために私人の自由裁量又は市場メカニズムに原則として委ねるべきとする。したがって、経済活動を政府又は政府関係機関が引き受けるとすれば、何らかの公共政策的必要性が求められる。たとえば、電力供給を国有企業に独占的に行わせることを考えてみる。インフラについては、人口非密集地域への供給、長期的視点に立った設備投資など、私企業に委ねたのでは最適なレベルで行われないという「市場の失敗」が存在する可能性がある。ただそうした「市場の失敗」の存在だけで国有企業に拠ることが正当化されるわけでなく、その最適な是正手段が国有企業の利用であって、規制（たとえばユニヴァーサル・サービス義務）や補助金（たとえば地域補助金）といったより間接的な政府関与だけでは不十分であることが必要であろう。たとえば公的資金は、民間資金と比較して、たとえば主体の規模からみてより大きな又は長期的なリスク負担が可能であり、また投資収益性の判断において需要家から直接得るサービス料金収入以外にも市場を通じない利益の発生たとえば可能な税収の拡大をもたらす生産水準の向上・社会資本の増加といった見返りをも考慮できるといった特性を有する。そうした特性を考慮して所与の「市場の失敗」の客観的に最適な是正手段であると言えるならば、国有企業に拠ることが経済・社会の保有する資本の最大化又はその角度からの効率性の観点からも支持されるであろう。さらに、具体的な事業遂行においてもそうした公共政策的考慮の適切な反映が重要であれば、資本の国有化のみならず取締役その他役員の指名・承認・

解任や事業計画の事前承認といった権限を政府に留保することが必要になる可能性もあろう。国有企業に拠る事業形態が最適であるかどうかは、事業の性質のみならず、関連する市場・資金供給の状況等によって決まり、どのような事業であっても民間企業のほうが常に望ましいと断定できるだけの理論的又は実証的根拠はないと考えられる。また財政収入を得るために租税でなく特定分野の事業を政府自ら行い又は国有企業に行わせて事業収入を国が得ることも、情報の共有によるメリット、徴税コストの負担がない等に鑑みて経済全体として客観的に最適である可能性がないとは言えない。

ただし、政府の一部が事業を行う場合も、事業経営の効率性を追求する上で通常の行政組織が最適であるとは言い難く、必要な範囲で営利企業に倣った意思決定方法・会計制度等を採用することが求められる。また政府の一部門又は国有企業である以上、国内生産者を優遇するインセンティブも有する政府が、その影響力を行使し、上記公共政策の追求のために必要でない、国内生産者を優遇する行動を選択させてしまう危険性を否定できず、そうした権限濫用・逸脱が発生しないようにする制度的手当て（たとえばコーポレートガバナンスの確立、情報開示の強制など）も求められる。民間企業とりわけ外国企業との競争において政府がその一部門又は国有企業を優遇する危険性も否定できず、そうした措置の防止策も必要である。

3　問題の所在

本書において取り扱う国際経済法のほとんどは、政府の行為を規律するものであり、これに対して、競争法は、私企業の行為を規律していると考えられている。国有企業はその境界上にある。国際競争論＝共存モデルの発想では、経済活動に対する政府の影響を最小化すべきという考え方もあり、逆に、市場メカニズムが十分機能しない領域において政府の積極的役割を認める考え方も排除しない。基本的考え方により規律の在り方も異なり得るし、事業ないし政策分野別に国有企業の可否又は規律の在り方が異なる可能性もある。これに対して、比較優位論＝協力モデルの発想では、他の分野と同じく、経済・社会が保有する資本の最大化という目標に照らし、「市場の失敗」が特定され、国有企業に拠ることが最適な是正手段であるか否かを単一の評価軸として考える。さらに、国有企業の形態が最適であるとしても、その事業が共通目標に照らして最適に行われることを確保するためにいかなる監督体制が適切かも検討事項となる。

また国有企業は、しばしば独占的地位を与えられていることが多く、その地位を利用して、価格吊り上げ、調達における買い叩き、競争企業の参入阻止、抱き

合わせによる他分野への参入などの市場歪曲行為を行う可能性がある。そうした問題を規制するためには，競争法を適用するほか，より当該分野の市場構造に適した特別法たる業法として規制を行うのが通例であるが，こうした規制とWTO協定等国際経済法との関係を整理する必要がある。さらに，国有企業等が私企業と競争している場合，その競争が歪曲されていないか，たとえば税制・規制などにおいて国有企業が除外又は有利な扱いを受けていないかどうか，また補助金を受けていないかなどが問題になる。さらに国有企業等が市場を支配している場合において競争法を積極的に適用すべきか否かも問題になる。とりわけ独占的地位にあれば事業を不効率に運営しても過剰な投資を行っても消費者に転嫁することにより費用を回収できてしまうので，経営の効率化が滞る可能性がある。そうした状況を避けるために，競争法の適用も考えられるし，事業・投資活動を直接間接に監視する業法的規制も考えられる。そうした国有企業等の所在地国における有利な扱いは，国内のみならず，当該企業等が貿易又は国際投資によって外国に進出する場合にどのような影響を及ぼすかという問題もある。

　これらの問題について，国際競争論＝共存モデルでは，国有企業を設立し維持する意義とこうした競争に及ぼす影響とが矛盾対立する可能性があるという前提に立ち，たとえばWTO協定については，貿易自由化の意義を競争の平等性確保から捉え，どこまで追求しているか，逆に，国有企業の活動をどこまで例外として留保しているか，という問題設定になる。これに対して比較優位論＝協力モデルでは，両者を相互補完関係にある要請と捉え，分野を問わず，「市場の失敗」の是正を目的としそのために最適な措置を設計し採用することを要請しているはずと考える。

　次に，相互乗り入れの動的側面すなわち民営化と国有化とが国際経済法上どのように扱われるかを検討する必要がある。国際競争論＝共存モデルでは，自由を強調して政府の役割を極小化すべきとする発想から，民営化が正しい方向であり，国有企業ないし公営企業を原則として否定し，せいぜい逸脱として例外的に認められるに過ぎないものと想定する考え方があり，他方，市場メカニズムの不完全性を強調して国有企業もその解決の選択肢となり得るとし，民営化・国有化いずれに対しても中立的な考え方もある。それらの妥協として成立した国際経済法の解釈は，合意内容を探索すべく文言を検討するしかない。これに対して，比較優位論＝協力モデルでは，経済・社会の保有する資本の最大化の観点から最適かどうかが問題である。

二　政府部門と民間部門との境界問題とその規律

1　政府と私企業

（1）日　本
（ア）国有化／民営化

　日本の公益事業は，明治期に始まるものが多いが，経営形態は様々であった。当初から国の事業として始められ，戦後まで国営であったものとしては，郵便及び電信事業が挙げられる。水道事業は，当初から市町村営が中心であり，今日においても市町村が優越的地位を与えられている。鉄道運送は，官営のみならず民営でも行われていたが，日露戦争を経て国有化の機運が高まり，民間企業を買収しての幹線の国有化が進められ，私鉄は幹線以外に限定されるようになった。これとは反対に，電力事業は私企業から始まり，電力普及のため供給地域の重複を認め重複投資が多発した時期を経て，独占の必要性が認識され，また日中戦争の長期化によって発送電部門が国家管理下に置かれ，さらに昭和14年に日本発送電株式会社の下に国有化が行われた[1]。金融分野においては，明治時代にも日本銀行，日本興業銀行といった特殊銀行等の国策的機関があり，第一次世界大戦後には，農林中央金庫，商工組合中央金庫が創設され，また戦時統制経済下において営団・金庫・特殊会社が多数設立された。

　戦後は，国家と経済との分離，国家資本主義的傾向の排除，独占の禁止等の占領政策の立場からこれら国策機関の多くが解体され，又は私企業形態に組織改変され，他方で公益的見地等のため一定の特殊企業形態のものが存続した。政府直営となっていた鉄道，電信電話事業等は公社化され独立の法人格を有する主体によって運営されるようになった[2]。

　その後，こうした特殊法人については，資金の流れが分かりにくく，また非効率も生じていたとして改革が決断された。1981年に発足した第2次臨時行政調査会は，「官民の役割分担」の見直しを主張し，民間に移行すべき事業の洗い出しを行い，日本電信電話公社などの公社が民営化された。2001年には，日本道路公団などの改革プログラム，さらに163の特殊法人・認可法人を対象にした「特殊法人等整理合理化計画」が発表され，民営化，独立行政法人への移行等が

---

1) 松永長男「日本の公益事業の経営形態」現代公益事業講座編集委員会（編）『現代公益事業講座2　公益事業形態論』（電力新報社，1974年）11-21頁を参照した。
2) 山田幸男『公企業法』（有斐閣，1957年）3-9頁及び金澤良雄『経済法の史的考察』（有斐閣，1985年）257-264頁。

示され[3]，実行されている。

（イ）政府関連法人

かつて公法的事務と私的な事務との区別を前提として，公法人・私法人という区別がなされていたが，この区別は今日意味を失っており，政府と私経済・社会の領域の境界線はますます不明瞭になってきている。たとえば独立行政法人，特殊法人，認可法人など国・地方公共団体と別の法人格を付与されて，行政事務を行う法人が存在する[4]。区別の基準としては，社会的に有用な業務のうち国家事務とされたものを行政事務とし，個々の主体の行う業務が行政事務であるか否かはその設立にかかる法律の定めによるとする立場が主流である。その場合，組織形態及び資金的側面への国の直接的関与などが重視される。

独立行政法人は，「……公共上の見地から確実に実施されることが必要な事務及び事業であって，国が自ら主体となって直接に実施する必要のないもののうち，民間の主体にゆだねた場合には必ずしも実施されないおそれがあるもの」等を「効率的かつ効果的に行わせることを目的として，この法律及び個別法の定めるところにより設立される法人」（独立行政法人通則法2条1項）であり，業務の性質から言っても政府の一部という色彩が強い。

特殊法人は，講学上の概念であり，総務省設置法上の権限規定から，設立行為に着目して，法律により直接に設立される法人又は特別の法律により特別の設立行為をもって設立すべきものとされる法人（ただし独立行政法人を除く）とするのが通例である。法律により直接設立される法人として，かつては，日本国有鉄道，日本電信電話公社など公社形態の法人があったが，今日ではすべて民営化され，存在していない。現在政府が出資している法人には，日本銀行，預金保険機構などがあり，それぞれ日本銀行法，預金保険法に基づいて設立されている。

特殊法人のうち株式会社形態を採るものを特殊会社といい，株式会社日本政策投資銀行，株式会社商工組合中央金庫，日本電信電話株式会社，日本たばこ産業株式会社，日本貨物鉄道株式会社，東日本高速道路株式会社などがある。いずれも，企業会計原則に従った財務諸表を作成するものとされ，その他取締役の責任等のコーポレートガバナンスの法律が適用される。ただし，事業計画や財務諸表を監督官庁に提出し，又は認可を受ける必要があり，また役員選任及び社債発行

---

3) 内閣官房行政改革推進室HP [http://www.gyoukaku.go.jp/jimukyoku/tokusyu/gourika/] を参照。

4) 特別行政主体がサービスを提供する場合の以下の記述は，塩野宏『行政法Ⅲ』（第4版）（有斐閣，2012年）89-121頁，宇賀克也『行政法概説Ⅲ』（第2版）（有斐閣，2010年）238-261頁，藤田宙靖『行政組織法』（有斐閣，2005年）145-156頁などを参照した。

などの資金調達について監督官庁の認可等が必要であるなどそれぞれ特殊会社とする趣旨に合った制約が課せられている。なお政府による追加資金投入が制度上想定されている場合がある。たとえば日本政策投資銀行には，財政融資からの資金借入が可能であり（株式会社日本政策投資銀行法22条），また社債等について政府保証を付与することが要請されている（同法25条1項，「法人に対する政府の財政援助の制限に関する法律」（財政援助制限法）3条1項）。政府が全株式を放出して完全民営化し，設置法を廃止して特殊会社でなくなる例がいくつもある。たとえば日本航空株式会社，国際電信電話株式会社，東日本旅客鉄道株式会社などが挙げられる。

なお一般法である民商法に基づいて設立される株式会社等は，営利を目的とする主体である。政府は，株式会社その他の法人について，一定率の配当を確保するために補給金を交付してはならない（財政援助制限法2条1項）し，またその債務について保証契約をすることを禁じられている（3条）。ただし特殊法人にかかる特別法に例外規定が存在し，上記日本政策投資銀行のように特殊法人が債務を負う場合に政府が債務保証をすることが認められている場合がある。

(ウ) 指定法人等

特殊法人などと異なり行政組織法上の行政主体性がないが，行政事務を代行している法人が存在する。たとえば「指定法人」は，特別の法律に基づき特定の業務を行うものとして行政庁により指定された民法上の法人と定義されるが，建築基準法上の建築確認を行う指定確認検査機関（建築基準法77条の18）など行政事務を代行するものがある[5]。また指定管理者制度は，図書館，スポーツ施設，公立病院等地方公共団体の公の施設の管理・運営という行政事務を民間法人その他の団体に代行させる制度である（地方自治法244条の2第3項）[6]。いずれも行政事務の民間開放を狙って近年導入されたものである。

(2) 米 国

米国では，一般的に公営事業は不人気であり，民営が原則となっている。例外は，郵便事業であり，行政の一として郵務省が行っていた。鉄道事業は，パナマやアラスカにおける事業から始まり，第一次世界大戦時に国家管理機関として鉄道院が設置された（1917年）が，自動車の普及とともに赤字が累積し，その後民営化されている。大恐慌対策として，銀行，証券，放送，トラック運送，パイプ

---

5) 塩野『前掲書』（注4）110-111頁。
6) 同上，115頁。

ライン，海運，航空，電力など様々な分野で規制が導入され，また相当数の公社・政府会社が設立されたが，テネシー河域公社（TVA）のような例外があるものの，ほとんどは復興金融公社，連邦預金保険公社など金融・保険などに限定されていた。戦後もその傾向は変わっておらず，鉄道，電信，電力供給など民営がほとんどである。ただし長距離鉄道について全国鉄道旅客運輸会社（通称 AMTRAK）が半官半民で設立され，また都市のバス交通，上下水道など公営が多い分野もある。また戦後にも，TVA に倣い，カナダの要求もあり，セント・ローレンス河の通行及び水力発電を管理するセント・ローレンス海路開発公社が設立されている。

1970年代後半からは，規制が技術革新を抑圧し非効率を温存しているとして競争に委ねるべきとの意見が強くなり，航空，トラック運送，鉄道，通信など様々な分野で経済的規制が緩和・撤廃され，安全確保等必要な社会的規制を強化する規制改革が実施された。郵務省も1971年には，U.S. Postal Service へと転換されている。また電気通信分野における料金規制の見直し，非対称規制など新しい規制方式が試された。2000年のカリフォルニア電力危機に見られるように，電力自由化の制度設計の失敗に起因するとみられる問題も生じているが，公営を支持する声は少ない[7]。

(3) E U
(ア) 国有化／民営化

欧州においては，公益事業について国有・官営と私有・私営との間で揺らぎがある。第二次世界大戦前から，様々な事業分野とくに公共サービス分野において国有化があった[8]。たとえば，イギリスにおいては，電気通信事業が1870年代に民間企業によって始められたが，政府がその後これらを買収し，20世紀初頭に政府による一元的運営がなされるようになった。また戦時体制下において航空会社を統合した英国海外航空が1939年に成立した。炭坑が1946年に国有化され，

---

7) 本項の記述については，現代公益事業講座編集委員会（編）『前掲書』（注1）の第四編「世界主要国における公益事業形態」第1章「アメリカ」（細野日出男執筆部分）211-218頁，江藤勝「アメリカの規制緩和」規制緩和・民営化研究会『欧米の規制緩和と民営化——動向と成果』（大蔵省印刷局，1994年）などを参照した。

8) EU の国有化・民営化を巡る以下の記述については，現代公益事業講座編集委員会（編）『前掲書』（注1），第四編「世界主要国における公益事業形態」第2章「イギリス」（吉武清彦執筆部分），第3章「西ドイツ」（北久一執筆部分），並びに第4章「フランス」（堀田和宏執筆部分）228-280頁，及び青柳由香『EU競争法の公共サービスに対する適用とその限界』（日本評論社，2013年）第Ⅳ章を参照した。

電気事業が1947年法により国有化された。西ドイツでは，鉄道及び郵便・電信をはじめ，国営・公営のものが多く，フランスでも公益事業はほとんどが国有又は公営であった。

1970年代以降は，逆に民営化・自由化の動きが強まった。イギリスでは，1979年，任期中に民営化を強く推進したサッチャー政権の発足時に，国有企業が約50社，政府が株式を一部保有している会社は80社を超えていた。民営化・自由化は，1984年まではブリティッシュ・エアロスペース等の民間企業色の強い業種に限られていたが，それ以降は，ブリティッシュ・ガス，ブリティッシュ・テレコム，ブリティッシュ・エアウェイズなど公共サービス的色彩の強い業種に及んだ。またこれら国有企業の売却に止まらず，廃棄物処理などの公的部門の民間委託も進めた。

ECレベルでは，1980年代における不況・高失業率等を踏まえ，米国・日本等との国際競争に対応すべく，域内市場の非関税障壁を撤廃して自由競争を導入し，さらに規制緩和・規格の統一によって大きな市場の形成が必要であると考えられるようになった。1987年に発効した単一欧州議定書の最大の狙いが1992年までの域内市場の完成であり，そのためにECレベルでも運輸，電気通信，郵便，電力，ガスなどの分野における自由化が強硬に推進された。

ただこれに対しては，フランス・ドイツ・イタリアなどから公益を損なうとして反発があり，1996年には，「欧州における一般的利益のサービス」と題するコミュニケがEC委員会から出され，「補完性の原則」に基づき，公益事業の内容・提供の方法を決定することが加盟国の権限に属すること，及び自由と公益とのバランスを取るための「比例性の原則」に従うことが明らかにされた。その後競争市場によって達成されるべき経済効率とこれによって達成されない公益（「一般的利益」又は「一般的利益の目的」）とのバランスをいかに確保するかの検討がなされるようになった。また「一般的経済利益のサービス」の占める地位に関心を払うことを求めるEC条約16条が1997年アムステルダム条約で新たに導入された。

他方，米国経済に対抗すべく知識型経済への移行を唱道する2000年に打ち出されたリスボン戦略の下で，域内市場の完成を目指す政策の一として公共サービス分野でのさらなる自由化が推進され，今日に至っている。

（イ）政府関連法人

欧州においても政府と別個の法人格を有する主体が行政サービスを担っている場合があるが，その制度は国ごとに異なる。他方今日では，政府又は政府関連法人も経済活動を担っており，他方私人も行政権限を委任されていることがある。

イギリスにおいて，いわゆるエージェンシーは行政庁内の一部門であり独立の

法人格は有しない。英国原子力事業団，ブリティッシュ・カウンシル，国立博物館，住宅供給公社など，制定法，国王勅書などによって設立され，行政的機能を果たすものがある。フランスにおいては，公法人と私法人との区別が維持されており，「公役務の任務を負う公法上の法人」と定義される「公施設法人（Établissement public）」とされる制度があり，発展している。「行政的公施設法人」と「商工業的公施設法人」とが主要類型であり，前者の例として，美術アカデミー，地域開発・国土整備公社，フランス高速道路公団などがあり，後者の例として，パリ空港，フランスガス，フランス電気，フランステレコム，国有鉄道などがある。そのほか，私法人であるが，一定の公益性を帯びている「公益的法人」があり，公法人との区別が困難であるとされる。ドイツにおいても，公法人と私法人との区別が維持されており，前者に，商工会議所，医師会，連邦雇用庁，公法上の放送局，貯蓄金庫などが含まれている。郵便・鉄道分野においては公法人が運営に当たっていたが民営化によって株式会社となった。そのほか，航空管制有限会社など行政権限を委任された私人も存在するようになっており，公法人と私法人の区別が明確でなくなりつつある。

2　競争法の適用範囲

競争法は，市場における競争メカニズムの機能を十全に発揮させることを目的としており，政府の行為を規制することをもともと想定するものではない。しかし，政府が経済活動に従事し，私企業と競争するようになると，その活動に対しても適用する必要が生じる。それぞれの特殊事情を反映して議論の仕方が異なることに注意が必要であるが，適用範囲を行為主体でなく，行為の性質によって決定する方向にあるように思われる。

（1）日　本

独占禁止法は，「事業者」の行為に対して適用され，事業者を「商業，工業，金融業その他の事業を行う者」と定義している（2条1項）。対象となる事業は，営利事業に限定されず，一般的に反復継続的な経済的利益の交換活動を指すと考えられている。組織的形態を問わず，国の機関・地方公共団体，特殊法人であってもかかる事業活動を行う限り，適用対象になる。たとえば東京都の経営する屠畜場の料金設定が不当廉売として独占禁止法上問題になるとする先例がある[9]。なお近年においては，弊害要件を充たす可能性のある者をすべて事業者に該当す

---

9)　最高裁平成元年12月14日第一小法廷判決（昭和61（オ）655）『民集』43巻12号2078頁。

るように要件を解釈するようになっているとの指摘がある[10]。

また独占禁止法には一定の適用除外があり[11]，同法に規定されているものと，同法以外の個別法において個別に規定されているものとがある。現在同法においては，著作権，特許権，実用新案権，意匠権又は商標権の行使（21条），中小企業又は消費者による法定のカルテル（22条），一定の商品の再販売価格維持（23条）が適用除外とされている。個別法に基づく例外としては，中小企業分野における協同組合等の除外，輸出入取引法上に基づく輸出カルテル（同法33条），海上運送法及び航空法上の海運カルテル・航空カルテル，保険業法上の保険カルテルなどがある。かつては，自然独占に固有な行為の除外（独占禁止法旧21条），事業法令に基づく正当行為の除外（旧22条），不況カルテル・合理化カルテルの除外（旧24条の3及び4）が存在したが，いずれも廃止された。自然独占の除外の廃止は，想定していた電気・ガス事業等における自由化を受けてのものである。

（2）米　国

米国においては，州政府が様々な事業規制を行っていることがある。かかる事業規制が特定の事業者を保護することになっている場合，競争事業者がかかる事業規制を反トラスト法違反であるとして訴えることがあるが，state actionの理論により適用除外されることがある[12]。

（3）E U

EUの競争法は，一般的な適用範囲の問題として「事業者」の行為にのみ適用される（EU機能条約101条・102条（旧EC条約81条・82条）など）。ただし，「公的事業者（public undertakings）」の行為であっても適用される（106条1項（旧EC条約86条1項））が，「一般的経済利益サービス」を供給する事業者に対しては完全な適用がなされず，制限がなされている（同条2項）。公共サービスに関しては競争法の完全な適用がその価値を害する可能性があると認識されているためである[13]。

（ア）「事業者」

EU競争法は，「事業者（undertakings）」の行為にのみ適用される。欧州司法

---

10)　白石忠志『独占禁止法』（第2版）（有斐閣，2009年）117-120頁。
11)　適用除外については，松下満雄『経済法概説』（第5版）（東京大学出版会，2011年）第9章を参照。
12)　松下満雄『アメリカ独占禁止法』（東京大学出版会，1982年）第11章第1節。
13)　本項は，青柳『前掲書』（注8）第Ⅰ章及びⅡ章を参照した。

裁判所の確立した先例は，「経済活動」に従事する主体を「事業者」と定義している。経済活動は，市場におけるモノ・サービスの供給を含め広く解されているが，「公権力の行使に関連する活動」と「社会的目的による活動」が除外されると考えられている。これらは「国家に固有の権限事項」だからである。前者に基づき，航法管制サービス，海洋汚染防止のための監視・汚染への対応業務が経済活動でないとされた[14]。また一定の労災保険制度についても「公権力の行使」でないとしつつ，「社会的目的による活動」として経済活動でないとされた。

(イ)「一般的経済利益サービス」

EC条約上，「一般的経済利益サービス」(services of general economic interest) について社会的・地域的な格差を是正する役割を担うものとして特別な扱いを要求され，その使命を遂行できるような原則・条件の確保が求められている (16条。又は基本権憲章Ⅲ―122条)。これを受けて，EU競争法は，公的事業者等にも適用がされるが，「一般的経済利益サービス」を供給する事業者に対しては，たとえば事業法において事業者に委任された任務遂行に必要な範囲でその適用が排除されている (EC条約86条2項)。一般的経済利益サービスとは何か等は法文上明確ではなく，その解釈は裁判所に委ねられている。これまで郵便，電力供給，年金制度などが対象とされてきている。ただ対象とされても，当然に競争法適用が完全に排除されるわけではなく，競争メカニズムが機能していると考えられる範囲では適用がされるようである。ここでも主体でなく行為の性質によって区別がされる方向性のように思われる[15]。

三 国有企業その他に関する国際ルールの発展

国有企業のように政府と私企業との性質を併せもつ主体の取扱い，又は国有化／民営化のような政府と私企業との間の遷移といった事項は，自由主義国家を中心とするGATT/WTOではあまり扱われていない。わずかに，貿易自由化の観点から，国有企業を政府の一部と見て，商業的な考慮に拠らずに輸入品を不利に扱うことを制限しようとするルールがあるに止まる。しかし，中国・ベトナムといった国有企業が経済の相当部分を占めている旧共産圏諸国がWTOに加盟して以降これらの問題に急速に関心が高まり，いくつかの国際フォーラムにおいて検討・提言がなされている。OECDにおいては，国有企業のコーポレートガバナ

---

14) 同上，66-75頁。
15) 同上，77-101頁。

ンスという角度から規律が検討されている[16]。また，GATT/WTOとは異なり，国有企業を私企業と同列に取り扱い，競争法の適用を考えるアプローチもあり，ICNなど競争法に関わる国際フォーラムにおいて検討されている[17]。

1 WTO協定

WTO協定は，一般的に政府措置だけを対象とするが，政府の関与があれば私人の行為も対象になる可能性があるとされている[18]。この点は，第2章二3(5)(ウ)を参照。そのほか，政府調達例外（GATT3条8項(a)号）及び政府調達協定は，政府及び政府関連主体の経済活動である政府調達について規定し，また補助金協定は，政府関連主体がどこまで規律の対象となるかを明示に規定している（1.1条(a)号(1)）。

またGATTは，モノの貿易について，貿易を独占する国家貿易企業の設立を自由に認めつつ，輸入品を差別させないように規律を定めている（17条1項）。これに対して，GATSは，「政府の権限の行使として提供されるサービス」を対象から除外している（1条3項(b)号）が，政府が提供していても，「商業的な原則」によって行われるか又は競争が存在すれば対象とする（1条3項(c)号）。

2 OECD

OECDは，2005年に，「国有企業のコーポレートガバナンスに関するガイドライン」を公表してい[19]る。これは，2004年に公表されたコーポレートガバナンスに関するガイドラインの補完と位置づけられている。国有企業の業績を改善するために加盟国政府に対して助言することを目的としており，法的な拘束力を想定するものでない。市場の歪曲を避けるために国有企業と私企業との"level playing field"を確保すること，その観点から，一般的に適用される法令からの除外を避けること，資金調達において競争的な条件を確保すべきであり，公的金融機関からの資金調達を商業ベースで行うべきこと，などが挙げられている。

---

16) OECDのHP［http://www.oecd.org/daf/ca/soemarket.htm］を参照。
17) ICNの2014年年次総会においても取り上げられている。［http://www.icnmarrake-ch2014.ma/page.aspx?id=32］を参照。
18) Panel Report on *Japan – Film*, paras. 10.52-10.56. 一般に，政府措置の客観的設計・構造（objective design and structure）が重視されるが，競争に対する効果を評価するために市場の状況が考慮されることがある。
19) "OECD Guidelines on Corporate Governance of State-owned Enterprises"（OECD 2005）OECD HP［http://www.oecd.org/daf/ca/oecdguidelinesoncorporategovernanceofstate-ownedenterprises.htm］から入手可能。

3 ICN

競争政策関係者のネットワークとして発達したICN（その詳細は第14章三2を参照）においては，一方的行為に関する作業部会が，政府の創設に係る独占について一方的行為・市場支配的地位に関する問題の一環として取り扱った報告書を2007年に公表している[20]。

4 自由貿易協定における規律

米国は，自由貿易協定において積極的に国営企業に対する規律を盛り込もうとしており，シンガポールとの自由貿易協定において規律を導入した[21]ほか，交渉中のTPPにおいても導入を目指していると報道されているが，その内容は公表されていない。

5 外国の政府関連法人に対する競争法の適用

たとえば外国からの輸出が制限される場合，それが輸出国の法令によるものであれば，GATT11条1項により禁止され，政策目的によって20条などの例外に該当するか否かが問われる。貿易を独占する国家貿易企業などに政府が輸出制限をさせる場合も同じである（11条の注記等）。さらに国家貿易企業は，「商業的考慮のみに従って」行動することが求められる（17条1項(b)号）。これに対して，外国企業が自らの経営判断ですなわち商業的な判断で輸出量を決定し，輸出価格を決定することはWTO協定の問題でなく，競争法の問題になる。価格・数量等に合意するカルテルは通常禁止されている。国有企業が輸出を行い，政府の指示なくしてその輸出を制限している場合にいずれの領域に属するかが問題になる。政府の関与がある場合の輸出企業によるカルテルについて，政府措置による輸出規制としてWTOの紛争解決手続を通じて是正を求めることができるのか，企業の輸出カルテルとして輸入国の競争法を適用できるかが問題になる場合と同じであるが，WTO協定の紛争解決手続と国内の競争法の執行手続とが連動していないために政府関与に関する事実認定が異なった結果双方で規制されないというこ

---

20) The Unilateral Conduct Working Group, International Competition Network, "Report on the Objectives of Unilateral Conduct Laws, Assessment of Dominance/Substantial Market Power, and State-Created Monopolies", (May 2007), ICNのHP ［http://www.internationalcompetitionnetwork.org/library.aspx?search=unilateral+conduct&group=0&type=0&workshop=0&page=2］から入手可能。

21) United States – Singapore Free Trade Agreement, Chapter 12, Anticompetitive Business Conduct, Designated Monopolies, and Government Enterprises.

とのないよう，何らかの調整が必要であろう。この点では，紛争解決手続において輸出規制の協定整合性が争われた *China – Raw Materials* ケースに関連して，カルテルがあるとして米国の反トラスト法上の民事訴訟が行われているが，紛争解決手続の結論が出るまで裁判手続を停止（stay）していることが参考になる[22]。

（1）日　本

自国政府の行為であっても，「事業者」に該当する限り適用されるので，同じく「事業者」に該当する限り，外国政府であれ，外国の国営企業であれ，独占禁止法が適用されないと考える理由がないように思われる。

（2）米　国

競争制限的行為が外国政府のその領土内において行った行為である場合，又は私企業の行為であっても外国政府に強制されたものである場合には，反トラスト法上の免責を付与することになっている。これは，米国判例上発展した「国家行為の理論（act of state doctrine）」の競争法における現れである。たとえば，石油輸出国機構（OPEC）による原油の生産制限及び価格協定による石油価格の高騰によって損害を被ったとして米国主体が賠償請求したケースにおいて，競争制限行為が外国政府の行為である以上米国裁判所は妥当性を判断できないとした。外国政府の行為の評価は行政府の権限であるとして三権分立を理由としている[23]。

ただし，国家の行う活動であっても，いわゆる「統治的行為」でなく「商業的行為」に属するものについては，国家行為の理論は必ずしも適用されない。したがって国有企業又は公企業であっても，営利企業と同じ行為を行っている範囲では「国家行為」とはされないであろう。ただ適用範囲が必ずしも明らかでない。OPECによる生産制限及び価格協定と民間企業のカルテルとの違いが明確であるかは疑問である。

また外国政府強制理論は，外国政府によって強制された私人の行為を米国裁判所は違法としないという理論であり，国家行為の理論と似たところがある。裁判所によって適用されたわけではないが，1970年代後半から1980年代にかけて米国からの要求に対して日本が行った輸出自主規制についてはかかる理論の適用を期待して仕組みが作られていた。ただしこの理論は，当該私人の行為が外国におい

---

22) 藤井康次郎「天然資源分野から見る競争法の域外適用の動向」『公正取引』No.753（2013年）。
23) 松下満雄『国際経済法──国際通商・投資の規制』（第3版）（有斐閣，2001年）378-380頁。

て行われたことを前提としており，米国内で違法行為が行われた場合には免責されないであろう[24]。

四　国家の経済活動に対するWTO協定及び投資協定上の規律

1　政府部門と民間部門との境界

WTO協定は専ら政府の行為を対象としており，企業の経済活動は原則として対象としていない。先例上は概ね，政府以外の主体に協定が適用されるか否かの基準を政府権限の受託の有無とし，政府との所有・支配関係の有無でないとされている。

（1）国家貿易企業

第16章一3(5)で検討するように，GATT17条1項はその文言上，加盟国政府の支配する企業が貿易を伴う購入又は販売に当たり「無差別待遇の一般原則」に従って行動させることを義務付けており，政府は，当該企業が「商業的考慮……のみに従って」購入又は販売を行うようにしなければならない（同項（b）号）。この義務を履行するために何をすべきかは明らかになっていないが，個々の取引行為についてでなく，国家貿易企業が商業的考慮にのみ従うことを制度的に確保することが求められていると考えるのが適切であろう。そのためには，組織の目的として国内産業保護その他の考慮を含めず，また損失を出し続けられるような資本構造を避けること，たとえば独立した法人格を有する法人であれば財務会計制度を整備し，情報開示を強制し，破産能力を認め，資本欠損を埋めるための公的資金投入を原則として禁止するなどの手当てを必要とすることが考えられる。また「自国の管轄権の下にある企業」が商業的考慮のみに従って行動することを妨げてはならない。

また独占的地位を濫用しその他超過利潤を得ていたとしても「商業的考慮……のみに従って」いないとはいえないとする先例があり[25]，独占性に起因する民間企業との競争における有利性是正は，競争政策に委ねられている。国有企業及び私企業に対する競争政策の問題は次章において取り扱われる。

---

24) 同上，380-384頁。
25) Appellate Body Report on *Canada – Wheat Exports and Grain Imports*, paras. 145-147.

(2) GATS

GATSの対象範囲は,「政府の権限の行使として提供されるサービス以外のすべての分野におけるすべてのサービス」と定義されている（1条3項(b)号）。「政府の権限の行使として提供されるサービス」とは,「商業的な原則に基づかず,かつ,一又は二以上のサービス提供者との競争を行うことなく提供されるサービス」と定義されている（同項(c)号）が,その意味を明らかにした先例はまだ存在しない。この点は,第17章四1(1)(ア)を参照。

(3) 補助金協定
(ア)「公的機関」

補助金協定は,政府のみならず「公的機関」による「資金的貢献」も対象としている。主体の性質によって,その個別行為が補助金とされ得る主体を選別し,そうでない主体については,政府による「指示・委託」がある場合のみ個別行為について補助金性を検討するのが補助金協定の建前である。

第11章四2(2)(ア)①でみたとおり,「公的機関」については,政府による支配の有無を基準とする米国の考え方を退け,政府権限を付与されていることを指すとするのが上級委員会の判断である[26]。どのような場合に政府権限を付与されていると認定されるのか,その基準は先例上明確でないが,他の経済主体の行動を指示命令する権限,許認可権限,補助金の付与権限などが法的に付与されている場合に限定されず,そうした法令上の権限が付与されていなくても,市場に逆らって行動し,市場の結果を変える能力と権限とが組織構造上認められる場合には「政府権限」が事実上付与されていると判断すべきでないか。たとえば倒産法の適用がなく,政府が損失を補塡するなど独立採算制を前提としていない制度設計になっている場合そうした権限と能力とが付与されていると言えよう。なお政府権限付与を重視するのは政府調達例外の範囲等でも共通である。これに対して,支配を要件とし,また株式の過半数保有で支配を推定するとする米国の考え方では,国有企業の多くが「公的機関」とされてしまい,独立採算ベースで公共サービスを提供していても,個々の取引について市場ベンチマークとの比較の上補助金の認定ができてしまうという含意があり,国有企業の有用性を前提とすると規律の柔軟性が不足していると思われる。理論的にも,国家が財政収入目的で事業を行うことも禁止されていないことに鑑みると,政府による株式保有が営利

---

26) Appellate Body Report on *US – Anti-Dumping and Countervailing Duties (China)*, paras. 317-321.

目的でなく公共政策目的であるという保証がなく，過半数の株式保有で区別する根拠に欠ける。

(イ)「一般的な社会資本」の除外

補助金協定は，「資金的貢献」から「一般的な社会資本」の提供を除外している。したがって「一般的な社会資本」に該当するといわざるを得ない社会インフラたとえば電気通信サービスの提供が費用を下回る価格で行われていても補助金にならない。「市場の失敗」の是正措置として説明できない場合に「無効化又は侵害」を認めるべきとの主張も考えられるが，第11章四(2)(ア)②で検討したとおり，立法論として，除外を止め，目的が正当で手段としても最適な範囲でのみ許容すること，その規律の遵守を確保し，必要かつ最適な投資を促進し，同時に過剰又は不適切な投資を回避するように事前・事後の政策評価等を導入するなどの手続的規律を導入することが根本的解決として適切である。

(4) 政府調達
(ア) 政府調達例外

GATT3条8項(a)号は，「政府機関」による一定の調達を規制する法令又は要件を内国民待遇義務の対象外であるとしている。先例上，第11章五1で検討するように政府権限が委託されているのが「政府機関」であるとされており，補助金協定における「公的機関」の認定基準と同じである。具体的基準が明らかにされていないが，営利事業にまで内国民待遇義務からの例外扱いを認めるのは不適切であり，同時に営利事業であれば政治的考慮から国産品を優遇するインセンティブは小さいと考えられることから，政府権限が委託されているかどうかの判断においては，他の経済主体の行動を指示命令する権限，許認可権限，補助金の付与権限などが法的に付与されている場合に限定されず，そうした権限が付与されていなくても，事業損失の補塡を政府が約しており，倒産法の適用がないなど独立採算性を前提としない制度設計になっているかどうかを検討すべきと思われる。また許認可権限が関わっていても政府機関とされない可能性もある。たとえば，日本において建築確認を行う指定確認検査機関などの指定法人（本章二1(1)(ウ)参照）の行う検査・確認事務は行政事務とされており，政府権限が委託されているとみるのが一見すると自然であるように思われるが，費用をカバーできるだけの手数料を利用者から得ており，また手数料額に規制があったとしても指定法人間で競争があるという状況ならば，実態は，サービスが商業的に供給されている中でその供給者の資格を限定して（さらに対価額を制限して）いるに過ぎないとみたほうが適切である可能性がある。以上に鑑みれば政府調達例外との関係で政

府権限が委託されているとは言えず「政府機関」でないとされる可能性もあろう。ただし，指定法人に対して恒常的な補助金が支出されているといった事情がある場合には，その事務自体に性質上経済性がなく，したがって反対の認定がなされる可能性がないとはいえない。他方で私人の寄附によって成り立つならば「政府機関」でないというべきであろう。

なお政府機関による調達がすべて例外となるわけでない。「政府用として」であり，かつ「商業的再販売」又は「商業的再販売のための貨物の生産に使用する」ことを目的としない物品の購入だけが例外とされている。主体の性質だけでなく，行為の性質をも考慮する構造である。その認定は関連する事情を総合的に考慮して行うことになろう。たとえば，政府機関が安定供給を目的として物資を一旦買い上げ，利益の出ない水準で再販売することがすべて政府調達として国産品を優遇することが許されるとすると，内国民待遇義務が無意味になる。購入・再販売自体が営利企業もしていることと変わりなく，政府の関与が必要なのはファイナンスだけであるとすれば，「政府用として」購入していると言えないとすべきであろう。この点は，第11章五3を参照。

（イ）政府調達協定の対象機関

政府調達協定の対象機関は，その調達において入札その他の一定の方法を採用することを求められている。営利企業は，商業的考慮から調達するのであり，国産品を購入する特別の必要がないはずである。それにも拘らず入札を強制することは，営利企業の経営の自由を不当に制約することになる。政府調達協定の対象機関が「政府による監督又は政府の影響が実効的に排除された」場合には対象外とすることが想定されていることからみて，政府機関でなくても，「政府の影響」が及ぶ機関である限り対象とできることを想定しているように読めるが，そうだとすると政府調達例外の対象たる「政府機関」の定義と合致していないことになる。

(5) WTO協定における区別のまとめ

以上で見たとおり，WTO協定における規律対象は，規定文言がそれぞれわずかに異なっているが方向性は概ね同じである。先例上，当該主体が国有か否か，政府が支配しているか否かでなく，主体の組織・構造さらに当該主体が政府権限を付与されているかどうかを基準としてWTO協定の対象かどうかが決められている。ただこうした主体を民営化した後，政府調達協定から除外する基準は，これらと少々異なり，政府がその意思決定を左右できるか否かを基準としているようである。

この点国際競争論＝共存モデルでは，国有企業について，非効率であり又は私

人の自由を制限するので必要最小限とすべきとする議論もあり，また一定の公共目的を実現するために積極的に利用すべきとする議論もあるという現状をそのまま前提とする。すなわち効率性又は私人の経済活動の自由と公共政策とが矛盾対立し得る関係にあることを前提とする。したがって，WTO協定においては，貿易自由化がどこまで国有企業を制約し，逆に国有企業の利用を認める例外領域があるか，という問題設定になる。効率性と公共政策とのいずれをどれだけ優先させるか合意次第である以上，WTO協定の解釈は，規定文言に忠実であることが求められる。

　これに対して，比較優位論＝協力モデルでは，経済・社会が保有する資本の最大化の観点からこの問題を考え，国有企業の適否又は規律のあり方についても，「市場の失敗」を是正するために最適の制度を選択しているかを基準とすべきである。一方では，第1章三4で論じたように，各経済主体が，個別の自己利益をそれぞれ追求するのでなく，経済・社会全体の保有する資本の最大化を目標として共有しているという前提で，私企業については「商業的考慮」すなわち営利原則に従って行動するように制度設計されるべきであり，そのように制度設計されていれば，輸入品か国産品かに拘わらず最適な選択がなされると想定される。独占の問題は，当該主体における「商業的考慮」の欠如の問題でなく，また当該主体が輸入品を差別するという問題でもないので内国民待遇義務の問題でもない。当該主体でなく，政府として独占の弊害を是正する最適な競争政策を導入・実施すべきという問題にしかならない。これがGATT17条1項とりわけ(b)及び(c)号の趣旨であると理解する。

　他方政府については，競争政策に止まらず，市場メカニズムが適切に機能するよう「市場の失敗」の最適な是正に努めると想定する。つまり政府は，企業と異なり，市場メカニズムに従わないことを本質的役割とすると考える。資金調達について租税のような強制的手段を有し，債務超過になっても倒産しないことも本質的な違いの一つである。補助金協定における「公的機関」等において政府権限の付与が要件とされていることをかかる角度から理解する。公益財団等も営利原則に従わないが，社会の需要に合った活動をしなければ資金調達で行き詰まると想定される点で政府と区別される。

　次に，経済・社会の最適性を確保するためには，産品・サービスの生産・購入・販売自体が経済合理性に基づいて行われることが必須であり，まず営利原則に従った合理的な行動を確保するためのコーポレートガバナンス等の観点からの適切な規制を制定し適用すべきである。ただし，「市場の失敗」の是正のために最適な手段である限度で，資本の国有，ユニヴァーサル・サービスの義務付け，

競争政策その他の政府介入がなされる必要がある。財政収入を得るためその他の正当な目的のために特定分野の事業を国有とすることが最適性を常に損なうとも断定できない。この点では，「公的機関」自体が産品を購入していても，関連する政策目的に照らしファイナンス面だけを政府が行えば足りるならば，当該購入自体は営利原則に従って行われるべきであり，「政府用の購入」でないとして政府調達例外の範囲から除くべきであると理解する。また商業的原則に従うサービス供給についてのみ GATS の対象とすること自体は差し支えないが，国有化したほうが全体として最適であると判断された場合に自由化約束の撤回ができるようになっているかどうかが問題である。第 17 章とりわけ四 1 (14) を参照。

　逆に，営利原則の徹底及び「市場の失敗」の最適な是正以外の政策介入はすべきでない。たとえば国有企業を営利原則で合理的に行動するように制度設計している以上，国産品を優遇する政治的なインセンティブはないはずであり，そうした観点からの規制は却って経済・社会の最適化を損なうおそれがあると言わざるを得ない。補助金協定における「公的機関」の解釈として，政府の支配で足りるとし，政府が株主として国有企業に対して営利原則に従った行動を期待しているのに，株式保有があって当該国有企業を支配していることを根拠として個々の取引について市場ベンチマークと比較して「補助金」を認定して規制するのは不適切である。規制により独占を認められている企業について政府又は「政府機関」等と同列に取り扱う考え方があるが，独占の弊害是正の問題は，関連する市場の構造・慣行によって最適な規制が異なると想定され，「市場の失敗」があり，その是正のために最適な手段が選択されている，といった一般的抽象的ルール以上に具体的な対応を要求する拘束的なルールを定めれば却って最適な政策の実施を妨げるおそれが強い。政府調達協定における特定の調達手続の要求を政府調達例外の対象たる「政府機関」を超えて，営利原則に従った行動が期待されている経済主体にも適用するのがその例である。

　以上に鑑みれば，大まかに言って，事業全体での独立採算性が制度的に確保されている限り，輸入品を差別する合理的理由が存在しないことから，個々の取引行為について政府行為を規律する WTO 協定を適用すべきでなく，事業全体として補助金性等が認められるかどうかを考えれば足りる（第 11 章四 2 (2) (ア) ①）が，政府による損失補塡の約束があり，破産能力がないなど，独立採算性が確保されているか疑わしい場合にはむしろ政府の一部として WTO 協定を端的に適用すべきであると考える。この点，政府調達協定からの除外の基準は異質であり，見直しが必要であると思われる（この点は，第 11 章五 4 (1) を参照）。また一般的に，営利原則が徹底されているか，「市場の失敗」が存在し，その是正手段が最適か，

などは政策判断そのものであり，措置国の判断を尊重せざるを得ない（第2章二3(7)(ク)を参照）。

　ただし，上記でも触れているとおり，商業的考慮の確保により輸入品と国産品との取扱いの差別等がなくなったとしても，経済政策上の問題がすべて解消されるわけでない。市場支配力を行使して取引先から過剰な利益を得る，その前提で事業活動の不効率が温存される，過剰な設備投資を行う等の可能性があるからである。ただ，これらの問題は，輸入品が差別されるという通商法の典型的問題でなく，国内私企業にも共通する（広義の）競争政策の問題である。GATS8条に見られるように競争政策的な考慮をWTO協定に含められないわけでないが，政治的な理由に基づく輸入品差別の問題とは区別して議論すべきである。また競争政策である以上各国の市場状況に応じて最適な規制が異なる可能性が高い。「市場の失敗」が放置されており，又は最適な是正手段が採用されていない，ということを超えて具体的な国際ルールを策定するならば，参照のための非拘束的ガイドラインとすべきであろう。そうでなければ却って世界経済の効率化を阻害するおそれがある。この点も同じく第11章五4(1)を参照。

（6）投資協定

　投資協定は，当事者である投資受入国政府しか拘束しないが，外国投資家の利益を侵害したとされる行為が，それ以外の主体たとえば地方政府，国有企業，さらに政府から業務委託を受けた民間団体等によって行われている場合，投資受入国政府の行為と評価されるか，すなわち責任帰属（attribution）の問題の一として議論される。投資仲裁の先例上は，国家責任条文に依拠してすなわち国家責任に関する慣習国際法に基づいて決定されている。同条文5条が参照される場合，対象の主体に対する政府の所有・支配等の構造要件，設立目的の公役務性，実際に統治機能の一部を担っているか等の機能性要件が考慮されている[27]。またその行為が委託された統治機能の範囲内であることが求められている。結局，対象たる行為が本質的に統治性（governmental）があるか商業的（commercial）かが判断されている[28]。そのほか同条文8条に基づいて政府の指示・指揮・命令に

---

27) たとえばAward on Jurisdiction on *Emilio Agustin Maffezini v. The Kindgom of Spain*, ICSID Case No.ARB/97/7, 25 January 2000, paras. 76-86. またこの問題については，西村弓「投資紛争における行為の国家への帰属」小寺彰（編著）『国際投資協定――仲裁による法的保護』（三省堂，2010年）を参照。

28) Kaj Hobér, "State Responsibility and Attribution," in Peter Muchlinski, Federico Ortino and Christoph Schreuer (eds.), *The Oxford Handbook of International Investment Law* (Oxford University Press, 2008), p. 559.

従って行われた行為についても政府に責任が帰属すると考えられている。

補助金協定における「公的機関」の解釈において同じ国家責任条文が参照されている[29]ことに鑑みると先例上WTO協定及び投資協定で共通の理解が示されていると言える。比較優位論＝協力モデルの考え方に拠れば，市場メカニズムに従わずに行動する権限と能力とを付与されているのであれば，内国民待遇義務等正当かつ最適な政策手段を採用する義務の対象とすべきであって，上記取扱いを積極的に支持できる。国際競争論＝共存モデルに立つ場合はそうした合意があったという理解で上記取扱いに特段問題はない。

なお，投資受入国との間の契約上の責任をも仲裁の対象とできるようにするアンブレラ条項があっても，国有企業等との契約上の請求は対象にならないとするのが先例であり，国と国有企業とが法人格が異なることが理由とされる。なおそもそも国有企業の契約をも対象とするアンブレラ条項が可能か否かについては，投資協定上の投資家の請求権の性格をどう考えるかで考えが分かれる。対象になるとすれば，国有企業が締結した契約の履行を政府が保証することになり，国有企業が他の国内企業よりも有利になってしまうため，比較優位論＝協力モデルでは支持できない。投資保護を投資家保護の観点から捉える国際競争論＝共存モデルではそうした合意も投資誘致のためにあり得るので文言どおりに解釈すれば足りる。この問題は，第9章四2(6)を参照。

2　国有化／民営化に対する規律

本章二で見たように，様々な理由で政府自身が経済活動を行うことがある。その経済活動を政府が自ら又は関係する法人を通じて行うか，私企業に委ねるか，いずれが適切かは，当該経済活動の性質・状況に拠る。したがって，政府自身が行っていた経済活動を民営化することもあれば，逆に私企業が行っていた経済分野を政府自身が行うようにたとえば国有化することもあり得る。経済体制の選択は国家の主権の範囲内であるが，国際経済法が様々な制約を課している。

(1) WTO協定

GATTにおいては，国家貿易企業を設定することが加盟国の裁量に委ねられており，どの産品についても貿易及び国内販売を独占することが許されている。国内生産者の事業を国有化すること自体は貿易に影響しないのでもともと

---

29) Appellate Body Report on *US – Anti-Dumping and Countervailing Duties*（China）, paras. 306-314.

GATTの問題にならず，GATS又は投資協定の問題になり得るのみである

これに対して，GATSにおいては，一旦対象になって市場アクセス等を約束した後に，政府が自ら（又は国有企業によって）独占的に行うべきであると判断した場合に対象から除外できるか，またどのような条件で除外できるかが明らかでない。規定上約束の修正・撤回には代償が必要であり，無条件で許される場合が想定されていない（この点は第17章四1(1)(ア)を参照）。補償をした上で国有化することも許されないとすると，最適な政策を選択できないことになってしまうという問題がある。比較優位論＝協力モデルからは問題を看過できず適切な手当てが必要であるが，国際競争論＝共存モデルからはそうした合意であるならばやむを得ないということになる。

（2）投資協定

国内製造業又はサービス業の国有化は，投資協定上の問題となり得る。私企業に供給を委ねていた分野を国有化することは，その目的が正当であり，適切な補償を支払う場合にのみ許されるとするのが通例である。第9章四1(2)で論じたように，国際競争論＝共存モデルでは，特段の解釈指針がないが，比較優位論＝協力モデルに立てば，当該分野における「市場の失敗」に照らし，政府が自ら又は国有会社を通じて事業を行うほうが経済の効率化に資すると説明できる場合には目的の正当性を主張できるであろう。

3 国営企業・国有企業への優遇措置に対する規律

（1）WTO協定上の内国民待遇義務

生産者が政府であれ私企業であれ，国内で生産された産品又はサービスを輸入された産品又はサービスよりも優遇することはGATT又はGATS（対象分野に約束のある場合）の内国民待遇義務に違反する。ただし，第11章四1において検討したとおり，GATT上，産品の国内生産者に対してのみ補助金を付与することは，国産品（の一部）を優遇するが，内国民待遇義務から除外されており，補助金協定の問題として扱われることになる。国際競争論＝共存モデルの見方では，端的に貿易に影響を及ぼすか否かが問題になろうが，比較優位論＝協力モデルの見方では，補助金の目的の正当性及び手段の最適性を問うことになる。

これは競争法の適用除外についても同様である。GATSの内国民待遇義務が適用される範囲では，特定のサービス提供者が政府の一部又は国有企業であるとしても，それだけの理由で競争政策から除外するのは，目的の正当性の観点で疑問があり，除外の理由が「市場の失敗」の是正という観点からより適切である（た

とえばより適切な規制が別途なされている）場合でない限り内国民待遇義務違反を免れないであろう。また国内生産を行っている国有企業を適用除外とすることには，目的の正当性の点で疑問がある。ただし，当該国有企業が外国品を輸入・販売することが禁止されているわけではないので，輸入品差別の立証が容易でないと思われる。

(2) 補助金協定

受け手が国有企業であれ私企業であれ，産品の生産者に対して付与する補助金は，補助金協定の対象になる。第11章四2(2)で検討したように，政府による資金的貢献がある場合には利益があるかどうかを検討する必要があるが，補助金を認定できる場合「著しい害」を認定するためには目的の正当性（とりわけ「市場の失敗」の是正を目的とすること）を必要とすると考えるならば，補助金の目的を問う必要があろう。同章四2(4)を参照。

ただ国有企業の場合には，政府と法人格が異なるので「資金的貢献」を発見することが可能であるが，政府の一部が生産者の場合は会計が分離されていなければ「資金的貢献」を発見することができない。会計分離さえされていない場合には，国家企業（state trading）を「商業的考慮……のみに従って……購入又は販売を行」わせていると言えないとする議論の可能性を検討する必要がある（GATT17条1項(b)）。

なお国有企業について，一般の企業と比較して利益率又は配当率が低い場合，抽象的には，株式を保有する政府からの事実上の資金移転が想定される。ただ具体的ケースでの認定は容易でない。立法論であるが，公会計制度を整備し，株式保有の目的を明らかにし，たとえば特定の産品・サービスの低価格での供給を目的とするのであれば，当該国有企業に投資した財源の機会費用と政策効果との比較をするなど株式保有の政策評価をするなどにより，通常の営利企業並みの財務構造からの逸脱があればそれが明確になるような規律を策定すべきであろう。

同時に，政府から補助金を受けている国有企業は，取り扱う産品又はサービスの販売対価を全体として引き下げることによりその利益分を需要家に移転している可能性がある。国有企業自体が「公的機関」でなくても，この移転をもって政府の「指示・委託」にかかるものとする認定も考えられるし，また補助金の利益の移転があると扱うことが不可能ではあるまい。ただし，国有企業を選択すること自体が正当かつ最適であるならば，この利益の移転も同様であり，著しい害の認定等が妨げられ，撤回が求められることはないとすべきである。需要家が生産・輸出する産品について相殺関税の対象とすることができるに止まるし，また

相殺関税に必要な個々の需要家に発生する利益額の計算も容易でないことが指摘できる。

（3）投資協定上の内国民待遇義務

私企業が参入している分野において，政府の一部門が行う事業又は国有企業について租税，規制等の関係で優遇措置を規定することは，WTO協定と同じく，内国民待遇義務の問題になる。また国有企業にのみ補助金を付与し，競争関係にある私企業に対して補助金を付与しないことも特段の政策的理由がない場合には内国民待遇義務に違反するとされる可能性を否定できない。単に国有企業であるというだけで規制上の優遇又は補助金を受けられるとすることの正当性はきわめて疑わしい。

4　政府の経済活動及び規制に対する競争政策の適用

抽象論として，競争政策が市場メカニズムの機能を発揮させることを目的としているならば，市場メカニズムによって実現できない公共的利益を追求する政府の行為に競争政策を適用するのは適切でない。逆に，形式的に政府の行為であってもそうした公共的利益を実現しようとするのでなく，単に市場メカニズムの機能発揮を妨げるだけの行為に対して競争政策を適用してその是正を求めることをためらう理由はない。したがって事業法その他の法令上の規制と競争法との調整において，「市場の失敗」の是正という観点から最適な手段を選択したと説明できない範囲では，不利に扱われている外国サービス提供者又は外国投資家が必ず存在するとしてGATS上又は投資協定上の内国民待遇義務違反を認める余地があるかが問題となり得る。国際競争論＝共存モデルでは，そのように解釈すべき積極的な理由がないが，比較優位論＝協力モデルでは，そのように解釈することが目的に叶っており，条文上可能である限りそうした解釈を追求すべきである。

たとえば，ある事業について独占権を付与された企業がそれ以外の事業にも従事している場合に，後者の事業における競争を有利に進めるために，前者の事業を利用することを拒否し，又は不利な条件での提供のみを認めるといった可能性もあるし，また，前者の事業から得られた利益を後者の事業に投入することによって競争上の優位を獲得しようとする可能性もある。こういった問題について，一般法たる競争法で十分な規制ができない場合，事業法において，市場・技術の状態等を考慮して当該事業について最適な規制を導入することが求められよう。たとえば電気通信事業法では，接続義務，アクセスチャージの規制，料金規制による内部補助の規制などが採用されている。また独占的地位を有する企業は，価

格支配力があり，その費用を消費者に転嫁しやすいため，経営の効率化・過剰投資回避等のインセンティブに乏しいという問題もある。安定供給を確保し，また独占利潤を上げることを規制すべく供給原価に基づいて価格を設定する統括原価方式が採用されることが多いが，経営の効率化等のインセンティブを働かせるために，外生的な基準に照らした価格設定とするプライスキャップ規制，最も効率的な競争事業者を基準とするヤードスティック規制等が検討されている。さらに，電力事業における発送電分離など，競争の導入できる活動を切り出して競争を導入することも行われる。

5　国有企業等の輸出及び海外投資

　国有企業等が国内市場において規制等において優遇され，それによって超過利潤を得ていれば，その超過利潤を利用して，外国市場に対して採算の合わない価格で輸出し又は企業買収などの投資をし，その結果民間企業が市場から撤退を余儀なくされる可能性がある。国有企業に対する優遇措置又は競争法の不適用等については，GATT，GATS等の内国民待遇義務違反であるとしてそれ自体の撤廃を求めることも考えられる。しかし，形式的には輸入品を差別しておらず，政策目的の正当性又は手段の最適性に疑義があっても明白に否定できない場合には，内国民待遇義務に違反すると判断し難い。第三国への輸出についてアンチダンピング関税又は相殺関税の適用も考えられるが，現実には利用されていない。この点は，第12章四7及び五5を参照。さらに，サービスの場合は，アンチダンピング関税・相殺関税に対応する対抗措置がそもそも存在しない。また製造業であっても，輸出でなく海外投資による進出の場合には対抗措置が見当たらないという問題がある。

　この問題の難しさは，国有企業等とりわけ独占的地位を有する事業体の経営効率化の確保・過剰投資の規制などがそもそも容易でないことに起因するが，加えて，他国の国有企業が低価格で輸出又は好条件で投資することが輸入国又は投資受入国において利益であると認識されてしまうことで倍加される。国際競争論＝共存モデルではそうした認識自体を問題視する特段の理由がないが，比較優位論＝協力モデルでは，経済合理性のない行動自体，経済・社会の保有する資本の最大化を妨げるため抑制されるべきであり，低価格で輸入できることが常に望ましいことであるとも考えない。企業が経済合理性のない行動を控えるようにディスクロージャーなどコーポレートガバナンスを強化すべきであり，同時に，世界全体での経済・社会の最適化を目指すことを妨げる行動に対する倫理的批判を確立し，同時に，短期的な利益を追い求める必要をなくし，適宜競争政策を適用する

ように途上国の開発援助に取り組むという考え方になろう。

主要参考文献・資料
青柳由香『EU競争法の公共サービスに対する適用とその限界』（日本評論社，2013年）
金澤良雄『経済法』（新版）（有斐閣，1980年）
現代公益事業講座編集委員会（編）『現代公益事業講座1　公益事業概論』（電力新報社，1974年）
現代公益事業講座編集委員会（編）『現代公益事業講座2　公益事業形態論』（電力新報社，1974年）
塩野宏「特殊法人に関する一考察——行政組織法的観点からみた」塩野宏『行政組織法の諸問題』（有斐閣，1991年）
塩野宏『行政法Ⅲ　行政組織法』（第4版）（有斐閣，2012年）
白石忠志『独占禁止法』（第2版）（有斐閣，2009年）114-120頁。
須網隆夫「競争市場の構築と政府規制に対する考察——EC競争法からの検討」土田和博・須網隆夫（編著）『政府規制と経済法——規制改革時代の独禁法と事業法』（日本評論社，2006年）
山田幸男『公企業法』（有斐閣，1957年）

第14章　国際的経済活動と競争政策

　現代はグローバル化の時代といわれている。このことは特に経済活動の面において顕著である。グローバル化というのは若干曖昧な表現であるが，経済活動に関しては，貿易，投資，技術移転等の経済活動が一国の地理的範囲にとどまらず国境横断的となっていることを意味する。また，現在では競争政策の役割が大きくなりつつある。競争政策はそれが国際的に適用される場合，広義においては企業活動に対する政府規制（貿易に関する関税，輸入制限等）を軽減，廃止して，市場機構の作動をできるだけ確保することが含まれるが，狭義においては，独占，カルテル等私企業が行う競争制限行為を規制して，市場のパフォーマンスをよくしようという政策を指す。

　WTO協定等の経済協定によって加盟国の関税，輸入制限等をできるだけ軽減廃止することが試みられていることについては，すでに本書の各章において詳述されている。しかし，このような国際協定によって加盟国政府の行う貿易障壁を軽減廃止しても，国際貿易，投資等の国際経済活動に従事する私企業が国境横断的に結びついて市場を支配し，国際市場を分割するカルテルを行い，又は，独占を行う等の競争制限を行えば，せっかくの政府による貿易障壁の軽減による自由化の効果も私企業の行う制限的活動によって相殺される。この意味において，国際交渉等によって国際協定を締結し国際的経済活動の自由化を行えば行うほど，国際的に競争政策によって私企業による競争制限を規制して，かかる自由貿易体制の効率を維持することが必要になるのである。

　たとえば，WTO協定によって関税を軽減し，輸入割当制を廃止して貿易を自由化しても，各国の企業が国際カルテルを締結し国際市場を分割すれば，かかる自由化の効果はカルテルが有効である程度に応じて相殺される。また，国際的な企業結合によって各国の競争関係にある企業が合体するとすれば，これらの企業間に存在していた競争は消滅し，価格の引き上げや商品等の輸出入の制限もかかる合同企業の恣意に委ねられることになる。

　このことに関して参考になるのが，EC/EU内における事情である。EUは域内において関税や輸入制限を撤廃して自由経済を実現するものであるが，この体

制を維持するためにEU内において強力な競争政策を実施してカルテルや市場支配的地位の濫用を厳格に禁止し，共同市場の作動が私的競争制限によって阻害されないようにしており，この意味においてEUにおいて競争政策はEU共同市場の効率を維持するための必須の条件である。したがって，EUにおいてはEU条約101条，102条，及び，企業結合規則によって強力な競争政策を実施して，この体制の効率化の維持を図っている[1]。

かかる要請は，国際的に市場経済を維持する政策をとる限り，EUを超えて全世界的にある程度はあてはまるというべきである。すなわち，現代においては，社会主義体制の崩壊を受けて主要国において市場経済が採択され，世界の体制は市場経済化に向かっている。WTO等の経済協定はこれに制度的枠組みを提供しようというものである。とすると，競争政策を世界的に展開することは現代の必須の要請といってもよい。

本章においては，このような状況を念頭におきながら，国際的な競争政策の展開について検討する。もっともこのテーマは膨大なものであり，限られた紙幅ではとうていすべての問題を取り上げることはできないが，重要と思われるいくつかの課題を取り上げて検討することとする。

一　本章の対象事項

1　競争政策の政策根拠

標準的な経済理論においては，完全競争など一定の条件を充たす場合，市場競争に経済を委ねることによって資源配分の最適化が実現できることが示されている。ただこの市場メカニズムは，前提条件が充たされない場合すなわち独占・カルテルなどの「市場の失敗」がある場合には十全に機能しない。また市場支配力のある企業が取引相手の行為を制限することによって市場メカニズムの機能低下を招く場合もある。こうした民間企業の行為を規制するのが競争政策である。

2　問題の所在

第一に，競争法の一義的関心は国内市場にあるが，国際経済の発展を反映して，自国内において製造販売している企業の行動だけを規制対象とするのでは十分で

---

[1] EUの競争法については，Van Bael & Bellis, *Competition Law of the European Community* (5th ed.) (Wolters Kluwer, 2010); Ivo Van Bael, *Due Process in EU Competition Proceedings* (Wolters Kluwer, 2011).

なくなっている。また競争法は，産品でなく，企業の行為を規制するため，税関など国境において適用・執行するだけでは十分でない。したがって，自国領域外に所在する企業が領域外で行為した場合にも適用すべきか，また証拠収集及び命令等の執行はどうするかといういわゆる域外適用の問題がある。競争法の適用範囲の問題は，貿易政策として利用されていた輸出カルテル・輸入カルテルの取扱いに影響する。また国境をまたいで行われるカルテルの取扱いも検討する必要がある。

また貿易拡大という目標を考えると，外国市場の閉鎖性を打破する手段として競争政策を利用するという発想が生まれ，かかる域外適用の問題に拍車がかかる。この問題は，国家管轄権の問題の一であり，第1章四2で論じたように，国際競争論＝共存モデルに立てば，各国が自国経済を発展させるために行使する権限の抵触を調整するという観点から捉えることになるが，比較優位論＝協力モデルに立てば，世界経済・社会の保有する資本の最大化を共通の目標として認識し，世界経済を管理するために各国政府がどのように機能及び権限を分担するかという観点から検討することになる。

第二に，競争法は，国内政策措置の一として貿易自由化との関係が問題になる。いずれも競争の維持を目的とするという点では整合的に見えるが，いかなる競争状況を適切と考えるかで考え方が分かれる可能性がある。たとえば，貿易自由化の目標を"level playing field"の確保と考えると，ある産品の流通が国内生産者によって系列化され，輸入品を扱う流通業者が少ないという場合，そうした流通系列化自体が貿易自由化を損なうと考えるかもしれない。しかし，競争法においては，系列化自体（又はより厳格な，流通業者に同業他社製品の取扱いを禁止すること）を問題とするのではなく，ケース・バイ・ケースの判断となるはずである。したがって，貿易自由化と競争政策とが矛盾対立する可能性があることになる。他方，垂直的統合を競争力の一要素として競争している企業からみて，垂直的統合を自国よりも制限している外国の市場は，競争条件の平等性が損なわれているように見え，したがって貿易自由化を阻害しているという議論もあり得るであろう。さらに，アンチダンピング（AD）関税は，不当廉売輸出の効果を減殺する措置として貿易自由化の文脈では許容されているが，競争政策の観点からは妥当性が疑われている。これらいずれの例も，貿易自由化と競争政策とが矛盾対立する可能性を示している。

この点，国際競争論＝共存モデルに立てば，この可能性を前提として，それぞれが優先する分野を合意によって決定することが必要であるという発想になる。したがって，たとえばWTO協定については，貿易自由化のための規律がどの範囲で競争政策に及ぶか，又は例外として留保しているかを協定の文言に照らして

明らかにしていくという考え方になる。逆に競争政策についても，AD関税など貿易自由化の文脈で許容されている措置をどう考えるかなど調整問題が発生するし，国有企業，補助金及び政府調達などについても調整が必要になる可能性がある。これに対して，比較優位論＝協力モデルに立てば，貿易自由化が「市場の失敗」を最適な手段で是正することを要求していると考えるので，競争政策に対しても，その範囲で実施される限り，両者は矛盾せず，経済・社会の保有する資本の最大化という共通の目標の実現について相互補完の関係にあると考えることになる。

二　各国の競争政策

各国の競争政策は，先進国間では一定の収斂が観察される分野もあるが，基本的には，経済の発展段階，関連する法的伝統などによって大きく異なる。しかし，各国の競争政策をそれぞれ概説するのは本書の範囲を超える。したがって本項は，国際的要素のある競争法規律の問題として，域外適用，国際カルテル，企業結合といった問題のほか，貿易救済措置，補助金その他国際競争に影響を及ぼす政府措置の取扱いに限定することとする。国有企業に対する競争法の適用については，第13章二2を参照。

1　域外適用

国家法の域外適用とは，ある国家の法律（特に公法）を外国において行われる行為に対して適用することである。このような域外適用は，競争法，証券取引法，税法，輸出規制法，為替管理法，労働法等数多くの分野において行われている[2]。本章においては，本書の主題に最も関係の深い競争法の域外適用について述べる。この問題は，各国競争法における地理的適用範囲の定めの問題と，域外適用する場合の執行手続がどうなっているかという問題とから成る。さらに，国内法の域外適用は，国際法上，前者は規律管轄権，後者は強制管轄権を超えていないかが問題となるが，これらは本章四3において検討する。

---

[2]　経済法規の域外適用の文献は甚だ多いが，公正取引委員会の立場を示していると思われるものとして，公正取引委員会『ダンピング規制と競争政策・独占禁止法の域外適用——独占禁止法・渉外問題研究会報告書』（1990年），米国については，若干古いが，Spencer Waller, *Antitrust and American Business Abroad* (3rd ed.) (West Group, 1997 to date) が最も詳細であり，EUについてはVan Bael & Bellis, *supra* note 1, p. 85 *et seq.* が詳しい。域外適用に関する邦語文献は数多いが，単独著書としては，小原喜雄『国際的事業活動と国家管轄権』（有斐閣，1993年），松下満雄『独占禁止法と国際取引』（東京大学出版会，1970年）がある。

前述のように現代の企業活動は国境横断的に行われておりグローバル化が著しいが、企業活動規制の主体は依然として国家である。もっともEUにおいては欧州連合それ自体の競争法がありこれは超国家法による企業規制であるが、これはおそらく超国家法としての競争法の唯一の例であり、通常、競争法は国家法による規制である。

国家法の適用範囲は、原則としてその領域内において生起する事象（企業、個人等の行為、財産の所在等）である。しかし、前述のように、企業の活動は国境横断的に行われており、したがって、競争法に違反するような行為もまた国境横断的に行われる。この状況では、国家の競争法が厳密にその領域内において行われる行為に対してのみ適用されるとすると、外国において行われるがその影響が深く国内に及ぶ行為は野放しになり、国内秩序を維持することも危うくなる。

たとえば、A国の鉄鋼業者は原料である鉄鉱石の供給をもっぱらB国におけるX企業とY企業の供給に頼っているとし、そのX及びY企業がB国において合併するとする。そうするとA国への鉄鉱石の供給はB国におけるX及びY企業の恣意に委ねられ、鉄鉱石の価格が不当に高くなることがあり得る。また、複数国における企業が国際カルテルを結成し、これらの企業が生産する原材料（鉄鉱石等）の価格を引き上げる場合、需要国において当該原材料を使用して事業活動を営む企業は重大な損害を受けることがある。

以上のような事態に対処するために、上記の例においては、A国の競争法をかかるB国において行われる企業結合や国際カルテルに対して適用することが必要になる場合がある。このような場合、B国においても競争法があれば、それを適用することによって問題を解決することができる場合がある。しかし、B国には競争法がないかもしれず、あってもその適用は不活発であるかもしれない。さらに、上記の場合、B国における競争当局は自国外で効果を生ずる競争制限の規制に対して無関心であるかもしれない。たとえば、上記の例の場合、B国に自国の鉄鋼製造業が殆どなく、当該合併による鉄鉱石値上げの影響が専らA国で発現するような場合、B国は鉄鉱石の輸出価格値上げによって国内産業が不利益を受けず、国内消費者等に対する不利益があるとしても間接的なものに過ぎない。このような場合、B国における競争当局が当該企業結合の規制に対して重大な関心を有することはありそうもないことである。

以上のような事情から、世界主要国においては、競争法の域外適用が行われている。この域外適用に関しては、二つの立場がある。その一は「効果説」（the effect doctrine）であり、その二は「実施説」（the implementation doctrine）である。効果説とは、外国において行われる競争制限行為が国内にその違反の効果を生ず

る場合に，これに対して国内法である競争法を適用するというものである。この効果説は1945年に米国裁判所がアルコア事件判決[3]において採択したのがはじめといわれているが，その後これは世界的に広まり，ドイツ競争制限禁止法98条2項，中国反壟断法（競争法）2条などは，この効果説を明文によって規定している。これに対して，実施説はEU裁判所の判例[4]が採択する立場であるが，これによると，外国において行われる行為が国内（域内）において実施（implement）される場合に，その行為に対して国内（域内）競争法を適用するというものである。

　しかし，効果説と実施説の実際の区別はほとんどなく，両者はその説明の仕方に差異があるが，実際の適用においては，さほど異なることはないと思われる。効果説においては，米国のFTAIA（The Foreign Trade Antitrust Improvement Act）[5]に示されるように，域外における行為の国内市場への効果が少しでもあれば国内法を適用するのでなく，その効果が「直接的，実質的，かつ，合理的に予見可能」（direct, substantial and reasonably foreseeable）な場合に，これに国内法を適用するとされている。実施説においては，外国における違反行為が国内（域内）において実施されれば，これは国内競争法の適用範囲に入るとされるが，この実施を広義に解するならば，たとえば，外国における企業結合によって国内に高価格がもたらされる場合，外国企業によるボイコット協定によって国内にその協定の対象物資が輸入されなくなる場合にも，外国企業の域外における違反行為が域内において実施されたとみなされ得る。このようにみてくると，効果説と実施説は説明の仕方が若干異なるとしても，法の適用の実態においてさほど異なっているとは思われない。

　以上に，外国において行われる違反行為に対して国内競争法を適用する場合の実体的要件について述べたが，これは国内競争法の適用範囲すなわち事物管轄の問題でもある。このほか，域外適用の場合の執行手続の問題がある。すなわち，上記の効果説又は実施説によって域外の競争制限行為の効果ないし実施が域内にあることを理由として国内競争法を適用しようとしても，このためには適用国の裁判所，競争当局等法律の執行機関が違反者に対して法を現実に適用する手続的要件を有していなければ現実には法を適用することはできない。そこで，どのよ

---

3)　*United States v. Aluminum Company of America*, 148 F.2d 416 (2d Cir., 1946).
4)　ECJ Joined CasesC-89, 104, 114, 116, 117, 125-129/84, Ahlstrom & Ors v. EC Commission ('Wood Pulp7'), [1988] ECR 5193.
5)　FTAIAの詳細については，松下満雄・渡邉泰秀（編）『アメリカ独占禁止法』（東京大学出版会，2012年）314頁以下参照。

うな要件があれば，ある国の競争法執行当局は外国において活動する外国企業に対して法を執行するために手続きを開始することができるか，が問題である。米国法を例に採ると，その中には，(1) 対人管轄権，すなわち，いかなる要件があれば執行機関は被適用対象である外国企業に対して手続を開始できるか，(2) 調査管轄権，すなわち，執行機関は被告又は被審人となるべき外国の者，その他の関係者に対して出頭を命じ，文書等の書証を提出させる等の必要な調査を行うことができるか，及び，(3) 執行管轄権，すなわち，当該被告ないし被審人に対して判決又は審決が発出された場合にどのようにしてこれを執行するか，という諸問題がある。こうした国内法上の問題に加え，具体的な法執行が国際法上の司法管轄権及び執行管轄権の範囲を超えていないかが問題になる。これらは各々が大きな問題であり，本章において詳述はできないが，概略を示す。

対人管轄権の確立において必要なことは，被告又は被審人となるべき外国人又は外国企業が物理的に執行機関の管轄内に所在するか又は実質的拠点を有し，これに対して訴状，召喚状，その他必要文書を送達し，当該自然人又は法人に対して法を執行する条件があることである。調査管轄権において問題となることは，外国に所在する文書等書証を執行機関に提出させることができるかである。これは複雑な問題であり，結局はケース・バイ・ケースに決定されるべきであるが，一般論ないし原則として，かかる命令を発出する場合，執行機関が受命者に対して対人管轄権を有していることが必要である。執行管轄権は執行すべき手続によって異なるが，一般論としては，裁判所の判決，行政機関の決定・審決等は外国において執行することは困難である。もっとも，ある国の執行当局が外国人又は外国企業に対して対人管轄権を有している場合，この者に対して外国において一定のことを命ずる作為命令，又は，一定のことをしてはならないという不作為命令を発することはあり得るし，そのような例もある[6]。

しかし，本章四3でみるように，こうした法執行が国内法上適法であっても，国際法上の強制管轄権を超える場合には違法であり，競争法にかかる裁判所の判決，行政機関の決定・審決等を外国において執行することは許されていない。かかる命令の執行を強行する場合，その受命者の所在する国の管轄権を侵害することもあり得るし，そのような場合，当該外国が対抗立法を制定する等して，かかる域外的効力のある命令の執行を阻止することもあり，その実例もある[7]。

---

6) たとえば，米反トラスト法においては，*United States v. C. Itoh, et al.*, 1982-83 Trade Cases, Para. 65,000 (U.S.D.C., W.D. Washington)．
7) 対抗立法とその発動については，松下・渡邉『前掲書』(注5) 39頁以下。

以上のように，国内競争法に基づく命令の国際的執行には種々の困難が伴うこともあるが，最近においては，競争政策ないし競争法が世界的に普及するに伴って，各国執行当局者間に各種の協力関係も構築されつつあり，以前に比較して，競争法の域外的執行に伴う国家間の摩擦は軽減の方向にあるといってよい。

最近主要国間に競争政策・競争法に関する二国間協定が結ばれ、これによって各国執行当局間に競争法上の調査や執行に関して相互に協力関係が定められている。また，OECDにおいては，競争法の調査，相互通知，執行協力等に関して多角的な協定が結ばれている。さらに，2001年に発足したICN（International Competition Network）（これについては，本章三2を参照）は非公式な競争政策・競争法に関するネットワークであり，各国競争法の実体法及び手続法の収斂及び調和において大きな貢献をなしているのみならず，競争法の国際的執行に関する相互協力においても大きな役割を果たしている。

2　国際カルテルその他の規律

（1）カルテルとは？

カルテルとは企業が協定によって相互の競争を制限することであり，一般的に各国の競争法によって禁止されている。カルテルには種々のものがあるが，OECDの分類によると，価格カルテル，数量カルテル，市場（顧客）分割，及び談合が主要なものである。これらが国際的に行われる場合が国際カルテルである。国籍の異なる複数企業が協定によって国際市場を分割する（たとえば，日本企業は日本国内と東アジア市場においてのみ販売し，アメリカ企業が北米・南米大陸においてのみ販売する等）場合は国際的市場分割協定であり，これらの企業が販売数量，生産数量等を制限する協定を結ぶ場合は国際的数量制限協定である。さらに，これらの企業が同種製品を国際的に販売する場合，価格を協定して一定価格以下では販売しないことを取り決める場合は国際的価格協定である。談合は公共工事や公共入札のように入札制度がとられている場合，入札参加者が協定によって入札価格を吊り上げ，又は，特定の者のみが落札するように取り計らうことである。国際的な談合の例としては，後述のマリン・ホーズ事件[8]があるが，この事件においては，国籍を異にする企業間協定によって，各企業は原則として自国市場を割り当てられ，自国市場において需要者に供給をし，他国市場には進出しないということが取り決められ，実行された。

後に述べる輸出カルテルは、輸出においてカルテルを結び、輸出数量を制限し，

---

[8]　平成20年(措)第2号(株)ブリヂストンほか4社に対する件，審決集54巻512頁。

又は，輸出価格を協定して一定以下に下げないことを取り決めることである。これは国際カルテルとして行われることもあるが，そうとは限らず，一国の輸出業者のみが輸出カルテルを結ぶこともあり，反面，複数国の企業が協定を結んで輸出数量を制限し，又は，輸出価格を吊り上げたりすることもある。国際カルテルと輸出カルテルには共通の面もあるが，異なる面もあるので，本章においては，各々別個に論ずる。

　国際カルテルも輸出カルテルもそれが参加者相互の競争を制限する場合には，一般的に国際貿易を制限する効果を有する。たとえば，国際カルテルにおいては，その対象とする各国において販売価格が取り決められたり，販売数量が制限されたりする。これは貿易制限の効果を有するものである。輸出カルテルにおいても一般的に事情は類似しており，輸出における競争を制限して，貿易量を削減し，又は，国際価格を吊り上げる等の効果を有する。

（2）国際カルテルに対する主要国の競争法による規制

　最近は国際カルテルに関する各国の競争法の規制は強化されつつある。最近の主要国における国際カルテル規制の大きな特徴は，国際カルテルに対して一国のみが競争法を発動して規制をするのではなく，関係する複数国の執行機関が事前の連絡による連係プレーによって各国企業が一斉に立ち入り摘発・検査を行うことである。すなわち，各国の執行当局は各々自国内にある国際カルテルの参加者（多くの場合，自国企業であるが，それには限らない。）の拠点（本社，支店，営業所等）に対して立ち入り検査等によって証拠書類等を押収し関係者の出頭を命ずる等の措置をとる。このようにすることによって，競争法の域外適用に関する諸々のトラブルを回避することができ，国際カルテルに対して有効な規制を行うことができる。

　これは規制を受ける企業側からみると逃れる途が狭まることを意味する。1950年代及び60年代においては，アメリカの一方的な競争法の域外適用によって外国企業の外国における行動が規制され，これが域外適用として外国による非難の対象となり，英国の例に見られるように，対抗立法を制定する等の動きもみられた[9]。しかし，現在においては、各国に競争法が普及した結果，このような一方的な域外適用の必要性が減少し，域外適用に伴う外国主権の侵害は過去のものとなりつつある。

　国際カルテルに対する競争法の執行事例は最近極めて多く，これらをすべて網羅する説明は到底不可能である。そこで，本章においては，国際カルテルに対する二つの事例を採り上げて検討し，国際カルテル規制がどのように行われるかに

ついて例示をすることとする。

　その事例の一つはマリン・ホーズ事件である[10]。この事件においては，日本，英国，イタリア，及びフランスのマリン・ホーズ（ガソリン，重油等の供給に用いられるホース）の製造業者が国際カルテル協定を結び，各々の参加者は自国におけるこの製品の需要者に供給を行い，他の参加者が所属する国の需要者には供給を行わないとしたものであり，一種の地域分割ないし顧客分割であった。これに対して，主要国の競争法執行機関，すなわち，日本公取委，米司法省，EU 委員会，及び，英国公正取引局が一斉に立ち入り検査を行い，各々自国法に従って規制措置をとった。すなわち，日本公取委はこのカルテル参加者に対して排除措置命令を発出し，日本において当該ホースの売上げのある日本事業者に対しては課徴金の納付を命じた。また米国の司法省は捜査の結果違反者に対して刑事訴追をもって臨み，米裁判所は日本人を含む違反企業の役員・従業員等の個人に対して罰金刑・禁固刑を賦課した。同じく，英国公正取引局は違反企業の役員等に対して刑罰規定により訴追をして，これらの者は罰金刑・禁固刑を科せられた。EU 委員会は EU 機能条約 101 条に基づいて，違反企業に対して制裁金を賦課した。

　この事件においては，主要各国の競争法当局者が一斉に立ち入り検査を行ったが，これは各国当局者の事前打ち合わせがなければ不可能であり，この点において，この事件は各国調査・執行当局間の国際協力・国際連携プレーの好例ということができる。

　さらにこの事例においては，この国際カルテルの画策を行った英国人に対して，米裁判所，及び英裁判所によって禁固刑が科された。そこで二重処罰を避けるために，米当局は英当局に犯罪人を引き渡し，犯罪人が英刑務所で服役する期間を米刑務所において服役する期間に参入することとした。この場合，米法における服役期間が英法による服役期間よりも長くなければ，犯罪人は英国と米国の双方で二重に服役する必要はなくなり，国際的な二重処罰問題は解消される。

　なお，この事件において，各国間の規制措置の違いが明確になった面もある。すなわち，日本独占禁止法においては，カルテル禁止の違反に対する課徴金はカ

---

9) Douglas E. Rosenthal and William M. Knighton, *National Laws and International Commerce : The Problem of Extraterritoriality* (The Royal Institute of International Affairs, 1982). 1980 年代において，米反トラスト法と米輸出管理法の域外適用を巡って米英間の角逐は最高潮に達したが，この文献は，当時米司法省反トラスト局外国通商課長として域外適用についての責任者であったローゼンソール氏と米反トラスト法域外適用対策に当った英商務省担当課長であったナイトン氏が共同で反トラスト法の域外適用問題を論じた貴重な文献である。

10) 注 8 の文献参照。

ルテル対象製品の売上額の 10％を徴収すると定められているが，この売上額は日本国内における売上額である。したがって，日本において売上げのない外国のカルテル参加者に対して課徴金は科されていない。これに対して，EUにおいては，たとえあるカルテル参加企業のEUにおける売上げがなくても，当該企業の全世界における売上げにおける当該企業のシェアを参考にして，当該企業のEUにおけるみなし売上げを擬制することによって，制裁金を課している。したがって，この事件において，日本独占禁止法による課徴金よりはEUにおける制裁金のほうがはるかに大きなものとなる。

　国際カルテル規制に関して現在公取委において審判が継続しているサムスン事件[11]は興味あるものであるので，以下に紹介する。サムスンは韓国の電子製品メーカーであるが，同社は他の外国企業数社との国際カルテル協定によって，テレビ製造に使用するブラウン管の価格を協定した。サムスン及び他の国際カルテル参加企業はいずれもインドネシア，及び，マレーシアに子会社を有し，これらの子会社が現地でブラウン管を製造し，現地でこれを販売していた。これらのブラウン管の購入者には日本のテレビメーカーのインドネシア，及びマレーシア子会社が含まれており，これらの日本テレビメーカーのインドネシア子会社及びマレーシア子会社は現地でサムスンの現地子会社からブラウン管を購入し，これを用いてテレビを製造し，これを販売していた。ただし，現在日本においてブラウン管テレビは殆ど使われておらず，日本への輸入量は僅少であり，その販売は日本以外の主として開発途上国市場であった。

　公取委はインドネシア，及びマレーシアにおける本件国際カルテルに係るブラウン管の購買者は日本テレビメーカーの現地子会社であり，これらは親会社の完全子会社である，したがって，親会社と子会社は一体であるとして，この購買は日本親会社がなしたもの，すなわち，この販売はサムスンの現地子会社が日本親会社に対してなしたものとみることができるとし，かかる国際カルテルによって設定された価格でブラウン管を販売することは，日本独占禁止法2条6項にいう不当な取引制限に該当するとして，サムスンに対して事前手続を経て排除措置命令と課徴金納付命令を発出した。これに対してサムスンはこれが日本独占禁止法の不当な域外適用であるとして審判請求を行い，現在審判中である。

　この審判の帰趨は未だに明らかでないが，本件における公取委の日本独占禁止法の適用はきわめて広汎にわたっているということができる。すなわち，本件に

---

11) 排除措置命令，平成21年(措)第23号，平成21年10月7日，審決集56巻（第二分冊）71頁（排除措置命令），73頁（課徴金納付命令）。

おいて公取委が主張している管轄権の論拠は日本親会社・外国子会社一体論であり，子会社に対する販売は親会社に対する販売であり，親会社は日本に所在し日本において活動する日本会社であり，それに対するカルテル価格での販売は日本の市場（一定の取引分野）に直接の影響を与えるものであるということである。

しかし，本件におけるブラウン管が販売されたのは外国市場においてであり，しかも，そのブラウン管が組み込まれたテレビは殆ど日本には輸入されていない。したがって，この国際カルテルの日本市場に対する影響は間接的であり，いわば，現地子会社が高い価格でブラウン管を購入せざるを得なくなったので，その分だけ製造費が増大し，販売価格も増大した。その結果，売上も減少し，親会社に支払う配当も減少した，ということになる。とすると，本件カルテルの日本親会社に対する影響は間接的影響にとどまることとなり，これで国内独占禁止法の適用要件を充足するのかについて，疑問がないではない。

この事例に類似する最近の米判例[12]においては，中国等の企業が米国外で他企業と協定を結び，米国外に所在するそれらの現地子会社に通信機器に使用する液晶パネルを製造せしめ，これを販売する価格を協定した。米社モトローラの子会社が米国外で購入したこのパネルを組み込んだ携帯電話を製造してこれを米国内での販売のため親会社に販売した。そこで，モトローラ社がこの中国企業等に対してシャーマン法1条に基づく損害賠償請求訴訟を米国において提起した。この訴えに対して，米第7区控訴裁判所のポーズナー判事は，米原告がこの国際カルテル参加者から直接に対象商品を購買したわけではなく，親会社と子会社は別の法的主体であるので，米親会社に対する影響は間接的であり，FTAIAの例外要件を満たさないとして，この国際カルテル参加者に対して米裁判所は管轄権がないと判断した。

しかし，この狭い解釈に対してモトローラはもとより訴外の米反トラスト当局も反対の意見書を提出し[13]，その結果，第7区控訴裁判所は全体審議（en banc）が必要であるとして，再審決定を行ったが，原判決と同趣旨の判決が下された[14]。

さらに最近，このモトローラ事件と殆ど同じ事案[15]（違いはこの件において，被告は韓国及び台湾の企業及びそれの高級幹部である個人であり，政府提訴の刑事事

---

12) *Motorola Mobility LLC v. AU Optronics Corp., et al.*, 746 F. 3d 842（7th Cir. 2014）.
13) 2014 WL 1878995.
14) *Motorola Mobility LLC v. AU Optronics Corp., et al.*, _ F. 3d _ 2014 WL 6678622（C. A. 7, Ill.）
15) *United States v. Hui Hsiung, et al.*, 758F. 3d1074（9th Cir. 2014）.

件であること）において，第9区控訴裁判所は外国において韓国及び台湾企業間で協定された液晶パネルを組み込んだ製品が米国内で販売されているので，これはFTAIAにいう米国への輸入に該当し，同法の例外を構成するとして，韓国及び台湾の企業に対する罰金，及び個人に対する禁固刑及び罰金の賦課を承認した。

（3）輸出カルテルの規律

　輸出カルテルとは輸出において輸出業者が相互に協定をすることである。たとえば，輸出業者が輸出価格を高く維持するために，輸出価格を協定する場合がある。また，同じく輸出数量を協定し，一定の数量以上を輸出しないこともある。これらの場合には，そのカルテルの対象となる製品に関して輸出における競争が制限され，輸出先である輸入市場には高価格，品不足等の結果が生ずることもある。

　時には輸出カルテル（又はこれに類似する協定）が輸出増進の効果を有することもあろう。たとえば，輸出業者が輸出組合を結成し，その組合に資金，マーケティングの手法等の経営資源を持ち寄り共同で外国市場開拓を行う場合もあり，これを輸出カルテルと呼ぶとすると，これは貿易を制限することはなく，かえって貿易を促進する効果を有することもある。

　輸出カルテルは種々の目的に用いられる。前述のように，輸出カルテルは価格協定や数量協定を内容とすることも多く，これらの場合には競争制限が生ずる。我が国において輸出カルテルが活用されたのは，貿易摩擦対策であった。特に対米，対欧貿易において日本からの輸出品に対するAD提訴，セーフガード発動等による貿易摩擦が生じ，これに対する対策として輸出自主規制が行われ，これの手段として日本通産省の行政指導に基づく輸出カルテルが多用された[16]。これらの場合の輸出カルテルは貿易制限・競争制限の効果を有するものではあるが，私企業が利益拡大のために輸出カルテルを行ったというのではなく，むしろ日本政府・通産省の貿易政策の一環として輸出カルテルが活用されたということであろう。しかし，その場合においても，輸出カルテルが競争制限効果を有することには変わりなく，競争政策上は問題視されよう。ともかく，1995年にWTOが成立し，WTO協定の一環としてセーフガード協定がおかれ，これによって輸出自主規制は禁止された（11条1項(a)号。第4章四1(5)を参照）。このような事情

---

[16] これらの日米通商摩擦における自主規制の事例の詳細については，松下満雄『国際経済法』（初版）（有斐閣，1988年）56頁以下を参照。

から輸出自主規制は今日においては行われておらず，これの一環として輸出カルテルが用いられるという実態もなくなっている。

　輸出カルテルについては，一般的に競争法の規制が行われ得るが，輸出カルテルに関して競争法の適用除外規定を定め，これを認めている場合もある。たとえば，日本の輸出入取引法5条1項及び33条1項は輸出カルテルを認め，これを独占禁止法の適用除外としている。米国においても，ウェッブ・ポメリン法，及び輸出商社法によって輸出カルテルを認めている。しかし，後述するように，この適用除外は輸出国が自国の輸出カルテルを競争法の適用除外とするということであって，これに対して輸入国の競争法は適用され得るし，適用事例もある。

　輸出カルテルには競争制限の弊害もあることから，この制度の廃止がしばしば唱えられてきた。古くは全米法曹協会（The American Bar Association）反トラスト委員会が輸出カルテル制度について特別委員会を設けて詳細に検討し，これの廃止を提唱したことがあるが，廃止には至らなかった[17]。2012年において，OECDの競争政策委員会は輸出カルテル問題を取り上げ，その貿易に与える悪影響を指摘したうえで，廃止を提唱している[18]。しかし，これについてもその後目立った動向はみられない。

　各国の競争法の輸出カルテル規制の動向をみると，米反トラスト法において，輸出カルテルを取り上げたものがいくつかあるので，これらについて述べる。第一には，米反トラスト法を中国の輸出カルテルに適用したいくつかの判例がある。これらのうちビタミン輸出事件[19]において，中国のビタミン輸出業者がビタミンの対米輸出において価格協定を行ったので，これに対して米ユーザーが米反トラスト法に基づいて3倍賠償の提訴を行った。中国輸出業者はこれに対して，件の輸出カルテルは中国政府（商務部）の強制によるものであるので，国家行為理論の適用により免責されるべきことを主張した。中国政府も米法廷に意見書を提出して，このカルテルは中国政府の強制に係るものであることを主張した。そこで，問題はこの中国政府の意見書にどの程度重きを置くかであったが，米裁判所は一般論として外国政府の意見書はその外国政府の行動に関する証拠として尊重するものの，これのみにて判断するわけではなく，その他諸般の事情を考慮して

---

17) Special Committee on International Antitrust Report, Sept. 1, 1991, ABA Section of Antitrust Law.
18) OECDのこの会議については，BNA, *Antitrust & Trade Regulation Report*, Vol. 102, No. 2537 (February 24, 2012) を参照。
19) この事件の詳細については，松下満雄「中国輸出カルテルに対して米反トラスト法を適用した事例」『国際商事法務』第40巻第7号（2012年）参照。

決定すると判断した。そして，諸般の事情を考慮したうえで，本件における中国政府の意見書の信憑性には疑義がないではないとしてこの意見書の見解を採択せず，本件中国輸出カルテルは中国政府の強制によるものではないと判断した。

最近の資源関係の輸出カルテル規制において重要な案件は，ロシア，ベラルーシ，及びカナダのカリ生産者による輸出カルテル事件[20] である。この事件は前記のOECD競争政策委員会においても取り上げられ議論の対象となったものであるが，この3者の結成する輸出カルテルによってカリの輸出価格が大幅に値上がりしたとのことである。これに対して米ユーザーが米反トラスト法に基づいて提訴した。米裁判所はこの案件について米裁判所が審査できるかどうかについて検討したが，この輸出カルテルが米通商に直接的，実質的，かつ，合理的に予見可能な効果を生ずるとして，米FTAIA（The Foreign Trade Antitrust Improvement Act）[21] によりシャーマン法1条の適用範囲に入ると判断した。

なお輸出カルテルには，競争法の規制とWTO法が交差する局面がある。これを示しているのが，ペスコ・プロダクツ社事件[22] である。この事件においては，中国政府が鉱物資源に対して輸出税を賦課し，及び，輸出割当てを行ったので，これに対して，米国，EU，及びメキシコがWTOにおいて提訴して，これがGATT11条1項等に違反することを主張した。これ自体はWTO法上の提訴[23] であるが，この審議が行われている間に，米国の当該資源ユーザーが中国の当該資源輸出業者が輸出カルテルを行っており，これが米反トラスト法に違反すると主張して，米裁判所に提訴した。米裁判所はこの中国による輸出制限に関してWTOの紛争解決手続において審議が係属していることを理由として，このWTOにおける審議が終了するまで米裁判所における審議を中断（stay）すると決定した[24]。ここからわかることは，中国政府が鉱物資源輸出規制において，中国輸出業者による輸出カルテルを活用していたということであり，この局面に関しては競争法が適用され得ることが示されている。同時にこの事件はWTO法

---

20) *Min-Chen, Inc. v. Agrim Inc.*, 7th Cir. (No. 10-1712, 6/27/12).
21) Foreign Trade Antitrust Improvement Act of 1982, 96 Stat. 1233 (8 October 1982), 15 U.S.C. 6 (a).
22) *Pesco Products, Inc. v. Bosai Minerals Group Co. and CMP Tianjin Co., Ltd.*, 2010-1 Trade Cases P 77, 061 (U.S.D.C., W.D. Pa., 2010).
23) この案件の詳細については，松下満雄「中国鉱物資源輸出規制に関するWTOパネル報告書」『国際商事法務』第39巻9号（2011年），同「中国鉱物資源輸出規制に関するWTO上級委員会報告書」『国際商事法務』第40巻3号（2012年）参照。
24) この件について，藤井康次郎「天然資源分野から見る競争法の域外適用の動向」『公正取引』No.753（2013年）。

と競争法が交錯する局面があることを示している。

　（4）輸入カルテルの規律

　輸入カルテルとは，輸出カルテルとは逆に輸入業者が輸入において協定をすることであり，たとえば，輸入価格を協定して一定の価格以上の価格では購入しないことを決めることである。輸入数量制限を内容とする輸入カルテルもあり得るが，実例としては少ないと思われる。この他，一定の輸出業者を排除し，この者とは取引をしないというボイコットを内容とすることもある。

　輸出カルテルがその競争制限効果を主として外国市場に与えるのに対して，輸入カルテルは国内市場に直接のインパクトを与える。しかし，たとえば輸入カルテルが価格協定を内容とする場合，その多くは外国の独占的輸出業者，又は外国の輸出カルテルに対抗するために行われる。このような場合には，外国の輸出業者に対抗して交渉力を維持することが目的であり，この結果，輸入価格はそれが行われない場合に比較して，より低くなる。このような場合，輸入カルテルによって輸入価格競争は制限されるが，輸入はたぶんより廉価な価格で行われる。しかし，輸入カルテルによって輸入者がある物品の輸入数量を協定して制限すれば，その物品の国内価格は高騰する。したがって，このような場合には，輸入カルテルは国内市場に悪影響を与えることとなり，反競争的効果を生じたものとして，競争法の規制対象となる。

　輸入カルテルが外国における輸出独占や輸出カルテルに対抗するために行われる場合には，この輸入カルテルを行う事業者が輸入市場において市場力を有することが必要である。さもなければ，外国の独占的輸出業者や輸出カルテルは輸出先を他に転換するだけであるので，輸入カルテルの効果は薄い。しかし，輸入市場において市場力を有する輸入業者は国内市場（第二次市場）においても市場力を有していることが多い。このような輸入業者によって輸入カルテルが行われた場合，低価格による輸入の利益は輸入業者によって独占され，国内市場における他者（当該輸入カルテルが輸入する物品の買手，国内消費者等）はその利益に均霑しないこともある。このような場合，輸入業者による輸入カルテルを認めるとしても，当該輸入カルテルが国内において市場力を濫用することを防止する（すなわち，スピルオーバーを防止する）ことが必要となる。しかし，輸入カルテルには外国の輸出独占，又は，輸出カルテルに対して対等な取引を行うために必要な場合があり，それ自体が競争政策的にみて不当とはいえない。したがって，輸入国内における輸入カルテルの競争法上の取扱いは，必然的にケース・バイ・ケースとなる。

輸入カルテルに関して，日本の旧輸出入取引法は，輸入カルテルが，(1) 外国における競争制限（外国市場における独占，輸出カルテル等）に対処するために必要な場合，(2) 国際協定を実施するために必要な場合（国際協定によって一定の物資の輸入数量が限定されている場合等），及び，(3) 資源の開発輸入にとって必要な場合（海外資源を開発するために安定した国内需要を確保し，これを外国資源開発者に提示する必要がある場合）に，輸入業者は通産大臣の認可を経て輸入カルテル（輸入協定，又は，輸入組合の結成）を実施することができるとされ，独占禁止法の適用を除外されていた[25]。現行法では，この輸入カルテル制度を廃止したが，現行輸出入取引法において輸入組合が認められており，この輸入組合が「価格に関する事項」を取り扱うことが認められている[26]。「価格に関する事項」とは，輸入業者が組合を結成してこの組合に輸入を委託し，組合が構成員のために輸入価格を決定してこの価格で輸入することを意味する。したがって，現行法においても，輸入組合という形で輸入価格の共同決定が認められている。もっとも現行法においては，独占禁止法の適用除外は定められていないが，旧輸出入取引法と同じような要件がある場合には，この必要を満たすための輸入組合の活動は同法によってカヴァーされ，独占禁止法の適用を受けないものと解する。

EUにおいては，農業協同組合の肥料の一括購入がローマ条約85条1項（現在のEU機能条約101条1項の前身）に違反しないとした判例[27]がある。この事件においては，デンマークの農業協同組合連合会が規約を策定し，外国の独占的肥料供給者から肥料を購入する場合に連合会が構成員のために一括して購入を行うこととした。これに対して，単協が独自の立場で外国から肥料を購入することを企図して実行したので，連合会は規約に基づいてこの単協を除名した。単協はこの除名によって損害を受けたとして，連合会を相手としてデンマーク裁判所に提訴したが，その際に依拠したのがこの除名処分のローマ条約85条1項上の違法性であった。デンマーク裁判所はこの案件について，欧州裁判所の先行判決を請求して案件を付託した。欧州裁判所は先行判決を下し，本件における連合会の措置は外国の売手独占に対抗する意味を有するものであり，ローマ条約85条1項

---

[25] 旧輸出入取引法による輸入カルテルの許容については，金沢良雄（編）『新・貿易関係法』（日本評論社，1983年）263-423頁参照。

[26] 輸出入取引法19条の4。

[27] Judgment of the Court (Fifth Chamber) of 15 December 1994. Gottrup-Kim e.a. Grovvar-foreigner v. Dansk Landbrugs Gropvvareselkab AmbA-Reference for a preliminary ruling-Regulation No. 26/62-cooperative purchasing association-Exclusion of members making parallel purchases-Infringement of Article 85 (1)-Abuse of a dominant position-Case C-250/92, European Court Report 1994, p. I-05641.

の意味における競争制限には該当しないとして，違法性を否定した。

　米反トラスト法において，外国の売手独占に対抗するための国内輸入業者の輸入カルテルが認められるかについての判例はまだ見当たらない[28]。しかし，米司法省，及び，連邦取引委員会が共同で策定した医療分野における反トラスト法のガイドラインによると，有力な地位にある薬品会社から薬品を購入する病院及び医師は，交渉力をつけるために共同で購入することが認められている[29]。これ自体は国内の反トラスト問題であるが，ここで示されている原則は，外国の売手独占に対して交渉力を確保することを目的とする輸入業者の共同行為にも適用されると思われる。

　以上のように輸入カルテルに対する輸入国内の競争法の適用はケース・バイ・ケースに行われるが，これとは別に，ある国の輸入業者が行う輸入カルテルに対して，輸出国側の競争法が適用される場合がある。この例として，日本の対米輸入カルテルに関する事例を挙げる。

　これは大昭和製紙事件である[30]。この事件において，米国の製紙用のパルプの輸出業者はウェッブ・ポメリン法によって輸出組合を結成していたが，輸入業者である日本の製紙会社はこの輸出組合（輸出カルテル）による高値輸出を嫌って，この輸出組合から輸入しないというボイコットを協定した。これに対して，輸出組合がかかる日本輸入業者の協定はシャーマン法に違反するとして，米裁判所に提訴した。この裁判において，日本製紙会社は売手である米輸出業者は輸出協定をすることが認められており，この輸出協定についてシャーマン法の適用が除外されているので，これと対等取引の立場を確保するための輸入業者間の協定についても同じく適用除外が認められるべきと主張した。これに対して，米裁判所はこの適用除外は米輸出業者のみに認められており，外国輸入業者にはこの恩典は及ばないとして，日本製紙業者の主張を排斥した。これはまことに一方的措置であるが，これが国際通商の現実である。

---

28) なお，*Hunt v. Mobile Oil Corp.*, 550 F. 2d 69 (2d Cir., 1977) において，リビアのカダフィ政権の過酷な外国石油生産施設国有化政策に対抗するために欧米石油会社がボイコット協定を締結し，単独ではカダフィ政権と交渉せず常に集団で交渉し，同政権の提示する取引条件が過酷な場合には，共同して同政権との取引を拒絶する旨の協定をしたのに対して，米司法省は反トラスト法違反を理由として提訴しないことを表明している。しかし，これは極端な例である。

29) U.S. Department of Justice and the Federal Trade Commission, *Statements of Antitrust Enforcement Policy in Health Case* (August 1996), pp. 53-60 (Statement 7 – Joint Purchasing Arrangements Among Health Care Providers).

30) *Daishowa International v. North Coast Export*, 1982-2 Trade Cases (CCH), Para 64, 774 (N.D. Cal. 1982).

3　企業結合と競争法

（1）企業結合規制はどのような場合に国際経済活動に適用されるか

　企業結合とは会社と会社が株式取得，合併，役員兼任，資産取得等を通じて結合することであるが，これによって一定の市場における企業集中が高まり競争が減殺されることがあり，このような場合には，競争政策上の問題を提起し，競争法上違法とされることがある。企業結合は種々の形で貿易等国際経済関係に影響を与えることがある。たとえば，ある企業が外国における競争企業を買収し，それによって当該企業所在国への被買収企業からの競合品の輸入が減少ないし消滅することがある。または，ある国における二つの主要企業が合併することによって，他の国への輸出者が一つとなり，売手独占が生じて輸出価格が高騰することもある。

　ブランスウィック／ヤマハ事件[31]においては，米モーターボート船外機メーカーであるブランスウィック社が競争者であるヤマハの対米輸出を抑えるためにヤマハの株式を取得したことが米反トラスト法に違反するとして，米連邦取引委員会が介入し，違法とされた。

　国際的な企業結合は国際カルテルと類似の効果を生ずることもある。たとえば，ティムケン事件[32]においては，米ベアリング・メーカーのティムケン社が英国の競争会社を買収し，さらにこの両者がフランスの競争会社を買収した。これによって米，英，及び仏の競争会社間に結合が生じ，この三社の競争は消滅する。このような場合には，国際的企業結合は三社が国際協定を結んで相互に競争をしないことを約束するのと類似の効果を生ずる。このように，企業結合は国際活動との関係において種々の問題を提起することがあり，これらの場合には，競争法の問題が提起される。

（2）企業結合の届出制度

　会社合併，会社による他の会社の株式取得等の企業結合は事前規制，又は予防規制である。すなわち，会社合併等によって一定の取引分野における競争が実質的に制限される「こととなる」（すなわち，近い将来において，かかる合併によって一定の取引分野における競争が実質的に制限される蓋然性がある）場合に，法の

---

31)　*Brunswick Corp.*, 96 FTC 151（1980）; *Brunswick Corp. v. Federal Trade Commission*, 456 U.S. 915（1982）.
32)　*Timken Roller Bearing Co. v. United States*, 341 U.S. 593（1951）.

規制が行われる。そして、世界各国の競争法においては、一定規模（この規模をどのような基準で定めるかについては国別に違いがある。大勢は国内における一定の売上高によって基準値を決定するが、国内の資産、又は、資産と売上げの双方を基準とする例もある。）以上の企業結合については、事前届出が義務付けられている。したがって、ある国においてある規模以上の企業結合が行われ、その企業結合当事者が他の複数国において基準値以上の売上げを有している場合には、その企業結合について複数国で届出をしなければならないこととなる。現在では届出後の待機期間、届出義務の対象となる売上等の基準値については各国間にある程度の収斂がみられるが、届出様式、必要な提出書類等に関して微妙な違いがあることもあり、届出をする結合当事者にとっては繁雑なものとなることがある。

　現在の日本独占禁止法における企業結合に関する事前届出制度について以下に概説する。独占禁止法10条2項は会社による他の会社の株式取得・保有について事前届出義務を規定しており、同15条2項は会社合併についての事前届出制度を定めている。これによると、以下の条件がある場合に、株式取得又は合併の当事者は、株式取得又は合併について事前に公取委に届け出なければならず、原則として、公取委による届出受理後30日間は当該取得又は合併をしてはならない。企業結合が一定の規模以上であれば届出義務が発生するが、この際の基準として、「企業結合集団」という概念が用いられている。企業結合集団とは、「会社及び当該会社の子会社並びに当該会社の親会社であって他の会社の子会社でないもの及び当該親会社の子会社」（独占禁止法10条2項）からなる集団である。すなわち、当該会社を中心として、その親会社、子会社、兄弟会社等関連のある会社の総体であるが、届出を要する企業規模の基準は、いずれか一方の当事者が属する企業結合集団の国内売上高（前会計年度）が200億円超、他方の当事者が属する企業集団の国内売上高が50億円超である場合に、この両当事者間の企業結合は届出義務の対象となる。

　これは外国において株式取得又は合併を行う外国会社に対しても同じ基準によって適用される。したがって、たとえば、米国におけるA社が同じく米国におけるB社の株式を取得する（又は両社が合併する）場合、又は米国におけるA社が英国におけるB社を取得する場合に、A社の属する企業結合集団の日本国内における売上額、及びB社の属する企業結合集団の日本国内における売上額が各々上述の基準値に達しているか、又はそれを超えている場合には、外国企業結合当事者には届出義務が課される。

　以上が日本独占禁止法による企業結合に関する事前届出制度であるが、これと類似の企業結合に関する事前届出制度は世界各国の競争法において施行されてい

る。したがって，国際的 M&A を行うような場合には，当事者である企業はその目論む企業結合とその売上額について注意を払い，各国の競争法当局に適切な届出をすることが必要である[33]。

（3）BHP ビリトン／リオティント・ジンク事件

外国における株式取得，又は，合併等の企業結合が競争法の対象となった事例はきわめて多いが，本章においてはこれらのすべてを詳述することはできないので，どのような形で問題が生ずるのかを例示するために，比較的最近の二件を検討することとしたい。これらは以下に述べるビリトン／リオティント・ジンク社の合併事件，及び GE／ハネウェル事件である。

BHP ビリトン／リオティント・ジンク（BHP Billiton/Rio Tinto Zinc）事件[34]においては，鉄鉱石等を生産・販売する豪州企業のビリトン社と同業の豪州企業のリオティント・ジンク社が豪州において合併する計画を発表した。この計画においては，鉄鉱石の生産部門と販売部門を含めて二社の企業結合が行われ，両者は一体となるとされていた。この合併は豪州競争法においては問題がないとして承認され，米国においても同国の鉄鋼業は自前の鉱山を有しているので，この合併の影響を受けることは少ないとして米司法省はこれを取り上げないこととした。

しかし，我が国への鉄鉱石の輸出のうち約 6 割がこの両社によって占められており，この合併が実現すると，我が国が輸入する鉄鉱石の 6 割が一社によって輸出されることとなり，他にはブラジルの一社（ヴァーレ）を残すのみという状態となる。このような状態となると，輸出独占が生じ価格が大幅に上昇する可能性がある。このように，この合併によって日本鉄鉱石輸入市場は大きな影響を受け，また EU 市場も影響を受けるとして，日本公取委及び EU 委員会がそれぞれ自国の競争法に違反する疑いがあるとして調査を開始したが，折からリーマン・ショックが生じ資源の価格が下落したので，両社側ではこの企業結合にはビジネス上のメリットがないものとしてこれを取りやめ，事件はいったん自然消滅した。し

---

33) 米国反トラスト法における届出制度に関しては，松下・渡邉『前掲書』（注5）113 頁以下，EU 競争法における届出制度については，Van Bael & Bellis, *supra* note 1, section 7, 中国の反壟断法における届出制度については，H. Stephen Harris et al., *Anti-Monopoly Law and Practice in China*（Oxford University Press, 2011）, p. 138 *et seq.*

34) この事件の詳細は知られていないが，事件の概要については，ポーター・エリオット，ヨハン・バンアッカー，亀岡悦子「グローバル経済における EC 競争法戦略——BHP ビリトン／リオティント合併事業計画事件を例に」『国際商事法務』第 39 巻 3 号（2011 年），及び，川合弘造「域外企業の企業結合に対する日本の独占禁止法の適用」『NBL』No.905（2009 年）参照。

かし，景気回復後，両社は再び合併を企てた。この合併においては，鉄鉱石の生産のみを統合し，販売は統合せず両社が各々独自の立場で販売をすることとされた。しかし，日本公取委及びEU委員会はこれでも問題が解消されないとして調査を行い，EU委員会はこの合併に対してSO（異議告知書，起訴状類似のもの）を発し，日本公取委も問題を提起した。結局，この両社はこの合併を取り下げたので，ここで問題が解決した。事件の顛末は以上であるが，以下に，この件を巡る日本独占禁止法上の法的問題点をいくつか検討する。

　各国の競争法において域外適用が認められていることは前述したが，これによって外国において行われる企業合併，企業買収等も一定の条件の下において，国内法である競争法の適用を受ける。上記のビリトン／リオティント・ジンク合併事件は当事者が自発的に結合計画を取りやめたので，実際に日本独占禁止法を適用するには至らなかったが，かかる合併が続行された場合には，この適用が行われる筈のものであった。そこで，日本独占禁止法が外国における企業結合に適用される場合の法的仕組みについて以下に検討する。

　日本独占禁止法において，企業結合に関する規定は同法第4章におかれているが，この主なものは同法10条（株式取得の規制），及び，15条（合併の規制）である。平成10年以前の独占禁止法10条においては，会社が「国内の」他の会社の株式を取得・保有する場合に同法が適用されるとしていた。また，同法15条においては，会社が「国内において」合併する場合に同法15条が適用されると規定していた。平成10年改正によって，同法10条，及び，15条から「国内」の文言が削除された。このことは，外国において外国会社による他の外国会社の株式が取得・保有される場合，又は，外国において外国会社間の合併が行われる場合にも，日本独占禁止法を適用する趣旨を明確にしたことを意味するものである。日本独占禁止法においては，一般に域外適用が認められているが，特に企業結合に関しては改正を行うことによって，域外の企業結合にも独占禁止法を適用できることを明確化した。

　ただし，かかる域外の会社の株式取得・保有又は会社合併が日本独占禁止法の規制対象となるためには，日本独占禁止法にいう「一定の取引分野における競争を実質的に制限することとなる」ことが必要である。前述のビリトン／リオティント・ジンク社の豪州における合併はこの典型的な事例である。すなわち，この両社の合併は外国における外国会社の合併であるが，この両社は日本に鉄鉱石を輸出し，日本の鉄鉱石輸入市場において6割のシェアを有している。この両者が合併して一体となれば両社間に存在する競争は消滅し，日本の鉄鉱石輸入市場における競争が実質的に制限されることとなる。

このような場合に現実にどのように法を適用するかは別問題であるが，これについて，独占禁止法70条の17において民事訴訟法108条（外国における送達）の規定を準用して，適用対象となるべき外国会社の支店，営業所等の拠点が国内にない場合には，外国において調査，事前手続開始通知書等の必要書類をその会社が所在する外国において送達（領事送達）することができる。そして，70条の18において，同法70条の17において準用された民事訴訟法108条による外国における送達ができない場合には，公示送達ができることとされている。

（4）GE/Honeywell 事件

GE/Honeywell 事件[35]においては，米国の航空機部品を製造販売するGE社と同じく米国の競合製品を製造販売するHoneywell社が米国で合併をすることを企てたところ，EU委員会がこの合併は航空機部品製造分野において市場支配力を創設するものであり，EU企業結合規則に違反するとして，これの実施を禁止したものである。この合併案件はEU委員会に届け出られると同時に米国反トラスト法執行機関（米司法省，及び，米連邦取引委員会）にも届け出られたが，米執行機関はこの合併は高度ハイテク製品である航空機部品分野において両社の有する技術間にシナジー効果が生じ，総合力が高くなる等のメリットがあり，ユーザーがこの効率性の増大の利益を受けることとなるとして，この企業結合を承認した。

これに対して，EU委員会はこの合併によって市場支配的地位を有する企業が出現し，かかる市場支配的企業の存在は市場における競争に悪影響を与え，これは市場における競争的環境を保全することを目的とするEU企業結合規則に違反すると決定した。

以上のように，この合併案件を巡っては米国の反トラスト法執行当局とEU委員会の間の見解の相違が生じ，米司法省はEU委員会の決定を批判する声明を発表する等の発展があった。この合併は米国企業相互の合併であり，しかも米国内において行われるものである[36]。この意味において，この合併をEU競争法によって禁止するということは，EU法の域外適用ということができる。しかし，この案件を巡っての米欧の見解対立はEU法の域外適用を巡ってではない。この見解対立は，合併等企業結合規制のあり方を巡るものであり，米国執行当局はシカ

---

35) EC Commission, General Electric/Honeywell, OJ [2004] L48/01.
36) Antitrust Division Chief Reacts Decision to Prohibit GE/H Deal, Antitrust & Trade Regulation Report, 81 (2015) (BNA 6 July 2001), at 15; Daily Report for Executives, No. 128 (BNA 5 July, 2001).

ゴ学派の影響を受けて企業合併等の結合によって市場における巨大な企業が出現しても，そのこと自体によって企業結合規則に反するとすべきではなく，それによってユーザーに対する便益の向上等の経済的メリットがある場合には，これをも含めて評価すべきであるとするのに対して，EU委員会の立場は市場支配力の創設は市場における競争の減殺につながりやすく，これを禁止すべきということである。

前述のように，本件を巡る米欧の意見対立は，EU法の域外適用を巡るものではなく，企業結合に対する競争法の執行方針の違いに関するものである。この案件はEU委員会による大胆な域内法の域外適用の試みとみることもできるが，米当局者にはこれがEU競争当局による競争法の不当な域外適用であることについての異論はなかったのであろうか。知られている限りの情報によると，米当局がこの点に関してEU委員会の措置を批判した兆候はない。また，GE/Honeywell側も審議において，この点を問題視して反論を展開した兆候はない。これらの点からみて，外国において行われる企業結合が国内市場に影響を与える場合，国内法（又は，域内法）を適用してこれを規制することができるという点に関しては，国際的コンセンサスができつつあると思われる。

この背景にあるのは，米欧（多分，日本も含めて）においては，いわゆる産業政策が後退し，市場経済と競争政策が前面に出てきていることと，主要国間において，企業結合を含めて競争法の国際的執行を巡りコンセンサスが形成されてきているという事情であると思われる。しかし，今後企業結合が開発途上国において行われ，その企業結合がその途上国の産業政策上の要請に基づいて行われる場合もあり得るであろう。かかる場合に，先進国の競争当局が一方的に自国の競争法をかかる企業結合に対して適用してこれを禁止するとするならば，これが国際的紛争に発展することがあり得ることであろう。

4　政府措置に対する規律

競争法は，企業の活動の規律を中心的課題としているが，政府措置に対しても適用されることがある。この場合，競争法と通商法とが交錯し，緊張関係が発生する可能性がある。なお国有企業に対する競争法の適用については第13章二2を参照。

（1）貿易救済法

いわゆる通商法のうち，競争法との関係が特に問題となるのは貿易救済法（trade remedies）であるが，このうち補助金相殺関税措置は主として政府補助に

よる輸出を対象とするものであり，EU法を除き比較的競争法との接点は少ない[37]。これに対して，AD関税は輸出業者の輸出における競争行為を規制対象とするものであり，セーフガード措置は輸出業者の輸出競争，輸入業者の輸入競争を制限する効果を有するものである。したがって，この両者は競争法と密接に関係している。このうちセーフガード措置との関係で競争法上の大きな問題を提起したのは，1970年代から90年代の初期にかけて行われた輸出自主規制である[38]。しかし，これはWTO協定の成立に伴ってその一環であるセーフガード協定によって禁止された。この意味において，セーフガード措置と競争法の関係の問題は一応解決されている。

しかし，AD関税と競争法の関係に関しては，現在でもなお問題が残っている。そこで，以下これについて述べる。

AD関税は，ある意味においては競争法と類似の関係にあるが，時として両者は緊張関係にあることがある。AD関税に若干類似する機能を有するのが，競争法における略奪的価格（predatory pricing）と価格差別（price discrimination）である。略奪的価格とは市場において有力な地位にある事業者が原価を下回る価格で販売し，競争者を圧倒して市場を支配する行為を指す。略奪的価格は一般的に各国の競争法によって一定の要件の下に禁止されている。略奪的価格はAD関税のように輸出価格と国内価格の差異，及び，かかる価格差を設けた輸出による輸入国の国内産業への実質的損害の発生を要件とするものではなく，原価割れ販売による競争の排除を禁止するものであり，この意味において，AD関税との差異がある。しかし，両者とも低価格を規制する意味において，共通点がある。最近において，たとえば，米反トラスト法においては，原価割れ販売の規制は価格競争の抑圧につながりやすく，これの適用は厳重な要件の下に行われるべきとされており，殆ど適用例はない[39]。

よりAD関税に近いのは，競争法における価格差別の禁止である。これは売り手が同種商品について異なる価格を設定して販売して競争者を市場から排除して独占をもたらすことであり，これは各国の競争法において違法類型として挙げられている。競争法における価格差別の禁止においては，これにより「競争の排除」がもたらされることを禁止するのであり，「競争者」（すなわち，個々の競争

---

37) EUにおいては，EU内の共同市場の競争条件を均等にして共同市場の円滑な作動を確保するために，EU加盟各国が付与する補助金を競争政策上禁止している。これの詳細については，Van Bael & Bellis, *supra* note 1, p. 879以下参照。
38) これらの自主規制の事例については，松下『前掲書』（注16）56頁以下を参照。
39) この点については，松下・渡邉『前掲書』（注5）253-306頁参照。

者)を保護する趣旨ではないと説明される。しかし,実際上は,競争の保護と競争者の保護の区別がつきにくく,価格差別が競争者の保護になる場合も多いと思われる。そこで,略奪的価格,及び,価格差別の禁止に関しては,かかる規制自体が反競争的であるとの批判が識者から提起されている[40]。AD協定には,ダンピング(輸出価格と国内価格の差異＋国内産業への実質的損害＋前二者間の因果関係)は不公正な貿易慣行と定義されているが,これがなぜ不公正慣行なのかが説明されていないので,これを座標軸とする競争法とAD関税の比較は困難である。なおこの点については,第12章－1も参照。

　時として,AD関税と競争法は緊張関係に立つことがある。これを以下の3つの例によって示す。前二者は米反トラスト法の判例である。ファックスペーパー事件[41]においては,ファックス紙を製造し販売している日本製紙会社(複数)が商社を通じて対米輸出をしていたところ,米競争者のダンピング提訴等の攻勢に遭って苦境に陥った。そこで日本製紙会社は日本国内において協定を結び,米国におけるファックスペーパーの末端価格を下げないことを協定し,輸出商社にそのむね指示した。これが米司法省の知るところとなり,米司法省はこれらの会社がシャーマン法1条に違反したとして刑事訴追に踏み切った。

　第一審裁判所は本件についての米裁判所の管轄権を否定したが,控訴審は管轄権の存在を認め事案を地裁に差し戻した。地裁は長期間かけて審議をした結果,本件における被告人(日本製紙会社,及び関係の個人)は無罪とした。その理由は二つあるが,その一は,本件は時効にかかっているということである。すなわち,米反トラスト法の刑事責任の時効は5年であるが,このためには大陪審による起訴の5年前の時点において本件カルテルが実施されていたことが立証されなければならない。しかし,裁判所によると,原告司法省はこの立証に失敗している。

　第二は,本件に関して米裁判所が審議することができるためには,FTAIA(反トラスト国際取引改善法)によって,当該カルテル行為が米通商に直接的,実質的,かつ,合理的に予見可能な効果を生じていなければならない。とすると,原告である米司法省は,日本製紙会社のカルテルによって米市場における価格が制限さ

---

40) Robert H. Bork, *Antitrust Paradox: A Policy at War with Itself* (Basic Books Inc., Publishers, 1978).
41) *United States v. Nippon Paper Industries, Co., Inc., and Hironori Ichida*, 1996-2 Trade Cases Para 71, 575 (U.S.D.C., D Mass, 1996); *United States v. Nippon Paper Industries, Co., Inc., and Hironori Ichida*, 1997-1 Trade Cases, Para 71, 750; *United States v. Nippon Paper Industries Co., Ltd., formerly Jujo Paper Co., Ltd.*, 62 F. Supp. 2d 173 (D Mass. 1999), Trade Cases Para 72, 515.

れ，シェアが確保されていることを立証しなければならないが，この立証に成功していない。すなわち，本件におけるファックス紙の米国内価格が高止まりしているとしても，これは AD 関税のためにそのようになっているのか，又はカルテルのためにそのようになっているのかが問題であり，前者であれば被告である日本製紙会社の責任ではなく，後者であれば日本製紙会社の責任である。そして，後者であることの立証責任は米司法省にあるにも拘らず，米司法省はこれを立証していない，さらに日本製紙会社が違反が行われたと主張されている期間，その米国市場におけるマーケットシェアは減少を続けていた，ということであった。

次の ETR 事件[42]もこれに類似するものである。この事件においては，マレーシア会社が ETR（ゴム製品）を製造し米国に輸出していたところ，米競争者が米国においてダンピング提訴を行い，米商務省・国際貿易委員会がダンピング認定を行い，AD 関税を賦課した。マレーシア政府はこの貿易摩擦に対処するために，マレーシア輸出業者に対して輸出価格を低くしないように指示し，マレーシア輸出業者はこの指示に基づいて対米輸出カルテルを結成して価格の低落防止を図った。この輸出カルテルには，インドネシアの同業者も参加し，国際カルテルに発展した。

米国ユーザーはこの輸出カルテルによってユーザーの輸入する価格が引き上げられ，これが米国のシャーマン法1条に違反するとして，マレーシア輸出業者を相手として，3倍賠償請求訴訟を米国裁判所に提起した。そこで問題はこの輸出カルテルは FTAIA によって米シャーマン法1条の適用範囲に入るかであった。原告は本件において被告が米国子会社等を米国内に有しており，これらを通じて米国に輸出しているので，これは被告が米国内において活動をしていることを意味し，したがって，本件は純然たる国内問題であって FTAIA は適用されないと主張した。米裁判所は本件において被告が外国に本拠を有しており，これは FTAIA が適用されるべき事件であるとした。

米裁判所は事件の詳細を検討した後に，本件において米国内の競争者の提訴によって AD 法に基づく AD 関税が賦課されているとし，問題は米国内における ETR の値上がりがこの輸出カルテルによるものか，又は，AD 関税によるものか，であるとし，これが輸出カルテルによるものであるとの挙証責任は原告にあるとした。その上で，米裁判所は本件において，原告はこの ETR の価格上昇が輸出カルテルによるものであり，AD 関税によるものではないとの立証に成功してお

---

[42] *Dee-K Enterprises, Inc. et al. v. Haveafil Sdn Bhd et al.*, 982 F. Supp. 1138（U.S.D.C., E.D. Va., 1997）; *Dee-K Enterprises, Inc. v. Haveafil Sdn Bhd et al.*, 299 F. 3d 181（4th Cir 2002）.

らず，本件に関する米裁判所の審査権は確立していないとして，原告敗訴の判決を言い渡した。

この判決において，米裁判所は AD 法の攻勢に対処するために輸出カルテルを行ってもこれは反トラスト法の適用の免責理由とはならず，輸出業者は反トラスト法と AD 関税の狭間にあって「微妙な線」（fine line）上を歩まなければならないとした。

第三の例は，日米半導体協定[43]に基づく措置である。米国政府は日本政府が半導体に関する日本市場を閉鎖し，かつ半導体メーカーがダンピングを行っているとして通商法301条を発動して対日制裁に踏み切った[44]。これを解決するために，日米で協議が行われ，ダンピングの局面に関しては，日本半導体メーカーが米商務省との間で「停止協定」（suspension agreement）を結び，日本メーカーは半導体の対米輸出価格を日本国内価格以下に下げないことを約束した。

ところが，日本メーカーが米国に半導体を輸出する場合には，在米子会社等関連会社にこれを輸出し，子会社又は関連会社がこれを米国内で第三者に販売するという形をとっていた。日本半導体メーカーと在米子会社等関連会社は「関連当事者」（related parties）であるので，この場合の輸出価格は「輸出者販売価格」（exporter's sales price）（すなわち，いわゆる「構成輸出価格」（constructed export price））である。したがって，日本半導体メーカーは輸入業者である子会社等に対して一定の価格以下に再販売価格を下げないことを指示しなければならなかった。しかし，これは米反トラスト法上，再販売価格維持に該当するおそれがある[45]。日本半導体メーカーの在米関連会社が完全子会社であれば両者は経済的に一体とみなされ，前者が後者に販売価格を指示しても再販売価格維持とはならない。しかし，当時の米国反トラスト判例によると，両者の関係が完全親子会社

---

43) 日米半導体協定については，Dorinda Dallmeyer, "The United States – Japan Semiconductor Accord of 1986: The Shortcomings of High Tech Protectionism," *Maryland Journal of International Law and Trade*, 13/2（1989), p. 179 *et seq.* を参照。

44) *U.S. Federal Register*, Vol. 56, No. 152, Thursday, August 1985, p. 28 *et seq.*; BNA, *International Trade Reporter*, Vol. 3, No. 32, August 6, 1986, p. 994 *et seq.*

45) 米反トラスト法においては，当初，再販売価格維持は「当然違法」とされていた（*Dr. Miles Medical Co. v. John D. Park & Sons Co.*, 220 U.S. 373（1911））。ところが，2007年に至り米最高裁はリージン事件判決（*Leegin Creative Leather Products v. PSKS, Inc.*, 127 S. Ct. 2705（2007））において従来の判例を覆して，再販は合理の原則で律する，すなわち，ケース・バイ・ケースに決定すると判決した。したがって，日米半導体協定の時代には再販はまだ当然違法の類型に属するものとされていたので，このような問題が生じた。現在では，再販は合理の原則で律せられるので，再販が行われる理由や状況等は考慮されることとなり，直ちに違反という結論は出てこないであろう。

ではなく前者の後者に対する支配が完全でない場合にどのように反トラスト法が適用されるかは不明確な状態であった[46]。そこで，日本通産省は米司法省反トラスト局長に書簡を送り，この措置の米反トラスト法上の合法性について見解を徴した。局長はこの停止協定はAD法上の措置であり，これを実施する行為は反トラスト法の適用免除となると回答した[47]。

　以上の3件に示されるように，競争法とAD法の間には事実上の緊張関係がある。米裁判所も指摘するように，AD関税の発動を予防するために輸出業者が輸出カルテルを組んで競争制限を行うと競争法に違反するおそれがある。しかし，AD関税の貿易制限効果はAD関税の賦課のみにあるのではなく，「悪魔は細部に」(devils in detail) の表現に示されるように，ダンピング調査に必要な膨大な時間，人員，法律費用等の煩雑かつ高価な手続にあり，これを回避したいということは輸出業者にとっては当然である。しかし，これだけの理由で競争法の適用を排除できるわけではない。このジレンマは根本的には競争法に体現される法益とAD関税に体現される法益の矛盾に根ざすものであるが，両法とも各々の必要と支持グループによって支えられており，この調整は容易ではない。前記の米反トラスト法における二つの米国判例に示されるように，米裁判所は反トラスト法の域外適用の適用範囲に関するFTAIAを巧妙に解釈することによって，対立の回避に成功している。しかし，この両法域の対立と緊張を裁判所による法解釈によって解決することには限界があり，究極的にはAD協定により競争政策的配慮を盛り込む等の措置が必要と思われる。また，豪州・ニュージーランド間の二国間自由貿易協定のように，両国間においてAD法を廃止し，これを競争法によって置き換えることによって解決している例もある。ただし，共通関税を設定する関税同盟内でAD関税を撤廃し，同盟地域内を単位としてAD関税制度を適用することは問題ないが，自由貿易地域内でAD関税を撤廃することもGATT上正当化されるか疑問がないわけではない。この点は第19章四1(2)を参照。

(2) 政府調達・補助金規制

　政府調達及び補助金の規制を競争法の問題とするのは一般的でないが，EUは，

---

46) *Copperweld Corp. v. Independence Tube Corp.*, 467 U.S. 752 (1984). 米最高裁はその後の判例 (*American Needle, Inc. v. NFL*, NO 08-661, 2012 LEXIS 4166 U.S. 2010) において，判例原則を修正し，株式所有等によって結合する二企業が単一企業体を構成するかについては，株式所有のみならず，各般の要素を勘案して機能的観点から決定すると判断した。したがって，現在もこの不明確性は払拭されていない。

47) United States Department of Justice and Federal Trade Commission, *Antitrust Enforcement Guidelines for International Operations* (April 1995), p. 28, fn. 103.

これらの問題を競争政策の問題として扱っており，その議論をWTOにおいても持ち込むため，その境界が曖昧になっている嫌いがある。WTO協定が対象とすべきは政府の行為に原則として限定され，その点で競争政策と区別される。GATT17条1項の国家貿易企業の規定に鑑みると，「商業的考慮」のみによって行動する主体すなわち営利企業であり，政府と区別されている。営利企業であることが組織法上確保されていれば，国有企業であること，独占権その他特権を付与されていること，事業法上の命令権限が政府にあることなどは関係がない。独占権を付与された企業がその地位を濫用して取引の相手方に不利な条件を押しつけるといったことは競争政策の問題であり，通商法の問題でない。

三　競争政策・競争法に関する国際ルールの発展

1　国際的競争政策推進の沿革

以上に述べたように，現代経済社会が高度にグローバル化し，企業活動が国境横断的となっている状況においては，競争政策やそれを実施するための競争法の執行においてもグローバル化が要求され，競争政策や競争法の執行においても国際協力が要請されることはいうまでもない。そこで，次に，現在の競争政策及び競争法において極めて重要な役割を果たしているICN（International Competition Network）[48]について述べておこう。

競争政策に関する国際協力の試みのルーツは，遠くブレトン・ウッズ体制にある。第二次大戦後，世界経済の再建のためにIMFと世界銀行が創設されたが，同時に貿易の管理のために，「国際貿易機関」（International Trade Organization）の創設が計画され，このために，「国際貿易機関憲章」（これの締結地にちなんで「ハバナ憲章」とも呼ばれる）[49]が策定された。これは米国政府（行政府）の発案によってできたもので，多くの国がこれに署名をしたが，その米国において議会（上院）がこれに批准承認を拒否したために，これはついに発効には至らなかった。しかし，この憲章の第5章は「制限的取引慣行」に関するものであり，このなかには，国際カルテルの規制をはじめ多くの競争政策的措置が盛り込まれていた。この第5章は国際貿易機関憲章それ自体が成立しなかったので結局は日の目を見ることはなかった。しかし，国際貿易機関の構想は多くの紆余曲折を経ながら

---

[48]　ICNについてのまとまった紹介として，Eleanor M. Fox, "Linked In: Antitrust and the Virtues of a Virtual Network," *The International Lawyer*, Vol. 43, No. 1 (2009) を参照。

[49]　国際貿易機関憲章については，C. Wilcox, *A Charter of the World Trade* (New York: McMillan, 1949) 参照。

GATTに受け継がれ，現在の世界貿易機関（WTO）に至るのである。

競争政策に関する動向としては，その後，米政府の主導のもとに国連経済社会理事会が採り上げた[50]が成案を得るに至らず，1950年代にはGATTが制限的取引慣行の国際的規制に関する委員会を設置して検討した[51]が，これも成案を得るには至らなかった[52]。その後，競争政策に関する国際協力についてはOECDが中心となってこれを行い，制限的取引慣行委員会（後に，競争政策委員会と改称）が国際的競争政策の推進を図り，現在に至っている。これと並行して，国連貿易開発会議（UNCTAD）もまた，開発途上国の立場から，国際的競争政策の問題に取り組んでいる。

2 ICN（International Competition Network）

（1）ICNの形成

現代の国際的競争政策の推進に関する国際的ネットワークとして最も成功していると思われるのは，ICN（International Competition Network）[53]である。そこで，以下にこれについて述べる。

1995年にWTOが発足し，その後まもなくWTOの中に競争政策に関する協定を導入する動きがあった。1996年のWTOシンガポール閣僚会議においてWTO内に貿易と競争に関するワーキンググループを結成する動きがあり，このグループが競争政策の導入を目指して検討を開始した[54]。これに賛同したのはEU，カナダ，日本，韓国等であったが，米国と発展途上国はこの動向に反対であった。米国の反対の理由は，WTOのように多くの国が参加する組織で競争政策に関する協定を立案しても，これは勢い水準の低いものとならざるを得ないのであり，かかる協定が競争政策に関する国際標準となることは好ましくないとい

---

50) United Nations Economic and Social Council, *Restrictive Business Practices*, Official Records: Sixteenth Session, Supplement No. 11（E/2379 and E/2379/Add.1, E/AC.37/2）; *Analysis of Governmental Measures Relating to Restrictive Business Practices*, Official Records: Sixteenth Session, Supplement No. 11 B（E/2379/Add.2, E/AC.37/2 Add.2（New York 1953））.
51) General Agreement on Tariffs and Trade: Restrictive Business Practices（Geneva, May 1959）.
52) この点の日本語文献として，松下『前掲書』（注2）284-302頁。
53) ICNの詳細については，ICNのHP [http://www.internationalcompetitionnetwork.org/] 参照。
54) *Competition Policy in the New Trade Order: Strengthening International Cooperation and Rules*, EU Commission, Report of the Group of Experts, COM（95）359 final（1995）（The Van Miert Report）.

うこと，WTOにおける国際協定は交渉によって採否が決まるが，この交渉過程において，他の協定の採択を図るために競争政策に関する協定が取引材料とされ不当に低い水準となるおそれがあること，及び，かかる協定が成立すると，これに基づいてその違反に対してWTOの紛争解決機関が審査をし，パネルが各国の執行機関（米国の場合は，司法省，及び，連邦取引委員会）から資料を徴収したりするが，これは国家主権侵害となりやすいこと，等であった[55]。おそらくは，このうち，最後の点が米政府の本音であったと思われる。

また，開発途上国は，競争政策に関する協定がWTOに導入されることによって開発途上国の開発政策（産業政策）の実施とこれとが衝突する恐れがあること，等を根拠として概してこの構想には批判的であった。WTOの競争と貿易に関するワーキンググループにおいて検討を続行したが，2005年のWTO香港閣僚会議において，競争政策に関する協定をWTOに導入する構想は当面検討しないことに決定した。

他方，米国はクリントン政権下のリノ司法長官がICPAC（The International Competition Policy Advisory Committee）を組織して，著名な反トラスト法関係の専門家を委員に任命して競争政策に関する国際協力体制をどのように推進するかについて検討を行った。ICPACは2000年に報告書を発表し，競争政策の国際的推進に関してGCI（Global Competition Initiative）を発足させるべきことを提案した[56]。これは世界各国の競争法の実体的，手続的調和のために話し合いの場（フォーラム）を設置するというものであり，事務局や紛争処理手続を備えた国際機関ではなく，あくまでも関係者の協議の場を提供するものであった。

この構想を提案する理由としては，ICPACはOECDとUNCTADは各々先進国又は開発途上国の利益推進に傾斜して普遍性に欠け，WTOは強制力を有する紛争解決手続を有することから，これの導入には国際的コンセンサスが得られにくいので，よりインフォーマルな組織を設置するのが望ましいということである。この報告書の構想に基づいて米司法省次官ジョエル・クライン氏は欧州における国際会議においてこの構想に基づいて国際協定を締結するように提案した[57]。この構想は大きな反響を呼び，EU競争政策担当の委員のマリオ・モンティ氏，

---

55) 米国の反対理由については，Joel Klein, "Antitrust the Millennium: International Antitrust Enforcement at the End of the Twentieth Century," in Barry Hawk (ed.), *International Antitrust Law & Policy: Fordham Corporate Law Institute* (1998).

56) U.S. Department of Justice, Antitrust Division, *Report of the International Competition Policy Advisory Committee to the Attorney General and Assistant Attorney General for Antitrust* (2000), available at [http://www.usdoj.gov./atr/icpac/chapter6.htm].

国際法曹協会，全米法曹協会等が賛意を表明した。そして，2001年の米フォーダム国際競争政策会議において14ヵ国がこの構想に賛成し，この構想が実現される運びとなった。

名称については「グローバル」というのはアンチグローバル・グループの反対を受けやすいので「インターナショナル」とし，「イニシアティブ」よりもソフトな「ネットワーク」を採用することとし，名称として「International Competition Network (ICN)」が採択された。そして，このICNには各国の競争当局者が参加することはもちろん，各国際機関（OECD，UNCTAD，世界銀行等），企業関係者，NGO，民間法曹，研究者等も限定された範囲内でこれに参加することとなった。

(2) ICNの活動

ICNは2002年にイタリア・ナポリで第一回総会を開催して以来，参加国は百数十ヵ国となり，毎年一度世界のどこかで総会を開いて参加各国の競争当局者，民間法曹，研究者等が一堂に会して部会の報告，意見交換，討論を行っている。その活動は主としてワーキング・グループ（WG）という方式で行われている。

ICN発足当初から設置されているのは「企業結合WG」である。これは企業結合届出グループ，企業結合審査グループ，企業結合調査グループに分かれている。前述のように，現在一定規模以上の企業結合については世界各国の競争当局へ届け出る必要があり，国により届け出るべき事項や手続きに差異があると，企業（特に多国籍企業）の活動にとって障害となり，遵守コストが増大する。かかる届出制度について国際的統一を図る意味は大きい。そこで，このWGの報告に基づいて，第一回ICN総会において企業結合規制における各国の主権の尊重，透明性の確保，国籍による差別，手続における公正の確保，迅速で時宜を得た審査，同一案件を審査する執行当局間のコーディネーション，審査と執行の調和，情報の秘密保持，に関する原則が採択された。

競争政策実施WGは，競争政策に関する先進国の対開発途上国への援助の方法等につき検討し，これを実行する。カルテルWGは，カルテル規制に関する法制度のあり方，法技術，ノウハウの開発と普及を図ることを目的とする。規制産業に関する競争政策WGは，主として銀行等金融業における競争政策の実施

---

57) Joel Klein, Assistant Attorney General, Antitrust Division, Department of Justice, *Address at the EC Merger Control, 10th Anniversary Conference: Time for a Global Competition Initiative?* (September 4, 2000), available at [http://www.usdoj.gov/atr/ublilc/speeches/6486.pdf].

について検討する。電気通信に関する競争政策WGは，この局面における競争政策実施の方策について検討する。

この他，一方的行動に関するWGは，私的独占の禁止，又は，支配的地位の濫用禁止等と呼ばれている分野について法規制の収斂を図ることを目的としている。この他にも，競争政策推進，規制機関の効率性，競争政策に関する研修，教育，能力向上に関してもWGが設置され，各々の分野において活動をしている。

ICNにおいてはこのようなWGが各々の分野において検討を行い，検討結果を勧告案という形で総会に提出し，議論の結果，これが採択されれば，ICNの勧告として加盟国に提示される。この勧告はいかなる意味においても拘束力はないが，多くの加盟国がこれに賛同してこれに基づき自国制度を整備している。たとえば，企業結合審査手続の収斂に関するWG報告書は40ヵ国以上によって自国制度として採択されている。

以上に述べたように，ICNは非公式なネットワークであり，その勧告を受け入れて自国の制度とするか否かはあくまでも加盟国の自由である。しかし，ICNは発足以来10数年を経過し，毎年一回の総会の他，WGの会合が年に何回も開かれており，これらを通じて各国の競争当局間の国際連携関係は急速に進んでいる。ICNは競争政策の国際的収斂，調和において，WTO，OECD，UNCTAD等の既存の国際機関が果たし得なかった役割を果たしているということができる。

四　競争政策・競争法に対するWTO協定及び投資協定等上の規律

1　競争政策の不存在

前項で述べたとおり，ITOには競争政策的規定が存在したが，GATTにはかかる規定がなかった。80年代にはECが，輸入検査手続等のほか，経済社会構造に由来する日本の市場閉鎖性がECの利益を無効化又は侵害しており，かつGATTの目的の実現をも妨げているとの申立を行った[58]が，日本は，政府の行為でないとして反論し，ECはパネル設置を要求しなかった。またWTO設立後は，*Japan - Film*ケースにおいて米国が，写真フィルム・印画紙の流通市場を合理化することを目的とした日本政府の措置によって日本メーカーによる流通系列化が進行し，外国製フィルム・印画紙の輸入が妨げられ，加えて外国製フィルムを相対的によく扱っている大型小売店の出店を「大規模小売店舗における小売業の事業活動の調整に関する法律」（大店法）によって制限し，景表法上広告を制

---

[58]　L/5479 ; C/M/167.

限することによって新規参入を妨げ，これらの措置が結果として米国の利益を無効化又は侵害していると非違反申立（GATT23条1項(b)号）を行ったが，パネルは無効化又は侵害の立証がないとして主張を認めなかった[59]。大店法及び景表法は，産品の原産地に関心をもたない措置であり，米国の主張は結局のところ日本の市場構造ひいては競争法の実施を問題にするものに過ぎず，妥当な結論である。

国際競争論＝共存モデルには，民間企業の競争制限的行為を問題にする余地があるが，競争政策と発想が異なるため調整が困難である。比較優位論＝協力モデルに立てば，民間企業の競争制限的行為によって競争メカニズムの機能が害されればWTO協定の目的の達成を妨げるので，競争法の導入・実施それ自体が不十分である場合に，GATT23条1項(c)号を根拠に閉鎖的な市場慣行が加盟国の利益を無効化又は侵害しているとの主張が可能か検討する価値がある。勿論，他の国内政策と同じく一次的には措置国政府の裁量に委ねるべきであり，不十分性が明白に立証されない限り，無効化又は侵害を認めるべきではない（すなわちOECD・ICN等における取組みに主として期待する）。なおDSUにおいては，「状況申立」がリバースコンセンサスの対象外とされている（26条2項）。しかし，経済・社会の保有する資本の最大化が目標として共有されていると考えるならば，「市場の失敗」を放置することを許容するのは不合理であり，そうした主張を認めない趣旨であるとまで断定すべきでもないであろう。

なおGATSにおいては自然独占がしばしば見られるため，輸入を制限する措置を取らないというだけでは不十分であり，積極的な競争政策上の対応を求める規定がいくつかある。この点は，第17章四1(6)を参照。またTRIPSにおいては，反競争的行為の規制ができることが明示されている（40条）。

2　差別取扱いの問題

競争法は，産品に対する規制ではなく，生産者・販売者等の企業に対する規制であるが，国内における産品の販売等に影響を及ぼすのでGATT等の内国民待遇義務の対象になる。したがって，たとえば競争法を輸入品に対してのみ適用すればGATTの内国民待遇義務に違反する。

なお競争法は競争を維持・促進することを目的とするので，貿易自由化と整合的であると想定するのが自然であって，安全基準その他の国内政策と異なり，貿易自由化と矛盾対立する可能性があるとあまり考えられていない。厳密には，競

---

59) Panel Report on *Japan – Film*, Section X.

争法において市場シェアが高いことが競争制限行為を違法とする要素となる場合があり，輸入品の市場シェアが高ければ，競争法の規制負担は輸入品に対して相対的に重いと言えなくもない。仮に，貿易自由化と競争政策とが矛盾対立する可能性があるとすれば，その調整をどう考えるかが問題となる。

　国際競争論＝共存モデルに立てば，矛盾対立する可能性を前提として，貿易自由化のための規律において，いずれを優先するかが合意されているという理解になる。これに対して，比較優位論＝協力モデルに立つならば，経済・社会の保有する資本の最大化が目標として共有されていることを前提とするので，「市場の失敗」の是正を目的とし，最適な是正手段を選択していることを要求することで，貿易自由化と競争政策とを相互補完的な関係にあるものと捉えることになる。こうした観点から説明できない部分があれば，いずれかの輸入品が不利に扱われているはずであり，内国民待遇義務違反を認定すべきと考えることになる。

　いずれの考え方に拠るにせよ，カルテル規制及び合併審査における差別を問題とする余地があるが，競争法の場合，要件が抽象的であるため，個別の適用を詳細に検討しなければいかなる要素がどのように考慮されたのか判然としないことが多い。したがって立証は容易でなく，競争法の運用の透明性を高めることが前提として必要になろう。特許・商標などのライセンス契約の条件において海外からのライセンスを不利に扱うことはTRIPS上の内国民待遇義務の問題とし，競争政策として説明ができるかを問うことは考えられる。この点については，第18章四2(2)(ア)を参照。それ以外では，専門家同士で国ごとに競争法の内容・実施状況を審査するといったTPRMに類似の手続とするほうが適切かもしれない。

　なお投資協定の内国民待遇義務も適用され，たとえば外資企業のみ規制することが違反となることは明らかである。ここでも投資保護の基本的視点すなわち国際競争論＝共存モデルに立つか比較優位論＝協力モデルに立つかで内国民待遇義務の解釈は違い得るが，後者の場合には「市場の失敗」を是正する最適な措置であることが要請され，そうでないことが立証されれば内国民待遇義務に違反することとなる。ただここでも立証の問題がある。

3　域外適用の規律

　域外適用は，自国領域外における企業活動に対して競争法を適用することを意味するが，国際法上は，規律管轄権及び強制管轄権（司法管轄権並びに執行管轄権）を超えた場合には違法となる。

　規律管轄権について，かつては，領域主権の及ぶ範囲に限定する属地主義の考

え方が支配的であったが，今日では，行為の効果が自国内において発生し，かつ当事者がそのような意図を有している場合に規律管轄権を認める効果理論が広く支持されている。したがって，先に触れた米国及びドイツにおける競争法の適用範囲の考え方が概ね国際法上認められているといってよい。ただしこのことは，個別の適用事例において問題がないことを保証するものでは全くなく，域外適用がなされる場合には，規律管轄権の過剰行使になっていないかどうかをケース・バイ・ケースで検討する必要がある[60]。方向性としては，世界的なカルテルの摘発については事案の中心となる国における法執行を優先させることが検討されてもよいであろう。

　執行管轄権は，規律管轄権と異なり，依然として属地主義が原則となり，他国領域に強制権限を及ぼすことは当該他国の同意がない限り違法である（第1章四2を参照）。競争法の執行たとえば違反事件の調査のため事務所を捜索し，又は関係者を拘束するといったことを他国の領域で行うことは，当該他国政府の同意がない限り違法である。同意を付与できるのは政府に限定され，たとえば捜索対象の企業の同意は違法性と無関係である。したがって，違反行為の制裁として科された法令遵守プログラムの履行を確認するための監督者の外国政府からの派遣を自国企業が受け入れたという場合も政府は国際法違反として受入を拒否できると考えられる。外国における証拠収集等は，執行共助条約があればその手続に拠って行うことができる。

　この関係で，自国内に所在する企業に対して，外国に所在するその親会社が保有する書類の提出を政府又は裁判所が求めることが問題になることがある。国内法上，当該外国との間で執行共助又は司法共助の手続が存在する場合には，そちらに拠るべきであるという議論もあり得るが，国際法の問題として考えた場合，提出の要求が自国領域内に所在する主体に対して行われている以上執行管轄権の行使として違法とは言えないであろう。しかし，提出を求める書類が自国競争法と無関係の当該外国における事業活動に関する書類も含まれているとすると，自国に効果の及ばない事業活動について情報収集をすることになるので，規律管轄権の問題となる可能性がある。また当該外国政府が自国領域内に所在する書類の提出を禁止することも考えられ，この行為は規律管轄権・強制管轄権いずれの問題としても違法でない。したがってこの証拠収集を巡る国際紛争は，当事国政府間の合意によって解決するしかないのが現状である。

60）　なおこの点については，経済産業省通商政策局（編）『不公正貿易報告書（2014年版）』479-486頁の分析を参照。

主要参考文献・資料

白石忠志『独占禁止法』（第2版）（有斐閣，2009年）

日本経済法学会（編）『競争法の国際的執行』（日本経済法学会年報第34号（2013年）

松下満雄『アメリカ独占禁止法』（東京大学出版会，1982年）

松下満雄『経済法概説』（第5版）（東京大学出版会，2011年）

松下満雄・渡邉泰秀（編）『アメリカ独占禁止法』（東京大学出版会，2012年）

Van Bael & Bellis, *Competition Law of the European Community* (5th ed.)（Wolters Kluwer, 2010）

第15章　国際収支・金融監督・財政金融

　戦後世界にとっての中心的課題は，第1章で見たように，戦争の再発防止であり，そのために，経済面では，完全雇用・経済発展を実現しつつ，国際収支の不均衡をいかに調整していくかが具体的政策課題として特定されていた。米英が主導して構築したブレトン・ウッズ体制は，国際収支問題の解決手段として貿易措置及び為替操作を用いることを禁止して世界経済の分断を防ぎつつ，財政・金融政策などの国内政策の調整による対応を促すことで国際収支問題の解決を図ることをその基本としていた。いかに国内政策を調整するかの具体的判断は，各国の裁量に委ねることが想定されていたが，IMFの緊急融資の条件として財政・金融政策に加え経済構造改革などのコンディショナリティが付されるようになり，さらに固定相場制放棄後，問題が生じていない加盟国についても国内経済政策の予防的な検討を行うサーベイランス制度が導入され，具体的な政策調整を積極的に促す方向に進みつつある。

　他方で資金の流れについても様々な問題が新たに生じ，国際的な取組みが進行しているが，未だ安定した状態にあるとはいえない。ブレトン・ウッズ体制は当初，米国の圧倒的な経済力を背景にドルを基軸通貨とする固定相場制を採用していたが，欧州その他が経済復興し，米国の経済力が相対的に低下すると，決められた固定相場を維持できなくなり，1971年以降主要国が変動相場制に移行した。また資本移動の自由化が進行し，余剰資金特に短期資金が利益を求めて急激に流れ込み，また何かのきっかけで流れが逆転することによって1980年代の中南米の累積債務問題，90年代のアジアにおける通貨危機，さらに21世紀に入ってからもリーマンショック，ギリシャの経済危機など問題が繰り返し生じている。また各国の金融市場が一体化し，国際的に活動する金融機関の破綻が他国の金融市場に予想外の影響をもたらす危険性が高くなっている。こうした問題を克服するため，経済政策の調整に加え，各国金融・金融監督当局の管轄権の限界を克服する国際的な取組みが進められている。

一 本章の対象事項

1 財政金融分野の政策概観とその政策根拠

通貨制度・金融経済は，実物経済のインフラである。貨幣による決済は，取引可能な範囲を拡大し，分業の利益を広く享受することを可能にする。また貯蓄や貸付といったことも貨幣があれば容易になる。他方で，通貨・金融制度は，きわめて人工的なものであり，適切に機能するために様々な政策措置を必要とする。

（1）通貨政策

貨幣は，取引の決済，価値の貯蔵等に利用されるため，その価値が安定していることが求められる。高価でかつ物質的に安定している貴金属が貨幣に使われることが歴史上多かったが，需給によって価値が変動するという問題があった。金貨等を発行準備とし金貨等との交換可能性（兌換性）のある銀行券等の紙幣を発行する金本位制を経て，今日では，物質的な裏付けがない不換紙幣の流通量を調整する管理通貨制度が採用されている。

金本位制の下では金が価値の裏付けと考えられていたが，管理通貨制の下では通貨の需給が通貨価値を決め，すなわちマネーストックを増やせば通貨価値が下がり名目的な物価水準が上がるとする"Monetary View"の考え方が強い[1]。この考え方に沿って，物価が継続的に下落するデフレーションの対策としてマネーストックを調節する金融緩和がなされているが，問題が必ずしも解消されないことから，"Fiscal View"すなわちマネーストックでなく，政府の債務返済能力を決定する税収能力が通貨価値すなわち物価水準を決めるとする「物価水準の財政理論」が支持を増やしている。これは，物価を財政的現象とみて，政府の現在の名目負債残高が将来の実質財政余剰と均衡するように，すなわちたとえば国債等の残高が財政力すなわち返済能力を超えるとこれを均衡させるように物価が上昇する（すなわち通貨価値が下落する）と考える[2]。

「物価水準の財政理論」の考え方に拠れば，物価安定のために政府の財政力強化が政策目標となる。一義的には，財政それ自体の適正化，たとえばフローとしての財政収支，ストックとしての政府債務残高の適正化などが重要になろう。さ

---

[1] たとえば，白川方明『現代の金融政策――理論と実際』（日本経済新聞社，2008年）第13章。ただし同書は，実務においては，マネーストックでなく短期金利が重視されているとする。
[2] この見方については，渡辺努・岩村充『新しい物価理論――物価水準の財政理論と金融政策の役割』（岩波書店，2004年）を参照。

らに可能な税収・国債の消化可能性などが自国の経済力に左右されることに鑑みれば，自国経済の成長確保も重要であろう。この意味では，財政収入だけでなく，財政支出の内容も重要であり，また財政収入のうち税収については税負担のあり方も関係する。また経済成長についても，フローとしての国民所得を考えるのか，ストックを考えるのかで考え方が分かれる。さらにストックを考えるとしても，企業の設備，労働生産性など貨幣経済の範囲に限定して考えるのか，良好な環境，社会倫理など市場取引の対象とならない資本も含めて考えるのかで違いがある。いかなる経済成長が重要であると考えるかによって適正な財政支出又は収支のあり方も変わる。したがって，通貨政策は，財政・金融政策はもとより，あらゆる経済政策と一体として策定・実施されることが求められる[3]。

同様の議論が国際収支及び外国為替の問題に適用される。統一通貨を採用していない外国との貿易関係の決済のため通貨の交換が必要である。その交換レートが外国為替相場であり，一般的には，長期的な水準が購買力平価で定まり，物価水準の相対的変化によって変動すると考えられている。"Monetary View"では，貨幣の需給状態が物価水準を決め，為替レートをも決める。"Fiscal View"ないし「物価水準の財政理論」では，政府の財政力が物価水準及び為替レートを決めると考える。

通貨価値に関する考え方の違いは，通貨政策等金融経済に関する経済政策の国際ルールを考える上での基本的発想に影響する。通貨価値がマネーストックで決まるのであれば，金融経済に関する国際ルールは，実物経済に関する国際ルールとある程度切り離して考えることができる。これに対して，財政状況で決まるのであれば実物経済の状況に直接影響されるので実物経済に関する国際ルールも含めて一体として考えざるを得ない。

なお上記は長期的な外国為替レートの決定の問題であるが，短期的には決済可能性の確保すなわち資金の流出入の問題が重要である。経常収支が均衡していれば決済上問題は生じない。短期的に赤字があっても外貨の十分な準備があるか又は外貨借入ができれば決済可能である。しかし，借入れを無限に増大させることは不可能であり，貿易赤字が累積すれば不均衡の是正のために国内経済を調整することが必要になる。引締め政策が国内政治上採用し難く，輸入制限・輸出補助

---

3) なお，様々な財・サービスの相対的価格について，各消費者の主観的選好（及び財産・所得稼得能力の賦存状況）を反映して定まると考えるのが通常であるが，比較優位論＝協力モデルは当該財・サービスが経済・社会全体の保有する資本の増加に対する客観的貢献度を反映して定まると想定する（すべての主体が経済・社会が保有する資本の最大化を共通の目標として行動すると想定するからである。第1章三3(4)を参照）。国際競争論＝共存モデルはいずれの見方も採用し得るが，前者に親和性が高いであろう。

金などの貿易措置，自国通貨の一方的切り下げなどの為替措置などの対応になりやすいが，かかる対応は貿易相手国の対抗措置を招き経済関係の破綻につながる危険性が高いというのが戦前の教訓である。

（2）金融監督

　銀行は信用創造を行い金融システムの要をなす。銀行は，預金を受け入れ，引き出しに備える準備分を除いて貸付に充てることができる。貸付けられた資金が再び預金されるとすれば，再び準備分を除いて貸付に充てることができ，預金のうち準備として留保する割合（準備率）の逆数倍の信用創造ができる。また銀行は，預金者の指示・要請により，取引の決済のために送金を行い，又は取立てを行う。銀行制度の発達した今日においては，中央銀行の発行する銀行券等の現金通貨よりも銀行が発行する預金通貨が決済通貨として主要な役割を果たしている。

　銀行は，単独で業務を行っているわけでない。まず，預金と貸付の不一致すなわち資金の過不足を銀行間市場で調整している。さらに余剰資金を有する保険会社その他の金融機関とも相互の取引・市場によってつながれ，ネットワークとして機能する。この資金融通のネットワークが同時に，決済のネットワークとしても機能する。多数の取引が集中するようになり，相殺等が可能になり，さらに電子化によって決済コストが低下した。

　その反面，ネットワークの一参加者の破綻が全体に拡散するという問題が生じた。倒産処理という事後的な手当てだけでは損害の拡大を防止できないこと，金融機関の経営陣が自行の株主に対してのみ責任を負い，他行への影響つまり他行の株主の利益を考慮しない「外部効果」があることから，事前規制の必要性・正当性が認められるようになった[4]。

　銀行の倒産防止のための金融監督は，預金保険制度など情報収集及び分析能力に劣る預金者を保護するための制度から始まる。当初は，その延長線上で，金融ネットワークの健全性確保のための事前規制が考えられており，採用された方策は，個々の金融機関における貸出の資本に対する比率を下げることにより債務超過となるリスクを小さくするための自己資本の充実であった。金融機関の融資判断自体が慎重に行われるように監視し，事業活動を制約することも行われた。さらに，リーマンショック以降，個々の金融機関の健全性だけでなく，金融機関ネットワーク全体の健全性に注意を払う必要性が認識された。また銀行だけでなく，証券会社，保険会社，住宅金融会社，消費者金融，クレジット会社といった預金

　4）　氷見野良三『検証BIS規制と日本』（第2版）（金融財政事情研究会，2005年）第1章。

一 本章の対象事項 613

を受け入れていない金融機関・ノンバンクも金融システムに参加しており，またそれがシステム全体に影響を及ぼしうる規模となっていることも判明した。銀行以外にも監督の対象が拡大され，金融監督の目的が消費者保護としての預金者保護から明確に分化した。

さらに，金融機関のネットワークがすでに国境を超えて機能しており，したがって国際金融監督も当然に必要であり，最低基準の確保が図られている。ただし，政府が自国内においてしか執行管轄権を行使できないことから，責任範囲の分担，情報交換，共助その他の調整問題の解決が必要になってくる。

(3) 金融政策

金融経済は，実物取引の決済のほか，投資活動に対する資金供給も担っている。金融機関のネットワークの健全性が確保され，資金の流通円滑化が実現したとしても，市場金利が実物経済における自然成長率である自然利子率から乖離すると，投資が適正に行われなくなる。したがって，資金の供給を調整し，市場金利の水準を自然利子率の水準に誘導することが中央銀行に求められる。たとえば資金の需要サイドである投資家が期待する投資利潤率が何らかの理由で自然利子率から上方に乖離した場合，期待が自発的に訂正されればよいが，投資増加が物価上昇をもたらしその結果誤った期待が実現してしまうために乖離が持続・拡大し景気が過熱してしまう可能性もある。かかる事態の進展を妨げるために中央銀行が金利を引き上げ期待の訂正を促すことが要請される。こうした調整が金融政策である。

なお金融政策は，金利を上げると需要が減退し，景気が悪化すると想定されるため，金利を下げる方向での調整権限行使を促す政治的圧力に晒されている。目標とすべき投資水準が政治的に決せられるのでなく，自然利子率すなわち経済の客観的状態から決せられるべきであるならば，政治からの独立性を確保し，専門家の判断を尊重するような組織法的対応が必要になろう。そのため金融政策を委ねられる中央銀行の独立性が重要である。

また投資活動の適正さを確保するためには，金融機関による融資判断・実行の適切さを確保することも重要であろう。国際競争論＝共存モデルからは，国際ルールによって規律されていない範囲では各国政府の裁量に委ねられていると考えることになる。これに対して，比較優位論＝協力モデルからは，経済・社会全体での持続可能性の最大化を各国が目的として共有するので，金融機関に対してもその観点から最適な融資判断を行うことが期待されるし，また必要があればそうした融資判断を確保するために各国がしかるべき施策を実行することが正当化さ

れ推奨される。原則としては，私企業が営利基準で融資判断を行うことによって全体として持続可能性の最大化という共通目標が達成されるような投資環境を整備することでよいとしても，それで足りない場合たとえば，経済・社会にとって望ましい資本の蓄積よりも自己の存続等の私益を優先させる行動が発生する可能性が高いならば，政府としては，金融機関の融資判断の適切さが確保されるよう，金融機関が従うべきルールを定め，又は具体的な監督・指導をすることが求められる。

さらに，金融機関のネットワークが国境を越えて機能していることから，一国における金融政策の変更が他国に影響を及ぼす。市場の金利差が拡大すれば，金利が高いほうに一層の資金移動が起こり，為替レートにも影響することが予想される。ただし，為替調整のための金融政策は禁止されている（IMF協定4条1項(iii)）が，金利に対する国際的調整を確保するルールは未だ存在しない。

（4）投資自由化・保護とコーポレートガバナンス

民間資金による投融資が円滑に行われるためには，投融資に対する収益が確保でき，予見性の高い安定的な事業環境が確保されるよう，適切な財産権制度を含む「法の支配」が確立されること，株主又は債権者の責任範囲が会社法，倒産法等において明確にされ，予想外の負担のないこと，事業経営に政府の差別的又は不当な介入がないこと，また財産の公用収用に制限が課され，政府の補償義務が確立されることなどが必要であろう。また金融機関が適切な融資判断をする能力と意思とを有していることはもとより，その融資対象となる事業会社が持続可能性の最大化の観点から最適な方針で経営されるよう確保する必要がある。そのためにコーポレートガバナンスの確立や企業会計の適正性・透明性が要請される。倒産法もこの中に含まれ，企業取引法も持続可能性の最大化に資するかという観点から検討される。さらに，労働者に関して人的資本を最大化するために労働法が，事業活動が環境にもたらす影響については環境法がそれぞれ役割を有する。

国境を超える投資も古くから行われており，投資先国政府による法令の不利益変更の可能性などを考慮し，その保護水準の向上を目的として，投資先国政府による収用等を制限するなどの法的手当てがなされてきた。友好通商航海条約（FCN条約）においてもそうした規定が含められているが，そうした規定を含む投資協定が戦後政府間で多数締結されるようになっている。また投資の自由化義務を規定する投資協定もいくつか締結されている。きわめて多くの投資協定においてその履行のための投資家対政府仲裁手続が用意されている。これらの問題については第2章二1(4)を参照。コーポレートガバナンスその他についても国際

的な整備が必要であろう。

　このような分野をまたがる国際ルールの調整は，比較優位論＝協力モデルにおいては，世界経済・社会全体が保有する資本の最大化という目標を指導原理として行うことができるが，国際競争論＝共存モデルの発想では，分野ごとに国際ルールに反映されている価値判断が異なっている可能性があり，それらの接続面での調整が必要になる。比較優位論＝協力モデルでは，コーポレートガバナンス制度・会計制度が外部効果を内部化し，国際社会の分権的構造を前提として，企業活動が経済・社会の保有する資本の最大化という観点から最適となることを確保するように設計・運用されることが求められる。したがって株主の利潤最大化でなく経済全体における資本の最大化を達成する方向で会社の活動を確保する組織・構造（ガバナンス）になっているかという観点から会社法及び国際ルールを設計し解釈し，またそうすることで会社法とそれ以外の法分野とを整合的に理解することが求められる[5]。いわゆるCSR会計（企業の社会的責任）など環境・労働者保護など「市場の失敗」が生じやすい活動についての積極的な開示もこの観点から検討する価値がある。この点では，本書第7章一2も参照。これに対して，国際競争論＝共存モデルは，特段の指針を提供できず，各国の主観的利益の調整を通じて形成される合意があればそれに拠るということになる。たとえば会社法が利潤最大化を追求する株主間の契約関係ないし資本の委託者たる株主と受託者たる取締役との関係を規制する法であるとの前提で政策間の優先順位に関する合意内容を探求することになる。

（5）財政政策・開発援助

　金融分野の政策には，主として市場において民間資金の投融資を最適化するための介入に留まらず，政府資金を用いて市場において成立しない投融資を行うことも含まれる。国内における財政政策及び国際関係における開発援助が該当する。

　政府は，企業に対する補助金及び家計に対する社会保障給付といった無償の現金給付を行うほか，防衛・警察のような公共サービスを供給している。また産業政策として交通や通信といった有形の社会資本及び教育・研究などの無形の社会資本を整備し，また減税・政策金融・補助金などにより民間投資を促進する。ま

---

[5]　この点，株主の利潤最大化を重視し過ぎているとして現行会社法を非難し，金融商品取引法，労働法さらに憲法との統合を重視する見解として，たとえば，上村達男「会社法制と法分野間のボーダーレス」江頭憲治郎・増井良啓（編）『市場と組織』（東京大学出版会，2005年）。なお取引法についても議論が分かれよう。第1章四3を参照。

た地方への財源移譲のために公共支出を行う。こうした公共支出の財源として租税・国債発行が行われる[6]。

　こうした財政支出は，政府の役割をどう考えるかによって位置付けが大きく異なる。政府行為を非効率なものとして，必要最小限に留めるべきとする考え方は，その財源たる租税について市場の歪曲効果を最小にするために公共支出の利益に応じた課税（利益説）を支持する。これに対して，市場メカニズムの不完全性に鑑み，政府介入の必要性とりわけ分配の公正を確保する所得再分配措置を必要と考え，租税について，構成員がその義務としてその能力に応じて負担するとする能力説を採用する考え方もある。いずれにせよ，これらの考え方は，効率性と分配の公正とを矛盾対立するものと捉えることを前提としており，国際競争論＝共存モデルでは，国際ルールがいずれを優先するかの価値判断を反映して形成されていると考える。これに対して，比較優位論＝協力モデルでは，経済・社会全体の保有する資本の最大化が目標として共有されており，したがってかかる目標を実現するために「市場の失敗」を最適な手段で是正することが政府の任務であると考える。したがって，家計等における余剰資金を経済・社会全体から見て最適な使途に充てられるように移転することが財政政策に含まれる。すなわち家計においてその人的資本の最適な再生産・拡大のために必要な消費・投資額を超える経済力は，経済・社会の最適化の観点から，資本の最大化に貢献する投資の機会を有する他の家計・企業に対して移転することが期待されている。そうした移転は，投資・預金などの形で直接又は金融機関を通じて行われるほか，寄附，公益財団の設立，公益信託などの形で市場経済に拠らずに実現される部分もあり，また最近では社会的企業が注目されているが，これら以外は，政府が租税の形で徴収し，資金を必要とする家計・企業に強制的に移転するほかない。吝嗇(りんしょく)など社会関係資産の不足のためにかかる資金移転が十分に行われないことも「市場の失敗」であり，租税及び財政支出がその是正措置であると考えることになる。

　開発援助は，この投資としての財政支出が国境を越えて行われるものと考えてよい。開発援助を，安全保障その他のために非効率だが必要な政策とする考え方もあろうが，比較優位論＝協力モデルからは，世界経済・社会全体の最適化のために必要な政府による資金移転と捉えるほうが一貫する。持続可能性の最大化の観点から最適な国際投資が「市場の失敗」によって行われない場合の是正措置と考えるわけである。

　なお分野によっては，独自の資金移転メカニズムが設定されていることがある。

---

[6]　政府財政一般については，神野直彦『財政学』（改訂版）（有斐閣，2007年）を参照。

たとえば医療費について医療保険制度を採用している国が少なくない（第16章九1(2)を参照）。その財源は、租税からの資金投入もあるが、強制的に徴収される保険料が主に充てられる。かかる制度は、一般の予算管理から分離され、したがって、他の分野の資金配分との比較検討が制度上なされないことに鑑み過剰支出を防止するなどの最適性を確保する手立てが別途必要になろう[7]。この点、国際競争論＝共存モデルからは、他の分野よりも優先する政治的決定がなされたという前提でその制度自体の効率性を考えれば足りるが、比較優位論＝協力モデルからは、経済・社会の保有する資本の最大化という目標に照らして一元的に評価する必要があり、その視点をガバナンスに組み込むことが求められる。独立したメカニズムの必要性の絶えざる検証、さらにたとえば過剰投資防止のために事業・投資計画の監督・評価を行うなどの手続的規律を検討する必要がある。

さらに、こうした分野ごとの資金メカニズムが国際的に形成された例も存在する。環境保護分野で散見され、国際油濁補償基金がその一例である。国際機関の財政もここに含めて考えることができる。国内の資金メカニズム同様、必要性の不断の検証及び最適な運営を確保するガバナンスが必要となろう。

2 問題の所在

(1) 通貨・外国為替制度の国際的調整

すでに見たように、経常収支の不均衡ないし対外決済の問題を、貿易政策又は為替政策によって他国の犠牲によって解決を図るのでなく、自国の経済政策の調整で対応すべきとするのが大恐慌後の対応への反省から得られた教訓である。第一に、貿易政策については、WTO協定が関税以外の貿易措置を原則禁止し、関税も譲許した上限を超えて引き上げることを禁止している。これらの規定については、第3章以下7章まで詳しく検討した。またIMFが経常支払についての為替制限を禁止している。第二に、為替政策についてはIMFが主として担当し、競争的切り下げを禁止している。ただし、どのような場合が禁止されている切り下げかは、基準とすべき為替レートを決められない以上判然としないというほか

---

[7] なお、同様の問題が独占権を付与された私企業についても存在する。独占事業であるが故にその費用をすべて利用者に転嫁することが可能であり、したがって不効率な事業運営及び過剰投資を避けるインセンティブを強化する必要がある。この点、第11章五4(1)において、政府調達規律の対象にするという発想があること、しかしそれが最適であるかは疑問であり、料金規制における費用計上の規制又は事業・投資計画自体の規制によりコントロールする、競争を部分的に導入するなどの方法との比較が必要であることを指摘した。また居住地等を問わずすべての人に対して通信など基本的な一定のサービス供給を保障するユニヴァーサル・サービス要求（第17章一1等を参照）も、当該サービスの供給全体を一括した事業性の判断を事実上強制し、その範囲で資金移転システムを形成するものと言える。

ないように思われる。考えられる対抗策については，本章四5を参照。

　国際競争論＝共存モデルからみれば，このような国際合意はそれぞれが，主観的利益を追求する各国が紛争防止のために為替制限等を採用する主権の制約をどこまで受け入れるかを交渉した結果であり，たとえば競争的切り下げの禁止も規定文言どおりに解釈するほかない。これに対して，比較優位論＝協力モデルに立つならば，世界経済・社会の保有する資本を最大化するという目標を共有し，そのための協力の一要素として為替政策の調整制度を形成したと見るため，為替操作の禁止をその字句通りに実施確保できないのであれば，その他の国内政策全般の最適化を促すことによって為替レートの適正化を図るべきであり，その方向で国際ルールを強化するという発想もあり得る。

（2）国際金融監督

　金融監督は，金融機関がネットワークとして機能しており，個々の金融機関の倒産が他の金融機関の倒産につながる外部効果があるためにその是正手段として必要とされるが，金融ネットワークが国境を越えてつながり，かかるリスクも国境を越えて生じているために国際的な対応が必要となっている。しかし，各国の監督当局の執行管轄権が基本的に国境内に留まるため，その限界を克服するための手立てが必要となっている。国境を超える「市場の失敗」の是正のためには，世界環境問題などと同じく，金融ネットワークの安定確保を共通の目的としたinternationalでなくtransnationalな協力体制を構築する必要がある。自国管轄権外の子会社・支店に関する情報収集が困難であるが，対象に含めなければ十分な監視をしていると言えない。

　対処法の一つは，金融監督に関する責任分担・範囲の明確化，すなわち管轄権の配分の適正化であり，たとえば海外支店の監督責任を負うのが本店所在地国の当局か支店所在地国の当局かが問題となる。子会社についても同様である。また情報交換も課題となる。独立性確保など当局の組織法上の問題もある。もう一つは，実体ルールの調整であり，規制の標準化等全体として金融監督が適正に行われるようにするための国際調整が必要になる。自己資本比率その他財務状況の最低基準のほか，融資基準その他の経営方針に対する基準等の調整も課題となる。

　国際金融監督は，資本移動の自由化又は金融サービスの自由化との関係が問題になり得る。国際競争論＝共存モデルでは，国際金融監督において国際金融業務における競争の"level playing field"確保をも考えるので両者が矛盾対立する可能性があること，及び各国がそれぞれの自己利益を追求することを前提に，国際金融監督のための措置について自由化のための規律が及ぶか，及ぶとすれば例外

とするための留保がなされているか否かという問題設定になる。これに対して比較優位論＝協力モデルでは，経済・社会の保有する資本の最大化という目標を各国が共有すると考えるので，国際金融監督は「市場の失敗」の是正のために最適な手段を選択している限り，資本移動等の自由とむしろ相互補完の関係に立つと想定する。資本の最大化という観点から金融機関が融資判断を行うことを期待し，そうした行動が期待できない「市場の失敗」が存在するならばこれを是正するための，たとえば融資基準の監督が要請される。目標が共通であるため，各国の監督体制・実務慣行をさらに評価する基準を設定することも可能であり，またソフトローでも実効性を期待でき，柔軟性というソフトローの利点を享受することもできる。

（3）金融政策の国際的調整

　先に述べたとおり，金融政策は，市場金利を自然利子率の水準に誘導することをもって適正な経済発展を実現することを要諦とする。国際的な調整としては，自然利子率の水準を適切に把握するための情報交換と，別の目的たとえば貿易赤字の解消のため為替レートを自国通貨安方向に誘導しようとして金利水準を低く抑えるといった行動を抑えるための手当てとが重要であろう。実体的なルール・評価基準を作成するのは困難であり，相互監視によって最適な金利水準に誘導するインセンティブを高めるのが一つの方法であろう。

　ここでも国際競争論＝共存モデルから考えれば，この政策分野での国際ルールが未成熟であるという中立的な認識に止まるであろう。これに対して，比較優位論＝協力モデルから考えれば，世界経済・社会全体で保有する資本の最大化を目標として共有する以上，各国が金融政策をその方向に設計・実施することが期待されており，その確保のための制度として相互監視メカニズムを利用するという発想になる。「正しい」金融政策を決定する一般的ルールを定めることが現実には不可能である以上，せいぜい参照すべきガイドラインなどソフトローを定めることが最大限であり，かつ最善であろう。

（4）財政政策の国際的調整

　財政政策は，財政支出及び租税いずれの面も各国の主権そのものであり，その実体的調整がさらに困難である。国際ルール・基準作成が困難であり，意見交換による方針の共有，情報交換・相互監視による誘導が一つの方法であろう。

　また経済のグローバル化に伴い，金融分野における租税負担の相対的過少化傾向がある。労働所得等，容易に移転できない経済活動と異なり，国際的な資本移

動が容易であって，資本逃避を懸念して資本に対する課税を控えるからである。このため，金融セクターにおいて人その他の資本が過剰投入されている可能性があるとの指摘がある。

さらに，金融監督が適正に行われたとしても金融機関が経営困難に陥るリスクを完全に避けられるわけではなく，金融機関を救済するために公的資金が投入される可能性がある。このような可能性に対応して投機取引の外部効果を内部化するために金融取引に対して課税するトービン税が提案されている。またこのアイデアを具体化するものとしてEUの金融取引税がある。この点については，第8章三4及び本章二2(2)を参照。

ここでも国際競争論＝共存モデルから考えれば，この政策分野での国際ルールも未成熟であるという中立的な認識に止まるであろう。これに対して，比較優位論＝協力モデルから考えれば，世界経済・社会全体で保有する資本の最大化を目標として共有する以上，各国が財政政策をその方向に設計・実施することが期待されており，その方向にルール形成が進んでいるという肯定的な評価の上，さらにルール形成を進めるべきという発想になろう。

二　各国の通貨・金融監督・金融政策・財政政策

1　日　本

日本においては，為替政策は財務省が，金融監督は金融庁が，金融政策は日本銀行が，財政政策は内閣がそれぞれ担当している。為替のうち貿易金融・直接投資については経済産業省その他の業所管官庁も関与するが，為替相場・資本取引に関する部分は，財務省だけの管轄である。

第一に，金融監督は，内閣府の外局たる金融庁に委ねられており，銀行，保険会社，格付機関，信託業，貸金業など金融関係の企業を広く監督している（金融庁設置法4条3号）。その目的は，たとえば銀行監督については，信用秩序の維持，預金者保護の確保，金融の円滑を図る観点から，金融機関の業務の健全かつ適切な運営を確保することにあるとされる（銀行法1条）。法令遵守，リスク管理体制の整備状況などの確認をするために，オンサイトで行う検査のほか，検査間にオフサイトで行う監督の双方を行っている。

なお金融機関のいわゆる考査は，金融庁だけでなく日本銀行も行っている。これは，日本銀行法（日銀法）上決済システムの安定性確保が任務とされており，とりわけそのために求められる可能性のある日銀特融を適切に実行するために必要と考えられているからである。

第二に，金融政策は，日本銀行に委ねられており，「通貨及び金融の調節」を業務の一とする（日銀法1条）。同法2条は，「通貨及び金融の調節を行うに当たっては，物価の安定を図ることを通じて国民経済の健全な発展に資することをもって，その理念とする」と規定する。かかる理念を現実化させるべく，手形割引の条件変更，預金準備率の操作などにより金利を調節し，マネーストックを増減させることができる。金融政策の独立性を確保する観点から，日本銀行の独立性が規定されている（3条1項）が，「政府の経済政策の基本方針と整合的なものとなるよう，……政府と……十分な意思疎通を図」ることが求められている（4条）。意思決定の内容及び過程の透明性を確保する努力義務がある（3条2項）。

　第三に，財政政策は，予算の承認権が国会にあるが，予算案の提出権が内閣にあり，かつ国会による増額修正には限界があるとされている。他方租税法律主義から収入面でも国会の議決が必要である。しかし，予算と税収とが一体であることから，予算案と税制改正とは同時に審議されるようになっている。

　政府支出が予算・法令等を遵守しているかについての規律を財政法が定めており，決算についても国会の承認が必要とされているが，政府支出の政策効果の予測及び評価，すなわち政府支出が経済全体の効率性向上に資するものであることを要求し，さらにその点を確認する手続を定める法令はない。補助金・政府調達いずれについても第11章二で検討した。政府による実施すなわち公金の投入が必要な政策措置についてもその費用と効果とを比較評価することは法令上の要求とされていない。

　なお政府の資金収支は，一般会計と特別会計とに分かれている。特別会計は，特定の事業を行ったり特定の資金を運用したりする場合等財政法に定める場合に限り法律の根拠があることを要件として認められている（13条2項）もので，特定の収支を区別して経理処理される。それ以外の一般的な収支を明らかにするのが一般会計である。特定の事業を行う特別会計のうち，たとえば特許特別会計は，出願料，特許料等を徴収し，収支相償の下で特許権等の審査・登録等の事務の費用を賄っている。年金特別会計，労働保険特別会計，自動車安全特別会計などは，医療保険・年金保険・雇用保険などの社会保険，及び自動車賠償責任保険，労働者災害補償保険のような責任保険といった強制保険の仕組みに拠って関係者から徴収した保険料を積み立てた基金から特定の資金需要に対応して支払いを行う特別の資金収支メカニズムである。特定の資金を運用する特別会計の例として，外国為替資金特別会計と財政投融資特別会計とがあり，後者は，財政融資資金の運用，国の資金を原資として行う産業開発・貿易振興のための投資を区別して経理するものである。特別会計は，特許特別会計のように独自の収入源をもつものも

あれば，一般会計から資金の組み入れを受ける場合もあり，他方剰余金が積立金等として積み立てられるほか，一般会計に組み入れられることもあるなど一般会計との資金のやり取りもある。そのほか，国民年金基金，厚生年金基金など任意加入の年金保険料を収入とし，年金の支給を事務とする公法人その他の資金収支メカニズムが多数存在する。その他特殊法人等については第13章で言及した。

第四に，為替政策は，財務省設置法4条により為替制度の企画立案と並んで「外国為替相場の決定及び安定並びに外国為替資金の管理及び運営その他外貨資金の管理に関すること」が財務省の所掌事務の一とされている。為替相場が投機的に上下するなど為替平衡操作の必要性がある場合，財務大臣の命令によって日本銀行が実施することとされている（外国為替資金特別会計法6条）。介入資金は外国為替資金特別会計法に基づいて設置されている外国為替資金特別会計から出される。

2　各国の通貨制度・政策

(1) 米　国

ドルが米国通貨である。連邦準備法により，米国は単一の中央銀行を有さず，地域別に12の連邦準備銀行が設立され，かかる銀行と連邦準備制度理事会から構成される連邦準備制度（Federal Reserve System）が存在する。最高意思決定機関が連邦準備制度理事会（Federal Reserve Board, "FRB"）である。連邦政府から独立し連邦議会に対して責任を負う。

FRBは，連邦準備券の発行の他，金融政策，銀行監督などを行っている。金融監督はそのほかにも通貨監督官庁などが行っている。

(2) Ｅ Ｕ

欧州では，分断された通貨圏を統合しようとする試みが戦前から繰り返し行われてきた。大戦後の1950年には多角的決済を可能にする欧州決済同盟（EPU）が設立された。さらにEECは，60年代以降通貨同盟を形成し，為替相場を固定しようとしていたが，60年代末に為替市場の混乱の解決が喫緊の課題となり，経済・通貨同盟（EMU）が検討されたものの，西ドイツ等が変動相場制に移行することにより頓挫した。72年には域内の為替相場の変動幅を抑える欧州為替相場同盟が創設されたが，石油危機等の経済変動及び経済政策の対立などからイギリス，フランスなどが離脱してしまった。79年に欧州通貨制度（EMS）が発足し，再び為替変動幅を抑えようとし，さらに89年には単一通貨導入による経済通貨同盟（EMU）結成が決定された。98年には，ドイツ，フランスなど11ヵ

国が統一通貨ユーロを導入することが決定され，また欧州中央銀行（ECB）が設立された。欧州中央銀行は，物価安定の維持を政策目的としており，金融政策及び為替政策等の機能を有している。しかしユーロ導入国に対する財政規律，金融監督等が不十分であったためにギリシャなどに過剰な資金流入が生じ，リーマンショック後経済危機が生じたため見直しが行われ，危機を拡大した金融市場に問題があったとして銀行監督等を強化する取組みが現在行われている。

またEUにおいては，11の加盟国において金融機関が行う金融商品の取引に対して金融取引税を創設することを2013年に決定し，詳細を定める指令案が公表されている。これは，課税の公平性の観点すなわち金融危機に対応する費用を金融機関に負担させること，及び投機取引を抑制することを目的とするものである。参加加盟国に所在する金融機関が行う対象金融商品の取引及び参加加盟国内で発行された対象金融商品の取引に対して元本額の一定割合を乗じた額の税が賦課されることが想定されている[8]。

三　為替・金融監督・財政金融に関する国際ルールの発展

　国際金融の分野では，金本位制，固定為替相場制，変動為替相場制，通貨統合と様々な制度が試されてきているが，依然として金融危機，経済危機が繰り返されている。経済相互依存の深化は，為替相場の調整・貿易措置の禁止といった国境措置の調整に止まらず，財政・金融監督その他の国内経済政策の適正化を国際的に確保する必要を認識させた。また世界経済の発展に伴い，国際金融システムに影響をもたらす範囲が国単位でも業態の範囲でも拡大している。したがって，今日では，危機の再発を防止するために，為替の問題だけでなく，金融監督，財政その他をも対象とする国際ルール・ベストプラクティスの策定と相互監視といった要素から構成される国際金融アーキテクチャー（International Financial Architecture）が形成されてきている。

　なおこの分野では，枠組みとなる取決め自体が条約でなく法的拘束力のない紳士協定であることが多く，またG7/G10/G20などのフォーラムにおける宣言等も重要である。したがって，以下の記述もソフトローが多い。この点は，本章四において検討する。

---

[8]　本項の記述は，星野郁「欧州通貨統合史」上川孝夫・矢後和彦（編）『国際金融史』（有斐閣，2007年）及び高木仁・黒田晁生・渡辺良夫『金融システムの国際比較分析』（東洋経済新報社，1999年）第6章を参照した。

1 対外決済制度と政策調整

　戦前の国際決済は，金本位制を基礎とする国際通貨制度の下で行われてきた。金本位制とは，各国が自国通貨の金との交換比率（金平価）を定めてこれを維持し，通貨当局が保有する金の裏付けの限度で自国通貨を発行する制度である。かかる国際通貨制度の下で，国際収支が自動調節されて不均衡が自動的に消滅するものと考えられてきた。各国通貨の金平価によって，各国通貨間の為替レートが決定されるが，国際収支が赤字になって実行される為替のレートが一定以下になると金が流出するようになり，赤字国の通貨当局は通貨の発行高を減少させざるを得なくなり，その結果物価下落，輸入減少・輸出増加という経路を辿って国際収支の赤字が解消されるものと考えられていた[9]。

　しかし，1929年の世界恐慌の発生後，1931年以降に各国が金本位制を離脱したことで，この国際通貨制度は崩壊し，世界経済の混乱に拍車がかかった。さらに各国は経済対策として輸入に対する関税を引き上げ，逆に輸出振興のために平価を切り下げるなどの措置を執り，経済対立がさらに悪化したのである。このような経験に鑑み，安定した国際通貨制度の構築が連合国にとって戦後の政策課題となった。第二次世界大戦中から，米国，英国を中心として様々な構想が研究されていた。国際清算同盟を提唱したケインズ案と，安定基金案を唱えたホワイト案とが有名であり，1944年に，ホワイト案を基礎にし，国際通貨基金（IMF）及び国際復興開発銀行（世銀）の設立を定めたブレトン・ウッズ協定が連合国によって締結された。

　ブレトン・ウッズ体制は，国際収支不均衡に対処するための手段として，貿易措置の制限に加え，為替措置が選択されることも禁止した。第一に，IMFは当初，各国通貨のドル平価を定め，間接的にドル以外の通貨間の為替レートも固定する固定相場制を採用し（IMF協定旧4条1項），さらに基礎的不均衡以外の理由での平価変更を不可能とし（旧4条5項），競争的な平価切り下げなどの為替措置の発動を妨げた。これらによって，戦前においてみられた，貿易条件の改善を狙った一方的な為替切り下げ競争を避けようとしたのである。第二に，貿易制限によって対応することを禁止し，GATTにおいて，対外準備の不足に至って初めて輸入制限を許している（GATT12条及び18条）。IMFは，貿易支払いを含む経常的国際支払に対する制限を禁止し（IMF協定8条1項）[10]，すなわち貿易金融の制

---

[9]　戦前の金本位制の下での調整メカニズムに関する日本語文献として，たとえば，上川孝夫「国際金本位制」上川・矢後『前掲書』（注8）及び平岡賢司「再建金本位制」上川・矢後『前掲書』（注8）を参照。

限で対応することも禁止している。さらにIMF協定は，通貨の交換可能性を保証することを義務づけ，外貨の受け取りがなされるようにした。またIMFにおいて基金を積み，対外支払準備が不足した場合，自国通貨を対価としてドルなどの外貨を購入し，一定期間の経過後に買い戻す通貨スワップの形で一時的に決済ができるようにした。

　ブレトン・ウッズ体制は，戦後の経済復興に大きな役割を果たした。その柱の一つである世界銀行は，戦後復興のため各国に資金を供給した。また大量の金準備と圧倒的な貿易黒字とを背景にした米国が，復興援助の形でドルを大量に供給したことにより，その他の国においても対外決済が可能になった。欧州経済は，マーシャル・プランの下で復興が進められ，1958年には西欧の主要通貨は対外経常取引について交換性を回復し，1961年には英独仏などの西欧9ヵ国が，経常的支払いに関する制限の回避等の義務を引き受けたIMF協定8条国に移行した。日本は，米国からガリオア・エロア資金などによる復興援助を受け，1964年に8条国に移行した。

　他方，これらの国の輸出競争力が回復するにつれ，米国の貿易収支が悪化し，また資本の自由化が進んだことから資本も流出し，さらに金の流出が進行し，60年代にはドルへの信認が低下する事態となった。交換可能性の回復によって大量に短期資金が移動するようになり，為替投機がしばしば発生した。また1967年のポンド切り下げ後，ドルの切り下げ期待が強まり，1969年には対ドルで西独マルクが大幅に切り上げられた。また国際流動性の不足に対応するために，同年にはIMF協定が改正され，既存の準備資産を補充するため特別引出権（SDR）が創設された。不均衡は収まらず，1971年には，マルク投機が発生し，一時的に為替市場が閉鎖されるに至り，西独マルク及びオランダ・ギルダーが変動相場制に移行し，スイス・フランが平価切り上げを行った。

　この年の8月には，ドルと金との交換性停止等を内容とするドル防衛策が米国から発表され，その後主要国通貨が変動相場制に移行したことによって，ブレトン・ウッズ体制の柱の一つであった固定為替相場制度が崩壊した。12月に行われたG10蔵相・中銀総裁会議において合意（スミソニアン合意）が成立し，ドルの切り下げ等を内容とする主要国通貨の多角的調整が行われ，基準相場から一定の変動幅に収めるよう各国が介入するものとされたが，1973年に再びドルに対する不信が高まり，日本円等も変動相場制に移行せざるを得ず，わずか1年強し

10）　対外準備が不足している国がIMFに加盟する場合は，経常的国際取引の支払の制限を加盟時以降も継続することを通告した場合に限って許される（14条）。ただし，必要性がなくなれば8条国への移行を求められ，また毎年IMFと協議をすることが必要になる。

かもたなかった。米国が変動為替制度への移行を主張したが，安定的な平価制度に対する要望が欧州において依然強く，翌1974年には，安定的かつ調整可能な平価制度を基礎とする「国際通貨制度改革の概要」と題する報告書がIMFの20ヵ国委員会において採択され，IMF年次総会において了承された。これに基づいて検討されたIMF協定改正案が1976年に合意（キングストン合意）がなされ，1978年に発効した。この協定改正においては，各国が変動相場制を含め為替相場制度の選択を認めるが，世界経済が安定した後に85％の多数決により固定相場制へ移行できることなどが定められ，また金の公定価格が廃止され，国際決済上の役割が縮小した。同時に，「自国の経済上及び金融上の政策を物価の適度の安定を伴う秩序ある経済成長を促進する目的に向けるよう努力すること」（IMF協定4条1項(i)），為替操作の回避（同(iii)）など経済政策についての努力義務が規定され，これらについてIMFと協力することが義務付けられた（4条1項柱書）。この規定を根拠としてIMFのサーベイランスが行われるようになり，国際収支危機が発生した場合のバッファを提供するのみならず，危機の発生自体を予防することがIMFの業務となった。為替相場の安定に依然として焦点があったが，80年代には，主要国間では為替相場の安定のための政策協調の必要性が認識されるようになっていった。1977年にその指針となる原則が採択されている（「1977年決定」）[11]。

　変動相場制についても，金融政策等の自由が確保されるとの当初の期待どおりに必ずしもならず，レートの短期的不安定，ファンダメンタルズからの中期的な乖離，資本収支による対外赤字の継続などの問題が指摘され，更なる安定化・適正化に向けた取組みが必要と考えられた。こうした変動相場制の問題を指摘した「国際通貨制度の機能に関する代理会議による大臣及び総裁への報告」（G10レポート）[12]を踏まえ，1985年，ニューヨークのプラザホテルにおいて，米日西独英仏の5ヵ国（G5）によって，ファンダメンタルズを反映すべく対ドルレートの上昇に向けた政策協調の合意（プラザ合意）[13]がなされた。経済の相互依存の深

---

11) The 1977 Executive Board Decision on Surveillance over Exchange Rate Policies, at IMF HP [http://www.imf.org/external/np/pp/2007/eng/fc.pdf], as Attachment II to "Review of the 1977 Decision on Surveillance over Exchange Rate Policies - Further Considerations, and Summing Up of the Board Meeting", February 14, 2007, as Attachment II.

12) *The Functioning of the International Monetary System*, Report of the Deputies of the Group of Ten, June 1985 (reproduced as Appendix I of IMF Occasional Paper No. 50, International Monetary Fund, Washington, 1987).

13) テキストがトロント大学のHP [http://www.g8.utoronto.ca/finance/fm850922.htm] から入手できる。

まりの中，主要先進国間の政策協調への動きは，翌年の東京サミット，及び1987年のG7蔵相・中銀総裁会合（ルーブル合意）14）において深化していった。

80年代において国際通貨体制の対応が必要となったのは，中南米諸国における累積債務問題である。第1次・第2次石油ショックにより，原油支払代金の増加，先進国の景気低迷に伴う輸出伸び悩み，財政赤字の増加，等によって途上国とりわけ非産油途上国の国際収支が悪化し，ユーロ市場からの借り入れが増大したことで，こうした国の対外債務の増大が大きな問題となってきた。この累積債務問題が表面化したのは，1982年にメキシコが行った対外債務の利払停止宣言であり，その後，フィリピン，アルゼンチン，ブラジルなどにおいて危機が発生した。

IMFは当初，為替レートの切下げ，財政赤字削減，金融引締めによる総需要管理，市場原理導入（規制撤廃（deregulation））といった緊縮型の調整政策を示していたが，一時的な危機回避はできても，根本的な解決に至らなかった。これに対し，成長志向型の経済調整努力に対して，国際金融機関と民間銀行とが協調して，期限延長のみならず新たな資金の提供をも行うという方向での提案がなされ，1989年には，IMF・世銀によって支援された中期経済計画を債務国が実施することを前提として民間銀行に対する債務削減等を行うという「新債務戦略」（ブレイディ提案）がG7等によって合意されるに至り，累積債務問題は一応の解決を見た。

しかし，90年代において，新興国において再度危機が発生した。まずメキシコでは，海外からの資金流入によって為替レートが上昇し，交易条件の悪化に伴って経常赤字が拡大し，この赤字を海外からの短期資金流入で補うという不安定な状況があったが，1994年には外国資本の海外逃避が生じ，いわゆるテキーラ危機が発生した。この通貨危機はアルゼンチンやペルーなどに及んだ。また1997年には，脆弱な金融システムのまま金融自由化した後，短期資本が大規模に流入し経済が過熱していたタイにおいて，バーツの下落等が引き金となって急激な資本逃避が発生したために通貨危機が発生し，インドネシア，韓国等，さらにロシア，ブラジル，アルゼンチンなどにも伝播した。アジア通貨危機は，経常収支の赤字でなく，資本収支の急激な逆転が危機の原因であるという点において従来型の危機と異なっていた。この過程で，国内経済の脆弱性が投機によって増幅され，危機に至ることが多く，投機的な資金移動をいかにコントロールするかが課題であると認識されるようになった。したがって，従来型の緊縮財政，構造

14）　テキストがトロント大学のHP［http://www.g8.utoronto.ca/finance/fm870222.htm］から入手できる。

改革型のIMFの処方箋が奏功せず，IMFの融資制度の見直しに向けた議論が進められるきっかけとなった。投機的資金の制限又は監督については金融監督の国際的調整などを通じて議論が進行している。サーベイランスは，各国別のほか，多国間政策監視も行われており，その有効性を高めるために様々な取組みがなされてきている。1977年決定に関する2007年の見直しでは，資本収支を含む対外安定性が重視されるようになり，さらに2012年の見直しにおいてサーベイランスに関する多国間協議の枠組みが形成され，国別サーベイランス及び多国間政策監視が統合された。またIMF協定4条を遵守するための政策原則として，国内安定性も考慮されるようになり，対象として国内経済・財政政策一般にまで言及がなされた[15]。またアジア地域におけるIMFの枠組みを補完するサーベイランス，短期的な資金の融通を行う二国間の通貨スワップ取極，民間貯蓄を中長期の資金ニーズに結びつけるための証券市場育成などの取組みが行われている。また短期流動性問題に対処するための地域的取極としてチェンマイ・イニシアティブなどが合意され，実行されている。

　また1998年以降，IMFは，自国のマクロ経済運営又はその制度がIMF等により定められた基準をどの程度充たしているかを分析するプログラムを加盟国に対して利用可能とし，報告書（Report on Observance of Standards and Codes, "ROSCs"）を作成・公表してきている[16]。これにより加盟国は，自国のマクロ経済運営等が適切かどうかをチェックできるわけである。また，IMFは，金融政策の透明性や金融監督制度について分析・評価を行う金融セクター評価プログラム（Financial Sector Assessment Program, "FSAP"）も導入した[17]。いずれについても世銀も協力している[18]。

　これらのプログラムにおいて参照される基準等には，金融セクター基準としてバーゼル銀行監督委員会が定めた「実効的な銀行監督のためのコアとなる諸原則」（1997年作成，2006年改訂），証券セクター基準として，IOSCOが定めた「証券規制の目的と原則」，データの透明性に関してIMFが設定したSDDS及びGDDS，コーポレートガバナンスについてOECDが定めた「コーポレートガバ

---

15) Decision on Bilateral and Multilateral Surveillance, adopted by Executive Board, 15 June 2007, at IMF HP [https://www.imf.org/external/np/sec/pn/2007/pn0769.htm]; Decision on Bilateral and Multilateral Surveillance, adopted by the Executive Director of the IMF, 18 July 2012, available at IMF HP [https://www.imf.org/external/np/sec/pn/2012/pn1289.htm].
16) ROSCsについては，IMF HP [http://www.imf.org/external/NP/rosc/rosc.aspx] を参照。
17) FSAPについては，IMF HP [http://www.imf.org/external/NP/fsap/fsap.aspx] を参照。
18) ROSCsに対する世銀の協力については，World Bank HP [http://www.worldbank.org/ifa/rosc.html] を参照。

ナンス原則」[19]，企業会計について IASB が定めた国際会計基準などがあり，12分野の国際基準[20] から構成されている[21]。

2　金融監督制度

信用秩序維持の必要性は，大規模な銀行破綻が発生するつど国際金融においても認識され，国際的な対応策が執られてきた。1974 年の西ドイツ・ヘルシュタット銀行とニューヨークのフランクリン・ナショナル銀行の破綻は国際銀行に起因するものであり，特に前者の破綻においては時差が原因となって決済中の資金が不渡りになるリスクが顕在化した。このことから，多国籍銀行の監督が十分か，国内監督上想定されていないリスクが国際金融にあるのではないか，といった懸念が裏付けられ，決済に関わる問題を中央銀行だけの集まりである支払・決済システム委員会で討議しつつも，同年，G10 中央銀行総裁会議は，G10 諸国の中央銀行と銀行監督局から構成される協議の場である「銀行業の規制と監督実務に関する委員会」を設定した。この委員会は，バーゼルにある国際決済銀行（BIS）本部で年 4 回会合をもち，BIS が事務局を提供したことから，「バーゼル銀行監督委員会」（Basel Committee on Banking Supervision）と名称を変更された。

バーゼル委員会は，監督上の漏れを回避することを目指して，1975 年に，親銀行に免許を付与した母国当局と現地法人や支店を監督する現地当局との監督責任の分担を定めた「バーゼル協約（コンコルダット）」（Basel Concordat）に合意した[22]。その後イタリア・アンブロシアーノ銀行の破綻を巡って母国当局であるイタリア中銀と現地当局のルクセンブルク通貨庁との間で責任分担を巡って対立が生じるなどしたことから，1983 年にバーゼル協約の改訂がなされ，また 1990 年に当局間の情報交換についての規定が追加された。しかし，1991 年に破綻した BCCI が国際的な監督網をすり抜けることを防止できなかった。1992 年，バーゼル委員会は，バーゼル協約を最低基準に整理し直し[23]，非加盟の当局に対しても遵守を広く呼びかけた。

バーゼル協約が危機管理のための当局間の役割分担や協力関係に比重を置いたルールであるのに対して，BIS 規制は，危機予防に比重のあるルールである。1982 年に，ラテンアメリカの債務危機によって米銀が多大の損失を被った状況

---

19) OECD, "OECD Principles of Corporate Governance"（2004）.
20) IMF HP [http://www.imf.org/external/np/exr/facts/sc.htm] を参照。
21) 本項の作成に当たっては，岡村健司（編）『国際金融危機と IMF』（大蔵財務協会，2009年）を参照した。
22) BIS の HP [http://www.bis.org/publ/bcbs00a.htm] から入手可能。
23) BIS の HP [http://www.bis.org/publ/bcbsc314.htm] から入手可能。

に対応すべく，米国は伝統的な自己資本比率規制の強化に乗り出し，主要諸外国の当局にも銀行の自己資本の充実策を検討するよう求めた。1980年代には米国において銀行危機が発生しており，1984年に全米第7位のコンチネンタル・イリノイ銀行が破綻している。米国は，1986年に，自己資本比率統一規則に向けた米英共同提案に合意した。日米及びG10における交渉を経て，1988年に，銀行の自己資本比率規則の共通化に向けたバーゼル合意（Basel Accord or バーゼルI）が成立した[24]。このバーゼル合意は，単純化すれば，企業向け与信等のリスク資産に対する株主資本等の自己資本の比率を一定の最低基準以上に維持することを求める合意であり，主として貸出しの信用リスクを考慮するものであった。さらに1988年合意の時点ですでに認識されていた市場リスクたとえば債券の短期売買に係るリスクなどに対応する市場リスク規制の最終案が1996年に公表され，1997年末から適用された。単純化すれば，信用リスクと市場リスクとを分母に自己資本を分子とする比率が基準となった。さらに，金融自由化の進展に伴い，リスク管理の方法の選択を一次的に銀行に委ね，その管理体制やプロセスを当局及び市場がチェックするという金融監督思想の変化を受けた，いわゆるバーゼルⅡの最終案が2004年に公表され，2006年末から一部実施されている[25]。規制の方法を，自己資本比率に加え，銀行の自己管理を求めること，開示を強化して市場による規律を利用することを三本柱とし，デリバティブ取引におけるカウンターパーティリスク等の適正な考慮，規制が景気変動を増幅する可能性（プロシクリカリティ）の考慮など新しい要素を盛り込んでいる。自己資本比率規制について信用リスクの計測手法として内部格付手法をオプションとして認め，また事故や不正によって損失が生じるオペレーショナル・リスクも自己資本比率の分母に含められるなどの改訂がされた。さらに，2008年から2009年にかけて発生した世界的な金融危機（いわゆるリーマンショック）において銀行が自己資本を十分に保有していれば損失に対応できたとの反省から，返済の必要のない普通株式による自己資本・内部留保などの中核的自己資本（いわゆる Tier 1）について，貸出し等リスク資産の保有量に応じた一定割合以上の保有を義務づけること等を内容とするいわゆるバーゼルⅢ[26]が2010年に合意・公表され，2012年から段階的に導入されている。

　銀行以外でも，証券取引分野では米州証券監督者協会に米州以外の国が1983年に参加できるようになり，1986年に証券監督者国際機構（IOSCO）と名称変

---

24) BISのHP［http://www.bis.org/publ/bcbs04a.htm］から入手可能。
25) BISのHP［http://www.bis.org/publ/bcbs107.htm］から入手可能。
26) BISのHP［http://www.bis.org/bcbs/basel3.htm］から入手可能。

更して、証券監督に関する原則・指針等の国際的なルールの策定に当たっている[27]。また保険分野では、保険監督者機構（IAIS）が国際保険監督基準の策定及びその実施の促進を行っている[28]。IOSCOでは2002年以降、証券監督に必要な情報を交換するための「協議・協力及び情報交換に関する多国間覚書」[29]が、IAISでは2007年以降、監督に必要な情報を交換するため「協力と情報交換に関する理解の多国間覚書」[30]がそれぞれ締結されている。日本の金融庁もそれぞれ2008年及び2011年に署名当局となっている。また国際金融システムの標準設定機関として「金融安定理事会」（FSB）（旧金融安定化フォーラム）が2009年に設立され[31]、金融当局、通貨当局、金融監督所管庁などが構成員となっている。

なお金融監督は、金融機関の監視に止まらない可能性がある。金融機関の健全性を維持確保するためには、借り手たる企業の経営の健全性・透明性を確保する必要が究極的にあるからである。その観点から、会社法・倒産法を含むコーポレートガバナンスや企業会計の整備・国際的調整も検討する必要があろう。その際、金融監督とコーポレートガバナンス等とが矛盾対立する可能性があるとみる（国際競争論＝共存モデル）か共通の目標の下で相互補完関係にあるとみる（比較優位論＝協力モデル）かで方向性が大きく異なると想像される。

3　金融サービス自由化

GATSにおいて、金融サービスにおける貿易自由化が規定されている。ウルグアイ・ラウンド交渉終了時では、途上国の約束が不十分とする米国がMFN例外を主張したことから金融セクターの交渉が終了せず、当初のWTO協定においては、閣僚宣言、金融サービスの定義などを記載する金融サービスに関する附属書及び金融サービスに関する第2附属書における暫定合意に留まった。なお上記附属書上、預金者等の保護のほか、「金融体系（financial system）の健全性及び安定性を確保するための措置」をとることを妨げられないとしていわゆるプルーデンシャル規制を適用除外[32]しており、また銀行等の顧客情報の開示要請を意味しないことが明示されている（2項）。

---

27) International Organization of Security CommissionsのHP［http://www.iosco.org/］及び金融庁のHP［http://www.fsa.go.jp/inter/ios/ios_menu.html］を参照。
28) International Association of Insurance SupervisorsのHP［http://www.iaisweb.org/］及び金融庁のHP［http://www.fsa.go.jp/inter/iai/gaiyou.pdf］を参照。
29) IOSCOのHP［http://www.iosco.org/library/pubdocs/pdf/IOSCOPD386.pdf］から入手可能。
30) FSAのHP［http://www.fsa.go.jp/inter/iai/20110719/01.pdf］から入手可能。
31) Financial Stability BoardのHP［http://www.financialstabilityboard.org/］を参照。

その後交渉が継続され、1997年末に米国、EU、日本、カナダ、豪州等の主要国を含む70ヵ国の合意が成立し、その約束がまとめられて第五議定書となった。銀行のみならず生損保を含むその他の金融サービスを対象としている。

4 資本自由化

IMF協定8条は、経常的国際取引についてのみ支払及び資金移動の制限を禁止しており、国際資本移動については「必要な管理を実施することができる」（6条3項）として資本取引の管理を認めているが、この点の自由化等がOECD等において進められてきた。ただし、投資受け入れの制限の撤廃が進められているのみで、対外投資の制限に対する規律はない。

（1）OECD

OECD理事会は、1961年に「経常的貿易外取引の自由化に関する規約」[33]及び「資本移動の自由化に関する規約」[34]を採択した。前者は、サービス・技術取引など貿易外の経常取引の自由化を目指し、後者は、直接投資、証券投資、短期金融市場取引、国際貸付などを含む長期及び短期の資本取引の自由化を目指すものである。加盟国が、無差別義務の引き受け及び留保を付しつつ自由化を約束し、資本移動・貿易外取引委員会におけるピアレビューによって漸進的な自由化を進めていくものである。留保を増加することができないスタンドスティル義務がかかっている。

（2）WTO協定

GATTは投資に対する規制自体を対象としていないが、GATSの規定するサービス貿易の自由化には子会社などの商業的拠点を相手国に置いてサービスを提供すること、すなわち投資自由化をも含んでいる。その詳細については第17章四1(2)を参照。またTRIPS協定は、知的財産権の使用料の送金規制に関わる。

---

32) プルーデンシャル規制については、「市場の失敗」を是正する措置であると説明することは容易であり、比較優位論＝協力モデルに立てば、最適な手段であることが説明できる限り市場アクセス約束はもとより、内国民待遇義務にも違反しないはずである。ただし、対象の金融機関の海外事業に対する他国の規制状況も考慮する必要があり、金融機関の本国によって取扱いが異なる可能性があるとすれば、最恵国待遇義務違反となる可能性がある。この点で租税条約のように例外扱いとする必要がないかどうかを検討する必要があろう。

33) 現行版は、OECDのHP [http://www.oecd.org/pensions/private-pensions/InvisibleOperations_WebEnglish.pdf] から入手可能。

34) 現行版は、OECDのHP [http://www.oecd.org/daf/inv/investment-policy/CapitalMovements_WebEnglish.pdf] から入手可能。

第18章四2(2)を参照。

(3) 投資協定

投資協定は，投資保護のために送金規制に対する規律を定めている。また投資自由化を規定する協定も存在する。さらに，投資協定を，開発促進のための投資環境整備を規定するものとして捉えることもできる。詳細については，第2章五3及び第9章四2を参照。

5 財政活動に対する規律

各国の財政活動については，マクロ経済管理の点からIMF等が規律を検討しており，他方実物経済に対するミクロの影響という観点から，WTO協定及び投資協定において規律が置かれている。WTO協定の中では，補助金協定，政府調達協定などが関係する。

なお社会保障制度については，労働者の社会保障について整備又は適正化の観点からILOにおいて様々な条約が締結されており（第8章三5(2)を参照），また社会保障負担の国際的調整のため二国間で社会保障協定が締結されている（第8章三5(1)を参照）ほか，医療費のように支出のコントロールのための国際的な取組みがなされている分野がある（本章四3(5)を参照）。

6 開発援助

ブレトン・ウッズ体制は，投資促進及び開発支援を自由貿易体制の構成要素とし，国際復興開発銀行（世界銀行）を置き，民間ベースで投資資金が行き渡らない分野についても，開発のための融資が行われるようにしている。IMFと同じく1944年に設立が決定された世界銀行は，「国際貿易の長期にわたる均衡のとれた増大及び国際収支の均衡の維持を促進すること」を目的の一つとして（1条(iii)）貸付を行うこととされている。戦争によって荒廃した欧州及び日本その他の復興はその最たるものであった。また資金構造上世界銀行が損失を出す融資ができないことから，世界銀行本体が行い得ない融資すなわち途上国の民間企業向け貸付及び後発開発途上国向け無利子融資を行う姉妹組織（国際金融公社（1956年，IFC）及び国際開発協会（1960年，IDA））が設立された。また1966年には国際投資に関する紛争の解決を図る仲裁廷として利用できる投資紛争解決国際センター（ICSID）が設立された。民間投資促進のために有益と判断したわけである[35]。

戦後の復興については，世界銀行のみならず，米国は，欧州復興計画（マーシャルプラン），対日経済復興計画などの経済支援を行い，またそれ以外の地域に

対しても様々な開発融資を行った。各国の経済復興が進むにつれ、国際機関だけでなく、米国以外の各国も開発援助 (ODA) を行うようになった。アジア開発銀行 (ADB) などの地域の国際開発金融機関も創設されている。そのほか二国間援助や累積債務の問題に関する様々な取決めも視野に入れるべきである。この関係では、OECD の公的輸出信用ガイドライン (第 11 章三 2 を参照) が付与国からの資材購入が義務付けられているタイドの政府開発援助 (ODA) にも適用があることを指摘できる。グラント比率 (譲許性) の高い ODA を原則として認め、そうでない ODA に厳しい条件を課している。アンタイドの ODA には適用がない[36]。

なお開発援助については、国家の対外債務について、衡平原則が適用されて返済すべき額が減額された仲裁先例があり、また国家責任条約の「不可抗力」(23 条) 又は「緊急避難」(25 条) に拠って債務不履行が違法性を阻却される可能性があることが指摘されている[37]。

7 分野ごとの資金メカニズム

分野によっては、条約等を管理する国際組織の運営費用の負担以外にも、途上国支援又は共通利益を促進する活動の費用負担のために基金や資金移転のメカニズムが置かれることがある。たとえば環境保護分野においては、途上国において対策を実施するために必要な資金を確保するため、又は補償、汚染除去・生態系復元などの活動を迅速に行うための資金メカニズムが置かれている場合がある[38]。前者の例として、オゾン層保護、生物多様性の保全等のための総合的な基金として創立された地球環境ファシリティー (Global Environment Facility, "GEF") (パートナー国教：183)[39] があり、後者の例として、油濁損害基金条約に基づく、タンカーによる油濁事故の補償を確実にするための国際油濁補償基金 (International Oil Pollution Compensation Funds, "IOPCF")[40] がある。

基金以外にも様々な資金移転メカニズムが創設されている。生物多様性保護の文脈で生物遺伝資源等の開発利益分配の仕組みが議論されている (第 18 章三 6 (2) を参照) のも、この問題の一環である。また「人類の共同遺産」たる深海底に

---

35) 世界銀行の融資のコンディショナリティについても適切性について議論がある。日本語文献として、たとえば、本間雅美『世界銀行と開発政策融資』(同文舘、2008 年) 第 2 章。
36) ODA の条件として人権・環境保護等を要求することについて、日本語文献として、多谷千香子『ODA と環境・人権』(有斐閣、1994 年) など。
37) 中谷和弘『ロースクール国際法読本』(信山社、2013 年) 第 3 講。
38) 環境分野における資金メカニズムについて、磯崎博司『国際環境法』(信山社、2000 年) 218-224 頁を参照。
39) GEF の HP [http://www.thegef.org/gef/] を参照。

ついて，国連海洋条約締約国又は締約国企業が開発する場合，同条約に基づいて設立された開発の管理のための国際海底機構（International Seabed Authority）[41]からライセンスを受け，開発利益の一部を衡平な分配のため提供しなければならない。また企業やNGOなどの資金拠出を受け入れる基金も少なくない。感染症対策のための資金を供給している世界エイズ・結核・マラリア対策基金（世界基金）（The Global Fund to Fight AIDS, Tuberculosis and Malaria, "GFATM"）はその例である[42]。しかし，こうした国際的活動のために資金メカニズムが十分に発達しているとは言えず，たとえばグローバルタックス（第8章三4を参照）が提唱されている。

四　対外決済・金融監督制度に対するWTO協定及び投資協定等上の規律

　金融経済の分野でも，資本移動，金融サービスの自由化さらに投資保護といった方向の国際ルールがある一方で，対外決済・金融監督制度といった規制も存在し，特に金融監督制度の分野では国際的な規律が強化されてきている。これらのルールの対象に重複があり，関係をどう捉えるかが個別ルールの内容を考える前提となる。またこの分野はソフトローが多く，枠組みを決定する取決めも条約でないことが多い[43]ことをいかに考えるかも重要である。

　国際競争論＝共存モデルでは，資本移動又は金融サービスの自由化及び投資保護と規制目的たとえば金融システムの安定性を確保するための金融監督制度が矛盾対立する可能性があることを前提とする。したがって，自由化又は投資保護のための国際ルールにおいては，どこまで自由化等を及ぼすか，例外として留保する政策が何かを考えるという思考の枠組みになるし，金融監督に関する国際ルールにおいても自由化等の目的をどう捉えているかが問題になり得る。金融システ

---

40) 国際油濁補償基金のHP［http://www.iopcfunds.org/］を参照。なお制度発足当時非締約国の船舶による事故に対応するためにタンカー船主及び石油会社による民間協定（TAVALOP/CRISTAL）が締結されていたが，船主の無過失責任等を規定する油濁民事責任条約（International Convention on Civil Liability for Oil Pollution Damage, CLC条約）及び油濁補償基金条約（International Convention on the Establishment of an International Fund for Compensation for Oil Pollution Damage, FC条約）の新議定書（1992年）が発効したために役割を終えたとして廃棄された。
41) 国際海底機構のHP［http://www.isa.org.jm/en/home］を参照。
42) 世界基金については，そのHP［http://www.theglobalfund.org/en/］を参照。
43) ソフトローの法形式が多いことを指摘するものとして，Mario Giovanoli, "A New Architecture for the Global Financial Market: Legal Aspects of International Financial Standard Setting," in Mario Giovanoli (ed.), *International Monetary Law: Issues for the New Millennium* (Oxford University Press, 2000).

ムの安定は共通の利益であり，そのための国際コントロールが成立していると言えるが，自国金融業の国際競争力にも影響することから，理論上は，関係国が主観的利益を追求するという要素も否定できない。したがって，その調整の結果成立した国際ルールは，矛盾対立する可能性のある政策間の優先関係に関する関係国の合意が反映されており，したがって解釈論としては規定文言どおりに理解することが強く求められる。さらに，金融経済に関する国際ルールにおける価値判断と実物経済に関する国際ルールにおける価値判断とが整合的である保証がないことも前提とし，それらの間の利害調整が必要になると考える。ただし金融監督の分野では現実にはソフトローが形成され，かつそれが遵守されていることからみて，主観的利益の要素が極小化している可能性が高い。

これに対して，比較優位論＝協力モデルの発想では，世界経済・社会が保有する資本の最大化という目標が各国に共有されているという前提から出発する。またその観点から「市場の失敗」の是正を目的とし，最適な是正手段を選択していることを要求すれば足り，したがって自由化又は投資保護の国際ルールと規制の国際ルールとが相互補完の関係にあると考える。そうした前提でいずれの分野の国際ルールも整合的に設計されているはずであるとして解釈し，またそうした観点から新たなルールを提案し評価していくことになる。各国の金融市場が異なるため詳細な規定を有する条約を策定することは不可能であり，また金融技術の発展等を考えれば頻繁な改正が必要であると想定されるため条約の法形式を採用することは合理的でもない。ソフトローに拠らざるを得ず，またソフトローであっても遵守が確保できる可能性があると考える。

国際競争論＝共存モデルでは，経済危機及び金融危機の防止のために財政・金融分野での国際ルールの法的拘束力の強化を主張することになろう[44]。これに対して，比較優位論＝協力モデルでは，危機の原因を経済・社会が保有する資本の増加につながらない政府支出及び銀行貸し出しの増加に求め，したがって，財政金融に関するルールの強化だけで乗り切ることは困難であり，資本最大化を共通目標として共有する価値観の確立すなわち社会関係資産の増加を図ることが第一であり，足りない部分を適宜ルールで補うと考えることになる。

1 対外決済制度・送金規制の規律

(1) IMF協定

IMFは，競争的為替切り下げを禁止し，経常収支の不均衡を解決する手段と

---

44) *Ibid.*, pp. 51-59.

して為替操作に訴えることを禁止している（IMF協定4条1項(iii)）。ただし，何が該当するか必ずしも明確でなく，実効性のある規律と言い難い。為替相場に直接介入しなくても，マネーストックを大幅に増加すれば，インフレ期待から通貨安になる可能性があるが，これが競争的為替切り下げとされるか。目標とすべき為替レートを客観的に特定することが困難である以上，競争的為替切り下げであると断定することは困難であろう。サーベイランス等を通じて関係する政策の適正化を促すしかないことになるが，やむを得ないであろう。

　IMF協定はさらに，経常的支払に対する制限の回避を規定しており，「基金の承認なしに，経常的国際取引のための支払及び資金移動に制限を課してはならない」（8条2項(a)号）と規定する。さらに，複数通貨措置等外貨間での差別が原則として禁じられ（8条3項），さらに通貨発行国は，他の加盟国が保有する通貨を，経常取引の結果最近取得されたものであるなど一定条件を充たす限り買い入れなければならず，その交換可能性を保証しなければならないとされている（8条4項）。各加盟国は，8条の義務を受諾して経常的支払に対する制限を撤廃するか，14条が規定する過渡的取極を利用し経常的支払及び資金移動に対する制限を存続するかをIMFに通告しなければならない。14条国に止まる場合は，その制限について毎年，その存続についてIMFと協議しなければならないし，また8条の義務を受諾する用意ができた場合は速やかにその旨を通告しなければならないとされている。

（2）WTO協定
（ア）GATT15条

　GATT15条4項は，「為替上の措置によって［GATTの］規定の趣旨を没却（"frustrate"）してはなら」ないとする。また同項の注記は，「没却する」を，「為替上の措置（"exchange action"）」がGATTの条文文言に抵触している（"infringements"）としても実際には当該条文の意図からの著しい逸脱（"appreciable departure"）がない場合には違反としないことを意味するものと説明している。さらに，11条及び13条の趣旨を「没却」しない例として，IMF協定で許された措置として輸出代金の支払を自国通貨又はIMF加盟国通貨に限定することを掲げている。

　この点，「輸入について（"on"）」の規制及び「輸入について又は関連して（"on" or "in connection with"）」課せられる課徴金その他には厳しい規制がある（11条1項及び2条1項(b)号二文）が，対外支払に対する規制は，最恵国待遇義務の対象である（1条1項は，「輸入［又は］輸出のための支払手段の国際的移転につ

いて課せられるもの」を対象事項として明示する）ものの，規制自体を明確に制限する規定がGATTに見当たらない。しかし，形式的には，為替管理は国内販売に関係しないので輸出入制限として11条1項に違反するおそれがある。そこで為替管理としてIMF協定上許されている措置が基本的に不整合とは判断されないことを規定したものであろう。なおIMF協定8条が，経常的国際取引のための支払及び資金移動への制限を禁止していることはすでに述べた。

（イ）GATS11条

サービス分野での市場アクセス・内国民待遇義務の約束をしている分野について，「経常取引のための国際的資金移動及び支払」を制限することが原則として禁止されている。「経常取引」にサービス貿易自体の決済たとえば第1モードにおけるサービスの輸出代金の海外サービス提供者に対する支払の制限がこの禁止対象に該当することは明らかであるが，商業上の拠点（第3モード）設置のための送金は通常資本取引であって該当しない。ただし，第3モードのサービス提供に関し市場アクセスの約束をしている場合には「関連する資本の移動」を認める約束をしたものとされる（16条1項注8）。

この禁止は，IMF協定上の権利及び義務に影響を及ぼさない（11条2項）とされており，IMF協定が加盟国に対して資本取引を管理する権限を認めている（協定6条3項）ことを主として受けている。ただし，さらに但し書きがあり，原則として「自国の特定の約束に反するような制限を資本取引に対して課してはならない」とされており，上記GATS16条1項注8に対応している。

（ウ）TRIPS

ロイヤルティの海外への支払いが為替管理の観点から制限されることがあるが，TRIPS協定で規律できないか検討する価値がある。第18章四2(2)において言及するように，一定率以上の支払が拒否される場合，自国企業の海外支店も適用対象になるため形式的な差別はないが，一定率以上のロイヤルティを要求するために，制限を受ける外国会社と，当該率以下のロイヤルティしか要求する意思のない自国企業との間で取扱いに事実上違いがあり，またその違いを正当化する政策的根拠を説明しがたいと想定されるので，TRIPSの内国民待遇義務違反が認められる可能性があると考えられる。

（エ）最恵国待遇義務

輸入又は輸出のための支払手段の国際的移転について課せられる制限，課徴金その他について，輸出国又は輸出先国によって差別を設けることは，最恵国待遇義務に反する（GATT1条1項）。サービス及び知的財産権についても最恵国待遇義務がある（GATS2条及びTRIPS協定4条）。

(オ) GATT20条例外

GATT20条(c)号は、「金又は銀の輸入又は輸出に関する措置」をGATTの例外としている。これは金及び銀の国際決済手段としての役割に着目したものであるが、金本位制が放棄されている今日においては必要性に疑問がないわけではない。

その内容については、(g)号の規定と比較しても、(c)号の規定は国内制限措置を前提としていないことが明らかであり、輸出入だけを規制することが許されている。

(カ) GATT10条及び8条

透明性・手続の簡略化などに関するGATT10条及び8条が為替措置にも適用される。内容については、第7章四1(4)及び(5)を参照。

(3) 投資協定

投資協定において一般的に送金の自由が規定される[45]。ただし対外支払準備の不足等の場合、金融規制の遵守のため等の例外を定めることも多い。規定には「法令の制限の下で (subject to its laws and regulations)」とするものなどヴァリエーションがある[46]。送金の自由は、株式に対する配当、貸付利子、知的財産権等のライセンスに対するロイヤルティの支払など外国投資家が投資収益を得るために必須であるほか、事業活動に必要な原材料、資機材等を海外から調達するためにも必要である。投資自由化を規定するならば事業拡張のための資金移転も自由とする必要がある。

送金制限が正当化される対外支払準備不足の状態に陥っているか否かの判断については、投資受入国政府に判断権が留保されている場合もあるが、多くの場合、仲裁人に委ねられるようになっている。ただし、投資受入国政府が客観的データに基づいて必要性があると判断した場合に、仲裁人としては、第一次的判断権者としてde novoの検討を行うのか、当該データを前提として投資受入国政府の判断が合理的であったか否かの検討に止まるのかは先例上明らかにされていない。WTO協定上の扱いについては第2章二3(7)(ク)を参照。かかる要件に加えて、IMF協定上許される範囲であることが送金制限の正当化要件とされていることも多い[47]。

---

45) 米国モデル投資協定（2012年版）7条及びドイツモデル投資協定（2008年版）5条。
46) Jeswald W. Salacuse, *The Law of Investment Treaties* (Oxford University Press, 2010), Section 10.7.

2　金融サービス・金融監督制度の規律

　GATSの金融サービスにおける約束は，加盟国によって異なるが，共通の約束として「金融サービスに係る約束に関する了解」がある。たとえば運送・貨物保険，その再保険については外国サービス提供者が直接勧誘することを認めていること（B3項），預金，貸付については，自国領域内居住者が外国からサービスを購入することが許されている（B4項）（すなわち海外の金融機関が国内居住者向けに勧誘することは許さなくてよい）こと，自国領域内で設立された他の加盟国の金融サービス提供者に対し，自国領域内で業務上の拠点を設け又は拡張する権利を与えること（B5項），新たな金融サービスを当該領域内で提供することの許可（B7項），個人情報・勘定の秘密等以外の情報移転の制限の禁止（B8項）などの市場アクセスの約束の他，内国民待遇義務（C項）などを内容としている[48]。

　またこの分野については，先に述べたように，特殊性を考慮した特別の定めがいくつか存在する。すなわちGATSの金融サービスに関する附属書はまず，金融サービス分野において，GATSの対象外とされる「政府の権限の行使として提供されるサービス」として，金融政策，社会保障又は公的年金，公的機関による政府の勘定のため等に行う活動を挙げ，ただし，後二者については，自国の金融サービス提供者に対して競争を認めるのであれば対象になるとしている（1項(b)及び(c)号）。また，預金者保護，プルーデンス規制及び銀行による秘密保護を適用除外とし（2項），信用秩序維持のための外国措置の承認に関する規定を置いている（3項）。

　このような特定の政策目的のための措置を適用除外とする規定は，貿易自由化とそれ以外の政策とが矛盾対立する可能性があることを前提とする国際競争論＝共存モデルが想定するものであるが，この考え方に立つ以上，反対解釈されて，それ以外の目的による規制について市場アクセス・内国民待遇義務の約束等が優先し，最適の措置が採用できなくなってもやむを得ないと解釈される危険がある。比較優位論＝協力モデルに立って考えるならば，貿易に及ぼす影響の大小を問わず，「市場の失敗」を是正する最適の措置が許容されるべきであり，濫用のリスクは，政策形成手続の強化によって対処すべきと考える（第1章三4）。そう考えるならば，そうした措置の一であるプルーデンシャル規制はもともと，最適に設

---

47)　たとえば，日韓投資協定17条2項。
48)　約束表の解釈が争われた先例として，Panel Report on *China – Electronic Payment Services* がある。

計・運用される限り内国民待遇義務等の一般的義務に反しないはずであるが，その他の「市場の失敗」を是正する政策措置も同様であることから，上記プルーデンシャル規制等の適用除外を管轄権の限界から必要となる外資企業又は外国企業の特別扱いを正当化する規定と理解するか，又は単なる確認規定と理解する解釈が要請される。

3　財政・金融政策に対する規律

（1）IMF協定

IMF協定はもともと，国際収支の不均衡を是正するための為替操作を禁止することにより，国内政策の調整を促していたが，その内容・方向性は各国に委ねていた。国際決済の危機時に対応する緊急融資においても，国内政策の調整に特段の条件をつけることは当初はなかった。しかし，借り手の財政・金融政策に条件を付すコンディショナリティが次第に行われるようになった。コンディショナリティについては，それが市場至上主義に傾いているとの批判があるが，変化が見られるとの評価もある[49]。

また本項1で説明したように，1998年以降，IMFは，加盟国が自国のマクロ経済に関する制度とその運営の適切性を検討するために任意に利用できるROSCs及びFSAPを設けており，とくにROSCsにおいて遵守が報告される基準として，データの透明性（特別データ公表基準及び一般データ公表システム），財政の透明性（財政の透明性に関する優良慣行基準），金融政策の透明性（金融政策の透明性に関する優良慣行基準）が含まれている。ただし，この制度の適用は実施を申し出た加盟国に限定されている。

また2009年以降，G20諸国を参加国として含む金融安定理事会参加国は，金融の安定確保を追求すべく国際的な基準の遵守について定期的な相互ピアレビューを実施することが合意されているほか，相互監視の強化が図られている。監視対象の基準には，タックスヘイブン対策その他租税に関する協力，マネーロンダリング・テロ資金対策（本章四4(3)において言及がある）なども含まれることがある[50]。

これらの点，国際競争論＝共存モデルは特段の方向性を提供しない。比較優位論＝協力モデルでは，国内経済政策が返済可能性に影響することが明らかであるが，直ちに借り手国の経済政策に対する条件付けが正当とされるとは言えず，借

---

49) IMFのコンディショナリティに関する日本語文献として，岡村『前掲書』（注21）147-154頁。
50) 同上，108-122頁。

り手国の経済政策全体を適切に設計するために必要な情報を収集する権限と能力とを有し，かつ必要な判断能力を有するのは誰か，選択された政策に対する利害関係者のコミットメントを確保するにはどうすべきか，といった観点が検討の軸になろう。

（2）WTO協定

WTO協定には，財政・金融政策を直接規制する規定はないが，政府の収支とりわけ支出の合理性を要求する規定がいくつか存在する。解釈によっては，公的部門を含めた経済全体で最適な手段を選択する義務が認められ，間接的に財政の健全化につながる可能性がある。

（ア）生産補助金例外・補助金協定

生産補助金は，国内生産者に対してのみ付されることが多く，輸入品を不利にするが，内国民待遇義務に抵触するわけでないことがGATT3条8項(b)号によって明らかにされている。しかし，貿易に及ぼす影響に鑑みて補助金協定が締結されている。したがって，この協定は，財政政策のうち政府支出の一部に対する規律を規定することになる。

第11章三2(4)で検討したように，「著しい害」又は「無効化又は侵害」という要件を，持続可能性の最大化というWTO協定における共通目標に照らして目的の正当性・必要性及び手段選択の最適性を要求するものと解釈し，さらに最適性を厳格に考え，目的を実現するために最小限度必要な範囲を超えて貿易を歪曲する効果がないだけでなく，公的部門を含めた経済全体の効率性の観点からどうかを考えるのであれば，補助金の徹底した合理化が求められることになる。もちろん，紛争解決手続においてこの点の詳細な判断を求めることはパネルの能力からみて適切でなく，明白な不合理がない限りは非整合と判断されないとすべきではあるが，自主的改善を促す効果があろう。

（イ）政府調達例外・政府調達協定

財源となる税収を還元するという発想から，政府調達において国産品を優遇することはしばしばあるが，GATT3条8項(a)号はこれを許容している。規定上「政府用（for governmental purposes）に購入」していることが必要である。また例外とされる政府調達でも，政府調達協定において約束した範囲では，国産品を優遇することが許されず，また原則として競争入札の方法によって購入することが求められる。詳細については第11章五を参照。

国際競争論＝共存モデルからは，貿易自由化のために政府調達に規律を設けるという発想になり，政府調達の適正化その他の政策目標が貿易自由化と矛盾する

場合には留保されているはずであるという見方になる。これに対して，比較優位論＝協力モデルからは，政府財政を含めた経済・社会全体の最適化という観点から最適な制度を設計するという発想になり，そうした観点から政府調達協定その他を解釈すべきということになる。

(ウ) 国有企業・公的独占

市場経済においては，理念的には，民間企業が主体となって経済活動を行い，政府は市場メカニズムが機能する基盤を整備し，機能不全を是正するための介入をするに留まることが理念型として想定されるが，現実には，政府は様々な目的で経済活動そのものを行っている。電力・鉄道・郵便など社会のインフラを政府又は政府保有の法人が経営している国は少なくないし，鉄鋼・石油など重要産業が国有化されている例もある。また農産品・酒類などについて価格支持，税収確保等の政策を実施するために国家が貿易を含む販売を独占することもある。

このような国有企業・公的独占に対してWTO協定はいくつかの規制を置いているが，第11章四2(2)(ア)①で検討したように，概ね，政府権限が委託されている機関すなわち市場メカニズムに逆らって行動する能力を有する主体については，政府と同様にWTO協定の規律が適用され，国有企業等それ以外の主体に対しては，「商業的考慮のみに基づいて」すなわち営利原則に従って行動することが求められるとする見方があり得る。後者についてかかる行動を確保するような制度設計が求められる。なお独占企業において過剰投資等が発生する可能性があるという問題に関する議論について，第11章五4(1)を参照。

(エ) 政策一般

本書は，政策一般について，持続可能性を最大化するという観点から正当な目的のために最適な手段が採用されていることが内国民待遇義務の内容であるとする考え方を示しているが，その考え方を採用すれば，公的部門を含めた経済全体での最適性すなわち最適性の中にその措置を実施するための費用を含めて考えることになろう。これは財政政策の最適化に資するであろう。租税についても同様である。この点について第8章及び第9章を参照。ただし，過剰・不効率な財政支出，過剰・不要な政府調達・補助金支出の制限といった点のガバナンスが十分とは言えず，今後の課題であろう。

(3) SWF

政府が出資するファンド，政府系ファンド（Sovereign Wealth Fund, "SWF"）は，金融目的のために政府が設立した基金で外国金融資産を含む金融資産への投資計画を有しているものである。石油・天然ガスの売買代金，為替準備などを原

資としており，その額が巨額に上るが，必ずしも透明性が確保されていないためにその影響が懸念されていた。2008年，IMFを中心とした研究グループがサンチアゴ原則（Santiago Principle）と呼ばれる，SWFが従うことが期待される行為・組織原則をまとめた[51]。ガバナンスの確立，透明性の確保などを求めている。これは，(2)(ウ)で検討した国有企業・公的独占と共通の問題であろう。

(4) 租　税

財政政策のうち租税収入の部分に関しては様々な国際経済法において規律が分かれて存在する。付加価値税など産品・サービスの製造・販売に対して課せられる税についてはGATT3条2項及びGATS17条の内国民待遇義務の規律に主として服する。所得課税については，投資協定の内国民待遇義務の規律に主として服する。また国際間の分担については租税条約が関係する。これらは，第8章において論じられている。

(5) 特別の資金メカニズム

一般の予算管理から分離して設けられている特定分野のための資金メカニズムのガバナンス問題について本章一1(5)で言及した。この点の国際的な取組みとして，たとえば，医療保険制度について医療費の拡大抑制が各国の共通課題になっていること，国際ルールと呼べるものはまだ見当たらないが，OECDにおいて各国の取組みに関する情報が集約され提供されていることを指摘できる[52]。医療分野一般については，第16章九を参照。なおこの問題は，国有企業・公的独占における過剰投資等の抑制の問題（第11章五4(1)を参照）と連続している。

4　国際金融・援助に対する規律

(1) 公的輸出信用ガイドラインその他

ODAのうちタイドのものは，公的輸出信用ガイドライン（一般的には第11章三2を参照）の対象として条件等が厳しく制約されている。これは，国際援助から貿易政策上の考慮を排除し，援助政策の目的を援助先の経済発展支援に限定し，その目的に照らし最適な内容とすることを促すことを目指すものである。方向性

---

51) International Working Group of Sovereign Wealth Funds, *Generally Accepted Principles and Practices – Santiago Principles* (October 2008), at [http://www.iwg-swf.org/pubs/eng/santiagoprinciples.pdf].

52) OECD, *Value for Money in Health Spending, OECD Health Policy Studies* (OECD Publishing, 2010), at [http://www.oecd-ilibrary.org/social-issues-migration-health/value-for-money-in-health-spending_9789264088818-en].

としては，国内投資促進措置に対して内国民待遇義務・輸出入制限の禁止を確認するTRIMs協定や生産補助金の要件としてローカルコンテント要求を付すことを禁止する補助金協定3.1条に一致する。

（2）WTO協定

援助に自国産品の購入条件を付すこと自体がたとえば補助金協定3.1条が禁止する輸出補助金に該当するか否かは定かでない。受け手が国内に所在する主体である場合に限定するとは明記されていないからである。ただし実務上はあまり問題視されていないようである。むしろ被援助国政府が援助対象の事業たとえばインフラ整備を行うに当たりタイドの条件に従って調達対象品を特定国産品に限定することが輸出国の差別になることのほうが重要であろう。政府調達例外（GATT3条8項(a)号）が内国民待遇義務（3条4項）のみならず最恵国待遇義務（1条1項）まで除外しているかどうかが問題になる。第11章五3を参照。最恵国待遇義務の厳格な解釈に拠れば，事業を適切に行うという観点から説明のできない要件を課すことも違反とされる。この点は，第9章四1(3)を参照。

（3）環境・社会リスクの自主的管理

石油開発，ダム建設などの大規模プロジェクトは，自然環境や地域社会に重大な影響を与える可能性があるが，1980年代ころから，問題あるプロジェクトに対する批判が高まり，世界銀行や各国の公的輸出信用機関が支援打ち切りを余儀なくされるといったことが生じた。その後こうした機関は，融資案件における環境保護などの考慮要素についてガイドライン[53]を作成し，環境リスク等の軽減に取り組んできた。さらに世界銀行は，その開発プロジェクトについて，関係地域住民がガイドラインの遵守を求めて争うことを可能にする独立審査パネル手続を1993年に創設した。このパネルは事実調査を任務とし，その報告書を受けて世界銀行の理事会が必要な勧告を行うものとされている。米州開銀等の国際開発金融機関・援助機関においても類似の手続が存在する[54]。またSWFの一つであ

---

[53] 世界銀行は"Operational Policies"及び"Bank Procedures"を含むOperational Manualを作成している。世界銀行のHP [http://web.worldbank.org/WBSITE/EXTERNAL/PROJECTS/EXTPOLICIES/EXTOPMANUAL/0,,menuPK:64142516~pagePK:64141681~piPK:64141745~theSitePK:502184,00.html] から入手可能。

[54] これらの制度について，Daniel D. Bradlow, "Private Complainants and International Organizations: A Comparative Study of the Independent Inspection Mechanisms in International Financial Institutions," *Georgetown Journal of International Law*, Vol.36（2005）, pp. 403-494を参照。

るノルウェー政府年金基金が投資について倫理ガイドライン[55]を策定し，国際法違反等をする企業への投資を控えている。その社会的責任投資の考え方が注目されている。

民間金融機関についても，国連環境計画（UNEP）が，国連環境計画金融イニシアティブという組織を多数の金融機関との自主協定に基づいて1992年に設立し[56]，以後環境・社会政策への配慮が金融取引の事業性にどのように影響するかの情報・意見交換を行っている。たとえば1997年には，事業における持続可能性に関する影響の報告書のガイドラインを作成する非営利団体のGlobal Reporting Initiativeが設立された[57]。さらに2003年には，民間銀行と国際金融公社（IFC）との取組みによりプロジェクトファイナンスについて環境・労働基準のアセスメントを行うなどの「赤道原則」（Equator Principles）と呼ばれる環境社会ガイドラインが作成される[58]など様々な取組みが行われている。営利企業の社会的責任については第2章六3を参照。

ただし，環境政策や社会政策について一義的に権限を有し責任を負うのは援助先国政府であり，適切な政策立案・実施に必要な情報収集能力を必ずしも有せず，さらに関連政策との総合的な調整を行う権限をもたない援助機関がかかる政策についてどこまで内容を決めてよいかは慎重に検討する必要がある。援助先国政府が同意している環境条約などの遵守を問題とする場合であっても，条約が想定する履行確保手続と異なる手続で認定がなされ，遵守が強制されることをどう考えるかが問題になる[59]。この問題は，IMFの緊急融資におけるコンディショナリティの問題（本章四3(1)を参照），一般特恵関税制度適用の要件設定の問題（第19章四2(2)を参照）と隣接するが，生産方法に着目した規制すなわちPPM規制の問題（第9章四1(1)(ウ)③を参照），さらに民間企業の作成するプライベートスタンダードの問題（第10章一2(4)を参照）にも連なっている。より一般的には管

---

55) その英訳が〔http://www.regjeringen.no/en/sub/styrer-rad-utvalg/ethics_council/ethical-guidelines.html?id=425277〕から入手可能である。

56) UNEPのHP〔http://www.unep.org/resourceefficiency/Home/Business/SectoralActivities/UNEPFI/tabid/78946/Default.aspx〕を参照。

57) Global Reporting InitiativeのHP〔https://www.globalreporting.org/Pages/default.aspx〕を参照。

58) 赤道原則のHP〔http://www.equator-principles.com/〕を参照。

59) 世界銀行のOperational Policiesにおいて関連する環境条約の借入国政府による遵守が考慮要素となっていることから，独立審査パネル手続が借入国政府の国際法違反の問題に立ち入ることの問題性に言及するものとして，佐俣紀仁「紛争解決制度としての世界銀行インスペクション・パネル──世界銀行融資をめぐる紛争の解決に関する一考察」『GEMC Journal』1号（2009）82-93頁を参照。

轄権の分配の問題として第1章四2を参照。

なお特定の団体・活動への資金供給を断つことを目的とした国際的取組みは他にも多数存在する。たとえば，武力紛争の当事者に対する資金供給に関するものとして，紛争ダイヤモンドの取引規制（第5章三2を参照）がある[60]。またテロ行為を行う団体への資金供給に関する国際条約も存在する（第5章三2を参照）。より広く犯罪行為からの収益の出所を隠蔽して市場で使えるようにするマネーロンダリングに対して，1989年に政府間組織として設置された「金融活動作業部会」(Financial Action Task Force on Money Laundering, "FATF") が政府の採るべき対策の国際基準となる様々な勧告を作成・公表し，その遵守状況を監視している[61]ほか様々な国際的取組がなされている。そうした取組みに直接間接に関連する動きとして，密輸・不正申告等の防止のための税関間の協力（第6章三1(1)を参照），麻薬・銃器等の国際的取締り（第6章三3及び4を参照），希少動植物の取引規制（第7章三3(1)を参照），水産業におけるIUU規制（第15章二3(2)を参照），違法伐採された木材の取引禁止（同章三3(3)を参照），人身売買規制（第17章三1(8)を参照）などを考えることができよう。

こうした取組みが効果を挙げるには私企業の積極的参加が不可欠であり，とくに比較優位論＝協力モデルに立てば私企業の自発的取組みが期待されるところである。ただし，かかる取組みについては，とくに共同の取組みの場合には競争法上の問題をクリアする必要がある。

5 為替操作に対する対抗措置

IMF協定4条は，競争的為替操作を禁止しているが，意図ないし目的の認定が必要であり，その認定が容易でない。かかる現状に鑑みて，為替操作であると一方的に認定して何らかの対抗措置が取れないかが検討されている[62]。

最も直接的な方法は，操作した相場で外国為替の買取りを行うことが「利益」を伴う「資金面での貢献」であるとする相殺関税の賦課である。この方法の難点は，輸出者に対して政府機関が直接買取りを行っているか定かでないということもあるが，そもそもあるべき為替相場の立証が不可能でないかということにある。結局，IMF協定における為替「操作」であるとの追求が困難であることと同じ

---

60) 関連する米国単独の取組みとして紛争鉱物の開示問題がある（第16章四1(2)を参照）。
61) FATFのHP [http://www.fatf-gafi.org/] を参照。
62) たとえば，Robert W. Staiger and Alan O. Sykes, "'Currency Manipulation' and World Trade," (NBER Working Paper No. 14600 (2008)), at [http://www.nber.org/papers/w14600].

ところに帰着する。

　この前提から出発すれば，あるべき為替相場を強制するのでなく，あるべき為替相場を実現するような経済政策を自ら採用するように誘導するしかない。金融政策，財政政策はもとより，ミクロ・マクロ両面の経済政策すべて（労働基準，社会福祉などの社会政策を含む）の適正化を促していくことが遠回りのようで近道でないか。経済政策において客観的な逸脱が明らかな場合に為替操作の意図ないし目的の認定ができるとすれば，経済政策の適正化促進に根拠を与えることになろう。

主要参考文献・資料

天谷知子『金融機能と金融規制』（きんざい，2013年）

岡村健司（編）『国際金融危機とIMF』（大蔵財務協会，2009年）

上川孝夫・矢後和彦（編）『国際金融史』（有斐閣，2007年）

佐藤隆文『バーゼルⅡと銀行監査』（東洋経済新報社，2007年）

佐藤隆文『金融行政の座標軸』（東洋経済新報社，2010年）

高木信二『新しい国際通貨制度に向けて』（NTT出版，2013年）

氷見野良三『検証BIS規制と日本』（第2版）（きんざい，2005年）

毛利良一『グローバリゼーションとIMF・世界銀行』（大月書店，2001年）

Thomas Cottier, John H. Jackson, and Rosa M. Lastra, *International Law in Financial Regulation and Monetary Affairs*（Oxford University Press, 2012）

Mario Giovanoli, *International Monetary and Financial Law*（Oxford University Press, 2010）

Mario Giovanoli (ed.), *International Monetary Law: Issues for the New Millennium*（Oxford University Press, 2000）

Gianni Toniolo, *Central Bank Cooperation at the Bank for International Settlement*（Cambridge University Press, 2005）

Claus D. Zimmermann, *A Contemporary Concept of Monetary Sovereignty*（Oxford University Press, 2013）

第16章　農業その他の特定産業分野の経済・社会ルール

　本章は，産業構造，外部との関わり等において特殊性があるために，特別の国際経済ルールが形成されているいくつかの産業分野を取り上げる。とくに，農業は，WTO協定の枠組みにおいて，農業協定及びSPS協定といった特別ルールが適用される領域であり，別個に取り上げる意義がある。そのほか，水産業，林業，繊維，造船，航空機，エネルギー，音響・映像，医療といった分野を取り上げる。

一　農　業

1　農業における措置の政策根拠（農業の特殊性）

（1）生産過剰による価格暴落リスク

　農業は，工業と異なり，生産量が天候に左右されやすく予想外の収穫量となる場合がある。しかも，需要の弾力性が低く，かつ長期保存が困難な生鮮品が多いことから，豊作の場合に価格が大きく下落しやすい。そうした事態が発生した場合，小規模な生産者が多いため倒産の可能性が高い。対応策として，先物市場の整備などリスクヘッジを可能にすることも考えられるし，下落時に補助金を支給するなどより直接的な救済策もあるが，市場の状況によっては，生産調整が最適な対応である可能性もある。国内需要が有限である以上輸入調整も必要になる。

　類似の問題が，国内市場だけでなく世界市場においても生じる。しかも，途上国の経済は，特定の一次産品の生産に依存していることが多く，当該産品が生産過剰となり価格が暴落すると大打撃を受ける。このようなリスクに対応しようとして，貿易・生産数量及び価格などを規制すべく政府間で国際商品協定を締結することがある。

（2）多面的機能論

　貿易自由化に対抗する議論として主張されている「多面的機能論」は，農業が治水，環境保護，景観維持などの機能をも有しており，市場メカニズムに委ねることの限界を説くものである。「正の外部効果」が内部化されないままで貿易が

自由化された場合，本来であれば競争力があるはずの国内農業が国際競争上敗退してしまい，全体としての資源配分の効率性が損なわれるとする議論と理解できる。

この場合，当該「正の外部効果」を内部化するために適正な額の補助金を付与することは効率性の観点から正当化されるが，同額の関税によって保護することが認められるかは疑問である。正の外部効果の発生が産地・生産者等によって異なることが想定されるところ，関税水準を正の外部効果の発生量が最大の産地等に合わせなければ十分な保護にならないが，そうすれば他の産地の産品が過剰に保護されてしまうからである。

(3) 持続可能な農業

農業は当然に持続可能というわけでなく，連作，農薬・化学肥料の多使用などによって土地が肥沃でなくなるばかりか土壌侵食が発生することもあるし，また地下水の過剰利用によって砂漠化し，塩害が生じることもある。休耕や輪作といった方法が昔から採用されているし，また有機農法が農業の持続可能性を確保する観点から推進されている。また農業は，地下水の汚染及び閉鎖性水域における富栄養化の重要原因である物質たとえば窒素循環の歪みに対して過剰施肥，輸入飼料を利用して生育する畜産動物の排泄物などを通じて大きく関わるなど，生態系に対して負の影響を及ぼしている面もあり，施肥の適正化などの対策が講じられている[1]。

土壌の侵食・砂漠化について対策が取られていない場合，土壌の悪化という「負の外部効果」が現時点での農産物の生産コストに反映されておらず，不相当に低価格で提供できるようになっている。この点が是正されない状態で貿易を自由化すると，自国農業が比較優位を有していても競争上不利を強いられる。かかる不利を相殺するために関税等を維持することもできるが，より根本的な解決のためには，各国において土壌侵食・砂漠化を防止する最適な対策が採用・実施されることが必要である。

また畜産業においては，家畜の生理を考慮しない工場的畜産が批判され，有機農業の一環として，家畜の健康と福祉を増進する政策が欧州を中心に推進され，拘束・過密状態での飼育・運搬，給餌制限などが禁止され，成長促進ホルモンを使用して生産された肉製品の輸入が禁止された[2]。家畜福祉は，食品の安全・品

---

[1] 窒素循環の問題について，たとえば，小川吉雄『地下水の硝酸汚染と農地転換――流出機構の解析と窒素循環の再生』（農村漁村文化協会，2000年）を参照。

質にも関わるとされているが、環境又は倫理の保護の要素が大きい。前者に基づく販売・輸入制限は検疫措置に類似するが、後者に基づく政策措置は、環境などに対する負の外部効果を内部化することを目的としており、したがって補助金が中心であり、関税及国内販売と同一の輸入の制限まで正当化できるかは疑問である。

(4) 農地転用制限

一般に土地利用規制は、用途が混在することにより発生する外部不経済を防止する、又は外部不経済を発生する活動地域を限定する、といった「市場の失敗」を是正する手段と考えられている。農地の場合、治水、環境等に影響を及ぼすため農地が相互に正の外部効果を及ぼし合っていると考えられ、住宅・工場等が混在することによって残された農地の資本としての価値が低下してしまう可能性が高いこと、さらに一旦転用されてしまうと再度農地化して元の状態に回復することが困難であること、他の農地への悪影響についても同様であることなどに鑑みると、宅地等よりも厳格な土地利用規制が必要であろう。比較優位論＝協力モデルに立ち経済・社会が保有する資本の最大化を共通目標と考えるならば、比較優位を得られる可能性が絶無でない限り転用を認めることに極度の慎重さを求めるべきであろう。

(5) 食品衛生・安全

製品安全は、工業製品にも共通する問題である。情報の不完全性という「市場の失敗」のために、当事者の選択に委ねることによって最適な結果を実現できず、不法行為責任の追及等の民事的な事後救済の方法でも十分でない場合、政府が、規制その他の方法により介入せざるを得ないということである。

ただし、工業品と異なり、農産品については、危険性の有無、許容限界等が科学的定量的に判明していない場合が多い。農産品又はその加工品である食品は、体内に摂取するため、害が発生した場合に取り返しの付かない事態を招くおそれがあることから、そうした不確実性がある場合にどのような原則で規制を行うのかが各国で異なる可能性がある。たとえば予防原則はそういった場合の考え方の一つであるが、国際的に確立したものか否かが議論されている。これはSPS協定を巡って議論されており、この点については第6章四2(3)を参照。

---

2) 動物福祉の考え方について、たとえば、松木洋一・永松美希（編著）『日本とEUの有機畜産——ファームアニマルウェルフェアの実際』（農山漁村文化協会、2004年）を参照。

（6）検疫措置

動植物の疾病・虫害は収穫だけでなく自然環境にも大きな悪影響を及ぼし得る。国内で発生した場合に蔓延を避けるために移動禁止措置等が採用されるが，外国で発生した場合かかる管理が万全か確認できないため当該発生国からの感染の可能性のある動植物等すべての輸入を規制するのが通常である。この検疫措置については第6章で検討した。

2 農業及び農産品に関する国際ルールの発展

（1）国際商品協定

大恐慌時において，一次産品（農産品及び鉱物資源）の国際的な供給過剰によって価格が暴落し，これに対抗するために各国において過剰生産の買上げ，生産制限等を内容とする過剰対策が取られ，また生産者間でのカルテルも横行した。民間企業間のカルテルが失敗に終わった後，1930年代には，すず，砂糖，小麦，茶，ゴム，銅などについて生産制限等を内容とする政府間協定が締結されるようになった。

第二次世界大戦中から戦後にかけて，一次産品市場の安定が戦後の再建計画の一部をなすものとして捉えられたが，当初は，生産過剰状況への対処のみを目的とするものでなく，大西洋憲章における「経済的繁栄に必要な世界の通商及び原料の均等な開放がなされるよう努力する」との原則に沿ったものが求められた。その後，商品協定に適用される一般原則が議論され，ハバナ憲章の第6章に結実し，またその内容は，国連経済社会委員会（ECOSOC）において一般的規範として採択することを勧告された。たとえば，貿易に関する数量又は価格の統制を含む協定は，「消費者に対し公正な，かつ生産者において合理的な報酬を与える価格で世界の需要を充たすのに十分な供給を確保するように立案されなければならない」とされている（60条）。このような協定は，この時期において「価格の長期的傾向をめぐる過度の変動の動きを緩和ないし縮小しようとするもの」[3]として考えられていた。ハバナ憲章は発効しなかったが，暫定合意であるGATTにおいても，一定の政府間商品協定が締約国会議において承認され，協定に従った措置がGATTの適用除外となることが予定されている（20条(h)号）。また上記ECOSOCの勧告において承認された原則に合致する商品協定も適用除外とすることが明記されている（同号に関する注記）。

---

3) 千葉泰雄『国際商品協定と一次産品問題』（有信堂，1987年）200頁。また国際商品協定の歴史的な状況について，内田宏・堀太郎『ガット――分析と展望』（日本関税協会，1959年）576-578頁。

農産物についてこの時期に締結された商品協定としては，国際小麦協定（1949年採択），国際砂糖協定（1953年採択），国際コーヒー協定（1962年採択）などがあり，この時期のものは，数量制限の国際的調和を追求していた。ただしオリーブ油及びテーブルオリーブに関して1956年に採択された協定は，市場に関する情報交換，市場振興等を内容とし，貿易等に関する経済条項を含まないものであった。そのほか協定に至る前に問題を研究する組織として，国際綿花諮問委員会（1939年発足，ICAC），国際ゴム研究会（1944年，IRSG），国際羊毛研究会（1947年，IWSG），国際養蚕委員会（1960年，ISC）などがECOSOCの勧告に沿って設置されている。

1964年のUNCTAD成立以降，国際商品協定において，一次産品問題が途上国の経済開発に及ぼす影響を重視し，一次産品の貿易における途上国の優遇を求める動きが活発となった。同年のUNCTAD総会は，国際商品取極に関する勧告を採択し，ハバナ憲章の原則に加えて，先進国に対して市場アクセスの保証，保護主義的生産の排除等を求め，その後の会合においても商品問題の研究と対処とを促す決議を採択している。また1976年における第4回総会において，一次産品を総合的に取り扱う一次産品総合プログラム（IPC）と共通基金に関する決議を採択した。農産物関連では，この時期に，国際小麦協定等既存の協定の改定が行われたほか，国際ココア協定（1972年採択），国際天然ゴム協定（1979年採択），国際ジュート・同製品協定（1982年採択），熱帯木材協定（1983年採択）などがある。ただし，後2者は，貿易・生産の制限，価格などに関するいわゆる経済条項を含まず，政府間の情報交換，需要拡大などを行うものである。また国際小麦協定については1971年の改定以降価格規定がなくなっており，国際砂糖協定においても1984年協定において経済条項が削除されるなど，経済条項を備えた国際商品協定が減少している。

なお同趣旨の研究会としては，FAOの商品問題研究会（CCP）の下部組織として，米穀（1955年），ココア（1956年），穀物（1957年），柑橘類（1959年），ジュート等（1963年），油糧種子及び油脂（1965年），サイザル麻等硬質繊維（1966年），バナナ（1965年），ワイン等（1968年），茶（1969年），食肉（1970年），皮革（1985年，小部会）など様々な産品について政府間部会が設けられている。市場の情報交換等が主目的であるが，拘束力のない生産規制等を行ったこともある。またGATT東京ラウンドで合意された酪農品及び牛肉についての取極が複数国間協定としてWTOに引き継がれたが，現在では失効している。現在は，数量制限自体が行われなくなり，国際的調和の対象が情報交換に変化した状況である。

（2）多面的機能論・持続可能な農業

　農業の多面的機能論は，国際貿易において農業を特別扱いする必要がないとするいわゆる農工一体論に対抗するために，農産品の輸入国である日本，スイス，ノルウェー，韓国それにEUによって主張されてきた。他方，農産品の輸出国の集まりであるケアンズグループは，この議論を葬り去ろうとして来た。かかる議論は，FAO，OECD，WTOと様々なフォーラムで展開されてきている。

　FAOでは，多数を占める途上国が一般的に多面的機能論に反対であったこともあり，多面的機能論を否定するケアンズグループの戦略が奏功し，1999年に採択された，向こう15年間の長期的な作業計画である「長期戦略」を巡る議論において，多面的機能の概念やFAOの役割について合意がないことが明記され，「多面的機能」を冠した作業をFAO事務局ができなくなった。しかし，ケアンズグループが少数派であるOECDにおいては，1998年の農業大臣会合におけるコミュニケにおいて，その維持のために許される方策としては，「透明で，対象が絞られ，かつ効率的な方法による」との条件が付されたものの，多面的機能について積極的評価がなされた。2001年に公表された概念分析レポートにおいても，多面的機能については外部性・公共財の問題として概念上の位置づけが明確化された。WTOにおいては，農業協定において多面的機能論に言及がないこともあり，2001年に行われたドーハ閣僚会合におけるドーハ閣僚宣言では，多面的機能に反対する途上国の取り込みやEU等が関心を有する食品安全等を包摂するといった考慮から，農業協定20条に言及されている「非貿易的関心事項」に対する関心という形で言及がなされている。ここでは，多面的機能の維持確保のためにどのような政策手段が許されるかに関心が移っている。基本的に国内支持の問題であり，削減対象とならない緑の政策として概ね対処できるとするスイス・EUの考え方に支持が多いが，日本，ノルウェー，韓国等は，国境措置の削減においても考慮されるべきと主張しており，いまだ決着を見ていない[4]。

　先に述べたように，自国農業の多面的機能の主張は，補助金を正当化するが関税措置を正当化し難い。農産物輸出国における持続可能な農地を確保するために，砂漠化防止措置の実施，農地転用を防ぐ土地利用規制の強化などを義務付け，その実施状況を監督しつつ関税削減を図るという方策をむしろ必要としよう。これは食糧安全保障を考えても同じである。なおこの点では，燃料材の過剰採取など

　4）　農業の多面的機能を巡る議論については，たとえば，作山巧『農業の多面的機能を巡る国際交渉』（筑波書房，2006年），及び梶井功（編集代表）『WTO農業交渉の現段階と多面的機能』（日本農業年報48）（農林統計協会，2002年）。

により土地の砂漠化が進行しているほか，農地についても過放牧，過開墾，地下水の過剰利用による塩害，表土流出などによって砂漠化が懸念されていることに注目する必要がある。行動計画の策定等を義務付けた「砂漠化対処条約」が合意され，1996年に発効している。その他，伝統的な農業と，その土地利用の方法等を保護するために，重要な農地をFAOが指定する世界重要農業遺産システム（世界農業遺産）が2002年に創設された。日本では，能登地方の棚田などが指定されている。また関連するものとして，林業・水産業における民間の認証機関の取組みについて本章二2及び三3(1)を参照。

(3) 食品衛生・安全

食品衛生の分野における規制の国際的なハーモニゼーションの動きは60年代以降に見られる現象である。国連食糧農業機関（FAO）と世界保健機関（WHO）とが1961年に合同食品規格計画を創設し，その執行機関として食品規格委員会（コーデックス委員会，CAC）を創立した。コーデックス委員会は，食品表示，食品添加物の許容水準，残留農薬基準などについて世界規模の食品規格を策定している。その手続は，作業の優先順位に関する基準に従って作成が決定された規格の草案を事務局が作成し，加盟国等への意見聴取のための送付，意見の検討，草案の改正といった過程を経て関係する規格部会において採択された後に，委員会の総会が報告を受け，了承するという過程をたどる。総会は，全加盟国が参加するものであるが，部会には，関心国の代表のほか，企業，NGO等のオブザーバーが出席している。コーデックス委員会に対して技術的援助を行う組織として，FAOなどが指名した専門家から構成されるFAO/WHO合同食品添加物専門家会議（JECFA），FAO/WHO/IAEA合同食品照射専門家会議，FAO/WHO合同残留農薬専門家会議があり，食品添加物の安全性の検討や成分規格の設定等科学に基づいたリスクアセスメントを担当している。

また有機食品に関するガイドラインもコーデックス委員会において1999年に採択された後改定されており[5]，家畜についてのガイドラインには動物福祉の観点も盛り込まれている。

(4) 検疫措置

動物検疫措置及び植物防疫措置については，第6章三2で触れたとおり，それ

---

[5] The Codex Alimentarius Commission, *Guidelines for the Production, Processing, Labelling and Marketing of Organically Produced Foods*, CGC/GL 32-1999, as revised and amended.

ぞれ国際獣疫事務局（OIE）及び国際植物防疫条約（IPPC）が国際標準化を進めている。OIE は第二次世界大戦前（1924 年）に設立されたものであり，IPPC は戦後（1951 年）である。

なお OIE においては，2002 年に動物福祉を目的とする基準の策定が行われるようになり，2004 年に「動物福祉の原則に関する指針」が採択されたほか，2005 年以降いくつかの基準を採択してきている[6]。

（5）補助金規制

ウルグアイ・ラウンドにおける農業交渉[7] は，「1980 年代半ばにかけて世界農業が直面した諸問題を経済学的論理で分析・整理し，比較優位の原則と資源の最適配分の考えを基調とした改革の青写真を提起した」[8] とされる。輸入制限及び関税といった国境措置に加えて，輸出補助，国内支持といった補助金の問題にも取り組み，前者については関税への一元化，後者については各国の農業保護の削減に当たり，その水準について，OECD における研究成果である農業に対する保護の総合的な計量手法である「生産者支持相当額」（Producers Support Estimates, "PSE"）をベースに作られた AMS を統一基準として採用した。もともと OECD で各国の農業保護の水準について研究を行うことが合意されたのが 1982 年であり，PSE という共通の尺度で計量し比較を行った結果が公表されたのが 1987 年である。PSE は，簡単に言えば，関税その他政策に拠る内外価格差に数量を乗じ，財政支援を加算したものである。ウルグアイ・ラウンド交渉において，1987 年に米国及び EC が行った提案においてはいずれも，PSE を何らかの形で利用しての保護の削減が含まれている。これに対し，1989 年に米国等から出された提案は，関税を除き，また市場歪曲的でないとした財政支援を除いて算定する AMS（Aggregate Measurement of Support）を保護の計測手法として利用した削減約束を含んでいた（AMS に拠り難いものは「助成同等量」という尺度が使われている）。最終的に合意された農業協定は，緑の政策と称される食糧安全保障用の備蓄，環境保護，特定地域援助その他生産と切り離された助成のほか，青の政策と称される米・EU における減反に伴う不足払い等一定の目的のための補助金を除き（すなわち黄の政策），また支持が総産出量の 5％以下のものを除き，

---

6) OIE の HP ［http://www.oie.int/animal-welfare/animal-welfare-key-themes/］ を参照。
7) GATT 及び WTO 協定における農業交渉一般については，山下一仁『詳解　WTO と農政改革——交渉のゆくえと 21 世紀の農政理論』（食料農業政策研究センター，2001 年）及び遠藤保雄『戦後国際農業交渉の史的考察——関税交渉から農政改革交渉への展開と社会経済的意義』（御茶の水書房，2004 年）を参照。
8) 遠藤『前掲書』（注 7）221 頁。

すべての国内支持について，1986年から1988年を基準年として，AMSと助成同等量とを合算したトータルAMSベースで20％削減を規定している。WTOにおける農業交渉においては，黄の政策たる国内支持についてのさらなる削減幅のほか，緑の政策の維持又は削減などが交渉テーマとなっている。

3　農業分野の政策の規律

　農産品貿易はGATTの対象であるが，一定の場合に輸入数量制限が認められると従前考えられており，また輸出補助金も禁止されていなかった（16条）。しかし，ウルグアイ・ラウンドにおいて，輸入数量制限及び類似の効果を有する国内保護措置を一切禁止して関税に置き換え，さらに補助金について輸出補助金その他の正当性の疑わしい補助金を漸減する農業協定が合意された[9]。以下に見るように，農業協定の規定は，貿易障壁の撤廃を求め，ただし目的の如何によっては留保を認めるという構造になっており，国際競争論＝共存モデルに沿ったものであるが，比較優位論＝協力モデルからは，水際措置の規律に偏重した納得し難い方向性である。後者の発想では，WTO協定における農産品の貿易自由化だけでなく，後続世代に遺すべき資本の一である農地の世界的保全に向けた取組みたとえば砂漠化防止のための取組みの義務付け，土地政策の合理化などと一体となった体制とすることが求められる。また輸出国においてそうした取組みがなされない場合には，負担すべき環境保護費用を負担していないという競争上の不当な有利性を相殺するために輸入国に対して関税譲許の修正を認めることも考えてよい。関税譲許の修正については，第4章一1を参照。

（1）国境措置の関税一元化

　農業協定は，市場アクセスを改善するために農産品について輸入制限をすべて関税化し，また関税削減と同時に，市場歪曲的な輸出補助金又は生産補助金の削減も実現している。

　まずきわめて限定的な例外を除き，すべての輸入制限措置を関税化することが求められている。その対象として，「輸入数量制限，可変輸入課徴金，最低輸入価格，裁量的輸入許可，国家貿易企業を通じて維持される非関税措置，輸出自主規制その他これらに類する通常の関税以外の国境措置」が含まれるものと規定されている（4条2項，注1）。ただし，農業に特定されない一般的な規定に基づいて維持される措置は含まれない。例としてBOP理由の輸入制限が挙げられてい

9）　ウルグアイ・ラウンドにおける農業交渉については，注7の文献を参照。

る（同）。

　関税化対象として例示列挙された措置は概ねGATT11条1項が禁止する輸入制限に該当するが，可変輸入課徴金のように，GATT2条の対象措置も含まれている。なお可変輸入課徴金には，たとえば基準価格と輸入価格との差額に等しい金額の課徴金を課すといった典型的制度のみならず，対象産品の国際市況価格の変動に対応して従価税率が変更される制度も先例上含まれるとされた[10]。ただ，典型的な可変輸入課徴金が，輸入品の国産品に対する価格優位性を相殺するのみならず，輸入品間の価格競争をも消滅させるという問題があるのに対して，上記先例は，直近の国際市況価格を反映して即時に変更されるため収穫の時点での税率が予想できないという透明性の欠如を措置の実質的問題点として指摘している。GATT上税率変更は事前の公表しか求められていない（10条2項）ことに照らすと，この透明性の欠如を農産品についてのみ要求することが適切であるか疑問もある。もう一つの問題は，GATT11条2項(c)号が「農業に特定されない一般的規定」に含まれるか否かであり，次項で検討する。なお農業分野では，輸入量が一定水準を超えただけで発動できる特別セーフガードが認められている（農業協定5条）。

　関税は，国内産業を保護し育成する間の保護策として最適な手段である可能性がある。これに対し，輸入数量制限は，国内産業保護の手段として最適でないが，それ以外の政策目的のために最適な手段である可能性を否定しきれず，そうした場合の例外を認める必要がないか検討する余地がある。

（2）GATT11条2項

　GATT11条2項は，主に農産品に対する輸出入制限に対する例外を規定している。まず争われた例の多い同項(c)号から検討する。

　まず同号は，農産物等について国内で生産制限がなされている一定の場合（(i)ないし(iii)）に輸入制限が許されるとしている。これは，GATTの交渉時において，国内制度の維持を図る米国の主張によって含められた規定であるとされる[11]。

　このうち(i)については，先例上，7要件が指摘されており，対象産品が「加工の初期の段階」にあるか，「保存がきかない」ものであるか，または加工度

---

10) Appellate Body Report on *Chile – Price Band System* (*Article 21.5 – Argentina*), paras. 151-154.
11) Rüdiger Wolfrum, Peter-Tobias Stoll and Holger P. Hestermeyer (eds.), *WTO – Trade in Goods* (Martinus Nijhoff Publishers, 2011), p. 284.

の低い産品の輸入が禁止されていないことから輸入制限は真に必要なのか，などが争点とされている[12]。ただしこれまで例外に該当すると認められた前例はない。

この規定の趣旨について，国内で生産調整がなされている場合の輸入制限の正当化として理解されることもあるが，先例は，規定の根拠について「国内生産者の保護ではなく，小規模及び未組織の生産者が多く極端に急激な収穫増に見舞われたりするために，政府が介入をし，組織化を図る必要がある」という制定時の資料を指摘している[13]。したがって，本規定が輸入制限を許容するのは，いわゆる豊作貧乏の状態すなわち豊作で価格が下落すると小規模であるが故に倒産を余儀なくされ，未組織であるが故に個々の倒産を防止するための生産調整・負担分担等も行えないといった状態を未然に防止するために生産制限が必要とされるが故でないか。そうであれば，この規定が想定する生産制限は，需給均衡を目的とするものでなく，平年作の供給量を大きく上回らないように生産量を調整するための措置であり，輸入規制それ自体も，その状況において予想される輸入量（譲許の範囲内での関税を前提としたもの）を上限とすることに限定されるべきである。

なおこの規定は，農産品に関する限り，輸入数量制限等を禁止する農業協定4条2項によって無効化されているという見方が有力である。しかし，GATT11条2項(c)号(i)が上記のように，国産品の保護を関税に委ねた上で，意図せざる過剰供給に対処する政策措置を許容する規定とすれば，競争力に劣る国内産業の保護を目的とする措置ではなく，農産品についても撤廃してよいのか政策論として疑問がある。解釈論としても，GATT11条2項(c)号(i)が農産品のみならず水産品にも適用されることから，農業協定4条2項の注において同項が優先しない「農業に特定されない一般的な規定」であると主張する余地がないわけではない。

また同条2項(a)号は，「輸出の禁止又は制限で，食糧その他輸出加盟国にとって不可欠の産品の危機的な不足を防止し，又は緩和するために一時的に課するもの」を例外としている。この規定は，たとえば凶作による食糧不足に対応するための食糧の輸出制限を想定しているとみられる。食糧以外の産品が該当するか否かはケース・バイ・ケースで定められ，複数産業に必須の原材料も該当し得るとされた[14]。

同様の措置すなわち国内における不足に対応するための措置を認める20条(j)号が「それを生ぜしめた条件が存在しなくなったときは，直ちに終止しなければ

---

12) たとえば，GATT Panel Report on *Japan – Agricultural Products I*, paras. 5.1.3-5.1.3.7.
13) *Ibid.*, para. 5.1.2.
14) Appellate Body Report on *China – Raw Materials*, paras. 326-328.

ならない」としていることと比較すれば,「一時的に課する」とは,単に輸出制限を必要とする原因が消滅した時点で廃止するというのでは足りず,原因自体が「一時的」であることが求められていると解するべきである。収穫の不安定性を根拠とする(c)号例外との比較においても,天候不順等の止むを得ない不確定要素がある場合を指すとする解釈が適切である。これに対して,作付量がそもそも不足しているために食糧不足となったような場合,作付量が適切な水準になるまで輸出制限を認めるのは不適切である。作付不足は適宜是正ができたはずであり,それを怠ったにも拘らず自国の需要だけを考慮して輸出禁止ができるとすれば不公平であろう。

また作付量の計算を誤ったにせよ,また凶作であったとしても,国内需要を優先させるために輸出関税を課すことができるならば,11条2項(a)号を援用する必要がない。同号は,国内需要家が自国市場において買い負けるために供給不足が生じている事態を想定しているのではなく,たとえ購入できるだけの所得があってもなお需要家において不足が生じているという,絶対的な不足状況であることを必要としていると解釈すべきであろう。また「輸出加盟国にとって不可欠」という部分も厳格に解釈すべきであろう。この点は第7章四2(1)を参照。

最後に,(b)号は,分類・格付等の基準の適用のために必要な基準とされているが,缶詰等加工したサケ・ニシン製品等の品質基準の遵守を確保するために未加工のサケ・ニシン等の輸出を制限したとの主張について,単なる国内産業保護の措置であって(b)号で正当化できないとした先例がある[15]。

(3) 補助金削減

まず輸出補助金を含む輸出支援のうち,一定の類型の輸出支援(農業協定9条1項)は,一定の場合を除き,譲許表に記載された約束の水準を超えて付与することができない(同条2項(a)号)。譲許表に記載されない輸出補助金の付与は禁止されている(8条)。

国内補助金については,一定の支援措置を除外した総量に関する約束の範囲に削減することが求められている(6条1項)。除外される補助金は,附属書二において列挙された政策類型かつその条件を満たす支援(緑の補助金),対象産品の生産総額の5%を超えないデミニマスの基準以下のもの(同条4項)及び米欧の合意(ブレアハウス合意)により,一定の条件を充たす「生産制限計画による直接支払」(同条5項)であり,「青の補助金」と呼ばれている。

---

15) GATT Panel Report on *Canada – Herring and Salmon*, para. 4.2.

附属書二に掲げる「緑の補助金」は，貿易歪曲及び生産に対する影響がないか最小限であることが求められるほか，公的資金から付与される必要があり，かつ価格支持の効果を有しないことが一般的に求められ，研究開発，有害動植物・病気の駆除等の一般的な役務を提供する施策，食糧安全保障のための公的備蓄などに対する資金付与，生産者に対する直接支払などが挙げられている。

WTO協定発効後一定期間補助金協定が適用されないことになっていた（13条）が，現在は農業協定上の規律に加えて，補助金協定の規律が適用される。ただし，輸出補助金の規律については，「農業に関する協定に定める場合を除くほか」との規定（補助金協定3.1条柱書）があり，*US – Upland Cotton* ケースにおいて，上級委員会は，国内産品優遇補助金については補助金協定上の禁止が及ぶこと[16]，また農業協定の輸出信用に関する削減努力規定（10条2項）は上記除外の対象でないことを示した[17]。それ以外の輸出補助金の削減についてのみ，輸出補助金に関する約束（9条）を優先させたことになる。

措置の適正化よりも補助金を一定の政策目的のためのものを除き貿易障壁として削減するという農業協定の発想は，国際競争論＝共存モデルからは一つの合意として特段の疑問がないが，比較優位論＝協力モデルからは経過措置と理解することになる。後者は，正当性及び最適性の一般的要件を充たさない補助金を禁止するルールを農産品・工業品を区別せず適用することを到達点と考える。

（4）国際商品協定例外

GATT20条(h)号は，締約国団が個別に認めたか又は認めた基準に合致する国際商品協定に基づく措置を許容しているが，そのために締約国団に提出された国際商品協定はこれまで存在しないし，許容基準も未だ策定されていない。ただし，すでに述べたように，ECOSOCの1947年3月28日の決議第30(Ⅳ)で承認された原則に合致する商品協定も適用除外の対象であるとされている。

（5）国家貿易企業

GATT/WTOは，「国家企業」を設立し，又は企業に対して「排他的な若しくは特別の特権」を付与するときは，それらの企業，貿易を伴う購入又は販売に当たり「無差別待遇の一般原則」に従って行動させることを政府に義務付け（GATT17条1項(a)号），かつそのために当該企業が「商業的考慮……のみに従っ

---

16) Appellate Body Report on *US – Upland Cotton*, para. 546.
17) *Ibid.*, paras. 605-627.

て」購入又は販売を行うようにすることを要求している（同項(b)号）。これらの企業を総称して「国家貿易企業」とするのが慣わしである。こうした国家貿易企業の多くは一次産品について存在しているため，本章においてこの問題を扱う。なお第13章が国有企業一般に対する規律を検討している。

　国家貿易企業の活動の透明性を確保するために通報義務が定められ（17条に関する了解），通報の妥当性等検討のための作業部会が設置されている（同5項）。通報対象の作業上の定義は，輸出入の程度又は方向性に影響するような排他的又は特別の特権を付与された企業すなわち貿易を独占する企業に限定されている。しかし，この定義は，文言からみてGATT17条1項(a)号の対象よりも狭く，通報対象を限定する趣旨とのみ解するべきであろう。国家企業は，政府が支配する企業一般を含むと考えられている。GATT17条1項(c)号において，自国の管轄権の下にある企業すべてについて，国家貿易企業に従わせるべき原則に従うことを「妨げてはならない」とされているので，それ以上の関与が期待できる企業すなわち株式保有その他により政府が当該原則に従って行動させることができる企業を「国家貿易企業」と考えれば足りる。

　商業上の考慮にのみ従うことを制度上確保するために具体的に何をすべきかこれまで明らかにされていないが，組織の目的として国内産業保護その他の考慮が含められていないこと，また損失を出し続けられるような資本構造を避けること，たとえば独立した法人格を有する法人であれば財務会計制度を整備し，情報開示を強制し，破産能力を認め，資本欠損を埋めるための公的資金投入を原則として禁止するなどの手当てが考えられる。こうした制度的な手当てがなされていない場合には，政府の資金供与がわずかでもあれば「商業的考慮」が排除されていると言い難いように思われる。国家貿易企業が「商業的考慮……のみに従って」とは，政治的配慮に基づかずに購入又は販売を行っていることであるとするのが先例[18]であり，個々の取引において「商業的考慮」以外の考慮（たとえば国内産業保護）に基づいて行動したことが積極的に立証されるならば違反を認めてよいが，そうでない限り，個々の取引における条件の違いだけでは，「商業的考慮のみに従って」いないことの証拠として十分ではない。たとえば将来の取引見込みが異なれば，個々の取引条件が異なることは企業行動として理解でき，また企業の裁量に委ねることが経済全体の効率性の観点からも適切である。

　なお，無差別待遇の一般原則には，最恵国待遇義務が含まれるとされているが，内国民待遇義務については争いがある。この点，GATT2条4項が，輸入独占を

---

[18] Appellate Body Report on *Canada – Wheat Exports and Grain Imports*, paras. 141-142.

設定している場合に譲許表に定める保護の量を平均で超えるように行動してはならず，たとえば譲許税率を賦課したと仮定した価格で販売してはならないとされていることに鑑み，この範囲での輸入品差別を認めるものと解釈できなくもないが，「通常の商慣習」に従った上でなお譲許税率を超える超過利潤の取得を禁じた趣旨であると解するのが適切でないか。なお，独占的地位を濫用していたとしても，商業的考慮にのみに従っていないとはいえないとする先例もある[19]。営利企業の行動として異常でないので支持できる先例であろう。独占的地位の濫用の問題はWTO協定でなく競争政策に委ねられていることになる。なお「無差別待遇の一般原則」を，「政府が直接に又は最終的に消費するための輸入には，適用しない」とされている。ただし，輸入する場合には「公正かつ衡平な待遇」が求められている。この規定は，GATT3条8項(a)号の政府調達例外の規定と少々異なっており，自己消費用か否かが基準となっている。

(6) 検疫措置

動植物の健康を保護する検疫措置については，第6章四2を参照。なお動物福祉を目的とする措置は飼育方法に関連するいわゆるPPM措置であるが，家畜の健康ひいては畜産品の安全・品質に関わるものは，産品関連PPM措置であり食品安全・衛生措置に準じて考えれば足りる。他方で倫理又は環境の保護を目的とする輸入制限は，産品非関連PPM措置であって，次(7)項の有機農法に関わるラベリング制限と同じ取扱いとなる。国際競争論＝共存モデルでは，動物福祉と貿易自由化とが矛盾対立する価値であることを前提に，いずれをどれだけ優先させるかがWTO協定において合意されたと考え，その合意を文言から探求するというアプローチになる。これに対して，比較優位論＝協力モデルでは，世界経済・社会が保有する資本の最大化を共通目的としてその目的達成を阻害する行為が規制されたと考えるので，上記のとおり，輸入国における畜産品の安全・品質に関心があるか，輸出国ないし生産国における倫理又は環境保護の問題かで分かれ，それぞれ正当かつ最適な政策手段を設計できる能力を有している当該国政府の政策判断を尊重すべきと考える。動物福祉の問題は，*EC – Seal Products*のケースで問題となっており，このケースにおける上級委員会判断の評価については，第9章四1(1)(ウ)①及び③を参照。

---

19) *Ibid*., paras. 144-151.

（7）ラベリング

　有機農法など持続可能な農法による農産物であることを証するためにラベリングの制限が課せられることがある。これは，農産品の品質の問題よりも生産方法の問題であり，いわゆるPPM措置であって生産国の状況を考慮しない一律の基準を適用することはGATT3条4項等に抵触し，20条によっても正当化できない可能性が高い。この問題は第7章四4及び第9章四1(1)(ウ)③を参照。

二　水産業

1　水産業の特殊性

　水産業の特殊性は，農業と共通しているがより強調された形で現れる。第一に，不安定性である。生産量が天候等に依存しており，養殖による場合であっても稚魚の入手等の不安定性を必ずしも克服できているわけではない。また生鮮品であり在庫を抱えることが困難である。したがって市場変動が激しく，競争力のある漁業者であっても，事業継続ができなくなる可能性がある。

　第二に，国際的な資源保護が重要な政策課題となっている。持続可能であるようにする必要性は，農業よりも早くから認識されてきた。さらに，漁場が領海・排他的経済水域に止まらず公海上にも多いため，資源管理のための国際的な枠組みが必要である。これは，「共有地の悲劇」と呼ばれるタイプの「市場の失敗」である[20]。海洋資源は排他的管理権を設定し難いため，他人を出し抜いて多く漁獲を上げることが合理的行動となってしまうが，全員がそのように行動すると，合計の漁獲量が持続可能な水準を超え，資源は枯渇してしまう。かかる事態を回避するため，国内法においては一定の漁場ごとに漁業権の設定等が行われる。漁業権は，個々の漁業者に付与されるものもあるが，漁業組合等に付与される場合もあり，その場合には共同管理の取決めが必要になる。国際的な水産資源管理も行われているが，執行管轄権の限界があるためアウトサイダーにいかに規制を及ぼすかが課題となる。

2　水産業及び水産品に関する国際ルールの発展

　水産資源保護のため，政府は，自国の領海又は経済水域内における水産資源保護のスキームを定めることができるが，公海における資源保護を図るには，自国

---

[20] コモンズの問題については，たとえば，室田武ほか『環境経済学の新世紀』（中央経済社，2003年）第5章を参照。

のみで対策を立てても有効でなく，関係国間での合意形成が必要になる。

　国連海洋法条約は，自国の排他的経済水域内の漁獲可能量を定め，適当な保存措置を採ることを義務付けており（61条）[21]，また地域漁業管理機関を通じた協力義務を一般的に定めている（63条）が，地域機関未加盟国に対して拘束力を認めるには至っていなかった。これに対して，2001年に発効した国連公海漁業条約（締約国数（2014年6月）：81[22]）は，地域漁業管理機関に加盟せず，機関が定める保護管理措置にも同意しない加盟国はその漁船に対象魚類の漁獲を許可しないものとした（17条）。また旗国にその漁船をして保護管理措置を遵守させることを約束した。また2003年には，旗国が果たすべき管理責任を定めた「公海上の漁船による国際的な保存・管理措置の遵守を促進するための協定」（フラッギング協定）[23]が発効している（締約国数：39）。また1995年には，FAOにおいて，持続可能な漁業を推進するための「責任ある漁業のための行動規範」[24]が採択されている。地域ごとに関係国の間で資源保護のために締結された漁業条約のうち主なものを挙げると，大西洋まぐろ類保存国際委員会（ICCAT）（1969年発効・日本加盟），南極海域におけるメロ・オキアミ漁などを規制している南極海洋生物資源保存委員会（CCAMLR）（1980年発効，1982年日本加盟），北太平洋におけるサケ・マス漁を規制する北太平洋溯河性魚類委員会（NPAFC）（1993年発効・日本加盟），みなみまぐろ保存委員会（CCSBT）（1994年発効・日本加盟），スケトウダラに関するベーリング公海漁業条約（CCBSP）（1995年発効・日本加盟）などがある。

　これらの条約は，科学的な調査に基づいて対象魚種の総漁獲量（TAC）及び国別割当量，禁止漁期・漁区，小型魚捕獲禁止などを定めることによって資源保護を図っているが，非締約国に便宜的に船籍を移して操業する違法操業船が後を絶たない。これがいわゆるIUU（Illegal, Unreported and Unregulated（違法・無報告・無規制））船の問題である。IUU船への対抗策としては，船籍国への働きかけのほか，直接の措置としてIUU船が漁獲した水産資源の水揚げ拒絶，IUU船の入港自体の拒否などが主として考えられる。地域漁業管理機関加盟国である輸入国において適法に漁獲されたものであることを確認するために，必要事項につ

---

21) なお国連海洋法条約上の排他的経済水域における水産資源の管理権限・義務等については，たとえば，酒井啓亘ほか『国際法』（有斐閣，2011年）217-219頁，及び小松一郎『実践国際法』（信山社，2011年）128-134頁を参照。
22) 国連のHP［https://treaties.un.org/Pages/ViewDetails.aspx?src=TREATY&mtdsg_no=XXI-7&chapter=21&lang=en］を参照。
23) FAOのHP［http://www.fao.org/fishery/topic/14766/en］を参照。
24) FAOのHP［http://www.fao.org/docrep/005/v9878e/v9878e00.htm］を参照。

いて政府等の確認を得た漁獲証明書の添付が必要とされている場合も多い。その他，IUU船を特定するための情報収集及び情報共有も重要であろう。こうした情報活動は，地域漁業管理機関において行われ，IUU船のリストアップ等がなされている。

　日本では，外為法52条に基づいて，水産物の輸入について事前承認制としてIUU船によるものでないことを確認しており，さらに洋上積替が行われた水産物を輸入承認の対象とし[25]，IUU船が捕獲した水産物の輸入を事実上禁止している。

　なお水産資源であっても減少の著しい魚種については，漁業管理でなく，種の保存の観点から保護の対象にしようとする動きが近年増加している。国内環境法又はワシントン条約の対象とする方向で検討がなされたものとしてマグロ，ウナギ，サメがある。

　また民間において，持続可能な方法でなされているか評価し，その認証を行うメカニズムが発達しつつある。世界的規模で行われているものとして，海洋管理協議会（MSC）[26]などの取組みがある。

3　水産業分野における政策の規律

（1）補助金

　水産業に対する補助金については，資源の過剰消費につながるとして削減がDDA（ドーハ開発アジェンダ）等において議論されている。もともと水産業は，農業協定の対象に含められていないので，補助金協定だけが適用される。第11章四2において，補助金協定においても目的の必要性・正当性及び手段の最適性を問う解釈の可能性を示したが，そのように解釈できるならば，それ以上の補助金の削減は必要なく，むしろ漁獲量の管理を適切に行えば足りることになろう。

（2）IUU関係の輸入規制

　IUU船が水揚げした協定外の水産物の輸入禁止は，その生産において適法か否かを問うており，その性質・品質等の違いに着目していないので，いわゆるPPM規制である。したがって，第7章四4及び第9章四1(1)(ウ)③での議論が当てはまり，先例上は，適用する保護基準が対象国の特殊事情を考慮しているか

---

[25]　「輸入割当てを受けるべき貨物の品目，輸入の承認を受けるべき貨物の原産地又は船積地域その他貨物の輸入について必要な事項の公表」（昭和41年4月30日通商産業省告示第170号）（最終改正経済産業省告示第51号（平成26年3月17日）2項第一）。

[26]　MSCのHP［http://www.msc.org/］を参照。

否かが問題となる。この点，たとえば，当該対象国が権利を有するシェアを超えているかという角度から考えるとしても，公海における漁獲可能量を前提としてそのうちの権利を有するシェアがどれだけかを客観的に決定する基準がない。したがって，関連する漁業協定がしかるべき交渉を経て関係国の大半によって合意・締結されたものであってIUU船であることを理由とした輸入制限がGATT違反であるとして争われる可能性はほぼないものの，厳密には，IUU規制のための輸入規制はGATT上正当化されない可能性が高く，免除が必要であると言わざるを得ない。

三　林　業

1　林業の特殊性

林業においては，近年，持続可能な森林経営が行われているかどうかに関心が集まっている。理論上，排他的な所有権が成立していなければ，いわゆる「共有地（コモンズ）の悲劇」が該当し，持続可能なレベルを超えて伐採がなされ，森林資源が枯渇するリスクがあるとされてきたが，排他的な所有権が成立したとしてもなお持続可能でない森林経営が行われる可能性が指摘されている。森林経営によって挙げられる長期収益率が市場において成立している利子率よりも低い場合には，短期的に伐採し尽くして利潤を挙げたほうが収益率が高くなるからである[27]。将来世代に引き継ぐ資本の最大化を目的とするならば，森林の所有権を確立するのでは足りない。日本法の下でも，森林組合の制度があり，入会権に似たいわゆる総有の考え方が採用されている。将来世代に遺す資本を最大化することの重要性が広く共有されることも必要である。

また森林についても，多面的機能論が適用可能である。森林には治水機能，下流における漁業資源への貢献などがあり，その維持に正の外部効果があるとすれば，森林の管理に補助金を支出することは正当性が認められ，たとえ結果として伐採した木材を安価に提供できるようになったとしても補助金の支出自体が禁止されるべきではないということになる。また逆に，海外において持続可能でない森林経営のために安価な輸出が可能になっているという場合には，負担すべき費用に相当する関税を維持することが正当化されるが，より根本的には持続可能な森林経営を確保する制度を世界的に導入することによって解決を図るべきである。

---

27) たとえば，室田武・三俣学『入会林野とコモンズ――持続可能な共有の森』（日本評論社，2004年）第5章を参照。

2　林業・林産物に関する国際ルールの発展

（1）持続可能な森林経営

　熱帯雨林など森林の消滅が進んでいることから，持続可能性の維持がこの分野において強く求められており，たとえば1992年のリオ宣言の「森林原則宣言」においても謳われている。さらにその観点からいくつかの具体的な国際的取組みがなされている。

　国連においては，経済社会理事会の下部組織として「森林政府間フォーラム（Intergovernmental Panel on Forests）」が1995年に設置されて持続可能性の指標作りなどがなされ，1997年に「森林に関する政府間フォーラム」（Intergovernmental Forum on Forests）」に引き継がれた。また「国連森林フォーラム（United Nations Forum on Forests, "UNFF"）」が2000年に設置され，関係者の対話の場となっている。2007年には各国が取り組むべき事項を述べた「全てのタイプの森林に関する法的拘束力を伴わない文書（Non-legally Binding Instrument for All types of Forests, "NLBI"）」が合意された[28]。

　また森林経営の持続可能性を評価するための指標作りが様々なフォーラムにおいて進んでいる。日本は，カナダ，米国，メキシコ，アルゼンチン，チリ，ウルグアイ，豪州，ニュージーランド，中国，ロシア，韓国と共に，1994年にモントリオール・プロセスを立ち上げている[29]。欧州各国は"Forest Europe"という取組みをしており[30]，また国際熱帯木材機関（ITTO）においても生産国による取組みがある[31]。

（2）ラベリング

　前項で説明した政府間フォーラムで作成されている持続可能な森林経営の指標は，貿易制限のツールとして使われないよう，林業製品の認証・ラベリングに使わないものとされている[32]。持続可能性が気候，地形等に依るところが大きいとすれば，指標を普遍的に利用可能なものとすることは困難である。有機栽培の

---

28) 国連のHP［https://www.un.org/esa/forests/index.html］を参照。
29) モントリオール・プロセスのHP［www.montrealprocess.org］及び林野庁のHP［http://www.rinya.maff.go.jp/j/press/h19-1gatu/0112montori-besshi.html］を参照。
30) Forest EuropeのHP［http://www.foresteurope.org/］を参照。
31) ITTOにおける取組みについてITTOのHP［http://www.itto.int/sustainable_forest_management/］を参照。
32) United Nations Economic and Social Council, *Report of the Ad Hoc Intergovernmental Panel on Forests on its fourth session* (New York, 11-21 February 1997), E/CN.17/1997/12, para.108.

ラベリングにみられるように，国ごとの基準を同等なものとして受け入れることができるか否かを考えるアプローチが適切であろう。ただ取組みを比較可能にするための指標は有意義であろう。

他方，民間組織において木材が持続可能な森林経営に基づいて伐採されたものかどうかを評価し，その認証を行うメカニズムが発達しつつある。世界的規模で民間ベースで行われているものとして，森林管理協議会（FSC）などの取組みがある。たとえばFSCでは，世界共通の原則に従って国別地域別の基準を策定し，認定された認証機関がその基準に従って認証を行うものとしている[33]。

（3）多面的機能論

森林は，木材生産以外にも様々な機能が認識されている。まず水資源管理及び漁業資源管理における上流域の森林の重要性たとえば水源涵養機能などが指摘されている[34]。また二酸化炭素の吸収源として認識されており，地球温暖化条約などにおいて言及がなされている。かかる外部性を適切に内部化する措置は資源配分を歪曲せず，むしろ経済の最適化のために必要な措置である。農業におけると同じく，この点が国際ルールに反映されるべきである。

3 林業における政策の規律

（1）GATTにおける特則の不存在

WTO協定においては林業に関する特別の協定は見当たらない。輸出入数量制限禁止の例外を定めるGATT11条2項は，農業又は漁業産品に適用が限定されており，林産品への適用が困難である。実質的にも，林産物は，保存の困難な生鮮品でないし，そもそも豊作・豊漁に匹敵するような予期せぬ過剰生産という事態も想定し難いため対象でないことは理解できる。

（2）輸出制限

森林保護を理由に丸太の輸出規制を導入している国がいくつかある[35]。GATT11条1項に違反することは明らかであり，同条2項の適用がないとすれば，問題は，「有限天然資源の保存」に関する措置を除外する20条(g)号によって正当化されるか否かである。しかし，原生林であればともかく，植樹され管理され

---

33) FSCのHP［https://ic.fsc.org/］を参照。
34) たとえば，諸富徹・沼尾波子（編）『水と森の財政学』（日本経済評論社，2012年）。
35) たとえば，カナダには木材を輸出制限している州がある。経済産業省通商政策局（編）『不公正貿易報告書（2014年版）』174頁。

ている森林は，栽培されている植物・飼育されている家畜などに近く，「有限天然資源」に該当すると言えない可能性がある。また「有限天然資源」に該当する可能性が高い原生林についても，伐採制限がある場合，制限内で伐採されたことを確認する輸出ライセンス制度で足り，それ以上に輸出数量制限を認める必要はないと思われる。この点は，第7章四2(2)(イ)において検討している。ただし，そこで検討した，水資源について流域から分離されない限り産品として扱わないとする解釈の可能性は原生林か否かを問わず森林資源にも当てはまり，当該森林又は関連する生態系の循環の範囲内にある限りは伐採されたとしても産品として扱わない（つまり輸出制限を認める）ことが考えられる。

（3）輸入制限

　各国とも森林保護等のために伐採を制限しているが，かかる法令に違反し伐採された木材の輸入が世界的に問題となっており，G8サミット，国際熱帯木材機関（ITTO）などにおいて様々な国際的な取組みがなされている。

　違法伐採木材の輸入規制は，木材の品質等に影響しない生産過程に着目したPPM規制である。したがって，第7章四4及び第9章四1(1)(ウ)③で検討したように，違法性の基準が輸出国における適切な保存に資する措置であるための基準を上回っていないかどうかが問題になる。輸出国における法令がそうした基準を定めているとするのは一見自然であるが，厳格な遵守を想定して作成されたものでなく，目標を定めているに過ぎない場合にもそういえるかは疑問がある。

（4）補助金

　なお林業分野においては，カナダと米国との間で補助金を巡る紛争が長期間にわたって存在していた（*US – Softwood Lumber II* から *US – Softwood Lumber V* まで）。国有林の立木伐採権の販売について，競争入札に拠らず，市場価格よりも低価格でなされていることから補助金があるとし，カナダからの木材の輸入に対して相殺関税を賦課したことについてカナダが争っていたものである。

　第11章において述べたように，比較優位論＝協力モデルに立って補助金規律を考えるならば，立木伐採権の価格設定が単に国際競争において国内産業を保護することを目的としたものであり，正の外部効果などを考慮したものでなければ，相殺関税よりも，補助金の目的が不当であるとして補助金の撤回すなわち立木伐採権の価格引き上げを求めるほうが根本的な解決であろう。

四　繊　維

1　繊維貿易の特殊性・国際的枠組み

　繊維・衣類分野は，途上国が自由化を要求し，先進国が自由化に消極的であるという他の分野と異なる構図になっている。高度工業化に伴い，先進国における繊維・衣類産業は価格競争力を失い，衰退産業になって保護を求めていることが多く，またしばしば政治的に強力である。

　戦後，輸入が急増した米国において国内産業が輸入制限を求め，政府はたびたび多国間又は二国間で取決めを求めてきた。1961年には19ヵ国で綿製品短期取極が締結され，翌年綿製品長期取極に受け継がれた。その後繊維製品に広く適用すべきとの先進国の主張が強まり，1974年に多角的繊維取極（Multi Fiber Arrangement, "MFA"）が締結された。MFAは，予見されなかった事情の進展といった要件なしに，「市場攪乱」だけで輸入数量を制限するセーフガード措置を許容し，またセーフガード措置もMFNベースでなく，特定国を相手にとることが許されていた。MFAについては，ウルグアイ・ラウンドにおいて，繊維分野をGATTの通常の規律の下に置く10年間で撤廃することが合意された。繊維協定は，この経過期間中の取決めであり，現時点では役割を終えて失効している。

2　繊維分野における政策の規律

（1）繊維協定

　繊維協定は，MFA撤廃までの10年間を3段階に分け，GATTに統合すなわちMFAの規律から外す品目を次第に増加することを求めていた。この経過期間中未統合の繊維製品について従来のセーフガード措置に代えて繊維セーフガード措置の発動を認めていた。

（2）特恵原産地規則

　上記事情から繊維製品については，自由貿易協定等においても特恵原産地規則が交渉の大きなテーマとなり，複雑なものが合意される。たとえば綿織物について，特恵対象国において材料たる糸の「紡績」，織物の「製織」，染色のいずれか二つが行われていることが必要とされている例がある。このような特恵原産地規則については，相手国原産産品の一部だけに特恵を付与するものであり，「実質的にすべての貿易」について関税等の撤廃を要件としているGATT24条5項との関係で問題になるのではないか，との点を第19章で取り扱う。

五　造船／海運

1　船舶貿易／海運業の特殊性・国際ルールの発展

　第一に，船舶の取引については，海運業を行う国が世界中にちらばり国際貿易の比重が高いこと，また便宜置籍船[36]の問題が通商問題を考える上でも大きく影響する。便宜置籍船の場合，自国の船会社に納入される場合であっても，引渡し・登録は便宜置籍国でなされ，法的には自国に向けて輸出されるわけではない。海上運送に従事する船舶が自国に寄港したとしても，それは船舶が輸入されたとはみなされない。日本では，日本船籍の船舶が最初に寄港した時に輸入とされ関税が賦課されるのみで，日本船籍でなければ日本の港に入港しても関税の対象となるわけではなく，港湾施設などの行政サービスを受けることに対する応益税的なトン税が課せられるのみである。このことから，船舶貿易については特殊の考慮が必要になる。すなわち，アンチダンピング関税・相殺関税が実効性を有しないため，低価格輸出又は補助金付与の制限を目指してOECDの造船部会が1966年に創設され，しばしばそこで直接の制限を規定する造船協定が交渉されていた。上で述べたように，国内市場の比重が低く，また輸出は便宜置籍国に対してなされることも多く，ある国が自国の船会社を買主とする競争におけるダンピング輸出を規制するだけでは不十分であるばかりでなく，実務上も不可能であることが多い。

　第二に，貿易される船舶の多くが国際運送に用いられるため，安全基準の国際的調和の要請が強い。船舶については，運行の安全保護と環境保護（海洋汚染防止）とが問題になり，それぞれ各国が基準を定めているが，外航船については，多数の国に入港するところ，船舶に要求される安全基準が国ごとに異なることの問題点が早くから認識されていた。この問題を解決するために，国際海事機関（IMO）において統一的な国際基準が策定され，加盟国がこれを実施するという仕組みになっている（第10章三2(10)を参照）。

　第三に，海運業については，内航海運が国内業者に留保されている（カボタージュ）のが一般的であり，GATSにおいても約束されていない。外航海運は，その性質上国際競争となっており，外国業者も市場参入しているが，内航海運が自国海運業者の事業の大きな部分を占めている場合，同業者は内航海運から超過利潤を得て，それを外航海運における競争に利用するという，内部補助が可能にな

---

[36]　便宜置籍船に関する日本語文献として，水上千之『船舶の国籍と便宜置籍』（有信堂，1994年）を参照。

る。安全保障上の理由等内航海運を国内業者に留保すること自体の正当性は否定できないが，そうした内部補助を規制する必要がないか否かが問題として残る。

　第四に，海運業のうち定期船航路については，供給が非弾力的で輸送需要が停滞して船腹過剰になった場合に破滅的な価格競争に陥ることを防止するために運賃及び船腹調整についてカルテルが締結されている。これが海運同盟であり，かつては競争法上広く除外されていたが，自由化の流れの中で適用除外が各国で外されつつある。

　なお海運業については，そもそも航海可能な領域がどこか，船舶についての規制権限がどの国に属するかといった一般国際法上の問題があるが，本書では詳細を取り扱わない。第7章三6で触れたように，前者については，公海において海洋の自由が適用され，領海においては沿岸国が活動を制限できるが，他国の船舶の無害通航権が国際慣習法上認められ，国連海洋法条約においても規定が置かれている（17条～19条）。そのほか内水・国際海峡など特別の扱いがされている場所がある[37]。船舶に対しては船籍国が排他的管轄権を有するとする旗国主義が原則として国際慣習法上採用されてきた。ただし，海賊行為の取締りその他国際公共政策の観点から条約によって例外が定められることが増えており，便宜置籍船の問題もかかる観点から捉える必要がある[38]。

2　造船及び海運分野における政策の規律

(1) 産業政策の規律
(ア) 造船協定の試み

　造船業については，アンチダンピング関税及び相殺関税を安値輸出及び補助金付輸出への対抗措置として事実上利用できないという問題がある。船舶は，船籍登録地に最初に入港する時点で「輸入」されるのであって，その後出港の都度「輸出」されるわけではないし，外国港に入港する都度「輸入」されるわけでもない。海運会社が世界中に存在しているため，船舶の取引は国際化し，国内市場の比重が低い。さらに便宜置籍船が多いため，たとえば日本の船会社保有の船舶でも，日本が登録地とは限らず，むしろパナマ，リベリアなどに登録されている船舶が多い。こうした便宜置籍船の「輸入」は，便宜置籍船の登録地で発生する。他方，アンチダンピング関税及び相殺関税は，関税の一種であって，輸入される

---

[37]　かかる問題については，たとえば，酒井ほか『前掲書』（注21）208-217頁，及び小松『前掲書』（注21）103-124頁を参照。

[38]　旗国主義とその例外については，たとえば，酒井ほか『前掲書』（注21）221-226頁，及び小松『前掲書』（注21）138-141頁を参照。

産品に課される。したがって，たとえば日本と外国の造船会社が日本の船会社に売り込み競争をする，というのが国際競争の実態であるとしても，法的評価としては，便宜置籍船登録国に対する輸出競争における問題と言わざるを得ない。しかし，便宜置籍船登録国は保護すべき造船産業を有しないので賦課する実益がないばかりか自国経済にとり有害である。

かくして現行のアンチダンピング協定及び補助金協定では救済が不十分であるとして，造船協定が数次にわたりOECDにおいて交渉されてきたが，いずれも挫折している[39]。第11章でみたように，正当な目的の実現のために客観的に最適な手段かどうかを基準として，そうでない補助金を禁止することになったとしても，目的の正当性・必要性及び手段としての最適性といった政策判断に必要な事項については措置国の主張をある程度尊重せざるを得ない。そのような説明が不可能な補助金だけの規律で足りるかどうかがセクター独自の補助金規律を導入する必要があるかないかの鍵になる。約束というより基準として合意し，互いの補助金政策とりわけ産業政策としての補助金付与について政府間対話等を通じて理解を深めることとし，対話の資料を提供するための評価ツールとして利用するというやり方も考えられる。

(イ) 公的輸出信用ガイドライン

OECDの公的輸出信用ガイドラインは，造船に対する公的輸出信用について特別のガイドラインがある。2011年には，エネルギー効率設計指標（EEDI）に基づいて評価された低環境負荷船について条件を緩和することが合意された。なおEEDIによる評価は，2013年に発効したIMOのMARPOL条約附属書の改正によって一定の船舶について強制化されている。

(2) いわゆる国旗差別対抗法

国際海運秩序は，海運自由の原則の下に形成されてきた。途上国において自国の外航船舶を優遇する扱い，いわゆる国旗差別政策が多いことから，先進国においていわゆる国旗差別対抗法が制定されており，相手国の外航船舶の入港・自国における船積みを制限又は禁止するなどの対抗措置を認める例がある。日本においても，「外国等による本邦外航船舶運行事業者に対する不利益な取扱いに対する特別措置に関する法律」が1977年に制定されている。さらに米国政府が日本の港湾荷役に関する慣行を問題視して日本の海運業者に対し米国に寄港するたび

---

[39] Fabrizio Pagani, *The OECD Steel and Shipbuilding Subsidy Negotiations: Text and Legal Analysis* (Cameron May, 2008), pp.19-20. 未発効の1994年協定については，OECDのHP [http://www.oecd.org/industry/ind/shipbuildingagreement-overview.htm] を参照。

に課徴金を課したことへの対応として，相手国の外航船舶に対して課徴金を課すことができるよう同法が改正された[40]。

六　航空機／航空運送

1　航空機貿易／航空運送の特殊性・国際ルールの発展

第一に，航空機産業は，一国内において自己完結せず，外国から部品を調達することが多く，かつ関係国が限定されていることから，関税引き下げが古くから進められてきた。

第二に，民間航空機産業は，高度技術製品であって，新製品又は新技術開発の費用が巨額に上り，他方技術革新からスピルオーバーが期待されるため，補助金が多用される。またクリーンかつ高度技術を要する産業として誘致が盛んに行われるために投資補助金も多用される。ただし，寡占構造となっているため，補助金の効果が目に見えやすく，紛争が多発する。第11章一3(注4)で見たとおり，米国とEUとの間の紛争は1970年代からGATTの紛争解決手続で争われているし，カナダとブラジルとの間の紛争もWTO設立後に提起された[41]。

第三に，航空機も，船舶と同じく，国際運送に用いられるため，安全基準の国際的調和の要請が強い。この分野においては，1944年に国際民間航空条約（シカゴ条約）が締結され，これに基づいて国際民間航空機関（ICAO）が国連の専門機関として1947年に設立されており，強制的な国際基準・勧告等が出されている。

第四に，国際航空運送の分野は，航空機の修理及び保守サービスなど周辺サービスのみGATSの対象とされ，運輸権及び運輸権の行使に直接関係するサービスについては適用されないことが明記されている（航空運送サービスに関する附属書）。この分野においては，シカゴ条約の傘の下で二国間の取決めが締結される。なお国内航空路線の営業（カボタージュ）は，外国航空企業に開放されていない。シカゴ条約は，航空運送にかかるその他の事項についても規定を有し，ICAOも様々な分野で活動している。

第五に，国際航空運賃は，国際航空運送協会（IATA）において決定され，競

---

40) 国旗差別対抗立法について，運輸省『運輸白書（昭和52年版）』参考資料各論Ⅱ海運（Ⅰ）海運第1章2節2。国土交通省のHP [http://www.mlit.go.jp/hakusyo/transport/shouwa52/ind060102/frame.html] から入手可能。

41) 米谷三以「航空機産業に対するWTO補助金協定の適用──エアバス・ボーイング紛争を踏まえて」『空法』54号（2013年）27頁以下を参照。

争法が除外されてきたが，各国で適用除外の方向性が示されている。管轄権の調整が問題となろう。

　第六に，国際航空運送に対する規制の一部となるが，国際線の航空機から排出される二酸化炭素等の温室効果ガスを抑制するための制度がある。欧州委員会は，海外企業を含む航空会社の航空機に対して航空機炭素排出税を課すことを決定した[42]が，主要国が強く反対しており，現在国際便について徴収が停止されている。EUの航空機炭素排出税は，一種のPPM措置であり，WTO協定上の取扱いを検討する必要がある。

　なお第7章三6で触れたように，航空運送については，国際慣習法上，領域上の空間について排他的主権が及ぶとする領空主権の規範が成立しており，領域国の許可の範囲でのみ上空を飛行できるという原則の下で，シカゴ条約が，民間航空機の国際運航のうち定期航空業務について締約国の特別の許可（special permission）が必要とすると規定し，その下で二国間で航空協定が積み重ねられてきたという歴史がある。ただ今日においては，自由化を規定するオープンスカイ協定が推進されるに至っている[43]。

2　航空機製造分野における政策の規律

　ここでは産業政策の規律を概観する。

（1）民間航空機協定

　民間航空機協定は，GATT東京ラウンドにおいて締結され，関税引き下げのほか，補助金協定の適用を確認する内容となっている。この協定は，WTO協定においてもプルリ協定として引き継がれた。

（2）補助金協定

　航空機のユーザーである航空会社は世界中に存在しており，安全確保の要請が強いため，船舶と異なり自国での登録が必要となる。したがって航空機は，世界中に輸出され，かつ国内販売のシェアが通常小さい。この点を捉えて，航空機製造者に補助金を付与する場合，輸出を促進することになることから輸出補助金ではないかとの疑問がある。しかし，第11章で検討したとおり，輸出される可能性が高いことを認識していたというだけでは足りず，国内販売よりも輸出を促進

---

42)　EUのHP［http://ec.europa.eu/clima/policies/transport/aviation/index_en.htm］を参照。
43)　領空主権等の問題については，たとえば，酒井ほか『前掲書』（注21）180-183頁，及び小松『前掲書』（注21）157-164頁を参照。

する客観的構造になっていることが必要であるとするのが先例である。生産を支援する国内補助金が一律禁止されず，輸出を支援する輸出補助金が一律に禁止されている理由を国内生産者保護のための手段は生産補助金で足り，外国市場においてのみ市場歪曲効果をもたらす輸出補助金を認める必要がないからであると考えるためである。

なお「著しい害」がないか否かについては，同じく第11章を参照。寡占業界であり，1社の販売が増加すれば他方の販売が減少すると言いやすいため，対象の補助金が支出されなかったとすればどうなっていたか，という反実仮想の方法によって損害・因果関係を考えるとすると，およそそれが否定されることは考えがたい。しかし，それでは目的の如何を問わず補助金が全面的に禁止されるのと同じであって，政策的にみて妥当とは思われない。研究開発補助金など外部効果その他「市場の失敗」を是正するための最適の手段である限り，補助金の「性質」に鑑みて損害・因果関係を否定すべきである。

ただ目的によって正当化されるとしても補助金の競争になってしまう可能性はやはり否めない。技術開発を促進する補助金が多いとすれば，補助金政策についての政府間対話は実現が難しい。そうすると，補助金政策の適正化を実現するために，補助金政策について効果分析の実施・結果の公表を義務付けるなどにより，国内の民主的過程を通じて各国政府の自制を促す制度を強化すべきであろう。これは航空機分野だけでなく，すべての産品に当てはまる。

（3）公的輸出信用ガイドライン

第11章において言及したOECD輸出信用ガイドラインは，航空機について特則を定めている。この規定に従っている限り，補助金協定上は輸出補助金とされない。

航空機に関するガイドラインには，OECD加盟国のほかブラジルが加わっている。これは，WTOの紛争解決手続におけるカナダとの紛争において敗訴し，輸出信用について加入の意義を感じたものと言われている。

七　エネルギー

1　エネルギー分野の特殊性・国際ルールの発展

エネルギー産業は，重要な産業基盤であると同時に安全保障上も重要である。戦間期にも自国産業を保護し，又は経済制裁としての石油等エネルギー資源の輸出禁止があった。英米が戦後体制を構想した大西洋憲章においても，貿易自由化

と並んで原料利用における均等条件の確保が挙げられている（4条）。他方で，エネルギー資源を含め天然資源については，戦後，発展途上国は，自国の天然資源が先進国企業によって支配されていることが開発の妨げになっているとの認識から，自国の天然資源に対する「恒久主権」を主張するようになった。1962年の国連総会において「天然の富と資源に対する恒久主権」決議がなされた[44]。

エネルギーの問題は，資源の問題と重なっており，限られた地域に偏在していること，枯渇し得ること[45]などから，価格・輸送の問題を含め安定供給確保が重要であり，同時に新規エネルギーの開発が重要であり，原子力発電等の核エネルギー，太陽光発電，風力発電等の再生エネルギーを開発するための産業政策が行われる。核エネルギーについてはまた，貿易管理の他安全性確保が国際的な関心事項となっている。さらに消費サイドでエネルギー効率を向上させるための取組みが行われている。

2 エネルギー分野における政策の規律

（1）生産に関する規制

現地国法における鉱業法が一義的に問題となるが，生産制限自体は，WTO協定が規律が及ばず，投資協定の問題である。資源保護の観点から適正な水準かどうか，無差別かどうか，収用に該当するか否か，公正衡平待遇義務等に違反しないかなどが問題になる。

近時いわゆるキンバリーダイヤモンドのように，途上国において獲得される資源が反政府勢力の資金源等になっているとして，そうした危険性のある産品を流通させないようにする取組みがNGO等によって始められ，各国政府が取り上げるに至った。また紛争鉱物の問題のように，自国金融市場などを利用させる条件としてその点の情報開示を求めるなどの問題もある。これらはいずれも産品自体の性質に影響しない生産者の属性に関わるものであるため，PPM規制の問題又は管轄権の問題として取り扱われることとなる。第5章三2，第7章四4及び第9章四1(1)(ウ)③を参照。

（2）輸出制限

資源保護政策の一環としての輸出数量制限は，GATT20条(g)号によって正当

---

44) 恒久主権の問題については，たとえば，大沼保昭『国際法』（新訂版）（東信堂，2008年）406-407頁。
45) 資源貿易の問題一般について，WTO Secretariat, *World Trade Report 2010 – Trade in Natural Resources*（2010）。

化されるかが問題となる。国内で鉱石・原油等の生産制限が実効的になされている場合には，せいぜい輸出ライセンス制として違法採掘品の規制で足り，輸出数量制限まで認められる必要がない。しかし，生産制限が困難であり国内消費制限と組み合わせた輸出制限であれば，両者の数量枠が共通して同量となっていることを条件として認められるのではないか。また同じく20条(i)号及び(j)号は，国内需要を充たすための措置を一定の場合に例外とすることを規定している。なお農産物等について危機的な状況においては自国需要を優先させることができる規定が存在する（GATT11条2項(a)号）が，エネルギー資源についてどこまで適用されるか，適用されるとしてどのような条件を満たす必要があるかが問題になる。以上について第7章四2(1)を参照。

　なお，エネルギー源のうち，石炭・原油・天然ガス・ウランなどが産品（"product"）としてGATTの対象となることは争いがなく，電力も産品として扱う国が多い。HS条約上電力に採否が任意の分類として2716 00が割り振られ，WTO協定上電力輸入について譲許している国も少なくない。ただし日本は産品として扱っていない。GATS上，エネルギーサービスを括る分類は存在せず，石炭・原油等の流通・運送サービスが流通・運送サービスの一として想定されているものの，ほとんど約束されておらず，エネルギー分野のサービス分類を含めルール策定が議論されている状況である[46]。

（3）通過の自由

　GATT5条は，貨物と船舶その他の輸送手段の領域内通過に対して「国際通過に最も便利な経路」によって自国の領域を通過する自由を付与しなければならず，船舶の国籍，原産地，仕向地等によって差別してはならないとする（同条2項）。また必要な行政経費等を除き，関税その他の通過税・課徴金を賦課してはならず，また税関手続以外に不必要に遅延させてはならない（同条3項）。行政経費等は合理的なものでなければならない（同条4項）。通過に関する課徴金・手続について最恵国待遇義務がある（同条5項）。この規定については，パイプラインを含むかどうか議論があるが，適用あるとした場合には，容量をどう配分するか，民間企業が管理主体の場合をどう考えるか等の問題がある。この点は，第7章四6をも参照。なお領海外では，国連海洋法条約上公海自由の原則が採用され，公海におけるパイプラインの敷設は自由である（87条1項）が，その権利は「他の

---

46)　日本の提案については，[http://www.meti.go.jp/policy/trade_policy/wto/wto_db/html/energy_pro0110j.html]を参照。

国の利益及び深海底における活動に関するこの条約に基づく権利に妥当な考慮を払って行使されなければならない」とされている（同条2項）。排他的経済水域の設定はかかる権利を制限しない（58条1項）。

（4）エネルギー憲章条約

エネルギー憲章条約は1998年に発効し，エネルギー分野での投資自由化及び保護さらに貿易・領域通過の自由を定めている多角的な投資保護・貿易協定である[47]。旧共産圏における改革を促進することを狙いとしており，旧共産圏諸国及び欧州諸国が主要な締約国であるが，日本も加入している。ロシアは署名したが批准を拒否している。米国，カナダ，中国などもオブザーバー参加に止まる。

エネルギー原料・産品の貿易についてはGATTの規律から逸脱しないこととし（エネルギー憲章条約4条），投資許可等についてローカルコンテント等を禁止し（5条），またパイプラインなどに拠る通過の自由を規定する（7条）（さらに1998年修正はエネルギー機器に対象を拡大した）。またエネルギー分野における投資の自由化及び収用の制限（13条）などの保護を規定し，投資家対政府仲裁を規定している（26条）。さらにエネルギー効率を向上し，環境への悪影響を最小化する努力義務を課している（19条）。

（5）安全基準の規律

エネルギーの供給に関わる施設，設備等について様々な安全基準等が存在し，国際基準の策定も行われている。原子力発電所の安全基準はIAEAにおいて国際基準が作成されている。第10章二2(11)を参照。また産品の安全基準についてはTBT協定等が関係する。

（6）産業政策の規律
（ア）補助金協定等

石油など化石性資源の枯渇及び原子力については放射性廃棄物の問題等があり，太陽光発電など再生可能エネルギーの振興が重視されるに至った。投資促進のために一般の卸売電力料金よりも高い料金で買取るfeed-in-tariffプログラムが導入され，一部の国においては買取の条件として発電設備の一定割合が国産品であることを要求している（たとえば*Canada – Renewable Energy / Canada – Feed-In*

---

47) エネルギー憲章条約に関する日本語文献として，小寺彰・川合弘造（編）『エネルギー投資仲裁・実例研究──ISDSの実際』（有斐閣，2013年）。

Tariff Program ケースで争われたオンタリオ州の措置[48]）。買取プログラム自体はWTO協定上問題にならないが、ローカルコンテント要求は環境保護目的とも言えず問題になる。補助金協定が禁止する国産品優遇補助金となるか否かについては、買取料金に適用すべきベンチマークの選定が問題とされ、内国民待遇義務違反か否かについては、買取主体が国営企業・政府である場合に買取が政府調達例外（GATT3条8項(a)号）に該当するか否かが問題となった。これらの問題については、それぞれ第11章四2(2)(イ)及び五3を参照。なおエネルギー価格を歪め、再生可能エネルギーへの投資を妨げているとして、国際エネルギー機関（IEA）が化石燃料に対する補助金の削減・撤廃に取り組んでいる[49]）。

また省エネルギーを進めるためにエネルギー効率性に優れた自動車等の購入に補助金を付与することがしばしば行われている。国産品の購入に限定することは、GATTの内国民待遇義務違反となるが、補助金の付与先を国産メーカーとすると生産者に付与される補助金であって補助金例外（3条8項(b)号）に該当する。しかし、技術開発など正当な政策的考慮が認められなければ、国産品の価格引き下げ自体を目的とする補助金であって、「著しい害」をもたらすと言えないかの検討が求められる。この点は、第11章四2(4)(ア)を参照。

（イ）公的輸出信用ガイドライン

第11章三2において言及したOECD輸出信用ガイドラインは、発電プラント及び原子力プラントについて特則を定めている。

（7）競争政策

エネルギー分野は規模の利益が強く働くことから寡占化が高度に進行していることが多く、カルテルの結成が容易である。カルテルは競争政策による規律の対象であるが、自国企業が提供する価格条件その他を当該国の政府が決めているような場合、企業の行為でなく、政府の行為として競争政策の対象にならない可能性がある。他方、国有企業を通じた又は規制を通じた政府による輸出規制が禁止されていることは明らかであるが、そこまで至らない政府関与しかない場合であっても、それがある程度の影響力を及ぼすのであればWTO協定の対象となろう（第2章二3(5)(ウ)を参照）。

ただ、両者の規律対象が全く重複しないと考える必要は必ずしもないかもしれない。政府関与がもっぱら価格吊り上げのためであり、特段の公共政策目標の実

---

48) Panel Reports on *Canada – Renewable Energy / Canada – Feed-In Tariff Program*.
49) IEAのHP［http://www.iea.org/publications/worldenergyoutlook/resources/energysubsidies/］を参照。

現のために行われていないならば，政府関与があっても，競争政策の対象として差し支えないし，逆に，政府関与自体を輸出制限としてGATT11条1項の違反としても差し支えないであろう。この点は，第13章四4を参照。

この関係では，1960年に結成された石油輸出機構（OPEC）の取扱いが問題となる。国家免除をどう考えるかを含め検討が必要である[50]。

（8）IEA

石油危機に対応するために設置されたIEAは，緊急備蓄計画合意に基づいて緊急備蓄水準を策定し，また緊急融通システムの管理を行っている。また1993年には，効率性，多様性，柔軟性などを要素とするIEA共通目標（Shared Goals）を策定し，さらにこの目標に照らして，28加盟国のエネルギー政策について国別審査を行っている。

八　音響・映像サービス

1　音響・映像サービスにおける措置の政策根拠（音響・映像産業の特殊性）

音響・映像産業は，音楽，映画，ビデオ，テレビ番組，演奏や演劇等の実演等の視聴覚に訴える情報を提供する産業である。この産業も様々な特徴を有しており，政府の規制も特色がある。

第一に，対象がモノかサービスか，法的取扱いの問題としては，GATTの対象かGATSの対象か，議論がある。音響・映像製品の流通は，物理的なメディアに固定して販売される場合と，そのまま又は電子データ等に変換して物理的なメディアに固定しないで販売される場合とがある。CD及びDVDといったメディアに固定されて販売される場合がGATTの対象となることは疑いがない。これに対してテレビやインターネットを通じて放映・発信される場合には電磁気・電子データの形で伝送されるため，物品の輸入としてGATTの対象になるのか，サービスの輸入としてGATSの対象となるのかが問題になる。この分野の技術が急激に進歩し，とくにデジタル化技術によってオリジナルにより近い製品が作られるようになったと同時に，劣化しないコピーが容易に作成されるようになり様々な問題が生じている。

第二に，安全保障上の問題がある。ソフトパワーの重要性が認識され，各国は

---

[50]　米国競争法の関係では国家行為理論が適用されている。このケースについては，松下満雄『国際経済法――国際通商・投資の規制』（第3版）（有斐閣，2001年）378-380頁。

自国文化を輸出し，影響力を拡大しようとしている。第二次世界大戦以前から，自国向けのラジオ放送が自国内の重大事件を自国語で国内にあまねく伝えることによって国民の統合が促進されたと考えられている。テレビ番組の輸出は，自国に対する外国国民の親近感醸成に資し，他方，自国に対抗する国に対するイメージを悪化させる可能性がある。したがって，自国の安全保障の観点から，又は他国の安全保障政策の影響を中立化するために，他国からの音響・映像製品の輸入を制限しようとする可能性がある。

　第三に，文化政策上の考慮がある。文化の多様性維持を重視して文化政策に関する裁量を広く留保する国（たとえばカナダ）もあるし，逆に国民のアイデンティティを保護するためにたとえば自国語による放送を優先する国（たとえばフランス）もある。

　文化政策も，その維持・強化する文化の方向性すなわち目的の正当性と，そのために選択される手段の適切さといった，非貿易的関心事項を追求する政策に共通の視点から評価される必要がある。まず文化的一体性は，国民の統合に有益であろうし，逆に，環境の変化に対応する柔軟性も将来世代に遺すべき資産ストックの一つであり，柔軟性保持に資する価値観及び文化の多様性維持も重要である。かかる統合なり多様性の維持なりが「公共財」の一種であり，こうした「市場の失敗」を是正するための最適な政府措置が要請される。ただ少々考慮が必要なのは，国レベルでの協働を促す国民の統合が内容によっては世界経済における協働に対して負の影響を及ぼさないか，ということである。排外的な方向での国民の統合を追求する文化政策は，世界のレベルでの協働を妨げるのではないか懸念があろう。また愛国心を醸成するために国産品を優遇するといった措置は正当化すべきでない。たとえば自国語の使用の義務付けは正当化される可能性が高いと考えるが，番組の製作者等が自国民であったり自国法人であったりする必要があるのかが問われなければならない。

　第四に，他の産業と同じく，様々な観点から規制が必要とされている。たとえば音響・映像製品については，著作権の保護が及び，輸入が制限されることもある。また有害なコンテンツを青少年の目に触れさせないために番組の放映自体を制限し，又は映画館への入場を制限することも考えられる。報道を商業的広告のために使わないようにコマーシャルの入れ方を制限するといった上映・放映の方法を制限することもある。こうした規制は，流通するコンテンツ自体が制限される場合と，プロバイダー等の事業者を規制する場合とがある。加えて，電子商取引における詐欺防止，個人情報保護など音響・映像製品の流通以外のサービスも含む大括りの分野を対象とする規制もある。

こういった規制は、国際競争論＝共存モデルに立つと、それぞれの規制が追求すべき価値が貿易自由化と異なることを前提とし、そのために貿易自由化からの留保が必要であると考えることになる。加えて、またそれぞれの規制が追求すべき価値自体が相互に矛盾対立する可能性がある（たとえば国民の統合と文化多様性の維持）とも考えるので、それらの調整も必要であり、いずれにせよ関係国が価値判断によっていずれの価値をどれだけ優先するかを合意すると考える。これに対して、比較優位論＝協力モデルでは、世界経済・社会が保有する資本の最大化を目標として共有するとし、その観点から国民の統合・文化多様性維持も貿易自由化と相互補完的な役割を果たすと考える。国民の統合維持と文化多様性維持も矛盾対立する政策目的でなく、持続可能性の最大化の観点から相互補完的に追求される政策目的と理解し、こうした目的のための政府措置を「市場の失敗」の是正を目的とする措置として一元的に捉えることになる。

なお国民の統合にせよ文化多様性にせよまた青少年に有害なコンテンツの排除にせよ、こうした規制目的を追求する上では、対象となる製品の内容が重要であり、原則として、輸入品又は外国サービスであるか、外国事業者であるかで規制内容を違える必要がないはずであるが、手続の観点からすなわち自国領域内に生産者等が存在せず、執行管轄権の外であって責任追及が困難であるという理由で区別が必要な場合がある。著作権侵害物品の水際取締りがその例であるが、その他にも、たとえばサーバーを外国においているプロバイダーが蓄積した顧客情報などの個人情報の管理についての監督が容易でないため、当該外国において同等の規制がなされているかなどを確認するなどの手立てが必要になることがある。

最後に、音響・映像製品の内容の規制は、表現の自由、知る権利といった人権法の観点から国内法上制限されている。たとえば日本において行政機関による検閲は禁止されている。かかる国内法上の規律とWTO協定その他の国際経済法上の規律との関係も問題になる。比較優位論＝協力モデルは、表現の自由の優越的地位でなく、経済・社会の最適化の観点から、個人の生活基盤を安定させれば表現活動が暴力その他具体的な害をもたらす可能性が減少し、自由を制限する必要性もなくなるという角度で考えることになろう。

2　問題設定

（1）モノかサービスか

音響・映像製品の販売がモノの販売かサービスの提供かすなわち適用法規がGATTかGATSかという問題は、GATTとGATSとで規律の枠組みが異なることから重要とされる。たとえばGATTは、内国民待遇義務はすべての産品に対

して関税譲許の有無に無関係に適用される。これに対してGATSは，約束した分野についてしか内国民待遇義務が適用されない。文化政策上の裁量を大きく留保したい加盟国は，映画，放送などのサービスについて約束をしておらず，したがって音響・映像製品がデータの形で流通する場合をGATSの対象として内国民待遇義務から外したいと考える。これに対して，文化政策上の裁量よりも貿易自由化を重視する加盟国は，GATTの対象とすることを主張する。この問題はGATT及びGATSの解釈問題として取り扱うこともできるが，決め手がない。むしろGATTとGATSとで規律が異なることが適切なのか，またそれぞれの規律の前提である政策目標が同一か否かを検討する必要があろう。

(2) 文化政策と貿易自由化等との関係

　音響・映像サービスに対する規制は，多くの場合文化政策に基づいており，また文化政策は，しばしば貿易自由化及び投資自由化・保護と対立するものとして捉えられている。この見方は，国際競争論＝共存モデルを暗黙に前提としている。対立する価値のいずれを優先させるか，という価値判断の問題になり，法解釈論としては，この点の国際的合意を文言に忠実に解釈する以外のアプローチを認め難い。しかし，比較優位論＝協力モデルに立てば，両者を相互補完的な政策として理解することが可能であり，たとえば経済・社会の保有する資本の最大化の観点から最適な政策介入のみを求めているという方向性で解釈論を展開することになる。すでに述べたように，国民を統合する方向での固有の文化それ自体が国民の協働を可能にし，経済全体の効率を向上させる社会関係資産であり一種の公共財であるとする議論が可能である。また言語，規範，社会構造等の画一化が人類の環境の変動に対する柔軟性を奪い，脆弱にする可能性を考えれば，柔軟性の源泉たる文化の多様性を人類共通の無形資本ないし公共財として捉えることも可能である。短期的には，規模の経済性その他により少数者の文化は淘汰されやすく，一旦淘汰されるとその文化を復活させることはできないという「市場の失敗」があり，少数者の文化の存続を確保する措置が正当化される可能性がある。しかし，政策手段の最適性を考えると内容でなく原産地で区別することの合理性が疑わしい。たとえば輸入映画フィルムよりも国産映画フィルムのほうが保護が必要な文化の形成に貢献しているといえる証拠はない。したがって，内容で規制するのであればともかく，文化政策として原産地又は制作者等の国籍等で音響・映像製品の輸入・販売を規制することは，内国民待遇義務又は最恵国待遇義務に違反する可能性が高いとせざるを得ないであろう。文化政策を理由として内容によって規制することは国内法上許されないかもしれないが，それは代替策として輸入品を

規制することのWTO協定不整合性を正当化しない。

ただし，これとは逆に，外国の文化産業側に「市場の失敗」が放置されているという懸念があれば関税等の国内産業保護措置を維持することが正当化される可能性がある。これは，農業における多面的機能論の音響・映像分野への応用である。たとえば，ある国の文化産業が不健康な生活を促進しているならばそのために増加した医療費その他の社会コストが「負の外部効果」として生じている可能性があり，それが放置されているならば，この社会コストを相殺する（MFNベースの）関税が正当化される可能性があろう。

（3）各国の規制

音響・映像サービスについては，わいせつ物の規制，名誉毀損的表現の規制など内容に対する規制があり，これらについては，検閲の禁止，表現の自由といった憲法その他による国内法上の規律が存在する。

放送サービスを含む無線局の開設及び放送については，外資規制がある場合も多い。日本の場合，外資保有が3分の1を超える法人は無線局の免許を受けられない（電波法5条1項4号）が，「基幹放送」についてはさらに規制が加重され，外資保有が5分の1を超えてはならないとされている（同条4項2及び3号）。ただし有線電気通信設備を経由するインターネット放送については，一定以上の規模であれば登録が必要である（放送法126条1項，放送法施行規則133条1項）が，外資制限はない。映画上映，CD・DVD等の販売などについても外資規制がない。日本における基幹放送等についての外資規制は，外国による情報操作を排し，災害時などにおける情報伝達の必要性に鑑みて維持されている。すなわち安全保障目的であって，文化の多様性保護のためになされているものではない。

また放送サービスについては，放送可能な周波数帯の限界があるためその配分が必要とされている（日本の場合，電波法7条1項2号）。ただしこの限界は，技術的に解決される可能性があり，その場合にはボトルネックでなくなる。

3　音響・映像製品・サービスに関する国際ルールの発展

（1）教材等の無税輸入

国際連合教育科学文化機関（UNESCO）は当初文化的資材の流通促進を重視していた。ベイルート協定として知られる「教育的，科学的及び文化的性質の視聴覚資材の国際的流通を容易にする協定」及びフローレンス協定として知られる「教育的，科学的及び文化的資材の輸入に関する協定」がいずれも1954年に発効している。前者は，教育的，科学的及び文化的性質を有する映画などの視聴覚教

材について関税を免除し，数量制限を撤廃し（ベイルート協定3条1項），内国民待遇義務を規定している（同条3項）。さらに同様の性質を有する出版物・書籍・美術品などについて関税を免除すること（フローレンス協定1条1項），また内国税・課徴金について内国民待遇義務を定めている（同条2項（a）号）。

（2）文化多様性条約

UNESCOはその後文化的遺産の保護に重点を置くようになり，保護対象の遺産の範囲も拡大させた。その一環として，2005年に，「文化的表現の多様性の保護及び促進に関する条約」（文化多様性条約）が採択された[51]。同条約は，文化の多様性の維持，文化交流の促進などを目的とし，たとえば「自国の領域内で文化的表現の多様性を保護し，及び促進するために国が適当と認める政策及び措置を維持し，採用し，及び実施するための国の主権的権利を再確認すること」を目的の一として掲げている（1条(h)号）。締約国は，「文化的表現の多様性を保護し，及び促進することを目的とする措置をとる」権限を認められ（6条1項），さらに「国内の文化的活動，物品及びサービスの創造，生産，普及，配布及び享受のため，……国内の文化的な活動，物品及びサービスについて，妥当な方法で機会を与える措置」(6条2項(b)号）を執ることができる。また「文化的表現の多様性の促進に資する条件を創出するための二国間の，地域的及び国際的な協力を強化するよう」「共同制作及び共同配布の協定の締結を奨励すること」を含む施策に努めるとされている（12条）。なお，締約国は，他のいかなる条約にも従属させることなく，他の条約を解釈・適用するときに文化多様性条約の関連規定を考慮に入れ（20条1項(b)号），ただし，「他のいかなる条約に基づく締約国の権利及び義務を変更するものと解してはならない」（同条2項）とされる。

なお国産の映画，テレビ番組等について上映・放映時間の優先的割当を行っている国は少なくないが，これらの国において映画，テレビ番組などのコンテンツ作品の共同制作に関するルールを定め，共同制作作品に対して自国作品としての地位又はそれに準じる特恵的待遇を付与する，いわゆる共同制作協定が締結されている。かかる協定は，文化多様性条約12条においても想定されている。

（3）WTO協定
（ア）GATT4条

ITO憲章の交渉においては映画の上映時間の割当について議論があり，割り

---

51) 文化多様性の保護については，UNESCOのHP［http://www.unesco.org/new/en/culture/themes/cultural-diversity/2005-convention］を参照。

当てを直ちには否定しないが，関税化に向けた交渉を行うことが想定されていた（19条）。GATTにおいても同様の扱いがなされている（4条）。

（イ）GATSにおける文化例外の試み

文化的価値の保護のための措置をGATSにおける一般的例外の一とすることが主張されたが，米国等の反対によって認められなかった。国際競争論＝共存モデルからは，文化例外の規定が入らなかったことをWTO協定における価値基準上貿易自由化を文化保護の上に置いたと理解する。これに対して，比較優位論＝協力モデルに立てば，GATTの一般的例外の意義を，領域管轄権の限界から輸入品を特別扱いする必要がある場合を列挙したものと考える（第1章五2(2)を参照）ので，文化例外を認める必要がそもそも疑わしかったと考えることになる。確かに，文化保護が正当であるとしても内容によって区別すべきであり，制作地，資本関係等によって区別することは合理性を欠くとすべきであろう。

（ウ）GATSにおける最恵国待遇義務の留保

先に述べたように，音響・映像サービスについては，自国内での映画館での上映及びテレビ等での放映時間の割り当てを行い，外国産の作品に割り当てる時間を制限することが行われている。かかる割り当てにおいて，特定国との間で二国間協定を締結し，共同制作作品を国産品と同じ扱いをすることについてサービスの最恵国待遇義務に対する留保をしている国がいくつか存在する（カナダ，豪州，ブラジル，エジプト，ニュージーランド，シンガポール，スイスなど）。

（4）投資協定

カナダ，フランスなどは，文化政策において広い裁量を必要としているという立場から投資協定においていわゆる文化産業について留保している。OECDにおいて交渉された多国間投資協定（MAI）についてもフランスが文化例外を主張していたが，結局MAIが文化政策を含む主権の行使を妨げるとして交渉から離脱し，1996年に交渉自体が打ち切られることとなった。その後においても，カナダ，フランスなどは文化例外条項を二国間投資協定において含めている。

4 音響・映像分野における政策の規律

（1）WTO協定

（ア）モノかサービスか

音楽CDや映画のDVDの貿易に対する規制はGATTの対象であるが，これらのインターネット等の有線又は無線を通じて送信する場合に適用される規制もGATTの対象か否か争いがある。形式的には，「産品（products）」及び「サービ

ス（services）」の解釈問題であるが，実質的には，市場アクセス及び内国民待遇義務がオプショナルであるGATSと内国民待遇義務が原則となるGATTのいずれが望ましいかという政策問題である。したがって一般的には，貿易自由化を進めたい側が「モノ」であると主張し，そうでない側が「サービス」性を主張すると言われている。

（イ）GATT

① 内国民待遇義務（3条2項）及び公徳例外（20条(a)号）

音響・映像製品がCDやDVD等のメディアに固定されて輸入される場合の制限は，GATTの対象であり，11条1項に違反する。また作者又は制作者等の国籍で区別することは，産品の原産地国での差別でないが，外国籍の作者等の作品のCD等のほうが輸入品である可能性が高く，さらに内容でなく，作者又は制作者が外国人であるからというだけで自国の文化等に反するとは言えないので，内国民待遇義務違反とされる可能性が高いであろう。

さらに自国の文化保護を目的とする輸入制限については，「公徳の保護のために必要な措置」を適用除外とするGATT20条(a)号によって正当化できないかという問題がある。先例はないが，「自国文化」を害するか否かは内容で決定されるべきであり，国内で制作される作品だから「自国文化」に反せず，外国で制作される作品だけが反すると決め付ける根拠がないとして，手段の最適性を争えないか検討すべきである。仮に文化多様性条約に基づく措置であるとしても，WTO協定の紛争解決手続において争われる限りWTO協定以外の条約を適用法令とする余地がなく，結論は変わらない。

② 輸入映画フィルムの例外（4条）

GATTは，輸入映画フィルムについて映写時間の割当による数量制限を認めている（4条(a)号）が，フィルム自体の輸入制限は許されていないし，また国産フィルムに留保された時間を除く残りの映写時間を「供給源別に割り当ててはならない」。すなわち生産国で差別してはならない（同条(b)号）。ただし映写時間の割当を行っていない国に対して最小限度の割合の留保を行うことは一定程度許されている（同条(c)号）。これは露出済み映画フィルムについての例外であるが，外国製テレビ番組の放映に対する制限に準用されるという考え方も交渉において表明されている[52]。

しかし，文化的多様性の保護，国民の統合いずれを目的として考えるにせよ，文化政策を目的とする限り，番組の内容でなく，輸入か国産かで区別することが

---

[52] L/1615, 1646, and 1686.

最適の手段であるとは思えず、したがって準用を認めることは文言解釈として許されないとする考え方も十分あり得る。*China – Publications and Audiovisual Products* ケースでは、中国において検閲のために出版物等について自国企業（国営企業）を経由することを義務付けることが貿易権の付与を約束する加盟議定書に整合しないとして争われた。中国は、出版物について自己検閲を要求しており、それが機能するのが自国企業だけであるとして制限を正当化しようとした。しかし、パネルも上級委員会も主張を認めず、GATS14条(a)号の例外該当性を認めなかった[53]。この判断は、文化的価値の増進について自国民でなければ実現できないという抗弁を事実上否定したものと評価できる。内容で区別することが表現の自由の関係など法的に困難であり、事実上も区別しがたいことは理解できるが、それは別の問題である。この考え方からすると、GATT4条は、内国民待遇義務からの逸脱を許容する規定であり、文言を超えて拡張解釈すべきでないと考えられる。なお放送サービスその他関連するサービスについて自由化約束をしていないことはGATT上の義務を限定する理由にならないことは先例上確立している（第1章五2(2)参照）。

③ 最恵国待遇義務

先に述べたとおり、自国内での映画館での上映及びテレビ等での放映時間の割当において、特定国との間で二国間協定を締結し、共同制作作品を国産品と同じ扱いをすることについてサービスの最恵国待遇義務に対する留保をしている国がいくつか存在する。少なくとも、これらの二国間協定の対象からメディアに固定した産品を排除していないのであれば、かかる取扱いは、特定国を供給源とする映画フィルム又はテレビ番組を固定したDVD等の産品を優遇することになり、GATT4条(b)号又はGATT1条1項に抵触する可能性がある。

（ウ）GATS

① 内国民待遇義務及び公徳例外（14条(a)号）

GATS上内国民待遇義務が約束されていない例も多い。約束されている場合内国民待遇義務及び公徳例外については、GATTの議論がそのまま当てはまる。本項(イ)①を参照。

② 最恵国待遇義務

共同制作作品を国産品と扱うことを最恵国待遇義務の例外として留保している例が少なくない。しかし、DVD等のメディアに固定した場合を除外していなければGATT上の内国民待遇義務の問題となる可能性があるのではないか。本項

---

53) Appellate Body Report on *China – Publications and Audiovisual Products*, para. 277.

（イ）①を参照。

　なお，あるWTO加盟国の制作会社の映画制作に対して優先的に補助金を付与する，撮影に必要な許認可を付与するといった法的な差別のみならず，あるWTO加盟国の国籍を有する監督，脚本家，俳優などの関与・出演を考慮要素とする事実上の差別も問題になる。そうした要素を有しないあるWTO加盟国の企業による映画制作をそうした要素を有する他のWTO加盟国の企業による映画制作との比較において差別していると言えるからである。ただし，監督等の国籍国の企業による映画制作にそうした要素を有することが相対的に多いであろうから，負担の偏りを要件とするとしても最恵国待遇義務違反とされるであろう。最恵国待遇義務の解釈については，第17章四1(10)(ア)及び第3章四2(2)を参照。

　（エ）TRIPS
　① 内国民待遇義務及び最恵国待遇義務

　外国で制作された映画，テレビ番組等の輸入制限は，かかる映画等の著作権者が外国人・外国法人であるとは限らないので法的な差別ではない。しかし，国内で制作される映画等と比較して，外国で制作される映画等のほうが著作権者に占める外国人の割合が高いことから事実上の差別と言えないかが問題となる。パリ条約上の内国民待遇義務と異なり，TRIPS上の内国民待遇義務（3条）は，事実上の差別を含むとするのが先例である。すでに検討したように，文化政策から輸入映画フィルムを不利に扱うことについては，内容でなく制作地で区別することの合理性がきわめて疑わしいのでないか。したがって，事実上の差別としてTRIPS上の内国民待遇義務違反とされる可能性を否定できないと考える。

　さらに，外国で制作された映画等の放映・上映時間の割当制を前提として，特定国との間で共同制作に関する協定を締結し，共同制作にかかる映画等について国産品扱いすることは，共同制作協定の対象たる特定の作品の著作権を有利に扱うことになる。これはTRIPS上の最恵国待遇義務がどこまで事実上の差別を問題にするか，GATT上の最恵国待遇義務と共通の問題である。共同政策協定の対象の著作権者が相手国に限定されないので権利者の国籍によって法的差別があるわけでない。しかし，共同制作協定の対象たる特定の作品において当該相手国国民が著作権者であるものが存在する限り，他の加盟国の国民が著作権者であって国内産品扱いを受けない作品との比較において有利に取り扱われていることは事実であり，またかかる取扱いの違いを設けることについて文化政策から特定国で制作された輸入映画フィルム等を有利に扱うことの合理性が疑わしいことから，最恵国待遇義務に違反するとされる可能性がないとは言えないと思われる。

　かかる共同制作協定がGATSの最恵国待遇義務の例外登録がされていること

は，TRIPS上の違法とすることを妨げない。むしろ，共同制作協定は，文化政策として作品の内容でなく原産地によって区別することが適切でないことの証左ではなかろうか。

②著作権の拡大と並行輸入

音響・映像産業においては，取引される対象が情報という無形物であり，有体物と異なり，録音・録画等によって容易に複製されるため，そのままでは開発・生産するインセンティブが不足する可能性が高い。有体物並みに情報の資産性を確保することが効率性を実現する上で有益であるとして著作権制度が構築されている。TRIPSは，一定以上の著作権制度の導入を加盟国に義務付けているが，その意義については第18章一2(1)を参照。また並行輸入の取扱いについての議論については同章四2(3)を参照。

（2）投資協定

文化財保護のための開発制限などによって事業が制約されることは少なくない。かような場合に，国内投資家又は他国投資家との比較において不利な扱いを受けていれば内国民待遇義務及び最恵国待遇義務が問題になるし，恣意的法適用，不透明な手続，適正手続の欠如などが認められれば，公正衡平待遇義務違反とされる可能性が高い。ただしWTO協定と異なり，投資協定上のISDS仲裁においては，文化多様性条約等において認められた措置であるとの抗弁が許されるとすべきであろう（第2章五2を参照）。

なお文化例外条項が存在する投資協定は少なくなく[54]，その範囲では文化政策を根拠にした差別等が否定されないことになる。

九　医薬品・医療サービス

1　医薬品・医療サービスにおける措置の政策根拠（医療分野の特殊性）

医療は，傷病の治療に限定して捉えることも可能であるが，予防・リハビリテーションも含めて考えるほうが適切であるとの指摘も多い。国際競争論＝共存モデルでは，財政負担等とのバランスを考える「医療」をどの範囲で捉えるか自体が民主的に決定すべき政策問題であり，正統性を有する決定がなされている限りそれを尊重すれば足りる。これに対して，比較優位論＝協力モデルで考えると，経済・社会が保有する資本の最大化の観点から最適か否かが重要であるから，傷

---

54)　フランスモデル投資協定（2006年）1条6項。

病の治療に限定して政策を捉える理由がなく，予防・リハビリテーション，さらに健康保持のための公衆衛生，介護等も含め，少なくとも，人的資本の維持・拡大のための政策措置全体の最適性を視野に入れて検討すべきであろう。ただし，そうした全体を捉えるには膨大な頁数が必要であり，以下では狭義の医療に限定して検討する。それでもこの分野は，医薬品という産品の問題と医療行為というサービスの問題とがあり，さらに独自の公的資金供給システムとして社会保険制度が関わるという複雑な構造である。

(1) 医薬品・医業規制

　医薬品・医療サービス分野においては，提供される製品・サービスが技術的に高度であって，受け手たる患者等に品質・特性を正しく評価する能力がなく，さらに品質が劣る製品等を使用した場合に人体に悪影響が及ぶ可能性があって選択を誤った場合のリスクが大きいなどの理由から，医薬品・医療サービスの利用が躊躇され，すなわち需要が過少になる可能性が高い。かかる「情報の非対称性」に起因する「市場の失敗」を是正するために，たとえば医薬品・医療サービスについて一定の品質を保証すべく，医薬品について許可制の対象として無許可の医薬品の販売を禁止し，また医療サービスの提供に従事する医師・看護師などを資格制として，資格を有しない者に対して類似行為を禁止することが多い。また粗悪な医療サービスの提供を抑制するために営利事業として行うことを禁止することも行われる。

　たとえば日本においては，第10章二1(5)において言及したとおり，たとえば医薬品及び医療器具について「医薬品，医療機器等の品質，有効性及び安全性の確保等に関する法律」（医薬品医療機器等法（旧薬事法））があり，効能，品質及び安全性の確保が図られている。さらに，一旦承認され，上市された後にも，実際に使用される間に副作用等の問題が生じていないかを継続的に情報収集し，必要があれば対策を直ちに講じる仕組みが必要とされ，たとえば日本では，製造販売業者のほか，病院開設者，医師，薬剤師等の医療関係者は，副作用情報の報告義務が課せられている（医薬品医療機器等法68条の10）。また有効性・安全性について使用実績データに照らして継続的に監視し，再審査・再評価する仕組みが必要とされている。この監視の基準を Good Vigilance Practice（GVP）と言い，日本では，医薬品医療機器等法上この製造販売後安全管理の体制が整備されていることが医薬品医療機器等法上の製造販売業の許可の要件とされている（12条の2）。また定期的又は臨時の再審査・再評価の仕組みが導入されている（14条の4）。

　また医師法は，医師国家試験に合格し，免許を得た「医師」（2条）による「医

業」の独占（17条）を定めている。また営利目的の病院等の開設を拒否できる（医療法7条5項）など非営利性を掲げている。なお臨床における治療方針等の適切な判断が臨床家及び患者によってなされるよう，診療の根拠・手順に関する最新情報を専門家がまとめた診療ガイドラインが作成されている分野が多い[55]。診療ガイドラインは，根拠に基づいた医療（evidence-based medicine, "EBM"）の哲学に基づいて作成されており，科学的根拠に基づいた系統的な方法で作成された推奨が含まれている。

　なお医薬品については，巨額の開発費用を回収するため特許権制度が重要であるが，先発医薬品の特許期間後に発売され，製造単価が低い後発医薬品（いわゆるジェネリック）との関係が議論されている。先発医薬品の承認に要した期間分特許期間を延長すること，特許期間終了前の後発医薬品に関する行為の制限（日本の制度については第18章二1(1)を参照），承認のため提出されたデータの保護等があるが，そのほか米国は，後発医薬品の承認申請を特許権者に通知するなど特許権者が侵害を争いやすくする工夫などをしており，自由貿易協定を通じて他国に広めつつある[56]。

（2）医療財政

　医療サービスの需給については，その需要すなわち疾病に罹患し又は事故に遭遇するといったことが予想外に発生する可能性があるため，そうした予測を超える支出に対応するため医療保険が事業として成り立っているが，民間の医療保険に止まらず，むしろ強制的な医療保険制度がフランス，ドイツ，日本などで採用されて民間の医療保険が補完的役割に止まっており，また政府資金が投入される公的医療機関が多数存在している。公的医療機関を主とし，また保険料を徴収する保険制度でなく税金を投入して医療費支払いを原則不要としているイギリス・スウェーデン等国民保健サービス（National Health Service, "NHS"）を採用している国もある。他方で，民間保険を中心とする米国の例もある。

　市場メカニズムに委ねるべきでない理由は，需要が過少又は過大になる可能性がある点に存する。第一に，自己の健康状態を正確に把握し，診察・治療等の必要性をその対価を含め適切に評価して医療サービスを受ける能力を期待できない

---

55) 日本における診療ガイドラインは，公益財団法人日本医療機能評価機構のHP［http://minds.jcqhc.or.jp/n/medical_user_main.php?main_tab=1&menu_id=9］を参照。
56) この点については，たとえば，桝田祥子「医薬品産業と米国自由貿易協定（FTA）知財戦略――米韓FTAの韓国医薬品産業への影響と環太平洋戦略的経済連携協定（TPP）への示唆」『パテント』第66巻10号（2013年）78頁を参照。

ため，需要が過少となる可能性があり，第二に，とくに支払い能力が乏しい場合には医療サービスの需要を認識していても対価を支払えず，結果としてサービスを受けられない可能性があることを指摘できる。前者は，本人の嗜好の問題とも言え，そうすると市場の需給たとえば私的な医療保険市場に委ねるという考え方になるが，いわゆるメリット財として供給すべきという考え方もある。さらに，適切な医療サービスを受けないことによって生じる人的資産の損失に鑑みると，経済・社会全体の保有する資本の最大化の観点から介入するという考え方も論理的にあり得るであろう。また後者は，所得分配としても扱うのが通常であるが，同じく人的資産の維持の観点から介入するという考え方もあり得るであろう。

社会保障制度の一環としての医療保険制度は，これらの関心に対応している。第一に，保険料を強制的に徴収して，そこから医療サービスの対価を支払うことにより，実際に診療を受ける際に支払う対価の額を小さくし，それによって医療サービスの需要が適正化されることが期待されている。第二に，強制加入とし，低所得者に対しては保険料の減免を認め，一般財源から資金を移転すること等によって支払い能力の乏しい低所得者層における医療サービス需要の適正化が期待されている。公費負担制度についても同様である。

ただし公的な医療保険制度又は医療費の公費負担制度の下では，需要が過大になる可能性もあり，その対策が必要である。社会保険制度において医療サービス供給を増加するためには出来高払い制が適切であるが，適正な診療が何かについて受診者又は保険者が把握しにくいことから，診療側が利潤動機から過大な診療を行うモラルハザードの問題がある。かかる供給者誘発需要を抑制する観点から，また保険審査のコスト削減等の観点から，医療費総額を抑制する総額予算制，1日当たり・患者1人当たり等の診療報酬上限を定める包括払い制などが採用されてきた。また，医療保険制度の下で受診する医療機関を自由に選択できるとした場合，高度な診療が期待できそうな高次医療機関を必要以上に受診しようとするインセンティブが働く可能性がある。そうした医療機関に対する需要を適正化するために初診料を高くし，またそもそも需要側の選択を制限し，いわゆるプライマリケア医の紹介状を高次医療機関の受診に必要とするなどの対応策が採用されている。さらに，適正な医療サービスかどうかを評価しやすくするために「患者を病名（Diagnosis）と提供されたサービスの種類（Procedure）の組み合わせによって分類する」[57) 診断群分類を利用した情報の標準化・透明化が進められて

---

57) 松田晋哉「診断群分類導入の国際的動向と医療費への影響」田中滋・二木立（編著）『医療制度改革の国際比較』（勁草書房，2007年）103頁。

いる。また外来治療における医薬品の選択について、ジェネリック医薬品が存在する場合にはその使用を原則とすることも行われている。

また、需要が過大又は過少になる原因が受診側に判断能力が不足しており、また判断に必要な情報も不足していること（また保険金支払い時に過剰診療か否かを判断する必要のある保険者も情報を収集し難いこと）にあることに鑑みれば、受診者にインフォームドコンセントを求めることをも、比較優位論＝協力モデルに立ち、自己及び経済・社会全体からみて適正な医療サービスを受けるべく責任ある判断を行うことを目的とするものと捉え直すことができるであろう。この点は、国際競争論＝共存モデルからは、受診者がその主観的基準に照らし最適な医療サービスか否かを判断するものと理解することになる。

（3）医療供給・公的医療機関

医療サービスについては、供給側の問題もいくつか存在する。たとえば、人口密度の低い地域では、医療サービスの供給が事業として成り立たず、その結果、いわゆる無医村が生じてしまう危険性がある。また高度医療を受けられる病院は、投資額も大きいであろうから、その経営が成り立つためには一定規模以上の需要が必要であり、やはり人口密度の低い地域ではそうした病院が開業されない可能性が高い。しかしながら、適切な医療サービスを受けられることは生活を成り立たせるために必須であり、地域政策又はユニヴァーサル・サービスの観点から、医療機関を適正に配置することが必要になる。こうした政策を比較優位論＝協力モデルに立てば、経済・社会全体の保有する資本の最大化の観点からの適正配置が求められると説明することになる。政府とりわけ地方政府が資本を拠出して公的医療機関を設置・運営し、又は非営利団体がそうした事業を行うことを支援することは、こうした関心に対応するものと考えられる。ただし、供給が過剰になると不必要な需要が誘発されるとの懸念から参入規制が導入されることもある。

たとえば、日本では、都道府県に対して、域内の医療提供確保を図る医療計画を策定することが求められ（医療法30条の4第1項）、さらに不足地域における病院等の整備等を行う努力義務が規定されている（30条の10）。一定数以上の病床を有しない診療所を医師が開設する場合には規制が存在しないが、一定数以上の病床を有する病院については、開設に許可が必要とされているが、考慮要素は、構造設備・人員等に問題がないこと、営利目的でないこと等に限定されており（7条）、需給調整の要素は原則として存在しない。ただし、医療計画によって必要とする病床数が定められており、過剰な地域においては病院・診療所の開業について中止等の勧告ができる（30条の11）ほか、勧告に従わない病院等に対し

九　医薬品・医療サービス　　697

て保険医指定しないことが許されている（健康保険法65条4項2号）。

2　国際ルールの発展

医療分野においては，主要な規制当局間で国際的調整が進められているほか，関係する国際学会において私人による国際ルール形成が進められており，また国際機関としてはWHOが大きな役割を果たしている。

（1）医薬品規制

医薬品の規制に関する国際的調整については第10章三2(4)を参照。主要先進国間での規制調和の動きがあるほか，製造所の査察について相互認証等が多国間又は二国間で進められている。また許可・承認の前提となるデータの収集について本項(6)で言及している。

なお医薬品の副作用情報については，サリドマイドによる事故が世界各地で発生したことを受け，国際的な交換システムがWHOにおいて1968年に発足している[58]。ここに集められた情報は，データベースにまとめられ，加盟各国がオンラインで常時アクセスできるようになっている。

（2）医師免許の相互承認

国単位で付与される医師資格について相互承認が認められている場合がある。EEA（European Economic Area）内，イギリス連邦加盟国間及び米加間では広く相互承認が認められている。日本は，イギリス・フランスなどごく少数国との間でのみ協定があり，また診療対象者及び承認する人数にも制限がある。医師免許の相互承認は，医師の国際的移動を促すが，それが先進国への人材流出につながらないかは考慮する必要がある。

（3）医療サービス・技術の規制

医療行為自体についての国際基準（非拘束的である）が関連する国際学会等の専門家によって策定されている。たとえば，臓器移植については，医療ツーリズムの増加に伴い，違法な臓器売買の国際的規制が必要とされている。2008年に国際移植学会が臓器売買と渡航移植に関して「イスタンブール宣言」をまとめた[59]ほか，WHOにおいて，1991年に策定した「移植ガイドライン」が2010年に改

58）　WHOのHP［http://www.who.int/medicines/areas/quality_safety/safety_efficacy/advdrugreactions/en/］を参照。
59）　イスタンブール宣言のHP［http://www.declarationofistanbul.org/］を参照。

訂され[60]，海外渡航移植に対する批判が高まりつつある。

（4）医療政策及び医療機関の評価

医療に関する政策の比較評価を行うため，OECDは2004年に「医療の質に関する指標プロジェクト」を開始した。またこのプロジェクトにも協力している「国際医療の質学会」（International Society for Quality in Health Care, "ISQua"）は，医療機関の第三者評価を行う組織の評価・認定（accreditation）を行っている。

（5）GATS

医療サービスのうち，実務サービス／自由職業サービスの一である医師及び歯科医師サービス（対応するCPC項目は9312）については，GATSの対象であるが，自由化されている例は見当たらない。看護師その他コメディカルについても同様である。これに対して，健康に関するサービスの一である病院サービス（対応するCPC項目は9311）については，自由化が約束されている例が少なくない。

（6）TRIPSその他技術貿易に関する規制

医薬品の研究開発に係る資金供給システムとしては知的財産権制度が重要であるが，他の産品と多少違いがある。医薬品については，研究開発の妨げになる，価格吊上げに使われる等の懸念があり，知的財産権の対象とされないことが多かった。TRIPS協定は設定義務のある知的財産権制度の対象をもともと限定していなかったが，公衆衛生問題に対する関心の高まりから近年例外が設けられた。第18章三6(1)を参照。なおジェネリック医薬品の承認に関する自国の制度を米国が自由貿易協定を通じて積極的に広めていることについては本項1(1)で言及した。

また医学研究を含む生命科学の研究についても安全性のみならず生命倫理等の観点から規制がなされることがあるが，国際的には拘束力のあるルールは現時点ではほとんど存在していない。第18章一2(4)を参照。

3　医薬品・医療サービスの供給等に対する規律

（1）医薬品規制に対する規律

医薬品の規制については，GATTの内国民待遇義務のほか，TBT協定上の強制規格として内国民待遇義務の遵守及び措置の必要最小限性などが要求される。

---

60)　WHOのHP［http://www.who.int/transplantation/en/］を参照。

これらの規律については，第9章及び第10章を参照。

（2）医療サービスの規制に対する規律

病院サービスについて市場アクセスを約束している場合，需給を勘案しての参入規制は維持できない（GATS16条2項(c)号など）が，医師免許制等必要な品質を確保するための規制は質的規制であって市場アクセスの問題にはならない。目的の達成のために必要な範囲に止まらなければ違反となる可能性が高い（6条5項(a)(i)及び4条(b)号）。サービス提供者の数を制限する場合には需給を考慮しているか否かに拘わらず違反となる（16条2項(a)号）。

また病院サービスについて無条件に内国民待遇義務を約束している場合，公的医療機関に対する政府出資・補助金支出等は，公的医療機関が少なくとも同一の診療科目を掲げている民間病院・診療所の関係で「同種のサービス提供者」と思われ，外国資本の提供者を不利に取り扱っていると言えなくもない。しかし，そうした補助金支出等は正当であることに疑いがないため，公的医療機関による医療サービスの提供を，民間医療機関による提供を補完するものとして位置付け，「政府サービス」としてGATSの約束の対象外とすることが許されていないか検討すべきであるが，より根本的には，ユニヴァーサル・サービスの提供ないし地方政策として「市場の失敗」を是正することを目的とし，そのために最適な手段が選択されていると言えるならば内国民待遇義務にそもそも違反しないとすべきであろう。

なおGATSはGATTと異なり輸出制限を規制していないので，たとえ病院サービスをすべてのモードについて無条件で約束していても，たとえば外国人に対する移植手術を拒否し，又は自国民に対する移植を優先することはGATSに抵触しない。第2モードの約束は，自国民が外国においてサービスを受けることを制限しないというものであって，外国民に対するサービス提供を制限しないという約束でない。この点は，第17章四1(2)を参照。他方で，GATTが産品の輸出制限を禁止している（11条1項）以上，臓器・血液等の輸出禁止・制限は，GATT20条(a)号（公徳例外，第6章四(2)(ア)を参照）又は(d)号（同項(イ)を参照）等で正当化できなければWTO協定上違法であるが，少なくとも，臓器等の売買禁止に伴う輸出禁止措置であれば，実施のために必要な措置と言え，許されるとすべきであろう。

（3）公的医療機関に対する規律

公的医療機関は，その行為が政府に帰属する可能性があり，その活動自体に国

際経済法上の規律が及ぶ可能性がある。第一に，公的医療機関が経済性のない地域・分野等で医療サービスを提供し，すなわち市場価格を下回る価格でサービスを提供していることについて，現行の補助金協定では規制されていない。経済性のない事業を行うものとされ，そのための資金供与を政府から受けているならば「公的機関」とされる可能性が高いが，「一般的な社会資本」の提供が補助金の定義から除外されている（補助金協定 1.1 条 (a) (1) (iii)）ためである。この点の政策的含意については，第 11 章四 2 (2)（ア）②を参照。

　第二に，公的医療機関の行う物品・サービスの購入が政府調達として内国民待遇義務の例外とされるか，さらに政府調達協定の対象となるかが問題となる。この点，経済性のない医療サービスを供給することすなわち支出可能な範囲の価格で提供することが民間になし得ないに止まり，医療行為自体が性質上政府にしかなし得ないというわけではない。したがって，医療行為の提供に必要な医薬品の調達は，「政府目的のための購入」に該当しないと考えられる。これは医師が発行した処方箋に基づいて受診者が自ら薬局で医薬品を購入する場合はもとより，院内における治療のために使用する医薬品の調達についても同じである。この点も第 11 章五 3 を参照。

主要参考文献・資料
1　農　業

遠藤保雄『米・欧農業交渉』（農林統計協会，1999 年）

遠藤保雄『戦後国際農業交渉の史的考察——関税交渉から農政改革交渉への展開と社会経済的意義』（御茶の水書房，2004 年）

梶井功（編集代表）『WTO 農業交渉の現段階と多面的機能』（農林統計協会，2002 年）

神門善久『日本の食と農——危機の本質』（NTT 出版，2006 年）

佐伯尚美『ガットと日本農業』（東京大学出版会，1990 年）

作山巧『農業の多面的機能を巡る国際交渉』（筑波書房，2006 年）

T. E. ジョスリン，T. K. ワーレイ，S. タンガマン（塩飽二郎（訳））『ガット農業交渉 50 年史——起源からウルグアイ・ラウンドまで』（農山漁村文化協会，1998 年）

千葉泰雄『国際商品協定と一次産品問題』（有信堂，1987 年）

山下一仁『詳解　WTO と農政改革——交渉のゆくえと 21 世紀の農政理論』（食料農業政策研究センター，2001 年）

山下一仁『国民と消費者重視の農政改革——WTO・FTA 時代を生き抜く農業

戦略』（東洋経済新報社，2004 年）

Joseph A. McMahon, *The WTO Agreement on Agriculture: A Commentary* (Oxford University Press, 2007)

OECD（編）（農業総合研究所訳）『農業の環境便益――その論点と政策』（家の光協会，1998 年）

2　水産業

海洋法令研究会（編著）『国連海洋法条約関連水産関係法令の解説』（大成出版社，1997 年）

牧野光琢『日本漁業の制度分析』（恒星社厚生閣，2013 年）

水上千之（編著）『現代の海洋法』（有信堂，2003 年）

3　林　業

国際林業協力研究会『持続可能な森林経営に向けて――日本と世界の取り組み』（日本林業調査会，1996 年）

4　繊　維

通商産業省生活産業局通商課（監修）『WTO 繊維協定と繊維セーフガード措置』（財団法人通商産業調査会，1996 年）

5　造船／海運

Fabrizio Pagani, *The OECD Steel and Shipbuilding Subsidy Negotiations: Text and Legal Analysis* (Cameron May, 2008)

6　航空機／航空運送

石黒一憲『日米航空摩擦の構造と展望』（木鐸社，1997 年）

米谷三以「航空機産業に対する WTO 補助金協定の適用――エアバス・ボーイング紛争を踏まえて」『空法』第 54 号（2013 年）

藤田勝利（編）『新航空法講義』（信山社，2007 年）

Richard O. Cunningham and Peter Lichtenbaum, "The Agreement on Trade on Trade in Civil Aircraft and Other Issues Relating to Civil Aircraft in the GATT/WTO System," in Patrick F. J. Macrory, *The World Trade Organization: Legal, Economic and Political Analysis* (Springer, 2005)

7　エネルギー

小寺彰・川合弘造（編）『エネルギー投資仲裁・実例研究――ISDS の実際』（有斐閣，2013 年）

藤原淳一郎『エネルギー法研究――政府規制の法と政策を中心として』（日本評論社，2010 年）

Gabrielle Marceau, "The WTO in the Emerging Energy Governance Debate,"

Global Trade and Customs Journal, Vol. 5（2010）

Yulia Selivanova, *Regulation of Energy in International Trade Law: WTO, NAFTA and Energy Charter*（Wolters Kluwer, 2011）

Thomas W. Walde, *The Energy Charter Treaty: An East-West Gateway for Investment and Trade*（Kluwer International, 1996）

World Trade Report 2010 – Trade in Natural Resources（2010）

8　音響・映像サービス

伊藤一頼「文化政策と投資保護――公益規制による財産権侵害の投資協定における位置づけ」RIETI Discussion Paper Series 13-J-025（2013年）［http://www.rieti.go.jp/jp/publications/dp/13j025.pdf］

小向太郎『情報法入門』（第2版）（NTT出版，2011年）

佐藤禎一『文化と国際法』（玉川大学出版部，2010年）

林紘一郎『情報メディア法』（東京大学出版会，2005年）

Jingxia Shi, *Free Trade and Cultural Diversity in International Law*（Hart Publishing, 2013）

Tania Voon, *Cultural Products and the World Trade Organization*（Cambridge University Press, 2007）

9　医薬品・医療サービス

池上直己・西村周三（編著）『医療技術・医薬品』（勁草書房，2005年）

磯崎辰五郎・高島学司『医事・衛生法（新版）』（有斐閣，1984年）

田中滋・二木立（編著）『保健・医療提供制度』（勁草書房，2006年）

田中滋・二木立（編著）『医療制度改革の国際比較』（勁草書房，2007年）

日本社会保障法学会（編）『医療保障法・介護保障法』（法律文化社，2001年）

野田寛『医事法（上)』（青林書院，1992年）

野田寛『医事法（中)』（増補版）（青林書院，1994年）

薬事医療法制研究会（編）『やさしい医薬品医療機器等法――医薬品・医薬部外品・化粧品編』（じほう，2015年）

第17章　サービス貿易

　サービスの生産・消費は世界経済の重要な部分を占めている。先進国においてサービス産業が発展し，その活動範囲を海外にも拡げてきたこと，製造業の海外展開を支えるサービスの展開先における提供が必要とされるようになってきたこと，技術革新・規制改革により海外からの提供が可能になったことなどからサービス貿易も拡大してきた。かかる状況を背景として，競争上優位にあるサービス業の国際展開を図る米国の主張により，ウルグアイ・ラウンドにおいてサービス貿易の自由化が採り上げられ，交渉の結果GATSが成立した。GATTをモデルとしているが，市場アクセスに拘った故の違いも少なくない。

　サービス貿易は，ほとんどの分野で関税が存在しないが，製造業と比較すれば多くの政府規制が必要とされており，GATSの交渉において参入障壁として問題にされたのも政府規制であった。また規模の経済性が強く働くため自然独占が成立しやすい分野が多く，独占企業との公正な取引条件の確保，競争条件の公平性の確保なども問題となった。これらの違いが適切に取り扱われているか，ルールの再検討が必要な時期に来ているように思われる。

一　本章の対象事項

1　サービス産業の特色とサービス規制の政策根拠

　モノの貿易と異なり，関税が適用されないサービス貿易は，その自由化の焦点が政府規制にある。しかも政府規制のあり方も相当異なっている。

　第一に，サービスは，生産と消費が同時に起こる「同時性」，蓄えておくことができない「消滅性」，見えず，触れられない「無形性」，誰が誰にいつどこで提供されるかに左右される「変動性」といった，有形の製品と異なる特性を有する。これらの特性の故に，消費者は，どのようなサービスが供給されるのか事前に確認することが困難であり，リスクを勘案して購入を控えたり，又は最適でない選択をしたりする。結果として，適切なレベルでサービス供給が行われなくなる可能性が高い。すなわち情報の非対称性に起因する「市場の失敗」が重大である。

したがって，たとえば免許事業とし，又は資格制度を導入するなど政府措置が採用される分野がある。

　第二に，いくつかの分野では，規模の経済性が強く働き自然独占が成立する可能性が高い。電力供給における送電網，電気通信サービスにおける市内通話網は，規模が大きければ大きい方が有利である。新規参入には莫大な投資が必要であり，二重投資されると競争のメリットを上回る巨額の社会的な損失が発生しかねない。他方，競争が存在しないために独占の弊害が生じる可能性がある。よって，参入を制限して独占を認めつつ，独占事業者の行為を規制する方向で公的規制がなされる。ただし規模の経済性の有無も所在も，技術の進展等によって変わる可能性があり，その場合には規制のあり方を根本的に見直す必要がある。

　第三に，社会生活を営む上でのインフラとなるものが多いことから，全国又は全国民に一律又は購入可能な価格・条件でのいわゆるユニヴァーサル・サービスが義務付けられている分野も多い。政府が自ら供給を行うこともあるし，一定の条件での供給を義務付ける方法もある。不利な条件で供給される地域・個人に対して金銭的支援を行うための基金設置などの方法もあろう。なお地域政策の考え方については第1章三3を参照。

　第四に，サービス業には，経済インフラとなるものが多く，対外的な独立性を確保するため外資規制が存在している分野が多い。内国航空運送や内航海運については，その観点から国内企業に限定するいわゆるカボタージュの禁止が認められている。また電気通信等には外資規制がある。製造業においても，国家の存立に関わるような業種について外資規制が存在している。

　最後に，サービス業においては，国内に業務拠点を設置することを要求する場合が少なくない。サービスの提供拠点を規制する必要があるが，領域外には執行管轄権が及ばないからである。産品の輸入であれば輸入時又は通関時に規制を適用することで多くの場合足りるが，消費者保護等の観点から製造における規制が必要な産品たとえば医薬品については，外国産の産品について製造者でなく輸入者に対して規制を課す例がある。これと同様に，サービス業についても，銀行業に典型的に見られるように，監督の実効性確保のため国内に業務拠点を設置することを要求する場合がある。

2　問題の所在

　物品貿易分野と同様に，サービス分野における規制と貿易自由化との関係が問題になる。外国からの又は外資事業者によるサービス提供に不利に働く可能性があるからである。安全保障目的での外資規制が外資事業者に不利に働くのは明ら

かであり，またサービスの質等に関する規制においては，外国又は外資事業者に相対的に多いサービスを禁止すれば，外国からの又は外資企業によるサービス提供を相対的に減少させる可能性が高い。ユニヴァーサル・サービスの義務付けも同様であり，義務付けをしていない国の事業者は参入が困難であろうし，また一定の規模の初期投資が必要であるため，新規参入の多い外資事業者に充足が難しい要件かもしれない。また，規模の利益が強く働き自然独占が成立する場合には，独占事業者を規制しなければ外資事業者の参入がそもそも困難である。ただし，独占事業者の規制は，新規参入を促進することに限られるわけでなく，自然独占を前提として独占事業者の行為を規制する，という方法もある。

　サービス貿易の自由化を進めるためには，こうした規制の考え方及び現実に採用している規制の違いに起因する対立を解決する必要がある。この点，国際競争論＝共存モデルから出発すれば，各国がそれぞれ自己利益を追求すること，さらにこうしたサービス分野の規制と貿易自由化とが矛盾対立する可能性があることを前提として，貿易自由化のための規律をどこまで及ぼすか，逆に言えば，貿易自由化のための規律の例外として留保すべき政策分野は何かを合意によって調整する，という発想になる。また特定の産業又は政策分野について詳細なガイドラインを作成して，その遵守を約束するという合意もあり得る。現実には，交渉力の強い特定の交渉国の意向が強く反映し，かつその意向が当該国の特異な政策思考に影響されている可能性があるが，自由な交渉の結果成立した合意であるからそのまま尊重されなければならない。合意の解釈についても，どこまで自由化し何を留保するかは各国の価値判断であるから，関係国の主観的合意内容を文言を頼りに探求することになる。各国の判断として同一の規制に収斂させることについても何ら限界がない。これに対して，比較優位論＝協力モデルから出発すれば，持続可能性を最大化する観点から，世界経済・社会全体の保有する資本を最大化することを目標として共有し，その実現のために，サービスの分野における「市場の失敗」を最適の手段によって是正することを合意したと考えることになる。共通目的に照らして客観的に最適な状態を想定することができ，そうした状態が実現されるように合意したと推測でき，合意された文言をその方向で解釈することになる。さらに，政策分野ごとに詳細なガイドラインを作成してもよいが，そうしたガイドラインの厳格な遵守を求めることは適切でない。最適な政策措置が何かは各国の市場の状況及び関連する技術の進展等によって国ごとに違い得るし，また時期によっても変化するため，規制の画一化・固定化は共有された目標の達成をむしろ妨げる可能性が高いからである。したがってせいぜい参照基準として作成するに止まる。またそうした詳細なガイドラインは専門家によって策定され

るべきであり，WTO よりも，専門家の集まる国際フォーラムで扱い，専門家のピアレビューに委ねるべきであろう[1]。

　サービス貿易と物品貿易との範囲の違い，さらにサービス貿易と投資の共通点も意識する必要がある。サービス貿易をいかに定義するかに拠るが，サービスだけが国境を超える場合だけを対象にするのでは狭きに失する。GATS においては，サービスを提供する主体又は消費する主体が国境を超える場合も対象にされており，前者には，投資がなされる場合と自然人が移動する場合とがある。投資の問題を扱う投資協定においては，投資事業が収用された場合の補償の規定が存在するが，GATS においてはそうした規定がない。それで問題がないかという視点が必要になろう。

二　日本におけるサービス産業の規制

　サービス貿易に対する規律を考える上で各国のサービス産業に対する規制を比較し共通点を抽出する作業が有益であるが，ここでは情報の入手しやすい日本の規制のみ示した。

1　政府独占

　かつては，多くのサービス分野が政府独占となっていた。たとえば，郵便サービスは郵政省，国内電信電話サービスは電電公社，国際電話サービスは国際電信電話株式会社が独占していた。全国あまねくユニヴァーサル・サービスを提供するため，又は信書若しくは通信の秘密を確保するためと説明されていた。しかし，現在では政府独占になっているサービス分野がほとんど見当たらない。水道サービスが，近年参入が認められたものの，原則として地方公共団体が行うものとされており（水道法6条2項），また郵便事業は郵便局が民営化された日本郵便株式会社が独占するものとされ，それ以外の事業者は他人の信書の配達が禁止されている（郵便法4条）のが目に付く程度である。電気通信サービスは，電電公社が民営化された日本電信電話株式会社も事業を行っているが，独占事業でない。なお国有化・民営化を検討する第13章二1(1)(ア)をも参照。

　なお行政サービスも，市場化テストの導入により委託の形で民間業者が行っていることがある。たとえば刑務所運営サービス等が民間に委託されている[2]。

---

1) 石黒一憲「海運と通商問題」落合誠一・江頭憲治郎（編）『海法大系』（商事法務，2003年）745頁。

2　外資規制

　いくつかのサービス産業については，国家安全保障の観点から外資規制が設けられている。個別法に規定のあるものと外為法に拠るものとがある。

　前者の例を挙げると，電気通信サービスにおいては，日本電信電話株式会社について外国人等の議決権割合が3分の1未満に抑えられている（日本電信電話株式会社等に関する法律6。ただし日本電信電話株式会社以外は，いわゆる一種事業者であっても現在は外資保有比率の制限が存在しない）。日本郵便株式会社の持ち株会社たる日本郵政株式会社については外資比率の制限は存在しないが，日本国政府に3分の1以上の株式保有が義務付けられている（日本郵政株式会社法2条）。内航海運は日本船舶に限定されており，かつ日本船舶は，日本国民又は代表者全員がかつ業務執行役員の3分の2以上が日本人である日本法によって設立された会社その他日本法人に所有されていなければならない（船舶法3条及び1条）。航空機を日本で登録する場合，外国法人，代表者が若しくは役員の3分の1以上が日本人でない法人又は，外資保有比率が3分の1以上である法人の所有する航空機は除かれる（航空法4条）とされ，航空運送事業の許可も同様の外国法人等には与えられない（101条1項1号イ）。ただし国際便は外国法人にも許可され得る（129条1項）。

　さらに外為法は，対内直接投資について，「国の安全を損ない，公の秩序の維持を妨げ，又は公衆の安全の保護に支障を来すこと」になり，又は「我が国経済の円滑な運営に著しい悪影響を及ぼすことになる」おそれがある一定の業種について事前届出制としている（27条1項）。サービス業の分野においては，具体的には，電気供給，ガス供給，上水道，電気通信，放送，鉄道，沿海海運，中央銀行，警備業などが挙げられている（対内直接投資等に関する政令3条2項，対内直接投資等に関する命令3条3項，内閣府，総務省，財務省，文部科学省，厚生労働省，農林水産省，経済産業省，国土交通省，環境省告示第1号）。財務大臣及び事業所管大臣は，国の安全を損なう等の要件該当性の審査が必要である場合，待機期間を延長し（外為法27条3項），さらに要件に該当すると認める場合，届出がなされた対内直接投資に対し変更・中止の勧告（同条5項）さらに命令ができる（同条10項）。命令に違反して対内直接投資を行うことは刑罰により禁圧されている（70条1項25号）。2008年に，電源開発株式会社の株式取得を届け出たザ・チルドレンズ・インベストメント・マスターファンドに対して中止命令がなされた例

2）　法務省のHP［http://www.moj.go.jp/kyousei1/kyousei_pfi_shijyoka_test_index.html］を参照。

がある[3]。

3　規模の経済性

　サービス産業には，規模の経済性が強く働き，自然独占が想定される業種がある。この場合，独占を所与として参入・退出規制を置き，同時に独占の弊害を防止するために供給義務，価格規制その他の行為規制を課すことが行われている。独占の弊害としては，独占利潤を追求しての価格吊上げのほか，独占利潤を関連事業に投入して競争上優位に立つこと，費用を消費者に転嫁できる価格支配力を有するために経営の効率化・過剰投資の回避等のインセンティブが小さくなること等が挙げられる。近年では，供給義務，価格規制等の行為規制のほか，上下分離などによって独占部分を限定して競争を可能な限り導入し，契約条件等も事業者に委ねることも行われている。

　独占を前提とするやり方に近い例として電気事業法がある。同法は，一般の需要に応じて電気を供給する一般電気事業について経済産業大臣の許可制とし，需給均衡が損なわれないことを参入許可の要件としている（5条5号）。また営業休止又は廃止も認可が必要である（14条）。一般電気事業者は，正当な理由がなければ，その供給区域における一般の需要に応ずる電気の供給を拒否できず（18条），また電力料金その他供給条件についても経済産業大臣の認可を得なければならない（19条）。

　分離の例として電気通信事業法がある。電気通信ネットワークの全体への影響があることを考慮して，一定以上の規模・区域における電気通信事業について総務大臣の登録が必要である（9条）が，需給均衡は要件でない。電気通信ネットワークに対して有害な事業を行うおそれがあるなどの登録拒否事由が法定されている（12条1項）。相互接続は，それによって電気通信サービスの円滑な提供に支障が出るおそれがあるなどの場合を除き，受け入れなければならない（32条及び52条）し，契約約款については，原則届出で足り，料金等についても算出方法の規制に止まっている。

　なお自然独占を前提としていても，競争が導入されている部分があるし，競争を基本としていても独占が生じる蓋然性に鑑み，競争法を超える料金規制等を可能にする枠組みが残されている。電気事業においても，発電部門が自由化され，特定規模電気事業の参入が認められている（電気事業法16条の2）[4]。電気通信

---

[3]　財務省・経済産業省「電源開発(株)に対するTCIの投資に係る外為法に基づく中止勧告について」（平成20年4月16日），at ［http://www.mof.go.jp/international_policy/gaitame_kawase/gaitame/recent_revised/tci20080416-01.htm］．

事業においても，代替サービスの提供が十分に確保されていないなどにより事業者に価格支配力があってこれを濫用するおそれがある電気通信サービスについては，「指定電気通信役務」として，料金その他の規制が強化されている（電気通信事業法20条）。その中でも，利用者の利益に及ぼす影響の大きいサービスについては，「特定電気通信役務」とされ，適正な原価，物価等を考慮して通常実現可能と考えられる水準の料金を超える料金設定を行う場合には総務大臣の認可が必要とされている（21条）。

4　資格制・免許制

サービスは，生産と同時に消費されるため見本売買が困難であり，さらに技能の劣る提供者を選択した場合に回復不能の損害を被る可能性が高い場合もある。こうした場合には，提供されるサービスの質が閾値を下回らないようにするために，主体の制限すなわち資格制・免許制を採用することが正当化される。

事業者に対する資格要件の例としては，一般電気事業について電気事業法5条2号（「その電気事業を適確に遂行するに足りる経理的基礎及び技術的能力があること。」），航空運送事業について，航空法101条1項（「当該事業の計画が輸送の安全を確保するため適切なものであること。」），産業廃棄物処理業について廃棄物処理法14条5項（「その事業の用に供する施設及び申請者の能力がその事業を的確に，かつ，継続して行うに足りるものとして環境省令で定める基準に適合するものであること。」）がある。自然人に対する資格要件の例としては，医師について，医師法2条及び17条（9条—医師国家試験，6条—厚生労働大臣の免許），弁護士について，弁護士法4条（裁判所法66条及び67条—司法修習，司法試験法—司法試験，弁護士法8条—日本弁護士連合会による登録），建築士について，建築士法3条など（12条—一級・二級建築士試験，4条—国土交通大臣の免許）がある。

5　ユニヴァーサル・サービス

居住地等に関わりなく全国民に対してサービスを提供することが要求されている分野がある。たとえば，初等・中等教育は，義務教育とされ，政府又は公的機関が全国民に対して無償で（又は支払える価格で）提供する。上下水道，廃棄物収集なども同様である。電話，郵便，鉄道運輸などは，かつては政府又は公社が全国でサービスを提供しており，民営化された現在においても，事業者に対して

4）　また小売の自由化について，経済産業省資源エネルギー庁のHP［http://www.enecho.meti.go.jp/category/electricity_and_gas/electric/pdf/seido1206.pdf］を参照。

全国民に対する提供義務がある。民間事業者が行っている分野，電力，ガス供給，放送なども同じである。医療サービスは，公立病院の設置と医療保険の提供という形でユニヴァーサル・サービスが実現されている。弁護士サービスは，弁護士会が弁護士過疎と呼ばれる問題に取り組んでいるほか，国選弁護の引き受け義務，法律扶助制度などによって地域・所得等に拘わらず基本的なサービスが受けられるようになっている。

　ユニヴァーサル・サービスは，地域政策ないし所得再分配的な色彩が強いが，地域社会の多様性が経済・社会全体で保有すべき資本の一であって，その維持が適切になされない「市場の失敗」を是正する措置と位置づけることも可能である。「市場の失敗」は，規模の経済性が強く働けば，長期的な存続可能性をテストされる前に，地理的な集中が加速度的に進行してしまうことかもしれないし，地理的に集中していると災害などで一挙に破滅的な損害を被る可能性が高くなるという「負の外部効果」と考えることも可能であろう。この点は，第1章三3(3)を参照。

6　線路敷設権（公用特権）

　鉄道，水道，電力，ガス供給，電気通信，放送などの事業を行うためには，事業に対する許可とは別に，線路，水道，電力線，ガス管，通信線その他付属設備などを敷設する権利（無線の場合には周波数などの使用権）が必要であり，線路敷設権又は通行権（rights of way）と称される。公有地たとえば道路については道路占有許可を受けるという方法もあるが，私有地については地上権・借地権・地役権などを得る必要がある。交渉で取得するのが通常であるが，必要な場合許可を受けた事業者が強制的に権利を取得する手続が存在している場合がある（いわゆる公用特権。たとえば土地収用法2及び3条，電気通信事業法128条～143条）。また大深度地下の使用認可が与えられる場合もある（大深度地下の公共的使用に関する特別措置法10条）。なおいわゆる上下分離により事業自体が自由化されている場合，線路敷設権を有する事業者の保有する線路等の開放が求められることがある（電気通信事業の場合を本項3において言及した）。

7　その他の規制

　物品と同じく，消費者保護，環境保護など様々な理由から，サービス自体の品質，提供の方法などについて規制がなされることがある。たとえば，レストラン業において提供できる食品については食品衛生法上様々な規制が存在する。貸金や金融商品の販売を業とする場合には，貸金業法13条～24条の6，「金融商品

の販売等に関する法律」1条〜9条などが適用になる。また商業施設は第一種低層住居専用地域に建築できず（建築基準法48条1項，別表第二(い)），大規模小売業者等はそうした地域においてそのままの事業を展開できるわけではない。

なお分野によっては，規制の在り方に変化が見られる。たとえば，インターネット上のサービス・情報取引については，青少年保護等を目的とするコンテンツ規制，著作権侵害行為に対する規制など様々な規制が必要とされるが，技術進歩の速度が大きく，適切な規制の設計のために必要な情報も能力も政府よりも事業者等の私人のほうが有している可能性が高いが，他方で私人の自主規制に委ねることにも正統性等の問題がある。この点，EU等において，規制権限の私人に対する委譲を含め政府と私人との共同規制（co-regulation）の仕組みが発展していることが指摘されている[5]。

三　サービス貿易に関する国際ルールの発展

1　国際協力体制

国際的なサービスに対する需要があった分野では，古くから国際協力の枠組みが形成されてきたが，それ以外の分野においても様々な角度から国際的な規律が形成されてきている。また様々な分野で国際規格の策定が行われている。

（1）電気通信サービス

1865年にパリで創設された万国電信連合と1906年ベルリンで創設された国際無線電信連合が合体して，1932年に設立された国際電気通信連合（ITU）は，1947年に国連の専門機関となった。国際的な電気通信と無線通信とを可能にするために資源の割当などを行っている。さらに国際通信の阻害要因を排除するため，有線・無線双方の通信サービスの標準化を進めている。標準化されなければ，すなわち各国が独自のやり方にこだわれば国際通信が不可能になってしまう。ITUにおいて合意された標準は，勧告の形を取り，これを受けて国内法化がなされる[6]。

---

[5] インターネット分野での共同規制の考え方及び実情について，生貝直人『情報社会と共同規制──インターネット政策の国際比較制度研究』（勁草書房，2011年）を参照。
[6] ITUに関しては，城山英明『国際行政の構造』（東京大学出版会，1997年）第2章及び第3章，及び横田洋三（編著）『新国際機構論』（国際書院，2005年）439-442頁を参照。

（2）郵便サービス

1875年に，国際郵便業務を効率的に行うために万国郵便連合（UPU）（当初の名称は一般郵便連合）が設立された。1948年に国連の専門機関となった。郵便物の料金，重量や大きさなどの受付の条件について，国際郵便業務に適用される共通の規則及び通常郵便の業務に関する規定を定めている。また途上国向けの技術協力も行っている[7]。

（3）金融サービス

金融サービスの分野では，銀行が国際的に展開していくのに伴い，銀行監督の標準化が要請されるようになってきた。バーゼル銀行監督委員会，国際決済銀行（BIS）等がその任に当たっている。さらに信用ネットワークを考えた際に，銀行に限らず，証券会社・保険・消費者信用・信販会社など信用の供給に関わる幅広い金融機関についてリスク管理を考える必要が認識され，証券監督者国際機構（IOSCO），保険監督者機構（IAIS）などにおいて国際的な規制が導入されている。それらの概観については第15章を参照。

（4）航空運送

航空運送については，19世紀末から国際的協力の必要性が認識されていた。1919年に締結されたパリ国際航空条約は，国家の領空権を定めたものである。その後，必要な数の国の批准を得て，1922年に国際委員会（International Commission of Air Navigation, "ICAN"）が設立されている。パリ条約は，1944年にシカゴにおいて国際民間航空条約（シカゴ条約）が締結された時点で排除され，1947年には国連の専門機関の一つとして，国際民間航空機関（ICAO）が設立された。シカゴ条約は，同じく国家の領空主権を定め（1条），さらに内国航空運輸を国内企業に限定することを認めるいわゆるカボタージュの禁止を認めている（7条）。これは，安全保障等の理由で正当化されているが，内国航空運輸において競争を減殺するので，結果として国内企業に超過利潤を得ることを許し，国際競争の歪曲要因となりかねないという問題がある。なお第16章六1も参照。

ICAOは，運行の安全その他について，国際基準，勧告，ガイドライン等の作成を行っている。各国の保有する航空機が直接競合するラインで利用されることから，競争に委ねると自国に不利な論理でも受け入れてしまうリスクがあり，したがってかかる事態を避けるよう，国際基準を定め，各国がそれを遵守すること

---

7) UPUに関しては，横田『前掲書』（注6）438-439頁。

を確保する必要があるわけである[8]。

（5）海上運送

海運の分野においては，19世紀後半から主要海運国が海上の安全確保のための様々な取決めを結んできた。常設機関の必要性の指摘を受け，1948年には国連が政府間海事協議機関（IMCO）を設立する条約を採択した。現在は，1975年に名称変更した国際海事機関（IMO）が運行の安全，海洋汚染防止その他について，国際基準，勧告，ガイドライン等の作成を行っている。条約化されているものとして，1974年の「海上における人命の安全のための国際条約」（SOLAS条約），1966年の「満載喫水線に関する国際条約」（LL条約），1973年の「船舶による汚染の防止のための国際条約に関する1978年の議定書」（MARPOL73/78）などがある[9]。なお第16章五1も参照。

（6）それ以外のサービス（教育サービス）

ローカル性が強いと考えられるサービスについても国際基準ないし最低基準が策定されることが少なくないし，国際的フォーラムで政策モニタリングが行われることも多い。ここでは，教育サービス[10]についていくつか見てみる（このほか医療サービスにおける国際的取組みについて，第16章九2で言及されている）。

まず，この分野においては，国際連合教育科学文化機関（UNESCO）が教育統計，平和教育，教員の地位等について勧告等を出している[11]。また，国連総会において1999年に採択された子どもの権利条約は，子どもの教育を受ける権利及び教育が目指すべき方向性について規定をおいており，またこれらの規定を含

---

8) 国際航空行政については，城山『前掲書』（注6）160-166頁を参照。
9) 国際海事行政については，同上，153-160頁を参照。
10) なお憲法学・教育法学においては，教育内容を決定する教育権が国にあるか親及び教師を中心とする国民全体にあるか，また教師の教育の自由・学問の自由との関係等が議論されている。たとえば，兼子仁『教育法』（新版）（有斐閣，1978年）273-310頁。国際競争論＝共存モデルでは，これらが矛盾対立する要請であり，優先順位を決定する必要があると想定する。決定がなされた場合その正統性を重視するため，結果として，政府の決定を尊重する傾向が強くなる可能性があるし，逆に反対に振れる可能性もある。これに対して，比較優位論＝協力モデルでは，経済・社会の共通目的として持続可能性の最大化すなわち後続世代に遺す資本の最大化が合意されていると想定し，そのために客観的に最適な政策が追求されていることを求める。したがって教育制度の目的はかかる観点から見ての人的資本の最大化であり，教育内容及び教育方法もその目的に照らして客観的に最適化されることが重要であり，かかる共通目標を踏まえた上で専門家による技術的判断が尊重されるべきと考えることになろう。
11) UNESCOの取組みについては，UNESCOのHP［http://en.unesco.org/themes/education-21st-century］を参照。

め子どもの権利の実施について締約国の進捗状況を審査するために子どもの権利に関する委員会を設置し（43条1項），締約国に対して報告書を5年ごとに提出することを求めている（44条1項）。委員会は，提出された情報に基づいて提案又は一般的勧告をする権限を有しており（45条(d)号），一般的又は具体的な教育制度の見直しを求めることがある。非政府機関がこの報告書の審査プロセスに参加し（45条(c)号），また報告書の国内公表が義務付けられている（44条6項）[12]。

そのほか，品質保証のための認証制度など，任意の制度において国際標準化が進められている。とりわけ高等教育については，国境を超える学生の移動が増加し，また大学教育の商品化の流れがあり，教育プログラムの互換性に対する要求が高まったこと，また教育における国際競争が意識されたことを背景として，質保証（quality assurance）の客観化・標準化を進める動きが強い[13]。2005年には，UNESCO及びOECDが「国境を越えて提供される高等教育の質保証に関するガイドライン」を作成・公表している[14]。またOECDにおいて，大学における教

---

[12] 喜多明人・広沢明・荒牧重人・森田明美（編）『[逐条解説]子どもの権利条約』（日本評論社，2009年）を参考とした。なお，教育分野における国際機関の活動について，横田『前掲書』（注6）422-430頁を参照。また，たとえば日本に対するUNESCOの審査について外務省のHP［http://www.mofa.go.jp/mofaj/gaiko/jido/］を参照。

[13] 各国の動きについては，たとえば，羽田貴史・米澤彰純・杉本和弘（編著）『高等教育質保証の国際比較』（東信堂，2009年）を参照。このような動きは，教育における市場メカニズムの有効性をどう考えるかによって評価が大きく変わる。教育の成果を学習者個人に帰属する所得稼得能力の向上に限定すれば計測可能性は高く従って市場メカニズムになじむ。かかる観点からの文献として，小佐野広「教育の経済理論──スクリーニング，シグナリング，人的資本」伊藤隆敏・西村和雄（編）『教育改革の経済学』（日本経済新聞社，2003年）46-56頁。これに対して，経済・社会全体にとって有益な責任感，公徳心，専門家としての職業意識など社会関係資産の涵養を重視するならば，教育の成果が少なくとも短期的には計測が困難でありかつ学習者にのみ帰属するわけでないので私人の選択に委ねるとしても市場メカニズムの大きな修正を要する。資本市場の不完全性（学生に対してその教育費分の長期貸付を行う金融機関はほとんどない）は，前者の考え方においても政府介入が必要であることを示すが，後者の考え方においては，学習者本人に利益が帰属しない以上学習者が資本市場から必要な資金を調達することが困難なだけでなく学習者自身に費用を負担するインセンティブが過小になっている可能性もあり，さらに短期的効力のある教育サービスに限定しようとする提供側の問題にも対処する必要があるので，より深い政府介入が必要になる。後者の考え方に立つものとして，荒井一博『教育の経済学・入門──公共心の教育はなぜ必要か』（勁草書房，2002年）。国際競争論＝共存モデルからは，いずれを重視するかは各国家の選択であり，特段議論の必要がないが，比較優位論＝協力モデルに立てば，市場メカニズムの機能の大幅な修正が必要な可能性がある限り，質保証のような動きが行き過ぎとならないよう細心の注意が必要となろう。

[14] ガイドラインは，UNESCOのHP［http://www.unesco.org/education/guidelines_E.indd.pdf］又はOECDのHP［http://www.oecd.org/education/innovation-education/35779480.pdf］から入手可能。また文部科学省のHP［http://www.mext.go.jp/a_menu/koutou/shitu/］を参照。

育の成果を直接に評価することのフィージビリティを研究するための「高等教育における学習成果の評価」（Assessment of Higher Education Learning Outcomes, "AHELO"）が行われているほか，15歳の生徒の学力を測定し，国際比較するいわゆる PISA テスト（Programme for International Student Assessment），成人の能力についての PIAAC テスト（Programme for the International Assessment of Adult Competencies）が行われている[15]。EU においては，1999年のボローニャ宣言以降，ボローニャ・プロセスと呼ばれる域内の大学教育の互換化・標準化が進められている（ただし生涯学習を強調するなど標準化を超える取組みであることに注意が必要である）[16]。また質保証の評価に関わるグッドプラクティスのデータベース作成などを行っている非政府機関の国際組織がいくつか設立されている（たとえば高等教育質保証機関の国際的ネットワーク（International Network for Quality Assurance Agencies in Higher Education, "INQAAHE"）が1991年に設立されている[17]）。

また非政府機関である国際バカロレア機構が提供する国際バカロレア（International Baccalaureate）という教育プログラムを一種の国際標準として中等教育にも採用しようとする動きもある[18]。また，学習塾，語学学校などを対象とする「非公式教育・訓練のための学習サービス—サービス事業者向け基本的要求事項」がISO029990として2010年に発行されている。厚生労働省は，公的訓練の委託先の選定のために評価基準を策定しているが，このISO029990を基礎として用いている。

（7）個人情報保護

サービス貿易に広範に適用される規制の国際的調和の動きもある。たとえば個人情報保護については，国外処理を制限する欧州の考え方と，世界的な通信ネットワーク産業を有し情報の自由な流通を重視する米国の考え方が対立し，1980年に OECD からミニマムスタンダードとしての「プライバシー保護と個人データの国際流通についてのガイドラインに関する理事会勧告」が出された（2013年に改正されている）[19]。国内政策について，個人データの収集制限（7条），利用

---

15) これらの OECD における取組みについては，OECD の HP ［http://www.oecd.org/edu/skills-beyond-school/］を参照。
16) ボローニャ・プロセスについては，たとえば，木戸裕「ヨーロッパの高等教育改革——ボローニャ・プロセスを中心にして」『レファレンス』658号（2005年）74頁を参照。
17) INQAAHE の HP ［http://www.inqaahe.org/］を参照。
18) 日本における取組みについて，文部科学省の HP ［http://www.mext.go.jp/a_menu/kokusai/ib/］を参照。

目的に沿った正確性，完全性及び最新性の確保（8条），利用制限（10条），安全保護（11条），自己のデータに対する個人の権利（13条），データ管理者の責任（14条）などを規定し，国際的な側面として，ガイドラインの遵守状況に関する通知，情報交換・相互協力の促進などが規定されている。日本がオブザーバー参加する欧州評議会でも取組みがあり，「個人データの自動処理に係る個人の保護のための条約」が1985年に発効した[20]。2004年に発効した追加議定書は，独立の監視機関を置くものとし，また条約の非締約国への個人データの移転を，意図するデータ移転について「十分なレベルの保護」を確保する場合に限定している[21]。

　この点GATSは，個人情報保護等の法令の「遵守を確保するために必要な」措置を明文で除外している（14条(c)(ii)）。当該サービス提供者でなく，その本国の制度を問題にするものであり，また最恵国待遇義務違反のおそれが強いため除外は必要である。なおGATTには，対応する例外規定がないが，電子媒体に固定した個人データの輸出制限もGATTの対象になるところ，輸出先における使用を問題にするという意味でPPM措置の亜種として考えるべきであり，またその観点から例外規定の要否を検討する必要があろう。この点を含めPPM措置のGATT整合性については第7章四4及び第9章四1(1)(ウ)③を参照。またTRIPSにも対応する規定がない。

（8）自然人の移動

　人の国際的移動については，移民及び人身取引の問題が関係する。国際的な組織犯罪の防止に関する国際連合条約の付属議定書として締結された「人（特に女性及び児童）の取引を防止し，抑止し及び処罰するための議定書」が2003年に発効している。また国際的な移住の問題を扱う国際機関として，国際移住機関（International Organization for Migration, "IOM"）[22]がある。国内法レベルでは出入国管理が関係する[23]。

---

19) OECD, *Recommendation of the Council concerning Guidelines governing the Protection of Privacy and Transborder Flows of Personal Data* (2013), C (80) 58/FINAL, as amended on 11 July 2013 by C (2013) 79 OECD, at [http://www.oecd.org/sti/ieconomy/2013-oecd-privacy-guidelines.pdf].

20) Convention for the Protection of Individuals with regard to Automatic Processing of Personal Data, at [http://conventions.coe.int/Treaty/en/Treaties/Html/108.htm].

21) 個人情報保護法制については多数の文献が存在するが，たとえば石井夏生利『個人情報保護法の理念と現代的課題――プライバシー権の歴史と国際的視点』（勁草書房，2008年）。なお，欧州評議会（Council of Europe）のHP [http://www.coe.int/t/dghl/standardsetting/DataProtection/default_en.asp] を参照。

この点，GATSに付属する「この協定に基づきサービスを提供する自然人の移動に関する附属書」のたとえば2項が，GATSが「永続的な市民権，居住又は雇用に関する措置」に適用されないことを規定している。この適用範囲画定の意味を理解するには，範囲外とされている移民政策等を制約する国際合意の可能性をどう考えるかの検討が必要であり，さらにそうした検討を行う上では，人的資本の育成・保全たとえば教育，労働者保護，医療，年金等社会保障といった分野における各国の政策及び関連する国際的取組みを併せて分析する必要があろう[24]。

そうした視野において移民政策等を制約する国際的合意の可能性を考えるに当たり，国際競争論＝共存モデルでは，移民の受け入れを決定する各国の自由を前提として，国益の見地からその調整を行ったと理解することになる。教育等の政策問題は，そうした移民政策上の利害とは別の利害に関わりかつ整合的である保証がないという前提で国益判断において考慮され，合意に反映されると考える。上記GATSの適用範囲に関する規定もそうした意味の合意があったものと理解される。

これに対して，比較優位論＝協力モデルにおいては，移民政策等を範囲外とするのは性質上当然であると考えられる。この見方では，各国において人的資本を含む資本の最大化が確保されることが目標として共有され，したがってそうした人的資本を最大化する最適な政策が各国において採用され，さらに人的資本への投資が不足している国（又は物的資本への投資不足から人的資本が能力発揮できない国）には資本余剰国から資金が移転することが想定されている（第15章一1(5)を参照）。その上で，移民の受け入れについては，人的資本の要素として個人の所得稼得能力のみならず相互協力・信頼，確立した社会倫理などの社会関係資産（第1章三3(2)に言及がある）も重要であって，後者が移民受入から影響を大きく受けることを考慮に入れて政策判断をする必要があり，その点について必要又は有益な情報を収集でき，判断能力を有すると期待される各国政府の裁量に委ねることとすべきであろう。この分野の国際合意があればそうした前提で理解し，解釈することになる。したがって，GATSが扱う自然人の移動の自由化は，自由

---

22) IMOのHP [https://www.iom.int/cms/en/sites/iom/home.html] を参照。
23) ヒューマン・トラフィッキングの問題一般については，大久保史郎（編）『人間の安全保障とヒューマン・トラフィッキング』（日本評論社，2007年）を挙げておく。なお本文の議定書を取り扱う国連薬物犯罪事務所のHP [http://www.unodc.org/unodc/en/human-trafficking/] も参照。また，難民保護の問題が隣接しているが，本書では取り上げない。
24) この点，移民の人権についての議論が，従来受入国における問題に限定され，移民になる可能性のある人々の人権すなわち送出し国における問題を取り上げてこなかったとの指摘がある。たとえば伊豫谷登士翁『グローバリゼーションと移民』（有信堂，2001年）252頁。

化約束の修正が法的に困難である（本章四1(14)を参照）故に，移民と区別され，生活の本拠を移転しないなど国内の人的資本に悪影響を及ぼすおそれのない類型に限定されていなければならない。それ以外の自然人の移動については，政府が裁量権を保持する必要があり，性質上自由化になじまないと考えられる。上記附属書2項の規定はそのことを確認するものとして理解できる。ただし，一旦サービス提供のための入国を認めた以上，滞在期間等その条件として課した事項（同附属書3項を参照）以外，たとえば労働者保護基準の適用において差別を認めるべきでなく（差別的適用は入国の条件として課すことも認められるべきでない），ここではGATSが内国民待遇義務を選択制としていることが問題視され得る。この問題については，本章四1(14)を参照。

なお人的資本の育成・保全たとえば教育，労働者保護，医療，年金等社会保障といった政策分野について形成されている国際ルールは膨大であり，本書は，それらも国際経済法に含めているものの断片的に言及するに止まっている。たとえば，医療について第16章九，年金等の社会保障分野の国際的取組みについて第8章三5，高等教育の国際的取組みについて本章三1(6)など。また移民労働者の人権・社会保障のための国際ルールとして，様々な政策分野における内外国人労働者の平等待遇を定める様々な条約・勧告がILOにおいて多数存在するほか，国連人権規約や「移民労働者とその家族の権利保護に関する条約」（1990年採択）などを指摘できる[25]。

（9）情報セキュリティ

情報システムは，情報通信だけでなく金融，電子商取引などの重要なインフラであり，その安全性確保が経済活動の円滑化のために必要である。利用可能性，機密性，完全性の障害等から関係者を保護するために，1992年にOECDにおいて「情報システムのセキュリティのためのガイドライン」が策定・公表され，常設の専門家会合が置かれ，定期的に改訂されてきている[26]。また個人情報保護に関するガイドライン（本項(7)を参照），暗号政策に関するガイドライン（1997年に理事会で採択）などが策定されている[27]。また企業などのセキュリティについてISO/IECにおいて標準が策定されている（ISO/IEC17799及びISO/

---

[25] たとえば，高藤昭「外国人労働者とわが国の社会保障法制」社会保障研究所（編）『外国人労働者と社会保障』（東京大学出版会，1991年）を参照。

[26] 2002年改訂版がOECDのHP［http://www.oecd.org/sti/ieconomy/15582260.pdf］から入手可能である。

[27] OECDの動きについては，OECDのHP［http://www.oecd.org/sti/ieconomy/security.htm］を参照。

IEC15408)。ただ 2001 年の同時多発テロ事件発生後は，重要なインフラの保護よりもサイバー犯罪などの新しい脅威に関心が移っており，欧州評議会においてサイバー犯罪条約[28]が署名のために開放され，日本も参加して 2004 年に発効した[29]。

2 サービス貿易の自由化

1962 年には，OECD において「経常的貿易外取引自由化コード」及び「資本移動自由化コード」が採択され，加盟国は多くの分野について自由化を約束していた（第 14 章三 4(1)を参照）。しかし OECD 加盟国に限定され，また紛争解決手続が定められていないことなどから限界があった。ウルグアイ・ラウンドでサービス貿易を取り上げるべきという米国の要求が通り，交渉の結果 GATS が締結された。

GATS においては，国連産業分類に準拠したサービス分野の分類にしたがって，越境取引，国外消費，商業拠点設置，自然人の移動の 4 つのモードでのサービス貿易を対象として自由化交渉を進めていくことになっている。越境取引（第 1 モード）とは，提供者と消費者とが国境の両側に存在し，サービス提供自体が国際的に行われるものであり，たとえば海外の法律事務所が日本居住者に対して郵便，電話，メール等を通じて助言を行うことが該当する。国外消費（第 2 モード）は，消費者が国外の提供者を訪問し，国外においてサービスの提供を受け，消費を行うものであり，日本の依頼者が外国の事務所に出張して相談することが該当する。商業拠点設置（第 3 モード）は，子会社，支店又は事業所などの拠点を設置してそれを通じてサービスの提供を行うというものであり，本質的に投資であって，日本に事務所を開設して日本の依頼者に助言することが該当する。自然人の移動（第 4 モード）は，提供者が日本を訪問して，国内においてサービス提供を行ったという事例であり，外国の弁護士が日本に出張して日本の依頼者に助言することが該当する。出稼ぎ労働のような労働者の移動がサービス貿易に含まれるかについて議論の対立があったが，「サービスの提供という事業に従事する『自然人の移動』の問題として整理され」，労働力の提供自体がサービス提供とは考えられていないとされる[30]。ただしこの定義は，自営のサービス提供者とサービス

---

28) 欧州評議会の HP ［http://www.coe.int/t/dghl/cooperation/economiccrime/cybercrime/T-CY/Default_TCY_en.asp］を参照。
29) 以上については，山川智彦「セキュリティに関する国際的な議論」NTT データ技術開発本部システム科学研究所（編）『サイバーセキュリティの法と政策』（NTT 出版，2004 年）を参照。

提供者に雇用される自然人の双方を含み，後者については第3モードと重複するところがある[31]。なおこの点は，本章三1(8)をも参照。

　関税措置がサービスに適用されないため関税譲許に相当する規定がないが，GATTにおける数量制限禁止と内国民待遇義務との類推から市場アクセス制限の禁止及び内国民待遇義務とが置かれている。これらの義務も個別に約束した分野についてのみ適用され，また留保が可能である（GATS20条1項）点でGATTと異なっている。約束は，留保・条件と共に，協定と一体不可分の約束表（同条3項）に記載される。市場アクセスに関して留保した措置は，内国民待遇義務についても留保したものとみなされる（同条2項）。

　なおサービスの自由化のために，GATS成立後も定期的に交渉を行うことが約束されている（19条）。交渉は，リクエスト・オファー方式で行われるのがこれまでの実務である。規制が数量化しにくく，また各国においてサービス業を包括的に監督する官庁がなく，関税交渉でみられるような一律カットを目指す交渉方式はなじまない。むしろ，規制改革が交渉の中心である以上，各国が規制を考える産業範囲をカバーするように交渉単位を切り出すほうが合理的であろう。なおドーハ開発アジェンダにおいてビジネスの実態に合わせて複数の関連分野をまとめて交渉するいわゆるクラスターアプローチ[32]が提案されている。

　なお金融サービスと電気通信サービスは，1995年までに交渉が終結せず，GATS発足後に持ち越された。WTO協定には，金融サービスの定義等を定める「金融サービスに関する附属書」，MFN例外登録の特則を定める「金融サービスに関する第二附属書」，特別の約束の方式を定める「金融サービスに係る約束に関する了解」，電気通信サービスの定義・範囲，公衆電気通信網への接続等について規定する「電気通信に関する附属書」，MFN例外登録の効力停止を規定する「基本電気通信の交渉に関する附属書」が付属している。これらのサービスのいずれも1997年に交渉がまとまり，電気通信サービスに関する約束が第四議定書として，金融サービスに関する約束が第五議定書として発効した[33]。なお自然人の移動についての自由化も継続交渉とされ，1995年に合意された第三議定

---

30) 宮家邦彦『解説WTOサービス貿易一般協定（GATS）』（外務省経済局，1996年）207-208頁。

31) Rüdiger Wolfrum, Peter-Tobias Stoll, and Clemens Feinäugle (eds.), *WTO – Trade in Service* (Martinus Nijhoff, 2008), pp. 52-53.

32) Working Party of the Trade Committee, "Assessing Barriers to Trade in Services: Using 'Cluster' Approach to Specific Commitments for Interdependent Services," TD/EC/WP(009)/Final, 07 November 2000, available at [http://www.oecd.org/trade/services-trade/1893677.pdf].

書が1996年に発効しているが，参加している加盟国は少ない。

それ以降は，2000年初めから交渉が開始されることが決まっており（19条），2001年に「交渉ガイドライン」[34]が策定されたが，先進国・途上国間の対立のため交渉は停滞している。そのため，2013年に有志国による新サービス貿易協定（Trade in Service Agreement, "TiSA"）の交渉が立ち上げられた[35]。

なおサービス貿易の分野でも自由貿易協定において様々な規定が置かれている。とくに電子商取引に関する規律は，WTOにおいても議論があるが，自由貿易協定において消費者保護，個人データ保護，電子署名等について具体的な規定が置かれ，規律の発展が著しい[36]。

四　サービス規制に対する WTO 協定及び投資協定上の規律

1　GATS

サービス貿易においては，関税に相当する政策手段が基本的に存在せず，規制が自由化の対象である。したがって，GATSにおいては，市場アクセス及び内国民待遇義務をサービスごとに約束することによって自由化を進めることが想定されている。GATSの構造は，第1章五2(2)において検討したのでここでは個別規定について検討する。

（1）サービスの定義
（ア）政府サービス

GATSはその自由化の対象たる「サービス」の範囲から「政府の権限の行使として提供されるサービス」を分野として除き，行政サービスを除外している（1条3項(b)号）。このサービスは，商業的な原則に基づかないこと及びサービス提供者との競争を行うことなく提供されることを要件として定義されている（同項(c)号）。ただし，金融サービス分野においては，上記の特則が適用され，中央銀行の業務などが該当することが明記されている（金融サービスに関する附属書1項(b)号）。

---

[33]　中間的合意が第二議定書として1995年に成立しているが，第五議定書によって置換されている。なお第一議定書は存在していない。Wolfrum, Stoll and Feinäugle, *supra* fn.31, pp. 641-642.

[34]　*Guidelines and Procedures for the Negotiations on Trade in Services*, adopted by the Special Session of the Council for Trade in Services on 28 March 2001, S/L/93.

[35]　経済産業省通商政策局（編）『不正貿易報告書（2014年版）』430-433頁を参照。

[36]　その状況については，同上，739-755頁を参照。

一般の場合にいかなるサービスが「政府の権限の行使として提供されるサービス」に該当するかについて明確な解釈を示した先例は未だ見当たらない。一般論として，「市場の失敗」の是正を目的として政府又は政府関係機関の行う事業は，それが目的に照らし最適な制度設計・運営方法なのであれば，定義上，商業的な原則に基づいていないし，また商業的原則に基づいてはなし得ないのであるから競争する民間事業者が存在しないはずである。かかる見地からは，中小企業金融などの政策金融，公立学校・公立病院などが「政府の権限の行使として提供されるサービス」といえるかどうかは，各国がどのような政策意図の下でこうした公的サービスを適用しているかに拠ることになろう。他方で，財政収入を得るためにあるサービスの供給を政府が独占しているという場合には，利潤が期待できるのであるから「商業的原則に基づく」というべきであろう。なお公共サービスの提供に民間資金を利用するPFIや公共サービスの提供に関して官民での競争入札（市場化テスト）[37]が行われるようになった現状では，その部分はサービス提供者との競争が存在すると言わざるを得ない可能性がある。

　なお，今日では政府と民間との境界線が流動的になっており，自由化の対象として外資の参加を認めた後に問題が発生し，独占に復帰すべきとの政策判断に至る可能性もあることを考慮に入れるべきである。しかし，現在のGATSの対象設定では，一旦自由化して競争を導入するとGATSの対象となり，自由化を約束していると独占への復帰がサービス提供者数の制限として約束違反（16条2項）となるが，自由化約束を変更しようとすれば代償が必要になってしまう（21条）可能性がある。この自由化からの後退の過度の困難性は，後に(14)項にまとめるGATSの構造問題の一である。

　国際競争論＝共存モデルの発想では，一旦自由化を相互に約束した以上，それを撤回するならば代償が必要とされるのは当然であろう。当該サービス分野において「市場の失敗」が新たに発見され，国家が独占して供給することが効率性の観点から適切であると判断されたとしてもそれは相手国の都合であり，独占化を無条件で認めなければならない理由がない。GATS21条が代償的調整を要求しているのは当然であり，それに従うのが筋である。これに対して，比較優位論＝協力モデルに立つならば，独占化が経済の効率化のために最適な措置であるならば，独占化を認めるのが共通の政策目標である世界経済・社会の保有する資本の最大化の観点から見ても最適であるから，事実上代償を求めない取扱いとすべきであ

---

[37] 市場化テストについては，たとえば，本間正明・市場化テスト研究会『概説市場化テスト——官民競争時代の到来』(NTT出版，2005年) を参照。

ろう。独占化に伴い事業の譲り渡しを強制される投資企業に対する補償に問題を限定すべきであり，そうした処理が適切になされる限り，特定の公共サービスを対象範囲から除外する必要がない。逆に自由化からの正当な後退が許容されたほうが自由化約束を積極的に検討できると考える。

(イ) サービス分類

関税譲許がHS分類を下敷きにしているのに対して，約束表におけるサービスの分類は国際連合国際経済社会局統計部作成の暫定中央生産分類（CPC）を下敷きにした事務局文書（MTN.GNS/W/120）において示された分類が用いられている。情報通信セクターなどでは，セクターについての交渉において個々の加盟国が独自の分類を使っている例も見られる。規制が自由化の対象であり，最適な規制のあり方が技術進歩等によって変化し，特に規制枠組みの対象範囲が変わることをどう反映させるかが問題になる。また，約束表の文言から約束の範囲が客観的に決定されるとするのが先例であり[38]，したがって約束表の当時存在していなかったサービスであるから約束の対象外であるとはいえないであろう。比較優位論＝協力モデルからは，内国民待遇義務との関係で，産業又は経済セクターとして一体として規律の対象として扱うべきかどうかの問題になることを考慮すべきである。関税譲許の解釈を巡るパネル先例（第3章四2(1)を参照）と整合的である。また最恵国待遇義務との関係でそもそも「同種のサービス」を分断した約束を認める必要があるかという問題もある（GATTについては第3章四2(2)を参照）。

(2) 市場アクセス

GATSにおいて，市場アクセス（16条）を約束した分野については，「約束表において合意し，特定した制限及び条件に基づく待遇よりも不利でない待遇を与え」（同条1項），かつ，別段の定めをしない限り，2項に列挙する「措置を維持し又はとってはならない」（同条2項）。すなわち約束表に存在する分野において何の記載もなければ無条件で約束していることになるが，無条件の場合は"none"と記載するのが通例である。約束をしない場合は，そもそも分野を記載しないか，又は"unbound"と記載する。

1項の義務は，2項に具体的に規定する義務を超えないとされており，一般的抽象的に「市場アクセス」を確保する義務でないとする先例があるが議論がある[39]。2項は，サービス提供者の数の制限（(a)号），サービスの取引総額又は資

---

38) Panel Report on *China - Electronic Payment Services*, para. 7.68.

産総額の制限（(b)号），サービスの事業の総数又は指定された数量単位によって表示されたサービスの総産出量の制限（(c)号），雇用する自然人の総数の制限（(d)号），事業体の形態の制限（(e)号），外国資本の参加の制限（(f)号）を禁止している。サービスの総産出量の制限には，サービスの提供のための投入を制限する措置を含まないとされ，交渉においては，かつての大店法の規制要素である営業店舗面積，休日や営業時間等の制限が想定されていた。

規定上，提供者数の制限及びサービス事業の総数の制限は，需給を考慮しての要件でなくても16条2項に抵触する。たとえば，自然独占が成立する分野において二重投資の不効率を避けるために参入制限を設けることは(a)号に抵触する。(e)号及び(f)号も同様であり，外国会社については子会社による事業展開を認めないとか，外資比率を50％未満とすることを求めるなどは，需給を考慮しているか否かとは無関係に2項に抵触することになる。これに対して，サービスの取引総額等，総産出量及び雇用者数の制限は，数量割当又は需給を考慮したものだけが問題である。雇用者数以外の投入の制限は総産出量の制限に該当しない（同項(c)号注9)。

まず16条2項(a)及び(c)号について，先例は，米国におけるインターネットを通じたカジノサービスの禁止について，特定のサービスの禁止が提供者の数の制限又は事業の数の制限の究極の姿であるとして，16条2項に違反すると判断し[40]，その後14条例外に該当しないかどうかを検討している。しかし，サービスの特定の提供方法を規制することも当該規制された方法によって提供される特定のサービスの禁止であるとも言えるし，それが市場アクセスの約束に違反するとされると，必要な規制ができなくなる可能性がある。たとえば投資家の財産保護のために，証券業においてリスクの高い特定の取引方法を禁止したとしよう。これは，それ以外の方法による事業も行っている証券業者からいえば取引方法の制限であるが，そうした取引方法による事業を専ら行っている証券業者からみれば禁止であり，この見方のいずれも誤っていると直ちには言えない。しかし，この規制が16条2項に違反するならば，財産保護目的が14条でカバーされていないので正当化されないが，この結論が不合理であることは明らかである。したがって，国内サービス提供者の存在を前提とする参入規制・提供者数の制限と異なり，外国サービス差別の要素のない特定のサービスの禁止は16条2項に抵触しないとすべきではなかろうか。上級委員会は，譲許税率をゼロとすることと対比

---

39) Panel Report on *US – Gambling*, para. 6.298. この点については Wolfrum, Stoll, and Feinäugle, *supra* fn.31, pp. 390-392.

40) Appellate Body Report on *US – Gambling*, paras. 224-238.

する[41]が，輸入関税は国内生産者を保護する以外に目的を考えにくい措置であり，様々な目的のために利用され得る特定のサービス提供の禁止と区別すべきである。

なお，そもそも16条2項は，輸出入制限の一般的禁止を規定するGATT11条1項に倣ってドラフトされていると言われている[42]。国際競争論＝共存モデルは，貿易障壁の撤廃を約束することがGATS16条の趣旨であり，その原則からの逸脱があれば14条等で留保されていると理解するので，上記先例の考え方を理解できる。

これに対して，比較優位論＝協力モデルに立てば，GATTにおいても，輸入品に対して適用のある政府措置は，輸入品を別段に扱う理由のある政策目的（たとえば国内産業保護又は検疫）でない限り，輸入品と国産品とを区別せずに扱うGATT3条（内国民待遇義務）の対象とすべきであり，そうでない措置がGATT11条1項の対象とされるが，政策目的によっては正当化されるべき（執行管轄権の限界のため輸入品に対して相対的に厳しい規制を要求する検疫措置など）であるためにGATT20条が置かれていると考える（第1章五2(1)を参照）。GATS16条2項について，GATT11条1項と同じく，管轄権の限界などのために，外国サービス又は外国のサービス事業者に対して相対的に厳しい規則を必要とする政策目的が限定されており，政策目的を限定列挙しているGATS14条によって正当化されるとすれば足りるという発想が妥当かを検討しなければならない。妥当でなければ，16条2項の対象とすべきでなく，17条の内国民待遇義務の問題として扱うべきである。立法論であるが，GATTにおいて，関税が国内産業保護を目的とするものであって，関税譲許を違反する措置が政策目的によって正当化されると想定されていないことに鑑みれば，管轄権の限界から国内のサービス又はサービス提供者と同一の規制を外国のサービス等に適用するのでは足りない可能性のある第1，第2及び第4モードについての差別的取扱い又は数量制限のほかは，国内産業保護（及び安全保障）以外に目的を考えにくい外資規制に限定してGATT16条2項の対象とするという考え方を採用すべきではないかと思われる。それ以外の制限は正当化される政策目的を限定してよいか定かでなく，したがって目的の考慮に柔軟性のある内国民待遇義務（次項(3)を参照）によって規制すべきであるし，たとえば，品質規制をサービスの提供段階でなく生産段階で適用するサービス（たとえば医療サービス）は提供国における資格試験等に合

---

41) *Ibid.*, para. 233.
42) 石黒一憲『世界貿易体制の法と経済』（慈学社，2007年）175-176頁。

格する必要がある点で外国のサービス提供者に不利があるし，また公徳保護の要請に鑑みて量的に管理する必要があるギャンブルも外国からのサービス提供が禁止されることがある。こうした規制をGATS14条で正当化するという発想で16条の設計を再考すべきであろう。

　比較優位論＝協力モデルは，さらに，市場アクセスの対象範囲にサービス提供者の数の制限が含まれており，したがって独占的供給体制とすることを認めないことを約束させるならば，その約束の撤回・修正を認めるセーフガードをその必要性の有無を含めて交渉すべきであろうという考え方になる。民営化・自由化する時点では，事業として成立するので自由化すべきと加盟国政府が判断したとしても，その後の技術発展，産業構造の変化などによって，再度国有化・独占することが最適であると判断が変わる可能性があるからである。この問題は，国際競争論＝共存モデルからは，政府介入を最小化することが望ましいと考え再国有化等を認めない考え方も，再国有化の可能性を留保する考え方もあるが，いずれの考え方も否定できないので，関係国の主観的合意内容を協定の文言を足がかりに探求するほかない。ただ，第3モードについては実態が投資であるから損失補償という事後的救済を考える必要がある。そうした場合に補償がなされてないならばそのリスクを勘案して投資せざるを得ず，世界における投資が最適化されないからである。同じような事態は，状況の変化によって，ある加盟国において最適な政策選択が後に触れる追加的約束に抵触することが判明した場合にも生じる。「市場の失敗」を最適な手段によって是正するという抽象的な義務であればそうした事態が起り得ないが，約束が具体的になれば可能性としては存在する。

　この点，GATSの約束の見直しが，GATTの関税譲許と異なり，代償を前提としていることに注意が必要である。まず代償についての合意を追求し，合意できない場合，他の加盟国は，代償についての仲裁を求めることができる。仲裁判断に従った代償を提供せずに修正した場合他の加盟国に対抗措置が許される（21条）。しかし，GATTにおいては，関税譲許がWTO協定の目的実現の観点から適切でない場合にこれを代償なしに修正する余地を規定上認めている。特定のサービスにおいて国有化その他約束に反する政策選択が客観的に最適である場合には，約束表の修正を代償なしに認めるべき（ただし損失補償の問題は残る）であって，そのような実務慣行を積み重ねていく必要があろう。

　なおGATS16条の問題点は他にもある。GATT11条1項と異なり，自国への輸入制限だけを想定し，輸出制限を対象としていない。16条1項は，「他の加盟国のサービス及びサービス提供者」に付与する市場アクセスに対する制限を規制するのみで，他の加盟国の「サービス消費者」（28条(i)号）が自国サービスにア

クセスすることに対する制限を規制していないからである。また特定国に対するサービスの輸出制限も，最恵国待遇義務（2条1項）がサービス消費者の差別を規律していないので問題にならない。そうすると，国家管轄権上の問題がない限り，他国にとって不可欠のサービスを輸出している国が輸出制限を利用し，自国産業に低価格でサービスを提供して国際競争において有利になるようにしたり，輸出に条件を付して様々な経済規制その他を押し付けたり，といったことが許されていることになる。たとえば米国がその株式市場に上場する企業に対して紛争地域で生産・取引されている鉱物資源（いわゆる紛争鉱物）の利用について情報開示を求めること[43]は，金融サービスの輸出制限に相当するが，たとえ金融サービスの自由化を約束していてもGATS上規制する規定がなく，規律管轄権の過剰行使にならない限り国際法上違法でない。

この点は，国際競争論＝共存モデルでは各加盟国が自己利益を最大限追求した結果の合意としてそのままで差し支えない。これに対して，比較優位論＝協力モデルに立てば，外国消費者を不利に扱うことを自由に認める理由が見当たらない以上，立法論であるがかかる点の規定を新設すべきということになる。

（3）内国民待遇義務

GATS17条は，同種のサービス又はサービス提供者について内国民待遇義務を規定している。GATTと異なり，内国民待遇義務が当然でなく，約束したサービス分野についてのみ生じる（同条1項）。なお，16条2項及び17条に違反する措置を留保する場合，市場アクセスの制限として約束表に記載すれば内国民待遇義務についても制限として取り扱われる（20条2項）。

モードが異なれば同種のサービスでないとされているが，モードが異なっても競争関係があり得ることからいっても，また規制を定立する際にモード内だけを考えることが合理的とも思われず，異なるモード間での「同種」性認定を妨げないかは検討課題であろう。

またGATSの内国民待遇義務の文言は，GATT3条4項の文言に類似しており，その解釈が参考になる。第9章四1(1)における議論に照らせば，*EC – Asbestos*ケースにおける上級委員会判断のように比較対象のサービスの「同種」性を検討するに当たって措置の目的等がケース・バイ・ケースで判断される可能性もあるし，またGATT3条2項の事案であるが，*Chile – Alcoholic Beverages*ケースの

---

43) 「紛争鉱物」の問題については，たとえば経済産業省のHP ［http://www.meti.go.jp/policy/external_economy/trade/funsou/］を参照。

ように、「不利でない待遇を与える」との要件において措置の目的と手段との合理的な関係を問うという解釈も考えられる。またTBT協定2.1条の定める内国民待遇義務に関する先例もその方向にあると言える。ただし、*EC – Seal Products*ケースにおいて上級委員会はGATT3条4項の内国民待遇義務の規定においては政策目的を考慮しないとしていることに注意する必要がある。

GATTにおけるのと同じく、国際競争論＝共存モデルは、外国サービス又は外国事業者に相対的に大きな負担を課すことを内国民待遇義務違反と考え、GATS14条が政策目的による留保を定めていると考えることになろう。これに対し、比較優位論＝協力モデルに立てば、措置の目的の正当性並びに必要性及び手段の最適性を要求し、そうでない措置については、国内のサービス適用者と比較して不利な扱いを受けている外国サービス又はサービス提供者が少なくとも潜在的に存在するとして内国民待遇義務違反を認めることになろう。また、GATS14条を、GATT20条と同じく、外国サービス又は外国サービス提供者に対して相対的に厳しい規制手段を採用することが執行管轄権の限界その他のために必要な場合を示したものと理解することになろう。

なお仮に、比較優位論＝協力モデルに立ち、措置の目的の正当性と手段選択の最適性を問うという方向性だとすると、そもそも内国民待遇義務を当然の義務としないことの当否が問われる。この点、GATSにおいては、内国民待遇義務を約束しないことが事実上のセーフガードとして機能している可能性があることが指摘できる。GATSにおける約束の修正が必ず補償的調整が求められ、またセーフガード規定もないため、市場開放が過度であったとしてもその調整が事実上困難だからである。また経済体制の違いから生じる問題を緩和するためのアンチダンピング関税・相殺関税（第12章）いずれも利用が困難であるという問題もある（GATSには規定が存在しない）。逆に言えば、他国が規制その他を最適に立案・実施しているという信頼を確立することが優先であり、それができない限り、市場アクセスの約束はおろか、内国民待遇義務さえ引き受けられないと言わざるを得ないのかもしれない。

（4）追加的約束

GATSにおいては、資格、基準又は免許についての制約を含め、市場アクセス及び内国民待遇義務を超える義務を追加的約束として行うことができるとされる（18条）。GATTにおいても、輸出関税の制限など必ずしもGATT上の義務とされていない事項について加盟議定書において個別に約束している例がみられるが、サービス業においては自然独占が生じやすく、自由化及び差別禁止だけでは市場

開放として十分でない可能性があること，規制業種であって規制が適切かどうかによって市場開放の程度が大きく左右されることなどを考慮して，一般的な規定が置かれているものであろう。これまでのところ，電気通信サービス及び金融サービスについて追加的約束がなされている。

　追加的約束については，国内政策に対する過剰な制約にならないか検討する必要がある。追加的約束は永続する義務であり，誤りが判明しても，約束の修正に補償的調整が必要とされているため，規制に対する考え方の変化があった場合に柔軟に対応することを妨げるおそれがあるからである。国際競争論＝共存モデルでは，競争条件の同一化を追求し，これを妨げる政府措置を制約するために合意することも不合理でないので追加的約束の文言を忠実に解釈し関係国の合意内容を探求するという発想にならざるを得ない。これに対して，比較優位論＝協力モデルでは，各国の規制の最適化が実現されることが重要であり，過剰な自由化又は規制権限の制約を引き受けてしまわないような安全装置が必要であるし，過剰な約束を引き受けてしまった場合にも，状況によっては補償的調整なしに（たとえば規制権限を制限する追加的約束どおりでは正当かつ最適な政策手段が取れないことが判明した場合），約束を修正する手続も必要である。しかしGATSの各規定は，そうしたガバナンス上の安全装置がきわめて脆弱である。

　そうしたリスクを示したのが電気通信サービスの追加的約束についての*Mexico‐Telecoms*ケースの先例である。メキシコの接続料金の計算方法が，電気通信の接続が「経済的実行可能性に照らして合理的な……料金（原価に照らして定められるもの）に基づいて提供される」ことを求めている「参照文書」2.2(b)に適合しないとして争われた。前提として，国際的電気通信は，発信国及び受信国双方の設備を利用するところ，前者の事業者には発信者から料金が支払われるが，受信国の事業者には支払われないため，支払われた料金の一部を設備の利用に応じて発信国事業者が受信国事業者に支払う必要がある。（この支払いを期間ごとに精算するので精算料金と呼ぶ。）この率についてメキシコは統一精算料金方式を採用していた。これは，最大の通信量をもつ事業者が海外事業者と交渉し決定した接続料金を他の事業者も採用することを義務付けるもので，外国の事業者が独占であることを前提とした一種の対抗カルテルである。パネルは，各国の電気通信産業の状態等すなわち「原価以外の要素を含めて料金を決定することが許される」とするメキシコの主張を排斥し，「原価に照らして」がWTO加盟国の実務等を勘案して長期増分費用方式を指すものとし，また相互接続以外の費用を含められないと判断した[44]。これは，たとえば当該接続に直接関係のない，将来の通信網の整備費用を含めることができないとする趣旨である。

この判断については，長期増分費用方式が何ゆえ特別の地位を付されるのか，また相互接続以外の費用を含められない（実質的）理由を説明できていないという問題がある。通信網の整備が遅れている途上国において，整備が完了したと予測される時点で負担すべき費用をあらかじめ料金に上乗せしておくことは不当ではない。通信網の利益を全国民に同時に享受させるユニヴァーサル・サービスの考え方を支持できるのであれば，優先的に整備された通信網を利用できるようにするための設備投資費用を現時点における通信費用に予め含めることが不合理とはいえないからである。

したがって，本件の判断は，質的規制のあり方に深く入り込み，結論としても，未来永劫最善であることが確実というわけでもないのに，既に発生している原価以外の原価要素を考慮することを禁止した点で問題であり，解釈論としても，未発生であっても合理的に予測される将来原価を含めてよいとすべきであったように思われる。国際競争論＝共存モデルから見れば，かかる取扱いに合意した以上やむを得ないということになろうが，比較優位論＝協力モデルから見れば，特定の政策対応に限定し，規制の柔軟性を失わせ，状況に応じた最適な政策措置を採用し実施することを妨げるという評価になる[45]。

なお，規制の変更の仕方によっては，既存の投資の価値が失われることもあり得る。これは，投資協定においては間接収用の問題として取り扱われるが，GATSにおいては規定がない。それ故にGATSにおいて規制変更を制限することは，国際競争論＝共存モデルではあり得るが，比較優位論＝協力モデルでは妥当でなく，あくまで補償措置の整備が必要かという問題として扱われる。

（5）国内規制の規律

GATS6条は，実施運用の公平性，透明性などの手続的義務を規定している（1項〜3項）。ただしこれらの義務は，特定の約束を行った分野にのみ及ぶ（1項）。さらに6条は，サービス理事会に対して，国内規制のうち，免許，資格及び技術的な基準について規律を設けることを要請している（4項）。その規律の内容として，「サービスの質を確保するために必要である以上に大きな負担とならない」ようにすること（同項(b)），また，免許の手続についても，「それ自体がサービ

---

44) Panel Report on *Mexico – Telecoms*, para. 7.216.
45) 本件パネル報告書に批判的な解説として，小寺彰「電気通信サービスに関するGATSの構造――米国・メキシコ電気通信紛争・WTO小委員会報告のインパクトと問題点」（RIETI Discussion Paper Series 05-J-001），at ［http://www.rieti.go.jp/jp/publications/dp/05j001.pdf］，とくに18-19頁。

スの提供に対する制限とならない」ことなどが求められている（4項(c)）。この規律が策定されるまでの暫定的な規律として，加盟国は，上記原則に反し，約束を無効化又は侵害する免許等の基準を定めてはならない。

　策定される規律については，こうした免許等の基準が必要最小限の規制であることを求めており，結果としては，規制目的に照らして最適な手段を選択していることが求められるであろう。最適でなければ不要な規制があるはずだからである。

　16条が量的な市場アクセス規制を対象とするのに対して，6条は質的な市場アクセス規制を対象とすると説明されている[46]。比較優位論＝協力モデルの視点からは，「市場の失敗」の是正を目的としている限り，国内規制に正当性が認められ，最適な手段が選択されているならば，貿易自由化が目的達成を妨げるどころではなく，むしろ貢献するものである。したがって，6条は，正当かつ必要な限度の規制である限り許されることを明確化した上で，当初予定されていたように無条件の義務とすべきであったと評価される。ただし，厳密には，産品の規格適合性評価同様，免許等を受けるための試験，検定等を国内のみで行うとしていることを外国サービス又は外国サービス提供者にとって不利であるとし，ただしかかる試験等を行う機関の認定手続が外国の機関の場合管轄権の限界から十全に行えないとして，その限りでのみ正当化することも考えてよい。この点は，認証に関する第9章四1(1)(イ)の議論を参照。

（6）独占サービス提供者の規律

　自然独占が生じる分野においては，事業者に超過利潤が生じる可能性があり，当該事業者がかかる超過利潤を他の事業に投入することによって競争上有利になる可能性がある。また自然独占が成立している施設・サービス等を前提として行われる事業においても活動している場合に，競争企業に対して，当該施設・サービス等の使用料を高く設定することによって，競争上不当に有利な地位を得ることができる。

　GATSは，この問題に対処するための特別規定を置いている。8条は，独占的なサービス提供者が市場アクセス・内国民待遇義務の約束を無効化しないように確保することを規定している。この規定はたとえば8条1項が「独占的なサービスを提供するに当たり」さらに8条2項が「独占権の範囲外のサービス……を提供するに当たって」，「約束に反する態様で活動することにより自己の独占的地位

---

[46]　宮家『前掲書』（注30）152頁。

を濫用しないことを確保する」と規定する。

　これらの規定は，物品貿易の分野と少々異なっている。GATTの領域でも独占の問題が認識されているが，具体的な解決はまず「商業的考慮のみによって」行動することを確保することに留まっている（GATT17条1項）。具体的に何をすべきかが明らかにされていないが，財務会計制度の整備，情報開示，取締役の責任その他コーポレートガバナンス，倒産法の適用など営利企業性を貫徹するような制度整備がなされているかといった角度からアプローチすることが考えられる（第14章四1を参照）。ただし独占企業が超過利潤を追求することは「商業的考慮」であるとされているので規制できない。これに対して，GATS8条は，独占的地位の濫用防止の確保まで明示的に求めている。

　ただし発生阻止の確保が求められている「約束に反する態様で活動する」がいかなる状態を指すかは定かでない。国内の競争法又は業法上の競争に関する規制が求める範囲を超えて，外国のサービス提供者によるサービス提供を可能にしなければならないとすれば，最適と考える経済政策を採用できないことになってしまう。それぞれの加盟国が自国内において最適な競争政策を採用し実施しているか，又は「市場の失敗」の是正のために最適な手段を採っていると認められる限りは，「約束に反する態様」には該当しないとする解釈も考えられるし，これに対して，「約束に反する態様」を市場アクセスなどの約束を実質的に無効化するか否かを考えれば足り，それで自国に不利にならないかどうかは各加盟国が約束の時点で判断しているという考え方も論理的にはあり得る。前者は比較優位論＝協力モデルの考え方であり，後者は国際競争論＝共存モデルの考え方であろう。

（7）補助金規律

　GATSには，補助金に対する規律を今後交渉する義務が規定されているに止まり（15条1項），補助金協定のような詳細な実体規定が存在しない。研究開発や環境保護のための補助金であれば，内部化しようとする外部効果が国内に存在している場合に限定され，したがって付与対象が国内に拠点を有するサービス提供者に限定されるであろう。この場合，たとえば国内サービス提供者と第1モードによる外国サービス提供者との間で後者が不利になる。これは物品貿易において国内生産者にのみ補助金を付与することに相当し，GATTにおいては3条8項(b)号という内国民待遇義務の不適用が明示されている。他方で，国内に研究開発拠点を有しているサービス提供者に研究開発補助金を付与するにあたり，付与先を国内資本企業に限定することは，研究開発のスピルオーバーが外国資本企業において発生しない理由を説明できなければ内国民待遇義務に抵触するとすべき

であろう。

なお約束表実務によれば、内国民待遇義務が規定されていても、一定の補助金について国内サービス提供者に限定することの留保がされているのが通常である。たとえば日本は、第3モードについて水平的に（全セクター共通に）研究開発補助金を留保している。米国は、第1及び第2モードについて水平的に補助金の約束をせず、第3モードについても水平的に中小企業に対する補助金、研究開発補助金等を内国民待遇義務から留保している。EUも、第3モードにおいて研究開発補助金を内国民待遇義務から留保している。

またGATSにおいては、相殺関税が想定されていない。これは関税が技術的に利用し難い以上やむを得ない。しかし、比較優位論＝協力モデルに立ち、相殺関税の制度趣旨を、補助金の正当性を客観的に否定できないが、輸入国として受け入れられない場合に水際でその効果を食い止める措置と考える（第12章五1を参照）ならば、補助金規律を強化しただけでは問題が解決したと言えないことに注意が必要である。たとえば外国の医療サービス事業者が地域政策その他の公共政策上の理由で多額の補助金を受け、自国に第2モードで輸出し（すなわち自国の患者が治療のため渡航している）、そのために自国の医療サービスが衰退しているという場合に、当該補助金の正当性に疑義があっても何らその効果の波及を防止する措置を執れないとすれば問題である。自国市場において原価割れのサービス提供を規制する規制法又は競争法がある範囲では規制できるが、相殺関税と異なり補助金の効果を完全に相殺することまで許されているわけでない。また自国市場以外の市場におけるサービス提供には規制を及ぼすことができない。これは、サービスの供給が国有企業・独占企業である場合に問題になりやすいが、そうでなくても問題の本質に違いはない[47]。域外に補助金の効果を及ぼしてはならないというルールもいかに履行を確保すべきか分かりにくい。関税という水際での調整装置が使えないサービス貿易分野の本質的な問題であり、グローバルな補助金規律なくして自由化を進めることの限界を示しているとも言えるが、同様の問題がある造船業・航空機製造業における経験が役に立つ可能性がある（第16章五及び六を参照）。

（8）アンチダンピング規制

相殺関税と同様、アンチダンピング関税もサービス分野では技術的に利用し難

---

47) なお同様の問題は、国有企業が外国に投資し、又は外国市場において資源等を調達する場合にも発生する。この問題の実情については、「公正な競争の実現に向けた国有企業に関するルール」『不公正貿易報告書（2014年版）』（注35）343-349頁を参照。

い。ただし隠れた補助金説すなわちアンチダンピング規制の目的を，輸入品の生産者が自国市場において規制その他によって保護され超過利潤を得ており，これを用いて真の競争力を反映した価格を下回って輸出された場合にその効果を相殺することにあるとすれば，サービス貿易において同様の制度が不要というわけでない。たとえば本国において巨額の利益を計上している企業が，成長著しい外国市場に子会社を設立し，薄利多売によって競争会社を駆逐しているという場合，当該外国市場において内外無差別の価格規制等で規律できない場合，当該巨額の利益計上がたとえば競争法の不執行による場合，かかる価格戦略をダンピングとして規制する必要があるように思われるが，そうした措置を認める規定が存在しない。立法論としては，たとえば第3モードなら商業上の拠点に対してサービスの売上げに応じた課徴金を課すといった方法があるかもしれないが，技術的な問題が多々ある。第三国におけるアンチダンピング規制をどう考えるかの問題もある。規制の同等性を相互に確認することで対応するのが現実的かもしれない。他方不法行為説ではどう考えるのか不明である。

（9）セーフガード

国際競争論＝共存モデルに立つと，GATTにおけるセーフガードを関税削減に起因する輸入急増に対する安全弁として捉えることができるが，そうすると，サービス分野における市場アクセス・内国民待遇義務の引き受けによって輸入急増が生じたという場合にセーフガード措置が正当化される可能性がある。比較優位論＝協力モデルに立ち，比較優位産業への特化を考えても，自由化の時点で予見しなかった事情が発生した場合に自由化の時期等を変更する必要があるかもしれないという点は物品貿易の場合と同じであろう。ただし，第1モード及び第2モードについては規制で対応するとしても，第3モードについては，規制にせよ収用に拠るにせよ，その場合の補償義務を明らかにする必要があろう。

（10）最恵国待遇義務
（ア）原　則

GATSにも最恵国待遇義務（2条1項）が規定されているが，GATTと異なり，規定が内国民待遇義務とほぼ同じである。GATTにおける議論に倣えば，市場アクセスだけに関する措置のうち，国内産業保護を目的とする外資規制のような措置について特定の加盟国のサービス提供者等を有利に扱う場合に問題となる。たとえば，外資規制が存在する分野においてWTO設立以前から存在する100％外資企業がある場合には，最恵国待遇義務違反となるとされる可能性がある[48]。

*EC – Seal Products*ケースにおいてGATT3条について上級委員会が示したように，対象措置の目的を内国民待遇義務で考慮せず，GATT20条例外該当性評価でのみ考慮し，また内国民待遇義務においては個々の輸入品でなく輸入品全体と国産品全体との取扱いの差を検討するとの考え方に立てば，GATSの最恵国待遇義務においては特定の外国加盟国のサービス等と別の加盟国のサービス等の取扱いを比較検討することになり，外国のサービス等と国内のサービス等との取扱いを比較する内国民待遇義務と併存し得る。国際競争論＝共存モデルはこの考え方を支持する。これに対して，比較優位論＝協力モデルでは，国内政策措置については内国民待遇義務に整合的であるためには目的に照らして最適な手段を採用していることが必要であり，そうすれば外国サービス又は外国サービス提供者も必然的に公平な扱いとなる。したがって，目的に照らして例外的な優遇措置を特定の加盟国のサービス提供者等に付与しない限り問題とはならないはずである。なおこの点では，相互承認の取扱いが問題になる。GATTの最恵国待遇義務に関する議論（第9章四1(3)を参照）が準用されよう。

　さらに，同種のサービス又はサービス提供者に適用される外資規制（たとえば許される外資比率の上限）が異なるだけでもGATSの最恵国待遇義務違反とされる可能性がある（関税率の場合もGATT上の最恵国待遇義務の問題となる可能性がある。第3章四2(2)を参照）が，この場合には当初約束した自由化の範囲・程度が過剰であったとして修正の余地を認めるセーフガード規定又は約束表の修正の規定の必要性が強調されよう。

　なおGATSの最恵国待遇義務は，「他の加盟国のサービス及びサービス提供者」の差別を禁止するが，「サービス消費者」の差別を禁止していない。たとえば，国内の銀行に対して特定国企業との取引を禁止することは規制されていない。かかるサービス輸出の制限を規律する規定がないことは本項(2)で述べたが，それと軌を一にしているものと思われる。

（イ）例外登録及び留保

　GATTと異なり，GATSにおいては最恵国待遇義務（MFN）の例外登録ができる（2条2項）。相互主義に基づく措置，二国間での優遇を定める取極などが登録されている。たとえば米国債のプライマリーディーラーの認可にあたっての相互主義（米国），外国人の不動産取得許可に関する相互主義（EU（イタリア））などは前者の例である。

---

48) 『不公正貿易報告書（2014年版）』（注35）71頁は，タイにおける米国法人の優遇例を指摘する。

例外の位置付けは，貿易自由化をどう捉えるかによって異なる。国際競争論＝共存モデルに立てば，貿易自由化にどの範囲で合意するか，またどの範囲で例外を設けるかについて特段の制約はなく，したがって例外登録の撤廃も随時合意して進めれば足りる。これに対して，比較優位論＝協力モデルに立てば，世界経済・社会の保有する資本の最大化という共有された目標が存在するので，その実現を阻害するような例外は，貿易自由化の逸脱である。したがって，例外登録は基本的に暫定的なものとして取り扱われるべきであり，速やかな撤廃が要請される。二国間での優遇措置も，GATSが，加盟国間での経済統合のため域内だけを自由化する取極だけを例外として認めていることから，この例外規定に該当しない限り暫定的なものとして取り扱われるべきであり，速やかな撤廃が要請される。

(ウ) 経済統合例外

相当な範囲の分野を対象とし，対象分野において内国民待遇義務を約束していれば違反となる措置を実質的にすべて積極的に撤廃する場合には，特定国間でのサービス貿易だけを自由化することが許されている（5条1項）。「相当な範囲」かどうかを判断する基準等は明らかでなく，GATS上の最恵国待遇義務がGATT上のそれに比して寛大であることの証左であろう。

(11) 一般的例外

14条が一般的例外を定める。GATTと同じ規定が多いが，個人情報保護に関する例外（同条(c)(ii)）が追加されている。(a)号については先例があり，ネットカジノについて国内にサーバーを置いた形態でのそれを許容しつつ，国外にサーバーを置いた形態を禁止した場合は，「公衆の道徳の保護……の維持のために必要な措置」に該当するが，恣意的な差別を禁止する柱書の要件を充たさないとされた[49]。

GATT20条については，貿易自由化の例外が認められる政策目的を列挙したものという理解が先例で示されており（第9章四1(1)(ウ)①を参照），GATS14条についても同様であろう。これは国際競争論＝共存モデルを前提とするものである。市場アクセスの規定のみならず内国民待遇義務によっても，貿易自由化以外の政策目的のための最善の措置が採用できない可能性があることを前提として，一定の目的のための措置を例外として留保する規定であると考えるわけである。これに対して，比較優位論＝協力モデルに立つならば，第1章二2(2)で検討し

---

49) Appellate Body Report on *US – Gambling*, paras. 348-350.

たとおり，目的が正当でかつ手段の選択が最適であれば内国民待遇義務に抵触しないと考えるので，GATT20条及びGATS14条をたとえば管轄権の限界のための貿易制限（すなわちGATT11条1項又はGATS16条1項に違反する措置）だけを正当化すべき場合を想定していると考えることになる。後者の考え方を採用するならば，投資を通じた第3モードのサービス貿易に対しては管轄権の問題がないのでGATS14条例外を適用する必要がないが，越境取引又は国外消費の場合には特別の取扱いが必要であるために例外規定が置かれたと理解することになる。たとえば(a)号は，ギャンブルの供給管理のため国内サービス提供者に限定することを正当化する規定と考えるべきであるし，また，個人情報保護に関する例外（同条(c)(ii)）は，個人情報保護が十分でないと判断する国に対する情報の送信を禁止することを想定している点で管轄権の限界が関連する例外規定であると考えることになる。

なお，安全保障のための例外（14条の2）は，「自国の安全保障上の重大な利益の保護のために必要であると認める」「戦時……にとる措置」を適用除外としており，戦時に戦略産業を国有化することが禁止されていない。規定上補償措置も必要でなく，これは投資協定の問題として取り扱われることになろう。

(12) 政府調達

GATSにおいて政府調達は除外されており（13条），サービスを対象とする政府調達についても政府調達協定がカバーしている。政府調達協定については，第11章を参照。なおGATSの政府調達例外の規定は最恵国待遇義務を明示に除外しており，GATT3条8項(a)号と対比される。

(13) GATT及びTRIPS協定の適用

サービス産業に対する規制であっても，産品の貿易又は知的財産権に影響する限度ではGATT（及びその関連協定）又はTRIPS協定の規律が及ぶ可能性がある。自由化約束をしていない分野であってもGATT等の規律を及ぼすことを妨げないとするのが先例である[50]。

(14) GATSの構造上の問題

以上にみるように，GATSは，構造的に市場開放に傾斜し，安全弁が不足しているおそれがある。第一に，約束の前提となるサービス分類・市場アクセス概念

---

50) Appellate Body Report on *Canada – Periodicals*, pp. 17-20.

に曖昧さがあり，どのような約束になるのか明確でない。追加的約束も，内国民待遇義務を超える内容だと規制の最適化を阻害しないか懸念がある。なお，違反申立について「無効化又は侵害」要件を欠くこと（GATS23条1項及び2項）について，第2章二3(5)(イ)を参照。第二に，誤って過剰に市場開放した場合に約束を適正な水準に修正する緊急の手続（セーフガード）が未整備であり，かつ許される場合でも代償が常に要求される。第三に，サービスの輸出制限を規制する規定がなく，外国からのサービス供給が確保されていない。物品貿易における補助金規律さらにアンチダンピング関税・相殺関税に相当する，外国の問題ある政府措置が自国市場に悪影響をもたらすことを防止する制度も用意されていない。そもそも内国民待遇義務が必須でないため，外国における規制の最適性すら確保されていない。

　国際競争論＝共存モデルの発想でも，このままでは途上国に自由化を約束させることが相当困難であるという問題があろうが，比較優位論＝協力モデルからは，加盟国の規制の最適化に照準を当て，投資を含むサービス貿易の特性を踏まえた抜本的な修正が必要であるように思われる。

　GATSについては，サービス消費者の差別を規制する規定が欠けていることをどう考えるかという問題もある。GATTにおいて産品の消費者の差別禁止がGATT20条(g)に関する先例の発展等から厳格化している（第7章四2(2)(イ)を参照）現在では，GATSにおける規制強化を検討する価値があるように思われる。

2　特定サービス分野の規律

(1) 電気通信サービス

　電気通信サービスに関する約束は，参照文書と称される共通の定義・約束を記載した文書に言及する形でなされている。市内通信網と長距離電信電話サービスとを何らかの方法で分離し，後者における競争が不利にならないように，市内通信網への接続条件における平等性を確保する必要があると想定されている。反競争的行動抑制（1項），主要な提供者（a major supplier）との相互接続に関する無差別義務など（2項），ユニヴァーサル・サービスの権利（3項），規制当局の独立性（5項）などが主たる規定である。追加的約束の解釈について，前項(4)において問題を指摘した。なお電気通信分野の規格及び規制調和については，第10章三2(5)及び本章三1(1)，(7)並びに(9)を参照。

（２）金融サービス

金融サービスに関する約束については第15章四2を参照。

（３）航空運送サービス

航空運送サービスは，シカゴ条約の下での二国間協定取決めに拠るのが通常であり，GATSにおいて市場アクセス等の約束をしている国はほとんどない。第16章六1を参照。むしろ「航空運送サービスに関する附属書」は，運輸権に関する措置を広く除外することを確認する等の規定を置いている[51]。

3　投資協定

GATSの定義するサービス貿易のうち商業上の拠点を通じて行う第3モードの貿易は，投資と事実上重なっている。モノの貿易とサービス貿易と双方を扱う経済連携協定においても両者は同じこととして認識され，むしろサービス貿易の問題として取り扱われることが多いように思われる[52]。収用の取扱いを明らかにしておく必要であることに鑑みると，投資の問題として扱うほうが適切であると思われるが，公正衡平待遇義務など投資協定の規定はGATSと比較して一般的抽象的であるので，行政手続的規律などの点を明確にすることが考慮に値すると思われる。投資協定の主要な規定については第9章四2を参照。

主要参考文献・資料

大久保史郎（編）『人間の安全保障とヒューマン・トラフィキング』（日本評論社，2007年）

外務省経済局サービス貿易室（編）『WTOサービス一般協定──最新の動向と各国の約束』（財団法人日本国際問題研究所，1998年）

宮家邦彦『解説WTOサービス貿易一般協定』（外務省経済局，1996年）

Aaditya Mattoo, Robert M. Stern, and Gianni Zanini (eds.), *A Handbook of International Trade in Services* (Oxford University Press, 2008)

Rüdiger Wolfrum, Peter-Tobias Stoll, and Clemens Feinäugle (eds.), *WTO − Trade in Service* (Martinus Nijhoff, 2008)

---

51)　河田守弘『WTOサービス貿易協定における航空運送サービス』（運輸政策研究機構国際問題研究所，2000年）を参照。

52)　日・タイ経済連携協定90条3項，日・インドネシア経済連携協定57条2(a)項などを参照。

第18章　知的財産権及び技術貿易

　知的財産権[1]制度は，産業政策として古くから利用されており，かつては自国産業の育成を目的として自国民ないし自国における発明を優遇するのが通例であった。国境を越える技術交流が進むと共にそうした差別扱いの問題性が認識されるようになり，パリ条約など最低基準を定め，内外無差別を義務付ける国際合意が形成された。さらに近年，公正貿易の確保という観点から知的財産権侵害産品の規制を強化すべく，知的財産権制度の確立と実効性のある実施を義務付けるTRIPS協定がWTO協定の一部として合意された。これによって，国内執行体制及び水際規制の整備を含む一定以上の知的財産権保護制度が世界的に導入されてきている。しかし，公衆衛生その他の政策関心から知的財産権の制限の必要性も途上国から引き続き主張されている状況にある。知的財産権者の私益保護に留まらない，世界的視点に立ったルールの発展が求められている。そのためには産品等の公正貿易というより技術・情報の生産・貿易を考える視点が必要であろう。

一　本章の対象事項

1　知的財産権制度その他技術政策の政策根拠

　知的財産の保護制度は，「他人の情報の不当な利用を排除し，情報の財産的価値を守る」[2]という共通点がある。技術その他の情報は，多数が同時に利用することができ，したがってすべての経済主体に共有されるのが望ましいが，他方で自らが開発した情報を他人が自由に利用できると情報生産のインセンティブが不足するという問題がある。したがって技術開発又は商品の改良の成果等特定の情

---

[1]　TRIPS協定の公定訳においては"Intellectual Property Rights"に「知的所有権」の語が充てられているが，所有権的に構成されていない知的財産権（たとえば不正競争防止法に拠る保護の対象となる営業秘密など）も存在することから，本書では協定の名称でない限り「知的財産権」として言及する。中山信弘『特許法』（第2版）（弘文堂，2012年）2-4頁（とりわけ注8）を参照。

[2]　知的財産権制度の概観については，同上，6-16頁，及び相澤英孝・西村あさひ法律事務所（編著）『知的財産権法概説』（第5版）（弘文堂，2013年）2-8頁などを参照。

報に対して他人の使用を排除する権利を認めることにより，かかる行為に対するインセンティブを維持し，技術開発等に対する投資を促進する。当該情報を製造等において無断で利用して製造した産品の販売及び輸入を排除する点で貿易に関係し，さらに当該情報を外国に持ち込んだ場合の保護が問題となる点で国際投資に関係する。

　特許権制度は，発明を行った者に対してその公開を条件として当該発明の独占使用権という報奨を付与し，技術開発を促進しようとするものである。取引の安全のために独占使用権の範囲を明確化する必要があり，登録が権利発生要件とされている。研究開発活動を促進する政府措置としては，私人の選択に委ねられる度合いが相対的に高い。たとえば研究開発補助金は，研究開発活動のもたらす正の外部効果に着目して支出されるが，経済・社会的に意義ある研究か否かを交付者すなわち政府が評価・判断する余地があるのに対して，特許権制度においては，新規性など保護に値する最低限の客観的要件を充たす発明か否かの判定に政府の役割が限定され，意義があるか否かの判断が当該発明を利用した商品が売れるか否かという形で市場に委ねられる。発明を促進する制度としてはそのほか，工業デザインに関する意匠権，植物品種に関する育成者権（種苗法）制度などがある。

　著作権制度は，技術でなく，文化の発展を目的として，個人の思想・感情の表現を保護するものである。かかる情報を著作「権」の対象として保護することにより，他人が無断で使用できないようにし，かつ権利者による情報の使用権の譲渡・ライセンスといった取引の安定化を図っている。登録が発生要件でなく，保護に値する表現か否かを政府が判断することが想定されていない。創作性が保護の要件とされているが，著作権侵害の有無が争われる場合にその前提として著作権が成立しているかの判断にあたって裁判所が事後的に創作性を判断するに止まる。ここでも表現の価値評価は市場又は社会に基本的に委ねられている。

　商標は，商品の出所を明らかにする機能を有し，評価の高い商品に付され続けることによってその評価が化体し，品質を保証するものとして受け取られるようになる。商標権制度は，この品質保証機能の保護を目的とする。本人の同意を得ずに類似する商標等を用いて出所さらに品質を誤認させるという行為を防止できなければ，当該商標を付した商品の品質を維持・改善しようとする意欲を失わせるおそれがある。品質の維持・改善のインセンティブを確保するために，かかる行為を違法とし，商標権者として元の商標の使用者自らが違法行為者に対して差止め及び損害賠償請求をする権利を認めた。さらに，権利者によるかかる情報の使用権の譲渡・ライセンスといった取引の安定化を図っている。特許権と同じく，商標登録に当たって，政府は，自他識別性など保護に値する商標であるための客

観的最低条件の審査のみを行い，保護に値する品質保証機能を有しているか否かは，登録者の判断に委ねている。すなわち登録料を負担して登録を維持するか否かの判断において，かかる評価がなされることになる。同様の機能を有するものとして商号がある。商号は，商品ではなく事業主体を特定する機能を有し，その名声を保護するために商号権が認められている。

　知的財産保護制度には，特許権のように財産「権」を付与する制度のほか，不正競争防止法のように権限なき第三者の使用差止め又は損害賠償請求を認める制度がある。権利を付与する制度には，申請・公開を通じて，権利対象を広く知らしめ避けるべき重複投資の範囲を明確にするというメリットがあるほか，技術又は情報の取引コストを下げることによって全体としての技術・情報の交換・利用を効率化することができる。不正競争防止法のような制度に加えて財産権を付与する制度まで存在するのは，使用差止め及び損害賠償請求権（さらに無断使用を禁圧するための刑事罰制度）の組み合わせは，譲渡・ライセンス・担保差入などに拠る投資資金の獲得・回収における取引の安定のためには十分でないとの判断に基づくものと考えられる。

　各国の知的財産権制度は，パリ条約によって他国における発明等を同様に保護するようになった結果，それぞれの国内における技術開発に対する投資を促進することを目的とする政策措置であると同時に，かかる投資の成果の流通を確保して合意の参加国全体における技術開発に対する投資を奨励する国際的な制度の一部を構成するという複層的な存在となった。さらに，ウルグアイ・ラウンドにおいて，知的財産権保護の最低基準を定めるTRIPS協定が合意され，パリ条約等の中心部分が加盟国全体によって義務として引き受けられた。

　ただし知的財産権制度について強化の動きだけが存在するわけではなく，発展段階等の異なる国の間で様々な利害及び意見の対立がある。たとえば特許権や商標権の国際的保護の強化を指向する動き自体に対しては途上国に根強い反対論がある。特許権制度については，独自の発明がなされる可能性が相対的に低いと考える途上国が発明を国際的に保護する制度を支持するメリットを相対的に小さいと感じているものと思われる。商標についても，世界的に著名な商標の多くを先進国企業が保有しているため，商標の国際的な標準化から直接受けるメリットは，現時点において先進国企業のほうが多いであろう。他方で，遺伝資源・伝統的知識・フォークロアといった情報は，途上国に多く所在し，かつ先進国企業にとって利用価値が高いため，その所在地国の権利強化に先進国が反対している。地理的表示制度については，欧州などのいわゆる旧大陸諸国と米国その他新大陸諸国との間では対立があり，国際的な保護制度が確立しているのはワインなどの一部

の産品の地理的表示に限られている。後者における地名には前者の地名を転用したものが多いためである。

　なお技術開発を目的とする政策措置としては，上で言及した特許権制度等及び研究・研究機関に対する補助金のほか，さらに政府の関与の強い形として，国立の研究機関を設置することも行われている。第11章一1で述べたように，先端技術の研究開発活動にはスピルオーバー効果があり，たとえ特許権を付与されたとしても，すべての利益が活動主体に帰属するわけでなく，したがって投資が過小になる可能性があり，そうした「市場の失敗」を是正する措置たとえば補助金を付与し，その原資を租税等によって広く徴収することが正当化される。また基礎研究を含め短期的な経済成果に結び付きにくい分野の研究，必要な投資金額が巨額すぎて一企業では経営を危うくするような研究等民間資金による投資が行われにくい研究についても「市場の失敗」があると言え，政府が資金を負担することが正当化される。さらに，商業化の見通しが困難な基礎研究，公共政策に関わる研究などそもそも営利企業が関心をもたないが社会全体に有益な分野については，大学のような研究機関を支援し，又は国立の研究機関に行わせるなどの政策措置が正当化されるであろう。ただし政府の関与の度合いが高ければ高いほど，研究テーマの選定・成果の分配等が最適に行われるよう確保するための工夫が難しくなろう。政策の当否を短期的に又は客観的に正確に評価することは困難であり，また事柄の性質上，民主的に決定することよりも，如何に判断能力のある者に権限を付与するかが重要になる。この意味では，研究資金の分配機関をどう設計・運用するかも政策課題になる。知的財産権制度に視野を固定せず，逆に科学・技術政策という視点から制度全体を見ることも必要であろう。

2　問題の所在

（1）貿易自由化と知的財産権保護との関係

　貿易自由化の合意に知的財産権制度の強化を含める場合，どのような趣旨で合意されたかが解釈に大きく影響する。技術開発に対する投資を重視する企業の多い国が知的財産権を強化すれば自国企業が強力な知的財産権の多くを保有し，その結果，輸入が減少する可能性があるため，一見すると貿易自由化と知的財産権の強化とが矛盾対立するようにも見える。外国資本の企業が自国において知的財産権を保有することになれば，自国資本の企業の発展を阻害する可能性もある。知的財産権の保護を公正貿易の保護と言い換えたとしても，技術投資の保護・促進と貿易自由化等との綱引きであるとの本質は変わらないように見える。

　ここでも貿易自由化・投資保護に関する基本的発想の違いが分水嶺になる。国

際競争論＝共存モデルに立てば，知的財産権制度が貿易自由化・投資保護と矛盾対立する可能性があることを前提に，両者を調整するという発想になる。すなわち知的財産権制度の制度趣旨については，技術等に対する独占的使用権を認め，技術開発等に対する投資促進を目的とする制度と捉えるであろうが，反対に，政府介入を不効率と考える立場から知的財産権制度を最小限に止めるべきという考え方もあり得る。技術等の独占的使用権を認めることと対象となる情報を他人が使用できない等の不利益とが対立利益になり，それらのバランスという価値判断に基づく制度設計になる[3]。技術に対する投資保護・促進と貿易自由化との間だけでなく，知的財産権制度の設計に関する各国間の対立も問題になる。したがって，これらの妥協として，技術に対する投資保護・促進及び制度の統一をどこまで追求するかという発想になる。本質的に価値判断であるため，この点の合意が成立すれば，その解釈は，規定文言に忠実に当事国の合意内容を探索することで行うほかない。

　これに対して，比較優位論＝協力モデルに立つならば，持続可能性の最大化のために世界経済・社会が保有する資本の最大化を共通の目標として，その実現のために各国が「市場の失敗」を最適の手段で是正するという方向性を考えることになる。知的財産権制度についても同様に，技術などの情報を他人が自由に使用（当該情報を利用して製造した製品を制約なしに販売）できてしまうため技術等への投資のインセンティブが過小になるという「市場の失敗」の是正を目的とし，そのために客観的に最適な是正手段を選択していることを要求し，その範囲で，貿易自由化と技術投資の保護・促進及びその成果の利用促進とが相互補完の関係にあると理解することになる。逆に言えば，情報の資産性を確立し，すなわち他人に無断で情報を使用されることなく，自ら任意に情報を使用し，譲渡できるようにすれば足り，それを超える特権を発明者等に付与する制度を認めるべきでない。WTO協定という貿易自由化の枠内で図られる知的財産権制度に関する合意は，世界経済・社会が保有する資本の最大化という共通の目標のための技術投資及びその成果の利用の最適化の方向性に沿って解釈されるべきということになる。

　なおこの関係で，TRIPS前文が言及するように，知的財産権が「私権」か否かが問題になり得る。「市場の失敗」の是正を目的とする考え方は，知的財産権の公共政策的な性格を強調するからである。しかしこの考え方は，知的財産権が「私権」でないとするわけでない。公共政策上適切な範囲内で権利者の処分に委ねるという法形式を選択したと考えればその意味で所有権と同じく「私権」であ

---

3)　たとえば，中山『前掲書』（注1）11頁。

る。前文の規定は、国際競争論＝共存モデル及び比較優位論＝協力モデルのいずれの考え方も排除しない。

（2）情報取引の自由化・保護の視点

　知的財産権制度においては、情報の独占的使用権の付与のみならず、知的財産権を譲渡し又は実施許諾することによって対価を得ることが想定されている。すなわち他人の無断使用を阻止する権利のみならず、資産として譲渡・ライセンスできること、つまり譲渡・ライセンスの契約条件を自由に定めることができることも重要である。そうでなければ技術の使用可能性が実質的に制約され、その結果、技術に対する投資インセンティブが小さくなるからである。技術に対する投資保護・促進を考えるのであれば、技術取引又はより広く情報取引の自由化・安定性確保も視野に入れる必要がある。技術・情報の保有者だけでなく受け手の側の視点も重要になる。

　しかし、貿易自由化の枠内で行われている知的財産権制度に関する合意すなわちTRIPS協定は、公正貿易すなわち物品・サービスの貿易の局面に焦点を当てており、技術取引の自由化・安定化に対する規定が少ない（たとえば技術情報の輸出制限を規律する規定はない）。後に見るように、特許権・商標権の実施許諾権の規定があり、内国民待遇義務が適用されるので、GATT及びGATSに類した発想すなわち第9章四1(1)及び第17章四1(3)でみたように、実施許諾権の制限に当たって正当な目的すなわち「市場の失敗」の是正のために最適な手段を選択していることが要求されるという解釈を検討する価値がある。なお投資協定は、投資財産の一として知的財産権を含むのが通常であるが、一旦国内に持ち込まれたものだけを保護対象とするので技術取引に対する規制すべてをカバーしているとはいえない。

　ただし、個人情報（その国際的規制枠組みについて第17章三1(7)を参照）など本来流通させるべきでない情報も少なくなく、また大量破壊兵器の製造等に関する情報（日本における輸出制限について第5章二1(2)を参照）、ポルノグラフィ（同じく第6章二1(1)を参照）など安全保障、公徳保護その他の理由で規制が必要な種類の情報もある点に注意が必要である（なお情報の生産に関する制限について本項(4)を参照）。これらの情報については、情報取引の自由化が拡大しても、生産又は流通に厳しい規制が当然必要とされ、そうした規制を妨げない規定の整備が必要である[4]。また企業秘密についても、外部からの不正取得、内部者による漏えいなどを如何に防止するかという問題がある（日本の不正競争防止法について本章二1(4)を参照）。他方で、国内法において、表現の自由・通信の秘密など憲

法その他において情報発信・流通に対する制限の制約が規定されていること，逆に，知的財産権制度以外にも，政策評価，公文書管理，情報開示（第9章二2(3)を参照），製品に含有される化学物質に関する情報提供（第10章二1(8)を参照）等，政府又は非政府主体による情報の生産・保存・流通を促進する制度が存在することを併せて考える必要がある。すなわち，情報の財産権性を強化すること，より一般的には情報管理を強化することが当然に望ましいわけでなく，独占又は過剰管理の弊害もあることを忘れてはならない。

（3）公衆衛生その他の公共政策との関係

知的財産権制度については，他社の研究開発が妨げられる，製品価格の吊上げに利用されるなどの懸念から，医薬品の価格を下げる等公衆衛生その他の公共政策上の要請から権利範囲が制限される例が多かった。途上国においては，価格引き下げのため自国において産業を育成すべきであり，そのために知的財産権を制限するという発想が強い。ただしそうした懸念が実証されているわけでなく，反対論も強い[5]。また近時は，喫煙を減らすという公共政策からパッケージ等の制限が強化されているが，それが商標権の過度の制約にならないか，という問題もある[6]。

国際競争論＝共存モデルに立ち，発明等の促進のための知的財産権保護が他の政策目的と矛盾対立する可能性があることを前提とすれば，いずれをどれだけ優先させるかが合意されたはずであり，その合意を文言から明らかにする，という問題設定になる。その分野の国際条約をWTO協定の解釈において取り込むということも検討される（第1章五1の検討を参照）。これに対して，比較優位論＝協力モデルに立てば，知的財産権制度について，技術開発・品質改善等に対する投資が過少になる「市場の失敗」を是正することを目的とし，そのために客観的に最適な制度であることを求める合意がなされたはずであり，その方向で文言を解釈するという発想になる。公衆衛生その他の公共政策との調整は，関係する「市場の失敗」の最適な是正措置が知的財産権制度の限定かどうかという観点からな

---

4) 個人情報保護に関する国際ルールについては，第17章三1(6)を参照。安全保障目的の規制については，第5章を参照。大量破壊兵器関連の技術取引に関する規制については第5章，とくに日本の制度について同条二1(2)を参照。ただし，情報流通の制限については，政府による直接規制が望ましいのか否かという視点も必要である。第17章二6を参照。

5) 医薬品アクセスとTRIPS協定の問題を詳しく論じたものとして，山根裕子『知的財産権のグローバル化——医薬品アクセスとTRIPS協定』（岩波書店，2008年）。

6) WTOの紛争解決手続に進んでいるケースとして，*Australia - Tobacco Plain Packaging (Ukraine)* など。

される。たとえば，医薬品の価格が高すぎるという問題は，独占企業又はカルテルによる価格吊上げであれば競争法により対処すべきであり，他方途上国における所得水準が低く高価な医薬品を購入できないという問題であるならば，一義的には，医薬品固有の問題でなく，一般的な国際投資の不足の問題であり，その観点から手段の最適性を評価すべきであろう（なお並行輸入の問題については本章二3(1)を参照）。ただ国際投資の問題も，たとえば，企業がある医薬品を途上国において原価未満で提供することを公表し，先進国の消費者がこの損失を埋め合わせるプレミアムを加算した価格設定を受け入れるとすれば，政府間の資金移転に拠らず市場において資金移転＝ユニヴァーサル・サービスが実現し，「市場の失敗」が是正されていることになる。また貿易自由化と公衆衛生その他のレジーム間の対立が基本的に存在しないと想定されるのでそれぞれ独立に運用すれば足りる。

（4）科学研究・技術開発に対する制限

さらに，技術・情報の生産に対する直接の政府介入についても今後の課題として視野に入れておく必要がある。従来，科学研究・技術開発については，学問の自由ないし研究の自由が強調され，その進め方は専門家の自己規律にもっぱら委ねられていたが，生命科学・大量破壊兵器関連の技術などについて生命倫理・安全保障等の観点から，専門家の自己規律では足りないとして研究の方法さらに研究の内容まで政府措置によって制限がなされるようになってきている。より一般的には，「科学技術の社会的価値を実現する力と破壊する力がともに大きくなっている」との認識から，科学・技術の研究活動の制御のための研究ガバナンスの重要性が説かれるに至っている[7]。研究活動又はその成果が社会に重大な危害をもたらすリスクを想定し難い範囲では無益な研究活動を避ければ足りるが，そうしたリスクがあり，かつ人間の能力に限界があり，たとえば長期的リスクを正しく評価し難いなど社会がそのリスクを適正に制御する能力を有しない可能性があるならば，倫理その他の観点から研究活動そのものの制限を問う理由があろう。国際競争論＝共存モデルでは，研究活動の自由とのバランスを決定するという発想になるが，比較優位論＝協力モデルでは，経済・社会の持続可能性の最大化という目標に照らして最適でない活動はその種類を問わず抑止されるべきであり，研究活動を例外扱いする理由も見出し難いことが出発点となる。

---

[7] 大上泰弘「研究ガバナンス――自主規制を中心に」城山英明『科学技術ガバナンス』（東信堂，2007年）参照。

一 本章の対象事項　749

　たとえば医薬品・医療機器の臨床試験の実施基準については，科学的であるだけでは足りず，倫理的である必要もあるとして，Good Clinical Practice が各国で定められている[8]。また，クローン技術など生物の胚の操作を含む研究などについて，生命保護・人間の種としての完全性維持などの観点から研究自体に法規制がなされている国は少なくない[9]。また遺伝子組み換え生物の研究も環境への拡散防止措置が要求されることが多い。そのほか，個人情報保護など研究開発に対する間接的な制限となる要請が少なくない。欧州においては，動物福祉の観点から化粧品について動物実験が禁止されている[10]。動物実験については，日米においても動物愛護又は生命尊重の観点から規制なり規律なりがあるが，その内容は同じでない。

　こうした規制は，一国で行っていても研究者の国際移動によって無効とされてしまうことから，世界レベルでの合意が追求され，又は規制の導入が国際的に推奨されていることが少なくない。生物兵器・化学兵器は条約によって開発が禁止され，また核兵器は実験が制限されている。生命科学については，世界保健機関（WHO）で1997年にクローン技術の人間への適用禁止を訴える決議がなされ，また UNESCO においても，同年，ヒトゲノムの取扱いについて人権の尊重の観点から述べている「ヒトゲノムと人権に関する世界宣言」[11] が採択されている。医学研究に関する倫理についての国際的取組みは，ナチス・ドイツによる人体実験を戦争犯罪として裁いたニュルンベルク国際軍事裁判判決において示されたニュルンベルク綱領に始まり，その後世界医師会によって1964年に採択された「ヘルシンキ宣言」の改定が重ねられ，医療と結びつく研究すべてを広く対象とし，医師のみならず医師以外の研究者も対象とするものとして策定されている[12]。またより具体化し，また途上国も含む広い適用を目指した「人を対象とする生物医学研究の国際倫理指針」が1993年に国際医学団体協議会（Council for Interna-

---

8）　たとえば米国における医学研究の規制の発展と現状について，土屋貴志「歴史的背景」シリーズ生命倫理学編集委員会（編）『医学研究』（丸善出版，2012年）6頁以下を参照。
9）　そのほか，大学は全学的な研究倫理ガイドラインを策定していることがあり，また業界単位でも存在する。たとえば公益社団法人自動車技術会が2012年に「人を対象とする研究倫理ガイドライン」（[http://www.jsae.or.jp/01info/rules/kenkyu-rinri.html] から入手可能）を策定している。
10）　これは，化粧品の品質・特性の問題でないので PPM 規制の一種である。この問題については第7章及び第9章の関連個所を参照。
11）　UNESCO の HP [http://portal.unesco.org/en/ev.php-URL_ID=13177&URL_DO=DO_PRINTPAGE&URL_SECTION=201.html] を参照。
12）　世界医師会の HP [http://www.wma.net/en/30publications/10policies/b3/index.html] を参照。

tional Organizations of Medical Science, "CIOMS")（UNESCO と WHO とが共同で1949 年に設立した非政府間組織）[13] と WHO とにより共同で策定され，また改定されている[14]。なお拷問等を受けない権利を定める国際人権 B 規約 7 条に「同意なしに医学的又は科学的実験を受けない」との規定がある[15]。また医薬品等の臨床試験については，1996 年に日米欧による新薬承認資料に関する International Conference of Harmonization（ICH）において共通指針がまとめられた[16]。人間以外の生物についても，遺伝子組み換え生物に関しては，生物の多様性に関する条約の「バイオセーフティに関するカルタヘナ議定書」が 2003 年に発効している。動物実験についても OECD 等において国際的調和を図る動きがある。また非政府機関が策定したものとして，CIOMS による「動物を用いた生物医学研究に関する国際原則」（1985 年）[17] があり，この原則は，さらに CIOMS と国際実験動物学会議とによって改訂が進められている[18]。

　現時点ではまだ限られた分野における問題であるため，本書においてはこれ以上取り上げないが，技術投資に影響を及ぼす措置として情報の生産を制限する措置の存在を意識しておく必要がある[19]。また情報の生産の規制は，情報及びその情報を使用する産品についての国際競争からみて規制国に不利に働くので，その懸念の解消のため国際ルールが要請されるという面があろう。この点は，国際競争論＝共存モデルの発想で考えるか比較優位論＝協力モデルの発想で考えるかで大きな違いが生じる。すなわち前者では，研究の自由の維持すなわち技術投資の促進と生命倫理等の観点からの研究の制限すなわち技術投資の制約とが矛盾対立する関係にあると捉え，各国がいずれを優先させるか自己利益に照らして均衡点を決定しているために様々な国際紛争が生じるところ，その解決のために国際的な合意によって個別に妥協点を見出すという発想になる。これに対して，後者

---

13) CIOMS の HP［http://www.cioms.ch/］を参照。
14) CIOMS の HP［http://www.cioms.ch/index.php/texts-of-guidelines］から入手可能。
15) 以上の医学の研究倫理に関する発展については，笹栗俊之「倫理原則と指針」シリーズ生命倫理学編集委員会（編）『前掲書』（注 8）を参照した。
16) 薬事医療法制研究会（編）『やさしい医薬品医療機器等法――医薬品・医薬部外品・化粧品編』（じほう，2015 年）52 頁。"Common Technical Document" について ICH の HP［http://www.ich.org/products/ctd/html］を参照。
17) CIOMS の HP［http://www.cioms.ch/index.php/texts-of-guidelines］から入手可能。
18) CIOMS 等の動きについては，鍵山直子「動物実験」シリーズ生命倫理学編集委員会（編）『前掲書』（注 8）を参照した。
19) なお科学の利用という観点からは，直接には，検疫措置等について科学的証拠を要求する SPS 協定の規定が関係する（第 6 章四 2(3)を参照）が，政策一般について科学・技術のもたらすリスクの制御が必要とされ，政策決定手続の透明化の問題（たとえば第 2 章六 1(1)を参照）につながっていく。

では，研究の自由と研究の制限とが技術投資の最適化という目標の下で相互補完関係にあり，各国もその目標を共有して，その目標の実現のために包括的に協力し，それぞれ国内において最適な研究開発政策を採用するという発想になる。倫理・道徳的観点からの規制もそうした倫理・道徳が持続可能性を最大化する上で有益な社会関係資産と捉えて同一平面上に置くことができる。研究開発補助金も技術投資の最適化という観点から合わせて考えることができる（この点は第11章四2(4)を参照）。なお政府の科学技術政策においていかなる分野の技術投資を優先させるか等の判断が必要であり，民主的同意を必要とするか専門的知見を重視するかの違いを生じる。ただし，専門的知見を重視するとしても，技術が社会に及ぼす影響に鑑みれば，理工科系専門家に委ねてよいわけでないとの意見が強くなっている[20]ことを考慮する必要がある。

(5) 科学技術政策・教育政策

科学技術の研究開発拠点として，大学又は研究所が公的資金で設置されることは珍しくなく，また民間の企業・研究所に対しても研究開発に対して資金提供等の公的支援が行われることが多い。特に先端科学・技術の研究開発においては，たとえ知的財産権を取得できたとしても，知的財産権の対価・ライセンス料として研究主体が対価を受け取れない様々なスピルオーバー効果があるため，最適な投資水準を下回ってしまう可能性が高いことから，そうした支援が正当化される。他方で，公的資金が投入されるので，研究における不効率を改善し，過剰・不要な研究投資を避けるなどのインセンティブが減少することから，そうしたインセンティブを維持する取組みの必要もある。さらに科学技術の研究開発への投入のうち，研究者等の人的要素については，将来のリターンの不確実性等に鑑み教育投資も市場に委ねると過小になる可能性が高いとすれば，公立大学の設置など教育投資に公的資金を投入することが考えられる。第13章で取り上げた国有企業の問題との連続性に着目すべきである。

二　各国の知的財産権制度・科学技術政策

知的財産権制度は各国ごとに異なり，国際的規律を考える上では各国の制度を比較し共通点を抽出する作業が有益であるが，詳細な解説は専門書に譲り[21]，

---

[20] このテーマを扱うものとして，たとえば，細野助博・城山英明・森田朗（監修）『科学技術の公共政策』（中央大学出版部，2008年），藤垣裕子『専門知と公共性——科学技術社会論の構築へ向けて』（東京大学出版会，2003年）がある。

制度全体については資料の入手しやすい日本の制度のいくつかについて若干取り上げ，米欧の制度において特徴的な点を少々紹介するに止める。その後国際経済法上の共通問題として，並行輸入，管轄権の範囲及び競争政策との関係といった問題に言及する。

1 日本の知的財産権法

日本の知的財産権法には，創作を保護するものとして，特許法，実用新案法，意匠法，種苗法，著作権法などがあり，標識を保護するものとして，商標法，不正競争防止法などがある。このほか，民法に基づいてパブリシティの権利などが認められている。私人の権利でないが，景表法，JAS法における原産地表示の規制など行政的取締によって出所表示の財産的価値が事実上保護されている場合もある。以下，特許権，商標権，著作権及び不正競争防止法上の営業秘密の保護について基本的な点又は国際的側面に関する点をいくつか取り上げる。

(1) 特許権

特許法は，外国国籍を有する自然人については，日本国内に住所又は居所を有する場合，当該外国人の本国が日本国民に対して，自国民と同一の条件で特許権その他特許に関する権利の享有を認めている場合等一定の場合に限り，特許権その他特許に関する権利の享有を認めている（25条）。

日本の特許法は，特許を受ける権利を発明者に限定する「発明者主義」を採用している（29条1項柱書）。また先願主義を採用し，複数の者が同一の発明をした場合には，最も早く出願した者だけが特許を受けることができる（39条1項）。ただし，パリ条約同盟国の国民又は居住者が同盟国の一つで出願を最初に行った日（優先日）から1年以内に日本において特許出願を行った場合には，優先日に出願を行ったかのように取り扱われる（パリ条約4条）。WTO協定加盟国の国民にもこの優先権の主張が認められる。日本国内での特許出願のほか，特許協力条約に基づく国際出願によってもよい（特許法第9章）。なお企業等の従業員等が職務として行う研究開発活動において行った発明について契約，就業規則等の定めにより企業等に帰属するものとすることができるが，「相当の対価」を発明者たる従業員等に支払うことが求められる（35条）。

特許権者に付与される，対象技術の独占的な業としての使用権については，一

---

21) 日本の制度だけでも多数の専門書があるが，たとえば，中山『前掲書』（注1），中山信弘『著作権法』（第2版）（有斐閣，2014年），相澤・西村あさひ『前掲書』（注2）などを参照。

般公共の利益との調和の観点からいくつかの制限が規定されている。まず,「試験又は研究のためにする特許発明の実施」には特許権の効力が及ばない(69条)。たとえば,現在は,医薬品の製造承認及び農薬の農薬登録のために必要な試験データの取得のために特許発明を利用することは,この規定によって許されるとするのが判例である[22]。ただし,発明者も製造承認等を得るまでは医薬品等として発売できないため,特許権の存続期間が事実上短縮されてしまうことを防ぐため,存続期間延長制度が設けられ,5年を限度として特許権の存続期間を延長することが認められている(67条2項)。先使用者に対する法定通常実施権の付与,また不実施の場合又は公益上必要な場合には,裁定実施権が強制的に設定されることがある(83条及び93条)。

特許権者等から特許に係る製品を購入したものを使用し又は転売する行為が特許侵害とならないものとされており,権利の消尽があったと説明される。しかし,外国で特許権者によって流通に置かれた産品の転売等いわゆる並行輸入をどう考えるかについては議論が分かれているが,裁判例は,消尽論に拠らず,権利者による黙示の許諾があったものとしてこれを認めるとしている。本項3(1)を参照。

(2) 商標権

日本の商標法は,先願主義を採用し,同一又は類似の商品・役務について使用をする同一又は類似の商標について複数の登録出願があった場合は最も早く出願した者だけが商標登録を受けることができる(8条1項)。ただし,パリ条約同盟国の国民が同盟国の一で出願を最初に行った日(優先日)から6ヵ月以内に日本において出願した場合には,優先日に出願を行ったかのように取り扱われる(パリ条約4条,商標法13条)。WTO加盟国又は商標法条約締約国で行った出願などについても同様の優先権主張ができる(商標法9条の3)。相互主義によって優先権が認められる場合もある。日本での登録出願のほか,マドリッド協定議定書に基づいて他の締約国における国際商標登録出願によって商標登録がなされる場合がある[23]。国際商標登録出願について,出願時に日本が指定されていれば,他の締約国における出願日(国際登録日)に出願がなされたものと取り扱われる(68条の9第1項)。

何人かの業務にかかる商品又はサービスであることを認識させる「識別力」がある標章だけが商標登録でき,普通名称,産地等の表示などは識別力がなく,ま

---

22) 中山『前掲書』(注1) 320-323頁。
23) WIPOのHP [http://www.wipo.int/madrid/en/] を参照。

た特定人に独占させるのは不適当であるから登録が認められていない（3条）。また他人の業務と混同させる商標の登録が認められないように登録不許可事由が定められている。たとえば，他人の登録商標又は類似の商標は，同一又は類似の指定商品又は役務については登録できない（4条1項11号）。他人の業務にかかる商品又はサービスを表示するものとして需要者の間に広く認識されている周知商標と同一又は類似の商標は，登録されている商標についての商品・サービス又はそれと類似の商品・サービスについて登録できない（同項10号）。外国における需要者の間で広く認識されている商標と同一又は類似の商標を使用する場合には，不正の目的をもって使用している場合には，外国の使用者による登録がなくても，登録は認められない（同項19号）。そのほか品質誤認のおそれがある商標（同項16号），公序良俗に反する商標（同項7号）は登録できない。

　商標権は，設定登録の日から10年間存続し，更新されなければ消滅するが，適法に更新がなされる限り権利は存続する。かつては更新の際に使用証明が必要であったが，商標法条約と抵触するため不要となった。ただし，使用されていない商標は，不使用取消審判によって取り消されることがある。国際登録に基づく商標権の存続期間は国際登録の日から10年であるが，更新されれば延長される。

　商標権者は，指定商品・役務について登録商標を使用する権利を専有し（25条），他人による使用を排除できる。さらに類似の登録商標の指定商品・役務についての使用その他が侵害とみなされる行為として同じく排除ができるものとされている（37条）。侵害行為については刑事罰の規定もある（78条等）。特許権と同じく，商標権者が登録商標を付した商品を転売する行為は，権利が消尽するとして，権利侵害とならないものとされている。外国で商標権者によって流通に置かれた産品の転売等いわゆる並行輸入をどう考えるかについては，先例は，消尽論に拠らず，商標の機能から並行輸入を侵害としない構成を採っている。本項3(1)を参照。

　なお，地域の事業者が製造する特産品のブランドを保護することを想定して，地域の名称及び商品等の名称から構成される商標を一定の団体がその構成員に使用させるための地域団体商標の制度が創設された（7条の2）。地域ブランドの保護を狙いとすることから，地域の名称が商品等と密接な関連性を有すること，構成員等の業務に係る商品等を表示するものとして需要者に広く認識されているなどの要件を充たすことが必要であり，また譲渡・専用実施権の設定などができないものとされている。しかしながら，品質保持を担保する仕組みが十分かなどの問題がある。

(3) 著作権

著作権法は，自らが創作した著作物について著作権を有することを規定している。日本の著作権法は，複製権，上演権，翻訳権など著作物の財産的利益を保護する著作財産権のほか，公表権，氏名表示権，同一性保持権など著作物に対する人格的利益を保護する著作者人格権を保護している。このほか，実演家，レコード制作者，放送事業者といった，著作者ではないが，既存の著作物を利用し，公衆に伝達する役割を担っている者の権利を著作隣接権として保護している。従来，実演家，レコード制作者等の権利は，著作権として保護されていたが，実演家等保護条約にしたがって，実演家等の権利を著作隣接権として一章が加えられた。

日本の著作権法は無方式主義を採用しているので，著作権は，創作した事実があれば発生し，登録などの形式を要しない。著作物は，思想又は感情を創作的に表現したものであって，文芸，学術，美術又は音楽の範囲に属するものをいうとし（2条1項1号），言語著作物以下主要な著作物を列挙している（10条1項）。コンピュータプログラムは，思想の表現として，著作物として認められている（同項9号）。また，死亡時起算主義を採用し，死後50年としている（51条2項）。

著作権は，「著作物の利用形態に応じて発生した法的承認を受けた多くの財産的権利の源泉として，包括的な内容を有する支配権」[24] であるとされ，複製権，上演権，公衆送信権などの現状のままに利用する権利，翻訳権，編曲権，映画化権など著作物の内容に手を加えて利用する改作利用権などを包摂している。このような具体的な権利は，利用形態・技術の発展等によって新たに発生することがある。著作権の保護期間内において著作権を利用しようとする者は，著作権者から利用許諾を得なければならないが，一定の利用が例外とされる。適用除外も利用形態・技術の発展等によって新たに発生し，又は縮小することがある。

(4) 営業秘密の保護

営業秘密の保護は，取締役等，従業員，ライセンシーなどに対しては，取締役等の競業避止義務（商法356条），秘密保持契約又は競業避止契約などを締結することによって実現される。しかし，これらの義務を契約終了後及ぼしにくく，また事前に契約関係のない第三者が物理的に入手する場合には規制を課しにくい。不法行為を構成しても差止めが困難である。そこで不正競争防止法1990年改正で対処が図られた。

同法2条1項4号は，「不正の手段により営業秘密を取得する行為……又は不

---

[24] 半田正夫『著作権法概説』（第15版）（法学書院，2013年）136頁。

正取得行為により取得した営業秘密を使用し，若しくは開示する行為」を不正競争の一とし，営業上の利益を侵害された者に対して差止め請求（3条）及び損害賠償（4条）を認めている。しかし，民事上の救済では十分ではないとして，2003年に，営業秘密侵害罪の規定が創設され，その後も刑事処罰の制度（21条1項）が拡充されてきており，また国外犯も処罰対象となっている（同条4項）。

2　外国の知的財産権法

ここでは，米欧の知的財産権制度のうち特徴的な点について若干言及するに留める。

（1）米　国

米国特許法は，先発明主義を採用していた。特許法の理念に忠実であり，特許出願よりも論文公表を先行させるメリットもあるとされるが，先に発明したか否かの立証が困難であり，そのための手続が煩雑になり，又は権利関係が不安定になるという問題があった。2006年の特許制度調和に関する先進国会合において先願主義に移行することに米国が同意し，先願主義に移行した。

またかつては，出願公開の制度がなく，また出願からではなく，特許権付与の日からであったため，特許の成立を故意に遅らせて商業的に利用されるようになってから特許侵害を訴えるというサブマリン特許の問題があった。現在では，特許権の存続期間は出願日から20年となったが，米国以外の外国出願のない出願については，依然公開が不要であり，その範囲では同じ問題が残っている。

知的財産権侵害物品に対する水際規制について，米国は，通常裁判所による知的財産権侵害訴訟とは別に，国際貿易委員会に対して一般的排除命令等の発出を求める手続を用意している（いわゆる通商法337条手続）。かつては，輸入品について両方の手続を利用できるとされていたが，内国民待遇義務違反とされたため，現在では，一方のみ利用できるとされている。この方式は，他に韓国に例がある。この制度のGATT20条(d)号上の取扱いについては，第6章四1(1)を参照[25]。

（2）欧　州

欧州においては，各国の特許法と欧州特許条約に基づく地域特許制度とが並存

---

25) 米国の知的財産権法の特異性について，たとえば，経済産業省通商政策局（編）『不公正貿易報告書（2014年版）』450頁を参照。

している。加盟国各国の特許局への申請でなく，欧州特許局（EPO）に申請することにより単一の手続で「欧州特許」を取得することが可能となっている。ただし，欧州特許は，各国法で保護されるそれぞれの特許を束ねたものであって，単一の特許ではないとされる。なお各国で法的効力を有するには各国レベルでの有効化が必要となる。

なお欧州においては，地理的表示保護制度が発展している。地理的表示は，地域の名称及び商品等の名称から構成されるため，商品識別力がないとして商標権を認めないのが通常である。（国名などと同じく，当該地域で生産される製品の中の特定の産品に独占させることが適切かという政策的配慮があろう。）しかし，当該地域において特定の製法に拠って伝統的に製造されてきた商品がそうした名称で呼ばれ，それに評価が化体している場合にはかかる名称を保護し，当該地域外で生産された産品はもちろん，当該地域内であっても特定の製法に依らずに生産された産品にはかかる名称を使用させないこととしている。逆に地域内で生産された産品が製法要件を満たしているならば，その生産者が登録後に転入してきた場合であっても使用が認められる。地理的表示の使用権の譲渡やライセンスは認められない。これが地理的表示保護制度である。シャンパンなどの酒類，グリュイエールなどの畜産物など製法に革新があまりない産品に多く，工業製品ではリモージュ焼，ゾーリンゲン（刃物）など少数である[26]。

なおEUの知的財産権侵害物品に対する水際規制は，税関において一時的に差止めができるのみで，差止めを延長するには期限前に裁判所から命令を得ることが求められる。すなわち，裁判所における手続に一元化された手続である。

3　共通の国際的問題

（1）並行輸入

並行輸入とは，特許権，商標権，又は著作権等（知的財産権）の対象となる物品が輸出国と輸入国の双方で知的財産権の対象となっている場合，この物品を知的財産権者以外の第三者が輸入国に輸入し販売する行為をいう。すなわち，当該知的財産権物品が輸出国内で知的財産権者又はそれのライセンシー等によって販売され，それを第三者が取得し，その第三者又はそれから当該商品を入手した者が当該物品を輸入国に輸入する行為である。この場合，当該知的財産権者はその輸入販売が自己の有する知的財産権侵害に該当するとして，その輸入販売の差止

---

[26]　EUの地理的表示制度については，たとえば，内藤恵久「地理的表示の保護について――EUの地理的表示の保護制度と我が国への制度の導入」『農林水産政策研究』20号（2013年）37-73頁を参照。

め，損害賠償請求，又は税関への輸入禁止請求等の手段を講ずることができるか問題である[27]。

　ここで留意すべき点は，かかる並行輸入が法的論争の対象となるのは，当該輸入品が真正商品である場合である。もし輸入品が第三者によって輸出国において無権利のまま製造又は販売されたものであれば，この物品が輸入される場合，これが輸入国の当該知的財産権を侵害することは当然であり，これについては特に問題は生じない。たとえば，輸出国及び輸入国においてある商標が登録されている場合，輸出国においてその商標の無権利者が商標を冒用して模造品に当該商標を付して輸入国に輸出する場合，これが輸入国における商標権を侵害することは明白である。しかし，輸入品が真正商品である場合，すなわち，輸入品が偽物ではなく輸出国において当該特許権に基づいて正当に製造販売され，又は，商標権者によって正当に商標権を付して販売され，かかる物品が第三者に販売され，これが輸入国に輸入される場合に，この輸入が輸入国の商標権を侵害するかについては，商標権の本質をどのようにみるかにより，いくつかの立場があり得る。現に我が国においては，後述のように商標権について真正商品の並行輸入は商標権を侵害しないとしているが，欧米等主要国が必ずしもこれと同じ立場をとっているわけではない。

　特許を例にとって検討すると，特許がある国（A国）においてある特許権者に付与されている場合，通常は同じ特許が多くの国において同一の特許権者に付与されている。この場合，各国における特許は各々その国内法によって認められており，属地主義によって各々の国における特許は他国における特許とは独立した権利である。この属地主義を厳格に解釈すると，A国において特許が認められていても，他の国（B国）において認められている同一特許はA国における特許とは別の法的権利であり，A国において適法に製造販売された特許品であっても，これを特許権者の許可なくB国に輸出することはB国の特許を侵害することとなる。他方，特許について属地主義が認められる場合でも，上述の例ではA国で製造販売された特許品がB国に輸出される場合，B国がこの物品は外国における同一特許に基づいて同一の特許権者（又は，それのライセンシー）によって製造販売され，権利者はすでにこの権利行使によって利益を得ているので，この権利は消尽されたとして，B国において権利者はもはや権利を行使しえないと解釈することもあり得る。さらに，権利者が自由に選択した国で任意に設定した価格

---

27) 並行輸入問題全般に関しては，Warwick A. Rothine, *Parallel Imports*（Sweet & Maxwell, 1993）を参照。

で対象産品を流通に置いた以上，その地において知的財産権を有しているか否かに拘わらず，世界どこでも流通することを想定しておいたとみるべきであるとして，並行輸入を禁止できないとする見解もある[28]。

　このように，同一知的財産権が複数国において付与されている場合，一国における当該知的財産権商品の販売によって他国においてもその物品に関する知的財産権は別個独立のものとして存在するという考え方と，一国で当該知的財産権に基づく物品が販売されれば，その国のみならず，同一知的財産権が付与されている他の国においても権利が消尽するという考え方がある。後者は，たとえば二重利得を認めるべきではないことを根拠とする。さらに，輸入国における知的財産権の権利者が任意に選択した国で対象産品を流通に置いた以上，輸入国における権利も消尽するとする考え方もある。対応特許の存在を求めないこの考え方は，流通の安全に重点を置く。通常このうち2番目の考え方を国際消尽理論（international exhaustion doctrine）とするが，3番目の考え方を含めることもある。このうちのいずれを採用するかによって，知的財産権に基づく真正商品の並行輸入が認められるか否かが決まることとなる。

　知的財産権制度の目的を技術投資の保護・促進と考えると，たとえば生産国及び輸入国のいずれにおいても独占権を行使できるようにすること，すなわち国際消尽を認めないことが要求されるように思われる。生産国及び消費国それぞれに貢献がある以上，双方で利得することを不当と考える必要がないように思われるからである。ただし，二重利得を不当と考えて国際的消尽を認める考え方もあり得よう。これに対して，知的財産権制度の目的を「市場の失敗」を是正して技術投資を最適化することと考えるならば，他人が無断で使用できないことが確保されていれば足りる。ここで問題となる「市場の失敗」は，技術・情報は，所有権の対象となる物品と異なり，排他的管理に限界があるために他人が無断で使用できてしまい，そのために技術・情報の生産のインセンティブが過小になってしまうという問題である。かかる「市場の失敗」を是正することは経済・社会の最適化の観点から正当化され，他人の無断使用を禁止する権限を付与することがそのための最適な手段として認められるが故に知的財産権制度が支持される。これに対して，知的財産権者がその対象である技術・情報を任意に使用して製造し流通させる物品については，海外で販売する場合に自国に還流させない条件で取引することもでき，また自国に還流するリスクを考慮して価格交渉もできるので排他的に管理が可能であるというほかない。そうである限り，かかる産品について

---

[28]　中山『前掲書』（注1）405-411頁。

「市場の失敗」を認める余地がない。しかるに，並行輸入を禁止する権限を知的財産権者に認めるならば，かかる産品について流通範囲を制限する権限を認めることに他ならず，「市場の失敗」が認められない以上，そうした権限付与は経済・社会の最適化の観点から正当化できないと考えられる。すなわち，知的財産権の本質は排除権であって使用権でない。したがって，対応特許の有無に拘わらず，輸入国の知的財産権の権利者が任意に選択した国で任意の価格で対象産品を任意に流通に置いた以上，無断使用の要素がない並行輸入であって権利者の意思に逆らってなされていると言えず，輸入国の知的財産権に抵触しないと考えることになる。

なお，TRIPS協定は並行輸入について規定を置いていないとするのが支配的考え方と思われるが，上記に照らせばそうでない考え方も論理的にはあり得る。本章四2(3)を参照。

(ア) 特許権と並行輸入

特許品について並行輸入が認められるかについて，主要通商国家の態度は必ずしも一致していないが，日本の状況について述べ，米国・EUについて簡単に触れる。

日本の特許法においては，当初は特許品の並行輸入は認められないとの立場がとられていたが，BBS事件において最高裁が「黙示的ライセンス理論」（implied license theory）に基づいて判決を下して以来，これが判例原則となっている。

ブランズウィック事件[29]において，大阪地裁は厳格な属地主義に基づいて特許品の並行輸入を拒否した。この事件においては，ボーリンク用のピンの製造業者であるブランズウィック社（Brunswick，以下「B社」という。）が米国，豪州，香港，日本等各国においてこれの製造用の特許を有していたが，この豪州における特許を豪州の企業にライセンスした。その後，このライセンシーの製造したピンは香港の者の手に渡り，日本の第三者（並行輸入者）がこれを日本に輸入した。これに対してB社側から日本における特許権侵害を理由として提訴したのが本件である。本件において東京地裁はこの並行輸入は日本の特許権を侵害すると判断した。

その後，BBS事件判決[30]において，最高裁は前述のように黙示的ライセンス理論に転じた。この事件において，原告，被控訴人，上告人であるBBS社は日本，ドイツその他諸国において，自動車用のホイール（自動車タイヤに使用される製品）の製造販売に関して特許を有していた。第三者がBBS社のドイツで販

---

29) 大阪地裁昭和44年6月9日判決，『無体集』1巻160頁。
30) 最高裁平成9年7月1日第三小法廷判決，『民集』51巻6号2299頁。

売したホイールを日本に並行輸入したので，BBS 社がこの者を相手として提訴し，侵害物品販売差止めと損害賠償を請求して提訴した。東京地裁はブランズウィック事件判決に従ってこの物品輸入に対して日本特許侵害を認めた[31]が，東京高裁はこれを覆し，国際消尽理論に基づいて本件特許品の並行輸入は日本特許を侵害しないと決定した[32]。その理由として東京地裁は，特許権者は輸入された当該特許品につき外国においてすでに利益を得ていること，及び商標において真正商品の並行輸入が認められており，特許品の多くが商標品であり，特許権と商標権の平仄を合わせるために両者で異なった解釈をすることは好ましくないこと等を理由として，特許品の並行輸入は日本特許を侵害しないと判断した。

これに対して，最高裁は以下のように判断した。すなわち，外国と日本において特許が付与され，特許権者が外国でその特許に基づいて製造された物品を販売する際にその最初の買手に対して当該物品は日本に輸出することはできないことを通知し，かつその旨を当該特許品に表示してある場合には，当該物品は日本に並行輸入することはできない。しかし，この条件がない場合には，特許権者は当該物品の第三者による並行輸入に黙示の承諾を与えたものとみなす，ということである。

この最高裁判決の立場は，特許権に関して国際消尽理論を認めたものとはいえない。この判旨によれば，特許権者は外国において当該特許品を最初の買手に販売する場合，この特許品は日本に輸出できないことを通知し，その旨を特許品に表示することによってそれの日本への輸入を禁止できるので，これは外国において特許品が販売されると当然に特許権が国際的に消尽することを認めたことを意味するものではない。むしろこの判旨は上記の要件がない場合に，特許権者は当該特許に基づく製品の第三者による並行輸入について黙示の承諾を与えたというべきであり，むしろ外国での特許品の販売によって日本での当該製品に関する特許権は消尽しないことを前提とするものといえよう。従って，現在日本において特許品の第三者による並行輸入が認められるか否かはケース・バイ・ケースに決定されるというべきである。

米国においては，判例原則は必ずしも明らかでない。特許品の並行輸入に関する唯一の最高裁判例は 1890 年のボッシュ事件判決[33]であり，この事件において最高裁は特許品の第三者による並行輸入を禁止した。しかし，この判決は特殊な状況を取り扱うものである。この事例において、米国の企業がドイツにおいて特

---

31) 東京地裁平成 6 年 7 月 22 日判決,『判例時報』1501 号 70 頁。
32) 東京高裁平成 7 年 3 月 23 日判決,『判例時報』1524 号 3 頁。
33) *Boesch v. Graff*, 133 US. 697 (1890).

許を所有していたところ，ドイツにおいて当該特許に関して第三者に法定実施権が付与されていた。この法定実施権付与に関する事情は明らかでないが，この法定実施権者がドイツにおいて製造した特許品を米国における特許権者以外の者が米国に並行輸入をしたのに対して，米国特許権者がこれを差し止めるべく提訴した。前述のようにこの事件において米最高裁はこの並行輸入は米国特許を侵害すると判断したが，この背後には，この件において並行輸入された製品はドイツにおいて法定実施権によって第三者に付与されたライセンスに基づいて製造されたものであり，特許権者の任意によるライセンスによるものではないとの事情があったことが推測される。この意味において，この判例は特殊な状況を取り扱ったと推論され，特許権者が外国において任意に販売された特許品に関して同じ原則が適用できるかには若干の疑問がある。

　この事情を反映してか，その後の特許品の並行輸入に関して米判例は区々(まちまち)に分かれており，ケース・バイ・ケースの判断となっている。この判決後において，特許品の並行輸入を禁止する判例がいくつかあるが，これらは，外国において特許品に関して米国への並行輸入が禁止されることが契約上明記されていたことを根拠とするもの，外国での最初の販売をなした実施権者の実施権が当該外国についてのみのものであったこと等を根拠とするものである。他面，並行輸入を認める判例もあり，これらは国内の特許権者と外国の特許権者が同一でありライセンス契約に販売を制限する条項がないこと，米国の特許権者が自らの意思で外国において特許品を販売した場合には，その特許権は国際的に消尽したものとみなすもの，などがある[34]。これを要するに，米国判例において，特許品の並行輸入を認めるか否かは事案の特殊性に応じてケース・バイ・ケースに決定されるということであり，米通商代表等が国際交渉において特許権の絶対性を強力に主唱する態度とは微妙に異なっている。

　EUにおいて，特許品の域外からの並行輸入がどのように扱われるかについての判例は見当たらない。しかし，後述のように商標品についての判例から推測すると，EU域内においては，ある加盟国のうちの一国において特許品が販売された場合には，その理由で他の加盟国においても当該物品に関する当該特許権は消尽するが，EU域外からの当該特許品の並行輸入に関してかかる消尽は認められず，特許侵害が成立しうるとの立場と考えられる。

---

34) *Dickeron v. Matheson*, 57 F. 524 (2d Dir. 1893); *Curtis Aeroplanes & Motors Corp. v. United Aircraft Engineering Corp.*, 226 F. 71 (2d Cir. 1920); *Griffin v. Keystone Mushroom Farm, Inc.* 453 SF. Supp. 1283 E.D.Pa. 1978; *Sanofi S/A v. Med-Tech Veterinarian Prod., Inc.*, 565 S. Supp. 931 (D.N.J. 1983).

（イ）商標品の並行輸入

　日本において，真正商品である商標品の並行輸入は内国商標権を侵害しないとの判例原則が確立している。この判例原則確立の出発点となったのはパーカー事件における 1970 年の大阪地裁判決[35]である。この事件においては，米国著名万年筆であるパーカーの並行輸入が問題となった。米パーカー社はその万年筆について「Parker」という商標を米国，日本，その他各国において登録しこれを販売していたが，日本においてはシュリロ社を総代理店に指定し，パーカー万年筆の万年筆を一手に販売させていた。シュリロ社は「Parker」商標の日本における専用使用権を登録していた。並行輸入者である MNC 社はパーカー万年筆の並行輸入を企て，シュリロ社に許可を求めたが拒絶された。そこで，MNC 社はシュリロ社を相手として提訴し，真正商標品であるパーカー万年筆を日本に並行輸入することは日本における「Parker」商標の侵害とならず，シュリロ社はこれの差止め請求等，商標権に基づいて権利行使をすることができないことを確認する判決を請求した。

　大阪地裁は商標の本質論又は機能論を展開し，商標の本質は商品の出所表示機能と品質保証機能にあり，これらの機能が阻害されない限り，商標権は侵害されないと説示した。とすると，並行輸入者である MNC 社が輸入するパーカー万年筆は真正商品であり，これの輸入によって当該商標の出所表示機能と品質保証機能は阻害されないので，この並行輸入は内国商標権を侵害しないと判断した。平成 15 年（2003 年）のフレッド・ペリー並行輸入事件において最高裁はパーカー事件における大阪高裁の判決を承認した[36]ので，現在ではこれが日本の判例原則であるということができる。

　より最近の判例としては，コンヴァース商標事件[37]がある。これは東京地裁及び知財高裁判決である。この事件は，米国の著名なスポーツシューズ等のメーカーであるコンヴァース社の有する商標品の並行輸入に関するものである。米コ

---

[35] 大阪地裁昭和 45 年 2 月 27 日判決，『無体集』2 巻 1 号 71 頁。
[36] 最高裁平成 15 年 2 月 27 日第一小法廷判決，『民集』57 巻 2 号 125 頁，『判例タイムズ』1117 号 216 頁。この事件においては著名商標である「Fred　Perry」の商標権者が日本及び外国でこの商標を登録していたところ，シンガポールにおいてある企業にこの商標をライセンスした。ライセンシーは契約条件に反して，商標権者に無断で製品の製造を中国の業者に委託し，その製品にこの商標を付して販売し，この商品が日本に並行輸入されたので，これに対してフレッド・ペリー社が商標侵害を申し立てたものである。最高裁はこの件について，商標品の品質管理が適切に行われていなかったこと等を理由として並行輸入は商標権を侵害するとした。したがって，この事件において問題となった輸入物品は真正商標品ではなく一種のまがい物であったので，パーカー事件の事案とは異なるものである。
[37] 知財高裁平成 22 年 4 月 27 日判決，原審・東京地裁平成 21 年 7 月 23 日判決。

ンヴァース社は「CONVERSE」商標を有し，スポーツシューズ等の製品の製造販売を行っていたが，破産状態となり同名の新コンヴァース社がこの商標を含め資産を承継した。日本において伊藤忠社がこの商標を譲り受け，同社はこれのライセンスをその子会社に付与した。そしてこの子会社は自己の製品の販売に際してこの商標を用いていた。第三者がこの商標を付した米コンヴァース社製のスポーツシューズを米国から輸入して販売したので，伊藤忠，及び，その子会社はこの第三者を相手として東京地裁に訴訟を提起し，販売の差止めと損害賠償を求めた。

被告はこの輸入品は米コンヴァース社が製造したものであり真正商品であるので，この日本における販売は日本の商標権を侵害しないと主張したが，東京地裁及び知財高裁とも，当該商標は日本においては伊藤忠によって登録され所有されていること，伊藤忠及びその子会社はこの製品のメーカーである米コンヴァース社と法的又は経済的に一体ではなく，米コンヴァース社に対して製品の品質管理を及ぼすことができる立場にないこと等を理由として，並行輸入者による商標侵害を認定した。

この事例においては，もともとの米国商標権者から日本会社がその商標を譲り受け，しかもこの商標の表象する暖簾（goodwill）はもともとの米国の商標権者が築き上げたもので，商標を譲り受けた日本の商標権者がまだ十分に自己の暖簾を築き上げていないという特殊事情がある。しかしながら，日本においてこの商標は日本会社によって所有されているので，少なくとも形式上は，当該輸入品は日本における商標権者とは無関係な者から輸入されている。この場合に，日本のユーザーないし消費者は，コンヴァース商標を付した商品を見てもともとの米国のコンヴァース社の製品であることを連想すると思われる。とすると，これの輸入は果たしてこの商標の出所表示機能と品質保証機能を侵害するものかについては疑問がなくはない。したがって，この点からこの判決に関しては批判[38]がある。しかし，この輸入を認めると，日本におけるこの商標登録の意味がなくなることも事実である。このようにこの事例においては，判断に苦しむ困難な問題が伏在している。おそらく日本の商標法において，商標はそれが表象する事業とは別に譲渡し得ることになっているから，このような矛盾が生ずるのであろう。ともかく，この判例は，パーカー事件，及びフレッド・ペリー事件において確立された真正商標品の並行輸入に関する判例原則を変更するものとはいえないであ

---

38) 田村善之「商標権の譲渡後の従前の真正商品の並行輸入の可否——Converse並行輸入事件」『知的財産法政策学研究』30巻（2010年）279頁以下。

ろう。

　米国の商標法であるレーナム法42条において、内国商標権を侵害する物品の輸入に関して差止め請求が認められ、関税法42条においてかかる商品の輸入禁止が認められている。関税局規則は真正商品の並行輸入を禁止しているが、①外国商標と米国商標が同一企業によって所有されている場合、②外国商標権者と米国商標権者が親子会社その他共通株主の支配下にある場合、又は、③米国商標権者のライセンスによって登録商標が付されている場合には例外が認められており、米最高裁判例[39]は①及び②についてその適法性を認めている。

　EUにおいては、グルンディヒ・コンスタン事件におけるEC裁判所判決[40]によって、加盟国のうちの一ヵ国において適法に販売された商標は他の加盟国に自由に輸入され販売されることができるとされている。この事件はドイツのテープレコーダー等のメーカーであるグルンディッヒがフランスに総代理店を設置してフランスにおける一手販売権を付与し、これに対してその所有するGINT商標（Grundig International）のライセンスをしたところ、他のフランスにおける企業（UNEF）がこの商標を付した製品を並行輸入したので、これに対して総代理店がこの輸入販売差止めを請求してフランスにおいて提訴した事件である。これに対してEC委員会がかかる輸入妨害はEC競争法違反であることを理由として、調査を開始した。仏裁判所はこの委員会決定が出るまで審議を中断した。委員会は決定を下し、かかる輸入妨害はEC競争法に違反すると判断した。したがって、EC（現在はEU）域内において商標品がいったん販売されれば、その後はEU域内のいかなる地にも販売できるので、真正商標品の並行輸入はその適法性を保障されているということができる。

　しかし、真正商品がEU域外から並行輸入者によって輸入される場合には、事情が異なる。EU域内において、真正商品の並行輸入が認められているのは、域内において自由通商を保障するEU条約によるものであり、域外からEU加盟国の一国に輸入される並行輸入品は直ちにEU域内通商の自由の恩典を受けるものでないからである。EU域外からの真正商標品の第三者による並行輸入に関しては、EU判例は一般的にこれを否定する態度を有している[41]。

---

39)　*K Mart Corp. v. Cartier, Inc., et al.*, 486 U.S. 281 (1988).
40)　Consten-Grundig, [1966] ECR 299.
41)　詳細に関しては、玉井克哉「ヨーロッパ商標法における並行輸入法理の転換——国際消尽原則を最終的に放棄した欧州裁判所判決を巡って（上）・（下）」『NBL』651号（1988年）6頁以下、同652号（1988年）40頁以下参照。

（ウ）著作権と並行輸入

　日本の著作権法においては，国際消尽は法定されている。著作権法26条の2第1項は「著作者は，その著作物（映画の著作物を除く。……）をその原作品又は複製物……の譲渡により公衆に提供する権利を専有する。」とし，2項において「前項の規定は，著作物の原作品又は複製物で次の各号のいずれかに該当するものの譲渡による場合には，適用しない。」とし，さらにその5号において「国外において，前項に規定する権利に相当する権利を害することなく，又は同項に規定する権利に相当する権利を有する者若しくはその承諾を得た者により譲渡された著作物の原作品又は複製物」と規定する。すなわち，外国において当該著作権の対象となる著作物が適法に販売された場合には，日本において著作権を有する者は当該著作物について専有権を有しないとされる。すなわち，著作物が外国で販売されることによって，当該著作権者について著作権は国際的に消尽されたものとなる。すなわち，この著作物を外国から並行輸入者が輸入しても，これは内国著作権を侵害するものではない。

　ただし，この著作権の国際消尽には一つ例外がある。それは音楽CD還流に関するみなし侵害規定である。日本の音楽CD製造業者は日本国内において音楽CDを製造販売する一方，東アジア諸国においてもこれらの音楽CDの需要があることからこの地に進出し現地で音楽CDを製造販売している。ところが，著作権においては権利の国際消尽が認められているので，東アジアにおいて製造販売された音楽CDが並行輸入によって日本国内に還流することを防止することができない。このままでは，東アジア諸国と日本との賃金格差等のために東アジア製の音楽CDが日本市場に流入して日本音楽CD製造業者の市場を侵食することとなる。これに危機感を抱いた日本音楽CD製造業者（具体的には日本レコード協会等）が立法運動を展開した結果，2004年に著作権法が改正され，改正法が2005年から施行されている。

　この改正は著作権法113条5項の制定であるが，これによると音楽CDの並行輸入に関してみなし侵害が規定されている。すなわち，同条1項は「次に掲げる行為は，……著作権……を侵害する行為とみなす。」とし，第5項において，「国内において頒布することを目的とする商業用レコード……を自ら発行し，又は他の者に発行させている著作権者又は著作隣接権者が，当該国内頒布目的商業用レコードと同一の商業用レコードであって，専ら国外において頒布することを目的とするもの……を国外において自ら発行し，又は他の者に発行させている場合において，情を知って，当該国外頒布目的商業用レコードを国内において頒布……し，若しくは国内において頒布する目的をもって所持する行為は，当該国外頒布

目的商業用レコードが国内で頒布されることにより……当該著作権者又は著作隣接権者の得ることが見込まれる利益が不当に害されることとなる場合に限り，それらの著作権又は著作隣接権を侵害する行為とみなす。」と規定する。さらに同項において続けて「ただし，国内において最初に発行された日から起算して7年を超えない範囲内において政令で定める期間を経過した国内頒布目的商業用レコードと同一の国外頒布目的商業用レコードを輸入する行為……は，この限りでない。」とする。

甚だ冗漫な規定であるが，要するに以下のことが定められている。日本の音楽CD製造業者が音楽CDを日本国内において製造販売しており，同時にこの音楽CDと同じ音楽CDを外国においても製造販売している場合，この事情を知りながら，当該音楽CDを日本に輸入し販売する行為は，それによって日本の音楽CD製造業者の利益を不当に侵害するときには著作権侵害とみなす，というのである。ただし，当該音楽CDが日本国内で発売されてから7年，又は，政令で指定するこれよりも短い期間経過をした場合には，もはや侵害は成立しないということである。

この規定は著作権に関する国際消尽原則を一般に否定するものではなく，限定された範囲で音楽CDに関して国際消尽の例外を認めたものである。しかし，この規定に関しては，音楽CDには再販売価格維持が認められていることとあいまって，国内における音楽CDの価格の高止まりの要因になると批判されている[42]。

米国においては，2013年に米最高裁が真正著作物の並行輸入を認める判決を出している[43]が，これは従来から判例の分かれていたこの問題について米著作権法上の決着をつけたものとして，重要な意義を有する。この事件においては，米国で米国出版社の発行した学術書と同じ内容の書物（ただし，紙質や装丁が若干劣る。）を同社子会社がタイ国において販売したが，これを同国において適法に買い受けた者がそれを米国に持ち込み販売したことに対して，米出版社が著作権侵害を理由として損害賠償等の訴訟を提起したものである。争点は米著作権法109条(a)[44]が米国内における処分についてのみ適用されるか，又は，当該著作権の対象となる書物の外国における処分についても適用されるかであるが，米国最高裁は後者の立場を採用した[45]。

---

42) この立法の経緯及びこれらの批判に関しては，稗貫俊文「音楽CD還流防止措置導入と競争政策の調整」『日本国際経済法学会年報』17号（2008年）62頁以下を参照。

43) *Supap Kirtsaeng, dba Bluechristine99 v. John Wiley & Sons, Inc.*, 133 S. Ct. 1351 (2013).

44) 権利消尽の規定．すなわち，「……適法に作成された特定の複製物……の所有者は……，著作権者から改めて許可を得ることなく，当該複製物……の所有権を処分することができる。」と規定する。

（エ）知的財産権商品の並行輸入と競争政策

　知的財産権商品といえども，これの並行輸入が認められれば，その程度において競争が活発化するので，競争政策上は望ましいということができよう。しかし，法的角度から見るとき，知的財産権は知的財産権法の対象となっており，知的財産権法の対象となる行為は一般的に競争法の適用除外となっている。並行輸入の阻止が知的財産権によって保護されるかについては，前述のように知的財産権の種類によって差異がある。したがって，知的財産権商品の並行輸入が知的財産権法によって保護されるかもまた知的財産権によって異なる。このことから，知的財産権商品の並行輸入が競争法の規律に服するか，すなわち，知的財産権商品の並行輸入の阻害が競争法違反となるかに関しては，知的財産権ごとに検討する必要がある。

　前述のように，商標権の分野においては，一般に真正商標品の並行輸入は内国商標を侵害しないとの判例原則が確立している。したがって，真正商標品の並行輸入阻止は商標法の権利行使に該当しない。この場合，商標権者又はその総代理店等による真正商品並行輸入阻止はすべて当然に競争法違反となるかは別として，これは競争法上の審査の対象となる。

　著作権に関しては，一般に国際消尽が認められているので，これの並行輸入は著作権行使の範囲に入らず，これを阻止する行為に関しては，音楽CDの場合を除き，競争法の対象となるということができる。

　これに対して特許権の場合には，事情が異なる。前述のように，特許権の対象となる物品の第三者による並行輸入の可否は一概には決定できず，ケース・バイ・ケースに決定される。このような事情から，特許品の並行輸入阻害に関して競争法が適用されるか否かについては明確でないが，特許権者が明白に外国において製造された特許品の対日輸出を禁止する場合以外は，状況により，競争法適用があり得るとすべきであろう。

　公取委は「流通ガイドライン」[46]において，商標品の並行輸入阻害が独占禁止法上どのように取り扱われるかについていくつかの指針を示している。これらは著作物に関しても妥当すると思われる。しかし，特許品に関しては，特許に関する事情の特殊性から，このガイドラインの指針は必ずしも適用されないとみる

---

45) この件についての邦文による紹介としては，Lisa T. Simpson「著作権法における最近の展開——国際的な権利消尽に関する米国最高裁の判断」『日本国際知的財産権保護協会月報』Vol. 58, No. 10 (2013), pp. 58-64参照。
46) 「流通・取引慣行に関する独占禁止法上の指針」，平成3年7月11日公取委事務局，平成17年11月1日，平成22年1月1日及び平成23年6月23日改正。

べきである。

　以下に「流通ガイドライン」の骨子を紹介する。第一が，海外のルートからの真正商品の入手の妨害の禁止である。この類型は，たとえば，日本の商標権者又はその商標権者から日本における当該商品の一手販売権を付与されている総代理店が日本に並行輸入される可能性のある商品の外国における販売業者に対して，日本の並行輸入業者にはこの商品を販売しないようにさせることである。

　第二が，販売業者に対する並行輸入品の取扱制限である。すなわち，日本の商標権者又はそれの総代理店が小売業者等日本の販売業者に対して並行輸入品を取り扱わないようにさせることである。

　第三が，並行輸入品を取り扱う小売業者に対する契約対象商品の販売制限である。すなわち，たとえば，日本の商標権者等が並行輸入品を取り扱っている小売業者に対して，契約対象商品の販売をしない，又はそれを制限するということである。要するに，並行輸入品を取り扱う小売業者をボイコットするということである。

　第四が，並行輸入品を偽物扱いにすることである。すなわち，並行輸入品が偽物であると宣伝して，これの販売を妨害するということである。（実際に偽物であれば，これに対して商標法又は不正競争防止法等によって法的措置をとることができる。）

　第五が，並行輸入品の買い占めである。これは商標権者又は総代理店が並行輸入品を買い占めて市場に出ないようにすることである。実例として，著名なゴルフクラブである「ウィルソン」が並行輸入されたときに，総代理店がこれを一括して買い上げ，これらが市場に出回らないようにしたというのがある。

　第六が，並行輸入品の修理等の拒否である。すなわち，並行輸入品が修理を必要とする場合に，商標権者又は総代理店がこの修理を拒否するということである。もっとも，部品の不足等修理ができない正当な理由があることもあり，この場合には，修理拒否も認められる。

（2）知的財産権と管轄権

　日本の特許権を侵害するソフトウェアを外国のサーバーから日本向けにオンラインで販売する行為に対して侵害行為として特許権を行使できるのかについては，考え方が分かれている。従来は，日本の知的財産権法制が属地主義の原則を採用しているとされ，侵害にならないとする考え方が通説であったが，効果理論が一般化している現状では侵害行為として差し支えないはずである。米国及びイギリスにおいては，外国での行為に対して，自国の特許権の侵害を認めた裁判例があ

ることが指摘されている。

　逆に，日本国内で外国の特許権の侵害行為が行われたことに対して，日本の裁判所において当該外国の特許権に基づいて差止め・損害賠償請求等ができるのかも問題となっている。この点では，最高裁の先例がある。差止め請求について，特許権の効力と性質決定し，登録国法を適用し，日本での行為に対して登録国の特許権の侵害を認めることは，属地主義を採る日本の公序に相容れないとして請求を拒否した。また損害賠償請求については不法行為と性質決定して，不法行為地法を適用することとしつつ，日本では属地主義により違法でないことを根拠として，この請求も否定した[47]。

　この問題は，特許権を私権とみて国際私法の問題とするのか公共政策の実施とみて国際法の規律管轄権の問題とするのかという点から考え方が分かれる可能性がある。国際私法の問題でないとするためには，発明の促進という市場が実現できないことを実現するための政策的介入であることを強調し，公共政策の一であって，その管轄権の範囲内では自国の産業政策を優先することになろう。他方，発明を発明者が創り出したものであるから当然に発明者に属する，として物品の所有権と同じと考えれば，登録国以外の国の裁判所であっても，自国の国際私法に基づいて認められる権利を前提とした判断を下すべきということになろう。またパリ条約において認められている特許権の独立の原則から準拠法の問題とした上で外国特許法の適用を認めない考え方もある[48]。いずれにせよ，国際競争論＝共存モデルに立てば，公権力の行使であってもまた私権の問題であっても知的財産権分野の国際的ハーモニゼーションを優先して差止め請求等を認めることも容認されるが，比較優位論＝協力モデルの立場からすれば，国ごとの法秩序の一体性確保を重視するため自国の管轄権の範囲内では他国の知的財産権の効力を認めないのが当然である。

　なお国際的な侵害事案の増加に鑑み，2007年改正において輸出も侵害行為とされるようになり（特許法2条3項1号），また水際措置も規定された（関税法69条の2以下）。したがって，日本における侵害行為に対して，外国の特許権でなく対応する日本の特許権に基づいて差止め・損害賠償請求をすることができるようになっている。

---

47) 最高裁平成14年9月26日第一小法廷判決，『民集』56巻7号1551頁。相澤・西村あさひ『前掲書』（注2）398-414頁。
48) 石黒一憲『国際私法』（第2版）（新世社，2007年）364-365頁。なお著作権については，特許権と異なり，登録等の政府行為を要求しないことを根拠として異なる扱いを求める見解がある。道垣内正人「国境を越えた知的財産権の保護をめぐる諸問題」『ジュリスト』1227号（2002年）54頁以下。

（3）競争法（強制実施・ライセンス規制など）

　知的財産権法は，基本的に権利者に独占権を付与するものであり，競争の維持を目的とする競争法とは緊張関係がある。知的財産権の行使には独占禁止法が適用されない（21条）が，これは知的財産権法を優位に置くことを意味するのでなく，特許法たとえば裁定実施権制度に関する規定の解釈において競争法を考慮すべきであるという議論が強い。

　またライセンス契約についても競争法の適用がある。ライセンス契約は，当事者が自由に内容を決定できるが，それが競争法上問題がある場合規律がなされる。一般的にはライセンシーが弱い立場にあることから，競争を不当に制限するとして競争法上許されない条項も存在する。

　また標準（第10章をも参照）との関係では，標準に採用された技術について特許権が存在する場合の取扱いについても議論がある。ISO/IEC/ITUにおいてはRAND（Reasonable and Non-Discriminatory Licensing）など公正な条件でライセンスすることを事前に約束させ，約束しない場合に当該特許技術を迂回する標準を策定するのが一般であるが，関連する特許を有していることを事前に開示しなかった場合などにいかなるペナルティが可能か問題となる。近時，こうした点についてルールが必ずしも明確でないとして，RANDを規定するパテントポリシーの改訂がITUにアドホックに設置された諮問答申会議（政府機関，産業代表及び専門家から構成される）において検討されていたが，特許権が移転された場合承継人にRAND義務を負わせることに関するルールを除き，差止め請求の許される範囲，合理的（reasonable）な対価の算定基準その他については議論が収束しなかった[49]。

4　科学技術政策

　各国の行っている科学技術政策は知的財産権制度以外に複雑多岐に亘っており[50]，骨格のみ触れる。第一に，研究開発の主体として，企業のほか，政府及び大学が大きな役割を果たしている。したがって，分野によって国立の研究所が設置されているほか，大学に対しても，その基盤維持のための資金提供と研究プロジェクトに対する資金提供とがなされている。第二に，政府が自ら又は公的機

---

[49]　この問題については，長野寿一「ITU-T/TSB知財権アドホックグループ会合の動向」『特許ニュース』13829号（2014年）を参照。

[50]　米国，欧州主要国及び中国の科学技術政策の概要については，たとえば，独立行政法人科学技術振興機構研究開発戦略センター（編）『主要国の科学技術情勢』（丸善出版，2012年）を参照。

関において研究開発に当たるほか，企業・民間の研究機関に対する資金助成も行っている。資金助成は，研究プロジェクトに対する資金提供だけでなく，国等から委託研究の形で行われることも多い。こうした資金の配分はしばしば研究を行う公的研究機関に委ねられている。従来こうした委託研究の成果に対する知的財産権は，国等にすべて帰属するものとされていたが，企業化につながるように，無償ライセンスの権利と引き換えに受託者に帰属させる取決めとすることが行われている国がある[51]。同様に産学連携推進の観点から，大学が知的財産権を取得することも奨励されるようになっている。第三に，国際的な共同研究・情報交流などに対する支援があるが，これは本章三10で言及する。

三　知的財産権・技術貿易に関する国際ルールの発展

特許権及び商標権については，包括的な制度がすでに出来上がっているため，今日においては，国際的な登録出願手続のハーモニゼーションに関心が移っているが，著作権・著作隣接権については，技術の発展に伴い，新たな権利の創設及び法制度の必要性が生じ，実体的保護の水準，内容についての国際的調整が進められている。

また，知的財産権については，世界知的所有権機関（WIPO）が存在し，知的財産権に関する条約の管理を行っている。これは，パリ条約及びベルヌ条約の国際事務局を統合して1892年に設立された知的所有権保護合同国際事務局（BIRPI）を発展的に解消して，「世界知的所有権機関を設立する条約」が1967年に作成され，1970年に条約が発効して設立されたものである。WIPOは，1974年に，国連専門機関となった。新しい条約の交渉フォーラムとして機能するほか，途上国に対する技術協力などを行っている。

その他共同の研究開発を推進することを目的とする国家間の取決めが一般的に又は分野別に多数存在している。

1　パリ条約

特許権等の工業所有権制度はその起源を中世ベニスの「発明者条例」に遡ることができるが，19世紀に行われた国際博覧会への出品要請に対して，当該国に

---

51) 日本においては，米国のいわゆるバイ・ドール法に倣って導入された産業活力再生特別措置法30条において認められた。経済産業省のHP［http://www.meti.go.jp/policy/innovation_policy/powerpoint/houritsu/30jonihonbanbidole.htm］を参照。

における発明者の特許権保護が不十分であるとして出品拒否が相次いだことから，ハーモニゼーションへの機運が生じ，パリ条約が交渉され締結された。

　パリ条約は，各国の制度がその国の公共政策に基づいて異なること（独立の原則）を前提にした上で，優先権，内国民待遇義務等，最小限の「交流のルール」を作ったものである。したがって，各国の国内法を拘束するルールがほとんどない。なお，最恵国待遇義務の規定も存在しない。

　内国民待遇義務（2条）は，工業所有権の保護につき，加盟国が他の加盟国の国民に対して自国民と同一の保護を与えなくてはならない，とする義務である。同一の保護で足り，形式的に平等であれば足りるとされている。法人について他の加盟国の国民とは何かについて明確な定義がないが，設立準拠法で考えるか本店所在地で考えるか分かれる。（TRIPS協定においては「自国民に与える待遇より不利でない待遇」であり，さらに有利な待遇については最恵国待遇義務が及ぶことに注意。）なお，非加盟国の国民も，加盟国に住所又は商工業上の営業所があれば保護が及ぶ（3条）。

　優先権（4条）は，加盟国の一国において行った最初の出願に基づいて，一定の期間内に第二国に出願すれば，その第二国の出願が新規性等の有無・先後願の関係について，第一国出願の出願日に基づいて判断される，という利益をもたらす権利である。実務上，初めに出願した国の特許庁から「優先権証明書」を発行してもらうことになる。

　独立の原則（4条の2，6条）は，一つの加盟国における特許が同一の発明について他の国で取得した特許から独立しているという原則である。「独立である」ということは，特許要件，特許を受ける権利，権利の発生，権利の期間，権利の消滅等について従属的な関係にないことと解されている。商標については，本国において正規に登録された商標をそのまま認めることを義務づけた，いわゆるテルケル条項が存在することに注意（6条の5A）。ただし，実務上は，6条5Bに列挙されている登録拒絶理由の最大要件の枠内であれば改めて国内審査・登録手続に付すことが条約上認められていると解釈されている。

2　特許協力条約（PCT）

　パリ条約の下では，加盟国の一に対する出願について，他の同盟国における優先権が付与されるが，依然としてそれぞれの国の言語・方式に合致した出願を行う必要があり，多数国に出願する場合に手続が煩雑であった。特許協力条約は，優先権を確保するための単一の国際出願制度を創設するものである。自国の特許庁等の国際事務局に対してその言語でかつ統一された方式の国際出願を行うこと

により，指定国において国際出願日に出願を行ったとみなされる効果を得ることができる。国際事務局において，すべての国際出願に対して先行技術に関する可能な範囲での国際調査がなされ，また請求があった場合に新規性，進歩性及び産業上の利用可能性について予備的かつ拘束力のない国際予備調査が行われる。国際出願された発明については，指定国の特許庁に対して国際出願の写しと翻訳文を提出することにより指定国における特許付与手続に進むことができる。

3 その他著作権・著作隣接権に関する条約

著作権・著作隣接権は，出版者を海賊版から保護するための出版特許から発展してきたものであるが，自国民又は自国居住者のみを保護しており，他国に居住する外国人に保護が及んでおらず，無断複製が横行していた。その解決のために二国間協定が締結されていたが不十分であり，多角的な条約が作成されるに至った。その後も，メディア・技術の発展に応じて様々な著作物について新たな保護又は法制度が必要になり，その都度新たな国際ルールが策定されてきている。

(1) ベルヌ条約

ベルヌ条約は，各国の文学者が参加していた国際文芸家協会が著作権保護のために運動し，スイス政府の後押しを受けて開催された国際会議において1886年に成立したものである。個人の創作に対する経済的・人格的利益を国際的に保護するという普遍的な価値観を根底に置き，それ自体が世界ルールと国内法と両方のモデルを与えるものである。したがってパリ条約と異なり，相当の実体的内容を定める規定を備えている。共通の規定としては，①内国民待遇義務，②無方式主義，③保護の独立などがある。

まず内国民待遇義務（5条1項）は，ベルヌ条約において最初から規定があり，著作権の保護が外国人にも及ぶこととされた。ただし，著作権の保護期間など相互主義を適用することが認められている例外事項もある。これらの例外はTRIPS協定上も認知されている（TRIPS協定3条1項）。

1908年のベルリン修正条約において，無方式主義（5条2項）が採用された。これは，権利発生にあたりいかなる方式要件も課してはならないとする主義である。すなわち権利の享有及び行使が著作物の本国における保護に関わらない（5条2項），つまり，著作物の内国民について方式主義をとる国の著作者が，他の国において，本国で方式が履践されていないことを理由に保護を拒否されることがない。また保護の範囲・救済の方法が当該保護を求める加盟国の法律に排他的に準拠することとされた。その後数次に渉って修正条約が締結されており，翻訳

権，著作者人格権，放送権，複製権などが認められ，また保護期間が著作者の死後50年までを強行法規化するなど規定が強化されてきた[52]。

（2）WIPO著作権条約

70年代以降，ベルヌ条約の加盟国に途上国が増加したために加盟国間の利害調整が困難になり，全会一致を要するベルヌ条約の改正が政治的に困難になったことを踏まえ，インターネットなどの技術の発展に対応するために「著作権に関する世界知的所有権機関条約」（WIPO著作権条約）が新たに締結され，2002年に発効した。コンピュータプログラム及び一定のデータベースを著作権法で保護すること（4条及び5条），公衆への伝達権の保護（8条），写真の著作物の保護期間を著作者の死後50年とすること（9条）などが定められている。

（3）ローマ条約

レコード・放送の技術発展により，実演された著作物を公衆向けに伝達することができるようになったことから，実演家を保護するために，「実演家，レコード製作者及び放送機関の保護に関する国際条約」（ローマ条約）が締結され，1964年に発効した。

ローマ条約は，実演家，レコード製作者，放送業者の著作隣接権保護の最低基準（20年の最低保護期間を含む）を定めており，これらの権利について方式主義を定めている締約国においても，Ⓟマークを付すなど一定の簡易な形式要件を充たせば，方式要件を充たしたものとして取り扱われることを規定している。また実演家，レコード製作者及び放送機関についての内国民待遇義務を規定している（4条〜6条）。ただし，ベルヌ条約とは異なり，不遡及主義を採用している。

（4）レコード保護条約

放送業界の反対のためローマ条約締約国の増加が期待できない状況を踏まえ，レコードの無断複製の増加に対応するため，「許諾を得ないレコードの複製からのレコード製作者の保護に関する条約」（レコード保護条約）が締結され，1973年に発効した。

内国民待遇義務，方式主義の緩和等のほか，レコード製作者の承諾を得ないで

---

[52] なお無方式主義を採用しない米国及びラテンアメリカ諸国はベルヌ条約に加盟せず，ベルヌ条約加盟国との間で二国間条約を締結するほか，万国著作権条約を別途締結していた。ただし，米国が1989年にベルヌ条約に加盟したため，実際上の意義が低下したことから本書では万国著作権条約の解説を省略した。

行われる複製物の作成及び同じく承諾を得ないで行われた複製物の一定の輸入，公衆への頒布から，レコード製作者を保護する義務が規定されており（2条），著作隣接権等の付与，不正競争防止法による保護，又は刑事罰による保護のいずれかを選択できるものとしている（3条）。ただし，ベルヌ条約とは異なり，不遡及主義を採用している。

(5) WIPO実演・レコード条約

ローマ条約及びレコード保護条約に著作隣接権が存在しない米国が加盟していなかったことなどから，「実演及びレコードに関する世界知的所有権機関条約」（WIPO実演・レコード条約）が締結され，2002年に発効した。

この条約は，内国民待遇義務など既存の条約と重なる規定もあるが，無方式主義を採用し，また保護期間を固定又は発行された年の終わりから50年とするなど大きな変更がなされている部分もある。またネットワーク上のホームページにアップロードするなどの利用可能化権を著作隣接権として認めたほか，侵害防止のための技術的手段の回避などを防ぐ措置を採る義務を課す（18条）など技術の発展に対応した規定を置いている。また実演家及びレコード製作者に対して，商業用レコードの二次使用料を受ける権利及び貸与の場合の報酬請求権を規定している（15条）。またベルヌ条約と同様に，遡及主義が採用され，一定の範囲では条約上の保護が条約発効前に固定されているレコードにも及ぶとされている。

(6) 放送条約等

デジタルネットワークに係る技術の発展により，実演された著作物，テレビやラジオ番組などをインターネットを利用して公衆向けに伝達することができるようになったことから，WIPOにおいて，放送事業者及び実演家を保護するために，放送機関の保護に関する条約案及び視聴覚的実演の保護に関する条約案が検討されている。デジタル技術特有の問題として，違法な再生等を技術的に不可能にするための暗号化の解除に関する取扱いなどがある。

4　標識に関する条約

(1) 商標法条約

商標法条約は1994年にジュネーブで採択された。この条約の目的は，商標登録手続の調和であり，サービスマークの登録を認める義務を課しているものの，それ以外には保護の対象を広げる義務を課すものではない。規定されていない要件を手続において課すことを禁止するのが主たる内容である。たとえば一つの出

願で多区分の商標登録出願ができること，更新に当たって当該標章の使用の証拠を要求しないことなどが規定されている。

(2) 標章の国際登録に関するマドリッド協定議定書

標章の国際登録に関するマドリッド協定（マドリッド協定）議定書は，1995年に発効した条約であり，複数国における商標の登録を簡易な手続で行えるようにするものである。もともとは締約国における登録を基礎として国際出願し，登録国を指定した場合，指定国から12ヵ月以内に拒絶の通告がなされない限り，国際出願の日から指定国に出願登録したのと同一の効果が得られるとするものである。マドリッド協定議定書では，登録ではなく，出願を基礎として国際出願が可能になり，また拒絶通告の期間が18ヵ月に延長されている。

5　UPOV条約

植物新品種の発明については，1930年代から一定の範囲で保護がなされていたが，国際植物品種保護育種家協会（ASSINSEL）が1938年に設立され，保護の強化を求めての活動がなされた。その結果，「植物の新品種の保護に関する国際条約」（UPOV条約）が締結され，1968年に発効した。保護の対象品種について，一定の要件（新規性，区別性，均一性及び安定性）を充たす品種に対して育成者権を付与することが義務付けられ，それ以上の要件を付加することが禁止されている（5条）。育成者権の最低限の効力が規定され，他方試験目的で行われる行為，新品種を育成する目的で行われる行為等については効力が及ばないとされている（15条）。保護期間は20年以上とされている（19条）。また内国民待遇義務が規定されている（4条）。

保護の対象品種は，当初は限定されていたが，後に各国が自由に選択できることとされ，現在ではすべての属種に拡大されている。また当初は，特別の保護制度か特許かのいずれかとすることとされていたが，現在では二重保護禁止規定が削除され，各国が決めるものとされている。

6　TRIPS協定

(1) 概　要

TRIPS協定は，正式名称を「知的所有権の貿易関連の側面に関する協定」と言い，知的財産権侵害物品の輸出を不公正貿易として規制しようとするところから始まったものであるが，水際規制の問題に止まらず，知的財産権制度の導入を義務付け，制度のハーモニゼーションを図るものとなった。特許権，著作権，商

標権など知的財産権保護の最低基準を定めるほか，最恵国待遇義務・内国民待遇義務を規定し，強制実施権やライセンス契約の制限についても規定が存在する。また水際措置を含め適切に執行を行う義務が定められている。また，司法的な紛争解決手続を有し，協定上の義務の実施が強制されるメカニズムを定めている点で他の知的財産権関連の条約と大きく異なる。

最低基準については，特許権について，パリ条約の保護が基本となるほか，医薬品を含むすべての産業分野の発明を特許の対象とすることを義務付け（27条），また強制実施権について制限を課し，特許権の剥奪を防止している（31条）が，途上国におけるエイズ等の問題に鑑み，医薬品の特許に関しては特許権の権利範囲を縮小する改正案が採択された。また試験データ及び営業秘密の開示されていない情報として保護されるものとしている（39条）。意匠権についても，パリ条約の保護のほか，具体的な保護水準が規定されている。著作権については，ベルヌ条約の遵守義務が規定されているが，著作者人格権については自国に州法レベルでの規定しかない米国の反対により言及されなかった。他方，ベルヌ条約に規定のないコンピュータプログラム，データの編集物の保護などについて規定している。著作隣接権については，実演家，レコード製作者及び放送機関の保護が個別に規定されているに止まっている。これは，著作隣接権制度のない米国が自国の実務に影響を与えかねないとして反対したためであるとされる。

標章法の分野においては，まず商標権は，パリ条約の保護に加えて具体的な保護水準が規定されており，また地域名称，又は地域名称と商品の一般名称とから成る地理的表示については，原産地を誤認させる使用が禁止されているが，ワイン及びスピリッツについてはそれ以上の保護が求められている（23条）。そのほか，ワイン及びスピリッツに関する多国間通報及び登録制度のほか，一般的な地理的表示保護に関するさらなる交渉をすることになっている（24条）。

なお途上国に対して遵守の猶予期間が付与されていた（65条及び66条）。途上国一般に対する猶予期間はすでに終了しているが，後発開発途上国に対する猶予期間（10年）は，貿易関連知的所有権理事会の決議によって延長可能であり（66条1項），2013年7月1日まで一旦延長され[53]，さらに2021年7月1日まで延長されている[54]。また医薬品について特許及び非開示情報保護に関する規定の遵守の猶予期間が2016年1月1日まで延長されている[55]。

---

[53] *Extension of the Transition Period under Article 66.1 for Least Developed Country Members,* Council for Trade-Related Aspects of Intellectual Property Rights, adopted 29 November 2005, IP/C/40.

（2）今後の課題

　知的財産権保護制度の強化については，技術開発能力に乏しい途上国において不満があり，医薬品特許及び強制実施権の問題にみられるように逆の方向での動きが強い。この動きは，TRIPS協定が知的財産権制度の導入・維持を義務付けている理由が，貿易自由化等とセットで（貿易自由化約束等を対価として）合意された故であるか，又はその規定する知的財産権制度が技術開発を促進する上で最適である故かによって評価が分かれよう。前者は国際競争論＝共存モデルに立つ考え方であり，TRIPS協定の規定する知的財産権制度の導入・維持が加盟国にとって不利である可能性を前提とする。したがって，不利と考える加盟国がTRIPS協定の緩和を考えるのは当然であるが，WTO協定全体の合意を弱体化しかねないので認め難い動きと言わざるを得ない。これに対して，後者は比較優位論＝協力モデルに立ち，各加盟国における経済・社会の最適化の観点から適切な制度の導入・維持が求められていると考える。したがって，TRIPS協定の緩和を指向する動きは，その規定する制度が最適でないことを主張しているものと捉えることになる。この主張に対してWTOは常にオープンであるべきであり，最適な制度ないし加盟国の状況に応じた最適な制度設計の指針を探求し続けることが期待される。技術・情報の生産・流通の最適化を制度目的と捉えるので，途上国への投資促進又は資金移転のための制度と一体として検討することになろう。

　なお伝統的な共同体が保有する伝統的知識など，開発者を特定できず，多数者が共同して又は連続的に改良し，いわば共同体の共有財産となっている技術情報は，TRIPS協定の対象となっていない。また外国に自生する植物等を無断で採集して分析し，その成果を特許化することに対して，バイオパイラシーと非難する声もある。こうした問題について知的財産権さらにTRIPS協定の対象に含めることが可能であろうか。

　この問題は，生物多様性その他が，権利者の処分によって最適な利用を期待できる商品でなく，そのまま維持しておくことが持続可能性の観点から望ましい資産であって，処分可能な所有権その他財産権の対象とすることが適切な管理方法であるか，ということに尽きる。コモンズの悲劇が示唆するように，自由な処分

---

54) *Extension of the Transition Period under Article 66.1 for Least Developed Country Members*, Council for Trade-Related Aspects of Intellectual Property Rights, adopted 11 June 2013, IP/C/64.

55) *Extension of the Transition Period under Article 66.1 of the TRIPS Agreement for Least-Developed Country Members for Certain Obligations with Respect to Pharmaceutical Products*, Council for Trade-Related Aspects of Intellectual Property Rights, adopted 27 June 2002, IP/C/25.

に委ねることが最適というわけでない。入会権，漁業資源に関する漁業権，森林に関する森林組合制度など通常の所有権その他の権利と異なる共同所有・管理の枠組みが存在することに鑑みれば，遺伝資源を含む生物多様性，フォークロア，伝統的知識等も，その維持・発展の仕方に見合った法的な仕組みが用意されるべきであり，権利者単独の管理処分に委ねることを本質的要素とする知的財産権制度の対象とすべきかどうか慎重な検討が必要であろう。自国内の天然資源について，比較優位論＝協力モデルに立つならば，WTO 協定は，自国内の資源について最適に利用されるよう生産及び販売を含む利用を各国が管理する権限と責任とを有し，同時に適正な対価を得ることを想定していると理解される（第 7 章四 2(2)（イ）を参照）が，水資源のように河川流域等地域の生態系から分離されるまでは貿易自由化の対象とならないという考え方もある（第 7 章四 2(2)（イ）を参照）。生物遺伝資源，フォークロア，伝統的知識等も最大化すべき資本に属し，その性質に鑑みて最適な制度設計を行うことが期待される[56]。これは，既存の知的財産権についても同様であり，たとえば著作権に対抗する「クリエイティブ・コモンズ」の動きをどう考えるかにつながっている。知的財産権制度にはまだまだ柔軟性が必要であり，紛争解決手続によってルールどおりの遵守を確保するという固定した制度がどこまでなじむのかまだまだ注意して見ていく必要があろう。

7　ACTA

模倣品・海賊版の世界的な広がりがあり，消費者の安全，犯罪組織の資金源の問題などが指摘されつつも一国又は二国間での取組みで解決が困難なことから，「偽造品の取引の防止に関する協定」（ACTA）が交渉され，締結されており，2011 年以降署名のために開放されている。

8　自由貿易協定・投資協定など

知的財産権について二国間の取決めが 19 世紀から締結されてきている。こうした流れを受けて，近年締結された経済連携協定は，域内における自由貿易の推進に留まらず，知的財産権保護に関する規定も含んでいることが多い。日本が締結している経済連携協定においても，知的財産権取得手続の簡素化・透明化，知的財産権の保護強化，知的財産権の執行強化などの規定が含まれている例がある。

---

56) この問題について，たとえば磯崎博司ほか（編）『生物遺伝資源へのアクセスと利益配分――生物多様性条約の課題』（信山社，2008 年）を参照。

米国・EUが締結している経済連携協定においては，著作権の保護期間を70年に延長するなどの規定が含まれていることが多い[57]。

また投資協定においては，知的財産権が投資財産の一としてそもそも含まれることに注意が必要である。たとえば外国会社の国内子会社が保有する知的財産権を収用すれば，収用の規定が適用になり，補償の義務が生じる。

9 公衆衛生その他の観点

特許権と公衆衛生その他の公共政策との調和は古くから問題提起されており，パリ条約においても，特許権の付与対象を決定する裁量を締約国に認め，医薬品等を除外し，化学品の物質特許を認めないといった取扱いの余地を認めていたし，また排他的利用権の弊害を防止するために強制実施権の余地を認めている（5条A(2)）。TRIPS協定は，特許の対象について技術分野で差別することを禁止し（27条1項），公序良俗の保護等のために必要な範囲で，また医学の診断方法その他限られた範囲のみ除外を認めている（同条2項・3項）。また強制実施権についても，詳細な手続を規定した（31条）。

その後途上国においてエイズその他の疾病に対する医薬品が入手できない問題が特許権保護によってジェネリックが利用できないためであるとの主張が強まり，NGOの主導でWHOその他の国連機関において強制実施権の拡大等のキャンペーンがなされた。WTOにおいても，「ドーハ開発アジェンダ（DDA）」を立ち上げたドーハ閣僚会議においてTRIPS協定を公衆衛生を考慮して解釈すべき等との宣言がなされ[58]，また強制実施権の許容範囲を緩和する免除[59]さらに条約改正提案[60]が採択されている[61]。

10 科学技術協力

科学技術分野における共同研究・開発等の協力を推進するために締結された二国間又は地域レベルでの国家間合意（科学技術協力協定など）が多数存在する[62]。二国間合意には，研究への相互参加，施設の相互利用，協力から生じた知的財産

---

57) 例として，Free Trade Agreement between the United States of America and the Republic of Korea, Chapter 11, Article 18.4, para. 4.
58) *Declaration on the TRIPS Agreement and Public Health*, Ministerial Conference, adopted 20 November 2001, WT/MIN(01)/DEC/2.
59) *Implementation of paragraph 6 of the Doha Declaration on the TRIPS Agreement and Public Health*, General Council, adopted 30 August 2003, WT/L/540 and Corr.1.
60) *Decision of 6 December 2005 on Amendment of the TRIPS Agreement*, General Council, adopted 6 Decision 2005, WT/L/641.
61) 本項の記述については，山根『前掲書』（注5）を参照した。

権の取扱い，協力のための委員会の設置等が定められている。また原子力・宇宙空間の利用，環境保護といった分野別の合意も二国間又は多国間で多数存在する[63]。また途上国の研究開発能力の向上を目的の一つとして，政府開発援助と連携した国際共同研究も行われている[64]。

四　知的財産権・技術貿易に対する WTO 協定及び投資協定上の規律

1　知的財産権制度の導入等に対する規律

各国は，それぞれ締結している知的財産権に関する条約の要求に合致する保護制度を導入・維持する義務を負っている。これに加えて TRIPS 協定は，これら知的財産権に関する条約の非締約国に対して，パリ条約，ベルヌ条約等の基本的義務を拡大し，またいくつかの新たな義務を加盟国に課している。知的財産権に関する条約が強制的な実施手続をもたないのと比較して，先に説明したとおり，強制管轄を有する紛争解決手続を備えており，すでにいくつもの先例が出されている。第1章五2(2)においてその全体構造に触れたのでここでは個別規定の分析から始める。なお技術開発に対する補助金に対する規律については第11章四を参照。

---

62) たとえば日本が締結している二国間合意について，外務省の HP ［http://www.mofa.go.jp/mofaj/gaiko/technology/nikoku/framework.html］，EU が締結している二国間合意について，EU の HP ［http://ec.europa.eu/research/iscp/index.cfm?pg=countries］ を参照。地域レベルでの合意の例として，APEC における APEC Policy Partnership on Science, Technology and Innovation（PPSTI）がある。APEC の HP ［http://www.apec.org/Groups/SOM-Steering-Committee-on-Economic-and-Technical-Cooperation/Working-Groups/Policy-Partnership-on-Science-Technology-and-Innovation.aspx］ を参照。
63) たとえば，原子力関係の規制情報の交換に関して日本が締結している二国間取極については，原子力規制委員会の HP ［http://www.nsr.go.jp/archive/nsc/hakusyo/H1/2-7-2.htm］ を参照。また宇宙開発分野における多国間の取極の例として「宇宙基地協力協定」（米国国務省の HP ［http://www.state.gov/documents/organization/107683.pdf］ から入手可能），環境分野における多国間の取極の例として「地球規模生物多様性情報機構」（同機構の HP ［http://www.gbif.org/］ を参照）などを指摘できるほか，国連・OECD といった国際機関を通じた協力関係も存在する（たとえば OECD の活動について OECD の HP ［http://www.oecd.org/science/sci-tech/oecdglobalscienceforum.htm］ を参照）。
64) その例として，日本の独立行政法人科学技術振興機構（JST）と独立行政法人国際協力機構（JICA）とが共同で行い，地球環境保護，新興感染症対策などを対象とする「地球規模課題対応国際科学技術協力プログラム」（Science and Technology Research Partnership for Sustainable Development, "SATREPS"）がある。JST の HP ［http://www.jst.go.jp/global/about.html］ を参照。

（1）保護すべき知的財産権

TRIPS協定上設置が強制される知的財産権制度は，同協定第2部の限定列挙とされている（1条2項）。ただし，TRIPS協定上明文の規定がないが，TRIPS協定に組み込まれたパリ条約8条の効果として，商号権についても国内法上保護しなければならないとするのが先例である[65]。

（ア）著作権

TRIPS協定は，ベルヌ条約上の著作権（9条1項，ベルヌ条約1条～21条）から著作者人格権を除いたものを著作権とする（ベルヌ条約6条の2）。コンピュータ・プログラム・データ編集物も著作物としている（10条）。またレコード，放送機関の保護にも触れている（14条）。

保護期間は50年とされている（12条）。文学的・美術的著作物について複製を許諾する排他的権利（ベルヌ条約9条），演劇・音楽等の著作物の上演・演奏を許諾する排他的権利（ベルヌ条約11条1項），などを含む権利として規定されている。コンピュータプログラムは，文学的著作物として保護される（10条）ところ，文学的著作物に関する複製は，「方法及び形式のいかんを問わない」とされているので，コンピュータにおいて利用されることを内容とするライセンス契約もこの複製権に含まれると言えよう。なお著作権の制限は，排他的権利の制限又は著作物の通常の利用を妨げない場合に限定される（13条）。

（イ）商標権

TRIPS協定は，商標及びサービスマークの登録を認めることとしている（15条1項）。商標権者は，他の者が同一又は類似の商品等について混同を生じさせるような使用を防止する排他的権利を有する（16条1項）。「商標の商業上の使用は……不当に妨げられてはならない」（20条一文）とされている。比較優位論＝協力モデルに立てば，この規定は，かかる制限が，消費者保護その他「市場の失敗」の是正を目的とする最適な手段であることを要求する規定と解釈することになる。使用許諾・譲渡について条件が定められるが，強制実施許諾はなく，また関連する事業と別個に譲渡する自由が認められている（21条）。

（ウ）特許権

特許権については，特許権付与の要件が，新規性，進歩性及び産業上の利用可能性のある発明であることに限定され，発明地，技術分野及び関係産品が輸入されたか否かに基づいて差別してはならない（27条1項）。ある技術分野において特許権を認め，他の分野において認めないことが許されず，すべての技術分野に

---

65) Appellate Body Report on *US – Section 211 Appropriations Act*, paras. 326-341.

ついて特許権を認めなければならないことになる。たとえば医薬品については，従来特許権を認めていなかったか又は制限があった国が多かったが，そうした扱いが禁止されているわけである。ただし，人又は動物の治療のための診断方法等，微生物以外の動植物自体について特許権の対象としないことを認めている（同条3項）。また公序良俗の保護のために商業的な実施を防止する必要がある発明を特許の対象から外すこともできる（同条2項）。

特許権者は，承諾を得ない第三者による特許対象物等の生産・使用等を防止する権利を有する（28条1項）ほか，特許を譲渡し又は実施許諾契約を締結する権利を有する（同条2項）。ただし加盟国は，特許の通常の実施を不当に妨げないこと等を条件として，限定的な例外を定めることができる（30条）。また国内法令に定めがある場合一定の手続を履践することにより強制実施許諾が認められている（31条）。

(エ) 地理的表示

地理的表示は，「ある商品に関し，その確立した品質，社会的評価その他の特性が当該商品の地理的原産地に主として帰せられる場合において，当該商品が加盟国の領域又はその領域内の地域若しくは地方を原産地とするものであることを特定する表示」と定義されている（22条1項）。かかる表示について原産地を誤認させるような方法での表示等を排除する制度を整備し（同2項），またその商標としての登録を拒絶することなどが求められている（同3項）。ワイン・蒸留酒について保護の範囲が拡大されている（23条）。また国際交渉を継続することが合意されている（24条）。

(オ) その他の知的財産

その他，意匠（25条〜26条），集積回路の回路配置（35条〜38条），開示されていない情報（39条）について保護の範囲・期間等が規定されている。

(2) パリ条約等の遵守

加盟国は，パリ条約の1条から12条及び19条の規定を遵守することが義務づけられている（2条1項）。これは最低限の義務を定めるものであり，それ以上の義務がTRIPS協定に規定されていると解されている。内国民待遇義務（パリ条約2条），優先権（4条），独立性の原則（4条の2）などが規定されている。

(3) 内国民待遇義務

各加盟国は，「知的所有権の保護……に関し」内国民待遇義務を負っている（TRIPS協定3条1項）。「知的所有権の保護」には，「知的所有権の取得可能性，

取得，範囲，維持及び行使に関する事項並びにこの協定において特に取り扱われる知的所有権の使用に関する事項を含む」と定義されている（同項注3）。ただし，パリ条約等に規定する内国民待遇義務の例外はそのまま効力を有する（3条1項但書）。

知的財産権の「使用」は，対象たる発明等の自らの使用のみならず，他人に使用させることも含まれると考えられるところ，TRIPS協定において，たとえば著作物の貸与にかかる許諾権（11条），レコードの複製許諾権（14条2項），放送の固定等に関する許諾（14条3項），商標の使用許諾及び譲渡の条件設定権（21条），意匠権者の承諾（26条1項），特許の譲渡及び実施許諾契約締結権限（28条2項）などがある。また知的財産権のライセンス契約に対する競争政策の観点からの規制権限が規定されている（40条）ため，実施許諾契約に関わる範囲で競争政策についても内国民待遇義務が要求されることになる。これに対して，ライセンスを受ける権利が規定されているとは言い難く，したがって情報輸出の制限については内国民待遇義務に違反するか否かの問題が生じないであろう。

TRIPS協定上の内国民待遇義務は，「自国民に与える待遇よりも不利でない待遇を他の加盟国の国民に与える」ことであり，輸入品と国産品との間の差別禁止でない。「国民」か否かについて，法人の場合，準拠法国によるという考え方と本店所在地等によるという考え方とがある。パリ条約上の内国民待遇義務と異なり，先例上，国籍・準拠法等に着目して取扱いを違える法的差別（たとえば外国人に特許権を付与しないなど）のみならず，国籍等以外の要素に着目して取扱いを変えているが事実上内国民を優遇しているという事実上の差別も禁止されているとするのが先例である。たとえば，EUの地理的表示保護制度が外国の地名を含む地理的表示についてのみ，登録申請のために当該外国政府の承認を必要としていた（自国の地名を含む地理的表示は所定の要件を充たせば登録ができ，それ以外に承認を必要としない）が，パネルは，この取扱いについて，外国の地名を含む地理的表示の権利者が当該外国の国民と限らず自国民である場合もあるため形式的に内国民を優遇するものといえないが，圧倒的多数は当該外国の国民であり，措置の設計と構造（design and structure）が域外国民に不利な待遇を付与するものであるとして内国民待遇義務違反を認定した[66]。パリ条約2条(1)における内国民待遇義務が「内国民に課される条件及び手続に従う限り」に限定されるのに対して，TRIPS協定3条にそのような文言上の限定がないことからも支持できる。

---

66) Panel Report on *EC – Trademarks and Geographic Indications* (Australia) and (US), paras. 7.203 *et seq.* and 7.273 *et seq.*

以上の解釈は国際競争論＝共存モデルでは条文の解釈として支持できるが，比較優位論＝協力モデルに立つならば，さらに，GATT 及び TBT 協定上の内国民待遇義務と同様に，国籍で区別する場合に限定せず，事実上の差別すなわち規制上の区別の結果外国国民の一がいずれかの内国民よりも不利な取扱いを受けており，それが正当な理由に基づきかつ最適な手段を選択した結果であるといえない場合にまで違反を問い得る可能性があるとすべきである。

（4）最恵国待遇義務

最恵国待遇義務（TRIPS 協定 4 条）は，日本が強く主張して含められた規定である。米国・EU は，知的財産権について二国間・複数国間の条約又は二国間交渉による取決めなどを多数有しており，それらの均霑に消極的であった。GATT 及び GATS における最恵国待遇義務と同じく，非加盟国に対して付与した待遇も加盟国に均霑しなければならない。特定国に例外の留保を認める GATS と異なり，TRIPS 協定は，特定国の例外の留保を認めていない。

まずベルヌ条約及びローマ条約における相互主義の取扱いが除外されている（4 条(b)号）。また TRIPS に言及されていない「実演家，レコード制作者及び放送機関の権利に関するもの」すなわちレコード保護条約，WIPO 実演家・レコード条約及び放送条約における締約国間での特別扱いが除外されている（4 条(c)号）。そのほか，二国間条約であっても司法共助など知的財産権保護に限定されないものも最恵国待遇義務の例外とされている（4 条(a)号）。

そのほか，WTO 協定発効前に発効している国際協定に基づくものも除外されているが，TRIPS 理事会への通報及び「他の加盟国の国民に対し恣意的又は不当な差別とならないこと」が条件とされている（4 条(d)号）。34 ヵ国から 49 の通報があったことが報告されている[67]。「恣意的又は不当な差別」が何を意味するか，パネル・上級委員会の先例はないが，通商政策以外のやむを得ない理由がある場合に限定されるべきではないか[68]。一般的に，制度の国際的ハーモニゼーションは，国際ルールを受け入れることが経済政策として適切か否かの政策判断を尊重して進められるべきであり，かかる政策判断に対して不合理な圧力をかけることにならないか，関係協定の趣旨などを慎重に評価する必要がある。

---

67) IP/C/15, para. 8.
68) なお尾島明『逐条解説 TRIPS 協定——WTO 知的財産権協定のコンメンタール』（日本機械輸出組合，1999 年）41-42 頁は，米韓取極による医薬品，コンピュータプログラム等についての米国民の優遇を問題事例として取り上げている。

2　知的財産権・技術貿易の規制に対する規律

　政府は，様々な政策目的で知的財産権の行使に介入する。たとえば産業政策の観点から外国企業が保有する技術情報を国内に移転することを促進しようとして政策措置を実施することがしばしばある。特許権を国内実施しない場合に強制実施権を国内企業に付与するのが最も直截な措置であるが，国内企業に対する実施許諾契約の条件を制限し，ロイヤルティの支払・送金を認めないなどの様々な措置が工夫されている。競争政策・脱税防止などの観点から正当化が試みられるが，正当な政策目的から必要性を説明できない範囲でTRIPS協定違反にならないか検討が必要である。また知的財産権は，当該国において権利として成立している限り国内に拠点を有しない企業が保有していても投資財産となり得るので，その制限には投資協定も関係する。

（1）強制実施権

　知的財産権は，権利者に使用権の独占を保障する制度であり，その独占権を適切に使用して，すなわち関係産品を適正な利潤を得て製造販売し，又は他人に譲渡，ライセンスして適正なロイヤルティを得られることを確保して発明等のインセンティブを維持することが期待されている。しかし，独占権を濫用している場合，たとえば対象産品を適正な数量・価格で提供せず，独占利潤を得るために生産数量を減らして価格を吊上げるといった場合に独占権を付与し続けることが問題となり，競争を導入すべく，強制実施権を第三者に付与することが検討される。

（ア）TRIPS協定

　特許の強制実施は例外的に認められるものであり，TRIPS協定は，31条でその要件を規定している。しかし，同条はどのような場合に特許の強制実施を命じ得るかに関する実体的要件（たとえば，緊急事態，公共の利益等）について規定しておらず，強制実施を命ずる場合の手続要件（たとえば，設定に当って権利者との事前協議等）について定めるのみである。したがって，いかなる実体的要件があれば特許の強制実施を命じ得るかを加盟国の裁量に大幅に委ねているということである。ただし「個々の当否に基づいて許諾を検討する」ことが義務付けられる（(a)号）など，正当な目的の存在が前提とされていると解釈することが不可能かどうかさらに検討する必要があると思われる。国際競争論＝共存モデルでは条文の文言を尊重するしかないが，比較優位論＝協力モデルでは，特許権制度自体，「市場の失敗」を是正する最適な措置として選択されているはずであり，したがってその例外として強制実施を認めてよいかどうかについても「市場の失敗」の

是正を目的として最適な手段を選択しているかが基準となるはずであり，競争阻害行為の存在など実体的な要件をたとえば上記「個々の当否に基づいて許諾を検討する」という文言から引き出せるかどうか検討すべきであろう。

なお特許の強制実施を命じた実例は少ないが，2012年春に行われたインド特許庁による米会社バイエル社の所有する薬品特許のインド国内会社への強制実施権付与がある[69]。この事例において，インド特許庁はバイエル社がインド国内で当該特許を用いて薬品を製造販売していないこと，当該薬品供給は専ら外国における製造拠点からの輸入によって行われていること，当該薬品の価格が極めて高いこと，この薬品の入手可能性が限られていることを理由として，強制実施権の付与を行った。この事例の中心争点は，特許が国内で実施されていない場合，これを根拠として当該特許の強制実施を命じ得るかである。この点に関して，インド特許庁長官はTRIPS協定2.1条によって準用されるパリ条約5(A)1，及び，同2条とTRIPS協定27.1条を併せ読めば，特許が国内で実施されていない場合に，それについて強制実施を命ずることができると解釈し得ると判断した。この決定については，インド特許控訴院に提訴されているといわれ，まだ最終的結論は出ていない。しかし，これはTRIPSにおける特許の強制実施解釈に関して一石を投ずるものであろう[70]。

なお本章三9で言及したが，「主として……国内市場への供給のため」とする限定がある（31条(f)号）が，医薬品についてかかる限定を外す免除が成立しており，さらに条文の改定案が発効しており，受諾を待っている状況にある。

(イ) 投資協定

投資協定上保護の対象となる投資財産性については，いわゆるSaliniテストによって通常判断される（第2章三2(2)を参照）。関係国において権利として有効に成立している知的財産権は，投資財産として保護の対象になり得る。どの範囲で権利として成立している必要があるかは，TRIPS協定，又は知的財産権に関するWIPOの条約の問題であり，一義的には，投資協定の問題でない。さらに，知的財産権制度があって要件が整っているにも関わらず特許権の登録を受け付けないような場合，TRIPS協定の問題とすることもできようが，一義的には国内裁判所において争うことができるはずである。国内裁判所による手続を前置して

---

[69] In the Matter of Natco Pharma Limited and Bayer Corporation, C.L.A. No. 1 of 2011: [http://www.ipindia.nic.in/ipoNew/compulsory_LIcense_12032012.pdf].

[70] この事例の紹介と論評として，アヌラーダ・R.V.（松下満雄（訳））「インドにおける特許の強制実施――バイエル・ネクサヴァール事件」『国際商事法務』41巻2号（2013年）179-182頁，及び，松下満雄「特許の強制実施――WTO法の観点から」『成蹊法学』78巻（2013年）85頁以下参照。

おらず，かついわゆるプレの義務を規定している投資協定の下では，登録拒否自体をいきなり仲裁に委ねることができるか否かが問題になろう。

また投資協定上，強制実施は，特許権の帰属自体を剥奪するものでないことから直接収用ではないが，間接収用又は事実上の収用に該当するとされる可能性が高い[71]。比較優位論＝協力モデルに立てば，目的の正当性（「市場の失敗」の是正）及び手段の最適性が充たされなければ違法であり，さらにそうした要件を充たす強制実施であっても，投資インセンティブの最適化の観点から補償が必要とされないとは言いにくく補償が必要であろう。仮に特許権の取消についても収用でなく規制であると考えたとしても投資協定上の内国民待遇義務又は公正衡平待遇義務の問題とすることを検討すべきであるし，その目的が正当か，また目的に照らして不要な差別がなされていないかを問題とする余地があろう。

なお情報セキュリティ規制，消費者安全規制等様々な政策目的のために，企業秘密としているデータ（たとえばソフトウェアのソースコード，化粧品の成分など）の政府又は消費者への開示が要求される例がある。こうした要求は一種のパフォーマンス要求であり，比較優位論＝協力モデルに立てば，投資協定上，開示を拒否したい外国投資家が開示を差し支えないとする国内投資家との関係で不利に扱われているとして内国民待遇義務違反とする余地があると考える。言うまでもなく，政策目的に正当性があること（「市場の失敗」の是正と言えること）及び目的実現のための手段として最適であることが証明されるのであれば違反としないが，たとえば単に消費者安全確保を言うのでは足りず，たとえば当該化粧品の成分の開示がないために商品の安全性にどのような消費者の誤認を生じているか，その誤認故に消費者にどのような害が生じているかを説明することを求めるべきであろう。この点は，内国規制に対する規律と同じである。この点は第9章四2(2)を参照。

（2）ライセンス契約の規制

ライセンス契約は，特許権等の知的財産についてその実施を許諾する契約であり，その対価は，一括払いのほか，特許技術等を利用して製造する産品の売上げ等に一定率を乗じて計算されるロイヤルティの場合もある。ライセンス契約においてはそのほか，提供されるノウハウについての守秘義務の規定，ライセンシーが対象技術を改良した場合その改良技術をライセンサーに譲渡（グラントバッ

---

71) 玉田大「国際投資協定における知的財産権の保護可能性」（財団法人公正貿易センター『投資協定仲裁研究会報告書 平成22年度』第Ⅳ章）（[http://www.meti.go.jp/policy/trade_policy/epa/investment/materials.html] から利用可能）を参照。

ク）又は実施許諾権を付与する（ライセンスバック）条項などが置かれるのが通常である。ライセンス契約については，契約法上の規制の他，ライセンサーが知的財産権という独占権を濫用して競争を阻害することがあるため，競争法上の規制が適用される。またロイヤルティ等ライセンスの対価の海外送金について為替管理上の規制が適用されることも多い。これらの規制については，TRIPS協定及び投資協定上問題となり得る。

（ア）TRIPS協定

TRIPS協定が定める内国民待遇義務は，知的財産権の「保護に関し」ての差別を禁止しており（3条1項），その及ぶ範囲は，知的財産権の「取得」などのほか，「この協定において特に取り扱われる知的所有権の使用に関する事項」まで含まれるとされている（3条1項注3）ことから，商標の使用許諾に関する条件（21条），特許の実施許諾契約を締結する権利（28条2項）及びライセンスに関する競争法上の規制（40条）について内国民待遇義務の対象となる。したがって，かかる事項に関して，外国人である権利者を法的に差別すること，たとえばライセンス契約においてライセンサーが外国人である場合にのみ特定の権利保護条項を禁止することはTRIPS協定上の内国民待遇義務違反となろう。これに対して，ライセンシーの差別には，内国民待遇義務が及ばないであろう。知的財産権の使用に「関する」と言えなくもないが，知的財産権の「保護」に関してとは言い難いからである。ただしこの点先例はない。

TRIPS協定上の内国民待遇義務は，GATT上の内国民待遇義務と同じように，法的差別のみならず，事実上の差別も禁止しており，どのような基準で事実上の差別が認められるかが問題となる。国際競争論＝共存モデルからは，取扱いの違いが大きいことが差別認定の要素になりそうである。この点で*EC – Trademarks and Geographic Indications*のケースにおいて，ECの地理的表示を登録しようとするEC域内国民と外国の地理的表示を登録しようとする外国人とで取扱いを比較すべきとした米国及び豪州の主張を受け入れることを拒否し，地理的表示を登録したいEC域内国民と外国人との比較において上記内国民待遇義務違反を認められた[72]ことが注目される。このような比較が許されるのであれば，特許登録の要件として高い進歩性を要求することについても進歩性の低い発明を登録したい外国法人と進歩性の高い発明を登録したい国内法人との比較も許されるはずであり，過剰な規律になるおそれがあるかのように見える。これに対して，

---

72) Panel Reports on *EC – Trademarks and Geographic Indications* (*Australia*) and *EC – Trademarks and Geographic Indications* (*US*), para. 7.273.

比較優位論＝協力モデルからは，世界経済・社会全体で保有される資本の最大化という観点から最適な措置かどうかを問うことが必要である。したがって，外国人（国籍）又は外国法人（設立準拠法）のいずれかに対して不利なものであっても，正当な目的すなわち「市場の失敗」の是正のために最適な措置であると言えるならば，内国民待遇義務違反とすべきでない。

　後者の考え方を特許権等のライセンス契約に対する規制措置について適用することが可能である。たとえば，特許権の技術ライセンス契約において競争避止義務の規定を置くことが常に違法無効である，とした場合，外国法人全体と国内法人全体とで取扱いを比較するのでなく，また競業避止義務を課したい外国法人たる特許権者の比較対象に，競業避止義務を課したい国内法人たる特許権者でなく，競業避止義務を不要と考える国内法人たる特許権者を選択してよいということになる。ただし，競争法その他知的財産権を制限する正当な理由があり，その実現のために最適な手段を選択しているのであれば内国民待遇義務に違反しないとされることになる。ロイヤルティの上限設定を課すことも，上限以上のロイヤルティを要求したい外国法人たる特許権者の存在を否定し得ない以上，無条件に義務に違反しないとは言えず，あくまで競争法その他の正当理由と異なる取扱いの必要最小限性とを説明できる場合に限って内国民待遇義務違反とならない，ということになる。このような規律はきわめて厳格なものであるが，国内政策の問題としては，知的財産権の制限として正当な理由に基づくものが許される以上問題がないはずである。むしろ，形式的に内外無差別であれば特許のライセンス契約についてどのような制限を課してもよいという考え方のほうが不合理であろう。上記厳格な解釈を解釈論として追求する価値があると考える。

　ノウハウライセンス契約については，ノウハウが，39条にいう「秘密情報」であるとしても，特許権などと異なり，同条は秘密情報について実施許諾契約を締結する権利を少なくとも明示には認めていない。39条2項が「公正な商慣習に反する方法……により自己の承諾を得ないで他の者が当該情報を開示し，取得し又は使用することを防止することができる」とするに止まっている。

　ノウハウライセンス契約を締結することが「使用」に該当するためには，「他の者」に契約の相手方も含まれ，さらに「自己の承諾を得ないで」にノウハウライセンス契約において許諾された範囲を超えた使用を行う場合も含むと解釈することが必要である。「公正な商慣習に反する方法」に「契約違反」等が含まれることが明記されており，「他の者」にノウハウのライセンシーが含まれないとする文言上の手がかりはない。してみると，39条2項の規定は，ノウハウのライセンシーが合意されたライセンス契約の条件に違反してノウハウを開示又は利用

する行為を禁止することを妨げられないことを意味し，したがって，政府がライセンス契約の条件に介入することが許されないとする解釈も文言上可能でないか。「ノウハウの使用について契約を締結した場合にその条件に従わない利用を禁止する権限がある」という趣旨であり，意思に基づかない契約を強制されないことも当然含まれると解釈すべきであろう。ただし，そうした解釈は，契約への介入が一切認められないとするわけでない。たとえば，競争政策その他正当な理由によって契約条件の変更を要求することは当然許される。これに対して，契約締結前の介入であれば無限に認められ，締結後は介入できないという解釈は明らかに不合理である。締結時点の先か後かを問わず，正当な理由があれば介入でき，そうでなければ介入できないとすべきか検討する意義がある。

　このように，ノウハウの利用許諾契約を締結することが39条2項の対象になるとすると，内国民待遇義務の対象にもなる。したがって，外国ライセンサーだけを差別することはもちろんのこと，競争政策その他正当な理由に基づかず，又はかかる政策として不適当な規制は，最も望ましい条件での契約が締結できず，不利に取り扱われる外国ライセンサーが必ず存在するので，事実上の差別として規制対象にする余地があると考えられる。比較優位論＝協力モデルはかかる解釈を支持するが，国際競争論＝共存モデルでは文言としてそこまで言えるかを問うことになる。

（イ）投資協定

　投資協定の規定する内国民待遇義務は，外国投資又は外国投資家に対して同じ条件の下にある国内投資家よりも不利でない待遇を保障するのが通常である。また投資家に対するローカルコンテント，輸出要求等特定の行為を要求することを禁止する規定が置かれることがあり，その場合には技術移転要求の禁止もしばしば含まれている。そうした規定がない場合であっても，技術移転要求は，内国民待遇義務に抵触しないかという問題がある。国内投資家に対しても要求しているとしても，政策上の正当化理由なく要求すれば，技術移転をしても差し支えない国内投資家とそうでない外国投資家との間で差別が生じるとされる可能性があると思われる。

　さらに特許権等を保有することが投資の定義に含まれるため，特許等のライセンス契約の条件（ロイヤルティその他）に対する制限を課すことは，そうした制限を受け入れて差し支えない国内投資家とそうでない外国投資家との間で差別が生じるとされる可能性がないとはいえない。ライセンス契約の条件を制限することは，競争政策の観点から正当化されることも少なくないが，そうでない場合（たとえばロイヤルティの制限が競争政策上正当化される可能性は低い）は内国民待

遇義務違反とされると考える余地がある。国際競争論＝共存モデルはあくまで文言解釈として可能かというアプローチしか採用できないが，比較優位論＝協力モデルは内国民待遇義務をこのように解釈することを積極的に支持する。

　なお研究開発投資に影響するその他の政策措置についても内国民待遇義務等の問題があろう。たとえば，企業等の従業員等が職務上行った発明にかかる特許権の帰属等を定める職務発明制度は，労働慣行の違いを前提として各国で制度設計が異なり[73]，したがって本国の労働慣行を前提として組織された外資企業に不利に働き得るが，各国の関連する労働慣行等を踏まえて技術開発のインセンティブとして客観的に最適に制度設計されている以上問題とすべきでないと考えられる。また従業員又は外部者による秘密の研究データの持ち出しを禁止する刑事法その他の規律の在り方も研究開発投資活動に影響するが，これも自国の雇用慣行その他を前提として最適に制度設計されている限り，制度の違いが内国民待遇義務，公正衡平待遇義務等の違反を直ちに構成しないとすべきであろう。これらの点でも国際競争論＝共存モデルは中立であるが，比較優位論＝協力モデルはこの方向の解釈を積極的に支持する。

（ウ）送金制限

　特許権等の国際ライセンス契約においてロイヤルティの海外送金に対する制限は，IMF協定8条2項において禁止されている。この点は，第15章四1(1)を参照。また投資協定における送金制限の規制条項にも抵触する可能性がある。第15章四1(3)を参照。

（エ）租税条約

　租税条約は，二重課税の防止を主要な目的としており，ロイヤルティの課税についても受取人たるライセンサーに対する所得課税がその居住地と源泉地とでいかに配分するかが取り扱われている。詳しくは，第8章二3参照。ただし，ライセンサーが内国法人の場合と外国法人の場合とで，又は外国法人の間で違いが生じるならば，内国民待遇義務及び最恵国待遇義務に違反する可能性が高い。GATSと異なり，租税条約の例外（GATS14条(e)）が存在しないので，厳密には免除が必要であろう。

（3）並行輸入の規制

　TRIPSを巡る交渉において，知的財産権商品（真正商品である特許品や商標品）

---

73)　各国の職務発明制度については，一般財団法人知的財産研究所『我が国，諸外国における職務発明に関する調査研究報告書』（2013年），at ［http://www.jpo.go.jp/shiryou/toushin/chousa/syokumu_hatsumei.htm］を参照。

の並行輸入を認めるか否かを巡り，熾烈な論争があった。開発途上国は知的財産権商品の並行輸入を認めることを主張したが，先進国，特に米国が知的財産権尊重の立場からこれに強硬に反対し，いかなる国においても国際消尽を認めるべきでないと主張した。結局双方とも妥協点をみいだすことができず，米国の意向もあり，知的財産権の並行輸入問題はWTOの紛争解決手続で採り上げないこととしたと理解されている。TRIPS協定6条は，「この協定に係る紛争解決においては，……この協定のいかなる規定も知的所有権の消尽に関する問題を取り扱うために用いてはならない。」と規定している。これほど重要な貿易問題がWTO規律の外にあるのは不自然であり，これでは主要国における国際消尽に関する規律の標準化もままならない。なんらかの機会にこの国際交渉の場において採り上げるべきであろう。

　ただし，この問題は，本章一2(1)で述べたように，WTO協定の性格をどう考えるかによって見方が変わってくる。国際競争論＝共存モデルは，知的財産権制度を，発明等を促進するために報奨を付与する制度であると考えるため，どの程度促進するかが価値判断の問題となり，並行輸入を認めない結論を排斥する内在的理由がない。したがってTRIPS協定6条を，並行輸入を認めるか否かを加盟国の選択に委ねることを確認する規定と解することになる。

　これに対して比較優位論＝協力モデルは，TRIPS協定が知的財産権制度に対して「市場の失敗」を是正することを目的とし，そのために最適な手段を選択していることを要求しているはずと考える。権利者に保障すべきは，知的財産権の対象たる情報を自由に使用・譲渡できることすなわち他人の無断使用を阻止する権利であり，それに止まる。技術・情報が排他的に管理できず，他人の無断使用を阻止できないために発明等のインセンティブが損なわれているという「市場の失敗」があり，これを最適な手段で是正することは正当化される。これに対して，輸入国の権利者が並行輸入される商品を任意に流通に置いたといえる場合，還流の可能性を考慮して取引条件を定めることに特段の制限がなければそこに「市場の失敗」を認める余地がない。並行輸入を禁止する権限を認めることは，かかる商品の流通範囲を制限する権限を付与することに他ならないが，これを正当化する「市場の失敗」が存在しないわけである。以上については，本章二3(1)の議論を参照されたい。したがって，その地における知的財産権の保護の有無を問わず，その商品の並行輸入が輸入国における知的財産権を侵害しないとするのが論理的である。GATT上の内国民待遇義務も同様に考えるので，並行輸入を禁止することを認めている知的財産権法の規定は，たとえば権利者が生産した国産品について消尽を認め，流通を規制していないこととの比較において同じく権利者

が海外において生産した輸入品を不利に取り扱うことになるのでGATT上の内国民待遇義務に抵触する。「消尽に関する問題を取り扱うために用いてはならない」とするTRIPS協定6条は、GATT上の違反を正当化する「抗弁として」TRIPS協定の規定を用いてはならないことを確認した規定と理解することになる。

(4) 水際における執行
(ア) GATT20条(d)号
　知的財産権侵害物品を排除する手続には、裁判所を通じた通常の侵害排除請求のほか、輸入品の流入を税関で止める手続がある。これは、輸入品に対する特別の手続であり、GATT11条1項に抵触する。しかし、国産品であれば製造拠点を押さえることができるが、輸入品の製造拠点が管轄権の外であるため拠点を押さえられず、また輸出者も輸入者を代えて輸出することもできるため、20条(d)号がかかる特別の手続を正当化している。ただし、国内法の履行のために必要な範囲に限定されており、要件を緩和することは認められない。ここでの「必要性」とは目的を実現する合理的に利用可能な最も不整合性の小さい手段が選択されていることとされている。

　国内裁判所のほか、輸入品に特化した国際貿易委員会（ITC）が行う裁判によって通常の救済のほか、一般的な排除命令を得ることができる米国の関税法337条のGATT適合性がかつて争われており、輸入品に対しては双方の救済が求められることが問題であるとされ、その後米国はその点について是正した。しかし、要件が異なっている点があり、現行法が20条(d)号ですべて正当化できるか不明である。第7章四1(1)を参照。

(イ) TRIPS協定
　TRIPS協定51条以下は、水際措置についての規定を定めている。なおGATT20条(d)号とこれらの規定との関係について規定がなく、TRIPS協定の規定をすべて充たしたからといって20条(d)号で正当化されることが推定されるわけでもない[74]。

(ウ) ACTA
　ACTAは模倣品・海賊版を取り締まる国際体制を樹立しようとするものであり、本章三7でみたように現在署名開放中である。

---

74) 水際措置に対するTRIPS協定上の規律については、たとえば尾島『前掲書』（注68）231-249頁。

（5）刑事手続

TRIPS 協定 61 条は，「少なくとも故意による商業的規模の」偽ブランド商品の販売等について刑事罰を規定することを求めている。「商業的規模」は現地国における市場慣行によって定まり，どのように立証するか問題がある[75]。

（6）研究開発サービスの規制

WTO 事務局作成のサービス分類（第 17 章四 1(1)(イ)を参照）に「研究及び開発のサービス」があり，自然科学，社会・人文科学・学際的等の小分野に分かれており，その小分野を約束していれば市場アクセス及び内国民待遇義務が生じるが，日米欧加等主要先進国は，少なくとも自然科学に関する研究開発サービスを約束していない。たとえば内国民待遇義務を約束すると，民間研究機関と競合する国立の研究機関を維持・拡大できなくなってしまうおそれがあることに鑑みると，この分野は，GATS における自由化・国際競争でなく，科学技術協力協定（本章三 10 を参照）など二国間又は多国間の枠組みにおいて国際協力を進めることが選好されているものと想像される。ただし最恵国待遇義務は，GATS の対象である限り約束の有無と無関係に適用があり（第 17 章四 1(10)を参照），国際協力の進め方にも制約がある。

主要参考文献・資料

相澤英孝・西村あさひ法律事務所（編著）『知的財産権法概説』（第 5 版）（有斐閣，2013 年）

浅村皓，H．C．ウェグナー『アメリカ特許制度の解説』（増補版）（発明協会，1994 年）

尾島明『逐条解説 TRIPS 協定――WTO 知的財産権協定のコンメンタール』（日本機械輸出組合，1999 年）

後藤晴男『パリ条約講話――TRIPS 協定の解説を含む』（13 版）（発明協会，2008 年）

城山英明（編）『科学技術ガバナンス』（東信堂，2007 年）

高倉成男『知的財産法制と国際政策』（有斐閣，2001 年）

中山信弘『特許法』（第 2 版）（弘文堂，2012 年）

中山信弘『著作権法』（第 2 版）（有斐閣，2014 年）

山根裕子『知的財産権のグローバル化』（岩波書店，2008 年）

---

75) Panel Report on *China – Intellectual Property Rights*, para. 7.577.

Carlos M. Correa, *Trade Related Aspects of Intellectual Property Rights: A Commentary on the TRIPS Agreement*(Oxford University Press, 2007)

Peter-Tobias Stoll, Jan Busche and Katrin Arend (eds.), *WTO – Trade-Related Aspects of Intellectual Property Rights*(Martinus Nijhoff Publishers, 2009)

第19章　自由貿易協定・途上国に対する特恵関税

　二国間又は複数国間の貿易を自由化する取決めを広く自由貿易協定と呼ぶ。今日では，多数の自由貿易協定が締結されている。また途上国の開発支援の観点から，途上国原産の産品に限定して低率の輸入関税を適用する一般特恵制度が各国国内法において採用されている。

　これらに対しては，WTO協定が，最恵国待遇義務の例外として厳格な要件を課している。しかし，WTOにおける交渉が停滞し，各国が自由貿易協定締結を急いでおり，その規律が弛緩していないか懸念がある。また途上国に対する一般特恵制度については，特恵の適用要件が定められるのが通常であるが，途上国の政策ニーズと合致しているのか，IMF/世銀の融資におけるコンディショナリティの問題と併せ精査が必要である。

一　本章の対象事項

1　特恵関税制度の政策根拠

　GATT/ITOの交渉時において，英国連邦の特恵関税，フランス旧植民地に対する特恵関税等を最恵国待遇義務の例外とするか否かについて激論があった。最終的には，こうした特恵関税を例外扱いとすることは認められず，関税同盟を例外とすることだけが厳格な要件の下で認められた。その後，1948年の改正で自由貿易地域の規定が加えられた。大まかにいえば，いずれも締約国原産品に対する輸入関税を撤廃し貿易を自由化する複数国間の協定であるが，対外的に共通関税を定めるのが関税同盟，そうでないものが自由貿易地域である。

　自由貿易協定は，様々な目的で締結される。かつては，EC，NAFTA，メルコスールなど近隣諸国間の外交通商関係の密接化の手段という色彩が強かったが，最近では，韓EU，韓米，日メキシコ，米豪間の自由貿易協定など，輸出拡大を主目的として，とりわけ地理的に離れた先進国間で追求されることが増えた。またTPP（Trans-Pacific Strategic Economic Partnership Agreement）やTTIP（Transatlantic Trade and Investment Partnership）などいわゆるメガFTAも交渉

されている。近年 WTO 交渉が停滞していることもあって，各国は，自国産業のための市場を拡大するために自由貿易協定の締結を重視しており，その数が激増している[1]。ブロック経済化防止が戦後の自由貿易体制の重要な目標であり，かつては，最恵国待遇義務の例外となる自由貿易協定についてむしろ否定的な声が多かったが，今日では，貿易自由化のための重要なステップとして前向きに評価されている。なお最近では，貿易自由化だけを含意する「自由貿易協定」(free trade agreements) に代えて，貿易と投資，場合によってはさらに人の移動，知的財産権保護などを対象に含む「経済連携協定」(economic partnership agreements, "EPAs") という呼称がよく使われている[2]。

次に，途上国に対する特恵関税は，途上国の開発支援のため途上国からの輸入品に対して関税を撤廃したり低減税率を適用したりする制度である。国内産業の競争力強化を狙いとして，途上国間で関税を低減して市場を拡大するということも認められている。これらも最恵国待遇義務の例外となるため，いわゆる授権条項（enabling clause）その他の免除（一般的には WTO 設立協定 9 条 3 項）が採択されている。しかし，先進国の関税率がゼロに近づいてきたため，最恵国税率と特恵税率との差すなわち特恵マージンが縮小してきている。また途上国においても発展を遂げた国があり，特恵からの「卒業」又はそうした途上国間の関税低減をそもそも最恵国待遇義務の例外とすることの必要性などが議論されている。

2　問題の所在

自由貿易協定については，まずそれ自体の合理性が問題になる。国際競争論＝共存モデルからは，貿易に対する制限が撤廃・削減されればされるほど貿易自由化が徹底された状態として評価され得るであろう。自由貿易協定は，WTO 協定と同じく，貿易に関する合意であり，対象を関税だけでなく国内政策措置に拡大し，非関税障壁の撤廃・削減という観点から自由化がなされるが，国内政策の最適化を妨げる可能性があることから例外として一定の政策措置を留保する，という発想になる。これに対して，比較優位論＝協力モデルに拠れば，域内関税の完全撤廃は，相手国の産業の持続可能性ないし相手国の国内政策に対する信頼が前

---

1) 2014 年 8 月末現在で，WTO に通報されている発効済み自由貿易協定（授権条項，GATS5 条に基づくものを含む）は，263 であるが，その 8 割以上が 1995 年以降に発効し，2010 年以降で数えても 50 件を超える。"List of All RTAs in force" at [http://rtais.wto.org/UI/PublicAllRTAList.aspx] を参照。

2) 「経済連携協定」概念については，EU の HP [http://ec.europa.eu/trade/policy/countries-and-regions/development/economic-partnerships/] 及び経済産業省（日本）の HP [http://www.meti.go.jp/policy/trade_policy/epa/about/] を参照。

提になるはずである。たとえば，相手国の農業分野において土壌の砂漠化が放置されているなど外国政府が「市場の失敗」を放置している状態に対処するために関税の維持が正当化されることを第3章一1において示した。そうした関税も維持しないという政策判断は，相手国が自国内の「市場の失敗」を放置しないことが前提でなければ不合理である。したがって，自由貿易協定は，単に関税を撤廃するだけの貿易に関する合意でなく，相手国の経済運営に対する信頼関係（又は運命共同体となる覚悟）を前提として締結する経済全体に影響する取決めと理解することになる。

現在の国際経済の枠組みで考えると，GATT/WTO体制の「躓きの石（stumbling blocks）」か「建設的礎石（building blocks）」かが議論されているが，決着がついたとは言えない。その貿易創造効果に着目して，域外諸国に対する貿易障壁を高くするのでない限り，望ましいという見方と，貿易転換効果を重視して望ましくないという見方とが対立している。貿易創造効果は，域内における競争激化によって生産性が向上し，国民所得の増大を通じて輸入需要を増加させ，結果として貿易拡大に貢献するというものであり，貿易転換効果は，他の諸国の犠牲において域内国間の貿易拡大を図るというものである。

この問題は，貿易自由化の見方とも関係する。国際競争論＝共存モデルでは，貿易自由化とそれ以外の政策目的との矛盾対立関係を想定するので，多数の主体間さらに価値観の異なる国同士での合意が容易でない。したがって，少数国・価値観の違いが小さい国だけで合意を形成しようとする誘因が強く働く。つまり自由貿易協定をWTO協定に代替する合意として考える発想になりやすい。これに対して，比較優位論＝協力モデルでは，関係国の経済・社会全体の保有する資本の最大化を目標として共有できる限り，それ以外の価値観の違いは目標達成のための方法論の違いでしかなく克服が容易であると想定され，むしろ目標達成のためには主体が拡大することが望ましいと考える。したがって自由貿易協定を，貿易自由化という点でWTO協定に代替する合意と想定しない。WTO協定ないし世界貿易体制の枠組みにおける経済単位の拡大とでも説明すべきであろう。自由貿易地域を途上国間の特恵新設と想定し[3]，また安全保障の観点を重視していたかつての実務は，WTO協定という多角的体制において貿易自由化を追求することを重視していたように思われ，この考え方に近い可能性がある。

具体的な規律の面では，自由貿易協定締約国間の貿易自由化を善としても，それを超えて，締約国間の貿易が非締約国との貿易よりも積極的に有利にする取決

---

3) 内田宏・堀太郎『ガット――分析と展望』（日本関税協会，1959年）615-617頁。

めを正当化する余地がないことが重要である。この点では，自由貿易協定において撤廃しなければならない措置の範囲，特恵の対象となる産品の範囲を定める特恵原産地規則などが問題となろう。またアンチダンピング（AD）関税及び相殺関税といった貿易救済措置の域内除外も問題になる。

　一般特恵関税についても，途上国からの輸入優遇が目的であって，途上国への輸出を優遇することは認められないはずである。したがって，特恵原産地規則についての検討が必要である。一般特恵関税についてはさらに，どのような事項を特恵付与の条件として設定することが許されるのかという問題がある。この問題は，一方では政府開発援助における条件設定に連なり，他方環境保護，労働者保護などを条件とすることの協定整合性の議論がPPM規制の取扱いとの関係で首尾一貫しているかを問う必要もあろう。さらに比較優位論＝協力モデルに立てば，途上国に対する例外扱いの正当性にそもそも疑問があり，国内ガバナンスの向上促進・開発援助の強化などに集中すべきであると考えることになる。

　なお自由貿易協定は，関税撤廃以外にも様々な規定が含められていることが多い。たとえばAD関税措置・相殺関税措置の規律強化，基準・認証における相互承認，紛争処理手続などがある。そのほか特定分野における制度のハーモニゼーション，知的財産権の強化，労働基準・環境基準等の引き下げ禁止などが含められることもある。こうした取決めがWTO等のマルチルールへの提案の基礎となることも少なくないが，域内優遇がどこまで許されるのかGATT24条の規律を慎重に検討する必要があろう。

二　各国の自由貿易協定等の特恵関税制度

1　日本の特恵関税制度

　特恵関税（preferential tariff）は，一般的に適用される関税率（MFN税率）よりも低い税率を特定国原産の輸入品に対して定めるものである。日本においては，経済連携協定に基づくものと，関税暫定措置法上の一般特恵関税制度に基づくものとがある。それぞれに特恵原産地規則があり，中でも経済連携協定に基づく特恵原産地規則は，協定ごとに交渉されている。

（1）経済連携協定に基づく特恵関税

　日本法上，経済連携協定等の国際条約において関税率等について特則が定められている場合には，当該特則に拠る（関税法3条）。日本は，シンガポールとの経済連携協定（1998年）をはじめ，メキシコ，チリ，マレーシア，フィリピン，

タイ，インドネシア，ベトナム等と自由貿易協定（経済連携協定）を締結しており，それぞれの相手国原産の産品に対してのみ関税撤廃等を約してきた[4]。これらの経済連携協定は，個々の産品に適用される特恵税率（ほとんどはゼロである）と原産地規則とを定めており，協定締約国からの輸入品に対して一義的に適用される。この特恵原産地規則は，自由貿易協定域外の産品がその利益を享受してしまうフリーライドを妨げることを目的としていると説明されるが，本章四1(1)において検討するとおり，関税撤廃の範囲の制限に他ならず，その角度からの規律が必要であろう。

　特恵原産地規則は，協定ごとに交渉され内容も協定ごとに異なっているが，共通点も指摘できる。第一に，ある締約国原産の産品と認められるのは，締約国内で完全に生産又は製造された完全生産品，締約国原産の原材料のみから製造された原産材料から生産された産品，及び非締約国原産の原材料を含むが実質的加工基準を充たす産品の三種類とされている。第二に，実質的加工基準について品目別に詳細な定めが置かれている。具体的には，関税分類番号が変更される加工が当該締約国においてなされたことを要件とする関税分類変更基準，特定の加工工程が当該締約国においてなされたことを要件とする加工工程基準，及び当該締約国における付加価値が一定以上であることを要件とする付加価値基準が適宜規定されている。たとえば繊維製品については，製造工程が単線的であり，加工工程基準が用いられているが，多数の部品を組み立てて完成品とする自動車・電気電子機器には付加価値基準が利用されている。繊維等特定の産品についての特別な規定もいくつか存在する。なお付加価値基準の場合，個々の部品等について対象国原産の要素が含まれているが，完全な原産品でない場合，その部品等を組み込んだ製品の原産地比率を計算するに当たって当該部品をどう扱うか（部品自体が原産地比率を充たす場合に100％原産品と扱うロールアップなど）という問題がある。

　なお特恵対象産品が自国から輸出された原材料を使用している場合，当該国で生産された原材料を使用しているのと同視する扱いをしており，これを累積原産地規則という。シンガポールその他との二国間経済連携協定は，特恵原産地規則において主要産品について採用している関税番号変更基準又は付加価値基準の適用に当たり累積原産地規則を採用している。さらに日ASEAN包括経済連携協定は，その特恵関税の適用において，インドネシア，シンガポール，タイ，フィリピン，ブルネイ，ベトナム，マレーシア，ミャンマー，ラオスの9ヵ国につい

　4）　日本が締結・交渉中の経済連携協定については，たとえば，経済産業省のHP［http://www.meti.go.jp/policy/trade_policy/epa/index.html］を参照。

て，累積原産地規則の適用においてこれらの国々を一つの国と事実上みなしている。

　個々の輸入において特恵税率の適用を受けるためには，指定された輸出国の機関から原産品であることの証明書（特恵原産地証明書）の発給を受け，税関に提出する必要がある。日本からの輸出品については，必要な情報を添えて申請を行い，特定原産地証明書の発給を受ける（原産地証明法3条）ことが必要である。経済産業大臣は，特定原産地証明書を発給できるが，この業務を委託する発給機関を指定することができ（8条），日本商工会議所を指定発給機関としている。日・スイス経済連携協定については，経済産業大臣の認定を受けた輸出者が自ら証明書を作成すること（自己認証）も認められている（7条の2）。申請者及び申請書に添付された原産地資料の提出者は，関係する一定の書類を一定期間保存しておく義務が課されている（7条）。経済産業大臣及び指定発給機関は，申請者等から報告を徴収し，又は関係書類を検査する権限を有している（26条）。逆に，自国への輸入品について特恵税率適用の要件が充たされているか否かに疑念がある場合，締約国政府は，相手国政府に対して情報提供を求め，さらに相手国政府職員立ち会いの下生産設備等の現地調査（verification）ができることになっているのが通常である。現地調査は，政府の同意がなければ執行管轄権の制限を超えて違法であり，調査対象企業が同意していても正当化されない。

（2）一般特恵制度に基づく特恵関税

　途上国向けの日本の特恵制度は，関税暫定措置法8条の2に根拠を有する。同条1項は，途上国一般向けの一般特恵制度を定め，同条3項は，後発開発途上国向けの特別特恵制度を定めている。特恵関税制度は，10年の適用期限で1971年に導入され，その後延長を繰り返してきている。後発開発途上国向けの特別特恵制度は，1980年に導入された。特恵受益国は，開発途上国であって，特恵の供与を希望する国に限定され，政令で指定されている（関税暫定措置法施行令別表第一）。

　一般特恵制度においては，農水産品については特別の軽減税率，鉱工業品については，例外とされ，又は軽減税率を適用される一定の産品を除いて無税とされている。特別特恵制度においては，除外産品以外無税とされている。それぞれ政令で定められる対象国原産の産品が対象となるが，国・地域ごとに国際競争力等を考慮して国別・品目別に適用除外とすることが認められ（8条の2第2項），関税・外国為替審議会の審議を経て政令で指定される。また一定期間高所得国として認定されるなどの場合「卒業」となる。これらのガイドラインが，「国別・品

目別特恵適用除外措置及び高所得国に係る特恵適用除外措置の適用基準」（平成19年3月財務省告示第134号）として公表されている。2007年からは，水産物について，資源の保存管理が適切に行われていないと国際的に認定された国からの輸入も適用除外できるようになった。また，輸入が増加し，国内生産者に対して損害を与える等の場合にも，特恵の適用の停止が可能である（関税暫定措置法8条の3第1項，緊急特恵停止措置の運用基準）。ただしこの制度は，特別特恵受益国原産の一定の産品には適用がない（同条2項）。この制度は，2011年にさらに10年延長されたが，除外基準に変更がなされ，国産品との競争関係の有無が考慮されなくなった。

　特恵受益国原産品であっても，運送上の理由でなく第三国を経由して日本に運送されるものは含まれない（関税暫定措置法施行令31条1項1号）。原産地が偽装されることを防ぐためである。

　関税暫定措置法上，特恵を受けるのは，特恵受益国原産の産品に限定されている。特恵に適用される産品の原産地規則（関税暫定措置法8条の2第4項，施行令26条）は，一般の原産地規則と類似しているが，一部特則が定められている。完全生産品基準と実質的加工基準とが原則となっているが，その適用において日本からの輸出品等を特恵受益国原産の産品とみなす累積原産地規則を採用している（同条2項）。さらに，東南アジアにおける特定の特恵受益国については，日本からの輸出品のみならず，これらの国原産の部品等についても，特恵受益国原産の産品とみなす扱いになっている（同条3項）。

　当該原産地規則上特恵受益国原産であることを確認するために，輸出者の申告に基づき税関長が認める機関（多くは現地の商工会議所である）が発給した証明書が要求されている（27条）。累積原産地規則の適用がある場合には，使用された域内原産の産品についての詳細の証明書類の添付が求められている（30条1項）。輸出者は，発給機関に対して必要な情報を提供して証明書を得る。

2　主要な自由貿易協定

（1）地域経済統合

　近隣の国々は経済の相互依存関係が深化していても，外交関係が必ずしも良好でないことも多く，その改善のために経済関係の枠組みとなる取決めを締結することがある。関税同盟等の自由貿易協定が締結されることも多い。

　典型的な例は，欧州におけるヨーロッパ経済共同体（EEC）である。EECは，2度の大戦を含め幾度かの長期にわたる戦争関係にあった独仏の対立関係を解消し，欧州大陸に平和をもたらすことを目標として1957年に発足し，その後関税

同盟となった。EECは，マーストリヒト条約（1993年発効）で政治面での統合も進め，欧州連合（EU）となった。その後北欧諸国（ノルウェーを除く）に加盟国を拡大し，さらに中東欧諸国も加盟した。EUは，旧植民地諸国との間に協力関係を構築し，通商に関する取決めを締結してきた。最新のものとしては2000年に調印されたコトヌ協定がある。またオーストラリアとニュージーランドのオーストラリア・ニュージーランド経済緊密化協定（ANZCERTA）も隣接国間の自由貿易協定である。米州大陸では，NAFTAのほか，キューバを除く米州自由貿易地域（FTAA）の構想があるほか，中南米には，ブラジル，アルゼンチン，ウルグアイ，パラグアイ，ベネズエラが南米南部共同市場（メルコスール）という関税同盟を締結しており，コロンビア，ペルー，ボリビア，エクアドルから成る関税同盟であるアンデス共同体（Comunidad Andina）等がある。アジアには，ASEAN自由貿易地域が1992年に形成され，これが中国，韓国，日本，インドなどと自由貿易協定を締結している。また太平洋を挟んでTPPの交渉が進んでいる。そのほか南アジア，アフリカにおいても取決めが存在する。

（2）安全保障

米国は，かねてよりヨルダン及びイスラエルと自由貿易協定を締結していたが，その後エルサルバドル，グアテマラ，ニカラグア，パナマなど中米諸国とも締結し，またオマーンとの自由貿易協定もある。これらは貿易政策というよりも安全保障ないしテロ対策としての色彩が強いとされる。

（3）輸出志向の自由貿易協定

地域経済統合よりも，輸出拡大を目的とする自由貿易協定が1990年代に登場し，増加している。かかる自由貿易協定を推進している国として，シンガポール，韓国，メキシコ，チリが代表的である。シンガポールは，日米EUのほかオーストラリア，インド，中国などとすでに自由貿易協定を締結しており，さらにTPPの元となった環太平洋戦略的経済連携協定も締結し，TPP交渉にも参加している。韓国は，2003年に「FTA推進ロードマップ」を作成後，自由貿易協定締結を推進してきており，米国，EUとすでに締結済みである。メキシコも日米カナダ（NAFTA）EUと締結済みである。チリも日米EUのほか，カナダ，中国，オーストラリア等と締結済みである。また地域的な限定があるもののTPPも輸出志向の色彩が強く，また大西洋を挟んで米国・EU間で交渉が行われているTTIPも同様であろう。

3 欧米の一般特恵関税制度

米国・EUは，発展途上国であっても，ガバナンスの観点から問題があると考えられる国を一般特恵関税制度の対象から外すこととしている。これは，ガバナンスの状態が良好でなければ開発政策が成功する可能性が低いとの考えに拠れば，経済発展の可能性には影響する要素であるが，経済発展の度合い又は必要性との関係が明確でない。一般特恵関税を正当化する授権条項との整合性については，本章四2(2)を参照。

三　自由貿易協定その他の特恵関税制度に関する国際ルールの発展

1　自由貿易協定に関するハーモニゼーション

GATT成立時においては，関税同盟に関する規定のみが存在したが，当時はベネルックス関税同盟など小規模なものしか想定されていなかった。自由貿易地域は，1948年の改正によって追加されたが，途上国間の特恵新設をある程度認めようとするものであったとの指摘がある。しかし，その後，欧州共同市場（EEC）や欧州自由貿易連合（EFTA），さらに中南米等における地域的経済統合の試みによって24条の果たすべき機能が大きくなった。ウルグアイ・ラウンドにおいてこの問題が取り上げられ，「千九百九十四年の関税及び貿易に関する一般協定第24条の解釈に関する了解」（「24条了解」）が締結され，いくつかの要件具備を決定する手続などについての規定が追加された。また地域貿易協定委員会（CRTA）が設置され，自由貿易協定のみならず途上国間の関税削減協定も対象として検討がされている[5]。

2　途上国対象の特恵制度に関するハーモニゼーション

1963年5月のGATT閣僚会議では，途上国の開発促進のための措置の一つとして特恵問題の検討が決議され，特恵作業部会が設置された。翌1964年に開催された第1回国連貿易開発会議（UNCTAD）に提出された「新しい貿易政策を求めて」と題するプレビッシュ報告書[6]は，途上国の交易条件の長期的悪化を

---

[5] Committee on Regional Trade Agreements, Decision by General Council of 6 February 1996, WT/L/127.

[6] Raul Prebisch, *Towards a New Trade Policy for Development*（Report by the Secretary-General of the United Nations Conference for Trade and Development）（New York: United Nations, 1964）.

主張し，無差別原則に立つ自由貿易体制が本質的に不平等であるとして，途上国に対する特恵関税の一方的付与を要求した。1965年には，OECDの閣僚理事会において対開発途上国貿易特別グループが新設され，特恵の問題の検討が命ぜられた。1966年の閣僚理事会に提出された中間報告書は，一定範囲で無税輸入を認めるいわゆるタリフ・クォータ案と関税引き下げを内容とするアドバンス・カット案とを提示しているが，閣僚会議は研究の続行を命じた[7]。

1970年には，UNCTADにおいて，一般特恵関税制度についての合意がなされ，翌年にはGATTにおいて「一般特恵関税制度の実施に伴う1971年6月25日の決定」[8]が採択され，10年間，一般特恵制度，開発途上国間特恵などについて最恵国待遇義務の例外とするものとされていた。さらに，東京ラウンドにおいては，特恵関税の問題が交渉され，1979年には，期限を定めないいわゆる授権条項がガット総会において採択された[9]。WTO協定には明示の言及がないが，授権条項は現在も有効なものとして取り扱われている[10]。さらに，WTO設立後の1999年には，後発開発途上国向けの特恵制度について適用除外が決議された[11]。

四　特恵関税に対するWTO協定上の規律

特恵関税は，自由貿易協定に基づくものであれ，途上国支援を目的とするものであれ，特定国からの輸入に対して関税を減免するものであるから，最恵国待遇義務に形式上違反する。すでに触れたように，自由貿易協定における特恵関税についてGATT24条5項，一般特恵関税について授権条項が正当化根拠となる。途上国間の貿易促進協定についても授権条項に規定があり，さらに後発開発途上国に対する特恵制度について特別の免除が採択されている。

---

7) 大蔵省関税局監修『ケネディ・ラウンドの全貌――交渉の内幕と今後の問題点』（日本関税協会，1967年）352-357頁。
8) *Generalized System of Preferences*, Decision of 25 June 1971, L/3545, BISD 18S/24.
9) *Differential and More Favourable Treatment Reciprocity and Fuller Participation of Developing Countries*, Decision of 28 November 1979, L/4903, at [http://www.wto.org/english/docs_e/legal_e/enabling1979_e.htm].
10) GATT1994第1項(b)(iv)にいう「その他千九百四十七年のガットの締約国団が行った決定」に該当し，GATT1994に含まれる。Appellate Body Report on *EC – Tariff Preferences*, para. 90, fn.192.
11) *Preferential Tariff Treatment for Least-Developed Countries*, Decision of Waiver of 17 June 1999, WT/L/304.

1　自由貿易協定例外

GATT24条5項は，一定の条件の下で，加盟国間で「関税同盟」若しくは「自由貿易地域」又はそのために必要な中間協定を締結することを認めている。24条8項が「関税同盟」及び「自由貿易地域」を定義している。関税同盟は，「関税その他の制限的通商規則」を構成国間又は構成国原産の産品の貿易の実質上のすべてについて撤廃するものであって，共通の関税等を定めるものである。関税等を構成国間の貿易について撤廃すれば，関税は域内に輸入される時点でのみ賦課され，域内の税関が不要になるが，構成国原産でない産品の貿易について撤廃しない場合は，そうした産品が域内の国境を越えて移動した時点で再び関税の対象となるので税関を廃止できない。また自由貿易地域は，関税及び輸出入制限等を構成国原産の産品の構成国間の貿易の実質上のすべてについて撤廃するものである。

関税同盟にせよ自由貿易地域にせよ，その後に域外国との貿易に適用される関税等の水準が高くなってはならない（24条5項(a)及び(b)）。排他的な経済ブロックの作成を妨げようとする趣旨であり，加重平均関税率及び徴収された関税の全般的な評価に基づくものとされている（24条了解2項）。関税同盟の場合は，加入国単独の関税水準と共通関税の水準との比較になるが，加入国の関税譲許を超えて税率を引き上げる場合は，譲許表の修正手続が準用され，補償が必要となる場合がある（GATT24条6項，28条）。また，いずれも中間協定は原則として10年以内とされ，これを超える期間を必要とする場合は物品理事会に対して十分な説明を行わなければならない（24条了解3項）。

（1）「実質的にすべての貿易」

関税等の撤廃が「実質的にすべての貿易」について求められるが，その基準が明確でない。実務上は，輸入関税を撤廃した対象品目の数・分野（質的基準）と対象産品が締約国間の貿易に占める割合（量的基準）とによって評価されている[12]。この現行実務に対する理論的な異論はあまり聞かないが，少なくとも以下の問題を指摘できると思われる。

第一に，現実の貿易量を基準とすれば，自由貿易協定締結前の関税その他の貿易障壁のために貿易が発生していない（すなわち国内産業が保護されている）品目を対象として含める必要がなくなる。しかし，そうした潜在的な貿易を考慮する必

---

12) 貿易量基準についてたとえばBISD 6S/100，質的基準（たとえばセクター全体を除外することは通常許されない）について，たとえばBISD 27S/132など。

要がないか疑問がある。つまり，対象の「貿易」を，関税等を撤廃した場合に生じる貿易とするか，撤廃前の現状において行われている貿易とするかの問題である。

　第二に，特恵原産地規則は，重要な産品について通常の原産地規則と異なる定めを置いて，従前相手国原産として取り扱われていた産品の一部に関税免除の対象を限定することが多い。これは脱法的輸入を規制するためと説明されるが，通常の原産地規則の遵守を確認する輸入ライセンス制を超え，特恵関税率の適用対象を限定するものであり，自由貿易協定が，相手国原産の産品についての「実質的にすべての貿易」を対象としているか否かの評価において考慮されるべきである。たとえば，特定の項（6ケタ）の関税率をゼロとしたとしても，当該項について通常の原産地規則では項レベルでの変更があった国を原産国と認定するのに対して特恵原産地規則においては項でなく類（4ケタ）レベルでの変更を必要としたならば，当該項に属する産品のうち，項の変更があるが類の変更がない産品を関税免除の対象から除外していることになる。この場合に，当該項を，関税を完全に撤廃した関税分類として取り扱うのでなく，部分的にのみ撤廃した関税分類として扱うべきであろう。「実質的にすべての貿易」のうち「貿易」が関税等を完全に撤廃した場合に発生するであろう貿易を指し，「実質的にすべて」が限りなく「すべて」に近いとすれば，そもそも特恵原産地規則を認めるべきかといったところから検討が必要であると思われる。

（2）撤廃すべき措置の範囲
（ア）関　税
　次に，撤廃対象となる措置のうち，「関税」については，輸入関税だけでなく，輸出関税も撤廃対象に含まれるはずであるが，実務上はあまり対象とされていない。国際競争論＝共存モデルからすれば輸入自由化に焦点を当てる自由貿易協定を想定して差し支えないが，比較優位論＝協力モデルでは，国内産業保護を目的とする輸出関税も含めるほうが自然である。そうしなければ域内の比較優位産業への完全特化が実現しないからである。なお特恵原産地規則の問題点については，本項(1)の議論を参照。

（イ）その他の制限的通商規則
　また関税と共に撤廃対象の「制限的通商規則」が何を指すか，すなわちいかなる措置を域内撤廃してよいかは，GATT24条8項が自由貿易協定の定義に含まれない域内優遇措置（最恵国待遇義務違反）を正当化しないことから重要な問題となる。この点，「制限的」との文言に着目して，国内産業保護を目的とする措置に限定されると解釈するのが妥当であろう。仮に，政策目的を問わず，貿易を

制限する効果がある措置を指すとすると、正当な国内政策目的のための規制措置まで撤廃を求めることになり明らかに過剰である。「制限的通商規則」に関税以外の輸出入に関する税・課徴金が含まれることは争いがないであろうが、これらはGATT2条1項(b)号により譲許品目については基本的に許されていない。一見すると、関税・輸出入税以外の輸出入の規制すべてが「制限的通商規則」に含まれるとするのが妥当に見える。ただし、こうした制限は、GATT上11条1項によって禁止されており、11条2項、20条等の例外に該当する場合のみ許されている（20条の趣旨・解釈については第1章二2(2)、第6章四1(2)及び第7章四1(3)を参照）が、例外に該当する場合たとえば植物防疫措置は国内産業保護を目的とする措置でないし、したがって貿易自由化したとしても当然に撤廃すべき措置とも思われない。文言解釈としても、そうした措置を「制限的」通商規則でない、とするのが自然であろう。

　この関連で、「関税その他の制限的通商規則」であっても、11条2項、20条など列挙された規定上正当化される措置については、「必要とされる場合を除」き撤廃する必要がないとする24条8項但書の意義が問題になる。この但書を創設的規定、すなわちこの文言がなければ輸入品を特別扱いする植物防疫措置も域内撤廃が必要であると仮定すると、「制限的通商規則」は国内産業保護を目的とする措置に限定されておらず、輸入に影響する限り国内措置をも撤廃対象として含むことになってしまう。またそうすると、安全保障のための措置であっても「制限的通商規則」に含まれるはずであり、21条によって正当化される措置の除外に言及していない理由も説明し難い。したがって、確認規定すなわち「制限的通商規則」が国内産業保護を目的とする措置を意味すると解し、24条8項但書の意義は、むしろ20条等の例外に該当する措置すなわち輸入品を不利に扱うが国内産業保護を目的としない措置について、一定の場合にすなわち「必要とされる場合を除」き域内だけの撤廃を認めることを正当化することにあると理解することができる。たとえば植物防疫措置についていえば、自由貿易協定相手国との間で国内防疫体制の統合までしたために、植物防疫措置を水際で採ることが必要でなくなった場合には域内だけ撤廃しても差し支えないという解釈になる。この制度統合それ自体は、特定のWTO加盟国の産品に対する優遇措置であるので最恵国待遇義務（GATT1条1項）に違反するが、24条8項但書によって許されるわけである。なお安全保障上の理由であれば国ごとに取扱いが違って当然である。したがって21条は、最恵国待遇義務からの例外をも認めることがもともと想定されているため、20条と異なり、域内だけを特別扱いすることを否定する理由がそもそもなく、確認の必要すらないとして言及しなかったと理解することがで

きる。なお20条例外の位置付けについて第1章五2(2)の議論を参照。

　なお政府調達が最恵国待遇義務の対象外でないとすれば，政府調達における国産品優遇が「その他の制限的通商規則」に該当するかどうかが問題になる。本項(5)を参照。該当するならば，民間経済の割合の小さい途上国にとって先進国と自由貿易協定を締結することに対するハードルとなる可能性がある。

（ウ）AD関税・相殺関税・セーフガード措置

　AD関税等のいわゆる貿易救済法の域内除外はどうか。一見すると，「関税その他の制限的通商規則」に含めるのが自然であり，したがって域内除外がむしろ求められ，域内で制度を存続させている場合は「実質的にすべての貿易」について撤廃しているかが問われるという考え方になりそうである。しかし，第12章で検討したAD・相殺関税の制度趣旨から議論を始める必要がある。

　まず，AD関税について不法行為説に立ち，すなわちAD関税が不正な輸出に対抗する制度であるとすれば，これが「制限的通商規則」に該当すると考えるのが自然である。したがってそれ自体として自由貿易協定域内のみ撤廃するとして差し支えないし，発動を慎重にする手続的な制約も概ね不合理とされないであろう。AD関税・相殺関税の域内撤廃・手続の厳格化は，それが「実質的にすべての貿易」に対する撤廃に該当するか否かの問題に収斂し，完全撤廃しないことが「実質的にすべての貿易」に対する撤廃であることを妨げないか，という問題になる。

　これに対して，隠れた補助金説すなわち国内政策の違いから発生する隠れた補助金に対処する措置と見れば，これを「制限的通商規則」でないとすることに相当の理由がある。AD関税及び相殺関税は，外国の関税のみならず，内国規制・補助金等の正当性・最適性について疑問がある場合にその弊害を水際で食い止める措置だからである。つまり植物防疫措置などと同じく，管轄権の限界ゆえに輸入品を不利に扱わなければならないのであり，単なる国内産業保護を目的とする措置でない。他方，自由貿易協定があっても域内国の国内政策措置の必要性・最適性について問題が全くなくなりしたがって隠れた補助金が発生するおそれが消滅する，というわけではないので，AD関税等の域内撤廃を認める必要がなく，したがってそもそも「制限的通商規則」に該当しないと理解することになる。確かに，域内関税の完全撤廃は，「市場の失敗」及び「政府の失敗」を放置しない，たとえば持続可能でない農法で農業生産を行っていないといった相手国の政策に対する一般的な信頼がなければ不合理である。しかし，相手国の経済政策一般に対して権限委譲を受けるのでもない限り，そうした信頼に反して客観的に最適でない措置が採用される可能性が法的に解消されるわけではない。それにも拘ら

ず，AD関税・相殺関税を域内だけ撤廃するのは域内貿易の優遇である。実務上は，域内の撤廃又は域内に発動する場合の手続の加重等を規定する例が少なくない[13]が，AD関税の制度趣旨を含め慎重な検討が必要である。

これに対して，セーフガード措置は，関税譲許の撤回・修正という形を採るので，自由貿易地域内での関税撤廃約束自体が正当化されている以上域外との貿易に対してのみ関税を引き上げることができるはずである。しかし，自由貿易地域締約国がセーフガード措置を発動する場合，他の締約国からの輸入を含めて輸入増加等を認定したにも拘らず当該他の締約国を除外してセーフガード措置を発動することは調査対象と措置の対象との対応関係がないため許されないとする先例がある[14]。この点，そもそもどのような輸入増加を認定すべきかをセーフガード措置の本旨に沿って検討することが必要である。第4章で検討したように，セーフガード措置発動のためには，輸入増加等が「協定上の義務の効果」であると認められなければならない（GATT19条1項）ので，自由貿易地域の取決めにおいて引き下げられた関税水準でなく，WTO協定上の関税譲許の水準を考えなければならない。すなわち，自由貿易地域内に対してもWTO協定上の関税譲許の水準まで関税を引き上げたと仮定した状態で想定される輸入と当該関税譲許を撤回したと仮定した状態で想定される輸入とを比較して輸入増加を認定することになる。したがって，自由貿易地域内の輸入が，WTOにおける譲許税率までの引き下げの結果としてでなく，域内関税の撤廃の結果として増加しているケースでは，セーフガード措置が許されないと考えられる。なお以上は，「事情の予見されなかった発展」と輸入増加との間に条件関係を求めるアプローチを採用した場合の考え方である（第4章四1(2)(カ)を参照）が，そうでないアプローチの考え方は明らかではない。

自由貿易地域と異なり，関税同盟の場合は，AD関税等が域内撤廃の必要な「関税その他の制限的通商規則」に含められないとしても，統一が求められる「関税その他の通商規則」に含まれるため，関税同盟を単位として適用することを認めざるを得ないし，逆に，構成国ごとの適用が認められない（競争法上の不

---

13) 自由貿易協定におけるAD関税，相殺関税及びセーフガード措置の域内の取扱いについて，Thomas J. Prusa and Robert Teh, "Contingent Protection Rules in Regional Trade Agreements," in Kyle W. Bagwell and Petros C. Mavroidis, *Preferential Trade Agreements – A Law and Economics Analysis* (Cambridge University Press, 2011)。域内AD関税の取扱いについて日本語で論じたものとして，川島富士雄「地域経済統合におけるダンピング防止措置の適用に関する規律——横断的比較を通じた規律導入の条件に関する考察」RIETI Discussion Paper Series 06-J-053（2006年），at ［http://www.rieti.go.jp/jp/publications/dp/06j053.pdf］。

14) Appellate Body Report on *US – Line Pipe*, paras. 193-197.

当廉売規制は許される)はずであると思われる。セーフガードについても関税同盟を単位として考えれば足りる。厳密には、域内において規制・補助金等の正当性・最適性を確保する制度的手当てがなされているわけでないので、貿易救済措置を域内で維持する必要性がなくなっているとは言い難い。しかし、これらの措置の趣旨を隠れた又は明らかな補助金付輸出から比較優位産業を保護することと考えれば、共通関税を要求している関税同盟を加盟国と同視して比較優位の理論の適用を考えるのであるから、上記のような取扱いが適切である。

なお、多角的繊維取極(MFA)による輸入制限を行っているECとの間でトルコが関税同盟を組成し、かかる輸入制限を域外国との関係でトルコが導入できるかが争われたケースがあるが、かかる輸入制限をトルコが導入できないとしてもトルコとECとが関税同盟を組成できなくなるわけではないとしてトルコにおける導入を認めなかった[15]。24条8項の定義を充たす関税同盟を組成できれば足り、そのために主観的に必要であるとされているかどうかは無関係である。このケースでは、対象の輸入制限が「通商規則」に該当するとは主張されていない。関税同盟は、「実質的に同一の関税その他の通商規則」を域外国との貿易に適用することをその要素とし(24条8項(a)号(ii))、関税は組成前の関税の全般的水準より高くあってはならず、通商規則もより制限的であってはならないとされている(24条5項(a)号)。したがってGATT上輸入制限が許される場合、たとえばGATT20条(j)号に基づく輸入制限を関税同盟全体で導入することは許されるであろうが、これは新たな導入であっても問題がないはずである。つまり共通にする「通商規則」であってもそれ自体がGATTに整合的であることが必要である。本件は、繊維協定に基づく輸入制限であり、WTO協定の下では撤廃されるべきものであったことが結論を左右している可能性がある。

(3) 累積原産地規則

特恵原産地規則は、(1)で見たようにそれ自体にも問題があるが、輸出締約国だけでなく自国における付加価値をも特恵対象の要件を充たすものとして考慮する累積の規定にも問題がある。NAFTAを例に取れば、メキシコから米国への輸入品がNAFTAの定める特恵の対象となるためには、メキシコにおける一定率以上の付加価値が必要であるが、米国又はカナダ産の部品・原材料を用いていれば、その分はメキシコにおける付加価値と同視される扱いがなされているという扱いが「累積」である。

---

15) Appellate Body Report on *Turkey – Textiles*, para. 62.

かかる累積原産地規則は，自由貿易協定・一般特恵関税いずれにも通常用いられており，実務上は進出企業が特恵の恩恵を得るために重要な取決めと理解されている。組立工場を海外移転して自国市場に輸入するようになっても，原材料・部品の調達まで現地でできるとは限らず，むしろ自国からの輸出に相当頼っている企業が多いからである。しかし，この規則は，自由貿易協定域内又は特恵付与国と特恵被付与国との間の関税撤廃に止まらず，貿易に支援を付与することになるため，最恵国待遇義務との関係で正当化できるのか検討の必要がある。先の例では，カナダ・米国からメキシコへの部品・原材料の輸出がNAFTAの規定により無税であり，加えて，累積の規定により，これらを使用して製造された産品がメキシコから輸入される場合にNAFTAの特恵を受けられる，すなわち，米国からの部品・原材料の輸出のうち，メキシコ向け（及びカナダ向け）のものだけが，輸出先で米国向け完成品の製造に利用された場合に（当該完成品について）輸入関税を免除される。これは，特定国向けの輸出品についてのみ恩典を付与するものであり，GATT1条の定める無条件最恵国待遇義務に違反する可能性が高い。

次に，この累積原産地規則が最恵国待遇義務に違反する場合，24条5項及び8項によって正当化されているかどうかを検討する。自由貿易地域についてみれば，24条8項の定義により，「関税その他の制限的通商規則……がその構成地域の原産の産品の構成地域間における……貿易」について廃止されることが定義上必要である。NAFTAにおいて米国産部品・原材料のメキシコ向けの輸出について関税を廃止することは上記定義に含まれる。しかし，かかる輸出について特別の恩典を付与することは上記定義に含まれない。また累積原産地規則は，自由貿易協定の締結のためにせいぜい政治的・主観的に必要であるに過ぎず，上記関税等の撤廃のために客観的に必要であるとは言えない。これは，途上国間の関税軽減協定についても同様である。累積原産地規則が実務上きわめて広く利用されていることから，現時点では，その協定整合性は理論的な問題に過ぎないとも言えるが，単なる域内自由化を超えて積極的な域内輸出促進効果がある以上，WTO協定上不適法であるという結論はむしろ当然である。

（4）相互承認

自由貿易協定においては相互承認の規定が盛り込まれることが少なくない。この取扱いも，貿易制限の撤廃でなく特定国を優遇することにならないかどうか最恵国待遇義務の問題を検討する必要がある[16]。

第一に，第9章四5において述べたように，一定の基準に従って自国の適合性

評価機関のみならず外国の機関をも認定するという場合，当該基準が機関の評価の信頼性を確保するという観点から合理的なものである限り，またその基準を一律かつ適正に運用実施している限り，結果として限られた国の機関しか認定していなくても最恵国待遇義務に違反しないと思われる。どの国からの輸入品についても，一定の合理的な基準に則って認定する国内機関の整合性評価を受ければ足りるという点で国ごとの差別が存在しないからである。

　第二に，これに対して，特定国との間でそれぞれの政府が指定する機関による評価を相互に認める，という相互承認は，最恵国待遇義務違反となる可能性がないではない。特定国原産の輸入品についてのみ，認定基準を充たさない当該国の評価機関による評価を認める点を捉え，当該評価機関は，当該特定国産以外の産品の評価も行い得るが，「自国において評価を受けられる」という特権を当該特定国原産の産品だけに付与しているという議論があり得るからである。

　そもそも自国の機関に限定する扱い自体，内国民待遇義務（GATT3条4項）又は輸入制限の禁止（11条1項）に抵触し，ただし規制の遵守確保のために必要な措置（評価の質確保が重要であるところ，管轄権の制約から外国所在の評価機関の認定手段が十分でないため国内所在の評価機関に限定せざるを得ない場合）として20条(d)号によって正当化されるだけではないか。そうだとすれば，かかる扱いは，24条8項における「制限的通商規則」に該当せず，したがって域内で撤廃する必要性がない。逆に，たとえば自由貿易協定地域内で適合性評価機関の監督を統合する場合に，認定基準を充たす相手国の評価機関による適合性評価を受け入れることが許されるか，という問題になるのではないか。この点については，本項1(2)(イ)の検討を参照。

　なお一歩進んで，基準そのものの承認すなわち相手国原産の産品が当該相手国の強制規格を充たしていれば自国の基準を充たしていなくてもよいという扱いは，自国の規制と相手国の規制の両方を規格として採用するという趣旨であって差別の問題にならないであろう。これに対して，たとえば相手国の産品の一定数量に限定してそうした例外扱いを認める趣旨であれば，規制の目的から説明できない優遇措置になり，24条8項の定義に含まれないため最恵国待遇義務の例外として認められない可能性がある。米韓自由貿易協定にそうした取決めがある[17]が，どのように正当化されるのか疑問である。

---

16) この問題については，Joel P. Trachtman, "The Limits of PTAs: WTO Legal Restrictions on the Use of WTO-Plus Standards Regulations in PTAs," in Bagwell and Mavroidis, *supra* note 13, section 3.6 も参照。

（5）政府調達

政府調達において域内産品に対して自国産品と同じ扱いをすることを約することがある。政府調達例外（GATT3条8項(a)号）が最恵国待遇義務からの除外も結果として規定しているかが問題となる。この問題については，第11章五2を参照。最恵国待遇義務の対象であるならば，政府調達における国産品優遇が「制限的通商規則」に該当するかがきわめて重要になる。該当するならば，自由貿易協定における撤廃対象であって（したがってその撤廃の有無は本項1(1)で検討した関税等の撤廃が「実質的にすべての貿易」を対象としているかどうかにおいて考慮される）その撤廃すなわち域内産品だけへの内国民待遇付与（「撤廃」のために競争入札までは要求されない）が許されるが，該当しないとすれば，政府調達における域内産品に対する内国民待遇を自由貿易協定において付与した場合には自動的に他のWTO加盟国産品すべてに均霑されることになる。

2　授権条項

（1）累積原産地規則

累積原産地規則に関する上記議論は，一般特恵関税についても同様である。累積原産地規則は，輸出先を差別するものであって最恵国待遇義務に違反し，授権条項は，途上国原産の産品に対する特恵関税の適用を認めるものであるから，途上国向け輸出に対する優遇を正当化しないであろう。

（2）対象国の条件設定

先に述べたように，一般特恵制度において，たとえば日本は，特恵受益国を，後発開発途上国かどうかで分けるのみであり，それ以外の要素を考慮しない（ただし本章二1(2)でみたように，水産物について資源保護を適切に行っているかどうかは問題としている）。これに対し，欧米諸国は，途上国を細分化し，人権，麻薬取締りなどの状況が適当であるかどうかによって適用される特恵の範囲・税率を変えている。本章三2で触れたように，途上国一般向けの特恵を認める授権条項に加えて，後発開発途上国のみを対象とする特恵を認める適用除外があるが，この区分以外に別途の要件を採用する特恵制度が適法かどうかについては争いがあった。

---

17)　たとえば，*Confirmation Letter by Hyun Chong Kim to USTR*, dated June 30, 2007, translation available at [http://www.ustr.gov/sites/default/files/uploads/agreements/fta/korus/asset_upload_file717_12727.pdf] は，一定台数までの米国自動車について自国の基準を充たしていれば韓国の安全・環境基準を充たすと看做すことが規定されている。

先例は，授権条項等の文言を詳しく検討して開発の程度に応じて特恵制度を変更することが許されているとしている[18]。一般特恵制度が途上国の発展を支援する制度である以上，経済発展の度合いに応じて区別することは制度の目的から逸脱しているとはいえないので，上級委員会の判断は支持できる。

ただし，人権，麻薬取締りなどの状況が当該国の経済発展の程度を適切に示す指標と言えるかは議論があろう。これらはせいぜい，開発が成功する可能性が高いか否かに関わる要素であるに過ぎない。したがって，欧米諸国が付している条件がそのまま認められることになっているかどうか疑問がないわけではない[19]。

なお国際競争論＝共存モデルでは，貿易自由化と外国におけるグッドガバナンスの確保とが矛盾対立する可能性がある限り，WTO協定においていずれを優先させる合意がなされたかどうかを関係する規定の文言解釈によって推測するというアプローチになる。これに対して，比較優位論＝協力モデルでは，ガバナンスの改善が経済・社会の客観的最適化に資する範囲で求められるため，ガバナンスの改善を特恵付与の要件と促すことには正当性があるが，最適なガバナンス体制を策定し実現するために必要な情報収集能力を有しているのはその国の政府であって外国政府でないことから，措置の客観的最適性の点で否定的な評価となる可能性が高いであろう。問題の論理構造においてPPM措置の規律と同じである。第7章四4を参照。

3 手続的規律

GATT24条7項は，自由貿易協定に参加する加盟国の通報義務を規定している。この規定を受けて，24条了解7項以下がその審査の枠組みを定めている。WTO協定における当初の実務においては，物品理事会によって審査のために作業部会が組織され，その検討の結果は物品理事会に提出され，これを受けて物品理事会が適当と認める勧告を行うことができるとされていた。また授権条項の下で締結された地域貿易協定については，物品理事会でなく，貿易と開発委員会が検討機関となっていた。本章三1において言及したとおり，1996年に，一般理事会は，CRTAを設立し，GATS5条に基づくサービスにおける取決めを含め，これらの検討をすべて同委員会に委ねることとした。

---

18) Appellate Body Report on *EC – Tariff Preferences*, paras. 151-170.
19) なお本件の解説として，たとえば，Gene M. Grossman and Alan O. Sykes, "Commentary on European Communities – Conditions for the Granting of Tariff Preferences to Developing Countries", in Henrik Horn and Petros C. Mavroidis (eds.), *The Case Law of 2003: The American Law Institute Reporters' Studies* (Cambridge University Press, 2006), pp. 220-253.

ただし，この審査手続は，自由貿易協定のGATT適合性に関する排他的管轄権を有するものではない。同了解12項は，GATT22条・23条が規定する紛争解決手続の利用可能性を明文で認めている[20]。特定の関税同盟の構成国における域外からの輸入を差別する措置が自由貿易協定例外で許されるか否かを紛争解決手続において争う場合，一般的には，当該自由貿易協定がGATT24条例外の要件を充たすか否かの判断をすべきだが，関税同盟として要件を充たすと仮定した上で組成のために必要かどうかを争うことを認めた例がある[21]。ただし関税同盟自体が要件を充たすことを前提に構成国の措置が関税同盟組成のために必要かどうかが問題となっているケースでは構成国を相手方とすれば足り，関税同盟自体を相手方とする必要はないとするのが先例である。この点は，第2章二2(6)(エ)参照。

主要参考文献・資料

経済産業省通商政策局（編）『不公正貿易報告書（2014年版）』第Ⅲ部

特恵関税研究会『特恵関税の実務』（日本関税協会，1991年）

Kyle W. Bagwell and Petros Mavroidis（eds.）, *Preferential Trade Agreements – A Law and Economics Analysis*（Cambridge University Press, 2011）

Lorand Bartels and Federico Ortino（eds.）, *Regional Trade Agreements and the WTO Legal System*（Oxford University press, 2006）

Gabrielle Marceau, *Anti-Dumping and Anti-Trust Issues in Free Trade Areas*（Oxford University Press, 1994）

World Trade Report 2011 – The WTO and Preferential Trade Agreements: From Co-existence to Coherence（2011）

WTO, *Regional Trade Agreements and Preferential Trade Arrangements,* at [http://www.wto.org/english/tratop_e/region_e/rta_pta_e.htm]

---

20) 審査権限がないとしたパネルの判断は上級委員会によって否定されている。Appellate Body Report on *Turkey – Textiles*, para. 60, citing Appellate Body Report on *India – Quantitative Restrictions*, paras. 80-109.

21) Appellate Body Report on *Turkey – Textiles*, paras. 58-60.

事項索引

ア 行

安全保障　11, 47, 68, 172, 194, 227-230, 233, 234, 236, 238, 245, 247, 316, 437, 543, 673, 682, 683, 686, 704, 707, 712, 725, 737, 746, 747, 801, 806, 811

安全保障例外　244-246, 395, 400, 401, 737

アンチダンピング関税（AD関税）　63, 94, 105, 107, 109, 111, 112, 117, 119, 120, 124, 132, 195, 198, 208, 213, 216, 217, 489-538, 540, 541, 569, 573, 574, 595-599, 672, 673, 728, 733, 738, 802, 812, 813

「著しい害」　459, 463, 467, 471-475, 477, 534, 538, 539, 567, 642, 677

一般特恵関税（GSP）　12, 17, 64, 177, 181, 646, 799, 802, 804-805, 807, 808

一般理事会　90, 91, 93, 133, 212, 538, 818

移転価格税制　199, 200, 326, 334, 335-338, 509

ウルグァイ・ラウンド　7, 95, 146, 147, 155, 159, 185, 186, 211, 259, 367, 457, 489, 502, 656, 671, 703, 719, 743, 807

カ 行

会計基準　629

外国為替　40, 164, 611, 617, 622, 647

開発援助（ODA）　36, 37, 95, 615, 616, 633, 634, 644

閣僚会議　90, 91, 93, 601, 602, 781, 807, 808

関税　16, 59, 61, 63, 79, 95, 97, 109, 117, 124, 132, 175-206, 207-225, 249, 250, 264, 266, 273, 289, 571, 624, 650, 651, 654, 657, 659, 686, 800, 801, 809-811

　　輸入関税　6, 63, 89, 175, 176, 195, 204, 214, 304, 305, 308, 490, 725, 799, 809, 810, 815

　　輸出関税　63, 89, 175, 182, 195, 204, 213, 465, 660, 728, 810

関税協力理事会（CCC（WCO））　11, 16, 73, 133, 164, 169, 172, 176, 177, 182-184, 192, 193, 199, 200, 258-260

関税譲許　16, 60, 61, 88, 89, 91, 97, 104, 105, 111, 112, 117, 129, 130, 152, 164, 169, 183, 187-197, 201, 203-205, 207-215, 217-222, 224, 225, 265, 311, 314, 343, 367, 465, 476, 484, 486, 490, 503, 508, 657, 685, 720, 723, 725, 726, 809, 813

（関税）譲許表　89, 183, 187-190, 192, 193, 212, 660, 663

関税同盟　8, 89, 109, 112, 113, 164, 222, 250, 385, 502, 516, 599, 799, 805, 807, 809, 813, 814, 819

関税評価　164, 182, 184, 188, 199, 257

関税分類　16, 73, 164, 169, 177, 180, 182, 183, 188, 191, 192-197, 199, 216, 275, 803, 810

規格　370, 405-409, 411-413, 415, 419-421, 423, 424, 428, 431, 440, 441, 486

　　強制規格　367, 369, 387, 405, 407, 408, 410, 411, 413, 432-441, 442

　　　──の定義　433-435

　　　──の規律　435-441

　　任意規格　405, 408, 411, 419, 420, 432, 439, 442

客観的義務（erga omnes）　17, 20, 78, 96

競争法・競争政策　552-555, 557, 562, 569, 571-608, 768

　　カルテルに対する──上の規制　556, 575, 578, 579, 583-586, 588, 681

　　合併に対する──上の規制　589, 590, 592, 594

　　ライセンス契約に対する──上の規制　65, 771, 785, 789, 790

　　公企業に対する──の適用　546

　　政府関連法人に対する──の適用

556
金融監督　18, 38, 39, 40, 172, 462, 609, 612, 613, 618-620, 623, 628, 629, 631, 635, 640
金融政策　38, 39, 609, 611, 613, 614, 619-621, 623, 626, 641, 642, 648
経済連携協定　8, 10, 72, 133, 134, 178, 354, 401, 421, 739, 780, 781, 800, 802, 803
ケネディ・ラウンド　155, 185, 186
原産地規則　164, 178, 181, 184, 188, 200, 671, 802, 803, 805, 810
公正衡平待遇義務　10, 70, 71, 137, 161, 206, 365, 370, 396-398, 739, 789, 793
公的独占　352, 643, 644
国際環境法・国際環境条約　4, 5, 11, 14-18, 37, 44, 47, 55, 81, 84, 134, 141-143, 171, 369, 370, 646
国際コントロール　5, 13-15, 17, 78, 80, 97, 171, 636
国際標準　408, 410, 426, 431, 439, 714
国際連合（国連）　11, 12, 15, 28, 133, 243, 244, 262, 301, 319, 340, 426, 427, 668, 675, 711-713, 781, 782
国際労働基準　5, 14, 15, 141, 142, 166, 171, 360
国内法的効力（直接適用）　16, 48, 49, 82-84, 125, 144-146, 149-161, 164, 166, 177, 178, 180, 182, 238, 487, 494
国有化　388, 546, 547, 550, 554, 565
国有企業・国営企業　401, 402, 447, 461, 463, 481, 482, 543-546, 551, 554-557, 562-569, 574, 600, 643, 644, 681, 726
国家管轄権　1, 52-56, 86, 573, 727
　規律管轄権　53, 54, 56, 71, 246, 325, 330, 368, 395, 574, 606, 607, 727, 770
　強制管轄権　53, 574, 577, 606, 607
　執行管轄権　53-55, 62, 249, 251, 289, 325, 330, 333, 340, 373, 375, 379, 577, 606, 607, 613, 618, 664, 684, 704, 725, 728, 804
　域外適用　10, 230, 237, 246, 573-576, 579, 580, 581, 592, 594, 599, 606, 607
国境税調整　201-203, 326, 341, 346, 347

サ　行

最恵国待遇義務

GATT上の――　7, 59-61, 63, 65, 90, 91, 96, 164, 188, 194-198, 201, 222, 244, 283, 284, 326, 350, 384, 385, 398, 422, 437, 454, 455, 458, 480, 481, 483, 532, 533, 541, 638, 645, 662, 679, 690, 735, 796, 799, 800, 808, 810-812, 815-817
　TBT協定上の――　387, 435-437
　GATS上の――　90, 91, 246, 351, 638, 688, 690, 716, 723, 727, 734-737
　TRIPS協定上の――　59, 65, 90, 91, 351, 639, 691, 778, 786
　投資協定上の――　69-71, 139, 140, 387, 398-399, 486, 692
　その他の条約上の――　178, 300, 793
財政政策　38, 40, 609, 611, 615, 619-621, 628, 642-644, 648
サービス提供者　54, 61, 65, 391, 568, 640, 699, 719, 720, 722, 724, 725, 728, 731, 735, 737
市場アクセス　96, 97, 311, 653, 720, 723, 724, 726, 731, 732, 734
私人
　――の国際法主体性　45, 46, 86
　――参加　48, 77, 80, 81, 88, 133, 167, 170, 171
持続可能な発展（sustainable development）　28, 29, 32, 33, 35, 41, 43
収用　68, 70, 71, 89, 161, 370, 388-391, 396, 397, 400, 402, 614
　直接収用　789
　間接・規制的収用　70, 71, 370, 388, 391, 397, 730, 789
主権平等原則　50
主権免除　51, 58, 139
上級委員会　91, 95, 98-103, 114, 115, 120, 122-128, 132, 160
状況申立　54, 56, 66, 104, 105, 213, 314, 353, 370, 605
商標権　742, 746, 747, 752-754, 757, 758, 761, 763-765, 768, 769, 772, 777, 778, 783, 785
情報技術協定（ITA）　186, 189
食品安全　15, 52, 73, 250, 256, 278, 280, 284, 424, 433, 442, 651, 654, 655, 663

事項索引　823

植物防疫　73, 133, 250, 254, 255, 261, 284, 424, 433, 442, 811, 812
所得再分配　33-35, 320, 321, 325, 339, 346, 359, 710
セーフガード　89, 204, 207-211, 213-225, 314, 508, 516, 527, 583, 595, 658, 671, 726, 728, 734, 735, 812-814
税関　11, 52, 61, 63, 73, 172, 183, 200, 232, 249-252, 256-259, 264, 265, 270-272, 275, 373, 494, 573, 679, 757, 758, 795, 804, 809
政府調達　62, 64, 148, 443, 445, 446, 449, 450, 453-455, 457, 458, 480-486, 555, 560, 561, 574, 599, 642, 643, 700, 737, 812, 817
世界銀行（IBRD）　6, 41, 133, 600, 603, 624, 625, 627, 633, 799
　世銀グループ（IDA，IFC，MIGA）　8
相互承認　63, 86, 251, 385, 421-425, 428, 802, 816
　――と自由貿易協定　815
相殺関税（CVD 関税）　63, 94, 120, 132, 170, 198, 208, 213, 217, 219, 386, 393, 394, 449, 456, 460, 462, 464, 466-468, 476, 477, 479, 489-494, 500-503, 524, 525, 533, 534, 538-541, 568, 569, 672, 673, 728, 733, 738, 802, 812, 813
ソフトロー　2, 3, 11, 18, 19, 20, 46, 47, 77, 78, 81, 82, 84, 142, 143, 619, 623, 635, 636
損害・因果関係
　セーフガードの――　216, 220
　アンチダンピング関税の――　119, 495, 496, 499, 500, 503, 513, 514, 517, 518-525, 530, 531
　相殺関税の――　513, 540
　「著しい害」の――　472, 473, 677

タ　行

知的財産権　59, 61, 65-67, 138, 148, 158, 246, 249, 254, 259, 263, 270, 357, 698, 737, 741, 743-747, 751-796, 802
直接競争産品（又は直接代替可能産品）　216, 222, 283, 342, 344, 345
著作権　683, 691, 692, 742, 752, 755, 757, 766-768, 772, 774, 775, 777, 778, 781, 783

適合性評価　251, 375, 376, 385, 406, 416, 421-424, 441-443, 816
東京ラウンド　155, 185, 211, 259, 457, 502, 676
投資家対政府仲裁（ISDS）　10, 14, 15, 17, 20, 41, 43, 67, 69, 82, 99, 123, 135-140, 144, 162, 163, 165-69, 171, 387, 396, 398, 680, 692
投資協定　9, 10, 18, 24, 25, 36, 43, 44, 52, 67-72, 81, 84, 85, 99, 133, 135-137, 161, 162, 165, 169, 171, 205, 264, 311, 312, 341, 342, 353, 354, 363, 365, 367, 370, 371, 387-403, 432, 443, 458, 461, 479, 558, 564-566, 604, 614, 633, 635, 639, 678, 688, 721, 730, 739, 780-782, 788-790, 793
投資紛争解決国際センター（ICSID）　8, 10, 41, 165, 633
同種のサービス　699, 723, 727
同種の産品　194-198, 201, 216, 222, 283, 342-346, 372, 376-379, 384, 387, 432, 438, 494, 506, 512, 516, 517, 519, 520, 523, 535
ドーハ開発アジェンダ　17, 185, 186, 259, 720, 781
動物検疫　73, 250, 254, 255, 260, 284, 424, 433, 442
透明性
　GATT 上の――　204, 205, 316, 386
　他の協定上の――　59, 285, 439, 730
特許権　338, 419, 742-744, 746, 752, 753, 757, 758, 760-762, 768-773, 777-779, 781, 783-785, 787-789, 791-793

ナ　行

内国税・内国課徴金　61, 201-203, 270, 342-346, 347, 385, 448, 687
内国民待遇義務
　GATT上の――　9, 59-64, 114, 156, 161, 191, 195, 201-203, 273, 276, 283, 306, 316, 319, 337, 341-343, 346, 347, 367, 370, 372-381, 384, 391, 394, 396, 397, 407, 432, 433, 437, 455, 457-459, 471, 479-482, 484, 560-562, 566, 567, 569, 605, 606, 642-645, 662, 681, 684, 685, 689, 720, 725, 728, 732, 735, 791, 794, 796, 816

TBT協定上の―― 280, 315, 357, 375, 377, 387, 394, 433, 435-437, 440, 698, 728
GATS上の―― 60, 64, 114, 311, 351, 367, 390, 569, 638, 640, 641, 644, 680, 689, 699, 725, 727-728, 731, 733, 735
TRIPS協定上の―― 59, 61, 65, 351, 352, 606, 638, 691, 746, 778, 784-786, 790, 791
投資協定上の―― 10, 65, 68, 70, 71, 138, 161, 167, 205, 246, 312, 319, 353, 367, 370, 387, 390-397, 399-401, 479, 480, 486, 568, 606, 644, 692, 789, 792, 793
その他の条約上の―― 157, 300, 368, 687, 691, 773-777, 784, 785, 793
認証（certification） 251, 375, 385, 405, 407, 408, 410-412, 416, 419, 421, 426, 428, 432, 442, 669, 714, 802
認定（accreditation） 406-408, 411, 416, 422, 442, 816

ハ　行

パネル（小委員会） 91, 94-96, 98-103, 110-116, 118-123, 127, 128, 132, 160
非違反申立 104-106, 205, 224, 311, 370, 476, 605
非政府組織（NGO） 3, 5, 9, 15, 18-20, 60, 72, 78, 82, 86, 87, 88, 93-95, 103, 143, 171-173, 228, 229, 243, 297, 298, 300, 409, 423, 424, 427, 603, 635, 655, 678, 781
必要性原則 278-280, 437, 439
標準化・ハーモニゼーション 58, 186, 284, 357, 360, 406-408, 423, 425, 430-432, 439, 440, 442, 714, 743, 772, 773, 777, 802, 807
不干渉原則（不干渉義務） 50, 290
ブレトン・ウッズ体制 5-8, 12, 600, 609, 624, 625, 633
文化例外 688, 692
紛争解決機関（DSB） 90, 91, 95, 98, 111, 113, 118, 120-122, 131, 146, 161, 501, 602
貿易政策検討制度（TPRM） 9, 60, 92, 606
補助金 9, 25, 28, 29, 62, 94, 106, 127, 129, 130, 208, 219, 310, 311, 348, 357, 371, 372, 445-452, 455-479, 500, 505-507, 509, 510, 513, 514, 524, 525, 528, 529, 532, 533, 535-540, 544, 559-561, 563, 567, 574, 599, 615, 642, 643, 649, 651, 654, 657, 661, 666, 667, 670, 672-674, 676, 677, 691, 699, 700, 732-734, 744, 751, 812

マ　行

水際措置（知的財産権） 259, 263, 270, 274, 731, 756, 757, 770, 795
民営化 546-548, 550, 551, 554, 565, 706, 709
無効化又は侵害 104-106, 123, 130, 131, 213, 459, 471, 472, 475-478, 487, 534, 539, 560, 604, 605, 642, 731
免除 91, 92, 106, 164, 188, 191, 195, 229, 243, 245, 320, 538, 540, 667, 781, 788, 793, 800, 808

ヤ　行

約束表 720, 723, 727, 733
輸出規制（輸出制限） 6, 54, 59, 71, 161, 204, 205, 227, 230-232, 235, 237, 244-246, 264, 266, 287, 288, 291, 293, 301, 304-311, 316, 465, 556, 557, 585, 658-660, 669, 670, 678, 679, 681, 682, 699, 716, 726, 727, 738, 809
輸出補助金 62, 114, 126, 342, 349, 350, 467, 469-471, 477, 478, 538, 611, 657, 660, 661, 677
輸出免税 342, 347-350, 539
ユニヴァーサル・サービス 562, 696, 699, 704-706, 709, 710, 730, 738, 748
輸入課徴金 191, 198, 200, 201, 204, 303, 347, 348, 353, 657, 658
輸入ライセンス（輸入許可） 61, 64, 253, 256, 259, 264, 265, 268, 271, 273-275, 657, 810

ラ　行

ライセンス取引 742
累積
　アンチダンピング関税又は相殺関税調査における―― 523-525

特恵原産地規則における―― 803-805, 814, 815, 817
ロイヤルティ 334, 337, 351, 352, 638, 787, 789-793
ローカルコンテント（要求） 196, 392, 645, 680, 792

欧　文

BIS 8, 11, 629
EC/EU 43, 61, 91, 109, 112, 131, 134, 148, 158, 159, 181, 191, 193, 197, 210, 211, 238, 250, 257, 269, 271, 274, 301, 384, 420, 421, 422, 425, 440, 447, 452, 454, 455, 483, 485, 501, 502, 534, 550, 551, 553, 554, 571, 572, 576, 580, 581, 587, 591-594, 599, 601, 602, 604, 620, 622, 632, 654, 656, 711, 715, 733, 757, 762, 765, 781, 785, 790, 799, 806, 807
IMF 6-8, 18, 41, 93, 133, 164, 302, 303, 600, 617, 624-628, 633, 636, 641, 644, 646, 799
ISO/IEC 406-408, 421, 423, 425, 426, 428, 430, 433, 440, 718, 771
NAFTA 8, 10, 134, 353, 392, 394, 396, 799, 806
OECD 9, 12, 93, 170, 244, 296, 299, 329, 332, 333, 337, 339, 340, 408, 417, 426, 427, 455, 457, 470, 554, 555, 578, 584, 585, 600, 602, 603, 604, 628, 632, 634, 644, 654, 656, 672, 674, 677, 688, 698, 714, 715, 718, 719, 782, 808
PPM（措置） 12, 18, 51, 54-56, 86, 117, 203, 269, 287-291, 303, 309, 310, 312-316, 353, 359, 362, 368, 374, 375, 380, 381, 384, 410, 441, 663, 664, 676, 716, 802, 818
UNCTAD 12, 93, 133, 177, 602-604, 653, 807
UNESCO 686, 687, 714, 749, 750
WHO 263, 297, 424, 425, 697, 749, 750
WTO事務局 98, 121, 285, 796

条文索引

WTO 設立協定　43, 89-93, 115, 133, 146, 165, 350, 800

関税及び貿易に関する一般協定（General Agreement on Tariffs and Trade, "GATT"）

　——1条　63, 90, 195, 222, 244, 283, 384, 486, 637, 638, 645, 690, 811, 815

　——2条　61, 64, 111, 152, 153, 169, 187-189, 191-193, 197, 198, 201-204, 219, 264, 265, 311, 346, 352, 353, 383, 503, 637, 658, 662, 811

　——3条　62, 157, 191, 195, 265, 271, 374, 458, 725, 735

　——3条1項　342-345

　——3条2項　62, 202, 203, 264, 283, 342-346, 372, 376, 644, 689, 727

　——3条4項　62, 264, 268, 269, 273, 276, 283, 315, 345, 346, 367, 370, 372-377, 379-381, 383, 432, 437, 471, 480, 645, 664, 727, 728, 816

　——3条8項　480, 663, 681

　——3条8項(a)号　62, 64, 203, 269, 352, 443, 454, 455, 457, 461, 479, 480, 483, 555, 560, 642, 645, 737, 817

　——3条8項(b)号　62, 456, 458, 471, 642, 732

　——4条　687-690

　——5条　91, 300, 316, 317, 456, 471, 679

　——6条　63, 64, 111, 112, 117, 201, 471, 477, 490, 503-506, 511-513, 515, 523, 525, 530, 533, 535, 538, 539

　——7条　188, 199, 264

　——8条　61, 151, 201, 272, 273, 278, 316, 639

　——9条　264, 272, 273

　——10条　66, 107, 109, 199, 205, 213, 245, 274, 275, 278, 316, 386, 537, 639, 658

　——11条　191, 600, 637

　——11条1項　61, 112, 138, 200, 204, 244-265, 268, 270, 272, 273, 275, 289, 301, 302, 304, 311, 313, 314, 316, 373-375, 380-383, 465, 534, 556, 585, 637, 658, 659, 669, 682, 689, 699, 725, 726, 737, 795, 811, 816

　——11条2項　61, 223, 245, 302, 304, 308, 658, 660, 669, 679, 811

　——12条　302, 303, 624

　——13条　204, 480, 637

　——15条　89, 138, 164, 302, 637

　——16条　62, 456, 471, 476, 477, 657

　——17条　66, 106, 152, 153, 269, 317, 352, 433, 481, 556, 558, 562, 567, 661, 662, 732

　——18条　109, 223, 302, 624

　——19条　89, 152, 204, 207, 209-211, 213-217, 219, 221-225, 484, 813

　——20条　61-63, 112, 116, 117, 119, 246, 265, 266, 268, 289, 303-305, 312-314, 316, 346, 353, 370, 374, 375, 377-379, 381, 383, 384, 400, 408, 432, 437, 438, 556, 664, 725, 728, 735-737, 811, 812

　——20条(a)号　266-270, 302, 315, 384, 689, 699

　——20条(b)号　266, 270, 271, 275, 276, 278, 302, 305, 308, 312, 315, 376, 379, 382

　——20条(d)号　191, 200, 263, 265, 266, 268-274, 276, 302, 375, 376, 379, 384, 534, 535, 699, 756, 795, 816

　——20条(g)号　16, 112, 164, 266, 303-306, 308, 309, 313, 315, 381, 383, 465, 639, 669, 678, 738

　——20条柱書　266, 269, 271, 272, 276, 310, 384

　——20条その他の規定　164, 303, 304, 305, 308, 309, 315, 639, 652, 659, 660, 661,

条文索引　827

679, 814
——21条　　164, 230, 244-246, 302, 304, 316, 811
——22条　　100, 303, 819
——23条　　54, 66, 94, 95, 100, 104, 105, 152, 153, 224, 303, 314, 353, 471, 476, 605, 819
——24条　　89, 106, 109, 112, 516, 671, 802, 807, 818, 819
——24条5項　　113, 164, 198, 808, 809, 811, 814-816
——24条8項　　89, 113, 809, 810, 814-816
——24条12項　　106
——28条　　89, 187, 204, 207, 212, 314, 484, 491, 809
——28条の2　　7, 90, 184, 185
農業協定（農業に関する協定）　　64, 66, 114, 160, 198, 199, 210, 213, 457, 470, 649, 654, 656-661, 666
SPS協定（衛生植物検疫措置の適用に関する協定）　　15, 64, 66, 164, 261, 278-285, 369, 405, 433, 440, 442, 649, 651
——1.1条　　278
——2条　　278, 279, 280, 282, 283, 440
——5条　　278-280, 282-284
——その他の規定　　261, 278, 284, 285
繊維協定（繊維及び繊維製品（衣類を含む。）に関する協定）　　109, 154, 213, 671
TBT協定（貿易の技術的障壁に関する協定）　　16, 66, 85, 164, 262, 279, 280, 284, 315, 357, 367, 369, 370, 375, 379, 387, 394, 405, 408, 409, 431-443, 680, 698, 786
——2.1条　　161, 280, 283, 375, 377, 379, 380, 387, 436-439, 440, 728
——2.2条　　280, 379, 437-440
——5条　　168, 441
——その他の規定　　66, 433, 440, 442, 443
TRIM協定（貿易に関する投資措置に関する協定）　　89, 373, 645
関税評価協定（1994年の関税及び貿易に関する一般協定第7条の実施に関する協定）　　164, 184, 188, 199, 200, 264
原産地協定（原産地規則に関する協定）　　164, 184, 188, 200
PSI協定（船積み前検査に関する協定）　　275
輸入許可手続に関する協定　　64, 259, 265, 271, 273, 274
アンチダンピング協定（1994年の関税及び貿易に関する一般協定第6条の実施に関する協定；AD協定）　　66, 111, 112, 117, 122, 124, 130, 149, 345, 489, 494, 495, 499, 501-512, 516-527, 533, 540, 596, 599, 674
——2条　　504-512
——3条　　495, 518-525, 530
——4条　　495, 506, 516
——その他の規定　　109, 124, 168, 504, 523, 525-533, 535, 536, 538-541
補助金協定（補助金及び相殺措置に関する協定）　　16, 106, 114, 118, 121-123, 129, 130, 161, 164, 213, 310, 348-350, 368, 446, 447, 452, 455-457, 459-480, 500, 502, 503, 538, 539, 555, 559, 560, 562, 563, 565-568, 642, 661, 666, 674, 676, 677, 680, 681, 700, 732
——1条　　348, 460, 465, 468, 700
——3条・4条　　62, 342, 348, 461, 471, 477, 478, 645
——5条・6条・7条　　62, 459, 472, 475-478
——その他の規定　　66, 348, 459, 460, 464, 466, 467, 469, 470, 471, 476, 479, 500, 525
セーフガード協定（セーフガードに関する協定）　　207, 209, 211, 213-224, 533, 583, 595
政府調達協定　　62, 64, 83, 88, 91, 107, 124, 145, 146, 158, 161, 269, 431-433, 443, 453-458, 480, 481, 483-487, 555, 561, 563, 633, 642, 643, 700, 737
民間航空機協定　　88, 457, 676
BOPs了解　　109, 302
GATS（サービスの貿易に関する一般協定）　　28, 54, 59, 60, 64-67, 71, 89, 90,

104, 106, 138, 158, 159, 204, 225, 230, 234, 311, 312, 316, 342, 351, 364, 367, 368, 370, 391, 400, 465, 486, 555, 559, 563, 566, 568, 569, 605, 631, 632, 640, 672, 675, 679, 682, 684, 685, 688-691, 698, 703, 706, 715-719, 721-739, 746, 786, 793, 796
——2条　　90, 638, 727, 734, 735
——6条　　699, 730, 731
——14条　　164, 246, 268, 271, 351, 690, 716, 724-726, 728, 736, 737
——16条　　64, 311, 638, 699, 722-727, 731, 737
——17条　　64, 311, 367, 644, 725, 727
——その他の規定　　89, 104-106, 164, 225, 555, 559, 564, 638, 720-722, 726-728, 731, 732, 736, 737, 800
TRIPS協定（知的所有権の貿易関連の側面に関する協定）　　59-61, 65, 66, 72, 89, 90, 104, 130, 138, 158, 159, 164, 263, 274, 337, 351, 605, 606, 632, 638, 691, 692, 698, 716, 737, 741, 743, 745-747, 760, 773, 774, 777, 779, 781-788, 790, 793-796
——3条　　65, 691, 774, 784, 785, 790
——4条　　90, 638, 784, 786
——6条　　794, 795
——第二部第一節(9条〜14条)　　164, 783, 785
——第二部第二節（15条〜21条）　　65, 351, 783, 785, 790
——第二部第三節（22条〜24条）　　778, 784
——第二部第五節（27条〜34条）　　65, 91, 351, 778, 781, 783-785, 787, 788, 790
——40条　　65, 605, 785, 790
——その他の規定　　104, 105, 168, 246, 778, 783-785, 788, 791, 792, 795, 796
DSU（紛争解決に係る規則及び手続に関する了解）　　60, 66, 95, 96, 98-104, 110, 113, 114, 118-123, 126-131, 213, 302, 460, 477-479, 504, 605
ウィーン条約法条約
——31条　　115, 125, 193, 343, 431
——32条　　115, 193
国家責任条文　　461, 462, 564, 565
公的輸出信用に関するOECDガイドライン　　9, 450, 457, 470, 634, 644, 674, 677, 681
IMF協定（国際通貨基金協定）　　7, 41, 72, 138, 144, 164, 218, 614, 624-626, 628, 632, 636-639, 641, 644, 647, 793

松下満雄（まつした　みつお）

長島・大野・常松法律事務所顧問・弁護士．1933 年生まれ．1968 年東京大学大学院法学政治学研究科修了（法学博士）．1974-83 年上智大学法学部教授，1984-94 年東京大学法学部教授（1994 年同大学名誉教授），1994-2010 年成蹊大学法学部・法科大学院教授（2010 年同大学名誉教授），1995-2000 年 WTO 上級委員．

［主要著書］『独占禁止法と国際取引』（東京大学出版会，1970 年），『経済法概説 第 5 版』（東京大学出版会，2011 年），『アメリカ独占禁止法 第 2 版』（共編，東京大学出版会，2012 年），*International Trade and Competition Law in Japan*（Oxford University Press, 1993），*The World Trade Organization: Law, Practice and Policy*（Oxford University Press, 2nd Edition 2006）．

米谷三以（こめたに　かずもち）

経済産業省通商政策局国際法務室長・法政大学大学院法務研究科教授．1964 年生まれ．1987 年東京大学法学部卒，1995 年ミシガン大学ロースクール修了（LL.M.）．1998-2002 年 WTO 法律部法務官，2002-03 年経済産業省通商政策局通商機構部調整官，2003-08 年西村・あさひ法律事務所カウンセル／パートナー・弁護士．

［主要論文］「WTO への私人参加――問題は正統性か専門性か」日本国際経済法学会（編）『国際経済法講座 I 通商・投資・競争』（法律文化社，2013 年），「適用法規――国際法の直接適用とその含意」小寺彰（編著）『国際投資協定』（三省堂，2010 年）．

国際経済法

2015 年 6 月 30 日　初　版

［検印廃止］

著　者　松下満雄・米谷三以

発行所　一般財団法人　東京大学出版会

代表者　古田元夫

153-0041　東京都目黒区駒場 4-5-29
http://www.utp.or.jp/
電話 03-6407-1069　Fax 03-6407-1991
振替 00160-6-59964

印刷所　中央精版印刷株式会社
製本所　牧製本印刷株式会社

Ⓒ2015 Mitsuo Matsushita, Kazumochi Kometani
ISBN 978-4-13-032375-8　Printed in Japan

JCOPY 〈(社)出版者著作権管理機構 委託出版物〉
本書の無断複写は著作権法上での例外を除き禁じられています．複写される場合は，そのつど事前に，(社)出版者著作権管理機構（電話 03-3513-6969，FAX 03-3513-6979, e-mail: info@jcopy.or.jp）の許諾を得てください．

経済法概説　第5版	A5	3800円
松下満雄		
アメリカ独占禁止法　第2版	A5	5600円
松下満雄・渡邉泰秀編		
国際租税法　第2版	A5	3000円
増井良啓・宮崎裕子		
会社法人格否認の法理	A5	8400円
江頭憲治郎		
会社法の経済学	A5	4800円
三輪芳朗・神田秀樹・柳川範之編		
独占禁止法の経済学	A5	4500円
岡田羊祐・林秀弥編		
国際金融論	A5	5600円
河合正弘		

ここに表示された価格は本体価格です。御購入の際には消費税が加算されますので御了承下さい。